JN196707

Encyclopedia of
Medieval European Culture

西洋中世文化事典

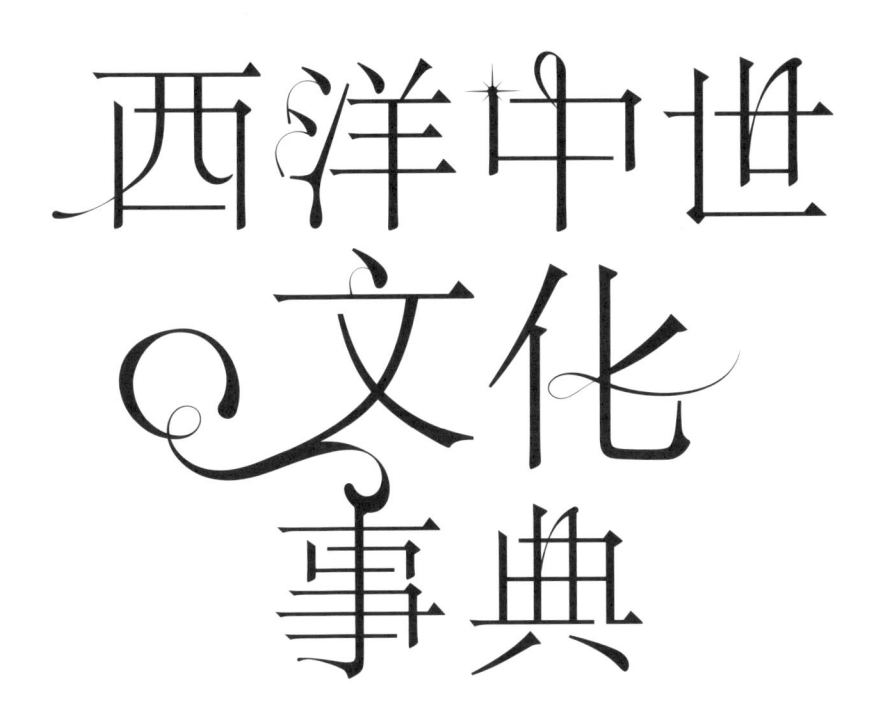

西洋中世学会 編

丸善出版

ユーラシアの中の西洋中世

▲遠征中に空中飛行するアレクサンドロス大王を表したモザイク画［オートラント大聖堂］（☞「ユーラシア的展望」）

▲コルドバ，メスキータ（サンタ・マリア大聖堂）の内部．785～786年着工［伊藤喜彦撮影，2010年］（☞「イスラーム建築とキリスト教建築」）

▲「詩編」に描かれた世界地図．左下をヨーロッパが占める［From the British Library collection, Add. 28681, f.9］（☞「インド／オリエント」「自然と世界認識」）

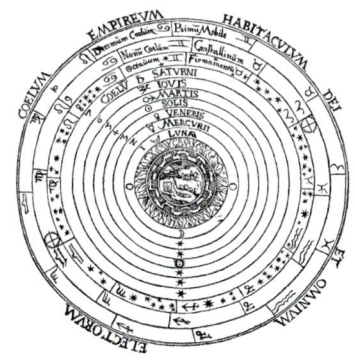

▲アピアヌス『コスモグラフィア』に示された宇宙の構造［Apianus & Frisius, 1584］（☞「中世のコスモロジー」）

▲『世界の記述』の著者マルコ・ポーロの東方出立を描いた挿絵［The Bodleian Libraries, University of Oxford, Ms.Bodl.264, fol.218r.］（☞コラム「マルコ・ポーロ」）

権力とその象徴

▲聖イシュトヴァーンの王冠．頂きに十字架を付ける［ブダペスト，ハンガリー国会議事堂］（☞「王冠」）

▲皇帝カール4世の印璽．皇帝は玉座に座り，世界球を手にする［Monumenta Germaniae Historica, Karl IV., Ks.］（☞「王の印璽」）

▲修道院の壁画に描かれた教皇インノケンティウス3世の肖像［イタリア，スビアコ，サクロ・スペコ修道院］（☞「教皇」「十字軍」）

▲フランス王シャルル6世の戴冠式を描いた挿絵［フランス国立図書館（BnF），Ms. fr. 6465, fol. 457v.］（☞「成聖式／戴冠式」）

▲ブルゴーニュ公シャルル突進公が戦勝記念として奉納した肖像［サン・パウロ大聖堂，CC-BY KIK-IRPA, Brussels, X149794］（☞「奉納」）

いくさと武器

十字軍によるコンスタンティノープル攻撃を表した挿絵より［The Bodleian Libraries, University of Oxford, Bodleian Library MS. Laud Misc. 587, fol. 1r.］（☞「十字軍」「コンスタンティノープル陥落」）

◀ヴァルトゥーリオ『軍事論』に図示された「ドラゴン大砲」［Valturio, 1532］（☞「軍事技術書」）

▲「ジャックリーの乱」の鎮圧を描いたフロワサール『年代記』挿絵［フランス国立図書館（BnF）, ms. fr. 2643, f 226v.］（☞「農民反乱」）

▲「シチリアの晩禱」における暴動を描いたジョヴァンニ・ヴィッラーニ『新年代記』挿絵［ヴァチカン図書館, Chig. L. VIII. 296, fol. 124r.］（☞「シチリアの晩禱」）

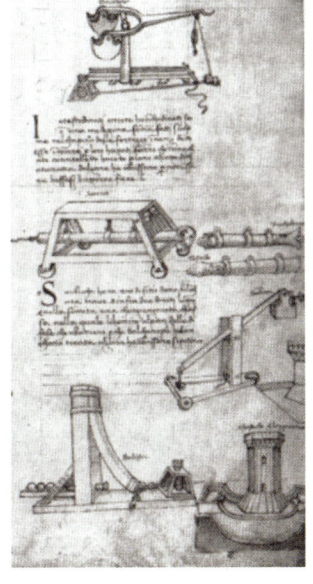

◀軍事・建築の理論書に示された攻城兵器. 中世末期に流布した［トリノ, Biblioteca Reale, Codice Saluzziano 148, f. 60r.］（☞「軍事技術書」）

貴族と宮廷

◀宮廷で演奏する歌人（ミンネゼンガー）を描いた挿絵［ハイデルベルク大学図書館, Cod. Pal. germ. 848, fol. 399r.］（☞「中世歌人」）

▲シャルル6世やブルゴーニュ公ジャンが集う宮廷を描いた挿絵［フランス国立図書館（BnF）, Ms. fr. 23279, f. 19r.］（☞「紋様」）

◀『薔薇物語』挿絵. 宮廷風の人々が愛の庭園に集う［From the British Library collection, Harley 4425, f.14v］（☞「アレゴリーの系譜と『薔薇物語』」）

▲『トリスタン物語』挿絵. 媚薬を飲む騎士トリスタンとイゾルデ［フランス国立図書館（BnF）, ms. fr. 112, fol. 239r.］（☞「トリスタン物語群」）

◀《貴婦人と一角獣》タピスリー連作の1枚.「視覚」を表す［国立クリュニー中世美術館］（☞「テキスタイル」）

都市と農村

▲アンブロージョ・ロレンツェッティ《都市の善政の効果》.「善政」が浸透した活気ある都市を表す［シエナ市庁舎，壁画］（☞コラム「アンブロージョ・ロレンツェッティ」）

▲アリストテレス『倫理学』挿絵. 中世都市と女性の労働を表す［Bibliothèque publique et universitaire, Genève, Ms. fr. 160, fol.82；Vandewalle, 2002］（☞「都市イメージ」「自然法」）

▲アンブロージョ・ロレンツェッティ《田園の善政の効果》.「善政」の効果がもたらされた農村の様子［シエナ市庁舎，壁画］（☞コラム「アンブロージョ・ロレンツェッティ」）

▲樹木の伐採と村の建設の様子を表した挿絵［ハイデルベルク大学図書館，Cod. Pal. germ. 164, 26v.］（☞「森」）

▲クエンティン・マセイス《両替商とその妻》. 貨幣を量る両替商とその様子を眺める妻を描いた絵画［ルーヴル美術館；Vandewalle, 2002］（☞「金貸し」「貨幣」）

信仰の場

◀モンレアーレ大聖堂のアプシス.「全能の神」キリストを表す［伊藤喜彦撮影, 2022年］（☞「中世建築のかたち」）

パリのノートルダム▶大聖堂を後陣からのぞむ［伊藤喜彦撮影, 2004年］（☞「中世建築のかたち」）

▲キリストの「聖顔」を見るためにローマに集う人々を表した絵［Mirabilia urbis Romae. ita, carta d8v（BEIC）］（☞「旅行ガイド」）

▲ローマの七つの巡礼先教会の図. 多数の信徒が聖地ローマを訪れた［Antoine Lafréry《Le sette chiese di Roma》（1575）］（☞「巡礼」）

ル・トロネ修道院. 手前の回廊は修▶道士の瞑想の場でもあった［西田雅嗣撮影, 2004年］（☞「修道院」）

聖書と聖なる人物

▲「詩編」の挿絵. パイプオルガンを弾くダヴィデ王 [From the British Library collection, Add Ms 62925, f. 97v] (☞「教会とオルガン」)

▲グーテンベルク 42 行聖書. 最初期の活版印刷本として知られる [慶應義塾図書館] (☞「活版印刷と木版本」)

▲マリア (聖母) に読み方を教えるマリアの母聖アンナを表した絵 [Los Angeles, Getty Museum Collection, Book of Hours, Ms. 5 (84.ML.723), fol. 45v.] (☞「女性と子どもの教育」)

▲禁断の果実を手にするアダムとエヴァと, 女性の顔をした蛇の絵 [Cambridge, St John's College, Psalter, MS K.26, fol.4r.] (☞「聖書とジェンダー観」「医学とジェンダー」)

▲殉教聖女ルチアとルチアに跪き祈る修道女を描いた壁画 [サン・ピエトロ・イン・ヴィンコリ教会, ジョルジョ・ダ・リーヴァ《聖ルチア》(1358)] (☞「紋様」)

中世文化の受容

▲ノイシュヴァンシュタイン城．中世の様式に基づく 19 世紀の建築［ドイツ，バイエルン州］（☞「中世主義」）

▲中世風の騎士と神話の人物のラミアを描いた 20 世紀の絵画［Auckland Art Gallery Toi o Tāmaki］（☞「中世主義」）

◀高プロヴァンス地方の放牧地でのミサ．中世の移牧が継承されている［アルプ゠ド゠オート゠プロヴァンス県文書館，写真絵葉書］（☞「移牧」）

▲毎年 2 月にヨークで開催される「ヨーヴィック・ヴァイキング祭り」．市が立ち，ヴァイキング船が展示される［小澤実撮影，2019 年］（☞「ツーリズムと中世」）

刊行にあたって

　2024年10月現在もヨーロッパ半島の歴史は動いている．黒海北岸や中東での破壊と虐殺，気候変動による酷暑の中でのパリ五輪，イギリスでの移民排斥と擁護の間での綱引きやバルセロナでの反観光客の動き，アイスランドで連続する噴火やギリシアでの大規模な山火事など，半島のあちこちが刻一刻とその姿を変えつつある．本事典は，そのように絶えず揺れ動くヨーロッパ半島の時間軸をさかのぼり，根源ともいえる「中世」の文化とは何かを問う試みである．

　時代区分としての「中世」は，きわめて作為的な用語である．ルネサンス期のイタリアで，賞賛し規範とすべき「古代」でもなく，しかし自分たちが生きる「近代」でもない，そのはざまの時代が発見された．それが「中間の時代（medium aevum）」，つまり中世である．古代の意義を再発見したルネサンス人は，西ローマ帝国の崩壊以来の1000年間にわたる過去を，一括りにしてブラックボックスに投げ込んだ，というのは言い過ぎだろうか．

　19世紀後半以来，長らく「暗黒時代」とされてきたこの中世を積極的に評価する動きが芽吹いた．行政文書，年代記，文学作品，宗教テクスト，音楽資料などさまざまな文字史料が手稿本から校訂され，建築物の遺構や日用品が発掘され，絵画，彫刻，教会聖具などが美術館に並び，ロマン主義以来の流れを汲んだ中世評価の批評や作品もまた生み出された．中世は国家や民族の起源であると理解されたため，どの国もこの時代の研究には注力した．研究分野の基礎を打ち込んだ文献学者のJ. ベディエ，J. R. R. トールキン，美術史のA. リーグルやE. マール，哲学思想のM. グラープマン，E. ジルソン，そして歴史学のCh. H. ハスキンズ，H. ピレンヌ，そしてM. ブロックらの肩に乗り，戦後はアナール学派や社会史の隆盛を経験したわれわれにとって，ヨーロッパ半島の1000年間を切り出した「中世」は，今や積極的な価値を見出す時代区分となった．

　西洋中世に光を当てる本事典の全16章は，1項目2400字という枠の中で，法制史や哲学思想から芸術論やジェンダー論に至るまで文化という観点で執筆されている．さらに先達とも言える『西洋思想大事典』（平凡社，1990），『歴史学事典（全16巻）』（弘文堂，1994-2009），*Dictionnaire raisonné de l'Occident médiéval*（Fayard, 1999）などを踏まえたうえで，21世紀の事典として次の視点も組み込んだ．

　第一に分野横断である．本事典の編集・執筆は，歴史学，文学，文献学，美術

史学，哲学，音楽学など，中世に関わるあらゆる学問分野の専門家が参加している．2名以上の専門家が協力して各章の編集と項目選択を行い，各項目は専門事例を活かし，かつ普遍性のある内容を提供する．第二に西欧の越境である．本事典の射程は西欧だけでなく北欧・東欧を含めたラテン・カトリック圏，さらにはビザンツ帝国に及んでいる．それに加えて現在のウクライナやロシア，アルメニアといった正教圏，十字軍国家の建設された中東，アイスランドやグリーンランドが連なる北大西洋島嶼もまた対象である．第三に論点のグローバル化である．現在どの専門分野でも，単一国家・民族・言語ではなくグローバルな観点で対象をとらえ直す動きが見られる．本事典でも，ヨーロッパ半島全体に影響を与える気候変動や水系ネットワークのような環境条件，遊牧民族が往来するユーラシアのステップ地帯，奢侈品をもたらす東方や想像上のインドも，視野に収めている．第四に文化接触と文化創造への注目である．アブラハム宗教を共有するムスリムやユダヤ人，基層文化であるケルト・ゲルマン・スラヴ，戦闘や交渉を繰り返す遊牧民や先住民，交易で出会うアジアやアフリカの諸民族は，移動する集団を通じて，常に新しい息吹を西洋にもたらした．そして第五に受容の重視である．近代に引き継がれた「中世」は『指輪物語』や『ハリー・ポッター』シリーズのみならず，日本の漫画やアニメなどのポップカルチャーの中で新しい姿を纏う．本事典は，先人の豊かな遺産を引き継ぎ，中世研究の現在を反映する鏡でもある．

　本書の企画はコロナ禍にあった2021年にさかのぼる．その企画を担ったのは2009年に設立された西洋中世学会である．執筆者の多くも西洋中世学会員であるが，研究上の新傾向を積極的に立項したこともあり，学会外からの専門家の参加もある．そして可能な限り今後の西洋中世研究を担う中堅若手の書き手に執筆を依頼する方針をとった．いずれこの事典も古びてゆくだろうが，その時は，次の世代が後続世代に残したい事典を編むだろう．

　本事典は読む事典である．目次や索引を見て，気になる項目から読めばよい．一つ読み，二つ読み，行きつ戻りつ一つの章を通読し，別の章をまた通読すれば，通読した項目同士から思いもよらない化学反応が起きて新たな視野が開けてくるかもしれない．学術水準を維持しつつ平易な表現を心がけた本事典は，すべての人に開かれている．そうした風通しの良さもまた，誰もが集う場としての西洋中世の魅力である．そんな事典を実現させたすべての関係者に感謝を．

　2024年10月

　　　　　　　　　　　　　　　　　　　　　編集委員長　小澤　実

編集委員一覧

編集顧問
松　田　隆　美　　慶應義塾大学名誉教授

編集委員長
小　澤　　　実　　立教大学文学部教授

編集幹事（五十音順）
池　上　俊　一　　東京大学名誉教授
今　井　澄　子　　大阪大谷大学文学部教授
草　生　久　嗣　　大阪公立大学大学院文学研究科教授
辻　内　宣　博　　早稲田大学商学部准教授
山　辺　規　子　　奈良女子大学名誉教授

編集委員（五十音順）
青　谷　秀　紀　　明治大学文学部教授
伊　藤　喜　彦　　東京都立大学都市環境学部准教授
大　黒　俊　二　　大阪市立大学名誉教授
大　貫　俊　夫　　東京都立大学人文社会学部准教授
大　沼　由　布　　同志社大学文学部教授
加　藤　　　玄　　日本女子大学文学部教授
河　原　　　温　　放送大学教養学部教授
城　戸　照　子　　大分大学経済学部教授
木　俣　元　一　　名古屋大学名誉教授
久木田　直　江　　静岡大学名誉教授
小　林　宜　子　　東京大学大学院総合文化研究科教授
図　師　宣　忠　　甲南大学文学部教授
田　口　正　樹　　東京大学大学院法学政治学研究科教授
藤　崎　　　衛　　東京大学大学院総合文化研究科教授
横　山　安由美　　立教大学文学部教授
吉　川　　　文　　東京学芸大学芸術・スポーツ科学系准教授

＊所属・肩書は 2024 年 9 月現在

執筆者一覧 (五十音順)

青 谷 秀 紀	明治大学	
赤 江 雄 一	慶應義塾大学	
上 尾 信 也	桐朋学園大学特任教授	
秋 岡 安 季	東京大学大学院工学系研究科 博士課程	
足 立 孝	九州大学	
足 立 広 明	奈良大学	
アダム・タカハシ	関西学院大学	
阿 部 俊 大	同志社大学	
有 信 真美菜	東京大学非常勤講師	
井 口 篤	慶應義塾大学	
池 上 俊 一	東京大学名誉教授	
居 阪 僚 子	創価大学非常勤講師	
諫 早 庸 一	北海道大学	
石 坂 尚 武	同志社大学名誉教授	
石 田 隆 太	同志社大学	
泉 美知子	中央大学	
市 川 佳世子	慶應義塾大学	
一 條 麻美子	東京大学	
出 佳奈子	弘前大学	
伊 藤 亜 紀	国際基督教大学	
伊 藤 博 明	専修大学	
伊 藤 喜 彦	東京都立大学	
井 上 果 歩	東京藝術大学専門研究員	
井 上 浩 一	大阪市立大学名誉教授	
井 上 周 平	獨協大学非常勤講師	
井 上 智 也	岐阜高等学校	
今 井 澄 子	大阪大谷大学	
今 谷 和 徳	音楽史家	
岩 波 敦 子	慶應義塾大学	
岩 谷 秋 美	大妻女子大学	
印 出 忠 夫	聖心女子大学	
上 枝 美 典	慶應義塾大学	
上 田 耕 造	明星大学	
上 山 益 己	佛教大学非常勤講師	

内 山 真莉子	法政大学	
大 黒 俊 二	大阪市立大学名誉教授	
太 田 泉 フロランス	東京大学	
大 貫 俊 夫	東京都立大学	
大 沼 太兵衛	山形県立米沢女子短期大学	
大 沼 由 布	同志社大学	
大 橋 喜 之	翻訳家	
大 原 志 麻	静岡大学	
岡 北 一 孝	岡山県立大学	
岡 崎 敦	九州大学名誉教授	
小笠原 弘 幸	九州大学	
岡 本 信 照	京都外国語大学	
岡 本 広 毅	立命館大学	
小 川 直 之	亜細亜大学	
奥 西 孝 至	神戸大学	
小 倉 康 之	玉川大学	
小 澤 実	立教大学	
櫻 田 宗 紀	東京大学特任研究員	
踊 共 二	武蔵大学	
小山田 圭 一	四国学院大学	
加 来 奈 奈	摂南大学	
梶 原 洋 一	京都産業大学	
片 山 伸 也	日本女子大学	
加 藤 耕 一	東京大学	
加 藤 玄	日本女子大学	
加 藤 磨珠枝	立教大学	
金 澤 正 剛	国際基督教大学名誉教授	
金 沢 百 枝	多摩美術大学	
加 納 修	名古屋大学	
樺 山 紘 一	渋沢栄一記念財団	
唐 澤 一 友	立教大学	
川 添 信 介	福知山公立大学	
河 原 温	放送大学	
神 崎 忠 昭	慶應義塾大学名誉教授	

菅　野　磨　美	金沢大学	佐　藤　雄　基	立教大学
菊　地　　　智	ルーヴェン・カトリック大学 フリー・リサーチ・アソシエイト	佐　藤　雪　野	東北大学
菊　地　重　仁	東京大学	三光寺　由実子	SBI 大学院大学
菊　地　達　也	東京大学	志　田　雅　宏	東京大学
菊　池　雄　太	立教大学	治　部　千　波	フランス食文化史研究者
菊　池　良　生	明治大学名誉教授	嶋　﨑　　　礼	九州大学
城　戸　照　子	大分大学	将基面　貴　巳	オタゴ大学
木　俣　元　一	名古屋大学名誉教授	白　幡　俊　輔	流通科学大学
久木田　直　江	静岡大学名誉教授	甚　野　尚　志	早稲田大学
草　生　久　嗣	大阪公立大学	須　網　美由紀	名古屋大学共同研究員
工　藤　義　信	石川県立看護大学	杉　崎　泰一郎	中央大学
久　米　順　子	東京外国語大学	杉　山　美耶子	名古屋大学
黒　川　正　剛	太成学院大学	杉　山　ゆ　き	東京都立大学
黒　田　祐　我	神奈川大学	図　師　宣　忠	甲南大学
桑木野　幸　司	大阪大学	鈴　木　桂　子	ヒルデガルト研究者
桑　原　夏　子	早稲田大学	砂　田　恭　佑	大東文化大学
小　池　剛　史	大東文化大学	関　　　哲　行	流通経済大学名誉教授
小　池　寿　子	國學院大學	苑　田　亜　矢	熊本大学
小　島　見　和	福山市立大学	髙　木　麻紀子	明治学院大学
後　藤　里　菜	青山学院大学	高　田　良　太	駒澤大学
小　林　亜伽里	オックスフォード大学大学院 西洋中世文学専攻博士課程	高　津　秀　之	東京経済大学
小　林　亜沙美	就実大学	高　名　康　文	成城大学
小　林　　　剛	聖心女子大学非常勤講師	高　橋　謙　公	岡山大学
小　林　繁　子	新潟大学	高　山　　　博	東京大学名誉教授
小　林　典　子	元大阪大谷大学	瀧　本　佳容子	慶應義塾大学
小　林　宜　子	東京大学	田　口　正　樹	東京大学
駒　田　亜紀子	実践女子大学	田　中　久美子	文星芸術大学
小　宮　真樹子	近畿大学	千　葉　敏　之	東京外国語大学
紺　谷　由　紀	日本学術振興会特別研究員 PD	趙　　　泰　昊	明治大学
齊　藤　寛　海	信州大学名誉教授	月　村　辰　雄	東京大学名誉教授
櫻　井　康　人	東北学院大学	辻　内　宣　博	早稲田大学
佐々井　真　知	中部大学	津　田　拓　郎	北海道教育大学
薩　摩　秀　登	明治大学	土　橋　茂　樹	中央大学名誉教授
佐　藤　　　猛	秋田大学	遠　山　茂　樹	東北公益文科大学名誉教授
佐　藤　公　美	京都大学	徳　井　淑　子	お茶の水女子大学名誉教授
		徳　永　聡　子	慶應義塾大学
		徳　橋　　　曜	富山大学

戸 田　　聡	北海道大学
轟 木 広太郎	ノートルダム清心女子大学
ド ニ ャ ス ア ン ト ニ オ	上智大学
土 肥 由 美	ヨーロッパ中世文学研究家
中 島 智 章	工学院大学
仲 田 公 輔	岡山大学
中 堀 博 司	宮崎大学
中 村 敦 子	愛知学院大学
中 谷　　惣	大阪大学
中 山 明 子	立命館大学非常勤講師
奈良澤 由 美	城西大学
成 川 岳 大	立教大学兼任講師
西 田 雅 嗣	京都工芸繊維大学名誉教授
服 部 良 久	京都大学名誉教授
花 田 洋一郎	西南学院大学
花 房 秀 一	中央学院大学
濱 野 敦 史	在イタリア日本国大使館専門調査員
浜 本 隆 志	関西大学名誉教授
原　　基 晶	東海大学
原 田 晶 子	川村学園女子大学
樋 口　　諒	名古屋大学
平 澤 宙 之	釧路工業高等専門学校
ヒ ロ・ヒ ラ イ	東京大学
藤 井 真 生	静岡大学
藤 井 美 男	下関市立大学
藤 崎　　衛	東京大学
藤 本　　温	名古屋工業大学
不 破 有 理	慶應義塾大学名誉教授
細 田 あや子	新潟大学
堀 越 宏 一	早稲田大学
本 間 裕 之	東京大学大学院人文社会系研究科博士課程
松 田 隆 美	慶應義塾大学名誉教授
松 根 伸 治	南山大学
松 本　　涼	福井県立大学
三 浦 麻 美	埼玉学園大学
三 浦 清 美	早稲田大学
水 落 健 治	明治学院大学名誉教授
水 野 千 依	青山学院大学
三 村 太 郎	東京大学
宮 崎 晴 代	武蔵野音楽大学非常勤講師
宮 野　　裕	岐阜聖徳学園大学
向 井 伸 哉	大阪公立大学
向 井 朋 生	フランス国立科学センター
武 藤 奈 月	ソルボンヌ大学大学院中世文学専攻博士課程修了
村 田 光 司	筑波大学
村 松 真理子	東京大学
村 山 いくみ	聖心女子大学非常勤講師
室 崎 知 也	独立研究者
元 木 幸 一	山形大学名誉教授
矢 内 義 顕	早稲田大学
八 木 健 治	羊皮紙工房
山 口 雅 広	龍谷大学
山 田 雅 彦	京都女子大学名誉教授
山 辺 規 子	奈良女子大学名誉教授
山 本 成 生	上智大学
山 本 文 彦	北海道大学
横 川 大 輔	札幌国際大学
横 山 安由美	立教大学
吉 川　　文	東京学芸大学
四日市 康 博	立教大学
頼　　順 子	京都女子大学非常勤講師
渡 邉 浩 司	中央大学
渡 邉 裕 一	福岡大学

＊所属・肩書は 2024 年 9 月現在

目　次

*見出し語五十音索引は目次の後に掲載

1章　環境と自然

［編集担当：草生久嗣／池上俊一・小澤　実］

2章　国家と支配

［編集担当：草生久嗣／加藤　玄・田口正樹］

3章　ことばと文字

[編集担当：松田隆美／大黒俊二]

4章　戦争と騒擾

[編集担当：草生久嗣／加藤　玄]

5章　都市と産業

[編集担当：山辺規子／大黒俊二・河原　温・城戸照子]

6章　交易ともの

[編集担当：山辺規子／大黒俊二・河原　温・城戸照子]

7章　移動と交流

[編集担当：山辺規子／大沼由布・草生久嗣]

8章　身体と衣食住

[編集担当：池上俊一／山辺規子]

9章　信仰と想像

[編集担当：池上俊一／青谷秀紀]

10章　ジェンダーと人生サイクル

［編集担当：池上俊一／小澤　実・久木田直江］

11章　書物と文芸

［編集担当：松田隆美／小林宜子・横山安由美］

12章　美術と表象

［編集担当：今井澄子／木俣元一］

13章　建築と場所

［編集担当：今井澄子／伊藤喜彦］

14章　思想と科学

［編集担当：辻内宣博／藤崎　衛］

15章　音楽と儀礼

［編集担当：辻内宣博／池上俊一・吉川　文］

16章　中世受容と中世研究

［編集担当：小澤　実／大貫俊夫・草生久嗣・図師宣忠］

見出し語五十音索引

【注記】

1. 本文中で「中世」の用語を使用する場合は原則として「西洋」の中世を対象としている．文脈上，明記した方がよい項目・文章に限って「西洋中世」「西欧中世」「中世ヨーロッパ」などの用語を使用した．
2. 本事典では広範囲の地域を扱っており，また，さまざまな分野の専門家が執筆していることから，地名や人名，用語などは複数の編集委員・編集部により「緩やかな統一」を行った．項目ごとに表記の揺れが見られることがあるが，揺れに関してはできる限り索引での掲載でカバーした．
3. 本文中の記述が他項目と関連している場合は，本文の該当箇所に（☞「○○」）のかたちで関連項目名を示した．
4. 本文中，原則として引用文献は（甚野，2004）のように著者/編者姓と出版年で記した．ただし，本文中で中世以前の原典翻訳を引用している場合は訳者姓と訳書出版年で記した．
5. 本文中の聖書の文書名，略語表記ならびに出典は『新共同訳聖書』（1987；1988，日本聖書協会）にならった．
6. 巻頭に掲載した口絵は，本事典関連項目の理解を助けるとともに，西洋中世世界の特徴を大きなテーマごとに視覚的にとらえられるよう選択・配置した．
7. 巻末に引用文献ならびに，さらに詳しく知ることのできる参照文献を項目ごとにあげ，読者の便宜を図った．また，Wikipedia または Wikimedia Commons で参照できる図版があれば，巻末に URL 情報を記載して読者の利便性を図った．

1章　環境と自然

　「国破れて山河在り」と嘆じたのは，唐の詩人杜甫（8世紀）である．この詩『春望』は，乱世にも不動の山水草木を見出すことから始まり，世相，社会や家族，そして自身の身体に思いをはせている．しかし自然はいつも不動というわけではない．それは人間活動との相互関係の下に姿を変え，環境となって社会と文化が形成されていく歴史の舞台でもあった．

　その理は古今東西同じであろうが，西洋中世世界では，天体を含めた万物が秩序（cosmos）付けられ，マクロコスモス（＝存在の宇宙）が，人間の身体や生活圏＝ミクロコスモスと連動していた．本事典の続く各章において見られるようなさまざまな文化の営みは，動植物はもちろん，大地や森，海や川，そして天変地異からも，人間自身の手になる活動・動乱に等しく影響を被って展開していった．このようにあらゆる文化現象の基となった「環境と自然」の諸項目を，本事典の開扉の章として置く．　　　　　　　　　　　　［草生久嗣／池上俊一・小澤　実］

天体観測

　空を見上げて天体を眺めるという行為はあらゆる時代や地域で行われていただろう．しかし天体の位置決定を目指す天体観測は古来から普遍的に存在していたとは言い難い．実際，紀元前 4 世紀頃に科学を含めた学問全体の体系化を成し遂げたアリストテレスの諸著作では，惑星の運行に関する定性的な議論は見受けられるが，その定量的な決定はほぼ扱われない（Bowen, 2012）．いわばアリストテレスが活躍した当時の古代ギリシアでは惑星の位置決定への関心は総じて低く，それに必要な天体観測もそれほど行われていなかったと考えられる．

　だがアレクサンドロス大王の領土拡大によりヘレニズム文明圏がエジプトまでも含むようになると，アレクサンドリアを中心として天体観測が盛んになった．その成果を十二分に利用して登場したのがローマ帝国下で 2 世紀頃に活躍したプトレマイオスによる『アルマゲスト』（150 頃成立）であり，そこで完成された天動説モデルだった．ではなぜヘレニズム文明圏の拡大で天文観測が必要になったのか．その理由として考えられるのは，包括したエジプトがすでにバビロニア文明の影響を受けて占星術が盛んだったことである．

✖占星術と天体観測　古代より天体観測への関心を急激に高めたのは占星術だった．占星術は天体の位置関係から地上の出来事を予測するため，その実践には諸惑星の位置決定が必要となり，天体観測とその記録や位置計算への需要が高まった．実際，前 5 世紀頃までに占星術を体系化したバビロニア文明では，観測結果が体系的に記録され位置計算の改良が行われた．それ故バビロニア文明の影響を受けたエジプトでの占星術への高い関心を受けて，ヘレニズム文明圏でも天体観測への関心が高まり，プトレマイオスの惑星モデルを生んだといえる．

　では天体観測への関心はプトレマイオス以後のローマ帝国下でどのようになっていったのか．当時の天文学や占星術に関する文献がほぼ残っていないことが示唆するように，キリスト教が国教となってから占星術への関心は低下し，天文現象に関する目立った探究は見られなくなった．そのため，それを支える天体観測への関心も低下してしまったと考えられる．興味深いことに，ローマ帝国と入れ替わるように天体観測への関心を高めていったのがイスラーム文化圏だった．

✖アッバース朝と天体観測　8 世紀頃イスラーム帝国の基盤をつくったアッバース朝はペルシア人たちと協力することで成立した．そこでみずからがペルシア人たちの祖国サーサーン朝ペルシアの後継国家であることを印象付けるべく，2 代目カリフ，マンスールはペルシア文化を中心に異文化の導入を始め，サーサーン朝ペルシアの伝統に倣って占星術を利用した王朝運営を実現しようとした．その結果，

宮廷には多数の占星術師が参与し，占星術の実践が行われた．それに伴い天体観測への関心が高まり，観測小屋が各所に設けられ，占星術師たちがおのおのの観測結果を記録し，記録精度の高さを競うような活動が展開された（Mimura, 2020）.

　アッバース朝以降も，その支配体制の枠組みをある意味で継承した各王朝で占星術への関心は受け継がれた．その結果，王朝の宮廷には占星術師たちが抱えられ，天文台が設置されるのが一般的となった．このイスラーム文化圏での事例でも占星術への必要性から大規模な天体観測が継続して行われたことがわかる．さらにイスラーム文化圏での弛まぬ天体観測への関心が占星術の伝播を介して 12 世紀頃ヨーロッパに伝わることになる．

✖ 12 世紀ルネサンスとヨーロッパ　ローマ帝国の動乱期を経て，ヨーロッパはローマ文化をみずからの祖先の文化と位置付け，その領域の統一を目指した．その過程でローマ文化の基礎だったギリシア文化に興味をもち，ギリシア文化の中でもその数理科学の導入をまず目指し，アラビア語で書かれたギリシア科学書のラテン語への翻訳が大量に行われた．これがいわゆる12世紀ルネサンスである．

　注目すべきは，最初期に行われたアラビア語からの翻訳文献群に占星術書も数多く含まれていたことである．ヨーロッパではアラビア語を介してギリシア数理科学を受容する過程で占星術への関心が再び高められたといえる．

　占星術への関心とともに天体観測への関心もヨーロッパで高まった．その高まりはヨーロッパでのアストロラーベ文献の大量生産から裏付けられる．アストロラーベは天空の配置を平面上で再現可能にした天文観測器具でイスラーム文化圏で爆発的に流行した．そのマニュアル群が器具本体とともにイスラーム文化圏からヨーロッパに伝来し大量のアストロラーベとそのマニュアルがヨーロッパでも作成された．さらにアストロラーベにとどまらず，修道士たちを中心に天文観測器具の改良や発明がさまざまなされ，その設計図が披露されることになる（フォーク，2023）．このような天文観測器具への関心の高まりを支えたのはヨーロッパでの天体観測への高い関心であり，それを引き起こしたのは占星術への関心だった．

　この占星術受容をきっかけに導入された天体観測と数学を通じたコスモロジー理解という枠組みがヨーロッパに与えた影響は大きい．天文観測器具を使って観測し，数学を使ってその運行を理解する様は，全知全能の唯一神が数学という最も厳密な学問によって組み立てた世界の仕組みを数学の力を使って探求することに通じる．ルネサンス以降，数学的に調和の取れた宇宙像を探求し，神の素晴らしさを証明することが一部のヨーロッパの学者たちの課題となっており，その最大の成果が自然学の数学化を果たしたニュートン力学だったことを思い返すならば，このような占星術的なコスモロジーがヨーロッパにおける近代科学への道をつくったともいえるだろう．その数学的宇宙像探求を支えたのが天体観測だったことは言うまでもない．

［三村太郎］

気候変動

　気候変動とその人間社会への影響を歴史学に取り入れることに関して,ヨーロッパ史はほかの地域史に先駆けていた. その先駆的な成果の一端は, 例えば E. ル・ロワ・ラデュリ『気候の歴史』(1983) などに現れている. その後, 特に 21 世紀以降の古気候学の急速な進展に伴い, 中世期の環境史研究にも大きな変化が訪れている. ここでは, それをいくつかの重要概念をベースにまとめておきたい.

✖中世気候異常　9〜13 世紀にかけて特に北半球においては, 独特の大気循環パターンが存在していた. このパターンのレジリエンス（復元力）は非常に強力であり, ひとたび中断したり逸脱があったりしても, やがてはもとの状態に戻っていった. この時期は, かつては世界的に温暖化が進んだ時期と見なされ「中世温暖期」と呼び習わされてきたものの, 温暖化は実のところ地理的に不均一であり, 海洋と大気の複雑な相互作用により東太平洋のようないくつかの地域においてはむしろ気温が低くなっていた. そのため現在ではこのパターンが支配的であった時期を「中世気候異常」と呼ぶことが多い. この安定した大気循環パターンのもとで, ラテン・キリスト教世界においては人口増加と経済成長が安定的に達成されていた. そしてこの西方世界の再生は, V. リーバーマンが「奇妙な並行」の事例の一つとしてあげたように, 東方の東アジア・東南アジア・南アジアの諸王朝の興隆とも軌を一にしていた（Lieberman, 2009）. こうした状況の中で, J. アブー＝ルゴドが「13 世紀世界システム」と呼んだ, アフロ・ユーラシアに分立していた交易圏同士の連環が実現したのである（アブー＝ルゴド, 2001）.

✖小氷期　「中世気候異常」から「小氷期」への気候の一大転換と, その人間社会との相互作用を B. M. S. キャンベルは「大遷移」と呼び, 文献データと気候データとを組み合わせて包括的に論じた（図 1, Campbell, 2016）. 長期にわたって安定していた「中世気候異常」の大気循環パターンが変化し始めたのは, 太陽活動が減退し, 北半球の気温が下がった 1270 年代からであった. 確立された大気循環パターンはほぼすべての地域で不安定になり, 異常気象がアフロ・ユーラシア規模で経済混乱をもたらすことになる.

　そして 1340 年代〜70 年代にかけての期間において, 気候がより不安定化する中で戦乱が交易を阻害し, ペストが黒海へと至る. この三つの要素の複合が危機を最大化させた. この時期, 北半球は過去 8 世紀間で最も寒冷な時期を迎えていた. 気候の振れ幅が極端なものとなり,「小氷期」の特徴が地球上に顕在化する. 気候変動に加えて政治面でも, 1340 年代までに情勢は国際商業にとって絶望的なものとなっていた. フレグ・ウルス（1256〜1357）とジョチ・ウルス（1240

頃～1359以降）というモンゴル帝国の国家同士の争いは激化し，イタリア商人の交易を阻害する．ジョチ・ウルスの軍隊は，ジェノヴァの黒海における拠点カッファを包囲するに至る．1346年，この包囲戦の後にペストの大流行が始まるのである．「ペスト（黒死病）」はその第1波で，人口の3割ほどを駆逐する被害をヨーロッパにもたらした．

その後1370年代～1470年代にかけては，ラテン・キリスト教世界にとって長い沈滞の時期であった．この100年が「大遷移」の最終段階を構成している．この間にも気候の状況は悪化し続け，死亡率も高いままであった．マムルーク朝（1250～1517）とオスマン朝（1299頃～1922）の中東における覇権も，ヨーロッパ商人の長距離交易にとっては阻害要因であった．1453年にはオスマン朝がコンスタンティノープルを陥落させて黒海を閉ざしたことにより，ヨーロッパは太洋に出ていくほかなくなる．その後のヨーロッパの跳躍は，気候変動の緩和期と重なっているともキャンベルは指摘している．

✖️**モラル気象学**　さらに気候変動とその人間社会への影響を見るにあ

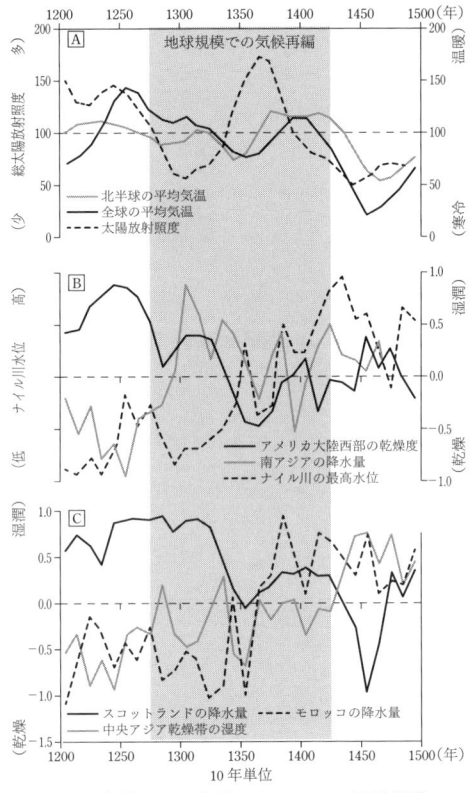

図1　1270年代～1470年代にかけての，地球規模での気候再編．Aは指数化された太陽放射照度と全球および北半球の気温，Bは指数化されたアメリカ大陸西部の乾燥度と南アジアの降水量とナイル川の最高水位，Cは指数化されたスコットランドおよびモロッコの降水量と中央アジア乾燥帯の湿度（すべて1200～1500年）のデータを示す［Campbell, 2016より作成］

たっては，人間社会がこのような危機をどのようにみずからのうちに取り込んだのかという観点も重要である．中世において異常気象や伝染病はラテン・キリスト教世界，地中海世界，中国といった地域を問わず「モラル気象学」を生んだと，J. プライザー・カペラーは語る（Preiser-Kapeller, 2021）．君主の悪行が災害を呼ぶという観念である．自然災害や疫病をこのように社会に埋め込むことは，災害への予防・対策を政府にうながし，社会秩序を強化する原動力ともなった．こうしたプロセスの中で中世社会は，そのレジリエンスを高めていったのである．　　　［諫早庸一］

自然災害

　自然災害とは，一般的に地震，火山，津波，高潮，台風，豪雨，洪水，異常低温など，何らかの自然現象によって引き起こされる災害のことを指す．中世ヨーロッパ世界では，人々は常に制御不能な自然の猛威にさらされ，死の危険に直面していた．中世ヨーロッパを襲った自然災害について，それを伝える史料の性格に注目しながら，以下に概観してみよう．

✖神の怒り─年代記や説教範例集に見る自然災害　中世の人々が多くの自然災害に直面したことは，さまざまな史料から読み取ることができる．すでに中世初期の段階から，修道院の編年史や聖職者が書いた年代記の中で災害や飢饉への言及が見られる．カロリング期の年代記では，地震や厳冬などの災厄に際して聖職者たちが中心となり贖罪（しょくざい）の祈祷（きとう）と貧者への施し，宗教行列などを実施したことが記されている．災厄をもたらした「神の怒り」を取り除くには，こうした行為を通じて神に祈りをささげることが重要だと考えられていたのである．

　中世盛期には，民衆説教の手引きとして作成された説教範例集が自然災害を伝える史料として登場してくる．その多くは托鉢（たくはつ）修道会士によるもので，13世紀のドミニコ会士ブルボンのエティエンヌによる説教範例集がよく知られている．また，シトー会士ハイステルバッハのカエサリウス『奇跡についての対話』(1219〜23頃)にも自然災害の教訓例話が登場し，地震や洪水など天変地異の事象が「神の怒り」の表現として描かれている．自然災害は，民衆を道徳的に教化するための題材として，説教師たちが好んで取り扱うテーマであったことがわかる（甚野，2004）．

✖地震─同時代人の証言　中世後期になると，自然災害を伝える史料として，年代記や説教範例集だけでなく，実際の被災者や目撃者による記録も増えてくる．地震史研究の古典とされるA. ボルストの「1348年の地震」(1981) という論文では，実際に被災した当事者の記録や目撃証言をまとめた報告書など多種多様な史料が分析の対象となっている．現代の地震学の研究でマグニチュード6.5であったと推察されている1356年のバーゼル地震では，10月18日午後に最初の激しい揺れが発生した．その後も数日間は余震が続き，火災も発生した．当時コンスタンツにいたディーセンホーフェンのハインリヒは，おそらくバーゼルで実際に被災した人物からの信憑（しんぴょう）性の高い伝聞情報をもとに，震災の様子を詳しく記述している．「その日のうちに続けざまに襲ってきた余震におびえて野原へと逃げ出し」た多くの人々は，ザンクト・アルバン修道院から火が上がり家々へ燃え移るのを見て市内に駆け戻り，「消火の手伝いをしたり，財産を避難させたり，また最初の揺れで下敷きになった人びとを助けたりした」．その晩，「再び大きな揺れ

が襲って」きて，辛うじて踏みとどまっていた家々は崩れ落ちたという（フーケー＆ツァイリンガー，2015）．また，地中海の島々では地震後の津波も脅威であった．1202，1303，1481年の地震では，キプロス，クレタ，ロードスの各島で，甚大な津波被害が発生したことがわかっている．

✖洪水―会計簿の記録　14世紀になり小氷期が始まると，気候は不安定化し，異常気象が頻発するようになる．冬はより寒く，夏は短くなった．初夏に大雨が続くと，アルプスの雪解け水と合わさって河川は氾濫し洪水が発生して大きな被害をもたらした．洪水被害やその対策については，各都市の橋管理人の帳簿や会計簿の記録から，その詳細をうかがい知ることができる．例えば，ドナウ川支流のトラウン川が流れる都市ヴェルスの橋管理人帳簿には，繰り返し発生する洪水で壊れる木橋をすぐに再建するための予備材木の記録が多く見られる．河川の氾濫は「神の怒り」ではなく，対応可能なリスクとして認識されており，洪水や橋倒壊に備えた都市の日頃からの予防的な対策を読み解くことができる（Rohr，2007）．都市バーゼルの会計簿記録には，1440年代半ばからのおよそ100年間で発生したおよそ70件の洪水被害が記録されており，2年に1度以上のペースで洪水に直面していたことがわかる（フーケー＆ツァイリンガー，2015）．

✖蝗害―宗教画に描かれた黙示録的な自然災害　小氷期による気候の不安定化や異常気象の頻発は，ほかにも異様な自然現象をもたらした．1330年代半ば〜40年代にかけて一段と厳しい気候が続き，1338年春には各地で洪水が発生して大きな被害をもたらした．夏には人々をさらなる災厄が襲った．ハンガリー，オーストリア，ボヘミア，神聖ローマ帝国の各地でバッタが大量発生し，収穫物の大部分を食い尽くしてしまったのである．7月20日にはプラハでバッタ被害の記録があり，そこから西方へと拡大していった．8月10日にはニュルンベルクとエアフルトで，14日にはフランクフルトでも蝗害の記録が確認できる（Glaser，2008）．その後も蝗害は各地で発生したが，東アルプス地域では，15世紀後半〜16世紀にかけて，その黙示録的な被害の様子が教会の奉納画などに多く描かれるようになる（Rohr，2007）．宗教画に描かれた黙示録的な図像からは，当時の人々が感じた恐怖や不安の心性を読み解くことができるだろう．

✖地域ごとの災害文化　中世ヨーロッパ世界を襲った自然災害は，ほかにもたくさんある．北海やバルト海域では高潮が大きな被害をもたらし，アルプスなどの山岳地帯では雪崩が多くの人命を奪った．また渇水や干ばつなど水不足が大きな問題となる地域もあった．長い時間をかけて各地域で育まれた災害文化をより仔細に考察していく視点が重要となろう．最新の研究動向では，考古学調査や自然科学との協同，古代や近世との連続性の問題，またアジア地域との巨視眼的な比較考察などが注目すべき論点としてあげられている．中世災害史研究は，今後さらなる進展が期待される魅惑的な研究分野であることは間違いない．［渡邉裕一］

自然の驚異

　人新世に生きる現代人も，頻発する極端な自然現象には畏怖や不安を覚え，その原因を科学的に解明し対処しようとしている．それでは近代科学以前，中世の知識人エリートである聖職者や世俗の貴族，民衆にとって，「自然の驚異」はどのように認識されていたのか．J. ル・ゴフは論文「中世の科学的驚異」において，当時の「驚異」「自然」に関する定義を試みた（ルゴフ，1992）．「驚異」とは神に直接由来する「奇跡」と悪魔による「魔術」の間に位置する現象で，自然的要因があるものを指す．しかしそれが人間にとって未知である場合，「驚異」として現出する．13世紀初めに驚異を集成したティルベリのゲルヴァシウスは，『皇帝の閑暇』において，「驚異という言葉では，自然のものでありながら，私どもの理解を越えた物事を指すと捉えています．（中略）驚異を創るのは，ある現象の原因を説明することのできない，私たちの無知なのだというべきです」（池上訳，2008）と述べている．彼は聖書や教父の著作，古代ギリシア，ローマ，東方の文献といった権威のみならず，民衆のうちに語り伝えられる民俗的な伝承からも驚異を収集した．よってこのような3分類は，身分を越えて中世人の心性の内に広まっていたといえる．しかるに「自然」は，中世のキリスト教徒にとって，神からのメッセージを読み取る媒体という側面があった．また彼らは自然環境に大きく影響を受ける生活を送っていたため，常ならぬ自然現象には非常に敏感であった．それらは天地に現れた不可思議な驚異の徴（しるし）とされ，神からの警告，前兆ととらえられた．さらにそれらの徴を解釈するに際し，贖罪のうながしといった道徳的意味が付与され，「教訓」とされていったのである．

✖史資料上に見える「自然の驚異」　年代記，説教範例集，活版印刷術による木版画ビラといった史資料において，「自然の驚異」はどのように表象されたのか．天空の徴の記録としては彗星，日蝕，月蝕といった天体現象が多いが，虹や日暈，月暈，雷，稲妻，血の雨といった気象に関わるものもある．『アングロ・サクソン年代記』「793年」の項には，「（前略）上空に，不吉な前兆が現われ，人々を脅えさせた．巨大な稲妻の閃光，火を吹く竜が天空に飛ぶのが見えた．その後すぐ，大飢饉が起こり，（中略）異教徒が侵入し，略奪と殺戮により，（中略）神の教会に，惨憺（さんたん）たる破壊を行った」とある．火を吹く竜とは彗星などの自然現象なのかイマジネール（想像界）に基づく幻視なのか，判然としないが，災害やヴァイキング襲来といった動乱の前兆としてとらえられている．また13世紀以降の説教範例集では，神への冒涜的言辞を吐いた者に雷が落ち，敬虔な司祭は無事であったといった教訓的な解釈も見られる．1555年にニュルンベルクで

出版された激しい雷と嵐による火災を報道する木版画ビラの文章においても，神の警告と悔悛（かいしゅん）のうながしといったとらえ方は継続しているが，中世末〜宗教改革期には戦争，疫病，物価高騰，終末の切迫を強調するなど，驚異の徴解釈の変化を見て取れる事例もある．このように天空の光，火といった異象は人々の関心を集め，最もその隠された意味を解明することが求められた．その需要に応じ，12〜15世紀に為政者の庇護のもとに占星術が発展し，16世紀以降の天文学の発展につながるのである．地の徴としては，地面から血が噴き出した，動物が一斉に異常行動を示した，奇形の誕生，バッタの大量発生といった多様な事例があるが，神の怒り，警告としての地震や洪水が特に恐れられたものであった．そのほか，「自然の驚異」が現れるトポス（場）としては，森や泉，川，湖，海といった水域，水で囲まれた島，聖なる山，地下，洞窟，東方の異界などがあげられ，妖精，小人，巨人，竜，精霊といった守り手，ヌシや，異形の者らが棲みついているとされた．それらは古代の神話や文献上の記録，ケルト，ゲルマン，北欧神話といった異教時代に起源をもつ表象が，特に12世紀以降になると，キリスト教的解釈をもまとって，年代記や文学作品に登場したものであった（池上，2020）．

　このように，「自然の驚異」が多様なテクストや図像といったメディア上の言説に特に繁茂したのは，中世盛期「12世紀ルネサンス」と中世末〜近世初期のルネサンス・宗教改革期である．両方とも東方や新大陸といった異文化圏との交流，衝突が起こり，古代文化が見直された時期であり，キリスト教世界の変革期としてエリートと民衆の間の世界観をめぐる緊張が高まった時代であるともいえる．しかしこの間に「驚異」の位置付けは確実に変容もしていた．キリスト教化の進展とともに「奇跡」の領分が広がり，驚異が不合理とされ「魔術」に近づけられる一方，驚異現象の「自然の要因」が強調され，17世紀の科学革命を準備する思考のあり方が，知識人の著作に現れるようになるのである（黒川，2018）．

✖「自然の驚異」研究の課題　　これまでの研究は中世人の心的構造の解明に多大な成果を上げてきた．今後の研究の方向性としては，以下2点があげられるだろう．第一に，「自然の驚異」をめぐるエリート，民衆の認識の変化の特徴や画期に関して，西欧以外にも検討地域を広げ，比較を行うとともに，時系列的な変化にも留意した研究を積み重ねていくことである．第二に，「驚異」とされた現象それ自体の自然科学的解明である．年代記などに記録された幻日などの大気光学現象，低緯度オーロラや火山の噴火といった特異な自然現象を史料批判の上で同定し，当時の社会変動への影響を考察する．近年では，天文学・気象学・火山学など複数分野で「文理協働」が顕著な研究成果に結実している（Uchikawa et al., 2020）．これらを通して，「自然の驚異」研究は心性，感情史のテーマにとどまらず，環境・災害史で求められている短期・長期の気候変動と，グローバルな社会変容の関係を解明する端緒ともなるだろう．

[井上智也]

自然の利用と改変

かつて中世は，古代ローマの繁栄と輝かしいルネサンス文化に挟まれた「暗黒時代」といわれ，教会に支配され，知的に停滞した時代のイメージを押し付けられていた．しかし，中世の科学や産業技術に関する研究が進展したことで，もはやそうしたイメージを抱く研究者はほとんどいない．むしろ中世は，近代の産業社会につながる多くの技術革新があった時代であり，教会や修道院はそうした革新の一翼を担っていた．中世の人々も私たち同様，自然から想像もできないほど多くの用益を引き出していたのである．

⌘中世農業革命　西ローマ帝国の滅亡以降，西ヨーロッパ特にガリアの農村部は荒廃し，再森林化が進んだ．だが，10 世紀ないし 11 世紀以降，いわゆる「中世農業革命」と呼ばれる農業技術の向上と食糧増産が見られた．農業革命は①畜獣特に蹄鉄を打った農耕馬の利用，②鉄製の刃が付いた重量有輪犂（じゅうりょうゆうりんすき）の利用，③耕地を 3 等分し，春耕地，秋耕地，休耕地をローテーションさせる三圃制農法の採用，が主な要素とされる．

こうした農業革命によって，どれだけ農業生産性が向上したか，明確なデータは残っていない．しかし結果として人口は増加した．11 世紀初めから，黒死病（ペスト）が流行する直前の 14 世紀前半までに，西ヨーロッパの人口は 2.5～3 倍に増加したと考えられている．これに併せて森林・荒地の開墾や，湿地の干拓も進んだ．11 世紀半ば～13 世紀末は「大開墾時代」とも呼ばれる．

一連の農業振興には，在地の領主（城主）層のほか，シトー会など各地の修道院も指導的な役割を果たした．特に自給自足の共同生活を旨とする修道院は，所領の直接経営を通して，新しい農業技術を導入し，開墾を推し進めていった．そして，農業革命にしろ，開墾事業にしろ，蹄鉄，鋤，斧，鋸（のこぎり）といった鉄器の大量供給が前提となることは言うまでもない．こうして中世農業革命は，それまで低水準だったヨーロッパの消費文化に，新しい需要を喚起したのである．

⌘水力・風力の利用　河川は中世最大のエネルギー源であり，水車は蒸気機関が発明されるまで最も優れた産業機械だった．すでにローマ帝国末期には製粉用水車が存在したが，中世には水車動力がより広範に活用された．水車は製粉だけでなく，搾油やビール用麦芽の粉砕，皮なめしや毛織物の縮絨（しゅくじゅう），製材，後には鍛冶用ふいごや，製紙原料（パルプ）の破砕にも使われたから，中世の衣食住はほとんど水車に依存していたと言ってよい．しかも中世の領主は，領民に製粉水車の利用を強制し，製粉料を徴集したから，中世の麦食は技術的にも法的にも水車に支配されていた．

さまざまな産業用水車はまず修道院で用いられ，修道士の労働を軽減し，自給自足生活を大いに助けた．修道院で育まれた水車の技術は，8〜9 世紀以降，世俗社会にも急速に普及していった．11 世紀につくられた英国の土地台帳「ドゥームズデイ・ブック」には，3,000 カ所の河岸に 5,624 台の製粉水車がある（河岸 5 km ごとに水車 1 台の割合）と記載されている．水車設置に適した河岸が見つからなくなると，用水路や水力用ダムが建造された．また低地地方では海の干満差を利用した水車も用いられた．1177 年にフランスのガロンヌ川に築かれた長さ約 400 m のダムは，60 台の製粉水車を動かしたという（Reynolds, 1983）．

一方，風車の利用開始は早くとも 12 世紀とされ，水車ほど普及しなかった．これはヨーロッパでは風向が一定せず，風向に合わせて風車全体を回転させる「台風車」を建造せねばならなかったことに理由があると推定される．しかし，一定の強風が望めるオランダでは，理想的な排水装置として受け入れられた．それまで畜力や足踏み式水車で行われてきた干拓は，14 世紀末に風車の力で機械化された．「世界は神がつくったが，オランダはオランダ人がつくった」と称される広大な干拓地も，中世にその起源を求めることができる（田口，2002）．

⌘機械学の発達　水車・風車に欠かせないのが歯車などを組み合わせた機械装置である．1 世紀のウィトルウィウス『建築十書』には，すでに横置き式水車や歯車装置の原理が記述されているが，その実用化は中世に行われた．特に，機械部品の運動の方向を変える装置「カム」の発明によって，水車・風車の回転運動を直線運動に変化させることで，多彩な産業への応用を可能にした．こうした中世における機械の発達は，13 世紀のヴィラール・ド・オヌクール，14 世紀のコンラート・キーザー，そして 15 世紀のタッコラらの手稿（図 1）でも確認することができる．そこに記された水車，起重機，ポンプ，推進装置などは夢想の域を出ない物もあるが，中世の人々がすでに労働の機械化や自動化に傾倒していたことがわかる．また彼らの発明や力学的な考察が，17 世紀以降の物理学や工学の発達を準備したといえる．

図 1　タッコラ『第三の書』より，貯水槽を利用した水車［Beck ed., 1969］

中世の人々は，自然からの用益を引き出し，そこから生じた力でさらに自然を改変し，より大きな用益を獲得するという，現代と同じ発展構造の中に生きていたのである．

［白幡俊輔］

動物相

中世の人々にとって，動物はキリスト教の神の
似姿である人間と峻別された従属的な存在だった
が，現代に比べてはるかに身近な存在だった．動
物は人間に食料を提供し，その毛皮，羽毛，骨，
筋，脂，蜜蠟などは衣服，綴織（つづれおり），袋類，蝋燭，
羊皮紙，膠（にかわ）をはじめさまざまな日用品や道具の
素材として用いられた．ウシ，ウマ，ロバなど大
型の家畜は重要な動力源かつ輸送手段であり，イ
ヌやネコ，タカなどの猛禽類も人間の生産活動や
日常生活において補助的な役割を担っていた．タ
カや猟犬を用いた狩猟やゾウやライオン，ヒョ
ウ，クマなどの動物園での飼育は，聖俗権力者の

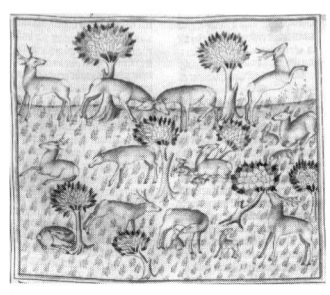

図1　ノロジカの挿画．ガストン・
フェビュス『狩猟の書』（14 世紀
末）［フランス国立図書館（BnF），
MS.fr. 619, f.11r］

権力の表象として機能した．また，オオカミなどの害獣やバッタなど害虫による
被害は現代よりもはるかに深刻で，動物裁判が行われる心性を生んだ．

　動物と親和的な性格を持つ古代ギリシア，ローマやケルト，ゲルマンの文化的
伝統が，キリスト教がもつ人間中心史観や善悪二元論の中に包摂されながらヨー
ロッパ中世の動物観が形成される過程は，池上俊一によって詳しく論じられてい
る（池上，2020）．動物を家畜と野生動物に分類することも，「飼い馴らされたも
の＝善」「野生＝悪」というキリスト教の善悪二元論的な価値観に由来するが，
本項ではひとまず家畜を「人間の繁殖管理の下で遺伝的組成とさまざまな表現型
（行動や形態など）がもとの種（原種）から分岐した動物」（三浦，2018）という
現代生物学の定義を用いて野生動物と区別して説明することにする．

　✂中世の動物相の再構築　動物学的見地においては，過去の時代の野生動物と家
畜の多くは絶滅したり品種が入れ替わったりして，現在生息する動物とは大なり
小なり違いがある．また，動物の地理的分布や個体群の大きさ，生態，行動も環
境と人間の影響を受けて著しく変化した（ドロール，1998）．中世では，10〜14
世紀の温暖期からその後の小氷期への気候変動や 11〜13 世紀の大開墾運動に見
られる大規模な森林伐採による環境の変化に伴い，動物相も変化した．例えば
14 世紀に始まるペスト大流行の原因とされる外来種のクマネズミは，西アジア
から船乗りとともにヨーロッパに到来したのである．

　中世の動物相については，動物考古学，古生物学，遺伝学などの自然科学分野
だけでなく，文書史料（会計簿，裁判記録，財産・課税台帳，法令，同職組合規

約など）や叙述史料（百科全書，歴史書，文学，動物誌，農事論，狩猟書〈図1〉など），図像史料（絵画，彫刻，写本挿絵など）を用いた人文・社会科学分野も含めた多様な研究成果をもとに再構築が進められている．歴史学においては，20世紀後半以降，社会史や文化史を中心に，M. パストゥローのクマやオオカミの研究に代表される人間との関係性とその変化に注目する動物研究が進展したが，近年は動物中心の歴史研究も提唱されている（Taylor, 2018）.

✖野生動物　ドロールは，中世の風土病マラリアを媒介するハマダラカ，飢饉をもたらすバッタ，蜂蜜や蜜蠟の供給源であるミツバチ，四旬節など中世のキリスト教の断食に欠かせない食材のニシン，時に都市内部にまで侵入して人間を脅かす害獣のオオカミ，中世には王侯の贈答品となったゾウを大きく取り上げ，それらの生態や人間との関係を明らかにした（ドロール，1998）.

　トナカイやミツバチは中世の人間に利用されたが厳密には野生動物である．しばしば領主の囲い地で飼育されたアナウサギは，教皇グレゴリウス1世（在位590〜604）時代からフランスの修道士の手により家畜化が進んだと考えられていたが，E. K. アーヴィング゠ピースらによる古代，中世遺跡出土の動物遺存体のゲノム解析や文書史料の再調査の結果，家畜化の時期の特定は困難で，野生の状態のまま利用されていたことが示唆された（Irving-Pease et al., 2018）.

✖家畜　中世の家畜としてウマ，ウシ，ヒツジ，ヤギ，ブタ，ロバ，ラバ，イヌ，ネコ，ニワトリ，アヒル，ガチョウ，ハト，カイコなどがあげられる．ウマ，ウシ，ヒツジについては項目「馬と牛」「移牧」を参照されたい．ウマやイヌは用途に合わせて品種改良が行われたが，多くは現代までに姿を消した．食肉は地域による偏差が見られるものの，王侯も庶民も家畜や家禽に頼っており，野生動物が占める割合が多いドイツの森林に近い集落でも7%程度だった（三浦，2018）．ブタなどの家畜は都市内部でもしばしば飼育されており，都市と農村世界の隔たりは近世よりも小さかった.

✖人間の動物への眼差し　中世の動物は，プリニウス『博物誌』（1世紀）の影響を受けたセビーリャのイシドルス『語源』（7世紀前半）や5世紀にラテン語訳されて動物寓意譚の先駆けとなった『フィシオログス』（2世紀頃），さらに13世紀に伝播したアリストテレス『動物誌』（前4世紀），聖書など権威ある著作をもとに，キリスト教的価値観に従って体系化，教訓化，序列化されていった．そこにはドラゴンやフェニックスなど想像界の動物も含まれており，文献や図像，彫刻，建築の中に現実の動物と併せて表現された．アルベルトゥス・マグヌス『動物論』（13世紀）や13世紀以降に普及する農事論や狩猟書などのように動物の生態を客観的な観察に基づいて分類，記述する著作も存在したが，キリスト教的な神と人間を中心とする価値観のもとで強固につくり上げられた固定観念に基づく動物観が中世を通じて優位であった.

[頼　順子]

植物相

　中世ヨーロッパの植物相は，古木や植物化石，花粉化石，荘園や都市領の景観図，美術作品，狩猟書などからある程度再現できるが，中世ではアルベルトゥス・マグヌスやビンゲンのヒルデガルトの植物誌・自然誌，ルネサンス期ではヒエロニムス・ボックなどの植物研究（記述と図解）も参考になる.

❊ツンドラからステップまで　ヨーロッパの植物相は時代によって変化してきた．その変化は気候の変動と人間の活動に影響されている．前提として現代ヨーロッパの植生について確認すれば，菌類やコケしかないツンドラがアイスランド，ロシアおよびスカンディナヴィア半島の北端部に見られる．アルプス山脈とウラル山脈の高所にも類似の植生が見られる．ツンドラの南には北方森林（寒帯・亜寒帯の森林，タイガ）が広がる．ここには針葉樹が多いが，カバノキなどの広葉樹も混じる．その南の温帯には各種の低木（灌木）を含む混合林がある．例えばモミ，トウヒ，マツなどの針葉樹とオーク（カシ），ブナ，カエデ，カバノキなどの広葉樹である．地中海方面には乾燥に強いオリーブやイチジクなど，低木の常緑硬葉樹林が見られる．ただし干ばつが起きる地域には豊かな樹林はない．一方，ロシア南西部，ウクライナ，ドナウ川流域，カスピ海方面にはほぼ樹木のない草原（ステップ）が広がる.

❊広葉樹と針葉樹　カルパティア山脈とヨーロッパ各地のブナ原生林（カエデ，ボダイジュ，トネリコなども含む）が世界遺産になって保護されているが，ヨーロッパの森林は全体として減り続けている．それでも森林はヨーロッパの面積の30% を占める（イギリスは 10% 台である）．ただし森林の構成要素である樹木の種類は時代によってかなり異なっている．樹木は神話や宗教と結び付いている場合が多く，そこから植生の変化や多様性がわかる場合もある．8 世紀，「ドイツ人の使徒」と呼ばれた聖ボニファティウスはゲルマン人の神聖視するオークの木を切り倒し，そこに生えてきたモミの木を奇跡の木と呼んで大切にしたと伝えられるが，ここには広葉樹と針葉樹の混合状態がみてとれる．温暖期（気候良好期）とされる 9〜13 世紀においては現代よりも広葉樹が多かったが，人口増を背景とした開墾および木材・燃料を得るための森林伐採が進み，皆伐のあとには成長の早い針葉樹が増えていった．14 世紀から始まる寒冷期（小氷期）も針葉樹林の拡大につながる．しかし広葉樹林は中世の多くの人々にとって不可欠であり続けた．オークに代表される落葉広葉樹は木材としての価値が高く，建築だけでなく造船にも用いられた．ドイツ南部のシュヴァルツヴァルト（黒い森）のオーク材は遠くオランダまで筏で運ばれた．広葉樹の木材が減ると針葉樹も使われる

ようになるが，もともと帆柱にはモミの木などの針葉樹が使われていた．なお，カシやブナなどの広葉樹はドングリを実らせるため，中世の森ではこれを飼料とするブタの放牧が広く行われていた．農民たちは森から木材，燃料（薪）も得ており，王や貴族が支配する森林にも用益権（入会権）を有していた．森は貴族たちの狩猟者の場であったが，製鉄・製塩・ガラス製造などのために大量に必要とされる木炭を作る作業場も点在していた．養蜂も森で行われた．中世の暗い森は恐れの対象であったが，貴族に加えてさまざまな手工業者と農民が行き交い，旅人，隠修士，異端者，逃亡者たちもやってきた．

❇温暖期から寒冷期へ　ヨーロッパの森は温暖期の開墾と乱伐によって減少の一途をたどり，イングランドの森林面積はすでに 14 世紀には国土の 10% になったといわれる．寒冷化も追い打ちをかけた．温暖期にスカンディナヴィア人（ヴァイキング）が開拓したアイスランドやグリーンランド南部では酪農のほかオオムギの栽培も可能であったが，13 世紀のうちにアイスランド北岸ではできなくなったとされる．そのころアルプスの氷河の前進も始まり，近代の温暖化による後退（20 世紀前半）で出土した化石には多くの広葉樹が含まれていた．温暖期の森の跡である．寒冷化は栽培植物の変化ももたらし，コムギ，ライムギ，オオムギなどの作付けを中心とする三圃制（さんぽせい）の農園でも豆類（エンドウマメなど），カブ，カラシ，ホップ，クローバー（飼料用）などが作られるようになる．ホップはビール醸造用だが，ドイツにおけるビール文化の浸透は寒冷化でブドウの栽培が難しくなったことと関係している．イングランドでもワイン醸造に適したブドウはとれなくなる．フランスではブドウを用いた発泡ワイン（シャンパン）や蒸留酒（ブランデー）が生産されるようになる．寒冷期はヨーロッパ人の食生活に悪影響を及ぼすが，15 世紀末以降には南北アメリカからトウモロコシ，ジャガイモ，トマト，カボチャなどの新しい栽培植物がもたらされた．トウモロコシとジャガイモは寒冷な気候にも適応し，貧しい人々を飢餓から救うことになる．

　最後に中世のヨーロッパ人を惹きつけた花について述べれば，サンザシ，スズラン，スミレ，ナデシコ，バラ，ユリ，アイリス，アネモネ，マーガレット，リンドウ，エーデルワイスなどがあり，それらは美術作品や詩歌にしばしば登場する（図1）．16 世紀にはヒマワリがアメリカ大陸

図1　5月に花を摘む貴族を描いたフレスコ画（15世紀）部分．トレント（イタリア）のブオンコンシーリョ城［筆者撮影，2014 年］

から，チューリップがオスマン帝国から伝わり，ヨーロッパの植物相に新しい彩を添えることになる．

［踊　共二］

海

歴史といった場合，私たちは無意識に陸の歴史を思い浮かべがちである．高校世界史教科書は言うまでもなく，M. ブロック，J. ル・ゴフ，R. バートレット，Ch. ウィッカムといった代表的中世史家の描く西洋中世像も，およそ，農村部と都市部の織りなす歴史が大部分を占める．しかしラテン・カトリック世界とギリシア正教世界が展開するユーラシア西端のヨーロッパ半島はその周囲を海域に囲繞^{じょう}される空間でもある．F. ブローデル『地中海』（1949）や D. アブラフィア『地中海と人間』（2011）のおかげで歴史空間として定位された地中海は言うまでもなく，ヴァイキングやハンザが活動舞台とした北海とバルト海もまた，歴史の重要な構成要素である．それのみならず，諸勢力がせめぎ合う黒海，地中海とインド洋をつなぎイスラーム圏やアジアの産品を導き入れる紅海，グリーンランドや北アメリカへ続く北大西洋，中世後期に中南米やアフリカへの経路となる大西洋などは，いずれもヨーロッパ半島の歴史にとって大きな役割を果たしたはずである．そうであるならば，大陸世界と海域世界の相互作用を見極めるのが，今後の中世研究にとっての一つの課題である．

✖海と海域　海を歴史研究の対象とする場合，海をどのようにとらえればよいか．

一つは水のネットワークの一部として考えることである．地中海，北海，黒海といった海は，それ自体が陸と陸をつなぐ機能を果たす一方で，内陸部へと続く河川や湖沼ともつながっている．前近代世界においては，船舶と航海技術を駆使し，交易地から交易地へは陸路の移動よりも水路の移動の方が速く大量の物資や人員を運ぶことが可能である．このような水のネットワークのメリットを利用して交易を行ったのが北海やバルト海のヴァイキング，地中海のジェノヴァやヴェネツィアの商人，大西洋から新大陸やアフリカへ拡大したイベリア半島国家である．交易だけでなく，海上移動が必須であった十字軍運動や大規模巡礼も海の存在を抜きに考えることはできない．

もう一つは，水だけではなく，島嶼や沿岸部と合わせた海域を考えることである．中世の東アジア，東南アジア，インド洋世界などで進展している海域史研究は，人間の生活空間として海域に注目し，そこを中心に生活する人間集団を海民としてカテゴライズする．日本史では網野善彦が着目した集団であるが，同様のアプローチは海で囲まれたヨーロッパ半島においても可能なはずである．M. モラ・デュ・ジュルダン『ヨーロッパと海』（1993）で示されるように，塩田から塩を生産する塩業やニシンやタラを漁撈する漁業に携わる海民集団は，内陸の農耕民とは異なる日常サイクルと季節サイクルを送る漁村を営んでいる．鶴島博和

が示すように，こうした海民集団は，ノルマン征服といった有事の際は戦闘の帰趨を左右する役割を果たすこともある（鶴島，2022）．

　中世における海民の生活は文献史料にはデータが残りにくいが，水中考古学，船舶考古学による中世船舶の分析や動物考古学などによる食文化の再現により徐々に明らかになりつつある．水のネットワークという線と海域という面でのアプローチは，多様な自然地理条件で構成されるヨーロッパ半島の歴史を，とりわけ移動を船舶に依存し人間の生活空間を拡大していた中世の歴史を豊かにとらえる一助となる．

✖海域研究の可能性　以上のように，海と海域をヨーロッパ半島の歴史に加えることにより，中世はより豊かな様相を見せる．三つの論点を示したい．

　第一に，島嶼から見た視点である．忘れられがちであるが，大陸世界と海域世界の間には島嶼が存在する．スコットランド沿岸部からアイスランドを経てグリーンランドに至る北大西洋諸島，英仏海峡のジャージー諸島やアイリッシュ海のマン島，バルト海のゴットランドやオーランド，地中海のシチリアやマルタ，コルシカやサルディーニャなどは，それ自体が住民独自の法慣習を有するとともに，隣接する政治体の動向にも大きな影響を与えてきた．沿岸部にある島嶼は修道院のための聖域となったり海賊に隠れ家を提供したこともあった．シチリアのように複数の文化が混交することや，アイスランドのようにエッダやサガのような独自テキストを生成することも島嶼の特徴として理解したい．

　第二に海上支配という観点である．11世紀初頭のクヌートによるイングランド，デンマーク，ノルウェーの同時支配のみならず，中世においては，王権による海を挟んだ地域の統治がしばしば観察される．グリーンランドまで支配したノルウェー王国，バレアレス諸島まで延びるアラゴン王国，英仏海峡両岸を支配したアンジュー朝，南イタリアとシチリア島を支配したシチリア王国，ボスポラス海峡に面したコンスタンティノープルから島嶼や黒海を支配するビザンツ帝国などは，海域という観点を抜きにその統治を考えることはできない．それらの統治には移動のための船舶管理，対抗する政治勢力に対するシーレーンの管理，海洋慣習法の運用，海港における徴税などは大きな論点となり得る．

　第三に，想像力と現実が生み出す文化や技術という観点である．聖書の巨大魚だけではなく，文学作品や絵画作品のモチーフとして，イマジネール（想像界）の対象としてのインド洋，イムラヴァと呼ばれるアイルランドの航海説話，アイスランドサガに見られる鯨のような巨大海獣のように，海はさまざまな要素を提供してきた．そのような危険と想像力を掻き立てる海は，北ヨーロッパでは北欧圏の聖オーラヴやハンザ圏の聖ヤコブスのような海難の聖人やお守りといった文化や，イタリア商人らによる為替や船舶や貨物を対象とした海上保険のようなリスクマネジメント技術を発達させた．　　　　　　　　　　　　　　　　　　　　［小澤　実］

地中海

　地中海は，古来より人やモノの移動を制限する障壁であると同時に船を使って人やモノを運ぶ重要な交通路でもあった．前者に注目すれば，地中海はヨーロッパ半島に居住する人々の活動域を物理的に限定するヨーロッパの南縁となったし，後者に注目すれば，地中海はさまざまな文化的背景をもつ人間集団が接触・交流しモノが行き交う場であった．

✖ 歴史家と地中海　ベルギーの中世史家 H. ピレンヌは，その著書『ヨーロッパ世界の誕生』（1937）において，イスラーム勢力の拡大によって地中海が交通路から障壁に代わった点が，ヨーロッパ世界成立の決定的な契機だったと論じた．彼によれば，イスラーム勢力が北アフリカとイベリア半島を征服し西地中海をその支配下に置いたため，ヨーロッパ内陸部が古代地中海交易圏から切り離されてみずからの足で立つことを余儀なくされ，7〜8 世紀に独自の西方世界，すなわち，中世ヨーロッパを形づくった．ピレンヌの関心の中心には，歴史的世界としてのヨーロッパがどのようにして生まれたかという問いがあり，地中海の変化はあくまでヨーロッパ史の文脈の中でとらえられていた．

　それに対し，フランスの歴史家 F. ブローデルは，地中海をヨーロッパ史の文脈から切り離し，地中海を固有の構造をもつ歴史的世界としてとらえた．彼は『地中海』（1949）において地理的環境と生態系に基づく環地中海地域（地中海とそれを取り巻く陸地）の一体性を主張し，これを地中海世界と呼んだ．そして，この地中海世界の動きを総体的にとらえ，その短期的な変化と長期的な変化の諸側面を描写しようとしたのである．

　地理的環境からいえば，確かに，環地中海地域は一つの完結した世界を示しているようにも見える．しかし，英国の中世史家 P. ホーデンと古代史家 N. パーセルは，その『堕落させる海』（2000）において，ブローデルが主張した環地中海地域の一体性に疑問を投げ掛け，この地域の生態系や環境は，場所や地域によって大きく異なっていると主張した．彼らによれば，環地中海地域は一つの共通した環境をもつ世界ではなく，外部から隔絶され独自の環境と生態系をもつ多くの「小地域（ミクロ・リージョン）」から構成されていた．

　また，人間の活動という点からも，ローマ帝国の時代を除き環地中海地域が政治的，文化的に一つの閉じた世界をつくったことはない．ローマ帝国以外にこの地域を統一的な支配下に置いた民族も国家も存在していないのである．この環地中海地域の歴史の際立った特徴は，むしろ多様な文化的背景をもつ人や人間集団が地中海を介して接触し，交流と対立を繰り返しながら刻んできた異文化の併存

と重層性だろう．英国の地中海史家 D. アブラフィアの『地中海と人間』（2011）は，そのような異なる文化的背景をもつ人々の交流と異文化接触の場としての地中海を考察対象とし，原始・古代から現代に至るまでの地中海の長大な歴史的変化とその変化をもたらした人々の活動を描いている．

✄中世の地中海　本書が対象とする中世に焦点を当てるなら，中世地中海は，古代ローマ帝国の覇権が失われ，地中海を境界にしてその周りの陸地に三つの文化圏が成立し，地中海の障壁としての機能が際立った時代だということができる．地中海周辺全域を支配したローマ帝国は 4 世紀末に東西に分裂し，北アフリカ西部，イベリア半島，西ヨーロッパを含む西側の帝国は，5 世紀に複数のゲルマン諸王国に取って代わられた．その中のフランク王国が勢力を拡大し，8 世紀末のシャルルマーニュの時代には西ヨーロッパの大部分を支配するようになった．この地域は，ローマ・カトリックのキリスト教が広がり，ラテン語が支配的な言語となったため，ラテン・カトリック文化圏と呼ばれる．

他方，分裂したローマ帝国の東半分は，コンスタンティノープルを中心に，帝国（東ローマ帝国／ビザンツ帝国）を維持し，ギリシア文化とギリシア正教に基づく独自の文化と社会が形づくられた．その影響を受けギリシア語と東方正教のキリスト教が広がった地域がギリシア・東方正教文化圏である．東ローマ帝国は，6 世紀にユスティニアヌス帝のもとで，ゲルマン民族に奪われていた西地中海周辺の領地を征服したが，その後，帝国領はギリシア・小アジアと東地中海沿岸部分に縮小していった．だが，東ローマ帝国は首都コンスタンティノープルを中心に 15 世紀半ばまで地中海世界の強力な政治勢力であり続けた．

三つ目の文化圏，アラブ・イスラーム文化圏は，7 世紀のイスラーム教徒の征服活動により，地中海の東岸，北アフリカ，イベリア半島に形成された．この文化圏はウマイヤ朝が終わる 8 世紀半ばまではほぼ一つの国家だったが，その後イスラーム教を奉じる複数の国家の集合体となる．環地中海地域は 8 世紀までにこれら三つの文化圏の間で分割された状態となり，それぞれの文化圏は互いに接触し影響し合いながらゆるやかな文化的まとまりを保持していく．

✄中世ヨーロッパと地中海　ピレンヌは，ヨーロッパ内陸部が古代地中海交易圏から切り離されて歴史的世界としてのヨーロッパがつくられたと考えたが，古代地中海の遺産ともいうべきローマの諸制度，ラテン語文化，キリスト教はこの地に長く残存し，中世ヨーロッパ（ラテン・カトリック文化圏）の重要な構成要素となった．さらに 12 世紀前後にはギリシア語，アラビア語の著作がイベリア半島や南イタリアでラテン語に翻訳され，古代ギリシアやイスラームの学問，文化が西ヨーロッパに導入された．それを消化吸収した西ヨーロッパは「12 世紀ルネサンス」と呼ばれる飛躍的な文化的発展を遂げることになる．こうして近代につながるヨーロッパの文化的基盤が形成されたとも考えられている．　［高山　博］

山と川

　中世の山に関する問題は，少なからぬ部分が「森林」の問題と重なる．森林は人間の定住地の外部に広がる境界としての意味をもち，政治的には国や都市や共同体の境界をなし，象徴的には文明の外部を意味した．しかしそうであればこそ，王権，皇帝権，諸侯権力は，みずからが上位権力であることを主張するため森林の掌握を目指した．また，文明世界としての都市と同時代人の想像界のなかで対置された森林は，霊的修行を行う修道士や隠修士の活動する改革的信仰文化の舞台となり，修道士たちによる開墾も進んだ．だが，山岳地帯に都市や国家的権力が存在しなかったのではない．都市史研究が法的基準ではなく定住地の網の目のなかで作用する中心地性によって都市をとらえるようになるとともに，山間地域の中小都市の実態も明らかにされてきた．さらに，「境界」の理解が線からゾーンへと転換するとともに，山間地域は通過されるだけの周縁地域ではなく，ヨーロッパの東西南北をつなぐアルプス地域に見られるように，それ自体の中で文化や制度が出会い混交する「境域」としても注目されるようになってきた．

❈山と政治権力　元来，森林は無主物として，王に固有の権利であるレガリアに属した．しかし 9〜12 世紀には貴族や修道院が領主として森を所有するようになり，それとともに森林と政治権力をつなぐ文化的，経済的核となったのが狩猟である．狩猟は貴族の特権を示すアイデンティティの構成要素となり，王や領主が独占する禁猟区も拡大し，領民の狩猟は制限され耕作地が犠牲にされることもあったことは池上俊一『森と川』（2010）に詳しい．王や領邦君主は狩猟特権を根拠に森を保護し，みずからの統治権を主張した．それ故君主への意義申し立てとして住民たちが森に入り実力で狩猟する行為も行われた．ドイツでは領邦君主の森林高権が発達し，15 世紀末から領邦内の森林の監督と利用規制を定める森林令が発布されたが，住民たちの共同体も独自に森林の利用規制を行っていた．マクシミリアン 1 世による 1502 年の森林令は，農民団体が選出する森林犯罪告発人制度を制定し，共同地の利用と規制の共存を図っている（若曽根，1980；2012；2013）．アルプス地域にはサヴォイア（サヴォワ）公国やティロル伯領のように山脈の両麓にまたがり，異なる法文化や言語圏を包摂する諸侯国家や聖界君侯国が存在した．他方，山間地域の都市は相対的に規模が小さい一方，活発な農村共同体や中小都市網が聖俗領主所領の傍らに存在した．農民と市民の共同体の連邦であるスイス盟約者団，領邦議会に農村の共同体代表を送った領邦ティロル，共同体の連合と司教君主が共同統治を行ったヴァリス司教国などでは，農民や市民が多様な政治的能動性を見せ，個性的な国制を形成した．

✿河川交通と政治権力　　河川は重要な交通路であり，陸路と水路は補完し合って全体としての交通網を形成していた．王権そのほかの国家権力にとっても，各地をつなぐ河川の掌握が重要な課題であった．池上によると，河川も無主物もしくはレガーリアであったが，13世紀までには漁業権，漁場の賃貸税，通行税，水車使用強制などの収入源が聖俗の領主に帰した．通商と河川交通が次第に活発化すると，12，13世紀以降は平底船，引網船の開発や護岸工事が進み，安全性が高まり船舶の商品積載量も増え，河川沿いに多数の税関が設置された．河川網には地域ごとに特徴があり，ドイツでは，南北をつなぐライン川，ドナウ川，エルベ川，オーデル川，ヴェーゼル川と，東西をつなぐモーゼル，ルール，リッペの連絡水路が交錯していた．フランスでは北部と中心部をつなぐセーヌ川，中部を西に走るロワール川，地中海へと南北に走るローヌ川をはじめ，ヴィエンヌ川やガロンヌ川などが多方向に貫流していた．イタリアでは大規模河川交通は北イタリアのポー川とその支流が中心であったが，中小河川も交通に用いられ，またミラノ周辺のティチーノ川水路網の整備や運河の掘削も進んだ．アルプス地域のような山間でも，湖を経て船舶交通が展開した．漁業にも地域住民たちの慣習的権利が存在したが，水産資源の商品価値の高まる中世後期には領主による制限が厳しくなり，水産資源保護の初期的試みも見られる．フランスでは中世末に「グリュリー」と呼ばれる水域と森林の裁治権が発達して漁業資源を管轄し，王領では「森林水域総督」が設置された（池上，2010）．

✿山岳地帯の信仰と聖域　　山間地域には山岳地形と結び付きの深い信仰が存在し，しばしば山間の長距離を移動する移牧や，峠越えの交通路に沿って信仰が伝播した．代表例は聖ミカエル崇敬である．東地中海に発し，ビザンツ皇帝家門の守護者ともされた聖ミカエルへの崇敬は，西方では南イタリアのガルガーノ山に最初の顕現譚が存在し，この地と共通する山岳地形をもつ地域に拠点が形成されて普及した（千葉，2017）．伝播に際しては，山岳地帯で活動する隠者や改革派修道士，移牧を行う牧者や季節労働者たちの移動も媒介となった．聖域はしばしば巡礼地として山脈を超えてヨーロッパ各地をつなぐ交通路を形成し，商人たちを引き付けたため，山間地域の司教，諸侯権力，地域の共同体は聖域の振興とインフラ整備に力を注いだ．巡礼地としての山の意義は，15世紀末に，エルサレムへの巡礼を果たせない人々を受け入れる「疑似エルサレム」（サクロ・モンテ）がイタリアのセジア渓谷に建設されたことにもうかがわれる．これらの聖域は山岳地域のコミュニケーション・ネットワークの重要な結節点であり，山間の都市，農村共同体や政治権力を支えた．その一方で平地の政治，宗教権力から離れた山間地域はしばしば異端の活動の場ともなり，ピレネー山脈のカタリ派やピエモンテのヴァルド派などが知られる．　　　　　　　　　　　　　［佐藤公美］

アルプス

　スイスのアルプス史家，J. マテューの定義によればアルプスとは，標高 1,000 m 以上の山岳地域を背骨とし，数百〜数千 m の周辺山麓地域を含めた，フランス東南部，プロヴァンスからスイス南部，イタリア北部，オーストリアのティロル，ザルツブルク，ケルンテン，スロヴェニアに至る長さ 1,200 km，面積 18 万 km^2 に及ぶ地域である（Mathieu, 1998）．アルプスは地中海地域とヨーロッパ北部を結び付ける通路でもあり，モン=スニ，グラン=サン=ベルナール，サン・ゴッタルド，ブレンナーなどの峠を経て，ドイツ王はローマでの皇帝戴冠とイタリア支配のために南下し，商人は南北の物産とともに往来した．歴史家は長らくアルプスを単なる「通過地域」と見なし，固有の歴史文化を看過してきたが，民俗学や人類学の研究はアルプス諸地域の文化と社会の特質を早くから調査，研究してきた．近年ではマテューがアルプス全域にわたり，地域の環境，経済，政治を包括的に比較考察している．

✘政治空間　アルプス地域は現在では 8 カ国が国境を接しているように，政治的境界地域という地政学的特色をもつ．また中近世には領邦，都市国家など，より多くの自立的な中小の政治領域がアルプス地域内に存在し，あるいはアルプスでその境界を接していた（サヴォワ公領，スイス盟約者団，ミラノ公国，ティロル伯領，ヴェネツィア共和国など）．言語やエスニシティ，文化，政治・社会構造，経済の多様性は自明である．中世にはアルプス地域の大半が形式上神聖ローマ帝国に属したが，現実には 13 世紀以後，スイス盟約者団をはじめ，上記のような自立的勢力とその領域が生成，拡張，再編を繰り返した．これに対しハプスブルク家はオーストリア，ティロルとスイス北西部の家領を連結し，アルプス東西を架橋する支配域の形成を試みたが，14 世紀には原初 3 邦（盟約者団の出発点をなす 3 邦）を中心とするスイス盟約者団に敗れ，皇帝マクシミリアン 1 世（在位 1493〜1519）の企てもエンガディン戦争（1499）に敗れて頓挫した．

　スイス盟約者団がアルプスの中核地域においてハプスブルク家の覇権を阻止し，自立性を維持したことは，中世後期〜近世における同地域の政治地図を大きく規定した．原初 3 邦のウリはサン・ゴッタルド峠を越えてティチーノ渓谷に進出し，ミラノ公国と争った．盟約者団は戦勝によりブルゴーニュ公国を解体に導き，16 世紀初めにはミラノ公国を一時的に保護下に置くなど，峠の南北に勢力を拡大した．しかし仏王フランソワ 1 世（在位 1515〜47）に敗れた後は，フランスと「永久平和」を締結し，傭兵契約を結んで膨張政策から中立化へと転じた．またサヴォワ公はレマン湖南部のシャンベリを中心とするサヴォワから，グラ

ン＝サン＝ベルナール，モン＝スニ峠を越え，イタリア側のピエモンテへと支配を拡大，首都をトリノに遷し，トランス・アルプス国家を実現した．

✖地域共同体と同盟的国制　このようにアルプス地域内外のいずれの勢力もこの地域に覇権を確立するには至らなかった．そもそもアルプスの渓谷地域では平野部のような有力領主，諸侯の領域支配の確立は難しく，渓谷，枝渓谷の放牧地，森林などを共有する農民の共同体が，共有資源の管理と紛争処理，治安など地域社会の問題を解決する役割を担っていた．スイス盟約者団の農村邦（カントン）はこのような共同体の連合であり，14 世紀に繰り返された都市邦や農村邦の個別的な同盟関係の集積が，盟約者団というゆるやかな連邦組織を生み出した．各邦間の利害対立は武力衝突と分裂の危機をも生み出したが，その都度仲裁，和解により連邦体制が維持された．対外的に覇権国家の勢いを示した盟約者団も，集権国家ではなく，P. ブリックレの言う「共同体同盟的国制」に基づく連邦であった（ブリックレ，1990）．総じてアルプス地域ではさまざまな枠組みのローカルコミュニティが政治的にもアクティブであり，ティロルでは裁判区住民（農民）が領邦制議会に代表を送り，課税や立法の協議に参加し，軍役を担った．ただし共同体の機能は地域差が大きく，中世末期から近世に集権化が進捗したサヴォワ（ピエモンテ）では，農民の共同体は格別の政治的機能をもたなかった．このことはアルプス東部と西部・南部における農民の経営規模や家族構造の相違とも関連している．

✖境界と越境　アルプスでは政治的境界のみならず，言語，文化の境界も密に交錯し，かつその境界を越える人間の移動と交流は，時には異文化併存を生み出した．巨視的にはサヴォワからスイス南部を経てティロル南部に至るアルプス南麓はドイツ語，フランス語，イタリア語，レート・ロマンス語（ロマンシュ語，ラディン語）などの言語領域が境を接し，また話者の移動や政治領域の変更により錯綜した（現イタリア領南ティロルなど）．スイスのヴァリス，グラウビュンデンとロンバルディア北部渓谷を隔てる境界（分水嶺）の北側で用いられた印璽付き証書と南側の公証人文書は，両側の住民の紛争と交渉の越境的活動のなかで，印璽付き公証人文書という折衷的文書形式を生み出した．また上ローヌ渓谷のヴァリス人はフルカ峠を越え，中央アルプス一帯に移住し，各地にヴァリス語の言語島が形成された．南ティロルの史料にはローカルエリートとして，少なからぬサヴォワ出身者が現れる．峠の南北を貫く移動のみならず，アルプス地域内の東西方向の移動も活発であったことの証しである．

　アルプスはその東西南北に広がる諸国の辺境ではなく，域内外の競合する政治領域が境を接する密なコンタクトゾーンであり，多方向からの多様な政治文化，言語，文字，文書文化が越境し，相互浸透する地域であった．この意味でもアルプスはヨーロッパの脊梁をなしていた．　　　　　　　　　　　　　　　　　［服部良久］

森

日本の森は大部分が山地にあり，日本人の感覚からすると，森と山はほぼ同義である．これに対して，ヨーロッパの森は平地に広がる平地林で，村や畑と一続きになっており，日本の山林に比べれば開墾も比較的容易であった．英語では，一般に人里近くの小さな森はウッドであり，樹海をイメージさせるような広大な森はフォレストと呼ばれる．どちらも樹木が生い茂っている点で共通しているが，中世にあってはいささか事情が違っていた．

✠特権的な狩場　中世のフォレストは，単なる森ではなく，王や貴族が設定した禁猟区を意味した．こうした特権的な狩場としての森はカール大帝（フランク国王在位 768～814）の勅令にも見られるが，それが最も広範囲に及んだのは，中世のイングランドにおいてであった．そこでは土地の所有権に関係なく禁猟区が設定され，王は鹿の密猟や樹木の伐採を厳しく取り締まった．なかでも鹿の殺害は重罪であった．ロビン・フッド伝説もこうした背景から生まれたのである．

王のフォレストでは，王の所有する森のみならず，家臣の森も王の材務官の管理下に置かれた．その結果，森の保全が図られた面もある．王は，13 世紀中頃，樹木の乱伐による森の荒廃を憂慮し，樹木の伐採と鹿の捕獲を見合わせるよう命じている．森林資源の持続的な利用のために，森を保護する必要性を認識していたのである．他方，近隣住民は森の中で樹木を採取し，家畜を放牧する権利を認められていた．森は「公共のもの」という古代の観念は残存し続けるのである．

✠樹木の再生と利用　中世の森は，何よりも木材の供給地であった．樹木の再生には二つの方法があった．一つは，木の幹を地際で伐って萌芽を発生させ，生長した若木を 4～8 年周期で伐採するというものである．株立ちした複数の若木とそれが繁茂する森はコピスと呼ばれる．比較的短い周期で伐採を繰り返すことで，木の寿命は著しく延びる．例えば，ハシバミはコピス仕立てにすると，寿命が 3 倍以上になるといわれている．産出された木材はアンダーウッドと呼ばれ，薪炭，柵，農工具，荷車などに利用された．伐採地は，少なくとも最初の数年間は柵で囲まれた．新芽や若葉を家畜や野獣の食害から守るためである．伐採に際して，伐採区域ごとに若木を何本か残しておくという方策も講じられた．また，森全体をいくつかの区画に分け，毎年 1 区画ずつ順番に伐っていく，いわゆる輪伐も行われた．こうして森の保護・育成が図られたのである．コピスの森には，オークやブナの自然木も混在していた．それらはスタンダードと呼ばれ，大聖堂や城，船や橋，あるいは家屋の建築用材にあてられた．

もう一つは，木の幹を家畜や野獣の届かない約 2～3 m の高さで台伐りし，そこ

から萌芽を発生させるというものである．台伐り部分から生長した幹や枝葉は薪炭や編み垣，飼い葉などに利用された．こうした樹木はポラードと呼ばれる．日本でいえば，伐採を繰り返すうちに切り口が瘤状になった「あがりこ」がそれにあたる．台伐り仕立てのオークやブナは林間放牧地でよく見られた．秋になると豚は森に放牧されたが，ドングリやブナの実は豚の餌となった．中世にあって，森の面積がしばしば放牧される豚の頭数や物納される豚の頭数で表されたのはそのためである．林間放牧地には，生長するに任せたオークやブナの木もあった．

ドゥームズデイ・ブックと呼ばれる11世紀後半のイングランドの史料では，コピスは「小さな森」，ポラードは「放牧の森」と記されている．換言すれば，薪炭林と放牧林である．樹木の萌芽更新によって形成されたこれらの林地は，まさに再生可能な森林資源そのものである．コピスやポラードについては，1世紀の農学者コルメッラをはじめ古代ローマの著作家たちも言及しているが，コピスに関する考古学的な証拠は新石器時代にまでさかのぼる．その意味では中世の森づくりも過去の延長線上にあったのである．

✖炭焼きと樵　中世の炭焼きは，次のような方法で行われた．まず，平らにならした空地に円形の浅い炉床をつくり，その中央に1本の軸木を立てる．次に，その周囲に木材を円錐状に積み重ね，その外側を土で覆い固める．その後，中央の軸木を抜いて煙突にし，点火して木材を蒸し焼きにする．炭材は事前に乾燥させておき，できるだけ低酸素状態でじっくり加熱するのが肝心である．最も良質の木炭は，若い堅木から得られるといわれた．炭焼きは木材を求めて，森の中を移動しながら生活した．日本のように竈のような固定した炭焼き窯はなかったのである．木炭は製鉄，製陶，製塩，ガラス製造などに用いられた．初期の製鉄は小型の低炉によるものであったが，そうした炉も森林鍛冶と共に森の中で設置場所を変えた．森の産業はおしなべて移動性に富むものだった．

炭焼きは夏と秋に行われ，樹液が最少になる冬場は炭焼きが樵になった．樵は樹木の伐採はもとより，炭焼きや皮なめしの仕事にも関わっていた．さらに，戦時に駆り出されることもあった．エドワード1世（在位1272～1307）によるウェールズの征服に際しては，工兵とともに何百人もの樵と炭焼きが徴用され，森に分け入って道を切り開いた．これには敵の待伏せを防ぐ狙いもあった．中世の大開墾時代には修道士も樵よろしく斧を手にして木を伐った．ヨーロッパ各地で森林や原野の開墾が進展し，耕地の拡大がもたらされた．しかし，J. アベルス『中世ヨーロッパの環境史』（2012）で示されるように，シトー会修道士を森の開墾のパイオニア的存在とみる従来の見方は，近年修正を迫られている．

逆説的だが，中世における森の再生は木を伐ることから始まった．森の再生が植林から始まった近代林業との違いがここにある．ともあれ，持続可能な森づくりは今に始まったわけではないのである．

［遠山茂樹］

湖・池・沼

　池，沼，湖は，自然形成あるいは人為形成の凹陥地に淡水あるいは塩水（海水）がたまったもので，一般的定義では，池＜沼＜湖の順に規模が大きくなる．

✖池・沼の干拓　12〜13世紀，人口増加による食糧増産の必要を背景に，聖俗領主（在地貴族，領邦君主，シトー会・ベネディクト会・騎士修道会修道院，司教座聖堂参事会）主導で池沼の干拓が活発に行われた．とりわけ都市周辺に位置する池沼の干拓事業は，都市エリートにとって格好の投資先となり，干拓後，麦畑，葡萄畑，牧草地などが生み出され，直営地あるいは賃借地として大きな収益をもたらした．中世ヨーロッパにおける池沼の干拓は，王権など国家権力主導の大規模事業ではなく，在地権力主導の小規模事業であった．干拓に際しては，掘削された複数の水路を通じて排水が行われ，水路にはしばしば排水を動力とする水車が設置された．例えば1150年代の地中海沿岸ラングドック地方の平野部には池沼が数多く存在していたが，1300年代にはその大半が姿を消しており，干拓事業によって景観は一変させられた．とはいえ，中世ヨーロッパにおいて，干拓は，池沼の保存・利用という選択肢と常に隣り合わせで，その成否も偶発性に左右される不安定な現象であった．また，そもそも大きな沼や湖などは当然干拓の対象になることはなかった．14世紀に入ると，多雨寒冷化，不作，飢饉，黒死病，戦争，人口減少などを背景にヨーロッパ全体で干拓事業は停滞することになる．

✖池・沼・湖の利用　11世紀以降，池・沼・湖は，主に漁業権，狩猟権（鴨など），製塩権（塩田），水生植物の採集権（食用の菱の実，椅子や籠を編む用のイグサ）などの聖俗領主の利権に関連して，史料上で頻繁に言及されるようになる．夏期の蒸発や水路を通じた排水による一時的乾燥に基づき，池沼を耕地として利用（旱池）するケースも確認される．漁，猟の成果は，自家消費されるだけではなく，しばしば収益を得る目的で都市の市場で販売された．湖や海岸線の潟には港が整備され，商品流通の拠点となる場合もあった．例えば，ライン川と接続するボーデン湖畔の都市リンダウの港では，塩，穀物，ワインなどが目まぐるしく行き交った．

✖養魚池の造成　中世ヨーロッパでは，キリスト教の精進日に肉食が禁じられており，世俗の信徒で一年の半分近く，修道士はより多くの期間，肉食が行えなかった．こうした状況下で，海から遠い内陸部では淡水魚が多く消費され（特に四旬節の時期），とりわけ11世紀以降，聖俗領主は積極的に養魚池を造成した．養魚池にはコイ，ウナギ，マス，カワカマスなどの成魚あるいは稚魚が入れら

れ，その都度，引き上げられた魚は，自家消費用の場合は湿らせた藁などで包んで生きたまま調理場へと運ばれ，商業用の場合は都市の市場へと輸送された．また，汚泥がたまるため定期的に排水が行われ，水を抜いた際，一時的に牧草地に転用されることもあり，逆に水をたたえた通常時は，家畜の水場として利用されることもあり得た．こうした人工的な池沼には排水を利用する水車が併設され，養魚池をつくるついでに水車を付設する場合と，水車の水力源としてつくった池を魚の養殖にも利用する場合の二通りがあったと考えられる．

✖漁業のあり方　池，沼，湖における漁業の手段は，舟で行うか，岸辺で行うか，梁などの仕掛けで獲るか，大網で獲るか，たも網や銛で獲るか，手で獲るかなど，権利上細かく区別され，特定の在地有力者が領主への毎年の使用料支払いや現物貢納と引き換えに漁業権を得るケースもあれば，近隣住民（村落共同体）が，領主あるいは漁業権を賃借している特定の在地有力者への毎年の使用料支払いや現物貢納と引き換えに漁業権を認められるケースもあった．養魚池の場合，水車の粉ひきを除き，近隣住民の漁が認められることは基本的になかった．漁業権をめぐっては，領主と水車の粉ひき，領主と在地有力者，領主と村落共同体，在地有力者と村落共同体，あるいは近隣村落同士の紛争が頻発し，その際に作成された訴訟史料が漁業について多くの情報を与えてくれる．

✖湖のイメージ　中世人のイマジネーションの世界の中で，湖は特異な性格をもつ場所として位置付けられる．中世ヨーロッパにおける湖の表象は，ケルト的あるいはゲルマン的伝統に起源をもつ湖に対する信仰やイメージが，キリスト教に取り込まれ，正統教義に抵触しないかたちに変化させられたものと理解できる．アーサー王伝説／ランスロ＝聖杯物語群の『アーサー王の死』（13世紀初頭）には，湖に投じられた名剣エクスカリバーが忽然と現れた一本の手によって水中に引きずり込まれるという不可思議な湖のエピソードが見え，同じくアーサー王伝説のクレティアン・ド・トロワ『ランスロまたは荷車の騎士』（12世紀末）では，ブルターニュ地方のある湖が，アーサー王にエクスカリバーを与え，ランスロットを誘拐，養育した女性の妖精ヴィヴィアンの住処として描かれる．他方で，湖は，『ベーオウルフ』（8世紀前半）における怪物グレンデルが巣くう湖のように悪魔の住処として恐れられ，ティルベリのゲルヴァシウス『皇帝の閑暇』（13世紀初頭）に描かれた水底に地獄の門があるナポリ近郊の「ヨハネの湖」のように冥界への入り口としても認識された．ソルトリーのヘンリクス『聖パトリックの煉獄』（12世紀末）もまた，アイルランド北部ダーグ湖に浮かぶステイション島に煉獄へと続く洞穴があると説く．実在する同島には，中世末に至るまでヨーロッパ各国から多くの巡礼者が訪れ，「煉獄の洞穴」で実際に徹夜行を行った．想像された虚構でありながら，これら湖のイメージは，中世人によって現実として確かに「生きられた」のである．　　　　　　　　　　　　［向井伸哉］

瘴　気

　瘴気は，中世の内科医の間では病気を引き起こす原因であった．瘴気とはギリシア語の「ミアズマ（miasma）」，すなわち「汚染された大気（空気）」であり，それが人体に作用して病気を引き起こすとされた．この瘴気説によれば，瘴気を逃れることこそが病気から身を守るすべだった．例えば，1348年，ペスト（黒死病）が大流行したとき，ボローニャの内科医トンマーゾ・デル・ガルボは，この瘴気の考え方からその『疫病に対処するための勧告』（1348）において，汚染した大気（瘴気）を逃れて移動することを強く勧めた．疫病が発生したとき，最初に取るべき措置は，まだ大気が汚染されていない場所に逃げること，次に取るべき措置は疫病が近付いてくるたびに瘴気を逃れて次々と場所を変えていくことだと述べた（石坂編訳，2017）．この観点からペストが都市で流行すると，富裕層は都市から逃れるようになり，確かに身の安全を得て習慣化した．この瘴気説を根底から支えている医学論は，古代ギリシアのガレノス医学やその影響下のアラビア医学の占星術的医学理論であった．人間という小宇宙は天体という大宇宙と照応し，人体は大宇宙の作用を受けるとされた．12世紀になってから西欧医学は，「12世紀ルネサンス」の運動の中でガレノス・アラビア医学の占星術的医学理論を導入．こうしてボローニャ大学は，1405年，医学部生に4年間にわたって占星術を学ぶことを義務付け，彼らのことを「医学と占星術の学生」と呼んだ．これはエアフルト大学，ウィーン大学，クラクフ大学，ライプツィヒ大学などのアルプスの北方の大学にも波及した．パリは占星術的医学の中心地となった（ようやく1537年になって占星術的医学は拒絶された）．だから1348年のペストが大流行したときも，その瘴気をもたらす究極の原因は天体の異変に求められた．その異変とは1345年3月20日午後1時に起きた土星と木星と火星の「合」であり，それで天体で瘴気が発生．地上の空気や水や土が汚染され，人が瘴気を肺や毛穴から吸い体液の不調が来されたとした（Byrne, 2006）．罹病した患者は吐く息でほかの人に疫病を流行させるのである（人から人への瘴気による感染）．マラリア（malaria）も，瘴気説の立場から説明され，その名称がそのまま示すように，原因は湿地や沼地が発する「悪い空気（mal-aria）」によるものとされた．しかし実際は顕微鏡で特定されたように，悪い空気ではなく羽斑蚊（ハマダラカ）が人を刺しマラリア原虫を注入して発症させたものだった（人と原虫の接触感染）．

✖瘴気説への疑問　　ヨーロッパ，特に西欧の多くの地域・都市においてペストは5〜10年足らずの周期で流行し，しばしば破局的な大量死をもたらした（当時の死因の第1位であった）．このペストの恐ろしさから民間の人々は，瘴気から講

釈する医学者とは別に，みずからの直接的な経験に基づき対策を講じた．例えば，ペストに冒された地域から都市内に運ばれてきた織物からペストがよく流行した（これは瘴気説では説明は不可能）．この経験から，都市は条例によって感染地から来た織物などを焼却処分する措置を取った．織物に潜んだペストノミは人を刺咬して人間の血液にペスト菌を吐き出していたのだ．実際ペストに感染したノミは少なくとも 80 日間は宿主なしに生きて，長い移動にも耐えられた．さらにペスト菌はノミの糞の中で 5 週間も生存できた（Horrox ed. & tr., 1994）．ペスト（腺ペスト）の流行は空気の汚染とは無縁であり，決して新型コロナ・ウイルスのように「人（の吐く息）から人へと」伝染するものでもなかった．ペストはノミ（ペスト菌）と人との接触感染である．ごくまれに飛沫感染させる「肺ペスト」があったが，ペスト期（西欧の場合 14 世紀半ば〜18 世紀初頭）のペストはほとんどすべて腺ペストだった．

✖人文主義者からの疑問と新展開　フィレンツェの人文主義者サルターティもみずからの体験から瘴気説を批判した．それによると，14 世紀に起きた 4 回目のペスト（1382〜83）ではフィレンツェの市壁の外側は，疫病（ペスト）が猖獗を極めていたのに，一度市壁の中に入ると，誰一人ペストにかかっていなかったという．一方，このときピサの都市に行くと，逆に市壁の中では人々はペストに侵され始めていたのに，市門の外ではどこも健康そのもの．もしはるか天体の彼方から下方に向かって汚染された大気（瘴気）が，風に吹かれてやってくるならば，市壁の内も外も同じ作用を受けるはずだ．この観点から瘴気説を鋭く批判をした（石坂編訳，2017）．

　顕微鏡のない時代，ペストの原因は不可解極まりない難問だった．都市行政は，内科医に従い，瘴気の害悪性を「悪臭」の観点から取り締まった．ピストイアの疫病条例（1348）では，腐敗した肉の悪臭を防止するために，屠殺場・精肉店での肉の管理を規定した．精肉店の周辺での馬糞の取り締まり，野菜・果物の腐敗の防止を規定し，市内（市壁内）での皮なめしを禁止した（石坂編訳，2017）．だが，考えてみれば，これらの悪臭は，天体の異変とは無縁にいつでもどこでも生じ得たのだ．このように，人々はペストの真の原因が特定できずに深刻なペストの被害にさらされ，疫病の対策を模索していた．こうして，ペストの発生源がいつも貧民街だとして貧民を疑った．売春が神を怒らせたと，売春宿を襲撃したり，他国からの浮浪者の流入からペストが始まったと，彼らを追放したりした．こうした中，フラカストロは，新大陸から持ち込まれた梅毒（性交による接触感染）の研究から，瘴気説とはまったく次元の違う，今日の「細菌」（彼の言う「感覚できない粒子」）の認識に方向性を与えた（池上監修，2017）．こうして彼は接触感染説（コンタギオン説）と細菌学の先駆者となった．　　　　　［石坂尚武］

鉱山と鉱物資源

中世ヨーロッパでは，一般に，鉱石が採掘されると同時に，その製錬に必要な木炭生産のための森林資源が豊富に存在し，かつ，原動機である水車の運転と鉱石の選鉱に必要な河川の水流が得られるような場所で，地金が製錬された．そして，その後の加工は，主に都市で行われていた．

✖銀・銅・鉛 後期帝政期に古代ローマの鉱業は衰退し，フランク王国時代末期までヨーロッパの鉱業は全般的に振るわなかった．そのなかで，銀に関しては，7〜10世紀に採掘されていたメル銀山（フランス，ポワトゥー地方）があり，カロリング朝フランク王国の銀貨造幣を支えた．ランメルスベルク鉱山（ドイツ，ニーダーザクセン州）の方鉛鉱や黄銅鉱などは古代ローマ時代にすでに知られていたが，10世紀半ばのオットー朝時代に採掘が本格化し，13〜14世紀に銀，銅，鉛，亜鉛などを豊富に産出した．12世紀には，フライベルク（ドイツ，ザクセン州）を筆頭に，フリーザッハ（オーストリア，ケルンテン州），モンティエーリ（イタリア，トスカーナ州），ストリーブロ（チェコ，プルゼニ州），ブランド（フランス，ローヌ・アルプ地方）などに銀鉱石採掘は拡大する．13世紀になると，地表近くの鉱脈が枯渇する鉱山が現れる一方，クトナー・ホラ（チェコ，中央ボヘミア州）では，新たに地下採掘が発展し，ベーメン王国の高品位の銀貨（プラハ・グロシュ）造幣の地金を供給した．このほか，13世紀には，イフラヴァ（チェコ，ヴィソチナ州），ロンゴブッコ（イタリア，カラブリア州），イグレージアス（イタリア，サルデーニャ州），バンスカー・シュチャヴニツァ（スロバキア）などの主要採掘地に加えて，トランシルヴァニア，セルビア，ボスニアなどに銀採掘が拡大した．

黒死病による停滞期を経た15世紀後半のヨーロッパ鉱業の繁栄期には，銀山では，シュネーベルク（ドイツ，ザクセン州）で新たに採掘が始まったことに加えて，馬や水車で動かす坑内水の排水装置が大型化するなど地下採掘技術が発達し，産出が増大した．1460〜1530年の間に，ドイツを中心に，中央ヨーロッパにおける銀生産高は5倍以上に増加し，年産90t余りに達したほか，銅も年産数千tに及んだ．このような銀山開発の拡大にあたっては，中世を通じて，ドイツ出身の鉱業技術者が果たした役割が大きかった．

✖錫・鉛 大ブリテン島は，ローマ時代以来，その豊かな鉱物資源で知られていた．13世紀には，ダービーシャーなどで鉛の生産が発展した．イングランド西南部のコーンウォール半島では，12世紀後半から錫の生産が飛躍的に増加した．1330年代には，順調な年における錫の生産高は，700tに達していた．

✖鉄　ほかの鉱石と比べて，ヨーロッパの鉄資源は地表近くに豊富に存在し，露天掘りに近いかたちで採掘できたため，すでに10世紀までに，イベリア半島，アルプス山脈東部，トスカーナ地方を中心に，ほぼヨーロッパ全域で製鉄が行われていた．そこでは，鉱石と木炭が得られる森林で，それらを小型の低炉で燃焼し，炉床に残った塊鉄を得るという直接製鉄法が用いられ，そこで得られた鉄塊をハンマーで鍛えて棒状の原料鉄を生産するという小規模な生産形態だった．

　12〜13世紀には，北フランス，ライン川流域，イングランドにおいて，シトー会とプレモントレ会の修道院による計画的な製鉄経営が発展し，その技術は世俗社会にも大きな影響を与えた．そこでは，12世紀後半から水車稼働の鍛造用撥ねハンマーの利用が始まっていたが，さらに14世紀には，大型化する製鉄炉への送風に水力稼働の鞴（ふいご）が用いられるようになった結果，炉内の温度が上昇し，鉄が熔解するようになり，炉の上部から鉄鉱石と木炭を連続投入し，下に開けた出銑口から銑鉄が流れ出すという高炉法が誕生した．12世紀末にさかのぼるともいわれるラップヒュッタン（スウェーデン）の高炉遺跡はその最初期の例である．

✖石炭・泥炭・明礬・塩　資源としてはヨーロッパに豊富に存在した石炭は，13世紀頃から浅い立坑により採掘されるようになり，石灰焼成，煉瓦製造などの燃料としての利用が本格化した．イングランド北東部とムーズ川中流域がその主産地だった．低地地方などでは，泥炭も家庭用燃料として利用されていた．また，1460年代初めに，ローマ教皇領だったトルファ（イタリア，ラツィオ州）で明礬鉱（ばん）が発見されて以後，その精製所は，フランスのフランシュ・コンテ地方やロレーヌ地方の製塩所とともに，16世紀ヨーロッパ最大の産業施設となった．

✖鉱業特権・鉱業共同体・商人企業家　これらの鉱物資源のうち，貴金属の鉱業権に関しては，皇帝フリードリヒ1世（バルバロッサ）のロンカリア立法（1158）に見られるように，11〜12世紀以降，皇帝や国王などの封建的最高君主にのみ属する国王大権（レガリア）に含まれるという法観念（鉱業特権）が現れた．そこでは，鉱業特権保有者は，採掘された鉱石の10分の1を徴収し，鉱石先買権を有する一方，採掘希望者には自由な採掘と製錬が許され，採掘によって被害を受けた土地所有者には，その損害を賠償するだけでよいとされた．これに対して，鉄鉱石や石炭に関する鉱業権は，一般の土地領主に属していた．他方，12世紀後半の中欧では，銀，銅，錫の採掘地で，鉱夫の共同体が形成されることがあり，その一部は，フライベルクのような都市共同体にまで発展した．

　15世紀以降，多くの鉱物資源の採掘と製錬が発展し，設備が大型化すると，商人資本が進出し，彼らは販売に加えて，それまでは独立的だった鉱夫を雇用し，鉱業経営全般を指揮する商人企業家となっていった．その一方で，国王や領邦君主による中央集権化が進むと，鉱業に対する国家管理が強化される傾向にあった．両者の交渉の典型例が，皇帝とフッガー家の間に認められる．　　　［堀越宏一］

環境汚染

人間の存在は必ず環境に影響を与える．現代とは程度が異なりこそすれ，産業廃棄物やごみの処理，大気汚染などの「環境問題」は，中世にも存在した．

✖産業廃棄物　織物業や皮革業は多くの都市で盛んで，これが環境汚染の一因となった．羊毛の洗浄や糸・布の染色には大量の水を必要とし，汚れた排水が川に流された．水を要する点では皮革加工も同様で，しかもタンニンを用いて皮をなめす作業は悪臭を伴った．その排水が道路に流されたり無統制に川に捨てられたりして，井戸水や川の水に混じることは，飲用水の汚染という点で大きな問題であった．また肉屋

図1　15世紀の絹糸の染色工程の解説に
付けられた図［Gargiolli ed., 1995］

や魚屋，八百屋から日常の営業で出される血，肉屑，骨，野菜屑などの廃棄物の処理も，当局は放置できなかった．

✖都市のごみ問題　人口の集中する都市ではごみや汚物の処理も課題となった．14世紀のナポリでは牛糞が道に放置され，窓から汚物が捨てられた．パリやアヴィニョンでも道路の泥やごみ，汚物の放置が問題となり，15世紀のローマでは下水から溢った汚物や汚水の道路への投棄を禁じる規定があった．特に小路は泥や汚物に塗れており，14世紀のルッカでは路地に面した建物の住人に，路地の悪臭を公道に漏らさぬよう義務付けている．シエナでは広場や道路，泉のそばへのごみ放置が禁じられ，1228年のヴェローナの都市法は戸別のごみ捨て場の確保を市民に課した．一方，15世紀のルアンでは都市周囲の堀がごみで埋まり，防衛の役に立たない状態であった．都市の清掃に関わる公職やごみ回収の制度の存在は12世紀末以降，パリやロンドン，イタリアの複数の都市で確認されるが，実際にどれほど機能したのか．史料が語る都市の道路や広場の惨状，また，ごみや汚物の投棄の禁止，道路での用便の禁止，産業排水や廃棄物の道路への投棄の禁止，八百屋や魚屋の広場の掃除の義務化などの法規が，多くの都市で繰り返し出された史実は，むしろ都市環境の改善が容易でなかったことを示唆する．14世紀のミラノでは，汚物を不法投棄した本人のみならず世帯主にも罰が及んだ．中部イタリアのフィリーネ・ヴァルダルノのように，広場に面した家屋の住人に広場へのごみ投棄を許す代わりに，定期的清掃を課した例もある．

✖大気汚染　家庭での調理や暖房のためにも，パン屋や鍛冶屋などの営業のためにも，燃料としての薪や木炭は生活に欠かせなかった．都市では日常的に相当な

煤煙が発生していたであろう．実際，ボローニャと南仏のアルルの 12〜17 世紀の地層の土壌分析では，木材の灰が大量に検出されており，同時期に煤煙による大気汚染が生じていた可能性が指摘されている．だが，中世に大気汚染が問題になったことのわかる例は多くない．例外の一つがロンドンで，13 世紀から煤煙が問題視されていた．イングランドでは薪や木炭と並んで石炭が使用され，特に石炭の煤煙や臭いに関する苦情，訴えが見られるのである．石炭は家庭の暖房などにも使用されたが，建築資材である石灰の生産における燃料として大量に消費された．王権や議会は，近隣に煙や臭いが漂わない高さの煙突の設置の義務化や，時には石炭の使用の禁止も試みたが，さして成果はなかったらしい．

✖法的な規制　汚物やごみ，産業排水などについて中世にしばしば出された規制の基準は，生活・経済活動の利便性・快適性にあった．一方で，例えば，頻繁に見られる道路や川へのごみ投棄を禁じる法規の実効性には，疑問符が付く．パリをはじめ，「『気をつけて』と 3 回叫んでから」や「夜間ならば」といった条件付きで建物上階からの汚水の投棄を認める例もあった．そもそも煙や臭気や汚れを理由に，都市の経済活動を止めるのは困難である．そこで一種のゾーニングが図られた．都市の肉屋の周辺地域への移転，屠殺後の廃棄物の処理の規制，特定地区での屠殺の禁止などの措置は，12〜14 世紀に西欧各地で見られる．水を必要としたり悪臭が発生したりする手工業も，特定地域に集められた．1238 年のローマでは，教会に近い道路に染色に使った水を流したユダヤ人の染色業者 4 人に有罪判決が下され，14 世紀初頭のフィレンツェでは，染色業者が汚水を公道に捨てるとの訴えが見られる．アヴィニョンやパリでも，染色業者や皮革業者は都市の周縁地区での営業を義務付けられた．無論，大量の水を使える場所が川沿いなどに限られるという事情もあった．道端での羊毛の紡毛や亜麻の柔化作業，皮革加工などは禁じられ，皮革業と製紙業は概して都市の周縁地区に限定された．北フランスの諸都市では染色業者は染色のための綺麗な水を確保するため，皮革業者とは異なる運河沿いで営業した．前提として運河に排水を流すことが容認されていたことには，留意すべきであろう．逆に皮革業者にとっては，染色業者と同じ川筋で営業することで，染色の排水に残余する 明礬 を再利用できる利点があるとも認識されていたらしい．獣脂蝋燭の製造も煙や悪臭が出るため規制対象であった．中世末期のアッシジで市壁内での染色や亜麻などの漂白が禁止されたのは，汚れた排水が井戸などに影響することへの懸念からであろう．安全な飲用水の確保は都市にとって重要であった．ボローニャでは井戸の近くでの皮革，羊皮紙のなめし作業を禁止している．このように中世の人々も生活環境の整備，改善に無頓着だったわけではない．とはいえ，「不潔な都市には，たとえほかの美点がすべて備わっていたとしても，美などというものは断じてあり得ない」として，15 世紀初頭のフィレンツェの「清潔さ」を讃えた，人文主義者レオナルド・ブルーニの言をそのまま受け入れることもできないのである．　　　　［徳橋　曜］

ジャン・ド・ブリー

図1　「羊飼いと囲いの中の羊たち」
（15世紀）フランスのミニアチュー
ル〔The Bodleian Libraries, Univer-
sity of Oxford, Bodleian Library MS.
Douce 195, fol. 144v.〕

　　ジャン・ド・ブリー（1340 頃～80 以降）は，
羊飼育マニュアルの作者として知られている.
　　フランスのセーヌ＝エ＝マルヌ県オルノワ市
の小村ヴィリエ＝シュル＝ロニョンの農家に生
を享けたジャンは，8 歳の時に生まれ故郷でガチョウの世話を任され，1 年半の間，
ガチョウをトビ，フクロウ，カササギ，カラスなどの害鳥から守り通した. その
後クロミエ近くのノロンニュの農場に連れて行かれ，1 年間豚の飼育に携わっ
た. さらに同地で馬と牛の世話を任されたが，いずれの場合も動物が暴れて怪我
を負い，大型獣を恐れるようになって，よりおとなしい羊の世話へと移行した.
　　ジャンは数年間，大変な気遣いと愛情をもって羊の世話をした. 餌をやり，毛
を刈り，油を塗り，刺絡し，狼などの害獣から守った. かくして牧羊術に長けて
いるとの評判が地元を越えて広がり，14 歳になると，ノロンニュからメッシー
の領主の屋敷に移って本格的な「羊飼い」となる. そして 2 年間にわたって，約
200 頭の産齢に達した羊の世話を成功裏に行った.
　　その後，国王シャルル 5 世（在位 1364～80）の顧問の一人に見出され，その
館の家政の責任者として 3 年間雇われた後，パリでの勉学のための学資を主人か
ら出してもらった. 主人が亡くなると，シャルル 5 世の別の顧問でサント＝シャ
ペルの聖堂参事会員でもある人物に仕えたが，彼が王に紹介してくれたようであ
る. 14 世紀のフランスでは，羊の飼育が農業の主要な資源になっており，同王
は羊飼いの技術に興味をもっていた. そこで彼は，代々口伝で伝えられてきた羊
飼いの知識と経験を一書にまとめるようジャンに依頼したのである. その書物は
『良き羊飼い』と題され 1379 年にでき上がった. この年以降のジャンの消息はわ
かっていない.『良き羊飼い』の写本は失われたが，内容は 16 世紀に印刷された
いくつかの版から知られている（Clévenot ed., 1986）.
　　同書には，まさに羊飼いに必要な知識，技術のすべてが記されており，とりわ
け環境と自然の経験的知識が豊富で貴重である. すなわち，さまざまな鳥の鳴き
声や羊の行動から天候を予知するすべ，各月ごとの気温や牧草（餌）の変化によ
る羊の世話の注意点，諸種の病気とその原因，危険性などが記されている. この
書物は，当時，行商人によって売られた「暦」特に「羊飼いのカレンダー」とも
親近性がある. いずれも農民の知恵，生活術，健康，料理，占星術，気象学など
の情報を含み，それらに関連する問題に応えようとしたマニュアルである.
　　同書の「3 月について」の項目中には，羊の寄生虫病ファスキオラ症の最初の
具体的記述が含まれていて注目を集めているが，ジャンは，この病気は湿地に生
える雑草（ドーヴ）を食べたことが原因だと考えている.　　　　　　　〔池上俊一〕

2章 国家と支配

人類の歴史上の多くの社会と同様，西洋中世社会も支配と服従の込み入った関係で編成されており，その意味で「国家」の存在を語ることができる．そこでは多数の王国が分立していたが，西洋世界全体に広がるカトリック教会との関係は，基本的な問題であった．国王の統治は宮廷を中心的な装置として展開されたが，同時に王冠，印璽，「王の二つの身体」の実践などによって可視化された．さらに，この世界には特殊な君主として皇帝と教皇が存在した．国王と諸侯クラスの大貴族との関係は各王国の構造にとって規定的な意味をもったが，その中で国王は，封建関係などの仕組みを用いつつ，法記録の作成・立法や紛争解決といった統治活動を展開した．法律家の存在も中世中期以後この世界を特徴付けていく．王国社会の基底には領主と農民との関係があったが，国王と貴族など諸身分との関係は，中世後期には身分制議会として制度化されていく．ビザンツ帝国，オスマン帝国，ロシアという隣接する歴史的世界の帝国との比較は，西洋中世の特徴を浮かび上がらせる． ［草生久嗣／加藤 玄・田口正樹］

国家と教会

　中世世界における国家とは何か．この問いに答えようとする研究や議論にはこれまで多くの蓄積があるが，中世における有力な国家が君主による統治の形態を採っていたとみてよいなら，この時期の西洋には，王国，領邦，帝国等の国家が共存していたといえるだろう．もっともこれらの国家が，国民国家や主権国家といった特徴をもつ近代国家とは異なることには注意が必要である．また，国家という場合，現代における政教分離の原則を前提として，宗教に中立的立場を採る政治体を私たちは想定しがちであるが，中世においては，世俗的領域と宗教的領域とは明確に区別されたものではなく，国家の政策や体制においても世俗的要素と宗教的要素とが密接で不可分だった．

　他方，中世史研究において，国家との対比で教会という場合，何を指すのだろうか．それは，キリスト教の聖堂などの建物ではなく，キリスト教徒の共同体やその組織のことをいう．とりわけ中世盛期の西欧世界において，ローマ・カトリック教会が，皇帝や国王などとの争いを経て，ローマ教皇を頂点とする一種の政治的組織体として立ち現れ，国家と対抗する存在になることは，ほかの世界にはない特徴である．

　では，中世西欧において，何ゆえに国家と教会とは対立したのか．また，いかに協調したり妥協したりしたのか．これらの多様な局面に関する聖俗両権力の関係の歴史的解明は，中世史研究における重要な課題の一つである．

�֍聖職叙任権をめぐる争い　国家と教会との対立が，教会の高位聖職者の叙任権をめぐって最も激しく展開するのは，ドイツにおいてである．メロヴィング朝フランク王国の国王クローヴィス（在位 481〜511）はカトリックに改宗し，カロリング家のピピン 3 世（在位 751〜768）は国王即位の際にキリスト教の塗油の儀式を受けた．国家と教会は分かち難く結び付き，カロリング国家はキリスト教共同体と観念されるようになったと言われる．カロリング帝国解体後のドイツでは，教会組織を国内の統治組織として用いる帝国教会政策が用いられた．神聖ローマ皇帝やドイツ王は，その権威に服する司教座教会や修道院といった帝国教会に，所領や諸特権を与える一方で，宮廷で養成された有能な聖職者を，司教などの高位の聖職に任じ，彼らに軍役などの義務を負わせるとともに，国家統治を担わせた．皇帝や国王による高位聖職者の叙任は，国制の根幹をなす政策だった．

　ところが，彼ら俗人による聖職叙任は，11 世紀半ば以降に進行する教皇主導の教会改革の対象となる．この教会改革は，これまで，叙任権闘争，グレゴリウス改革，そして教皇改革といった語を用いて多くの研究者たちによって研究され

てきた歴史的事象であり，教皇レオ9世（在位1049〜54）やグレゴリウス7世（在位1073〜85）といった教皇たちによって推進された．教会は，ニコライティズム（聖職者妻帯）やシモニア（聖職売買）の改善に着手し，改革の進展につれて，教会組織への俗人の介入を排除して教会の自由を獲得しようとしていった．俗人による聖職叙任も改革課題となり，聖職叙任権をめぐる争いが生じた．

⚔政教協約とその後　　聖職叙任権をめぐる皇帝と教皇による争いの一応の決着といえるのが，1122年にヴォルムスにおいて，神聖ローマ皇帝ハインリヒ5世（在位1111〜25）と教皇カリクストゥス2世（在位1119〜24）の間で結ばれた協約である．この政教協約によって，皇帝は，指輪と杖による聖職の授与を放棄した一方で，王笏（杖）による俗権（レガリア）の授与を認められた．聖職叙任権をめぐる争いはフランスやイングランドでも生じ，イングランドでは，1107年のロンドン協約で，国王は，指輪と杖によって聖職を授与しないことを宣言した．

　これらの政教協約では，聖職者に対して，皇帝や国王が授与する俗権と，大司教が授与する教権とが，観念上は区別されたといえる．当時の教会法学者などの知識人たちも，聖俗両剣（権）論を展開し，俗権と教権とがいかなる関係にあり，いかに区別されるべきかについて論じた．しかし，現実の社会で，何が俗権に属する権利で，何が教権に属する権利なのかについては，未分明な部分が多く存在した．また，一人の聖職者の人格も二重であり，司教などは，一方では聖職者として教皇に仕え，他方では封建家臣として皇帝や国王などの世俗君主に奉仕せねばならなかった．

　そのため，政教協約の成立後も，西欧各地において聖俗両権力の間で，おのおのの領域を画定するための対立や妥協が繰り返された．イングランド王ヘンリー2世（在位1154〜89）とカンタベリー大司教トマス・ベケット（在位1162〜70）および教皇との間で生じた対立と妥協もその一つである．ヘンリー2世は，国王の同意なくイングランドからなされる教皇への上訴を禁じたり，犯罪を行った聖職者に対する国王の裁判管轄権を主張したりしたが，大聖堂内でのトマス・ベケットの暗殺後，国王側が譲歩することとなった．

　このように，西欧における世俗権力と教会権力の対立や妥協は，従来の国家と教会の関係や統治体制の変更を迫ることとなった．またその対立や妥協は，近代国家成立に向かう歩みの中で，聖俗両領域の分離傾向，行財政機構や裁判制度の発展，ローマ法学と教会法学の隆盛などの多様な社会的変化を生じさせることとなる．ここに，国家と教会の関係が，中世史研究における重要な研究テーマであり続けている理由の一つがある．ただし，西欧で成立する近代国家を国家の理想型と見なして，西欧のみを研究対象としてはならない．ビザンツなどの非西欧各地における国家と教会の関係の解明は，言うまでもなく，重要な研究課題である．

[苑田亜矢]

宮廷（統治組織）

　宮廷の語は中世では長らく集会を意味し，そこでは君主が法廷を開き，親族，家臣，従者，客人らが伺候（しこう）した．宮廷は都市や修道院と比べると記録に乏しいが，中世後期以降にある程度の具体像が判明するようになる．J. ホイジンガが『中世の秋』（1919）で14〜15世紀のブルゴーニュ公の宮廷における生活と文化を活写したように，宮廷は慣習に基づく保守的な性格をもつ一方で，新奇な流行をいち早く採り入れ，人的流動性の高い汎ヨーロッパ的な環境でもあった．

✖移動と宮殿　中世の宮廷はたえず移動するのが常だった．道中の災難や事故のほか，宿泊先も問題となったが，城は一行を収容するには狭すぎ，修道院や都市に宿を求めることが多かった．カール大帝（在位800〜814）のアーヘンやフランス王フィリップ2世（在位1180〜1223）のパリなどは特別早い例であるが，14世紀に入ると，宮廷の移動は続くものの，君主の居住地と行政のための首都と宮殿が整備されるようになる．宮殿の中心には大広間があり，控えの間が併設され，戸外には庭園が設けられた．1500年頃以降，神聖ローマ帝国では，庭園付きの宮殿，夏の離宮，森の中の狩猟小屋などが整えられ，君主の生活に快適な環境が提供されるようになる．

✖組織と消費　宮廷の中核をなす家政組織は，衣食住や娯楽などの日常生活の維持のために猟師，鷹匠，門番，護衛など多くのスタッフを抱えた．家令，主馬頭，侍従長，酌頭といった上級官職はやがて，儀礼時を除けばもともとの機能とは無関係の名誉職と化す．宮廷は政治の中心でもあった．公私の厳密な区別はいまだ不明確だったが，宮廷は公的な役割を期待された君主の最高評議機関，統治行政機関，最高法廷であり，これらの諸機関はやがて専門分化することになる．

　13世紀半ば以降継続的に作成された大量の宮廷会計記録は，宮廷の維持費が戦争に次ぐ莫大な額であったことを示している．とりわけ君主の衒示（げんじ）的消費のための衣服，宝飾品，武具，馬，工芸品，祭事などの出費が嵩んだ．14世紀以降のフランスでは，王領地収入のみでは戦費や宮廷維持費が賄えなくなり，当初は臨時であった課税が恒常化し，徴税を担う機関が設けられた．宮廷には君主からの贈与を期待する多くの人々が集まるため，共同生活に規律を与え，経費を抑制する必要があった．最初口頭でつくられた宮廷規則は，14世紀半ばから南ヨーロッパで，15世紀後半には神聖ローマ帝国でも文書化され始め，共同生活における礼拝，食事，評議会，法廷，娯楽などの日課や規則が設定された．

✖世俗文化　12世紀に広まった騎士道は宮廷文化に大きな影響を与えた．同時代の教会の著述家ウォルター・マップは，みずからも宮廷と密接な関係にありな

がら，宮廷が時にキリスト教的倫理を逸脱し，世俗的な性格をもつことを苦々しげに叙述している．宮廷は武芸や技芸全般の中心であった．宮廷の娯楽は武芸，恋愛，狩猟が好まれ，馬上騎馬試合，宴会，ダンスなどの祝祭的催しに彩られた．剣術，格闘術，騎士道物語や武勲詩などが奨励され，語り部，吟遊詩人，曲芸師，芸術家らが取り立てられた．リンブルク（ランブール）兄弟がベリー公の，ヤン・ファン・エイクがブルゴーニュ公の，ジャン・フーケがフランス王の宮廷にそれぞれ出仕したように，15世紀の宮廷は当代きっての芸術家を惹きつけ，芸術は宮廷を通じて国際的な性格をもった．

⚔宮廷社会　宮廷は儀礼とコミュニケーションの場であり，排除と包摂を繰り返す優れて社会的な空間であった．N. エリアスが近世のヴェルサイユ宮廷を舞台に論じた宮廷社会の起源は中世に求められる（Elias, 1969）．宮廷では領地，官職，年金，聖職禄の獲得の後援，好条件の婚姻など君主からの多種多様な贈り物や栄誉が与えられ，社会的地位の上昇と承認が行われた．宮廷人にとって，みずからの地位は君主からの寵愛や恩顧を通じて得られるものであり，君主への奉仕や忠誠，君主の徳や威信の称揚によって報いなければならなった．14世紀半ば以降，宮廷人は君主から支給された社会的，派閥的な目印（記章，仕着せ）を身に着けることで宮廷秩序に受け入れられ，みずからも集団の一員であることを意識するようになる．宮廷は，言葉遣い，所作，衣装，「宮廷風恋愛」などの行動規範をもち，それらを共有しない者を無骨な農民や下賤の者として排除し，手作業による労働を嫌った．中世後期の説教師たちは，宮廷生活における虚栄心，不道徳，追従，偽り，陰謀を強い口調で非難している．

⚔宮廷と国家　中世を通じて，君主の政府の中央集権化，官僚化は着実に進行していたが，宮廷は必ずしもその過程の一部とはならなかった．君主の家政組織を基礎とする中世の宮廷は，近代的な官僚制のもとで遵守される手続きが回避されたり無視されたりすることがしばしばあった．家政組織の細部は国や地域によって異なるが，君主とその側近が行使する権力の仕組みは驚くほど似かよっており，このような類似性により，宮廷から宮廷への遍歴は容易であった．遅くとも15世紀初頭以降，貴族はさまざまな宮廷を渡り歩きながら宮廷人に相応しい素養を身に付けて，主君のもとへ帰参するようになった．こうした貴族の旅や君主同士の会議に加え，君主の妻が遠方から嫁いできた場合，その実家から親族が来訪した．遠く離れた宮廷間で，犬，馬，鷹などの動物，タピスリーやそのほかの工芸品，装飾写本や書籍などの貴重品がしばしばやり取りされた．こうしたヒトやモノの絶えざる交流が宮廷間で共通する性格の促進に一役買った．

　中世における君主の宮廷は，汎ヨーロッパ的な性格をもつ多言語環境であり，外部の影響や流行を積極的に受け入れる空間として，近代のナショナリズムや国民国家を前提とする国家像を相対化する視点を与えてくれる．　　　　　［加藤　玄］

王　冠

　国王の姿を残す中世の図像にはすべて王冠が描かれている．中世人にとって王冠とは，国王そのものを示す象徴であった．そして，その象徴性から王冠は多義的な意味を帯びるようになっていく．

✖起源と形状　中世王冠の起源は，古代ローマ，ビザンツ世界に見られた月桂冠の流れを汲むとされる．帯状に頭部を囲う環形冠を基本形として，中世初期以降はこれにさまざまな装飾が付加されていく．カール大帝の戴冠など，冠の存在をうかがわせる史料は多いものの，実際に伝来している冠は少ない．そのため，真贋はともかくとして，当時イメージされていた冠像を知るためには図像資料に大きく依拠せざるを得ない．それらは必ずしも統一的な形状を示していないが，中世盛期になると，環形冠の上部３カ所に装飾物（百合の花とされる）が突き出た形状が図像表現として増えてくる．14世紀初頭にハインリヒ７世のイタリア遠征と皇帝戴冠の模様を記録した図像では，国王としては百合花冠，皇帝戴冠後には装飾物を帯状板でつないだ開頂冠が描かれている．この描き分けは，14世紀後半の『フランス王国年代記』中の，フランス王と神聖ローマ皇帝が並んだ場面でも採用されている．ただし，伝来する王冠やほかの図像では，頭頂部を覆う半円状のものや，上部に帯状板を渡すだけで開放された形の冠も見られる．

　中世初期までさかのぼり，伝来状況を確認できる王冠はない．カロリング家断絶後に神聖ローマ帝国に組み込まれたイタリア王国では，国王は鉄の冠で戴冠するものとする伝承が13世紀に広まった．前述のハインリヒ７世はイタリア遠征時に，伝承に基づき新たに作成させた鉄冠によって戴冠した．彼の子孫であるルクセンブルク家皇帝たちもこれを用いたが，この冠は現存しない．現在伝わる「ロンバルディア鉄冠」は10世紀以前の制作と推定されているが，15世紀以降に「再発見」されたものである．

✖戴冠式　王冠は，王笏（杖）や宝珠などとともにレガリアと呼ばれる．レガリアは，一般には王のみがもつ特権＝国王大権（貨幣鋳造権，関税徴収権，市場開設権など）を指すが，ここでは王権の標章となる象徴的な装飾物（国王権標）を意味する．こうした象徴物は各地域で歴史的に集積されたものであり，杖や剣，指輪など，内容にはバリエーションがある．しかし，いずれの地域でも王冠は不可欠のシンボルとなる．このレガリアは象徴物であるが故に，視覚的に認識させてこそ機能を果たす．その典型的な利用機会が国王戴冠式であった．

　中世の世俗的な儀礼には，次第にキリスト教の影響が及んでいった．戴冠式もその例に漏れず，世俗支配者でありながら聖性を帯びるための聖別式を伴うよう

になり，二つの儀礼を合わせて成聖式とも呼ばれる．成聖式では高位聖職者から塗油を受け，各種のレガリアを授けられる．王笏や宝珠，剣や指輪などが渡されるが，やはり戴冠が山場であった．新国王はこの時，理念的には神の恩寵によって王冠を受け取ったことになる．また，大聖堂で行われる戴冠式には，高位聖職者のみならず世俗の有力貴族も多数参加し，レガリアを持ち運んで新国王への奉仕の姿勢を示した．彼らは「歓呼」の声を上げて彼の支配を承認する役回りを演じ，着座した王が果たす誓約の証人ともなった．聖別式前日には徒歩の巡礼姿で宗教的適性を示した国王は，戴冠後は王冠などの権標を身に着けて市内

図1　フランス王の戴冠式 [バートレット，2008]

を騎行し，世俗君主としての姿を領民に対して視覚的に示したのである．

✖象徴の多義性　王冠はときに生身の国王個人を超越した意味をもった．E. H. カントーロヴィチが中世後期イングランドの政治思想で論じたように，王冠は王国の永続性や不可譲性を意味し，また王を頭とし，諸身分を四肢とする身体としても表現された（カントローヴィチ，1992）．また，そうした政治的身体としての不可視の王冠と物質的な王冠は区別されたが，東中欧では王冠が聖人と結び付くことにより両者が融合した．ハンガリー王国の「聖イシュトヴァーンの王冠」，ボヘミア王国の「聖ヴァーツラフの王冠」がその代表である．どちらも過去の，そして列聖された聖なる君主に由来する．例えば後者は，ボヘミアを継承したルクセンブルク家の神聖ローマ皇帝カール4世により，ボヘミア，モラヴィア，シレジア，そして上下ルサチアの諸邦を統合するための象徴として制作された．普段はプラハ城の聖ヴィート大聖堂内にある聖ヴァーツラフ礼拝堂に安置されたこの王冠は，国王戴冠式などで使用され，そして王冠の所有者である聖人こそが王国の真の君主であるとされた．また，この王冠概念は，聖なる君主の崇敬と結び付いて発達した王国共同体概念とも融合していく．王国共同体は，やがて貴族身分や高位聖職者，さらに都市代表からなる身分制議会へと展開する．ハンガリーやポーランドでもおおよそ同様の経緯をたどった．

　一方，ハンガリーに隣接し，その影響を強く受けたセルビアやボスニアにも王冠概念が登場する．ここでも王冠と国王個人の分離，領土の不可譲性の象徴といった機能が確認できるが，セルビアはビザンツの帝冠概念の影響も受けていたことから，王冠概念が王国共同体と結び付く事はなかった．　　　　　　　[藤井真生]

王の印璽

　西欧における印章（王の場合のみ印璽と呼ぶ）とは，蝋などの軟らかい素材に，厳密には母型と呼ばれる堅い物体の上に彫られた像や文字が刻印されたもので，通常文書の有効性を保証するために用いられた．

✖印章の歴史と研究　西欧における印章の使用は，古代ローマの制度から継承された．個人の印章は早期に，手による印の付加によって取って代わられたが，公的な印章は君主がこれを引き継いだ．中世初期を通じて文書に印章を付し得たのは君主のみで，君主文書は逆に王印璽のみによってその効力が保証された．10 世紀以降，印章の使用は君主以外に広まった．時代を下るにつれて，領邦君主や司教・大司教，高位聖職者，大諸侯，中小貴族，都市，教会全般，さらには一般庶民に至るまで利用が普及した．16 世紀以降，紙の使用の一般化，公証人制度の発展，サインの慣行の定着などの理由で，その使用は廃れていく．王権や国家の歴史との関係で印章が興味深いのは，文書形式の一部としての機能である．西欧の印章は図像をもち，そこに込められた権力や自己表象，さらには影響関係などを検討することができる．また，中世盛期以降見られる印章の多元化現象は，国家機構の細分化と行政実務の繁茂を反映したものである．

✖初期から盛期中世の王の印璽　西欧最古の王印璽は，7 世紀のメロヴィング王にさかのぼる．墓から発見されたキルデリクス 1 世の指輪型母型には，髪が長く，ローマ風の衣装を身に着け，右手にバトンを持った人物の正面を向いた半身像が刻まれていた．他方，カロリング王の印璽は，古代の陰刻の再利用で，図像も古代人物の横顔に変更された．その後のすべての西欧の君主が，王にのみ留保された図像として採用する「威厳型」（正面を向いて玉座に座る王の全身像を造形）を最初に採用したのは，神聖ローマ皇帝オットー 3 世であった．同時代のフランス王アンリ 1 世やイングランドのエドワード証聖王が直ちにこれに追随したことは，西欧の王権の間には共通の「王観念」が存在したことをうかがわせる．以上のように，日本や中国とは異なり，西欧の王印璽の中央には大きく当該の王の像が配置され，王と印璽は人格的に結び付いていた．文書を見る者は，印璽を見ただけでそれが誰の文書であるかを認識できたのである．

✖王の印璽の多元化　長らく王印璽とは，文書局長が管理するいわゆる大印璽一つだったが，13 世紀以降，複数の印璽が使い分けられていく．フランス王について見てみよう．フィリップ 2 世は，「一つのユリの花」からなる小さな印璽を大印璽（図 1a）の裏に使用し始めた．偽造の防止や効力の補足的な保証のためと考えられている．また，キリスト教徒とユダヤ人との間に交わされた契約を告

示する王文書に付すために設けられた「ユダヤ人の印璽」の図像は驚であり，大印璽とは明確に区別される．聖王ルイ9世治世にも，大きな革新が見られる．1270年の十字軍に際して設置された「摂政印璽」の図像は，王の全身像ではなく「王冠」（図1b）である．また，王の立像が造形された小さな銀の指輪（図1c）は，本来ルイ9世の個人印であったとも推測されている．

図1　左から（a）フランス王フィリップ2世の大印璽，（b）フランス王ルイ9世の摂政印璽［Dalas ed., 1991］，（c）フランス王ルイ9世の指輪型印章母型［パリ，ルーヴル美術館，（C）GrandPalaisRmn（musée du Louvre）/image GrandPalaisRmn/distributed by AMF］

✖中世末期における王印璽のパノラマ　中世末期には，文書行政の複雑化を反映するように，フランス王印璽はさらに多様化した．まず，巡回する王に付き従う王文書局長が管理する大印璽がある．大印璽は，印璽会議において審議，承認された文書にのみ付され，表面は常に「威厳型」を示している．次に，王不在時に大印璽を代替する代理印璽がある．1338年に設置された代理印璽は，上部を王冠で飾られた三つのユリの花を図像とし，母型は，王宮の二人の専任保管官と王の顧問官によって管理された（図2a）．代理印璽には，範囲を限定して設定されるものもある．トロワ大市印璽は，シャンパーニュ大市における契約の有効性保証のために設置され，威厳型図像のなかに，王家とともにシャンパーニュ家の紋章を表現する．本来王個人に関する内容の王文書に，簡便なやり方で付される秘密印璽は，中世末期に大きな発展を遂げた（図2b）．母型の管理は王の侍従に委ねられ，次第に，統治全般に使用が拡大した．

図2　左から（a）フランス王フィリップ6世の代理印璽，（b）フランス王フィリップ6世の秘密印璽，（c）フランス王シャルル8世のパリ高等法院代行印璽［Dalas ed., 1991］

　最後に，代行印璽と総称される，高等法院印璽（図2c），会計院印璽，ノルマンディ財務府印璽などがある．これら王権の恒常的な代行執行機関は，大印璽とは区別される印璽をそれぞれ使用することから，大印璽を管理する「大文書局」と区別して，「小文書局」と総称される．

✖終わりに　王の印璽を始めとする印章は，伝来数が多いうえに，銘文と図像表象の双方をもつなど，特異な特徴をもつ複合的な資料類型のため，学際研究の格好の対象ともなっている．　　　　　　　　　　　　　　　　　　　　　　［岡崎　敦］

王の二つの身体

　「王の二つの身体」とは，正確にいえば中世ではなく，テューダー朝（15 世紀末〜17 世紀初頭）以降のイングランドに出現した法律概念である．国王にはほかの人間と同じ生身の身体のほかにもう一つ，超自然的な政治的身体があり，この身体は老いることも死ぬこともなく，前王が没すれば，次の王に引き継がれるという教説が唱えられた．例えば，国王が未成年の時期に行った贈与も，もう一つの超越的身体の永続性故にそれに付随する特権をもたらすという法解釈を裁判官が行ったり，また革命時には，国王の政治的身体は議会とともにあるという主張のもとに，個人としての国王に対する反抗が繰り広げられたりしたのである．

✖葬送儀礼の中の二つの身体　このように，「王の二つの身体」はその最も明確な形態としては法律上あるいは政治上の概念を指すが，非言語的な形態において表出されることもあった．すなわち中世末〜近世初期にかけてのイングランドやフランスの国王葬儀では，わざわざ国王の似姿が作成され，それが展覧に付されたのである．1498 年のシャルル 8 世の葬送行列では，王が没したアンボワーズからパリまでは王の遺体はすべてが喪を表す黒い布で覆われ，また王権の標章も隠されたまま運ばれたが，いざパリに入場する段になると，肖像が棺の上に置かれ，また抜き身の剣や王家の旗で周りを飾り，王と同じ緋色の上衣をまとった高等法院の 4 人の法院長（喪服ではなくこのような衣服を着たのは，国王の正義が国王個人の死によっては途絶えないことを象徴するため）が肖像の乗った金襴（きんらん）の四隅を持って進んだのである．途中からの変更は，あたかももう一つの国王の身体は決して死ぬことはなく，権力のあらゆる印を誇示しながらパリに凱旋したかのごとく示す演出であった．

✖カントーロヴィチ　では，むしろ近世的現象であるといった方がふさわしい「王の二つの身体」がなぜ中世史研究にとって重要なのだろうか．それはひとえに 1957 年に同名の研究書を公刊した E. H. カントーロヴィチの功績によるといわなくてはならない．カントーロヴィチは，中世の法学と神学はもちろん，哲学，政治，行政，儀礼，図像，古典学など多分野に関する該博な知識と，類似概念間の歴史的影響関係を論じる類いまれなセンスを駆使して，10 世紀頃からの数百年にわたり，特に神学的な影響の刻印をさまざまに受けた政治思考の変転がこの概念を生み出したことを描き出した．

　カントーロヴィチの著作が示したのは，16, 17 世紀に完成を見た「王の二つの身体」という概念と表象は，先立つ 500 年間の政治神学の練り上げの成果であり，それをたどらずしては理解できないこと，また逆に，「王の二つの身体」に至る概念的系譜をさかのぼることで，中世的な政治思想の大きな潮流が目に見え

るものとなるということである.

※「王の二つの身体」への道筋　まず, 10～12世紀の王権をめぐる政治神学が提示していたのは, 王の二つの「身体」というより, 二つの「人格」であった. 国王はその自然においてはほかの人間と同じ人格を有するが, 塗油と聖別を通じて神的な人格を獲得するとされた. これは, キリスト論を下敷きとする国王論であった. なぜならキリストこそ二つの人格をもつ存在（神かつ人）の原型であり,「キリスト」とはずばり「塗油を受けし者」を意味したからである.

　次いで, 中世盛期になると,「教会＝キリストの神秘体」論に倣って国家を「神秘体」になぞらえ, さらに国王をその頭と見なす考え方が形成された. つまり, 国王論の中に政治的身体が導入されたのである. 神秘体としての国家は, 単に有機的に結ばれた人的集団というだけでなく, 神秘的価値を帯びて, 国王を含めた成員に献身と犠牲を要求し始めた.

　しかし, このような神秘体はまだ国王のもう一つの身体だとはいえないとカントーロヴィチは言う. なぜなら後の「王の二つの身体」論では, なにより国王は単独で一つの政治的身体あるいは人的団体を形成しているし, なおかつ, その政治的身体は世代を超えて継承される永続性を備えているからである. ここでカントーロヴィチは驚くべき論点を提示する.「王の二つの身体」論が生まれるためには, 中世的な時間性が転換しなくてはならなかったと言うのである. それは「永世」概念の出現によって説明される.「永世」は神の永遠性の概念とは区別されなくてはならない. 神の永遠性は, すべての時間がそこにまとめて存在するような不動の時間性のことである. これに対して「永世」は始まりも終わりも知らず, 過去から未来へと永続的に流れるこの世の時間性を指す. 世代を超えて受け継がれる「死なない」政治的身体は, この時間性の中で初めて出現し得たというのである. そして, 永世的に存在し続ける超自然的身体には, それにふさわしいモデルが存在した. それはなんと天使である. キリスト論といい, 神秘体といい, 神学に刻印された中世政治論の系譜へとカントーロヴィチはわれわれを導く.

　また, 同様にたった一人が人的団体（政治的身体）を形成するという考え方にも神学的モデルが存在した. それはアダムである. 楽園にいた頃のアダムは, 一人の人間であると同時に人類全体でもあったからである.「王の二つの身体」への最後の一歩は, かのダンテによって踏み出される. ダンテはその『帝政論』（1310年代末）の中で, 教皇の霊的支配とは切り離された皇帝による世俗支配の正当性を論じたが, その際彼は, 皇帝の超越的地位を, 堕落を知らない楽園のアダムの完全性に引きつけて提示したのである（小林訳, 2018）.

　以上のように,「王の二つの身体」とは近世君主制において完成を見る王権の理論または表象であると同時に, それを生み出すに至った中世的な政治神学の展開をも指す概念なのである.　　　　　　　　　　　　　　　　　　　　［轟木広太郎］

皇　帝

　現代のわれわれにとって，「皇帝」という君主の称号は確かに「王」の上位にあるが，一つの称号にすぎない．世界史を通覧した際に，同時に複数の皇帝がいてそれぞれの帝国を支配したとして何ら不思議に思わないだろう．しかし，西洋中世においてわれわれが皇帝と呼び習わす imperator という称号は，原則として世界に一人しか存在しないものだった．

図1　おそらく10世紀に作られた西方の皇帝の皇帝冠（フランクフルト大聖堂宝物館にある複製）［筆者撮影，2011年，フランクフルト］

❊「世界の支配者」たる皇帝　西洋中世世界において，「世界の君主」という位置付けをもつ皇帝位は，古代ローマに由来するものであった．皇帝位は，本来キリスト教とは関係なかったがキリスト教化され，「四つの世界帝国」論によって救済史というキリスト教の歴史観の中に埋め込まれた．この意味で「正統な皇帝」は，われわれが「東ローマ帝国」や「ビザンツ帝国」と呼ぶ東方を支配するローマ皇帝であった（☞「ビザンツ帝国」）．なぜならば，この帝国と皇帝の地位は古代から途切れることなく続いていたからである．

　他方，西方は，476年にローマ帝国の軍人オドアケルが最後の西ローマ帝国の皇帝ロムルス・アウグストゥルスを廃位した．西ローマ帝国の滅亡といわれるこの出来事は，現実の支配はともあれ，西の皇帝位を東の皇帝に返上し，法的にはただ一人のローマ皇帝のもとに復帰したにすぎない．状況が大きく変わったのは，8世紀後半にフランク王国の王カール（大帝）が西方世界に覇権を打ち立てた時である．カールはすでに「王」以上の存在であり，より高次の権威がふさわしかった．そして，キリスト教会の首位を主張していたローマ司教（教皇）は，「皇帝」に保護されるべきだったが，東方のローマ皇帝にはますます期待できなくなっており，新たな保護者をカールにみた．800年，カールはローマ司教の手により皇帝に即位する．

　前述のように「正統な皇帝」は東方の皇帝であったから，カールの皇帝即位も東方が模範となった．その即位式でも，東方の伝統に従い，ローマ人の歓呼が皇帝の権力設定行為と見なされていた．しかし，ここで一つの発明として，儀式の順序が入れ替えられ，ローマ司教による戴冠が歓呼に先立ち，あたかも戴冠が皇帝の権力設定行為であるかのように演出された．これは後に，「皇帝」を名乗る

のに教皇による戴冠を必要とするという観念になっていく．また，歓呼を行うローマ人は，現実の都市ローマの人々と見なされ，西方の皇帝位はローマと結び付けられた．ただし，皇帝の権力は戴冠される前にすでに備えているのか，それとも戴冠により新たな権力が付与されるのかは曖昧であった．

✖二帝問題　こうして 800 年以後，西洋世界に二人の「世界の支配者」が並び立つことになった．いわゆる「二帝問題」である．カールは自身の戴冠直後に東方に自身の皇帝位を認めてもらう外交交渉を行っており，明らかに東方が正統な皇帝であると見なしていた．これに対し 10 世紀半ば，オットー朝の皇帝たちは，むしろ自身が正統であり，東方をも吸収しようとした．後に「神聖ローマ帝国」と呼ばれた西方の帝国は，「帝権移転」論でその主張を正当化し，ローマ帝国そのものと見なされるようになった．また，皇帝位は徐々にその基盤となるアルプス以北のドイツ人の王位と融合していった．13 世紀の混乱の時代を経て，ドイツの 7 人の聖俗大諸侯が選出した王が皇帝位への期待権を独占的にもつことが確立する．他方で，皇帝と教皇の確執の中で，教皇こそ皇帝を選ぶという主張すら現れた．1356 年の「金印勅書」では，国王選挙手続を整序するとともに，王に選ばれた者に直後に皇帝の権力を認め，教皇による戴冠の法的意味を失わせた．この結果，中世の終わりに教皇の戴冠を経ずに「選ばれし皇帝」と称することが可能になったのである．

　二帝問題はしばしば問題となったが，原理的な解決は，どちらかの皇帝位が消滅するよりほかなかった．そしてその時は，1453 年にやってきた．オスマン帝国のスルタン，メフメト 2 世が大軍を率いてビザンツ帝国の首都コンスタンティノープルを包囲し，最新兵器である大砲を用いて城壁を破ったが，この中で，最後の東方のローマ皇帝コンスタンティノス 11 世は行方不明になってしまったのである．西洋世界では，スルタンは皇帝とはなり得なかった．なぜなら，彼はムスリム（イスラーム教徒）であり，救済史上の皇帝の位置付けを得ることはあり得なかったからである．

✖いくつかの「皇帝位」の試み　西方世界では，教皇に由来しない世俗的な皇帝位の試みが，それほど目立たず散発的にではあったが，存在した．都市ローマの元老院と市民が候補者に皇帝位を授けようとしたのである（12 世紀のコンラート 3 世，14 世紀のルートヴィヒ 4 世）．さらにローマとも無関係の皇帝位も存在した．例えば，7〜10 世紀，小王国が分立したブリタニアには「諸王の王」を意味する皇帝位の用法がある．また，同様に小王国がイスラームのカリフ国と併存していたイベリア半島北部では，10〜12 世紀にほかのイベリア王国への優位とイスラーム勢力への軍事的勝利に基づき，しばしば皇帝位を要求した王がいた．これらの試みは永続化しなかったものの，当時の人々にとって「皇帝」とは何かを考える際に，重要な手掛かりを与えてくれよう．　　　　　　　　［横川大輔］

教　皇

　教皇の起源は，イエス・キリストの弟子である聖ペテロ（在位？〜67頃）が最初のローマ司教としてローマ・カトリック教会の信仰範囲が及ぶ地域の宗教的指導を行ったことにある．ペテロの後継者はローマ司教および教皇としてカトリック圏を宗教的に統治した．その統治を支えたのは教皇が任命したローマ市内の名義教会の司祭であった．これら名義教会の司祭は後に枢機卿と呼ばれ，現代に至るまで教皇に次ぐ地位にある聖職者として，ローマ・カトリック教会のあらゆる分野の中枢として教皇とともに機能している．中世初期ヨーロッパにおけるキリスト教化には，聖職者およびキリスト教に改宗した世俗権力者が大きな役割を果たした．特に後者は各自の勢力拡大に際して，時には武力を用いて被征服地の住人たちを一斉にキリスト教に改宗させた．世俗権力者がもつ武力や機動力には教皇も実際に依拠していた．カトリック圏では教皇は中世を通じて精神的，宗教的最高指導者ではあったが，時代と地域によっては各地の世俗権力者，または世俗権力者と結託した現地聖職者と対立することもあった．ただし聖俗の権力均衡の変遷は一概に法則的なものではなく，各時代背景や各権力者の個人的能力や性格に大きく左右されていた．

✖教皇庁の確立　11世紀は教皇権にとってさまざまな変革が生じた時代であった．すでに10世紀，聖職売買や聖職者の妻帯などの一連の教会腐敗に対抗する改革運動が修道院規模で始まっており，改革思想は拡大し11世紀には教皇が教会改革を先導した．教会全体での改革の土台を築いたのはレオ9世（在位1049〜54）であり，グレゴリウス7世（在位1073〜85）のもとで改革は最高潮に達した．教皇就任以前に皇帝コンラート2世の文書局に勤めていたレオ9世は，皇帝文書局から文書作成における慣習を教皇の文書局へもたらしたが，この頃から，宮廷での側近官吏との協議を踏まえて統治をする世俗権力者の政治の実践に倣い，ローマで教皇庁が本格的に形成され始めた（Frenz, 2000）．グレゴリウス7世が教会改革を推進していく中で，特に叙任権闘争中に自身の主張を拡散するため文書を多数発布したが（☞「国家と教会」），これを可能としたのはこのように徐々に組織化されていた教皇庁の存在であった．そして文書発布の必要性の高まりに比例し，教皇庁はますます複雑で精巧な宗教的政治組織となっていった．11世紀にはまた，教皇選挙の方法がようやく成文化された．ニコラウス2世（在位1058〜61）の1059年の教皇選挙に関する勅令で，教皇はローマで枢機卿によってのみ選ばれるべき，と決められたのである．これ以前，教皇権は有力なローマ貴族の影響力を非常に大きく受けていたが，この勅令でもって，教皇選挙において俗人権力か

らの事実上の独立を図ろうとしたのであった．他方，この決まりにより枢機卿たちの相互の結び付きが強くなり，時に枢機卿集団内に派閥も形成された．ただしこれ以降，常にこの通りの教皇選挙が行われたわけではなかった．

　教皇が世俗的支配権を主張する地理的範囲は教皇領国家と呼ばれているが，その起源は 4 世紀にローマ司教が有していた「聖ペテロの財産」と呼ばれていた所有地にある．その後，さまざまな寄進を通じて教皇領国家は拡大し，その範囲は各時代の世俗権力者（例：ピピン 3 世，オットー 1 世，フリードリヒ 2 世など）に正式に認定された．教皇領国家は原則的には大きな軍事力をもたなかったため，外敵からの攻撃を受けることも多々あった．そのような際には，世俗権力との交渉を経て，軍事援助を受けていた．

　外敵による攻撃が激しかった時には，教皇はローマから避難する時代もあった．そのような時には一時的にローマ以外の場所に教皇庁を構えそこに簡易的に文書局を設け文書を発布しカトリック圏に命令を下していた．ローマ以外の土地に置かれた教皇庁として最も有名なものは 1309〜77 年まで南フランスのアヴィニョンに置かれた教皇庁であろう．この期間は「教皇のバビロン捕囚」とも呼ばれる．この 70 年弱，フランス国王の教皇庁に対する影響力は大きかったが，一つの場所に教皇庁が連続的に存在したことで，教皇庁における行政や財政についてのまとまったかたちでの記録が行われた．この記録は今日にも伝来しているため，現代の教皇庁研究は非常に大きな恩恵を受けている．

✖教皇使節の役割　教皇の影響力の拡大と確立にはローマの枢機卿だけではなく，各地へ派遣される教皇使節も非常に重要な役割を果たした．カトリック圏では，教皇は原則的には宗教面において最高判決を下す者であった．そのため宗教問題についての話し合い，宗教的抗争の仲介などは，それが現地の聖職者たちの裁量を越えている場合には教皇に委ねられた．しかし教皇が常にあちらこちらへ赴くことも，当事者全員がローマへ来ることも非現実的であった．そのような理由で必要な時に必要な場所へ，適切な教皇使節が派遣された．また，カンタベリーの聖アウグスティヌスがイングランド改宗，聖ボニファティウスがゲルマン地域改宗を命じられたように，宣教目的で未改宗の地に派遣されその地の教会組織の基礎を築いた教皇使節も存在した．

　一連の教皇使節の派遣を通じて，教皇庁で決議された宗教や信仰，教会法に関する事柄が，カトリック圏の各地域で実践に移され，キリスト教的異端因子が例えローマから遠く離れた地で発生しても，それに対して比較的迅速に適宜，対応がなされた．同時にローマから離れた地での諸問題に使節が直接対面し，状況をローマへもち帰りそこで審議されることもあったことを考慮に入れると，教皇使節は，ローマとカトリック圏諸地域との相互の情報交流にとって不可欠な役割を果たしていた．

〔小林亜沙美〕

諸侯（大貴族）

　諸侯とは，英語やフランス語の princes，ドイツ語の Fürsten などの訳として用いられている語である．この漢語が江戸時代には各地の大名を指していたことからもわかるように，西洋史においてもこの語は，各地方を領有している，地域的な支配者たちの総称である．西欧中世において社会階層的に君主に次ぐ地位にあり，支配下に置いた地域と結び付いた固有の称号（公，伯，辺境伯など）をもった．その所領は「領邦」あるいは「諸侯領」などと呼ばれる．また同様の地位，支配権をもつ高位聖職者のことを「聖界諸侯」という．

　その勃興の経緯や支配権のあり方は各国，各地域の歴史的展開に応じて多様であるが，制度的にはそれぞれの国内において君主から一定地域の支配権を委ねられるというかたちになっていることが多く，そうした点から評価するならば諸侯は君主の有力な家臣であるといえる．しかし実際には諸侯はその支配権，称号を世襲し，王権からの実質的な自立を希求する傾向がきわめて強い．

　君主の側からすれば，これら諸侯をどのように抑制しコントロール下に置くかはその安定的な支配の実現において不可欠の課題であり，こうした君主と諸侯の軋轢は容易に政治的対立を生み，しばしば軍事的衝突を引き起こした．このため，西欧中世の政治史の展開やその社会における支配，統治のあり方を理解するうえで非常に重要な存在である．

　❊研究史における諸侯　研究上の扱いもまた各国の研究史に応じて多様であるが，かつて国民国家史的な研究が主流であった頃には，「国家の統合」という観点から論じられることが多かった．こうした観点では，王権による国家統合を「帰結すべき歴史的必然」として見なす傾向があったため，地域に独立的な支配圏を有する諸侯は，「王権による統合を阻害する存在」あるいは「王権によって克服，統合されるべき対象」として否定的，従属的にとらえられていた．例えば 20 世紀前半に大きな影響力をもったフランスの中世史家 F. ロットは，「領邦に対する王権の戦い，これこそが（中略）フランスの歴史そのものなのだ」とまで記している（Lot, 1949）．

　しかし 20 世紀後半に入るとこうした国民国家史的な観点から諸侯を否定的にとらえるスタンスは批判を浴びるようになっていった．近年ではむしろ，社会史や地域史的な観点を取り込みつつ，地域社会やその地の支配のあり方そのものへの関心から，諸侯権力の研究が進められるようになっている．

　諸侯の位置付けやその歴史的展開は各国において異なるため，ここではフランスとドイツのものを概観しておこう．

✖フランス史における諸侯　　フランス史における諸侯は，9〜10世紀にカロリング王権の弱体化や異民族の侵入により引き起こされた混乱の中からそれぞれに勢力圏を築いたとされる．10世紀末に成立したカペー朝（987〜1328）もまたその出自は諸侯家系であった．しかしそのカペー朝も王権を立て直す事はできず，その支配がパリ周辺にとどまったのに対して，各地方には諸侯たちが割拠して事実上王権から自立していた．例えば1108年のルイ6世（肥満王：在位1108〜37）の即位に際しては，ノルマンディ公，アキテーヌ公，ブルゴーニュ公らがオマージュ（臣従礼）を拒否している．

　12世紀中頃には，フランス北西部のアンジュー伯家（プランタジネット家）が，戦勝や婚姻政策の成功などにより，フランスのほぼ西半分に加えイングランド一国をも手中に収めるまでになる．これはフランスの諸侯家系が築いた最大の勢力圏といえる．しかしこのプランタジネット家が13世紀初に仏王フィリップ2世（オーギュスト：在位1180〜1223）に敗れたことにより，その広大な領域の多くが仏王権の支配下に入り，このことが仏王権の大幅な伸張をうながすことにもなった．

　仏王権はこうして諸侯から獲得した地域の多くをアパナージュ（親王領）として王家の親族に分配した．時代が下るに従い，これらのアパナージュを付与された王家の傍系が新たに独立的な諸侯の家系となっていく．中世後期の有力な諸侯家系の多くは，こうしたフランス王家の傍系である．

✖ドイツ史における諸侯　　ドイツにおいては，カロリング朝（751〜911）末期から，旧来のゲルマン諸部族領域に基盤をもつ部族大公が強い力をもった．10世紀半ばに帝位を得て神聖ローマ帝国を成立させたザクセン朝（919〜1024）も部族大公の家系である．部族大公たちはしばしば王（皇帝）と対立し，反乱を起こしたが，一方で王による統制の努力も続けられ，シュタウフェン朝のフリードリヒ1世（バルバロッサ：在位1152〜90）治下では強大な部族大公領の解体も進められた．例えば1180年にはザクセンとバイエルンの公位をもつハインリヒ獅子公の所領が没収，解体されている．ただし解体された所領は大公位とともに聖俗諸侯に分配されたため，より小規模ながら新たな領邦を生み出すことにもなった．

　ドイツでは諸侯の地位が法的に整備されていったことも特色である．前述したハインリヒ獅子公の所領剥奪をめぐる訴訟では諸侯の地位が言及され，12世紀末までには法的に位置付けられていく．王（皇帝）以外の上位権力をもたない者が「帝国諸侯」として王とともに王国全体の政治を担うものとされた．フリードリヒ2世期（在位1212〜50）にはその領域支配形成も容認されるようになる．

　こうして諸侯たちは最高位の貴族身分を形成したが，13世紀になるとその中でも特に国王選挙において強い権限をもった選挙侯が現れ，諸侯の中でも特別の地位を占めることになる．1356年の金印勅書では彼らに国王と同等の諸権力が認められた（☞「皇帝」）．　　　　　　　　　　　　　　　　　　　　　［上山益己］

封建関係

　封建制という言葉にはいくつかの意味がある．領主と不自由な農民によって構成される生産関係を指すこともあれば，主君と家臣との間で封の授受を媒介として結ばれる関係を指すこともあり，さらにそうした領主，農民関係や主君，家臣関係が優越する社会を意味することもある．ここでは第二の意味を封建関係と呼んで取り扱うことにしよう．このような意味での封建関係は，西洋中世の歴史を特徴付ける仕組みの一つと見なされ，日本との比較も論じられてきたのであった．

✖古典的な封建関係像　封建関係については 20
世紀前半にベルギーの F. L. ガンスホーフやドイ
ツの H. ミッタイスによって古典的イメージが練
り上げられ，その後の概説書や教科書でも長く引
き継がれてきた．それによれば，封建関係は人的
側面と物的側面からなる．人的側面は，一定の身
振り（家臣が両手を差し出し主君がそれを外側か
ら包む）を伴う託身儀礼が行われ，家臣が主君に
対して忠誠を宣誓することによって成立する．一
方，物的側面は主君が家臣に土地や権利などを封
（当初はベネフィキウム，後にはフェオドゥムと
呼ばれた）として授与することによって成立す
る．この両側面が不可分に結合することにより，
カロリング朝フランク王国の時代以降，封建関係
が登場し，国王を主君とする封建関係は国家統治

図1　15 世紀後半ドイツの封台帳に
描かれた，主君の前で誠実誓約を
行う家臣［Spiess, 1978］

にとっても大きな役割を果たした．封建関係において，家臣は一般的に「助言と
助力」の義務を負い，なかでも主君が開催する集会にほかの家臣とともに参集す
る義務や主君に対して軍役奉仕を遂行する義務が重要であったが，主君の方も家
臣を保護する義務を負った（双務的関係）．しかし，当初は人的側面の方が優越
していたのに対して物的側面の重要性が増し（封建関係の物化），家臣による封
の世襲化が進み，また一人の家臣が多くの主君をもつ（多重封建関係）ようにな
ると，封建関係の主君にとっての意義は減少し，それに伴い国家統合の面におけ
る重要性も低下していった．

✖レナルズの批判と再検討の進展　こうした古典的イメージに対して根本的な疑
問を提起したのがイギリスの歴史家 S. レナルズであった．彼女の著書『封と家
臣』（1994）によれば，古典的なイメージに近い封建関係は 16 世紀の法学者たち

がつくり出したものにほかならない．そうした16世紀における創造の基礎となったのは12世紀以降の北イタリアの法学者たちの議論である．それ以前については，カロリング朝フランク王国やポスト・カロリング期のフランス，イタリア，イングランド，ドイツの関係史料を見直してみると，封建関係の存在を確認することはできない．故に，西洋中世において封建関係を問題とし得るのはせいぜい12世紀以後の法学説としてにすぎないのである．

このようなレナルズの問題提起は，当初ドイツなどの学界で否定的に受け止められたが，その後何度かの国際研究集会などで史料の再検討が進められ，その結果封建関係の古典的イメージはかなりの修正を被ることとなった．すなわち，従来は封建関係の発生期と考えられてきた8，9世紀のカロリング朝フランク時代については，封建関係の存在を語ることはできないという見方が多くの研究者に共有されるようになってきた．また，フランク時代以後もかなり遅くまで，封建関係における人的側面と物的側面の結合が決して自明でなかったことも広く認識されるようになった．託身や誠実誓約といった封建関係の設定に特徴的と見なされてきた儀礼的行為も，それらの遂行が史料から把握できる例はむしろ少ないことも指摘された．家臣の義務のうち，古典的学説によって重視されてきた軍事的奉仕義務も，それほど大きな役割を果たしていないことが多く，むしろ平和回復の一環として封建関係が結ばれる例がしばしば検出されるなど，封建関係が多様な文脈で成立し機能したことが改めて意識されつつある．ただその一方で，例えばドイツでは12世紀後半になると，封建関係の古典的イメージに近い関係が，史料から広く検出されることも改めて確認された．その意味ではレナルズの批判の行き過ぎも明らかになってきたといえる．

✖残る課題　封建関係の再検討をめぐる議論はなお継続中である．特に初期において封建関係が文書化されることが少なかったという事情も，再検討にあたっては十分考慮される必要がある．議論の過程で，封の授受を示すものと従来考えられてきた史料が実はさまざまな貸借関係を証言するものとしてとらえ直されるようになったが，そうしたモノや権利のやりとりを通じて形成される関係を広く認識し，その中に封建関係を位置付けることも今後必要となってくるであろう．また，封建関係の成立時期が後ろへずれ込んだのに伴い，封建関係の物化，封の世襲化，多重封建関係といった現象が，封建関係の変質の結果というよりは，むしろ封建関係が当初から示していた様相と見なされるようになってきており，それを踏まえて封建関係の性格と意義を考え直すことも求められる．最後に，主にフランス北部の史料に基づいて組み立てられた古典的な封建関係像に対して西洋中世世界各地で見られる多様性は，これまでは古典的封建関係の不在ないしそこからの逸脱として理解されてきたが，今後はより丁寧な取り扱いがなされるべきであると考えられる．

［田口正樹］

法記録と立法

中世の西方ヨーロッパ各地にはさまざまな政治体が興亡したが，その統治領域の中に多様な伝統をもつ複数のエスニシティや政治的単位を抱え込むことが多く，その帰結として域内で適用される法が多様である状況，多元的な法文化がしばしば観察される．このことは法制定の様態においてはもちろん，書冊（法集成）への収録形態を始めとした法記録の取り扱いのようにも見て取ることができる．以下，いわゆるローマ法学の復興を挟む前後の時期に分けて（☞「12 世紀ルネサンスと翻訳」），中世西方ヨーロッパの立法行為および法記録の特徴を概観する．

✖中世前期　ゲルマン系諸民族ないしエトノス（文化的伝統を共有し，民族的共属意識をもつ単位集団）が西ローマ帝国の（旧）領域内に建てた諸王国では，おそらく立法者としての皇帝を範とした王たちの立法成果が成文化された．最初期のテクストでは王の関与が見えにくいフランク人の『サリカ法典』も，世代を経て「最初のフランク人の王」に帰された．ブリテン島のものを除き，Lex やLiber などと称された法典はラテン語で記録された．これらは必ずしも各民族の原初的法慣習そのままの反映ではなく，ローマ法文化の影響も無視できない．加えて後発の法典は先行テクストからの影響を受けている．また一度記録された法は，政治，社会状況に応じて改定，増補されたが，これは個別王令の形でも実行された．最も大規模なものは 801〜803 年にカール大帝（在位 768〜814）が実施した法改革で，帝国内の各エトノスがそれにのっとって生きるべき諸法典が改定ないし新規に成文化された一方，既存諸法の個別条項の改定，補足も試みられた．

これらの王国に居住していたローマ人たちには基本的にローマ法が適用された．5 世紀の西ゴート王国，ブルグント王国ではそれぞれ主として『テオドシウス法典』をもとにしたローマ法抄典が王の主導で作成された．特に前者の抄典はフランク王国でも利用されたが，当の西ゴート王国では 7 世紀後半以降ローマ法を含むほかのエトノスの法の適用を排した領域法的な『判事の書』が施行された．

さらには教会会議決議（カノン）や教皇の教令などの教会法（カノン法）も存在した．ギリシア東方に遅れたものの 5 世紀以降はラテン西方においても時系列あるいは内容に沿って整理された教会法令集が作成され，教会会議や王国集会の場で利用された．こうした中，9 世紀にはいわゆる『偽イシドルス法令集』や『ベネディクトゥス・レヴィタのカピトゥラ集成』など聖職者ないし修道士たちによる聖俗の法テクストの大規模な偽造も行われた．

王国内で最も広範に通用し得たのは，統治者の命令である．カロリング朝フランク王国（751〜987）を例にあげると，上記の諸法典が王国民のエトノス・アイ

デンティティに対応した属人法主義的適用を基本としていたのに対し，王令，訓令は一つの政治体の中で領域法的に通用することがしばしば企図された．キリスト教的君主として正義，平和，調和を追求したその内容は聖俗両面において多様であり，教会法や聖書が典拠とされることもあった．

　重要なのは，こうしたさまざまな法テクストが現在に伝来しているのは，おおよそにして私人が，前述した多様なジャンルの複数のテクストを，彼や周囲の人間にとって有意義なかたちに集成したからだという点である．同一の集成中に連続して収録された王令や法典がそれぞれどのような規範として参照されたのかを問うことが，中世前期の法文化理解に大きく寄与するだろう．

✖**中世後期**　ゴート戦争期にユスティニアヌス帝（在位 527〜565）のもとで編纂され後に『市民法大全』と呼ばれたローマ法集成はイタリア半島など西方の再征服地においても通用すべきものだったが，直後のランゴバルド人侵入もあり，『ユリアヌス摘要』など部分的な利用にとどまった．しかし同集成を構成する『学説彙纂』の再発見（11 世紀）に続くローマ法学の復興は立法や法記録のあり方にも影響を及ぼした．フリードリヒ 1 世（バルバロッサ：在位 1152〜90）の治世に「皇帝が法の創造者である」という観念や「皇帝法」観念が明確となってくる一方，初期スコラ学において「実定法」観念が形成され，その後カノン法学者や神学者によって立法理論が形成された．13 世紀は世俗君主のみならず教皇を頂点とした教会の立法や法典編纂が盛んになった．ローマ法と並び学識法となった教会法に関しては，グラティアヌスのそれに代表される私的集成に続き，グレゴリウス 9 世（在位 1227〜41）ら教皇たちのもとで法令集が編纂された．

　ただし皇帝の法，例えばフリードリヒ 2 世（在位 1198〜1250）がシチリア王国で制定した『皇帝の書（メルフィ勅法集成）』でも王国内に通用する多様な法を完全に退けたわけではない．ほかの地域（例えばアルフォンソ 10 世〈在位 1252〜84〉が『七部法典』を公布したカスティーリャ）でも局地法は依然有効だった．

　フランス，ドイツの各地域では慣習法の私的な成文化も進んだ．『ザクセンシュピーゲル』は序文でザクセン人たちの（慣習）法だと言及されているにもかかわらず，ドイツ語圏で広範に受容され，各地での法書編纂の範にもなった．

　都市が勃興する中，特許状により自治を認められた諸都市はその共同体の維持運営のための法を備えるようになる．これは例えば君主，領主によって与えられた都市法という性格をもつこともあれば，みずから制定した都市条例であることもあった．こうした都市の法が別の都市に継受された事例もフランス，イベリア半島，ドイツからその東方といった諸地域で確認される．他方，農村地域の法慣習は判決というかたちで記録された（ヴァイストゥーマー〈法判告〉）．

　以上のような中世の多元的な法文化を把握することは，法多元主義に基づいた現代社会の状況理解にも寄与し得るだろう．　　　　　　　　　　　　　［菊地重仁］

法律家

　法と裁判についての特殊な知識を備え，専門家としての自意識と組織を有し，周囲からも独特の集団として認知されるような法律家が存在し，彼らが国家と社会のさまざまな局面で大きな役割を果たす．これは文明としての西洋世界を特徴付ける現象の一つである．このような現象は近代になって初めて見られるわけではなく，すでに中世から法律家の姿はくっきりと登場する（図1）．

✖中世大学と法律家　西洋中世における法律家の登場は，大学の成立とそこでの法学教育を背景としている．12世紀に北イタリアのボローニャで始まった法学教育はイタリアなど地中海地方にボローニャ型の法学部中心の大学を生み出しただけでなく，早い時期からアルプス以北へも広がった．大学法学部で

図1　教会裁判所の審理を法律家とともに描いた14世紀中頃のイタリア絵画［Brundage, 2008］

は，古代ローマの法学者たちの著作抜粋（『ディゲスタ』．中世初期にはラテン・キリスト教世界でいったん失われていたが，11世紀に写本が「再発見」された）や古代ローマ皇帝の勅法などを編集したテクストを素材としてローマ法が研究，教授されるとともに，従来の教会法を集成，解説した『グラティアヌス教令集』（1140年頃成立）や12世紀後半以降の教皇立法を編集した『教皇令集』を素材として教会法（カノン法）も研究，教授された．これらの素材は権威的テクストとして扱われ，ほかの学問分野と同様に法についてもテクストの註釈と矛盾調和の学問を発達させた．大学における法学学習の経験と成果は学位によって表示，保証されて，次第に多くの法学学位保持者が大学の外へ送り出されていった．法学の教授や学位取得者は，自分たちが貴族と同等の特権を有すると主張した．こうして，学位を取得せずに大学を離れた者も含めて，大学で法学を学んだ法律家が社会に供給されていったのである．

✖大学の外における法律家の活動　大学で法学を学んだ法律家は，まず第一に裁判に関する専門家として活動した．12世紀以後，大陸ヨーロッパの裁判所においては，ローマ法と教会法（カノン法）に基づくローマ・カノン法訴訟手続が広がるが，それは技術的性格を強くもち，訴訟運営に法律家が従事することが必要

になるとともに，訴訟に勝利することを目指す当事者にとって法律家のサポートが不可欠となった．イタリアでは都市の裁判所に早くから法律家が進出し，個別の訴訟に関して裁判官や当事者が大学の法学教授などに鑑定意見を求める実務も発達した．アルプス以北ではまず教会の司教代理裁判所の裁判官や弁護士として法律家が登場し，そこから世俗の裁判所にも広がっていった．イングランドではそれ以外に，国王裁判所で発達した技術的手続に通じたコモン・ロー法律家層が形成され，法曹学院（インズ・オブ・コート）で実務的な教育が行われた．

しかし法律家の活動の場は狭義の裁判に限られなかった．中世中期の教会改革を経て巨大な階層的組織へと発展したカトリック教会は，膨大な行政スタッフを必要とし，その際に法律家の需要は大きかった．法律家が枢機卿，さらには教皇の地位にまで上る例が見られたのは，こうした教会における法律家の重要性と対応している．世俗君主の統治組織においても，例えば，フランス王の宮廷には13世紀以降レジストと呼ばれた法律家が数多く活動するようになり，彼らは王権の伸長に重要な貢献をなした．フランスよりやや遅れて，ドイツの国王や諸侯の宮廷でも，14～15世紀に文書局などを中心に法律家が数を増していった．さらに，教会，世俗君主，都市間のさまざまな交渉の場面でも，裁判の場合と同様，西欧，南欧と教会分野が先行し中欧，東欧，北欧と世俗分野が続く形で，法律家が不可欠となり，「外交」使節団に法律家も加わることが常態化した．

大学で法学を学んだ法律家は，ローマ法や教会法とは異なる法についても，彼らの流儀で取り扱い，ローマ法や教会法の概念を用いて解釈したり，大学で教えられたテクストと同様に註釈を付したりした．例えば，13世紀前半に北ドイツで成立した法書『ザクセンシュピーゲル』について14世紀前半に註釈を加えたヨハン・フォン・ブーフはボローニャ大学で学んだ法律家であった．

✖法律家の社会的影響力と法律家批判　西洋中世社会における法律家は，イタリア都市で見られたように独自の職業団体を結成することもあったが，それ以外の地域でも例えば服装などの面において，ほかの階層や集団から区別される存在であった．そうした法律家に対する批判も，しばしば言われるようにルターの宗教改革から始まるのではなく，すでに中世のうちに見られる．1300年頃にドイツ南部で成立したフーゴー・フォン・トリムベルクの教訓詩『デア・レンナー』は，貪欲さ，富者・強者の側に立ち貧者の権利を曲げる，過度の形式主義と訴訟の引き延ばし，といった点をあげて法律家を批判しており，後の格言「法律家は悪しきキリスト教徒」に相当するような法律家像がそこにはすでに現れている．1400年頃にヨハネス・フォン・テープルが著した『ボヘミアの農夫』でも，農夫と論戦する死神は良心を欠く法律家の手管を退けている．こうした法律家批判は近世以降も数多く見られるが，それらは法律家が西洋世界で有していた影響力と重要性を裏面から証言してもいるのである．　［田口正樹］

紛争解決

　公権力が長く執行力を欠いた中世の紛争解決は，法に照らした勝敗の決定よりも共同体の紐帯を結び直す平和回復を目的とした．故に解決策は全当事者の名誉を損なわず，地域社会の道徳律や心性に沿い，受容可能である必要があり，複数の方法が選択的に利活用された．ことに重要なのは裁判とそれ以外の紛争解決法の絡み合いである．大局的に見れば中世はローマ法と教会法の興隆を契機とし，実定法に基づく公的裁判制度の漸次的発展過程にあった．だがこの過程もフェーデ，和解，仲裁などを補完的要素とし（☞「フェーデ（私戦）」），かつ紛争解決の成否を左右する公式非公式の交渉と儀礼的演出に支えられていた．さらに国家的統治権力の中核が裁判権力にあった中世では，裁判とそれ以外の紛争解決法の関係が国家の実態を照射する.

✖裁判集会型法発見，神判，決闘裁判，雪冤宣誓　12世紀のローマ法・教会法の興隆，法の専門家の登場，文書利用の拡大をみるまでの初期の裁判は，人々が集団的に秩序回復の方途を見出す「法発見行為」であった．裁判集会では「賢人たち」「善き人々」と呼ばれる地域有力者たちが法発見に活躍した．宣誓した被疑者を熱湯，熱鉄，冷水などによる危険にさらし神の介入結果をもとに判断する神判や，宣誓後に武器で戦う決闘裁判，宣誓補助者を伴う雪冤宣誓も，中世の世界観に適合し受容可能性の高い法発見行為であった．対して受容不可能な裁判は正当とされる実力行使，すなわちフェーデに道を開いた．アイスランドでは判決に一方の当事者が同意できなければ実力で法廷開催を阻害できた．また同意できない判決はフェーデを正当化する重要な要件でもあった.

✖フェーデの活用　フェーデは自力救済の一形態であるが，正当性の主張と手続的合法性を要件とする適法行為であり，O. ブルンナーはフェーデ自体をラント法共同体における法行為として秩序構築要素と見なした（Brunner, 1984）．フェーデは同盟関係やフェーデ後の講和による友好関係を築き，平和秩序の維持更新を伴ったのである．古典的には貴族，領主層，都市などの団体に限定される「騎士的フェーデ」のみが合法的フェーデとされてきたが，近年はドイツの農民層のフェーデ的慣行や，イタリアの地域共同体の報復行為と貴族的報復の語彙や概念の共通性も指摘されており，フェーデ的行為は法文化圏や身分的，社会的カテゴリーを越えて広く共有された広義の法行為として理解され得る.

　紛争解決と平和維持を存立根拠とする世俗権力は，フェーデの統制と活用を試みた．日本では堀米庸三による古典的学説がフェーデ抑止を集権的世俗権力による中世的国家発展の指標とし，フランスの神の平和からドイツのラントフリーデ

への展開を想定したが（堀米，1976），この見解は近年ドイツ史，フランス史双方から修正されている．フランスでは教会主導の霊的罰（破門）で平和破壊に応じた「神の平和」は「王の平和」や「公の平和」と共存し，聖俗双方の権力の同時代的課題であった．他方ドイツでも世俗権力のラントフリーデは 15 世紀末の永久平和令に至るまでフェーデの完全禁止には至らなかったうえに，12 世紀には帝国諸侯の協力を前提としなければ存立し得ない非集権的，共同体国家的性格を有した．むしろ中世後期以降にフェーデを積極的に活用して領邦形成が進められたフランケンの事例もあり，国家的公権力の基盤は紛争の禁圧よりは調整と活用にあったことが明らかにされている．

✂仲裁　　仲裁には，裁判制度が未発達な状態での広義の法文化としての仲裁と，裁判制度と並行して発達した代替的紛争解決法としての仲裁の二つの次元がある．法人類学的理解による広義の仲裁は，法廷外で非制度的に平和回復を実現する当事者主義的和解と一体であるが，それとは異なり制度化された仲裁も 12 世紀以降発達する．12 世紀ドイツの学識法に基づく仲裁制度や，15 世紀イングランドでコモン・ロー裁判とともに整備された裁判内的仲裁もその一例であるが（北野，2006），仲裁合意により仲裁裁判官のもとで解決を図る場合も多く，一般に仲裁は次第に発展する裁判制度を内外から補完するものとなる．

✂裁判制度の発展　　こうした裁判制度発展史の一大焦点は 13 世紀の第 4 ラテラノ公会議においてまず教会裁判に，次いで世俗の法廷にも導入された職権的訴追による糾問裁判である．それまで原告の訴えなしには開始されなかった裁判が，以後は裁判官職権に基づいて開始できるようになり，やがて異端審問制度や刑事裁判が発達する基礎となる．中世末期には紛争解決の刑事罰化も見られる．帝国では領邦，帝国双方のレベルで刑事裁判改革が進められ，1532 年のカール 5 世刑事裁判例（カロリーナ法典）で公権力による有罪認定と科刑の原則が定められた．

✂中世末期のフェーデとウアフェーデ　　しかしその背景には中世末期に至ってもなお根強いフェーデの存在があった．若曽根健治によれば，刑事裁判で禁固刑を科す都市や領邦の裁判当局へのフェーデ回避のためにウアフェーデ（復讐断念誓約）が求められた（若曽根，2009）．裁判がむしろ紛争の継続や拡大の呼び水となり，裁判当局はいっそう強く実質的な平和回復に意を用いたことを物語るといえる．君主や統治権力による恩赦も，柔軟性を欠く実定法主義を矯正する衡平理念を根拠として統治権力を正当化しつつ，裁判制度による紛争解決を補完した．

✂儀礼的コミュニケーション　　これらの中世の平和回復は，一般に儀礼的コミュニケーションを伴った．服部良久によれば，特に和解のプロセスは悔悛，贖罪，赦しのプロセスを経た秩序回復という宗教的語りによって表現され，儀礼参加者の集合記憶として共有されたが（服部，2020），これも制度，文化，社会の全領域に関わる紛争解決の全体史的意義を示すといえよう．　　　　　　　　　［佐藤公美］

領主と農民

　　領主と農民との関係は，封建制の経済的な概念規定と緊密に結び付いた伝統的な問題系であり，西欧中世という空間的，時間的枠組みを画する最たる要件の一つである．マルクス主義的な定義に従えば，領主により土地を給付され，労働過程全体に責任をもつ自立的な直接生産者である一方，領主諸権利に根差した経済外的強制を梃子に封建的地代の負担を強いられるというのが封建的農民である．歴史学的には，均質な封建的農民層がいかなるかたちで形成されるかが問われたが，それだけに農民の多様な存在形態は空間的な分布に帰せられるのではなく，むしろ封建的農民層の形成へと至る継起的な発展諸段階に，すなわち時間的に位置付けられてきたのである．学説史上，その契機をなすものとされたのが，一つは土地所有を基礎とする土地領主制（荘園領主制），いま一つが裁判権の行使に立脚した裁判領主制（バン〈罰令〉領主制）である．

　❌土地領主制（荘園領主制）　土地領主制の先駆は，複数の単位所領の集合体である9世紀の修道院大所領に認められる．それは，奴隷制的小所領の編成替えと自由農民所有地の兼併を通じて編成された，領主直領地と農民保有地との二元構造をなす古典荘園型の所領形態を取った．後者から前者への賦役の供出によって両者は有機的に結合しており，この点で奴隷制とはもはや一線を画するものと見なされる．領民集団は奴隷的非自由人（農奴），解放自由人，自由人と雑多であり，奴隷労働に淵源をもつ賦役の種別が各法的身分規定を表徴したが，いずれも保有地を給付されることで農民経営の自立性が拡充されたので，奴隷的非自由人の上昇と自由人の没落とを通じて均質な封建的農民層が形成されると考えられたのである．だが，そうした大所領が発達をみたのはライン＝ロワール両河川間とイタリア北部のみであり，その内部でも展開度にはかなりの地域差があった．自由土地所有農民は依然として存在したし，法的な自由は国家にとって租税・軍役の源泉となるだけに決して解消されてはならなかった．古典荘園は領主直領地の解体をみて地代荘園に転じ，賦役そのものが消滅する傾向にあったが，領民集団の平準化は国家の瓦解なしには果たされようがなかったのである．

　❌裁判領主制（バン〈罰令〉領主制）　1000年頃から西欧全土を席巻する裁判領主制は，国王大権の一部をなす裁判権の私的行使に立脚するだけに，まさしく国家の瓦解の産物と見なされる．興隆一途の貴族が官職の有無に関係なく，みずからの城塞を中核とする一定の領域そのものを自領に転化させ（城主支配圏），裁判権の私的行使を梃子に従来の法的身分規定を問わずあらゆる農民を等しく「処罰し，命令する」に至ったのである（バン〈罰令〉権）．それは，領主が保護を

名目に土地ならぬ人に対して一円的な領域支配を及ぼす，政治的かつ人身的な領主制である．もとより土地所有を媒介としないので，その支配は自由土地所有農民にも及んだし，既存の教会・修道院所領の農民さえもがそれを免れなかった．農民一般が引き受けることになった新たな領主賦課租には，軍事・行政・裁判に関わる公的諸権利由来でいずれも定期化かつ代納化された，ある意味系譜の確かな賦課租が数えられるが，領主の強制力は理論上，いかなる収奪も可能であった．自領に対する領主の介入に苛まれた教会・修道院が「悪しき慣習」と糾弾したそれら賦課租のなかで最も問題視されたのは，領主の一存で要求される不定期かつ不定量のきわめて多様な恣意的賦課租であった．土地領主権と裁判領主権との帰属は必ずしも一致しなかったが，農民一般としては双方に由来する多様きわまりない賦課租をその身に負い，深刻な地位の低下を一様に強いられたのである．

✄集村化と村落共同体　　ここから大きく分けて，農民の地位の改善とさらなる悪化という二つの展開過程があったが，全体としては前者こそが主流であったとみてよい．聖俗問わず多くの領主はみずからの支配を一元化すべく，互いに競うように，各所に散在する農民を居城の周囲に移転させて，それ自体城塞とみまごうばかりの集住村落を生み出してゆく（村落の「城塞化」）．領主はその際，移転に応じた農民の義務・負担を明文化するばかりか，村落単位の共同体の創設と領主＝共同体間の一定の権利分割に応ずることさえあった．たとえその時点で共同体が創設されずとも，軒を接する隣人の連帯性は強化一途であり，時には暴力を伴いながら，恣意的賦課租の応否をめぐって領主との集団的な交渉に臨むようになる．中世後期には，折からの賦課租の貨幣納化の進展もあって，領主は多額といえども村落単位の集団的賦課租を要求するばかりとなり，その配分・徴収・納付業務そのものを全面的に共同体の手に委ねるに至るのである．

✄農奴　　いま一つの道は，隷属性を帯びたさまざまな賦課租や法的無能力を強制された農民の発現であるが，これには明白な地域的偏差が認められる．人頭税や恣意的賦課租といった特徴的な負担や，移動・結婚・財産相続の自由の制限に代表される法的無能力とそれを通じて強制される土地への緊縛状態は，かつての奴隷的非自由人の系譜を引く農奴を彷彿とさせる．だが，それはもはや奴隷的非自由人の系譜に連なるものではなく，むしろ地域ないし所領固有の諸条件に即して経営を維持・拡充すべく行使された領主の強制力のいま一つの所産である．もっとも，土地への緊縛状態は逆説的に，原則生産手段を失うことがないという強固な安定性をもたらした．ことに中世後期の疫病や戦争による慢性的な労働力不足は，農奴をして保有地の拡大を可能にさせたし，身分買い戻しによる解放を勝ち取ることも不可能ではなかった．農奴という存在形態はいわば範型として存続し，その発現はあくまでも領主の経営判断によったが，少なくとも西欧では15世紀をもって範型もろとも事実上の消滅を見るのである．　　　　　　［足立　孝］

身分制議会

　身分制議会は 13 世紀頃から西欧各国に現れた，基本的に「聖職者」「貴族」「都市民」の三身分の代表によって構成された議会である．出席者は国／民の代表として，国王（皇帝）の課税や立法の要求について審議し，交渉や承認を行った．身分制議会がもつ権限の大きさや，代表を選出する方法，どの身分が主導権をもつかといった点は，時代や国家により多様であった．

✖イングランドのパーラメント　　イングランドでは，ノルマン征服の結果，多くの土地が国王から聖俗諸侯に分配された．このため諸侯は国王の直属家臣であり，国王の要求に応じて軍役代納金や援助金を支払う義務を負った．ジョン王（在位 1199〜1216）の治世に国王からの要求が増加すると，諸侯は反発し，マグナ・カルタによって，諸侯の同意のない課税の禁止などを王に約束させた．ヘンリー 3 世（在位 1216〜72）の幼年期には，諸侯大会議が重要事項を決定する機関として定着し，パーラメント（議会）へ発展する．貴族のシモン・ド・モンフォールを中心とした 1265 年の議会以降は，諸侯のみならず多数の聖職者，また各州から二人の騎士，各都市から二人の市民を召集することが慣習化していった．

　次第に全土から寄せられる請願も議会で審議されるようになり，14 世紀前半には議会でエドワード 2 世（在位 1307〜27）の廃位が決定されるなど，中世を通じ，議会が扱う案件は次第に拡大していった（朝治，2003；君塚，2015）．

✖大陸諸国における主要な身分制議会　　フランスでは 1302 年にフィリップ 4 世（在位 1285〜1314）がパリに高位聖職者，上級貴族，都市民の代表を召集し，教皇ボニファティウス 8 世の非難に対する助言と支持を求めたのが，最初の全国的な身分制議会（全国三部会）とされる．14 世紀中頃には，北部（ラングドイル）地方と南部（ラングドック）地方でそれぞれ全国三部会が開催されるようになった．しかし，王権が強力だったフランスでは，全国三部会を定期的に召集するという慣行は成立せず，また全国三部会が立法権をもつこともなかった．課税に対する承認権も有名無実化し，全国三部会はほとんど開かれなくなっていく．代わって，14 世紀頃から現れた地方三部会が大きな役割を果たすようになった（高橋，2003）．

　レオンやカスティーリャでは，国王は恒常的にムスリム（イスラーム教徒）との戦費を必要としていた．都市民が軍役を担っていた点からも，都市民の支持は欠かせなかった．1188 年にレオン王アルフォンソ 9 世（在位 1188〜1230）が都市代表を含んだ身分制議会（コルテス）を開催し，以後，三身分の代表を議会に招

くことを約束している．1230 年にカスティーリャとレオンが合同し，カスティーリャ=レオン王国となり，同国でも都市代表が出席するコルテスが開催された．とはいえ，国王は誰をいつ召集するか決定する権利を有しており，また，コルテスは立法権をもたず，権限が限定されていた（滝澤，2001）．

　神聖ローマ帝国では 13 世紀半ば以降，皇帝（国王）は名目的な存在となり，支配権が諸侯の手に移ったため，身分制議会も諸侯領（領邦）レベルで召集された．領邦によって参加者や権限の差異は大きかった．ブランデンブルクでは 15 世紀に貴族の力が強まり，身分制議会から都市民代表が姿を消した．他方で，ヴュルツブルクのように都市民代表が圧倒的多数の場合もあった．東フリースラントやティロルのように，農民が代表を送ることもあった．やがて諸侯が権力を強化すると，これらの領邦議会は衰退していった（マイヤーズ，1996）．

✖身分制議会が発展しなかった国々　身分制議会が発展しなかった国も多かった．貴族の力が強く，都市の発展が相対的に弱かったポーランド，チェコ，ハンガリーでは，時代が下るにつれて身分制議会において都市の発言力が低下し，貴族の支配権に服すようになった．

　都市化が進んだ地域でも，ネーデルラントでは各州の議会が権限を手放さず，全国議会をつくろうという動きに抵抗が見られた．スイスでは各州の権限が強く，かつ都市州は寡頭政化し，農村州では住民集会が権限をもったため，身分制議会は実質的な権限をもたなかった．古代ローマの影響が強かった中世イタリアの都市国家でも身分制議会は登場していない．どの都市国家も身分制議会を必要とするほど領土が広くなかったことも原因と考えられる（マイヤーズ，1996）．

✖身分制議会の歴史的意義　身分制議会は，貴族の力が強すぎる地域でも，都市の力が強すぎる地域でも発展しなかった．また，国王による強力な支配が可能な国（例：フランスやカスティーリャ=レオン）では不要な存在となっていった．時代が進むと，特定の階層や地域の特権を守るためだけの時代遅れの制度と化すこともあり，啓蒙専制君主が身分制議会に頼らずに大胆な改革を実行する事例もまま見られた．

　とはいえ，「聖職者」「貴族」「都市民」がそれぞれ「身分（団体）」としての意識をもち，身分（団体）として国王と交渉するという現象は西欧（ラテン・カトリック圏）特有のものであり，世界の他の地域には見られない．もろもろの制約はあったにせよ，中世から平民身分の者が国王と国政に関して意見交換し，交渉できる場が存在したというのは，世界史上稀有なことであり，西欧を民主主義やそのほかの近代的思想の母体とした要因の一つと言ってよい．実際，ピューリタン革命や名誉革命，フランス革命といった主要な市民革命は，いずれもイングランドやフランスの身分制議会を舞台に発生している．この点で，身分制議会は中世の西欧文明の特質や発展の可能性を示す事象といえるであろう．　　　　［阿部俊大］

ビザンツ帝国

　ローマ帝国の滅亡といえば，最後の西ローマ皇帝が廃位された476年が想起されることも多い（☞「皇帝」）．しかしローマ帝国自体はその後も東の皇帝のもとで存続し，最終的にはオスマン帝国に滅ぼされた1453年まで命脈を保ち続けた（☞「オスマン帝国」）．この間帝国の社会や文化は多かれ少なかれ変容を経験したため，それを強調して古代ローマと区別する呼称として，その首都コンスタンティノープル（現イスタンブル）の旧名「ビザンティウム」に因んだ「ビザンツ」（独語）に類する語が用いられる（☞「ビザンツ学」）．他方でローマからの連続性を強調し，「東ローマ」などと呼ばれることもある．この政体とその君主が滅亡まで「ロマニア（ローマ国）」「ローマ人の皇帝」を名乗り続けたことは事実だが，以下の点が古代から大きく変化し，それらが千年に渡る存続のなかでの特徴であり続けたことについては概ね合意されよう．それはすなわち，新都コンスタンティノープルを首都としたこと，ギリシア語が支配的言語になったこと，そして国家とキリスト教（東方正教）の結び付きが強くなったということである．それぞれの要素が確立した時期は異なっており，何をもってローマとビザンツを区別するかについては大いに議論の余地があるが，いずれにせよビザンツはその周辺とともに西欧とは一線を画す独自の文化圏を形成していた．

✖首都コンスタンティノープルとキリスト教　コンスタンティヌス帝が330年にその名にちなむ街コンスタンティノープルを建設した時点に「ビザンツ化」の兆しを見出すこともできるが，ここが実際に皇帝の常駐する「首都」に成長したのは5世紀のことだった（田中，2020）．中心地が東地中海世界に移されたことは，豊かな東方との接続が重視された証左である．東西南北をつなぐ要衝であり，少なくとも初期中世までは人口数十万を擁するキリスト教世界最大の都市であり続けた新都が中央集権体制の要となり，帝国存続の礎になったことは間違いない．

　首都の成立と平行して進展したのがキリスト教化だった．313年のコンスタンティヌス帝による公認を皮切りに，次第にキリスト教は帝国の国教の様相を呈するようになっていく．6世紀にはユスティニアヌス帝（在位527〜565）のもとで前例のない巨大なドームを特徴とするハギ

図1　ハギア・ソフィア大聖堂（現アヤソフィア・ジャーミー，撮影当時は博物館）［筆者撮影，2019年，イスタンブル］

ア・ソフィア大聖堂が建造され（☞「ニカの乱」），初期キリスト教と縁の薄かったコンスタンティノープルにも教会の中心地に相応しいモニュメントが備わった．

✠中世的ローマ帝国　他方で帝国がギリシア語文化圏を中心とした国家となったのは，ギリシア語話者正教徒が大多数の首都と小アジア以外の領土の大半が，イスラームを始めとする外部勢力の侵入によって失われた7世紀以降だった（小林，2020）．イスラームとの対峙はビザンツの自己規定に大きな影響を与え，8世紀にはイコンを偶像崇拝として問題視するイコノクラスム（聖像論争）が起こった（☞「イコノクラスム」）．

10世紀前後にアッバース朝等の周辺勢力が衰退すると，ビザンツはマケドニア朝（867～1056）のもとで再び東西に版図を広げた．他方で当時のビザンツでは文化事業も盛んだった．なかでも特徴的なのが，古代ギリシア・ローマ以来の知見を集成する編纂事業だった（☞「軍事技術書」）．マケドニア朝は簒奪で成立したため，伝統を継承者する正統な支配者であることをことさら強調した．

盤石に見えたビザンツだったが，11世紀後半には再び危機を迎える．マケドニア朝は途絶え，政情不安，多方面での外敵の侵入，経済危機に見舞われた．コムネノス朝（1081～1185）は，帝国内に割拠する軍事貴族たちの人的紐帯に基づく連合政権として国家構造を再編したが，12世紀末に政権内が不安定になると中央集権制度が揺らぎ，地方有力者や服属していた諸民族等が自立傾向を強めていった．成長著しい西欧諸国との力関係も逆転しつつあった．

✠末期ビザンツ　11世紀末，ビザンツは危機の一つであった小アジアへのトルコ人の侵入に対応するための援軍を教皇に要請した．これが西欧の宗教運動と結びついて特異な展開を見せたのが十字軍である（☞「十字軍」）．第4回十字軍がコンスタンティノープルを占領すると，各地に成立した亡命政権がビザンツの命脈をつないだ．そのうち小アジア西北部のニカイア帝国が1261年にコンスタンティノープルを取り戻し，最後の王朝パライオロゴス朝（1261～1453）が成立した．しかし復興したビザンツは周りを有力諸国に取り巻かれて地方政権の域を越えず，次第に勢力を減退させていく．西欧への支援要請も行われたが，条件とされた教会合同はむしろ国内を分断する論争を喚起した．その中でも哀愁漂う繊細な感情表現を特徴とする美術や，みずからをローマ人よりも，より実質的な支配領域に近い「ギリシア人（ヘレネス）」に重ね合わせる独自の文化活動が展開した．最終的には1453年にオスマン帝国がコンスタンティノープルを占領し（☞「コンスタンティノープルの陥落」），ビザンツは滅亡する．しかし滅亡後もその文化は各地に受け継がれた．ロシアやバルカンといった東方正教圏に受け継がれた諸文化はもちろん（☞「ロシア」），オスマン帝国においてもハギア・ソフィアの影響を受けたドーム建築が行われ，旧ビザンツ帝国民のギリシア語話者コミュニティ（ルム）も存続した．

［仲田公輔］

オスマン帝国

オスマン帝国（1299 頃〜1922）は，イスラーム世界を代表する国家の一つであると同時に，常にヨーロッパと境を接し，6 世紀に及ぶその歴史を通じて，西洋世界の重要な一員であり続けた．特に中世においては，ビザンツ帝国を滅ぼしたことで，大きなインパクトを与えた存在であった．

✖️ビザンツ世界のオスマン　オスマン帝国揺籃の地は，ビザンツ帝国と境を接した北西アナトリアである．1300 年頃にこの国を興したオスマン 1 世の事績について記す，オスマン史家による年代記は，すべて 15 世紀以降に書かれている．それによれば，建国は 1299 年とされる．しかし，現存する史料のうち最初のオスマン帝国への言及は，ビザンツ帝国史家パキュメレスによるバフェウスの戦い（1302）の記述であり，オスマン帝国史研究の大家イナルジュクは，この年をもってオスマン帝国の建国としている．建国年についての共通見解はいまだないが，オスマン初期史を研究する際ビザンツ史料を参照するのは必須といえよう．

オスマン帝国は，ビザンツ帝国の皇位継承者争いに外部勢力として介入するかたちで，バルカンに進出した．当時のオスマン帝国には，支配者層にも少なくないキリスト教徒が加わっていた．オスマン君主がイスラーム教とキリスト教を十分に区別していたか怪しい，という史料が伝わるほどである．なかでも，オスマン 1 世の盟友キョセ・ミハルは有名である．彼は晩年に改宗するまで，キリスト教徒のままで征服活動に加わり活躍したと伝わる．彼の子孫は有力豪族となりバルカンの征服に貢献し，15 世紀初頭には王位継承に影響を与えすらした．初期オスマン帝国は，ビザンツ世界の住人と一定の価値観を共有しつつ，宗教的混交のエネルギーを動力源に拡大した集団だったのである（新井，2021）．

✖️コンスタンティノープル征服という画期　第 7 代君主メフメト 2 世（図 1）によるコンスタンティノープル征服（1453）は，画期となる事件である．以降，ここを帝都とし東西に領土を広げ，中央集権体制を整えていくことで，この国は名実ともに「帝国」というにふさわしい存在となる．また，近代オスマン帝国の史家たちは，この征服をもって，中世という時代が終わったと論じた．彼らにとっては，古代の終わりとされる西ローマ帝国の滅亡もまた，

図 1　ヴェネツィアの画家，ジェンティーレ・ベッリーニによるメフメト 2 世の肖像（1480）［ロンドン，ナショナル・ギャラリー，NG3099］

トルコ人（彼らは，フン族をトルコ系だと見なした）によるものであった．トルコ人が世界史を画したということは，近代に登場したトルコ民族主義的歴史観にとって，民族の栄光を示す「歴史的事実」となったのである（小笠原，2017）．

メフメト2世は，ギリシアやローマ，さらにはルネサンス文化に関心をもったことで知られる．彼はローマの征服を口にし，御前でイスラーム学者やキリスト教神学者に議論させた．彼がビザンツ皇族の血を引いていると主張していた，と伝えるギリシア人史料もある．ただし，彼がコスモポリタン的な感性をもっていたのは確かだが，イスラーム的な正統性の主張や制度の拡充も精力的に進めており，公的にはイスラームの君主として君臨していたのは間違いない．16世紀にイスラーム世界の歴史的中心地たるアラブ地域を征服した帝国は，スンナ派イスラーム世界の盟主としての意識を強くする．ハプスブルク君主国やシーア派のサファヴィー朝との対抗関係もあり，この時期以降，帝国では急速に宗派化が進んでゆく．こうしたなかキリスト教世界は，明確な「他者」として認識されるようになる．

オスマンはローマの後継者か？　ビザンツを征服したオスマン帝国を，ローマ帝国の後継者であると論じた研究は少なくない．確かに，歴史的な位置付けとしては，かつてローマやビザンツが実現していた，東地中海の安定した広域支配を再現させたのが，オスマン帝国であった．その意味では，この国はローマの「後継者」だった．帝国が崩壊した後，民族や宗教構成が複雑な中東・バルカン地域では，猖獗（しょうけつ）を極める紛争が勃発し，その一部は現在まで続いている．ローマやオスマン帝国のような上位権力による広域支配なき今，これらの地域の平和と安定の実現は，なお解決し難い現代的課題となっている．

ただし，抽象的な意味での歴史的役割は類似する一方で，実証的な検証に耐え得る具体的な影響・継承関係は見受けられない．例えば，オスマン帝国の軍事土地制度であるティマール制は，ビザンツ帝国のプロノイア制と共通する特徴を備えているが，直接の影響を実証するのは困難である．現在の研究では，プロノイア制とティマール制の類似性は，地中海世界において歴史的に共有されていた統治技術をそれぞれが受け継いだ故だ，と見なすのが一般的である（三沢，2006）．

また，オスマン帝国君主が，ローマ皇帝としての自意識を有していたと主張する研究者もいる．確かに，帝国君主は「カエサル」の称号を用いることもあったし，イタリア語史料には，彼らがローマ皇帝位を意識していた旨の記録がある．ただしこうした認識は，限定的な史料において確認できるにすぎない．オスマン帝国君主が抱いていたアイデンティティは，「ハン」（トルコ系君主の君主号）や「スルタン」（イスラーム世界における世俗君主の君主号），もしくは「パーディシャー」（帝王を意味し，オスマン帝国で多用された君主号）の称号に見られるように，トルコ・ムスリム諸王朝の継承者であったとするのが妥当である（小笠原，2018）．

［小笠原弘幸］

ロシア

　ロシアのルーツであるルーシ国家は，年代記によると，スカンディナヴィアから到来したリューリクに始まる公の血筋により，主に東スラヴ諸族に対する支配を礎として始まった．当初はノヴゴロド地方，次いでキエフを母都市とし，ヴォルガ水系やドニエプル水系などの国際交易路を覆うかたちで広がった．

✖ルーシの洗礼　チェコやポーランドにカトリック・キリスト教の布教が進んでいた9～10世紀，ブルガリアやセルビアにはビザンツからキリスト教（正教）の布教が行われていた．ルーシの場合，段階を経て最終的に988年にキエフ公ウラジーミルがビザンツからキリスト教（正教）を導入し国教とした．これによりルーシはキリスト教世界の末端に位置付くことになった．他方で教会組織を中心としてビザンツとの関係が深まることで，ルーシはカトリック世界とも異なる特色を帯びていく．例えば，ビザンツ式の政治と宗教との緊密な関係は，主にこの「洗礼」を起点として進行した．

✖諸公による支配　ルーシ国家は，当初その広大な領域を支配するために，各地の拠点にキエフ公の一族を代官のような形で配置していたが，次第に各拠点都市はキエフ公の支配を認めつつ，中心都市と周辺領域からなる「諸地域」を緩やかに形成し始める．12世紀末に特定の分家が特定の地域を相続する傾向が固まると，諸地域は公を頂点とする公国として独自の発展を見せた．ノヴゴロド，チェルニゴフ，スモレンスク，北東のロストフ・スズダリ地方，南西のガーリチ・ヴォルィニ地方などが特に極立った．このう

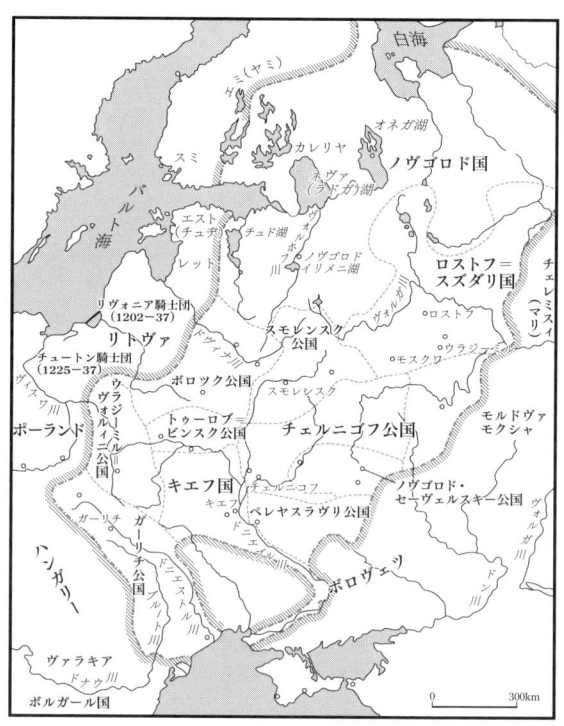

図1　12～13世紀のキエフ・ルーシ（斜線内）．図中の〇は主な都市の位置を示す［田中他編，1995より作成］

ち，後のロシアにつながるのが北東地方であり，12世紀後半のフセヴォロド大巣公はウラジーミル大公としてこの地を発展させる一方，遠方のキエフに対する彼の関心は薄まっていった．

※タタールのくびきと府主教座の獲得　13世紀前半のモンゴル・タタール（ルーシではモンゴルはタタールと呼ばれた）の侵攻によりルーシ全土が荒廃した．その後，チンギス・カンの孫バトゥはヴォルガ川下流域のサライに都を置き，ルーシ支配を開始した．その際，バトゥは，北東ルーシのウラジーミル大公を「ルーシ諸公の年長者」と定めた．1250年代に北東ルーシの権力を握ったアレクサンドル・ネフスキーはタタールに抵抗するのではなく，従属することで北東ルーシおよび自分の利益の確保を目指した．ここにタタールのくびきと呼ばれる支配体制がいわば協働でつくられた．担税人口が登記され，当初は徴税請負人が，13世紀末頃からはウラジーミル大公が徴税に責任を負った．ほかにもカンから軍の拠出が求められもした．また反抗的な諸公にはタタールから懲罰軍が送られた．このくびきのもと，懲罰軍をうまく利用して，トヴェリ公国などのライバルを蹴散らして大公位を獲得したのがモスクワ公イヴァン1世だった．ほかにもイヴァンはルーシ全域の教会組織を統括する府主教をモスクワに住まわせることに成功した．以後，モスクワ諸公と府主教たちは多くの場合に緊密な関係を結び，モスクワに有利なかたちで府主教が問題を解決する事もたびたび生じた．

　なお，1380年になるとモスクワ公ドミトリーは北東諸公をまとめ，タタールの有力者だった将軍ママイをクリコヴォ野で破った．しかしその後もくびきからの離脱の意向は生じなかった．モスクワ諸公はサライのカンを「ツァーリ（皇帝）」と呼んで，これへの従属を続けた．

※ロシア正教会の成立，ロシア国家の独立　潮目は15世紀に変わった．まずフェラーラ・フィレンツェ公会議で決議された東西教会の合同決議（1439）をモスクワ大公ヴァシーリー2世は了承せず，合同に賛同，署名した府主教イシドールを投獄した．そして1448年に教会会議を開いた．ここで総主教の承認を得ずに空位の府主教座にヨナが選出され，モスクワの教会は事実上ビザンツ教会から独立した（「ロシア正教会」の成立とされる）．以後，大公権力と教会との関係はいっそう緊密になり，教会は国家教会的様相を得ていく．

　1470年代にようやく，タタール勢力の分裂とも相まって，くびきの排除の気運が高まる．決着は1480年に付いた．サライから到来したアフマト・カンをイヴァン3世はオカ川・ウグラ川で退け，ついにモスクワは独立を果たす．そしてこの時期から裁判，行政の集権化や軍の増強が進められ，また教会聖職者を中心にこの地はロシアと呼ばれだす．なお，モスクワ大公をツァーリ（皇帝）と呼ぶ事例は1440年代から教会の環境で現れるが，大公のツァーリとしての正式の戴冠は16世紀にようやく生じる．

　　　　　　　　　　　　　　　　　　　　　　　　　　　　　[宮野　裕]

フェデリコ2世

　中世の年代記作家によって「世界の驚異」と呼ばれたフェデリコ（フリードリヒ／フレデリク）2世は，シチリア王（在位1198〜1250），ドイツ王（在位1212〜50），神聖ローマ皇帝（在位1220〜50），エルサレム王（在位1225〜28）の冠を手にし，イタリア半島とドイツ，そして地中海東岸を含む広大な領土の支配者となった．13世紀前半の西欧，地中海世界最強の君主の一人であり，国際政治の焦点であった．当代随一の知識人でもあった彼の宮廷は西欧の文化活動の中心であり，彼が継承したシチリア王国の法制，行政組織はほかの西欧君主国に大きな影響を与えている．

　フェデリコ2世は，西欧中世の君主には珍しく，イスラーム世界の政治情勢に通じており，熱狂的な十字軍熱に冒されることもなかった．彼が1228年に率いた十字軍は，戦いによってではなく，エジプトのスルタン，カーミルとの交渉によって，エルサレムを取り戻した．しかし，このような態度，行動は当時の西欧世界で評価されず，教皇からは三度破門されている．そのため，教会史研究者からは「専制的で放縦な無信仰者」とも呼ばれたが，J. ブルクハルトが「王座にある最初の近代人」と呼んで以降，先進的な行政組織を有する近代国家の祖として引き合いに出されることも多くなった．

　フェデリコ2世に見られる合理的で現実的な精神は，シチリアで育まれたものである．彼は，1194年，神聖ローマ皇帝ハインリヒ6世とシチリア女王コスタンツァの息子として生を受け，父が他界した翌年の1198年に3歳でシチリア王となった．同年に母が亡くなると教皇インノケンティウス3世の後見下に置かれたが，王国を離れることなくパレルモで育てられている．その未成年期，王国は深い政治的混乱に陥り，多くの諸侯が独立割拠したが，1208年に14歳で成人すると王国の秩序回復に着手し，翌年には服従を拒む諸侯たちを軍事力で制圧している．

　1211年，ドイツ王国の諸侯たちによってドイツ王に選出されると，彼はローマ経由でドイツ王国に入り，1212年マインツでドイツ王として戴冠した．その後は敵対する諸侯を制圧し王国の秩序を回復させることに専念した．1220年にシチリア王国に帰還したときには，すでにドイツ王国の支配者としての地位を確立しており，息子ハインリヒをドイツ王に据えていた．帰国途上，彼はローマで皇帝として戴冠したが，その後はシチリア王国の秩序と王権の回復に専念している．彼は異なる伝統を有する二つの王国，つまり，強力な世俗諸侯を有し分権化の傾向をもつドイツ王国と，地中海的伝統を有し官僚化が進んだシチリア王国を治めることができたが，このドイツ＝イタリア政治圏は1250年の彼の死とともに瓦解した．シチリア王国は戦乱状態に陥って秩序が失われ，ドイツ王国もまた「大空位」時代を経て政治的混乱に沈み分権化が進行することになる．　［高山　博］

3章　ことばと文字

私たちが西洋中世という時代を知ろうとするとき，まず手掛かりとなるのは残された「ことば」である．絵画，建築，考古遺物なども豊かな知見をもたらしてくれるとはいえ，「ことば」の重要性はなお揺るがないといえよう．その「ことば」は生きた「声」でありまた書かれた文字すなわち「テクスト」である．そうした「声」や「テクスト」は西洋中世においてどのような現れ方をし，いかなる個性を帯びているのか．他方で「ことば」を「言語」と言い換えると，西洋中世において「声」はいかなる「言語」で発せられ，「テクスト」はどのような「言語」で書かれているのかという問いにもなる．また「テクスト」に注目すれば，それはどのように筆記され，書き手は書き方をいかに学び，表現の工夫はいかになされたのか，という問題に発展する．

本章は「声」「テクスト」「言語」，書字の技法，リテラシー，レトリックといった「ことば」をめぐる諸局面に光を当て，そこに現れるこの時代の特徴を浮かび上がらせようとする．　　　　　　　　　　　　　　　　　　［松田隆美／大黒俊二］

声と叫び

中世は声と叫びの世界である．次第に文書と併用されるにせよ，知らせも王令もラッパなどの楽器とともに，叫びで伝えられた．国王や皇帝，教皇は，戴冠式，聖別式，入市式や即位儀礼などを通して権威を身に帯び明らかにしたが，特定の服装，道具（剣や王冠，王笏 など）とともに，祈りや歌などの声と身ぶりが儀礼の一部をなした．その中には誓願も含まれる（☞「誓約」）．

戦いや騎馬槍試合では合図や鬨の声が響き，貴族階級の特権であった狩猟でも，狩猟犬への号令と仲間への叫びが，角笛の鳴らし方とともにコード化されていた．街の通りや広場には，小麦やワインを売る人の声が行き交っていた．また，当時最もよくある犯罪である盗みにあったら，人はまず周りに助けを求めて叫んだが，この叫びは法的手続きを開始する合図（アロの叫び／怒号）として定着した（トゥレイユ，2016）．

重要な知らせや命令の声が発せられる場所は，その都市の中心地となり，かような声（叫び）は鐘の音とともに，権力の磁場を形成した．中世都市の「声の人」である説教師について，過度な身ぶり手ぶりを用いた感情的な語り方には都市当局の注意が及ぶ一方，シエナのベルナルディーノやビセンテ・フェレールのように，聖人とされる説教師すら出てきた．

✘神への祈りと叫び　宗教的な側面でも声は重要であった．盛期中世のシトー会士ハイステルバッハのカエサリウスの『奇跡についての対話』（1220〜35 頃）によると，ケルンに住むある市民が一人になる度に天使祝詞だけを繰り返し唱えたが，死後，長靴もかかとも含め全身をその祈りの言葉（アヴェ・マリア，恩寵に満ちた方，など）で覆われた姿で現れた．主禱文（主の祈り）や天使祝詞，イエス・キリストの名前などの聖なる言葉を声に出すことが，直接身を守ったのである．

一方で，聖書を朗読する修道士は，居眠りで誤って単語を飛ばしたりしないようきつく注意された．修道士の場合はより厳しく，神を讃える歌を歌っていても口先だけで自分の歌声の美しさにほれぼれしている場合，むしろ虚栄心の虜の罪とみなされた．修道士にとっては，祈りや歌は正しく唱えられるのみならず，神への姿勢を整えて発せられねばならなかったのである．なお，修道院は沈黙の世界であったが，神への訴えの儀式には「叫び（clamor）」の語が用いられた．叫びと沈黙はいずれも神への祈りの極限を示す言葉であった（後藤，2021）．

✘聖人の祈り，悪魔の叫び　ミサでも朗読された聖人伝において，聖人は沈黙や祈り，聖なる言葉の体現者であり，悪魔憑きの不明瞭で耳障りな叫びがそれを引き立てた．悪魔憑きは病の一種や罪の結果と考えられており，暴力的な身ぶりを

伴う叫びで周りの人を怯えさせた．聖人の祈りや聖遺物（聖書を頭に触れさせるなど）によって理性ある言葉や沈黙に変えられることで，一件落着となった．

ただし，騒がしく恐ろしい悪魔憑きの描写は，13世紀以降減る傾向がある．代わりに，憑かれた原因の悪徳を説明したり，悪魔祓いにはこの修道士を呼んで来いとみずから指名したりするなど，意味のわかる言葉，それも隠された真実を喋る悪魔憑きが増えるのである（Newman, 1998）.

叫びが減る傾向は，生きながらあの世の様子を見て現世に戻ってきた騎士や修道士が語る，異界探訪譚にも見られる．12世紀半ばの『トゥヌクダルスの幻視』では劫火や獣，氷に苦しんで罪人が泣き叫ぶ様子が事細かに叙述されるが，12世紀末の『エインシャムの修道士の幻視』では，それぞれの罪人が生前にいかなる生き方をしたのかの説明が紙幅の大半を占める．

これは12世紀終わりから13世紀頃，イスラーム世界を通じたアリストテレスの思想の本格的な導入も相まって，神や奇跡に関わる出来事について，その範囲や仕組みをより詳しく見る姿勢が強まってゆくためである．罪や悪魔と，叫びとのつながりは，中世末にかけて解きほぐされることになる．

⌘女性と叫び　戦争での叫びと名誉をかけた乱闘を除けば，荒々しい叫びや泣き叫びは女性に結び付けられ，激しくわめく悪魔憑きも女性か子どもだった．産婦の叫びはとりわけ凄まじいものとして，奇跡譚や聖女伝およびファブリオなどの世俗文学に描かれた．出産で女性が苦しみ泣き叫ぶのは，原罪から続く罪のしるしと考えられた．産まれる赤ん坊にも罪が反映されており，泣き声がeやaの音で発せられるのはイヴ（Eva）のためだと12世紀の神学者ペトルス・コメストルは言う．この世で最初に発すべきであったはずの神の名は原罪で奪われてしまったのだと13〜14世紀の詩人ダンテも述べている（Lucken, 2003）.

葬送儀礼の泣き女も印象的である．胸をたたき，髪を引きちぎって嘆く仕方は古代から見られ，異教的伝統を彷彿とさせるため，詩編の朗誦で代替しようとする動きがあったが，完全な定着には至らなかった．乳児死亡率が高かったこともあり，幼いわが子が死んでいるのを見つけた母親の叫びも定型化している．これは子イエスを磔刑で失った聖母マリアと重ね合わされていった．

盛期中世以降特に，磔刑の苦しみに共感し眼前にその場面を思い浮かべて泣き叫ぶ女性が「聖女」とされ得るようになる．聖なる涙はもともとは真摯に祈る修道士に対し，神からまれに与えられるものであったが，激しい号泣が日常的な信心業となるのである．だが，聖女か悪魔憑きかの判断は揺れている（Nagy, 2000）.

中世では人と人，神と人との間に幾重ものつながりがあり，人は同時に複数の共同体に所属した．そのつながりを結び，強化し，あるいは解くのに身ぶりと感情，声が役割を果たした．世俗と宗教は分けられず，叫びはその動的な裂け目となる意味で，中世社会を解き明かすよすがになり得る．　［後藤里菜］

誓 約

　人的紐帯を分かち難い連帯に変容させる力を有する「誓約」は，封建主従関係を保証する誠実誓約や裁判時の雪冤宣誓のように，中世社会のさまざまな場面で登場する．誓約は単なる約束ではなく，法的拘束力を有する行為であって，それを覆すことは反社会的行為と見なされ，時として社会からの排除，追放，離脱につながった．

✖**誓約の呪縛力と聖性**　誓約は，神聖な力を有する聖遺物に触れながら行われ，聖性を帯びることによって誓約の言葉は抗いがたい強制力を獲得した．

　12世紀の皇帝フリードリヒ1世（バルバロッサ：ドイツ国王．在位1152〜90／神聖ローマ皇帝．在位1155〜90）は，たびたび家臣に代理宣誓を立てさせたが，君主がみずから誓いを立てず，家臣が代理宣誓を行ったのも，誓約の呪縛から君主を遠ざけようとする試みといえるだろう．聖遺物に触れながら誓約を行う様子を，中世の手写本に見ることができる．12〜13世紀初頭にかけて成立したフランス語の『狐物語』の写本では，神明裁判の一形式である決闘を行う前，聖遺物に触れながら誓約を立てている狐のルナールと狼のイザングランが1挿絵に描かれている．

✖**誓約で裁く**　名誉と信義を重んじる中世社会では，被告が自身の無実を誓う雪冤宣誓が有効とされた．雪冤宣誓には，被告の「人となり」を保証する宣誓補助人が召喚されたが，宣誓補助人は彼らが保証を与える被告が有罪となれば同罪となり，ともに責めを負った．誓約が首尾よく成功するかは，訴えられた罪に応じて人数が増減し，場合によっては30人の宣誓補助人を裁定の場に召喚できるかにかかっていた．

　カール大帝の時代を舞台としつつ，成立時期の1100年頃の合意形成を描いている『ロランの歌』では，ムスリム（イスラーム教徒）と手を結び，ロランの軍を全滅させたガヌロンに対し主君への大逆罪が問われた際，30人の宣誓補助人が召喚されている．亡くなったロランは戻らないという理由で，現実的な和解妥協案を支持する声が宮廷の大勢を占める中，代理人による決闘が行われた．決闘に負けたガヌロンは，無実を誓ったにもかかわらず，神の裁きである決闘に敗れたことによって，その誓約が偽誓と見なされ，有罪となった．雪冤宣誓に保証を与えた運命共同体である宣誓補助人も連帯責任を負わされ，もろとも断罪された．これは誓約によって結ばれた人的紐帯の拘束力を如実に示しているが，自力救済社会で復讐の連鎖を断ち切るためでもあった．原告，被告のみならず複数の宣誓補助人が誓約を立てている様子が，中世法書の『ザクセンシュピーゲル』

（1220〜35頃成立）の絵解き写本の中で繰り返し描かれている（図1）.

✖誓約への信頼と声　身体化された言葉が重要な意味をもっていた中世社会において，誓約は発話された声と不可分の関係にあった．音声化されることで初めて誓約は共有され，社会的強制力を発揮したからである．誓約では言い間違いが許されず，一旦失敗に終わった誓約は無効となった．しかし，誓約の文言に重きを置き，その言葉の真偽のみを問う裁きに疑問を抱いた人々の眼が，次第にその行為の実態へと向けら

図1　聖遺物にかけた誓約．『ザクセンシュピーゲル』ヴォルフェンビュッテル絵解き写本より［Herzog August Bibliothek, Cod. Guelf. 3.1 Aug. 2°, fol. 24v.］

れていく過程を，中世騎士文芸の中に見て取ることができる．12世紀後半成立した中世フランス語の『トリスタンとイズー』あるいは1210年頃中高ドイツ語に翻案された『トリスタンとイゾルデ』では，イズー（あるいはイゾルデ）が立てた雪冤宣誓あるいは神明裁判の描写で，字句のうえでは正しいが，真実を覆い隠す偽れる誓いによって，いったんは不実の疑いを晴らす姿が描かれている．音へと変換された言葉に縛られ，時として真実を見誤る可能性の指摘は，人々の眼が次第に音声化されない心の内面へと向けられていく過程を表わしているといえるだろう．

✖合意形成と誓約　口頭でのコミュニケーションを基盤とする中世社会では，文書化が進み，文書による保証への信頼が増してもなお，口頭で行われる誓約が人的紐帯の要として長く広い地域で有効であった．教皇，皇帝，各国王，領邦諸侯，そして発言力を増しつつあったイタリア諸都市の代表者間の外交交渉の場で，互いに保証と確約を与える手段としてたびたび誓約が立てられた．40名の諸侯が誓約を立てて保証を与えた1165年のヴュルツブルクの誓約，あるいは1177年のヴェネツィアの和約のように，難しい外交交渉であればあるほど誓約を共同で行う諸侯たちの人数は増え，合意を記した証書には共同誓約者の名前が記載された．

　誓約は合意形成の証しである一方で，誓約の拒否・回避は明確な政治的態度の表明と見なされた．誓約は，封建君主と家臣の間で結ばれる誠実誓約のように上下関係の紐帯となるだけでなく，都市共同体の構成員，あるいは都市同盟のように共同体間においても強固な盟約関係を保証した．君主が相互盟約をたびたび禁じているのは，誓約によって結ばれた紐帯の拘束力が，時に危険な対抗勢力となり得るという怖れの裏返しである．

　人と人との結び付きに何より重きを置いていた中世社会において，声や身振りによって身体化された誓約は集団的記憶となり，聖性を帯びた絆として絶対的連帯を保証したのである．　　　　　　　　　　　　　　　　　　　　［岩波敦子］

文 字

　中世ヨーロッパにおいて用いられた文字の多くは古代に起源をもつ共通した祖先を基礎として発達したものである．アルファベットの前身となる文字は，中近東のセム系諸言語話者の間で紀元前 2 千年紀の中頃以降に発達したもので，子音字のみからなる．時代や地域によりさまざまな変種が存在したが，前 12 世紀頃より地中海世界に広く進出したフェニキア人が使ったフェニキア文字が特に広く使われた（𐤀𐤁𐤂𐤃𐤄𐤅𐤆𐤇𐤈𐤉𐤊𐤋𐤌𐤍𐤎𐤏𐤐𐤑𐤒𐤓𐤔𐤕）．この文字が前 8 世紀中頃までにギリシア人に伝わったことからギリシア文字が発達し，ここから中世ヨーロッパで使われた多くの文字の歴史が始まる．

✖ギリシア文字（ΑΒΓΔΕΖΗΘΙΚΛΜΝΞΟΠΡΣΤΥΦΧΨΩ）　ギリシア文字がフェニキア文字に由来するということは，ギリシアの歴史家ヘロドトスがこれを「フェニキア文字」と呼んでいることにも反映されている．文字の並び順もフェニキア文字のそれと基本的に同様で，各文字の名称はフェニキア語（およびセム系言語一般）ではそれぞれ意味をなすが，ギリシア語では文字の名称という以外には意味をなさない．ただし，フェニキア文字がそのままギリシアで使われたのではなく，当時のギリシア語に適した形に少なからず改変されている．フェニキア文字は 22 の子音字のみからなるが，なかにはギリシア語にはない音を表す文字もあった．それらはギリシア文字では母音字（A, E, H, I, O, Y）として使われるようになった．また，フェニキア文字では表せないギリシア語の音を表す文字が新たにつくられ（Φ, X, Ψ, Ω），これらがアルファベットの並びの最後に加えられた．従来なかった母音字を導入したことがギリシア文字における最大の革新である．

✖ラテン文字　ギリシア文字は前 7 世紀までに北イタリアのエトルリアに伝わり，この地でエトルリア語に合う形に改変が加えられエトルリア文字へと発達した．それから百年程度の間にエトルリア文字はローマに伝わり，ラテン語に合う形に改変が加えられラテン文字へと発達した．ギリシア文字の Z, Θ, Ξ, Φ, X, Ψ, Ω に相当する文字はラテン語では必要とされずラテン文字からは除外された（ただし，Ξ はその異形が後に X としてラテン文字に加えられた．Z については後述）．エトルリア語には [g] 音がなかったため，ギリシア文字でこの音を表す文字（Γ）はエトルリア文字では [k] 音を表す文字とされており，これがラテン文字 C のもととなった．一方，ラテン語には [g] 音もあったため，これを表す文字として，C を変形して G がつくられた．G はラテン文字で当初必要とされなかったギリシア文字の Z に相当する位置に置かれることになったが，後に Z

はギリシア語由来の単語を綴るのに必要とされるようになり，前1世紀にラテン文字に導入され，その際，アルファベットの最後に置かれることとなった．現代西ヨーロッパの多くの言語で使われるアルファベットは，このようにして成立したラテン文字を基礎としているが，J, U, W は成立当初のラテン文字には含まれず，いずれも中世になってから確立した文字である．J, U はそれぞれ I, V の異形に由来し，また，W は [w] 音を表すのにゲルマン人の間で使われた UU が後に VV と綴られるようになり，やがてこれが一文字とされたものである．W が「二つの u/v」（例として，英：double-u, 仏：double-vé, 西：uve doble, 伊：doppio vu）と呼ばれるのもこのためである．

✖**ルーン文字**（ᚢᚾᛏᚠᚱᚷᛈᚺᚾᛏᛁᛋᛖᛃᛉᛝᛏᛒᛗᛗᛚᛜᛈᛉ）　ゲルマン人の間で主に金属，石，骨，木などに刻んで使われた文字で，1世紀に最古の記録がある．ラテン文字の影響下で発達したものと考えられているが，詳しい起源は不明．ゲルマン共通ルーン文字は24文字からなり，最初の6文字を取ってフサルク（fuþark）と呼ばれる．北欧では8世紀までに16文字に減ったが，一方，イングランドのアングロ・サクソン人の間では28文字（後に31文字）まで増えた．ルーン文字は表音文字であると同時に表意文字でもあり，各文字に音価と意味がある．ラテン文字普及後も，初期中世のイングランドや北欧では，ラテン文字に対応する文字がない þ（thorn, [θ, ð]）や ƿ（wynn, [w]）が使われ続け，特に þ はアイスランド語で現在まで使われている．

✖**ゴート文字**（ΛBΓϚЄUZҺΨIRΛMNGNⴌUᛉRSTYϜXΘQT）　4世紀にゴート人の聖職者ウルフィラによって，ゴート語訳聖書を記録するために主にギリシア文字を下敷きにしてつくられた文字で，25文字からなる．これから発達し，ラテン文字からの影響が見られる亜種も存在し，こちらは27文字からなる．ゴート語訳聖書を現代に伝え，「銀文字聖書」として知られる写本には後者が使われている．

✖**キリル文字**（абвгдежзийклмнопрстоуфхцчшщъьѣюѥꙗѧѫѩѭ⟨ѯ⟩ѱѳѵ）　主にスラヴ系言語で使われる文字で，その名称は考案者とされる9世紀の聖キュリロスの名に由来する．ほとんどはギリシア文字に基づくが，そうでない文字も含まれる（Ж, Ш, Ч, Ц）．キリル文字よりやや早く，やはりおそらくギリシア文字に大きな影響を受けるグラゴル文字が考案されており，スラヴ系言語ではこの両者が共存していた．12世紀以降はキリル文字が優勢になり，グラゴル文字は衰退したが，クロアチアの一部地域では19世紀初頭まで使われ続けた．

✖**オガム文字**　5～7世紀にアイルランド，ウェールズ，マン島，イングランド南西部などのケルト語地域で，主に碑文に用いられた文字で25文字からなる．ラテン文字からの影響があるとされるが，形状についても，単母音と二重母音を表す文字が最後にまとめられた並び順についても，ほかに類を見ず，前述の伝統とは一線を画し発達したものと考えられる．　　　　　　　　　　［唐澤一友］

リテラシー

　リテラシーとは今日の用法では「日常語で実生活に必要な文章を読み，書く能力」と定義される．そうした読み書きができる人を「識字者，リテラシーがある（literate）」といい，できない人を「非識字者，リテラシーがない（illiterate）」という．ところが中世にこの定義は妥当しない．中世では literate／illiterate という対語は現在とは異なる意味を有していた．literate／illiterate の語源となったラテン語 litteratus／illitteratus が意味したのは「文字を知る人／文字を知らぬ人」であり，ここでの「文字」とはラテン語のことであった．

✖文字を知る人，文字を知らぬ人　こうした「文字を知る人／文字を知らぬ人」の区別が生まれたのは，中世におけるラテン語の独特の地位に理由がある．中世初期において書き言葉とは，わずかな例外を除けば，ラテン語にほかならなかった．これとは別に，人々が日常生活で用いる言葉はラテン語との対比で「俗語」と呼ばれ，そうした俗語は地域ごとに無数に存在したが長く書き記されることはなかった．俗語は声のみの言葉であった．すなわち，唯一の書き言葉であるラテン語を読み書きできる人が「文字を知る人」であり，話し言葉である俗語のみで生活する人が「文字を知らぬ人」であった（☞「ラテン語と俗語」）．

✖二重言語体制　中世では 11 世紀頃までこうしたラテン語と俗語からなる二重言語体制が支配的であった．しかし二重言語体制は言語のレベルにとどまらず社会の編成と重なっていた．当時「文字を知る人」の大半は聖職者であり，彼らはその霊的な力によって人々の精神を支配し，古代よりラテン語で伝えられてきた知を独占し，封建領主として権力をふるった．こうして二重言語体制は支配と被支配と重なり，知と権力の両面において社会生活全般に及んでいたのである．ここから，二重言語体制が成立した 9 世紀頃，ある奇妙な現象が生じてくる．「文字を知る人」の多くはラテン語を解する聖職者であり，「文字を知らぬ人」の大半は俗語しか知らない俗人であったところから，「文字を知る人」すなわち聖職者，「文字を知らぬ人」すなわち俗人という同化が生じ，その結果身分は俗人でありながらラテン語に通じているという理由で「聖職者」と呼ばれ，逆に聖職者でありながらラテン語能力が低いために「俗人」と称される事態が生じた．「文字を知る人」と聖職者，「文字を知らぬ人」と俗人は次第に近づき互換可能な語となり，ついには同義語と化す．中世の人々はこのようにラテン語と身分が結び付いたかたちでしかわれわれの言うリテラシーを思い描くことができず，単純な読み書き能力の有無で人を判断したり社会が変わるという意識は彼らにはなかった（Grundmann, 1958）．

✖二重言語体制の揺らぎ　　しかしこのような二重言語体制は 12 世紀以降次第に揺らぎ始める．揺らぎの原因となったのは，俗語が書き言葉として成長し従来ラテン語が独占してきた領域に進出してきたことであった．12 世紀以降俗語で書かれた文学作品が現れ，行政や商取引などの実務分野においても俗語で書かれた文書が出現してくる．その結果 13 世紀にはラテン語は唯一の書き言葉という地位を失ってしまった．新しく生まれた書字言語である俗語で読み書きした人々の多くは俗人であり，俗語の書字言語化とは俗人が俗語で書く社会の出現を意味した．とはいえ，伝統と権威に支えられたラテン語は，俗語に押されながらも中世末期に至るまで書き言葉としての威信を失うことはなかった．15 世紀においても重要な公文書や思想，宗教関係の著作はなおもラテン語で書かれていた．二重言語体制が最終的に崩壊するのは俗語の使用が社会全体に定着する 16 世紀以降のことである．

✖識字率＝近代の徴候　　こうして中世末期には民衆が日常の話し言葉で書くという習慣が社会の各分野に広まってくる．そのような社会が出現したとき，冒頭で述べた今日的な意味でのリテラシーについて語ることが可能になり，「識字率」という意味でのリテラシーを測定し得るようになる．なぜなら，それ以前二重言語体制が堅固であった時代では読み書き能力はラテン語で測るほかなく，ある集団について仮にラテン語の読み書き能力に関して数値が得られたとしても，それはこの言語を学ぶ余裕のある少数の者に限られてしまい，そうした数値に「識字率」として集団全体の傾向を代表させることはできないからである．

　これに対し俗人が俗語で書くことが普通になった 15 世紀になると，かなりの精度で識字率を測定し得る集団が現れてくる．そのうち最も正確な数値を提供してくれるのは 1427 年のフィレンツェである．この年フィレンツェ政府主導下で行われた税制改革において，各世帯に課される税額を査定するために各戸の世帯主は自家の財産を書面で申告することを求められた．これに応えて提出された 9,677 通の詳細な申告書から，当時のフィレンツェでは成人男性の 7 割が財産申告書という実務書類を自筆で書き得たという事実が明らかになる．つまり成人男性の 3 人に 2 人までは俗語による十分な読み書き能力を有していたのである．これは当時としては例外的に高い数値であるが，そもそもこうした数値が得られること自体二重言語体制が終わりに近づきつつあることの徴候として注目すべきものである．俗語の読み書きがここまで拡大した 15 世紀フィレンツェは，すでに近代すなわち俗語の時代に一歩足を踏み入れているといえよう．

　以上のように「リテラシー」という近代的概念は，これを中世に適用すると通常は見えにくい中世と近代との相違を明るみに出してくれるのである．

[大黒俊二]

書板・書蝋板と読み書き教本

　中世において文字を書くときの主な支持体が羊皮紙と紙であったことはよく知られている．しかしもう一つ板や蝋の上に書くという方法があった．そしてそれらは初等教育と密接に関わっていた．

✖書板と書蝋板　板の上に直接ペンで書きあるいは鉄筆などで彫り込んだものが書板であり，板の表面を浅く彫り下げ凹んだ部分に蝋を流し込んでつくられたものが書蝋板である（図1）．こうした書蝋板は通常何枚か重ねて綴じ冊子状にして利用された．大きさは現在のA4サイズから手帳サイズまでさまざまである．書蝋板の上に鉄筆などで書くと筋が残って文字となる．不要となった文字はナイフで削り取るともう一度書くことができる．つまり書蝋板は一時的な記録やメモ，繰り返し書いて練習するための筆記具である．

図1　書蝋板と鉄筆（レプリカ）．鉄筆の上端は蝋を削り取って再び書くためのナイフである［筆者蔵・撮影］

　現在残されている中世の書板や書蝋板は羊皮紙や紙の記録に比べるとはるかに少ないが，そのことはこれらの使用がまれであったことを意味しない．むしろ逆である．書板や書蝋板は中世の人々にとってあまりに身近で日常的な存在であったため保存の対象とならなかったのである．現在書板はほとんど残っておらず図像やテクスト中の言及で知り得るのみであるが，書蝋板は北ヨーロッパを中心に150ほど残存している．

　書板や書蝋板の用途は多様であった．後述する読み書き学習のほかに，書板は掲示や内容物の表示に，書蝋板は会計文書の作成や文学作品の下書き，さらには絵画の下絵にも用いられた．現在残されている書蝋板の多くは中世末期フランス王の行政文書，そしてドイツとポーランドの都市会計文書である．このように現存する書蝋板の多くが中世末期の北ヨーロッパに偏っているのは理由がある．南欧では書蝋板はイスラーム圏から到来した紙に押され，中世末期にはあまり使われなくなった．南からの紙の拡大と北上は書蝋板の衰退とほぼ一致しているのである．それでも書蝋板はドイツ語圏では1815年まで，フランスでは1849年まで使われていた．

✖読み書き学習　書板や書蝋板は読み書きを習う子どもたちが最初に出会う文房

具であった．子どもたちは書板や紙に書かれたアルファベットを大きな声で読み上げることから始める．アルファベットの読みを覚えると次に同じ書板や紙に書かれた音節（ba be bi bo bu, ca ce ci co cu など）の読みに進み，これをマスターすると次には音節を組み合わせた単語の読みを練習する．こうして文字–音節–単語の順で読み方を覚え最後にまとまった文の読みに至る．アルファベット，音節，単語，文は一枚の書板に上から下に向かって順に書かれており，この順で読みを覚えていった．書板にはしばしば取っ手が付けられており，子どもたちは手で書板を持って見ながら覚えた．このような取っ手付きの書板は16世紀以降数多く残されており，それらはイギリスでは「ホーンブック」と呼ばれている．読みの練習のために選ばれた文は「主の祈り」「使徒信条」「アヴェ・マリア」「詩編」からの章句などであり，これらを小冊子にまとめたものが一般に『詩編抄』と呼ばれている初等教本である．

　書板が読みを覚える用具であったとすれば書蠟板は書きを学ぶ用具であった．子どもたちは鉄筆を手にして書蠟板の上に字を書いていく．書いた後それを鉄筆上端のナイフで削って消し，また同じ文を繰り返し書いて書き方に習熟していくのである．現在残されている書蠟板のなかには，整った書体で書かれた文の下にぎこちない書体の同じ文が書かれているものがある．おそらく上の文は教師の見本，下は生徒がそれを見ながら書いたものであろう．

　読み書きの練習に用いられた単語や文はすべてラテン語であり，子どもたちが日常話す言葉（俗語）ではなかった（☞「ラテン語と俗語」）．彼らは書板や『詩編抄』のラテン語を意味もわからず棒読みし書くことによって文字の形や発音や書き方を覚えたが，それはラテン語を習得するためではなく俗語で読み書きするためであった．俗語の読み書きはそれとして教えられることはなくラテン語を通じて学ばれたのである．これは学習方法としては不合理で迂遠な方法に見えるが，中世後期に書き言葉として新しく成長してきた俗語の場合，書き言葉の約束事はラテン語を通じて学ぶほかなかったのである．

　このような読み書き学習は5，6歳頃から始まり12歳頃まで続いた．ひと通りの読み書きが身に付いたところで子どもたちの将来は大きく三つに分かれる．商人の道を歩もうとする者はその後「アバコ（計算）」の学校に進み，計算の仕方や帳簿のつけ方を学んだ（☞「数とそろばん」）．さらに高度の読み書きを志す者は文法学校に進んで，ドナトゥス『小文法』（4世紀前半）で本格的にラテン語の文法を学びその後高度なラテン文の読解にまで進んだ．こうして当時の主な都市には，読み書きを学ぶ初等学校，アバコの学校，文法学校の3種類が存在した．しかし多くの子どもは初等学校で読み書きを習得したところで教育を終え社会に出て行った．　　　　　　　　　　　　　　　　　　　　　[大黒俊二]

ラテン語と俗語

　中世において「俗語」という語は今日とは異なる意味を有していた．それは端的にいえばラテン語以外のすべての言語を指す言葉であり，中世の人々はこの世の言語は大きくラテン語と俗語の二つからなると考えていた．このような二分法的言語観は当時の人々の意識にとどまらず社会の現実に対応するものであった．すなわち，ラテン語が古代の叡智やキリスト教の玄義を伝える高貴な言語であるのに対し，俗語は「俗衆」が話す「俗なる」言語であり，またラテン語がほとんど唯一の書き言葉であったのに対し俗語は長く声のみにとどまり書かれることはなかった．

　さらにラテン語は文法を有するが俗語の特徴は文法をもたない点にあると見なされていた．「文法を学ぶ」と「ラテン語を学ぶ」は同義であり，「文法家」とはラテン語教師のことであった．このようなラテン語と俗語からなる社会のあり方を「二重言語体制」と呼ぶことにしよう．

✖二重言語体制の成立過程　二重言語体制は古代末期から中世初期にかけて長期のプロセスを経て成立した．ラテン語と俗語のうちラテン語はいうまでもなく古代ローマの言語をそのまま引き継いだものである．他方俗語は，大きく見れば，ラテン語が変容し地域ごとに方言化した諸言語（これを「ロマンス諸語」と呼ぶ）と，民族移動期にゲルマン人たちがもたらしたゲルマン諸語からなっていた．ロマンス諸語もゲルマン諸語も長く書かれることはなく，8世紀前半まではわずかな痕跡からその存在を知り得るのみである．8世紀後半に至って俗語が文字記録としておもむろに姿を現したとき，それはすでにラテン語とは異なる言語の特徴を示していた．

　俗語，特にロマンス諸語が独自のかたちを取るに至った契機は，当時カール大帝主導で進められたカロリング・ルネサンスという文化運動にあった．この運動の一環として，知識人の間で，当時教育水準の低下によって乱れていたラテン語を改革し盛期ローマの古典ラテン語を復活させる動きが始まった．その結果，ともにラテン語に由来していた知識人の言葉と民衆の言葉は，前者は古代回帰によって，後者は変容したかたちをそのままとどめることによって別の言語と化してしまったのである．後者がすなわちロマンス諸語である．

　同じ頃，こうした趨勢に伴ってゲルマン諸語も少しずつ書き記されるようになる．このような歩みの到達点というべきものが842年の「ストラスブールの誓約」である．この年の暮れ，ライン河畔のストラスブールで会合した東西フランクの王は，互いに相手の語る言葉で同盟を誓い合った．同一内容の文言がロマン

ス系とゲルマン系の言語で語られ書き記されたこの誓約において俗語が初めて明瞭な姿を現す．そしてその上にラテン語が重なるというかたちで二重言語体制が成立した．

✳俗語の拡大　こうしてロマンス諸語もゲルマン諸語も 9 世紀中頃にはすでにラテン語とは別の俗語となっていたが，どういうわけか両言語ともこの後 2 世紀間闇に包まれてしまう．俗語が再び姿を現すのは 11 世紀後半である．この時期北仏では『聖アレクシウス伝』，南仏では『聖女フォワの歌』が成立し，12 世紀には武勲詩，騎士道物語，トルバドゥール詩に代表されるフランス中世文学の盛期を迎えることになる．12 世紀ドイツでは中高ドイツ語による叙事詩や抒情詩が現れ，スペインでもカスティーリャ語による『わがシードの歌』が書かれた．

　以上のように 11 世紀以降，俗語の拡大と書字言語化はまず文学の領域で生じたが，実務の世界でも 13 世紀以降俗語の使用が拡大してくる．特許状，会計文書，商業書簡，手形などは，当初ラテン語で記されていたものが俗語に変わり，あるいはそもそも出現当初からから俗語で記されていた．イタリアの場合ほかの諸国とは逆に，13 世紀初頭まず会計文書という実務の世界で俗語が使われ，世紀後半になって俗語が文学の領域に進出してくる．こうして 12 世紀以降俗語の使用領域は確実に拡大していったとはいえ，権威ある書字言語としてのラテン語はなおも地位を保ち続け，15 世紀になっても重要な公文書や教会関係の言語は依然としてラテン語であった．

✳高貴な俗語，俗語の文法　しかし中世末期にはラテン語と俗語が拮抗するなかで両者の価値が逆転してくる．14 世紀初頭，ダンテは『俗語詩論』（1302〜05 頃）においてラテン語と俗語の優劣を論じて「より高貴なのは俗語である」と断言した（☞コラム「ダンテ」）．彼は長期の学習を経て学ぶほかない「人為的」なラテン語よりも，人が幼いころから母の口を通じて覚える「自然」な言語すなわち俗語こそ文学にふさわしいと見なしたのである．ダンテにおいて高貴なのはもはやラテン語ではなく俗語であった．

　14 世紀のダンテが文学語としての俗語の地位向上をうながしたとすれば，15 世紀のヒューマニストは俗語に文法を見出すことでこの動きを加速した．従来俗語が俗なるものとされた理由の一つは，それが文法をもたないという点にあった．これに対しイタリアのアルベルティは『小文法』（1438〜41 頃）によってトスカーナ語に，スペインのネブリハは『カスティーリャ語文法』（1492）によってカスティーリャ語に文法を見出し（☞コラム「ネブリハ」），俗語をラテン語に並ぶ地位に引き上げようと努めた．

　文法を備えた俗語はやがて国家語として近代ヨーロッパの諸言語となっていく．このような過程を経て中世の二重言語体制は崩壊し，ヨーロッパ諸国は俗語の時代すなわち近代を迎えることになるのである．　　　　　　　　　　［大黒俊二］

黙読と分かち書き

今日われわれの読書は黙読が基本であるが，場合によっては音読することもある．黙読と音読を状況によって使い分けるのが現代の読書の一般的なあり方といえよう．しかし中世ではある時期までこのような使い分けはなされず，読書といえば音読にほかならなかった．他方，西洋近代諸語では単語を分かち書きするが，これも中世のある時期から始まった慣習にすぎない．そして黙読と分かち書きは出現の時期は異なるが相互に関連しており，その関連の仕方には中世の社会と思想の変動が反映されている．黙読と分かち書きを一つの項目として扱うのはそのためである．

✖分かち書き　古代から中世初期まで人々は単語を分かち書きせず，アルファベットを隙間なく書き連ねる「連続記法」で書いていた（図1)．7世紀頃，大ブリテン島やアイルランドで語間に空白を置く分かち書きが徐々に始まる．分かち書きがこれらの島で始まったのは，島の人々にとってキリスト教化とともに到来したラテン語が一種の「外国語」であったからである．ラテン語が変容したロマンス諸語や，ロマンス諸語とゲルマン諸語が混在する大陸ではラテン語はなお完全な「外国語」ではなかった．それに対し，ゲール語や古英語を話す島の人々にとって外来のラテン語はまず読む言葉，目で接する言葉であり生活の言葉ではなかった．そうした「外国語」としてのラテン語の読みを容易にするために強調文字，句読点，書体変更，行間註釈などM. B. パークスが「読みやすさの文法」と呼ぶさまざまな工夫がなされたが，そのような工夫のうち最も重要なのが分かち書きであったのである（パークス，2000)．

図1　連続記法からまとめ書きへ．連続記法とまとめ書きが混在し前者から後者への移行を示す例．1行目と6〜7行目は連続記法で書かれているが他の行ではまとめ書きされている．ベーダ『「箴言」註解』（8世紀）イングランドの写本より［Parkes, 1993］

7世紀頃島嶼部で始まった分かち書きは8世紀カロリング期になると大陸に拡大してくる．このような北からの動きは10世紀以降南方からのもう一つの動きによって後押しされた．当時イベリア半島で始まったイスラーム科学文献の翻訳が分かち書きを推進するもう一つの力となったのである．その理由は，第一に，原本のアラビア語が分かち書きされていたからであり，第二に，正確な概念と厳密な論理によって論が展開していく科学論においては分かち書きが理解を容易に

したからである．

　とはいえ 10 世紀頃までの分かち書きは厳密な意味での分かち書きではなく，数語を続け書きした後空白を置くという「まとめ書き」（図1）の段階にとどまっていた（サンガー，2000）．語と語が完全に分離する真の意味での分かち書きが定着するのは 11 世紀を待たなければならない．

✖黙読　古代から中世初期まで読書とは音読であり，ときに黙読する個人の例が散見されるとしてもそれは例外的存在であった．アウグスティヌスは師のアンブロシウスが黙読する姿を不思議そうに記しているが，こうした彼の当惑は当時読書といえば音読であったことの一つの証拠である．

　黙読が本格化するのは 10 世紀後半のイングランド・ベネディクト改革においてである．この改革では，従来の「聖なる読書」すなわちテクストを朗誦し，聞いて覚え，反芻して瞑想する読書に代わって，個人の静かな読書によって内面に沈潜し沈黙のうちに瞑想することが奨励された．声の助けがない黙読では目で語を識別する必要があり，そのためには語間の空白によって語が視覚的に独立していることが有利である．すでに存在していたまとめ書きは黙読を容易にし，さらに黙読の必要がまとめ書きを分かち書きへと発展させた．

　その結果として 11 世紀初頭には分かち書きテクストに基づく黙読が一般化しこの慣習は大陸にも広がっていく．黙読が定着したことを示す証拠はさまざまなかたちで残っている．例えば「見る（videre）」という動詞が 11 世紀には「読む」の意味で用いられるようになり，文書の証人署名欄における「見て署名した（vidi et notavi）」は「読んで署名した」を意味するようになる．こうして北の島と南の半島から到来した分かち書きはカロリング期以降大陸で合流し，黙読という新しい読書のスタイルを生み出したのである．

✖自筆，批判，反体制　分かち書きと黙読は単に読書形式の変化にとどまらず，人々の精神のあり方を変えるきっかけともなった．古代以来の連続記法は実践が難しかったため著作するとは書記に口述筆記させることであったのに対し，書法が容易な分かち書きは作者がみずからペンを取って書くことを可能にした．その結果 11 世紀以降著者の自筆原稿が現れ始める．また黙読は読んでいる書物の内容を他人に知られずに読むことを可能にする．分かち書きと黙読はこうして個人が人知れず読み書く可能性を生み出した．ひそかに読み書きできる環境は，批判を育み反体制的思考を刺激しポルノグラフィーを生む温床となった．P. サンガーは，中世後期の異端思想の少なくとも一部は分かち書きと黙読の存在によって可能となったとまで主張している（サンガー，2000）．

　分かち書きすなわち語間の空白の出現という小さな事実は，こうして中世の社会と思想の変動と深く関わっていたのである．　　　　　　　　［大黒俊二］

古書体学

　中世におけるラテン語アルファベットの字形は古代ローマの書体から派生した．書体変化の要因はしばしば複雑に引き起こされ，その変化の過程は必ずしも時系列に沿ったものとは限らないことを留意したうえで，活字時代以前までの書体の変遷を概観しよう．

✖古代〜8世紀　1世紀の古代ローマにおいては筆写用の書体として，碑文用書体を模した書物用書体「キャピタル書体（大文字書体，カピターリス書体）」と，その草書体で，書簡や証書，文学作品などや日常生活の中で用いられた「古ローマ草書体（古常用書体）」があった．キャピタル書体には，角張った字形が荘厳な印象を与える「クアドラータ書体」と，やや丸みを帯びた「ルスティカ書体」があり，後者はその名称の意味から田舎風であると誤解されやすいが，主に都市部で公文書に用いられた書体である．古ローマ草書体からは，300年頃に書物用の丸みを帯びた「アンシアル書体（ウンキアーリス書体）」が生まれ，公文書や商業文書，またキリスト教の著作や聖書によく用いられたが，6世紀に筆記用具が葦ペンから羽ペンに転換したことで字形変化が起き，次第に書体の画一性が失われた．古ローマ草書体は筆写行為の力学的変化によって徐々に小文字化が進み，4世紀には，それまでになかった大文字と小文字の区別をもつ「新ローマ草書体（新常用書体）」へ移り変わった．「半アンシアル書体」はアンシアル書体の延長にあると考えられてきたが，むしろ「リウィウス要約本」の書体に代表される，小文字化が幾分進んだ3世紀頃の古ローマ草書体から5世紀に派生した，大文字と小文字の区別をもつ四罫線の書物用書体である．ローマ帝国の崩壊後は新ローマ草書体を基礎に各地で独自の書物用書体が生まれた．すなわちフランスの「メロヴィング書体」，南イタリアの「ベネヴェント書体」，スペインとポルトガルの「西ゴート書体」，アイルランド修道士によって大陸へもたらされた「島嶼書体（インシュラー書体）」などである．

✖カロリング時代　各地に散在していた諸書体は，8世紀前半にカール大帝治世時のライン川とロワール川間の地域における写字室で生まれた「カロリング小文字書体」へと統合された．カール大帝は教会組織の再編とともに，聖職者をはじめとする人々による正確な読み書きを重要視し，度量衡および通貨改革とともにこの新しい共通書体を人工的につくらせて導入したとされる．丸みを帯びた字形で，文字同士が独立するこの新書体は判読が容易であり，とりわけ全内容を1冊に収めたパンデクト聖書や大型の豪華典礼書に，また，古典作家の著作を新たに書写し直して保存する際に用いられた．初期の書体形成に重要な役割を果たした

コルビ修道院写字室の「ab 型書体」から発展したこの小文字書体の影響は西ヨーロッパ全域に広がり，9世紀初頭〜12世紀初頭にかけて共通書体として普及した．国王，皇帝証書には，ルイ1世（敬虔王）治世時にカロリング小文字書体をもとにした「カロリング証書小文字書体」が採用された．垂直軸を引き延ばし，螺旋状の飾りや結び目状の省略記号を伴うこの証書体の秘教的でさえある装飾性は発給者の権威を視覚的に具現化し，非識字の俗人の注意を惹きつけた．

✴中世後期—ゴシック書体　カロリング帝国の崩壊後，カロリング小文字書体は丸みを失い，垂直線が強調された縦長の字形をもつ「ゴシック書体」（この名は後の人文主義者による軽蔑的呼称に由来する）へ変化した．すでに11世紀後半からノルマンディ地方で萌芽していたこの現象は，ペン先を水平ではなく，斜めにカットするようになったことが要因の一つで，そのことがカロリング小文字書体と運筆は同じでも，ゴシック特有の角張った線を生み出した．12世紀における行政組織の複雑化と大学の出現に伴う文書量と書物の需要の増加は，羊皮紙節約のために文字をより縦長に圧縮，密集させた．さらに，短時間での筆写の必要性はカロリング小文字書体にはなかった草書化の動きを惹起し，13世紀には，f, s, dの上部を鍵状にループさせて文字を連結させる草書が定着した．

　ゴシック書体の中には用途に合わせたさまざまな種類があり，主に書物用書体には，精緻な画一性をもち，上等な大型典礼書に用いられた「テクストゥアリス・フォルマータ書体」や，やや上等な写本用の「テクトゥアリス書体」およびその数多くの変種，また，ゴシック書体の草書が1350年以降に書物用書体として規格化した「ゴシック草書体」などがある．このほかに，テクストゥアリス書体とゴシック草書体の混合的な字形をもつ「折衷書体（バタルド書体）」があり，その類縁として，sやfの縦画が太く斜め方向に伸長した「ブルゴーニュ折衷書体」はフランスの貴族の愛書家に好まれた優美な書体として知られる．

✴ヒューマニスト書体　古典復興運動の中でフィレンツェの人文主義者が「古代文字」と呼んで理想化した書体は，古代のキャピタル書体ではなく，実のところ9〜12世紀の間に転写されたカロリング小文字書体であったが，ゴシックからの脱却と，古典古代の作品にふさわしい書体を創作しようとする意図は，15世紀初頭にポッジョ・ブラッチョリーニにより発案された「ヒューマニスト書体（人文主義書体）」において実現した．カロリング小文字書体をもとに，その線端へセリフを組み合わせたこの擬古的な書体については，イタリアの写字生サンヴィートによる均一で流麗な作例が知られている．その後1420年代にニッコロ・ニッコリが実用性を重視して，このユマニスト書体を傾斜させた草書体を創始した．これが今日「イタリック書体」として知られる書体の元祖である．

　各書体の実例は，B. ビショッフ『西洋写本学』（2015）や S. ナイト『西洋書体の歴史』（2001）の豊富な図版を参照されたい．　　　　　　　　　　［村山いくみ］

文書形式学

文書形式学とは，文字資料の重要な類型の一つである「文書」の批判的理解を目標とする学問である．「文書」とは，「法行為の遂行，法的事実の存在，さらには，法的有効性を保証する何らかの形式に則って作成されていれば，何であれ事実が記載されたもの」（Cárcel Ortí ed., 1997）と定義される．

✖学問の歴史　文書形式学の名称と方法論は，17世紀末に刊行された，サン=モール会修道士マビヨンの書物に由来する．西欧の歴史研究では伝統的に文書資料と記述資料が区別されるが，近世に胚胎し，19世紀に確立する近代実証史学では，確実な事実を反映すると見なされた文書資料が重視され，文書形式学は，真偽の判定と史料刊行の基礎を担うものとされた．方法論の本質はデカルトの原理である事例の枚挙に裏付けられた知識の体系化であり，その核心は，個別資料の内容ではなく，「群」として把握される諸資料に共有され，法的効力を保証する形式である．19世紀までの主たる研究対象は，中世の古い時代の王文書を代表とする公的権威発給の単葉の権利証書であり，特にドイツでは発給過程研

図1　フランス王フィリップ2世の王文書（1209）［フランス国立中央文書館，ARCHIM, 3777, AE Ⅱ 205］

究が発展した．20世紀には，行政内部の業務資料群への関心が高まる一方で，公証人文書などが，社会史研究隆盛もあり，私的な法行為の管理と証明を担う「私文書」類型として特別な興味の対象となるなど，関心と対象が多様化している．

✖真偽判定からの離脱　文書形式学の関心は，近年急速に変容している．文献学の発展と法的権利の確保という同時代歴史状況の中で誕生したこの学問は，当初から資料の真正性の吟味と正しいテクストの確定を使命とし，文書形式に関する知識の体系を拡張してきたが，近年関心が高まっているのは，文書の生成から利活用，伝来全般に至る，文書をめぐるコンテクストとプロセスへの関心である．記憶や紛争解決研究の隆盛とも相まって，多様な資料の機能やそれを支える社会の信頼関係，コミュニケーションなどの諸問題が好んで研究されている．例えば，口頭所作儀礼や記憶が優越する社会における文書資料の価値や，偽文書や多様なコピーの作成，編纂物への転写などが注目されるなど，文書の機能や価値，

過去の利活用の様相が関心を集めている．伝統的に文書形式学と深い連携関係にあるアーカイブズ学の近年の刷新も，大きな影響を与えているであろう．

✖史料批判の核としての形式　文書形式学の研究対象は，資料個々のコンテンツではなく，一連の行為や業務の遂行上，特定の特徴を共有するに至った特定資料群の形式的性格であり，方法論の本質はそれら形式の分析と批判にある．形式は資料群ごとに多様であるが，ここでは，最も多くの研究の対象となってきた単葉の権利証書の形式要素を概観しよう．

形式は，大きく外層と内層に分けられる．外層とは，資料の物理的な諸特徴であり，支持体，書体，レイアウト，インクや罫線，図像表現，印章などである．内層とはテクスト書式であり，通常大きく三つの部分に分けられる．第一の「冒頭定式」部では，聖なるものへの呼びかけ，発給者の表現（名前や肩書，付属表現など），宛名（ほとんどは集合的），挨拶定式などが検討される．第二の「テクスト本文」部では，法行為を正当化する一般的表現（権威あるテクストの引用など），状況説明，法行為の言明，付属条項（違反への威嚇，罰則や報奨，瑕疵（かし）条項など），文書に有効性を付与する標章の予告などが記述される．最後の「終末定式」部では，日付，場所，発給者の署名（あるいは記号），証人あるいは下署欄，文書発給責任部局メンバーの言及などが分析の要素となる．これらの諸要素の検討には，それぞれ固有の知識の体系が要求され，そのいくつかは19世紀以後，別の学問として自立した．例えば，古書体学や印章学などは，それぞれ固有の発展を遂げたが，現在でもその共通の祖先である文書形式学の重要な連携相手である．

✖文書形式学の拡張　文書形式学は，西欧中世の文書資料の研究として生まれ，方法論を洗練させてきたが，近年，その射程は拡張している．第一は，時間的，地理的拡張である．西欧由来の文書形式学の方法論は，近代西欧の思考様式，技法に根差しているが，事例の枚挙と体系化による，形式＝手続きの批判的検討という方法論自体は，必要な修正さえ施せば，西欧中世を越えてあらゆる時代，地域に適用可能である．例えば，伝来する資料数の膨大さや偽文書の可能性がほとんどないなどの理由から，従来研究対象とは考えられて来なかった近世以降の時代について，文字資料の使用が常態化した時代特有の文書制度や実践の諸相に関心がもたれている．単葉の権利証書だけではなく，行政内部の業務資料全般への関心の拡大も特筆すべきである．第二は，デジタル人文学との連携である．テクスト分析やデータベース研究はすでに1960年代に始まっていたが，テクストや画像はもちろん，註釈やメタ情報を含む大規模デジタル・アーカイブ構築に基づく，情報科学の本格的な利用は，個々のコンテンツではなく，集合体としての資料群をめぐるプロセスとコンテクストの諸問題に一貫して取り組んできた文書形式学の方法論に適合的であり，今後ますます進展することが期待される．

［岡崎　敦］

偽書／偽文書

　偽書／偽文書とは，通常，現実あるいは真実に反することを含む書き物で，実在する（した）真性なものの模造，あるいはそもそも存在しないものの偽造と理解されている．しかしながら，この定義は，中世世界にはほとんどあてはまらない．例えば，「コンスタンティヌスの偽書」を始めとして，今日偽書と認定されているが，中世においては本物と認識されていた書き物は数多い．聖書についても，今日「偽典」とされる多くの作品の権威を中世は認めていた．高度なリテラシー能力が教会人に独占される傾向にあったこの時代には（☞「リテラシー」），本来真実をこの世で担保すべき教会人が，最も多くかつ積極的に「偽物づくり」に手を染めたとも評されている．

✖中世における「真」と「偽」　「偽」が問題となるとき，その前提にあるのは「真」なのだろうか．中世の著作者にとって，あるテクストを検討するということは，その著者の意図を正確に理解することではなく，そこで語られている内容の真実性の吟味にあった．また，原本ではなく筆写によるテクスト伝来が普通であったこの時代，転写の過程で誤りと見なされた文言は容赦なく訂正された．原本自体の存在すら自明ではないなか，求められたのは内容の真実性であり，「よいテクスト」の継承であった．他方，中世においても，法行為や法権利の保証のために書き物（狭義の文書）が作成され，その法的効力を支えるために，オリジナル（原本）にはさまざまな仕掛けが施された（印章，署名など）．しかしながら，中世には，「真実を証明するための」偽文書が大量に作成，受容され，本来法的効力をもたないはずのコピーや編纂物も価値をもったらしい．そもそも，中世における正しさの証明とは，権威（聖書などの疑われることがない絶対的典拠），伝統（記憶にないほど前からそうであったこと），そして理性の三つに基づくとされるが，前二者はもちろん，理性すらも「個々の資料の真正性」の吟味よりも，内容の真実性の共有を旨としていたと考えられている．重要なのは，資料それ自体ではなく，真実とされるものに対する社会的合意，そして信頼であった．

✖近代資料学における「真偽」　西洋中世を対象とする学問研究は，ルネサンス期に始まり，近世を通じて発展し，19世紀の実証主義へと受け継がれるとされるが，その基礎となったのは文献学と文書形式学などの資料やテクストに関する学問である．文献学は，「正しい」聖書テクストの構築，文書形式学は「真正な」文書の弁別をそれぞれ目標として生まれたが，その前提にあったのは，逆説的にも「誤った」テクスト，文書の発見であった．これらの学問が共通に採用した方

法論は，個別の内容には関わらない形式，特に物理的要素（支持体，書体，レイアウトなど）や文体，語彙などであり，これらの個別情報の網羅的収集と体系化の上に立って，初めて個別のテクスト，文書の性格特定が可能とされた．客観的対象を主観から分離する近代科学の諸前提と方法論に基づく研究は，かくして，中世の大量の偽書，偽文書の発見に貢献し，過去のテクストに依拠する人文学研究に確実な知識を与えたと評価されてきた．この過程で，ある権利証書の真正性と，その内容の歴史的誤謬の区別など，「偽」に関わる多様なあり方への認識も深まったとはいえ，とりわけ重要なのは，この時期に資料学の最終的な目標と考えられた資料，テクスト刊行における，オリジナル（原初）復元主義の志向である．確実な知見とは，「オリジナル」，すなわち「原初」への復帰によって果たされるという確信は，同時に，真理の一元主義にも裏打ちされていた．

✖現代資料学における「真偽」　20 世紀末以降，人文学のテクスト研究は，大きな変容を遂げている．デジタル人文学もそうであるが，ここではとりわけ，オリジナル（原初）復元主義からの離脱が重要である．あるテクストは，著者の独自な個性の発現としてではなく，多様なテクストとの関係や生成プロセスとして理解されるとともに，同時代，さらには後の時代に利用，受容，廃棄されるあり方にも関心が寄せられるようになった．ここでは，偽書や偽文書は，かえってそれらを作成，利活用した時代や社会のあり方を，場合によっては同時代の本物以上に教えてくれる素材となり得るのである．このような動向には，構築主義哲学の影響と同時に，デジタル時代の情報環境も関係している．インターネットと個別デバイスの普及によって根本的に変容したデジタル・コミュニケーション環境においては，大量の真偽不明の情報が飛び交う一方で，既存の情報利活用がオープンデータの名のもとに推進され，著作権法制も根本的に揺らいでいる．ここで重要なのは，DX 環境においては，近代科学が前提としていた「確実な原本，オリジナル」という観念の維持が困難なことで，逆説的に，中世世界における流動的なテクスト環境が再来しているといえる．そこでは，究極の「真実」ではなく，個別の社会における信頼や合意形成こそが，特定の情報，テクストの「真正性」や「信頼性」を担保としているともいえ，中世世界のテクスト，コミュニケーション研究が，現代の情報社会研究に貢献するという構図が見られる．ただし，両者の間には重要な違いがある．現代は基本的に価値相対主義の時代であり，人文学のテクスト研究も，「究極＝真のテクスト構築」ではなく，特定情報資源に関係するすべての情報を「註釈＝メタ情報」として集積することを目標とするが，中世世界は，究極の真実の実在を信じていた．その名のもとになされたテクストへの介入の多くは，同時代には「真なるもの」として信頼されていたが，近代の学者たちによって「模造」や「偽造」として断罪されたのである．

[岡崎　敦]

写本制作

　15世紀半ばに活版印刷が登場するまで，書物は人の手で書き写されてきた．このようにしてつくられた書物を写本という．一人ですべての工程を行うことはまれで，通常は筆写職人や彩飾職人など複数人のチームで行う．本項では，代表的な一連の流れを紹介しよう．

図1　写本制作の材料と道具［筆者蔵・撮影］

✖羊皮紙と筆記具　写本の土台として一般的に用いられたのは「羊皮紙」である．羊皮紙とは，主に羊や仔牛，山羊といった家畜の皮を石灰液に浸して脱毛し，木枠に張って表面を削り，軽石で磨いて乾燥させたものだ．皮という性質上耐久性に優れ，古代の書写材の雄であったパピルス紙に代わり中世において広く用いられた．11世紀にイスラーム圏からヨーロッパに製紙法が伝わり，麻や亜麻の古着などを原料とする手漉き紙も書写材として用いられるようになったが，紙の普及後も写本には羊皮紙が好まれた．

　写本筆写用のペンには，食用として飼育されていたガチョウの羽根を使うことが一般的だ．翼の外側に位置する丈夫な風切羽根が主に使用された．軸の先端をナイフで鋭角にカットし，インクの通り道となる切れ目を入れてペン先をつくる．中世の羽ペンは，羽毛をすべて剥ぎ取って軸を短くカットしてある「軸ペン」が一般的だ．羽毛が付いたままだと，集中して書くうえで邪魔なのだ．インクは「没食子インク」と呼ばれる染料インクが主に使われた．ブナの新芽に蜂が卵を産み付けると「虫こぶ」が生じる．その虫こぶを砕いて煮出したタンニン豊富な酸性液に，鉄分を混ぜると黒さび化して黒色の液体となる．アカシアなどの樹液を加えて粘度を高め，防腐用にワインや酢を入れる．タンニンは，皮をなめしてレザーにする成分だ．没食子インクで筆写することで，羊皮紙が表面的になめされて変質するため，文字の欠落が起こりにくくなる．

✖筆写　まずは羊皮紙に罫線を引く．羊皮紙を数枚見開き状態で重ね，両端に行数分目打ちで穴を空ける．その左右の穴に定規を当てて線を引くことで，裏表でズレのない罫線が引けることとなる．筆写は，傾斜角45〜60度ほどの急な書写台の上で行われることが多かったようだ．羽ペンにはインクを溜める構造がないため，インクのボタ落ち対策と，長期間にわたる筆写作業で首に負担がかからないようにするためだろう．職人は原本を近くに置き，それを見ながら筆写する．

数語書き進むとインクが薄くなるため，そうなる前に羽ペンにインクを付け，極力濃淡の差が生じないよう工夫する．数百ページも筆写をするのだから，当然書き間違いも起こる．その際には乾燥を待ち，ナイフで羊皮紙表面を削って上書きする．羊皮紙は湿度変化でうねるため，このナイフで羊皮紙を抑えながら筆写することも多い．指で触れると皮脂が付き，インクをはじくことがあるためだ．数カ月，あるいは数年も続く筆写作業は過酷を極める．写本の巻末には，筆写職人の嘆きにも近い後書きが残されていることもある．

✖彩飾と製本　筆写が終わった後は，彩飾がなされる．色付きイニシアルのみの簡素な本もあれば，極彩色の細密画や装飾で溢れる豪華本もある．金箔を使用する場合は，まず金箔貼り作業が行われる．絵具を先に塗ると，金箔が貼り付き塗り直しになるためだ．特にゴシック写本は，金箔部分が少し盛り上がっている．これは石膏と鉛白，魚膠（うおにかわ）を混ぜた「ジェッソ」という土台によるものだ．ただ，ページをめくる際に羊皮紙のたわみで石膏が割れてしまう恐れがある．そのため，砂糖や蜂蜜など糖分を少量混ぜて周囲の水分を吸着させ，わずかな弾力をもたせる．羊皮紙へ塗布後，乾燥したジェッソに温かい息を吐きかけて湿らせると，膠の接着力で金箔が付着する．最後にメノウなど滑らかな石で磨き，鏡面仕上げとする．

写本の色材は，岩石を砕いた鉱物顔料や植物染料が使われた．代表的な顔料として，赤は辰砂（しんしゃ）や鉛丹，青はアズライト，緑はマラカイトや緑青などがあげられる．ラピスラズリや貝紫など高価な色材も限定的に使用された．粉末顔料を絵具にするためには卵白が主に使用される．卵から卵白のみを分離して泡立て，一日ほど寝かしておくと，容器底部に流動性の高い卵白液が溜まるため，その液体で顔料を溶く．同じような装飾が数ページ続く場合は，羊皮紙の透明感を利用して，ページの裏側に施した装飾をトレースして量産することもできる．

彩飾が完了したら製本だ．羊皮紙は湿度変化で激しくうねる性質がある．数百ページが一気にうねると本の形を保っていられない．そこで，中世写本の表紙は厚さ 1 cm ほどの木の板が使われる．折丁（おりちょう）を重ねて，背の部分で革紐に縫い付け，その革紐を表紙板に開けた穴に通して一体化する．表紙板にレザーを貼り付け，さまざまな刻印を用いて装飾を施す．湿度変化などによる羊皮紙の動きを極力抑えるために，本の小口側に留め具を取り付けて表裏の表紙板同士を固定しておく．当時の書物は寝かせた状態で積み重ねて保管していたため，上の本で装丁がダメージを受けないように，重厚な保護金具が甲冑のように表紙に取り付けられることも多かった．高価な素材を用い，手間暇かけてつくられた 1 冊の本は，今でいう自動車 1 台分の金額に相当する．軽自動車程度なのか，高級車ほどの値段なのかは，サイズや彩飾の度合いなどで決まってくる．　［八木健治］

写字生

　　中世では書物は手で筆写されていた．その作業を専門に行っていたのが写字生である．かつて古代ローマにおいては個人によって営まれる書店があった．そこでは筆写の技能を備えた奴隷が雇われ，つくられた書物は貴族や一般の教養人向けに販売された．5世紀におけるゲルマン人の侵入によりローマ帝国が衰退すると，書物の生産はキリスト教修道院によって担われるようになる．

✖中世前期―修道院の写字生　西方教会における修道院制の基礎をつくった聖ベネディクトゥスが『戒律』（6世紀前半）の中で，書写の実践と聖なる書物の読書を修道士に課したことから，修道院には写字室が設置され，修道士たちはそこで聖書，詩編，典礼書や聖書註解書，教父集などを書写して，みずからの共同体にとって必要な書物を製作した．そこでは通常，アルマリウスと呼ばれる写字室長の指揮のもと，複数の写字修道士が集団で口述筆記によって書物を書き写していた．1冊の写本の書写は一人の写字生か，あるいは折丁ごとに複数の写字生が分担した．写字を担う修道士たちや修道女たちはしばしば組織を形成し，写字室ごとに独自の書体のスタイルをもつことがあった．また，有能な写字生をもたない写字室や，あるいは大規模な写字室では，巡礼する写字生を受け入れて書写をさせたり，また彼らから書体の書き方を教わったりすることもあった．ある地域に特有の書体が別の地域で発見されることがあるのはこのためである．例えば9世紀のアイルランドの島嶼書体は，ザンクト・ガレン修道院やフルダ修道院といった大陸の修道院図書室の写本から発見されている．

　　写字室における集団での書写は次第に単独での作業に移り変わってゆく．初期修道制に還ろうとして11世紀末に誕生したシトー会やカルトジオ会では，書写作業は独居室内で単独で行われた．孤独と沈黙を貫くカルトジオ会では口頭での説教を行わない代わりに，書写によってキリストの教えを伝え広めることが修道士の義務として提示され，彼らには羊皮紙に書写するために必要な道具一式が与えられることが修道院規則に定められた．

✖12世紀以降―職業的写字生　修道士にとって書写とは，みずからの魂の救いをもたらす行為であり，生前の罪が免償されるほどの善行であった．ところが12世紀の都市化と大学の出現が文書および書物の需要を増加させたことから，賃金のために筆写を行う職業的写字生が現れた．この職には聖職者も世俗の男女も就くことがあり，またそれに伴い筆写の技術を教える教師も現れた．都市の尚書局や皇帝や国王，諸侯の宮廷尚書局で働く写字生は修道院学校や大学で教育を受けており，しばしば高い知識や教養をもっていたことから，多くが副業として

学校教師をしていた．また，パリやボローニャ，オックスフォードといった大学都市には学生が使う教科書や専門書を制作して販売する民間の写本工房が現れ，写字生たちはそこでも職を得た．大学では書物が効率的に行き渡るように，1冊の書物をいくつかの分冊（ペキア）に分けて貸し出す貸本制度が設けられており，学生たちはその分冊から写し取って自分の写本を用意するのであったが，この筆写の作業も大概が職業的写字生に委ねられた．

世俗文学の需要が高まった13世紀からは，世俗の権力者からの注文による書物制作を専門に引き受ける集団が現れた．この初期出版業の実態はあまりわかっていないものの，文学作品の写本の比較研究などから，注文主と作家および写字生や挿絵画師との間に複雑かつ密接な関係があったことがうかがい知れる．中世末期へ進むにつれてよりいっそう高まる書物の需要に乗って，民間の写本工房が増加し，またアマチュアの写字生も多く現れた．民間の写本工房では，例えばアルザスのディーボルト・ラウバーの工房のように，工房長の管理のもと，複数の写字生や赤字入れ師，彩色画師といった専業職人が所属し，効率的な分業体制が採られていた．工房長はみずから編集担当としてミスの訂正などの校正を行うことが多かった．こうした工房は書籍商と契約を結んで商品の販売経路を確保した．

他方で，書籍商自身が編集者を兼ねて，独立した写字生をはじめとする専業職人を抱えるケースもあった．その例として，ブルゴーニュ公をはじめ貴族の愛書家を顧客にもったイタリア出身の書籍商ジャック・ラポンドや，フィレンツェで，やはり貴族を相手に擬古趣味の豪華写本を販売したヴェスパジアーノ・ダ・ビスティッチが知られている．写字生の職は，15世紀後半から活版印刷術が徐々に普及し始めてもすぐにはなくならなかった．写本と印刷本はしばらく共存し，16世紀においてもなお多くの写本が印刷本から筆写されるかたちでつくられていたのである．

✖写字生が生み出すテクストのヴァリアント　手で書き写されたテクストには写字生による語句の書き間違いや書き落としといったミスがつきものではあるが，そもそもすべての写字生が原典から一言一句を忠実に転写しようとしていたわけではなかった．書写に対する写字生の姿勢にはいくつかのタイプがある．原典を忠実に書き写そうとする者，本文を切り取ったり，ほかの文言を付け加えたりして編纂を行う者，また，本文や行間に自分の解説を添えて註釈を行う者，あるいは，原典を土台にみずからの主義や主張を本文中に差し挟む者などである．こうした事実は原典のテクストを著した人物だけでなく，写字生もまた「作者」なのであり，彼らがテクスト伝承の重要な担い手であることを意味する．このようにして生み出される写本間における本文の異なり，すなわちヴァリアントは，今日の文献学における本文批判（テクスト・クリティーク）の際や，テクストの解釈や受容をめぐる問題において重要な判断材料として扱われている．［村山いくみ］

活版印刷と木版本

　15 世紀中葉，マインツでグーテンベルクが始めた活版印刷は大量印刷を可能にし，ヨーロッパに近代化をもたらした三大発明の一つと称される．この新メディアは，マインツを起点に 15 世紀末までにヨーロッパ全域に普及し，識字率の向上や宗教改革，古典の復権や科学の発展などをうながした．ひいては人類の思想や文化全般がここから大きく展開していくが，その前段階には木版印刷も行われていた点も書物の歴史を考えるうえで重要である．本項では，中世末期ヨーロッパの主要メディアであった木版印刷と活版印刷の誕生をたどる．

✖木版本の誕生　木版印刷の起こりは古く 700 年頃の中国とされ，ヨーロッパにその技術が伝来したのは 13 世紀頃といわれる．その手法は文字や図絵を浮き彫りした版木にインクを付け，その上に布や紙を載せてこすり写していく単純なものである．ヨーロッパ最古の木版木についてはいまだ議論が続くが，最初期のものとして 19 世紀末にフランス中東部のマコンで発見された「プロタの版木」（1370 頃）などが知られる．14 世紀末から木版印刷の技術がさらに進歩すると，トランプカードや，聖クリストフォロスの図版のような宗教画の一枚物も盛んにつくられるようになった．

　テクストも挿絵も一枚の板木に彫る木版では，シンプルな短文であれば図版と一緒に印刷するのは比較的容易である．15 世紀に入ると，そうした特徴を生かして複数の木版ブロックを使った木版本（ブロックブック）がドイツや低地地方を中心に制作された．有名なものとして「ヨハネの黙示録」や『貧者の聖書』（図 1），『往生術』などがある．この時期の木版本は挿絵中心で，宗教書やキリスト教教義の要点を簡潔にまとめたものが多い．挿絵がページ全体の多くを占め，色彩が入ることもあった．木版印刷には資材コストを比較的低く抑えて量産できる長所があるが，一冊の本の印刷には全ページ分の版木を彫らなくてはならず，加えてそれらをほかに使い回すことは難しい．このため木版本は活版印刷術の

図 1　木版本『貧者の聖書』第 6 葉（f）（1440以前）［佐川他編，1996］

普及に伴い姿を消していったと考えられている.

✖活版印刷の登場　ヨーロッパでは, 1455 年頃に印刷された「グーテンベルク聖書」が最初期の活版印刷本として有名だが, 活版印刷術の発明は東アジアで先行したことは一考に値する. なかでも金属活字による世界最古の印刷本として, 1377 年に高麗で印刷された『直指心体要節』は名高い. その意味ではグーテンベルクの功績は, 既存のものを改良しうまく組み合わせ, 新しい印刷システムを構築した点にあるといえよう. 具体的には, 金属合金を用いた可動式活字の鋳造法の考案, 葡萄圧搾機をもとにした手引き印刷機の開発, 金属活字になじむ油性インクの改良である. 活字を並べて植字や組版をし, そこにインクを付けて紙を載せてプレスするという画期的な手法は, 印刷の大量生産とスピード化を可能にした. 以後ヨーロッパでは, 木版本が 19 世紀まで主流であり続けた東アジアとは対照的に, 活版印刷機による手引き印刷が産業革命到来まで主要な役割を果たすことになる.

　一方, この技術革新はヨーロッパの写本文化を瞬時にして払拭したわけではない. 1500 年末までの活版印刷物は「インキュナブラ」と称され, とりわけ最初期のものは写本の伝統を色濃く反映している. 例えばグーテンベルクがつくった活字のデザインは中世後期のゴシック書体に基づき (☞「古書体学」), 欄外見出しや欄外装飾, 各巻や章の冒頭イニシアルは, 顧客の要望に応じて印刷後に専門の職人が書き入れ, 金箔や手彩色が施されることもあった. 数は少ないが, 羊皮紙に印刷した特装本もつくられた. 16 世紀初頭まで活版印刷と手書き写本は共存し, 緊密な影響関係が続いたのである.

　インキュナブラの時代に用いられた機材や活字は一つも現存せず, 揺籃期の印刷の実際は現存本から推量するほかない. 近年はデジタル技術を援用した研究も進み, その嚆矢に書誌学者 P. ニーダムと物理学者 B. アグエラ・イ・アルカスが行ったものがある. 彼らはグーテンベルクが 1456 年に印刷した『トルコ教書』のデジタル画像を独自のアルゴリズムで解析し, 小文字 i のクラスタリングの結果から, 活字は砂の鋳型のように一度しか使えない母型で鋳造された可能性を提唱した (Agüera y Arcas, 2003). この新説は論争を巻き起こし, 今なお議論が続いている. また欧米諸国や韓国などの 13 カ国の約 40 名の研究者から構成される国際プロジェクト From Jikji to Gutenberg のように, 従来は地域ごとになされてきた印刷研究を, 領域横断的に行う動向もみられる. この共同プロジェクトは, 活版印刷の金字塔である『直指心体要節』と「グーテンベルク聖書」を始点と終点に据え, 東西の印刷史をグローバルヒストリーの視点からとらえ直そうという試みである. またほかにもデジタル技術を用いて, 活字鋳造に関するニーダムたちの仮説を検証する研究グループも出てきており, 印刷の歴史をより広い時空間の中で再考する動きは今後さらに進むであろう. 　　　　　　　　[徳永聡子]

韻文と散文

中世初期を代表する教父の一人，セビーリャの司教イシドルスは，『語源』（7世紀）の第一巻で，韻文と散文の関係に言及し，古代のギリシア，ローマのいずれにおいても，韻文は散文に比べて早くから関心を集め，散文への嗜好は遅れて発達したと述べている．イシドルスのこの指摘は，中世ヨーロッパの俗語文芸についてもほぼそのまま当てはまる．散文の文芸が比較的早く開花したアングロ・サクソン時代のイングランドにおいても，古代ゲルマンの頭韻詩の流れを汲む古英詩の伝統が先行した．古英語の散文は，9世紀末のアルフレッド大王（在位871～899）の治世に，王の文教政策の一環として推進されたラテン語文献からの英訳の営みを通じて研磨され，年代記や説教集，聖人伝などの分野で優れた作品を生み出した．全体として道徳性や宗教性，歴史的真正性を重視した作品が多いなかで，貴人の流離を描いた物語『テュロスのアポロニウス』（11世紀前半）の存在が異彩を放っている．地中海世界からラテン語を介して広く伝播した世俗的な内容の物語であるが，この作品が古英語散文に翻訳されたことは，俗語による散文物語の発達を考えるうえで注目に値する．

✠アーサー王物語の散文化　13世紀に入ると，ヨーロッパ各地で俗語散文が大きな飛躍を遂げる．例えばカスティーリャ王国では，アルフォンソ10世（在位1252～84）の主導のもと，カスティーリャ語がラテン語に代わって公用語としての地位を固め，法典や歴史書，天文学書などの編纂を通じてカスティーリャ語散文が著しく発達した．一方，前世紀にアーサー王物語を始め，韻文の宮廷風騎士道物語が隆盛を誇ったフランスにおいては（☞「アーサー王物語群」），同種の主題を扱った壮大な規模の散文物語群が出現した．このことは，それまで主として知の伝達や教化の役割を担っていた俗語散文が，虚構の物語を生み出す新たな表現媒体として成熟期を迎えつつあったことを意味している．

その発端となったのは，当初は韻文で書かれたと推測されているロベール・ド・ボロンの2作品，『聖杯由来の物語』（1200頃）と『メルラン』（13世紀前半）が散文化されて流布したことである．この2作品に続き，散文の聖杯物語群が13世紀前半に成立する．聖杯の起源をイエスの受難と結び付け，長大な時間軸に沿ってアーサー王国の盛衰を描いた物語群の構想には，聖書や歴史叙述への接近が見られ，それが散文への移行の一因とも考えられる．と同時に，俗語文学の受容形態に変化が生じ，主に朗読や朗唱を通じて耳で享受されていた物語が，読書という個人的な行為の対象にもなったことが散文化の流れと関連している．

フランスではこのほかにも『散文トリスタン』（13世紀前半）など（☞「トリ

スタン物語群」），いくつもの散文物語が創出され，それらがヨーロッパ各地に伝わって種々の言語による散文の騎士道物語の誕生をうながした．ドイツやイタリアでは，13世紀に早くも聖杯物語群や『散文トリスタン』に基づく翻訳や翻案が散文で登場するが，英語散文による騎士道物語の創作は15世紀に入ってようやく開始され，その流行が活版印刷術の導入と時期的に重なった．中世のアーサー王物語の集大成と称されるトマス・マロリーの『アーサー王の死』も，完成から十数年を経た1485年に印刷本として刊行されている．

✂小話集の発達　俗語散文の成熟が短編の物語集として結実した例もある．13世紀中葉に，説話集『カリーラとディムナ』がアラビア語からカスティーリャ語に翻訳された．インドに起源をもち，道徳的な寓意や教訓に彩られたこの説話集が典拠の一つとなり，アルフォンソ10世の甥にあたるフアン・マヌエルによって小話集『ルカノール伯爵』が14世紀前半にカスティーリャ語の散文で執筆された．枠物語の形式を採用していることから，ボッカッチョの『デカメロン』（14世紀半ば）と比較されることもあるが，その『デカメロン』もまた，翻訳を介してイタリアで流布した東方由来の『七賢人の書』など，13世紀後半に成立した俗語の説話集にその源流を見出すことができる．

　フアン・マヌエルやボッカッチョの作品は俗語散文が到達した完成度の高さと表現力の豊かさを十二分に証明している．しかし，それは韻文物語の衰退を意味するものではない．14世紀末に書かれたチョーサーの『カンタベリー物語』は，収録された24篇の物語のうち，2篇を除くすべてが韻文で綴られている．『カンタベリー物語』と同時期にジョン・ガワーが執筆した中英語の教訓例話集『恋する男の告解』も詩作品であり，古英語の時代に散文として翻訳された前述のアポロニウスの物語が韻文に姿を変えてその末尾を飾っている．物語の表現媒体としての韻文の役割は，まだ決して終わったわけではない．

✂韻文散文の混交形式　2篇の散文を含む『カンタベリー物語』は，韻文と散文が混交する作品である．このような文学形式は，紀元前3世紀のギリシアの作家メニッポスによって創始されたといわれている．中世ヨーロッパの文学や思想に絶大な影響を与えたボエティウスの『哲学の慰め』（6世紀前半）にもこの形式が採用されており，12世紀後半にリールのアラヌスがボエティウスに倣って対話体で著わしたラテン語作品『自然の嘆き』も韻文と散文の混成である．こうした作品の特徴として，多声的な響きをもつだけではなく，韻文と散文が交代する度に視点が変わり，一方の視点が他方を相対化するような独特の効果がもたらされる．それが時には複眼的な思索に表現を与え，時には風刺や諧謔を醸成する．俗語文学における代表的な例としては，自作の抒情詩に作者みずからが散文の註解を加えたダンテの『新生』（13世紀末）や，13世紀のフランスで生まれた作者不詳の歌物語『オーカッサンとニコレット』などがあげられる．　　　　[小林宜子]

修辞学

修辞学は英語でレトリック．ギリシア語のレートリケー（巧みに話すための技術）に由来する．当初，弁論家が民会や裁判の場で雄弁をふるい聴衆を説得することを目的としたので，弁論術とも説得術とも呼ばれることがある．

✖古典修辞学　ホメロスに見られるように，ギリシアでは指導者の雄弁が重んじられた．紀元前5世紀の民主政下のアテナイでは，ソフィストの活動もあずかって，誰にでも弁論をふるうことを可能にする知識が発達した．それはギリシア語圏に広まり，体系化され，前2世紀には技術的な完成を見るに至ったとされる．その内容は前1世紀前半のラテン語の『ヘレンニウス修辞学』やキケロの『発想論』からうかがうことができるが，弁論はまず政治弁論，法廷弁論，演示弁論（賞賛演説など）に三分される．それぞれ五つの操作（発想，配置，措辞，記憶，発表）を施して，六つの部分（序論，叙述，分析，論証，反証，結語）によって構成される弁論をつくるのだが，注意すべきは，政治弁論の場が減少したため，法廷弁論の作成に重点が置かれたことである．例えば五つの操作の出発点となる発想は，法廷で予想される一連の争点（スタシス）に沿って，それぞれ適用可能な論点ないし論法を提供する．また六つの部分のうち叙述は事件の経過説明，分析は双方の論点の整理，反証は相手方の論証への反駁を意味する．

✖修辞学の威力　ローマ帝国各地に設けられた修辞学校では，まず，弁論によく用いられる論述形式（賞賛，比較，性格付け，描写など）を教える予備練習（プロギュムナスマタ）を課し，次いで錯綜した架空の論題を展開する練習弁論（デクラマティオー）をつくった．修辞学教師たちは奇抜なデクラマティオーを発表して自分の技量を宣伝した．なかには，妻のお喋りを耐えかねるあまり，夫がみずから毒ニンジンを仰ぐ許可を裁判官に求めるという架空の法廷弁論さえある．

中世のビザンツ帝国でも修辞学教育の伝統は維持された．教科書にはヘルモゲネス（紀元後2世紀）の修辞学大系とアプトニオス（4世紀）のプロギュムナスマタ教本が用いられた．後者には模範例が添えられ，例えば性格付けなら，女神ヘーラーを怒らせて子どもをすべて殺された母親ニオベーが，まず，生き永らえて私は悲しい（現在の心境）と述べ，次いで子どもたちに囲まれていた頃は幸せだった（現在と反対の過去の心境）と振返り，冥界の子どもたちに合わせる顔がないので，私は死ぬに死ねない（未来への見通し）と結ぶ．プロギュムナスマタの教える論述の定型は，演説ばかりでなく，各種のビザンツ文学も支配した．作品には真率の感情や現実の事態ではなく，何より教則本の規則に従って述べるという形式性が目立つ．アンナ・コムネナの『アレクシアス』（12世紀）末尾の自

分をニオベーになぞらえた嘆きは，明らかにこの性格付けの変形である．

✖修辞学の方向転換　西方の中世ラテン語世界でも，古代の修辞学書は伝承されたが，現実の世界で活用される機会はなかった．早い時期から五つの操作のうちの措辞のみが取り上げられ，修辞学は文章を飾る技術という通念が定着した．修辞学の発想と配置の代用をなしたのが弁証学（ディアレクティック）で，アリストテレスやキケロのトピカ論などを整理統合したボエティウス（6世紀）の著作をもとに，議論の着想と展開法についての学問として発展した．その成果であるスコラ学的論証が支配した大学には，修辞学の入り込む余地はなかった．

　それでも中世後期，法廷弁論中心であった古代の修辞学書からそれぞれの目的に合致した箇所を拾い上げ，それを発展させた新しいラテン語の技法書が三つの分野で出現する．まず，書簡術．これは，弁論の六つの部分からあまりに裁判に特化した分析と反証を除き，序論（挨拶と相手の好意の獲得），叙述（当方の事情説明），論証（要望事項とその正当化），結語という形式を勧める．私的な書簡ではなく，請願書の書式といってよい．次いで，説教術．すでに古代末期の，その多くが修辞学校で学んだ教父たちによって，聖書の一節を取り上げて解説する司教の説教（ホミリー）と特別な機会に聖人などを賞賛する説教（パネジリック）とが確立していた．後者は，古典修辞学のいう演示弁論である．13世紀末になると新たにテーマ説教と呼ばれる形式が出現する．これは序論（テーマの紹介と聖書の一句），分析（一句を分割し，それぞれ命題を立てる），論証（命題ごとに論証），結語（命題ごとに聖書からの引用を証明として添える）という順番で進められる．パリ大学で始まり，スコラ学の論述形式の影響が見られる．

✖詩論とその後の修辞学　最後の分野は詩論．古典修辞学の五つの操作のうち措辞は，使い分けるべき三つの文体（荘重体，中庸体，平明体）と，表現を豊かにする手段（修辞の文彩，各種の比喩法）を含む．中世を通じて古代の著作家の講読を担当した文法教師たちは，テクスト解釈に際してそれらの手段に言及したものであったが，12世紀後半以降，彼らの手になる詩論が相次いで出現する．それらは実際の制作に資することを目的とし，登場人物の設定や多様な筋立てを教えた後，表現を豊かにするために各種の文彩や比喩法を列挙している．添えられた実例の多くがラテン語文学作品であることからも明らかなように，詩論は弁論を目的とする古代修辞学から決定的に離れている．

　その後の修辞学だが，まずルネサンス期にイタリアで復活したのはキケロらの古典修辞学であった．しかし，プロテスタント諸国では発想と配置を弁証学に移し，修辞学には措辞のみを残す場合が多い．カトリックのイエズス会の学院の修辞学教科書は五つの操作を完備するが，発想はスタシス論を棄て，弁証学にならってトピカ論によった．修辞学が中等教育のカリキュラムから外された19世紀以降は，措辞のみの修辞学が大勢を占めている．　　　　　　　　［月村辰雄］

寓意擬人像

　寓意擬人像とは，愛や嫉妬などの情念，節度や正義などの徳，そのほか自然や学芸など広く抽象的観念を表す人物像のことである．寓意／アレゴリーの語源はギリシア語の「別様に語る（allos agoria）」であるが，寓意擬人像においては，特長的な形姿とアトリビュート（持物）を具えた像から，ある特定の抽象的観念を読み取らなければならない．

　すでにホメロスの『イリアス』（紀元前8世紀）第五巻では，抽象的観念が，エリス（争い），アルケ（武勇），ポイボス（遁走）のように神格化されており，ヘシオドス『神統記』（前100頃）でも，モイラ（運命），ネメシス（悲憤），レテ（忘却）のように神格化が頻出している．一方，前4世紀の画家アペレスは，寓意擬人像だけで構成された物語《誹謗》（前3世紀前半）を描いたと伝えられている．

　✖美徳と悪徳　寓意的表現の伝統はキリスト教の時代に受け継がれ，4世紀後半に活躍した詩人プルデンティウスの『プシコマキア（魂の戦い）』では，美徳の軍隊と悪徳の軍隊からそれぞれ戦士（寓意擬人像）が出て，一騎打ちの戦いに臨む．〈信仰〉と〈偶像崇拝〉の戦いから始まり，最後は〈信仰〉が〈不和〉を槍で刺し抜いて倒し，勝利を得る．この作品は多くの写本によって伝えられ，まだ聖堂内にも表された．クレルモン゠フェランのノートルダム・デュ・ポール聖堂の柱頭では，〈美徳〉が剣を持つ武装した女性として，〈悪徳〉が髭をたくわえ髪を逆立て，粗末な衣服をまとった野蛮人として彫られている（図1）．

　『魂の戦い』から影響を受けて12世紀の哲学者リールのアラヌスは，哲学的寓意文学『アンティクラウディアヌス』（1183〜84頃）を著した．主人公の〈自然〉は「完全な人間」を産みだすことによって，過去に犯した罪を償おうとする．しかし自身の力だけでは無理なので，〈賢慮〉を天上に遣わせ，〈賢慮〉は神の玉座の前で「完全な人間」の魂の創造を懇願する．神はこれを聞き入れたが，〈復讐〉の女神として冥界を支配するアレクトが「新しき人」を殺そうとして悪霊たちを招集して，〈自然〉の軍団との戦いが始まる．最後には〈自然〉が勝利し，〈愛〉が支配して，あらゆる場所に〈合意〉が満ちることになる．

　✖哲学と自由学芸　『魂の戦い』と並んで，中世

図1　《魂の戦い》（12世紀），クレルモン゠フェラン，ノートルダム・デュ・ポール聖堂の柱頭［マール，1996］

の寓意文学に大きな刻印を残したのは，5〜6世紀の哲学者ボエティウスの『哲学の慰め』（525）である．著者が牢獄の中でふさぎ込んでいると，気品ある婦人の〈哲学〉が現れて，彼を慰めるために傍にいたムーサたちを立ち去らせ，語り始める．〈哲学〉は奇抜な格好をしており，衣服に理論哲学と実践哲学を表すギリシア文字を織り込ませ，また七自由学芸を象徴する梯子状の階段を描かせていた．

『哲学の慰め』を受けて，12世紀の女子修道院長エラド・ド・ランズベルグは『悦楽の園』（1185）と題する著作において，哲学と自由学芸を寓意擬人像として描いている．庭園の中央には〈哲学〉が座り，彼女の冠には三面の顔が付き，それぞれ倫理学，自然学，論理学を示している．そして中央の円を囲んで佇む，7人の乙女によって七自由学芸が表されている．

✖愛の寓意　世俗的な寓意物語としては，1230年頃にギヨーム・ド・ロリスが書き始め，彼の死後，ジャン・ド・マンが書き継いで完成させた『薔薇物語』が重要である．寓意擬人像が次々と登場する展開の中で，前篇では宮廷風恋愛の作法が説かれ，後篇では騎士道的恋愛観をめぐって論議が重ねられる．主人公の若者〈わたし〉は五月の朝，眠りから覚めて〈悦楽の園〉に迷い込む．そこで見出した〈薔薇の蕾〉に心を奪われ，〈愛の神〉から「愛の教え」を授かる．〈歓待〉の助けを借りて近付こうとするが，〈理性〉〈憐憫〉〈羞恥〉などに邪魔され，〈嫉妬〉の築いた城壁の外に〈わたし〉は取り残される．後篇の最後に〈愛の神〉が総攻撃をかけて落城させ，〈わたし〉が〈薔薇の蕾〉を摘んだ所で終わり，そして夢もまた終わる．本書からは様式的に摸倣する多くの作品が生まれ，ルネ・ダンジューの『愛に奪われた心の書』（1457）がその代表作である．

✖寓意擬人像百科　古代からルネサンスまでの寓意擬人像を蒐集したのが，1593年にローマで刊行されたチェーザレ・リーパによるイタリア語の『イコノロジーア』である．それには「詩人や画家や彫刻家にとって，人間の美徳，悪徳，情愛，苦悩を表現するために有益などころか，必須の著作」という副題が添えられていた．この著作には〈豊穣（Abondanza）〉（図2）から〈熱意（Zero）〉まで354のタイトルと699の項目が含まれており，おのおのの寓意擬人像について詳しい説明が施された，一種の寓意擬人像百科であった．図版入りの増補改訂版が1603年にローマで刊行され，それ以降もタイトルと項目を増補しながら再版され続け，またフランス語版，オランダ語版，ドイツ語版，英語版も刊行されて，バロック期の芸術に多大な影響を及ぼしたのである．　［伊藤博明］

図2　チェーザレ・リーパ『イコノロジーア』（1603）より〈豊穣〉［伊藤訳，2017］

ネブリハ

図1　アントニオ・デ・ネブリハ［スペイン王立学士院；Ateneo de Córdoba］

　アントニオ・デ・ネブリハ（1444〜1522）はスペイン出身の人文主義者，言語学者である．青年期に長らくボローニャ大学に留学し，イタリア・ルネサンスの思潮を祖国スペインにもたらしたことで知られる．彼が携わった分野は歴史，法律，医学など多岐にわたるが，最大の業績は言語学と聖書註解に見られる．

　ネブリハを一躍有名にした著作は，『ラテン語入門』（1481）である．13 世紀以来，教育機関で用いられていたラテン語教科書といえば，文法の原理説明よりも規則の暗記を優先するが故に韻文で書かれものが主流だった．こうした中世の教授法に懐疑的だったネブリハは祖国のラテン語教育を改革すべく，『ラテン語入門』を上梓した．この文法書は大きな反響を呼び，16 世紀にはスペイン国外でも出版された．

　ネブリハの功績として特筆すべき点は，1492 年に『カスティーリャ語文法』を出版し，イサベル女王に献上したことである．生きた俗語を対象としたこの文法書は，近代ヨーロッパ諸言語の文法書の先駆けとなる画期的なものだった．彼の『カスティーリャ語文法』の出現によって，「文法」といえば即座に「ラテン文法」を指すという従来の常識が覆された．さらに『羅西辞典』（1492）および『西羅辞典』（1494?/95?）を刊行したネブリハは，近代俗語による辞書編纂のパイオニアでもあった．これらの著作物によって，彼はそれまでイベリア半島内に話言葉としてしか存在し得なかったカスティーリャ語という俗語の一変種を，書記言語に値する国家語の水準にまで引き上げた．ネブリハが提起した俗語の規範化は，レコンキスタ終焉後，カトリック両王のもとで複合君主政として誕生したスペイン王国の中世からの脱却を象徴する出来事でもあった．

　1495 年に文法研究の終了宣言を行ったネブリハは，ラテン語による聖書写本の校注に後半生をささげるようになる．中世を通じていく度となく筆写されてきたラテン語聖書写本間には表記上の異同がいくつも見られた．そこでネブリハは，ラテン語写本とヘブライ語，ギリシア語原典とを比較照合するという実証的な文献学の方法に基づき，ラテン語聖書における表記の正誤を明確にする目的で，聖書註解の原稿を手がけた．ところが，当時は聖書の表記を修正することが容易に認可される時代ではなく，現に時の異端審問長官に原稿を没収されている．幸運にも畏友シスネロスの取り計らいが助けとなり，ネブリハの聖書註解書は 1516 年に『聖書の註解 50 章（第 3 版）』として日の目を見るに至った．この著作には，折しも同年にギリシア語新約聖書の校訂版を出版したエラスムスでさえ気付いていなかった表記上の問題点が指摘されており，ネブリハの聖書文献学がいかに精緻であったかを如実に物語っている．　　　　　　　　　　［岡本信照］

4章　戦争と騒擾

　中世の戦争と騒擾は複雑で多様な側面をもつ．古代の軍事技術書が受け継がれる一方，騎士身分が生じ，騎士道や武具などに独自の発展が見られた．領土の獲得や略奪を目的とする遠征もしばしば行われ，個人や家門間の争いであるフェーデ（私戦）には権力や名誉の問題が絡んだ．ノルマン征服には王位継承，十字軍は聖地奪還，シチリアの晩鐘では多国間の確執，フス派戦争には宗教戦争の性格が加わっている．城と城塞は防衛の要であると同時に権力の拠点でもあり，都市は防衛拠点であると同時にニカの乱のように市民による騒擾と暴動の場ともなった．中世では野戦よりも都市の包囲戦が主流であり，百年戦争中のジャンヌ・ダルクのオルレアン防衛やコンスタンティノープルの陥落がよく知られている．中世後期には，身代金の支払いや傭兵の雇用も含め，戦争の遂行に莫大な資金が必要となり，そのための課税に反発する農民の反乱が頻発した．不断に遂行された戦争を終結あるいは休止させる手段としてキリスト教に基づく和平が模索されていた．　　　　　　　　　　　　　　　　　　　[草生久嗣／加藤　玄]

フェーデ（私戦）

　フェーデ（私戦）は，『ニーベルンゲンの歌』（13世紀）やアイスランド・サガではしばしば殺害を伴う報復行為（血讐）として現れるように（☞「武勲詩」「サガと北方文化圏」），北中欧の初期社会では部族，親族，個人の名誉や権益を維持するために不可欠の武力行為と理解された．中世の騎士，貴族にとってフェーデによる自身の所領や名誉，地位の自力防衛，回復は，生得的な権利と理解された．同時にこうした報復行為の連鎖を断つための仲介，仲裁，和解（妥協）の慣習も存在した．法と裁判による紛争解決の選択も可能であったが（☞「紛争解決」），執行権力を伴う裁判制度の脆弱な社会では，武装した親族ネットをもつ当事者の一方的な断罪は困難であり，裁判は実質的に調停，仲裁による和解を優先した．

✸フェーデの正当性　中世後期には「正当なフェーデ」と理解されるためのいくつかの慣習的ルールが存在した．とはいえ，このルールは理念的規範にとどまり，フェーデ行為の「正当」「不当」の区別は状況により流動的であった．フェーデを行う権利は原則として騎士（戦士貴族）に限られた．市民，農民に関しては，外部貴族による個々の市民への加害行為に対処するのは都市当局（市参事会）であり，農民の場合は村落ないしその領主であって，個人がフェーデを行うことは所属の共同体によって禁止されていた．しかしイタリア都市における市民家族間のヴェンデッタはよく知られており，アルプス地方では農民間の紛争がフェーデ的性格を帯びることもあった．また中世後期のドイツでは，都市共同体と周辺の騎士，貴族のフェーデが頻発した．加えて血讐（殺害フェーデ）は格別の意味をもち，非貴族にも及ぶ慣行として近世まで存続した．

　こうした中世の個人や集団の紛争行為を総じてフェーデと見なすことには問題もあるが，社会諸階層の中に広く武装と潜在的暴力が浸透していた時代には，一定の作法（儀礼）を伴う実力行使，「自力救済」の慣習は身分を超えて広がっていたことも事実である．ただし以下では騎士，貴族のフェーデを対象とする．

✸フェーデの過程　フェーデは通例次のような経過をたどる．何らかの不当な攻撃を被り，しかるべき賠償を得られなかった者は，親族や知人，家臣らにこのことを伝え，援助の約束を取り付けるとともに，相手に対して文書により敵対とその理由を宣告する（フェーデ宣告状）．フェーデ宣告状は敵対相手のみならず，中立的な騎士，貴族にも届けられた．フェーデ宣告は相手の不当な行為と自身の正当性を社会に知らしめるメディアであり，加勢でなくとも自身に有利な仲介を行ってくれる人々を募るアピールでもあった．この点ではフェーデ宣告は潜在的紛争を社会に公にし，和解への道を拓くコミュニケーションの過程と位置付ける

こともできる．フェーデ宣告の後3日程度の猶予期間を置くことが「正当なフェーデ」の条件とされた．その後の展開は多様であり，実力行使が行われないまま時を経ることもあれば，一定の武力行使を経た後，関係者，上位権力者の仲介が入り和解交渉に向かうこともある．実力行使は相手への直接攻撃や殺害ではなく，その所領や財産に損害を与えること，すなわち村を襲い，放火し，家畜や農産物を奪い，時に相手側を捕虜とすることを目的とした．ラント平和令におけるフェーデの制限条項には，攻撃，加害を免れるべき対象として教会や墓地などの聖域，耕作中の農民，聖職者，女性などがあげられているが，敵が潜む教会はしばしば破壊され，農民も攻撃，略取された．いずれにせよフェーデが永続することはまれで，仲介あるいは仲裁裁定により少なくともいったんは休戦，和解に至る．13世紀以後はその際に詳細な和解文書が作成されることが多く，そこには紛争当事者，関係者の相互の義務や紛争再発に備えた仲裁手続きなどが詳述され，フェーデを通じて地域の人的ネットが再編，強化される過程が読み取れる．

✖フェーデの克服　君主の法，裁判，執行権力が英仏のような発展をみなかったドイツでは，中世を通じてフェーデがやむことはなかった．1235年のマインツ帝国ラント平和令は，裁判により正当な判決を得られなかった場合のみフェーデを容認し，裁判の優先を規定した．しかし中世後期にも猖獗を極めるフェーデに対し，帝国，領邦のレベルで繰り返し発令されたラント平和令によるさまざまな試みも，実効的な司法制度の裏打ちがないために制限の強化を試みるにとどまり，全面禁止には至らなかった．1495年の永久ラント平和令も同様である．フェーデ慣行は16世紀以後，領邦における法秩序の強化の中でようやく徐々に抑制されていった．

✖フェーデの克服　19世紀以来歴史学では，フェーデは近代国家の形成を阻害する封建貴族の悪習とみられてきたが，O. ブルンナーは著書『ラントとヘルシャフト』（1939）において貴族のフェーデをラント法と関連付け，さまざまなルールを伴う適法な行為としてのフェーデを構成要素とする中世国家の，近代の主権国家とは異なる特質を明らかにしようとした．近年歴史家は象徴や儀礼に着目する法人類学的な研究をも含めて，フェーデを中世の社会と政治の秩序におけるファクターとして機能主義的にとらえようとしている．ブルンナーの法理念的理解を批判するG. アルガージはフェーデの農民に対する暴力的側面を強調し，個々の領主相互間のフェーデにおける暴力と自領の農民に対する保護＝支配が，全体としての領主権力を維持，再生産していたと考える（Algazi, 1996）．またH. ズモラはフランケン地方における15, 16世紀のフェーデが，領邦君主により在地貴族を自身の影響下に置く機会として利用されたと述べる（Zmora, 1997）．農民や市民など非貴族のフェーデ的行動をも含めた紛争行為を，コミュニケーションという広い視点から比較考察することが有益であろう．　　　　　［服部良久］

城と城塞

　中世ヨーロッパの情景に城は欠かせないものだろう．至るところに建設された城は，当時の戦争，支配，経済，文化活動のあらゆる面で社会の中核となる拠点であった．建物としての城は 13 世紀頃にその完成をみるが，その建設には多大なる労力と資金が費やされた．一方でこれを征服するための兵器や技術にも，当時最先端のテクノロジーが注ぎ込まれた．実際，城攻めをめぐる中世の技術開発競争は激しかった．13 世紀プロヴァンス地方のある吟遊詩人は（☞「中世歌人」），掛け合い歌の中で，擬人化された城と攻城兵器を競わせているほどである．

✘帝政末期から中世初期の城塞　帝政期のローマにおいては，城壁に囲われた軍団のカストゥルム（駐屯地）や，ブリテン島やドイツの国境地帯に設けられたリメス（長城）が，帝国の防衛を担っていた．こうした大規模な城塞群は，攻城技術に劣る異民族には優位を誇ったが，守備隊であるローマ軍が解体すると，無力化されていった．こうして中世初期には，個々の都市や集落単位での防衛施設が主となっていく．

　初期の城は，帝国時代の石造建築を再利用したものが多かった．本格的な石造城塞の建設が始まる 11 世紀以前，フランスでは古代ローマのバシリカ（直方体の公共建築）がしばしば城館として使われ，後にキープやドンジョンと呼ばれる（☞「城砦建築」），城の天守部へと発展した（堀越，2009）．またイタリアでは，各地のローマ都市にあった円形闘技場が，緊急時の砦へと改造されることが多かった（黒田，1996）．一方イングランドではモット（土塁）の上に砦を築き，周囲に柵と濠を巡らしたベイリー（郭）を備えた，モット・アンド・ベイリー式の城塞が多く建設されている．

✘城塞の機能と形状　略奪や放火による敵領土の荒廃が主な戦術だった中世において，城塞の主な機能は避難所であった．バシリカや闘技場を再利用した城塞も，都市住民や近隣の集落民の避難所として用いられた．10〜13 世紀の地中海沿岸や，12 世紀頃のフランスでは，在地領主が城を中心にして農村支配を確立していく現象が見られた．地中海での現象をインカステラメント，フランスのそれをシャテルニー

図 1　ナポリ・ヌォーヴォ城の現存する天守部（15 世紀に建設）［筆者撮影，2003 年］

（城主支配圏）と呼ぶが，ここでも，領民に避難所となる城を提供できることが，領主権の根拠となった．

避難所である以上，城塞には長期間籠城できる設備が不可欠であり，特に天守部には，井戸や貯蔵庫，調理場や武器庫などが設けられた．城の外周は，囲壁と塔（櫓（やぐら））で囲われていた．その頂部は歩哨や守備兵が往来できる歩廊になっており，胸壁によって守られながら外部を監視あるいは射撃できた．戦時には，風雨や敵の矢玉を防ぐ木造の屋根，石落としなどが仮設されたが，胸壁に既設されている場合もあった．城門は最も敵の攻撃が集中する部分であり，とりわけ大規模で頑丈につくられた．中世初期には，天守部が最後の籠城拠点として城の最奥部に位置したが，13 世紀頃には天守を城門と一体化させたキープ=ゲートハウスを備える城も現れた．最も堅牢な防備施設を籠城戦での最前線に配置しよう，という発想の表れであろう．

✖城を攻め落とす技術　古代ローマ軍は優れた工学技術をもっており，都市攻略の際には，バリスタと呼ばれる大型の弩砲（どほう）や，移動式の攻城塔を運用した．こうした技術はビザンツ帝国以外では喪失してしまったが（☞「ビザンツ帝国」），堅固な城塞や都市城壁の普及により，攻城機械もまた復活していった．

投射兵器では，縄や木材の弾力とてこの原理を用いたカタパルト（投石機）が 5 世紀頃から登場する．また中世後期になると，重りの位置エネルギーを利用した大規模なトレビュシェット（平衡錘式投石機）が発明された．後者の最も強力なものは，100 kg 以上の石塊を数百メートル投擲（とうてき）できたと伝えられる．投射兵器の発達が城塞の石造化を推し進めたのは想像に難くない．実際これらが石造の壁体を破壊することはまれだったが，胸壁に隠れた城兵を殺傷するには十分だった．

城壁を乗り越える技術としてはまずはしごがあるが，長さ数十 m の，頑丈なはしごを多数つくること自体，高度な技術と豊富な資金が必要だった．はしごを用いた城壁への正面攻撃は危険視されており，実際には夜襲で用いられることが多かった．攻城塔は，人力や畜力で移動する車輪付きの木造塔であり，城壁のそばまで移動させて兵士を城内に送り込む．防備のため，外側には革や金属板が貼られることもあった．城壁を乗り超えるだけでなく，頂部に配置された射手によって城兵を殺傷するのも，攻城塔の重要な機能だった．

城壁そのものを破壊するには，金属キャップ付きの丸太を振り子の原理で叩きつける破城槌か，坑道作戦が用いられた．城壁下を掘り崩し，土台から城壁を崩落させるだけでなく，城内へ侵入するのにも坑道作戦は有効だった．守備隊も音と振動を頼りに坑道の位置を突き止め，対抗坑道を掘って敵を撃退した．このように，城攻めにおける技術者の任務は多彩かつ重要だったが，その活動が記録され，犠牲が省みられることは少なかった．

［白幡俊輔］

都市の防衛と包囲戦

　中世ヨーロッパの戦争は，平野での会戦ではなく，都市の包囲戦が主流であった．古代末期，ゲルマン人の侵入に対してヨーロッパ各地の都市で次々と市壁が新設あるいは補強される．中世初期の都市は，古代末期の市壁によって保護されていたが，中世盛期の都市は，経済成長を背景にした人口増加に対応して，12～13 世紀に市壁をさらに拡張させる．中世末期になると，例えば百年戦争下のフランス諸都市はイングランド軍の侵攻や解雇された傭兵団の略奪行為を被り，長期的な戦争を経験しないドイツ諸都市も慢性的な紛争，私戦（フェーデ）にさらされるなど（☞「フェーデ（私戦）」），都市の防備強化が喫緊の課題となり，14～15 世紀を通じて市壁の新設／補強，外堀の掘削，敵に占拠される可能性のある市外区（フォブール）やそのほかの市壁外の建物の破壊が進む．

✖攻囲・防衛の戦術　都市は，迫り来る兵団の動向について，在地領主，諸侯，君主あるいは近隣の都市，村落と使者や手紙を通じて情報共有を行い，状況が許せば，敵兵に贈り物を渡して彼らとの戦闘あるいは彼らからの略奪を回避することもあり得た．包囲戦が始まると，攻囲側は，正面からの暴力的突入，はしごを使った市壁の乗り越えといった基本的戦術に加え，11 世紀後半に再発見された古代ギリシア・ローマの包囲技術，戦術を駆使した．使用された戦術は，しばしば「猫」と名付けられた亀甲車（屋根付きの移動式破城槌）や移動式攻城塔による市壁への接近，攻撃，ねじり応力を利用した投石機や可燃性液体を用いた攻撃，市壁の崩落や市内への侵入を目的とした地下道掘削などであった．また，兵糧攻めも頻繁に行われ，食糧不足に陥った籠城側が非戦闘員を市外に追放すると，攻囲側は彼らを捕らえるや不具にして食糧を浪費させるべく市内に送り返す光景もしばしばみられた．投射兵器は時代を追って進歩し，6 世紀には「テコの原理」を利用した平衡式投石機（人力で綱を引っ張ってテコを作用）が登場し，12 世紀末には平衡錘式投石機（固定式の錘でテコを作用），続いて可動平衡錘式投石機（可動式の錘でテコを作用）が発明され，13 世紀初頭にはヨーロッパ全域に普及するに至る．14 世紀に入ると，いよいよ火薬式の大砲が導入され，同世紀後半には広範に利用されるようになる．こうして，中世後期には，攻囲側，籠城側双方の砲兵隊による対決が頻発し，投射兵器の進歩に合わせて，市壁の構造も強靭化されていく．

✖防衛軍の構成　都市を防衛する籠城側の軍の構成をみてみると，まず，都市内にある領主城（在地領主，諸侯，君主のいずれかが領主として所有する城）には，平時は数人，戦時は数十人，戦闘が激化した局面では場合によっては数百人

の領主の駐屯部隊が置かれる．加えて，都市自治体の民兵隊が組織され，市門や市壁上で警備，防衛を行う．民兵の起源は 12 世紀の自治体成立時にさかのぼり，街区（下位区分として五十人組や十人組などが存在）あるいは同職組合を単位にして動員され，住民の中から選出あるいは外部から招聘される隊長（キャプテン）が統率した．民兵は，騎兵，歩兵，弩兵，砲兵からなる．14 世紀には各都市で弩兵（さらに 15 世紀には砲兵）が集団として存在感を増し，地域によっては兄弟会（コンフレリー）や同職組合（ギルド）を形成しつつ，民兵隊の中核となった．民兵の武装は自弁を基本としつつ，都市自治体が必要な武器，武具の供与を行った．課税資産の多寡に応じて市民がいくつかのグループに分類され，それぞれ資産相応の武器，人員提供義務を負うようなシステムを採用する都市もあった．富裕層が軍事奉仕義務を金銭で合法にあるいは非合法に免除されたり，みずから雇った人物に代行させる事例も確認される．都市防衛のための兵力が不足する場合は，都市自治体みずから，近隣都市，村落の民兵や領主部隊の応援を要請したり，傭兵あるいは義賊（南仏のテュシャンなど）を雇うこともあった．

❌**新しい行政制度・政治社会の創出**　中世末期，防衛費（とりわけ市壁工事費）により都市自治体の歳出は膨れ上がり，資金調達の方法を模索するなかで，借入金を前提とした財政制度が定着し，間接税（消費税など）の導入，直接税の公正負担を目的とした資産台帳の作成など，自治体の課税制度も大きく発展する．同時に，会計のやりくりの必要性と納税者による監査要求を受けて，都市会計簿が各地で作成されはじめる．さらに，市壁の新設，補強，市門の鍵の管理，民兵隊の隊長の選任など防衛案件の主導権をめぐって，都市自治体，在地領主，諸侯／君主の間で対立，紛争が頻発し，地域社会の権力関係が大きく再編されることになる．

　同様に，都市–農村関係，都市間関係も変容を余儀なくされる．戦時下において，市壁は付近の村落住民の避難先としても機能するため，市壁警備役や維持補修費用を近隣村落が負担する事態も生じ，逆に敵に占拠，使用される可能性のある近隣村落の防備施設（村の囲壁など）の破壊を都市が要求する場合もあった．また，地域防衛に関する個別的な情報交換や集会での話し合い，共同の防衛活動，あるいは対外紛争時の援助と地域内紛争の仲裁を目的とした同盟締結などを通じて，諸都市，諸村落の間で協力関係が創出されていく．こうした協力関係が構築される範囲は，地域レベルにとどまらず，時に地方レベルにまで広がり，広狭さまざまかつ重層的であり得るが，各レベルで防衛実践を触媒として，一つの都市を超えた「地域／地方」——ラテン語でパトリア（patria），フランス語でペイ（pays），ドイツ語でラント（Land）——への共属意識が醸成されることになる．このように，中世の暮れ方，近世のとば口において，都市防衛は，都市内外で新たな行政制度，政治社会の出来をうながしたのである．　　　　　［向井伸哉］

都市における騒擾と暴動

　中世の都市は，市壁に囲まれた平和の空間として成立，発展した．しかし，住民層の多様化や階層分化が進んだ都市社会の内部に醸成された緊張や対立から，大小の暴力事件も発生した．すなわち，酒場での喧嘩や，家族や同職組合のような集団間の争い，そして，大勢の市民が広場などに集まって団結し，都市共同体の名のもとに暴力を行使する，大規模な都市騒擾・都市暴動である．P. ブリックレは，都市騒擾，都市暴動を，都市の統治から排除されていた市民が，政治的権限の実現，維持，回復を目指す試みとして評価する．まずはそうした事件の一つを紹介しよう．

✖ケルンの「革命」 1396 年 6 月 18 日の夜，ドイツ（神聖ローマ帝国）の都市ケルンは，不穏な空気に包まれていた．5 年間の都市貴族の党派争いに勝利したフロインデ党が，権力を奪取した直後のことである．彼らは広範な市民層の支持を得るためにした約束を，果たそうとしなかった．憤懣やるかたない市民たちが市内の集会所で会合を開いていると，馬に乗って市内を見回っていたフロインデ党の頭目の一人が，尊大な態度で帰宅をうながす．怒った市民たちは彼を落馬させ，取り押さえた．これを契機として市民たちは蜂起，都市貴族を捕縛し，市門を占拠した．

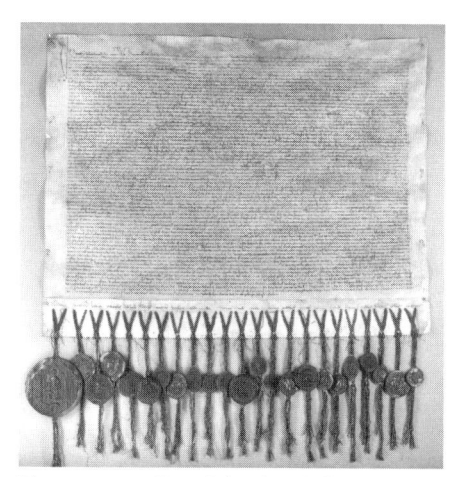

図1　ケルンの「同盟文書」（1396）［Militzer, 1996］

　この後ケルンでは市制改革が行われ，9 月 14 日に「同盟文書」（図 1）が制定された．この文書には都市の印章とともに 22 の仲間団体ガッフェルの印章がつるされている．ガッフェルは商人組合と同職組合を基盤として結成され，ケルンの市民はこの団体のいずれかに所属した．そして「同盟文書」は，年に 2 回（6 月 23 日と 12 月 25 日）ガッフェルで選挙を行い，参事会員（1〜4 人）を選出すべきことを定めている．こうして，都市貴族以外の市民にも参事会員として，都市の統治を担う可能性が与えられた．M. モラと Ph. ヴォルフの言葉を借りればまさに「革命」の名に値するほどの改革が実現されたのである．

✖フェットミルヒ反乱 しかしもちろん，いつもそうであったとは限らない．

1614 年 8 月 22 日，ドイツの都市フ
ランクフルト・アム・マインの市民
たちは，15 世紀半ばに建設された
ユダヤ人ゲットーを襲撃し，居住者
全員を市外に追放した．当時，同市
は 1612 年 6 月に始まった「フェッ
トミルヒ反乱」のさなかにあった
が，ユダヤ人のような都市の社会的
マイノリティにとって，都市騒擾，
都市暴動は，彼らの財産と生命の危
機以外の何物でもなかった．また，
この事件の首謀者フェットミルヒ

図 2　フェットミルヒの処刑と晒された首謀者たちの
首（右端の塔の屋根の下に首が見える）（1616）［小
倉・大澤，1994］

は，1614 年 11 月 24 日にかつての同志によって逮捕され，1616 年 2 月 28 日に処
刑された．マイン川の橋塔に首を晒された彼の末路が示すように（図2），都市
騒擾，都市暴動が常に首謀者の思惑通りに進行するとは限らない．蜂起衆の結束
はやがて乱れ，裏切りや分裂が発生する．当初不意を突かれ，後手に回った体制
側は，次第に反撃体勢を整える．こうして蜂起が鎮圧されると，反乱者，特にそ
の首謀者には過酷な運命が待ち受けていた．

❌中世から近世へ　　ドイツでは 16 世紀の前半に，都市騒擾，都市暴動が頻発し
た．これには 1517 年にルターが開始した宗教改革の影響を指摘できる．市民の
宗派的な対立は暴力を誘発し，B. メラーの言う「聖なる共同体」である，都市
の宗派体制を動揺させた．しかし，ドイツ全土を席巻した農民戦争が鎮圧された
1525 年頃をピークとして，都市騒擾，都市暴動の発生数は減少する．さらに近
世になると，「ポリス／ポリツァイ」（当時この概念は，現在の「警察」の任務を
越える広範な領域を含んでいたが）の観点から，条令の制定，都市役人職の拡充
や民兵隊の組織などを通じて，都市の治安体制が強化された．これらは都市騒
擾，都市暴動の抑制に一定の寄与を果たしたであろう．しかしその効果は限定的
であった．多くの場合，都市役人は数的にも質的にも大規模な暴力を抑止するに
は不十分であったし，民兵隊の構成員はしばしば騒擾の担い手，あるいはその同
胞となった．

　結局のところ，かの文豪ゲーテも書いている「フェットミルヒ反乱」の首謀者
の晒し首のような「モニュメント」によって後世の市民たちに警告を与えていく
ことが，都市騒擾，都市暴動防止のための数少ない有効な手段であったのだ．そ
して，事件はその後も起こった．あの「革命」から約 300 年後の 1685 年，ケル
ンで市民たちが蜂起した．これは「革命」なのか，「反乱」なのか．いずれにせ
よ，歴史は繰り返されたのである．　　　　　　　　　　　　　　　［高津秀之］

戦争と財政

戦争には，その遂行資金をどのように調達するかという問題が常に付きまとう．過去の大戦では戦時経済体制のもと，戦時国債や税で戦費を賄っていたが，中世の場合，13 世紀後半からみられる近代国家の形成を境に，戦争と財政の関係は変化する．封建的権利関係の枠内で行われた軍資金調達が，国家の成長による行財政制度の中央集権化を契機に，課税をめぐる国王と臣下の間の交渉と合意に基づいて行われるようになった．

✖中世における戦費　中世において戦争は大きなコストがかかるものではなかったが，十字軍が状況を一変させた．フランス国王ルイ 9 世（在位 1226〜70）は，二度にわたる十字軍において聖職者 10 分の 1 税，王領地収入，ユダヤ人財産の没収，封建的援助（次の四つの場合に領主が領民に要求できる．つまり長男の騎士叙任，長女の婚姻，領主の身代金，十字軍），都市の援助，ジェノヴァやテンプル騎士団からの借り入れなどで資金を調達したが，大部分は教会が負担した．イングランドでも 1291 年にエドワード 1 世（在位 1272〜1307）は教皇十字軍税から莫大な軍資金を確保し，その後は羊毛関税が大きな資金源となった．

フランスでは国王フィリップ 4 世（在位 1285〜1314）の頃に，軍事行動の長期化，兵士への俸給や装備品のために戦争の資金調達方法が大きく変わった．国王財政が戦費を負担するようになり，王領地収入や封建的援助では到底足りず，聖職者に対する 10 分の 1 税，さらには 1292 年からはフランス北部で「悪税」と呼ばれた取引税が導入されるも 1297 年に停止した．1294 年からのアキテーヌ戦争で各人の所得の 1% を取る 100 分の 1 税，所得の 2% を取る 50 分の 1 税が導入され，南仏では 50 分の 1 税は戸税として徴収された．これらの税は徴収に時間がかかり非効率であったので，都市やユダヤ人，ロンバルディア人などの金貸しからの強制借入，さらには貨幣価値変更（含有金属量を減らして貨幣発行量，発行益を増やすやり方）を実施し，1298〜99 年には 120 万リブラの収益を得た．1302 年のコルトレイクの戦いでフランドル諸都市連合軍にフランス軍が敗れた後，フィリップ 4 世は援助金徴収（所得の 5 分の 1，動産価格の 20 分の 1）を王国内で実施し，60 万リブラの収益を得た．フィリップ 4 世の財政政策の革新性はすべての家臣に軍役義務を拡大し，軍役代納金を税というかたちに転換して戦費を確保したところにある．さらに三部会における課税交渉，都市に対してはその固有の事情に合わせて徴収方法を変更するなど現実的なやり方を取り，王国防衛というプロパガンダを活用し課税や強制借入などの資金調達を正当化した点にその特徴がある．

14 世紀前半，英仏百年戦争の時代になると，戦争コストは急上昇し，財政問題が戦争の帰趨を左右するようになる．元来，慣習では「国王はみずからの所有物（王領地収入）で生きるべし」と定めていた．しかし徐々にそれだけでは王国防衛には不十分となり，特別税に頼るよりほかの手立てはなかった．特別税の徴収には担税者の合意が必要であり，議会が交渉の場であった．イングランドではエドワード 1 世治世に課税同意を得るために議会が開催され，フランスでは三部会が交渉の場となった．課税同意が戦局に直接影響することもあり，1415 年アザンクールの戦いの勝利後，イングランド議会は国王ヘンリー 5 世（在位 1413～22）に多くの援助金に同意し 1419 年のノルマンディ征服を可能にした．戦争は，課税の結果ではなく課税から生まれたということもできる．

特別税は直接税と間接税とからなる．直接税（戸税，タイユ）は，各人の担税能力を考慮して課税されるが免税特権者（貴族や有力市民など）が多く徴税には時間がかかるが収益は大きい．例えばフランスでは 1358 年にパリ三部会が，聖職者は収入の 5%，都市民の 75 戸，農民の 100 戸当たり兵士の維持のためにパリ貨で 10 ソリドゥス／日を 1 年間負担する援助金に同意している．他方で，経済活動に課税される間接税の収益も膨大であった．フランスでは 1355 年パリ三部会で北フランスにおける価格 1 リブラ当たり 8 デナリウス（3.3%）の消費税と塩税の徴収が承認された．

✖国王課税の発展　フランスではこの恒常的な国王課税の開始と 1356 年ポワティエの戦いで国王ジャン 2 世（在位 1350～64）がイングランド軍の捕虜となり，300 万エキュ（50 万ポンド）の身代金支払いを要求されたことが，租税制度の確立の契機となった．シャルル 5 世治世（在位 1364～80）に直接税は戦費に，間接税は身代金に充当され，直接税はタイユ，間接税はエド，ガベルと総称されるようになり，フランス財政の支柱となった．フランス都市もまた王国防衛のために間接税徴収権を王権から授与され，主にブドウ酒・パン・塩に課された間接税（消費税）からの税収を防備施設の改修，維持に充当した．

租税以外に，王権や諸侯は都市や富裕者からの借り入れ，イタリア商人，金融家からの信用貸，王冠や宝石類の売却や抵当入れ，貨幣価値の変更などを通じて緊急の戦費調達，兵士への俸給支払を行ったが税収を超えるものではなかった．

✖国家財政の成立とその影響　財政制度の整備は行政制度の発展を伴った．フランスでは，14 世紀に王国財政全体を指導する会計院，徴税を担当する租税院，王領地収入を管理する宝物庫，貨幣発行を管轄する貨幣院が設立された．国家税制は都市税制とともに恒常的な税制となり恒常的に戦争を支え，絶対王政へと継承されるが，他方で課税に反発する民衆は，1380 年代の反税闘争にみられるように，政治参加，公平な税負担，公正な税収活用などを求めてゆく．

［花田洋一郎］

軍事技術書

中世には古代ギリシア・ローマの軍事技術書（以下，軍事書）の伝統が受け継がれた．西欧ではラテン語で書かれた紀元後 4 世紀のウェゲティウス『軍事覚書』の写本が多数作成されたのに対し（堀越，2013），ビザンツ世界では紀元前 4 世紀のアイネイアス・タクティコスの攻囲戦についての書物や，後 1 世紀のオナサンドロス『将帥論』といった，ギリシア語のものに基づく著作活動が行われた．本項では後者について，いくつかの事例に基づいて紹介したい．

戦争にも会戦，攻囲戦，海戦などさまざまな種類があるが，軍事書の性質もそれを受けて多様である．ビザンツの軍事書に共通する特徴を強いてあげるとすれば，学究的な，「机上の」軍事学という性質が強いという点である．戦場に出たことのない学者，著述家が作成したものも多く，軍事書の内容がどこまで実際の戦場に応用可能だったかはわからない．他方で実際に戦場に出たものが経験を反映した「実用的」な知見を取り込んだ軍事書も存在する（McGeer, 2008）．

戦争は社会のさまざまな側面を反映するが，それは軍事書も同様である．軍事書には兵装，軍制，戦術といったさまざまな内容が含まれるが，その背後にある同時代の情勢との関連を探る研究もある（Dagron & Mihăescu, 1986）．

✖ビザンツの軍事書　600 年頃に成立した，皇帝マウリキオス（在位 582〜602）に帰される（ただし異説もある）『将帥論』は，同帝の経験豊富さを反映してか，ペルシア人をはじめとするといった，同時代の帝国周辺の諸勢力の性質についても記述が割かれている．また同書に登場する軍隊はローマ時代と比べて騎兵の比重が高くなっているが，これはアヴァール人などの遊牧民の弓騎兵への対応を迫られた中での変化だと考えられている（☞「ユーラシアの草原地帯から」）．

10 世紀にはマケドニア朝（867〜1056）のもとで大々的な編纂事業が行われ，法律，歴史などと並んで，軍事もその対象となった．905 年頃に作成されたレオン 6 世（在位 886〜912）の『戦術論』は，先出のマウリキオスの『将帥論』をもとに，1 世紀のオナサンドロスの『将帥論』をはじめとするほかの軍事書や，実際に戦場に出た同時代の将軍たちから得た情報も取り込んで，いわば「アップデート」したものだった．レオン 6 世は同書を法書になぞらえ，配下の将軍たちに対してあたかも拘束力をもつもののように提示した．だがレオン自身はさほど軍事経験のない皇帝であり，この書物の内容も過去の軍事書からの引き写しが大半であるため，どこまで実際の戦場に適用できたかは不明である．

他方で，『戦術論』は随所にキリスト教の理念に基づく文言が目立つ．M. L. D. リーデルの研究によれば，これらはキリスト教的君主として軍人たちに必要な徳

目を伝え，あるべきキリスト教国の軍隊をつくり上げるというレオン6世の使命感に動機付けられたものだという（Riedel, 2018）．理想のキリスト教世界の秩序を示すという特徴は，同帝の法典編纂，立法事業にも見出すことができる．

　『戦術論』にはマウリキオスの『将帥論』と同様に帝国周辺の諸民族についての章が割かれているが，新たに先達の時代には存在しなかったアラブ人の内容が，帝国の目下最大の脅威として加えられている．その内容は，実際に戦場に出ていた臣下から聞き知ったものらしい．そこではむしろ，地方の軍事貴族たちが主役となって，大幅な裁量をもって戦争を遂行する様が描かれている．当時の東方境域での戦線は膠着しており，小競り合いが頻発する状況になっていたので，皇帝は効率的な境域防衛のために，地方有力者たちとの妥協の必要性を認めていたのかもしれない．『戦術論』のもう一つの特徴として，海戦についての章が加えられている．当時クレタ島などを基地としたムスリム（イスラーム教徒）のエーゲ海における海賊活動が活発だったことを反映しているのだろう（太田，2009）．

　レオンの子コンスタンティノス7世（在位944〜959）のもとでも編纂事業が盛んに行われた．同帝治世に作成された『戦術集』は，さまざまな先行する軍事書を利用しつつも，同時代の要素を取り込んだ書物だった．特に騎兵だけでなく，歩兵が重要な役割を果たすようになったことがうかがえる．

✖️軍隊の変化と軍事書　ビザンツの対外的拡大が本格化した10世紀後半以降は，それに伴う軍隊の変化を反映した軍事書が目立つようになった．コンスタンティノス7世の子ロマノス2世（在位959〜963）の死後，その未亡人と結婚して皇帝となったのは対ムスリム戦線で活躍した軍事貴族出身のニケフォロス2世フォカス（在位963〜969）だった．同帝の手によるものともされる『戦術の指示と構成』（965頃）は，アラブ・ムスリム領への大規模な遠征を想定した実地的性格の強い軍事書である．内容は歩兵方陣戦術の発展や重装騎兵（カタフラクトイ）の登場といった，従来の防衛戦争から征服戦争への移行に伴う変容を反映している．また，東方だけでなく西方（特にブルガリア）への遠征を想定した逸名の軍事書も10世紀後半に作成されており，帝国の多方面への関心がうかがえる．

　他方でニケフォロス2世の死後完成した『小競り合いについて』（975頃）は，フォカス家が境域で行ってきたムスリムに対するゲリラ戦について書きとめたものだった．征服戦争が主流となってそうした戦争形態が下火になったことを受け，一族のかつての活躍を後世に伝えるために作成されたと考えられている．

　ブルガリアやコーカサスなど東西に領土を大幅に拡大したバシレイオス2世（在位976〜1025）治世には，同帝のもと東西の戦線で活躍したニケフォロス・ウラノスの『戦術書』（1000頃）が作成された．同書は既存の軍事書を踏まえつつ，さらに洗練された歩兵戦術や，占領地をいかに確保するかについての知見など，情勢の変化を反映した内容を含んでいる．　　　　　　　　　　　　　［仲田公輔］

捕虜と身代金

　近代になると人権思想の発達に伴い，戦争捕虜に対する保護が説かれ，次第に実現した．1949年のジュネーブ第3条約は，捕虜の扱いについて143条にわたり細かく規定している．これに対して中世では，捕虜は殺されるか，奴隷にされるのが普通であり，国王，諸侯などの場合は，多額の身代金の支払いによって釈放された．百年戦争でイングランド軍に捕えられたフランス王ジャン2世（在位1350〜64）はその一例である．異教徒の捕虜となった例としては，十字軍としてエジプトで戦ったルイ9世（在位1226〜70）が有名だが，彼も占領した町の返還と身代金の支払いで釈放されている．ムスリム（イスラーム教徒）との戦いが繰り返されたビザンツ帝国では，捕虜問題の解決に向けて独特の制度が生まれた．

✖ジャン2世の身代金　百年戦争のさなか1356年9月のポワティエの戦いでジャン2世は捕虜となった．王の釈放を求めるフランス側と，王の身柄を最大限に活用しようとするイングランドとの交渉は難航し，何度か決裂した後，ようやく1360年にブレティニー・カレー条約がまとまった．

　ブレティニー・カレー条約は，ジャン王釈放の条件として，領土の割譲に加えて身代金50万ポンド（300万エキュ）を支払うと定めている．身代金は分割払いで，第1回分の10万ポンドが支払われ次第，ジャン2世は釈放されるものとされた．残額は6年にわたって支払われ，その間フランスの王族，貴族，都市有力者が人質としてロンドンに住み，毎年の支払いに応じて順次釈放されることになっていた．

　多大な身代金を工面するのは容易ではなかった．主君が捕虜となり身代金を必要とする場合，援助金という名目の臨時税を課すことが認められていたが，実施するにはさまざまの制約があった．ジャン2世の身代金調達のための努力は，近代的な税制度へ向けての一歩となったといわれている．

✖異教徒の捕虜　英王リチャード1世（在位1189〜99）は第3回十字軍でアッコを征服し，2,700人のイスラーム兵士を含む3,000人を捕虜とした．彼は，捕虜の釈放を求めるサラディン（在位1171〜93）との交渉を一方的に打ち切って，全員を殺している．異教徒の捕虜となった者には厳しい運命が待ち受けていることが多かったのである．

　アッバース朝と接していた8〜10世紀のビザンツ帝国でも，ムスリムの捕虜になる者が多く，逆にムスリムを捕虜とすることもあった．相互に多数の捕虜が生じたのは，両国が恒常的な戦争状態にあったからである．イスラーム軍は夏にビザンツ領に侵入し，町や村を襲って金品，捕虜を手に入れた．ビザンツ帝国への略奪遠征は，信徒の義務とされたジハード（聖戦）の実践でもあり，毎年のよう

に行なわれた．遠征の基地となったのは小アジア東南部のタルソスで，イスラーム世界の各地から集まってくる義勇兵のために宿舎が設けられ，獲得したビザンツ人捕虜を収容する施設もあった．

　イスラーム側の略奪遠征に対してビザンツ帝国はゲリラ戦で抵抗した．この作戦は効果があり，かなりのイスラーム兵がビザンツ軍の捕虜となっている．高い地位の者，有力な者はコンスタンティノープルへ移され，捕虜収容所に入れられた．収容所にはモスクもあり，それなりの待遇を受けていたようである．

✂**捕虜交換**　戦争が一段落すると，捕虜をめぐって両国間で交渉が行なわれた．多くの場合，ビザンツ側が捕虜の釈放を求め，カリフが応じて，交換条件をめぐる実務協議に入っている．イスラームとの戦いを念頭に置いて作成された戦術書には，捕虜を殺すな，敵の捕虜と交換に同胞を救い出せとあり，ビザンツ側は戦争中から戦後の捕虜交換を想定していたことがわかる．

　交渉は難航した．決裂してそれぞれの捕虜を殺すこともあった．特に問題となったのは交換の人数，比率である．戦争の性格を反映して，ビザンツ側が有する捕虜はイスラーム兵がほとんどで，イスラーム側にはビザンツ人の婦女子が多く含まれていた．成人男子と婦女子をどのような比率で交換するかで紛糾したようである．

　合意が成立すると，40日間の休戦協定が結ばれ，両国の国境地帯を流れるラモス川で捕虜交換が行なわれた．平均すると10年に1度くらい実施されたようである．交換は多くの見物人を集めて，数日間かけて丁寧に行なわれ，川を渡った捕虜はそれぞれの神に感謝をささげた．1回の交換で4,500人が釈放されたという記録もあり，将軍や高官だけではなく，一般人の捕虜も交換の対象となったと思われる．

✂**捕虜交換の意義**　釈放されたイスラーム兵がタルソスで次の夏を待ち，再び侵入してくることを承知のうえで，ビザンツ側が交換に熱心だったのはなぜだろうか．交換が多くの見物人を集めてゆっくり行なわれたのは，皇帝やカリフを称えるためであった．捕虜交換は，ビザンツ皇帝がキリスト教世界帝国の支配者，「捕囚」から民を救い出す慈悲深い君主であることを示す儀式だったのである．

　捕虜を交換までかなりの年月，収容所に住まわせていたのも同様の理由であった．コンスタンティノープルの収容所にいた捕虜は，宮廷の儀式への参列を強制された．凱旋式や宮中晩餐会にアラブ人捕虜の姿が見られる．イスラーム捕虜が大切にされたのは，異民族，異教徒もその前にひれ伏す偉大な「ローマ皇帝」を謳い上げるためであった．

　中世世界としては異例ともいえる捕虜に対する寛大な扱い，異教徒との間での定期的な捕虜交換は，何よりも皇帝の栄誉を重視するビザンツ帝国ならではの制度であった．

　　　　　　　　　　　　　　　　　　　　　　　　　　　　　　　［井上浩一］

和平・条約・同盟

　ヨーロッパでは，ロシア・東欧を除けば，第2次世界大戦終結に至るまで君侯貴族家門間ないしは国家間の戦争が不断に継続された．戦争とは，究極的に敵，味方のいずれかの陣営に分極化し，一切の言論を封じ込めたうえで実力行使に訴えるものである．その前後の過程で各陣営に保護や相互援助を約した同盟が組まれるが，各陣営の足並みが内部から揺らぎ始めた時，あるいは第三者による仲裁が機能し始めた時，和平への取組みがなされ，両当事者の合意として条約が締結されることになる．前近代の戦利品獲得戦と現代の総力戦の間には大きな相違があるにせよ，非暴力と隣人愛を旨とするキリスト教的倫理において戦争は本来「正戦」（アウグスティヌス）のみが許され，平和への希求は常に存在した．10〜11世紀には，南仏を中心に騎士の私讐や私戦を制限した教会による「神の平和」や「神の休戦」が広まり，暴力は十字軍のように外の世界へと向けられた（☞「十字軍」）．

✖**同盟の基底的要素**　中世において同盟の基底をなしたのは，第一に婚姻である．中世前期では男女両系を含むジッペと呼ばれる血縁集団が，族内婚を通じてその集団の維持と連帯に努めた．中世中期には，教会が婚姻の単一性（一夫一婦制），不解消性，秘跡性などを謳い，貴族の家門形成に大きな影響を及ぼした．その結果，聖職者の立ち会いによる結婚式が定着し，族外婚が進んだ．第4ラテラノ公会議（1215）で四親等を超える親族には婚姻が認められたが，その後も教会の規定は必ずしも遵守されず，これに反する近親婚や離婚が繰り返された．

　1000年以降，封建的主従制が上下関係をも含む同盟の複合的な体系を生み出していく．その元来の目的は主君・家臣間の平和を確保することにある．中世後期になると，封に基づかない定期金の授受や騎士団への加入など，同盟のありようはますます多様化する．英王のガーター騎士団（1348）やブルゴーニュ公の金羊毛騎士団（1430）は，幾星霜を経た今も勲章制度として現存する．イングランドでは，歯形捺印契約（インデンチュア）が傭兵の徴募に頻繁に用いられ，平時でも地域社会における緊密な人的紐帯をなした（庶子封建制ないしアフィニティ）．

✖**百年戦争の場合**　百年戦争は，大ブリテン島の南半分を占めたイングランドを併せもつギュイエンヌ公（プランタジネット家，ランカスター家）と北仏イル・ド・フランス地方を地盤とするフランス王（ヴァロワ家）の争いであり（☞「百年戦争」），中世後期のフランスではそのほかの有力諸侯も自立的な領邦を形成し，近隣諸国や都市・教会を巻き込んだ合従連衡ないしは十字軍遠征を契機とする呉越同舟を繰り返した．「連合王国」を意味する和製名称「イギリス」が成立するのは18世紀初頭にすぎず，スコットランド王家はフランス王家と1295〜

1560 年まで「旧き同盟」を結んでいた．ウェールズやアイルランドも，イングランドとは別個の政治的統一体をなしたといえる．フランスでは，ブルボン公やブルターニュ公ほかの有力諸侯と中小貴族が同盟し，伸張する王権に対してプラグリィの乱（1440）や公益同盟戦争（1465）を起こしている．

✖画期をなす条約と結婚　百年戦争の前半では，クレシィの戦い（1346）やポワティエの戦い（1356）で勝利を収めたイングランドの優位のもとにブレティニー・カレー条約（1360）が結ばれ，ギュイエンヌ公領ほかフランス南西部の大部分が英王に帰した．その後フランスはシャルル 5 世（在位 1364〜80）治世下に劣勢を挽回し，後を継いだシャルル 6 世（在位 1380〜1422）は，英王リチャード 2 世（在位 1377〜99）と 28 年間の休戦条約（1396）を結び，娘イザベルをその妃とした．

　しかしヘンリー 4 世（在位 1399〜1413）が英王位を簒奪すると，続くヘンリー 5 世（在位 1413〜22）はフランス内戦に乗じて後半戦緒戦のアザンクールの戦い（1415）でフランスに大勝した．その結果，トロワ条約（1420）が結ばれ，ヘンリー 5 世はシャルル 6 世の娘カトリーヌを妃とし，ヘンリー 5 世およびそのカトリーヌとの間に生まれた子が仏王位を継ぐこととされる．一方，ブルゴーニュ公ジャン（無畏公）を謀殺（1419）した仏王太子シャルル（後の 7 世）は廃嫡された．1422 年，英仏両王が続けて亡くなると，赤子のヘンリー 6 世がトロワ条約に従って後を継ぐことになった．いわゆる「英仏二重王政」である．

　英王はブルゴーニュ公と同盟を結んで北仏を掌握するが，ロワール川以南に下ってブールジュを拠点とした「自称王」シャルルがこれに対峙する．両勢力の狭間に位置したロワール河畔都市オルレアンを解放し，シャルルをランスでの聖別式に導いたのが「乙女」ジャンヌ・ダルクである（図 1．☞コラム「ジャンヌ・ダルク」）．その後，シャルル 7 世は，ブルゴーニュ公フィリップ（善良公）とアラス条約（1435）を締結した．英仏両王とブルゴーニュ公の三者が鼎立する中，イングランドがカスティヨンの戦い（1453）で敗

図 1　ジョン・ダンカン《ジャンヌ・ダルクとスコットランド人衛兵》［スコットランド，エディンバラ市議会］

北した結果，英王は英仏海峡を臨むカレーを除いて大陸領をすべて失った．15 世紀後半，フランスでは王ルイ 11 世（在位 1461〜83）とブルゴーニュ公シャルル（突進公）のさらなる対立が生じる．後者は儚くナンシィで戦死（1477）するが，その娘マリがすぐさまマクシミリアンと結婚したことにより，その遺産と対立関係は，オーストリア，スペインのハプスブルク家へと引き継がれることになった．　　　　　　　　　　　　　　　　　　　　　　　　　　　　　　［中堀博司］

遠征と略奪

　気まぐれに行われた騎士たちの小競り合い，野蛮な「暗黒時代」を象徴する行為．西洋中世の戦争はこう断じられてきた．しかし彼ら中世人は，明白な政治的意図をもって戦争に訴えていたことが，現在，次第に明らかとなっている．

　とりわけその評価が大きく変わったのは略奪遠征である．人的資源も乏しく常備軍も存在しない中世では，最小の労力で最大の成果を得ることのできる略奪遠征が意図的に実施された．西欧文明世界の外部（イスラーム圏）と隣接していた境域イベリア半島のカスティーリャ王国を例に，遠征の実態に迫ってみよう．

✖遠征の目的　カスティーリャの王族フアン・マヌエルは，四つの形態に遠征を分類する．①財を奪うために騎馬で侵入する場合，②木を伐採し土地を荒廃させるために堂々と侵入する場合，③ある拠点を包囲するために侵入する場合，そして④戦闘を求めて侵入する場合である．④の形態は敵軍勢との正面衝突（会戦）を意図した遠征であるが，中世の軍事技術書は（☞「軍事技術書」），交渉や妥協の余地が少なく，大損害につながる可能性のある会戦へ訴えることを強く戒めている．

　①の形態は，日帰りで数人規模で行う略奪や，最前線の都市民兵による遠征に該当する．家畜や食料獲得，人間の誘拐，あるいは何らかの報復行為として，敵地に侵入して殺害や略奪あるいは誘拐を行い速やかに帰還する．このような行為は，境域世界のみならず，権力が細分化された西欧封建社会の内部でも地域紛争というかたちで頻繁に生じていた．②の形態は，数千〜万の規模の軍勢になることもある，より明確な意図をもった略奪遠征である．敵国の経済力を摩耗，さらに住民を心理的に疲弊させて，政治，軍事，外交的な目的を達成するための手段であった．③の形態は，敵の城砦や都市の征服を目的とする遠征である．都市包囲戦を念頭に置いて，近隣領域の略奪が計画的に実施されることも多い．例えば6〜8年間に及ぶ組織的な略奪と破壊の結果，大規模な包囲戦にもち込むことなくイベリア半島中央部の都市トレドは1085年5月に降伏し，以後同都市は12世紀ルネサンスの重要な舞台となった（☞「12世紀ルネサンス」）．意図的に略奪遠征を行うことで，その後の外交交渉を有利に進めることもできた．

✖遠征の実施　国王が主導する大規模遠征の場合，その準備は段階を踏んで行われた．遠征が企画され，資金と食糧の調達準備に入るとともに，王領地の直臣や聖俗諸侯，そして都市参事会に集合日時と場所を伝え，招集の命令が発せられる．13世紀前半では，王の親衛隊（200人程度）と王領地の直臣，聖俗貴族や騎士修道会の軍勢（おのおの最大で500人程度），兵力の中核を担う都市民兵，そのほか傭兵からなる雑多な構成であった．中規模の遠征であれば総勢1,000人の騎

士と 2,000 人程度の歩兵からなるが，都市セビーリャの征服時（1248）の遠征軍は 4,000 人の騎士と 1 万人近くの歩兵で構成されていた．兵站（へいたん）の組織化と王権の徴発力が高まり，火砲も広範に用いられ始めた中世末のグラナダ戦争（1482〜92）では，総勢 5 万人近くの兵力が動員されている．

　軍勢の集結地となった都市には多大な負担のしかかる．史上有名なラス・ナバス・デ・トローサ会戦（1212）へと至る遠征の出発地トレドに集まった軍勢は，都市内に住むユダヤ人に危害を加えるばかりか「王と城主の菜園を刈り取り，トレドに多大なる害悪をもたらしつつ，同地に長らく滞在した」という．

図1　遠征に従軍する兵たち．13 世紀後半に作成された『聖母マリア賛歌集』写本ファクシミリの挿絵より［神奈川大学図書館；筆者撮影，2022 年］

　進軍速度は，騎乗の場合は 1 日当たり 40〜70 km，徒歩で 25〜30 km 程度，大軍の場合は 1 日に 15〜20 km しか進軍できなかった．行軍中の食糧物資の調達には常に頭を悩ませ，敵領域内での略奪は糧食の現地調達をも意味した．また食糧の得られない冬に遠征が行われることは少ない．敵領域を進むために斥侯を送り，地の利に明るい人材の助言により，野営地は慎重に選定され造営された．兵站は未成熟であり，期限付の従軍義務をもつ兵たちで構成されているため，可能な限り短期間での帰還を余儀なくされた．

✖遠征の意義　戦利品の獲得でもって相殺され得るとはいえ，遠征の実施には当然ながら莫大な人的，財政的な負担を強いられる．この遠征を円滑に実施するための資金調達を目的とした合議と承認の場として発展をみたのが，身分制議会である（☞「身分制議会」）．その原型が最初に確認されるのがカスティーリャ王国である事実は非常に示唆的といえる．略奪遠征の応酬は，必然的に敵地からの報復に備えられる城砦，見張り台で構築された防備警戒網の発達をうながすが，これは「カスティーリャ（城砦の地）」という地名そのものに示されていよう．

　そして文明圏の境域では，頻繁な略奪によって得られた戦利品や，捕虜解放時に獲得できる身代金ビジネスが経済行為として組み込まれた特異な社会の形成がうながされた（☞「捕虜・身代金」）．腕っぷしや才覚に応じて地縁血縁によらず身分上昇を遂げられるこの社会は，ならず者や山賊が闊歩する危険な場であるからこそ逆説的にも，略奪品の公平な分配から，遠征で負傷や死亡した者に対する保障，そして捕虜になった場合にその者を優先的に買い戻すメカニズムを備えた「優しい」社会であった．略奪を主たる目的とする遠征は中世の生の過酷さを示すと同時に，それを緩和あるいは克服するための人道的なメカニズムの創設にもつながった．　　　　　　　　　　　　　　　　　　　　［黒田祐我］

ニカの乱

532年，ビザンツ帝国首都コンスタンティノープル（現イスタンブル）で発生した暴動は多くの市民を巻き込み，時の皇帝ユスティニアヌス1世（在位527〜565）の帝位を脅かすほどの大反乱へと発展した．反乱の参加者たちが「勝利せよ（ニカ）！」と掛け声を発したことからニカの乱と呼ばれるこの騒擾は，帝都で起きた最大規模の市民暴動としてビザンツ帝国史に名を残している．後日，皇帝に命じられた軍が戦車競技場（図1）に突入し，非武装の市民3万人余を虐殺することでこの反乱は終息した．

図1　戦車競技場跡にあるテオドシウス1世のオベリスク基壇部に刻まれた皇帝特別席の様子［筆者撮影，2019年，イスタンブル］

✖戦車競技場と帝都住民　この反乱の主な舞台となったのは，帝都の戦車競技場であった．これは人々に公共の娯楽を提供する場であると同時に，市民の唱和を通じて，彼らと皇帝との間の政治的な対話を可能にする場でもあった．例えば，皇帝の即位の際に行われる市民の歓呼は，新皇帝の正当性を支持する民意の表明として重視された．また，皇帝の住む宮殿と直接つながる戦車競技場には皇帝特別席があり，競技や儀式のために皇帝が姿を現した際には市民による歓呼がなされた．この市民の歓呼を率いたのは，赤，白，緑，青に分けられた戦車競走チームの興行団体やそのファンからなる市民団体（デーモス）であり，6世紀には「青」と「緑」のデーモスが勢力を伸ばし，中心的な役割を担っていた．他方，市民の意思表明は必ずしも皇帝に好意的とは限らなかった．すなわち彼らは歓呼に続けて，しばしば皇帝や役人へのさまざまな批判や要求を唱和したのである．

6世紀の歴史家マララスは，ニカの乱のあらましを語る際，皇帝に向けて行われた市民の唱和に言及する．まず，暴動が発生する直前，各デーモスは「青」と「緑」所属の二人の死刑囚への恩赦を要求すべく戦車競技場で唱和を繰り返したが，その訴えを皇帝は聞き入れなかった．それに不満を抱いた「青」と「緑」は，それまで激しいライバル関係にあったにもかかわらず連帯し，大規模な暴動を引き起こすことになる．暴徒は火を放ち，帝都の中心部の広範な地域が焼け落ちた．その後，人々の不満はより政治的な段階へとエスカレートし，3人の高官の罷免を皇帝に要求すべく唱和を始めた．今回は皇帝も即座にその要求を受け入れたが，もはや人々の怒りを鎮めることはできなかった．彼らはユスティニアヌスに愛想を尽かせ，彼に代わる新しい皇帝を擁立しようとしたのである．以上か

らは，皇帝の統治体制に大きな衝撃をもたらしたニカの乱とは，皇帝と帝都住民の間の権力関係に生じた不均衡の一つの帰結であったと結論付けることができるだろう．帝都住民の要求が戦車競走場での唱和によって満たされなかった場合，不満を募らせた彼らは時に実力行使というかたちで皇帝に牙を剥いたのである．

✖皇后テオドラの演説　宮殿にとどまるべきかそれとも逃げ出すべきか，暴徒が迫るなか皇帝とその側近はさまざまに議論した．そこで毅然と声を上げたのは，ユスティニアヌス1世の妃テオドラである．彼女は亡命するよりも帝衣を着て死ぬ方を選ぶと宣言し，「帝衣は最高の死装束」であると語った．彼女の決意に突き動かされた皇帝たちは宮殿にとどまって暴徒に立ち向かうことを決断し，将軍たちに命じて反乱の武力鎮圧を成し遂げることになった．ニカの乱の命運を分けることになったこの皇后テオドラの演説は，この反乱を語るうえで欠くことのできない重要なエピソードであるといえる．この演説をわれわれに伝えるのは，6世紀の歴史家プロコピオスであるが，ほかの歴史書に言及がないことから，この演説がプロコピオスによる創作である可能性は否定できない．しかし，仮にこのエピソードが創作や誇張であったとしても，井上浩一が示すように，テオドラが夫たる皇帝の了解のもとに政策決定の場に参加していた可能性は高い（井上，2009）．J. ヘリンもまた，ニカの乱の際にテオドラが皇帝に意見を述べたという話が宮廷や帝都住民の間で流布していたであろうと推測する（ヘリン，2010）．

　奇遇にもテオドラもまた戦車競技場と縁があった．テオドラの父は「緑」に雇われた熊使いとして競技場での見世物に従事し，成長した彼女も見世物に出演しては女優，踊り子として民衆の歓声を浴びていた．その後テオドラは，紆余曲折を経て当時皇帝の甥であったユスティニアヌスに見初められることになる．当時女優は売春に従事する卑しい者と見なされていたが故に，二人の婚姻は法で禁止されていたが，ユスティニアヌスが皇帝に法の改正を申し入れることで，晴れて二人は結婚することとなった．故にテオドラは，卑しい女優から一躍皇后となった異例の女性であった．加えてニカの乱は，テオドラをビザンツ帝国史上最も力強く，有名な女性の一人へと押し上げる一つの契機となったのである．

✖ハギア・ソフィア大聖堂の再建　ニカの乱で生じた火災は帝都の景観を大きく変えた．反乱を鎮圧した皇帝の次の仕事は荒廃した帝都の復興であり，その最たる例が，焼失したハギア・ソフィア大聖堂の再建事業であった．帝都の総主教座聖堂であると同時に皇帝の教会儀礼の中心でもあったこの聖堂の再建のために，皇帝は二人の建築家に依頼し，莫大な資金を費やして事業を推し進めた．ニカの乱からわずか5年で完成した新しい聖堂は，直径30余メートルもの巨大なドームを有し，長きにわたり帝国のシンボルとして帝都を訪れる者たちを圧倒し続けることになった．そして，帝国が滅び，都市の名がイスタンブルに変わった現在でもなお，われわれはその威容を目にすることができるのである．　　　［紺谷由紀］

ノルマン征服

　1066年，北フランスの有力諸侯ノルマンディ公ギヨーム2世がイングランドを征服した．この事件はノルマン征服と呼ばれる．概略を示そう．1066年1月，イングランドのエドワード証聖王（在位1042〜66）が没し，王位は妻の兄弟で有力貴族ゴドウィン家のハロルドに渡った．それに対し血縁関係にあるノルマンディ公ギヨーム2世は王位を主張，軍を率いて英仏海峡を渡りイングランドに上陸した．10月14日，ハロルドのイングランド軍とギヨームの大陸ノルマン軍が対決する．この激戦がヘイスティングズの戦いである．勝利したギヨームは王位に就き，大陸出身の貴族たちとともにノルマンディと行き来しながら双方を統治した．イングランド史では彼をウィリアム1世（征服王：在位1066〜87）と呼びノルマン朝（1066〜1154）の祖とする．

　⚔ **1066年10月14日**　このヘイスティングズの戦いについては，1070年代作成の長大な刺繍の巻物である《バイユーのタピスリー》（図1）という稀有な情報源が，エドワードの死から戦闘シーンまで生き生きと描く（鶴島, 2015）．

図1 《バイユーのタピスリー》の一場面．バイユー・タピスリー美術館 HP で全体を見学可能［フランス，バイユー・タピスリー美術館］

　10月14日早朝，ハロルド側は丘の稜線に陣取っていた．馬を下りた騎兵と歩兵がみっしりと楯を並べ壁をつくる伝統的な密集戦術の準備が整っている．兵士たちは鎖帷子と兜を着け，槍や剣，戦斧で戦う．中心には親衛隊（フスカール）がいる．ノルマン側では，歩兵や弓兵の後ろに戦闘の中心を担う騎兵が置かれた．ノルマン軍を中心に左翼にブルターニュ軍，右翼にフランドルなど大陸軍が並んでいる．戦闘が開始すると，槍を持った騎兵たちが丘の上のハロルド側に突撃する．騎兵が突撃しては戻り，また突撃を繰り返して楯の壁を破る戦法だった．鉄壁の守りにノルマン側は攻めあぐね，ギヨームの死の噂が流れ軍は動揺した．そこで彼が兜を上げて顔を見せたシーンは《バイユーのタピスリー》にある．ギヨームの軍は活力を取り戻す．突撃し，退却したと見せ敵を誘う．イングランドの兵士たちが追撃に飛び出し，楯の壁が壊れたところをノルマン側が取り囲み，激しい混戦となった．ハロルドの兄弟，ギリスとレオフウィンが討たれる．ハロルドが目を射抜かれて斃れ，王を失ったイングランド側が敗走し激戦は幕を閉じた．戦場は死屍累々，血の海となっていたと史料は伝えている．

✖ノルマン征服とヘイスティングズの戦い　勝利は「優れたノルマン騎兵」のなせる業だったのか．話は簡単ではない．そもそも，ギヨームの支配の安定と近隣勢力の弱体化という好機が遠征の前提だった．ハロルドがギヨームへ臣従礼を取っていたこと，エドワードとの約束などギヨームは王位継承の正統性を訴え，神の支援を願い教皇の支持を得る．彼の大船団は満を持して 9 月 29 日午前に上陸した．それは潮の流れや風向きを選び丸一晩を要する大渡航だった（鶴島，2015）．一方，攻撃を予期したハロルドは南部の沿岸ですでに長期間軍を待機させていた．だが攻撃はなく不満の蓄積した軍を解散した直後，北部への北欧勢力の侵攻を知り急遽北上する．9 月 20 日のフルフォードの戦い，25 日のスタンフォード・ブリッジの戦いは，ハロルドの弟トスティと組んで侵攻してきたノルウェー王ハーラルのとの対決だった．フルフォードでは有力伯たちが率いるイングランド軍は北欧勢力に敗れたが，スタンフォード・ブリッジでは到着したばかりのハロルド軍が大勝した．そこにノルマン軍上陸の知らせを受け，疲弊した軍を率いて南下したところでヘイスティングズの戦いに臨んだのである．ヘイスティングズの戦いの結果には複合的な背景を考慮する必要があるだろう．

✖現代社会はノルマン征服に何を見るか　ノルマン征服の評価にはしばしば歴史家の置かれた時代状況が影響した．19 世紀末，イングランド史の泰斗 E. A. フリーマンはノルマン征服にイングランド人の祖国愛を見，アングロ・サクソンの国家的伝統を強調した．対して J. H. ラウンドは中世イングランド国制の起源をノルマン征服に求めた．「祖国に命を捧げたイングランド軍」対「大陸の侵略軍」あるいは「辺境のイングランド軍」対「優れた大陸フランス軍」という観点の背景には政治的解釈があった（Chibnall, 1999）．R. W. サザーンは，ノルマン征服 900 周年の 1966 年「イングランドのヨーロッパへの最初の仲間入り」として，中世イングランドが征服後，大陸ヨーロッパと密接に結び付きつつ自意識を発展させたと評した（Southern, 1966）．イギリスがヨーロッパ共同体 EC への加盟をめぐり揺れていた頃である．50 年後のイギリスのヨーロッパ連合 EU 脱退は大陸ヨーロッパとイギリスの関係がいかにジレンマに満ちたものかを示したが，その際もノルマン征服が話題に出ているのである（Bates, 2022）．

　ノルマン征服を「イングランド対フランス」と考えるのは，国境と統一された法をもつ近代国家を過去に投影した理解であろう．征服は 1066 年で完結する出来事ではなく「イングランド対フランス」でもない．征服前からブリテン島，北欧世界，大陸ヨーロッパは密接に関わっていたし，ノルマン征服に由来する「アンジュー帝国」はブリテン島と大陸フランスにまたがる．そして，当然のように重視されてきたノルマン征服の歴史的意味についても再検討が進む．「ノルマン騎兵」対「イングランドの歩兵」といった二項対立や王朝の交替のみに基づく見方を覆しつつ，ノルマン征服にわれわれは何を見るのだろうか．　　　　　［中村敦子］

十字軍

十字軍を規定する要素は，キリスト教会の敵に対して戦うことで得られる贖罪である．十字軍運動は 1095 年の教皇ウルバヌス 2 世の呼びかけに始まり，中近東のみならず，イベリア半島やバルト海周辺地域などを含む全ヨーロッパ世界や，北アフリカでも展開され，1798 年に終焉した．

✖「キリストの戦士」と十字軍特権　十字軍は，十字軍士となる者がローマ・カトリック教会の頂点に位置する教皇によって贖罪を含む十字軍特権を与えられることで成立する．十字軍士となるには，代理人としての教皇を介して神との間に双務的契約関係を結ぶことで，「キリストの戦士」になる必要があった（図1）．この関係のなかで教皇庁から与えられるものを十字軍特権と呼ぶが，それは時代の経過とともに新たな要素を含むようになっていった．

十字軍士として活動するには莫大な資金が必要であり，それは十字軍運動を支えた十字軍家系と呼ばれる特定の者たちにとって大きな負担であった．これに対して 1169 年に導入されたのが十字軍宣誓代償制であり，十字軍参加者のために資金提供をする者に，参加者と同等の贖罪価値が認められた．当初は騎士階級に限定されたこの制度は，教皇インノケンティウス 3 世によって全キリスト教徒にまで拡大された．そして，14世紀に十字軍宣誓代償金の領収書として発行されたのが贖宥状である．しかし 1563 年，対抗宗教改革を目指したトレント公会議の中で贖宥状は廃止された．

インノケンティウス 3 世は十字軍宣誓代償制を拡大するとともに，全教会の収益の 40 分の 1 を十字軍税として徴収するシステムを整えた．第 4 回十字軍の失敗を経て税率は 20 分の 1 に上がった．最終的には 1274 年に 10 分の 1 に固定されたうえで，全ヨーロッパ世界を 26 の十字軍税徴収管区に区分された．これに伴って十字軍士には，十字軍税徴収権や 10 分の 1 税免除権といった財源に関わる新たな十字軍特権が付与されていった．

✖聖地十字軍と非聖地十字軍　前述のような契約関係に基づいて一人でも十字軍士が存在すれば，それは十字軍運動の一環となる．「第〇回十字軍」という表現

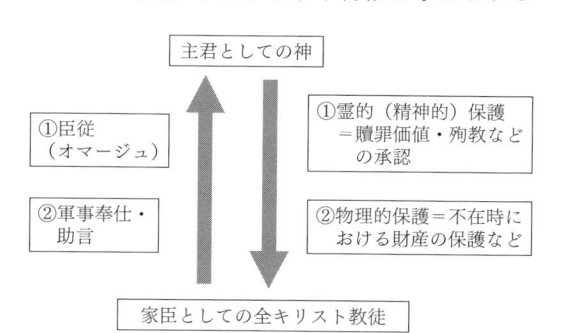

図1　キリストの戦士の概念図〔筆者作成〕

は 15 世紀頃より過去に聖地を目指した大規模な十字軍を表すのに用いられたものであり，実際には数えきれないほどの十字軍が実施された．1291 年のエルサレム王国滅亡後も，教皇たちは聖地十字軍を呼びかける十字軍勅令を発布し，軍事遠征も 15 世紀まで実施された．しかし，1517 年に教皇レオ 10 世が第 5 ラテラノ公会議の中で発した勅令が最後となった．

　聖地エルサレムの奪還を究極的な目的としつつ，それを推進するうえで重要な局面や，それを阻害する要素に対する十字軍運動も同時並行的に展開された．第 1 回十字軍に即して十字軍の性格を付加されたレコンキスタ，1147 年の対ヴェンド人の十字軍の延長線上に置かれるバルト十字軍，14 世紀後半よりヨーロッパに侵入してきたオスマン朝に対する十字軍などは異教徒に対するものであったが，ヨーロッパ内部において展開された十字軍は，原則として異端と位置付けられた者たちを対象とした．これらの非聖地十字軍は，インノケンティウス 3 世の時代より本格的に推進されていくこととなる．この背景には，前述のように教皇庁が十字軍のための財源を確保したことがあった．

✖神聖同盟と十字軍　基本的に十字軍士の確保は世俗諸侯に依拠したが，1356 年に当時教皇庁の置かれていたアヴィニョンを防衛するために雇用された傭兵団が十字軍特権を付与されて以降，教皇庁も独自の十字軍を組織していく．そして，イタリア戦争の中の 1495 年，教皇アレクサンデル 6 世は対フランス王国・対オスマン朝の神聖同盟を結成するが，同盟軍に十字軍特権を付与するとともに，教皇庁も十字軍の一駒として参戦した．すべての神聖同盟が十字軍特権を伴ったわけではないが，例えばプレヴェザの海戦やレパントの海戦に際して結成された神聖同盟には十字軍特権が付与された．しかし，1684 年に結成された対オスマン朝の神聖同盟を最後に，十字軍は神聖同盟の中から姿を消した．

✖永続的十字軍特権と十字軍の終焉　このようにして教皇の主導する十字軍は終焉した．しかし，十字軍運動は続いた．それは，永続的十字軍特権を付与された集団が存在したからである．永続的十字軍特権とは組織や政治体に与えられたものであり，独自の判断に基づいて現地で十字軍士を創出できる権限である．この特権が付与された団体は三つあった．

　プロイセンにおいて植民活動を行っていたドイツ騎士修道会には 1245 年，ロードス島を占拠した聖ヨハネ騎士修道会には 1309 年，そしてキプロス王国には 1341 年に付与された．ドイツ騎士修道会については 1525 年に総長がプロテスタントに改宗することで，キプロス王国については 1489 年にヴェネツィア共和国の支配下に置かれることで同特権は消滅した．そして，1522 年にマルタ島に拠点を移した聖ヨハネ騎士修道会であったが，1798 年に同島をナポレオン・ボナパルトに制圧されることで同特権も消滅し，従ってここに十字軍運動は終焉を迎えることとなった．　　　　　　　　　　　　　　　　　　　　　　［櫻井康人］

騎士道と武具

　騎士は，中世ヨーロッパ社会を象徴する存在，社会身分の一つである．その姿は「馬に乗った甲冑戦士」として思い描かれ，また勇猛，忠誠，礼節，慈愛といった徳，すなわち「騎士道」の体現者としても認識される．では，そうした現代のイメージはどの程度，現実の騎士を反映していたのだろうか．

✖騎士の誕生　騎士身分の起源はゲルマン民族にみられた「従士制」に求められる．ゲルマン戦士は自分たちの首長（王）に忠誠を誓い，従士として身を捧げた．首長はそうした戦士団に対して，奉仕と引き換えに保護と給養を約束した．こうした自由身分同士の契約関係が，中世封建制度の起源であり，騎士身分の由来と考えられている．中世初期のゲルマン戦士は必ずしも騎乗しておらず，トゥール゠ポワティエの戦い（732）頃まではむしろ徒歩兵が主体だったと考えられるが，フランク王カール大帝（在位768〜814）は有力な従士に騎乗での従軍を義務付けた．これは当時の敵，サラセン人，ノルマン人，アヴァール人が皆騎馬を活用したことによる．こうして従士は「騎士」へと変化していった．つまり騎士身分を特徴付ける騎乗行為は，純粋に戦術的要請であり，支配階級の証としてではなかったことになる．

✖騎士道の理想と現実　あらゆる規範がそうであるように，騎士道も社会から求められる理想と，実際の役割の両方が反映されている．中世における騎士の役割は，騎乗がもたらす機動力に依存していた．中世の戦争の本質は，略奪による敵への懲罰と経済の破壊だった．騎乗兵は機動力を活かして敵の都市，村落を奇襲し，広範囲を略奪し，素早く戦利品を持ち帰った（図1）．また，略奪品を満載した敵の輜重隊を追撃し，奪回するのも騎乗兵ならではの役割であった．

図1　農村を略奪するノルマン騎士（11世紀），《バイユーのタピスリー》より［フランス，バイユー・タピスリー美術館］

　こうした略奪主体の私的な戦争（私戦）を抑制しようとしたのが当時の教会であり，神学者たちは略奪目的の戦争を完全否定した．騎士道にみられる「女性への礼節」や「弱者への慈愛」も，騎士の本質的野蛮さを抑制するための規範である．さらに教会は，騎士叙任式に罪の告白や聖体拝領といった宗教性を付与して，彼らに「キリスト教の戦士」としての自覚を植え付けようとした．騎士道とは，略奪兵としての騎士の役割と，キリスト教との妥協といえよう．

　しかし，騎士の軍事的本質は変わらなかった．キリスト教の「聖戦」においても略奪は最有力の戦術だった．例えば騎士修道会の一つ「ドイツ騎士修道会」は，14世紀を通じて東欧の正教徒に定期的な略奪行を仕掛けて，農村を焼き，住民を捕虜として連行することを「十字軍」と称したのである（山内，1997．☞「十字軍」）．

⚔騎馬突撃の優位　騎士の武装の中でも，欠くべからざるものは「馬」である．すでに古代ローマ末期には，サルマティア人やフン族といった騎馬民族に対抗するため，ローマ軍でも騎兵隊が重視されつつあった．よって西ヨーロッパへの馬具の伝来（特に鞍や鐙（あぶみ）の導入）が騎士を誕生させたわけではなく，前述の通り戦術上の必要が先行し，結果的に騎乗技術を発展させたとみるべきである．また中世を通じて，軍馬の改良，大型化も西欧各地で続けられた．こうした努力の結果，騎士は最も優れた「快速部隊」の地位を占め続けた．

　騎士の武器で重要なのは剣よりも槍である．槍を構えての騎馬突撃は，中世の戦場で無類の強さを誇った．当初，槍はもっぱら投擲（とうてき）武器として使われたが，11世紀のノルマン征服では（☞「ノルマン征服」），騎士たちは槍を投槍としても，腋に構えて突く武器としても使い始めている．この騎馬突撃は，長柄武器を備えた14世紀のフランドル歩兵や，15世紀ボヘミアのフス派市民兵によって戦術的価値を失った，といわれることが多い．しかしこれら中世の歩兵隊は，陣地に依拠し防御に徹する場合のみ騎士を打倒し得たのであり，逆に攻撃も離脱も自由自在の機動性をもつ騎士の優位はなかなか揺らがなかった（ホール，1997）．騎士の完全な没落は，マスケット銃と銃剣を装備した銃兵隊や，野戦砲兵が登場する17世紀を待たねばならない．

⚔甲冑の発展　騎士を優位ならしめたもう一つの装備は甲冑である．騎士の鎧（よろい）として一般的に想像される，全身を覆う板金鎧はかなり後世のものであって，長弓や弩（いしゆみ），あるいは小火器を防御するために発達した姿である．軍事エリートである騎士ですら，当初は鉄製の甲冑をほとんど備えておらず，せいぜい金属で部分的に補強された革製防具が，彼らの基本装備だった．8世紀の伝記者ノトケルは，カール大帝とその騎士たちを「鉄の人」と呼んでその雄姿を讃えているが，これは逆説的に当時鉄の甲冑がいかに希少だったかを示している．しかし中世の鉄生産が増大するにつれ，鉄兜や鎖帷子（くさりかたびら）が普及していった．特に鉄製リングを編み込んだ鎖帷子は，斬撃にも刺突にも強く，前述の飛び道具が出現するまでは無類の防御力を騎士に保証してくれた．

　騎士はまさに中世における戦場の花形であった．しかしその戦い方が，騎士道精神に高らかに謳われたような，正々堂々たるものであったわけではない．彼らは優れた甲冑に守られながら，その機動性と攻撃力によって敵の領土と領民を略奪，蹂躙（じゅうりん）する，恐るべき「ウォーマシーン」だったのである．　　　　　［白幡俊輔］

シチリアの晩禱

　　1282 年 3 月末日，シャルル・ダンジュー（在位 1266〜85）が統治するシチリア島に，その支配の終焉を告げる鐘の音が鳴った．数々の年代記にみる「シチリアの晩禱（ばんとう）」の語り口は，いつも次のようなエピソードから始まる．すなわちシチリア島の女性がパレルモ郊外サン・スピリト教会でフランス人兵士から暴行を受け，居合わせた夫がその兵士を殺害すると，夕刻の祈りの鐘の音を合図にフランス人虐殺が繰り広げられた，と．まさに 19 世紀の画家 F. アイエツが描く情景である（図1）.

図1　フランチェスコ・アイエツ《シチリアの晩禱》(1846)［ローマ国立近代美術館］

　　シチリアの晩禱 700 周年に向けて発表された E. ピスピサ『シチリアの晩禱史における問題』(1980) が示すように，長らくこの事件の認識は「アイエツの描く油絵的ビジョン」にとどまっていた．またこの事件をめぐる歴史上の評価は，体制の打倒を成し遂げた民衆の偉業という称賛と，長期的な混乱をもたらしたことへの非難との間で揺れ動いてきた．

　　この事件は，イタリアだけではなく地中海世界を巻き込み，その後，約 2 世紀にも及ぶ騒擾を引き起こし，地中海南部の暗い時代を象徴してきた．しかし諸地域の政治，商業，経済，文化を結び付けるこの問題を理解することは，今日網の目に広がる中世研究の重要な結節点の一つになる．ピスピサの考察から約 40 年を経て，現代のビジョンはいかにして描けるだろうか．

✖事件をめぐる二つの局面　　一般的に，「シチリアの晩禱」とは，民衆的な反王政暴動からアラゴン連合王国の侵略によって生じたシチリア王国の分裂に至る一連の事象を指す．しばしばロマン主義的な歴史家の中には，数名の工作員が侵略のためにパレルモ暴動を画策したという「陰謀」論で，暴動と侵略を同一線上に語ることもあったが，近年これら二つは別個の事象として整理されている．

　　第一に，かなり長い間，重税や国王役人による不正，パレルモからナポリへの首都遷移によってシチリア島民の不満が爆発した暴動であると説明されてきた．一方で S. ランシマン『シチリアの晩禱』(1958) が示すように，マンフレディ治世（在位 1258〜65）にはすでに王国の中心が半島部に移され，また不正を行っていた役人が，実はフランス人ではなく，12 世紀からその地位を世襲してきたアマルフィ人であったことが指摘されると，暴動の背景説明はその射程を広げるよ

うになった．この点においてこの暴動は，シャルルの悪政の結果というよりも，12 世紀以来続く王国支配の限界とも理解されるのである．

第二に，侵略面では，アラゴン連合王国の地中海拡大の過程に位置付けられてきた．13 世紀初頭から地中海世界の島々を征服し，「島嶼の道」を築いてきたアラゴン王権は，シュタウフェン家との婚姻を理由にシチリアの王冠を狙っていた．1282 年にシチリア島を制圧したアラゴン王権は，以後，半島部に追いやったアンジュー朝との長い戦いに突入した（シチリアの晩禱戦争）．その結果，長期的な戦争の舞台となった南イタリアは，政治，経済的に凋落し始めたとされた．

これら二つの側面を合わせて，「シチリアの晩禱」は，シチリア王国の歴史，あるいはイタリアの歴史において「多くの悲劇の始まりであり，偉大なものではない」と論じられた（Croce, 1965）．中世後期のシチリア王国をめぐる衰退史観はいまだに根強く残されており，多くの課題を抱えている．

✠シチリア王国と海域　ナショナル・ヒストリー隆盛の時代に，多くの歴史家は，この事件を，シチリア国民の称揚か国家の衰退か，という物差しで評価してきた．しかし近年では，国家の枠組みに囚われることなく，王国の社会制度が精査され，また国際的な境域の視点が加わることで，シャルル治世や「シチリアの晩禱」に対する毀誉褒貶（きよほうへん）よりも，シチリアの政治文化のあり方やその歴史上の影響に注目する傾向が増えている．

特に海に囲まれたシチリア王国では，海域やそのネットワークを論点とする研究が増えている．近代的な領海概念が存在しない中世の海の上に，シャルルはその支配を目論み，海上空間を戦略的に利用していた．シャルル統治下の徹底した港の管理と周辺航路の支配を通して行われた同盟者の優遇と敵対者の排除は，シャルル治世以降もシチリア王国の基盤的な政治的，経済的文化となった．政治と商業が表裏一体の地中海世界において，交易空間である海の支配は，13 世紀から 14 世紀にかけて，強大な政治権力をシチリアの支配者にもたらし続けた．

そのような政治文化が形成されるなかで，この事件は，地中海の商業，経済の発展をもうながした．例えば 1282 年以降，シチリア島を支配したアラゴン王権は，かつてのフェデリコ 2 世時代の私掠許可証制度を再整備した．しかし当然，私掠者たちを統制することはできず，海には無法者が溢れ返った．私掠が横行した晩禱戦争の期間に，地中海では無法者が増加し，現実的な海上リスクが商業活動を妨げた一方で，その時のリスク高騰が商人たちにリスクマネジメントの必要性をかき立て，海上保険制度を発達させていくのである（☞「商業実務」）．

このように諸地域間を結び付ける海，あるいは権力を醸成する海に目を向ける海域史において，「シチリアの晩禱」やシチリア王国の歴史は，さまざまな研究分野と結び付く．今やフェデリコ 2 世死後の魅力を失った王国像（衰退史観）を超え，多くの課題とともに，新たな地平に歩を進めている（☞「海」）．［高橋謙公］

百年戦争

百年戦争とは一般的には，1337 年にイングランド王とフランス王の間で始まり，1453 年にかけて中断しつつ続いた紛争状態を指す．ただし，両王の正規軍がたえず武力衝突していたわけではない．休戦していた期間も長く，平和条約が二度にわたり締結されている．「百年戦争」の名称は，国民意識が高揚した 19 世紀前半のフランスで生まれ，同世紀後半にイギリスでも普及した（佐藤，2020）．

✖封建的紛争　戦争の起源は 12 世紀以前にさかのぼる．1154 年，フランス北西部を拠点とするアンジュー家が英王位を継承し，英仏海峡を跨ぐ大領土を形成した．その後，英大陸領は縮小したが，イングランド王はボルドー周辺を領有し，1259 年アキテーヌ公としてフランス王に臣従した．13 世紀末，西欧規模での経済不況が始まると，両王はアキテーヌ公領をめぐって衝突を繰り返した．しかし，未解決のまま仏カペー朝が断絶し，ロベール・ダルトワの亡命やスコットランド王位継承問題などの外交問題も重なった．1337 年フランス王フィリップ 6 世（在位 1328〜50）が英大陸領の没収を宣告すると，イングランド王エドワード 3 世（在位 1327〜77）が臣従破棄を通告し，戦争状態となった（城戸，2010）．

序盤戦では，イングランド軍が 1340 年スロイスの海戦に続き，1346 年クレシーと 1356 年ポワティエにおける二度の会戦においては，エドワード黒太子に率いられてフランス軍に連勝した．陸戦では，大量速射が可能な長弓兵主体のイングランド軍が，装備に手間のかかる弩兵を最前列に置くフランス軍を混乱に陥れ，ポワティエではフランス王ジャン 2 世（在位 1350〜64）を捕虜とした．1360 年のブレティニー・カレー平和条約では，イングランド王は仏王位継承権を放棄する代わりに大陸領の拡大を実現し，フランス王はこれに対する主君としての権利を放棄した．封建的主従関係が破綻するなかで始まった戦争がその解消により一区切りしたことから，序盤戦は「封建的紛争」ととらえられることが多い．

しかし，英支配下に入った南仏領主らの不満がきっかけとなって，1368 年に戦争が再開した．フランス軍は大元帥ベルトラン・デュ・ゲクランのもと，人命や労力の面でリスクの大きい会戦を避ける不戦と奇襲を駆使して，失地回復に成

図 1 『フロワサール年代記』（15 世紀末の写本）より，クレシーの戦いの挿絵［フランス国立図書館（BnF）；Bove, 2009］

功した．その後，英仏両国において王家および大貴族間の政争が始まり，また教皇庁では大シスマ（教会大分裂）が生じたため，教会統一のためにも英仏和平の機運が高まった．しかし，アキテーヌ公領の再編問題で合意に至らず，休戦協定の延長と更新が繰り返された．1396 年には 28 年間に及ぶパリ休戦協定が締結された．

✖王朝的・国家的紛争　戦局が動いたのは 15 世紀初頭である．ヴァロワ朝のフランス王シャルル 6 世（在位 1380〜1422）が精神疾患を発症していたことも一因となって，フランスではアルマニャック派とブルゴーニュ派の内戦が勃発した（グネ，2010）．これを背景として，ランカスター朝のイングランド王ヘンリー 5 世（在位 1413〜22）の親征軍が北仏への侵攻を開始し，1415 年アザンクールの戦いで圧勝した．敗戦後のフランスでは内戦がさらに激化し，ブルゴーニュ公フィリップはヘンリー 5 世と軍事同盟を結んだ．このブルゴーニュ派が英仏両王を仲介して，1420 年トロワで平和条約が締結された．仏王位継承権はランカスター家に移り，1422 年に英仏の同君連合が成立した．イングランド軍による北仏の占領や入植が始まり，戦争は王朝的，国家的な性格を帯びた．

　ジャンヌ・ダルクが歴史の舞台に登場したのは，パリおよび北仏が英占領下に置かれた時代である．彼女は 1429 年，ヴァロワ王太子シャルル（後の 7 世，在位 1422〜61）に受け入れられ，オルレアンを攻囲するイングランド軍と戦った．その勝利とランス大聖堂でのシャルルの国王戴冠により，戦況は仏側に傾き始めた（☞コラム「ジャンヌ・ダルク」）．1435 年，アラス講和会議では英代表団が途中離脱したことにより，フランス-ブルゴーニュ間で単独和平が成立した．イングランド国内では，ノルマンディを中心とする占領統治を財政的に維持できるか否かを焦点として，和平派と戦争継続派が対立し始めた．

　1444 年にトゥールにおいて休戦協定が結ばれた頃には，フランスの軍事，外交上の優位は明らかだった．しかし，翌年以降のロンドン和平交渉では，仏王位継承権と英大陸領の問題をめぐって英仏の主張はかみ合わず，交渉は平行線をたどった．この頃より，フランス軍は王令部隊と呼ばれる常備軍や最新の技術をもつ砲兵隊を整備し，1450 年ノルマンディの奪還を経て，アキテーヌ地方に侵攻した．英支配の拠点ボルドーは，1451 年にフランス王と降伏協定を結んだ後，1453 年カスティヨンの戦いにおけるイングランド軍の敗北を経て陥落した．歴史研究ではこれをもって「百年戦争」が終結したと考えられている．

　しかし，1453 年に平和条約が締結されたわけではなく，北仏のカレーは以後，約 100 年間，英占領下に置かれた．イングランド王国内では 1455 年にバラ戦争が始まったため，大陸侵攻に割く余力はなくなっていく．ヨーロッパ大陸での領地拡大をめぐる英仏の軍事対立は徐々に終息していき，最終的には 1492 年，北仏のエタープルで新たな平和条約が締結された．　　　　　　　［佐藤　猛］

農民反乱

　　領主や王権の過度な干渉に対する農民の抵抗は，三つの基本形態に区別される（☞「領主と農民」）．第一の形態は，支配層の要求に対する集団的拒否，あるいは既存の権利や義務を理由とする部分的抵抗である．このような例はすでにカロリング期においてみられ，領主の過度な貢租引き上げ要求に対する農民の貢納拒否の記録が確認できる．第二の形態は，開墾地域への流出や近隣都市への逃亡である．この場合，農民は領主と絶縁してより良い生活条件を求めてよそへ行った．第三の形態は集団的暴力行使である．この形態は中世後期にフランドル，イタリア，フランス，イングランドなどヨーロッパ各地で確認することができる．

　　集団的暴力行使を伴う農民反乱が，特に中世後期に確認できるのは，当時の政治，社会的背景から説明できる．14世紀初頭には開墾運動の限界や既存耕作地の収穫率減少が起こり，さらに気候の悪化も伴って頻繁に飢饉が発生するようになった．これに加えて百年戦争（1337〜1453）の始まりは，農村の荒廃をさらに推し進めた（☞「百年戦争」）．戦争に伴う経済的混乱と王権による新たな税の要求は，疲弊した農村共同体を蜂起へと駆り立てたのである．

　　農民反乱は農村共同体の構成員をその組織の基盤とする．しかし市場経済の発展とともに，反乱は一定の地域的な広がりをもち，多様な階層の人々と連携するようになった．農民反乱には，しばしば都市民や手工業者，聖職者などが参加し，反乱組織において主導的な役割を果たした．また軍事経験が豊かな貴族も，農民から指導者になるよう切願された．このような反乱組織の多様性は，中世後期の農民反乱に顕著に表れる．以下，具体例として中世後期の代表的農民反乱であるジャックリーの乱とワット・タイラーの乱について触れることとする．

✖ジャックリーの乱　　ジャックリーとは，農民一般に対する蔑称であった「ジャック」「お人好しのジャック」に由来する．しかしこの呼称は同時代には使用されておらず，16世紀以降徐々に定着していった．

　　この農民反乱の背景には，ポワティエの戦い（1356）でのフランス王ジャン2世（在位1350〜64）の捕囚，王太子シャルル（後のシャルル5世，在位1364〜80）とエティエンヌ・マルセル率いるパリ市の対立，フランス王位を狙うナバラ王カルロス2世（在位1349〜87）の動向など，当時のフランス王国の政治的混乱があった．また黒死病の流行や度重なる貨幣改悪，解雇された傭兵団の野盗化も社会的な問題となっていた．

　　こうした状況のなか，反乱勃発の直接的な契機となったのは，1358年5月14日に王太子シャルルによって発布された『コンピエーニュ勅令』に基づく臨時税

の徴収であった．5 月 28 日にボーヴェ地方のサン゠ルゥ゠デスランで農民反乱が勃発し，またほぼ同時期にノルマンディ，ピカルディ，シャンパーニュなど北フランス各地でも農民が蜂起した．ジャックリーの乱は中世フランスにおける代表的な農民反乱であるが，その構成員は農民を主体としながらも，聖職者や都市民，手工業者，国王役人など幅広い階層を含んでいた．反乱軍は貴族の城館や砦を攻撃し，同時にパリ市との連携を目指した．しかし 6 月 10 日にナバラ王カルロス 2 世によってその主力軍が鎮圧され，そのほかの北フランス各地の反乱も 8 月には終了した．

✖ワット・タイラーの乱　1381 年 5 月 30 日，イングランド南東部エセックスのブレントウッドで，人頭税徴収に対する反乱が勃発した．ワット・タイラーに率いられた反乱軍は，テムズ川を越えてケントに侵入し，6 月 10 日にカンタベリーを占領した．13 日朝，ジョン・ボールによる「アダムが耕し，イヴが紡いでいた時，誰がジェントルマンであったか」という古いことわざを題目とする説教が行われた後，反乱軍はロンドンを占領した．翌 14 日，反乱軍はマイルエンドで国王リチャード 2 世（在位 1377〜99）と会見を行い，農奴の解放やエーカー当たり 4 ペンスで地代を固定することなどを要求し，国王はこれを承諾した．しかしワット・タイラーはこの会見を不服として，翌日にもスミスフィールドで国王と会見した．彼はこの会見の場でロンドン市長ウォールワースによって殺害された．その後，指導者を失った反乱軍は，国王の命令によって解散させられた．

　この反乱の背景には，黒死病によって引き起こされた経済的，社会的緊張があった．疫病の蔓延によって農村の労働者人口が減少し，賃金は急激に上昇した．しかし王権は領主の利益を守るために，1349 年と 1351 年に賃金を黒死病以前の水準に戻そうとしたため，領主と農民間で経済上の摩擦が生じた．また 1369 年以後，イングランド王権は百年戦争の初期に獲得した大陸領の大部分を喪失し，イングランド沿岸部ではフランス艦隊の襲撃事件が起こっていた．このような百年戦争における王権の失策も，地域社会において懸念となっていた．

　またかつてワット・タイラーの乱は，農奴身分からの解放を求めて農民たちが起こした反乱であると考えられていた．しかし 1381 年時点で反乱の中心地であったイングランド南東部では，すでに農奴制はまれであった．またこの反乱の構成員も非常に広範な身分からなっており，広域の保有地をもつ者や，村落や郡において行政上の要職に就いていた者が，この反乱の主導的役割を果たしていた．したがって，反乱勃発の原因を農奴制のみに求めることは困難である．そのため黒死病後の領主制の危機の時代に，従来の領主権と変化する農村社会との間で緊張関係が生じ，さらにそこに百年戦争における王権の失政が重なったことで，さまざまな階層の人々がこの反乱に参加することになったと考えられるのである

［花房秀一］

コンスタンティノープル陥落

　1453 年 5 月 29 日は，ビザンツ帝国の首都として 1000 年もの長きにわたり栄華を誇ったコンスタンティノープルがオスマン朝の軍勢を前に陥落した日として記憶されている（☞「ビザンツ帝国」「オスマン帝国」）．コンスタンティノープルは難攻不落の都市であった．三角形の形状をした都市のうち 2 辺を金角湾とマルマラ海に囲まれている．さらに，この海と陸の境目には城壁が設けられていたために，中世の攻城戦における定石である投石機の設置を難しくしていた．さらに，戦時になると金角湾の入り口には太い鉄鎖が巡らされ，湾内への艦船の侵入も阻まれる．そして，バルカン半島に接続する残り 1 辺と都市との間には，412〜413 年に建設された 3 重の防衛壁を誇るテオドシウスの城壁がそびえる．長さ 6 km にわたるこの長い壁の外にはさらに堀が設けられ，内壁には約 70 m ごとに塔が配置された．このような堅牢な防備の前に，この都市の攻略を試みる企ての多くが退けられてきた．唯一，第 4 回十字軍はヴェネツィアの艦隊の協力を得て，金角湾沿いの城壁の一角の防御を破って中に侵入することに成功した．この時の征服の成功は天候などの偶然に左右された面が強く，また半世紀の後にはコンスタンティノープルが再びビザンツ人のもとに回復されることになった．他方，1453 年のコンスタンティノープルの攻囲は，メフメト 2 世によって周到に計画された軍事行動であり，また征服の結果はすなわちビザンツ帝国の最終的な滅亡にほかならなかった点においても，大きな歴史的意義をもつ．

✖前史　陥落のずっと以前から，ビザンツ帝国はいつ滅亡してもおかしくない状況に追い込まれていた．ビザンツ帝国を中興したパライオロゴス朝は 14 世紀中葉に深刻な内戦を経験する．この時の当事者の一方であったヨハネス 6 世との間に縁戚関係を結んでいた，アナトリア半島中部のトルコ系勢力であったオスマン朝は内戦に介入して，バルカン半島に渡った．この結果として手に入れたマルマラ海沿岸部を足がかりとして，オスマン朝はバルカン半島やペロポネソス半島への軍事遠征を繰り返して支配領域を広げていった．この動きに対峙することになったビザンツ皇帝は，オスマン朝との縁戚関係を進めたり，皇子を人質としてブルサのスルタンのもとに預けるなどの服従を余儀なくされた．その一方で，ヨハネス 8 世やマヌエル 2 世はキリスト教世界からの軍事支援を仰ぐために，西欧諸国を歴訪している．1422 年のムラト 2 世によるコンスタンティノープル攻囲は失敗に終わったものの，その時点ですでにビザンツ帝国はコンスタンティノープルを中心とする都市国家にすぎなくなっており，その命運が尽きようとしていることは誰の目にも明らかであった．

✘陥落とその要因　コンスタンティノープルの攻略のため，メフメト 2 世は周到な準備を進めていた．一例をあげれば，1452 年にボスポラス海峡のヨーロッパ側に城塞ルメリ・ヒサルを築き，黒海方面から来たヴェネツィアやジェノヴァの船がコンスタンティノープルに物資を運び込めないようにした．加えて，1453 年 3 月までにメフメト 2 世は，15 万人にも上る軍勢を集めたという．対するビザンツ帝国側もジェノヴァとヴェネツィアの助けを得て決死の抵抗を行った．2 カ月にわたる攻囲戦の後，テオドシウスの城壁のうちメソテイキオン（ギリシア語で中央城壁を意味する）と呼ばれる，リュコス川の流路のために城壁が周囲よりやや低くなっている部分をオスマン軍が突破して都市内になだれ込んだ．この日の戦いで皇帝コンスタンティノス 11 世は絶命したといわれ，1000 年にわたる帝国の歴史がその幕を降ろした．この軍事作戦におけるオスマン帝国の勝利を決定付けた要因として，以下の二つの要因をあげることができる．

　第一に大砲の存在がある．すでに 1400 年代頃からユーラシア大陸西部においては火薬を用いた銃器の活用が見られる．ハンガリー人技術者のオルバンは，この原理を応用して，それまでの投石機よりもはるかに重量のある巨石を飛ばす作戦を提案した．こうして試作された大砲は青銅製で 10 t 以上の重さをもつうえ，連続使用に耐えないなど欠点も多かったが，オスマン側が攻囲戦において優位に立つうえで十分な役割を果たしたといえる．

　第二に防衛側の足並みがそろわなかったことがある．なかでもジェノヴァの動向が重大な鍵を握る．ジェノヴァ人の居留地であったペラのポデスタからアンジェロ・ロンメリーニはメフメト 2 世に対して使者を送り，居留地が中立を保つことを誓った．実際に，メフメトがボスポラス海峡から陸路を使ってオスマン艦隊を金角湾に運び入れるという強攻策を取った際，すぐ近くにいたペラのジェノヴァ人はこの阻止に向けて動くことがなかった．ヴェネツィアも同様にメフメト 2 世の顔色をうかがって，ビザンツ帝国に約束した艦隊の派遣を実行しなかった．

✘コンスタンティノープルとビザンツ人の行方　征服後，教会やビザンツ皇帝に関わる使節の多くがモスクに転用されたり，破壊されたりして徐々に都市はオスマン帝国の首都としてのイスタンブルへとかたちを変えていく．その一方で，滅亡後，ゲンナディオス・スコラリオスがメフメト 2 世の命のもとで総主教となったように，旧ビザンツ人すなわちギリシア人は都市内の重要な住民であり続けた．他方，ビザンツの知識人の多くが亡命した．その中には，ヴェネツィアのマルチャーナ図書館の礎を築いたベッサリオンや，フィレンツェ大学でギリシア語講座の教鞭を取ったヨハンネス・アルギュロプロスのように，人文主義の興隆に大きな影響を与えることになる者たちもいた．また，コンスタンティノス 11 世の姪ゾエを妻としたモスクワ大公のイヴァン 3 世のもとでロシア国家は「第三のローマ」としてビザンツ帝国の後継国家を自認するようになる．　　　　［高田良太］

フス派戦争

　中世後期になると，カトリック教会に対して，教皇への権力集中や教会と世俗権力の関係などをめぐって各方面から批判が寄せられるようになった．15 世紀初頭のボヘミアでは，プラハ大学のマギステル（中世の学位の一つで，マギステル号をもつ者は大学で教えることができる）で説教師でもあったヤン・フスらが聖職者のモラル低下を攻撃し，贖宥状や聖職売買を厳しく批判した．その支持者（フス派）と，カトリック教会および皇帝ジギスムント（在位 1410〜37）との間で生じた中世後期ヨーロッパ最大の宗教紛争が，フス派戦争（1419〜36）と呼ばれる．

✖背景　フスは破門宣告を受けてもなお説教活動を続け，『教会論』（1414）を著して，教会とは救いを予定された人々の共同体を意味すると説き，また人間がつくった法規は聖書に照らして矛盾するならば無効であると主張した．教会の刷新を強く求めるその主張には貴族や市民からも共感が寄せられた．フスはコンスタンツ公会議に正式な参加者として招かれたが（☞「シスマ・教会分裂」），審問の結果，異端宣告を受け，1415 年 7 月 6 日に火刑に処せられた．ボヘミアやモラヴィアの貴族たちはこれに対して抗議の書簡を送った．プラハでは，聖体拝領において俗人にはパンだけで十分と見なすカトリック教会の方式を無視して，俗人にもパンとブドウ酒の双方を施す二種聖餐がフスの支持者たちによって挙行され，聖杯はフス派の象徴としての意味を担うようになった．またボヘミア各地では急進的な説教師たちが，世界の終末が迫っていることを人々に説いた．こうした緊張の中で 1419 年 7 月 30 日に生じた，急進的説教師ヤン・ジェリフスキーによるプラハ新市街市庁舎襲撃事件が，フス派戦争の発端とされている．

✖戦争の経過　事件の翌 8 月にボヘミア王ヴァーツラフ 4 世（在位 1378〜1419）が急死したため，フス派はその弟で王位継承者であるジギスムントに提出するべく，「プラハ 4 カ条」と呼ばれる基本綱領をまとめた．説教の自由，二種聖餐，聖職者による世俗的権利行使の否定，神の法に背く罪の厳正な処罰がその内容である．ジギスムントはこれを拒絶し，フス派を異端と見なして，プラハ制圧のために十字軍を率いてボヘミアに入ったが，1420 年 7 月 14 日にプラハ近郊ヴィートコフの丘（現ジシュコフの丘）でフス派軍の反撃に遭い，目的を果たせなかった．ジギスムントやカトリック教会はこの時も含めて 1431 年までに計 5 回の十字軍をボヘミアに送り込んだが，いずれも敗退を余儀なくされた．戦争期間中のボヘミアでは，フス派を中心とする貴族や都市代表による議会がしばしば開催され，執政府が組織されて国政の運営にあたった．

　フス派は単一の集団ではなく，貴族，大学のマギステル，プラハ旧市街などが

構成する穏健派と，プラハ新市街や一部の都市を中心とする急進派とに大きく分かれていた．穏健派は「プラハ四カ条」，特に二種聖餐を主な主張としてかかげ，ラテン語の「ウトラクエ（双方から）」をもとにウトラキストと呼ばれた．これに対して急進派はカトリック教会からの離脱も辞さない構えをみせ，君主制に対しても否定的であった．貴族と都市の間にもしばしば対立が生じ，プラハ旧市街を中心とする都市同盟は戦争初期には優勢であったが，次第に貴族勢力に圧倒されていった．ボヘミア東部のフラデツ・クラーロヴェーや，南部に 1420 年に建設された要塞都市ターボルは，急進派都市同盟の拠点となった．急進派の間ではヤン・ジシュカなど優れた指導者のもとで都市民や農民を含む野戦軍が組織され，銃器や戦車を用いた巧みな戦法により十字軍に大きな損害を与えたのみならず，ドイツ，ハンガリー，ポーランドなど近隣諸国への遠征も行われた．

✖**戦争の終結，およびその歴史的意義**　カトリック教会は交渉による解決へと方針を転換させ，1431 年に開幕したバーゼル公会議にその役割が委ねられた．1432 年 5 月にボヘミア西部のヘプで始められた和解交渉は，その後バーゼルやプラハに場所を移して続けられた．ウトラキスト主導で進められる和解に対して急進派は反発し，軍事行動を続けたが，プラハの都市貴族出身の聖職者でジシュカの跡を継いだプロコプ・ホリー率いる野戦軍は，1434 年 5 月 30 日のリパニの戦闘で貴族同盟の軍に完敗した．公会議との最終的な和解は 1436 年 7 月 5 日にイフラヴァで公布された「バーゼル協約」によって実現し，ボヘミアおよびモラヴィアにおける二種聖餐が承認され，フス派はカトリック教会に復帰した．ジギスムントは戦争中に国王や教会の財産が貴族や都市の手に渡った事実を容認し，諸身分の大幅な特権を確認することで，1436 年 8 月にボヘミア王として迎えられた．

　戦争期間中のボヘミアでは，国王不在のまま議会が招集されて重要な役割を担い，貴族の権力の強い身分制国家の体制が形づくられた．教会改革運動としては，聖体拝領という秘跡に関して変更を認めるという譲歩を公会議から勝ち取った点で，フス派は重要な成果を上げた．戦争後のボヘミアとモラヴィアでは，二種聖餐を挙行するウトラキストの教会が，事実上の独立した宗派としてカトリック教会と併存することになった．公会議にとっても，フス派との和解を実現させたのは大きな成果であったが，教皇ピウス 2 世が 1462 年にバーゼル協約を破棄したため，ウトラキストは異端の立場に戻った．また急進派が敗北したとはいえ，教会による財産所有を批判し，華美を戒めるなどフス派本来の主張はなおも一定の支持を集めていた．そしてペトル・ヘルチツキーを祖とする徹底した平和主義に基づくグループも活動を続け，後にボヘミア兄弟団として独自の宗派を形成することになる．総じて，フス派戦争は 16 世紀の宗教改革期における教会刷新運動の重要な前段階と見なすことができる．また近代に入って，フス派の活動は民族中心の歴史観の中で重要な地位を与えられた．　　　　　　［薩摩秀登］

傭兵制度

一匹狼ではなく，軍としての大量の傭兵が発生するのは正規軍の崩壊を受けてのことである．そして中世の正規軍は封建騎士軍である．君主から領地を安堵されその見返りとして軍需力を提供する騎士はほとんどが小領主である．ヨーロッパは11世紀から鉄器の普及と相まって大開墾時代が始まり約300年にわたって経済が大膨張し貨幣経済に突入した．そうなると小領主階級の騎士は経済的に没落する．そこで彼らは現金収入を求めて封建契約以外の副業に精を出す．傭兵である．君主にしてみても正規軍より傭兵の方が手っ取り早く軍を編成できる．かくして多くの傭兵騎士団が横行することになる．ところで傭兵とは戦争が終われば契約が切れて失業者となる．折から，ヨーロッパは14世紀になって中世最大の不況を迎える．そこを武器を持った失業者の群れが徘徊し，都市，村落を襲う．傭兵騎士団は強盗騎士団となる．

✠イタリア・ルネサンスの華，傭兵隊長　強盗騎士団は職を求めて当時の係争銀座であるイタリアを目指す．経済的に勃興したイタリア各都市はこぞって傭兵隊長を雇う．なかにはジョン・ホークウッドというイングランド人傭兵隊長のようにその死に際して主な雇い主であったフィレンツェ市から国葬とされ，騎馬像で功績を称えられる者もいた．さらにはイタリア人傭兵隊長フランチェスコ・スフォルツァは一介の傭兵隊長から身を興し，なんとミラノ公爵まで上り詰め，「イタリアでは奴隷でも王になれる」という下剋上を体現している．まさしく傭兵隊長はイタリア・ルネサンスの華であった．

しかしこれは当然のことながらきわめて稀有な例である．多くの傭兵隊長たちは雇い主の意向に翻弄される．そこで彼らは雇用期間の延長を狙って「勝たないこと，負けないこと」に終始する．これがマキアヴェッリが痛罵したイタリア・ルネサンス式戦争ゲームである．彼はこんな「八百長戦」にうつつを抜かす傭兵隊長こそがイタリアの四分五裂の元凶としている．

✠スイス傭兵部隊　しかしマキアヴェッリの批判とは別に，肝心の騎兵軍の軍事的価値が時とともに下落していった．それを象徴するのが1302年の「コルトレイクの戦い」であった．フランドル軍は歩兵密集方陣を敷き，フランスの胸甲騎兵軍を撃破した．以降，戦いの帰趨は長槍を駆使する歩兵密集方陣が握ることになる．この傾向は14世紀になってゼンパッハの戦い，モルガルテンの戦いと二度にわたってスイス農民兵がハプスブルク騎兵軍を完膚なきまでに打ち破ったことで拍車がかかる．

「スイス歩兵強し！」の評判が立つ．山間の地スイスは耕地が少なく地場産業

もない．屈強な若者たちは出稼ぎに出るしかない．彼らは傭兵になる．こうしてスイスに「血の輸出」といわれた傭兵産業が興った．ブルゴーニュ戦争（1474～77）でフランスに雇われたスイス傭兵歩兵部隊はその実力をいかんなく発揮する．彼らはヨーロッパで引っ張り凧となる．スイスは各州の緩やかな連合体である．そして各州を牛耳る都市貴族は，ある州はフランス王家と，また別の州はハプスブルク家と，それぞれ勝手に傭兵契約を結ぶ．スイス人の同士討ちが頻発する．それでも彼らは食うために出稼ぎ傭兵となる．

❈ドイツ傭兵部隊（ランツクネヒト）　スイス傭兵部隊は長槍による密集方陣に絶対の自信をもっていた．それだけに15世紀の新しい武器であるマスケット銃に関心が薄かった．その点，主としてドイツ南西部の貧農や都市難民をかき集めてできた後発のドイツ傭兵部隊（以下ランツクネヒト）は柔軟で躊躇なくこの新しい飛び道具に飛び付く．こうしてランツクネヒトは1525年，ハプスブルク家の皇帝カール5世に雇われて，フランス王フランソワ1世に雇われたスイス傭兵部隊と対峙する．「パヴィアの戦い」である．皇帝軍の圧勝でフランソワ1世は生け捕りとなった．ランツクネヒトの落ち武者狩りは凄惨をきわめた．ある従軍書記官はこの戦いを「邪悪な戦争」と呼んだ．

　以降，ランツクネヒトはドイツ農民戦争（1524～25），「ローマ略奪」（1527）を始めとしてヨーロッパ各地で「邪悪な戦争」を繰り返し悪名をはせた．しかしそれでもヨーロッパに戦乱が続く限り彼らの需要は尽きなかった．

❈ドイツ三十年戦争（1618～48）　ドイツの宗教戦争に端を発してヨーロッパ全体を巻き込む未曾有の国際戦争となったこの戦争を担ったのは傭兵たちであり，彼らをかき集めて王権と傭兵契約を結んだ戦争請負業である傭兵隊長である．なかでもハプスブルク家に雇われ皇帝軍総司令官となったヴァレンシュタインは史上最大の傭兵隊長といわれた．彼は「戦争は戦争で栄養を取る」として占領地に過酷な軍税を課した．こうして得られた莫大な金で彼は数万に及ぶ彼の私兵を養ったのである．

　しかしこの軍税方式を在野の傭兵隊長ではなく，王権がみずから行ったらどうなるか．今まで臨時税であった戦争税が恒常税となり，常備軍創設の資金となるのだ．王権にしてみればもともと傭兵軍を雇うことは大貴族の軍事力に頼らずに済むことになり，彼ら貴族の中間権力を封じ，王権による国家独占の道を開くものであった．これにヴァレンシュタインの編み出した軍税方式を導入する．

　こうして王権は今まで傭兵契約の相手であった傭兵隊長からパートナーの地位を奪い，王権みずから軍の編成権を握るのである．ここから常備軍的傭兵部隊から徴兵制常備軍が生まれていく．つまりヴァレンシュタインは自分の首を絞めることをしたのだ．そしてヨーロッパはこの三十年戦争で近代になだれ込み，中世の傭兵制度は崩壊していくのである．　　　　　　　　　　　　　［菊池良生］

ジャンヌ・ダルク

図1　オルレアンに入るジャンヌ［Musée des Beaux-Arts Bordeaux］

　ジャンヌ・ダルクは，フランス東部ドンレミ村で暮らす農民の家に生まれた．百年戦争のさなかに行われたオルレアン解放戦で活躍したが（☞「百年戦争」），その後，異端裁判にかけられ異端者として火刑に処された（☞「異端」）．

　ジャンヌは17歳の時に，自身が聞いた神の「声」に従って行動し，シャルル7世（在位1422〜61）との会見を果たすと，その「声」を王に伝えた．審問と処女の検査により信頼を得たジャンヌは，その後オルレアン解放戦に参加する．当時，オルレアンは英軍に包囲され補給が絶たれていた．ジャンヌの参戦により士気が上がる仏軍が，オルレアン周辺に築かれた英軍の砦を次々撃破すると，英軍は包囲を解かざるを得なくなった．その後，ジャンヌの進言もありシャルル7世はランスで戴冠式を挙行し，正真正銘のフランス王となった．ジャンヌはその後も英軍と戦い続けるが，城壁が強固なパリは攻め落とせなかった．そしてコンピエーニュでの戦いでジャンヌは，英軍と手を組むブルゴーニュ公の軍に捕まってしまう．

　ジャンヌの身柄は，英側が金銭と引き換えに引き取った．当時，パリ大学は神の「声」を聞いたとするジャンヌに異端嫌疑をかけていた．一方，ジャンヌに憎悪を抱く英側は，裁判を主導し彼女を異端裁判にかけ，異端者に仕立て上げるつもりであった．審問ではジャンヌが聞いた「声」やジャンヌの信仰活動，男装などが問われた．ジャンヌはあくまでみずからが聞いた声を信じそれに従うことを主張したが，裁く側は彼女を狂信的であるなどとした．最終的に異端判決が下されると，ジャンヌはいったん改心するが，牢の中で再び男装をしたため異端者として火刑に処された．しかし，1455年にジャンヌの復権裁判が始まる．裁判に携わった裁判官やジャンヌの知人たちから証言が集められた結果，先の裁判の不正や不適切さ，そしてジャンヌの敬虔さが明らかとなり，彼女に対する異端の判決は無効であるとの宣言が出された．

　異端裁判及び復権裁判の記録や年代記など，ジャンヌ関連の史料は豊富にある．R. ペルヌーは史料を駆使し，ジャンヌの事績を正確にたどり，彼女の実像に迫ろうとした．一方，C. ボーヌは，中世後期という時代にジャンヌを位置付ける．例えば，戦争や疫病が続く中世後期には，厄災を預言し鎮める手法を伝える預言者が数多く登場した．ジャンヌはこうした預言者の一人に位置付けられる．また，ジャンヌは死後から21世紀に至るまで歴史家だけでなく，カトリック，ナショナリストなどさまざまな人々によって語られた．G. クルマイヒはこうしたジャンヌの記憶の変遷をたどる．ジャンヌは時代を超えて多様な姿を見せる．そして今なお新たなジャンヌ像は創造され続けている．　　　　　　［上田耕造］

5章 都市と産業

歴史において「都市」現象を問うことはきわめて重要である．「都市」の歴史は，人間の活動の歴史に他ならない．諸文明のなかで生まれ，繁栄した「都市」は，さまざまなモノの生産や消費，交換を行う経済的活動の中心であるとともに，宗教的，政治的中心でもある．そして，何よりも人間の集住と共生の場であり，さまざまな情報や多様な人々との出会いの場，すなわち文化を育む空間である．ヨーロッパでは，中世に多くの「都市」が誕生し，成長した．このような「都市」は，中世世界においては国家と個人を媒介する中間団体として機能する一方，近代の「市民社会」につながり，その主役を果たしていく側面を有している．

本章では，そうした中世ヨーロッパの「都市」のイメージと実体を多面的にとらえ，「都市」の包摂する人的，社会的，空間的諸関係を通して，中世都市とそこに生きた商人，職人，「知識人」などの「市民」の組織と活動の諸相を概観する．そして，「都市」と人間の不可分な関わりについて考える材料を提供する．

［山辺規子／大黒俊二・河原 温・城戸照子］

都市イメージ

　中世初期，都市はまだ西欧の人々にとってまだ実体として意識されていなかった．4，5世紀の神学者アウグスティヌスは，『神の国』（426頃）において都市（キウィタス）の比喩的なイメージを伝えている．そこでは，「天上の都市（神の都市）」に対する地上の都市（人間の都市）として，旧約聖書「創世記」のカインの物語に基づき，カインが地上に建てた都市（エノク）が悪しき罪人の場としてとらえられている．天上の神の国に対し，地上の都市は，罪を負った人間がみずからの労働によって生きねばならない「悪の場」と見なされたのである．他方，「天上の都市」の地上における写し絵は，キリストの聖地エルサレムであった．エルサレムは，地上における聖なる都市として，また世界の中心（臍（へそ））としてイメージされた（新約聖書ヨハ：21）．エルサレム図は，マダバのモザイク画（6世紀後半）や，円形の図式化された表象（12世紀）において，キリスト教徒による地上の理想都市のイメージを象徴的に表現した．セビーリャのイシドルスは，『語源』（630頃）において「都市（キウィタス）は，社会的絆によって結ばれた多くの人々からなる．その名称は，その中に住む住民（キウェス）からきている」と述べ，人々の集住の場として都市（キウィタス）を表現していた．さらに，7世紀以来展開された修道院建設の動きは，「天上の都市」のイメージをモデルとした修道院建築に，囲い込まれた空間と規則正しい生活を備えた現実的な「地上の都市」としてのイメージを付与した．

✄聖なる場　中世の都市イメージを記述したテクストとして，韻文や散文で書かれた「都市讃歌（ラウダティオ・ウルビス）」が，古代ローマ都市との連続性を有するイタリアにおいていち早く現れた．ミラノでは，『ミラノ讃歌』（739頃）が，市壁と市門により守られた都市として聖性と神の恩寵に満ちていることを強調し，「天上のエルサレム」に比定して称えている．都市讃歌は，都市の守護者である司教や聖人に守られた「聖なる都市」のイメージを体現し，10世紀以降イタリア都市のみならず，アルプス以北の司教座都市や修道院都市においても盛んに書かれた．都市讃歌では，都市を称える定型表現（トポス）として都市の立地条件や気候の良さ，市壁や塔，教会の見事さ，守護者としての司教や聖人の偉大さ，学芸や商業の繁栄，都市の建設神話などが都市の聖性と繁栄の象徴として記述され，エルサレムやローマとの対比がなされた．

✄都市讃歌の特徴　12〜13世紀にかけて，都市讃歌は都市民の自己意識や誇りをより明確に記述するようになる．自立的な都市共同体（コムーネ）が成立していた北イタリアでは，ブローロのモーゼスによる韻文の『ベルガモの書』（1125

頃）を嚆矢として，都市の栄光が語られた．そこでは，トポスによらず，都市をとりまく内外の環境と統治体制が描写されるとともに，古代ローマの都市的伝統への親近感と都市のもつ世俗的性格への関心がうかがえる．数ある都市讃歌の中で特筆されるべきは，ミラノのラテン語教師ボンヴェシン・ダ・ラ・リーヴァの『ミラノの偉大さについて』（1288）である．この書の新しさの一つは，都市ミラノについての具体的な地誌的，社会的情報量の豊かさである．彼は，当時20万の人口を有したとされるミラノとそのコンタード（周辺農村領域）についてその地理的環境や，穀物，野菜，肉などの消費量について詳細に記述するとともに，都市の内部についても，市壁の長さや市門，広場，街路，家屋，井戸，教会，鐘の数などの都市の建築環境，肉屋，魚匠，内科医，公証人など多様な職業人の数などを数え上げている．そこには，誇張された数字を含みながらも写実的な表現で都市を称賛しようとする態度がうかがえる．都市讃歌は，15世紀フィレンツェの人文主義者ブルーニによる『フィレンツェ頌』（1403〜04）においてその頂点に達することになるのである．

✘悪徳の場　成立期の都市は，また「聖なる都市」の観念とは対照的に教会人により，娯楽と奢侈，犯罪と暴力に満ちた「悪徳の場（バビロン）」というイメージを与えられ，非難の対象ともなった．12世紀のシトー会修道院長のクレルヴォーのベルナルドゥスは，「悪の巣窟たる」パリをその説教において非難している．

✘視覚的イメージ　10世紀以降各地の修道院で制作された世界図（マッパ・ムンディ）や，12, 13世紀以降都市のもつ法人格を示すようになった都市印章には，教会や市壁に囲まれた都市の姿が象徴的に表現されるようになっていく．さらに中世後期になるとイタリアでは，「聖なる都市」のイメージが，聖母マリアや司教などの守護聖人により都市全体が守られるという構図で描かれるようになる．そこでは，守護聖人が都市の単なる霊的な守護者ではなく，都市空間全体の庇護者となっている点が興味深い．タッデオ・ディ・バルトロによる祭壇画では，シエナ，サン・ジミニャーノなどのイタリア都市のミニチュア像がそれぞれの守護聖人の手の上で守られている様が描かれている（図1）．そこでは聖人は都市の身近な守護者として示され，都市と守護聖人の強い絆がうかがえる．中世を通じて都市イメージは，「聖なる場」「悪徳の場」というキリスト教的な両義的価値を孕むものとして図像やテクストにおいて表象されたのである．　　　　　　　　［河原　温］

図1　タッデオ・ディ・バルトロ《聖人に守られた聖ジミニャーノ》（1393）．聖ジミニャーノの生涯を描いたパネル画の一部［聖ジミニャーノ市立博物館；河原，2009］

都市共同体

　中世ヨーロッパ文明を考えるうえで重要な社会空間の一つが，都市という場である．中世の都市の起源や形態は多様であるが，宗教的，政治的，経済的な中心地として人々が集住することで形成された．都市では，住民の集合体として都市共同体が生まれ，農村とは異なる多様な人間関係が形成された．

✘中世都市の成立　ローマ帝国末期に，キリスト教会がローマの都市行政管区（キウィタス）を引き継ぎ，そこに司教座が設置された．西ローマ帝国が解体した5世紀以降も，司教座は宗教的，社会的中心として存続し，6世紀以降の修道院の設立と相まって，中世都市形成の核を構成していった．さらに，カロリング時代以降，ポルトゥスやブルグスと称されたさまざまな起源をもつ都市的定住地が成長する．その後，ヨーロッパ各地で城砦や教会・修道院を核とし，商工業活動が行われる交易の中心地として都市が生成，発展した．都市を支配したのは，司教や王をはじめとする聖俗の都市領主であった．都市領主の下で，商人をはじめとする初期の住民は，キウェス（キウィタスの住民）やブルゲンセス（ブルグスの住民）と呼ばれ，都市領主のためにさまざまな奉仕を行うミニステリアーレス（家人）やケンスアーレス（教会庇護民）など不自由身分の人々とともに都市住民を構成した．このような多様な都市住民の利害は必ずしも一致していなかったが，11世紀半ば〜12世紀にかけて，都市住民たちは集団で都市領主に対し領域的平和や安全を求める活動を行うことで都市共同体が形成されたのである．

✘誓約団体の形成　都市共同体形成の背景には，何よりも都市内の平和と安全を求めた商人などの都市住民の要求があった．11世紀以降，北西ヨーロッパでは，商人たちの仲間団体である商人ギルドが形成された．最古の商人ギルド規約とされるフランドル都市サン＝トメールの1127年の規約では，都市内での暴力の禁止，親睦の宴会開催，都市内の道や市門の整備費用の供出などが規定され，商人ギルドが都市の共同体形成を促進する要因の一つであったことがうかがえる（ヨーロッパ中世史研究会編，2000）．しかし，商人ギルドが存在しなかった都市も多く，また初期の都市が商人のみによって構成されていたわけではなかったことから，商人ギルド自体が中世の都市共同体の原型となったとはいえない．しかし，商人ギルドには，仲間同士の水平的な結合の理念が内在しており，多様な都市住民を相互に結び付ける契機となったと考えられる．また，10世紀後半〜12世紀に展開された「神の平和（パックス・デイ）」運動は，世俗諸侯によるフェーデ（私戦）や略奪行為，恣意的暴力の抑止，領域的平和を求めた教会や地域住民による運動であり，こうした平和運動の展開を背景として，北フランスや

ライン地方，中部・北部イタリアの諸都市では，都市住民による「平和の制度」としての誓約団体（コンユラティオー）すなわちコミューンが結成された．

✖コミューンの性格　コミューンは，都市領主からの都市住民の一定の自立（自由）と都市内の平和を取り決めた「平和の制度」である．コミューンの成立のプロセスは多様であり，都市住民による主導の他，司教など都市領主側の勧奨による場合や，都市領主と都市住民の協働により形成されることもあった．都市領主や王権がコミューンに付与した都市住民の特権確認の文書がコミューン文書である．コミューン文書は，領主が支配する定住地の住民に対して慣習的な特権を認めた慣習法文書（フランシーズ文書）の一類型であり，都市住民に対する都市領主側の恣意性の排除と都市内の平和維持のための諸規定からなっていた．中世の都市住民にとって都市の「自由」とは，彼らの上に支配者をもたない自由ではなく，上からの支配を受けつつ，支配者からの恣意的な賦課租や軍役義務などに明示的な制限を獲得することだった．都市共同体は，都市民が都市領主との相互関係において相対的自由を獲得することで成立したのである．

✖コミューン特権　12 世紀のフランス王国では，歴代カペー王権は，政治的，軍事的観点から王領地以外の都市に対してコミューンの設立を認め，コミューン文書を付与した．とりわけフィリップ 2 世（オーギュスト：在位 1180〜1223）は，コミューン都市に裁判権や行・財政など都市統治の広範な領域における「自由と自治」を認めることと引き換えに封建家臣として軍役義務を課すことで王権の支配秩序の中にコミューン都市を組み込んでいった．

✖コミューンの拡大　南フランスやイタリアでは，在地の封建的騎士層を中心とする有力者が都市に居住し，商人など他の都市住民とともに都市共同体（コムニア／コムーネ）を形成した．南フランスでは，執政（コンシュル）を代表とする執政政府（コンシュラ）が都市の統治や裁判権を担った．中部・北部イタリアでは，都市の住民を統括する執政（コンソリ）職が出現し，11 世紀後半から 12 世紀にかけて，自治権を得た都市共同体が成立する．イタリアのコムーネは，さらに都市のコンタード（周辺農村領域）も支配領域として支配する都市国家としてその勢力を拡大していった．ドイツでは，11 世紀後半からライン地方の司教都市において商人たちの誓約団体を中心に都市共同体が形成された．12 世紀後半以降，都市住民の権利と義務を規定した都市法が制定され，都市参事会を中心とする自治的統治機構が都市の有力者やギルド（ツンフト）メンバーによって形づくられた．11，12 世紀を画期とするヨーロッパ各地の都市共同体の発展の度合いは，当該都市と都市領主との相互関係，都市の規模，都市住民の社会構成などにより多様であったが，都市共同体はなによりも「誓約」を軸とする人々の新たな社会的結合をもとに「市民」という新たな社会集団を生み出したといえるだろう（河原，2009）．　　　　　　　　　　　　　　　　　　　　　　　　　［河原　温］

都市制度

　中世の都市制度，つまり都市行財政，司法，軍事などの運営組織と現代都市の諸制度との間には，一定の連続性を認めることができる．

✖市長　市長という役職名は 12 世紀以前から見られ，その起源はカロリング朝フランク王国時代の宮宰職ではなく，領主制下で村落を管理する所領管理人にさかのぼる．12 世紀の北および西フランスからライン地方の宣誓都市共同体には市参事会の長として市長が存在し，南仏では執政官，13 世紀のイタリアやプロヴァンス諸都市では他都市出身の最高行政官ポデスタがその任に相当した．13 世紀イングランドのロンドンやヨークでも市長は確認される．13 世紀末のフィレンツェではポポロ（平民）が力をつけて貴族に対抗し，ポデスタから同職組合（ギルド）の代表者たち（プリオーリ）からなる執政機関へと政治的実権が移った．

　市長の選出方法，任期，役割は都市ごとに若干異なる．例えば 13 世紀におけるシャンパーニュ諸都市では，伯が市長の作成した新参審人リストに基づいて参審人 13 人を選出し，彼らが市参事会を構成した．その中から市長 1 人が選ばれ任期は 1 年であった．市長の給与は高く，1270 年代のプロヴァンではトゥール貨で 60 リブラだった（ほかの都市はおおよそ 10〜40 リブラ程度）．

　多くの都市に共通する市長の役割として，①行政面では市参事会会議を開催し，都市条令の発布，契約などの法行為やギルドの取締りを担い，鍵，印章，都市文書を管理．②司法面では下級裁判権を行使して裁判や判決の執行，代訴人とともに訴訟問題の処理，国王，伯や司教などの命令の布告，犯罪者の恩赦を吟味．③軍事面では市門などの警備，防衛のための市民軍組織，国王や諸侯の軍役．④財政面では徴税や支払い命令など実施し，収入役とともに都市会計簿作成および監査，時には財政赤字分を自費で補填した．専属書記が市長を補佐する場合もあった．市長の責任は大きく，暴動の際には暗殺されることもあったが，他方で個人支出の公費支弁，免税特権を享受していた．

✖市参事会　都市共同体の市政事案を日々処理する役目を担う市政機関を市参事会と呼び（中世後期には合議体制である都市評議会が市政を担う場合が多い），市長と参審人（誓約人，同輩衆，賢人衆，評議員など名称は多様）で構成される．参審人はカロリング朝時代の領主裁判における審判者に由来し，もともとは都市領主の役人であったが 12 世紀には市政に参与するようになった．参審人は，最初は終身であったが，改選時には前任者が後継を選ぶ「後任自己補充」方式を採ったため，都市貴族家系が役職を占める寡頭制をもたらした．

　参審人の数は都市や時代で異なるが，北フランスやフランドル地方の諸都市で

はおおよそ 13 人（ヘントでは 26 人），14 世紀のハンザ諸都市では 12〜24 人でその中から 2〜4 人の市長が選ばれた．執政政府（コンシュラ）が市政を担う南仏諸都市では中核にコンスル会（2〜24 人），その下に諮問評議会（12〜100 人以上）があった．14 世紀スペインでは，下級貴族，民衆騎士，有力商人の中から王権が任命した上級都市官職保有者（レヒドール）が市参事会の中核を構成し，ビルバオでは 8 人，ブルゴスでは 16 人であった．

　市参事会では都市財政を管理する収入役，訴訟問題を担う代訴人や都市弁護士，対外交渉を担う使者，書記，布告役人などの役職があり，主に参審人がこれを担うが，臨時役職として参審人以外から採用されることもある．市参事会の配下には，命令書配付，徴税補佐，逮捕や召喚などを担う下級役人，門番，警備隊などが配置された．市参事会は都市の特性や時代に応じて特別な役職を設けることもあった．例えば，1210 年の港町ラ=ロシェルには船に積んである武具や馬具を取り除く役割を担う武装解除委員がいた．14 世紀後半以降には市参事会とは別に，市政役人の選出や課税など重要案件については都市住民（戸主）による住民総会が定期的に開催され，政治的決定権をもつ場合（トロワなど）もあった．

✖都市法　都市法とは一つの都市内部（あるいはその近隣農村まで含む場合もある）に適用される法規範，都市領主と市民との関係を規定する法のことである．都市法は，都市の裁判権，市政役人の選出，義務，ギルド規制，軍役，警備や租税，市民生活に関わる私法など幅広い諸権利について規定している．これは慣習をもとに領主と市民との合意事項を成文化した特権文書であり，フランス，ベルギー学界では慣習法文書（フランシーズ文書）と称する（コミューン文書も含まれる）．都市法の条項は，市参事会によって状況に応じて改廃，増補され都市文書集成（カルチュレール）のような都市帳簿に記録され厳重に保管された．

　都市法の起源はカロリング朝時代の商人慣習法にさかのぼる．これが 10〜11 世紀に商人法，そして市場法へと発展し，12 世紀に宣誓都市共同体に領主から賦与されより多様な規定を含む特権文書が都市法となった．都市法はかつて中世都市の「自由と自治」を象徴する存在と見なされたが，都市，農村の親近性や領主側の主導性に着目することで，都市を「自由と自治」の牙城とする見方は相対化され，都市法もまた都市領主と都市民との交渉による合意の産物と考えられている．

　12 世紀後半から有力都市の都市法が，近隣もしくは遠くの都市や農村に普及するようになる．代表的な法として，イングランド王ヘンリー 2 世が賦与したルアン都市法（ノルマンディから南西部にかけて 21 都市に伝播），ランス大司教が 1182 年に賦与しシャンパーニュ地方やロレーヌ地方の 508 の共同体に広がったボーモン・タン・アルゴンヌ法がある．ドイツでは中東欧に広く伝播したマクデブルク法や 80〜100 のバルト海地域諸都市に普及したリューベック法が有名である．

［花田洋一郎］

市　民

　市民（ブルジョワ）の語は，都市共同体が完全な自治権獲得に成功したイタリア都市以外のヨーロッパの中世都市において確認できる．フランスでは，この語は 1007 年の文書が初出で，トゥレーヌのボーリュー゠レ゠ロシュのブール住民に使用され，本来 11〜12 世紀に市門の外に発展した商人などが居住する修道院ブールの住民を指していた．この頃，宣誓共同体（コミューン）であるかどうかに関係なく多くの都市は諸特権を領主から獲得しており，その恩恵を受けている人々は市民と呼ばれた．他方で，5〜10 世紀頃に司教座が置かれた伝統ある都市空間（キウィタス）に住む聖職者などの住民はキウェスと自称し，最初はブルジョワとは区別していたが 13 世紀には同義となってゆく．

　都市住民は多様な身分の人たちが混ざり合った集団であった．商人，手工業者のみならず，近隣農村から移住した者（その多くは奉公人，ギルドの徒弟，日雇い労働者となった），司教や修道院の保護を受けた不自由身分の「家人（ミニステリアーレス）」「教会庇護民（ケンスアーレス）」もいた．市民権をもたない層には，特権身分である聖職者（多くの都市で人口の約 10% 以上），外国人，娼婦，異教徒であるユダヤ人，イベリア半島の都市ではムスリム（イスラーム教徒），放浪大道芸人，ハンセン病者，家内奴隷といった都市共同体の外に位置し差別を受ける周縁集団（マルジノー）も多くいた．さらに都市人口の半分を占めるともいわれた膨大な数の貧困層が存在し，この層には何らかの事情で財産を失うか仕事を失った市民もいた．例えば 1303〜25 年ランスのタイユ課税台帳によれば貧民は都市人口の 50〜54% を占め，彼らの担税額は 3 ソリドゥス以下とされている．都市人口の半分近くが生存ぎりぎりの生活を余儀なくされている人々であった．さらに市民の多様性を示す事例として，主に農村に居住しながら市民権をもつ市外市民が主にネーデルラント諸領邦やドイツ諸都市で確認され，都市共同体，領邦君主の支配領域拡大の意図を反映している．

✖市民権　ヨーロッパ大陸の都市において，政治的，経済的，社会的諸権利や義務を担う基準となるのが市民権である．市民権獲得に必要な諸条件は，13 世紀には都市ごとに異なっていた．その諸条件とは主に市内に住居，土地をもち，1 年と 1 日以上都市に住み，納税していることである．新市民は都市役人あるいは領主役人の前で市民としての義務を担うことを宣誓し，証人の立会いのもとで市民登録簿，さらには課税台帳に記載された．時には市民権認可料を支払わねばならないこともあった．さらに都市に生まれる，市民の子どもとして生まれる，市民と結婚する，市民権を購入することでも市民になれる場合もあった．「都市の

空気は自由にする」というドイツの法諺（ほうげん）が示すように，一定の期間都市に住むことで，例えば領主の支配下から逃れた農奴や手工業者なども自由身分となるが，都市居住の年数は都市によって異なる場合があり，例えば1230年都市法によりレーゲンスブルクでは10年とされた．市民権を得た者は財産をもち，納税，軍役，警備などの義務を負い，都市の共通善を遵守することを求められた．イングランドでは市民はフリーメン（自由人）とほぼ同義で，フリーメンだけが市民権を得た．ロンドン，ヨークなどの都市では成人男子の4分の1から半分が市民権をもち，クラフト（ギルド）加入を通じて獲得されるのが通例であったという（イタリアやラングドック諸都市も同様であった）．

�֍都市貴族　13世紀以降，土地所有，商業，金融業で裕福になった人々が都市社会における有力市民層を構成し市政役人の役職を代々担うようになる．研究史上，支配階級としてその貴族的な振る舞いと威信から彼らを都市貴族と呼んでいたが，現在はより多義的なニュアンスを込めて都市エリート，名望家と呼ぶ．同時代の人々から都市貴族と見なされるには，古い家柄，高貴な家の出自，都市統治への関与，豊かな財産などの要素が重視された．

　出自については主に三つの源流が考えられている．①北フランス，ネーデルラント，ライン地方では司教や伯などの聖俗都市領主に仕えた領主役人（家人）家系，②北西ヨーロッパ，イタリア，スペインでは自由商人や土地所有者，③南フランス，北イタリア，イベリアでは騎士層，である．いずれも封建社会の中に身を置きながら商業活動などで富を蓄えた者たちであった．

　中世盛期において有力市民層は開放的で混成的で，そのほかの階層と区分する境界も曖昧であったが，中世後期の国家の成長とともに閉鎖的，同質的なものへと変化する．有力市民は通婚を通じて人間関係を紡いで都市門閥を形成し，市政役人をはじめ，諸侯や国王の宮廷や行財政に関わる役人，高位聖職者などを多く輩出することで政治力を強め，社会的威信（名声），文化的素養を培い，大学で法学を学び，都市寡頭制支配を担った．14世紀中葉のペスト大流行以降，政治的変動や経済的不況もあって旧来の有力市民家系が衰退し，法律職，金融業，国王，諸侯行財政の役職にある新興有力家系が勃興し彼らに取って代わる．

　都市貴族の家系の一部が何世代にもわたり市政の要職を占める現象は，どの都市でも確認できる．例えば，イタリアではシエナのトロメーイ家，ドイツではニュルンベルクのシュトローマー家，フランスではパリのマルセル家，トゥールーズのイザルギエ家などである．その中には1世紀以上もその地位を保持した家系もあれば，数世代で消え去ったものもある．例えば，1204年に確認されるルアンの都市貴族家系で1250年にも確認される家系は2～3家族であるが，ルシャテル家のように一部の家系は4世紀以上も要職を担った．　　　[花田洋一郎]

都市空間（市壁と広場）

　中世都市はそれぞれ立地による制約を受けながらも，市壁，広場，街路，そして教会や市庁舎などの建造物が有機的に結合しながら発展していった．その最大の特徴は何といっても「無秩序」にある．街路や通りは曲がりくねり，その曲がり角も鋭角的で，行き止まりも多い．また突然，教会や広場が視界に現れる構造となっている．都市の空間について語らなければならないものは数多くあるが，本項では市壁，広場，そして都市を代表する教会に絞り記述していく．

✖️市壁　中世のすべての都市が市壁をもっていたわけではなかった．しかし市壁は都市と周囲の農村領域を視覚的に区別し，固有の空間を形成する建造物であるため，長い間，西洋中世都市の象徴と見なされている．実際のところ中世都市の市壁の防備機能はそれほど高くなく，防備施設としての機能が強化されるのは中世後期であり，本格的な発展を遂げるのは 16 世紀以降の近世の時代であった．11 世紀まで都市の過半数は土塁や堀，柵や垣根によって守られており，石づくりの巨大な市壁はようやく 11 世紀になって現れた．12 世紀には高い壁を有するようになるが，後世に比べるとまだまだシンプルであった．

✖️塔と市門　塔のない市壁はほぼ存在せず，市壁の塔の規模は都市のランクや経済力を表していた．さらに 13 世紀に入ると塔にモニュメントとしての機能が加わる．例えば中世の神聖ローマ帝国内で一番の人口を誇ったケルンはアルプス以北で最も長い市壁に囲まれており（図 1），その市壁は 50 以上の塔，30 以上の門を有していた．特にライン川沿いの市壁の両端の塔は強固に設計され，ここから都市と船舶交通が見張られていた．だが来訪者が下船する区域にあるトランクガッセ門とフランケン塔門は，軍事的な意味をなさなかったにもかかわらず，ほかの門より高く重層的で，彫刻などで飾られていた．この区域から大聖堂を見上げる

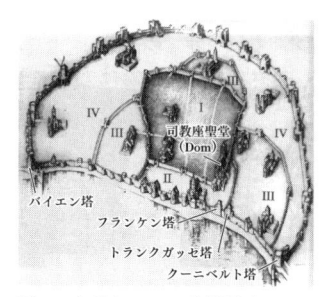

図 1　中世ケルンの市壁拡大．Ⅰ：ローマ時代の市壁，Ⅱ：950 年以前の市壁，Ⅲ：1106 年に拡張された市壁，Ⅳ：1180 年に拡張された市壁［Leiverkus, 2005 より作成］

とちょうどこの二つの塔が額縁のようなアクセントになる．つまりこの二つの塔は訪問者に対し表象的，印象的につくられたと解釈できる．また都市領主や国王，皇帝が入市する際には，市門の前で入市式が行われていた．入市式で都市はキリスト教共同体（コルプス・クリスティアーヌム）として君主や都市領主に忠誠を宣誓していたことは，西洋中世都市のもつキリスト教的な側面を表している．

❊広場　中世都市の広場は人々が出会い言葉やモノを交換するだけではなく，文化的，社会的価値が生み出される場でもあった．泉／噴水やモニュメント，アーケードや階段で印象付けられた広場も多い．中世都市の自然発生的な中心広場には市場広場や教会前広場があるが，都市共同体が成立した 12，13 世紀のイタリア諸都市では新たに中心広場が創設されることもあった．ここではシエナのカンポ広場を例に中心広場の四つの機能をみていく．

　シエナの大きな広場は司教座聖堂前の広場と市庁舎前のカンポ広場があるが，市民にとってより重要な儀式が行われたのはカンポ広場であった．中世広場は通常卵型や半円形であるが，カンポ広場は勾配のある台形型で煉瓦（れんが）によって舗装された広場である．①支配空間として市民や評議員や警吏らが招集され，条例や判決の布告，処刑が行われた．②商業空間としては毎日市が立ち，土曜日には大市が立った．③社交空間としては，騎士叙任式や貴族だけが参加できる騎馬槍試合（トーナメント），市民も参加できる模擬戦のようなスポーツ，サイコロ遊びが行われ，各々の家から出発した新郎新婦の結婚行列が合流するのもカンポ広場であった．④聖なる空間として，カンポ広場は司教座聖堂前広場などと並んで托鉢説教師が説教を行った場でもあった．聖母被昇天の祝日の大祭パリオ（街区を代表する騎手が裸馬に跨りカンポ広場を三周する競馬）は現在まで続いている．

❊司教座聖堂／都市教会　中世都市で最も高さのある建物は，大抵その都市を代表する教会であった．中世の都市プランは私たちが思う以上に教会と結び付いて発展している．古代ローマに起源をもつケルンを再び参照しよう．ローマ時代の市壁は正方形や長方形のフォーラムを中心に建設されたが，中世に入るとほとんどの都市では一度破壊された．そして新たな市壁が建設され，ケルンもライン川に面して半円形（通常は円形）の市壁が建設された（図1）．ここで注目すべきは司教座聖堂の位置である．ローマ時代の市壁（図1Ⅰ）では周縁部に位置したが，12 世紀に建設された市壁（図1Ⅲ）によって中央に座するようになる．古代から中世にかけて地図上の位置こそ連続しているが，都市の核が司教座聖堂へ移動したことが確認できる．ここに中世都市における教会の重要性を読みとることができる．中世後期に市庁舎が建設される以前は，その都市を代表する教会で公的行事（議会，条例や判決の布告など）が行われていた．教会は視覚的に都市のランドマークであり，また都市全体のための公共施設でもあった．そのほかの教区教会も，司祭が誕生（洗礼）〜結婚〜埋葬まで人生の節目の儀礼を司っていたことから，都市住民にとっては重要な「場」の一つであった．小教区は街区や行政区とともに都市空間を分割する機能を有していたことも忘れてはならない．

❊補足　12 世紀末〜14 世紀前半にかけて特にフランスとエルベ川以東の東ドイツでは格子状に計画された建設都市が現れる．またイタリアでは 15 世紀以降，公権力により広場は統一的で見晴らしの利く空間へと整備される．　　　［原田晶子］

都市と周辺農村世界

　ヨーロッパの歴史学界では，都市と農村の関係に関して 20 世紀後半以降盛んに研究され，社会経済史家に限らず歴史家全体の間でも都市のもつ農村的基盤，ならびに農村世界における都市的影響の強さが強く意識されようになっている．

✂都市国家の事例—都市による農村支配　中世ヨーロッパ都市の多くは市壁を備え，周辺部と隔絶した自律的な空間を構成したことで知られるが，一方で，市壁外へもその政治的，経済的，文化的影響力を及ぼし，なかには領主と同格の支配，統治権を広げて固有の付属領域（属域）をもつところも現れていたことが知られる．その典型が中世中期以降のイタリア中部，北部で見られた．王権が事実上不在であったことも作用して，イタリアでは都市政府の政治権限が強く，主要な都市はコンタード（contado）と呼ばれる周辺付属領域にまで統治権を行使した．中世後期には一部の都市自治体は領域的な一円支配圏を構築して，「都市国家」と呼ばれるまでになった（ミラノ，フィレンツェ，ヴェネツィアなど）．同様の事態は，諸侯層による統治が貫徹せず，都市であれ農村集落であれ，住民自治の度合いが極度に進んだネーデルラントやスイスで見られた．ヘントなどのフランドル四者会議を構成した自治組織，あるいはベルンなどのスイス諸邦がその代表格だが，これらは中心都市が周辺地域に領主と同様の支配権を行使し，領域的な政体として機能した時期があった．

　都市国家と呼べるほどの存在はほかの地域にはない．政治的分裂の激しかったドイツ王国（神聖ローマ帝国）でさえ，前述のネーデルラントやスイスを別とすれば，中世の時代は帝国自由都市による周辺農村の支配にとどまったといえる．ましてや，王権による集権化の過程が進んだフランス，イングランド，イベリア諸国では，中世中期から後期以降は都市国家が生まれる余地などなかった．

✂都市周辺領域の多様なかたちと起源　一方，都市支配者は都市共同体だけではない．中世初期には王国行政官なり司教が都市生活を指揮し，10 世紀以降は聖俗の多様な諸侯，領主層が中心都市を拠点に支配を広げたわけで，彼らもまた都市による周辺を含めた一円的な管理を志向した．その結果として，中心都市の周囲には何らかの付属領域が生まれ，しばしばそれはバンレウガ，テリトリウムなどの呼び名で呼ばれた．ブザンソンを例にあげると，前記二つの名称は別個に存在した．前者はブザンソン大司教の領主制的枠を引き継いだ都市共同体の裁判権管轄下にある区域を指す．これに対して，後者はより広く，大司教直属の領地なども含む周辺地域一帯を指した．中世後期の史料では，バンレウガよりもテリトリウムの言及が多くなることから，ブザンソン周辺の農村的付属空間が，市民共

同体だけのものではなく教会勢力をも含む多様な構成の住民によって共有される領域として意識されていたことが判明する．しかし，同じく大司教座都市のボルドーでは，大司教の農村部での俗権支配領は形成されず，むしろ都市共同体が中世中期に自治権を得て，その後独自の農村支配空間をつくり出している．

　周辺空間の起源については，このように中世中期に生まれたとする見方もあれば，古来の枠組みとの連続を重視する指摘もある．例えば，アラスのサン＝ヴァースト修道院は，同じ自身の所領民でも，中世初期の管轄領域であった都市（キウィタス）の内外で市場税の課税，非課税の区別を定めていたことが知られ，中世初期から中世中期にかけての行政的枠組みの意識的継承を見てとることができる．

✖都市と農村の経済的・文化的つながり　他方，都市と農村の関係は，社会経済的な分野に目を転ずると，多様な関係が見えてくる．一般には社会経済史的な観点からすると，都市の発達とともにその農村支配は中世後期にますます強まる傾向があり，特に市民による農産物流通の組織化や金融支配が堅調になってくる．フランス国王戴冠の都市ランスではバンレウガ内の土地所有，経営がランス市民への食糧供給を軸に組織されて，ランス以外の集落では公認の市場は存在しなかった．ドイツの大都市のいくつかでは，禁制圏（バンマイレ）ともいうべき社会経済的支配圏が形成された．イングランドでも，13 世紀以降既得権益の書面による保護が盛んに取り沙汰されるようになり，一般にバラと呼ばれる地方都市の中心機能が維持され高まった．他方で 14 世紀以降農村市場が相次いで興隆し，既存の都市市場を脅かすようになった．

　そこからしばしば，既存の都市による新興の農村経済の抑圧と後者の抵抗という構図が描かれてきたが，現在は都市・農村関係を対立という観点からよりは，両者の共存としてとらえる見方が有力である．ケルンとその周辺の経済関係を調査した F. イルジーグラーが，両者間の多様な分業関係を総合して「経済統一体」という表現を用いさえした（Irsigler, 1979）．また，シャルトル大聖堂など，都市の教会堂建築に際しては周辺農村部の住民も大いに献金に協力した．

　文化面では，中世後期は都市的生活様式が都市部から農村部へと流入し始めた時代である．移動する商人，手工業者，巡礼からの情報は農民のもとにも届くようになり，農村部でも富裕層を中心に婚礼の祝宴が派手になった．また，服飾面で華美さが増すなど，都市文化の影響が如実に表れてくる．

　中世史家 J. ル・ゴフは，都市をめぐる周辺農村世界の意味を，①都市への食糧供給基地という経済空間，②領主，農民らが市民から信用供与を受ける金融空間，③都市勢力による重圧が及ぶ政治空間，④都市の文化モデルが拡延する文化空間，とまとめているが（Le Goff, 1979），都市周辺領域の組織過程とその意義は，地域と都市，そして時代に応じて多様であることをそこに加えておきたい．

　　　　　　　　　　　　　　　　　　　　　　　　　　　　　　　［山田雅彦］

公証・司法・文書管理

　中世ヨーロッパの都市は，民間での契約を保証する制度，もめ事を解決し秩序を維持する制度，そしてそれらを記録し管理する制度を高度に発展させていた．本項ではイタリアと北西ヨーロッパの都市を中心に，住民の生活を安定させ活性化させていた諸制度を検討しよう．

✖公証　金銭の貸し借り，家や土地の売買，嫁資を設定した婚姻など，人々が社会，経済生活を送るうえでなされる約束事に効力を与え，争いを未然に防ぐ仕組みが中世都市では整えられていた．アルプス以北では，当初，教会が民間の契約を公証する権限を有していたが，12 世紀以降，都市が自治を獲得するにつれその役割を引き継いでいった．契約は市長や参審人の立ち合いのもとで執り行われ，印章や証人リストが付された書状が作成された．シログラフと呼ばれる方式では，同一文面が複数転写された一枚の紙の中央の余白に CHIROGRAPHUM という文字が書き込まれ，その文字を裁断するかたちで紙片がつくられ，それらが当事者双方に渡された．ドゥエなどでは証書が三分割され最後の一つが都市当局に保管されることもあった．アミアンでは 15 世紀には民間での契約を帳簿に登記する方法が採用されるようになり，その登記簿が今日まで残されている．他方，地中海地域では，都市当局ではなく，公証人が当事者間の合意を効力ある契約へと変える役割を担った．公証人は，皇帝や教皇，伯の権威にみずからの公証力を依拠しつつ，都市当局からも任命を受けていた．一方で自由職業者として組合を結成し，公権力から相対的に自立した性格ももち合わせていた．公証人は自身のオフィスや取引の現場で契約に立ち会い，その時に取ったメモをもとに，既定の書式でその内容を書き込み，当事者の求めがあればそこから証書を作成した．この記録簿は各公証人の所有物であり，相続の対象でもあったが，都市当局はその散逸に神経をとがらせ，所持の申告の義務付けや，時には直接管理しようとすることもあった．アルプス以北では都市当局が，アルプス以南では公証人が公証したこれらの契約は，私的な約束とは異なり，司法によってその履行が保証された．

✖司法　11 世紀末〜12 世紀以降，都市領主（司教や伯）に仕える役人に代わって，都市の代表者が都市法に基づいて争いを仲裁し，裁定を下すようになった．当初は，領主や共同体の土地や租税など規模の大きな争いを扱っていたが，12 世紀後半からは，負債や商取引，賃貸借など，住民間での契約に端を発するもめ事にも関与するようになった．イタリア北部の小都市サヴォーナでは，13 世紀初頭に年間約 100 件もの民事の案件が都市法廷にもち込まれていた．その後も，公証制度を利用した民間の取引が増加するのに比例して，都市の法廷はさまざま

な階層の人々によって頻繁に利用されるようになった．14世紀前半に人口4万人を抱えたルッカでは，年間1万件もの訴えが法廷になされていたほどであった．
　アルプス以北の諸都市においては法廷で都市法などに基づき判断を下していたのは有力市民からなる都市参事会員であった．他方，イタリアでは，12世紀には都市政府のメンバーが裁判や仲裁にあたっていたが，13世紀以降は他都市から来る司法長官（ポデスタ）とその裁判官が，中立の立場を標榜して共同体内での争いを裁くようになった．13世紀後半には，動産や不動産などの民事の事案だけでなく，傷害や殺人，窃盗といった公共の秩序を脅かす問題にも積極的に介入するようになった．そこでは裁判官は，犯罪によって損害を受けた「公」の代表者としてみずからを位置付け，職権で裁判を開始し，被告人に対峙する糾問主義の形式で手続きが進められた．この公共秩序の維持を目指す積極的な司法が現れた背景には，イタリア都市の場合，平和を重視する平民（ポポロ）が貴族から政権を奪い，法学者がこの新たな司法を正当化する理論を練り上げたことがあった．
✖文書管理　今日，ヨーロッパの文書館に保管されている史料を見ると，中世初期より伝来する単葉の証書に加えて，11，12世紀から特権の集成や都市法といった類型の文書が現れ，13世紀からは司法や立法，行政の業務を記した冊子形態の記録簿が登場していたことがわかる．この記録簿の出現は，現行の業務を継続的に書き留めることを可能とするものであり，都市政府の各業務を公正かつ厳正に進めようとする意識を反映したものであった．
　植物を原料とした紙が急速に普及すると，記録簿の生産，利用に勢いが増し，それを管理する場所が問題となった．ボローニャでは，1217年の時点では財務局の書記が都市の文書を管理していたが，1254年までには，文書専用の戸棚が設置され，そこを管理する専属の役人が置かれるようになった．この文書庫で当時利用されていた文書目録からは，そこに三つの戸棚と九つの長持が置かれ，計2,000点以上もの資料が収められていたことが確認される．この巨大な文書群は，ボローニャでは司法長官の任期ごとに整理されていた一方，14世紀のルッカでは約3,000点の記録簿が作成元の法廷や行政部局ごとに配架されていた．文書庫へと送り込まれたこれらの記録簿は，その後今日まで眠り続けていたわけではなく，実際に持ち出され利用されていた．当時のルッカの文書貸出簿によると，刑事裁判の判決集や財務会計の記録簿などが書記や勘定役によって頻繁に貸し出されていた．都市政府の役人だけでなく，一般の住民も文書庫にやって来て，裁判や議会決議の写しを管理人に請求し受け取っていた．写しは，公証人記録簿から作成された証書と同様，係争の備えとして当事者によって保管され，裁判で利用された．例えばある土地測量記録の写しは作成から46年後に，ある土地売買の公証人証書は62年後に法廷に証拠として提出されていた．　　　　　［中谷　惣］

触れ役と伝令

　中世都市における音を通じてのメディアの中では，鐘やラッパなどの道具を用いるもののほかに，声を使ったものも重要な位置を占めていた（☞「声と叫び」）．都市支配者，政庁による布告や公的なメッセージを発するという意味での役職者には，触れ役と伝令（伝令使）がいた．

✄触れ役　触れ役は宮廷にも都市や農村にも存在し，声により人々に広く政権担当者の布告やさまざまな重要ニュースを伝達する役目を負っていた．しかもその存在自体が，彼らを派遣する権力を象徴することがしばしばで，故に彼らには制服（お仕着せ）と標章が与えられた．

　もともと王侯や領主がその命令，法令を触れ役に触れさせていたが，12世紀以降の都市の発展に伴い，都市参事会や政庁がその決定を触れ役に触れさせるようになった．時には同じ地域，都市内において，王や領主の触れ役と都市のそれが同時に活動し干渉することがあり，触れ役同士の権限，管轄が競合した．

　都市の触れ役に着目してみると，地域によってはラッパ手を兼ねることもあり，またさらに使者，執達吏，牢番などを兼務するケースも多かった．大抵はしがない下層階級の出身で，下級役人となって報酬を得た．そうした役職を購入できる都市もあった．触れ役の人数は都市ごとに法令で決められており，小さな町では1人だけだが，大都市では複数おり，例えばフィレンツェでは9人もいた．

✄触れの種類と方式　触れ役の触れの内容はさまざまで，一般的な命令，条例などのこともあれば，地方，都市の通商を規制する布告を公布することもあった．これら公的な布告や規則は決まった日に定期的に触れられ，一定期間に何度か繰り返された．そしてそれぞれの場所での慣習により，触れの技術，方法が決められ伝達された．都市当局は触れが適切であることに注意を払い，適した声のもち主でないと就任が拒否されるケースもあった．さらに触れ役は，代金と引き換えに個人的，私的なアナウンスを引き受けることもあった．それは遺失物や迷子，競売などのケースで，それぞれ値段が決まっていた．

　触れ役の受けもち範囲は広狭さまざまだが，イタリアの都市条例などには，触れの場所として，具体的な通りや家の前などの位置が厳密に指示されている．必ず含まれているのは，市庁舎（前）やその階段，それに代わるバルコニーなどで，ほかに公共広場，四つ辻，泉の近く，教会の前などが多く指定され，市内全域を何人かの触れ役で分担したのである．

　触れ役がラッパを持つことも多いが，別のラッパ手を従える場合もあった．ラッパを鳴らすケースと鳴らさないケースで，公的か私的かなど触れの種類が違

うことがあった．概してラッパの参加は声だけの場合より重要な触れを示し，権力の意志を貫徹させる力を備えていると考えられた．

✕宮廷の伝令　触れ役と類似して，時に区別されないこともある役職として伝令（伝令使）がある．こちらはもともと都市の役職というよりも，王侯貴族の宮廷，家中の役職というべきものであった．王侯貴族に仕える伝令は，13 世紀の間に，ほかの芸人，音楽家や情報伝達を受けもつ者たちから分離独立し，さらに制度化されながらゆっくりと成立していった．そして 14 世紀後半〜15 世紀前半に発展し，16 世紀以後にはその役割は減っていった．

　伝令が不可欠になったのは，まずは戦争での役割，すなわち戦闘とその進行を報告，監視，管理するためであった．戦いの技術を熟知する彼らは，勝者を決定し，死者を数え同定して，どの陣営に属する者かを明示せねばならなかった．また相手陣営と交渉する使節の役割も果たした．戦争が少なくなっても，彼らの役割は減らなかった．なぜなら 14，15 世紀においては，彼らは主に騎馬槍試合の管理運営に携わったからである．その際，参加者の主な技を観客に説明するほか，ラッパの音で騎士の参戦を告げるなど，騎士の名声の弘布に貢献した．

　戦争でも騎馬槍試合でも，誰が味方で誰が敵かを見定めねばならない．そのため彼らは紋章学の専門家となり，故に伝令は紋章官とも呼ばれるのである．伝令（紋章官）誕生の最古の地域は，セーヌ川とライン川の間のヨーロッパ北西部であり，そこにイングランド南部も含まれる．彼らは，一族や個人の地位と紋章，その言葉やモットー，儀礼などに関する知識を蓄え，賞賛に値する善行と非難に値する悪行を叫び，書きとどめる役割を担っていた．彼らの役割の本質は，君侯や貴族による自分たちの威信の確保だった．伝令の数が多ければ多いほど，権力が大きいことを象徴していた．

✕都市の伝令　都市にも，伝令（紋章官）がいなかったわけではない．後期中世になると，北方ヨーロッパ，とりわけブルゴーニュ公国内ネーデルラントの諸都市では祝祭文化が大きく発展して，一騎打ちや武芸集会が行われ，伝令（紋章官）も登場したのである．フランス王国のアミアン，ラン，モー，オルレアン，パリなどやフィレンツェはじめイタリアの中北部諸都市でも伝令の存在は知られている．彼らは使者，触れ役になることもあるが，それは都市の名誉と栄光に関わる重要案件を扱う場合に限られた．

　イタリア都市では，伝令はプリオーリすなわち執政官たちによって選ばれる高い地位を占める役人であった．彼らは深い教養と多彩な才能をもつべきであり，騎士身分を得た．使節の 1 メンバーとして，あるいは大使として外国にも出向いた．さらに特徴的なのは，彼らには各機会に合わせた歌をつくり歌う義務があったことで，とりわけ政府でのプリオーリたちの食卓（メンサ）での歌唱が重要だった．　　　　　　　　　　　　　　　　　　　　　　　　　　　　［池上俊一］

時と祝祭

　時の変化を示す暦は，地域，信仰，生活形態など人の営みと用途に合わせて，私たちの生活にリズムとテンポを与えてきた．とどまることのない時の流れに，季節という循環を見出し，天体の運行の観測から編み出された暦によって，時は可視化され，暦を共有することで社会生活が営まれてきたのである．

✖時のリズム　人々の生活の道標となったのは，キリスト教の祝祭日である．復活祭，聖霊降臨祭などの移動祝日，夏至の時期の洗礼者ヨハネの祝日（6 月 24 日）やサンティアゴ・デ・コンポステラ巡礼にとって大切な聖ヤコブの祝日（7 月 25 日），聖母被昇天の祝日（8 月 15 日），諸聖人の祝日（11 月 1 日），そして降誕祭（12 月 25 日）などが，祝祭とともに農作業や商業活動，さらには移動の目安となって，人々の生活を律していた．

　キリスト教会暦の中で最も重要な移動祝日は復活祭だが，春分の日以後の満月の後の最初の日曜日とされる復活祭の正確な期日を計算する暦を暦算法（コンプトゥス・パスカーリス）と呼ぶ．中世初期から学識者たちは正しい計算法をめぐって論争を重ねたが，暦算法の基礎を築き，中世長く読まれたのは尊者ベーダ（672/3 頃〜735）の『時について』（703）と『時の算定について』（725 頃）だった．その後も暦算法改革がカール大帝の施策の柱になっているように，1582 年のグレゴリオ暦導入に至るまで，正しい暦の作成は長く学識者の重要課題となっていた．

　9 世紀初めに作成された農事暦（オーストリア国立図書館，Cod. 387）には，月ごとの農作業が描かれている．キリスト教の教会暦にのっとって，禁欲の時と謝肉祭に代表される労働から解放された祝祭が，農村の人々の暮らしに彩りと生のリズムを与えていた．

✖教会の鐘，鐘楼，公共時計　人々に時を告げたのは，教会，修道院そして都市に設置された鐘楼の鐘である．時計は早くから修道院で用いられており，時刻番（ホロスコプス）とも呼ばれた聖具係が，水を動力とした時計を使って聖務日課を知らせた（☞「時計」）．修道院や教区教会に備えられた鐘と並んで，12 世紀以降，都市空間に設置された鐘楼のコミューンの鐘や布告の鐘が，裁判，都市条例の発布，市民集会，市門の開閉，市場の開始と終了，火事や敵の襲来などの危険を告知する機能を担うようになった．1188 年国王フィリップ 2 世（オーギュスト：在位 1180〜1223）はトゥールネの市民に適切な場所に市の鐘を保持し，市の営みのために鳴らすことを承認している．1296 年 3 月フィリップ 4 世（端麗王：在位 1285〜1314）が国王に反旗を翻した都市ランから市の印章と鐘楼の鐘を没収した

ように，都市の法人格を象徴する鐘楼の鐘の没収は，都市の自治権の剥奪を意味したのである．

　14世紀前半〜半ばの時期と推定される機械時計をめぐる技術的革新とともに，同時期北イタリアの都市で公共時計が調達され始め，公共時計の設置ブームがヨーロッパ各都市で起こった（図1）．時計の調達だけがその都市の近代化を計る指標ではないが，行政力の証である時計は統治の質と格を表す一つのシンボルとなった．

　都市共同体のアイデンティティを示す公共時計の設置は，人々に共通する時間のリズムをもたらすとともに，時計の技術的発展によって，時に対

図1　ボルドーの広場での処刑に描かれた公共時計，ジャン・フロワサール『年代記』(15世紀の写本)より［フランス国立図書館(BnF)，Fr2644, 1r.］

する意識を変化させた．脱進機の発明により，昼夜ごとに時間が割り振られ，季節によって伸び縮みする不定時法から，時間に等価値を与え，均質化する等間隔の時間（定時法）への技術的基盤が整えられた（☞「時計」）．

　均質化された時間に基づいた24時間制への移行は漸次的であったが，会合や説教，弁論，学校教育，労働時間などで時間管理を可能にした．14世紀前半にイタリア，フランドル地方を中心に導入された「労働の鐘」は，都市に暮らす人々の労働時間を律し，時の管理は支配のシンボルとなった．

✖️暦と祝祭　しかしながら公共時計の設置によって，画一的な時の管理が一元的に進んだわけではない．人々は教会の鐘，修道院の鐘，都市の鐘が重層的に時を告げる生活空間で暮らしていた．人々の生活基盤／暮らしの導きになっていたのは，日曜日を安息日とする週のリズムと，教会暦に従った復活祭や降誕祭などの祝祭日，兄弟会や同職組合ごとの守護聖人の祝日である．

　安息日の導入は人々の生活に労働と休息のリズムをもたらし，教会暦を礎とする生活様式が根付いていった．王侯，貴族，富裕な市民層が所有した時禱書の細密画には，日，月，年のサイクルとともに，季節の移り変わりと結び付いた労働や狩りに出かける領主などさまざまな日々の営みが描かれていて，循環する時を示す暦は自然との関わりを人々に思い起こさせた．

　多様な出自をもつ人々が生活する都市では，職業的（ギルド／ツンフト），地縁的（小教区・街区），宗教的紐帯（兄弟会）が人々を結び付け，それぞれの守護聖人の祝日に行われる祝祭が共同体への帰属意識を強めた．1年のうち50日間を超えて行われていたというブルッヘのように，連帯の発露の場である祝祭が人々の生活を彩り，人々はハレとケを繰り返しながら，教会の奉献祝日や宗教行列など都市をあげて繰り広げられる宗教儀礼を通して（☞「プロセッション（宗教行列）」），時の意識を共有していたのである．　　　　　　［岩波敦子］

学　校

　本書の読者で，「いかなる学校にも通った経験がない」という人はおそらくいないだろう．現代社会では学校は多彩に，そしてあまねく存在する．だが西洋中世では事情はまったく異なる．そこでは，学校と都市の強固な結び付きがひときわ目を引く．

図1　アンブロージョ・ロレンツェッティ《善政の効果》（1338〜39）の部分，フレスコ画．都市の只中で商店と軒を連ねる学校［イタリア，シエナ市庁舎］

✖中世初期の状況　古代ローマ帝国の広大な版図にはいくつも学問都市が存在した．東方にはアテナイ，アレクサンドリアといったギリシア学問の中心地が燦然と輝き，西方でもガリア（フランス）のマルセイユやボルドー，そしてミラノ，ナポリなどイタリア都市が教育ゆえに名高かった．首都ローマでは，過剰な学生の流入を抑えるべく年齢制限さえ試みられている．4世紀後半の「蛮族の侵入」以降も，都市の学校は直ちには滅びない．西ローマ最後の皇帝廃位後にイタリアを治めた東ゴートのテオドリック大王は，ローマの学校教師に給与を保証し古典教育を存続させた．

　しかしアルプス以北では，教育インフラはもっとずっと貧弱であった．カール大帝は789年の「一般訓令」で聖職者の知的養成を教会に頼るほかなく，教区教会に読み書き，司教座聖堂や修道院にラテン語文法や計算といった中等レベル教育を担わせた．とはいえ，これらカロリング・ルネサンスの文教政策が大きな成果を生んだとは言い難い．フランク帝国の分裂，ヴァイキングなど外部民族の侵攻が，教会や修道院に深甚な打撃を与えたからである．それでも，10世紀末に傑出した学者オーリヤックのジェルベール（教皇シルウェステル2世）が教えたランス大聖堂付属学校のように，継続的な学問拠点となった司教座聖堂もある．

✖12世紀ルネサンスから大学へ　学校が急速に発展したのは12世紀である．ラテン語文法など初歩的知識を授ける小規模学校が群生すると同時に，特定の専門分野で全欧的名声を誇る知的中心が生まれた．医学は南イタリアのサレルノや南フランスのモンペリエ，法学はボローニャなど北イタリア，古代哲学を継承する自由学芸や神学では北フランスのパリ，シャルトルが学生たちを惹きつけた．

　知識を求める移動が活性化した背景には，ギリシア語，アラビア語の学問成果がラテン語に翻訳されたというソフト面の充実に加え，社会的，宗教的環境も無視できない．経済が活発化し都市が成長するなか，文書を利用するリテラシーが

重視された．世俗権力や教会の行政機構が多数の官僚や役人を求め，学識が社会的成功を約束した．文化的水準を向上させた都市民は内面の信仰や宗教倫理への関心も強め，ヴァルド派など「異端」運動を生む一方，これに対抗する意味でもカトリック教義の論理的，体系的説明が求められた．学校の急速な発達は優れて都市的な現象であって，その発展形たる大学も，おしなべて都市を受け皿とした．

　最も古い大学の一つがパリ大学である．12世紀，パリではノートルダム大聖堂など教会の付属学校に加え，独立した教師の私塾が多くの学生を集めた．これらはセーヌ川左岸に集中し，やがて界隈はカルティエ・ラタン（ラテン語が話される地区）の異名を得る．国際色豊かな学生たちはラテン語で学び，議論し，歌い，騒いだからである．だがパリの街で「余所者」たる彼らは，家賃をふっかけられる，不当な暴力を受けるなど不利をしばしば被った．教師たちもまた困難を抱えた．「教授免許」，つまり学校開業権の授与はパリ司教座教会の管轄だったが，その運用は恣意的で，引き換えに金銭を要求したり，逆に大盤振る舞いをして同業者間の過当競争を招き業界を混乱させた．そこで，教師と学生たちは「ウニウェルシタス（組合）」（当時は学問，教育と特別な関係をもたない一般的用語で，同職ギルドなどにも当てはまる）を結成し，授業ストライキや街からの集団退去を武器に権利確保に乗り出す．パリにとって，彼らは学問都市の栄誉をもたらすうえ，巨大な消費者集団でもあったから交渉には応じざるを得ない．神学，つまり教義の番人たる学者たちを掌握せんと，ローマ教皇も支援の手を差し伸べた．1215年，組合の規約が作成され，教師たちが試験し適格とした人物にしか司教座は教授資格を与えないことが確認された．自律的な学位認定権をもった「大学」がここに誕生した．以後，大学制度は西欧全体に拡大する．1300年に活動が確実視されている大学は15カ所ほどだが，1500年には60近くを数えた．

✖教育機関の多様化　中世後期には，ほかにもさまざまな教育機関が繁栄した．13世紀前半，主に都市の住民に対する説教など司牧活動を目的に生まれた托鉢修道会は，大学とは別に自前の学院網を整備した．詩人ダンテがフィレンツェのドミニコ会とフランシスコ会の学院に学んだように，これらは外部者にも開かれ，またトマス・アクィナスなど名だたる神学者を大学に送り込んだ．大学のないロンドンでは15世紀以降，「法曹学院」で法律家の実践的教育が行われた．同じ頃，イタリアの人文主義者たちは寄宿学校を開き，貴族の子弟に古典教育を授けた．

　初等レベルの教育も，都市を中心に充実した．フランドル諸都市は，読み書きを教え書記や商人を養成する学校を13世紀半ばから運営した．14世紀前半のフィレンツェには読むことを学ぶ少年少女が1万人ほどいた，と商人ヴィッラーニの年代記は（明らかに誇張だが）印象的に記している．とはいえ，領内，国内のすべての子ども，若者に同じ内容の教育を施そうと努めた為政者を，中世は知らない．無償で均質な公的義務教育は，近代国民国家の発明なのである．　　[梶原洋一]

施療院／病院

　身体的，経済的に困窮した社会的弱者を援助したり，救ったりする慈善行為は，多くの社会においても共通する人間の活動の一つといえるだろう．喜捨やそのほかのさまざまな慈善行為は，前近代のイスラームやキリスト教社会において重要な役割を果たしてきた．西欧中世においても，聖書の教え（マタ 25）に従って，カトリック教会や修道院が中心となり，中世初期から「キリストの貧者」と呼ばれた人々（巡礼，孤児，病者など）を受け入れ，世話をする「施療院（ホスピターレ）」ないし「神の家（ドムス・デイ）」と呼ばれた施設が設立された．中世初期において，それらの施設の多くは，司教座教会や修道院に付属して建てられ，司教や修道院長によって運営された．修道院は，巡礼や旅人に一夜の宿を提供したが，その義務は，受け入れた旅行者の身体的給養よりもむしろ魂の救済のための祈りと典礼行為に向けられていた．中世の施療院は，元となったギリシア語「クセノドキア」が示すように，旅人（異邦人）を歓待し，宿泊させる「施設」に由来しており，近代的な意味での医療行為は長らく施されなかった．中世初期に文明の先進的地域であったイスラーム世界やビザンツ世界では，医学的処置を施す病院施設が 10 世紀以前にバグダードやコンスタンティノープルなどに存在し，ギリシア医学を継承したアラビア医学者のテクストが読まれ，実践されていたが，西欧の教会と修道院による施療院は，肉体の癒しよりも死後の魂の救済を求めた人々の霊的救済に貢献したのである．

✖中世盛期の施療院　11 世紀後半以降，広範な地域流通の拠点となった都市の発展により，それまで教会，修道院に付属する施設だった施療院は，西欧各地の都市において聖職者のみならず俗人（王侯貴族や都市民）により設立されていった．施療院創建の動きは，都市の人口増大とともに，都市民にとって商業活動によって得られた新たな富の蓄積に対する罪の意識と魂の救済への願望とも結び付いていた．施療院の創建者たちは，キリストの貧者に対する喜捨，施しを通じて彼らの慈善心，寛大さを視覚的に示し，来世における自己の魂の救済を希求したのである．施療院は，市民の主導により，当初から教会法の管轄下に置かれ，課税や教会の 10 分の 1 税を免除されるなど都市において特権を有する施設となった．フランスでは 1100〜1250 年までに施療院建立運動の大きな波を迎える．この時期には，キリストの貧者のみならず，レプラ（ハンセン病）患者を受け入れる「レプラ施療院（レプロズリー）」がヨーロッパ各地の都市で増加したことも注目される．レプラは，さまざまな身体的変質と神経麻痺の症状をもたらすために治癒不能な業病として怖れられてきた．レプラ施療院の設立は，対象の側（貧

者）の現実的必要性よりも行為者の側の霊的必要性による慈善行為という，対象
をより実体的に見据えた慈善行為であった．そのため，レプラ施療院の大半は，
個人や教会組織ではなく，世俗権力とりわけ都市当局により設立されたのであ
る．レプラ施療院には，「健常な」社会の怖れが反映され，レプラ患者がもっと
見なされた「不浄さ」を都市共同体から隔離，排除する目的をもっていた．

　都市の施療院の代表例として，1188年にフランドル都市ブルッヘの都市当局
により創建された聖ヨハネ施療院をあげよう．病人と巡礼者を主に受け入れたこ
の施療院は，13世紀初頭に印章を保持し，都市の公的な施設として機能した．
創建時の規約では，当院に受け入れられた貧者たち（30人）とその世話に当
たったスタッフたちの日常的所作，モラル管理（外出制限，悪口や喧嘩，侮辱行
為の禁止，特定期間の肉食制限，施療院の財政的講演者のためのミサ出席と祈り
の義務など）が規定されており，入所者に対する給養や医療行為に係る規定はほ
とんど含まれていない．それは，当該施療院が貧者たちの身体的，物質的救済よ
りも霊的救済を意図した施設であったことを如実に示している．フランス王権の
拠点となったパリにおいては，12世紀後半に「神の家（オテル・デュー）」が
ノートルダム大聖堂に隣接して建てられ，フランス王国最大規模の施療院として
機能した．13世紀末には，トネルの聖母施療院が伯妃マルグリット・ド・ブル
ゴーニュの寄進により建てられた．この施療院は，今日までその外観が残る巨大
な病室空間と礼拝堂を備えた代表的な木造ゴシックの施療院建築である．

✖施療院の医療化と専門化　都市化が著しかった中・北部イタリアでは，12世
紀後半から陸続と都市の施療院が設立された．シエナのサンタ・マリア・デッ
ラ・スカラ施療院，フィレンツェのサンタ・マリア・ヌオーヴァ施療院などがそ
の代表的な施設である．13世紀以降，西欧の多くの都市で都市当局のみならず，
ギルドや兄弟会などの職業的，宗教的団体が相次いで施療院を設立した．特にイ
タリア都市で，病と病人への医療行為を行う病院施設がいち早く創建されたこと
に注目したい．また，14世紀以降特にペストの流行を境に，施療院の世俗化と
「専門化」が進んだ．施療院の管理が聖職者から都市政府や市民に移行するとと
もに，さまざまな範疇の弱者を区別なく収容する代わりに特定の弱者（病人，寡
婦，捨児，改悛した娼婦，老人など）を受け入れる施設が増加する．サンタ・マ
リア・ヌオーヴァ施療院は，14世紀半ばまでに病人のみを世話する近代的な意
味での「病院」として特化した施設となった．医療化のプロセスは15世紀まで
に加速し，当時の西欧世界で最大規模の病院施設となっていた．こうした医療中
心の病院施設の進展は，16世紀を画期とする西欧各地における施療院改革の先
駆けとなり，救貧制度の集権化，合理化政策と相まって中世末期，近世初期の西
欧世界における社会政策の変容につながるものであったといえる．　　　[河原　温]

宿屋と居酒屋

中世の人々もさまざまな理由で旅をした．商人はしばしば遠隔地へ取引に赴いた．巡礼は必ずしも敬虔な苦行ではなく，現代ほど気楽な観光旅行ではなかったにしても，日常と異なる空間に身を置いて楽しむ遊山の機会でもあった．またドイツとイタリアを往復した中世盛期の神聖ローマ皇帝をはじめ，国王，皇帝も戴冠や統治のために遠距離を移動することがあり，貴族たちもこれに随行した．

✖営利目的の宿屋の発達　中世前期・盛期にこうした旅する人々に宿を提供したのは，主に教会や修道院に付属する巡礼宿や施療院，国王や領主を歓待する義務を負った都市の政府，役職者である．旅人へのもてなしはキリスト教的モラルであった．『ベネディクト戒律』は「修道院を訪れるすべての客人はキリストとして受け入れられる」と規定している．聖地サンティアゴ・デ・コンポステラやローマへの巡礼路には，巡礼者を泊め，食事を提供する施設が点在していた．

12世紀以降，遠隔地商業が活発化すると旅をする商人も増え，彼らの需要に応じて，取引や宿泊の場として商館（フンドゥク／フォンダコ）が各地につくられた．13世紀にヴェネツィアに設けられた「ドイツ人商館」が有名である．同時に，営利目的の宿屋も増えていった．ただし，具体的に増加が確認できるのはやはり13世紀以降である．こうした商館や宿屋は取引の場や取引の仲介という機能をもち，正義や平和が保障されるべき場所でもあった．

都市には数十軒から100軒以上の宿屋があった．例えば中世末期のトゥールーズで30軒以上，フィレンツェで100軒以上，ボローニャでも約60軒が確認される．宿屋の所有者は貴族，商人，公証人，手工業者とさまざまで，必ずしも亭主（経営者）と同一ではなかった．亭主にはよそ者が少なくない．例えば14世紀ボローニャの宿屋登録で，「フィレンツェ出身」「ドイツ出身」などと記された亭主が何人もいる．彼らは集客に際して，異郷での同郷人同士の親近感や言葉が通じる安心感，情報網などを活用できたであろう．なお，旅人が増える時季に宿の確保が難しいのは現代と同様で，マッテオ・ヴィッラーニの年代記によれば，1350年の聖年で巡礼が殺到したローマでは宿泊場所が足りず，ドイツやハンガリーから来た多数の巡礼が，雪や氷雨が降る悪天候の中で野宿を強いられた．

✖宿屋の設備・営業　宿屋は獅子亭，隼亭，聖ヨハネ亭といった屋号を有し，看板にかかげた．14世紀フィレンツェの宿屋組合規約は，加えて看板にフィレンツェの紋章たる赤い百合を描いたうえ組合員の印に小さな赤い星印（宿屋組合の紋章）も付すと定め，農村地域の宿屋にも同様の義務を負わせた．星印はほかの組合からの保護も意味した．飲食を提供する宿屋はときにワイン商組合やパン屋

組合から干渉されたからである．一方，宿屋同士の競合もあり，よその宿屋の客の横取りやよその宿屋の前での客引き，往来での客引き，経営する宿屋の外で，宿の提供するワインの量を誇示したり試飲させたりすること，おもてを通りかかる客を捕まえたり，服を掴んで引き入れたりすることなどが禁じられた．対して客の方も誠実とは限らず，支払いをせずに姿を消すこともあった．その場合，亭主はその客の荷物や財産を探し出して，差し押さえることができた．

図1　15 世紀の宿屋の様子［オーラー，1989］

　宿屋は客に寝場所を提供する義務を負い，客用寝台を備えることが宿屋の条件とされたが，一台の寝台を二，三人で共用することが多く，寝具も清潔で快適とは限らなかった（図1）．また最低限パンとワイン程度の食事は基本的に提供されたが，食事の付かない場合や客が食材を持ち込む場合もあった．宿屋の増加とともに設備，料金も多様化し，居心地や食事の質は料金や宿屋の格により異なった．

✖居酒屋と娼館　居酒屋もしばしば宿泊を提供した．常時営業して宿泊も受け入れる居酒屋は 13 世紀から増える傾向にある．一方，宿屋の食堂も居酒屋を兼ねた．そこで提供されるワインはワイン商組合の管轄であるため，組合同士の競合もあった．ワイン商がしばしば，農村の宿屋でのワイン販売は彼らの管轄だと主張することから，フィレンツェの宿屋組合規約は，宿屋の亭主はワイン商の資格をもって，窓の所に壺や杯を置いてワイン販売の印にできると定め，付随して，その印によって「宿泊のための寝台」があり提供するワインが合法的なものであることも示せるとしている．また，娼館も宿泊の場になり得た．娼婦は差別的に扱われたが，ある種の必要悪と考えられており，14 世紀後半から公営の娼館をもつ都市が増えている．娼婦は宿屋の前で客引きを許されたが，宿屋には入れなかった．フィレンツェの組合は，娼婦や「金銭のために身を売る」身持ちの悪い女性を泊めることを宿屋に禁じている．また宿屋では賭博も禁止された．

✖宿屋と外来者の管理　よそ者を受け入れる宿屋は，彼らを監視する器ともなり得た．ボローニャの 1288 年の都市法は宿泊を 4 日以内と定め，宿泊者が「フランス語やドイツ語を話す人間だと示せないなら」，当該者について当局に報告するよう宿屋に求めている．さらに 14 世紀のボローニャや 15 世紀のフェラーラでは外国人の滞在や移住を管理する役所が設けられ，宿屋の登録，統括も行った．宿屋は夜間の宿泊受け入れや，役所の発行する滞在許可証を持たない者を泊めることを禁止された．こうした仕組みをもつ都市の存在は，よそ者の受け入れと管理という宿屋の二つの役割を改めてわれわれに認識させる．　　　　　［徳橋　曜］

同職組合（ギルド）

　同職組合とは，同職に従事する人々が，職業的利益の保全や相互扶助を目的として宣誓を通じて結成した，自発的な団体である．地域によってギルド，クラフト，メティエ，ツンフト，アムト，アルテなどと呼ばれた．11 世紀から商人による同職組合が形成され，12 世紀以降，手工業者による同職組合も出現した．本項では，特に手工業者の同職組合について解説する．

　同職組合結成の背景は都市や職種によって多様だが，都市人口の増加や経済発展に伴う製品の需要の拡大とよそ者の当該職業への参入，品質の低下，王権や都市領主と手工業者との関係の変化などがあげられる．また，同職者が守護聖人の崇敬や相互扶助を目的とする兄弟会を結成し，これが前身となる場合もあった．

　12 世紀中にパン屋，肉屋，金細工師，馬具工，毛織物工などさまざまな職種の組合が各地で設立され，都市内での営業権を独占した．パリには 13 世紀後半に約 130 の同職組合があり，14 世紀には約 350 に達した．14 世紀前半のロンドンには少なくとも 25 の同職組合があり，15 世紀には約 80 となった．14 世紀のブルッヘについては 55 の同職組合が確認されている．

✖ 親方・職人・徒弟　手工業者層には親方，職人，徒弟が含まれるが，同職組合の正式な構成員は親方である．親方の中から選出される組合長や取締が中心となって同職組合を運営した．

　徒弟と職人は，同職組合の管理下にあった．徒弟は親方のもとで住み込みでその職業の技術を学んだ．訓練を適切に施すため，一人の親方が一度に採用できる徒弟の数は同職組合によって制限され，訓練期間も定められた．徒弟の訓練期間はロンドンでは 7 年，パリでは 8〜10 年が一般的であったが，ドイツ諸都市では 1 年や 2 年とする同職組合もあった．徒弟になるには年齢や出自などそれぞれの同職組合が定める要件があったが，親方の息子が徒弟になる場合はさまざまな点で優遇された．徒弟は訓練期間を満了し，技術力を示すための作品（親方作品）の制作などにより技術を認められ，入会金を納めれば同職組合の構成員となり営業権を得た．しかし多くの場合，直ちに工房や店を構えたり徒弟を訓練したりしたのではなく，職人としてほかの親方に短期間の契約で雇用された．パリでは，職人の雇用に関して年単位，週単位，日単位の契約が規約で言及されている．なお中世後期には，親方になる前の若者が，親方が構成する同職組合とは別の職人組織を構成する場合もあった．

　女性は一般的には同職組合の正式な構成員となることはなかったが，親方の寡婦が夫の職と徒弟を引き継ぐことを認める組合はあった．またパリ，ルアン，ケルンなどでは，繊維，服飾の分野で女性の親方や徒弟が見られ，女性のみの，あ

るいは成員の大多数が女性からなる同職組合が存在した．ただし多くの場合，組合の管理，運営には男性が関わっていた．

✖同職組合の活動　同職組合は，独自の規約を定め，それを成員に遵守させることで対内的平等と対外的独占を目指した．規約では，労働日や労働時間，原材料，製法，徒弟訓練に関する事項などが定められ，違反した場合は罰金が科された．同職組合の活動は多岐にわたり，職業に関するものとしては入会金や徒弟登録金などの納入金の徴収と管理，成員間のトラブルの調停，品質の検査，不良品製作者の取り締まりなどがあげられる．また，同職組合に所属せず，しかるべき技術を習得していないと見なされたよそ者への対応も重視された．同職組合は，よそ者に徒弟訓練を受けることを義務付けたり，活動を職人としての活動に限定したりして，成員の利益を保護しようとした．

　相互扶助活動も，主要な活動に位置付けられる．同職組合は，老齢，病気や怪我，災害などによって働くことが困難になった成員に一時的にあるいは継続的に経済的援助を施し，病気や老齢の親方や親方の寡婦のために施療院（居住施設）を運営した．中世後期には，ロンドンで 15 の同職組合が，ヘントで 10 の同職組合が，成員向けの施療院を運営している．

　同職組合は特定の守護聖人をもち，その祝日にミサや宗教行列などの宗教行事を実施するとともに，成員のための祭壇を修道院や教区教会などに設置して死者の供養を行った．死者の葬式はすべての成員の出席が求められた．また守護聖人の祝日や組合長の選出日などに実施される祝宴は社交の機会となっており，同職組合は都市において社会的結合が生み出され，維持される場の一つでもあった．

✖都市の政治と同職組合　同職組合は，手工業者が都市の政治に参加する機会を提供した．13 世紀のイタリア諸都市では，同職組合を権力基盤として手工業者が蜂起したり，その結果，手工業者が都市の政治機関の構成員となったりする例が見られた．ドイツでも 14 世紀に，アウクスブルクなど複数の都市で各同職組合から選出された代表者が参事会の成員となる政治体制が採られた．ロンドンでは 15 世紀後半に，市長の選出権が市会の構成員に加えて各同職組合の有力者にも与えられた．一方で，ヴェネツィアのように，手工業者が組織した同職組合には政治への参加が認められなかった都市もあり，同職組合を通じた手工業者の政治参加の程度は都市によっても時期によっても多様であった．

　都市当局が，諸事業を実施する際の単位として同職組合を活用した例もある．ロンドンやパリでは，市内の要所の警備や清掃，市壁の修理など市の治安維持と生活環境保全のための諸事業に，同職組合ごとに人員が集められた．

　同職組合は，都市の手工業者の生活を広範囲にわたって規定あるいは保護し，彼らにさまざまな機会を提供する組織であった．都市の歴史や都市に生きる人々の生活を読み解く鍵の一つが，同職組合にあるといえるだろう．　　［佐々井真知］

食品・飲料生産業

中世都市にはさまざまな産品が流通し，市民の生活を支えた．そのうち食料品の多くは周辺地域から都市へ輸送されたものだが，なかには市内で加工されたものもある．代表的なものとしては，パン屋，肉屋，ビール醸造業があげられる．いずれも農村では自家生産されていたものだが，都市では専門職が登場した．

✖ パン屋　市民は自宅でパンを焼くことを禁止されており，平日には出窓のように通りに面して開かれたパン屋の窓口で，週末は市場の屋台でパンを購入した．パン焼き職人は自身が調達した小麦粉やライ麦粉をこねて発酵させ，専用の竈で焼き上げていた（図1）．通常は竈を備えた施設を所有していないと店を開くこ

図1　15世紀フランスのパン焼き職人［河原・堀越, 2015］

とができなかったが，都市によっては他人の竈で焼くことも許されている．市民がみずから購入した粉を持ち込み，パン屋に焼いてもらうこともあった．非市民が市外から持ち込んで販売することは許可されておらず，彼らが販売してよいのは市内のパン屋が十分なパンを市民に供給できないときに限定された．

パン焼き職人はギルドを結成し，品質や価格，重量，労働日などを厳しく規制した．パリでは国王に任命された取締役がパン屋を管理した．ほかの都市でも，都市当局は検品する役人を設置している．彼らが取り締まったのは，混ぜ物をした粉を使っていないか，重量をごまかしていないか，といった点であった．日常食品であるパンは市民の生活に直結していたためである．パンは一定の価格を基準として売られていたが，小麦の質や相場によって購入できる大きさが変動した．

中世のパンは麦の種類や質により，白パン，黒パンといった区別がされていた（☞「食と身分」「食材」）．パン製品は次第に種類を増し，ハチミツやスパイスを入れた菓子パンも製造されるようになっていく．特徴的な形状をもつプレッツェルは店の紋章にも使われている．パリのような大都市では専門の菓子屋も成立し，ウエハースやパイ，ビスケットの類いも登場した．

✖ 肉屋　貴族には劣るものの，中世後期には，市民は大量の肉を消費していた．当時ヨーロッパで最大の人口を誇ったパリでは，豚や牛，羊が何万頭という単位で消費された．ドイツの都市では周辺農村だけでは供給が追い付かず，ハンガリーから行列をなした牛が運び込まれたという．もちろん，それらを捌くのは肉屋であっ

た．そのため，中世都市ではパン屋よりも肉屋の方が数は多かったといわれる．

　肉屋のギルドがみずからを描かせる際に牛の屠殺場面をしばしば選んだように，動物の解体は職人の重要な作業であった．しかし，動物を解体すると血や臓物が周辺を汚すため，周辺住民から訴えられることもあった．

　そのため，肉屋はやがて洗浄用水を確保できる川沿いの地区に肉屋街を形成し，屠殺場を共有するようになっていく．

　一方，パン屋の竈に対応する肉屋の設備としては，肉切り台が重要であった．肉屋のギルドは，違反した肉屋から肉切り台を没収して廃業へと追い込んだという．肉切り台で切り分けられた各部位やラードが店頭に吊られたり，並べられたりして販売された．肉屋は，『ベリー公のいとも豪華なる時禱書』などの農事暦に見られるような，冬の農村の風物詩である豚の屠殺，そしてベーコンやソーセージの加工も担った．彼らはそうした加工を可能にする道具として，刃物や砥石，時に燻製室を所持したが，ギルドの紋章としては肉切り包丁が多く見られる．

✖ビール醸造　ビールは一般家庭でも醸造されていたが，北ドイツのハンブルクやブレーメン，ロストックといった都市では都市の産業となっていく．また13世紀のチェコでは，君主が建設したり，市場集落から昇格させたりしたばかりの都市（ホドニーン，モストなど）に，君主が経済的支援の一環として都市にマイル権，すなわち半径約10 km圏内におけるさまざまな営業独占権を与えた．醸造権もその一つである．これにより周辺農村での醸造は禁止され，貴族や修道院は自家消費用の醸造のみが許された．この結果，都市で醸造されたビールは，その都市を中心とする地域経済で消費される重要な商品となった（☞「ワインとビール」）．

　ただし，各家庭での製造が本来の姿であったビール醸造は，専門職化の進行が比較的遅かった．醸造業者は13世紀辺りから都市法の中に姿を現わし，14世紀に入って市民間での醸造権移動の記録が増えてくる．具体的には，醸造に必要な設備を備えた家屋が売買，貸借の対象となった．これらの家屋は次第に市街地の外側へと移っていく．モルト（麦芽）を焙煎する際に，その熱で火災を起こす可能性を危惧されたためである．また，醸造量が増えると，輸送の便を考慮して，水路に面した醸造所が好まれるようになる．こうしたビール醸造権をもつ市民がギルドを結成するのは，ようやく中世末期のことであった．

　中世のビールは，当初ヤチヤナギや西洋ノコギリ草などのハーブを配合した「グルート」により風味付けされていた．そのレシピは領主により占有されており，醸造に際しては使用料を払わなければならなかった．しかし，ホップの普及とともに都市は領主特権の束縛から解放されていく．ただし，醸造過程についてはあまり史料が残っておらず，宗教的象徴性を帯びるワイン（ブドウ酒）と違って図像に描かれることも少ない．ギルドの紋章としては，焙煎するモルトをかき混ぜる櫂が選ばれている．

［藤井真生］

鍛冶屋（金属加工業）

　　鉱石から地金を製錬する技術者と地金を加工して金属製品を製造する技術者は同じではない．本項では，後者について説明する．また，鍛冶屋とは，棒状の原料鉄から鉄製品を鍛造する職種を指すが，本項では，金銀や錫，鉛，青銅，真鍮などの加工業者も含めている．テオフィルス『さまざまの技能について』（12世紀初頭）は，こうした金属製品製造を含む技術書である．

✖ドイツ都市の金属加工業　　鍛冶屋を含む金属加工業者の多くが所在したのは都市である．各種の繊維産業や服飾製造業と並んで，金属加工の同職組合では，その職種が製品ごとに非常に細かく分かれていた．

　　12世紀という比較的早い時代から手工業関連史料が豊富に残されているドイツ都市ケルンでは，一般的な鉄製品を製造する鍛冶屋のほか，錠前，鋏，バックル，盾，甲冑，剣，槍を製造する専門職があり，さらに，金細工品，青銅の鐘，秤をつくるギルドがあった．14世紀末になると，これらに加えて，蹄鉄，刃物，鍋釜，釣り針，釘，針金，のこぎり，手錠と足枷，拍車などの鉄製品のほか，錫の食器，銀細工品，真鍮製品，鉛製品，金箔など，より細分化された専門職種が付け加わっている．ケルンの特徴は，製造された金属製品の種類の豊富さである．ことに名高かったのは金細工であり，中世を通じて常に100人以上の親方を擁していた．教会とともに，王侯貴族や都市富裕層を顧客とする金銀細工と宝石の装飾品は，圧倒的な富の実体であると同時に，中世社会の支配者が誰であるのかを視覚的に表現する威信財でもあった．また，青銅製品は，教会の鐘楼の鐘のみならず，中世後期には大砲にも及んだ．錫や真鍮からは，食器や鍋などの日用品が製造された．鉄製品の中心は武器であり，剣，槍の穂先，甲冑，拍車などの武具全般の製造と取引が行われていた．

　　ニュルンベルクもまた，鉄製品製造でよく知られていた．1363年には，金細工親方が16人だったのに対して，刃物鍛冶73人，針鍛冶22人，釘鍛冶6人を数えている．さらにまた，この都市で製造された甲冑は，全ヨーロッパ的名声を博していた．15〜16世紀のニュルンベルクでは，鉄製ナイフ鍛冶，真鍮鍛冶，真鍮製品製造の親方層の中から問屋主となる者が現れ，出来高払いで雇用した製造職人を組織するようにもなった．他方，甲冑，ナイフ，鋏，板金，針金，研磨の分野では，都市外に所在する水車を動力源とする施設を保有する富裕な親方もいた．彼らの一部は，みずから仕入れた原料鉄を棒状鉄や錬鉄といった半製品に加工したうえで，職人を雇い入れ，さまざまな鉄加工を行う工房を経営した．このような親方問屋主は，みずから各地に出かけて，製品の販売に従事する商人で

もあり，問屋商人的な企業家だった．

✖ディナンの銅合金加工業　ムーズ川中流域のディナンを中心とした地域では，古くから銅などの金属製品製造が盛んで，特に11，12世紀のロマネスク時代に制作された金銀細工の聖遺物箱や教会の祭壇装飾，象嵌七宝を施した装飾品で名高い．13世紀からは，ゴスラーや低地地方で買い入れた銅板を鍛造して鍋などを製造するとともに，15世紀には，イングランドで豊富に産出した錫を仕入れて，銅や亜鉛，錫との合金製の鍋，フライパン，燭台，食器などの日用品を製造するようになった．彼らは，自身やロンドンに置いた代理人によって仕入れた原料を，ディナンの職人に委ねて製品を製造させ，完成した製品をみずからヨーロッパ北西部やイングランド各地に運んで販売した．これもまた，問屋（といや）制的な商人企業家の事例である．

✖パリの金属加工業　1268年頃のパリで編纂された『同職組合の書』では，ケルンなど以上に細分化された金属加工関係の職種があがっている．一般的な金細工製品に加えて，金箔や金線の製造があり，鉄製品では，蹄鉄，刃物，錠前と鍵が中心だった．さらに，銅の錠前，錫の各種製品，鉄の針金，銅製の印章の型，同じく銅の燭台とランプ，鉄や銅のバックルや留め金，指ぬき，針など，非常に細分化された職種が，中世ヨーロッパ世界において最大の人口を抱えたパリに特徴的な金属製品の需要を物語っている．ここからは，16世紀以降に本格化することになる，都市の職人層や平民全般を対象とした大衆消費的な製品を製造する手工業がすでに現れつつあることが読み取れる．

✖農村の鉄加工業　このような細分化された都市の金属加工業に対して，農村部では，いわゆる「村の鍛冶屋」が，原料鉄からさまざまな農機具（犂（すき）の部品，鎌，斧など）や牛馬の蹄鉄とそれを固定するための釘，車輪の箍（たが），鍋釜などの鉄製品をつくり出す作業全般に当たっていた．鍛冶屋は，その技術的専門性故に，車輪を製作する車大工とともに，すでに中世初期から専業的な手工業者だった．10世紀のフランク時代までは，荘園領主の館に住み込むか，その近隣に土地と住居を与えられた鍛冶屋が，荘園全体の鉄製品を製造していた．11世紀以降，農村組織が村落共同体に移ると，村落ごとに一人の鍛冶屋がいて，鉄機具の製作を行うようになった．ドイツでは，鍛冶屋が村民から毎年一定量の穀物を支給される事例があり，また，製粉水車小屋とともに，鍛冶場が領主権力の及ばない治外法権的なアジールとされていたことと合わせて，鍛冶屋の公共性を示している．

✖鍛冶屋の伝説と神話　鍛冶屋は，常人にはなし難い，錬金術のような，秘儀的な作業を経て鉄製品をつくり出すことから，洋の東西を問わず，その技能が神秘化される傾向があった．そのような鍛冶屋の象徴性に関する人類学的研究の代表が，M. エリアーデ『鍛冶師と錬金術師』(1956) である．北欧神話では，ヴェルンドという伝説的鍛冶屋が登場している．

［堀越宏一］

農事論

　中世には多くの場合，農園経営は領主による所領を単位として行われた．領主は，個人であれ世俗の組織であれ，修道院などの教会組織であれ，農業生産はもちろん，さまざまな成員が存在して活動する農園の経営に取り組むことが求められた．このように多角的な課題に取り組むため，中世を通じて，古代ローマの大カトーの『農業論』（紀元前2世紀），ウァッロの『農業論』（前1世紀），コルメッラの『農業について』（後1世紀），4〜5世紀に活躍したパッラディウスの『農業論』などが知られていたが，中世半ばになると，同時期の農園経営の実態を反映するような実用的な農書が書かれるようになった．

✵ウォルター・オブ・ヘンレイ　イングランドでは，13世紀に中世初の農書が書かれたといわれ，19世紀末にそのうち4冊が農書集のかたちで刊行された．その中でウォルター・オブ・ヘンレイの『家政の書』は最も優れた農書とされる．彼は，イングランド南部で荘園の管理に当たった後ドミニコ会修道士となったと伝えられており，1270〜80年頃に中世フランス語で『家政の書』を書いた．この本では，耕地の利用について二圃制と三圃制に触れられていたり播種などの具体的農作業も取り扱われたりしているが，中心となるのは荘園の合理的な経営であり，早くに中世英語に訳され，とりわけイングランドで大きな影響を与えたといわれる．

✵ピエトロ・デ・クレシェンツィ　より実践的で本格的な農書を書き，中世最初の農学者といわれるのが，ピエトロ・デ・クレシェンツィである．彼は，イタリアのボローニャ出身で，統治官として各地の都市に赴くポデスタに随行して裁判官としてさまざまな都市を訪れ，各地の農業の実態を観察した．裁判官としての職を辞した後に，ボローニャ郊外で農園を経営するとともに，ボローニャのドミニコ会修道院で，古代の農事論やディオスコリデスの『薬物誌』（後1世紀）や，あるいはアルベルトゥス・マグヌスの『植物について』（13世紀）などを利用して農学を研究した．その成果をまとめた農事論が『田園の恩恵の書』で，1305〜09年頃ナポリ王カルロ2世に献呈された．この農書は，ピエトロが北・中部イタリア各地を回るなかで具体的な農業を視察し，みずからも農園経営を行っている経験が，その記述に反映されていることを特徴とする．

　『田園の恩恵の書』は12巻からなる．まず，どのようなところに住むか，環境，水利などを考慮して理想的な場所を選ぶことから始まる．続いて，農業の基本として，土壌や土地のあり方を踏まえて，主要な農作業が論じられる．作物としては，第3巻〜第7巻で穀類や豆類が取り扱われ，続いてブドウ栽培とブドウ

酒製造，果樹などの樹木栽培，ハーブ類や野菜類，牧草などについて論じられている．第8巻は，楽しみのための庭園について，持ち主の財力や社会的地位に合わせたタイプが示される．第9巻は，家畜，家禽などの飼育，第10巻は，鷹狩などの狩猟や魚釣りに当てられている．最後の2巻では，これまでの記述をまとめて農園経営についての考えを明らかにし，カレンダーで農事暦を示している（図1）．

図1　ピエトロ・デ・クレシェンツィの『田園の恩恵の書』の写本（1470〜75頃）につけられた農事暦［シャンティイ，フランス，コンデ美術館，MS 340, fol. 303v］

　この本は，領主にとって望ましい農園経営について包括的に述べているうえに，とりわけ楽しみと実益を兼ねた庭園論や狩猟論があるということで注目された．ラテン語で書かれたのだがラテン語のままヨーロッパ各地に広がったほか，1356年にはフランス王シャルル5世にフランス語訳が献呈されたように，早くから俗語訳が作成された．1471年にアウクスブルクでラテン語の刊本が出され，著名な印刷業者として多くの名著を送り出したヴェネツィアのアルド・マヌーツィオが，1501年に1,000部刊行を決定するなど，好評を博した．各地で農園経営のマニュアル本として活用される際に，下線が引かれたり，書き込みがなされたりしたことが反映されているものも存在する．つまり，利用する際に書き込みがなされたものが利用できる本として流布しており，必ずしもオリジナルどおりではなくても，プラスとなる情報の書き込みがなされている本が利用されたからこそ，さらに広く用いられたと思われる．

　しかしながら，もともとボローニャを中心に北・中部イタリアの実践例を踏まえた記述は，地中海世界の農業のあり方に適合したもので，ヨーロッパ北部では，多少の違いを考慮するとしても，すべてあてはまるわけではなかった．そのため，やがて北方では，『田園の恩恵の書』を踏まえながら，それぞれの地域の状況に合わせた農書が書かれるようになり，近代の農業革命につながっていく．しかし，イタリア，とりわけボローニャ付近では，クレシェンツィの『田園の恩恵の書』は長く利用されたようで，その影響は大きかったといえよう．

[山辺規子]

アンブロージョ・ロレンツェッティ

図1　アンブロージョ・ロレンツェッティ《善政の寓意》（1338〜39）［池上，2014］

　アンブロージョ・ロレンツェッティは，壁画《善政と悪政の寓意》（《善政の寓意》《善政の効果》《悪政の寓意と効果》からなる一連のフレスコ壁画）の作者である．14世紀前半のシエナ派を代表する画家の一人で，兄ピエトロとともに「ロレンツェッティ兄弟」としても知られる．伝記情報，現存作品とも多くはないが，イタリアのシエナ市庁舎「ノーヴェの間（平和の間）」に残る壁画が，彼の名を不朽のものにした．

　一般に《善政と悪政の寓意》と呼ばれるこの壁画においては，自治都市（コムーネ）における理想の政治が，擬人化された徳の数々によって表され，またその善き統治が行き渡った都市とコンタード（周辺農村領域）の様子が詳細に活写されている．これと対照的な悪政の寓意とその結果も対置されているが傷みが激しい．中世後期のイタリア都市における政治体制や社会生活について語られるとき，その理念を具象化した例として，必ずと言ってよいほど言及される作品である．

　この壁画装飾が発注された1330年代，シエナでは大商人と庶民の中間に当たる「中庸の」商人たちが都市政治の実権を握り，経済活動に有利な親教皇の立場（グエルフィ），親フィレンツェ路線をとって社会の各層の経済的利害を調整しつつ，当時としては例外的な長期安定政権を実現していた．実際《善政の効果》は，国際金融業によって発展し，都市景観の整備が進められた活気溢れる往時のシエナの姿を忍ばせる．さらに特筆すべきは都市における善政の効果が農村にも波及すべきという考え方で，ここに周辺農村領域との有機的な結合を前提とする中世後期イタリアのコムーネの特徴が表れている．都市民の利害関心に沿って適切に管理され，人間と自然の営みが調和した状態こそが理想とされたのである．

　しかしながら，人間の力と人間がつくり出す秩序を信じ，その理想を高らかに謳い上げた図1は，繰り返される政変と社会不安の中で強く希求されながらも決して実現することのなかった平和と正義が昇華されたものであり，党派争いに明け暮れた都市政治の実情の裏返しでもある．それでもなお，画家自身が見事に解釈，表現して見せたように，平和と正義をもたらす公共善という考え方は，一部の支配層のみならず都市民に広く共有されていた．それはまた，彼自身が画家であると同時に，日々の営みを通じて社会経済活動に加わり，公共善という理想を目指すコムーネの一員であったということを示している．　　　　［中山明子］

6章　交易ともの

1000年にも及ぶ中世は，ずっと「暗黒の中世」や「封建的無秩序」だったわけではない．キリスト教信仰を支えに身分制のもとにある閉鎖的な農村社会だったわけでもない．人々も「もの」も，一定地域内の在地流通から，陸路だけでなく，海路や河川交通を利用して，地域間交易に乗り出し，行き交っていたのである．商業圏の拡大は，異なる性格をもつ世界の「もの」と知識の拡大につながり，人々は，特産品と市場の地域的特性を生かしながら生産分業を行っていた．

本章では，広域流通で取引される商品として，毛織物，酒類，奴隷，役畜を取り上げた．商業活動を担う商人は，読み書き算盤の実務能力を磨き，実務書を作成し商業組織を形成する一方で，教会のモラルに合う商業的心性を示す．交易の場を提供する在地の統治権力が課す流通税や取引税は，商業の重要性をうかがわせ，都市に設置されるようになった公共時計もまた「もの」に結晶した技術，文化を示す．「交易ともの」は富と文化の源である．

［山辺規子／大黒俊二・河原　温・城戸照子］

市

　市は，基本的には常設の店舗でなく特定の場所と時間に集まって行われる取引を指し，祝祭日を意味するラテン語の feria に由来する英語の fair，フランス語の foire などの訳語として用いられ，周期性を明確にするために定期市という用語も用いられている．取引を意味するラテン語の mercatus に由来する英語の market，フランス語の marché などは，人々が集まって行う取引と取引が行われる場所という意味で市場と訳されるが特定の曜日の開催など周期性を示す際には週市が用いられる．なおドイツ語ではカトリックにおけるミサと同じ言葉である Messe や，Jahrmarkt（年市）が用いられている．近代ヨーロッパでは「市場」が需要と供給の関係により価格が調整，決定されることを示す用語として用いられるようになる一方，商業の発展により常設の店舗が特定の場所に集まる場合にも「市場」とされる場合も生じた．このため，日本では，需給関係により価格が決定される状態を示す概念などを示す場合は「しじょう」，特定の場所に集まった売買や場所を示す場合は「いちば」という使い分けが行われている．

✖中世における市の成立　中世では，売り買いの担い手が特定の時・場所に集まり，商品のやりとりをする．このような取引がしかるべく行われるためには，取引の場が確保され，犯罪が起きず取引が安全に行われることが期待される．安定して取引が継続して行われ必要経費も少なくて済む時・場所には，ほかより多くの物や人が集まる．このような条件を満たした場合に市が成立したと考えられている．

　アルプス以北地域などでは，丘陵地帯を含めて面積あたりの生産性は低いが，広範囲で天水農業が可能であり小規模な居住地が点在していた．このような地域では，9世紀以降手工業者が集住する都市が多く成立した．市は，住民への食料などの供給の場としても，領主の所領経営で得られる農産物が集積される場としても活用され，市に関わる法制度の確立には領主制が重要な役割を果たした．つまり，商人が一定期間集まる市や，手工業者も集住する都市は，一定地域内の在地流通の拠点になると同時に，遠くから来訪する商人に地域のブドウ酒などの特産物を売り当該地域では手に入らない商品を入手できる場となる．このように在地流通と遠隔地商業を特徴とする広域流通という二元的な流通が，市，都市を結節点として結び付いていることが中世ヨーロッパ経済の大きな特徴となった．

　中世初期に関する史料は限られるが，封建社会では市の開設，市での取引に関わる司法権と徴税権は，王権また領主権に帰属した，国王や領主は，不正の取締りとともに入市税や取引税を課した，中世盛期には，国王や領主から都市に，市

の開設権および課税権，治安維持に関わる権限が移譲されるようになる．このため，都市当局が次第に市の開設や開催に重要な役割を果たすことになった．都市当局は，穀物など必須食料の取引に関しては先買い転売の禁止を含む取引条例を制定し，市場での売買をもとにした価格表を公示するなど，公正な取引を保証するための制度，法体系が整えられた．その結果として，市場を公平な条件のもとで需要と供給に基づき価格が決定される場と見なす考え方が生まれた．

❉代表的大市―シャンパーニュの大市　中世ヨーロッパの市の代表的な存在がフランス東部のシャンパーニュの大市として知られるトロワ，バール・シュル・オーブ，ラニー，プロヴァンの4都市の市である．この大市は，シャンパーニュ伯による安全護送の保証，免税などの政策もあり，12〜13世紀には北イタリアと低地地方を結ぶ最も重要な遠隔地商業の場となり，ヨーロッパ各地から商人が来訪した．開催都市内には倉庫や宿屋なども整えられ，1回あたり40〜50日間，年6回もち回りで開催された．ここではイタリアからもたらされた香辛料などの東方商品や絹織物などの商品と毛織物や毛皮など北部商業圏の産物が取引がされた．やがて両替商を介した精算に加えて，次期の市を支払期日とする手形による決済も行われることになった．市における商人間取引に加え商人が毛織物生産都市で買い付ける際の取引の多くは宿屋などの私的空間での相対のかたちで行われていた．これは公共の場としての市場における公平性，透明性が保証された取引とは大きく性格が異なっていた．

❉遠隔地商業の変化と取引所の成立　中世末期にはシャンパーニュの大市のヨーロッパの南北をつなぐ中継拠点としての役割が低下するとともに，市の開催に合わせた商人間取引，決済のあり方も変化することになった．これらの変化には1285年の王領に併合されるというシャンパーニュの政治的要因に加えて，13世紀末からのジェノヴァ，ヴェネツィア船が西地中海，ジブラルタル海峡を経由しての低地地方（ネーデルラント）に直接航行するようになったこと，イタリア商人が低地地方の諸都市などに定住することと並行するかたちで進んだ代理人制度，本店支店制度の導入による遠隔地商業の変化が大きく関係していると考えられている．イタリアの本店と各地の代理人との間，支店との間での通信制度が発達することで，通信による情報の収集や指示が行われ，商業契約や決済は，商品自体の輸送とは分離したかたちで行われるようになった．低地地方の諸都市では，このような定住した商人を対象とした常設の取引所が設けられた．なかでも中世末期低地地方の遠隔地商業の中心都市であったブルッヘにおける決済取引の場となったブルスは名称も含め16世紀以降のアントウェルペン，アムステルダム，ロンドンの金融取引所の起源となったとされている．さらに，低地地方の主要な毛織物生産都市のヘント，イーペルでは毛織物会館が建てられ，個別に行われていた商人との取引の集積が進められた．　　　　　　　　　　　[奥西孝至]

通商路

　通商路は英語の trade route に対応する用語で，経路，航路を意味した中期低地ドイツ語 trade 起源とする英語の trade は，商取引のなかでも特に「国の間の取引」の語意で使われており，道を意味したラテン語を起源とする route は特に「定期的に移動に用いられる道，路」の語意で使われている．「通商」自体は近代以降の国家間の商取引，貿易に限定される用語であるものの，「通商路」は過去に遡及して「異なる国，離れた地域の間の輸送を伴う商取引に継続的に用いられる経路」の意味で用いられている．

　商人を訳語とする merchant は商品を意味するラテン語 merx などを起源とし古フランス語 marchëant を経て英語になった言葉で，「大規模な特に他国との取引を行う人」の語意で使われている．また，商業を訳語とする commerce は売買，交渉，輸送を意味するラテン語の commercium（com＋merx）を起源とするフランス語同型の英語の言葉で特に「規模の大きい取引」という語意で用いられている．なお，中世の「通商」に当たる商取引を示す用語として，英語では主に long distance trade，日本語では広義の商業と区別して遠隔地商業（ドイツ語での Fernhandel）が用いられている．

✖遠隔地商業と通商路　商業が成り立つためには購入と売却との価格の差が費用を上回ることが必要であり，一般則として距離と時間がかかるほど価格差と費用は増加する．中世における点在する小規模の都市を核とする在地流通では農民の直接取引など非商業的流通の比重が高く，商業の中心となったのは，購入時と供給時の価格差が取引に要する費用を上回ることが見込める岩塩やブドウ酒などの一次産品さらにはヨーロッパに産しない香辛料，絹織物などのいわゆる東方産品や低地地方の高級毛織物などの手工業品を対象とした遠隔地商業であった．「商業の復活」ともされてきた9世紀からの遠隔地商業の発展には，全地球的な温暖化と関わる農業生産，人口増加と都市の成立による物資の供給と需要の増加に加えて，市の成立による購入，売却に関わる取引費用の軽減および通商路の成立による輸送費用の軽減が大きく寄与していると考えられている．

✖通商路の成立の要因　特定の陸路や水路（海路，河川路）が継続的に遠隔地商業に使われるようになるには，財の特徴に応じた手段を用いた輸送にかかる費用や盗難，災害による損失の危険性がほかの行路に比べて相対的に少ないことが重要であった．陸路では，荷物の輸送における地理的な距離の短さや高低差の少なさという自然要因に加え，石畳の敷設など道路や宿泊施設の状況，安全保障，道路の整備，管理の状況，対価としての通行税，入市税の費用を上回る効果など人

為的要因も関係していた．在地流通の拠点としての各地に点在した都市とこれらの都市を結ぶ道路がすでに存在したことが遠隔地商業に関わる諸費用の減少につながったと考えられている．また，自然障壁となる山脈を越えることができる地点（峠）の存在もそこにつながる路が通商路として用いられるうえで大きな要因となった．河川路は，安全な航行が可能であることに加え，陸路との接続があることが通商路として用いられるうえで重要であったと考えられる．

✖中世盛期ヨーロッパの通商路―すみ分けと競合　9世紀からの農業生産，人口増加，都市の形成，遠隔地商業の発展を受け中世の経済は13世紀にはその頂点を迎え，北イタリアおよび低地地方は人口密度が高く当時としても最も都市化が進んだヨーロッパの商工業の中心となった．北イタリアのヴェネツィア，ジェノヴァは海路により運ばれた東方産品をヨーロッパの諸都市にもたらすとともに低地地方の毛織物を東地中海の諸都市に送るなどヨーロッパとアジアをつなぐ結節点としての役割を担った．低地地方はブルッヘにはハンザ商館が置かれ北海，バルト海の諸都市と海路により結び付いただけでなく，多くのイタリア商人も定住し，北イタリアとは陸路さらには西地中海経由の海路とも結ばれ，決済の中心としての機能を果たした．

この両地域を結ぶ南北でつながる通商路としては，ヴェネツィアからポー川を遡上してミラノから西にグラン=サン=ベルナール峠でアルプスを越えローヌ川水系に出てシャンパーニュ地方からパリおよびブルッヘに至るルート，ミラノから北にサン・ゴッタルト峠でアルプスを越えライン水系に出てケルンからブルッヘに至るルートがあった．そのほか北イタリアを起点とする内陸の通商路としては，ジェノヴァから西北にモン=スニ峠でアルプスを越えてローヌ川のリヨンに至るルート，ヴェネツィアから北上してブレンナー峠でティロル越えしドナウ川流域，アウクスブルクからニュルンベルクに至るルート，ヨーロッパの各都市を結ぶ内陸通商路としてはパリからオルレアンを経てボルドーから南フランスに向かうルート，ケルンおよびフランクフルトから東に向かいライプツィヒを経てブレスラウさらにはキーウ（キエフ）に向かうルートなどが存在していた．

これらの通商路のあり方は多様かつ状況に応じた変化を見せている．北イタリアと低地地方を結ぶ内陸通商路は13世紀末の西地中海を経由してジェノヴァ，ヴェネツィアから直接ブルッヘに向かう航路の開始，またイタリア商人のブルッヘ定住と並行して進んだ代理人および本店支店システムの導入，売買，決済，物流の分離により大きな影響を受けた．低価格，有重量の商品は海路で輸送されるなどのすみ分けも生じた．ほかの通商路においても，商品の特徴に応じたすみ分けが行われるとともに，複数の通商路が競合することによる輸送費用の削減や新技術の導入が進み，近代以降の流通の基盤となる状況の変化に動態的に対応できる輸送路網の形成につながったと考えられている．　［奥西孝至］

海と川の交易

　今日の目線では，中世ヨーロッパの輸送はきわめて未成熟であった．人々が得られる財の種類と量は限られ，日常生活に必要な物資の大半については，自分たちが住む土地か，その近隣で産出するもので満足していた．一方，遠隔地との交易は意外なほど広範多岐にわたっており，各地の特産品が四方へと送り届けられていた．鉄道，自動車，航空機のない時代にあって，遠く離れた諸地域に多くの商品を運ぶ唯一無二の手段を提供したのが，海と川であった．地図を開き，交易の広がりを追ってみよう．

✖海がつなぐ諸地域　南方の地中海から始めたい．この広大な内海に接する地域は多彩である．沿岸部や無数の島々に点在する港を中継し，砂漠や山脈を越え，さまざまな産品，文物が交錯してきた．ムスリム（イスラーム教徒）の急速な勢力拡大をみた中世初期に，アラブ人と並び，盛んな交易を展開したのはユダヤ人である．その活動範囲は北アフリカのマグリブ地方（例えばチュニジアのカイルーアンなど）やエジプト（現カイロの一部にあたるフスタート）を中心に，東はシリアや紅海方面，西はイベリア半島南部へと伸びていた．イタリア半島では特にアマルフィの商人がアラブ人やユダヤ人のネットワークに加わったが，11世紀後半以降になると，ピサやジェノヴァ，ヴェネツィアなどほかの海港都市が，軍事，外交面も含めた勢力伸長を強めていく．さらにカタルーニャ人がバルセロナを拠点に海上進出し，13世紀にはマヨリカ島やシチリア島を支配下に収めた．こうした諸都市の商人たちは各地に居留地を形成していった．特にレヴァント貿易の中心地であったアレクサンドリアやコンスタンティノープルで，イスラーム世界との活発な交易が繰り広げられた．

　地中海に隣接する海により，諸地域との結び付きはさらに広範なものになっていた．紅海は，アラビア海，インド洋への連絡路となっていた．黒海は，アジア交易の玄関口であるとともに，ウクライナやロシア，ドナウ川流域の諸地域との交通路でもあった．ヴェネツィア人は1204年にコンスタンティノープルを支配した後，黒海への商業的影響力を強めていった．ジェノヴァ人は13世紀後半にビザンツと結んでそれに対抗し，クリミア半島のカッファに居留地を築いた．

　北方へと目を向けよう．ユトラント（ユラン）半島とスカンディナヴィア半島が隔てるかたちで，北の海は西の北海と東のバルト海に分けられる．両方とも地中海に比べ嵐で荒れがちであり，雹や霧に見舞われる危険もあった．海峡を通過する両海域間の往来はあり得たが，強い風と複雑な潮流，さらに岩礁による難所が多かった．中世末期以降にオランダ人の商業航海が本格化するまでは，特に

軽量高価な奢侈品の輸送において，陸路が二つの海を結ぶのに好んで利用された．

北海方面では，ライン川，マース（ムーズ）川，スヘルデ川下流一帯の都市化が進んだ地域で水上交通が発達した．それにノルマンディやイングランド南部を加えた海域で，沿岸航行と海峡横断航行による船乗りたちの盛んな行き来が見られた．バルト海では，12世紀中頃に建設されたリューベックを中心に，ドイツハンザの商人，船乗りたちが，ストックホルム，ダンツィヒ（現グダンスク），レーヴァル（現タリン），ノヴゴロドなどの諸都市に交易拠点を広げ，ロシアにまで至る交易ネットワークを西ヨーロッパにつないでいった．

13世紀後半には，大西洋を経る海路により地中海，北海が恒常的に結ばれるようになる．ジェノヴァ商船によるフランドル航行がその嚆矢となり，ブルッヘが地中海，北海，バルト海の商業圏の結節点となった．このような長距離航海の発達を支えたものとして，イタリアでコンパスの実用化や海図の作成が進んだことがあげられる．

✖川の役割　河川を通じ，海の世界は内陸と接続する．例えば地中海では，ヴェネツィアの交易が同市の南でイタリア北部を横断するポー川の水運につながっていた．また，ローヌ川を利用することで，海港マルセイユと北フランスのシャンパーニュ大市との間で，多量の商品を輸送できた．ライン川は，北海とドイツ西部，フランス東部の内陸地域および山国スイスを結び付ける大動脈であった．同河川上流域の東では，ドナウ川が端を発し，オーストリア，ハンガリー，黒海へと長大な流れを湛えていた．南ドイツ都市ニュルンベルクの商人は，この水運を用いて東方へ進出していった．

✖流通する諸産品　一般に，中世の交易品の花形としては，アジアから地中海へもたらされる香辛料や，フランドル産に代表される高級毛織物などが筆頭にあげられるであろう．確かにこれらの商品が生み出す富は大きかった．しかし，そのほかさまざまな産品の流通が経済全体の基盤となったことは，銘記すべきである．例えば，増大する都市人口を支えた食糧である．イタリア諸都市は，黒海地方やシチリア島から供給される穀物を欠かすことはできなかった．バルト海地方のニシンは，特定の時期に肉食が禁じられるカトリック教徒にとって，必須のタンパク源であった．それは海や川の流通網に載って，地中海地方までも市場としていた．漁場での保存加工には塩が必要であったが，それには内陸ドイツ都市リューネブルクの塩井で産出される高品質のもののほか，大西洋ブルヌフ湾の価格の安い塩も用いられた．工業製品の原料調達についても例をあげたい．南ドイツ都市アウクスブルクでは15世紀にバルヘントという交織の生産が発達した．素材の一つである亜麻はドイツ産でまかなわれたが，木綿はシリアからの供給を受けており，後者の輸入を組織したのはヴェネツィア人であった．このような網の目状の流通で築かれる経済も注目に値する．　　　　　　　　　　［菊池雄太］

商業の組織

　商売では，利益と損失が隣り合わせになっているのが常である．儲かるときもあれば，致命的な失敗をすることもある．商業に従事する人々は，リスクをできる限り軽減し，また，できる限り効率的かつ利益が上がるように，事業を営もうとする．そのためには，単独ではなく二人あるいはそれ以上の団体で行動した方が有利である．そうした理由から中世の商人たちも，大なり小なり組織的に事業を展開したが，その特徴は時代や地域によって相違していた．

✖初期の商業組織　遠隔地との交易が散発的にしか行われていなかった頃は，商人たちはおのおの船や荷車に積んだ自分の商品とともに各地を旅し，商談，買い付け，販売などの業務をみずからの手で直接行うのが常であったと考えられる．その際は，旅路，旅先で野盗や海賊から身を守るために，キャラバンや航海団体を組んで行動していた．おおよそ11世紀に至る頃までは，このような組織が支配的であった．しかし，商業活動が盛んになるにつれて，その状況が変化し始める．みずからは旅をせず，代わりの誰かとパートナーシップ契約を結ぶことで事業を展開するやり方が普及していくのである．

✖地中海地方のパートナーシップ事業　イタリアではヨーロッパ諸地域のなかでも遠隔地との商業が早い段階で高度に発達し，ピサ，ジェノヴァ，ヴェネツィアなどの海港諸都市の商人が，地中海東部との取引に乗り出していった．これはレヴァント貿易の名で知られるもので，特に12世紀以降に活発になる．この貿易において，個々の独立した商人による事業パートナーシップが多く見られるようになる．それを代表するのが，コンメンダである．航海1回ごとに結成され，航海が終わると清算，解散するという当座的なものであった．儲けは大きいが危険も大きなこの貿易では，事業が投機的な傾向になりがちであったからと考えられる．貿易への出資をすべて負担する者と，出資はせずに航海や買い付け，積荷の販売などの業務遂行を担う者とで成り立ち，利益は通例，前者に4分の3，後者に4分の1で分配された．航海等業務遂行者が資金拠出することもあり，その場合の出資割合は3分の1であることが多く，利益は折半された．このような契約は特にソキエタスと呼ばれた．

　資金力に乏しいが体力のある若手の商人などは，コンメンダの業務遂行者から始めて，キャリアを積んでいったと考えられる．出資者は商人以外の社会層，例えば役人や公証人，司教や修道士，あるいは商人の寡婦や息子などの場合もあったが，みずから航海を行わなくなったベテランの商人であることもあった．そちらの場合，出資者はパートナーがもち帰った商品の販売を手掛け，自身の豊富な

経験によりパートナーへ助言をすることもあった．

✖バルト海地方のパートナーシップ事業　ヨーロッパ北部のバルト海地方では，ドイツ商人（後述するハンザの商人）が結成していたゼンデーヴェとヴェダーレギンゲが，それぞれイタリアのコンメンダとソキエタスに対応する事業形態であると考えられている．ただし正確には相違点がある．ゼンデーヴェは，すでに相互に出資契約が結ばれているなかで，航海を担わない資金拠出者が積荷に上乗せをし，航海等担当者にそれを取り扱わせて利益を得るという，本来の契約外での業務追加であった．またヴェダーレギンゲでは，契約の終了時点がはっきりしておらず，何年にもわたって，あるいは契約者の一人が死亡するまで，清算が行われなかった．明確な出資，業務契約を定めず，お互いに業務を任せ合うかたちもあった．このように，契約に曖昧な部分が多いのが特徴であったといえよう．バルト海地方のドイツ商人は，西から東へ植民，移住しながら勢力圏を拡延していったため，縁故知人による身内同士の結び付きが強かった．これが，パートナーシップ関係の「いい加減さ」を生んだのかもしれない．

✖巨大商業組織の出現　13世紀中頃〜14世紀にかけて，ピアチェンツァ，ルッカ，シエナ，フィレンツェなどのイタリア内陸都市を中心に，商業組織のあり方に大きな変化が起こった．長期的な事業継続を前提とした商会が現れたのである．当座的パートナーシップが支配的であったジェノヴァやヴェネツィアなどの海港都市とは異なる発展である．特にフィレンツェでは，ペルッツィ家やバルディ家などの大規模な商会が生まれた．各地に支店を設置し，本拠とする都市から管理運営を行った．ペルッツィ商会の場合，1300年時点で15〜17のパートナーが存在したといわれる．そのうち核となるのは親族成員であったが，数のうえでは外部の人間が半数以上を占めた．同商会は商品取引のみならず，銀行業を営み，毛織物工業にも関与するなど，多角的な事業を展開した．識字率の向上が，この変化の推進力となった．書簡により各拠点に散らばったパートナーや代理人へ指示を出し，反対に情報を得ることで，広域かつ複数の取引を同時に行うことができた．また，複式簿記技術の発達により，複雑な経営管理が可能となった．

一方，ヨーロッパ北部では，それらに比肩する商会は誕生しなかった．代わりに，個々の商人や都市が緩やかに連携するかたちで，広域商業組織が北海，バルト海地方から内陸にまたがって形成された．ハンザと呼ばれる，ドイツ商人，都市の連合である．外地に活動拠点となる商館を設け，ハンザに属する各都市の商人が居留し，取引を行った．諸国諸地域の支配権力と，時に武力を伴う団体交渉を行い，有利な商業特権の獲得と維持に努めた．リューベックが「ハンザの盟主」とされるが，強力な統制力をもっていたわけではなかった．各都市は都度の必要に応じて協力体制を築き，商人たちは血縁や商館で築いた知己のネットワークで結び付いて個別に商業を行う，緩いまとまりであった．　［菊池雄太］

＊-＊

貨　幣

＊-＊

　中世西欧では金貨と銀貨が基本で，銅貨は例外的であった．一方，ビザンツ帝国では，古代ローマ帝国以来の金，銀，銅（青銅）の貨幣制度が存続した．

✗中世前期の状況　ローマ帝国末期，ディオクレティアヌスとコンスタンティヌスの貨幣改革を経て，従来のデナリウス銀貨に代わりソリドゥス金貨が貨幣制度の基準となった．帝国の東西分離の後，ビザンツ帝国は金，銀，銅の貨幣制度を継承してノミスマ金貨を基準とし，11世紀には新たなヒュペルピュロン金貨が制度の中心となる．一方，西欧のゲルマン諸部族もローマの貨幣制度を受容し，中世初期にはソリドゥス金貨とトレミッシス金貨（ソリドゥスの3分の1の価値）が流通していたが，8世紀末のカロリング朝のカール大帝による貨幣改革で金貨の流通は止まり，デナリウス銀貨のみの「銀本位制」となった．その一因は，十分な量の金の供給が確保できなかったことにあり，ビザンツ世界やイスラーム世界に連なる南イタリアやシチリアでは，金貨が製造され続けた．

✗金貨と銀貨　デナリウス銀貨は西欧各地で製造され，ペニー（イングランド），ドゥニエ（フランス），ペニヒ（ドイツ），デナーロ（イタリア）など，地域によって異なる名称，意匠，品質を有した．概して10世紀まで同銀貨の銀含有量は多く，価値も高い．9世紀末のプリュム修道院の所領明細帳は，子豚4頭の貢納を16デナリウスに，子羊4頭の貢納を20デナリウスに置換できるとしている．だが10世紀以降，王権が統一的な貨幣政策を実施できたイングランド王国を除くと，銀貨の品質はしばしば低下した．貨幣発行権を有する支配者は，銀を金属塊として入手する以外に，既存の貨幣を随時回収して再利用した．同額面の新たな貨幣を発行する際に銀の含有量を減らしたり，貨幣を小さくしたりすれば，差分が支配者の利益となり，貨幣の発行量を増やせる．結果として品質の異なる多様な銀貨が流通し，両替商の役割が重要となった．

　12世紀以降，地中海商業が活性化すると，グロート（イングランド），グロッソ（イタリア），グロ（フランス），グロッシェン（ドイツ）などの名称（いずれも「大きい」の意）をもつ，高額取引に適した大型銀貨が西欧各地に登場した．さらにビザンツ帝国やアフリカから金が供給されたことで，西欧で金貨が復活する．ことにフィレンツェ共和国のフィオリーノ金貨（西欧で最も早く1252年に発行が始まった）とヴェネツィア共和国のドゥカート金貨は純金に近い品質を保ち，高い信用を得たため，多くの金貨が両者を模倣した（品質は一様ではない）．かくて経済は金貨を基本としつつ，金貨の価値が高過ぎるため，食料，日用品の売買や日割・週割の賃金の支払いなどには銀貨が使われる「金銀複本位制」となっ

た．イングランドではペニー銀貨をより小額とするために，半分や 4 分の 1 に切って使用することもあったが，主な自治都市が独自に貨幣を製造した北中部イタリアでは，大きさも品質も多様な貨幣が併存したため，これらを価値に応じて使い分けることができ，切断された銀貨の例はない．そうした観点から，イタリアに限らず，銀貨の小額化と多様化が経済活動の利便性に益した側面も指摘される．

✖計算貨幣と実体貨幣　デナリウス銀貨を基本とする貨幣体系にはデナリウス，ソリドゥス，リブラの 3 種類の単位があった．デナリウスのみが実体のある硬貨でソリドゥスとリブラは計算貨幣であり，12 デナリウスが 1 ソリドゥス，20 ソリドゥスが 1 リブラに相当した．すなわち 240 デナリウスが 1 リブラと等価であり，これは 1 リブラ（408 g）の銀から 240 枚のデナリウス銀貨ができることを意味する．実際の貨幣は銀と銅の合金であり，銀の含有量が極度に少ない貨幣もあったが，計算方法は不変である．一方，金貨は 1 枚を単位として枚数で計算された．ただし，金貨単位で計算される高額取引には帳簿上で決済される信用取引も多く，必ずしも現金が動いたわけではない．また金貨単位で示された支払いの手段に，銀貨が用いられることもあった．金貨と銀貨の交換率は貨幣の種類，品質，時代によって異なる．例えば 14 世紀初頭のフィレンツェのフィオリーノ金貨は銀貨換算で約 66 ソリドゥスに相当したが，1332 年以降，4 デナリウス相当のクワットリーノ銀貨が最小額の実体貨幣となり，これを 1 デナリウスとして約 60〜65 ソリドゥスが 1 フィオリーノと等価になった．

✖貨幣の製造　貨幣製造権は基本的にレガリア（国王大権）に属す．国王や製造権を得た領主・自治都市は，貨幣製造所を設けて貨幣をつくらせた．中世の貨幣は鋳造ではなく，薄い板状の地金を上下二つの鉄製打ち型の間に挟み，型の上から叩くかたちで打造された．片面のみ打刻された貨幣や刻印に重ねて打ち直された貨幣もある．表面には発行した王や貨幣製造人の名，十字架，キリストや聖人の像，（特にイングランドでは）王の肖像などが刻まれた（図 1）．

図 1　エドワード 1 世治世（1272〜1307）のイングランドのペニー銀貨とその打ち型［MONEY MUSEUM］

✖貨幣の流通　それ自体が貴金属である金貨や銀貨は広範に流通した．中世前期のイングランドには大陸のデナリウス銀貨，イスラーム世界のディルハム銀貨やディナール金貨がもたらされた．12 世紀にフランスやイタリアでつくられた方形銀貨は，西地中海商業に対応して，ムワッヒド朝の方形の半ディルハム銀貨を模倣したとも指摘される．銀塊や代用貨幣もおそらく流通した．イスラーム世界への銀の流出が 14 世紀後半〜15 世紀の西欧の「銀飢饉」の要因とされるように，貨幣の流通はヨーロッパ内外をつないでいた．　　　　　　　［德橋　曜］

流通税

中世ヨーロッパ各地で商業に関わる税が多種多様な手段で徴収されていた．それらは，日本語訳では「流通税」「通行税」「市場税」と多様な呼び方があるが，時に同じものであったり，別の税でも用語が同じであったりと，複雑な関係にあるが，このうち「流通税」という表現が最も一般的でその射程も広い．

✖中世流通税の起源　中世における流通諸税が，ローマ帝政期の間接税，具体的には食料品や特定物資の流通と消費に関して徴収されたポルトリウム，ヴェクティガリア，オクターヴァなどに由来しているのは疑いない．当時の間接税徴収は正規の役人の手を離れ，行政監督下の競売で徴収権を落札した徴税請負人団体により取立てられていた．

5世紀頃から西欧のテクストには，ギリシア語をラテン語化したテロネウム（teloneum）の用語が流通関係の間接税の意味で使われ始め，やがて一般化する．新約聖書や教父の著作でのその語の使用がこの傾向をうながしたといわれる．

フランク王国でも流通諸税はテロネウムを一般的な呼称としたが，実際には多種多様な形態で徴収されるようになり，多様な名称をもつようになっていたことが，書式の文面などから判明する（接岸税や橋梁税など）．しかし，カロリング諸王はこれらをテロネウムに統一して，重層化した税体系を整理しようと試みた．帝国の主要な交易地であり，王国収入の大きな柱であったドレスタット，カントヴィックでの徴収はテロネウム一本に統一されている．

また，フランク王権のもとでは，特定の教会機関を対象にしてテロネウムの免除を認める特権が広がったが，やがてその措置は特定地点でのテロネウム権益の譲渡にもつながった．10世紀の神聖ローマ皇帝は，「市場」「造幣（貨幣）」とセットにして「流通税」を主要な修道院などに譲渡するという行為にまで及んでいる．

✖流通税の封建的展開と多様化　神聖ローマ皇帝が公認した流通税の「私物化」は，実際には9世紀末以降のフランク王権の弱体化とともに，それが公権行使の継承であれ，私的濫用であれ，各地で起きていた．支配領域を通過する物品や人に対する徴収が増すのは11世紀であり，この時期のテクストにはテロネウム以外に，「足」に由来するペダギウム，領域を横断する行為に由来するトラヴェルスス，パッサギウムなどの名称の税が出現する（ほかにもヴィナギウムもある）．さらに12世紀以降，「導き」を語源とするコンドクトゥス，すなわち安全護送税なる新税が加わる．国王から地域領主に至るまで，領内の港湾や都市を通過する財物を対象にこれら新名称の税をまとめて徴収したと考えられ，その一部は寄進

や貨幣封の源泉となるほどに莫大な収入を生み出した．北フランスのバポームの通過税がその代表であり，フランス王権の北フランス支配が確立するにつれ，この通過税はほかの通過税徴収所と連動して一本のルートを指定する通過強制ともいえる威力を発揮した．これに伴い，13世紀末〜14世紀にかけて多数の異議申し立てが王権に対して行われた．なお，テロネウムの語の使用も廃れることはないが，流通税一般と市場での取引税の二つの意味内容に分化する（通過税だけの意味はまれになる）．それと並行して，売買に関わってヴェクティガルの語も12〜13世紀に再度登場してくる．また，露店の設置を単位とする露店税（エタラージュ）も現れる．

✖流通税の徴収方法　12世紀以降の法の成文化の流れは，流通税表と呼ばれる記録を生み出した．一度期にまとまったかたちで複数の商品名とおのおのの税額（税率），運搬手段，取扱商人に関する情報を与えてくれる史料であり，なかには税の徴収方法の仔細を伝えている．フランドルのメーゼンの13世紀前半の記録を読むと，同市の市場で取引される商品に対する課税は，大別して市門を通過する際の荷車や梱包を単位とする場合と，梱包を開いて市場搬入で計量を行う場合の二つの方法があり，その両方をともに課すことはなかった．また，担税は売り手と買い手の双方で分担されたが，市民など内部の人間は免税の対象であり，最後の点は多くの都市で共通する．

　さらに中世後期には「流通税」の実際の徴収額や収支に関する記録が増加するが，バポームの13世紀末の収支報告からは，武器を提携した騎馬兵一団が組織されて，徴収所だけでなく周辺地域の間道も含めて税の取立てが行われていた様子がわかる．広域に網を仕掛けて人とモノの出入りを管理しようとする動きがすでに生まれていたのである．

✖中世後期の流通諸税とその行方　中世中期の「流通税」の多くは，領主役人による徴収から財力をもつ人物による請負へと移る傾向が見られる．同時に，収益の一部が特定の年金取得者に渡されるなど，その実態は流通活動に寄生する金銭強奪装置と化して長期にわたって存続した．とはいえこの障害を取り除く努力も見られ，14〜15世紀のライン川流域では，増えすぎた地方通過税を諸勢力が調整し互いに税を免除するという，一種の関税同盟が結ばれる事態も確認される（Pfeiffer, 1997）．また，安全護送税の取立ては，税納入の取引費用としての側面を担税者に認識させる効果をもち，陸上輸送における保険の役割も担ったとする見解もある．他方で，都市内での取引と消費の増加により，都市自治体は自己の利益となるように，日常取引に即した物品税，消費税，酒税，入市税など，市民自体を主な担税者とする新税を創出していく．中世後期の都市住民は専門の商人，手工業者だけでなく，ほとんどの住民が多種多様な流通税体制のもとに組み込まれたのであり，それは市民社会の出現まで変わることはない．　　［山田雅彦］

金貸し

　「何もあてにしないで貸しなさい」という「ルカによる福音書」の一節に基づき
キリスト教社会では，利子を取って金を貸すことが原則禁じられていた．しかし
不安定な経済情勢の中で生きる者や経済的上昇のチャンスをつかもうとする者に
とって，金銭を提供する金貸しは必要かつ有益な存在であった．理想と現実との
間で，折り合いをつけながら生み出された，中世社会の経済の営みを見てみよう．

�両替商，「公然たる高利貸し」，ユダヤ人　12 世紀以降，急速な経済発展を遂
げたヨーロッパの諸都市では，大規模な商取引から日常の生産，消費活動までさ
まざまな場面で金銭の貸借が行われた．その担い手としてはまず，両替や預金業
務を行う傍らで余剰資金を貸し付けていた両替商がいた．彼らは商人と同様，有
力市民として都市政治の中枢を占めていたため，「高利貸し」の烙印を押される
ことはまれであった．これに対して，街角で店舗を構え，貸金業を営んでいた者
たちもおり，その中には外来者も多くいた．北ヨーロッパではロンバルド人が王
侯貴族から一般の住民にまで幅広く融資を行っていたほか，ボローニャにはピス
トイア人が，ルッカにはフィレンツェ人が来住し，「公然たる高利貸し」として
質草を取って多くの住民に金銭を貸し付けていた．彼らは当初，地域の権力者か
ら認可を受け保護されていたが，13, 14 世紀以降次第に締め出されていった．
代わって金融分野の主役となったのがユダヤ人であった．北中部イタリアでは
13 世紀後半以降，都市当局から招致されるかたちでローマ以南から資金をもち
込んだユダヤ人は，外来のキリスト教徒の金貸しと同様，都市当局との間で協定
を結び，利率や営業形態などの一定のルールのもとで貸金業を活発に展開した．

✛アマチュアの金貸し　店舗を構える専門の貸金業者とは別に，一般の人々も余
剰資金を隣人に貸し付けていた．14 世紀前半のシエナの議会では，公債の利率
の上昇とともに，富裕者だけでなく手工業者や使用人，寡婦までも新たに金を貸
し始めたことが報告されている．幅広い階層の者の間で金銭貸借が普及していた
ことは，都市当局や公証人のもとで締結された金銭貸借契約が特に 13 世紀以降，
膨大に残されていることからも確認できる．さらにプラートに伝来する会計帳簿
からは，食料品店や古着屋などの商店主らが，顧客に現金を貸し付け，また税や
罰金の立替，商品の後払いでの売却というかたちで，当座のもち合わせのない者
たちに融資していたこともわかっている．こうしたアマチュアの金貸しは，しば
しば質草を取らず，公証人証書の起草や証人の立合いのみで貸付けをしていた．
低コストで誰もが金貸しになれた背景には，都市の司法制度が発達し，債務の不
履行時には容易に債務者の財産を差押えさせ，身柄の拘束をさせることができる

ようになっていた状況があった（☞「公証・司法・文書管理」）．

✖教会の断罪とモンテ・ディ・ピエタ　　教会は 1179 年の第 3 ラテラノ公会議で「公然たる高利貸し」への聖体拝領と埋葬を禁じたが，利子を巧みに隠蔽する金貸しの蔓延を前にして，1311〜12 年のヴィエンヌ公会議で，諸都市が高利貸しを野放しにしていることを非難し，金貸しの帳簿の調査も含めた積極的な取締りを命じた．高利貸しの断罪を実際に担ったのは各地の司教であった．例えばルッカの教会裁判所には，風評や隣人からの告発が届けられ，疑わしい契約文書や会計帳簿，証人証言に基づいて，高利貸しかどうかが検証された．書面上は利子取得が隠蔽され，証人も日ごろの資金の提供者を裏切ることも少なかったため，必ずしも罪が立証されることはなかったが，故人が告発された場合は，遺体の掘り起こしと不正取得利益の返還を命じる有罪判決がしばしば下された．

　15 世紀にはフランシスコ会厳修派がキリスト教倫理に反する金貸しの排除の運動を繰り広げた．彼らは当時幅を利かせていたユダヤ人金融業者とそれを容認する都市当局の姿勢を強く非難した．ユダヤ人の排除は住民が借り入れのできる代替の金融手段の必要性をもたらした．そこで生み出されたのが，モンテ・ディ・ピエタと呼ばれる都市当局が運営する公益質屋であった．1463 年のペルージャを皮切りにイタリア各地で，さらにはアルプス以北の地域にも広がったモンテは，原資を都市の財政収入や個人からの寄付，時にはユダヤ人からの借り入れでまかない，貧しい住民に対して質草をもとに少額の金銭を提供した．そこでは低い利率ではあったが，「元本以上のもの」が運営費の名目で取られた．

✖金貸しの現場　　利子取得を禁じるキリスト教社会にあっても，金貸しは必要悪として常に存在し続けた．ピストイアに残る 1417 年のキリスト教徒の質屋の帳簿には，5 日間で計 80 件もの取引が記録されている．顧客は都市や周辺農村，フィレンツェ，ヴェローナ，さらにはアルプス以北から来て，質草として衣服や剣，のこぎり，鋤などを預け，少額の金銭を受け取っていた．質流れに至ったのは 1 割程度であり，顧客の半数以上が 1 カ月以内に請戻ししており，質屋は短期的な金銭の不足を補う場として利用されていた．質草を取って金を貸す専門の金貸しやモンテ・ディ・ピエタと違い，アマチュアの金貸しは，しばしば物的な担保を取らずに金銭や物品を貸し与えていた．それが可能であったのは，貸与の範囲が信用ある者や利害を共有する者に限られていたからであった．例えばルッカの医者ヤコポは，年間 30 件から 50 件の貸付けを，親族や上層市民，取引相手の商工業者，自身の小作人などにのみ行っていた．金銭を借りたい者の立場で考えると，質入れできる物がなくても，親族や隣人，地主，同業者から融資を受けることができ，また逆に信用ネットワークに属さなくても，手持ちの物品があれば質屋に駆け込み，当座の資金を得ることができた．こうした多様な資金の供給源が，中世の人々の日常の生産，消費生活を支えていたのである．　　　　［中谷　惣］

商人のモラル

中世において商人のモラルは商人たちの間で自然に生まれたものというより，キリスト教倫理に基づき教会によって方向付けられていた点に特徴がある．商人たちは教会の教えをあるいは受け入れあるいは無視し，またさまざまな抜け道を用いて面従腹背した．しかしこうした多様な反応にこそ教会の規範が商人の良心に浸透していた様子を見て取ることができる．

✖教会の規範　古代末期以来 11 世紀に至るまで教会は，商業とは同じ品を安く買い高く売る行為（これを教会は「嘘」と見なした）によって利益を得る行為であり，商人とは嘘と貪欲に汚された罪深い存在と見なしていた．しかし 12 世紀以降社会の商業化が進展するにつれて教会は商人の活動に一定の枠をはめたうえで容認するようになる．商人の活動をキリスト教倫理に基づいて規制し個別に具体化するなかで商人のモラルが明確化してくる．この過程を推進したのはスコラ学者たちであった．スコラ学者たちによれば，商業利益は一概に否定すべきものではなく，それが生計の維持，貧者の救済，公共善の増進のためであれば正当なものとされ，その限りで商業は社会にとって「必要」かつ「有益」なものとされた．とはいえこうした正当な目的を越えた無制限の利益追求はやはり貪欲として罪深い行為とされた．また「安く買い高く売る」という行為自体を嘘と見なす従来の見方は影をひそめ，嘘として禁止の対象となるのは個々の詐欺的行為（商品の欠陥隠蔽，度量衡操作，上げ底など）のみとなった．教会が最も神経をとがらせた利子取得すら，さまざまな例外規定を設けることである程度まで容認されるようになった．

✖煉獄の誕生―金も命も　こうして商人の活動や利益は大幅に許容されるようになったとはいえ，規範を逸脱した商行為はやはり罪であり，その罪は死後の救済の拒否すなわち堕地獄という報いを受けた．しかしこの死後の救済という面でも新たな変化が起こってくる．スコラ学者たちが商人のモラルを精緻化した 12〜13 世紀は煉獄の誕生の時期でもある（☞「煉獄」）．地獄から分離し天国，地獄と並んで死者の霊が向かう第三の場として成立した煉獄には，商人や金貸しも受け入れられるようになり，ほかの罪人と同様火による浄化を経て天国に向かう道が開かれた．スコラ学の商人モラルと煉獄の誕生はともに商人の無制限の利益追求を抑止する一方で，商人の活動と利益自体は正当なものとして認めたのである．こうして商人は現世の「金」か死後の「命（救済）」かという二者択一から，「金も命も」手に入れることになった（ル・ゴッフ，1989）．

✖さまざまな受け止め方　商人たちはこのように上から課されたモラルをどのよ

うに受け止め行動したのか．中世初期の否定的商業観が尾を引いていた12世紀には，フィンクルのゴドリクのように商業の罪深さを自覚し，商業を放棄して隠修士になる者もいた．しかし13世紀以降になるとこのような過激な回心は見られなくなり，モラルの受け止め方が多様化してくる．一つはさまざまな手管を弄して表面上はモラルを遵守する姿勢を取ることである．例えば金銭貸借の場合，帳簿上は貸与額と返還額を同じにして実際は貸与額を少な目あるいは返還額を多めにし，あるいは売却と買い戻しという帳簿上の操作によって事実上の利子取得が行われていた．そうした利子隠蔽の手段として最も巧妙な方法は為替に利子を忍び込ませることであった．異通貨間の両替を伴い両通貨の価値が変動することを利用して利子取得を行うというこの方法は，その複雑なからくり故に，教会はこれが利子隠蔽の手段であることを見抜けなかった．

それでも公然と利子を取得する「公然たる高利貸し」はいた．中世後期の都市のように貨幣経済が一般化した社会ではもはや金貸し抜きで経済は回らなくなっていたのである．しかし諸都市は「公然たる高利貸し」は外来者やユダヤ人に任せることで，せめて自都市の市民は罪から守ろうとしていた（☞「金貸し」）．

以上のような姑息な手段を用いても表面を取り繕おうとする態度は，商人も程度はさまざまであれ良心の呵責を感じていたことの徴候とみるべきであろう．商人のモラルは無視されたわけではないのである．取引で犯した罪や不正な利益は償わなければならない．例えば商人の帳簿には時折「神」と題した項目が設けられており，利益の一部がそこに割りあてられている．「神」に捧げられた利益は現実には貧者への喜捨や教会への寄進にあてられる．このようなかたちでの商業利益の社会への還元は罪障消滅の一手段であった．「神」に割りあてられる額はささやかなものだが，そこからは商人の心の内をのぞき見ることができる．

✠死を前にした商人　商人は日々の取引において常に教会のモラルを気にかけていたとは思われないが，死期が近づいた時それは鋭く意識されるものとなる．このことを示すのが遺言書である．遺言書には貧者への喜捨，教会への寄進，慈善施設の設立などがこと細かく記されている．あくどい手段で巨富を築いたドゥーエの商人イェハン・ブウヌブロークの場合，その巻物状の遺言書は5.5 mに及び，跡継ぎなくして死を迎えようとしたプラートの商人フランチェスコ・ダティーニは全財産をつぎ込んで貧者救済のための基金を設立した（☞コラム「フランチェスコ・ダティーニ」）．中世末期のこれらの遺言書には商人特有の心性が表れ出ている．不正利得や罪と善行を秤に掛け，差引計算によって煉獄の滞在期間をこと細かく計算しているのである．死後の運命も商取引と同じく計算によって占い得ると考えるところに，教会のモラルと商人の心性が一体化している様子がうかがわれる．中世末期に特徴的なこうした心性のあり方はJ. シフォローにならって「来世の会計簿」と呼ばれている（Chiffoleau, 1980）．　［大黒俊二］

数とそろばん

　アラビア数字は，7～11 世紀にかけ，インドからアラビアを経由し，漸次，ヨーロッパへと伝来されていく．アラビア数字の特徴の一つに，ゼロ（0）が用いられることがある．アラビア数字におけるゼロがいつ頃発見されたのかについては，正確には不明である．しかしながら，記号としてのゼロ，つまり位取り表記で空欄を表すために用いられた記号は，メソポタミア，エジプトなどで紀元前数世紀頃から使用されていた．他方，数としてのゼロ，すなわち，数学的演算の対象としてのゼロについては，7 世紀前半からインドにてその演算が見受けられた（吉田，1979；林，2020）．

　アラビア数字がヨーロッパへ伝わった当時，中世ヨーロッパでは，主としてローマ数字が使用されていた．しかしながら，ローマ数字は計算の材料や結果を書き知ることなどを目的としたもので，計算そのものは，そろばん（ここでは「西洋そろばん」と称す）で行われるのが習慣であった．西洋そろばんは，石板など，板の上に数条の平行線を引き，別に，碁石のような珠を用意し，平行線の上に並べて計算する仕組みになっていた（吉田，1979）．

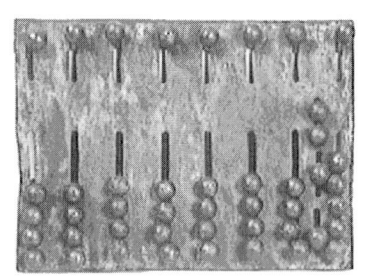

図 1　ローマの溝そろばんのレプリカ
　（紀元 200 年頃）［東京理科大学］

　今のところ，現存する世界最古の計算用具は，ギリシアのサラミス島で発掘された「サラミスのアバカス」と呼ばれる紀元前の大理石製のものである．アバカスとは，平板，または計算板を意味する（内山，1983）．これは，「サラミスのそろばん」と称されることもある．

　以下，ヨーロッパにおいて，ローマ数字からアラビア数字へと漸次移り変わった記録の一つとして，会計帳簿に着目し，その記帳の変遷の一途をたどりたい．

✖数とそろばんの変革　ヨーロッパの中でも，イタリアの地において，アラビア数字，ならびにこれによる商業算術を組織的に紹介したのが，レオナルド・フィボナッチの『計算の書（Liber Abaci）』（1202）である．レオナルド・フィボナッチはピサのレオナルドの俗称であり，13 世紀ラテン世界を代表する数学者である．この本のタイトルにもあるラテン語の abaci（abacus の複数形，イタリア語単数形は abaco〈アバコ〉）とは，一見，西洋そろばんと解される．そのため，書籍名は『算盤の書』と翻訳される場合もあるが，内容を鑑みると「算盤」と訳

すのは的確ではない．この書では，当該計算用具を扱ってはおらず，紙の上での筆算について言及している．というのも，ここでの「アバコ」とは，アラビア数字をそろばんなしに使いこなすための規律を指すのである（Sigler, 2003）．このように「アバコ」という言葉が13世紀に変質していくなかで，西洋そろばんから筆算の普及へと漸次移り変わる，その一助を担ったのが当書といえる．

　当書は，15章からなる．第1章の冒頭においては，インドの九つの数字として，9・8・7・6・5・4・3・2・1があるとする．さらには，アラビアで「zephirum」と呼ばれる「ゼロ（0）」の記号があり，これらを用いることで任意の数が記述できるという（Sigler, 2003）．

　この本のなかで，フィボナッチが講じたものは，算術一般や代数学において必須の手法にとどまらない．貨幣，重量，内容量などの換算，投資，事業提携，単利，複利計算などの交易における種々の状況での商業算術が説明されたのである（Sigler, 2003）．

❌会計帳簿へのアラビア数字の導入　前述のフィボナッチによる『計算の書』がそうであるように，商業算術において，計算の正確性と迅速性を可能にする工夫の一つが，ローマ数字や文字による表現からアラビア数字への変更といえる．他方，ヨーロッパにおいて，アラビア数字の会計帳簿への導入は，慎重なものであった．イタリア商人に限定するならば，アラビア数字を用いた現存する最古の事例は，ファロルフィ商会サロン支店の会計帳簿（1299～1300）である．しかしながら，若干の丁数をアラビア数字で示すものにとどまっている．今日発見されている会計帳簿の中で，年号，丁数，日付，金額，合計など，記録に全面的なアラビア数字が使用されている一例としては，ジャコモ・バドエルの帳簿（1436～40）がある．フィボナッチの上掲書の刊行から230年後のことである（泉谷, 1997）．

　また，15世紀末段階の，体系的組織が確立された複式簿記について世界で初めて印刷教本として解説した，ルカ・パチョーリ（姓のみで表記する場合にはパチョーロ）によって1494年にヴェネツィアで出版された数学書『算術・幾何・比および比例総覧（Summa de Arithmetica Geometria Proportioni et Proportionalita）』（日本では原書標題の最初の単語を用いて『スンマ（Summa）』〈『スムマ』とも〉と略称されることが多い）の一部（第1部第9編論説第11）計算記録要論の模範例の中でもアラビア数字が導入されている（泉谷, 1997）．

　以上のように，中世ヨーロッパにおけるローマ数字からアラビア数字へ，西洋そろばんから筆算へといった数とそろばんの変革は，商業算術にも影響を与えた．その一例を示す記録として会計帳簿があり，簿記とも密接に関連しつつ，アラビア数字を用いた記帳方法は漸次普及していった．　　　　　　［三光寺由実子］

商業実務

　14 世紀，イタリアの商業都市では，商人が経済のみならず政治や文化の領域でも活躍し，豊かな商業文化を創出していた．彼らの活躍舞台は，北はブリテン島やフランドル，南は地中海を中心に黒海から中国さらには大西洋沿岸にまでに拡大していた．広範な舞台各地の市場や商品の事情を把握するため，作成されたのが「商業実務」である．これは以下に述べるように，商人のための国際商業百科事典ともいうべき作品であり，取引実務の解説書などではない．

✖商業文化　国際商人は，遠近各地の市場やそれを取り巻く政治や社会の事情も，情報を集積し記録した．また，自分の営業活動を管理するため，その内容を記録する各種帳簿やその経緯に言及する商業書簡を作成し保管した．こうした状況のもと，イタリアで作成された商業実務は，現在 11 種が確認されているが，当時は多数が作成され複写された．11 種の作成の時期と場所は，13 世紀（1278年）が 1 種（ピサ），14 世紀が 7 種（フィレンツェが 2 種，フィレンツェ／ジェノヴァが 1 種，ヴェネツィアが 2 種，ほかの 2 カ所で 1 種ずつ），15 世紀が 2 種（フィレンツェ），16 世紀が 1 種（ヴェネツィア）．14 世紀が多く，国際商業拠点の大都市が圧倒的に多い．11 種は，作成当時の国際商業のありさまや作者の経歴などにより，質量ともに内容に差がある．

✖ペゴロッティの「商業実務」　なかでも高く評価され多く引用されてきたのが，1340 年頃フィレンツェでペゴロッティが編纂したものである．彼の活躍時代，フィレンツェ経済は絶頂期にあり，黒海方面は「モンゴルの平和」期だったが，その内容はこれを反映する．彼は，1290 年以前同市に誕生し，後に同市の巨大商社バルディ社に入社．1315 年以降，フランドル，イングランド，キプロスに赴任し，各地の公や国王から同社員や同国人の商業特権を獲得．この間，帰国時には母国の官職に就任し，1346 年にはその最高官職（正義の旗手）に選出．1347年，バルディ商社の破産処理の責任者に就任（最後の記録）．有能な人物だった．

　彼の商業実務は，自社やフィレンツェ内外の商社や外交使節などが集積した情報も収録されて，当時の世界商業全体のありさまを活写している．かつてこの作品は，思想史でのマキアヴェッリに匹敵する，商業史での重要な作品という評価があった．しかし，帳簿や商業書簡などの経営史料が開拓されると，個別取引を緻密に記録するそれより史料価値が低いという評価も出現した．だが，それがもつ舞台全体を俯瞰する展望は，個別の経営史料にはない貴重な特長である．

✖商業実務の内容　ペゴロッティの作品を例に取り，「商業実務」の内容を見る．内容は順に，①序文（刊本の 7 頁分），②市場案内（257 頁分），③実務上必要な

知識（107頁分）からなる．①は，商業用語や各地の用語の解説．②は，内容の主体をなし，各地市場の事情や相互間の取引関係などを説明．③は，各種商品，貨幣や貴金属，輸出入や備船する際の手続などの説明．

　①各地の用語の例：関税は，タムガ（イル・ハン国など），コメルキオン（ギリシアなど），カスタム（ブリテン島），フェード（テュニス），など．

　②は，合計で56市場の案内（ほかにも，案内された市場の項に関連して名前が表れるだけの市場は多い）：黒海方面（案内があるのは，中国，ターナ，カッファ，タブリーズなど）．コンスタンティノープル．アナトリア（諸市場）．東地中海（アヤス，アレクサンドリア，キプロスなど）．中央地中海（シチリアなど）．西地中海（マリョルカ，イビサ，テュニス，モロッコ王国など）．大西洋（カサブランカ，セビーリャなど）．イタリア半島（ヴェネツィア，ナポリ，フィレンツェ，ジェノヴァなど）．フランス（アヴィニョン，シャンパーニュ大市〈諸市〉，パリなど）．北西欧（フランドル諸市場，ロンドン，ブリテン島など）．

　各市場は，その規模や特徴に対応して，記述の内容や量に大差がある．総合的大市場のコンスタンティノープルの項は，各種の案内がある．度量衡と貨幣（為替相場も含む），諸市場の度量衡との換算，取引商品とその取引単位，関税，取引税，計量・品質検査・仲介・荷造の手数料，小麦やブドウ酒などの受領〜販売間の諸経費，など（ほかの大市場の案内も大同小異）．対照的なのがイビサである．特産の塩に関する案内しかない（ほかの小市場も大同小異）．

　特記事項を案内した市場もある．中国（ターナから中国への商業旅行の留意点）の項では，中国への旅程，昼も夜もきわめて安全なその行程（公路），ターナでクマン語の通訳などを雇用する必要，旅行の諸経費，中国の紙幣（交鈔），など．タブリーズの項では，アヤスからアナトリア内陸路経由で同地に至る途中にある，29の各宿駅で徴収される商品通行税が記録．フィレンツェの項では，同市発行の為替手形が各市場で現金化されるのは発行後何日目か（例，テュニスとの間では1か月半），など．ブリテン島の諸修道院の羊毛（販売先はフランドル）の項では，159の各修道院の羊毛の年間産出量とその等級ごとの価格が記録．

　③は，32項目あり，内容には次がある．フランドル毛織物の各産地固有の（1反の）長さとその売買の使用貨幣．その取扱いに関するフィレンツェ商人の規約．諸地発行金貨の品位（パリ，モロッコ，アレクサンドリア，ビザンツ，など，合計39種類）．諸地の大型銀貨，銀塊，少額貨幣の品位．各地特産商品（明礬，綿，胡椒，砂糖，など合計185種類）．各種の臙脂，絹，毛皮の名称．胡椒など諸商品の不純物除去後の価格（合計37種類）．利子計算表．真珠や宝石の大きさと品質．商品取引に使用される容量単位や風袋．穀物輸出入や備船の際に必要な契約や手続．金，銀の精錬法や品位（商人は，造幣局に金塊を持参し金貨を受領するなどした）．金，銀の合金，そのほかの説明がされている．　　　　　［齊藤寛海］

時　計

　時計とは，とどまることのない時の流れに刻み目を付ける人の営為であり，その移り変わりは，社会が求める秩序と調和の姿を映し出している．

✖時計の種類　時間計測は自然現象と切り離せない．一日の始まりを告げる太陽によって時を知る日時計は，簡便だが天候に左右され，安定した使用は難しい．携行可能な日時計や市庁舎や教会などの建築物に日時計が備えられている事例は少なくないものの，中世においてそれらと並んで広範囲に用いられたのは水時計（クレプシドラ）だった．プラトンが弁論時間を計るのに使用したといわれる水時計は，ゆっくりと変位する水位に従ってフロート（浮き）が動き，梃子によって駆動装置が動く仕掛けである．水の日時計とも呼ばれた水時計には，ごく単純なものから複雑な構造の機械時計まであり，カール大帝（神聖ローマ皇帝：在位800～814）は807年に人形の付いた精巧な機械仕掛けの水時計を，アッバース朝第5代カリフのハールーン・アッラシード（在位786～809）から贈られている．

　水を動力とした時計は，聖務日課の遂行上，時の管理が欠かせない修道院で使用された．時刻番（ホロスコプス）とも呼ばれた聖具係が，「時を告げる」器具を調節（temperare），合わせる（dirigere），整備（ordinare），管理（regere），調整し（moderare），番をして（advigilare）いたことが，11世紀のクリュニー修道院の慣習律に記されている（ドールン‐ファン・ロッスム，1999）．

　より簡便に時を測るのに用いられた蝋燭時計には，質の良い蜜蝋が好まれた．ハンザ商人が扱う重要な商品として，東欧産の蜜蝋が取引された．

✖時計の呼称，形態，技術的発展　中世において，時を告げる（ホロロギウム）という呼称はさまざまな形態の時計に用いられていたので，機械時計という呼称からだけでは動力が何かは判別できない．時計は時間の計測と時刻を告知する二つの機能を有しているが，天文学や計時器に関する論稿を収めたリポイ写本225（11世紀）に記述された打鐘装置付き水時計が示しているように，人々の生活にリズムを与え，時を告げる鐘もまた時計の一形態である．

　時計の技術的発展の転換点は，加速する錘の速度に一定の間隔で制御を与えることを可能にした脱進機の考案である．流れていく時間に一定の拍子，リズムを刻む脱進機によって，時間が自然の変化から切り離され，伸び縮みする時間（不定時法）から，時間に等価値を与え，均質化する等間隔の時間（定時法）への技術的基盤が整えられた．

　脱進機がいつどこで発明されたかを正確に知る記録はないが，セント・オールバンズ修道院長であり，天文学者だったウォリングフォードのリチャード

（1291/92〜1336）が製作を開始し，その死後数十年を経てようやく完成した天文時計は，ヨーロッパで最も早い時期に製作された脱進機を備えた機械時計の一つと考えられている．同時期天体の運行を示す天文時計には，時計師オロロギオと呼ばれたパドヴァ大学教授のジョヴァンニ・ドンディの惑星時計などがある．1336年のミラノ，1344年パドヴァの年代記には，24時間の打鍾時計に関する記述が見られる．14世紀前半〜半ばの時期と推定される機械時計の技術的革新の時期北イタリアの都市で公共時計が調達されはじめ，公共時計の設置ブームがヨーロッパ各都市で起こった．時計師と呼ばれる人々の存在が各地で確認できるが，1370年パリではシャルル5世によって王宮時計が設置された．やがて打鍾時計に文字盤が取り付けられ，鐘の音だけでなく視覚によっても人々は時を確認するようになった．1360年に設置されたシエナの打鍾時計には1424年，1379年設置のリューネブルクには1445年に文字盤が取り付けられている．

✖隠喩としての時計　14世紀に時を告げるホロロギウムをめぐり人々の意識に変化があったことを示しているのが，ドミニコ会士のハインリヒ・ゾイゼ（1295〜1366）が著した『叡智の時計』（1334頃）である．数多く転写され，中世後期に広く読まれたこの書物の中で，ゾイゼは「この小作品は，救い主の慈悲を目に見えるかたちで示そうとするものだが，甘く妙なる音色で万人の心を高揚させる良く響くさまざまな鐘をあしらった，非常

図1　ハインリヒ・ゾイゼ『叡智の時計』15世紀半ばの写本［ブリュッセル，王立図書館，Ms. Bruxelles, B. R. IV, fol. 13v.］

に美しい時計ホロロギウムの姿が似つかわしい」（ドールン–ファン・ロッスム，1999）と述べ，人を惹きつける仕掛けとして時を告げるホロロギウムをあげている．『叡智の時計』を収めた15世紀半ばの写本の挿絵（図1）には，打鍾装置を備えた大型時計のほか，携行可能な日時計や，ゾイゼの時代にはおそらくまだなかったゼンマイ仕掛けなど数種類の時計が描かれている．

✖有限の時，砂時計　流れていく時に刻みを付ける時計が，時の有限性を示す道具へと変化したことを示しているのが砂時計である．ロレンツェッティ（弟）による《善政と悪政の寓意》（1338〜40）の壁画に描かれている砂時計は，シャルル5世の1380年の財産目録にも記載されている．現世に生きている人間に，死までの有限の時を意識させる道具として砂時計を描いているのがハンス・ホルバイン（子）である．《死の舞踏》（1526）の木版画では骸骨とともに砂時計が描かれ，生業にかかわらず最後の一砂が落ちたら必ず訪れる死を警告している．時計によって時の管理を試みた人間は，時計によって現世での生の時間の有限性を再認識したのである．　　　　　　　　　　　　　　　　　　　　　　［岩波敦子］

奴　隷

　西洋の歴史において，中世の奴隷は影が薄い．だが奴隷労働に生産活動の多くを依存していた古代と多数の奴隷がアフリカから大西洋を渡ってアメリカ大陸にもたらされていた近世に挟まれた中世においても，自由を奪われた人々は少なくない．中世初期に成文化されたゲルマン法では自由人とは異なる立場の人々が規定されており，中世盛期にも隷属的な農民が土地を耕していた．英語の slave という単語は 13 世紀末にはすでに用例が確認できる．この語は本来スラヴ人を意味した中世ラテン語の sclavus に由来している．そこに奴隷という意味が生まれたのは，中世初期にスラヴ人が奴隷として売買されていたためだとされている．

　古代以来，地中海世界では奴隷が活発に取引された．そこにはイスラーム圏も含まれている．本項では，人間が商品として売買され，利用されていた中世末期の地中海世界に注目したい．

✘奴隷の獲得　中世において地中海の西部と東部を結ぶ役割を担ったのはイタリア商人だった．特にジェノヴァとヴェネツィアは十字軍の動きとも連動しながら，地中海東部に進出して商品を獲得するための拠点を各地に築いていった．イタリア商人の黒海における活動の中心地はカッファとターナで，そこが奴隷を入手するために重要な場所だった．奴隷として獲得されたのは，家族から身売りされたり，人狩りのように強制的に連れてこられたりした年少者か若者で，その大多数を女性が占めていた．奴隷の出身民族は多岐にわたるが，多くはタタール人，ロシア人，チェルケス人と認識されている．

　船に積み込まれた奴隷は海を越えて，イタリア半島を含む地中海の各地へと運ばれた．ヴェネツィアに滞在していたペトラルカは小麦を運搬する船に奴隷が積み込まれているのを目撃しており，多数の男女の奴隷が都市内にいると述べている．15 世紀のジェノヴァの都市条例は貨物と同時に輸送できる商品としての奴隷の人数を規定しており，その数は船の大きさに応じて最大で 60 人とされている．だがこれといった商品を積んでいない船が運ぶ奴隷の数は独自の判断で決定できた．このように少なからぬ数の奴隷が海を渡って運ばれている．それでも奴隷は海上交易の主要な商品というわけではなかった．

　イベリア半島でもイタリア半島と同様に奴隷が労働力として利用されたが，その供給元はもっと多様であった．キリスト教徒がイスラーム教徒（ムスリム）と対峙していたイベリア半島では，もともと戦争で捕虜となったイスラーム教徒がキリスト教徒の支配地域で奴隷として売り払われていた．こうした古くからの慣習は法手続きにも影響しており，15 世紀のバレンシアではもはや戦争に関係な

い場合でも「正しい戦争」の捕虜であるという建前で奴隷が売買されている．戦争捕虜に加えて，イベリア半島でも地中海東部から奴隷が流入していた．15 世紀には，アフリカへ進出したポルトガルがカナリア諸島の住民やサハラ砂漠以南の黒人を奴隷として送り出すようになる．他方，1453 年にオスマン朝がコンスタンティノープルを攻略したことにより，黒海はイタリア商人に閉ざされる．地中海東部からの奴隷の流入は減少し，奴隷の交易は西へと重心を移していった．近世には大西洋が奴隷貿易の主要な舞台となったことはいうまでもない．

✖奴隷の利用　目的地へ到着して売り払われた奴隷は，最初に洗礼を受けさせられた．キリスト教徒を奴隷にすることは原則として禁止されていた．奴隷が前述のように遠隔地や戦争で確保されていたのには，こうした事情がある．洗礼によって形式上はキリスト教徒になった奴隷を利用することはそうした制限と矛盾しているが，ほとんど問題視されなかった．

　イスラーム圏を含む中世地中海世界での奴隷に共通する特徴として，その大多数を女性が占めていたことが指摘されている．商品としての価値も女性が男性より高かった．女性奴隷は所有者のもとで家事労働に従事した．とはいえ，女性の割合は地域によって若干の差がある．イタリア半島中北部の都市では女性の割合が特に高く，そこでは家事労働以外に振り向けられた奴隷はきわめて少ない．他方，シチリアでは男性奴隷が一定数を占めており，農業労働力として利用された．イベリア半島でも男性奴隷の割合が比較的高い．男性の割合が高い傾向は歴史的にイスラーム勢力と隣接して戦争捕虜などで奴隷が獲得しやすかった地域に見られる．イベリア半島の男性奴隷は農作業や都市内における各種の生産活動に携わった．だが職人としての奴隷の利用には人数や作業内容などでさまざまな制限が課せられており，奴隷が高度な技術を習得できることはまれだった．

　奴隷所有には名誉という問題も関わっている．高価な奴隷は社会的地位を示すステイタス・シンボルでもある．また女性奴隷が性の対象として扱われることも少なくなかった．性の問題を家の内部で処理すれば，所有者は公共の場で性にまつわる不名誉な事件に巻き込まれるのを避けられる．ほかにも名誉が関係する極端な例として，主人が奴隷に自身の敵対者を襲撃させることもあった．奴隷のような立場の低い者に傷付けられた相手が受ける屈辱は大きかった．それにとどまらず，所有者は自身の関与を否定して奴隷に責任を転嫁した．

　一定期間働いた後で，所有者から自由を回復された奴隷もいる．だが解放奴隷は法令によって活動や行動の制限を受けたり，社会的に弱い立場に置かれたりしており，完全な自由を享受できるわけではなかった．

　出身地を離れて移動した人が隷属させられるという構図は歴史的に珍しいものではない．西洋中世の奴隷も人間が人間の自由を奪うという時代を超えた問題を考えるための材料の一つになるだろう．　　　　　　　　　　　　　　　　　［濱野敦史］

馬と牛

中世社会を描く動物モチーフのなかで，馬は主役級である．11 世紀の《バイユーのタピスリー》（長さ 68.58 m のリネン生地の刺繍絵）では，人よりも馬の方が，躍動感に溢れ美しいほどだ．他方牛は，時禱書や農事暦の細密画で，頸木で 2 頭がつながれて重量有輪犂（撥土板付き）を粛々と曳いており，農夫が犂の柄を押しながら，牛の後をついていく．しかし，近年の研究は軍馬と農耕役畜というイメージ上の馬と牛の役割分担を見直し，人との多面的な関わりを示しつつある．

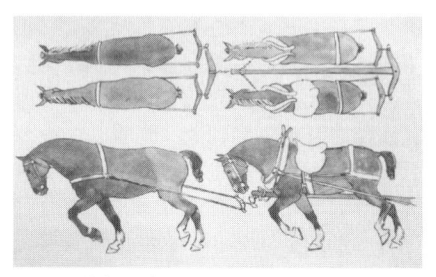

図 1　4 頭立て（乗り手 1 人鞍 1 座）．前部 2 頭は胸懸かりハーネスで，後部 2 頭は馬用「頸環（ホースカラー）」を着用してつながれている ［Wagner et al., 2000］

✖馬は「騎士」としての威信財　中世文化の精粋である「騎士」（と「騎士」の称号）に，大柄で優美な馬は不可欠である．ただ中世の戦闘の主流は，騎馬戦士の会戦ではなく，城と城壁で防備された都市や戦略要地の包囲戦だった（ブラック，2021）．そこでは長槍や弓・弩，攻城武器を使う歩兵集団を騎馬の指揮官が統率するが，騎馬兵が勝敗の帰趨を決するわけではない．「ヘイスティングスの戦い」の騎馬姿は歩兵の闘いの場面より目立つが，それはもともと馬上のギョーム公（後のイングランド征服王ウィリアム 1 世）を称揚する政治的宣伝のデザインだからだ．

　14〜15 世紀には貴族やその家臣，上層市民にとっては，馬は「軍馬」ではなく，移動手段として騎乗すること自体が社会的地位の高さを示す，ステイタス・シンボルだった．馬体の大きさ，質，毛色により値段に差がある．馬具を取り揃え馬丁を抱えて馬の世話をさせるのも，主人の羽振りの良さを示す．13〜14 世紀，ブルゴーニュ公国のディジョンの貴顕が所有していた複数の馬のリストが，死後の資産録に伝来しているが，1 頭で非常に高額な馬も記録されている．

　キリスト教世界の世界観では，北イタリアの聖人伝史料の中では，類型的に馬はロバと対比されて描かれる．ゲルマン社会出身の権高な貴族たちは馬を好み，森に隠棲する聖人は，子ロバに乗ってエルサレムに入城したキリストのように，慎ましやかにロバと生活しているのである．

✖耕地で働く身近な馬と牛　近年の考古学的発掘資料から，中世の馬は現在のポニーほどの小型だったといわれる．中世ヨーロッパでは，アラブ馬などオリエン

ト産の馬が導入されたイベリア半島の馬の優秀さが知られている．ほかには，特に南イタリアが有名だが，各国に馬産地があった．衛，轡，鐙，拍車，手綱，馬用「頸環（ホースカラー）」，蹄鉄などが時代とともに開発され普及して，騎乗も，馬の牽引力の利用も容易になった．蹄鉄の製造は農村での鉄鍛冶の発展をうながした．また，13〜14世紀に普及した馬用「頸環」は肩甲骨に固定され，胸の筋肉や喉の気道を圧迫しないため，牽引力を十分に引き出せた．

　中欧の書物や農事暦には，頸木を付けた牛の犂耕と頸環を付けた馬の犂耕が，繋駕法の違いとともに描かれた（フサ，2017）．15世紀の『ベリー公のいとも豪華なる時禱書』（コンデ美術館）の挿絵では，3月の春の犂起こしに2頭の牛が曳く重量有輪犂と農夫が描かれ，10月の冬小麦の播種の前の犂返しでは，耙引きを1頭の馬が行っている．

　聖人伝史料では，牛はもともと農耕のための家畜として描かれていた．イタリア北部のアルプス山脈前山地域では，水牛（ブファラ）も聖人伝に登場する．類型化され概念的な言説にのっとって記述されるにせよ，動物たちは親しみを込めて描かれ，実態を反映していた面もある．

✿牛は，肉より乳と皮革のために──シンボルとしての牛の多義性　中世に乳牛と肉牛の区別はない．出産し乳を出す時期の牝牛の利用価値が一番高いが，牝牛も牡牛も，老齢でも，犂耕や荷の運搬には利用された．飼料の豊富さ，放牧地の広さ，雌雄の頭数バランスといった制約のため，農民家族1世帯が飼育できる牛の頭数には限りがある．また多くのチーズづくりには動物性レンネット（凝乳酵素．授乳中の子牛の第4胃に含まれる）が必要なため，子牛（多くは牡）の屠畜は不可避だった．

　牛の飼養と乳の利用，食肉と皮革の生産には，地域差と年代差がある．北欧神話では，13世紀に書かれた『スノッリのエッダ』に記された「アウズンブラ」が「最初の牝牛」と呼ばれているが，乳でユミル（原初の巨人）を養うのが重要なのである（谷口，2017）．キリスト教以前の地中海文明の牛には，エジプト神話のハトホル女神と関連する牛の聖性や，古典古代の供儀の犠牲獣（神々にささげられた後，皆に肉が下げ渡される特別な宗教儀礼の場）の記憶が，刻印されている．こうしたシンボルとしての重要性は，食肉を得るためだけの牛の日常的な屠畜を，忌避する理由となるように思われる．

　ヨーロッパで牛肉の供給が増えるのは，14世紀後半以降である．「黒死病」により拡大した耕作放棄地が放牧地や飼料生産地に転用され，アルプス山地（独，墺，瑞，仏）の高地で，牛の集団飼養が「畜産業」として成立した．都市近郊に連れてきて食肉化し，市場で販売する商業も確立する．北欧でも1300年代以降，デンマークで牛の飼養が盛んになりハンザへの輸出が増加した．牛は中世後期に，供儀の犠牲獣から産業動物に変化したといえる．　　　　　　　　［城戸照子］

毛織物

　人類の歴史とともに古いといってよい織物生産が，西洋中世において羊毛を用いた手工業として発展し，毛織物製品は重要な交易品となった．例えば，経済的繁栄を見せた北部イタリアのフィレンツェの毛織物工業や（星野，1995），同じく中世盛期以降経済先進地帯となった南ネーデルラント（現在の北フランス，ベルギー，オランダ南部周辺）では，フランドル伯領の「三大都市」と呼ばれたヘント，イープル，ブルッヘや隣接するブラバント公領のルーヴェン，ブリュッセル，メヘレン，アントウェルペンなどを典型として，群生した諸都市において毛織物工業が大きく成長し，それが地域の基幹産業となったのである（藤井，1988）．以下，中世南ネーデルラントの毛織物についていくつかの側面から概観していこう．

✖原料羊毛　毛織物の原料となる羊毛については，まずイングランド産のものがあげられる．イングランドでは輸出向け毛織物生産が自国で本格的に開始される15 世紀前半までは，原料羊毛の輸出国としての地位を築いていた．そのなかで特に高品質な羊毛を産出した地域は，シュロップシア，ヘリフォードシア，リンジイ，コッツウォルドなどであった（パウア，1966）．それらの原毛が，カレー港などを通じて南ネーデルラントに輸入され，高級毛織物の原料となったのである．しかしながら，原毛の輸入量と毛織物製品の生産量とを比べると，かつて古典的な研究において主張されたほど，イングランド産の羊毛が排他的な地位を占めていたわけではなかった（ピレンヌ，1955）．元来南ネーデルラントは牧羊に適した土地であって，地元産の羊毛も一定の地位を占めており，またスペイン産メリノ種の羊毛も中世後期には使用されるようになったのである．

✖準備・製糸工程　毛織物は短繊維を使用した厚手の紡毛織（ウールン）と長繊維を用いて後述の仕上工程をしばしば省略あるいは簡略化した薄手の梳毛織（ウーステッド）に大別される．中世末までは前者の生産が主流となっていた．短繊維の紡毛糸は，次のような準備工程を経る．①分毛：原毛から使用する部分を選り分ける．②選毛：良質で均一な部分をさらに選別する．③打毛：叩きほぐす．④洗毛：汚れや脂分を湯や水で除去し，時に染色する．⑤添油：油を加えて繊維を滑らかにする．⑥刷毛：刷毛具で綿飴状にし，時に混色する．

　その後，製糸工が撚りをかけながら，糸車を用いて 1 本の糸として紡錘に巻き取ったのである．

✖織布工程　織布とは次のような工程である．まず，時に専門の整経工が1,000〜2,000 本の経糸を，糸巻具を使って織機上で均質に張り上げる．次いで，

織布工が綜絖で経糸を 1 本ずつ互い違いに上昇下降させ（平織の場合），その間を杼（シャトル）に準備された緯糸を通し，筬で詰めながら布地を形成する．南ネーデルラントでは，一人の織布工が長さ 30 m 弱の毛織物を年間 40 反ほど生産していた．織り上がった布は検査場へ運ばれ，重量，大きさ，品質について都市当局や織布工ギルドの行う公的な検査を受け，問題ないとされると鉛製の認証印が布地に付けられた．（☞「同職組合（ギルド）」）

✖仕上工程　一部の例外を除き，織り上がった布は仕上工程を経て初めて売買の対象となる．それは，縮絨工や専門の仕上工のもとで行われる，次のように複雑な作業であった．

　①洗布：湯中で油分を除去する．②縮絨：湯中で人の足や水車で圧縮し，布地を均質かつフェルト状にする．③染色：製糸工程で染色しない場合，染料の大青や茜などにより湯中で青や赤に染色する．高級毛織物にはしばしば貝紫（コチニール）が用いられた．また色止剤としてミョウバンが使用されていた．④枠張：縮んだ布地を支柱に張付け，上下左右に引張ることで布の撚りや皺を除去し，かつ適切な幅と長さにする．⑤剪毛：表面を起毛具で毛羽立たせ，鋏を使って表面を均質に切り揃える．なお染色や枠張，剪毛は複数回繰返されることもあった．⑥節取：表面が更に均質で滑らかとなるよう修正する．⑦圧絨：折畳んだ複数の布地に板片を挟込み，上から圧力をかけて艶出を行い，最終的な仕上げとする

✖流通（交易）　南ネーデルラント毛織物工業は，その高度な仕上技術により縞織や緋色織といった高級品で名声を獲得した．ブルッヘやブリュッセル，アントウェルペンなどの国際商業都市には，北はスカンディナヴィアやドイツ＝ハンザの商人たち，また南はジェノヴァ，ヴェネツィア，フィレンツェなどの北イタリア諸都市の商人＝銀行家（銀行業も営んでいた商人），あるいは南フランスからの商人たちが来訪し，前者はバルト海域を経由して北欧と北東ヨーロッパへ，後者はシャンパーニュの大市を経由して南欧と地中海地方へ高級毛織物を輸出したのである（☞「市」「通商路」）．

　やがて 15 世紀から 16 世紀にかけて，それまでの厚手の高級紡毛織製品だけでなく，かつて存在したものの中世盛期にいったん消滅した薄手毛織物（梳毛糸を使用したセイ織など）の生産が主としてフランドル南部の諸都市で復活し，さらに麻と羊毛を使用した交織など，フランドル伯領を流れ北海へ注ぐレイエ川上中流域に点在する都市や村落で生産された新毛織物と総称される多様な製品の時代が到来する．それは，伝統的な都市工業としてだけではなく，農村工業としても行われるようになった新興部門であり，とりわけフランドル地方南部の都市コルトレイクを典型例とした，後の大航海時代に隆盛を見る麻織物工業の先駆けだったのである．　　　　　　　　　　　　　　　　　　　　　　　［藤井美男］

ワインとビール

　ワイン（ブドウ酒）は，古代地中海世界で交易品として重要な地位を占めていたが，中世においてもヨーロッパ大陸の南部では引き続き大きな需要のある産品であった．一方，ブドウ栽培に適さないアルプス以北では，ワインに代わってビールの醸造が主流であり，地域経済圏で流通していた．そのほか，地域によっては，ミード（蜂蜜酒）やシードル（林檎酒）も重要な飲料であった．

✖ワイン　中世においてワインは最も消費されたアルコール飲料である．地中海沿岸地域において古代より続いたブドウ栽培の伝統は中世初期に荒廃したが，ワインの生産技術をもたないゲルマン民族もワインを常飲するようになり，また饗宴やミサに必要不可欠な飲み物であったことから，ヨーロッパ北部へも徐々に浸透し，産業としての価値を高めていった．イベリア半島の事例を見ると，イスラーム支配下のア

図1　セーヌ川の川船によるワインの輸送［エグバート，1995］

ンダルスでもブドウ栽培が大きく減退することはなかった．9世紀にサンティアゴ・デ・コンポステラが巡礼の聖地となったことにより，ベネディクト修道会やクリュニー系列の修道院，そしてシトー会によりイベリア半島各地に修道院が創設され，西ヨーロッパ，特にブルゴーニュのワイン醸造法がもたらされた．アルフォンソ6世をはじめとするカスティーリャ王はワインづくりを奨励し，レコンキスタにより新たに獲得された土地でのブドウ栽培を優遇して開発を促進した．フエロ（局地法）において，ワインは12世紀以降通行税の課税対象項目が最も多いことから，流通が活発であったと推測される．樽詰めされたワインは重量があってかさばるため，陸路を運ぶよりも海や河川を利用した舟運に適していた．沿岸地域であるアリカンテ，マラガ，ヘレス，ポルト産ワインは海上交通にも支えられ，ヨーロッパ北部へ輸出される有望な商業産物として成長した．

　冷涼なためブドウ栽培の難しい北ヨーロッパでは，ワインは貴重なアルコール飲料であった．醸造できても品質は低く，時に数倍の価格を払ってまでも南方から輸入されている．例えば，チェコの事例では，隣接するオーストリア産ワインは国内産の4〜6倍の価格が付いた．ほかにも，フランスやギリシアなどからワインは輸入されていた．流通量が少ないため，それらは民衆が口にできるもので

はなく，支配階層が祝祭時にその富を誇示するために振る舞うものであった．

✖ビール　前述のように，ヨーロッパ大陸北部の気候はブドウ栽培に適しておらず，飲料としてはビールが一般的であった．ビールは一般家庭で簡単に醸造できたが，低地地方やドイツ，チェコの都市では都市の産業となっていく．とりわけ植民都市では，建設当初の都市経済を支援するために，国王が都市に醸造特権を与え，周辺農村での醸造を禁止した．貴族や修道院もビールを醸造していたが，彼らは自家消費用の醸造のみ許され，地域で販売することが禁止された．その結果，都市で醸造されたビールは，その都市を中心とする地域経済の重要な商品となっていく．醸造特権が多く確認できるチェコでは，プラハ，ラコヴニーク，イフラヴァのビールが都市の経済圏を越えて取り引きされ，消費された（☞「食品・飲料生産業」）．

　ドイツの都市の中には，より広範な地域に流通する特産品として成長させた町もあった．例えば，ダンツィヒ，アインベック，ツェルプストなどの都市が独自のビールで名を馳せている．なかでもハンブルクは，北海からバルト海沿岸のハンザ交易圏に向けた輸出産業としてビール醸造業を位置付けた．この町のビールは，中世後期には，低地地方産ビールとも競合しつつ，一つの都市に対して数万樽ものビールを輸出するほどであった．この頃，ドイツや低地地方でビールの消費量が増加し，相対的にワインの取扱量が低下する．グルート・ビールよりも醸造に必要な小麦量の少ないホップ・ビールへの転換が進んだこと，また穀物価格が下落したことが背景にあった．この変化に対応して，チェコの都市はビールの原料となる穀物を輸出してドイツのビール交易を裏で支えるようになっている．一方，チェコ産ビールは，ポーランドには輸出されていたものの，ヨーロッパ西部，南部と取引されることはほとんどなかった．

✖ミードとシードル　バレンシア近郊のアラーニャ洞窟の紀元前5500〜前4000年頃の壁画に採取姿の女性が描かれたように，蜂蜜は人類が古くから口にした食べ物の一つである．これを材料として醸造されるアルコール飲料はミードまたはハイドロメルと呼ばれ，ワインやビールよりも長い歴史をもつ．ミードは，ブドウ栽培が困難な北方のスラヴ，ゲルマン文化では，古代から中世初期にかけてビールと並び一般的な酒であった．とはいえ，蜂蜜を材料とした酒は地中海地域でも生産されており，ワインやビールのような産地の偏りはない．イベリア半島を支配したゲルマン系西ゴート人はこのミードやビール，そしてシードルを好んだが，シードルはワインができない地方での代替品とされた．その後，バスク・ガリシア地方産シードルは，12世紀の巡礼案内記においてヨーロッパ中から集まる信徒に推奨されるなど，ノルマンディ産に匹敵する地位を確保するようになる．ただし，シードルは地域性が強く，ワインほどのヨーロッパを縦断する交易品にはならなかった．　　　　　　　　　　　　　　　　　［大原志麻・藤井真生］

中世ものづくし

中世のさまざまな日常生活を伝えてくれる装飾写本群として『健康全書（タクイヌム・サニターティス）』がある．『健康全書』は，健康のために，飲食や日常の行動，環境についてアドバイスするものだが，14～15 世紀にかけて，この『健康全書』の項目を示す図像がついた写本がイタリアを中心にいくつも制作された．この図像付きの写本では，それぞれの項目を図像で示すにあたって，単にその事物だけを示すのではなく，生活の場で表現されていることに特徴がある．ここでは，その図版のいくつかを紹介することで，中世の日常生活をのぞいてみよう．

✖ドングリ　『健康全書』は，イチジク，ブドウ，リンゴなど果実の項目から始まり，クリやヘーゼルナッツなどナッツ類，穀類，豆類，野菜やハーブなどが続いている．「ドングリ」は，豚の餌として代表的なもので，秋から冬にかけての農事暦でも，森の中で豚に「ドングリ」を食べさせる姿はよく描かれている（図 1a）．

✖大麦　穀類は，小麦，ライ麦，「大麦」，スペルト小麦，モロコシやキビなど多く描かれているが，この「大麦」（図 1b）で描かれている男女の農民はおそらく生成りの服で，男性にいたってはズボンも靴すら履いていない．収穫された「大麦」がおかれている小屋も粗末である．ニンニクや西洋ネギなどの図に描かれる人物も貧しく見え，このような食べ物が貧民と結び付けられていたことをうかがわせる．穀類については，粉やカユ，パスタやビールなどの加工品の項目も並んでいる．

✖くすんだ色のパン　小麦粉の白いパンが町のパン屋のかまどで少しずつ焼かれる姿で描かれているのに対して，ライ麦や他の雑穀が混入され，品質が落ちると思われる「くすんだ色のパン」は，庶民のものである．図 1c で 3 人の女性が作業をしているところが描かれているように，おそらく人々が寄り集まって，共同のかまどで一度にたくさん焼かれた．このほか，無発酵のパン，雑穀のパンもリストにある．

✖豚肉　肉屋は，牛肉，羊肉，山羊肉，ジビエなどの肉の種類別と，頭部，目，心臓，乳房，睾丸，肝臓，脾臓など部位別に描かれ，さらに脂分や塩漬肉．ゼラチンも別に描かれているが．この「豚肉」（図 1d）では，豚の首にナイフを当てている人物と，豚の首からしたたる血を受けている人物が描かれている．実は，「豚肉」はイスラーム世界の原本には食べ物としてはタブーとされ項目として扱われていないが，豚は捨てるところがないといわれるほどヨーロッパでは利用されたため，ここで示されているように採取された血もソーセージの材料となった

図1　左上から（a）ドングリ，（b）大麦，（c）くすんだ色のパン
　［オーストリア国立図書館, Tacuinum sanitatis Ibn-Buṭlān, al-Muḫtār Ibn-al-Ḥasan, Cod.Ser.n. 2644（a）15r,
　（b）44r,（c）63v］
　（d）豚肉，（e）湯，（f）砂糖
　［ローマ，カサナテンセ図書館, Theatrum Sanitatis, ms. 4182（d）tav.141,（e）tav.172,（f）tav.179, Su con-
　cessione della Biblioteca Casanatense, Rome, MiC］

と思われる．

✖湯　「湯」（図1e）では，1階にも2階にもしゃれた装飾アーチがある凝った家
のなかで，女性が足を湯桶につけている様子が描かれている．左手奥には厨房が
見えている．「湯」はほどほどの温かさで，バラ水を加えるとなおよいとされる．
おそらく，かなり裕福な家ならではの光景と考えられる．水としては，ほかに，
湧き水，塩水，雨水，川の水に加えて，雪と氷の項目もあがっている．

✖砂糖　「砂糖」やシロップなどの甘味料や樟脳や麝香，テリアカなどの薬材な
どは薬剤商で取り扱われているが，いずれも東方のエキゾチックなイメージを抱
かせる様子で描かれている（図1f）．

　このほかにも睡眠，不眠や歌やダンス，剣の練習など運動や酒盛りなど興味深
いシーンが多く描かれている『健康全書』は「中世のものづくし」の本といえよ
う．　　　　　　　　　　　　　　　　　　　　　　　　　　　　　　　［山辺規子］

フランチェスコ・ダティーニ

　フランチェスコ・ディ・マルコ・ダティーニ（1335頃～1410）はフィレンツェ共和国領域の小都市プラート出身で，一代で財産を築いた商人であった．彼は，当時教皇庁のあったアヴィニョンで商人としての活動を始め，プラートとフィレンツェを拠点に，ほかの商人と組んで短期更新の会社組織（コンパニーア）をつくりながら，低地地方，フランス，イベリア半島，マヨリカ島，イタリアの各地にネットワークを展開した．とはいえ，彼は同時代のフィレンツェの有力家門に比肩するような資本や経済力，政治力をもってはいなかった．しかも，女奴隷に産ませた庶出の娘が一人いたものの，嫡子ができず，彼の死後，財産の多くは生前に設立した慈善基金財団の管理に委ねられた．商人としてのダティーニは，一代限りでひっそりと歴史から退場したのである．しかし，ダティーニは（本人は想像もしなかったであろうが）今も，中世末期のイタリア商人の活動や日常生活の

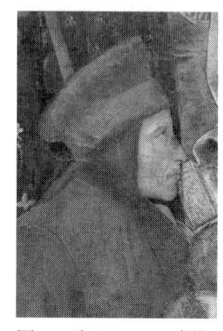

図1　ダティーニの肖像．フィリッポ・リッピ《慈善財団の聖母》（1452～53）部 分［パラッツォ・プレトリオ美術館］

研究に貢献し，存在感を放っている．帳簿や為替などの書類，そして取引相手や家族，友人との書簡が大量に現存し，研究されてきたからである．

　この「ダティーニ文書」は，一人の商人の活動に関する巨大な史料群である．ダティーニは用済みの帳簿や書簡を保管するように努め，家族や会社の関係者にも同様のことを求めたため，用が済めば廃棄されることの多い書簡類も含め，膨大な文書が残された．特に商業書簡が14万通，家族や友人との私的な書簡が1万通以上現存し，しかも受信分のみ，発信分のみではなく，往復した書簡の双方が残っている点は特筆すべきである．14世紀までにイタリア商人は，みずからが現地に赴く代わりに，各地に確保した取引相手や代理人，駐在員に書簡で注文や取引の指示を出し，商品の発送を知らせ，商品価格や市場動向を連絡し合うようになっていた．会計記録や商業書簡からは，そうした商人としてのダティーニやパートナーたちの仕事ぶり，会社の具体的な活動が読み取れる．一方，妻や友人との私信からは日常の食や家の管理などの日常生活，夫婦の情愛や感情のすれ違い，友人同士の交流などが生き生きと浮かび上がる．これらの文書は，遺言に従って彼の死後も保管されたものの，19世紀まで事実上放置されていた．だが，放置されたおかげで14世紀末～15世紀初頭の貴重な史料がそのまま残り，1870年に再発見されて今日に至っている．

［徳橋　曜］

7章　移動と交流

移動とは，人類がその誕生以来繰り返してきた行動である．特に中世では，人々の生活や社会や世界に拡大と変革とをもたらして，しばしば新たな交流と結び付いた．移動と交流により生じた各種の変革は，思想，文学，芸術などに影響を与え，中世の文化形成全般にわたって貢献している．移動は，人々が知見を獲得し，情報を行き渡らせるメディアとして学術的にも関心の高い主題であるとともに，変化に富んでいた中世文化の理解に欠かせない要素といえる．

本章は，人や物の物理的移動とそれに伴う交流に焦点を当て，近現代への影響や関連性をも視野に入れる．説教や伝道などの宗教に関わる移動や，移民，移牧，輿入れなどの生活のための移動，通信制度や交通路，旅行ガイドといった移動のための整備，ケルト人，ユダヤ人，ヴァイキング，ロマ，騎馬遊牧民などの移動する人々，交易の諸相やイスラーム世界との交流など，さまざまな角度から取り上げ，その結果生じた社会や文化の変化を含めて紹介する．

[山辺規子／大沼由布・草生久嗣]

説　教

　説教の歴史は「使徒言行録」に見られるようにキリスト教の歴史とともに古く，またそれはパウロの宣教行脚(あんぎゃ)が示すように移動と深く結び付いていた．その後中世 1000 年間を通じて，各地を巡って福音を説き，罪の悔い改めをうながし，救済への道を宣べ伝えるという説教の本質は変わらなかったとはいえ，その具体的なあり方は時代とともに大きく変化した．

✖**中世初期―異教徒のキリスト教化**　中世初期のヨーロッパにはキリスト教が及ばない広大な地域が広がっていた．これら異教の地をキリスト教化すべくカンタベリーのアウグスティヌス（？〜604）はローマからイングランドへ，コルンバヌス（543〜615）はアイルランドからガリアへ，ボニファティウス（675 頃〜754）はイングランドからゲルマニアへと旅立った．彼らは旅先で異教徒の君主に働きかけ改宗をうながすとともに，民衆に向けては異教に対するキリスト教の優位を説き異教慣習の撲滅に努めた．説教はこうしたキリスト教化活動における多様な働きかけの主要な一部であり旅と不可分に結び付いていた．

✖**中世盛期―放浪説教師・托鉢修道会士・異端者**　11 世紀以降一応のキリスト教化を終えたヨーロッパ内で説教と旅は新たな結び付きを得ることになる．11世紀に教会上層の改革運動として始まったグレゴリウス改革は 12 世紀になると社会の下層に広まり，教会の腐敗を弾劾し民衆に向けて使徒的生活の実践を説く有名無名の説教師が現れた．彼らの多くは隠修士や下級聖職者であり，しばしば司教の許可を得ずにまた司教区を渡り歩きながら激しい言葉で自説を開陳した．このような放浪説教師のもとにはその教えに共感した民衆が蝟(い)集(しゅう)し各地を放浪しながら使徒的生活を実践した．彼らの活動は一つの大きなうねりとなって 12世紀の教会を揺り動かした．

　放浪説教師とその追随者はしばしば教会の統制から逸脱し，グレゴリウス改革を経て教階制（ヒエラルキー）を確立した教会にとって脅威となった．さらに彼らの中からは明らかに正統教義に反する教えを説く者が現れた．12 世紀の間，教会はこれらの運動に対して明確な方針を打ち出せなかったが，13 世紀初頭教皇インノケンティウス 3 世の時代になって教会の態度が確立する．その中心に説教権が置かれた．同教皇が主導して開催された第 4 ラテラノ公会議（1215）では，説教権が司教に属することを再確認するとともに，説教を職務とする専門家集団の育成が定められた．この方針に基づいてドミニコ会（1216）とフランシスコ会（1223）という二つの修道会が創設される．托鉢によって清貧を実践するところから托鉢(たくはつ)修道会とも呼ばれる両修道会は，神学で理論武装し説教の技を磨い

て異端に対抗するとともに民衆教化に努めた．彼らは修道会上層の指導のもとで各地を旅し，その地の司教の許可を得たうえで説教を行うという遍歴説教の型を生み出した．遍歴の範囲はヨーロッパを越えて聖地やクレタといった遠方にまで及んだ．フランチェスコの聖地におけるムスリム（イスラーム教徒）改宗を意図した説教は不首尾に終わったとはいえその一例である．

　他方で13世紀初頭以降異端と断定されたヴァルド派やカタリ派にとっても説教は重要な教化活動であった．異端審問の追手に追われながら彼らは秘密裏に村や町をめぐり，信徒の家や森の中で，しばしば夜に説教を行っていた．

✖中世後期——遍歴説教の制度化　このように13世紀には托鉢修道会士による遍歴説教というスタイルが確立していたが，このスタイルが本格的に展開し制度化されるのが14〜15世紀の中世後期である．この時期の托鉢修道会説教師は修道会上層の指示と都市や君主からの招聘という二つの要請に従って移動していた．例えば，北中部イタリアを中心に遍歴したフランシスコ会説教師ベルナルディーノ・ダ・フェルトレ（1439〜94）の場合，25年に及ぶ説教活動において，112都市を訪れ3,500回の説教を行い，説教時間は1万5,000時間に及んだ．また1350〜1520年の間，中北部フランスで活動していた説教師を網羅的に調査した研究はこの間に1,947名の説教師を確認している．

　この170年間に約2,000名の説教師が中北部フランスをめぐり，各自が仮に年50回の説教（これは当時の説教師の場合特に多い数字ではない）をこなしていたとすれば，説教の声が響いた範囲と回数は大変な数に上るだろう．説教は印刷術以前の最大のマスメディアといわれるが，その理由の一つはこうした圧倒的な数の重みにある．

✖遍歴説教師の頭陀袋　当時の遍歴説教の跡を目に見えるかたちで残している「考古遺物」ともいうべきものがある．それは説教師が遍歴に際し携行した小型本である．そこでは現在の手帳ほどのサイズのページに，テーマごとに説教の骨格が細字でぎっしり書き込まれており，説教師はこの種の説教本を数冊頭陀袋に入れて説教行脚に臨んだ．時にはこの本を腰紐に結わえ付けて携行することもあった．「巾着本（ガードルブック）」と呼ばれるこの種の本は今日もいくつか残存している．説教本は旅する書物であり，その小さな版型とすり切れた表紙，読みにくい細字のテクストは，見かけのみすぼらしさとは裏腹に説教の声が届いた世界の広さを証しているのである．

　16世紀，大航海時代の幕開けとともに説教師の移動範囲は一挙に拡大する．ドミニコ会やフランシスコ会といった従来の修道会に加え，イエズス会士たちは新たな布教先を求めて新大陸やアジアに旅立って行った．その地で説教はまた新たな変容を被ることになるが，それは近代史に属する問題である．　　　［大黒俊二］

東方植民運動

　東方植民運動は，中世におけるヨーロッパ西部（ドイツ，低地地方）から東部（ポーランド，チェコ，ハンガリー，プロイセンなど）への農民を中心とした人々の移住と開墾運動のことである．気候の温暖化（中世温暖期）を背景として，ヨーロッパでは，12世紀初頭以降，穀物生産が安定化し，地域海域間を結ぶ交易が活性化して取引量が増大するなか，交易拠点となる港湾や内陸の河川交通の要衝において都市社会の成熟や新都市の建設が相次いだ．人口が増大して，耕地面積の拡大のための土地領主による森林や沼沢地の開墾・干拓が進められたが，農民の次男，三男の中には土地の相続から排除される者たちも出てきた．

　一方で，神聖ローマ帝国の東部国境地域やそれ以東の地域では，領域支配の確立を目指す君主や諸侯が開墾活動に参画する農民の不足に直面し，また新たな開墾技術の導入を求めていた．この両者をつないだのが植民請負人（ロカトール）と呼ばれる人々で，参加農民の法的地位を定めた契約が「ドイツ法（ユース・テウトニクム）」と総称される植民法である．開墾の労働力となり，開拓地の耕地化を担った入植農民には，建設された村落の住民としての身分が認められた．一方で，都市の建設を担い都市生活を支える要因として招かれた手工業者や商人には，市民の地位が与えられた．世代を経て経験が積み重ねられるなか，これら植民運動は安定的な枠組み（ドイツ法植民）として認知され始める．

✖ドイツ騎士修道会領　近世プロイセン国家の起源となる，ドイツ騎士修道会の聖地からプロイセンへの本部移転は，異教徒との戦闘が前提とされる領土の提供として始まった．シトー会のクレルヴォーのベルナルドゥスが構想した騎士修道会は12世紀後半には，シリア，パレスティナだけでなくヨーロッパ各地に招致され，その騎士としての軍事力と修道士としての身分，また国に帰属しないが故に自由に動員できるといった特性を活かして，活動の幅を広げていった．

　プロイセンでのドイツ騎士修道会は，一円的領域を支配するバルト海沿岸地方の新参勢力として領国開発に取り組むなか，ドイツ法植民を積極的に活用していった．ヨーロッパに遍在する土地経営の拠点（バライ）を再編し，中央政庁を整備して，バライを使節派遣，巡察という手段で効果的にまとめ上げた（阿部，1974）．一方，バルト海沿岸都市リューベックと港湾都市ハンブルクを中軸とする都市同盟ハンザも，同じバルト海政治圏に本拠を置きつつ広域に交易を展開する準国家組織として，ドイツ法植民の枠組を巧みに活用して発展を遂げた勢力である（☞「商業の組織」）．

✖汎ヨーロッパ的現象　東方植民運動は，19世紀前半ドイツ・ナショナリズム

が高揚するなか，ドイツ・フォルクの地理的拡大の歴史（定住史）の枠組みの中で研究された．この傾向は 20 世紀前半の民族至上主義やナチズム期の中で強まり，第 2 次世界大戦後も長らく維持された（千葉，2003）．研究史上の転換期は，研究者の世代交代が進む 1970 年代に訪れた．1970〜72 年のコンスタンツ中世史研究会において，東方植民運動に関する最初の国際研究集会が開催され，「ドイツ人の東方進出」というナショナルな観点は後退し，東部中欧という歴史空間が措定され，その中での人の移動，領国の開発，先進農業技術の受容，広域経済の再編，さらには文化変容の問題として論じるべき国際協働・学際性が不可欠な研究課題として位置付け直された．

　この際，提示されたもう一つの方向性が同時代の他地域での類似現象との比較の可能性である．それにより，ドイツの内国植民，フランスの計画村落，都市（バスティド），レコンキスタ下のイベリア半島，イングランド，イタリア半島における耕地開発も，領国開発（ランデスアウスバウ）という枠組みの中で論じることが可能となった．1992 年には南西フランス，ネーデルラント，プロイセンの入植・開発を比較検証する単著も上梓されている（Erlen, 1992）．

　学際的な空間論，移動現象の研究として注目されるのが，R. バートレットの研究である（Bartlett, 1993）．統治様式，土地支配，法，特権状都市，大学，修道会といった構成要素からなるヨーロッパ西部の社会システムが，950 年以降形成され，1350 年までに広くヨーロッパ全域に細胞分裂的に拡張していった過程（ヨーロッパの形成）を理論としてまとめ上げた．

✖移動と社会変容　東方植民運動に独自の文書類型として，入植地域を統治する領域諸侯（ランデスヘル）が発給する「村落・都市設置許可証書」と，土地を領有する領主が植民請負人や農民と結ぶ証書形式の契約（領主農民契約文書）の二種類がある．後者は，中欧各地の地方文書館が多くの原本を収蔵している．東方植民運動の概要を知るには，フランス人人文地理学者 Ch. イグネがまとめた概説書が有益である．同現象からやや離れた地点からの叙述であるためだけでなく，耕地分類，村落形態論などの地理学的な視点が示唆に富む（Higounet, 1986）．また，今後の研究につながる成果として，ゲルマン文化圏とスラヴ文化圏が混交する地域を「ゲルマニア・スラヴィカ」と命名して行われた一連の研究がある．

　現在，東方植民運動は，かつてのように国や民族で事象を区画して議論を組み立てるのではなく，12 世紀ヨーロッパにおける「人の移動と社会変容」という広い文脈の中で，共通の論点を立てる学際研究として進められている．歴史空間論，移動とコミュニケーション，文化変容論，記憶論など，議論すべき論点は多い．ただ，近年の成果を概括する概説書も，新しい視点から問題提起する野心的な個別研究も長らく世に問われていない．どのような東方植民像が描けるか，今後の研究が待たれるところである．　　　　　　　　　　　　　　　　［千葉敏之］

居留地

　居留地は，移住，移動してきた人々が，特権を得て周囲の住民とは一線を画して居住する空間として定義される．本項では，同様の性格をもつ商館についても説明する．古代，ローマ人などによる大規模な植民都市が多く建設された．しかし，西ローマ帝国の滅亡といった大きな政治的混乱や，7〜8世紀の地中海交易の途絶による経済の自給自足化が進行するなかで，居留地的な集落の形成は途絶する．中世後期に入ると居留地が都市区画の中に設けられるようになる．この居留地の仕組みは，近世に入りヨーロッパ各国によって利用され，アジア，アフリカ，アメリカへの進出の足掛かりとなった．

✄淵源　中世初期においてもフリーセン人やヴァイキングのように活発な移住と交易を行う人々がいた．とはいえ，恒常的な居住形態をとることや，現地の権力からの居住権の付与，現地住民との住み分けといった条件を加味すると，居留地は中世後期の「商業の復活」に伴い，地中海交易圏と北海バルト海交易圏において形成されたといえる．

　地中海交易圏では，イタリア海港都市の役割が顕著である．イタリア半島の四つの都市であるジェノヴァ，ヴェネツィア，ピサ，アマルフィが11世紀後半から地中海への進出を強める．このうち，ヴェネツィアは11世紀末にビザンツ帝国から，コンスタンティノープルの城壁と金角湾に挟まれた区画において，家屋などの不動産の保有と自分たちの教会を維持管理する自由を認められた．同様の特権を，ピサ，ジェノヴァ，アマルフィも獲得した．

　イスラーム勢力との関係では，アラビア語でフンドゥクと呼ばれる交易場から居留地が生まれた．例えば，13世紀末のグラナダ王国におけるジェノヴァ人のように，西欧出身の商人が交易特権の一環として，フンドゥクの利用を独占的に与えられることもあった．イタリア語で居留地を意味するフォンダコは，このフンドゥクを語源とする．

　北海バルト海交易圏ではリューベック，ハンブルク，ブレーメンなどドイツ系の商人の移動が重要な意味をもつ．彼らは自分たちの交易網とその外との境界域にあたる場所において，現地の支配者から特権を獲得し，自治的な団体を形成して持続的な商業活動を行った．こうした商人団体にはやがて特定の場所や建造物があてがわれるようになり，商館が成立する．特に，ノヴゴロド，ベルゲン，ブルッヘ，ロンドンに設けられた四大商館が有名である．

✄居留地の広がり　居留地の建設と維持は，海洋都市国家が商業的覇権を実現するために重要な役割を担った．黒海ではとりわけジェノヴァ人の進出が目覚まし

い．その起点となったのはコンスタンティノープルの居留地である．13 世紀になるとジェノヴァが後にビザンツ皇帝となるミカエル 8 世パライオロゴスとの間に結んだニュンファイオンの条約に基づいて，コンスタンティノープルからみて金角湾を挟んだ対岸にあるペラ地区（現ガラタ）に居留地を建設した．このペラは堅固な城壁を備えており，ポデスタを中心に独自の裁判権や外交権を行使していた．

さらに，ドナウデルタ沿いのキリア，クリミア半島のカッファ（現フェオドシャ）にもジェノヴァ人は進出した．こうした居留地のネットワークの東の終点であるタナ（現タナイス）は，同時にユーラシア大陸中央部への陸路の出発点でもあった．西地中海に目を転じれば，ジェノヴァ人が 13 世紀後半にカスティーリャ王国から付与されたセビーリャのフォンダコは，同国の商人が中世末から近世にかけて，大西洋に進出する足掛かりとなった．

他方，居留地は異なる交易圏の結節点でもあった．例えば，ロンドンやブルッヘにはイタリア人商人が居留した．ヴェネツィアは地中海産のワインを北海バルト海商業圏に接続する場所に持ち込み，かわりに羊毛や毛織物を入手した．また，13 世紀にはヴェネツィアの中にドイツ人のフォンダコが設置され，主として南ドイツ出身の商人たちの集う場となった．このように居留する外来商人たちは為替や両替など金融面でもヨーロッパ南北の経済活動を結び付けていた．

✖居留地の社会　居留地においてはしばしば，本国の社会の仕組みがそのまま移植される．例えば，ヴェネツィアは 1211 年から領有したクレタ島のカンディア（現イラクリオン）を自国商人の居留地として，そこにヴェネツィア風の街並みを建設した．居留地には本国から統治官が派遣されて，居留地内の司法，行政を担うとともに対外的には情報収集や交渉を行った．本国の法に基づいて裁判を受ける仕組みや，自国商人の作成した商業文書の内容を保全，参照する仕組みも整えられた．この意味において，居留地は商人たちが自国の商業のやり方を，自国外においても展開するための重要な中継地であった．また，国籍管理の制度が十分に発達していなかった中世において，居留地は必ずしも自国市民のみを保護の対象とする場ではなく，本国の出身者やその子孫たち以外を含む多様な人々の集まる場でもあった．例えば，先述のカンディアには，多くのギリシア人やユダヤ人が居住していた．こうした多様な人々は，しばしば通訳として活動し，居留地と現地の社会との間のコミュニケーションを支えた．

居留地や商館を構成する人々は，設置された都市への忠誠を誓いながらも，ほかの都市住民とは制度的に外国人として峻別される存在であった．この仕組みは，キリスト教徒以外にも適用されることがある．近世にヴェネツィアがオスマン朝出身の商人のために設立した「トルコ人のフォンダコ」はその好例である．

［高田良太］

移　牧

　移牧とは，定住地周辺への日帰り放牧と異なり，標高差のある2地域の間を一定経路に沿って家畜の群れを周期的に移動させ飼養する牧畜の一形態である．地中海式農業を行うスペイン，フランス，イタリア，スイス，バルカン半島，北アフリカなどの山地（ピレネー，アルプス，アペニン，カルパティア，アトラス山脈など）に近い地域には，新石器時代からの移牧の痕跡が残る場所があり，慣行などに中世からの連続性が認められる場合がある．

　夏に平地の定住地から山地へ家畜を送る正移牧（夏移牧），冬に山地の定住地から平地へ家畜を送る逆移牧（冬移牧），山の中腹の定住地から夏はさらに高い場所へ，冬は平地へ家畜を送る二重移牧があり，正移牧が最も多い．典型的な正移牧は次のようなサイクルである．定住地周辺が夏に近付くと乾燥で十分な牧草を得られないので，専門の牧畜業者が複数所有者の家畜をまとめて預かり，犬などを使役して湿潤で良質の草を得られる山地へ数日から数週間かけて移動させ，夏の間そこに放牧する．牧畜業者は家畜とともに山の放牧地で生活する．秋から冬にかけて降雨が多くなり山の気温が低下してくると，家畜を連れて平地へ戻り，家畜は所有者に返されて越冬し，その間に繁殖や屠殺が行われる．

❇**毛織物工業・都市との関係**　中世において毛織物工業は重要産業で，イングランドや，内陸高地で大規模移牧を行うスペインなどが，主要生産地域へ羊毛を供給した（☞「毛織物」）．北イタリアとフランドルが二大毛織物生産地域で，質は劣るが南フランスの毛織物も地中海で取引された．生産地域に比較的近い山地でも移牧が行われ，羊毛の供給源となった．移牧が形成した山〜平地の社会空間構造は重要な論点である．

　南イタリアのプーリア州は北イタリアの毛織物生産地フィレンツェなどに羊毛を供給した．プーリア州北部タヴォリエーレ平野ではアペニン山脈などから越冬家畜を受け入れる逆移牧が行われ，都市フォッジアには12世紀に牧羊に関する行政機関が置かれた．15世紀半ばにはナポリ王国によってプーリア牧羊業税関が組織され，羊や羊毛の売買，牧羊に関わる移動や放牧に対する保護，規制，特権の制度により，羊毛産業にまつわる税収が王国の重要な財源となった．一部は制度化以前にさかのぼると見られる，3段階の序列に分けられた移牧の道，冬季放牧租借地などの土地利用システムが19世紀まで存続した（稲益，2022）．

　南フランスのラングドック地方とプロヴァンス地方では早くから毛織物生産が盛んで（11世紀プロヴァンスで修道院が縮絨用水車を所有した記録あり），中央山地の標高1,000 m以上の放牧地に向かって大規模な正移牧が行われた．移牧の

道を管理し，家畜小屋を含む農家を所有した聖ヨハネ騎士修道会，都市ナルボンヌ近郊のフォンフロワド大修道院，都市マルセイユのサン=ヴィクトル大修道院などが，移牧家畜の主な所有者であった．修道院が移牧で大きな役割を果たすことは，フランス東部のヴォージュ山脈，アルプス山脈などでも見られた．

⌘紛争・領域の問題　移牧を伴う牧畜と農業との間に起こる摩擦，移牧が土地利用に与えた影響も論点の一つである．フランスの開放耕地の地域では，農村共同体構成員の生活に不可欠な家畜飼料を確保するため，構成員の家畜を共同で未開墾地や収穫後の耕地に放牧する共同放牧の慣行が広く見られた．プロヴァンス地方では，13世紀後半以降に牧畜業者が富裕者の家畜の大群を請け負って移牧を行い，負債のある共同体や領主から放牧権を賃借するなどしたため，共同体構成員が用益権をもつ共有地の草が食い尽くされた．これへの反発から共同放牧制度解体の萌芽が生じた．1309年教皇庁のアヴィニョン移転が経済活性化要因となり，14世紀前半にこの対立が激化した．

放牧は未開墾地など領域周縁部に展開する性質があるため，放牧権行使と領域の主張には深い関係が認められる．近世に入り16世紀後半フランス東部のヴォージュ山脈では，フランス王国に属するロレーヌ公領とハプスブルク領アルザスの対立を背景に，山上放牧地をめぐる紛争が起きた．中世以来修道院の権威のもとにアルザス住民はロレーヌ側へ移牧を行ってきたが，ロレーヌ公は山上放牧地の利用権を主張しこれを勝ち取った（Garnier, 2004）．

スペインとフランスの間に位置するピレネー山脈中央部では，夏にスペイン（アラゴン，ナバラ含む）側の家畜がフランス側へ行き，冬にフランス側の家畜がスペイン側へ行く，標高2,000 m以上の稜線を越えた相互的な移牧が行われてきた．双方の渓谷共同体の間には13〜17世紀にかけて約20の協約が結ばれ，近現代に入っても両者の友好と協力を記念する移牧の儀礼が行われている場所がある（Moriceau, 1999）．中世以来の慣行に基づく移牧文化が，近世以降の中央集権的国家の境界とは論理を別にして存続する事例といえよう．

⌘現代における移牧の意味　ヨーロッパの移牧は20世紀以降衰退の一途にあるが，伝統的移牧を続ける地域もある．人間が自然に働きかけ長期にわたって形成してきた環境の総体に文化的価値を見出す，文化的景観の概念が1990年代以降に発展し，移牧による文化的景観が文化遺産と認識されるようになると，フランスとスペインにまたがる「ピレネー山脈のモンペルデュ」（1997），フランスの「コースとセヴェンヌの地中海農牧業の文化的景観」（2011）が世界遺産に登録され，オーストリア，ギリシア，イタリアの「地中海とアルプス山脈の移牧」が無形文化遺産に登録された（2019）．移牧は持続可能なかたちで何世紀も続いてきた人間が自然環境を利用する形態の一つであり，環境史の観点からも移牧についての歴史研究の意義を指摘できる．　［小島見和］

結婚（輿入れ）

　王侯貴族が結婚相手を探す際には，同等やそれ以上の身分の相手を望んだり，近親婚を避けたり，同盟を結んだりする場合に，遠方から相手を迎えることもあった．こうした移動により，新たな慣習や文化がもたらされることもある．例えば，11 世紀半ばにフランス王アンリ 1 世はキエフ大公の娘アンヌと結婚し，彼らの子には東方風のフィリップという名が付けられ，以降，その名はフランス王家で使用されるようになった．王家間の結婚の際は，入市式の活人画などを通じて両家の友好が示され（☞「入市式」），その喜びは各地で共有された．また，女性は結婚だけでなく，離婚（結婚の解消）や寡婦となることでも移動し，女性の移動が文化や政治における宮廷間の交流を深めることにもつながった．

✘結婚や離婚に伴う女性の移動　中世を通して結婚に対するカトリック教会の影響力が強くなるなかで，12 世紀頃に解消不能な一夫一妻制の結婚や聖職者の立ち合いによる結婚式が定着した．また，教会法により七親等までの親族間の婚姻が禁止されたが，この原則は結婚時よりも離婚の理由として頻繁に利用された．代表例は，12 世紀半ばのフランス王ルイ 7 世とアリエノール（アキテーヌ女公）の離婚である．この離婚の形式的な理由は四親等と五親等の親族であったからである．その後，アリエノールはノルマンディ公（後のイングランド王ヘンリー 2 世）と結婚し，イングランド王妃となった．彼女の出身の南仏はトルバドゥールの活動により文学の発展した地である（☞「中世歌人」）．彼女は高い教養を身に付け，文化の庇護者としても有名で，イングランドに渡る際にトルバドゥールを同行させるなど，イングランドの宮廷文化に影響を与えた．彼女やその娘の結婚に伴う移動により，南仏の文化が各地に広がったとされる．

✘贈り物と祝祭　貴族や大商人の結婚には贈り物や祝祭が伴い，中世後期にはその豪華さは増大した．両家間で嫁資（持参金）や夫側から妻側への婚資，夫に先立たれた場合の寡婦産についての契約がなされると，衣類や織物類，宝飾品，食器類，家財道具，これらを入れる豪華な箱などが嫁入り道具として用意された．さらに，王侯貴族となると結婚は壮大に祝われた．中世後期にヨーロッパで最も豊かな宮廷文化を築いたとされるブルゴーニュ公家のシャルル突進公と，ヨーク家出身のイングランド王エドワード 4 世の妹マーガレットの 1468 年の結婚式は大変豪華であったと年代記作家により記録されている．この結婚はネーデルラントを支配するブルゴーニュ公家とイングランド王家の同盟のためであった．結婚の契約がなされ，持参金や婚資の一部が支払われた後，マーガレットはイングランドからネーデルラントの港町スロイスに到着し祝祭がなされた．その後のダム

での結婚式を経て，一行はフランドルの大都市ブルッヘで入市式を行った．そこでは地元のギルドやイタリアなどの商人らからなる行列，祝宴や舞踏，馬上槍試合など壮大な祝祭のイベントの数々が催された．

✖ハプスブルクの結婚政策　15 世紀末から 16 世紀にかけてハプスブルク家は結婚により領土を増やした．その始まりはオーストリア大公で後の神聖ローマ皇帝マクシミリアン 1 世とブルゴーニュ公家の相続人マリーとの結婚でネーデルラントを得たことである．彼らの息子フィリップと娘マルグリットは，スペインの王女フアナと王子フアン，それぞれと結婚するが，フアンの急死により，結果的にハプスブルクがスペインを継承する．フィリップの子は上からポルトガル王妃エレオノール（後にフランス王妃），神聖ローマ皇帝カール 5 世（スペイン王カルロス 1 世），デンマーク王妃イザベル，オーストリアを統治しハンガリー王となるフェルディナント（後に神聖ローマ皇帝），ハンガリー王妃マリア（後にネーデルラント総督），ポルトガル王妃カタリーナであり，男は継承した領域を統治し，女はほかの王家に嫁いだ．ハンガリーについては，ハプスブルクとハンガリー王家間の二重結婚の結果，早くにマリアの夫ハンガリー王が死去したため，ハンガリー王女と結婚していたフェルディナントが継承した．こうして，ハプスブルクはオーストリアからネーデルラント，スペイン，ハンガリーへ支配を広げた．

✖ハプスブルク家の女たち　広大な領域統治には女性の役割も重要であった．マクシミリアンの娘マルグリットは 1480 年にネーデルラントで生まれ，3 度の結婚（1 回目はフランス王シャルル 8 世〈結婚解消〉／2 回目はスペイン王子〈死別〉／3 回目はサヴォワ公〈死別〉）の後，幼い甥（後の神聖ローマ皇帝カール 5 世）の摂政となるためにネーデルラント総督となり，自身の経験や各地の宮廷とのつながりを生かして平和交渉で活躍した．総督となった彼女のネーデルラントの宮廷には多くの芸術家や学者が集められ，カールのほかにその姉妹のエレオノール，イザベル，マリアも育てられた．彼女らは各地に嫁いでいったが，エレオノールとフランス王フランソワ 1 世の結婚は，敵対するハプスブルク家とフランス王家の平和の証であった．1530 年にエレオノールはスペインからフランス入りして結婚式が行われ，翌年にサン＝ドニ修道院で王妃としての戴冠式が挙行された後に，パリで壮大な入市式が行われた．1534 年まで二人はフランス中を巡行し，各地で入市式を行った．その後も彼女はネーデルラント総督となったマリアと会談し，ハプスブルクとフランスとの平和のために尽力した．

　また，女性の親族間の文化的交流も活発で，それぞれの財産目録に芸術作品を贈り合ったり，継承したりした痕跡が認められる．そこには幼少期をネーデルラントでともに過ごしたマリアやエレオノールだけでなく，スペインで生まれポルトガルへ嫁いだ妹カタリーナも含まれ，ポルトガルから新大陸やアジアの珍しい品がネーデルラントの宮廷にも届けられている．　　　　　　　　　　［加来奈奈］

通信／書簡・郵便制度

　中世における通信手段として，飛脚と郵便がある．飛脚は，書簡などを依頼主から受取人まで一人で運ぶものを指し，郵便は，配達夫がリレー方式で運ぶものを指している．しかし，この二つの言葉は，必ずしも明確に定義されて使い分けられてはいない．

✖中世初期の通信手段　中世の通信の起源として，古代ローマ帝国のクルスス・ブブリクスまでさかのぼるのがよいだろう．古代ローマ帝国ではローマを中心に街道が帝国中に張り巡らされていた．このローマ街道が郵便路線となった．街道には30〜50 km程度の間隔で宿駅が設けられ，伝令官が宿駅で馬を代えながら目的地まで書簡などを運んだ．クルス・スブブリクスは，ヨーロッパの郵便制度の起源であり，広大なローマ帝国を支えた重要な通信インフラだった．このローマ街道は，5世紀のローマ帝国の崩壊によって荒れ果てたが，カール大帝（在位800〜814）は街道の整備と宿駅の設置に努めた．しかしカール大帝の死後のカロリング帝国の分裂とともに，カール大帝が設置した宿駅は姿を消したのだった．

　12世紀以前においては，街道の多くは劣悪な状態にあった．地図もなく道もどうなっているのかわからない場所を移動するためには，住民の手助けが必要だった．国王や領主は住民に義務（輸送義務，馬の供出義務，道案内義務，宿提供義務）を課して移動の手助けをさせたが，それ以外の旅人は有償でこれらを確保しなければならなかった．

✖さまざまな飛脚　12世紀以降，書簡の量の増大とともに，輸送業者が必要となった．これが飛脚である．特に国王や貴族は支配の必要から，宮廷に飛脚を雇った．飛脚の安全を確保するために，飛脚に対する暴力行為を禁止し，飛脚をほかの者と区別するために，目立つ服装を着用させるなどの工夫が凝らされた．

　この国王などの飛脚のほかにもさまざまな飛脚があった．その一つが12世紀以降誕生した大学が運営した大学飛脚である．この大学飛脚は，学生と出身地の間の通信を行うために設置されたが，学生以外の人々の書簡なども運んだ．二つ目は，ドイツ騎士修道会の飛脚制度である．1380年に誕生したと考えられている．騎士団本部と各地の支部との間に宿駅を設置し，リレー方式で運んだ．青色の外套をまとった騎士団員が馬に乗って移動した．このドイツ騎士修道会の飛脚制度は，1525年の解散まで続き，この当時の最も整備された通信手段だったが，その利用は原則として騎士団関係者に限定されていた．三つ目は，都市飛脚である．12世紀以降にヨーロッパ各地に誕生した都市では，都市参事会が，その行政上の必要から都市飛脚を雇い，書簡などの配送を行わせた．この都市参事会に

雇われた飛脚以外に，都市住民の書簡を運ぶ都市飛脚もあった．都市飛脚の特殊な事例として，特に南ドイツの肉屋郵便をあげておこう．肉屋は屠殺のために馬と荷車を所有し，都市周辺の地域を頻繁に移動していた．この肉屋に書簡や荷物の配送を依頼したことが肉屋郵便の始まりであり，やがて都市当局によって正式に認可された．肉屋組合はこのため，輸送方法を定め，近隣の都市の同業者と協議し，リレー方式による輸送方法を組織した．この肉屋郵便は，南ドイツにおいては都市飛脚とともに活動を続け，17世紀の終わりまで続いた．

✠帝国郵便　1490年，長くローマ教皇庁の飛脚を担当していたタクシス家が，ドイツで郵便事業を始めた．当時，所領を拡大したハプスブルク家が，もともとの所領であるオーストリアと今のオランダやベルギーとの間を通信で結ぶ必要に迫られ，タクシス家に郵便事業を委託したのだった．1490年，インスブルックとブリュッセルの間に初めての郵便路線が敷設された．タクシス家が始めた郵便は，神聖ローマ皇帝の特別な保護下に置かれたことから，帝国郵便と呼ばれる．

　それでは，郵便路線を敷設するプロセスを確認しておこう．まず，郵便路線を計画している街道上の旅籠や飲食店などと宿駅の契約を結ぶ．宿駅は，神聖ローマ帝国の紋章である双頭の鷲の紋章が入った帝国郵便の看板をかかげた．宿駅は可能な限り一定の間隔で設置し，基本的には2ドイツマイル（約15 km）間隔で設置された．こうして街道に宿駅，都市に郵便局の設置が終わると，馬に乗った郵便配達夫が，宿駅と郵便局で馬も人も交替するリレー方式によって昼夜兼行で書簡などを運んだ．2ドイツマイルを2時間で移動すると定められていた．宿駅や郵便局は，一定数の駅馬とともに，郵便配達夫のために食事と宿泊の設備も備えていた．

　タクシス家とハプスブルク家が結んだ最初の郵便契約では，ハプスブルク家が郵便路線の維持費を支払うことになっていた．しかしハプスブルク家は経済的な理由からこれを支払うことができなかった．そこでタクシス家は，ハプスブルク家以外の人々も郵便路線を利用できる許可を得て，その郵便料金で郵便路線を維持した．その結果，ハプスブルク家からの要請とは別に，タクシス家は収益を上げるために，郵便路線の敷設を熱心に進め，比較的短期間のうちに郵便路線網と呼べるような状態をつくり上げた．複数の郵便路線が敷設され，特定の郵便局や宿駅で交わるようになると，それぞれの路線の配送時間を厳密に管理する必要が生まれる．そのために郵便局や宿駅では，郵便配達夫の発着時刻表を作成し，時間管理の徹底を図った．17世紀には隣国との郵便の接続が調整され，ヨーロッパに国際郵便が誕生する．

　帝国郵便は，神聖ローマ帝国を支えた重要な通信インフラであり，17世紀になると主要な郵便路線に郵便馬車が導入された．人々は郵便馬車を利用して移動することができ，宿駅は旅人に宿と食事を提供したのだった．　　　　［山本文彦］

先住民としてのケルト

　現代ヨーロッパで「先住民としてのケルト」が強く意識される地域は，ウェールズ，スコットランド，アイルランド，ブルターニュといった，西ヨーロッパ周縁のケルト諸語圏である．しかし歴史時代以前にまで時代を広げると，ケルトの主要舞台は中央ヨーロッパに移ることになる．

✖古代ケルト人とケルト世界　中央ヨーロッパでは，紀元前6千年紀頃から牧畜農耕生活を中心とする新石器時代が始まり，さらに銅器文化，青銅器文化が発達する．前10世紀頃になると，鉄器製造技術や騎馬技術が南ロシアから伝わり，中央ヨーロッパの鉄器時代が幕を開く．鉄の武器を持ち，鉄の車輪を付けた戦車を操る戦士民族がこの地域を支配した．これが一般的に「古代ケルト人」と呼ばれる民族である．

　前5世紀頃になるとケルト人と地中海世界との交易をはじめとする接触が始まり，初めてケルト人はその存在が知られ，古典ギリシア・ローマの著述家の文献資料上に「ケルト人」「ガリア人」として登場するようになった．ケルト人はほかの地域にも移動し，先住民族の社会の征服者として各地で影響を及ぼした．こうしてケルト世界は，アルプス以南にも，また東は小アジアに，西はイベリア半島，そしてブリテン島，アイルランド島にまで拡大した．

✖ケルト人の言葉—口承文化と諸方言　古代ケルト人の言葉，ケルト語は，ラテン語やギリシア語と同様，印欧語族に属する．これら古典語との大きな違いは，書き言葉がなかったことである．古代ケルト人は口承に重きを置き，言葉を詩のように装飾することで覚えやすくし，多くの情報を記憶にとどめ，次世代に伝えることができた．この口承文化は，詩の伝統となってケルト世界で根強く生き続けることになる．

　ケルト人が各地域にもたらした言葉は先住民族の言語と融合し，各地にさまざまなケルト語諸方言が生じた．現在のフランスではガリア語が，ブリテン島においてはブリトン語が発達した．他方，アイルランド島にもケルト語がもたらされるが，先住民の言語の影響を受けながら独自の発達を遂げてゴイデル語となり，その後アイルランド語，スコティッシュ・ゲール語，マン島語に分化していった．

✖ローマによるガリア征服とケルト世界の変容　ローマの拡大に伴い，ケルト世界のほとんどがローマ帝国の版図に組み込まれ，ラテン語を共通語とするローマ世界に同化していった．ガリア地方では，ガリア語を基層とした俗ラテン語からフランス語の原形が発達した．

　こうして，中央ヨーロッパのケルト人が文化的，言語的にローマ世界と同化す

ることで，ケルト世界は大きく変容した．その結果ケルト世界は，西ヨーロッパ周縁地域，つまりブリテン島およびアイルランド島，そして遅れてブルターニュに散在するかたちで生き残ることになるのである．そこで，ブリテン島，特にウェールズに残るケルト世界を詳しくみてみよう．

✖ブリテン島とウェールズ　ブリテン島は後 1 世紀から約 350 年間ローマの支配下に置かれ，多くのブリトン人はローマの生活文化を身に付け，ラテン語を話すようになった．ブリトン語はラテン語文字を用いた書記言語となった．

　5 世紀初頭にローマ軍がブリテン島から撤退する．そこへ 5 世紀中頃から，北海沿岸のゲルマン民族，アングル人，サクソン人，ジュート人がブリテン島東岸に渡来し，ブリトン人の土地に侵入，定住した．これらアングロ・サクソン人の入植した土地が，「アングル人の土地」つまり「イングランド」となる．この時，現在のコーンウォール半島にいたブリトン人の一部がフランス北西部に移住し，ここに「小さなブリテン」すなわち「ブルターニュ」が成立する．

　ブリテン島では，アングル人の国マーシアの王オッファが 8 世紀にブリトン人居住地域との境として「オッファの防塁」を南北に築いた．これがイングランドとウェールズの国境の原型となる．イングランドでは七つの王国が連立していたが，8 世紀末以降のデーン人襲撃という国難を経て，10 世紀に統一王国イングランドが成立した．他方ウェールズは，険しい山岳地帯に阻まれて統一王権がなかなか発達せず，常に複数の王国が連立する状態が続いた．

✖ウェールズ語の詩の伝統に生きる古代ケルト文化　ウェールズのこの山岳地帯がブリトン語（すなわちウェールズ語）社会を守り，ここにウェールズ語を媒体とする詩や物語の伝統が発達する．古代ケルトにさかのぼる口承伝統は，バルズと呼ばれる職業詩人によって受け継がれていた．

　古代ケルトの時代，部族集団や小王国は，部族長や領主の能力や勇敢さによって安寧が保たれていた．詩人がその詩によって共同体の長を称えることで，その権威が守られ，共同体の安定が守られていた．このような社会の中で，詩人は重要な階級をなし，部族長や領主がパトロンとなって詩人を支えたのである．こうした詩の伝統が，ウェールズの諸王国の領主をパトロンとして継続していた．

　1282 年のイングランドのウェールズ征服によりウェールズ諸王国が断絶すると，詩人のパトロンは領主から貴族に代わり，フランス宮廷文学にならったロマンス詩が多数詠まれた．1536 年のウェールズ併合以降，ウェールズ人貴族の英語化が進み，もはやウェールズ語詩の支援者ではなくなり，職業としてのバルズは途絶えてしまう．ところが，ウェールズでは 1588 年に聖書がウェールズ語に，しかも詩の伝統を受け継いだ言葉で翻訳された．この聖書の言葉が民衆の間でウェールズ語詩に対する感性を育み，詩の伝統を現代に至るまで守ることとなるのである．
　　　　　　　　　　　　　　　　　　　　　　　　　　　　　［小池剛史］

ヴァイキング

　8世紀後半から，スカンディナヴィア半島を中心とする北欧出身の略奪者の襲撃の記載が，ブリテン諸島や北西ヨーロッパの史料をにぎわすようになる．現在「ヴァイキング」として人口に膾炙している彼らは，著述家やその出身地域によって，大陸部では「北の人（ノルトマンニ）」，ブリテン諸島では「よそ者」，「異教徒」，そして「デーン人」などさまざまな呼称で呼びならわされた．「ヴァイキング」の語源とされる古北欧（ノルド）語「ヴィーキング」は，彼ら略奪者，もしくは略奪遠征行為双方を意味するとされるが，語源には諸説ある．また，襲撃を受けた側がこの語で襲撃者を呼んだ証拠も乏しい．この語の知名度が高まったのは，北欧内外ともに近代（19世紀）以降のことである．

✖「ヴァイキング」の多面的な進出　西ヨーロッパの史料に略奪者として姿を現すようになるのと相前後して，約3世紀にわたり，北欧の出身者は主として，西は北大西洋島嶼からブリテン諸島北部にかけて（西への道），南方は低地地方や英仏海峡から南下してイベリア半島方面（南への道），さらにバルト海から河川をたどり現在のロシア，ウクライナから黒海やさらに東方の中央アジアに向かう（東方への道）3方向の経路で各地に旅立ち，足跡を残すようになる．20世紀後半のP. ソーヤーによる問題提起的な著作以降，略奪者に加え，入植，開拓，そして交易商業活動という活動の複数の側面も非北欧人研究者からの関心を集めるようになり，しばしばこの時期それらの活動に従事した北欧人についても広義の「ヴァイキング」の語で形容される場合がある．北西ヨーロッパという地理政治空間の枠組みを超え，ユーラシア西部から北大西洋，そして新大陸東岸の一角，ニューファンドランド島（カナダ）のランス・オ・メドー遺跡にまで足跡を残した彼らのネットワークは，近年のグローバルヒストリーへの関心の高まりのなか，同時期のユーラシア西部の構造変動の枠組みの中で再評価されるようにもなっている（小澤，2020）．再構成された歴史像の細部にやや不確かさがあるものの，V. ハンセン『西暦一〇〇〇年』（2020）で提示された諸地域をつなぐヴァイキングの姿を，この新動向の一例としてあげておこう．

✖略奪と富，交易地の成長　周辺諸地域への進出の活発化の背景として，かつては気候寒冷化や人口増に伴う故地での土地不足など，ネガティブな要因が強調される傾向にあったが，現在では単純な単一原因に諸活動の背景すべてを還元するのは難しいとする研究者が多い．それに代わり近年注目されているのが，多面的な進出や活動の動機の共通項としての富の獲得と，それが北欧現地社会にとってもった意味である．富は，経済交換活動だけでなく，主君たる豪族が部下である

戦士（従士）に分配して忠誠を確保する媒体にもなった．そして，西欧の教会を奇襲して装飾品を持ち去るだけでなく，襲撃をやめ立ち去る見返りに貢納を受け取ったり，北極圏の入植地で狩猟したセイウチの牙を交換したりするかたちでも富は確保できた．特に，東方の道を通じて中央アジアなどイスラーム世界から主として10世紀後半までに北欧やバルト海沿岸に流入した銀貨（ディルハム銀貨）は埋蔵宝のかたちで，現在までに各地から約40万枚発見されている（ヤンコヴィアク，2020）．異国の銀貨を北欧人は貨幣よりむしろ高純度の銀として受容し，割り欠き，秤で重量を図って取引に供した．銀と引き換えに交換されたのは，各地で略奪や取引して入手した奴隷と毛皮やセイウチの牙などの北極圏の自然の産物である．銀やこれらの産物の広域流通が北欧人により活発化したことで，北西ユーラシアでは，ダブリン（現アイルランド首都）など現地人を含めた交換や手工業の拠点としての交易地や都市的集落が各地に成立し，仲介者としての北欧人のネットワークが点在するそれら諸拠点を結び付けた．

✖ 北欧社会の変化と「王国」の成立　ヴァイキングの象徴的存在である船舶はそれ自体安価ではなく，北欧各地の有力者と彼らに仕える戦士が略奪遠征の主たる担い手であったと考えられる．広域を支配する権力者の記録は北欧南部以外にはほぼ存在せず，在地有力者間の合従連衡による不安定な政治秩序がヴァイキングを生む一因であったのかもしれない．略奪や交換活動の結果流入した銀に代表される富とキリスト教などの文化，さらにその担い手となったヴァイキング指導者の名声は，彼らが旅立った北欧現地における権力構造の再編をもうながした．10世紀半ばにデンマーク中部に成立するイェリング王朝，その後11世紀にかけノルウェーで王を名乗った人物の中には，ヴァイキングや傭兵などのかたちで各地を転戦した後，その富や名声を元手に権力を掌握したと思しき者が複数存在する．例えば，990年代にイングランドを襲撃したヴァイキング船団の指導者として名があがるオーラヴ・トリュグヴァソン（オーラヴ1世）は同地で貢納の交換条件としてキリスト教を受け入れた後，ノルウェーで王を名乗り同国初の銀貨をイングランドを範として発行，キリスト教を手段に勢力を拡大した．

✖ ヴァイキングと進出先の新たな政治秩序　略奪襲撃の対象となった西欧の支配者は，時に来訪するヴァイキングの一派とむしろ手を結び，ほかのヴァイキングや近隣のライバルとの争いで傭兵的に使おうとすることもあった．こうして同盟を結び入植したヴァイキングの指導者には，北仏ノルマンディ地方ルアンの支配者となり，子孫が後にイングランドを征服したロロのように，現地住民と関係を深め，現地の新政治共同体の中核となることに成功した者もいる．取引拠点としての都市的集落をしばしばその核とするこの種の共同体と北欧人ネットワークとの政治，経済，文化的つながりは，北欧社会に新たな政治体としての「王国」が成長し，略奪遠征が低調となる中で徐々に失われることとなる．　　　［成川岳大］

ユダヤ人

イタリア半島や南フランス，イベリア半島などラテン地中海地域には古代末期からユダヤ人の定住地があったが，彼らの移住が西洋全体に広がったのは9世紀以降である．ユダヤ人たちは主として都市部に住み，共同体（ケヒラー）を形成して，ユダヤ教の法規範に基づく生活を営んだ．各地のユダヤ人共同体が自治的であった一方で，その慣習や文化，価値観において地域色が強かったことは，彼らの生活が周辺文化との影響関係にあったことを示している．

例えば，その関係性は経済活動に見られる．ユダヤ人は製造業や貿易においてキリスト教徒との協同事業を展開した．また，安息日用のワインを製造するための畑を所有する者がいた一方で，キリスト教徒からのワインの購入をユダヤ法学者が認める地域もあった．さらに，医師として宮廷に仕えるユダヤ人も多かった．12世紀にはユダヤ人によるキリスト教徒への金貸しが定着したが，宮廷や商人への融資から貧困層向けの低利率での貸付まで，業務は多岐にわたった．

✖迫害的な社会　西洋社会のユダヤ人の地位は各国の法と教会法によって規定されていたが，彼らを取り巻く環境は12世紀に大きく変化した．4世紀のローマ帝国のキリスト教化以降，ユダヤ人はキリスト教世界に奉仕する存在として神学的に意味付けられてきたが，キリスト教の教義を理性的に基礎付けるスコラ学と修道士によるタルムード（ラビ・ユダヤ教の教典）の学習は，この伝統的な神学的解釈を覆した．カトリックの新たな学知は，ユダヤ人が知性に反する宗教を実践し，イエスやキリスト教を憎悪する教典を読んでいるというイメージの源泉となり，ユダヤ人への偏見が社会に広まった．それはユダヤ人とキリスト教徒の関係を断つものではなかったが，「奉仕」の観念に基づく寛容さは後退した．

反ユダヤ主義的偏見としては，過ぎ越しの祭りにユダヤ人がキリスト教徒の子どもを儀式的に殺害し，イエスの磔刑を冒涜するという「血の中傷」が知られる．また，聖餐に参加したユダヤ人の少年が父親の怒りに触れて炉に投げ込まれるが，マリアの奇跡によって助け出され，キリスト教に改宗するという奇跡譚も流布した．ユダヤ人の金貸しに関するものとして，キリスト教徒からもち込まれた聖体を彼らが侮辱的に扱い，キリスト教を冒涜しているという中傷も広まった．ほかにも，ユダヤ人がブタと性交しているという悪魔的イメージ（ユーデンサウ）や，ユダヤ人の医者がキリスト教徒の患者の症状を悪化させているという悪評，14世紀のペストの流行時にはユダヤ人が井戸に毒を流しているという中傷も見られた．これらの偏見には，同時代のキリスト教の神学や文学を反映したものや，民衆の不安のはけ口として弱者に憎悪が向けられたものが含まれる．

　16世紀までに西洋のユダヤ人の人口は大幅に減少したが，その最大の要因は各地でユダヤ人追放令が出されたことであった．大規模な追放は13世紀末にイングランドで始まり，およそ200年の間にフランスやドイツ諸都市，イタリア南部，スペインおよびポルトガルにおいて相次いだ．追放令の動機はさまざまであり，ユダヤ人への社会的敵意に対処することや，ユダヤ人の財産を没収すること，キリスト教への改宗者を「隠れユダヤ教徒」という偏見から守るためにユダヤ人との関係を断つことなどがあげられる．追放されたユダヤ人の多くは東欧やイスラーム世界，オランダやイタリア北部の諸都市に移住した．そのなかで，ヴェネツィアではゲットーが建設され，市民的統合でも追放でもない妥協として，ユダヤ人は西洋社会の都市における内なる疎外を経験することになる．

✖宗教文化の発展　この社会的変化のなかで，ユダヤ人たちは多様な宗教文化を創出していった．フランス北部ではラシとその学派がユダヤ教の教典の包括的な註解を著した．字義的解釈を基盤とする彼らの聖書解釈は，ナフマニデスらユダヤ人の註釈家のみならず，ヘブライ語原典で旧約聖書を学ぶことを望むキリスト教徒の知識人たちにも広く受容された．また，そのタルムード註解は，難解な原典の理解を助けるものとして現代のユダヤ教にも受け継がれている．思想分野では，マイモニデスをはじめとするイスラーム世界のユダヤ哲学がヘブライ語に翻訳され，激しい内部論争を経て受容された．その後，アリストテレス主義を批判する新たな哲学がハスダイ・クレスカスらによって構想された．また，12世紀後半にフランス南部で成立したカバラーは，スペイン系ユダヤ人（スファラディーム）の神秘主義的伝統として発展した．特に13世紀にカスティーリャで書かれた『ゾーハル』は，カバラーの古典としての地位を揺るぎないものとした．

　12世紀以降，托鉢修道会によるタルムード批判やユダヤ人向けの布教活動への対抗として成立したのが論争文学であった．ユダヤ人の論争家たちは，キリスト教の教義への批判，タルムードやラビたちの聖書解釈の弁護的説明，聖書ラテン語訳（ウルガータ）における誤訳の指摘などを行った．その一方で，彼らの議論を可能にした知識や機会は，周囲のキリスト教徒との知的交流によって得られたものでもあった．その意味で論争文学は，キリスト教世界におけるユダヤ人の生き方に内在する対抗と共生の両側面をよく反映している．

　同じ社会に生きる者として，ユダヤ人がキリスト教徒と価値観や宗教観を共有していた重要な事例を，ドイツ・ライン地方のユダヤ人（アシュケナズィーム）に見出すことができる．1096年の第1回十字軍を契機とする各都市での襲撃の際，抵抗するユダヤ人たちが殉教を実践したが，そこにはキリスト教の聖戦思想の影響がうかがえる．また，敬虔主義者（ハシディーム）の指導や，文学表現の豊かな祈祷書，女性たちの禁欲主義的活動など，この地域に特徴的であった敬虔さの探求にもキリスト教文化との多様な影響関係が見てとれる．　　　[志田雅宏]

ロ　マ

　ロマは，かつて「ジプシー」と呼ばれて
いた民族だが（図1），現在では，「ジプ
シー」は差別語とされ，ロマという呼称に
置き換えられることが多い．しかし，「ジ
プシー」を機械的にロマと言い換えること
には問題がある場合もあることや，中世に
おいては，「ジプシー」という呼称が用い
られていたことも確認しておく必要があ
る．

図1　ハンス・ブルクマイア（父）（1510 頃）
《市場のジプシー》［ストックホルム，ス
ウェーデン国立博物館］

　ロマという呼称は，ロマの一部の自称に
起源をもち，1971 年の第 1 回世界ロマ会
議で，呼称として推奨されることになった．ロマの民族としての起源はインドに
あるとされる．ロマの話すロマニ語とヒンディー語やサンスクリット語との類似
性は，すでに 18 世紀末から指摘されてきた．近年では，ロマとインドの住民の
DNA 鑑定による遺伝子的な共通性も指摘されている．

✘ロマのバルカン半島到達　ロマの原住地からヨーロッパ方面への移動について
は，いまだはっきりしていないことが多いが，11 世紀にはバルカン半島に到達
していたという説があり，12 世紀には，そこでロマの存在が知られるように
なっていた．そこでのロマは占い師，熊つかい，蛇つかいなどとして，記録され
た．

　ロマは，文字をもたなかったために，ロマに関する歴史的記録は，ほぼ他者に
よるものに限られている．ロマ自身による記録のほとんどは，20 世紀以降のも
のである．

　14 世紀になると，バルカン半島の各地にロマの記録が広がり，現在のクロア
チアやブルガリア，ルーマニアに記録が残っている．1385 年のルーマニアの記
録には，ロマが奴隷として修道院に寄進されたことが再確認されている．14 世
紀および 15 世紀のルーマニアの文書には，支配者がロマを奴隷として修道院に
寄進した記録が多い．ロマは，鍛冶，錠前づくり，ブリキ細工などの職人でも
あったため，彼らの移動を妨げるために，奴隷化したとされる．ルーマニアにお
けるロマの奴隷制は中世を通じてさらに近代に至るまで存続し，ロマの自由が完
全に回復されたのは，ようやく 1856 年のことであった．

✘ロマの西進　ロマはバルカン半島からさらに西進し，次第に中欧，西欧でも記

録が残るようになる．15世紀になるとその波は顕著なものとなり，信憑性も高くなる．例えば，1417年にドイツ各地でロマが目撃された記録をドミニコ会修道士が残しているが，そこでは，ロマは，異様な風体の色黒の放浪者として描写されている．また，同時期のフランスでも，1427年，パリにロマとみられる色黒の放浪者の出現が作者不詳の年代記『パリの一市民の日記』に記録されている．彼らはかつての背教の贖罪として巡礼を命じられ，それを実行していると称したとされ，君主の通行証などを携えていることもあった．下エジプトや小エジプト出身と名乗ることもあり，そのため，エジプト人から転訛した「ジプシー」という他称による呼称が普及したらしい．

　西進したロマが，海を越えて，大ブリテン島やスカンディナヴィアに到達するには，さらに時間を要し，それらの諸国で，ロマが記録に現れるのは，約1世紀後の16世紀のことであった．

✖ロマの排斥と迫害　当初は，物珍しさや巡礼としての立場が尊重され，ロマが好意的に受け入れられることも多く，組織的にロマが排斥されることはなかった．しかし，当時のヨーロッパ人にとって見慣れないよそ者であるロマは，次第に警戒の対象となり，泥棒などの犯罪者と見なされることもあって，排斥されるようになった．

　その最初の事例はドイツのバイエルンで出された，1456年のロマ追放令で，このような法令は繰り返し，発令された．スイス，スペインでは，15世紀のうちに，それ以外の諸国でも，16世紀には，追放令が一般化した．

　したがって，中世にヨーロッパに到達したロマは，当初，受容可能な外来者であったが，近世に近づくにつれ，次第に先住者との摩擦が大きくなり，受け入れられなくなってきたことがわかる．そうなると，贖罪のための巡礼という放浪の説明も，背教に対する嫌悪感から，否定的に作用することになった．また，ユダヤ人差別と結び付き（☞「ユダヤ人」），ユダヤ人同様，キリスト処刑に加担したという非難まで向けられた．人々の生活や，政治が近代化していくなかで，多数派の価値観に反した生活様式や習慣をもつ放浪者であるロマに対する迫害は強まった．この最悪の事例が，20世紀に起きたナチによるホロコースト（ロマニ語で「ポライモス」）である．

　一方，君主による強制やみずからの意志で定住化するロマも現れた．18世紀のオーストリアのマリア・テレジアによる同化定住化政策は有名である．それらの結果，現在のロマの多くは定住しており，西欧やイギリスの一部のロマが移動生活を維持しているにすぎない．しかし，19世紀のロマン主義的な文学や音楽により形成された自由な放浪者という「ジプシー」観が，現在のロマ像にも強く影響しており，今もロマが放浪生活をしていると考えている非ロマ（ロマニ語で「ガジョ」）も多い．

［佐藤雪野］

ユーラシアの草原地帯から

ユーラシア大陸の中央部には中国北辺から黒海沿岸地域まで，高原や盆地，砂漠，平原が連なっている．中央ユーラシアと称されるこの広大な地域は，古来さまざまな騎馬遊牧民の勢力争いの舞台となった．中央ユーラシアから眺めるヨーロッパは，抗争のなかで西方へ移動した遊牧民部族集団がたどり着く一種の終着地点であった．古代のスキタイに始まり，サルマタイやフン，テュルク系，モンゴル系そのほかの部族集団が中央ユーラシアに興り，度々ヨーロッパまで到達した．例えば，西ローマ帝国の崩壊をもたらした民族大移動の契機となったのはフンのヨーロッパ侵入であり，後にビザンツ帝国に最終的な一撃を与えたオスマン帝国のルーツもユーラシア草原地帯にあった．本項では，西洋中世世界において重要な役割を果たしたユーラシア草原地帯から到来した集団について紹介する．

✖スキタイの出現 紀元前7世紀頃古代ギリシアの北方，黒海北岸地域に現れた騎馬遊牧民部族集団スキタイがいかにヨーロッパの人々に大きな衝撃を与えたかは，後のビザンツ時代に至るまで北方の遊牧民がしばしば「スキタイ人」と称されたことからも明らかである．スキタイについて最も詳しい記述を残した古代ギリシアの歴史家ヘロドトスは，スキタイがアジアにおける勢力争いに苦しんだ結果西方へ移動したという説を伝えている．この黒海北岸のスキタイがもっていた武具や馬具，埋葬儀礼，動物様式の装飾文様などの特徴的な文化のルーツが中央ユーラシア中央部にあることは考古学資料などからも明らかである（雪嶋，2008）．馬を操り機動力が高く，戦闘と略奪に従事し，「野蛮」な習俗を保持するスキタイのイメージは後代まで続く騎馬遊牧民の象徴的なものとなった．

✖遊牧民と西洋中世世界 ビザンツの歴史書で「スキタイ人」と呼ばれた人々には，アヴァール，ブルガール，マジャール，ペチェネグ，クマンやほかのテュルク系，モンゴル系などのさまざまな集団が知られている（草生，2016）．これらの集団はビザンツ帝国やフランク，スラヴなどの諸勢力との対立や同盟の中で一時的に活躍するも，多くは姿を消してしまうが，ブルガールとマジャールはキリスト教を受容し，所謂「西洋中世」世界の一員となっていく．

ブルガールはもともとヴォルガ・ウラル地域に居住したテュルク系部族を中心とした集団で，7世紀後半にドナウ川を渡り，ブルガリアを建国した．この地域に居住していたスラヴ系住民との民族的混交が進み，共通語としてスラヴ系のブルガリア語が成立した．さらにキリスト教への改宗が行われることで「ブルガリア人」の形成に至ったと考えられている．ブルガリアはローマ教会にも接触していたが，ビザンツ教会の庇護を受け入れ，最終的に870年コンスタンティノープ

ル総主教によって選ばれた大主教を長とするブルガリア教会が成立した．11 世紀初頭には「ブルガリア人殺し」の号をもつバシレイオス 2 世により滅亡の憂き目に遭うが，12 世紀後半には再び自立する（Crampton, 1997）．

　フィン・ウゴル系とされるマジャールはウラル山脈南部の故地を出発して次第に西遷し，6 世紀半ばに黒海北岸に至った．ブルガールとの対立を経てマジャールはカルパチア盆地に入り，ドナウ川以西の平原に勢力を拡大した．マジャールは部族連合であり，各部族が族長に率いられて西欧各地への略奪を繰り返して恐れられたが，10 世紀半ばには東フランクのオットー 1 世に大敗したことを機に，一人の君主のもとでの統合の道を選んだ．支配権を強化するためにキリスト教が受容され，1000 年にはローマ教皇シルウェステル 2 世から贈られた王冠を用いてイシュトヴァーンが戴冠してハンガリー王国が成立した（薩摩，1999）．ブルガリアもハンガリーも国家統合と支配者の権威強化のため，さらには西洋中世世界における国家としての地位確立のためにキリスト教を利用したのである．

✖スラヴの拡大　これまでユーラシア草原から到来した遊牧民を中心に紹介してきたが，ビザンツ帝国の北方の隣人としてはスラヴも非常に重要な存在であった．すでにスキタイ時代にはスラヴの源流の一つと考えられる農耕民集団が黒海北岸に居住しており，次第に範囲を広げて中欧から東欧にかけての広い領域に居住していた．民族大移動の時代にさらに領域を広げ，移動した先によって西スラヴ，東スラヴ，南スラヴに分裂した．基本的に農耕民であったスラヴはアヴァールやブルガールなどの遊牧諸部族に従属していたが，力を付けて対立することもあった．9 世紀頃東スラヴ諸族がドニエプル川流域で自立性を高めていたところに北方からヴァリャーギ（ノルマン人の一派とする説が有力）が到来して支配権を樹立し，ルーシ国家が形成された（☞「ロシア」）．ルーシもまたキリスト教を支配権強化のために受容し，10 世紀末にビザンツ帝国の影響下で改宗した．

✖モンゴル帝国の進出　前述のブルガール，マジャール，スラヴなどがキリスト教化して西洋中世世界東部に新たな国家群が形成されていたところに，13 世紀東方から進撃して西洋のみならずユーラシア全土を席巻したのがモンゴルであった．モンゴル軍はチンギス・カンという強大な指導者のもとユーラシアにその版図を広げ，その長男ジョチ家のバトゥ率いる軍は東欧まで席巻した．モンゴル軍は第 2 代オゴデイ・ハンの訃報によって撤退するが，バトゥの一族はヴォルガ川下流にジョチ・ウルス（キプチャク・ハン国）の拠点を置いてルーシなどに強い影響力を及ぼした．モンゴルの侵攻を受けた東欧諸地域は復興のなかで新たな地域秩序を形成することとなった．さらに中央ユーラシア世界の統合によってユーラシア全体で通商および文化交流が発展したため，ヨーロッパの多くの商人や修道士がユーラシアを往来することとなった．これもまた草原から到来した集団が西洋中世世界に大きな影響を与えた事例の一つである．　　　　　　　［居阪僚子］

旅行ガイド

　DNA 情報が示すように，人は常に移動する．静止的とされる中世においても，戦争や聖俗のさまざまな用務のため，あるいは塩や鉄などの必須ではあるが産地が限られる物品や，ステイタスを顕示してくれる贅沢品を得るため，あるいは新たな知を求め，あるいは旅心に誘われて移動した．だが旅には危険がつきものである．印刷革命以前の時代において情報入手の手段は限られており，写真やインターネットなどが備わっている現代では当たり前の情報が存在しなかった．

✖古代　クセノポン（紀元前 430 頃～前 355 頃）の『アナバシス』（前 370 頃）を読むと「地元の道案内人」は繰り返し出てくるが，移動のための情報源となる書物は示されていない．またいくつか伝わる古典古代期の「案内記」，例えば後 1 世紀頃に書かれた『エリュトリア海案内記』には，紅海やインド洋の港々とそれらの産品，政治情勢や航路の危険性などが記されているが，故事歴史についての言及はほとんどない．もともとは商人の「内部情報」として作成されたのであろう．一方パウサニアス（110 頃～180 頃）の『ギリシア案内記』は古代の遺物や逸話に関する記述が主で，執筆時の社会や政治についての論及はない．古代の歴史や遺跡を探究してギリシアのかつての栄光を現前させることを主たる目的とした．地理的情報は公共のものとして流通しておらず，現代の「旅行ガイド」に当たるものはまだ成立していなかった．

　だが「ローマの平和」のもとで街道や航路が整備され，人とモノの移動が増すにつれ，公的情報も増えていった．それをよく示しているのが「ポイティンガー図」（図 1）である．現存するのは 13 世紀の写本だが，オリジナルは元首政初期に作成され大理石に刻まれた地図に由来するとされる．旅人は自分に関わる部分を調べて記憶あるいはメモしたのであろう．しかし，街道に沿った地点間の距離が表示された「公道地図」であり，地理的条件を座標的に反映してはいない．

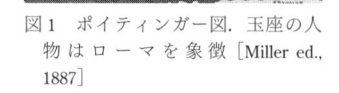

図 1　ポイティンガー図．玉座の人物はローマを象徴［Miller ed., 1887］

✖中世　中世になると情報はさらに少なくなった．限られた範囲で知られていた知識は，当初は人脈を通じて流布した．現存する中世初期のガイドのほとんどは巡礼のためのもので，古代から旅の目的地であったローマを例にあげると，7 世紀前半の『ローマの都の諸教会の情報』は参詣すべき教会や殉教者の眠る墓所が順路ごとに提示されており，ある司教がロー

マから持ち帰って伝わったとされる．一方『ローマの都の驚異』（1140 頃成立，☞口絵）は，もともとは，この時期にイタリアで多く作成された「都市賛美の書」とされる．本来の文脈から外れて，旅行ガイドあるいは「読み物」として流用されたのである．

　商品としての旅行ガイドが生まれるには移動の増加とそれを支えるインフラの整備が必要だが，その条件は西欧では 13 世紀頃に満たされた．この時期で有名なのは『聖ヤコブの書』で，12 世紀にフランスの修道士によってラテン語で書かれ，聖ヤコブの奇跡譚や典礼書などに「サンティアゴ・デ・コンポステラ巡礼案内」が続く．巡礼者を増やす宣伝としての面もあり，旅程や聖蹟だけでなく各地の人情なども記され，最後の部分が案内記として流布した．また旅人の私的覚書でさえも渇望された．例えば 13 世紀にローマを用務で訪れたグレゴリウス師という聖職者は『ローマの都の驚異』に基づいて私記を著したが，知己らに強く請われて広く閲覧された．これらの書の情報は伝承に基づいた不正確なものが多いが，瞑想の道具として，あるいは「アームチェア旅行」のための貴重な読み物でもあった．

　旅がさらに一般化すると，需要に応じて『ローマの都の驚異』などが新たな情報を加えて各国語に自由に編集，翻訳され，さまざまな版が生まれた．出版国を起点とする旅程や名所だけでなく為替や宿泊料金などについての注意も付せられており，多くの必要な情報が得られた．またブラッチョリーニ（1380〜1459）らの人文主義的研究を受けて，古代ローマに関する情報が次第に正確になっていくのも見て取れる．

　さらに印刷された「商品」としての旅行ガイドが中世末に成立すると，商品価値を高めるためにも工夫を凝らしてわかりやすくされた．この努力は地図や挿絵に反映され，ノッリ（1701〜56）の平面図（図 2）やヴァシ（1710〜82）の銅版画に表れ，「土産物」としても人気を博し

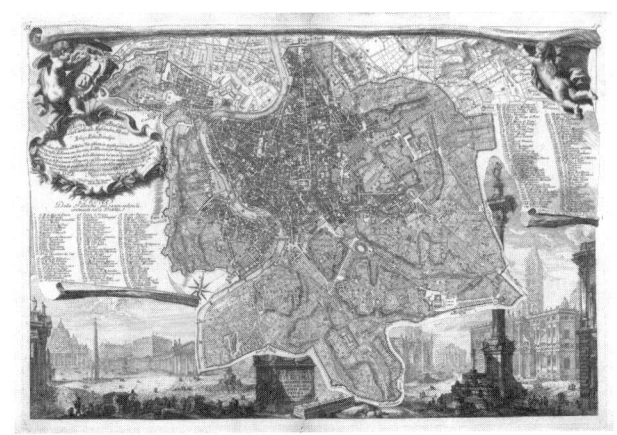

図 2　ノッリによるローマ都市平面図［Nolli & Piranesi, 1748］

た．このように旅行ガイドはその時代の生活などだけでなく，技術水準や世界認識を知るための良い窓でもある．　　　　　　　　　　　　　　　　［神崎忠昭］

ヨーロッパのイスラーム

かつてベルギーの歴史家 H. ピレンヌは『ヨーロッパ世界の誕生』(1937) の中で, アラビア半島で誕生したイスラーム勢力が8世紀までに地中海世界を征服した結果, 地中海世界から切り離されたラテン・カトリック世界の中心が内陸部に移動したことがヨーロッパ誕生のきっかけであると論じた. 実際に, 統一体としてのヨーロッパ世界の誕生の理由をこの時期のイスラームの台頭だけに求めることは難しいとしても, 現代のヨーロッパの礎となる西欧カトリック文化圏の形成においてイスラーム世界の果たした役割は大きい. 二つの世界は十字軍やレコンキスタ (再征服活動) によって象徴されるような軍事対立だけではなく (☞「十字軍」), 地域や時期によってその関係性を変化させながら交わり続けたのであり, ヨーロッパはイスラーム世界との交流の中で発展してきたのである.

⌘無知の時代とラテン・カトリック共同体の想像 J. トーランが『サラセン』(2002) の中で示したように, 預言者ムハンマドの死後, 瞬く間に勢力を拡大したイスラーム世界に対して, ヨーロッパに住むキリスト教徒は, 突然台頭したこの他者の存在を直視するよりもむしろ, その脅威を理解する手掛かりをキリスト教的な歴史の枠組みの中に求めた. 彼らにとってイスラームは聖書に語られるような, 多神教で, 偶像を崇拝する異教徒の変種として理解され, その勢力の拡大は堕落したキリスト教徒に対する神の怒りとして説明された. また, ノーサンブリアの修道士ベーダの著作が端的に示すように, ピレネー山脈以北の西ヨーロッパ世界においてイスラームは現実味のない遠方の脅威にすぎなかった.

現実の姿とはかけ離れたイスラーム (サラセン) に対するイメージは十字軍の時代まで引き継がれることになるが, このように想像された信仰の敵との対立は, 西欧カトリック世界における共同体意識の形成を後押しすることになる. 例えば, 1095年のクレルモン教会会議において第1回十字軍の招集を呼びかけた教皇ウルバヌス2世の演説の中では, 異教徒との戦いに従事するヨーロッパのすべてのキリスト教徒が団結した姿が想像されている. 興味深いことにイスラームの側でも十字軍を形成するキリスト教徒をすべて「フランク人」という呼び名で, まるで一つの民族共同体であるかのように表現している. イスラームとの対峙は, こうした意味でもラテン・カトリック文化圏の想像上の統一を促進したといえる.

⌘イスラーム支配下のイベリア半島 一方で, イスラーム世界と直接の接点をもたなかった北部ヨーロッパとは異なり, 長い間イスラーム勢力の支配下にあったイベリア半島などの辺境地域では, より直接的な異宗教間の交流が展開していた. 711年からイベリア半島に上陸したイスラーム勢力は, 8世紀半ばまでには

半島の大部分を支配下に収め，これらの地域はアラビア語でアンダルスと呼ばれることになる．ダマスカスを首都とするウマイヤ朝（661〜750）の崩壊後，イベリア半島に渡ったアブド・アッラフマーンによって設立された後ウマイヤ朝（756〜1031）は，異文化・異民族が共生する場であった．アンダルスに住むキリスト教徒やユダヤ教徒ら「啓典の民」は税を納めることで信仰の保持を許されており，アラビア語やイスラーム文化の影響を受けたキリスト教徒はモサラベ，イスラームへの改宗者はムワッラドと呼ばれ，ともに多文化が混交するこの地域の共同体の成員となった．首都であるコルドバは同時代のヨーロッパ世界における文化の中心地となり，さまざまな領域の学問が発展し，カリフの図書館には西欧世界では失われていた古代ギリシア由来の文献を含む約40万冊の写本が収蔵されていた．イスラーム支配下のアンダルスは宗教を越えて強い求心力をもち，ヨーロッパ各地の学者たちが目指す場所となった．ここで発展した科学技術や医術は，後に西欧カトリック世界に取り込まれていくことになる．

✖辺境地域におけるキリスト教徒の再征服と西欧文化の発展　11世紀頃よりキリスト教徒の君主たちによるレコンキスタが盛んになると，12世紀後半までにイベリア半島の北半分はキリスト教徒の領土となる．しかし，こうした変化によって異なる信仰の人々の交流が完全に消失したわけではない．キリスト教徒が支配するイベリア半島に住むムスリム（イスラーム教徒）はムデーハルと呼ばれ，異文化の混交は継続していた．カスティーリャ・レオン王国のアルフォンソ6世によって1085年に征服されたトレドや，イスラーム支配の後，11世紀末にノルマン人に征服されたシチリアの都市パレルモは，信仰を越えた学術研究の基地となり，アラビア語やギリシア語からラテン語へ書物の翻訳が盛んに行われた．こうした翻訳活動の結果，アラビア文化だけではなく古代ギリシアの学問が大量に西欧世界に導入されることになる．C. H. ハスキンズが『12世紀のルネサンス』（1927）において提唱したこの時代の文化の大発展もまた，イスラームの存在なくして考えることができないのである．

　また，イスラーム世界との交流を象徴するように，シチリア王でもあった神聖ローマ皇帝フリードリヒ2世はアラビア語にも精通し，みずからが率いた1228〜29年の十字軍においては，エジプトのスルタンであったアル・カーミルとの交渉によって戦闘に頼ることなく聖地回復を実現している．この成果は同時代のキリスト教徒からは非難の対象となるものの，辺境地域における異宗教間の共生関係の一端を示す例として考えることができるだろう．

　こうした交流と共生は，ヨーロッパにおける最後のイスラーム国家であったグラナダのナスル朝（1232〜1492）の滅亡とともに幕を下ろすものの，イスラーム世界の存在は中世を通してヨーロッパ世界の形成と発展に寄与し続けたのである．　　　　　　　　　　　　　　　　　　　　　　　　　　　　　[趙　泰昊]

東地中海世界の人の移動

　中世の東地中海世界では，古代ローマ帝国期までに開拓，整備された街道や航路を継承し，陸上・海域・河川域をまたぐ活発な人の移動が展開された．富や仕事，巡礼などを求める自発的な移動もあれば，業務としての各地への赴任や使節行，戦争のための遠征など上位権力の要請によるものもあり，さらには捕虜や災害の結果として強制的に移動させられる場合もしばしばであった．また移動の距離や規模も，日常的な都市部と農村部の往復から大陸をまたぐものまで，個人から民族規模のものまで，さまざまであった．

✂都市への移動　ビザンツ帝国の首都であったコンスタンティノープル（現イスタンブル）は 4 世紀に創建されて以降，その物的・知的資源によって人々を惹きつけ続けた．現存するビザンツの歴史叙述を記した人物の大半は，教育や中央政府でのキャリアを求めて首都へとやってきた地方出身者である．小アジアのフィラデルフィア（現アラシェヒル）出身の官僚ヨアンネス・リュドス（490〜565頃）がほのめかしているように，立身出世のためには教養に加えて，同郷出身者とのコネが重要な役割を果たしていた（Bandy ed., 1983）．帝国が東地中海世界全域を統治していた 6 世紀頃までは，首都以外にも，とりわけ学問の拠点としてアレクサンドリアやアンティオキア，アテナイといった街に優れた学者が集まり，学生を呼び込んでいた．また広大な領土をさらに広げ，また防衛するために，大規模な軍がしばしば地中海全域をまたいで移動し，それによって街道や宿，港といったインフラが活性化し，交易をはじめとするほかのさまざまな目的での人々の移動もうながしていた．東地中海圏内での移動の容易さは，西ヨーロッパやインド洋，中央アジアといった遠隔地への旅への挑戦もうながした．

✂強制的な人の移動　7〜8 世紀頃にかけては，西方のスラヴ人や東方のアラブ人らからの圧迫によって各地の住民が移住を余儀なくされた．帝国の縮小に伴い，移動の範囲もコンスタンティノープルとその周囲に限定されがちとなった．その一方で，ビザンツ政権による大規模な強制移住も頻繁に行われた．6 世紀末には当時の皇帝マウリキウス（在位 582〜602）によって多数のアルメニア人兵士とその家族が小アジアから，荒廃していたバルカン半島のトラキア地方の人口回復のために移住させられた．一方で 7 世紀中葉以降には，バルカン半島で捕虜としたスラヴ人を小アジアへ入植させ，アラブ人の脅威に対処しようとした様子がうかがえる（図1）．またビザンツとムスリム（イスラーム教徒）勢力の間では，レバノンにいたマルダイテスと呼ばれるキリスト教徒の集団をビザンツ領内に連行するなど，人口移動に関する協定が結ばれることもあった．こうした大規模な

移住は各地で文化接触を引き起こし，その痕跡は現代の地名などにも残されている．

✖修道士たちの移動　ビザンツが政治的な危機を乗り越える8世紀末頃から，東地中海世界では海上交通も回復し始めたことが史料上示唆される（Abulafia, 2011）．とはいえこの時期の東地中海交易をリードしたのはムスリムであった．特筆すべ

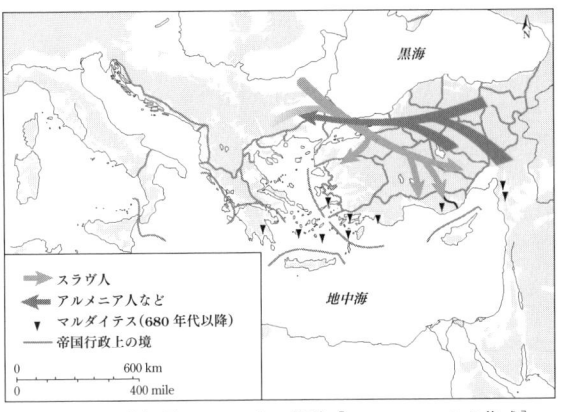

図1　7〜9世紀頃における人口移動［Haldon, 2005 より作成］

きは，商人たちの移動に加えて，キリスト教修道士の巡礼や伝道の活動である．聖人伝史料で強調されるように，決まった所属をもたず，聖地や修道院などを巡りながら暮らす生活が，一つの理想的なあり方とされた．彼らの活動の成果は，小アジアのカッパドキアやバルカン半島のアトス山，ペロポネソス半島などに残る数百のキリスト教聖堂にみることができる．

✖多方向への交通路　11世紀以降，十字軍運動によって西欧の人々が東地中海世界へ多く移動し，軍事通商ルートを開拓する一方で，東方からはセルジューク，次いでモンゴルの圧力が及ぶようになる（☞「ユーラシアの草原地帯から」）．こうした状況では，東地中海世界における移動は一見不安定なものになったかに思える．しかし政治権力の分散と多様な文化圏の混交は，これまでにない多くの目的地への移動を活発化させた．とりわけヴェネツィアやジェノヴァといった有力イタリア都市が海上交通の要衝である地中海の島嶼部を確保して交通ネットワークを築いた一方で，ビザンツ帝国やムスリム勢力もそうした海上の交通網を追認し利用する姿勢を見せたことによって，東地中海世界と黒海をつなぐ経路が安定しただけでなく，より広くアフロ・ユーラシアに接続された交通路が活性化した．これを用いて13世紀以降，西ヨーロッパとモンゴルを数々の使節が行き来し，黒海北岸とエジプトの間で奴隷などが交易され（☞「奴隷」），そして14世紀の旅行者イブン・バットゥータに代表されるような，西ユーラシア各地の旅が可能となった．その一方で，コンスタンティノープルはかつてのような最終目的地ではなく，巡礼や路銀を整えるための経由地としての役割を増していった．

　とはいえ中世を通じて，大半の人々は大きな移動なしに一生を終えたようだ．現存するビザンツの修道院文書群からうかがえるのは，修道院の特定の所領で代々働き続ける農民たちの姿である．　　　　　　　　　　　　　　　　［村田光司］

マルコ・ポーロ

　マルコ・ポーロは幼少の折から父ニコロに連れられて元朝に赴き，世祖フビラ
イに仕えたが，当時の高級官僚層には漢人ばかりでなく色目人（さまざまな出自
の人の意）も多かったため，漢語はあまり使用せず，その情報源はトルコ語やペ
ルシア語を話す人々であったようである．そのためか，彼の地理認識にも多分に
当時のイスラーム地理認識が反映されている．もっとも，彼の父と叔父はイル・
ハン朝から元朝に派遣された使節団に同行し，後に彼ら自身もローマ教皇への使
節となったため，モンゴル帝国が国家として有していた広範囲にわたる正確な地
理情報が得られたはずである．また，マルコは元朝の使臣として東南アジア，イ
ンド方面へ赴いたと語り，帰路は海路インド，イランを経由してヴェネツィアへ
戻ったから，加えてインド洋海域世界を往来した船乗りや商人の地理認識も共有
したはずである．それらが反映されたのが『世界の記述』（13世紀末）であった．
　マルコ・ポーロは，「アジア」という呼称を使っておらず，代わりに「インド」と
呼んでいる．特にアジアを指して「インド」という場合は，いわゆる狭義のインド
とは区別して「大インド」と呼ばれた．これはインド以西，特に地中海地域に古く
からある地理認識である（☞「インド／オリエント」）．一方でマルコ・ポーロは，イ
ラン〜中央ユーラシア〜中国に関する詳細な地理情報をヨーロッパにもたらした．
特に中国に関しては，陸路から北中国に至った場合のカタイ（契丹）と海路から南
中国へ至った際のマンジ（蛮子）の二つの呼び名を使っている．カタイは言うまで
もなく遼朝を建国して宋と並び立ったキタイ族に由来し，マンジはペルシア語で中
国を意味するチーンにサンスクリットで「大」を意味する「マハー」が冠されたもの
で，インド洋における中国の呼称である．マルコの情報の貴重なところは，この
漠然とした地理概念上に省や州といった行政区分ごとのきわめて正確な地理情報を
残している点である．『世界の記述』に関しては宮廷文学的表現からその虚構性や
物語性を強調する見解もあるが，その情報はほぼ忠実に伝聞が記録されており，他
資料との整合性が高い．ロク鳥や食人の島，女島など一見虚構と思われる情報は他
言語史料も同内容を伝えており，マルコの創作ではなく当時の船乗りや商人が共有
していた風聞を伝えたものとみられる．しかも，マルコの伝える情報の中には，当
時のモンゴル帝国（元朝）の重臣や高級官僚しか知り得ない情報も含まれており，
少なくとも彼が政権内の高い地位にいる人物と知己の間柄であったことを物語る．
　マルコはかかる地理情報を持ち帰ったが，東部ユーラシアとの接触がまだまれ
であった地中海ではそれが即座にグローバリズムにつながることはなかった．フ
ラ・マウロの地図に反映されるなど，その情報が活用されるのはインキュナブラ
が出現して『世界の記述』が普及するようになってからのことである（☞「活版
印刷と木版本」）．　　　　　　　　　　　　　　　　　　　　　　[四日市康博]

8章　身体と衣食住

衣服，食事，住居は，人間が生存していく上で不可欠の諸条件である．それらはまた，身体がいかなるケアーの対象になるか，という問題にも密接に関わっている．本章のテーマ「身体と衣食住」は，目まぐるしく移り変わる歴史（とりわけ政治史）の動向と足並みを揃えて進展する訳ではない．また，このような形而下的なテーマは好事家の領分であって真面目な研究対象ではないと，長い間低く見られがちであった．しかし，1960年代から盛況を迎えた「身体史」や「物質文明史」のおかげで，西洋中世文化におけるその重要性が認識されるようになった．

本章では，学際的手法を駆使した研究成果に基づき，「身体と衣食住」の実態を解説するとともに，その文化的意義をも示していく．キリスト教世界である中世は，身体や物質を，霊魂の救いを阻害するものと否定的にとらえる一方で，逆説的に価値体系を指示するシンボルとしても利用することによって，社会の秩序を守りヒエラルキーを正当化していたことが明らかになる．

[池上俊一／山辺規子]

身体と水

中世における身体と水の関係を考える際，なかでも入浴習慣の有無は，中世が不潔な「暗黒時代」だったというイメージをめぐる代表的な論点となっている．しかし，多岐にわたる関係性の実態を知るためには，さまざまな事例に目を配り，多角的に検討する必要があるだろう．

✖キリスト教と入浴　ほかの多くの宗教文化圏と同様，ユダヤ・キリスト教文化圏において，水は身体と霊のけがれをともに洗い流すものだった．8世紀頃の偽造とされる「コンスタンティヌスの寄進状」や13世紀の『黄金伝説』は，コンスタンティヌス帝（在位324～337）が洗礼の水を受けることでその身に負っていた病を癒やされたと伝えている．また『黄金伝説』の中には，聖エリザベトの墓に詣でていた足の悪い男が，全身に水を浴びせられる夢を見たことで足も膝も治ったという話もあり，ここに水のもつ浄化の力のイメージが端的に示されている．

しかし厳格なキリスト教徒にとっては，入浴そのものは身体に快楽をもたらすとして忌避されるべきものだった．『黄金伝説』によれば，聖アウグスティヌスや聖女パウラは，現世的な快を避けるために日常的には入浴しなかったという．もっとも，療養のための入浴は有効だと認められていた．『ベネディクト戒律』（6世紀頃）の第36章でも，病気の者は可能な限り入浴させるよう定められており，実際，ベネディクト会のザンクト・ガレン修道院の設計図（9世紀頃）には，入浴用の施設が含まれている．

✖世俗における水と入浴　宗教的な文脈を離れれば，世俗の民は水に親しんでいた．中世後期のライン河畔のケルンをはじめとした川辺の都市の住民は，頻繁に川で泳いでおり，ヴェネツィアのように水上のレガッタ競技が楽しまれていた街もある．また，15世紀に書かれた『騎士鑑』（1415）では，騎士が身に付けるべき7種の技芸の2番目に泳ぎがあげられている．

領主，貴族層に関していえば，中世の多くの城塞には入浴設備があったことが，叙事詩や年代記の記述からわかる．ここでの入浴は医療と身体的な快楽の二つの側面を併せもつものだった．叙事詩『パルツィヴァール』（1200～10頃）第3巻では，傷を負った主人公に風呂が供されるが，その浴槽には薔薇の花が浮かべられ，着飾った乙女たちが傷を洗うのである．

農民の入浴については不明な点も多いが，修道院の所領で収穫作業後に農民に対して風呂が振る舞われる地域があった．また，中世後期から近世にかけては入浴の習慣が根付いたようである．1525年に農民戦争で蜂起したシュトゥーリンゲンの農民共同体の要求には，領主が不当に取り上げた公衆浴場を返還すること

が含まれている.

⚔️都市と浴場　しかし何よりも入浴文化が盛んになったのは, 都市部であった. 中世盛期以降の発展に伴い, 大抵の都市には公衆浴場が設置された. 大都市には複数の浴場があり, 例えば南ドイツのウルムやシュパイアーには9, フランクフルトには15, オーストリアのウィーンには21, フランスのパリには26の浴場があったことが記録されている.

　ドイツ語圏の中世考古学の成果を参照すれば, 都市の公衆浴場は, ボイラーで熱した石に水を掛けて蒸気を発生させる蒸し風呂方式のものが主流で, 発汗作用や入浴に際しての吸い玉治療によって健康を獲得する医療の場であった. また, 場所によっては髭剃りや散髪も行われ, 身だしなみを整える場としても日常生活に組み込まれていた. 入浴が日常的だったことは, 手工業者の間で心付けとして与えられるチップが「湯銭」と呼ばれ, 月に1度の「風呂の日」には仕事終わりを早くする取り決めがあったことからも明らかである.

　さらに, 都市生活のサイクルを区切る儀礼慣行としても, 入浴は重要な役割を担っていた. 南ドイツのニュルンベルクやアウクスブルクでは, 婚礼の前あるいは後に親族や参列者とともに公衆浴場に赴く慣行があった. また, 喜捨行為の一環として行われる「霊の施浴」は, 都市の貧民に対して一定の期日に風呂を供するものだった. 水は, けがれを洗い流すことで時間に区切りを付け, 共同体の成員同士を結び付ける機能をもっていたのである.

⚔️温泉文化　都市の公衆浴場の隆盛と並行して, 中世後期からは温泉文化も花開いた. 古代ローマの浴場施設を受け継いだり, あるいは再び活用したりするようになったところでは, 当初は単なる屋外浴場だったものが, 次第に宿泊所などを伴う湯治場へと発展していった. イタリアではすでに13世紀にいくつかの温泉案内が書かれ, 14世紀にはトッシニャーノのペトルスやカステッロのボナベントゥーラなどの医師が温泉の効能についての著作を残している. 15世紀になるとドイツ語圏でも温泉に関する知識が流通した. 外科医ハンス・フォルツは, ドイツ語圏の11の温泉をリストアップしており, その中のいくつかは健康よりも楽しみのために人々が訪れると書いている (図1). 中世後期の湯治場もまた, 療養

図1　ハンス・フォルツ『温泉論』(1491) タイトルページ図版 [Martin, 1906]

だけでなく, 身体の快楽や社交のための場所になっていた.

　このように中世の身体と水の多様な関係は, 清潔や安楽を超えた社会的な結び付きを生むものだったのである.
　　　　　　　　　　　　　　　　　　　　　　　　　　　　　[井上周平]

健康の追求

　中世の医学は，健康の維持に努めるように指導することが中心であった．キリスト教的にいえば，神は，本来人間が求めるべきものをすべて与えているが，人間が健康を維持していくためには，自分で努力していかねばならない．そのモデルとなるのは，慈愛をもって人間を導き癒すキリストである．一方，イスラーム医学を通じて受け入れられていた古典古代のヒポクラテス，ガレノスの医学においても，医術の目標の第一とされるべきものは健康を維持することである．健康が失われているとすれば，医術によってそれを取り戻さなければならない．この場合，健康とは，人体に存在する四体液のバランスが取れていることを意味する．中世を通じて，医学では，この四体液に基づく健康が追求された．大事なのは，できるかぎり健全な生活を営み，四体液のバランスを守ることであった．

⚔四体液説　人体には四つの体液：血液，黄胆汁，黒胆汁，粘液がある．血液は熱・湿，黄胆汁は熱・乾，黒胆汁は冷・乾，粘液は冷・湿の性格をもつ．この体液は，四つの元素（空気・水・土・火）にも，春夏秋冬や東西南北にも合わせてとらえられ，人間の年齢（少年期・青年期・壮年期・老年期）にも結び付いている（図1）．人間の身体の中にはこの四つの体液が存在するが，人間には本来的に優勢な体液がある．それが，その人間の気質を決定して

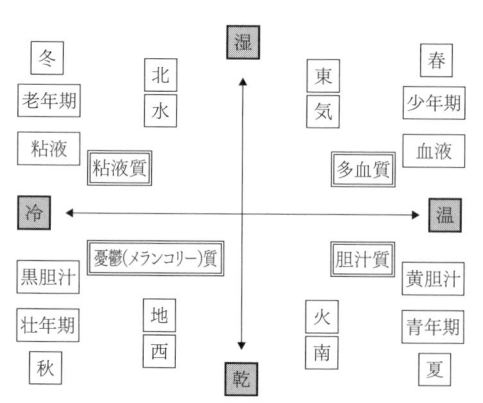

図1　四体液説 ［山辺，2013 より筆者作成］

いる．そこで，個々人は日々状況に合わせて，四体液のバランスを取るようにしなければならない．医者は，必要なものを摂取したり過剰なものを取り除いたりする養生訓を示していたのである．

⚔健康全書と食餌療法　医者は，何を摂取するべきか，何を排除するべきかを判断するために．事物の性格を知悉する必要がある．そのためにマニュアル本として『健康規則』がつくられた．最も有名なものが『サレルノ健康規則』（おそらく 12，13 世紀に成立）であるが，簡便なマニュアル本として知られるものに『健康全書』がある．この本は，11 世紀の東方キリスト教徒の医者イブン・ブトラーンがアラビア語でアドバイスするべき項目を表にしてわかりやすく示したも

のである（図2）．それが13世紀にはラテン語に翻訳され，利用しやすさから多くの写本が作成された．さらに中世後期には挿絵が付けられたことで注目されている．

　『健康全書』の冒頭には，健康のために留意するポイントとして，①良い環境にいること，②正しい飲食をすること，③正しく運動と休息を取ること，④適度な睡眠を取ること，⑤体液を正しく維持すること，⑥感情を穏やかに保つことの6点を

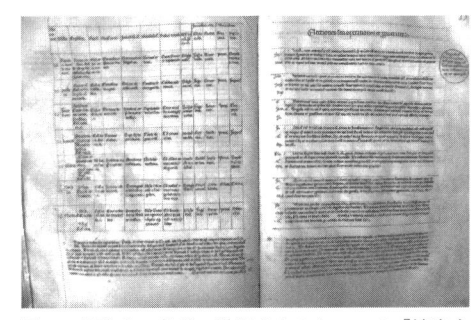

図2　表形式で事項の説明がなされている『健康全書』の写本［ピサ，カタリーナ図書館，ms7.25v 26r，筆者撮影］

あげられているが，実際に摂取したり排除したりしやすいのは飲食物である．そのため項目としては，薬草を含めて圧倒的に飲食物が多い．項目は乾・湿，熱・冷の性格がレベル付きで示されるほか，いつ，どこで摂取するのが良いか，どんな人向きか，どんな症状に良いか，副作用を起こすとしたらどんなことで，それを防ぐために有効な物は何かなどが示されており，健康を維持する方法がまず食餌療法だったことがうかがえる．ただ，このような医者のアドバイスを活かすことができるのは，一部の恵まれた人々だけだった．

✂癒しの場としての教会　イエス・キリストが人間を癒す神であるならば，教会は病人が癒しを求める場となる．中世初期から教会や修道院には，病人を収容する場所がつくられ，古代から伝わる薬草誌に基づいた薬草園が設けられて薬草を供給していた．また，医師だったといわれる福音書記者聖ルカや殉教した医師の兄弟である聖コスマスと聖ダミアヌスが医師の守護聖人と見なされたほか，例えば聖アポロニアが歯の病気，聖ルチアが眼病というように特定の部位の守護聖人がいたり，聖セバスティアヌスがペストからの守護聖人だったりするように，特定の病気平癒のために信仰を集めることになった守護聖人がいる．

✂女性が果たした役割　実際の社会では，医師にかかれることは少なく，ちょっとした病気やケガの治療にあたったのは女性たちであったと思われる．女性は家庭内の家族の健康管理にあたったほか，おそらくは伝承のかたちで得た知識や治療法の知識をもって，地域社会で健康の維持に力を尽くした．その中には，イタリアのサレルノの医学校で活躍した女性の医者，12世紀のビンゲンのヒルデガルトのように治療に関する本を書くような女性のインテリもいたが，正式の免許は得られず，中世末になるとその数は減少した．

　中世においては，薬や手術による治療よりも，普段の生活の中で「健康」を追求することが重要であったのである．　　　　　　　　　　　　　［山辺規子］

髪

古来人間の身体部位は，いずれもさまざまなシンボリズムと関わったが，頭という人間の生命，知性の座とされた部位に被さっている髪は，世俗的にも宗教的にもシンボリズムがとりわけ豊かであった．また髪はファッションの手段となり，実際中世後期には，髪型，鬘（かつら），髪飾りなどとして，またヴェールなどの装身具と組み合わせて，その形が工夫されていった．

✖髪の象徴性　髪は自然に伸び生え替わることから，生命力の象徴となり，ギリシア・ローマ神話や北欧神話においては神々が長髪で表象されたし，あるいは旧約聖書の預言者や聖なる王が長髪だと考えられた．

中世の初期，メロヴィング朝（5～8世紀）の時代，髪は男女ともに高貴さと自由の証であり，身分の上下を問わず，自由人ならば男らしさと権力の象徴として髪を長く伸ばす習慣があった．そしてカロリング朝のカール大帝（在位768～814）の時代の法令でも，フランク人の髪を掴む者への厳罰が記されている．当時，王，貴族，戦士らは常に印象的な長髪型で描出されたことを，年代記や印章が示している．一方，自由のない者たち，農奴や奴隷は髪を短く保ち，主人，自由人とは違う短髪，髪型をしていた．

ゲルマン人の女性らは，処女性と自由の印として，長い髪を結わずに垂らす習慣があった．その後，中世ルネサンス期を通じて，図像において，女性の解かれた髪は，性的放縦と純潔という二律背反的な意味を有することになった．聖母マリアが髪を垂らしていれば，それは純潔を象徴しているが，他方で娼婦あるいは大淫婦バビロンの長髪は性的放縦の証拠である．マグダラのマリアの垂らした長い髪には，両義性が込められていよう．

✖髪切り，トンスラ（剃髪）　中世人にとって，無理矢理髪を切られるのは屈辱であり，ゲルマン人の間では名誉刑として，罪人や淫乱な女，不貞を働いた女は，髪を切られてから追放された．これに関連して，メロヴィング朝最後の皇帝であるキルデリク3世がピピン3世（小ピピン）に奪冠された後，剃髪させられた事実がある．またこの時代のゲルマン諸国では頭皮に関わる罰則がしばしば課され，例えば西ゴートでは，三位一体を冒涜した者は棒で100回叩かれることで頭皮（だから当然髪の毛も）を剥がされた．

だが，ゲルマン人らが長髪を重んじたのを逆手に取って，キリスト教会は髪を不名誉な罪深さの印とするようになる．そして聖職者と修道士の剃髪を奨めた．新約聖書の「コリントの信徒への手紙一」第11章14～15節は，長髪は男にとって恥であり女にとっては誉れとなると言っているし，教父たちも肩に掛からない

短髪を奨め長髪は非難している.

聖職者や修道士の髪を王冠形あるいはドーナツ形に残す正式の剃髪は, 6世紀後半に登場して8世紀までにはヨーロッパ中に行き渡り, 剃髪式が一種の典礼儀式となった. そして11世紀のグレゴリウス改革を撥条に13世紀にかけてその法制化が進められ, 全聖職者に課されていった.

剃髪の王冠形が何を意味するのか, その象徴的意味の解釈には神学者により違いがあり, ある者たちは, それが受難のイエス・キリストの荊冠を真似た謙譲, 自己犠牲の印だと言い, またほかの者たちは, それは神により選ばれた栄光と威厳, 勝利と権力, さらには完徳のシンボルだと主張した.

聖職者や修道士とは異なり, 俗人には髪を剃ることは求められなかったが, 改革を進めるカトリック教会は, 彼らにも男子にふさわしい短髪を奨励した. だが後期中世には, お洒落のつもりで髪を伸ばし, あるいはカールさせて気取った若者は引きも切らず, そうした者たちは公会議で非難され, 教会から破門で威嚇されることもあった.

❌ファッション（髪型, 髪飾り, 鬘）　髪は, ファッション, とりわけ女性のファッションにとって重要である. したがって髪型や髪飾りが早くから工夫されたのは不思議ではない. 前述の「コリントの信徒への手紙一」におけるパウロの言葉「長い髪は, 被り物の代わりに女に与えられているのです」は, 女性は神を畏れる証としてベールを被るべきだという意味だと解釈された. 故に女性がベールを被るのは祈りの時だけで, 日常生活では被らないという慣習があった. しかしやがて修道女ら神に身を捧げた女性に限らず, 俗人女性の間でもベールをお洒落道具として日常的に付ける習慣が始まった.

以後, 13世紀までの女性の髪には, 白や紫, 青のベールが被せられることになる. やがて14世紀末にかけてベールの形状を工夫し, 髪型, 編下げ髪, 冠, ターバンなどを組み合わせ, さらに宝石類で飾りながら, トック帽や縁無し帽, 特にエスコフィオンという二つの角型を基本に無限に形状変化する被り物が用いられるようになった. また14世紀末には, エナン（円錐帽）と呼ばれるピラミッド型の高く尖った頭飾りから長いベールを垂らすファッションが考案されて大きな反響を呼んだが, やがて競合するエスコフィオンに押されて姿を消した.

では偽の髪である鬘はどうだろうか. ヨーロッパでは16, 17世紀の宮廷社会で鬘が大流行するが, 中世においてもそれは存在した. 教会にとっては, 偽の髪である鬘は長髪以上に許し難いもの, 大罪であった. というのもそれは神と人間の間に割って入り, 心の異常, 虚栄, 傲慢を表すと考えられたからである. もしもその鬘の材料となる髪の毛が犯罪者や娼婦のものだったとすれば, 鬘のせいで自由で聖なる頭が奴隷の頭になってしまうし, さらに司祭の施す祝福や按手の礼が鬘の上に行われれば, それは冒涜行為だからである. 　　　　　　　[池上俊一]

身体の知

　人間は日々，身体に配慮して生活している．健康な身体の維持を心掛け，不調が起これば身体内部の異常を疑う．朝には洗顔して頭髪を整え化粧する．出産は新しい身体の誕生であり，新生児と母親の身体が気遣われる．これらの配慮はすべて身体の知に関係する．身体には歴史があり，「中世の身体史は中世の総合史の欠かすことのできない一部」（ル=ゴフ，2006）であるから，身体の知も中世特有の相貌を見せる．中世キリスト教社会では，人間は霊的な不滅の魂と物質的な滅ぶべき身体からなると考えられていた．イエスの受肉と復活のように身体が肯定的に評価されることもあったが，一般的には欲望が宿る身体は否定的に評価された．また古代ギリシア・ローマ時代のヒポクラテス，ガレノスに由来する四体液病理説によって身体の健康状態が判断され，身体を小宇宙（ミクロコスモス）と見なし，大宇宙（マクロコスモス）との照応関係を探る身体理解もなされた．このような身体観に基づいて身体の知も育まれたのである（☞「健康の追求」）．

　✖獣帯人間　身体の各部位と黄道十二宮を関連付け，小宇宙としての身体上に，あるいはその周囲に大宇宙を象徴する各宮を配する獣帯（黄道帯）人間（図1）は，中世の天文学，占星術，医学の知識を集大成したものである（小池，1995）．白羊宮（はくよう）は顔，頭，金牛宮（きんぎゅう）は首，巨蟹宮（きょかい）は胸，処女宮は腸，天蠍宮（てんかつ）は陰部，磨羯宮（まかつ）は膝，双子宮は腕，獅子宮は心臓，天秤宮は腎臓，人馬宮は腿，宝瓶宮（へい）は脚，双魚宮（ほう）は足を支配すると考え，各宮の月の位置によって手術，瀉血（しゃけつ），投薬，また散髪や爪切りの適切な時期が判断された．例えば，白羊宮に月があるときは頭部に医療を施すことを避けた．十二宮と身体の相互関係は，早くは1世紀のローマの詩人マルクス・マニリウスの『アストロノミコン』（14頃）と4世紀のローマのキリスト教徒占星術師ユリウス・フィルミクス・マテルヌスの『占星術』（337頃）で説かれていた．その後，教父たちの占星術批判に

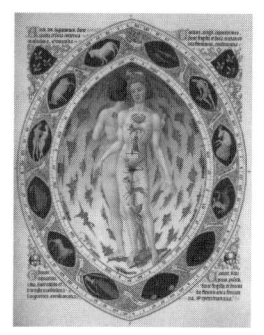

図1　獣帯人間の図．『ベリー公のいとも豪華なる時祷書』（1410頃～16）より［シャンティイ，コンデ美術館，Ms. 65, fol. 14v.］

もかかわらず，その発想は生き延び，11世紀末からイスラーム世界の医学，占星術関連書がラテン語に翻訳され西洋に流入したことにも影響され，12世紀中頃以降，獣帯人間に関する記述や図像が多く生み出された（Clark, 1982）．

　✖解剖と出産　小宇宙としての身体の構造を解明する解剖は創造主である神の偉大さを証明する営為であった．古代ギリシアのヘロフィロスとエラシストラトス

以後行われなかった人体解剖を復活させたのは，13 世紀後半以降ボローニャ大学で学んだ外科医を中心とした医学者たちであった．なかでもモンディーノ・デ・ルッツィはみずから執刀したかどうかは不明だが，病理，法医解剖ではない「純解剖学的な解剖」を行い，イスラームの解剖書も参考にしつつ実習手引書『解剖学』（1316）を著した．そこでは腐敗しやすい順に 4 日間で腹部，胸部，頭部，四肢を解剖する想定のもと各器官が説明されている．解剖は人体の正確な知識をもたらしたが，ガレノスの医学に準拠していたため誤解も多く残存した．教授が書物で解説する前で執刀者が解剖して示説者が器官を指し示し，学生が聴講する解剖示説は 14，15 世紀の大学の医学教育で制度化された（藤田，1989）．

　出産には，女性特有の身体部位が関わることに加えて危険が伴うため専門的な知識やスキルをもつ人間が必要であった．その役割を担った助産婦に関する史料は，人口が増大するとともに都市が発展し，さまざまな職業が専門化した 13 世紀以降増加する．12 世紀末〜13 世紀前半の修道士によって著された百科全書的著作にそのような助産婦の記述が見られる．アレクサンダー・ネッカムは『事物の本性について』（1187〜1204）の中で胎位異常や胎盤残留に対応できることを期待される専門知の保持者が助産婦であると説く．またバルトロマエウス・アングリクスは，助産婦は子宮に軟膏を塗布して出産を円滑に進め，新生児に付着する血を水で洗い流して塩と蜂蜜で皮膚を整えた後布でくるむと『事物の特性について』（1240 年代）で述べている．

✖化粧と美　生まれたままの身体に手を加える化粧を神の創造への反抗と考え，淫欲と傲慢という二つの大罪と見なして悪魔の仕業と結び付ける発想は教父の時代以来，中世でも受け継がれ化粧は否定的に評価された（パケ，1997）．しかし，度重なる批判にもかかわらず，人々の化粧への関心は衰えなかった．ことに 13 世紀以降，都市の発展に伴い人的交流が活発化し，身体の表面と美醜に対する関心とともに化粧の需要が高まり，女性は肌の美白，金色の毛染めや育毛などのさまざまな化粧を，男性は薄毛や白髪を防ぐ処方をいっそう求めた．身体の外見を加工する化粧は医学との関連性が深く，その発想はガレノスにさかのぼる．13 世紀以降，都市生活に参入した外科医を含む医者たちは化粧の需要に当惑しつつ対応した．モンディーノと同様，ボローニャ大学で学んだモンペリエ大学の外科学教授アンリ・ド・モンドヴィルは化粧が神に背くものであり，治療ではなく欺瞞のために行われるものだと批判しつつ，処方に対する女性客からの相当な報酬は受け取るべきだと述べている（Demaitre, 2011）．脱毛防止のように，本来医学的な化粧は自然の調和という意味で「美の維持と回復」を目指すものだったが，「美の創作」が大手を振る時代がやってきたのである．美の維持と回復としての化粧を説いた 11 世紀のサレルノ医学校の女性医師トゥロータ作といわれる『女性の化粧について』は当時の化粧について具体的に教えてくれる．　　[黒川正剛]

衣服の変遷

　中世服飾の調査は，19世紀ロマン主義の中世懐古趣味に端を発し，その後の服飾史研究を主導したが，物質文化として社会的意味を問う展開をみるのは20世紀後半である．F. ブローデル『日常性の構造1』（1979）は，停滞している社会に服装の変化は見られない，故に衣服の流行は社会変動の証しであると述べ，衣生活に社会や文明の変容を見ようとした．政治や経済を中心とした歴史学の対象を超えて，日常生活の細部まで時代の全体像を描き，それによって社会や文明の様態を明らかにしようとするアナール学派の視座の中で研究は進んでいる．

✖上下衣形式という現代服の萌芽　中世は，身体に密着した上着とズボンの組み合わせという今日的服飾が誕生した時代である．古代ギリシア，ローマ人は大きな布を身体に巻き付ける衣服を基本とし，片や身体に密着する形状は寒冷の地のゲルマン人の服装に由来する．カール大帝（在位768〜814）の宮廷学者アインハルトが著した『カール大帝伝』によれば，カール大帝は，古代ローマの巻衣が公式の服装であったフランク王国の宮廷で，土地の上下衣形式の服装を好んだという．ただし，この後フランスでは11世紀末から襞のあるゆったりとしたブリオーが，次いで13世紀には簡素化したコットが男女に共有されたが，いずれも上下一続きの長衣であった．コットは襠を使い，より立体的につくられたが，これは商工業の発展により活動性が求められた結果である．そして14世紀半ばに「大胆なコット」という意味でコタルディと呼ばれた短い上着が登場すると，ラグラン袖に，胸部を詰め物で膨らませ，腰を絞ったその形状は，身体のラインへの意識という意味で今日のテイラードへの第一歩となる（図1）．コタルディ（英語ではジャケット）にタイツ状の脚衣を組み合わせる服装が若者の間で流行し始め，長衣と共存しながら15世紀に上下衣形式は定着する．コタル

図1　シャルル・ド・ブロワ着用のコタルディ（14世紀後半）［リヨン織物美術館；Bruna, 2013］

ディは同世紀にプールポワンと名を変えているが，刺し子にするという意味の語から派生したこの名称からは，これが本来，鎧の下の緩衝用下着であったことがうかがえる．一方で男性のみの衣類である脚衣は，男を象徴するものとして認識された．13世紀には，男勝りの女を意味する「彼女はズボンを穿く」という表現が生まれている．

［徳井淑子］

❌性差の明確化　ブリオー，コットともに，男女の基本服であり，違いといえば，女性のそれが若干裾長だという程度であった．目に見えて性差が表れるのは，コタルディが登場してからである．身体の線が明確になり，男性の場合は膝上丈，女性は裾を極端に長く引くスタイルが定着する．肉体の誇示に抵抗感を示す聖職者や文化人に揶揄されつつも，この姿は18世紀まで，地域を問わず，ほぼ変わらない．

❌流行の地域差　ここまで述べてきた衣服の変遷は，ヨーロッパの北から南まで，概ね同じ経過をたどっている．しかし中世末期には，服装の細部に地域差が見られるようになる．女性は従来，編んだ髪の毛を下げたり，頭上でまとめたりするのが常だったが，15世紀半ばには，一筋も残さず被り物に収めるようになった．アルプス以北では円錐形など，高さのある帽子が流行したが（図2），イタリアでは，バルツォと呼ばれる円球状の被り物が用いられた（図3）．バルツォは15世紀後半にはいったん廃れ，次の世紀に再登場する．

図2　書を献じるクリスティーヌ・ド・ピザン（15世紀後半）［パリ，フランス国立図書館（BnF），Ms.Fr.1177, fol.114r.］

　靴は14世紀後半から，つま先が尖り始め，靴下と一体化したものも現れる．イタリアでは15世紀前半に消滅するが，フランスでプーレーヌと呼ばれたこの靴は，さらにつま先が延び，最盛期には60 cmほどにまで達して長く流行する．

❌ボタン誕生　身体に緊密な衣服が登場したことによって，必然的に生まれたのがボタンである．13世紀のイタリアに出現したこの新製品により，服の着脱は格段に楽になった．しかし銀や銅，真鍮（しんちゅう），ガラス，珊瑚などでつくられたボタンは，奢侈禁止令の恰好（かっこう）

図3　アイモーネ・ドゥーチェ《大食》（1430〜40頃）［ヴィッラフランカ・ピエモンテ，伝道会礼拝堂；Cifani ed., 2014］

の対象であり，またシャルル・ド・ブロワのコタルディ（図1）に見られるように必要以上の数がびっしりと縫い付けられているケースも多く，実用以外の目的が大きかったことがうかがえる（Frugoni, 2001）．　　　　　　［伊藤亜紀］

色　彩

歴史学は色彩という曖昧なテーマについて本格的に語ってこなかったと主張するM. パストゥローは，彼の本来の専門である紋章学に加え，図像学，哲学，宗教学，文学，科学など，あらゆる方面からこの問題に取り組んでいる．彼はとりわけ衣服の色のコードとしての役割に注目し，染料や染色にかかる費用が，その色の社会的な位置付けを決めると指摘する．

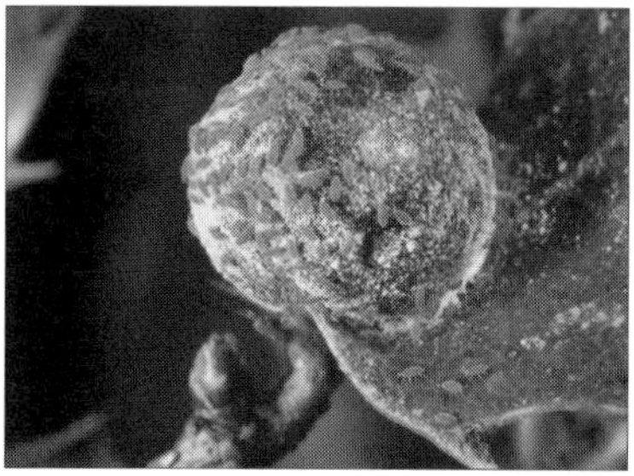

図1　ケルメスの一種ケルメス・ヴェルミリオの変態した雌［カルドン，2001］

✖染料　古代地中海世界においてもてはやされたパープル染料が抽出されるホネガイが，乱獲により絶滅に追い込まれた後，最も輝かしい赤を提供したのは，オークの寄生虫ケルメスである（図1）．直径1 cm前後の球状に変態した雌を丹念に採取し，乾燥させて擦り潰すという面倒な工程を経て得られる色は，セイヨウアカネや東方産のブラジルスオウから採れる赤よりも質が高く，主に富裕層に求められた．15〜16世紀に染色業で栄えたフィレンツェやヴェネツィアで書かれた染色マニュアルでは，赤のレシピがほかの色にも増して圧倒的に多い．

これに対して，「安価な色」といえるのが青である．大航海時代以前に使用されていたのは，アブラナ科の多年草である大青を，乾燥と発酵を繰り返して得られる染料である．大青はヨーロッパの広範な地域で容易に収穫できるうえに，比較的扱いやすい植物なので，青は庶民，とりわけ農民を象徴する色となる．しかし染色技術の向上によって深みのある美しい青が登場したおかげで，特に王家の紋章にこの色を採用しているフランスでは，赤を凌ぐ人気を博すことになった．16世紀以降になると大青は，より染色力の強いインド藍に取って代わられる．

黄色はモクセイソウやサフランの雌しべから採れるが，ユダヤ人や娼婦といった社会から排斥された者たちの目じるしとして使われるケースが多かったためか，この一色のみを着こなすという事例はほぼ見られず，貴人の衣裳目録にも記載がない．その黄と青との二重染色で得られる緑は，赤に次いで人気が高い．

黒はクルミやウルシの木，セージ，そしてオークの虫瘤（羽虫が木の枝に産卵することによってできる，タンニンを含んだ瘤）などから得られるが，いずれにしろ仕上がりは「漆黒」には程遠く，長らく「汚い色」と見なされてきた．そのために喪服や修道服などの，世俗の悦びと隔絶した世界を生きる者たちが身に着

けるものというイメージが支配的である．しかしこれまた染色技術が上がり，深紅に匹敵するほどの高価な黒布も取引されるようになる．こうして 15 世紀前後の北フランスやブルゴーニュの王族から始まった黒の流行は，次の世紀にはスペイン，イタリア，ドイツへと伝播し，全ヨーロッパを席巻する．　　　　　[伊藤亜紀]

✄色の象徴性　中世の人々が好んで色に象徴的意味を読んだことは，その集大成ともいうべき紋章官シシルによる『色彩の紋章』が端的に示している．1435 年頃に紋章指南書として書かれ，世紀末に色彩象徴論ともいうべき内容が追加されたこの本は，聖書や古典，博物誌の知識を駆使して色の意味を綴っているが，日々の生活感情から生まれた中世独自の色のイメージも示している．それを代表する緑色は，大陸の樹木崇拝という民間信仰に由来し，きわめてはっきりした正負の両義的意味をもつ．二重の染色工程を経ねばならない緑の布は，14 世紀フランス王室の会計簿においてもスカーレットに次ぐ高値を示しているが，しかるべき身分の男性がこの色を着るのは，夏の到来を祝い，樹木の精に恩沢を願う五月祭と，夏場の狩猟衣に限られている．片や子どもには抵抗はなく，また結婚を控えた若者の着る色でもあった．故に緑は冬に対峙する夏，人生のサイクルの青春を表し，恋のシンボルとなったが，一方で子どもの未熟さは狂気と結び付き，また緑の葉が秋には紅葉することから，欺瞞という負のシンボルともなった．中世は，何色を着るかがコミュニケーションツールであった時代であり，それが社会制度として成立したのは赤の場合である．フランスでは官僚機構が整う過程で最高位の大法官と，高位の司法官がスカーレットのマントをいわば制服とし，王の葬儀にあっても王国の永遠なることを示して決して脱がない．赤は司法の権力を象徴した．権力の維持には赤いルビーに効能があると信じられ，また赤珊瑚が子どものお護りとされたのも赤に対する同様の評価による．『色彩の紋章』も赤は最も美しいと述べ，実際の紋章にも 6 割以上で使われていたことがわかっている．

✄色の価値の転換　色の意味や価値は，時の経過とともに変化する．古代ローマ以来，注目されてこなかった青が，12 世紀に価値を高めたのは，聖母信仰の拡大とともに青がマリアの色となり，1180 年にフランス王フィリップ 2 世（オギュスト）が即位式に百合花の紋の青い衣を着たからである（Pastoureau, 2000）．『色彩の紋章』が示唆するように，色の価値が大きく変化するのは 15 世紀で，その代表は黄と黒である．黄色や黄褐色という色名は欺瞞や裏切りという比喩的な意味をもち，宮廷の道化が緑や青と組み合わせて着る以外に使用はまれだったが，若者から衣服の色となった．同様に清貧を象徴した黒が贅沢な色となり，この色の服が男女ともに大流行するのは，憂愁感に満ちた時代の心情に呼応したためである．黒が悲しみや喪のシンボルであることに変わりはないが，悲嘆を倫理としてとらえ，悪徳として忌避した従来とは異なり，人間らしい感情としてとらえるようになった新しい感性を映している．　　　　　[徳井淑子]

衣服の素材

J. ル・ゴフ『中世西欧文明』(1964) によれば，服装とは社会集団を示す，いわば制服であり，その社会的機能はキリスト教の倫理下において，特に大きかったという．ジャン・ド・ジョワンヴィル『聖ルイ王伝』(1309 頃) は，敬虔なルイ 9 世（在位 1226〜70）が質素なカムランを着用して混乱を招いたが，王自身は臣下の尊敬を得るために身分に則した服装をするよう説いたと伝えている．中世は，社会通念に従った服装が強く求められた時代であった．ユダヤ人や娼婦のしるし付け，楽師や芸人などの縞柄やミ・パルティ（左右色分け）の服など，人を差別する服装については少なからぬ調査があるが（Pastoureau, 1991），社会階層の表示機能を担う素材に関する検証は，いまだ十分とはいえない．

✖毛織物による社会集団の表示　中世フランスで用いられた服地の多くは，フランドル産の毛織物である．イングランドから良質の羊毛を輸入し，ヘント，イープル，メヘレン，アラスなどを中心に 12 世紀末に隆盛を迎えた毛織物産業は，スペインの羊毛を用いたイタリアのそれを凌駕した．高位の貴族や経済力のあるブルジョアが着る緋色のスカーレットから，自給自足される羊毛の自然色のビュローや僧服に使うカムランまで，服地は所属する社会階層や集団の属性を端的に示す記号だった．衣服の名称は階層や性別にかかわらず共有されているから，差異は形状より素材の違い，さらにいえば染色の質の違いでもある．

✖毛皮の階層表示　毛皮は衣服の裏地として本来は防寒の役割を果たしたが，シベリア産の高級品は貴族の象徴となり，動物の種類や冬毛か夏毛かの違い，さらに腹部か背部か，そして接ぎ合わせの密度により細かな序列を生んだ．特に身分や階級と直結したのは，紋章の基本的な模様として様式化されたアーミン（イタチ科のオコジョ）とヴェール（シベリア産リス）である．アーミンは先端の黒い尾が斑点になって浮かぶ白い毛皮で，今日に王室のシンボルとして伝わる．ヴェールは，白く繊細な腹部の冬毛をつなぎ，碁盤縞のような独特の模様をつくる（図1）．一着に 200〜300 匹のリスを必要とし，一定の幅に何列の毛皮が並ぶかで測られた接ぎ合わせの密度は，身分に応じて決められた（徳井, 1995）．

[徳井淑子]

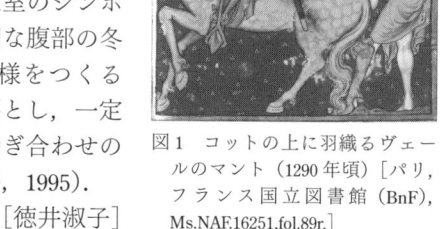

図1　コットの上に羽織るヴェールのマント（1290 年頃）［パリ，フランス国立図書館（BnF），Ms.NAF.16251,fol.89r.］

❌フィレンツェの織物産業　ジョヴァンニ・ヴィッラーニの『新年代記』（1300頃～48）によれば，1338 年の時点で，フィレンツェには 200 軒以上もの毛織物工房があり，7～8 万反もの生地を生産していたというが，世紀後半にかけて徐々に下降線をたどっていく．絹織物に関しては，すでに 12 世紀に組合が成立しており，シチリアやルッカの製品が名高い．ただしこの組合は絹織物の「取引」だけに従事していた可能性もあり，本格的に生産が開始されたのは 15 世紀初頭であるといわれている．当時のフィレンツェでは毛織物，および絹織物の重要な製作マニュアルが成立したことからも，この産業の著しい成長ぶりがうかがえる．同地の歴史家ベネデット・デイの『年代記』（1473～92）によれば，1472 年には83 軒もの絹織物工房があり，金銀のブロケードやダマスク織，ビロードや繻子，タフタなどを，イタリア各地のみならず，ヨーロッパの主要都市に輸出していた．

❌オリエントの織物　たとえ地元の織物産業が活況を呈していたとしても，ダンテが怪物ゲリュオーンの身体の柄の豊かさを「タタール人もトルコ人も／これほど多彩には，布の下地や意匠を染め上げたことはなく，／これほどの織物がアラクネの織機に載せられたこともない」（『神曲』「地獄篇」第 17 歌16～18 行）と叙述したことからもわかるように，最も美しく凝った織物はオリエントから来るというイメージがあった．この種の高級品は，一着の服としては残りにくいうえ，往時の色彩は喪われるものの，断片は少なからず現存し，ザクロやアザミなどの植物紋，鳥を始めとする動物の意匠が特徴的である（図2）．14 世紀後半のジョッテスキたちによる祭壇画には，そのようなオリエント産とおぼしき豪華な織物でつくられた祭礼服をまとった聖人たちが数多く認められる．

図2　祭礼服の絹織物断片，ペルシア（13 世紀末～14 世紀初頭）［ブリュッセル，王立美術歴史博物館；Hollberg, 2017］

　したがって織物の名称の多くも，オリエント起源である．光沢のある地に華やかなつや消しの織り模様を浮き立たせたダマスク織はシリアの地名ダマスカス，サテンに似た絹織物ゼターノは中国のシルクロード沿いのザイトン（泉州），無地の薄い絹織物ゼンダードは，フェニキアの港シンドンに由来し，重い絹織物チャンベッロットはラクダ（イタリア語で cammello）を語源とする（Levi Pisetzky, 1978）．これらの高級な織物は，各都市の奢侈禁止令に頻繁に現れ，市民の所有が制限された．　　　　　　　　　　　　　　　　　［伊藤亜紀］

紋　様

毛織物には一般に織り柄がない．したがって毛織物を中心とする中世の人々の服装に模様はない．もし付けるとするなら，手間のかかる刺繍という技法に頼るしかなく，故に模様は上層階級の人々の服装に限られる．フランスの14，15世紀の王侯貴族の会計簿や財産目録によれば，模様はドゥヴィーズという，折々の心情や信条を表した遊戯的な標章の紋様から選ばれることが多く，その情緒的背景がわかるときもある．衣服に模様がまれであるだけに，逆にそれが担う意味は大きく，人々の心的傾向を知る手掛かりともなる．

✖ドゥヴィーズ　フランス王シャルル6世（在位1380〜1422）が袖に表しているのは古代の博物誌の伝統を引き継ぎ，中世に流布した動物寓意譚に取材された虎，身頃や裾にあるのは，「決して過ちを犯さず」という，統治者としての彼の決意を示したモットーの一語 JAMAIS である（図1）．寝台を飾る枝葉はエニシダで，これも彼の標章であり，衣服調達の記録に刺繍の柄として頻出する．

図1　シャルル6世とブルゴーニュ公ジャン（1410頃）［パリ，フランス国立図書館（BnF），Ms.fr.23279, fol.19r.］

そして彼の右側にいるのが，王室と確執のあったブルゴーニュ公ジャンであるのは，袖を飾るホップの葉からわかる．ジャンは「鉋_{かんな}」も標章としているが，これは宿敵の王弟ルイ・ドルレアンが「節付き枝」を標章としたからで，その節を鉋で削り落とすという意思表示，すなわち節付き枝は一族の結束を表し，それを壊滅させる意志を示したと推測される．二人はそれぞれ相手方によって暗殺されるが，ジャンを継いだブルゴーニュ公フィリップは，統治者としての忍耐を示して「火打ち石」を標章にしている．一方のルイの息子シャルル・ドルレアンは，父公暗殺の裁判が落着したとき，心穏やかな気持ちを示して，「奥様，私はいつになく愉快です」という歌詞と音符を千個近い真珠を使って両袖に縫い取りしたと記録されている．

王侯貴族のドゥヴィーズには政治的意思を表したものが多いが，恋愛感情といった情緒的気分を示したものも少なくない．特に，雫を散らした「涙滴紋」は，時代のメランコリックな心情に呼応したためだろう，男の悲恋を歌う抒情詩の流行に重なり，服飾紋様として流行した．涙滴紋は，本来アーサー王物語に登場する騎士の紋章である．ドゥヴィーズの柄は，王侯貴族の騎士としての嗜みである文学作品に取材されることが少なくない（徳井，2012）．　　　　［徳井淑子］

✖悪い縞　西欧中世の縞の意味を説いた M. パス
トゥロー『縞模様の歴史』(1991) 曰く，この柄
の服を与えられているのは，実在であれ架空であ
れ，「なんらかの意味で疎外されたか排斥された」
者である．その考え方は，「レビ記」第 19 章 19
節の「二種の糸の混ぜ織りの衣服を身につけては
ならない」に端を発するといわれるが，要は異質
のものを並べたり混ぜたりすることへの不信感の
表れである．縞，もしくは多色を着たユダヤ人，
異端者，道化，旅芸人，死刑執行人，娼婦が描か
れた図像は数知れない（図 2）．

図 2　「ダヴィデ王と道化の語らい」
《詩編集》(1450 頃)［ミラノ，トリ
ヴルツィアーナ図書館，ms.448,
76r.］

✖お洒落な縞　とはいうものの，そのような「悪
のシンボル」には，まったくあてはまらない縞の
服も少なからず存在する．ボルツァーノのロンコ
ロ城の一室「風呂の間」に 14 世紀末に描かれた，欄
干にもたれる雅な女性たちは，いずれも縞か，あるい
はミ・パルティと呼ばれる左右色分けの服を粋に着こ
なしている．そもそものような多色の服を仕立てる
には，複数の織物を組み合わせる必要があり，手間も
費用もかかる．「左右色分け」服は「身体同様，魂も
また引き裂かれている」というシエナの聖ベルナル
ディーノの苦言は，人気の柄物で着飾りたい女性たち
の耳には届かない．

図 3　ジェンティーレ・ダ・
ファブリアーノとその工房
《欄干から身を乗り出す女》
(1411 頃)［フォリーニョ，ト
リンチ宮殿，皇帝の間；Benazzi
& Mancini a cura di, 2001］

✖柄物と奢侈禁止令　為政者が権力の維持を目指し，
階級の秩序を保つべく公布する奢侈禁止令は，最新流
行の服飾品や宝飾品の，さしずめカタログとなってい
る．模様については，その種類までもが詳細に記載さ
れており，縞や格子縞，左右色分けに加え，「ア・オ
ンデ」（波状），鱗状といった名称が並ぶ．とりわけ
「ア・トルリ」（旋盤状?）は，ボローニャの禁令に頻
出する人気の柄である（図 3）．こういった服の所有
は制限，もしくは禁止されるが，最高位の騎士階級の子女であれば，着用が認め
られる．たとえそのような身分でなくても，罰金を払うか事前申請で許容される
ことがあり，法をすり抜ける方法は，いくらでもある．　　　　　　　［伊藤亜紀］

子ども服

　中世に子ども独自の服はなく，子どもは大人と同じ服を着せられた「小さな大人」であるとする Ph. アリエス『〈子供〉の誕生』（1960）の主張は，その後見直されている．記録には子どもの服にのみ表れることばがあり，例えばゴネルという語は，長方形の布を前後に垂らして脇を留めて着る，写本挿絵に描かれている素朴な子ども服にあたるのではないかと推測されている．

✘色と柄が示す子どもへの眼差し　そして子ども服が大人の服と最も異なるのは，色の使い方である．道化や奉公人に限定された黄色が，幼少期の王子や王女には着られたことを王室の衣服調達の記録は示している．同じく芸人や奉公人に多い縞やミ・パルティ（左右色分け）の服も，14 世紀前半には十代の男子の間で流行り，また大人が使うには機会の限られた緑の服も，子どもには少なくない．しかるべき身分の男女に忌避されるこれらの柄や色が子どもには許されるということは，中世の人々の子どもに対する観念を示しているだろう．つまり道化や芸人や奉公人と色や柄を共有することは，社会から排除，阻害されたこれらの人々と同じように子どもを見ていたということである．家庭奉公を教育とした時代，少年は自身の家より格の高い家に預けられ，主人の身の回りや食事の世話をしながら処世術を学ぶ．給仕人をボーイとかギャルソンと呼ぶのはその名残である．シシルによる『色彩の紋章』が，人格形成途上にある子どもの行為を未熟さ故の狂気として説明するとき，それは道化の性格とつながる．子ども服には，幼さに対するネガティヴな意識が見え隠れする．

✘産衣と身体整形　とはいえ子どもへの愛情がなかったわけではない．例えば新生児の産衣への微妙な配慮にもそれは見てとれる．産衣といえば，身体の全体をリネンとウールの布で包み，その上をリボン状の紐で巻く，いわゆるスワドリングである．イタリアではミイラのように隙間なく幅広の包帯状の麻布で巻くが（図 1），フランスでは軽く布を紐で留める程度で，必ずしも身体を拘束するものではない．当時の百科全書や医学書によれば，「まっすぐに手足を保ち，子どもの身体が醜くならないように」巻くとあり，もっぱら怪我の防止と身体整形の観点から述べられている．冬には風邪をひかないように頭も包み込むよう勧め

図 1　ジョット《降誕》（1303〜05）［パドヴァ，スクロヴェーニ家礼拝堂］

られているが，一方であまり長く頭を覆っていると，乳児の繊細な髪を傷める心配があり，親の気持ちは子どもへの愛情と身体整形との間で揺れ続ける．頭巾は，耳が頭蓋に沿い，獣のように立ち上がらないようにという整形への配慮であったとも推測され，人工的に美しい形をつくろうとするヨーロッパ人の意識がうかがえる．　　　　　　　　　　　　　　　　　　　　　　　　　　［徳井淑子］

✂脱・産衣　このような子どもの成長過程における着こなしを知るには，キリスト幼児伝の図像，そしてフィレンツェの捨て子養育院の回廊のレリーフや所蔵作品を眺めればよい．それらはさしずめ子どもの衣裳図鑑である．巻き布は，生後半年を過ぎた辺りから，徐々に緩められ，上半身を解放して，手で物を掴めるようにする．そして生後1，2年，歩けるようになる頃には，長袖のゆったりした長衣を着せられる．イタリアの図像には，太い横縞の長衣を着た子どもがよく見られる（図2）．7歳頃までは，さほど服装による性差はない．

図2　シモーネ・マルティーニ《福者アゴスティーノ・ノヴェッロの奇跡》（部分）（1328頃）［シエナ，国立絵画館］

その後は男子の場合，服の丈が短くなり，やがて大人と同じく，臀部を辛うじて覆う程度の長さの胴衣を身に着け，脚にぴったりした窮屈な靴下を履く．女子も次第に身体の線を見せる装いとなるが，服そのものの形はあまり変わらず，引き裾が長くなる．明確に年齢差が見てとれるのは，髪型である．ジャン・ブーティエによる農村の慣習に関する書の挿絵には，男女それぞれ各年代の風俗が示されているが，髪をゆったりと流しているのは幼

図3　ジャン・ブーティエ『農村大全』（部分）（1471）［パリ，フランス国立図書館（BnF），Ms.Fr.202, fol.15v.］

女のみ，その後すぐに頭の上で結われ，被り物の中にまとめられ，頭巾で覆われる（図3）．聖書における「祈をしたり預言をしたりする時，かしらにおおいをかけない女は，そのかしらをはずかしめる者である」（一コリ11：5）という教えは，物心付いた女性を生涯縛り続けることになる．　　　　　　　　　　　［伊藤亜紀］

食のリズム

　中世では，快楽を抑える節制をすることにされており，食についても，普通の日と，精進するべき日がリズムを刻んで設定された．最も厳しく精進をする日には，四足獣の肉はもちろん，その脂，鳥類の肉，卵，ミルク，乳製品も禁止され，「色欲」をかき立てない魚を食べることが推奨された．そのため，魚は，精進の日を象徴する食べ物となった．肉に比べると，卵や乳製品は食べてもよいとされる日もあった．修道院では一般に肉食は禁止されていた．なお，このような禁忌は，飢饉のとき，あるいは高齢者や幼い子ども，病人や体の弱い者，最貧の者など精進に耐えられないと見なされた者には適用されなかった．

✖ 1 年の食のリズム　精進するべき日は，1 年のうち 140〜160 日に達した．まず，キリストの磔刑を記念する金曜日．これにユダがイエスを裏切る金銭を受け取った水曜日か，聖母マリアに捧げられる土曜日が加えられ，場合によっては月曜日も肉食は避けられた．したがって，肉を食べてもよいのは，1 週間のうち火曜日，木曜日，日曜日の 3 日となり，週の半分は精進していたことになる．

　1 年のうち，最も重要な精進の季節は，四旬節である．四旬節は，イエスが荒れ野で過ごした「40 日」を意味し，イエスが復活する復活祭までの 40 日に基づく（主の日である日曜日は含まないので，実際には 40 日よりも長い）．イエスの復活を祝う復活祭は，春分の日の後にくる最初の満月の日の次の日曜日なので，毎年 3 月末から 4 月の間で移動する，それに応じて，復活祭までに設定される四旬節も移動し，だいたい 2 月末から 3 月にある．四旬節には，肉を食べないだけでなく，正式に認められる食事が 1 日 1 回になるという意味でも，厳しい節制が求められる季節である．そのため，四旬節の始まりを告げる「灰の水曜日」の前には，肉食，大食に別れを告げる大騒ぎがみられた．これが謝肉祭である．謝肉祭は宗教的な祭りではないが，四旬節の前にあるということで，一年の教会行事のリズムの中に組み込まれていた（図 1）．

図 1　ピーテル・ブリューゲル《謝肉祭と四旬節の争い》（1559）．正面中央左側で，豚の頭の肉の串刺しを持って樽に乗っている人物が謝肉祭を象徴している．その右では，魚が乗っているものをかざしている痩せた人物が四旬節を象徴している ［ウィーン美術史美術館］

四句節の次に重要な精進の季節は，イエスの誕生を祝う降誕祭（クリスマス）までの待降節である．このほか，夏には聖霊降誕祭（ペンテコステ．復活祭の50日後）があり，四季の節目にあたる重要な教会の祝日（四季大斎日）の前日（前日の小斎）や各種の守護聖人の日など，精進を求められる日があった．聖職者は，より厳しい精進を行うことが求められたが，修道院の記録はもちろん，俗人の家計簿や食事例から，通常の日と精進の日を守ろうとしていたことがうかがわれる．ただし，時代が下ると，規律の適用はゆるやかになる傾向にあったようである．

✖ 1日の食のリズム　機械時計が一般化するまで，1日の食事の流れは，修道院規則が参考になる．食事は2回，すなわち六時課（正午）に取られる正式の食事（正餐）と九時課（3時頃）で日没になるまでの間にとられる夕食である（図2）．「朝食」は形式上なかったが，実際には空腹には対応する必要があった．中世には，日の出と日の入りの間で，それぞれ時間を分けていたので，夏と冬では1時間の長さが異なった．とりわけ重労働をしている者は，

夏		冬	
午前		午前	
		2時	起床
		（日曜日には午前1時から暁課）	
2時半	起床		
（日曜日には午前1時から暁課）			
4時	朝課	4時	朝課
5時	一時課	5時	一時課
5時半	手労働	5時半	学習
		6時半	三時課
		7時	手労働
		（復活祭の前日までの40日間である四旬節の期間は7時から7時半まで学習の時間）	
7時半	三時課		
8時	手労働		
9時	学習		
午後		午後	
12時	六時課	12時	六時課
12時半	午睡または読書	12時半	手労働
（復活祭の期間は食事）			
3時	九時課	3時	九時課
3時半	食事	3時半	食事
		（四旬節には学習時間）	
4時半	手労働	4時半	学習
		（四旬節には晩課）	
		（5時　四旬節には食事）	
		5時半	晩課
		6時	終課
		6時半	就寝
7時	晩課		
8時	終課		
8時半	就寝		

図2 『ベネディクト戒律』の修行時間割
［佐藤，2016］

農村でも都市でも，夏には起きてから午後の正餐までの時間が長かったので，何か食べることを必要としたし，老人や病人，子どもなどは朝食をとってもよかった．「断食をやめる」を意味する Breakfast は，次第に社会に浸透し「朝食」と見なされるようになる．働く者は，朝食だけでなく，必要に応じて休憩時間に軽食をとって空腹を満たしていたので，1日に何度も食事をしたともいえる．

「正餐」は必要に応じて早めにとられることも多かった．食事は日没までに摂るべきとされ，「夕食」は「正餐」の残り物とパン，飲み物程度の簡単な食事だった．倫理的には好ましくないとされていたが，実際には日没後の夜にも飲み会などが行われることもあった．

中世には，キリスト教の食のリズムに沿いながら，その日にふさわしい食べ物で空腹を満たしていたのである．　　　　　　　　　　　　　　［山辺規子］

宴会／料理人と料理書

ヨーロッパの食の歴史における重要な出来事として，ラテン語ではなく英語や仏語，伊語などの俗語で料理書が書かれるようになったことがあげられる．だいたい1300年頃を境に，国や地域それぞれに食が発展していく様子が，それぞれの言語で記されていった．宗教暦による断食や，魚の日といったキリスト教の習慣があったり，食餌療法に基づく食べ方が勧められたりした時代において，贅を尽くした王侯貴族の宴会とはどのようなものであったか．フランスを中心に，ヨーロッパの料理書の歩みとともにたどっていこう．

✖中世における宮廷の宴会　宮廷では戴冠式や叙任式，婚姻などの機会や，外国の君主をもてなす際に，大々的な宴会を催していた．宮廷人が列をなして入場し，料理が順に運び込まれる．こうした一連の儀式でもって，宴が始まった．宴会では料理はもちろん，ネフと呼ばれる，金，銀製の舟形の入れ物もテーブルの上に置かれた．中には食具や塩入れなどが入れられ，鍵が掛けられる仕組みになっていた．ネフはこれ自体が象徴的な意味をもち，図1の神聖ローマ皇帝カール4世（在位1346～78）のための饗宴では，フランス王シャルル5世（在位1364～80）らそれぞれの前に置かれ，位の高さを表わしていた．宴会が儀典にのっとって進んでいくように，料理についても何がどのような順序で供されるかということが決められ，それは一覧によって示された．いわゆるメニューである．メニューに従い，テーブル上にひと揃いの料理をいちどきに並べ，それを複数回繰り返すのである．1回の料理の数が増えるほど，またそれを供する回数が増えるほど格式が高くなり，図1の饗宴ではカール4世の体調を気遣って3回となったが，当初は4回予定されていた．

図1 『フランス大年代記』（1375～80）より（部分）．1378年，シャルル5世がカール4世のために催した饗宴の様子を描いた挿画．王らの頭上には，フランス王家の紋章の天蓋がかざされた．シャルル5世を中央に，左がカール4世，右がカール4世の息子ヴェンツェル［フランス国立図書館(BnF), ms Français 2813, fol. 473v.］

中世の宴会で特徴的なのは，アントルメという仕掛けである．それは仏語で「アントル（間）」+「メ（料理）」という語義通り，料理を供する合間に余興として披露されるもので，機械で動くものもあった．アントルメを通して政治的な発信がなされ，図1に描かれた手前の舟と右横の戦いの場面は，エルサレムの奪還をテーマとしていた．中世では，料理そのものに対してもこのような視覚的効果

が求められ，技巧を凝らした造形的な料理がテーブルに並んだ．パイ生地でつくった城や，調理後に羽根を付け直して元通りの姿にした白鳥，紋章に似せて何色にも色付けされた料理などで，これらも同じくアントルメと呼ばれた．異文化の影響も受けながら，調理技術自体に大きな進歩が見られたのもこの時代である．料理の見栄えに加え，それを切り分ける技術も人々を引きつけた．儀礼としての宮廷の宴会は，単に大勢で飲食する場なのではなく，「見せる」場なのであった．宴会が進行する様子は年代記に記録され，テーブルの光景は彩色を施した挿画に描かれた．しかし，肝心の料理が写実されることはなく，われわれへそれを伝えるのは料理書のレシピのみとなる．

✖宴会の発展と料理人・料理書の役割　中世では，料理のレシピを集めたものがすべて料理書であったわけではない．調理の方法は，食餌療法を説いた医学書や養生書において受け継がれていた．英語でレシピの語源が「処方箋」であることからも，中世の食をめぐる世界が理解できよう．レシピ集の目的の転換は，その書き手が医学者から料理人に代わったことに表われている．中世で最も有名なフランスの料理書『ヴィアンディエ』（14世紀写本）には，王の料理長であるタイユヴァンなる人物が書いたものであることが，冒頭で示されていた．タイユヴァンについては異論もあるが，シャルル5世の時代にも宮廷の料理人を務めた，ギョーム・ティレルであるといわれている．宮廷で料理長ともなると，英語でいうところのマスターの敬称が付され，王に直接給仕ができるほどの地位であった．次々と各国の料理書が生まれ，そこに伝統が刻まれる一方で，それぞれに見られるレシピの革新は，料理人の個性として認められるようになった．15世紀の人文学者バルトロメオ・サッキ（プラティーナ）は，イタリアの料理書『料理術の書』（15世紀半ば）のレシピを自身の本に載せ，著者であるマエストロ・マルティーノの才能を称えていた．

　しかし，中世の料理書は実際の調理のためというよりも，給仕長が宴会を取り仕切ったり，貴族が教養を身に着けたりするための本であった．フランスでは，料理書は配膳の順序に従ってレシピが分類されており，これが医学書との違いでもあった．また，サヴォイア公アメデーオ8世のもとで料理長を務めたメートル・シカールは，ブルゴーニュ公フィリップ2世のために催した宴会のメニューや，アントルメのつくり方などを口述筆記させ，後代へ伝えるようにした．15世紀になると，実際の宴会のメニューを記載した料理書が各国で見られるようになり，宴会の発展とともに料理書がかたちづくられていったことがわかる．宴会はさらなる高みを目指して進化を続け，やがてアントルメの習慣はなくなった．だが，たとえ新しい様式となっても，宴会で視覚的な演出が重視されることに変わりはなかった．料理書に料理の配置を示す配膳図が載るようになる17世紀頃，宮廷の宴会はフランスで頂点を極めるのである．　　　　　　　　　　［治部千波］

食器と台所

中世の食卓では，王侯貴族の豪華な宴会においても，われわれがヨーロッパの
テーブルセッティングにおいて知っている多くの食器や食具がまだなかった．ま
ず，代表的食具は，スプーン，ナイフ，そして自分の手の指だった．肉や魚料理
など固形物は，王侯貴族であっても指をソースや油でベタベタにしながら指で摘
んで口に運んだのである．このことは中世から近世にかけて多数残っているテー
ブルマナーの書の内容にも反映されていて，この中でナイフやスプーンの扱いは
言及されるが，フォークは出てこない．その代わりに，食物に直接触れる手の衛
生が重要視され，食前食後の手洗いや爪の手入れが求められている．

✖フォーク　中世における「フォーク」は，農機具か，肉の
塊を調理する際に用いられる，現在のカービングフォークと
ほぼ同じ形状の二股ないしは三股の串であった．食具として
のフォークの形状は，最初は調理器具のフォークが小さく
なっただけで，現在のフォークと異なり，食べ物をすくった
り，スパゲッティを巻き付けたりできない代物だった．食具
としてのフォークのヨーロッパの食卓における受容は，非常
に（特に心理的に）複雑な経緯をたどった．食具としての
フォークが出現しても，誰もが喜んですぐ手にしたわけでは
なく，当初は忌避されさえした．そのため，フォークに関し
ては，明らかな実用品であったスプーンやナイフと異なり，
財産目録などでの記録と，実際の使用開始の時期が一致しな
い．初期の例として，11 世紀の聖職者ペトルス・ダミアニ
は，ヴェネツィアに嫁いできたビザンツ皇女が，食べ物を手
で触れようとせず，「金製の二股のフォーク」で食べたこと

図1　16 世紀末ドイツ
のナイフとフォーク
（食具）［Wartburg
Foundation Eisenach,
Art Collections, inv.
no. KB0237, KB0298；
筆者撮影，2016 年］

を，ほか二つの彼女のデリケートすぎる慣習とともに非難している．この「ス
キャンダル」の後，食具としてのフォークがアルプスを越えてヨーロッパに広ま
るのに数百年を要し，ドイツ語圏では 16 世紀になってもフォークは依然として
二股の串であった．

✖ナイフとスプーン　平民は木のスプーンや安価な金属製のナイフを使っていた
が，王侯貴族の食器は，ナイフやフォーク，スプーンなどの金属部分には金や銀
が，柄の装飾部分にはさらに水晶，象牙などが用いられ，それ自体が財産であっ
た．銀製品が多かったのは，当時ヨーロッパで大量に使い得る貴金属が銀であっ
たことに加え，銀が毒に反応して変色するのも理由の一つだった．スプーンの形

状は大きな変化はなかったが，ナイフは現在と違って先が尖っていて，それ故当時のテーブルマナーでは「ナイフの先で歯をほじるな」という規則が必要であった．

✖**皿の代用品**　中世の食卓にもう一つなかった物は，自分専用の皿である．現代の私たちが，食事の際には一人1枚自分の前に置かれているのが当然と思っている陶磁器製の皿の代わりに，焼いてから数日経った，やや硬くなった大型のパンをスライスしたものを取り皿として使っていた．状況によって数枚を重ねて（例えば下に2〜3

図2　取り皿としてのパンが描かれた貴族の食卓［ドイツ，マールブルク，聖エリザベート教会, 聖エリザベート祭壇；筆者撮影, 2014年］

枚並べて，その上にもう1枚乗せる）使用していたことが，貴族の会食を描いた図像資料にも見られる．パン以外にも，木製や金属製のプレートが使用されることもあり，形状は四角か円形であった．料理は大皿で供され，そこからこの「取り皿」へ取り分けられた．この後料理を指で摘んで口に運ぶので，特に身分の高い人の食事における給仕の役割は，「取り皿」に大皿の肉料理や魚料理を切り分けるだけでなく，さらにそれを食べる人の目の前で一口大に切るところまでであった．このパンのスライスは，食事が終わる頃には肉汁やソースが染みて美味しそうなのだが，貴族などはしばしばこれを食べず，貧しい者への施しに回した．

✖**カップ**　ワインを飲むためのグラスやカップは，貴族などの富裕層ではガラス製ないしは銀など金属製で，貴族の祝宴においてさえも二，三人で一つしか供されない高級品であった．ワインは基本的に回し飲みになったため，当時のテーブルマナーでは，「飲む前に口を拭け」などのワインを清潔に保つための注意が多数求められた．

　食卓は立派なダイニングテーブルが常設されているわけではなく，折り畳んで片付けられるタイプのものが多く，食事のたびに設置され，テーブルクロスを掛けられ，食事が終わるとテーブルごと片付けられた．

✖**台所**　中世の調理法は，鍋で煮る，フライパンで焼く，鶏／鳥などは串に刺して直火で炙る，パンやパイはオーブンで焼く，というものであった．貧しい農民の家では，調理場と居住空間が一緒で，火の上に鍋などを吊るして調理した．都市市民の家にはある程度ちゃんとした台所があったが，オーブンを個人で所有するのは難しく，パンはパン屋などのオーブンをもっているところで焼いてもらうか買うかだった．城では，調理による煙や匂いの問題から，城主が食事をする場所（上階）と台所（1階・下層や別棟）が離れていて，場合によっては，台所で調理したものを食卓へ運ぶ際，一度外に出なければならず，料理は運ぶ間に冷めてしまっていた．

［有信真美菜］

食と身分

　中世には現代とは異なる食物の序列が存在した．現在と共通する点は，肉やワインが高価なことである．それらをどれだけ多く食卓に載せられるかが，王侯貴族ほか富裕層にとってのステイタスであった．現代と異なるのは，現代において正しいとされる医学的知識に基づく健康や栄養バランスに対する考えの欠如である．当時の各身分の食文化に影響を与えていたのは，経済力だけでなく，中世独特のイメージ，領主の狩猟特権，当時の健康や医学的知識などである．

　すべての社会階層において，肉，魚，卵，豆類，野菜，果物，穀類といった多くの食物は共通して食べられていた．異なっていたのはその種類や割合である．

　中世における四大元素（地水火風）に対するイメージは，食べ物に対する考え方にも影響を及ぼしていた．四大元素のうち食べ物と関係するのは地，水，風（空／空気）であり，そのランキングは，自然界での位置に対応して，「地」が最も下，次が「水」，一番上が「風（空／空気）」となる（☞「健康の追求」）．

❌肉　肉に関しては，四足獣よりも鳥が高貴とされ，鳥の中でも飛ばない鶏より，空を飛ぶ鳥が高貴とされた．肉の序列にはさらに領主の狩猟特権が絡んでくる．牛，豚，鶏，羊，ガチョウといった家畜の肉と並んで，狩猟でのみ得られる肉（シカ，ノロジカ，ウサギ，野鳥類など）を食卓に載せられることは，貴族の社会的地位を誇示するものであった．中世の宮廷文学では，しばしば貴族がその日獲れた野鳥を客へのもてなしとして出し，祝宴の料理の豪華さを描写するために，家畜の肉と猟獣の肉の双方があったことをわざわざ書くことがある．特に珍重されたのが，見た目の美しいキジ，クジャク，白鳥で，これらは調理後に羽を戻して生前の姿にして食卓に供された．

❌植物（野菜・果物）　栄養学的にはよろしくないのだが，野菜全般は「地」に属するため地位が低く，地の中から収穫される物（根菜類およびタマネギやニンニク）はさらに低く見られていた．このためか，あるいは富裕層のステイタス・シンボルである肉に対する偏愛のためか，特に中世の文学作品における貴族の食事において，肉料理や魚料理は必ず言及されるが，野菜料理はまず描写されない．また，料理書や地域により差異はあるが，材料から富裕層の食卓用と考えられるドイツ語最古の料理本（14世紀）では，家畜の肉，猟獣肉，さまざまな魚，スイーツ類が掲載されているが，豆やキノコ料理を除くと，厳密な意味での野菜料理はほとんど見られない．他方で，樹に実るため野菜よりもランクの高い果物を使ったムースやタルトのレシピは多数残っている．ただ，現在まで残されている当時の食事のメニューによると，野菜もそこそこ食べられていたようである．

❉魚　魚を獲ることも狩猟特権の範囲だったため，誰でも獲って食べていいわけではなく，特にヨーロッパの内陸地では，淡水で獲れる鮮魚は肉と同等の高級な食べ物であった．一部ではウナギやコイなどの簡単な養殖も行われていた．肉と並んで貴重なタンパク源であり，平素からよく食べられていたが，特にキリスト教の精進期間（肉食禁止期間）において重要性を増した．海魚としては中世中〜後期以降内陸地へも遠隔地貿易を通じてもたらされた干し鱈や塩漬けのニシンが広く食べられ，特にニシンは安価な食物の代表として庶民にも手の届く物であり，身分を問わず幅広く食べられた．

❉飲み物　飲み物にも明確な序列があった．最も高貴なのがワインで，王侯貴族にとって飲み物といえばワインであった．現在同様，葡萄からつくったワインには赤と白があり，どちらもそのままでも飲まれたが，当時のワインは酸っぱいことが多く，しばしばハーブやスパイス，砂糖や蜂蜜で味を良くして飲まれていた．これは中世独自の発明ではなく，古代ローマ時代からあった方法である．葡萄からつくられたワイン以外にも，桑の実のワイン（モーラス）や果実酒（リート），ドイツ語圏北部から北欧にかけての葡萄の栽培北限を超える地域では，蜂蜜からつくられたワイン（メト，メテ，ミード）も重要であった（☞「ワインとビール」）．これらも葡萄のワインと並んで，中世の宮廷文学作品において高貴な人々に飲まれている．ビールは庶民の飲み物であった．このほか，ドイツ語でモストと呼ばれる（発酵途中の）果汁も庶民の飲み物であった．牛乳も飲まれていたが，冷蔵庫のないこの時代，現在のような一般的な飲み物ではなく，チーズやバターといった加工品が重要であった．しばしば代用品としてアーモンドミルクが使われたが，アーモンド自体が当時贅沢品だったため，使える人は限られていた．最もランクの低い飲み物は水である．

❉パン　パンはもちろん小麦粉を使った白パンが最もランクが高く，贅沢品で，ドイツ語圏ではわざわざフランス語外来語を使用してガステルと呼ばれた．現在は健康上の理由でしばしば白い普通のパンより好まれ高価となるライ麦や燕麦そのほか雑穀を使った黒パンは庶民や貧しい者の食べ物であり，黒パンさえ贅沢な場合は雑穀をそのまま粥にして食べていた．米は多くの地域で輸入品つまり贅沢品だったが，中世のレシピには米や米粉を使ったものが散見される．

❉味付け　塩は言うまでもなく，中世には，コショウやシナモンやショウガをはじめとする現在一般に知られているハーブやスパイスがほとんど使われ始めていた．スパイスも輸入品が多く，誰でも使えるものではなかった．フランス語でヴェルジュ，ドイツ語でアグラスと呼ばれた酸っぱい果汁もソースに使われ，現在のフランスやドイツの料理に比べると，ソースはあっさりしたものが多いようだ．ただ，中世のレシピ本は，材料や調味料の分量，焼き時間などが書かれていないものが多く，実際の味については厳密なことはいえない．　　　　［有信真美菜］

食 材

　中世の食生活の規範として，地中海世界のパン・ブドウ酒・オリーブ油の食事と，北方のゲルマン諸民族の豚肉の肉食を対置させ，両者の文化の融合から中世が誕生すると見なす考え方がある．麦の栽培，果樹栽培といった耕作と，ドングリの実が落ちる森でのブタ放牧という採集・放牧の，二つの生産活動が，その基本的イメージを裏打ちしている．この明快な二項対立の図式は大枠として正しいが，実際の中世社会では，二つが程度の差を残しつつ融合，並存していった．食生活の多様な実態は，食材と調理法の違いだけでなく，地域差，中世という時間の幅のなかでの年代差，食べる者がどの社会階層に帰属しているか，といった条件にも左右される．

　地域差については，地理的区分のほかに，イスラーム国家が存在したイベリア半島とシチリア島を，その歴史から特別な「地域」と見なせる．年代については，1000 年間の「中世」を西暦 1000 年前後で区切り，中世初期と，中世盛期・末期に区分できる．10 世紀に始まる森林の開墾と小麦耕作地の拡大，それに伴う人口増加が，明確に社会を変化させたからだ．人の身分の違いは，中世社会の三身分論の「祈る者たち」「戦う者たち」「耕す者たち」が基本であるが，中世末期に商業と金融業で蓄財したグルメの都市上層市民は，食文化では「第四の身分」と見なせるだろう．

✖地産地消の食材　最も身近な食材は，農民家族の自給的な菜園地（畑）で採れる野菜である．葉物野菜や西洋カブ（ターニップ），ニンジン，シロニンジン（パースニップ．図 1），キャベツ類などで，これらは領主の課税を免れている．日常の食卓の「食材」リストは，次のように長くなる．穀物（小麦，スペルト小麦，ライ麦，オーツ麦，大麦．キビ，モロコシ，アワやヒエなどの雑穀），マメ類，青物野菜とカブ類，薬草とハーブ，ドングリ・クリなどの堅果，果物，畜肉（ブタ，ヒツジ，ウシ，家禽類），領主階層には狩猟の獲物の肉（ウサギやシカ，イノシシ，鳥類），乳製品（ウシ，ヒツジ，ヤギのミルクのチーズ），魚類（サケ，マス，カワカマス，コイなど．北欧のタラとニシン．地中海のマグロとイワシ）と，ウナギなどである．食用の油脂類

図 1　パースニップ（シロニンジン）．『健康全書』の写本より［オーストリア国立図書館，Tacuinum sanitatis Ibn-Buṭlān, al-Muḫtār Ibn-al-Ḥasan, Cod.Ser. n. 2644, 28r］

には，オリーブ油，クルミ油，アマニ油，牛脂（ヘット），豚脂（ラード），乳製品のバターがある．野菜のうち，領主階層には不向きとされるのがタマネギ，リーキ（ポロネギ），ニンニク，青菜（レタス，チコリ，エンダイブ，フダンソウなど），根菜類（ニンジン類，カブ類，フェンネル，ラディッシュなど）である．イスラーム文化圏から菜園地に導入されたのは，ナスとホウレンソウである．農民の菜園地では見かけないサトウキビとコメの栽培は，気候と水利の制約から，中世盛期以降，イスラーム支配下のイベリア半島と地中海諸島に限定的に普及した．上層市民の需要を満たすため，不足分はコメ粉，砂糖のかたちで，輸入された．柑橘類の栽培は後にスペインの支配圏となるイベリア半島，地中海諸島，南イタリアに広がった（フランドラン＆モンタナーリ，2006）．

✖森林と耕地を組み合わせた土地経営から，市場を通じた消費経済へ　家屋の周りの菜園地の野菜，ニワトリやアヒル，ガチョウなど家禽類の卵，家屋から離れた耕地で粗放的に栽培される穀類や豆類，南欧なら村外れのオリーブやブドウの果樹園の収穫，村落の共同地（時に休閑地）で放牧・飼養する家畜の乳や肉が，中世の基本の食材だった．乳や畜肉の利用には，保存食品づくりが欠かせない．チーズ，塩漬け豚肉（燻製加工すればベーコン），魚の塩漬け・干物などが，一般的である．果汁を搾ってブドウ酒醸造に取り掛かるのも，オリーブの実から油を搾るのも，収穫してすぐの忙しい作業である．乾燥状態で保存する豆類や穀類のほか，栗の実は乾燥させて粉に挽き，保存してパンに焼いた．大麦からはアルコール飲料の「チェルヴィジア」（ホップは入らないビールの一種）をつくる．食材の収穫・加工・保存（もしくは週市で販売）は，一連の流れで進んだ．

✖人のステイタスが食材の違いを求める―パンとブドウ酒の実際　食文化におけるパンとブドウ酒の地位は不動だが，実際の食品には多様で明快な序列があり，人の身分と社会的ステイタスに基づき消費される．パンの筆頭は小麦粉の白パンで，次がライ麦の黒パン，さらに雑穀や豆，クリ粉が混じった灰色のパンが続く．粉挽き水車やパン焼き竈の使用料が払えず小麦「粉」とパンに手が届かない農民は，ソバ粉のガレットや大麦粉のフォカッチャ，穀粒を煮た粥をつくった．

教会典礼に不可欠の赤ブドウ酒の入手にも，地域差や身分差が反映する．ブドウ栽培ができない地域では，国際商業を通じて入手するしかない．生産地の南欧ではブドウ酒は身近だとしても，品質には差がある．身分が低い者には，ピケット（ブドウの搾りかすに加水して搾る）や，濃いブドウ酒（発酵が進むと酢になる）を水で割る飲み方も普通だった．裕福な者は宴会で，ハチミツや高価な香辛料の入った上等なブドウ酒を飲む．中世の食材の「多様性」は「多種類」ではなく，同じ食材でも身分によって，品質と価格，味付け，口にできる頻度などの消費の仕方に，大きな違いがある点が特徴的である（フランドラン＆モンタナーリ，2006）．

［城戸照子］

町家と農家

住居は住まい方に応じて改変され続ける．したがって，文化財に指定されているものであっても，とりわけ農家に関しては，間取りどころか当初の構造を残しているものはほとんどない．それは日本における農家と町家の状況とそれほど変わらない．またその形式についても同様に，都市に建つ町家が長屋形式である一方で，農家は一戸建てであることが多い．

中世の家々は，容易に調達できる建材の種類や環境条件，技術的，構造的制約に応じて，大きく木造と石造に分類される．特にローマの遺産が身近にあるかどうかが石を多用できるかを分けた．つまり地中海沿岸地域は，早い時期から石造化が進んでゆく一方で，北方ではハーフティンバー（木と石の混構造）が多く見られるなど，中世の住居は，建材や構法など地域的な特色を取り入れつつ多様な広がりを見せた．

✸町家　中世の町家は，基本的には2階以上の高さで展開する長屋であった．通常，中世の住居は矩形の敷地をもち，その短軸側が道路に接する一方で，長軸側は隣の家と壁を共有していた．間口は非常に狭く，建物は深い奥行きをもっていた．平面は，後述する農家と違い，機能に応じて間仕切り壁によって明確に分節されていたが，廊下を通じて行き来するよりも部屋同士を直接出入りする形式がほとんどであった．地上階は，大きな開口部によって道に対して開かれていた（図1）．その道は柱廊の場合もあり，街から家へと連続的につながる商いの場がそこには広がっていた．そのため玄関に続く間は，倉庫や作業場として使われる部屋であり，機能的な面でも日本の町家に近いところが多いといえる．

上階へのアクセス動線，つまり階段は屋内よりも屋外（家の側面や正面）に置かれ，階段につながる扉が正面側にしばしば設けられた．居住空間，つまり居室

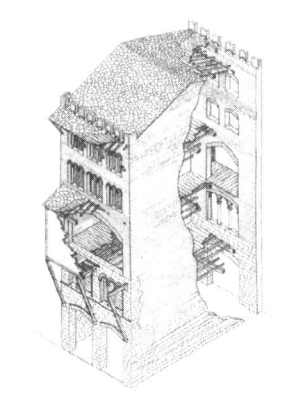

図1　イタリア，サン・ジミニャーノの中世町家の復元アイソメトリック図．通りに向けた開口部の設け方や，上階の張り出し，各階の構成が見てとれる［Grohmann, 2003］

や台所，水回りは2階ないしはその上階に配されていた．とりわけ台所については，煙の問題や火災対策のために，高層部に位置する傾向が強い．

敷地面積に応じて，住居の背後には庭が設けられ，一般的には飲用井戸と汚物を処理するための掃き溜めが設置された．一方で中庭が設けられる住宅がいくつ

か見られる．これは狭い敷地の中で通風や採光を確保するために生まれた空間であり，住宅の床面積を敷地の中でできる限り確保するための工夫であった．町家は地上階の間口にある大きな扉や窓を除けば，開口部は少なく，小さな窓がいくつか設けられる程度であった．しかしながらそれは限定的であるとはいえ，家柄や職業を示す印でもあったため，窓の形や装飾は多様性に富み，街並みに彩りを与えていた．窓のデザインと配置は，暖かい室内環境の維持や防犯面という実用的な問題への対応だけでなく，そこに住む人たちの暮らしや都市の中での役割を示す特徴的な要素といえる．

　中世を通じて進んでいく都市化や社会の階層化と密接に結び付いた町家の類型は，ヨーロッパ全土で見られ，大枠はほとんど変わらない．形式に大きな変化をもたらすのは，環境条件と技術的，構造的な問題である．北ヨーロッパ地域に見られる急勾配の木造屋根は雪から家を守り，屋根裏を倉庫として有効利用することから成立した．また狭い土地を有効活用するために，上階を道に対して迫り出させて，床面積を連続的に拡大していく町家も多く見られる．

✖️農家　農家に関しては，町家以上に情報が少ないが，11世紀頃の農家は単純な構造と平面形式であり，矩形平面に切妻屋根が架かる平屋であった．床は土間（固めた粘土）で，壁は漆喰で仕上げられていた．小屋組の梁の寸法によって短辺方向が規定されるため（3〜5 m 程度），農業の規模や農民の身分に応じて，長辺方向の長さが変えられた．小さなものは床面積が $30 \mathrm{m}^2$ に満たなかった一方で大型の農家は床面積が $100 \mathrm{m}^2$ を超えていた．当初はいずれにしてもその内部空間は壁のない単なる一室であったが，時代が下るにつれて，2室，3室と機能に応じて部屋ができていった．あるいは機能ごとに別棟を母屋の周辺に建てていくこともあった．図2は中世イングランドの農家平面の変遷を示しており，時代とともに機能

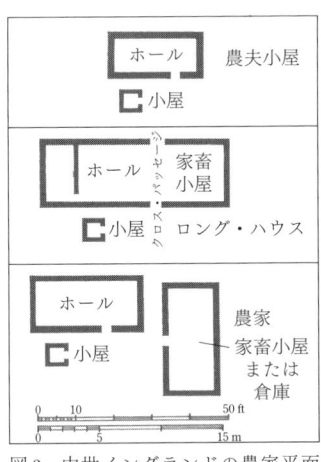

図2　中世イングランドの農家平面の変遷［大橋，2005より作成］

に応じて平面が変化してゆく様がよくわかる．母屋が2室に分かれる際には，火を使う空間（台所と居間）とそうでない空間（寝室や倉庫，貯蔵庫）がつくられ，これが基本的な形式となった．煙突をもつ農家はほとんどなく，また寒さを防ぐために窓などの開口部の数は限られ狭小であったため，部屋の中は常に煙たく，煤けていた．例えば，牧畜を主とする農家は，居間，台所が家畜（羊や鶏）のための場でもあった．つまり，あらゆる機能を担保するユニバーサルな空間を中核に，中世の農家は形成されていた．　　　　　　　　　　　　　　　　　［岡北一孝］

庭園と菜園

　庭園とは一般に，草木や石，水などを審美的な観点から造形した，慰安のための空間を指す．一般に経済性や実益は求められない．けれども中世の庭園では，娯楽と有用の峻別は困難である．例えば当時よく栽培されたユリやバラなどは，もともとは薬や食用であったものが，後に見た目の美しさや芳香が評価されるようになった品種だ．古代・中世のラテン語において，装飾性が強い娯楽用途のものは「庭園（viridarium）」，食用草本や薬草の栽培を主とするものは「菜園（hortus）」とする区分が一応は認め得るものの，両者の使い分けは必ずしも厳密ではない．

　中世庭園の現存事例は皆無であるため，文献や視覚史料の幅広い参照や，発掘調査の活用などが求められる．初期の代表的な研究としてはJ. ハーヴェイ『中世庭園』（1981）や，E. マクドガル編『中世庭園』論集（1986）があるが，これらは主に庭の審美的な側面に注目したものであった．近年は，M. レスリー編『中世庭園の文化史』（2013）のように，学際的なアプローチが登場し，庭という空間が有していた豊穣かつ多様な側面に光が当てられつつある．

✕修道院の庭園・菜園　古代ローマ時代に確立した大規模な農業生産システムは，古代末期の混乱により衰退に向かう．5〜6世紀には，農地経営の拠点であったヴィッラの多くは放棄され，庭園は廃棄されるか耕作地へと転換されていった．そうした状況の中，各地域の農地や菜園・果樹園を再組織化するのに一定の役割を担ったのが，大規模な修道院であった．構成員の食糧確保を目的としていたことはもちろんだが，修道士たちにとって農地を耕し菜園を管理することは，「庭師としてのキリスト」の真似びであり，またエデンの園を象徴的に再現することをも意味し得た．

　菜園での労働をとりわけ推奨したのがベネディクト会の戒律である．またカッシオドルスが設立した南イタリアのウィヴァリウムの修道院では，農業や園芸に関する書物の読書が推奨されていた．コルメッラやパッラディウスなど，古代ローマ時代の園芸，農事論も含まれていた．こうした傾向は後続の修道院の多くにも継承され，中世における古代園芸理論の受容に大きな役割を果たした．

　中世の修道院における園芸知識の詳細を伝える初期の史料としては，ベネディクト会修道士ヴァラフリド・ストラボのラテン語詩『菜園の耕作』（840頃）がある．著者が暮らしたライヒェナウ修道院附属菜園における園芸実践や，23種に上る栽培品種についてヘクサメトロス（六脚韻）で歌い上げている．

　貴重な視覚史料を提供してくれるのが，819〜826年頃制作と推定される通称「ザンクト・ガレン修道院平面図」である．理想の修道院を構成する諸施設を配

置した一種のダイアグラムで，中央の巨大な修道院教会の周囲に，コミュニティを維持するのに必要な工房，家畜小屋，食堂などが置かれている．その教会建築の南に隣接する広大な回廊（キオストロ）は，祈りと瞑想の空間であると同時に，四分割構成と中央の樹木によってエデンの園の象徴でもあった．また北東隅の施療院の脇には薬草園があり，16 枚の長方形花壇に，各 1 種ずつ香草や薬草（バラ，ローズマリー，ミント，セージなど）の名が記載されている．他方で敷地の南東部には 18 枚の長方形の花壇／畝を備えた菜園があり，こちらも同様に合計 18 の栽培植物名（セロリ，ニンジン，レタスなど）が記載されている．その脇には庭師の小屋もあり，修道院内における園芸技術の専門化を示してもいる．その菜園の北に広がるのが墓地で，興味深いことに果樹園と一体化している．

　同平面図はあくまで理想計画ではあるものの，10 世紀以降に広まるキオストロを中心とする修道院の構成や，修道士の人生のさまざまな局面をサポートする庭，菜園の役割を伝えてくれる．

✖王侯の庭　では，同時代の世俗権力の庭はどのような状態にあったのだろうか．当時の王侯の庭園・菜園の様子を伝える史料としては，8 世紀後半〜9 世紀初頭にシャルルマーニュが制定した「御料地令」がある．同文書には 89 品種の園芸・食用植物が列挙され，前述した「ザンクト・ガレン修道院平面図」の記載種もほぼすべて含まれている．ただし当時はデザインという発想は薄く，全体をまとめあげる軸線や対称性の導入などはほとんど見られなかった．また当時の王権は移動宮廷が一般的であったため，近代以降のような壮麗な王宮附属庭園は発達しなかった．結果として，城館に隣接した小規模な庭，菜園を，留守を預かる女性が管理する事例が多く見られた．

　中世後期の世俗庭園の一種として注目すべきは王侯の狩猟園である．特にイングランド，フランス，イタリアで発達し，広大な囲い地の中に噴水や園亭などもつくられた．ヘンリー 1 世がウッドストックに造営した狩猟園にはライオンやラクダ，ヒョウなどがいたという．中世最高の精華といえるのが，アルトワ伯ロベール 2 世が 1290 年頃から造営を始めたエダンの庭園である．約 940 ha の土地を 13 km に及ぶ壁で囲い，城の付近には花壇や果樹園を設ける一方，北方に広がる広大な敷地は，森や丘陵地帯，川の流れを取り込んだ一種のランドスケープ・ガーデンといえる構成になっていた．特に話題を集めたのが，精緻な自動機械人形装置や噴水であった．その実現には，アラブの機械製作技術を応用したとも，北フランスのエンジニアの技巧を採用したともいわれている．

　中世の後期になると，実践経験の知識を投入した園芸農業書が登場する．なかでもピエトロ・デ・クレシェンツィの『田園の恩恵の書』（1305〜09）は，財力や身分に応じた 3 タイプの装飾庭園のモデルを提唱し，それぞれに実用性と審美性が巧みに融合した庭園美学を提示したことが注目される．　　　　　［桑木野幸司］

火と陽

　電気もガスもない中世において，火はエネルギー源，明かりとして貴重だったのはもちろんだが，同時に最も危険な元素でもあった．そしてその重要性故に，燃える火さらには光としての火（陽光）が，世俗的にもキリスト教的にも，シンボリズムとしてきわめて頻繁に使われた．

✠暖炉・竈（篝火）　一般に，初期中世はもちろん，中世の末になっても大半の家では玄関から入った土間が家族皆の居間になっていて，地面に穴を空けて設えた囲炉裏や竈に裸火が焚かれ，暖房や調理など多面的な役割を果たした．

　暖炉（マントルピース）は，9，10 世紀から修道院や城にあったことが判明しているが，都市の家屋では後期中世になってようやく普及した．やがて部屋ごとに設置される石組み，あるいは粘土（陶土）製の器やタイルを多数使って火床を囲った暖炉と煙突が登場し，こちらは二階でも使用可能だった．後期中世になって竈が台所の調理具に特化するとともに，暖炉は部屋の暖房具となっていった．しかし農家では，この壁付きの本来の暖炉は中世末でも例外的であったようだ．

　ストーブは，中世半ばには寒い中・東欧で広まり，フランスでは東部に集中していた．ストーブは天井がドーム型で粘土で覆われた砂利の炉床になっているタイプと，高い塔型のタイプのものがあった．

✠蝋燭，ランプ　中世人は，基本的に昼夜のリズムに従って生活しており，夜は暗いのがあたり前で夜間労働は禁じられていた．それでも闇を克服したいという願いは強かった．そのための人工的な明かりとしては，蝋燭，松明，ランプなどがあったが，蜜蝋の蝋燭は上質で臭いがない代わりに，何本もいっぺんに使うとなると高価で，貴族などの富裕者しか利用できなかった．一方，庶民が使った獣脂蝋燭は安価だが煙が出るし，定期的に芯を切らねばならなかった．松明はより明るいが，大量の煙で壁や天井がすぐに煤けてしまうため，むしろ広い部屋か屋外での使用が通常だった．油ランプは蝋燭ほど値が張らず，松明ほど煙が出なかったので家庭で好んで日常的に使われた．ただし光は優しいが弱かった．油ランプは一般に油壺と灯芯を付けた嘴型の口からなるが，家具の上に置かれたり，「脚」の上に据えられたり，鎖でぶら下げられたりした．

✠火事　火事は，中世では最も頻繁で被害の大きな災害であった．その原因は，軍隊や盗賊による意図的な破壊の一環や放火，落雷などさまざまだが，圧倒的に多いのは失火で，木造家屋に藁葺き，板葺き屋根が主流だった時代，都市の密集地区では被害が甚大だった．

　中世の火災の歴史において印象的なのは，その発生の規則性である．例えば北

フランスのルアンでは，1200〜25 年の間に 6 回，つまり 4 年に 1 度，火事に見舞われた．火事になったらもちろん消火に取り掛かるが，中世には消防士はおらず，住民自身が動員された．大規模な火事で都市の街区がまるごと焼失することも多く，多数の住民が路頭に迷った．しかし他方で，大火災はその後数十年にわたり不動産市場を活性化させ，またそこに廃材業者が介入して，廃材を買い取って無視できない利益を上げることも少なくなかった．

⚔窓・採光　中世の最初の数世紀は，ガラスは希少な素材でほとんど使われなかった．公共建築でもガラス張りの窓は珍しく，「窓」とは壁の下のアーチ型の開口部であった．一般住宅でも窓は狭い長方形の開口部で，木枠を嵌めそこに油紙や厚布，羊皮紙や紙などを貼った．都市では細い街路の両側に家々が立て込んでいたので，狭い窓から陽光が室内に差し込むことはほとんど期待できなかった．ガラスが普及し出したのは，ようやく中世後半になってからである．教会の窓は早くからガラス張りされ，とりわけゴシック建築ではガラス窓から明るい光が燦々と差し入り，ステンドグラスを通せば目もあやな赤青の色光が堂内に満ちた．

　しかし世俗建築では，ガラス窓はより遅れて普及した．まず最初，宮殿や城塞において 12 世紀に用いられ始め，また都市では，13 世紀から公共建築や富裕都市貴族の家で見られた．しかし当初は贅沢品でふんだんに使われることはなかった．ガラスが一般市民に広まるのは，中世末から近世にかけてで，透明度は劣っても部屋は陽光で明るく照らされるようになった．

⚔火／陽のシンボリズム　ヨーロッパ中世文化を考えるとき，きわめて重要だと思われるのは，火と陽に対する人々の敏感な感受性，そこに生まれたシンボリズムとキリスト教的および異教的な儀礼であろう．

　住民のキリスト教化が不十分であった初期中世の間は，火を使った異教的慣習，儀礼が各地に残っていた．農村の豊饒儀礼などでは火が大活躍したし，雑草や毛虫，寄生虫を駆除する火の儀式や，家畜に火の中を通させたり，薪の山やその灰の上を踏み歩かせて病気を快癒，予防させようという慣行もあった．こうした異教的慣行がキリスト教の暦に組み入れられたのが，春の五月祭，夏の聖ヨハネ祭，また秋の収穫祭，冬のクリスマスと公現の祝日の間の十二夜，さらに謝肉祭と四旬節で，いずれにおいても火が重要な役割を果たした．

　ヨーロッパ中世の宗教生活における「光」と「灯明」について研究しているC. ヴァンサンによると，教会やその行事で盛んに灯される蝋燭や大蝋燭，ランプなどから発する「光」は神の属性を表しており，またその「光」をつくり出す「火」が，物質でありながら，触れられず形が定まらない不思議な特性をもっていることも教会にとって好都合だったという（Vincent, 2004）．復活祭の聖週間や葬送儀礼，死者崇敬に蝋燭や松明，油ランプが灯されて行列により光が撒き散らされたが，それは神の現存と死への勝利を表した．　　　　　　　　[池上俊一]

フィリップ善良公

黒装束に，自身が創設した金羊毛騎士団の頸飾を着け
た端正な顔立ちの肖像（図1）が，おそらくフィリップ
善良公（1396～1467）の典型的なイメージである．黒ず
くめの理由は，父ジャン無畏公がモントロで謀殺された
ことによる悲嘆にあったといわれるが，14世紀末以来，
黒い衣装はイタリアの上流社会ですでに流行していた．
父公ジャンも実はニコポリス十字軍の失敗後，黒の上着
を常用した．こうした黒の流行は，公式な場における男
性正装（および喪服）の嚆矢ともいえる．公フィリップ
はくしくも父の十字軍遠征中にブルゴーニュ地方のディ
ジョンで生まれ，フランドル地方のブルッヘで没した
（享年70歳）．

図1 ロヒール・ファン・
デル・ウェイデン
《フィリップ善良公》
[フランス，ディジョ
ン市立美術館]

皇帝や教皇の普遍的権威が失墜し，近代主権国家が芽
生えつつある中世末に，神聖ローマ帝国とフランス王国
に跨がり4代約100年に及んで権勢を誇ったのがブルゴーニュ公国（1384～
1477）である．フランス・ヴァロワ王家を出自として王国筆頭諸侯の地位にあっ
たブルゴーニュ公のうち，3代目のフィリップ善良公（在位1419～67）の治世は
半世紀近くにも及び，その絶頂期にあたる．イングランド・フランス両王家間の
百年戦争とアルマニャック・ブルゴーニュ両党派によるフランス内戦のさなか，
同公は現在のベネルクスにまで家領を拡大させ，独自の宮廷文化を開花させた
（北方ルネサンス）．その一方で，同治世はジャンヌ・ダルクという世紀のヒロイ
ンの登場によりフランスの命運が大きく転回する時期と重なり合う．

フィリップ善良公は，その父の謀殺をめぐるフランス王家との確執から北の低
地地方に定着するようになるが，ブリュッセルのクーデンベルフ宮ほか低地諸都
市の居城は今見る影もない．ディジョンに唯一残されたブルゴーニュ公宮（現
美術館）には祖父や父母の華麗な大理石の墓が見出される一方で，同公の墓は痕
跡すらなく，その名を冠して呼ばれる塔や厨房だけが当時の面影を残している．

同公が主催した宮廷催事の中で最も有名なのが「雉の誓いの宴」で，コンスタ
ンティノープル陥落翌年の1454年2月17日にリールのラ・サル館で催された．
当時の年代記作者らが，食事の合間に繰り出される趣向を凝らしたアントルメ
（余興）について詳述しており，これをJ. ホイジンガは名著『中世の秋』（1919）
において「遊び」として描いた．この祝宴に参加できなかった者による誓いを含
め，十字軍遠征を祈念した200余りの誓いが記録にとどめられたが，結果的に道
半ばのマルセイユまでで，成し遂げられるには至らなかった． [中堀博司]

9章　信仰と想像

本章の対象は，西洋中世文明の最も重要な核を形成する信仰と想像の領域である．この信仰と想像の領域は，古典古代文明やキリスト教的世界観，ゲルマン的習俗やケルト的想像力の複雑な絡み合いのうちに形成され，天地創造から最後の審判まで，そして天上から東方世界まで驚くほど広大な時空間を包摂するものであった．読者には，魂の救いを究極の目標として，神を観想し聖人に縋り儀礼に参加した中世人の豊穣な心的世界の魅力を存分に味わってもらいたい．

ただし，信仰や想像の働きが，現実から截然と切り離されていたわけでない点には注意したい．心的世界はたえず現実との交渉のうちに，相互の変容を引き起こし，政治や社会の潮流と深く結び合ってもいた．権威や秩序をめぐる教会内の生々しい闘争，救霊を求める民衆の信心活動，そして過去の表象による支配権力の正当化は，それら二つの世界の分かちがたい関係をよく表している．この点も，西洋中世世界の際立った特徴の一つなのである．　　　　［池上俊一／青谷秀紀］

聖人崇敬

　天国にいる聖人を尊敬し，倣い，神へのとりなしを願うこと．カトリックとギリシア正教では聖人の記念日（多くは命日）を定めて礼拝し，聖人の伝記を編纂するなど，聖人崇敬は信仰生活の大きな部分を占める．プロテスタントでは宗派によって違いがあるが，聖人を尊敬することはあっても，前述のように崇敬や儀式の対象とすることはない．歴史，美術，文学などさまざまな分野で研究が進み，近年ではグローバルな比較やジェンダーの視点も考察の軸になりつつある．

✖古代　旧約聖書では，バビロン捕囚後に偉大な祖先たちの功徳を思い起こすことが記され，彼らの功徳によって神が民に恵みを与えるという考えが広まった．新約聖書では神の民を聖なる人たちと呼ぶことはあっても，聖なる人に祈ることは記されていない．キリスト教初期の教会では殉教者への崇敬が盛んに行われ，2世紀に最古といわれる『ポリュカルプスの殉教記』が書かれ，キリストに倣って死に赴く姿が後の殉教伝に受け継がれた．殉教者の命日に墓の前に集まって儀式を行い，殉教者の遺体やゆかりの品を拝む聖遺物礼拝も始まり，各地の教会ごとに殉教者の記録を暦のかたちで残すようになった．ローマ帝国のコンスタンティヌス帝によってキリスト教が公認されると，殉教せずにキリスト教的な生涯を全うした聖人を証聖者として崇敬することが増えた．3～4世紀にかけてエジプトの砂漠で隠遁生活を行ったアントニオスの伝記（聖人伝）が死後間もなく書かれ，そこには厳しい生活を営んだこと，悪魔と戦い，奇跡を起こして人を救ったことなどが記された．またトゥールのマルティヌスのように，厳しい生活を営みつつ布教活動をした聖職者が聖人として崇敬されるようになった．彼の聖人伝の形式，すなわち青年時代の回心に始まり，俗世を捨てて修行し，司教として布教活動や信徒の世話をして，病人を治す奇跡を行う記述は，後の聖人伝に受け継がれた．なおこの時代の教会には聖人を公認する列聖手続きは確立しておらず，地元の殉教者や証聖者を教会や信徒が聖人と称え，崇敬することも多い．

✖中世　中世に流行する聖人の墓への巡礼は早くから行われていた．4世紀にエゲリアがパレスティナやエジプトを巡礼した記録を残している．またニュッサのグレゴリウスは聖テオドロスの聖遺物を聖人そのものとして礼拝し，コンスタンティノープルには使徒たちの聖遺物が集まるなど聖遺物礼拝が進んだ．東方では6～7世紀にかけて聖画像への礼拝が進んでいくが，西方の聖人崇敬は聖人の墓（特に聖遺物）に詣でるかたちが拡大していった．6世紀にフランク王クローヴィスは西ゴート王国との戦いに向かう際に，前述のトゥールのマルティヌス墓に勝利を祈願し，勝利の後は同聖堂に詣でて感謝を捧げた．これは後世の君主に

よる聖人崇敬の一形態として受け継がれる．8〜9世紀にかけてフランク王国の
カール大帝は王国統治のために教会の権威を頼み，聖遺物を集めた．ローマに葬
られている殉教者の遺体（聖遺物）が移されて（移葬），アルプス以北の教会や
修道院の祭壇に収められることも多かった．教会での聖遺物の安置と礼拝につい
ては教会会議でも布告され，『カールの書』（790〜792頃）と呼ばれる論考ではそ
の正当性が論じられている．フランク王国崩壊後も西欧では聖遺物礼拝が盛んに
なるとともに，教会や修道院ごとに安置する聖人にまつわる記録，すなわち伝
記，埋葬記，移葬記が数多く書かれるようになり，総じて聖人伝というジャンル
として発展した．1年間の典礼暦をキリストやマリアの生涯だけでなく，聖人を
崇敬する記念日で構成するようになり，典礼で朗唱される聖人伝集が作成され
た．また聖遺物の容器には聖人の像や生涯が描かれ，聖遺物が安置された聖堂に
は聖人ゆかりの絵画や彫刻が描かれるなど，聖人崇敬とともに美術も発展した．
11世紀頃までは聖書に登場する聖人や古代の殉教者と並んで地域ゆかりの聖人
が崇敬されていたが，12世紀の十字軍時代になると聖地エルサレムとその周辺
やコンスタンティノープルからキリストやマリアゆかりの聖遺物が西欧に流入す
るようになる．キリストは肉体とともに昇天したために現世に遺体を残しておら
ず，マリアもカトリックの教えでは肉体とともに天国にあがったとされるので
(聖母被昇天)，遺体としての聖遺物は現世にないとされた．そのためキリストの
受難ゆかりの品（茨の冠，十字架，聖槍，聖釘，聖杯など）や，マリアが身に着
けていた衣，髪の毛，母乳などは，現世に残された聖遺物として礼拝された．特
に13世紀頃からマリア崇敬が流行すると，多くの司教座聖堂がマリアに捧げら
れ，聖遺物への巡礼熱が高まるほか，マリアによる奇跡の物語が多く記された．
また同時期に，教皇庁が聖人を認定する列聖手続きを厳格に定めることで，出自
不明の地方聖人の礼拝よりも聖書にゆかりある聖人や，教会や社会に寄与した同
時代の聖人（アッシジのフランチェスコ）などへの崇敬が高まった．13世紀後
半に多くの聖人伝を集めた『黄金伝説』が編集され，広く流布した．

✖近世以降　宗教改革が起こり，プロテスタントは上記のような聖人崇敬を行わ
ない．一方カトリックは対抗宗教改革として，聖人の墓に詣でる巡礼を薦め，聖
人伝の編集と出版を盛んに行った．古くからの巡礼地は引き続き多くの人々を集
め，使徒ヤコブの墓があるサンティアゴ・デ・コンポステラへの巡礼などは現代
に至るまで盛んである．列聖の手続きもさらに厳密となり，17世紀に教皇ウル
バヌス8世は列聖を教皇によるものとし，候補者はまず福者に列せられ，次いで
審査を経て聖人となると定めた．19世紀以降に列聖の数は増えた．なかでも南
仏のルルドでマリアの出現に立ち会ったとされ，列聖されたベルナデットは奇跡
を起こす泉とともに現代でも崇敬を集め，ルルドの泉と彼女の遺体が安置された
ヌヴェールの修道院を訪れる人は今も多い．　　　　　　　　　　［杉崎泰一郎］

托鉢修道会

　托鉢修道会は 13 世紀に創設された新しいタイプの修道会で，通常ドミニコ会，フランシスコ会，カルメル会，アウグスティヌス隠修士会の四つを指す．俗世とのつながりを断つ従来の「観想的」修道制と異なり，都市の喧騒に身を置いて一般信徒の司牧や異教徒伝道など「活動的」使命に身を捧げた点に特色がある．

✖「使徒的生活」という転回点　托鉢修道会は 13 世紀に誕生したが，これに先立つ「12 世紀ルネサンス」の時代，キリスト教信仰のあり方もまた新たな局面を迎えた．都市の急激な発展と貨幣経済の浸透に反発するかのように，聖職者ではない俗人も福音書の教えを厳格に実践し，使徒（キリストの弟子）のように清く生きるべきとする信仰形態，「使徒的生活」が一世を風靡した．

図1　ジョット《フランシスコ会の会則を公認するインノケンティウス 3 世》（1295〜99 頃），［アッシジ，サン・フランチェスコ聖堂上堂］

ローマ教皇権にとって，こうした宗教的情熱の高まりは社会に対する教会の統制を強める好機ともなった．事実，第 4 ラテラノ公会議（1215）は年 1 回の告解（司祭に己の罪を告白し，霊的指導を仰ぐこと）を信徒の義務とした．人の心の内に罪の存在を指摘したうえで罰と赦しを与える，という教会聖職者の権威を，信徒個々人が内面化するよう仕向けたのだ．

　一方で，下からの宗教運動は制度的教会にとって脅威でもあった．特に問題視されたのは，俗人たちが盛んに福音を説いて，つまり説教をして，正規に認められた聖職者の領分を侵犯していた点である．こうして 1184 年，ヴァルド派などヨーロッパ各地で福音を説いていた集団が「異端」として断罪される．さらに 13 世紀，南仏のカタリ派に対するアルビジョワ十字軍，異端審問制度（ほかならぬ托鉢修道会自身がその主要な担い手となる）などが異端者を追い詰めていく．

　だが，これら対症療法的反応に加え，より予防的な措置の必要性も感じられていた．説教や告解など司牧教化活動を従来よりも積極的に展開し，俗人が正統信仰から逸脱するのをあらかじめ抑止することが追求された．「司牧革命」（Morris, 1989）と呼べるこの動きを現場で支えた存在こそ，托鉢修道会なのである．

✖「司牧革命」の尖兵　四つの托鉢修道会は，それぞれまったく異なる来歴をもっている．アッシジの聖フランチェスコという圧倒的カリスマを中心に「使徒的生活」を目指した俗人の運動に端を発するフランシスコ会に対し，ドミニコ会は南フランスのカタリ派異端を論駁して正統信仰へ引き戻すという特殊な目的を

かかげる聖職者団体として出発した．かたやカルメル会とアウグスティヌス隠修士会は，森や荒地で祈りと悔悛に明け暮れる「隠修士」の集団が個々別々に活動していたものが，教皇からの圧力で13世紀半ば以降に連合を進めたにすぎない．

ところが，教皇の強い意向を受けて，四つの修道会は結局のところきわめて似通った組織，つまり説教と告解を活動の中心に据えた司牧の専門家集団として社会に定着していく．托鉢修道会は，時に異端運動のかたちで暴発する民衆の宗教的情熱を教会が飼い慣らし，その組織に巧みに取り込む回路としての役割を教皇権から期待されたのである．1274年，第2リヨン公会議は，およそ1世紀来ヨーロッパを席巻してきた草の根的な宗教運動の総決算に乗り出す．新規の修道会創設が禁止され，四托鉢修道会は存続を許されたが，サシェ会など当時存在していた類似の団体は新規会員募集を停止され，程なく消滅することになる．

✠都市の中へ，そしてその外へ　農村部に根を張り世俗との隔絶に生きた旧来のベネディクト修道制とは対照的に，托鉢修道会が活躍の場を見出したのは，発展著しい都市のただ中であった．広大な所領を経営し莫大な利益を上げた従来型の修道院と違い，托鉢修道会士たちの生計は原則として人々の喜捨，つまり「托鉢」によったが，次第に資産運用など固定収入の比重が増した．ただし財産の保有をめぐる葛藤は特にフランシスコ会で大きく，「清貧論争」が繰り返されて1517年には組織が分裂するに至る．托鉢修道院は街区住民の互助的宗教団体である兄弟会（信心会）の拠点となり，都市の宗教生活の中核として機能した．憐れみと悔い改めを説く修道士の説教に感化された都市エリートが貧民救済策を打ち出すこともあった．多くの都市民が托鉢修道会の教会を自身や一族の墓所に選んだが，これは商売敵たる教区司祭など在俗聖職者の強い反発を招いた．

都市社会の申し子たる托鉢修道会士の活動はしかし，その外側へも大きく広がっていた．ヨーロッパ全域に国際的な修道院ネットワークを張り巡らせ，それを統御する総会・管区会議など統治機構を整備した．修道士は説教行脚(あんぎゃ)のため，また優れた説教に必要な神学の知識を大学などで学ぶため旺盛に旅をした．そのなかでトマス・アクィナス，ロジャー・ベイコンら傑出した学者，知識人を多く輩出した．またフランスの聖王ルイ9世を皮切りに，托鉢修道会士を聴罪司祭として重用し，外交使節など政治的任務をも託した世俗君主は枚挙にいとまがない．男性修道士に加え，シエナのカタリナら修道女も霊性の歴史に名を刻んでいる．

ヨーロッパを離れ，あるいは長らくムスリム（イスラーム教徒）の支配下にあったイベリア半島などでカトリック宣教に情熱を燃やした托鉢修道会士も少なくない．ドミニコ会はアラビア語，ヘブライ語など異教徒の言語を学ぶための学院創設を試みている．フランシスコ会士ジョヴァンニ・ダ・モンテコルヴィノは教皇の命によりはるか東アジアへ赴いて1294年に元の大都（現在の北京）に達し，現地の大司教として中国での布教に生涯を捧げた．　［梶原洋一］

異　端

異端とは，正統に対する相関的概念である．正統信仰から逸脱し，教義上の重大な異説に固執する者が，ときの正統側から異端者と見なされる．つまり，異端は社会の推移の中で歴史的に規定される存在であり，逆に正統教義も異端との対立を通じて練り上げられていく．古代ローマの初期キリスト教においては，受肉のキリストの内に神性と人間性がいかに存在するのかを問うキリスト論（クリストロジー）が論争の中心を占めていたが，西欧中世のキリスト教世界においては，異端の問題は教義のレベルにとどまらず，民衆的異端信仰とも相まって政治や社会と密接に絡み合い，深刻な事態を引き起こした．正統を自認するローマ教皇庁の権威ないし機構が拘束力をもつようになると，正統と異端の対立は激化していく．異端に対する十字軍や異端審問を通じた異端迫害の凄惨さもここに起因する．本項では中世異端の何が問題となったのか，歴史的経緯をたどってみよう．

✖中世異端の出現　11世紀前半，フランスや北イタリアなどで異端が相次いで見出された．これら一連の異端に相互のつながりはなかったが，ローマ・カトリック教会と教皇の権威を否定して，キリストの受肉や聖体の教義を否認し，洗礼の必要性や不道徳な聖職者が行う秘跡に疑義を呈する点，あるいは結婚の拒絶，肉食の節欲といった清貧の理想を追求する点など，後の多くの異端とも共通する類似性も認められる．一方，11世紀後半に教会刷新の動きとして進められたグレゴリウス改革では，聖職売買（シモニア），聖職者妻帯（ニコライティズム）といった悪弊が批判され，聖職者が使徒的清貧に戻ることが求められた．グレゴリウス改革はさまざまな「福音主義」の潮流を生み出したが，それに呼応して一般信徒が独自に「使徒的生活（ウィタ・アポストリカ）」を追求するようになると，教会の統制の外で清貧を勧め禁欲的な宗教を説く彼らの活動は異端視された．また12世紀以降，読み書きの実践が拡大する都市に新しい霊的希求の担い手となる一般信徒も出てくるが，都市の福音主義運動も「偽使徒」の運動として断罪されることになる．

✖ヴァルド派とカタリ派　12世紀後半，リヨンの富裕な市民だったピエール・ヴァルドは宗教的理想に燃えて全財産を処分し，聖書の俗語訳をもとに清貧を説いた．ヴァルド派は当初は教皇の支援を受けたが，聖職者からの正規の許可を受けずに説教したとしてヴェローナ教会会議（1184）において断罪された．彼らは善良なキリスト教徒なら男女を問わず誰でも説教し，罪の赦免を与え，パンとブドウ酒を聖別することができると主張し，聖書の註解を無視して独自に聖書を解釈し，巡歴説教を実践した．これは「教会の外に救いなし」の前提を取るローマ・カトリック教会の正統信仰の秩序に対する明確な挑戦にほかならなかった．

　また，ヴァルド派と同時期の異端で，教会への潜在的脅威としてはるかに危険視されたのがカタリ派だった．彼らは善悪二元論の世界観をとり，可視的な物質世界は悪魔の創造物だとしてこれを拒絶した．さらに，キリストの受肉を否定し，新約聖書を独自に解釈してカトリック教会の教義はことごとく誤りだと批判した．こうした徹底した反教権主義，反聖職者主義的な非難を受けて，第3ラテラノ公会議（1179）はカタリ派を異端として断罪した．アルビジョワ十字軍（1209〜29）もカタリ派の脅威への反応として打ち出されたものであった．

✖正統と異端の相剋　その後，異端審問が教皇グレゴリウス9世により創設され（1231），13世紀初頭に相次いで教皇の認可を受けた托鉢修道会のドミニコ会とフランシスコ会が教皇直属の異端審問官を輩出し，異端問題に対処した．とりわけドミニコ会士の説教は人々の霊的な希求にこたえ，カタリ派になびいた者たちを正統に引き戻す方途ともなった．中世後期にかけて異端審問官は，カタリ派やヴァルド派に加え，神秘主義的な自由心霊派とのつながりから異端視されたベギンなど半聖半俗の生活を送る男女にも追及の網を広げていく．

　一方で14世紀前半にかけてフランシスコ会の内部で巻き起こった清貧論争においては，急進的な聖霊派がペトルス・ヨハンニス・オリーヴィ（1298没）の清貧理想を軸に「裸のキリストには裸で従う」という実践を主張した．教会と教皇制度の腐敗を批判した彼らは，教皇ヨハネス22世により異端として厳しく弾圧された．フランシスコ会士という教会エリートの中にも異端として火刑に処せられる者が出てきたのだ．当時，ドミニコ会士も，また教皇でさえも異端の嫌疑を常に免れたわけではなく，正統と異端の相剋は激しさを増す．

✖宗教改革の先駆者たち　14世紀後半のイングランドではジョン・ウィクリフが，救済は神により信徒たちに予定されているとして教皇の支配も教会の支配も否定した．聖書が教理の唯一の規準だと主張するウィクリフによる英訳聖書はロラード派の福音伝道に用いられたが，ウィクリフの教理は断罪され，ロラード派も異端として迫害を受けた．だが，1381年のワット・タイラーの乱（農民反乱）ではこうした福音的清貧の説教が利用され，聖書的平等主義という観念が社会的平等として民衆にまで普及するなど政治的，社会的にも大きな影響がもたらされた．

　ボヘミアでは，ヤン・フスがウィクリフの教えに共鳴し，教皇至上権を批判した．贖宥状を弾劾して教皇から破門されるも信徒たちの霊的な求めに対応して説教を続けたフスは，コンスタンツ公会議において断罪され，1415年に火刑に処せられる．フスの死後，プラハの一般市民が起こした反乱は農民にも広がり，聖書に根拠のないものはすべて拒否する急進的なタボル派の反乱は社会により深く大きな反響をもたらした．民衆信仰の持続的で多義的な活力を背景とし，人々の社会への不安を掬い上げるかたちで聖俗にまたがって展開するこうした動きは，やがて宗教改革のうねりへとつながっていく．　　　　　　　　　［図師宣忠］

千年王国説

　始まりがあれば終わりがある，人が生まれて死ぬように．旧約聖書は「光あれ」という神の言葉とともに始まり，新約聖書は「ヨハネの黙示録」の「わたし（イエス）はすぐに来る」という宣言で終わる．終末（エスカトン）とキリスト再臨（パルーシア）に関わる議論が，時の終わりの待望という意志論に転じる時，終末論という霊的思潮が先鋭化して，いわゆる千年至福説，千年王国説（ミレナリズム）となった．この呼称はギリシア語の千（キリア）からキリアスムとも称される．

❇️来たるべき時への待望　アレクサンドロス大王の東征からコンスタンティヌスの時代に至るいわゆるヘレニズム文化の混淆折衷の中，ある民族の神はほかの民族には異神であり邪悪な神性（ダイモーン）として人々にさまざまな儀礼（模倣の業）をもたらすことになる．「どの霊をも信じるのではなく，神から出た霊かどうかを確かめなさい」（一ヨハ 4：1）．人は自然の秩序（本性）を離れ，神意の啓示という巧緻によってかえって自然を撹乱する．その導きとなった天使の黙示と悪魔の誘惑．千年王国への里程標としての来たるべき終末の幻視は，概ね「ヨハネの黙示録」解釈の追体験と化した．

　ユダヤ教に淵源する救世主待望（メシアニズム）が東方の占星術的宇宙誌の上に展開されてゆく．私たちには龍が縛められている千年の間の平安が保証されたのか，最後の審判までさらに千年を待たねばならないのか．ラッパの響きに天を見上げると，そこに天の門が開かれるのが見えた．玉座の周りに 24 の座があり，玉座の前には七つのともしびが燃え，その周囲に後に福音史家たちの象徴とされる四聖獣（テトラモルフォ）がいた．獅子，牡牛，人間のような顔をもつもの，鷲．これは七つの惑星と四季をつかさどる天の四つの獣帯星座（不動宮〈シグナ・フィクサ〉―獅子座，金牛宮，宝瓶宮，天蠍宮）の寓意的表現に違いない．玉座に坐す者の右手の七つの星（黙 1：20，2：1），玉座の前の七つのともしび（黙 4：5）が，表にも裏にも文字が書かれ七つの封印で封じられた巻物（黙 5：1）となり，これが紐解かれる．あるいは巻物とは運命の三女神（テュケー）が紡ぐ紡錘に準えられた天界そのもので，開かれる七つの封印とは七つの星座の印のことであったとすれば，そこから新プラトン主義的な『ティマイオス註解』の世界解釈が生まれる．

❇️千年の起算に関わる問題　「ヨハネの黙示録」は使徒ヨハネが書いたものではない，と物議を醸したローマのカイウス（3 世紀初頭）はその論議の中で，この黙示録の著者をキリスト養子論を説いたケリントスに擬した．そしてカイウスが

千年王国説を説いたというエウセビオス（4 世紀初頭）の雑駁な論議（『教会史』3.28.2）から，この説の創始者がカイウスとされたりするが，これはこの説の端緒が「ヨハネの黙示録」にあるというのと同義で，問題解決にはなっていない．一方，オリゲネスの弟子ユリウス・アフリカヌスは彼の年代記計算において，キリスト誕生を創造から 5500 年に据えてみせた．神にとって「千年は一日のごとく」（詩 90：4）だから，世界は 6000 年続き，休息の 7 日目，第七の時代に入るだろう．そして 4 世紀末，コンスタンティヌス帝の伝説とともに，迫害から解放されたキリスト教が圧倒的な勝利を宣言すると，千年王国説の隆盛も已むこととなった．これは龍が縛められ，千年にわたる平安がもたらされるに至ったということだろうか．

　というわけで，西暦 1000 年を迎えた教皇シルヴェステル 2 世に千年王国説を求める 20 世紀の諸説は後代から回顧する別の文脈の数論である．聖獣たちが「聖なるかな」（黙 4：8）を過去，現在，未来に向け三度繰り返すところに三位一体を聞き取るのは，後のフィオレのヨアキム（12 世紀後半）で，彼はこれをソロモンの竪琴の響きに準えた『十弦琴』を著すことになる．「預言の霊を授けられた」とダンテが天国篇で歌うヨアキムの歴史神学は聖霊の第三の時代が切迫していることを説くものだった．終わりの時は 1260 年．ヨアキムが明言したわけではないにせよ，いずれその推論はこの年号に漸近する．これが第七の休息の時代の到来であるのか，反キリストの先鋒であるゴグとマゴグとの最終戦争の始まりであるのか．

　「この千年が終わると，サタンはその牢から解放され，地上の四方にいる諸国の民，ゴグとマゴグを惑わそうとして出て行き，彼らを集めて戦わせようとする．その数は海の砂のように多い．彼らは地上の広い場所に攻め上って行って，聖なる者たちの陣営と，愛された都とを囲んだ．すると，天から火が下って来て，彼らを焼き尽くした．そして彼らを惑わした悪魔は，火と硫黄の池に投げ込まれた．そこにはあの獣と偽預言者がいる．そして，この者どもは昼も夜も世々限りなく責めさいなまれる」（黙 20：7-10）．

　彼の衣鉢を継いだフランシスコ会聖霊派は「こともなく」過ぎたその年に脱力する．しかし引き続きこの運動は，教皇庁のアヴィニョンへの移転（1309）への危機感からする矯激な思潮へと先送りされることになった．天使的教皇と最終皇帝の待望．これもまた中世の神秘的黙示録主義の亜種とは言えるだろうが，千年王国説からするなら逸脱だろう．かえって偽ヨアキムの『教皇預言集（ヴァティチニア）』の教皇列伝のような偽作にその待望がうかがわれるが，これもビザンツの『レオの預言』と称されるものの図像群から手繰り寄せられた黙示録的夢想の産物だった．私たちは改めて黒海の北から来るというゴグとマゴグの幻影に終末幻想を重ねて日々を送ることになった．　　　　　　　　　　　　　［大橋喜之］

神秘主義

　中世の人々は「神秘主義」という言葉をまだ知らない．今日のわれわれが「神秘主義者」と呼ぶ当時の著作家たち自身も，それを自認してはいない．もちろん「神秘」（ギリシア語の musterion，ラテン語の mysterium）の語は古代よりあり，中世にかけて「人知によってはとらえることのできない隠された神的現実」といった意味で用いられていた．中世も終わりに近い 15 世紀に，パリ大学の神学者ジャン・ジェルソンが，キリスト教神学を，知性や学問によって得られたものと，特別な啓示によって得られたものとに区別し，後者を「神秘神学（theologia mystica）」と呼んだ．神秘神学にはやがて，通常の人間には隠されているが，特別な人間にのみ与えられる神との合一体験の証言といった意味が付与され，しかもそうした体験は，教会の教義や位階制度に制約されない直接的体験と考えられた．この「神秘神学」という概念から近代以降になって宗教学の概念としての「神秘主義」（英語でいう mysticism）が派生してくると，神人合一の体験は，聖俗あらゆる身分の人間，さらにはキリスト教ばかりではなくあらゆる宗教の人間にも起こり得るものと見なされる．中世キリスト教の著作家たちの幾人かをわれわれが「神秘主義者」と呼ぶのは，そうした近代的「神秘主義」概念を適用してのことである．しかしわれわれはその概念の歴史について常に意識的であるわけではないし，誰を「神秘主義者」と呼ぶかについてわれわれの間で完全な合意が成立しているわけでもない（鶴岡，2017）．

✖修道院神学　12 世紀頃，ヨーロッパのキリスト教徒たちが，それまで彼らの心を支配していた最後の審判に対する恐怖を抜け出して，神の愛に目覚めたときが，いわゆる中世神秘思想の誕生と密接である．シトー会士クレルヴォーのベルナルドゥスとサン・ティエリーのギヨームは旧約聖書の「雅歌」に注目し，そこに描かれる男女の合一が，神と人間の合一を象徴するものであると解釈した．その合一は，古代においてそうであったように，神と教会の間の，あるいは神と人類全体の間の普遍的な一致としてよりも，神と一人ひとりの個人の間に起こり得る具体的で内面的な愛による一致としてとらえられた．しかも彼らはその合一を可能にする神的愛を，知性を越えた領域にあるものとした．彼らが今日しばしば「神秘主義者」に分類されるのはそうした理解によってである．しかし彼らはまだ自分の作品を，特殊な霊的体験をした人間の証言としてではなく，信仰に一身を捧げた修道士や聖職者であれば本来誰でも可能なはずの神との合一へ向けた修徳のうながしとして書いていた．

✖女性神秘思想　13 世紀になると，ネーデルラントではベギン（世俗の中で宗

教的生活を実践する平信徒の女性）といわれるハーデウィヒ，ドイツではシトー会修道女のマクデブルクのメヒティルト，フランスではやはりベギンといわれるマルグリット・ポレートといった女性たちが，それまで男性の聖職者，修道士，神学者にほぼ限定されていた著作活動に加わり，典礼や学問のための言語であるラテン語によってではなく民衆の言語で，個人と神との愛による合一の体験を相次いで証言した．彼女たちがそうしたのも，あくまで，同じ体験を目指す読者の修徳のためであったが，彼女たちはキリストの使徒たちのように福音書に従った清貧を実践する，当時のさまざまな宗教運動の共通理念「使徒的生活」のもと，徹底的に自己を放棄し，使徒たちに倣って聖職者，修道士，一般信徒の区別にもよらず，神と合一することを読者にうながした．また男性聖職者の一部も彼女たちの生き方や言葉に，特別な新しい聖性を見出し，彼女たちの「伝記」を著したりして，それを積極的に擁護する．このとき，神との合一体験は，出自や学問の程度の次元においてではなく，自己放棄の程度において，際立った人々のものであるという見方が萌芽していた．

✖教会と異端のはざまで　個人と神との直接の関係を追求する人々の傾向は，しかしやがて，人間と神を仲介する役割を担う教会から警戒され始める．聖職者の保護下に入らず，修道会にも所属せずにそうした生き方をする人々に異端の嫌疑がかけられ，相次ぐ公会議で禁令が出される．それと並行し，ドミニコ会やフランシスコ会などの托鉢修道会が，宗教運動の渦中にある人々を教会制度の内側にとどめるべく司牧に努めるようになる．ドミニコ会士で「神秘思想家」として名高いマイスター・エックハルトが活躍したのも，そうした文脈においてである．エックハルトは，神と人間の合一の基盤を個人の体験ではなく普遍的な知性に置き，合一を個人の主観から解放しようとした点で，神秘思想の伝統の中では特殊であった（それ故彼を「神秘主義者」とは認めない研究者も多い）．しかし「神は外的行為を愛さない」であるとか「善き人間はキリストと等しい神の独り子である」といった彼の文言は，異端と同調する響きがあるとして，教皇勅書によって排斥される．同じドミニコ会士ヨハネス・タウラー，ハインリヒ・ゾイゼ，律修参事会士ヤン・ファン・リュースブルクなどその後の「神秘思想家」たちは，神との合一そのものに三位一体論的意味を付与したり，合一における秘跡の役割を明確にしたりして，教会と神秘思想の和解に腐心した．しかし神秘思想の普及に対する教会の懸念は存続し，14世紀末には，リュースブルクやゾイゼらの影響を受けつつも，そこから神秘思想の要素を減じて清貧を追求するデヴォーチオ・モデルナ運動がネーデルラントの民衆の間に興り，かたや前述の神学者ジェルソンが「神秘神学」を特別な啓示を得た人の神学知と見なす．そうやって合一の体験が一部の特殊な人々の領域に囲い込まれたときが，冒頭で述べたように，近代的「神秘主義」概念の始まりである．　　　　　　　　　　　　　　　［菊地　智］

シスマ（教会分裂）

　シスマとは古代キリスト教会において分派を指す言葉であったが，中世カトリック教会では，対立教皇の選出により教皇が並立し，教皇権が分裂する事態を指すようになった．すでに初期中世から，ローマでの教皇位をめぐる党派抗争は存在したが，教皇の二重選挙が行われ，それが西欧教会にとり重大な政治的影響を及ぼすようになるのは，11 世紀後半以降，教皇位が枢機卿による選挙で決定されるようになってからといってよい．通常，教皇選挙の結果に異を唱える少数派の枢機卿が選挙をやり直し，新たな教皇を立てることでシスマは始まった．

　特に有名なのは 12 世紀に生じた二つのシスマである．一つはインノケンティウス 2 世（在位 1130〜43）と対立教皇アナクレトゥス 2 世（在位 1130〜38）とが 1130〜38 年まで争ったシスマである．このシスマでは，アナクレトゥス 2 世がシチリアの王位を認めてノルマン人からの支援を受けるが，一方で，それに対抗しインノケンティウス 2 世は北イタリア，フランスの諸勢力と結びながら，新しい教皇庁の行政機構を確立していったので，シスマが教皇庁発展の契機となったことで有名である．もう一つは，アレクサンデル 3 世（在位 1159〜81）の統治期の 1159〜77 年まで続いたシスマである．このシスマではアレクサンデル 3 世の教皇権に対抗し，神聖ローマ皇帝フリードリヒ 1 世（バルバロッサ）が支持した枢機卿の党派がヴィクトル 4 世（在位 1159〜64）を擁立し，西欧の政治勢力を巻き込み抗争を続けた．だがこのシスマの過程で，法学者でもあったアレクサンデル 3 世はフランスの支持を得ながら，教皇庁の上訴裁判制度を発展させ，西欧教会全体への影響力を拡大し，13 世紀における教皇権の発展の基礎を築いた．

✖教会大分裂の始まり　中世カトリック教会で，再びシスマが大きな問題となるのは，アヴィニョン教皇庁時代の終わりに生じた「教会大分裂」である．クレメンス 5 世（在位 1305〜14）から始まるアヴィニョン教皇庁は安定した教皇庁の文書行政を発展させたが，イタリアの教皇領を再構築すべくローマへの帰還を考えるようになる．教皇がローマに帰還する試みは，都市ローマでの党派抗争などもあり，なかなか実現しなかったが，最終的にグレゴリウス 11 世（在位 1370〜78）が，1376 年 9 月にアヴィニョンからローマへ旅立ち，1377 年初めにはローマで教皇庁業務を再開した．しかし彼が間もなく 1378 年 3 月に没すると，ローマの聖職者たちは枢機卿にローマ人を教皇に選ぶように強いる．コンクラーヴェ（教皇選挙）が始まると，多くの民衆が「新教皇にはローマ人，それでなければ少なくともイタリア人を選ぶべきだ」と威嚇し要求した．その結果，バーリ大司教バルトロメオ・プリニャーノが教皇に選ばれ，ウルバヌス 6 世（在位 1378〜89）と

なる．しかし，1378 年 7 月，フランス人の枢機卿たちは，ウルバヌスの選出が脅迫によるもので無効だと宣言し，9 月には枢機卿の一人ジュネーヴのロベールを新たに教皇として選出した．彼はクレメンス 7 世として即位し，その後，アヴィニョンに移った．

　ここから，二人の教皇が並び立つ「教会大分裂」が始まる．どちらの教皇を正統な教皇と見なすかは，司教座，修道会，各地の王がそれぞれの判断で決めたが，アヴィニョンの教皇を支持した地域は，フランス，ナバラ，アラゴン，カスティーリャ，スコットランド，ナポリ，シチリア，ドイツ王国内の西部で，ローマの教皇を支持した地域は，イングランド，アイルランド，ドイツ王国の大半，ポーランド，ハンガリー，ドイツ騎士修道会領，スカンディナヴィア諸王国，北中部イタリアのほぼ全部，ポルトガルである．

　このような深刻な教皇権の危機に際して，フランスでは教会分裂を公会議により解決しようとする公会議主義思想が高まった．実際，1390 年以降，フランス王とパリ大学は使節を両党派へ送り，双方の教皇の退位と会議での新教皇の選出を求めた．結局，両教皇の枢機卿たちが，1409 年 3 月にピサに教会会議を招集し，公会議主義によるシスマの解決を目指した．ピサの教会会議では，アヴィニョン派のベネディクトゥス 13 世，ローマ派のグレゴリウス 12 世を廃位し，新たに教皇アレクサンデル 5 世を選出したが，アヴィニョンとローマの教皇は退位を拒否したので 3 人の教皇が鼎立し，西欧各地の王権，司教座，修道会も自身の利害により 3 人の教皇のいずれかに服したので，西欧教会全体を巻き込んだ教会分裂が生じる．この深刻な事態を解決すべく，公会議が教会の最高の権威であるという考えに基づき，公会議による解決が模索され，皇帝ジギスムントが指導し，ローマ側の教皇ヨハネス 23 世の合意のもと，コンスタンツで公会議が開催されることになった．

※コンスタンツ公会議と教会大分裂の終了　　コンスタンツ公会議は，皇帝ジギスムントが 1414 年 11 月，コンスタンツでの公会議開催を布告し始まる．公会議が始まると，会議に参加したピサ派の教皇ヨハネス 23 世は廃位を恐れ逃亡し，公会議自体を解散させようとしたので，公会議は 1415 年 4 月対抗措置として教令「ハエク・サンクタ」を公布し，公会議の教皇権に優る権威を確認する．その後，3 人の教皇とも廃位され，公会議は 1417 年 11 月，ローマ人オットー・コロンナを教皇として選出し，彼がマルティヌス 5 世として即位した．マルティヌス 5 世は教令「フレクエンス」を公布し，定期的な公会議開催を定め，また，教皇に属する諸権限の削減などを含めた教会改革を受け入れ，五つの「国民団（ナティオ）」と政教和約を結んだので地域教会の独立性が強まる．コンスタンツ公会議により，教会大分裂の事態は一応の収束を見たが，この時点で中世教皇権の衰退は明らかであり，ガリカニスムと宗教改革への道が開かれたといってよい．　　［甚野尚志］

公会議

中世に開催された「教会会議」すなわちラテン語でシノドゥス（synodus）と呼ばれるものは，古代ギリシア語の「集会」を原語とし，2世紀半ばに各地の聖職者が参集して行った会議を原型とする．一方「公会議」すなわちラテン語でコンキリウム（concilium）と称する集会も広義には教会会議に包摂できるが，中世においては教会改革を経て形成された普遍的教皇権の指導下に実施された会議や，教会大分裂といった危機に対応するために開催された会議を，それ以外と区別して公会議と呼ぶことが一般的である．公会議に「普遍」という言葉を冠し教会会議に「地方」という語を付して両者のおおよその相違を含意する場合もあるが，中世公会議の性質に関してはなお議論が必要である．

✖中世における公会議　キリスト教公認後のローマ帝国においては，4〜9世紀にかけて全教会的性質の会議がニカイア，コンスタンティノープル，エフェソス，カルケドンで合計8回開催され，これらには皇帝や帝国官吏も臨席した．その後，西ヨーロッパでは11世紀頃までは，地方の司教のみが集まって教義や典礼に関して討議し合意を形成する教会会議と，国王や諸侯，騎士などの世俗の人々が参加する聖俗両立型の教会会議の双方が行われており，公会議は開催されなかった．

しかし，教会改革において生起した叙任権闘争を終結させたヴォルムス協約（1122）に関し，その議決を各地の聖職者に伝達し共有する目的で開かれた第1ラテラノ公会議（1123）以降，ローマのラテラノで4回，リヨンで2回の開催を経て，異端問題や修道院改革など幅広い教令を定めたヴィエンヌ公会議（1311〜12）まで7度にわたり行われた公会議は，いずれも教皇の主導下に行われた公会議であり，聖職者的な会議の性質を帯びるものであった．これらは初代教会以来の言説によって定義付けられてきた公会議としてのさまざまな要件，例えば教会ヒエラルキーの高位の聖職者が集い，ローマ司教（教皇）が中心的な役割を果たす最上位の会議であったこと，そして信仰共同体における問題を調停するために機能していたという点で，まさに公会議と呼び得るものである．

これらの公会議ではおびただしい数の教令が発されたが，いずれも教皇や教皇庁によって事前に準備されており，会議はそれらの是非を議論する場ではなく承認あるいは多少の修正を与える場であった．このことは教会改革以後の教皇権が西欧社会に対して多大な影響力を行使していたことを物語っており，実際，この時期の社会のあり方に決定的な影響を与えた重要な教令も少なくない．特に第4ラテラノ公会議（1215）で顕著なように，聖職者全体や一般信徒の信仰生活に活

力や救済，あるいは制限と懲戒を付与するような性質の教令が多く見られることは，古代の公会議に比して特徴的である．

他方でこうした状況は，中世における公会議が，東方教会との漸次的乖離やイスラーム勢力の地中海進出ゆえに，西方ラテン・カトリック世界に限定して行われたことを逆説的に示している．したがって東方教会やプロテスタント諸教会はこれらの会議を公会議として認めていないが，対してカトリックは，対抗宗教改革時代から現在に至るまで，教会内部における議論や他宗派との対話を通じ，これら公会議の権威と意義を訴え続けている．いずれにせよ中世に確立した公会議の伝統と精神は，近世，近代の公会議にも継承され，カトリックの刷新と成長，拡張に貢献したことは明白である．

✠公会議主義　14世紀以降，フランス王フィリップ4世に代表される世俗君主は教会に対する干渉の姿勢を強めるようになったが，それに対して教皇は普遍的権威を強調しつつ王の屈服を企図したものの，むしろフランス王権の圧迫を受けて教皇庁はアヴィニョンに移転するに至った（1309〜77）．教皇のローマ帰還（1378）が実現した直後には，アヴィニョンとローマに教皇が並立し，事態はますます錯綜した．この教会大分裂（1378〜1417）が従来のシスマと決定的に異なる点は，いずれの教皇就任にも法的瑕疵（かし）がなく，おのおのが教皇庁を構え，後継者が選出されたことであった．このことはヨーロッパ社会そのものの分裂を招き，教会のみならず大学，都市，世俗君主，一般信徒にまで深刻な影響を及ぼした．

この状況下，公会議の議決は無謬（むびゅう）であるという考えが突破口となり，「教会を代表する者はその頭である教皇ではなく，公会議である」という思想が生まれた．これを公会議主義（公会議首位主義）といい，コンスタンツ公会議（1414〜18）における教令『ハエク・サンクタ』で明確に主張され，会議ではさまざまな案件への議論が深まる中，単独教皇マルティヌス5世が登位するに至り，長期にわたる教会大分裂が終息した．

その後，バーゼル公会議（1431〜37）が開催され，コンスタンツでの諸議題や東西教会の合一について議論が行われる予定であった．しかし主催者の教皇エウゲニウス4世は各枢機卿に対し「公会議に対する教皇権の優越」を認めさせ，その支持者がフィレンツェ公会議（1438〜47）を開催する目的でイタリアに退去するに至り，バーゼルに残留したグループは追放され，公会議主義は敗北した．

フィレンツェでは主にバーゼルで提起された東西教会の問題，すなわち滅亡寸前のビザンツ帝国に対する西方主導の教会合一という重要案件が議論され，公会議主義はすでに過去のものと化した．しかし，教皇至上主義が教会や社会に不当な影響を与えるとき，公会議が一種の民主的合議体として解決にあたるということは，信徒が理想とする古代教会への回帰とも，また，よりバランスのとれた教会統治を回復する手段とも考えられ，示唆に富んでいるといえよう．［藤崎　衛］

巡　礼

　中世の三大聖地とは，エルサレム，ローマ，サンティアゴ・デ・コンポステラ（以下，サンティアゴと略記）を指す．言うまでもなくエルサレムは，聖墳墓教会に象徴されるイエスの受難と復活の地，ローマは聖ペテロと聖パウロの殉教地である．そしてサンティアゴは，殉教後の移葬伝承で知られる十二使徒の一人で，生前スペイン伝道に従事したとされる聖ヤコブ（大ヤコブ）ゆかりの聖地にほかならない．

　発心し旅費と衣装を整えた巡礼者は，脱俗儀礼によって世俗社会から一時的に切り離されて，「半俗半聖」の身分，すなわち「神の貧民」となる．そのうえで多くの場合，巡礼行での相互扶助と危難回避のための社会的結合である「巡礼講」を組織する．こうした巡礼者が，来世での霊的救済と病気治癒や貧困からの脱却などの現世利益を願い，聖遺物に触れながら人類史の原点たる「失われた楽園」に回帰しようとした「贖罪の旅」が巡礼であり，それは「聖なる中心点」である聖地において頂点に達する．聖遺物の横溢する「聖なる空間」の中で実践された「苦難の長旅」を通じて，巡礼者は回心し，再び世俗社会に回帰するのである．

　「巡礼講」には商人や手工業者といった民衆を中心に，貴族や聖職者，自由業従事者，貧民など多様な階層と年齢層の人々が参与し，女性の参加も少なくなかった．多くの巡礼者にとって，日常的生活圏を越えた長距離移動としての巡礼行は，移動のための物的条件（宿泊施設，為替制度，巡礼路の安全）の整備と移動情報の普及を不可欠とし，無料の食事，宿泊，医療サービスを提供する施療院なしには，達成できなかった．

❌ペロ（ペドロ）・タフールのローマ，エルサレム巡礼　聖ペテロの継承者である教皇の座す聖地ローマ．イエスゆかりの聖地エルサレム．この二つの聖地を経巡る巡礼者は，古代末期以来，確認される．15世紀前半のセビーリャの下級貴族で，巡礼記を書き残しているペロ・タフールも，そうした巡礼者の系譜に属する．ボローニャでエルサレム巡礼の赦しを与えられたペロ・タフールは，エルサレム巡礼に先立ち，まずローマ巡礼を実践した．聖地ローマではサン・ピエトロ大聖堂，サン・パオロ大聖堂などを巡拝し，そこに安置されている崇高な聖遺物について詳述する．聖ペテロと聖パウロの遺骸，聖女ヴェロニカの聖顔布がそれである．わけても多くの巡礼者の内面をとらえたのは，十字架を担いで「ゴルゴタの丘」へ向かう，イエスの顔を拭ったとされる聖顔布であった．

　15世紀前半のローマでは，33年（1470年以降は25年に短縮）ごとに聖年（ユビレウス）が設定されており，この年にローマを訪れた巡礼者には，全贖宥（全

面的な罪の赦し）が与えられた．聖年にサン・ピエトロ大聖堂の聖顔布を拝観しようとする巡礼者は，膨大な数に上り，雑踏の中で圧死者も出るほどであった．ローマ巡礼完遂後，エルサレム巡礼の起点都市ヴェネツィアに入った．

　次いでペロ・タフールは 1437 年，エルサレム巡礼団の一員としてヴェネツィアを出発し，クレタ島などを経由して，エルサレム西方の海港都市ヤッファに上陸した．ヤッファで巡礼団は，エルサレムのシオン山のフランシスコ会修道院（教皇庁とマムルーク朝の了承を得て 1332 年創建）から派遣された，数名の修道士の出迎えを受けた．これらの修道士は，マムルーク朝への流通税などの支払いを条件に，所定の巡拝ルートを経巡るエルサレム巡礼者を案内する，「現地ガイド」でもあった．フランシスコ会士に伴われてマムルーク朝下のエルサレムに入城すると，現地のキリスト教徒の歓迎を受け，シオン山のフランシスコ会修道院が運営する施療院に宿泊した．翌日，「ゴルゴタの丘」に建つ聖墳墓教会でミサに与(あずか)り，イエスや聖母マリアゆかりの聖跡，聖ペテロと聖ヤコブの家などを訪れ，多くの聖遺物に接したのであった．イエス生誕の地ベツレヘム，ヨルダン川，死海なども巡歴し，ヨルダン川ではイエスに倣い，巡礼者全員が沐浴した．

✖サンティアゴ巡礼　　ヨーロッパ大陸の極西部に位置する，「地の果て」の聖地サンティアゴは，ヨーロッパ各地から民衆を中心に多くの巡礼者を集め，巡礼者数と社会層の多様さの点で，ローマ巡礼やエルサレム巡礼を凌駕した巡礼現象であった．聖ヤコブの殉教日（7 月 25 日）が日曜日にあたる聖年には，わけても多くの巡礼者が蝟(い)集(しゅう)した．12 世紀の『サンティアゴ巡礼案内』によれば，主要巡礼路はフランス諸都市トゥール（パリ），ヴェズレー，ル・ピュイ，サン・ジルを起点とする 4 本で，ピレネー山中のソンポール峠など多くの難所を抱えていた．多数のフランス人巡礼者が参与したことから，「フランス人の道」とも称された巡礼路は，パリからでも片道 1,600 km に達する「苦難の長旅」そのものであった．「苦難の長旅」を支えたのは，巡礼路都市レオンのサン・フロイラン施療院のような慈善施設であった．そこでは健常な巡礼者のみならず，罹患した巡礼者も受け入れ，無料で治療や投薬が行われた．

　十二使徒の中で最初に殉教したとされる聖ヤコブは，キリスト教徒にとってイエスに最も近い聖人と目された．それ故聖ヤコブの神への執りなしは，永遠の救済や死者の復活，病気治癒などの現世利益のうえで，大きな効験があるものと見なされた．冤罪で処刑されたドイツ人巡礼者の復活や，農民を虐待した罪で一度は病に倒れるが，改悛後に快癒する領主について述べた奇跡譚も興味深い．それらは社会的不正の是正，別言すれば正義の回復，「神の法」の実現を意味するからである．白馬に跨って天から舞い降り，ムスリム（イスラーム教徒）を殲(せん)滅(めつ)する，「キリストの戦士」聖ヤコブ像も，12 世紀以降定着する．レコンキスタ運動が「西方十字軍」とされるゆえんである．　　　　　　　　　　　［関　哲行］

プロセッション（宗教行列）

プロセッション（宗教行列）は，信仰上の目的を共有する集団が行列を組み，特定の場所から別の場所へと進む行為を指す．すでに古代末期から中世初期にかけて，ミサに際して教会人により聖堂内で実施される小規模な行列から，教皇がローマ市内の指定参詣聖堂に赴く際の大規模な行列まで，種々のプロセッションの記録が見られる．こうしたプロセッションは，時代が下ると，都市と教会の協力のもと大規模に実施され，市民的な信仰の中核に位置するものとなっていく．

✖プロセッションの基本的性格　プロセッションの類型や機能についてはさまざまな見方があるが，ここでは簡単に祝祭型と贖罪型に分類しておく．さらに，これらは定例的に実施されるものと，特別な機会に実施されるものに分けられる．儀礼の具体的な機能としては，救済史的な記憶の喚起，集団や空間の浄化・聖別，神への祈願や感謝といったものがあげられよう．

例えば，4世紀後半にエルサレムでの実施が確認され，9世紀までにガリアに広まった枝の主日のプロセッションは，毎年，祝祭的な雰囲気の中，キリストのエルサレム入城の記憶を喚起するものであった．中世盛期以降のシャルトルやオセールでは，土地の起伏などの地理的条件，教会や市門の扉などの建造物を利用し，プロセッションが展開される場をエルサレムとその周辺に準（なぞら）え，都市空間を聖なるものへと変容させる工夫が施されていた．

贖罪型について最もよく知られているのは，後の教皇グレゴリウス1世による590年のプロセッションであろう．テヴェレ川の洪水とこれに伴う疫病に見舞われたローマの惨状を前に，グレゴリウスは贖罪によってさらなる神罰を回避するための大規模なプロセッションを組織している．こうした災厄からの解放を神に祈願するための臨時の行列は，中世初期の間，グレゴリウス以後の教皇たちによってもたびたび実施された．中世後期には，必ずしも常に贖罪性が強調されるわけではないが，都市政府が同様なプロセッションを組織するようにもなり，ストラスブールでは1437〜1523年に46回の祈願行列条例が公布されている．

✖プロセッションと都市社会　14世紀以降，プロセッションは都市政府による社会統合の手段ともなった．この時期，教会の協力を得て都市政府が屋外で実施するプロセッションは，大規模なものとなる．とりわけ，1264年に制定された聖体の祝日には，14世紀以降，ヨーロッパの各地で都市空間を大々的に活用したプロセッションが実施された．これらのプロセッションでは，天蓋のもと聖職者が顕示台に収められた聖体を運び，これを中心としてギルドをはじめ市内の多様な社会集団が団体ごとに列をなして市内を練り歩いた．この際，行列は，聖体

のもとに集う都市社会の調和を体現し，常日頃，経済的格差と紛争に苛まれる市民の共同体に統一をもたらす役割を期待された．

　また，この時期には，都市の守護聖人や聖遺物を記念するためにも大々的なプロセッションが実施されている．毎年 5 月 3 日に実施されたブルッヘの聖血行列の場合，聖体行列以上に象徴的な方法で，都市の聖なる共同体としての性格が示された．この日，聖血を掲げた行列は，都市を聖遺物により外部の悪しき力から守るため市壁を一周する．その際，一行は，四つの市門での出入りにより都市空間に十字を重ね合わせ，これを聖なるものに変容させる．こうした儀礼的所作を通じて，市民は聖なる都市の一員としての自覚を強くしたのである．

　もちろん，行列を組織する者たちの狙いが常に成功したわけではない．15 世紀後半のチェスターでは聖体行列での序列をめぐってギルド間で争いが生じているように，この儀礼には，市内のヒエラルキーを可視化し，紛争を引き起こす契機にもなるという一面が見られたのである．それでも，プロセッションが，市民に聖なるものとの関係を通じて自らの位置付けを確認する機会をもたらし，そのアイデンティティに強く働きかける儀礼であったことに違いはない．

✖メディアとしてのプロセッション　屋外で展開されるプロセッションは，聖俗の空間的な壁を取り払い，参加者と見物人の双方が聖なる時間（救済史的記憶）と聖なる空間（天上のエルサレム）を想起・（追）体験する機会を提供した．そうした聖なる時空を現出させるための演出は，聴覚面（随所で口にされる祈祷や讃美歌など）だけではなく視覚面にも及ぶ．プロセッションを導く十字架や旗は，12 世紀にドイツのルーペルトらが言うように勝利者キリストを象徴するものであった．枝の主日のプロセッションにおいては，中世盛期以降ルーアンなど北仏諸都市で悪しき力を象徴するドラゴンの模型が用いられ，中世後期のドイツ都市ではロバに座したキリストの像が普及する．ドラゴンは祈願祭の行列でも登場し，ペトルス・ロンバルドゥスの『詩編註解』（12 世紀前半）やヤコブス・デ・ウォラギネ編『黄金伝説』（13 世紀後半）によれば，最初の 2 日間は力に満ちた様子で十字架を従え，最後の 3 日目は打ち負かされた状態で十字架の後を進むなど，演出面での工夫も見られた．また，14 世紀以降，ヨークの聖体の祝祭では，行列が実施されるだけでなく，都市の各ギルドが山車を活用して聖史劇を上演している．15 世紀ブリュッセルの聖母行列の場合，歴代の君主（ブラバント公）に扮した人物たちが行列に加わると同時に，おそらくは射手兄弟会により〈聖母の七つの喜び〉の舞台が用意され，聖俗の歴史の融合が試みられた．

　視聴覚に加え，香炉から漂う香りや特定の身体所作により嗅覚や触覚をも刺激する仕掛けがその都度の目的に合わせて組み込まれることで，プロセッションは，天上世界と現世の間で，そして社会諸集団の間でさまざまなメッセージを媒介するマルチメディアとしての役割を果たしたのである．　　　　　　［青谷秀紀］

兄弟会

　兄弟会（兄弟団，信心会）とは，特定の守護聖人への崇敬（聖人信仰）の絆によって互いに結び付けられた自発的な人々の信心の団体である．12世紀以降，イタリアや南フランス，イベリア半島など南欧世界を中心に叢生し，ヨーロッパ全域でその活動が知られている．兄弟会は，都市，農村を問わず，また聖職者，俗人を問わず結成されたが，とりわけ都市において街区や小教区などの地縁的絆や職業団体としてのギルド（同職組合）と重なりつつ生み出された．必ずしも同一職種，血縁，身分関係などに限定されることなく，ただ崇敬する聖人への帰依と規約の遵守に基づく人的絆によって相互に結び付いた点が重要である．兄弟会の目的は，メンバーの葬儀，祭礼，慈善などの宗教的，社会的活動を共同で実践することにあった．

✖背景　兄弟会が都市で広がった背景には，中世の民衆信仰の中核をなした聖人崇敬の隆盛がある．兄弟会の活動の中心にあった「亡くなった仲間と死すべき自身の魂の来世における救済」という願望を満たす存在が守護聖人である．中世盛期以降，聖母マリアや聖ヨハネなど聖書に由来する主要な聖人や，ヨーロッパ各地のローカルな諸聖人たちに現世における「無事」と来世における「執りなし」を求めた人々の崇敬熱の高まりは，人々が聖人に託した願望の大きさを示している．なかでも人気のあった守護聖人は，聖母マリアである．例えば中世後期のフランスのノルマンディ地方では，約1,200の兄弟会（コンフレリー）が創設されたが，その3分の1以上が聖母マリアを守護者としていた．また，ヨーロッパ各地で聖母マリアを守護聖人とした都市も多く，マリア崇敬のための讃歌合唱を行う「マリア讃歌兄弟会（ラウデージ）」が13世紀以降，イタリア都市をはじめ各地で誕生した．

　他方，13世紀以降，托鉢修道会の説教活動のもとで，聖人の称揚よりも現世における人間の罪深さを受け入れ，十字架に架けられたキリストの受難を追体験して，来世での苦しみを和らげるために改悛と贖罪の行為を実践した鞭打ち苦行の兄弟会がイタリア都市において数多く現れた．特にペストの流行した14世紀半ば以降，鞭打ち苦行の兄弟会は隆盛をきわめていった．托鉢修道会は，市民の罪の告白を聴聞し，また商業がもたらす利潤や報酬の正当化を通じて来世における救済に対する都市民の不安に応えて，兄弟会による新たな市民的信仰の高まりをカトリック教会体制の側から支えたのである．

✖活動　兄弟会は，ヨーロッパの南北を問わず，基本的には共通するエートス（心性）をもって活動したように見える．第一に，信心と典礼的生活の実践であ

る．兄弟会は聖母マリアなど特定の守護聖人を祀るため，帰属する教会や修道院に祭壇を設け，年間を通じて定期的にミサや祈祷，プロセッション（宗教行列）などに関わった．第二に，慈愛（カリタスとミゼリコルディア）の実践である．兄弟会は，メンバー，隣人，あるいは行き倒れた異邦人の死に際して葬儀と埋葬を執り行い，死者供養を通じて現世と来世を結ぶ霊的救済に参与するとともに，貧困に陥った仲間や寡婦，老人にパンや衣類などの物的援助を行った．第三に，身分や職業を超えた社会的絆（ソシアビリテ）の形成である．兄弟会は，一定の運営組織と規約をもち，入会金や年会費の納入，定期的会合の開催，宴会や守護聖人の祝日におけるプロセッションへの参加や祝祭の準備などを通じて，教区教会や街区組織，同職組合や市政組織などと密接に関わっていった．とりわけ多様な人々が暮らす都市において，都市共同体内のさまざまな社会集団間の水平的つながりを促進したと考えられる．

✖規模と構成　兄弟会は一般に，都市の多様な階層に開かれた団体であったが，入会条件やメンバーの数や社会的構成は兄弟会によりさまざまであった．

フィレンツェの聖マルティヌス兄弟会のように少数のメンバー（12 名）に限定されたケースから，ヴェネツィアのスクオーラ・グランデ（550 名）やパリの聖ヤコブ兄弟会（1,000 名），フィレンツェのオルサン・ミケーレ兄弟会（3,000 名）など数百名から数千名規模のメンバーを擁した兄弟会も見られた．とはいえ，自発的な団体として兄弟会は必ずしも安定的ではなく，メンバーの増減も著しかった．兄弟会は同業組合と同様，規約をもち，監督者，収入役など兄弟会の役職者を選出した．規約においては，死者や寄進者（パトロン）の記念日のミサや葬儀への出席義務や，仲間同士の暴力沙汰や口論，賭け事や男色（ソドミー）など不名誉と見なされた行為に対するモラル規制などが規定されている．兄弟会はまた，守護聖人を祀る教会の祭壇や備品の維持をはじめ，典礼やミサのための音楽家（歌手やオルガニスト），聖人像などの絵画や彫刻，ステンドグラスの寄進などさまざまな宗教，芸術へのパトロネージ活動にも寄与した．

中世後期の社会変動の中で，ペストをはじめとするさまざまな社会不安に対応しながら，メンバー相互の祈りと扶助を通じて，個々人の現世における日常の付き合いの絆と死後の霊的救済を兄弟会は提供したといえよう．兄弟会は，人々の社会的，地縁的所属の枠組みを超えて機能し，カトリック教会の司牧による執りなしに飽き足らない都市民の日常生活の感覚に即した信仰の一つのかたち，すなわち「市民的宗教」をもたらした．さらに，宗教改革を契機としてカトリック教会の再編が行われる中で，兄弟会は，近世以降もヨーロッパの民衆信仰を支える役割を果たしていった．また，兄弟会の理念は，16 世紀のイエズス会士の宣教活動を通じて，遠くラテン・アメリカや日本のキリシタンに伝えられたのである．

[河原 温]

天使と悪魔

天使や悪魔とは何者なのか．この問いにはさまざまな答えが可能だが，ここでは大きく二つの観点に絞って説明を試みたい．一つは霊的な存在者だということであり，もう一つは善悪という倫理的な価値の体現者だということである．

なお歴史をさかのぼると，非難者や中傷者が原義である「デヴィル」（いわゆる悪魔）は，英霊なども含めて幅広く霊を意味する「デーモン」（悪い場合に限り「悪霊」），敵対者が原義である「サタン」，光をもたらすものが原義である「ルシファー」と厳密には区別可能である（リンク，1995）．ただし中世にはもはや混同があるので，以下では「悪魔」という語ですべてを基本的には代表させる．

✠「針の上で天使は何人踊れるか」という問いから言えること　不当に悪く語られることの多いこの問いは，これが本当に中世で議論されていたかは不確かであるものの，天使の非物体性に関する応用問題としてはよくできている．非物体的な天使が物体的な場所に存在できるか否かを印象的に問うことができるからだ．天使が場所と関わる場面の一つとして，天使は月や太陽などの天体を動かしているとしばしば想像されていた（図1）．天使博士の異名をもつトマス・アクィナスは，複数の天使が同時に同じ場所に存在することを否定する一方で，天体の動者という役割を天使に帰することに肯定的である（高田他訳，1973）．天使の役割が神の使者という純粋に宗教的な次元にとどまらないことがうかがえる．諸天使には階層も想定されており，偽ディオニュシオス・ホ・アレオパギテースの『天上位階論』（5～6世紀）では有名な九つの位階（熾天使，智天使，座天使，主天使，力天使，能天使，権天使，大天使，天使）が提示されている（今訳，1994）．

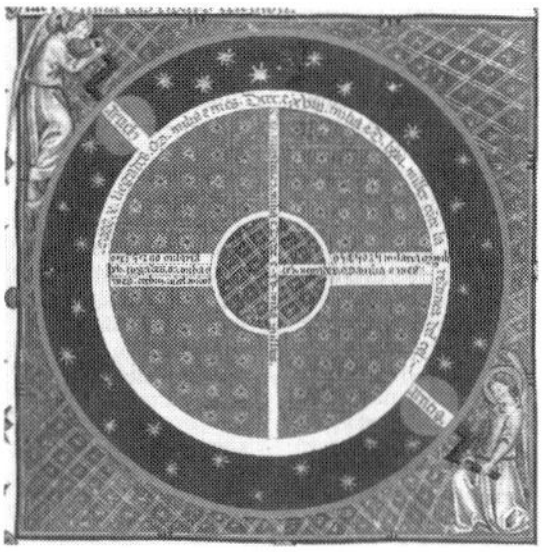

図1　天体を動かす天使たち
［From the British Library collection, Yates Thompson 31, f.45］

天使には身体があるのかという問いについては，天使博士トマスがみずからの基本的な思想を総じて論じた主著『神学大全』第1部（1265～68）で一つの決定的な立場を表明しており，天使も悪魔も本性的には非物質的だと見なされた．ただし，聖書の記述や民間の伝承に依拠して天使や悪魔にはしばしば身体的な行為が帰せられた．例えば飲食や性交であり，その際には非常に特殊な仕方で身体性が認められることになる（高田他訳，1973）．

天使や悪魔が本性的には非物体であることは，それらの認識能力が高いことにもつながる．人間が心の内で内密にしている事柄について，トマスは次のように

語っている.「時としては, すなわち, 心の思いは単に外的な活動によって識られるにとどまらず, さらには顔色の変化によっても識られるのであって, 医師のごときは脈搏によって魂における或る種の情意の動きを識ることができる. いわんや天使は——そして悪霊でさえも——こうした隠蔽された身体的な変化を, 人間よりもはるかに精妙な仕方で判別する」(高田他訳, 1973). 確かにトマスのような神学者によって天使や悪魔の非身体化, 霊体化は進められたが, 神学者もそれらの身体性を非常に限定的な意味では考え続けており, 認識能力についても人間との関わりで論じることを忘れない. それは善悪の問題についても同様である.

⚔善なる天使と堕天使としての悪魔　天使が堕落して悪魔になったという語りは, 今度は倫理学の応用問題をもたらしてくれる. 神には劣るものの人間よりも高度な認識能力をもつ非物体的な存在者としての天使は, 身体がもつ諸感覚による欲求に屈することはない. また創造された直後に善い天使と悪い天使（つまり悪魔）に分かれてしまうので, 天使による善悪の判断は経験で獲得された性格に由来するわけでもない. したがって中世の思想家は, 人間よりも合理的な判断ができるはずの天使がなぜ悪に染まるのかという問いを論じることになった.

　一つの画期をもたらしたのはカンタベリーのアンセルムスである. 彼は『悪魔の堕落について』（1085〜90頃）で天使が悪に向かった理由をそれみずからの意志そのものに求め, 創造主に悪の起源を認める考えを明確に拒絶した. 天使が悪に向かった理由は次のように説明されている.「意志したからにほかならない. というのも, この意志は, それが少しでも駆り立てられたり, 引き付けられたりするようなほかの原因をもたず, むしろそれ自体が, もしそう言ってよければ, 自分にとって作用因であり, また結果だったからである」(矢内訳, 2022). この単純な解答は, 悪の起源をめぐる無限後退を回避することはできたが, 道徳的な悪が実在することを追認する姿勢をより強めていくことになる.

　天使博士トマスに至っても状況はそれほど変わっていない.『神学大全』のみならず『悪について』（1270〜71）という著作で彼は悪魔についても持ち前の合理性を発揮させようとしているが, 天使が罪を犯した理由はアンセルムスよりも複雑化している. まずトマスによれば, 天使が自然状態で罪を犯すことはあり得ないが, 超自然的な事柄については過ちを犯す可能性がある. 天使には至福を約束してくれるはずの恵みという賜物が与えられているので, その高度な知的能力をもってすれば至福に向かうはずだが, 最高善を考慮せずに行動すると過ちを犯してしまう. 神意に基づくしかるべき準則を守らなかったことが原因とされる (ラッセル, 1989). 道徳的な悪の実在を容認することは神の責任を問う神義論が継続する結果をもたらしたが, これは悪魔論が形を変えて今でも議論され続けていることを意味する. 天使論と悪魔論は, 現在でも思考の実験室として機能し続けているといえるだろう.　　　　　　　　　　　　　　　　　　　　　　[石田隆太]

煉　獄

　キリスト教において魂は永遠であり，肉体の死後，天国か地獄のどちらかに送られる．教会は信徒に，罪を犯しても，痛悔の念とともに聖職者に罪を告白し，定められた償いをすれば罪は赦され，地獄堕ちを免れると教えるが，そこからはいくつかの疑問が生じる．償いを終えずに死んだ場合はどうなのか？　無自覚のうちに犯した小さな過失だけでも地獄で罰せられるのか？　煉獄は，こうした自然な疑問に対する一つの答えとして，中世を通じてかたちづくられたといえる．

　魂は死後直ちに天国か地獄へ送られるのではなく，最後の審判までどこかで待機しているという考えは，旧約聖書偽典の「エノク書」（紀元前 2 世紀初頭〜後 1 世紀頃）にすでに認められる．死者は，その期間を利用して生前に犯した罪の償いをすることが可能で，さらに生者が神に祈って執りなすことで償罪の苦しみが軽減されたり，あるいはその期間が短縮されると信じられた．その根拠は新約聖書にも見出された．「コリントの信徒への手紙一」の「その人は，火の中をくぐり抜けて来た者のように，救われます」（3：15）という一節は，初期キリスト教の教父たちによって，死後に課される責め苦による償罪を完遂することで救済に至るという意味に解釈されたのである．このように，死後に罪を償える可能性はキリスト教の初期から存在していたが，一方で，そのための資格や条件については具体的に定義されていなかった．

✖煉獄の誕生　本質的な変化が生じるのは 11 世紀である．カンタベリー大司教のアンセルムスは，知りつつ犯した罪と無知から犯した罪とでは同じ行為でも違いがあり，罪の軽重は罪が犯された状況や罪人の意図にも左右されると指摘した．この主張は，罪の赦免にとって，償罪行為自体よりも悔い改めの真摯さがより本質的であることを再認識させるものであり，赦しへと至る一連のプロセス自体にも変化をもたらした．それまでのように痛悔，罪の告白，償いの三段階を完遂して初めて罪が赦されるのではなく，罪の赦免と償罪は切り離されて，聖職者は告白を聴いた時点で罪を赦免することができ，償罪はその後に果たせばよく，場合によってはそれは死後でも可能とされた．そして，死後に償罪をするためだけに準備された場所として，天国とも地獄とも異なる第三の場所，煉獄が誕生したのである．煉獄の存在が公認されたのは 1274 年の第 2 リヨン公会議だが，J. ル・ゴフによると，煉獄は 1170〜80 年頃に死後世界の地理に登場し，死後世界は天国と地獄の二項対立から煉獄を含む 3 分類のモデルへと移行したとされる（ル・ゴフ，1988）．死後に償罪する可能性については古代末期から認識されていたので，ル・ゴフの主張には異論もあるが，しかし，12 世紀頃には煉獄は死

後の償罪の場として確立し，一般信徒にも喧伝されるようになったのである.

✖死生観への影響　煉獄の存在は，しばしば煉獄の魂への執りなしの実例とともに，12世紀以降，現地語で著された教化文学，説教，そしてビンゲンのヒルデガルトやスウェーデンのビルギッタなどの女性幻視者の著作を介して広がり，それは一般信徒の死生観にも少なからず影響を与えた．罪は償いを終えなくとも赦されるのみならず，償いの完遂を死後まで引き延ばすことも可能となったのである．さらに，小さな過失に限っては，それを告白することなく死んでも，煉獄での償罪によって完全に償うことが可能とされた．極端な話，自分が犯した個々の罪をすべて思い出せなくとも，罪を悔いつつ息を引き取れば，煉獄で罪を浄めた後に天国に迎えられることが約束されるのである．

　ドミニコ会士のヤコブス・デ・ウォラギネが編纂した聖人伝集『黄金伝説』（13世紀後半）は，すべての死者の魂の救済を祈念する万霊祭（11月2日）の記述で，煉獄の恩恵にあずかれる者の資格，煉獄の死者のための執りなし，煉獄の場所などについて説明している．その内容は折衷的なものだが，神を信頼して死んだ者たちに例外なく煉獄経由の救済を約束する，間口の広いものである．

✖煉獄体験の実際　煉獄に送られた魂は，遅かれ早かれ煉獄を抜けて，天国に迎えられることが約束されている．そう考えると，煉獄とは祝福された魂が生前にやり残した償いを終えることで浄化される場であり，そこで魂が責め苦を受けたとしても，その性質は地獄の苦しみとは本質的に異なるという解釈が可能である．トマス・アクィナスは煉獄を恩寵と希望に満ちた場所と定め，また，『黄金伝説』も煉獄の責め苦は刑罰ではなく，救済を約束された者の浄化のための苦しみであるとする．中世の教化文学

図1　煉獄の魂「時禱書」（ユトレヒト，15世紀後半）［ウォルターズ美術館，W. 168, fol. 167r.］

は，煉獄の苦しみはこの世のいかなる贖罪よりも，殉教者に課されたいかなる試練よりも厳しいと指摘し，また12〜13世紀に著された「死後世界探訪譚」の中には，期限付きである以外は何ら地獄と変わらない，さまざまな責め苦が描かれている．しかし，こうした地獄化された記述には信者の過信を諫める目的があり，苦しみが生者の執りなしによって軽減されることも同時に強調されている．中世後期や対抗宗教改革期のキリスト教美術では，煉獄は浄化の火の中で祈り耐える魂の姿で描かれ，地獄を彷彿とされる責め苦や悪魔は不在であることが多い（図1）．宗教改革後にプロテスタントは聖書に記述がない煉獄の存在を否定したが，近代初期のカトリックにとっては煉獄は恩寵の証にほかならず，その後も存続してゆくこととなる．　　　　　　［松田隆美］

エルサレム

　地中海東部沿岸から内陸へおよそ60 km，パレスティナ中央部の山岳地帯の，標高800 mほどの丘と三つの谷の上に，エルサレムの街は築かれた．街の歴史は，青銅器時代にさかのぼる．紀元前1000年頃，ユダ族の王ダヴィデはこの街を征服し，イスラエル王国の首都に定め，カナンの地から「神の箱（聖櫃(せいひつ)）」を運ぶことで信仰上の聖都とした．ソロモン王が造営した神殿を擁する王都エルサレムは，バビロン捕囚時の破壊と解放後の再建を経て，前37年に始まるヘロデ大王の治世に，ローマ属州ユダヤの都として完成される．イエス・キリストがゴルゴタの丘で処刑されたのは，このときのエルサレムである．イエスの死後，エルサレムは増加するキリスト教徒の聖都として，地中海に広がる信徒にとって精神的なよりどころとなるが，ローマ帝国との2度にわたるユダヤ戦争を通じて都市は破壊され，ユダヤ教徒もキリスト教徒も離散する．

　エルサレムがキリスト教徒の聖都に改造されたのは，キリスト教を313年に公認したコンスタンティヌス大帝のもとであった．同皇帝の母ヘレナが326年，聖地巡礼時に聖遺物「聖十字架」を発見したことで，ゴルゴタの丘を中心に聖墳墓教会，皇帝のバシリカなどの建造物群（聖十字架モニュメント）が建てられ，キリスト受難の道行きに沿った聖堂群が整備されていった．皇帝主宰の普遍公会議の場での教義や信仰実践の統一，392年のテオドシウス1世による帝国国教化を経て地中海全域で急増するキリスト教徒にとって，エルサレムは母なる聖地となり，ユダヤ教の聖都としての要素は後景化する．

　7世紀，中東地域からイスラーム教が勃興し，パレスティナがウマイヤ朝の支配下に入ると，エルサレムはパレスティナ支配の要となり，岩のドームやアル・アクサー・モスクが建造され，ムハンマドの夜間飛行伝承の現場として，イスラーム教第三の聖地へと変質する．その際，ユダヤ教の聖都，キリスト教の聖都としての性格は維持されたため，エルサレムは三宗教が共存する街となった．

✠十字軍の時代　1095年ピアチェンツァ教会会議に現れたビザンツ皇帝アレクシオス1世の外交使節からの援軍派遣要請を受け，フランス人のクリュニー修道院出身教皇ウルバヌス2世は，クレルモン教会会議後の演説において東方出征を訴えた．後に第1回十字軍と呼ばれることになる東方出征軍は，エデッサ，アンティオキア，エルサレム，トリポリに四つの国家（十字軍国家領〈ウトゥル・メール〉）を建設した．エルサレムは，独自の王家を構えるエルサレム王国の首都として，同時代の西ヨーロッパの国家をモデルとした統治体制の要となる．と同時に，エルサレムの聖地としての象徴性はこの間，著しく高まり，多くの巡礼

が聖地を訪れた．巡礼を守り，病人を収容する病院が建てられ，そこを拠点に聖ベルナールの構想に基づく騎士修道会が組織されていった．1187年に都市エルサレムはサラディンによって奪回されるが，エルサレム王国とその王家は存続し，聖都奪還のための十字軍は教皇座の指導のもと，その後も幾度となく組織された．エルサレムはここに，キリスト教聖都としての理念を確立する（千葉，2019）．

✖天上のエルサレム　　地上のエルサレムの帰趨とは別に，キリスト教の理念としてのエルサレムが，聖書のここかしこに登場する．理念としてのエルサレムは，地獄，煉獄，天国からなる死後世界（異界）の垂直構造の中で，天国を象徴し，キリストが再臨する終末において，最後の審判，千年王国の到来などの段取りを経て，地上に降り来るものと考えられた．アナーニ大聖堂地下の壁面に描かれた場面（図1），すなわち24名の長老が仰ぎ讃え，福音書記者を象徴する有翼の

図1　イタリア，アナーニ大聖堂クリプタ（地下聖堂）の壁画（13世紀）[Cappelletti, 2002]

動物が四囲を守る7色の輪に現れた七つ眼の小羊は，新約聖書の「ヨハネの黙示録」の場面として数多くの聖堂に描かれた．一方で，エプストルフ世界図（1300頃，北ドイツ）に見られるように，エルサレムは「キリストの身体」（東に頭部，南北に両手，西に両足）として描かれた世界（エクメーネ）のまさに中心（臍）に位置付けられた．

✖擬聖墳墓　　キリスト教の聖都エルサレムはキリスト受難の場であるとともに，復活の現場でもあった．前述のエプストルフ世界図では，エルサレムは石棺から歩み出すキリストの姿で表現されている．エルサレムとは，端的に言えば「復活の場」としての聖墳墓教会のことであり，さらにはその堂内にある小建築（アナスタシス円形堂，空の棺が収められる）を意味した．この円形堂が，聖地を訪問して故郷に帰還した巡礼や騎士たちによって複製され，擬聖墳墓（アナスタシス円形堂の複製建築）としてその街のエルサレム（小エルサレム）として機能した．コンスタンツ大聖堂内にある聖マウリティウス礼拝堂やセゴビアのベラ・クルス聖堂，オックスフォードの聖墳墓教会など，ヨーロッパの至るところに，円形堂という共通の特徴を備えた聖堂群が広がっている（☞「建築形式の伝達」）．信者は死後の復活を求めてエルサレムに巡礼し，胸に刻んだエルサレムを故郷に複製して，わが街のエルサレムと見なした．キリストの受難をなぞる復活節には，各地の擬聖墳墓がその街のエルサレムとして，信徒の行列や礼拝の山場を演出したのである（千葉，2009）．　　　　　　　　　　　　　　　[千葉敏之]

インド／オリエント

中世におけるインド／オリエントは，現実の地理上に広がるインド亜大陸と必ずしも一致しない．この時代のインド／オリエントは，ギリシア・ローマからの伝統を継ぎ，東方の未知の世界に広がる広大な異世界，驚異に溢れた土地であった．特に文化という観点では，現実の地理観よりも中世人の想像界，精神世界での役割において，より重要な地位を占めているといえる．

そもそも東方世界を驚異の国とした原点は，ギリシアの著述家達だが，なかでも紀元前5〜前4世紀のクニドスのクテシアスの『インド誌』の果たした役割が大きい．クテシアスはこの作品の中で，犬の頭をもつ人間族や人面獣マンティコアなど，のちにインドの怪物の典型として紹介されるものをいくつも記述している．そういった驚異に対して，すでに古代ギリシアの頃から疑義は挟まれていたが，それでも，さまざまな文献にこれらの驚異は書き残され，発展を続け，東方世界＝異世界といった図式が中世の人々の想像力により展開していくこととなる．

⌘地理的イメージと楽園性　中世のインドは，最も一般的と考えられる区分では，三つの地域に分けられる．現実のどの地域を指すかは明確ではないが，大体第一と第二のインドは併せて現在のインドと周辺の南アジア，西アジア地域に渡っており，第三のインドに至ってはエチオピアを指すうえ，エチオピアがアフリカのどの部分かも曖昧であった．つまりは，本項のタイトルにも表れているように，中世におけるインドはオリエントと重なるが，さらにはアジアとも重なり，かつ，現在のアフリカの一部をも含んでいたのである．

また，地上楽園がオリエント，つまり東方の果てにあると考えられたため，中世において東方の代名詞ともなっていたインドは，地上楽園の存在する土地，あるいは少なくとも隣接した土地と見なされ，疑似楽園の様相も呈していた．すなわち，泉や川など豊かな水を湛え，果実や樹木，草花に溢れ，芳香に満ち，宝石を産出する豊かな土地である．キリスト教における原罪以降，通常人間は地上楽園にたどり着くことはできないはずだが，それでも地上にある以上そこを目指すこと自体は可能であるため，多くの旅行記に言及され，実際訪ねたとするものも皆無ではない．そしてインドは，楽園の近くの土地として，実際楽園にたどり着けなくとも，それに近いものを見せる，一種の代替物としての役割を果たしている．

⌘驚異の地　前述のように，ギリシア・ローマの時代から，インドは驚異の宝庫であった．金銀宝石，香辛料など，富に溢れるイメージや，それに関連した楽園のイメージと，狂暴な動物や信じがたい怪物が生息する未知の危険地帯のイメー

ジという，善悪両面を併せ持つ驚異の地である．これらの東方の驚異はさまざまなバリエーションを生みつつ古代から中世へと受け継がれ，旅行記，百科事典，年代記，俗語ロマンスなどインドやオリエント，そしてアジアが関連するあらゆるジャンルの作品に繰り返し組み込まれ，強固な伝統をかたちづくっていった．

中世における東方の驚異の伝統の確立に大きな役割を果たしたものにマケドニアのアレクサンドロス大王を主人公にした各種物語があげられる．アレクサンドロス大王はインドまで遠征したため，その地の驚異の目撃者として最適であり，驚異の地へ信憑性を与える語り手として利用された．かつての教師である哲学者アリストテレスへあてた手紙というかたちで驚異を語る作品や，大王へ付き従った歴史家カリステネスに仮託した作品などもあり，大王だけでなくそれを取り巻く状況も驚異の地としてのインドの描写に大きな役割を負った．

また東方の驚異は，文字による伝達だけでなく，写本や印刷本の挿絵，建築物の装飾，世界地図など，視覚的にもさまざまな手段で受け継がれ，多様な媒体を通じて中世人の世界認識をかたちづくる重要な一要素となった．

✠インド王プレスター・ジョン　中世のインド観を語るに際し，さらに一つ重要な要素となるのが，プレスター・ジョン（司祭ヨハネ）と呼ばれる，前出の三つのインドを支配するキリスト教徒の王である（図1）．

十字軍が成果をあげられない中（☞「十字軍」），12世紀半ば，プレスター・ジョンからビザンツ皇帝にあてた書簡が登場し，アジアに強大なキリスト教の王が存在し，同盟してイスラーム教徒（ムスリム）を挟み撃ちにするという希望がキリスト教国の間に広まった．結局これは偽文書だったが，ローマ教皇も使いを派遣するなど，ヨーロッパ側は，プレスター・ジョン探しを長期間に渡って行い，前述の書簡が広く出回ったほか，多くの年代記，文学作品などにもプレスター・ジョンが登場した．

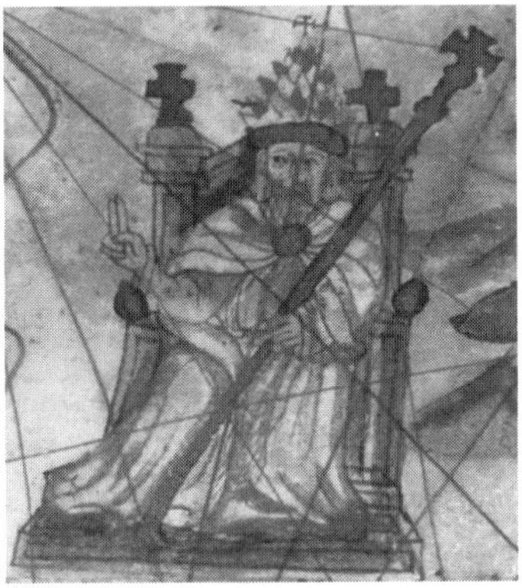

図1　プレスター・ジョン［The Bodleian Libraries, University of Oxford, Bodleian Library MS. Douce 391, Filmstrip Roll 248.7, frame 5］

書簡の中で紹介されるプレスター・ジョンの王国は，驚異の国インドの伝統を存分に継ぎ，金銀や宝石，怪物に溢れた土地である．また同時に，乳と蜜とが流れ，芳香に満ちた地上楽園のイメージも有していた．

このように中世におけるインド／オリエントは，他者としての差異と未知の希望とを詰め込んだ想像上のスペースとして，当時の人々の精神性に組み込まれた大きな可能性だったといえよう．　［大沼由布］

シャルルマーニュ伝説

　カロリング朝（751〜987）の最盛期を実現し，西ローマ帝国を復活させたシャルルマーニュ（カール大帝）について，側近のアインハルトの『カール大帝伝』（9 世紀前半）が史実を伝えている．他方，ザンクト・ガレン修道院（スイス）のノトケル・バルブルスの『大帝記』（9 世紀後半）には，早くも創作が混在している．そして，3 世紀後のフランス文学黎明期（れいめいき），大帝の伝説は文学に結実した．

❌ロンスヴォーの戦い　フランス文学最古の作品の一つ『ロランの歌』（11 世紀末）の冒頭は，大帝が 7 年間をスペインに戦い，ほぼ全土を征服したと歌う．確かに，大帝の外征は多方面にわたり，イベリア半島にもイスラーム勢力を打倒するために遠征した（778）が，それは一過的なことにすぎなかった．また，帰途のピレネー山脈越えの際，山岳民族の襲撃に遭い，ブルターニュ辺境伯ロラン率いる部隊を失ったのも史実（ロンスヴォーの戦い）だが，これが『ロランの歌』では，サラゴサ（アラゴン地方）のイスラーム勢力との戦いに置き換えられ，さらに，史実にはないエジプト太守との戦いと勝利が語られている．ここで，大帝は神に護られつつキリスト教世界を護る理想の君主である．

　大帝のスペイン戦記は『ロランの歌』を得て不滅の伝説となったが，『歌』自体はその後長く存在を忘れられた．再注目されるのは，中世文学研究が本格化した 19 世紀半ばになってからである．13 世紀以降，『歌』やそのほかシャルルマーニュの伝説を広く伝えたのは，『偽チュルパン年代記』（12 世紀前半）である．

❌『偽チュルパン年代記』における「サン＝ドニの王」　9 世紀に聖ヤコブ（スペイン語；サンティアゴ）の「墳墓」が発見されて以来，スペインのサンティアゴ・デ・コンポステラはキリスト教三大巡礼地の一つとなった．12 世紀半ば，巡礼路の整備に合わせ，巡礼案内としてラテン語で編まれたのが『聖ヤコブの書』であり，その一部である『カール大帝とロランの歴史』は早々にヨーロッパ各国語に翻訳され，仏語版は『偽チュルパン年代記』と通称された．

　『ロランの歌』でロンスヴォーに没したチュルパン大司教が九死に一生を得て，スペイン戦役を回顧するという設定で書かれたのがこの偽書である．大帝はサン＝ドニ修道院に赴いて戦勝を感謝し，全国土をサン＝ドニに捧げ，さらに王の戴冠や司教の任命にはサン＝ドニの承認が必要と布令したと語られる．

　『偽チュルパン年代記』は，仏王家の墓所であるサン＝ドニ修道院の主導により成立した．ルイ 6 世（在位 1108〜37）当時のカペー朝（987〜1328）は弱小で，有力諸侯との対立や城主の自立的傾向に悩まされていた．サン＝ドニで王の学友だった修道院長シュジェールは，その子ルイ 7 世（在位 1137〜80）の代まで，王

を補佐して王権強化と王国拡大を図った．その際，王朝の権威付けのため，大帝のカリスマ性を利用したのである．

同様に政治的な意図から大帝の伝説を利用したのが，ドイツ王，イタリア王にして神聖ローマ帝国皇帝フリードリヒ1世（バルバロッサ）である．教会分裂（シスマ）の渦中にあって，皇帝派の教皇パスカリス3世の承認のもと，皇帝は1165年にアーヘンにて大帝を列聖し，聖人カール大帝が帝国の守護者であることを天下に示した．この事件は，13世紀後半ヤコブス・デ・ウォラギネが聖人伝説の集大成『黄金伝説』を編んだ際，大帝伝に1章を割くきっかけともなった．

なお，『黄金伝説』における大帝伝同様，王家の正史『フランス大年代記』（13〜15世紀にかけて編纂）や中世の代表的百科全書であるヴァンサン・ド・ボーヴェ『歴史の鑑』（13世紀中葉）も，『偽チュルパン年代記』を典拠としている．また，12世紀末建立のシャルトル大聖堂のステンドグラスには，偽史の語る大帝伝が21場面に分けて描かれている．

✠シャルルマーニュの東方旅行　『偽チュルパン年代記』は，大帝の東征も語っている．イスラーム勢力による聖地占領を嘆く東ローマ皇帝の夢に大帝が現れたことが大帝の聖地遠征に発展し，その帰途，大帝軍がコンスタンティノープルを訪れた際，キリスト由来の聖遺物が東の皇帝から寄贈され，アーヘンに持ち帰られたと記される．さらに，これが大帝の孫シャルル2世によってサン=ドニ修道院に移されたという縁起を，11世紀後半のサン=ドニの修道僧が書き残している．

東征伝説は，武勲詩『大帝の東方旅行』（12世紀）にも使われた．武勲詩のパロディーである本作で，大帝が聖地へ赴くのは王妃から東の皇帝よりも格下と言われて憤激したためであり，大帝一行がコンスタンティノープルで窮地に陥ったのも，酩酊ゆえの法螺合戦が原因である．それでもなお，神は大帝を護る．神はイスラームに対してばかりでなく，東ローマ帝国からも大帝を護るのである．

✠多様な「シャルルマーニュ伝」　シャルルマーニュは，常に威厳に満ちた理想の君主であるわけではない．12世紀の『メネ』は，父王を謀殺されたメネ（大帝幼少期の愛称）がスペインに逃れ，身分を隠してイスラーム王のもとで活躍し，姫と恋仲になるという英雄流離譚を語る．また，13世紀『ブルゴーニュのギ』では，乗馬も困難な老体にもかかわらず，17年もスペイン戦役を続けて家臣たちの顰蹙（ひんしゅく）を買う老害の象徴である．同世紀の『ユオン・ド・ボルドー』や『ルノー・ド・モントバン』『オジエの騎士道』では，わが子可愛さに，あるいは奸臣（かんしん）にだまされて不正を犯し，主人公に反逆を余儀なくさせる暗君，暴君である．

さらに，14世紀初め，ノルウェー王ホーコン5世は当時流布していた大帝伝説を，『カルラマグヌス・サガ』という北欧語の伝記に編纂させた．そこには，大帝が妹ジルと関係してロランが生まれたという近親相姦伝説も語られている．

［小川直之］

出自神話

中世の出自神話は，一般に，有力家系や民族による移住や征服，定住の物語として歴史叙述などに登場する．古代文明との歴史的な連続性を保証し，高貴な出自や，長きにわたる地域の占有を証明する出自神話は，王国や領邦国家，都市といった共同体に対して，現下の支配体制の正統性を訴え，集団のアイデンティティを表明・強化するための有力な手段を提供した．

✖出自神話の中世的起源　中世初期までに成立し，その後の出自神話の発展に確かな影響を及ぼしたのは，『フランク諸民族表』，旧約聖書に基づく民族観，そして古代の歴史と伝説である．『フランク諸民族表』は6世紀にビザンツもしくはイタリアで作成され，ゲルマン諸民族がマンヌスあるいはアラネウスなる人物の息子たちに由来することを示すものである．フランク王国やイタリアで複数の写本が作成されるほか，『ブリトン人の歴史』（9世紀前半）に挿入されてもいる．旧約聖書については，ノアの息子セム，ハム，ヤペテのうち，ヤペテをヨーロッパ諸民族の始祖とする見方があり，7世紀から中世初期の古代教父たちがその始まりとされる．また，旧約聖書におけるヘブライ人の選民思想や亡命，再定住といったモチーフが，各地の出自神話にモデルを提供することもあった．古代の歴史や伝説の点では，トロイア人出自神話が最もよく知られた事例である．ギリシア人に滅ぼされたトロイアの落人を祖先とする神話が，フランク王国の『フレデガリウス年代記』（7世紀）に初出する．ここでは，ヨーロッパ中部にやって来たトロイア人集団の王フランキオが，フランク人の名の由来になったとされている．

✖出自神話の発展　これらの出自神話は時に習合しつつ，中世盛期以降，各地でさまざまな展開を見せる．フランス王国では，フランク時代のトロイア人出自神話が採用され，13世紀以降にはサン゠ドニ修道院の歴史叙述において，パリを中心としたトロイア人の建国神話が記されるようになる．この神話は，フランスにローマを凌ぐ伝統を授けるものであり，教皇庁や神聖ローマ帝国との政治的権威をめぐる争いで重要な役割を果たした．イングランドでも，10世紀にみずからをトロイア人ブルートゥスの子孫として位置付ける説が登場していたが，12世紀以降にはウェールズやスコットランドを包摂するかたちで出自神話が改変され，両地域へのイングランドの宗主権を確たるものとする試みがみられた．これらに対し11世紀以降の帝国では，それぞれ固有の出自神話をもつフランク人，ザクセン人，バイエルン人，シュヴァーベン人がカエサルに征服され，後に彼とともにローマ帝国を建設するという，個々の民族を越えた枠組みでの建国神話が出現する．13世紀には，ロエスのアレクサンダーによって，ドイツ人こそ真の

トロイア人の末裔であり，フランス人は傍系であるとする説も唱えられた．

そのほか，帝国やイタリアでは古代人による都市建設が数多くの歴史叙述やモニュメントで描かれ，王国的枠組みのもの同様に隣接諸地域との関係が出自神話に反映されることもあった．『トリーア人事績録』（1100頃）では，ローマ創建のはるか以前にアッシリア王の息子トレベタがヨーロッパ最古の都市トリーアを建て，後にその市民らはライン流域のケルン，マインツ，ストラスブール，ヴォルムス，バーゼルを支配したとされている．ここには，ほかの司教座都市に対するトリーアの優越を主張する意図があったと考えられる．また，パドヴァでは1274年にトロイア人の都市建設者アンテノルのものとされる棺が発見され墓廟の整備が行われたが，その直後，6世紀の建設とされていたヴェネツィアで，アンテノルが同市の後にパドヴァを建てたとする年代記が執筆された．

ところで，出自神話には，しばしば，古代人のみならず比較的近い時代の伝説的人物も始祖として登場する．中世後期のブラバント公やクレーヴェ公といった領邦君主の周辺には，トロイア人出自説と並んで，宮廷叙事詩の登場人物「白鳥の騎士」を祖先とする伝説も成立していた．リュジニャン家を興し，パルトネなど多くの街を建設したとされる妖精メリュジーヌの物語は，英仏百年戦争期の複雑な政治的動向を背景に，同家の末裔を自任し西フランスにおける領域支配を主張するベリー公やパルトネ領主の主導で記された．こうして出自神話は，時に大胆な脚色を施されつつ，集団のアイデンティティを規定する核として，あるいは支配を正当化する論拠として機能したのである．

⌘出自神話と人文主義 15世紀以降，人文主義者の活動によって出自神話は変容を迫られるようになる．彼らは，古典の研究に基づいて「イタリア」や「ガリア」「ゲルマニア」といった古代的地理概念を重視しつつ，出自神話をより現実的と思われるものにしようとした．例えば，ドイツ地域では，15世紀半ばのタキトゥス『ゲルマニア』の写本発見を契機にゲルマン人が共通の祖先と考えられるようになった．また，フランスではガリア人がフランス人の祖先であるとする説が登場し，トロイアはもともとガリア人が建設したとされる場合もあった．ただし，こうした逆風を受けつつも，多くの地域で採用されてきたトロイア出自説は，ヨーロッパがオスマン侵攻の脅威を前にしたとき意外な役割を担うことになる．中世初期以来，しばしばトルコ人はトロイアの落人トルクオトゥスあるいはトゥルクスの子孫とされており，オスマン帝国によるコンスタンティノープル征服（1453）がトロイアの末裔によるギリシア人への復讐であるとする見方も流布していた．これに対して，教皇ピウス2世はトルコ人のトロイア出自説を否定するだけでなく，十字軍計画に関連してブルゴーニュ公を称える際，公のトロイアに由来する高貴な血筋を強調してもいる．その言説において，トロイア出自説はヨーロッパと他者を分かつ指標としての役割を果たしたのである． ［青谷秀紀］

国家有機体説

　国家有機体説とは，身体のメタファーを用いて政治共同体の構造や機能を論じる思想である．古代ギリシア・ローマの哲学的論考や聖書に見られる人体メタファーは，中世ヨーロッパにおける政治的想像力の一大源泉であった．

✖人体メタファーの典拠　古代ギリシアではプラトンが『国家』（前 375 頃）において人体を政治共同体のモデルとした．人間の魂を理知的部分，気概の部分，欲望の部分の三つに大別し，政治共同体でそれぞれに相当するのが支配者，戦士，手工業者や商人であるという．また，キリスト教的伝統では，使徒パウロがキリストを頭とする人体として教会を表現した．この「キリストの身体」という「神秘体」概念が後に世俗政治に転用されたことは，E. カントーロヴィチの『王の二つの身体』（1957）で論究された（☞「王の二つの身体」）．さらに古代末期のカルキディウスが著したプラトン『ティマイオス』（前 360 頃）の註釈は，宇宙から政治共同体，人間，そして魂が構造的に連続的関係にあると論じて，人体メタファーによる政治共同体理解を宇宙論の枠組の中に位置付けた．カルキディウスの影響のもとに 12 世紀シャルトル学派のギヨーム・ド・コンシュは，都市国家の中の各場所やその構成員の諸身分が人体の諸部位やその機能と対応関係にあると論じて，中世における国家有機体説の嚆矢となった．

✖国家有機体説の歴史的変化　そのギヨームを師とした 12 世紀の人文主義者ソールズベリーのヨハネスが，その主著『ポリクラティクス』（1159）において展開した有機体説的な政治共同体論は特に有名である．人体における魂に相当するのが聖職者であり，頭は君主にあたる．心臓は元老院，頭に位置する目や耳などは裁判官や州長官，胃腸は財務官と記録官であり，手は兵士と役人，足が農民や職人であるという．こうした議論は，身体部位の高低を問わず各部分間の相互扶助関係が成立して初めて政治共同体の「健康」（すなわち共通善）が実現するという政治的見解を表現した一方で，垂直的な身分秩序を正当化した．このような議論の土台となったのは，支配者は頭に位置する理性に相当すると考える，カルキディウス以来のプラトン理解である．

　しかし，アリストテレス哲学の「再発見」とともに，人体メタファーもアリストテレスの生理学から影響を受けて変化した．14 世紀の政治哲学者パドヴァのマルシリウスはその主著『平和の擁護者』（1324）で都市国家を動物の身体に喩え，支配権力が心臓に相当するとし，市民の代表からなる団体は魂，法は心臓から放出される力，そして法的支配を司る役人を心臓の力を運ぶ精気に見立てた．マルシリウスの人体メタファーは身体の各部位の役割分担に関するものではな

く，むしろ人体の生理活動一般における作用因に注目することで，政治共同体を法的組織として表現する．しかも支配の中枢を心臓と見なす点で，頭ではなく心臓こそが生物の身体で最重要の器官であるというアリストテレスの所説を継承している．こうした人体メタファーは，人体をミクロコスモス（小宇宙）として理解する宇宙論的な観点を失っている（甚野，1992）が，その反面，有機体の生理活動を自律的な自然的メカニズムとして医学的観点から把握する試みであるともいえよう．

　医学からの影響は 15 世紀の神学者ニコラウス・クザーヌスにおいても明確である．クザーヌスは『普遍協和論』（1433）の中で教会と帝国を三つの部分で構成される人体に喩える．まずキリスト教共同体は，魂の宿る心臓から動脈を通じて放出される精気としての神法によって支配される「動脈系」である．また教会制度は，肝臓に相当する公会議が静脈としての教会法によって統轄する「静脈系」である．さらに帝国は，頭脳に相当する皇帝が神経としての帝国法を通じて支配する「神経系」である．このように人体メタファーを用いて支配組織を法的体系として表現する点にマルシリウスの影響を垣間見ることができるが，さらに注目すべきは，心臓，肝臓，頭脳をそれぞれ主要器官とする動脈，静脈，神経の三つの体系の総合として人体を把握する観点が，古代ローマ時代のギリシアの医学者ガレノスの見解によっている点である．

　アリストテレスと並び中世後期の医学における最高権威だったガレノスの医学の中核には，身体の健康状態を判定するうえで重要な「四体液の均衡」という概念がある（☞「健康の追求」）．理想的な均衡状態は人によっても，また一個人の身体部位によってもまちまちである．マルシリウスはこの均衡概念を政治的議論に転用した．すなわち，最適な政体とは個々の政治共同体の諸条件に応じて多様であり得るという（将基面，2013）．ガレノスの均衡概念はマルシリウスに限らず中世末期の政治や経済に関する議論で広く応用された（Kaye, 2014）．

✖医学と政治思想という観点　このように国家有機体説は医学がメタファーを通じて政治的議論に応用された側面をもち，その意味で医学と政治思想は隣接学問分野であったと言っても過言ではない．実際，マルシリウスは医学教育を受けたことがあり，ほかにも医学的著作を著した政治思想家は少なくない．人体メタファーは単なる修辞的技巧ではなかったのである．さらに，アヴィケンナの『医学典範』（1025）も中世ヨーロッパの医学で権威的存在だったことから明らかなようにイスラーム思想の伝統も看過できない．中世イスラーム思想には政治共同体の人体メタファーへの言及が珍しくなく，中世ヨーロッパの国家有機体説への影響は検討に値しよう．

　17 世紀に機械論的世界観が支配的となり国家有機体説は一度衰えたが，19 世紀にヘーゲルやギールケらによる再構想の結果，復活を遂げた．　　［将基面貴巳］

ビンゲンのヒルデガルト

　ビンゲンのヒルデガルト（1098〜1179）は，優れた幻視能力により，12世紀ヨーロッパで名を馳せた女性である．生誕地はドイツのラインヘッセン地方．8歳もしくは14歳の時にディジボーデンベルクのベネディクト会男子修道院に増設された庵に入る．1151年，男子修道院の強い反対にもかかわらず，ビンゲン郊外のルペルツベルクに女子修道院を創建（「ビンゲンのヒルデガルト」と呼ばれるゆえん），病弱ではあったが生涯を閉じるまで修道院長を務めた．1165年にはライン川対岸のアイビンゲンに娘修道院を設立．説教旅行や聖俗界の著名人たちとの書簡交換によって当時の社会とも積極的に関わった．音楽的創作を手掛ける一方，薬草など自然観察と医学にも関心を示し，著作も残したが，原作のかたちでは伝存していない．現在，ヒルデガルト没後に編纂された『フィジカ』と『病因と治癒』の2作が伝えられているが，後者のヒルデガルト由来については部分的に疑わしさが残る．彼女の事績の中で大きな比重を占めるのは三大幻視著作『スキヴィアス（道を知れ）』（1141〜51），『生の功徳の書』（1158〜63），『神の御業の書』（1163〜74）である．『スキヴィアス』序によれば，5歳の時に最初の幻視，魂が激しく震えるほどの大きな光を体験する．1141年，神の命により『スキヴィアス』執筆に着手，トリーア教会会議（1147/48）で『スキヴィアス』の一部が審議され，幻視能力は教皇エウゲニウス3世によって認められた．夢や苦行を否定するヒルデガルトは覚めた明瞭な精神で神の啓示を体験し，それを神の代弁者として人々に伝える預言者的性格を担う．幻視著作の内容は世の終焉を預言し，それに至る神の忘却を戒め，救済の道と徳の必要性を説く．ウィシオ（「内なる目」で視た像）が神の声によって解釈されるという形式を取るが，ウィシオの記述は像の形や色彩，動きや時間的推移を含む．最も壮大なのは宇宙をテーマとする幻視である．『スキヴィアス』では卵型で五層と球体からなるが，『神の御業の書』には六層と地球で構成される輪が登場する．天体への知識と自然現象に対する鋭い感覚が生かされているが，幻視は救済史的意味をもつ．特に『神の御業の書』では，輪は神の「愛」と呼ばれる像の胸に現れ，「愛」はもう一つの頭部「父なる神」を備えている．世界の中心に神の似姿として両腕を広げて立つ人間は，徳の修養によって自然との調和を構築する責務を負う．自然の美しさも神の愛の表れである．『生の功徳の書』では自然界の諸要素が，徳を顧みない人間の乱用により，神が定めた自分たちの秩序が乱されると嘆く．現代にも通じる警告が12世紀に発せられている．

　幻視を描く挿絵が施された三写本が知られているが，13世紀後半以降の彩飾写本はない．ヒルデガルトの幻視への関心が次第に薄れていったことを意味するだろう．正式列聖は2012年，同年より4人目の女性教会博士．　　　　［鈴木桂子］

10章　ジェンダーと　人生サイクル

歴史は男性だけのものではない．時代の枠組みの中でさまざまな役割を課せられた男女をはじめ，多様なジェンダーの相互関係の中で創られていく．そこで本章ではまず聖書や古典古代世界にさかのぼって中世のジェンダー観を概観するとともに，聖女と魔女という両極端な女性像に結実する女性崇拝と蔑視の思想，あるいは君主家門の女性やビザンツ帝国の宦官の特異な政治的役割，さらには救霊を願う「敬虔な女性たち」の選択肢について考える．

また近年，一生のコースをいくつかの周期に分け，人生の移り変わりをとらえる人生サイクル（ライフサイクル）という考え方に注目が集まっている．このような観点は，古代とも近代とも異なる西洋中世の社会と文化を理解するうえでも欠かせない．

本章後半では，「小さな大人」とみなされがちであった子どもにスポットライトを当てるほか，人生サイクルの節目になる生誕や結婚や死を秘跡として管理しようとする教会と，家族の利害や社会関係を重視するあまりそこから逸脱しがちだった一般信徒たち双方の立場を紹介する．　[池上俊一／小澤　実・久木田直江]

一神教（アブラハム宗教）と暦

　近年，中世研究においても，アブラハム宗教（Abrahamic religions）への関心が高まっている．これは，預言者アブラハムをその民族起源の祖と規定する書物（キリスト教では旧約聖書）を聖典とするユダヤ教，キリスト教，イスラーム教の三宗教を一体と見なす述語である（アブラフィア，2018）．いずれの信仰も教義解釈の相違により，中世においてさまざまな宗派が誕生した．政治体との結び付きや交易ネットワークの拡大の中で，ユーラシア全域に定着した各宗派は，現地の信仰や慣習と混淆することで多様なかたちを取った．政治史や宗教論争という観点からは，ともすれば対立や憎悪に注目が集まる三つの一神教であるが，中世社会をグローバルに理解しようとする場合，以上のような多様性を内包する宗教として生成プロセス，多様化，相互連関をみることに意味はある．

✖研究状況　中世におけるアブラハム宗教研究で大きな成果をあげているグループを複数看取できる．第一に，P. ブラウンや彼の指導を受けた研究者らの研究である．プリンストン大学に長年勤務したブラウンは，1970年代より，古代から中世にかけての宗教現象を，キリスト教の勝利という史観ではなく，アブラハム宗教を含む複数の宗教の生成プロセスの中で説明する分析フォーマットを提示した．とりわけアメリカでは，彼が提起した「古代末期」という時代区分に基づき，ローマ帝政期からイスラーム教の誕生までをアブラハム宗教の変容として理解する研究が数多くなされた．

　第二に，M. ボルゴルテを代表とするベルリン・フンボルト大学のグループである．ここでは，中世を複数エスニシティ，複数宗教社会ととらえ，国家間，集団間，宗教間，文化間の比較を進めることで，数多くの研究書や論集を残した（ボルゴルテ，2020）．その成果を踏まえたうえで，ユーラシア規模に比較の対象を広げたのが，ウィーンの中世学者らによるプロジェクトである．数多くの論集に加えて，定期刊行物『中世社会（Medieval Worlds）』は，アブラハム宗教も含めた中世グローバルヒストリーの観点から特集が毎号組まれている．

　第三に，2008年にオックスフォード大学神学宗教学部に設置されたアブラハム宗教教授職である．初代教授は古代から中世にかけての地中海世界における一神教の役割を専門としたG. ストロムサ，第2代は中世ユダヤ教の知的背景を他宗教との関係で探究するA. S. アブラフィア，第3代はイスラーム神学のF. グリフェルである．彼らの学界での積極的な議論により，アブラハム宗教という概念は受け入れられつつある．それに加えて2015年にはこの分野の基本手引きとなるであろう『オックスフォード版アブラハム宗教』が（Silverstein, 2015），2019

年には定評ある入門シリーズの一冊として『アブラハム宗教』が刊行された
(Cohen, 2019).

✖中世研究への影響　以上のように，宗教における多様性という理解を推し進め
たアブラハム宗教研究は，中世研究全体にもさまざまな影響を与えている．ここ
ではヨーロッパ半島に注目したい．第一に，西洋中世はキリスト教社会であると
いう単純な見方を崩しつつあることである．西欧はローマ・カトリック世界であ
り東方はギリシア正教世界という図式は現在でも中等教育で堅持されている．し
かし，西欧でもイベリア半島やイタリア南部はアブラハム宗教が独自のあり方で
混交している世界である一方，正教世界もまた，ブルガリア，ルーシ，アルメニ
アなど複数の正教が存在することに加え，中東，アフリカ，そして中央アジアか
ら東アジアの各地には，非カルケドン派のキリスト教共同体が散在していた．複
数のキリスト教，という理解が進みつつある．

　第二に，境域への関心が高まっていることである．イベリア半島や南イタリア
という複数の一神教信仰者が混在する地域の研究は従来も，キリスト教社会と他
宗教との対立や共生という観点で行われてきた．近年では，そうした境域におけ
る宗教実践や，多宗教やマルチエスニックである状況を利用しての権力形成やコ
ミュニケーション作法という，他地域と比較可能なモデルを追求している．例え
ば，名目上はフランス王権の支配下にありながら異端カタリ派が広がる南フラン
ス，中世において拡大するユダヤ教やイスラーム教と常に接触する中東，多神教
と対峙するスカンディナヴィアなどの事例研究が積み重ねられている．

　第三に，独自の文化史が描かれつつあることである．エチオピア，シリア，ア
ルメニアなどのキリスト教美術，東欧を初めとする諸都市の共同体で保管されて
きたユダヤ教写本，スペインやシチリアに残るイスラーム教の影響を受けた建築
などは，特定一神教の観点で一方から他方への影響というよりも，アブラハム宗
教という観点での相互交渉という理解が有効である．以下に述べる暦もまたそう
したアプローチがふさわしい事例の一つである．

✖循環的時間から直線的時間へ　肥沃であるとともに厳しい自然の中で生まれた
アブラハム宗教は，中東を出発点として拡大する過程において，中世を通じ，神
の権威を独占し代行する統治機構を利用し，交易によって富を増加させることに
長けた人間集団を生み出した．以下では，西洋中世における暦を事例として，ア
ブラハム宗教という視点の可能性を探りたい．

　アブラハム宗教が生まれた中東はローマ帝国領であったため，日常的には，
ローマの暦法が用いられた．太陽暦に基づくユリウス暦では，1年を12カ月に
分割し，1週間を7日とした．さらに，君主である皇帝が即位した年から数える
在位年ならびに徴税のために定められた15年周期のインディクティオー暦も並
行して利用されていた．これらの暦法は，皇帝の死後や一周忌後に数値がゼロに

戻る循環的な時間観念に基づいていた．それに対し，アブラハム宗教にとって時間は過去から現在そして未来に至る直線として観念されるため，世界の創造から終末へと向かう直線的時間が人々に共有された．いずれの信仰においても出発点を定めた紀年法を利用した．ユダヤ教においては聖書に記載される世界創造から創世（ユダヤ）紀元，イスラーム教においてはヒジュラが行われた 622 年を基点としたヒジュラ紀元，ローマ由来の紀年法を用いていたビザンツ帝国でも 10 世紀に，ユダヤの創世紀元と同様（ただしヘブライ語聖書とギリシア語旧約聖書とで年代計算が異なる），旧約聖書における天地創造を基点とする世界創造紀元が用いられた．このようななか，ローマ・カトリック世界では，6 世紀に教皇ヨハネス 1 世が，スキティア（現在のブルガリア）出身で，ラテン語にもギリシア語にも通じたディオニシウス・エクシグウスに，新しい紀年法の作成を命じた．その結果作成されたのが，キリストの誕生年を基点とする西暦である．

✖君主の暦・教会の暦・農民の暦　以上のように，西洋中世世界は直線的時間を共有する空間となった．そのうえで，人々は，複数の暦，つまり異なる時間の積み重ねの中を生きていた．第一に，政治的時間としての暦である．中世の君主は，みずからの権威を臣民に認知させるために，さまざまな手段で権威の視覚化を図った．貨幣にみずからの肖像と名前を刻銘させることはその最も有効な手段の一つであった．さらに，文書に刻む暦において，みずからの治世年を記録させることも重要であった．特定の国家や地域において，集会や裁判などを通じて発給される文書や，事績を書き連ねる年代記などに，ローマ皇帝と同様，みずからの統治が始まって以来の年を記入した．西洋中世の人々は，誰の統治のもとで生きていたのかを実感することになった．

第二に，宗教的時間としての暦である．太陽暦に基づき 366 日を 1 年とするユリウス暦が西洋中世でも継続したが，その 1 年を信仰共同体として意味あるものとしたのは，キリスト教の聖史に基づく教会暦であった．教会暦にとって，最も重要な基点となるのは，イエス・キリストの誕生を祝う生誕祭（クリスマス）と，イエス・キリストが復活されたとする復活祭である．キリスト生誕祭と異なり復活祭は移動祝日である．325 年の第 1 回ニカイア公会議で，春分を基点とする復活祭の算出方法が決議されて以来，7 世紀ノーサンブリアの修道士ベーダを初め，多くの神学者がコンプトゥスと呼ばれる独自の計算法を論文として執筆した．この算出が重要であるのは，復活祭の決定により，受難週の祝日や聖霊降臨祭といったその年の移動祝日が決まってしまうためである．キリストの生涯と受難を信徒に追体験させることで信仰を深めるように試みる教会にとって，教会暦とそれに伴う儀礼や祝祭行事は，信徒の生活とメンタリティを規定するものであった．

以上のように，ラテン・キリスト教世界で共通する暦と祝日に加えて，国，地域，都市，教会ごとの特徴をもつ祝日もあった．とりわけ聖人を記念する祝日は

多様な姿をみせた．イングランドの聖ジョージ（ゲオルギオス），フランスの聖マルタン（マルティヌス），ヴェネツィアの聖マルコ，サンティアゴ・デ・コンポステラの聖ヤコブ，ノルウェーの聖オーラヴ，ルーシの聖ウラジーミルなどは，国家聖人として崇敬対象となり，彼らを祝う祝日はその国にとって特別な意味をもった．地域単位の聖人を含めれば1年を通じていずれの日も祝うべき聖人がいた．カロリング時代には，11月1日がすべての聖人を祝う万聖節として定められた．中世後期になると，都市共同体や兄弟会などは，聖人の祝日に行列などの祝祭行為を行った．

第三に農民的時間としての暦である．政治的時間と宗教的時間に加えて，農業などの生業サイクルに基づく暦も機能していた．『ベリー公のいとも豪華な時禱書』に見られるように，作物をいつ播種しいつ収穫するかというサイクルは，農民のみならず，すべての人間にとって最も重要なサイクルであった．このような農業サイクルは，地中海沿岸部ではローマ帝国の，ヨーロッパ半島北部ではゲルマン人やスラヴ人，さらにはケルト人の時代から続く慣習を引き継いでいることもある．謝肉祭のように，キリスト教世界においては「迷信」とされたさまざまな行事も，基層文化として，人々の生活サイクルを規定した（シュミット，1998）．

✠アブラハム宗教と時間感覚の境域　このように考えた場合，西洋中世における人々は，いくつもの層による時間感覚を共有していることがわかる．キリスト教という共通項はあるにせよ，国や地域による違いはかなりある．ここでアブラハム宗教に立ち戻ってみよう．

われわれは，ユダヤ教，キリスト教，イスラーム教はそれぞれ別個の政治空間や文化空間を確立していたと考えがちである．しかし，奴隷や毛皮交易の見返りとしてヴァイキング世界の中に広まったディルハム銀にはイスラーム君主の統治年が刻まれていたし，十字軍国家で製造された「サラセン・ベザント」貨幣はイスラーム貨幣を模造していた．イタリア商人が用いていた商業実務書には交易先の現地情報が記されていたし，14世紀ラスール朝で編纂された『王の辞書』には六つの言語に対応する単語が収録されていた．コンスタンティノス7世『帝国統治論』（10世紀）で確認されるようにビザンツ宮廷は周辺諸民族の情報を収集していたし，ノルマン・シチリア王国の宮廷では複数の暦が用いられていた．カイロで発見されたゲニザ文書には，地中海ユダヤ人のさまざまな姿がとどめられている．

このような複数の一神教文化が接触する境域に身を置いた人々は，複数の暦を意識することが日常であったし，それらに従って生活を送る事が常態となっていた．彼らが，どのような心性で重層する暦を認知し利用するのかに関しては，今後の研究を待たねばならない．その際に，アブラハム宗教という視点は，単一宗教の視点から分析されがちな事象を，より包括的かつグローバルに論じることを可能にするだろう．

［小澤 実］

ギリシア・ローマ・ビザンツのジェンダー観

古代ギリシア・ローマからビザンツ帝国までの歴史は3000年に及び，その間にジェンダー規範も大きく変化した．特に重要なのは古代末期におけるキリスト教の台頭で，この時代にそれまでのモラル上の変化を継承しつつ，「西洋」と呼ばれる世界のジェンダー規範の根幹が形成されることになる．

✖ギリシア　紀元前2000年頃にクレタ島を中心に成立したミノア文明で発見されるフレスコ画では女性像が男性像よりも多い．柔和な人物像にジェンダー差は明確ではなく，J. J. バハオーフェンの『母権制』（1861）を想起する研究者もある．

その後，ミケーネ文明の時期になると戦士社会となり，同文明崩壊後のホメロス叙事詩では男性戦士のモラルがさらに明白となる．その後に続く古典期のポリス社会も戦士に基礎を置き，市民とは武器を自弁できる健常者成人男性のことであった．前5～4世紀のアテナイでは男性市民間の平等が徹底され，民会や公職者の選出方法に工夫が凝らされた．市民身分の女性は存在したが，これは男性市民の再生産を保証するためのもので，女性は家庭（オイコス）にとどまるものとされた．スパルタでは女子も積極的に外で運動をすることが奨励されたが，これも健康な男性戦士を生むためであった．

ただし，アテナイにあっても宗教的側面では女性神官が重要な役割を担い，市民身分の女性が中心となるテスモフォリア祭や，非市民身分の女性のアドニア祭などがあった．農業と並ぶ前近代の主力産業である織物生産を女性が担っていたことも忘れてはならないし，身分を超えた女性相互のネットワークや，アテナイ以外のポリスとの共通性のなかで女性の地位を再考する余地が今後に残されている．

✖ヘレニズム・ローマ　前4世紀に始まるヘレニズム時代になると，ポリスを超えた広域の帝国が形成され，王族には実権を振るう女性も現れた．ヘレニズム後期になると，地方の都市でもエリート層維持のために女性の公職就任や恩恵施与行為が数多く見られるようになることが，R. van ブレーメンの『参加の限界』（1996）以降の碑文研究で明らかになりつつある．この傾向はローマ帝政期にも継続する．

ローマも古典期ギリシアと同じく男性戦士を基礎とした市民社会を出発点とし，家父長と家門の名誉が尊ばれた．しかし，ローマでは隣接するサビニ人との通婚を女性が主体的に調停する神話に国家の出発点をもつ．アテナイと違って，客人を夫人が立派な身だしなみと態度で迎えることでその家の評判は高まった．ローマの歴史家リウィウスは，第2次ポエニ戦争後の前2世紀に，女性だけに課

せられた奢侈禁止法が女性群衆の抗議によって廃止されたことを伝える.

　共和政末期から元首政初期にかけてローマ支配が地中海全域に及ぶと, 市民共同体も変質する. 男性市民はもはや兵士ではなく, 教養や落ち着いた態度が市民の指標となり, こうした男性市民に従う貞潔な妻が待望された. ユウェナリスなどの風刺詩人は盛んに既婚女性の姦通を攻撃したが, それは男性たちのモラル願望の裏返しであった. 小プリニウス書簡は夫婦愛の誕生をうかがわせ, 奴隷や兵士を含めた社会各層でも結婚の概念が広がりつつあった.

✖古代末期〜ビザンツ　愛情で結ばれた夫婦という一夫一妻制の規範は, このようにキリスト教の台頭に先行して現れ始めていたが, 教会はこれに神学的基礎付けを与えた. 家名を汚す女性には容赦なく処罰を加える慣習に対して, 教父アウグスティヌスはアダムの肋骨から生まれたエヴァを念頭に, 妻を打つ者は自分を打つ者であるとして戒めた. ただし, 妻である女性は夫への完全な従属が求められた. 暴力による奴隷制から配慮による奴隷制への変換である. この変化と連動して, 姦通や同性を対象とする性愛など, 神の前で誓った夫婦関係以外の性関係は厳しく排除される言説が生み出され, 現代に至るまで影響を与えている.

　近代のセクシュアリティと内在化した権力の起源を探って M. フーコーが晩年『性の歴史』(1976〜84) でたどり着いたのもこの時代であり, 彼の刺激を受けて P. L. ブラウンも『身体と社会』(1988) を著し, 修道制の起源となる独身の禁欲苦行者が古代末期の社会で人々の模範となる過程を描写した. 独身禁欲修行者は, この世の再生産を旨とする「異」教に対して, あの世の個人の救済を説くキリスト教の優位を示した. しかし, 結婚を保証する立場に回った教会にとって, 独身修道者は厄介な存在でもあった. 故郷と婚約者を捨て神の前でみずからに洗礼を施す女性使徒テクラの物語が危険視されたのもこのためである. テクラは古代末期の女性に人気を博し, 女性の巡礼者エゲリアがその聖地を詣でたし, テオドシウス 2 世の妃エウドキアもテクラを指標とする物語を書いた.

　ビザンツも基本的に古代末期に生じたこのモラル上の変化を継承し, 神の前の慎ましい生活が男女ともに規範とされた. 女性は男性より本性からして劣っているという医師ガレノス以来の確信は維持され, 商取引でも「女性の愚かさ」がハンデとなった. それでも活躍する女性は多く, 女性皇帝エイレネ (在位 797〜802) や女性歴史家アンナ・コムネナ (1083〜1155 頃) の誕生を見たし, 家産相続や商取引をたくみに行う女性も多かった. また西欧には見られない宦官も存在した. ただし, 史料では本来そうあるべきでないという意図とともに「女々しい」男性と「男勝り」の女性が描かれている可能性には注意を要する.

　これに西方十字軍兵士から見た「男らしくない」ビザンツ人像が加わり, 近代西欧で増幅継承されてネガティブなビザンツ像形成に一役買うことになる.

　　　　　　　　　　　　　　　　　　　　　　　　　　　　　　[足立広明]

宦官文化

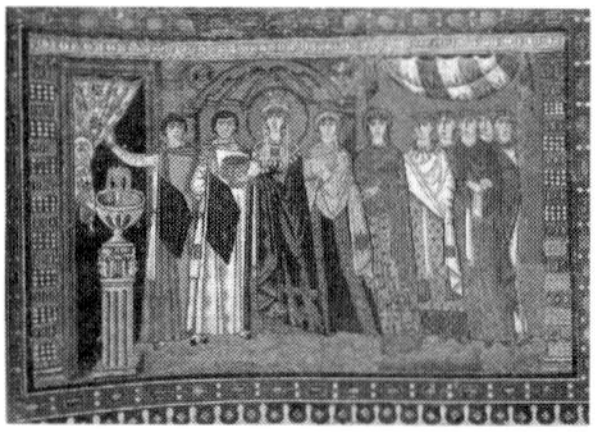

図1　ラヴェンナのモザイク．中央の皇妃の左に2人の宦官が並ぶ［サン・ヴィターレ教会］

去勢された男性を宦官として支配者の護衛や奉仕のために用いる慣習は，歴史上のさまざまな時代，地域に存在した．その源流は古代オリエントや古代中国にまでさかのぼる．古代オリエントの宦官利用は，ペルシア帝国やヘレニズム時代の諸王朝，ローマ帝国やイスラーム諸王朝の宮廷へと受け継がれ，中国における宦官は20世紀の清朝の時代まで皇帝の宮廷に不可欠な存在であり続けた．中世の領域では，ローマ帝国を継承したビザンツ帝国の皇帝たちが宦官を組織的に利用したことが知られている．さらに，イスラーム教徒（ムスリム）が支配していたシチリア島を12世紀に征服したノルマン・シチリア王国の宮廷には，アラブ・イスラーム文化圏出身の宦官が仕えていた．これらの宦官使用の文化は，主に西欧の視点から社会の腐敗や退廃の象徴として否定的にとらえられる傾向にあったが，ジェンダー史研究の進展に伴い，典型的な男性と異なる身体的特徴を有する宦官は現在多くの研究者の注目を集めている．本項では，ビザンツ帝国の皇帝に仕えていた宦官について，その役割や特徴を概観する．

✖宦官の身体　宦官の最大の特徴は，女性との性交が可能か否かに関わらず実子をもつことができないという点にある．男性が生殖能力を失う要因は多様であるが，ビザンツでは生来の疾患に加え，事故や去勢手術による生殖器の損傷が主に想定されていた．手術の詳細について，7世紀の医学書は男児の睾丸を押し潰す方法と切除する方法を紹介している．いずれの方法にせよ，思春期前の去勢は被去勢者の第二次性徴を阻害し，後の成長の過程で典型的な成人男性との決定的な身体的差異を生み出すことになった．現にビザンツ人は，宦官の身体的特徴として髭などの体毛が乏しいことを筆頭に，高い声や細長い四肢に言及している．

生殖能力がない宦官は家族形成の側面で制限を受けることがあった．例えば，去勢された男性の婚姻は法で固く禁止されていた．その背景には，婚姻の第一の目的は生殖であるという価値観が強く影響していたと考えられる．他方，皇帝レオン6世（在位886〜912）は宦官の養子縁組に関する過去の禁止令を撤廃し，子をなせない宦官のための救済策としてこれを容認した．

✖ビザンツ皇帝と宦官　去勢された男性は，帝国において聖職者や修道士，高貴な女性の召使などの多様な役割を担ったが，その代表が皇帝に奉仕する宦官としての役割であった．中国やイスラーム諸王朝の場合，宦官の主な職務は男子禁制

の後宮やハレムで君主およびその妻妾らを含む家族に奉仕することであったのに対し，キリスト教を信仰するビザンツ皇帝は一夫一婦制を採用したため，多数の妻妾が暮らす空間は帝都コンスタンティノープルの宮廷内に発達しなかった．しかし，ビザンツ帝国の宦官もまたごく限られた人間にしか立入を許されない皇帝一家の私的な居住域に自由に出入りし，彼らの身の回りの世話を任されていたという点において，各地域の宦官文化は共通性を有しているといえる．

　ビザンツ皇帝に仕える宦官の第一の職務は宮廷の管理運営であり，特に彼らは侍従として皇帝や皇后の寝室，衣服，食卓などの私的な領域に関与した．9 世紀末の晩餐会席次表は，当時の宮廷で侍従職に任ぜられたのが「髭のない」者，すなわち宦官に限られていたことを示している．またビザンツ帝国では，皇帝列席のもとで行われるさまざまな儀式が皇帝の威光を人々に示すうえで重要な役割を果たしたが，その準備や進行を取り仕切ったのは高位の宦官であった．他方で，侍従としての職務だけが宦官の仕事ではなかった．宦官限定の官職や爵位が存在した一方，宦官は「髭のある」男性たちと同じ官職に就き，国家官僚として行政に関与することもあった．加えて，宦官は軟弱であると考えられていたにもかかわらず，皇帝たちは彼らをたびたび軍司令官に任じ，その結果として大きな戦果を上げる宦官も現れた．このような宦官のなかでも特に皇帝の厚い信頼を得た者たちは，時に絶大な権力を保持することができた．11 世紀の宦官ヨハネスはその最たる例であり，宦官であるが故に皇帝になれない自身に代わって二人の甥を帝位に就かせることに成功した．

　宦官の多くはコーカサス地方をはじめとした帝国外出身者で，国外で去勢された後，奴隷として宮廷にもたらされたようである．他方，帝国内での去勢手術は法により繰り返し禁止されていたが，7 世紀以降には帝国内出身の自由人が親の意向で去勢され，宮廷に仕える事例も現れるようになった．

✘宦官に対する眼差し　宦官は帝国社会に深く根付いていたが，彼らに対する同時代人の評価は毀誉褒貶（きよほうへん）が激しかった．特に有力な宦官は，皇帝への忠実さや賢明さが評価された一方，ほかの非宦官の官僚のように強欲さや残虐さが非難されることも多かった．加えて，男性生殖器の欠如した宦官の身体に由来する「男性でも女性でもない」「女々しい」という表現も宦官非難の常套句として用いられた．その一方で，皇帝に仕える宦官ら廷臣を神に仕える天使と同一視する発想もまた広く受け入れられていた．この発想は，井上浩一が指摘するように，皇帝がしばしば神キリストに擬えられた結果として，皇帝の宮廷もまた天上の宮廷を地上に具現化したものであるというイメージが普及していたことに由来している（井上，2009）．このように宦官に対する同時代人のさまざまな評価には，皇帝や宮廷制度，ならびに男性に対するビザンツ社会の複雑な眼差しを理解するための豊富な手掛かりが内在しているのである．　　　　　　　　　　［紺谷由紀］

聖書とジェンダー観

聖書におけるジェンダー観について議論するには，聖書に登場する女性たちと，彼女たちの描かれ方について注目する必要がある．「エヴァはアダムから抜き取ったあばら骨から造られた」という「創世記」の記述に基づき，女性は男性からつくられた男性の所有物であり，男性に対して服従する存在であるとする考えがある．こうした見解は，近年のフェミニスト神学によって読み直しがされているものの，中世の家父長制社会においても共通の認識とされていた．しかしながら，聖書にはエヴァのほかにも多くの女性たちの姿を見出すことができる．例えば，アブラハムの妻サラ，その奴隷であるハガル，ノアの妻，そして，イエス・キリストの周りには，聖母マリアをはじめ，洗礼者ヨハネの母エリサベト，マルタ，ベタニアのマリア，マグダラのマリアなど，多くの女性たちが存在した．これらの女性たちは，中世において，聖書の翻訳，翻案だけでなく，説教や演劇，聖人伝に描かれている．

✖**マグダラのマリア**　聖書に登場する代表的な女性で，中世において広く崇敬された聖女マグダラのマリアの場合，中世の聖書解釈によって，さまざまなイメージを付され，聖人伝や演劇，絵画などの図像に描かれるようになった．マグダラのマリアは，聖書ではイエスの磔刑から復活に立ち会った女性として登場するが，その後，神との霊的合一を目指す人間の内的祈りである観想の生活を象徴する存在として，そしてかつて罪を犯した悔悛する聖女としてのイメージが新たに付け加えられた．14 世紀にラテン語で書かれた『キリストの生涯についての黙想』では，「ルカによる福音書」でベタニアのマリアと記されている女性がマグダラのマリアと同一視されている．これによると，イエスを忙しくもてなす姉マルタと，イエスの言葉に聞き入る妹マリアのエピソードにおいて，マルタが実践を，マリアが観想を担い，中世で理想とされてきた「実践と観想の生活」を示している．また，マグダラのマリアはかつて罪を犯したと記され，彼女がイエスと出会い回心し，自分の罪を告白する様子も描かれている．

もともと聖書では，マグダラのマリアは「悔悛する聖女」としては描かれていなかった．しかしながら，中世では，彼女は罪を犯した女と見なされ，時に娼婦のイメージに結び付けられるようになった．売春について，聖書「申命記」は，神殿における娼婦も男娼も禁じている．「申命記」で言及される神殿男娼は，時に男色を意味するソドムの罪と結び付けられることもあったが，売春や姦通といった罪はしばしば女性に押し付けられる傾向があった．しかし聖書では，イエスが娼婦や姦通した女性を積極的に受け入れ，赦している姿もまた描かれる．12

世紀にヤコブス・デ・ウォラギネによってラテン語で著された『黄金伝説』など
の聖人伝には，同じマリアという名をもち，娼婦の身から回心を遂げた聖女エジ
プトのマリア伝が収められている．「聖なる娼婦」は，彼女のほかにも聖タイス
らがおり，マグダラのマリアも同じように分類されることが多い．ベタニアのマ
リアと混同されたのと同様に，マグダラのマリアは，崇敬の過程でエジプトのマ
リアの聖なる娼婦のイメージも誤って付された可能性がある．

　聖母マリアや，キリスト教が迫害されていた時代に純潔を守り信仰を貫いた処
女殉教聖人らの，いわば「完璧な」聖女たちとは異なり，マグダラのマリアにみ
られるような，一度罪は犯したものの，その後回心し救われる女性というモデル
は，中世の一般信徒の女性に広く受け入れられた．例えば 14 世紀末〜15 世紀に
かけてイングランドに生きたマージェリー・ケンプは，自伝的作品『マージェ
リー・ケンプの書』（1438〜39 頃）において，しばしばマグダラのマリアに言及
し，かつて犯した罪を悔い改め，神を求めて生きるみずからの生涯を聖女のそれ
と重ね合わせている．マグダラのマリアは，中世におけるその表象の変容を含
め，聖書の女性観やジェンダー観の一端を示しているといえるだろう．

✕聖書と中世の女性　『キリストの生涯についての黙想』は，読者がイエス・キ
リストの生涯を黙想するために書き直された聖書の翻案である．14 世紀半ばに
ラテン語で著された後，ヨーロッパ各地の言語に翻訳され，多くの写本が残って
いる．

　イングランドでは，15 世紀初頭にカルトジオ会の修道士ニコラス・ラヴに
よって『イエス・キリストの尊い生涯の鏡』として英訳された．同書は，1409
年に発布されたアランデル司教の教令下，許可のない聖書翻訳が禁じられた時代
に，一般信徒が読むことが認められていた聖書の翻案でもある．本作品の冒頭で
は，聖女カエキリアが聖書を読む模範として示される．彼女がいつも胸に福音書
を抱いていたというエピソードを引用し，彼女のようにイエス・キリストの生涯
に想いをはせ，黙想することを読者に勧めている．ラヴによる中英語訳を含め，
『キリストの生涯についての黙想』は，性別を問わず，一般信徒に向けて書かれ
たものではあるが，イエス・キリストの生涯を黙想するにあたって，読者には，
しばしば女性に結び付けられてきた情動的な敬虔さが求められ，また「あわれみ
（compassion）」という感情を涵養することとなった．近年では，S. マクネイマー
によって，『キリストの生涯についての黙想』は，修道女によるイタリア語で書
かれた短いテクストがもとになっていると指摘された（McNamer, 2010）．中世
後期のヨーロッパで広く読まれた聖書の翻案作品は，女性が読者としてだけでな
く，作者としても深く関わっていたことを示している．　　　　　[菅野磨美]

女性蔑視と女性崇拝

　中世において，「女性」は聖職者，神学者，医師，著作家ら知識層が盛んに議論を行う対象であった．本項では，中世の文化と歴史に深く根差した女性蔑視の言説と，それと同時に流布した女性崇拝の言説に焦点を当て，「女性」をめぐる一見相対する二つの思想について，それぞれの特徴と背景，さらに，両言説がいかなる関係にあるかを概説する．

✂エヴァの呪いと聖母マリア崇敬　中世の女性観の根底にあるのは，キリスト教の教義に根差した苛烈な女性嫌悪である．キリスト教において「女性」という性は，「創世記」に登場する最初の女性にして，アダムを唆し，人類を堕落に導いたエヴァの末裔であり，（肉体的な）誘惑によって男性の純潔を脅かし，その魂を貶める，生まれながらに罪深い存在であると考えられた．キリスト教世界では女性と男性の関係は，卑しい「肉体」と崇高な「魂」，また忌み嫌われるべき「現世」と切望の対象である「天国」のようにしばしば喩えられる．「エヴァの呪い」と受け止められた月経や苦痛を伴う出産など，女性特有の身体性がことさらに強調されると，女性とは肉体そのものと理解され，女性というジェンダー全体が蔑視の対象となった．さらに，このようなキリスト教の教義や神学に基づいた女性蔑視は，女性を男性に比べて生物学的に「劣った性」と見なすギリシア医学から受け継いだ医学言説の影響を受け，より強固となった．

　こうして「劣った性」や「罪深い性」と蔑まれた女性のなかで，唯一の例外が聖母マリアである．女性のうちただ一人「エヴァの呪い」を免れ，処女懐胎によって幼子キリストを宿した無原罪の聖母マリアは，貞節な生活により女性が到達し得る美徳の象徴として，中世を通じ熱心な崇敬の対象となった．この聖母崇敬の根底には，中世の女性蔑視言説の対極にある女性崇拝の言説がある．たとえ罪深いエヴァの末裔であったとしても，聖母マリアを模範に徳深く，貞節な生き方を心掛ければ魂の救済は可能であるとする言説を背景に，女性における貞節の美徳の重要性とヴァージニティー（処女性）の理想が広く説かれた．

　このように，エヴァと聖母マリアは中世の女性観の両極を象徴するが，シエナのベルナルディーノが15世紀に著した説教のなかで，「エヴァ（Eva）という名前を後ろから読むと Ave（Maria）になる」と指摘したように，二人はいわば表裏一体の関係にあり，同時に中世の思想における女性観の基底をなしていたのである．

✂反女性主義文学と宮廷風恋愛　女性蔑視の思想は中世のさまざまなテクストに通奏低音として遍在するが，特に文学におけるミソジニー（女性嫌悪）は，反女性主義（アンチフェミニズム）文学というジャンルとして確立していた．反女性

主義文学は，古典古代からキリスト教に継承されたミソジニーの伝統に基づき，女性を一枚岩的に「悪しきもの」として中傷し，男性は女性を避け，女性との結婚も控えるべきと説いた．反女性主義文学の権威的作品には，オウィディウスの『恋愛指南』（後2頃），聖ヒエロニュムスの『ヨウィニアヌスへの駁論抄』（ばくろん）（409），ウォルター・マップの『ウァレリウスが哲学者ルフィヌスに妻帯を戒める書簡』（1170），ジャン・ド・マンの『薔薇物語』（1275）などがある．反女性主義文学は，中世を通じて人気を博し，幅広い読者を獲得したが，それは次第に文学的なレトリックという枠組みを越え，現実世界にも影響を及ぼした．例えば，中世きっての女性の庇護者だった作家，クリスティーヌ・ド・ピザンは『薔薇物語』を批判する際，同書を読んだ男性読者が「本で読んだ女性の悪徳」を根拠に自分の妻を殴った，という実例をあげている．このように，机上の女性嫌悪は時に現実世界へと飛び出し，中世を生きた（生身の）女性たちを危険にさらすような社会的問題に発展することがあった．

　これに対し女性崇拝の言説は，12世紀以降に台頭し，中世の雅やかな恋愛の至高のかたちとされた宮廷風恋愛において重要な役割を果たした．宮廷風恋愛は，主人公の男性が貴婦人に一目惚れし，その寵愛を得るために恋煩いに陥りながらも恋人の女性を崇拝する，という典型的な物語をもつ．特に，男性が女性の崇拝に身を焦がし，時には死に至るという展開は，家父長制的ジェンダー観や，男女間の力関係の伝統的規範に逆転を引き起こした．こうしたジェンダー観の揺らぎを逆手に取ったのが，反女性主義文学である．ここでは，女性は男性より劣った「他者」と断言される一方で，宮廷風恋愛で賞賛された男性像は妻の尻に敷かれた「女々しい」男性として非難され，古典的な男女の差異が強調される．宮廷風恋愛と反女性主義文学は，一見すると互いに相容れない女性観をもつが，二者を比較すると，つまるところ，それらは同じ事柄に対する二つの恣意的解釈であることがわかる．すなわち，中世の女性崇拝と女性蔑視の言説も，エヴァとマリアのように，表裏一体をなしていたといえる．

✘女性の擁護　中世後期になると，女性崇拝と女性蔑視の言説は互いに見分けがつかないほど複雑に絡み合う．14世紀以降，反女性主義文学に対抗して「女性の擁護」というジャンルが流行し，チョーサーやボッカッチョなど，中世を代表する作家たちがこぞって作品を著した．これらの作品の多くは，表向きには女性の美徳を賞賛するが，そこに描かれるのは，貞節の追求や恋人への行き過ぎた献身から馬鹿げた行為に走り，挙句の果てに破滅する女性たちの姿であり，作品の内実は女性に対する巧妙な風刺であった．つまり「女性の擁護」とは，女性崇拝の体裁を借りた女性蔑視といえる．このように，中世の思想の担い手たちは，「女性」にまつわる一つの言説から，崇拝と蔑視の両方の議論が引き出されることを理解したうえで，さまざまな思想を展開していたのである．　　　［小林亜伽里］

聖女と魔女

　聖人は模範的な生涯や強い信仰故，信徒の神への祈りや願いをとりなし，奇跡を起こす特別な存在，信徒と神の仲介者として位置付けられる．最も古くはマグダラのマリア，ベタニアのマリアなど，聖書に登場し，イエスから直接教えを受けた女性たちが「聖女」とされ，キリスト教が広まると，死をもって信仰を証した殉教者が聖なる存在として崇敬された．その多くが未婚もしくは寡婦であり，聖書にある「乙女は 100 倍，寡婦は 60 倍，妻は 30 倍」の死後の報いを受けるとの教えを反映し，女性の純潔を重んじる価値観が反映されている．

　中世に入ると殉教者は減少したが，聖人は男女とも増加した．そのなかで「聖女」「魔女」は前述の結婚を基準とする分類とは異なり，教会への忠誠や教えの遵守といった他者からの評価を表した．ある女性がどちらの区分に属すかは本人と聖職者の関係性，時代や地域背景が及ぼした信仰や宗教実践への影響，崇敬者の教会に対する態度などを総合的に審査し，審問を経て最終的に教会が決定するものとなった．ローマ教会は 13 世紀に審問制度を設け，まずは聖性の判定基準を明確にした．新たな生き方の開拓と教会による選抜，その承認への駆け引きは複雑化し，列聖審問が狭き門になっていく．それから程なく，15 世紀頃から悪魔との契約，悪魔との性的関係，害悪魔術，夜の飛行と秘密の集会への参加，という魔女のステレオタイプが成立し始め，やがて 16, 17 世紀の熱狂的な魔女迫害に至る．主に世俗裁判所で行われた魔女裁判の犠牲者数はヨーロッパ全土で 4〜6 万人と見積もられている．

　✖奇跡から模範的生へ　12 世紀頃までの聖女は大きく二つのタイプに分けられる．中世初期の崇敬では物事の自然な経過から外れ，神の干渉の証であった奇跡が最も重要であり，聖遺物がもたらす奇跡は多くの巡礼を集めた．このタイプの聖女は，コンクを巡礼地とした聖フォワや，パリを異教徒から救った聖ジュヌヴィエーヴ（420 頃〜500 頃）ら純潔の殉教者である．

　もう一つのタイプの聖女は，主に王侯貴族の女性が寡婦となってから女子修道院を創設したもので，オットー大帝妃アーデルハイト（931/932〜999），ハインリヒ 2 世の皇妃クニグンデ（975 頃〜1040）らがいる．両者は崇敬地の司教の働きもあって後に教皇から正式に列聖の布告を受けたが，最も広く知られた聖女はメロヴィング朝の王クロタールの王妃で，ポワティエに聖十字架修道院を創設したラデグンデ（520 頃〜580）だろう．この人物は聖遺物としての十字架の破片を入手し，信仰上の模範となっただけではない．伝記作者ウェナンティウス・フォルトゥナトゥスによる『聖ラデグンデ伝』（6 世紀頃）がその文章表現技術によ

り評価されたため，聖女伝の雛型をも提供した（☞「聖人伝」）．

✖列聖審問制度における聖性の論証　12 世紀半ば〜13 世紀にかけて敬虔な生活を送る女性たちを教会が包摂する試みを始めたことにより，聖女に求められる役割は大きく変化した．当時，フランスから低地地方にかけてはカタリ派，ヴァルド派の異端が女性に広まり（☞「異端」），教会への復帰をうながすために聖書にのっとった生活モデルの提示に需要が生じたのである．聖女伝はヴィトリのヤコブス『ワニーのマリア伝』（13 世紀初頭）をその嚆矢として，記述の重点を奇跡から生き方へと移した．

　同時期の教皇は教会組織の中央集権化の一環として列聖承認権の独占を試み，審問での質問事項を詳細に指示し，関与を強化して手続きの進行をみずから管理した．1234 年に教皇グレゴリウス 9 世は『リーベル・エクストラ』を発布して司教による列聖を禁止している．一連の変化を通じて聖性の論証には複数の証人による証言の一致が必要となり，列聖審問記録は法文書としての体裁を整える必要が生じた．この時期，審問対象となった人々は前後の時期よりも俗人が多く，俗人の男女比では女性が多い．このことも，聖職者や修道女のように明確な規則が存在しない俗人女性列聖への需要をうかがわせるが，列聖が実現したのはテューリンゲンのエリーザベト（1235 年列聖），スコットランドのマーガレット（1250 年列聖）と少数であり，アッシジのクララ（1255 年頃列聖）のような托鉢修道会関係者も多い．審問を経て聖女となるとその記念日が典礼暦に組み込まれ，伝記の朗読や説教がローマ教会の勢力圏全体で行われるため，広範に崇敬される聖女が登場したのも，この時期の特徴である．

✖聖性をめぐる議論　14〜15 世紀にかけては神秘主義の流行もあり（☞「神秘主義」），敬虔な女性が取り得る宗教的生活の選択肢はさらに増加した（☞「修道女・隠修女・ベギン」）．しかし，聖職者を介在させない神秘体験による神との邂逅を聖性の基盤とする傾向に対しては，ジャン・ジェルソンら女性神秘主義者を敵視する神学者も現れた．列聖の審査は厳格化の傾向にあったが，女性への審査基準も厳しく，この時期に教皇が聖女としたのはスウェーデンのビルギッタ（1303〜73）とシエナのカタリナ（1347〜80）の二人にすぎない．どちらも幻視による啓示を聖性の特徴とし，前者はビルギッタ会，後者はドミニコ会第三会とつながりがあったものの，俗人の要素が強く，シスマ解消のため教皇に積極的に働きかけた点も共通している．

　13 世紀以降は列聖審問を経て公認された聖女が登場するが，その背景には貴族家門や修道会が存在し，審問を教義，経済，政治的に支えた．このようにして聖女は中世の身分制と結び付く一方で，生に密着した模範として宗教的意味を保ち続けた．

✖迷信から異端へ，そして魔女へ　他方，平信徒たちは当然ながら聖人の生き方

を常に模倣できたわけではない．彼らの日常生活は魔術的な迷信と深く結び付いており，より良いバターをつくるため，恋を実らせるため，病気や怪我を癒すため，災いを避けるため，あるいは敵に害をなすために，人々は魔術を用いた．魔術の定義は研究者の間でも必ずしも一致しないが，少なくとも聖人の「奇跡」と異なり，その効力の根源は神以外の超自然的な存在に求められる．それ故にキリスト教では「魔女は生かしておいてはならない」（出 22：18.『ウルガータ聖書』では男性形〈maleficus〉が用いられている）として，こうした魔術が戒められている．ここでは「魔女」は占いや呪いを行う者を指したが，そこに異端や悪魔との結託という宗教的逸脱がより強く加味されるようになるのは，12 世紀以降に異端運動が教会にとって深刻な問題となり始めたことと関係していよう．14 世紀になると，教皇ヨハネス 22 世のもとで異端的な魔術を取り締まる動きが加速する．平信徒たちの迷信的魔術の実践について，異端審問官の目を通じてさまざまな事例が収集された．聖人の模範的な宗教生活の裏返しの存在として，敬虔でない堕落した人々の存在も，書物のほか説教などの口頭メディアによって広く伝播したのである（☞「説教」）．

✘魔女像の生成 スペインのドミニコ会士であり異端審問官だったエイメリクスによる『異端審問指針』（1376）は，異端的魔術を扱ったものとしては同時代で最も詳細なものである．エイメリクスは異端審問に従事するなかでさまざまな民間の魔術的伝統に触れたことから，占いなど異端的要素のない単なる魔術行為と，棄教，悪霊（悪魔）への儀礼を含んだ妖術とを区別し，後者を異端審問官の管轄とした．ここには超自然的な力の背後にある悪魔という観念がすでに見られるが，これは必ずしも女性と結び付けられていたわけではない．エイメリクスは容疑者や被告に対して一般的性として男性形を用いている．

同じくドミニコ会の神学者ニーダーは著書『蟻塚』（1437）で主にローザンヌ司教区での魔女や妖術の事例を紹介している．魔女の「飛行」を除き，後の典型的魔女像はすでにここに表れている．女性は肉体的，精神的，道徳的な性質から悪魔の誘惑に特に屈しやすいとされているが，これは彼が依拠したスイスの事例で女性被疑者が多かったためだろう．ここでは，そうした誘惑への対抗手段として聖母マリアと並び聖人への祈りも有効とされている．魔女にならないためのよすがとして，聖人崇敬は平信徒の女性たちへの導きの光とされていたのである（☞「聖人崇敬」）．

✘審問手続きの変化 異端審問官ハインリヒ・クラーマー（インスティトーリス）もまた，各地で異端としての魔女を追及した人物であり，魔女裁判の詳細な手引書『魔女に与える鉄槌』（1486，以下『鉄槌』）の著者として知られる．クラーマーは，魔女は異端の一種であるが現世的な損害ももたらす世俗的な罪でもあり，魔女を根絶するためには世俗裁判所に委任することが効果的であるとし

た．異端と戦うという異端審問官本来の任務の負担を軽減させるためにも，世俗裁判所がそれを行うべきであるとしたのである．『鉄槌』はそのための詳細なマニュアルである．列聖承認を教会が独占したのとは逆に，魔女の認定は世俗権力に委ねられたのである．『鉄槌』に示された裁判手順は前述のエイメリクス『指針』に概ね従ったものであり，一般に「糾問訴訟」と呼ばれる．そこでは，当事者による訴えがなくとも裁判官の職権により調査，裁判が進められる（職権主義）．原告による告訴も閉ざされてはいなかったが，魔女犯罪は秘密裡に行われるために原告がそれを証明するのは困難であるとして，噂や密告に基づき裁判官が職権により手続きを開始することを『鉄槌』は推奨している．また，犯罪に関わる事実は神明裁判などの非合理的な証明によってではなく，何らかの明確な証拠によって証明される必要があった（実体的真理追究主義）．最も確実な証拠である自白を獲得するためには，拷問の使用も正当化された．こうして獲得された「魔女」の自白では，悪魔との性的関係，害悪をもたらす悪意といった事柄が語られた．それらは，クラーマーにとっては「経験的に得られた事実」であり，真実と見なされた．ミソジニー（女性嫌悪）に満ちた女性描写はこの書物の特徴であるが，「女性は誘惑に屈しやすく悪意をもって神を裏切る」ことを，彼自身は経験的知に基づいた事実と考えていただろう．

　『鉄槌』出版から16世紀末に大規模魔女迫害が始まるまで，100年ほどの時間差がある．そのため『鉄槌』が後の魔女迫害にどのような影響を与えたのか，推し量ることは実際には難しい．確かなのは，魔女への憎悪は決して民衆感情から乖離したエリートたちの妄想ではなかった，ということである．平信徒の日常生活のなかに魔術は深く根付いており，魔術によって害をなす者への恐怖が魔女迫害の根底にあった．告発された人々の背後には，魔女を恐れ，告発，証言に協力した多くの人々もいたのである．

　教会が聖女をつくり上げ彼女らの模範的な生を喧伝したことと，迷信的魔術を悪魔と結び付け魔女をつくり出したことは，信徒の生活に教会が深く介入する際に生じた同じコインの裏表であった．教会が構築したこの二つの対照的な審問制度は，女性の生き方をある枠組みの中で評価し，分断するミソジニーの表出といえよう．しかし，中世を生きた大多数の女性たちは聖女でも魔女でもなかった．審問が開催されても列聖されなかった女性，崇敬を集めても列聖審問の対象とされなかった女性，存命中にその実践故に崇められたが，死後に制度化された崇敬を残さなかった人々を「生ける聖人」として再評価する試みも，特に俗人女性の宗教性を論じるなかで始まっている．個々の女性たちが両極の間でどのように生きたのか，その姿をとらえることは，現代の研究者にとって新たな挑戦といえよう．

［小林繁子・三浦麻美］

皇女・王妃・王女

中世の女性に関しては近年ますます多くの研究が行われつつあるが，特に史料状況が相対的に良好な皇帝家，王家の女性については，従来の研究の欠落を埋める動きが続いている．彼女たちが置かれた環境ともち得た意義について，考察するための材料が充実しつつある．

✖結婚と出産　中世において君主家門メンバーの結婚は，きわめて重要な政治的事項であった．カロリング朝フランクのカール大帝のように娘を結婚させないという婚姻政策はむしろ例外的で，皇帝家，王家に生まれた女性を誰に嫁がせるかは綿密な政治的計算のもとで決定された．ムスリムの君主に嫁ぐケースはほとんどなく，ラテン・キリスト教世界とギリシア正教世界との間で結ばれる婚姻も比較的まれであったのに対して，ラテン・キリスト教世界内部では王家メンバー間の結婚が活発に行われ，宮廷間を結び付ける重要なルートとなった．女性がまだ幼少の時点で婚約が取り決められることもまれでなく，実際の婚姻締結も比較的若くして遂行されるのが普通であった．

もっとも，中世中期に婚姻の教会化が進展したのに伴い，教会法が定める幅広い近親婚禁止が婚姻政策の障害となった．しかし1215年の第4ラテラノ公会議で近親婚の範囲が教会法上の七親等から四親等へと狭められて制約が緩和され，また近親婚に該当する場合でも教皇の特免が得られれば婚姻は可能であった．逆に離婚の理由としても，近親婚はしばしばもち出された．ただし，デンマーク王家から嫁した王妃インゲボルグとの離婚を教皇インノケンティウス3世に阻まれたフランス王フィリップ2世（在位1180〜1223）の例が示すように，家門の婚姻政策に教皇がどこまで好意的であるかは，その都度の事情により左右された．

君主家門の結婚において，女性には子ども，特に男子の出生が期待された．しかし若年で結婚するのが通例であったこともあって，子の出産にはかなりのリスクが伴った．例えば，エルサレム女王イザベラ2世（在位1212〜28）は，出生時に母のエルサレム女王マリアを亡くしているが，皇帝フリードリヒ2世と結婚した後，みずからも息子の出産の際に死去した．出産がもとで若くして命を落とすケースは決して珍しくなかったのである．また女性に出産という性的な役割が期待されたのと対応して，王妃に姦通の疑いがかけられることも，文学作品に限られず現実に起きる場合があった．

✖女性と統治　皇帝，国王と結婚した女性たちは，皇妃，王妃として夫の統治活動に関与し，また夫の死後にも次代の王の母として重要な役割を果たすことがあった．ハインリヒ1世の妻マティルデやオットー1世の妻アーデルハイトに代

表されるドイツのオットー朝の女性たちなど中世初期の例が目立つが，中世中期以後も場合によっては政治を左右する影響力をもった．さらに，夫の不在中や子が未成年の期間に摂政として臨む場合には，皇妃，王妃はより幅広い統治活動を展開した．1226〜34年までフランス王ルイ9世に代わって王国を統治した母后ブランシュ・ド・カスティーユなどがよく知られた例である．もっとも，そうした母后による摂政統治は，しばしば大貴族らの反抗に直面した．皇帝ハインリヒ3世の死後，息子ハインリヒ4世の摂政として統治にあたった皇妃アグネスが，ケルン大司教らに幼い王を拉致されて権力を失った事件（1062）は，そうした困難を劇的に示している．

　君主家門で男子継承者が絶えて，女性が支配権を相続する場合には，女王として統治することになる．イベリア半島の諸王国や十字軍国家のエルサレム王国など，そうした女性君主（図1）は地中海世界で比較的多く見られる（ビザンツ帝国でも女帝が出現したが統治期間はごく短かった）ほか，東欧，北欧でも散発的に例が知られる．ラテン・キリスト教世界ではレオン=カスティーリャ国王ウラカ（在位1109〜26）が女王の最初の例である．そのような場合，女性ということで特別な統治者像が観念されるわけではなく，実践面でも女性君主も男性君主と同様に統治したが，彼女たちが独身でなくとも

図1　エルサレム女王メリザンド（在位1131〜52）とその夫アンジュー伯フルク［Bartlett, 2020］

に統治する夫をもつのは当然のこととして期待された．

✖君主家門の女性と文化　君主家門の女性は文化的にも注目すべき位置にあった．外国の君主家門から当該皇帝家，王家に嫁入りする女性にとって，婚家に適応することは言語的障壁や文化的差異などによって必ずしも容易ではなかったが，その一方で彼女たちは，本人やその取り巻きを通じて宮廷における文化移植のルートを体現していた．もっとも，そのようにしてもち込まれた新奇な文化，例えばヘアスタイルや服装などに対して，婚家の側の宮廷人や聖職者から強い反発が示されることもあった．君主家門の女性のなかには，11〜12世紀にかけてビザンツ帝国の皇帝を輩出したコムネノス家に生まれた皇女アンナ・コムネナのように，みずから重要な文化的業績を遺した女性も見られた．彼女は，宮廷における権力闘争から身を引いてコンスタンティノープルのケカリトメネ修道院に入った後，学者，文人が集まる「サロン」を営み，自身も父帝アレクシオス1世の事績を叙述した歴史書『アレクシアス』（1154？）を著したのである．

［田口正樹］

修道女・隠修女・ベギン

　キリストに倣い敬虔な生活を志す女性は古代以来常に存在したが，12世紀から選択肢は急速に多様化し，13世紀には俗人女性も加わった．本項は修道女，隠修女，ベギンを扱うが，「敬虔な女性たち」には異端と断罪された人物や，イタリアには地域共同体に近い小集団を形成した女性もいた．H. グルントマン『中世の宗教運動』（1935）以来，ジェンダー史の観点から女性宗教運動の研究は進展したが，中世全体への理解を深めるには，どの時代と地域でもこれらの身分が区別の曖昧な状態で共存し，補完し合った点の認識が必要である．

✖修道女　清貧，貞潔，従順を守る修道誓願を立て，戒律に従って修道院で暮らした修道女は定義が最も明確である．古代後期から女性は修道制に関わり，典礼や労働を共同で行った．敬虔な貴族女性の交流により広まり，西方伝播後も王侯貴族の女性が修道院創設に積極的に貢献した．修道女は将来の生計のため財産を持参せねばならず，一種の特権身分であった．それでも，時代を下るほど修道女数が増加した背景には死者典礼による救済への期待，院による所領の境界線維持，女性のための安全な生活の場の確保といった聖俗で複数の事情があった．

　男性と同戒律を採用することもあったが，肉体労働をめぐる社会的制約もあって厳格な遵守は困難であり，ベネディクトゥスの『戒律』（6世紀），アウグスティヌスの『修道規則』（4世紀）も同様の問題をはらんだ．534年にアルルのカエサリウスが『修道女のための戒律』を初めて制定し，12世紀のエロイーズ，13世紀のアッシジのクララらもみずからの宗教性を反映した女性向けの新たな修道戒律制定を強く訴えたが，その希望が全面的に受け入れられたわけではない．

　12世紀にはフォントヴローなど男女共住の二重修道院，厳修修道会シトーなどが発展し，13世紀には異端からの悔悛者や元娼婦を修道女とし，托鉢修道会第三会は俗人身分のまま修道会に帰属させた．ボニファティウス8世の教令ペリクローソのように教会は女性が閉鎖空間で信仰に専念する理念を重視したが，14世紀以降の修道女は神秘主義を通じた異次元の体験，本の貸借を通じた知的ネットワークへの接続，院内への模擬巡礼路の建設といった方法でも院外への視線を保った．

✖隠修女　俗世間から隠遁する隠修女のルーツは修道女と同様に古く，明確な生活上の規則をもたないためいわゆる「隠修女」とされる生活形態は幅広い．12世紀以降イングランド，低地地方，ドイツ語圏で増加したが，地域差が激しく，日本語の「隠遁者」が英語表記だと hermit, anchoress, recluse など複数の語を含む点も，このような女性たちの理解を難しくしている．L. H. マカヴォイ『中世

ヨーロッパにおける隠修の伝統』（2010）を参照すれば，隠修女とは禁域にあって
てみずからを彼岸と此岸の中間にいると見なした俗人女性，anchoress もしくは
recluse と考えられよう．イングランドで 13 世紀前半に成立した『修道女の手引
き』がその一般的理念を示すとされ，孤独における宗教実践を強調する．

　隠修女は修道院外で神とのより個人的な関わりを求めた．始めは郊外にあった
隠修生活の場は都市化が進むと都市内へと移動し，教会付属の庵室に死ぬまで閉
じこもるようになった．これにより聖務に参加しつつ，庵室の窓を通じて都市民
との対話の機会をもった．幻視者でもあった 14 世紀のノリッジのジュリアン，
モンタウのドロテーアらが知られるが，同時代の人々が重視したのは神秘体験よ
りも自発的な閉居である．隠修女は敬虔さを体現し，居住地故に常駐が確実な相
談役としても都市内で敬意を集めた．しかし，その痕跡が後世に残る事例は限ら
れている．

❈ベギン　ベギンは俗人として祈りと瞑想，慈善活動に加え貧者や病人に奉仕し，
都市のベギン館（ベギンホフ，ベギナージュ）で半聖半俗の敬虔な生活を送っ
た．この身分は終身ではなく，本人の希望で結婚も可能だった．このような女性
は「最初のベギン」ワニーのマリーがいたリエージュ周辺から 13 世紀前半に現
れ，現在のベルギーからライン川流域，さらにザクセン，テューリンゲンへと広
がった．新しい宗教性と不安定な身分の混在は当時の聖職者に魅力的であり，
ヴィトリのヤコブスらは説教や聖人伝を通じて価値を付与し，既存の身分の枠内
への位置付けを試みた．しかし，1312 年には教皇クレメンス 5 世がベギンを禁
止する教令クム・デ・クィブスダムを発布したように敵対的な見方もあった．

　「ベギン会」とも称されることもあるが，中世のベギンは統一された規則をも
たない．都市やベギン館ごとに異なる状況については，上條敏子『ベギン運動の
展開とベギンホフの形成』（2001）が包括的な見取り図を示している．ベギンの
最大の特徴は財産を放棄せず，労働での生計が可能な点にある．個人の経済力に
格差が生じても，比較的貧しい女性もベギンホフで安定した生活を送る選択肢が
あった．教育や慈善に加えて繊維産業への従事が見られたが，職人との競合も
あってレース編みなど限定された産業に携わった．

　史料状況から女性の宗教的生活の規模や分布を統計的に把握するのは難しい
が，国別の研究状況や主な人物の生涯を知るには A. J. ミニス & R. ヴォーデン編
『聖なる中世の女性たち』（2010）が最良の入門書だろう．また，ヨーロッパ各地
では女子修道院のデータベース作成が始まっており，情報発信とともに研究者の
交流をうながす試みもある．これら研究の発展が中世全体における女性の宗教性
の動向とその変遷の分析を質的のみならず量的面からも可能にすることがことま
れる．　　　　　　　　　　　　　　　　　　　　　　　　　　　　［三浦麻美］

医学とジェンダー

　　1000年間に及ぶ中世はキリスト教を受容，発展させ，その価値観を社会の隅々まで浸透させた．キリスト教は魂の健康と死後の救済を結び付け，医学，医療の上に君臨したが，同時に中世医学は，人間を宇宙全体の中に位置付け，自然との調和に基づく身体観，人間観を通して心身のバランスと調和を提唱する古代ギリシア医学を継承し，心身相関性に基づき，身体と魂の全体をケアするホリスティックな医療が行われた．

✖病因論と霊的治療　　キリスト教の黎明期から，教会はあらゆる病気の原因を楽園追放（創3：23）に由来する人間の罪に求める病因論を説いた．原罪はキリストの十字架上の犠牲や洗礼によって減じられるが，罪を重ねる人間の病が治癒するには悔悛と罪の赦しが不可欠だった．霊的健康の回復とともに身体が癒されると認識されるなか，イエス・キリストを霊的な「医師」や「薬剤師」ととらえる伝統が生まれた．特にアウグスティヌス（354〜430）は，医師キリストは患者の恐怖を取り除くためにみずから磔刑という苦い薬を飲んだと説き，キリストの受難は，中世を通して，霊的，身体的健康を回復させる最良の薬となった．身体と魂の共生的関係を前提とする心性は近世のデカルト以前のキリスト教世界に浸透し，中世の医学，医療を特徴付けた．特に，第4ラテラノ公会議（1215）で発布された教令第21号はすべてのキリスト教徒に年1回の告解と聖体拝領を求め，ミサが病の予防や治療に効果をもたらす聖なる薬と認識させた．

✖古代ギリシア医学　　教会に次いで，中世医学に影響を与えたのはヒポクラテスやガレノスが確立した古代ギリシア医学である．この医学には宇宙をマクロコスモス，人間の身体をミクロコスモスととらえて人体の働きを説明する理論体系があり，人間も宇宙を構成する空気，水，土，火の四元素から成り立ち，四元素の構成に応じて，体液，体質，性質が決まった．すなわち，身体は血液，黄胆汁，粘液，黒胆汁の四体液で構成され，血液は空気，黄胆汁は火，粘液は水，黒胆汁は土に支配され，四元素に対応して，熱気，乾燥，湿気，冷気が起こる．体質も四体液に応じて，多血質，胆汁質，粘液質，黒胆汁質に分類され，生来優勢な一つの体液が個々人の体質，気質を規定すると考えられた．ヒポクラテス派の体液生理学は病気の原因は体液バランスの崩れにあるとし，ホリスティックな心身の調和が提唱された．ローマ帝国が崩壊するなか，古代医学はビザンティン帝国やイスラーム圏で継承されたが，11世紀以降，イスラーム圏との交流を通して，アラビア語の医学書がラテン語に翻訳され，西ヨーロッパにギリシア医学が復興する．医学はイタリアのサレルノ医学校や各地の大学医学部で飛躍的な発展を遂げた．

　古代ギリシアの四元素説は男女の生物学的差異の説明に理論的枠組みを与え，ジェンダー観に影響を及ぼした．それによると，四元素には上下関係があり，男性は崇高な元素，火と空気に支配され，温，乾の優れた性質を有すが，女性は下位の元素，水と土に支配され，冷，湿の劣った性質を有す．その結果，男性は快活な多血質や精力的な胆汁質，他方，女性は怠惰で執拗な粘液質や憂鬱症の黒胆汁質が多いとされた．また，アリストテレスは，性や生殖について形相と質料の概念を用い，男性は形相と運動の始原を提供し，女性は胎児を形成する質量（素材）を与えると説明した．ギリシア医学では，子宮は生殖の器となり，胎児を生成，形成する「かまど」と解釈された．

　古代から中世をとおして，妊娠，出産，授乳のメカニズムに月経が関与すると理解された．体液生理学は月経を「六つの非，自然」の一つで，体液バランスを整えるための余剰体液の排泄作用ととらえた．この血液は妊娠時に胎児の栄養となり，出産後は新生児の母乳に換わり，生命を育む．反対に，月経が起きずに血液が身体に停滞すると，体調が崩れた．しかし，女性の身体の浄化作用である月経も，他人にとってはきわめて有害な生理現象と受け止められた．

✖️キリスト教と産む性の身体　中世キリスト教社会のジェンダー観を形成したもう一つの柱は聖書の中の女性像である．「創世記」では，蛇，すなわち，悪魔の誘惑に屈したエヴァがアダムに禁断の木の実を食べさせ，人間の堕落が始まったと伝えられ，人間の罪は女性に始まるという認識が浸透した．また，キリスト教世界には，肉体よりも霊が尊いとする肉体蔑視の思想や，女性の肉体を危険なものとする教義があり女性蔑視を助長した．キリスト教会は，楽園追放以来，性行為は不純なものになったと説いたが，人類の存続には男女の結合が不可欠であるため，子を産む目的で，結婚という制約の中で遂行される限りにおいて是認した．

✖️産婦人科学　産む身体をめぐる偏見は女性観を歪めたが，産婦人科学は医学の重要な領域であった．しかし，一般的に男性医師は女性の身体を積極的に触診せず，代わりに助産婦が中心的役割を果たした．だが，女性医療者は，医学の中心が大学で教授される書物を介した理論に移行するなか，医学教育から排除され，古代医学の翻訳から得られる先端知識に接することなく，同業者の間に口承で伝わる知識や手技による処置やケアをもっぱらとした．しかし大学教育の黎明期，イタリア南部サレルノでは，同地が誇る医学校で学び，医術に長けた女性たちが活躍した．医師サレルノのトゥロータなどはギリシア，アラビア医学をサレルノの伝統医術と融合させ，女性の身体と健康に関するラテン語の医学書が誕生した．これが12世紀初め『トロチュラ』と呼ばれる医学集成で，『女性の病気について』『女性のための治療について』『女性の美容法について』からなる．同書はヨーロッパ各地の俗語に翻訳され普及したが，ラテン語の識字能力と学識を有す女性医療者の復活は15世紀後半を待たねばならなかった．　　　　　[久木田直江]

教会と秘跡

　キリスト者共同体に属する者たちにとって，教会は，制度としても，建築物としても彼らの信仰活動を支える存在である．また，秘跡とは，カトリック教会の用語で，目に見えない神の恩寵，恵みを示し与える一定の儀式である．七つの秘跡に特別な重要性を与えた 12 世紀の神学者サン＝ヴィクトルのフーゴーに従ったペトルス・ロンバルドゥスの『命題集 4 巻』（12 世紀半ば）が，12 世紀末にかけて成立しつつあった大学の神学部での標準的教科書になった影響は大きいと考えられる（ただし七つの秘跡が正式に定められたのはフィレンツェ公会議中の1439 年である）．

　✖洗礼　ユダヤ教でもユダヤ教への改宗志望者の儀式として存在していた洗礼は，キリスト教では，長期間にわたるキリスト者共同体への加入プロセスの最後をなす儀式となった．しかし，3 世紀にはすでに幼児洗礼が行われるようになっていたという．中世には，子供は生まれるとすぐに教会に連れて行かれ，洗礼を授けられた．洗礼は救いと永遠の命に不可欠で，洗礼を受けずに死ねば，赤子であっても天国に入れないと教えられていたからである．生まれてすぐ死に瀕している赤ん坊には，その場で助産婦がすぐに（ラテン語ではなく俗語で簡単な言葉を唱え，赤ん坊に水を振り掛けるだけにせよ）洗礼を執り行った．聖職者の職務を女性が執行することにカトリック教会は否定的だったが，この場合は例外として認めていた．教区聖堂の身廊の西端の出入り口のそばには，洗礼盤（洗礼式の際に用いられる水を入れる容器）が置かれた（図 1）.

図1　洗礼盤と幼児洗礼［From the British Library collection, Lansdowne MS 451, f. 224v］

　✖堅信　4 世紀頃に，堅信礼が独立した儀礼として語られるようになった．幼児洗礼を受けたキリスト者は堅信礼を受ける義務があったが，いつ受けるべきかは教会によって定められてはいなかった．堅信礼は，教区司祭ではなく，司祭を統括する司教によって行われる必要があった．司教区の地理的範囲が大きいアルプス以北では，司教に接する機会はしばしば限られており，幼児洗礼後数年の子供から大人になってからまで，堅信礼を受ける年齢には大きな開きがあった．その場合，「成人」となるための通過儀礼としては必ずしもとらえられない．

　✖聖体　洗礼によってキリスト者共同体の一員になった者の特権とは，教会の会衆との聖なる「食事」への参加である．「キリストの名によって」洗礼を受けた

後，信者はキリストとその教会の会衆とともに，主の食卓に付くことが許された．その「食事」は典礼のかたちを取って，7〜10世紀にはローマ典礼あるいはガリア典礼のかたちでいっそうの発展を見た．12世紀に精緻化された聖体の実体変化の教説は，1215年の第4ラテラノ公会議の決議文の中で公布された．聖職者が，祭壇の前で聖体のパン（聖餅）とワインの入った杯を高くかかげ持つ瞬間に，見かけはパンとワインのままに見えても，聖体の実体はキリストの体と血に変化すると．この「奇跡」の瞬間がミサの最大の山場であった．一般信徒が，実際に聖体を拝領するのはそれほど頻繁ではなかったが，第4ラテラノ公会議は，少なくとも年に1回，できれば復活祭時には聖体拝領するよう人々をうながした．なお，中世前期には子供も聖体拝領を拒まれなかったが，第4ラテラノ公会議以降は「分別のつく年頃」以降の者にしか許されなくなった．

✶悔悛　聖体拝領に臨むには，罪の赦しの秘跡に与る必要がある．聖職者にみずからの罪を告白し，その罪に応じて定められた贖罪行為を行うのである．こうした罪の悔い改めに特に重きを置く時期が年に2回定められていた．一つが，復活祭に先立つ四旬節で，もう一つは，降誕祭に先立つ待降節である．中世後期には，特に前者の時期に，人々を罪の赦しの秘跡へと導くため，四旬節の期間に特化した説教集（「四旬節説教集」というジャンル）が生まれ，人気を博した．

✶婚姻　教会は，婚姻をキリストの定めた秘跡として扱うだけでなく，12世紀までには婚姻についての裁定を行う法体系をつくり出し，中世末までその状態を保った．ただし，婚姻は教会よりも古い存在だった．婚姻を整えるのは花嫁と花婿（とその家族）であり，婚姻の誓いを立てる当人二人を，教会は祝福し，婚姻が結ばれた事実を確認するだけなのである．婚姻の秘跡は教会で行われる事が推奨されたが，教会外でも執り行うことができた．

✶終油　塗油の秘跡は，重篤な状態の病人に行われた．聖水が振り掛けられ，祈りがささげられ，信仰箇条を読み上げ，病人に信仰告白をするよううながした．ラテン語の式文はあるが，俗人の病人相手では俗語で行われたはずである．罪の告白を聞いた後，贖罪行為を告げるものの，それを直ちに病人に課すのではなく，その友人や遺言執行人が当人の代わりに施しを行えるか尋ね，もし病人が回復すれば，もとの贖罪行為を行うよう述べる．

✶叙階　堅信式と同様に，司教が行うべき秘跡である．ただ，聖職を行う権能とそれをふさわしく用いるための恩寵を与える叙階は，例えばイングランドの中世後期では，年に4回，すなわち四季大斎週間の土曜日にしか行われなかった．下級聖職を順に務め，ラテン語を読め典礼歌を歌えるか，といった審査を受け，24歳で司祭に叙階されるのが通常のルートだったと考えられている．

　以上の，七つの秘跡は，キリスト者共同体に属していた西洋中世の大多数の人々の生活の広い領域に触れ，教会の存在の大きさを感じさせる．　　　［赤江雄一］

愛と結婚

　王侯が幾人も愛人を囲ったり，文学が姦通恋愛を描いていることに違和感を覚える近代の読者もいるかもしれない．しかしそれには中世独自の事情があった．
✖結婚の二側面，家父長制とキリスト教　古代ローマ以来，結婚は家父長制のなかに組み込まれており，子孫によって一族を維持したり，他家と姻戚関係を築くことが目的であったため，親が子の結婚相手を決めていた．時代や地域にもよるが，族内婚になりがちで，いとこ同士の結婚もあった．当事者がどうしても結婚に同意できない場合，あるいは男性側がさらなる上位の階層の女性との縁組を求める場合などは，娘の略奪や駆け落ちなどが発生した．トリスタン伝説は，王妃が愛する騎士を攫って森に逃げたケルトの駆け落ち譚が源泉だという説もある．

　しかし教会との結び付きを強めたカロリング朝以来，教会が結婚に関与していき，一夫一婦制が定着していく．「エフェソの信徒への手紙」でパウロは夫婦が互いに仕え合うよう教えている．ヒエロニュムスは結婚は理性的に処するべきものであって愛や情熱は不要だと述べている．1140年の『グラティアヌス教令集』は当事者の合意の必要性に言及し，さらに1200年頃から婚姻が秘跡の一つと定められたことを通して，理論的には本人の合意と秘跡さえあれば結婚が成立することとなった．例えばシェイクスピアの『ロメオとジュリエット』（1595頃）では親同士の仲違いのために結婚できない二人が修道僧によって結婚させてもらう場面が登場する．教会側にとっても，結婚はより広く信徒を確保できるという利益をもたらした．信徒の性愛は管理の対象となり，夫婦間であっても生殖を目的とする場合のみ性行為が許され，中絶や幼児殺しは禁じられた．さらには贖罪規定書では体位や節制すべき日（水，金，日曜や祝祭日）などが細かく定められた．もっともこれらの建前と実態の間には大きな差があったことだろう．ファブリオ（笑話）では「寝取られ」亭主が描かれ，妻の浮気相手として最も頻繁に登場するのは村の司祭だ．15世紀の『結婚十五の歓び』では夫は魚籠に囚われた哀れな魚にたとえられ，妻の浪費やわがままや浮気に振り回されている．

　婚姻が秘跡である以上，解消は不可能であり，カトリックでは離婚ができない．しかし王侯の離婚をめぐっては，教皇庁を巻き込んださまざまな議論や係争が発生することがあった．別れたい王は妻の不貞を言い立てたり，二人が縁続きだったことにして当初からの婚姻無効を主張するのが常套手段だった．また中世では再婚も少なくなかった．これは平均して女が15歳程度，男が25歳程度で結婚し，しかも戦死やペストなどで男が先に亡くなる場合が多かったためである．どちらが年上であるにせよ，結婚における男女の極端な年齢差は頻繁に発生し

た．ドイツの画家クラナッハは「不釣り合いなカップル」という題材で多くの絵を描いているが，にやついたり，露骨に嫌がったりと，双方の思惑が表現されていて面白い．

✠さまざまな愛　以上からわかるように，愛と性と結婚はそれぞれ別の事柄だった．結婚という形態は必ずしも愛の成就ではないし，またアンドレアス・カペルラヌスが『宮廷風恋愛について』（12世紀後半）という指南書の冒頭で言うように，「結婚は恋を妨げる口実にはならない」．12世紀の才女エロイーズは結婚をむしろ金銭や権力目当ての卑しい行為として非難した．彼女は愛するアベラールへの書簡の中でこう書いている．「もし，この世をあまねく支配する皇帝アウグストゥスが光栄にも私に結婚を申し込まれ，とこしえに地球すべてがお前のものになるぞと約束されたとしても，その人の皇后であることよりも，あなたの情婦と見なされることの方が，私にとっては喜ばしいことであり，名誉あることなのです」（沓掛・横山訳，2009）．またトルヴェール（北仏の吟游詩人）の一人，シャトラン・ド・クーシーの座右の銘は「愛して悔いぬこと」であり，率直かつ明快に叶わぬ恋を歌い上げた．ジョフレ・リュデルはトリポリ伯夫人の噂を聞きつけてはるか東地中海まで旅し，夫人の腕の中で息絶えたと伝えられている．まだ見ぬ女性に対する熱烈な思慕を描く「遥かなる姫君」の主題はその後さまざまな詩人たちによって展開された．

同性愛については，聖書には「男色をする者」は神の国を受け継ぐことができないとあり（一コリ6：9）自然に反するものと見なされたが，現代ほど概念化されていない．実際には同性同士の情的ないし身体的関係はさまざまな社会集団で存在し得ただろう．教会が敵意と不寛容を示し始めたのは13世紀頃からといわれている（ボズウェル，1990）．イングランド王のエドワード2世は遊び相手だったギャヴィストンを寵愛し，要職に就けて政治を混乱させたことから最終的に妻イザベラの画策によって廃位させられた．女性同性愛はいっそう周縁的でいっそう見えにくいものであるが，ドイツのカテリナ・ヘッツェルドルファーが1477年に裁判を受けて刑死させられた記録がある．彼女は男装して複数の女性と日常をともにし，関係を結んでいたとされる．

文学にも同性愛の記述はしばしば登場する．12世紀のマリ・ド・フランスの『ランヴァル』の短詩（レー）では，求愛を断った騎士ランヴァルに対して「お前は女に興味がなく，若い少年を侍らせてお楽しみなのですね」と王妃が邪推して激怒する．

社会制度や動乱によって愛する者との別離が常態化していた中世では，見返りを求めない「至純の愛」こそが，現実に耐え，思慕や苦悩を昇華させる手段だったのかもしれない．

［横山安由美］

出産と死

　出産，死のいずれについても，一見それとは無関係な歴史的条件を顧慮して考察することが重要である．

✖出産　目覚ましい耕地の開墾運動や都市の建設，十字軍遠征など中世社会のダイナミズムを特徴付けるいくつかの現象には，過剰となった人口をよそにさばくための手段としての一面がある．厳格な道徳が称賛され，多数の独身の聖職者，修道女が存在していたにもかかわらず，中世における婚姻率は高く出生率もまた高かったと思われる．出産後の授乳期は女性の受胎休止期間となるが，貴族の妻も庶民の女性もしばしば乳児を里子に出したためこの期間はむしろ短縮された．王妃でさえ 16〜19 カ月の間隔で出産した．15 世紀のハンガリーでは，夫婦は平均して 15 年間結ばれ子どもはほぼ 4 人である．王家を筆頭に「子だくさん」の家族は珍しくなく，それは歓迎されるべき出来事とされた．「子どもの数の多くない家庭は完全とはいえない」とはトマス・アクィナスの言葉である．とはいえ，医学や衛生の未発達が原因で，出産がまず母親に，そして産み落とされる赤子にとってきわめて危険な過程であったことは，前近代を通じていえる事実である．

　出産をめぐるさまざまな条件が現代とは異なっていた．まず子だくさんといっても母となる女性の初潮は遅かった．例えばブランシュ・ド・カスティーユ（1188〜1252）は 12 歳で後のフランス国王ルイ 8 世（13 歳）と結婚し，18 歳で第一子を産み，以後 12 人の子をもうけた．同様に息子のルイ 9 世に 13 歳で嫁したマルグリット・ド・プロヴァンス（1221〜95）が第一子を得るのは 19 歳で，以後 11 人の子を産んでいる．分娩用の椅子がしばしば用いられた．また帝王切開が施されるのは産婦が死亡した場合のみである．

　結婚をめぐる当時の状況が，出産に影響を与えたことは言うまでもない．女性は早婚が一般的だったが，夫は妻よりかなり年長であることが多かった．特に都市に住む男性が，家族を養えるだけの経済力を得ることは難しかったのである．若くして夫を失った女性の再婚は，男やもめ以上に困難であった．そして，経済事情や婚外出産回避の目的で行われる堕胎，子殺しや捨て子は珍しくなかった．

　家族にとって出産は，社会的関係（ソシアビリテ）を活性化させる機会となった．分娩の直接のサポートは助産婦・産婆や近所の女性たちが担ったにせよ，出産を控えた家には隣人縁者が詰めかけた．出生後，できれば 3 日のうちに行われた子どもの洗礼式には，目上にあたる人に代父，代母を依頼して立会ってもらう．この慣習の起源は不明だが，広く社会に浸透した．

✖死　増加する人口と高い死亡率，生への愛着と祖先への尊崇，こうした条件が

中世の死をめぐるさまざまな行為や慣習，そして心性を外側から規定している．キリスト教の影響の大きさは言うまでもない．イエスの死と復活の教え，そして死後に神の審判を控えた人々が抱いた期待とおそれとが，死後世界に古代にはなかった内実を与えた．とはいえ古代の慣習がまったく失われたわけではない．その祖先崇拝と援助を求める祈願とは，特別の死者である聖人の加護と執りなしを求める崇敬へと変化し，中世に継承されていった．

　カトリック特有の死者のための典礼が広まるのは，ようやく9世紀のカロリング時代からである．王家や貴族家門の死者を記念する目的で名前が修道院の「生命の書」「記念の書」に記載され，祈りが捧げられるようになった．1030年にはクリュニー修道院において「万霊節」が定められた．こうした死者記念の信心は，家系意識をもち始めた貴族層から騎士階層へと普及し，13～15世紀になると死後の魂の救いを願う「永遠のミサ」の執行が，庶民を含めた社会の広範な層から教会に依頼されるようになるのである．

　死者の霊を忌避し，それまで村落や都市の外部に置かれていた墓地が10～11世紀には教会の周囲に形成される現象が，住民の連帯感を高め，集落が一つの平和領域として認識されることに貢献した．同時に聖職者，修道士の「神と人」「あの世とこの世」との仲介者としての役割が確立する．この特権に対する異議申し立てが，中世の異端の一つの大きな特色である．

　司牧を目的としてとりわけ13世紀以後に発達した説教や芸術表現においては，回心を呼びかける目的で，「死」の強調によって人間の有限性を示すという手法が盛んに取られた．他方，育まれつつあった家族意識を背景に，人々は物故した近しい人の幽霊をみたが，教会はこれを教義の枠に取り込み，煉獄にある魂の救済のための祈りと喜捨を勧めた．

　中世後期には，公証人への口述という方式の導入もあり（図1），遺言書の作成が広まった．魂を神に託する宣言で始まる中世の遺言書には，死を前にした告白としての性格がある．死後の魂の救済を願い，人々は自分の経済力に見合った償いの業を証書に記載し，家族に実行を委ねた．墓所や葬儀，その後の記念の典礼の式次第とそれらに伴う慈善や喜捨の金額がまず詳細に定められ，次いで相続の指示がある．家族に相続のトラブルの

図1　遺言書の口述　公証人のほか家族，司祭，証人が立ち会っている［Alexandre-Bidon, 1998］

種を残すのも一つの罪と見なされたので，この部分も宗教と無関係とは考えられなかった．
　　　　　　　　　　　　　　　　　　　　　　　　　　　　　　　［印出忠夫］

女性と子どもの教育

　中世において，女性は使用人を監督し，夫や子どもの日々の生活を管理する責任をもち，家庭教育の中心的な担い手であった．母親として，子どもが男児であった場合は幼年期まで，女児であった場合は嫁ぐまで，あるいはほかの家庭に使用人または徒弟として出すまでその教育にあたった．農民の家庭でも，母親が娘の範となって収穫の手伝いや年少者の世話，家事などを教えたと考えられるが，農民は識字階層でなくその教育についての史料はほとんど現存しないため，本項では貴族，ジェントリ，市民の女性と子どもの教育を取り上げる．ただ後期中世には社会階層間の流動性が高まり，この区別が時に明確でないことを指摘しておく．

❈**読むこと＝祈ること**　女性による家庭教育の中核にあったのは読むことであり，特に祈りを唱えるために必要な識字であった．子どもが適切に祈ることができるように，ラテン・アルファベットとその音節毎の発音，三つの基本的な祈り，すなわち主の祈り（パテルノステル），アヴェ・マリアの祈り，使徒信条（クレド）の読み方が教えられた．なお，ここで重視されたのは正しい発音であり，祈りの意味を解する能力は求められなかった．1215 年の第 4 ラテラノ公会議で司牧改革が進められて以降，すべてのキリスト教徒はこれらの祈りを日々唱えることが定められ，各地で（大）司教がその励行を命じた．その結果，13 世紀半ばから，俗語の司牧のための手引きや祈祷書とともに，平信徒による略式の聖務日課実践を目的とし，アルファベット，基本の祈り，痛悔詩編，聖母マリア小聖務日課などを含む時禱書が作成されるようになった．時禱書は印刷術の拡大に伴いエリート層だけでなく幅広い階層に受容され，特に女性が所有し，女性間で継承されることが多かった．これは時禱書や祈祷書が所有者の高貴さを示すある種のスティタス・シンボルとして機能したことを示す一方，そういった書物を家庭での教育や信仰実践に用いるのに十分な識字能力を女性たちが有していた証左でもある．また，中世後期の貴族の邸宅には，子どものためのアルファベット教本や詩編，アルファベットがデザインされた刺繍や食器，菓子の型があることも多く，そういった家庭で使用された事物は文字の読み方が重視されたことを今日に伝えている．

❈**家庭教育の鑑—聖アンナ**　14 世紀初頭から，ヨーロッパ各地で，聖母マリアに読み方を教える聖アンナの図像が時禱書やステンドグラス，教会の壁画，彫像，刺繍などに現れた．多くの場合，この図像は，図 1 のステンドグラスの例のように，少女として描かれた聖母マリアが書物を手にもち，それを聖アンナが見下ろし教える構成をとる．聖母マリアが聖アンナから識字を学んだという記述は

聖書にも外典にも見られない．しかしこの図像は，フランス王女クロードのような王侯貴族や，ヨーク市長を務めた富裕商人の妻マーガレット・ブラックバーンのような上流市民層の女性の時禱書をしばしば飾り，家庭における女性の振る舞いの範として機能した．なお，同時期にドイツなどの中央ヨーロッパでは幼児のイエスを学校に連れて行く聖母マリアの図像も広まっており，聖アンナと聖母マリアの図像同様，子どもの初期教育を主導する存在としての母親像を広めたと考えられる．

図1　聖母マリアに読み方を教える聖アンナ［オールセイント，ノースストリート教会（ヨーク）］

✖女性と教育ネットワーク　子どもの教育に携わったのは，母親すなわち家庭の女主人のみではない．貴族の家庭では，7歳以上の娘の教育は貴族出身の女性家庭教師により行われることが多く，礼儀作法や社交技術，刺繍や舞踏，音楽，狩猟に加え，フランス語や時にはラテン語まで教育内容に含まれることもあった（ただし，女性家庭教師の手に余る場合は貴族の男性家庭教師，礼拝堂付き司祭や猟師などが担当した）．また，中世後期には，高位の貴族の家庭が下位の貴族，ジェントリの娘を家庭内で働く召使いとして複数預かったうえで，お抱えの家庭教師に教育を行わせることもあった．

同様の慣習は市民層の家庭にもあり，女主人ないし女性家庭教師（エリート市民層出身）が召使いとして雇った娘たちに作法や読み書きなどを教えた．また，絹生産やエール醸造などの特に女性が主体となって運営した工房では，女児を結婚するまで預かり，徒弟としての技術教育を与えることもあった．

中世を通じて，修道女も子どもの教育を担った．養育費を納められるほど裕福な（故におおむね貴族の）家庭の子女はしばしば女子修道院に預けられた．男児は7歳ほどまで，女児はそのまま修道会に入る場合を除いて14歳ほどまで修道院で学ぶことが多かった．修道女が教育活動や信仰実践で用いる書物は，多くの場合，修道院のパトロンにして修道女や修道院で学ぶ子どもの親族でもある上流階級の平信徒から遺贈，寄進され，有力な貴族の支援を受けた女子修道院では，俗語ばかりでなくラテン語の識字を含む高度な教育が行われた．中世後期に世俗社会で俗語の使用が一般化したことに伴い，女子修道院におけるラテン語教育は一部の例外を除き下火になったが，その一方で俗語宗教文学は熱心に読まれ，修道女と親族，その司牧に携わった聖職者の間で書物を共有するネットワークが発達した．

家庭間における子どもの移動や女子修道院における聖俗の境を越えた教育および書物の流布ネットワークが示すように，中世では，女性は子どもの教育，特に女子教育においてその縁者，聖職者と連携して取り組んでいた．　　　［杉山ゆき］

遊　び

20世紀前半を代表する中世史家，文化史家であったJ. ホイジンガは，著作『ホモ・ルーデンス』(1938) の中で人類史以前から文化に先行して存在し，その母体となった存在として「遊び」を位置付け，戦闘や儀礼，宗教など諸社会活動に潜むその重要性に注目した（ホイジンガ，2018）. 対して，社会学者R. カイヨワは逆に遊びこそが文化の産物であると論じ，四つのカテゴリーからその分類を試みた（カイヨワ，1990）. 両者の議論は正面から対立するものではなく，遊びと文化との複雑な絡み合い，さらに遊びが一定のルールに従い，周囲から画された特定の時間，場所を舞台とするという基本的定義そのものを共有している.

中世ヨーロッパ研究の中で遊びについての研究の進展が伝統的に遅れていた原因は，史料不足というより，どこまでを遊びに含めるかの線引き，そして線引きの対象となったスポーツ史など隣接領域との関係などによる部分も大きい.

✠遊びの対義語がどう出来上がったか　定義の難しさの一例として，池上俊一は『遊びの中世史』(2003) において，一般に遊びと結び付けられる「余暇」，その対義語としての「労働」概念が13世紀以降に定義される中で，遊びが再定義され，非規範的な社会生活として偏見の対象となったと論じる（池上，2003）. J. ル・ゴフによる中世中後半の「教会の時間」から都市の貨幣経済，生産活動を基盤とする「商人の時間」への時間意識が変わる中で（ル・ゴフ，2006），特別な「不労（自由）」時間の活動としての遊びがその両者から独立した第3区分として生じ，教会と世俗両権力からにらまれる存在になった.

✠遊びはお上に敵視されるだけだったのか　一方で，どの遊びを具体的に規制するかの線引きをめぐって，権力者や著述家の間で不協和音が存在していたことも見逃せない. 例えば，チェスをサイコロ遊びやそれと結び付いた賭博と同列に非難した11世紀半ばの枢機卿ペトルス・ダミアニに対し，遊戯者であったフィレンツェ司教は. チェスはそれらの遊びとは違う，と反論を行っている. また，14世紀前半のギルバート修道参事会員ロバート・マニングは中英語詩『罪を論ず』において，酒場での特にミサが行われる午前中のサイコロ賭博を糾弾した. 当たり前かもしれないが，遊びの種別による機械的な白黒と完全な排除にとどまらず，当局が時間統制に対する脅威度を時間や身分などに応じてより細かく判断していた可能性をうかがうことができる. 1215年の第4ラテラノ公会議では，聖職者はみずからサイコロ賭博に加わるだけでなく，賭博の場に居合わせることも禁じられた（決議文16）. 反面，中世末期の学校の規約では，夕食前後に1日30分から1時間程度の遊びの時間を確保しているところが複数存在し，ラテン語作

文の例題にもインドア，アウトドア双方の遊びが登場する．

�宮廷人や貴族の遊び　中世中後期の騎士道文学では，チェスなど数種のテーブルゲームと並んで，鷹狩りや鹿，ウサギなど各種動物の狩り，騎馬槍試合（集団戦トゥルノワと一騎打ちジュット），槍投げなどが貴族の遊びとして言及される．テーブルゲームの一つに「婦人の遊び」があるが，現在のチェッカーの一種とするのが一般的なようである．これらの遊びは，一人遊びでなく複数で遊ばれ，多くは観客も楽しむことができた．余暇の過ごし方というにとどまらず，特権集団に属していることの誇示，そしてその種の集団内部での遊戯や前後の行事を通じての社交などさまざまな側面をもった．フライフィッシングも，網で魚をすなどり生計を立てる漁師とは一線を画す貴族の娯楽として，13 世紀以降まず大陸部に登場することとなる．例えば，13 世紀初頭の両文学作品クレティアン・ド・トロワ『ペルスヴァル』やヴォルフラム・フォン・エッシェンバッハ『パルツィヴァール』に登場する「漁夫王」も，負傷のため地位にふさわしい遊びが釣りしか行えぬ貴族（城主）であった．

　チェスへの批判が特に強く表れる世俗の史料類型は支配者への教訓目的で著された「君主鑑」であるが，13 世紀後半に時のカスティーリャ王アルフォンソ 10 世の命でまとめられた写本『遊戯の書』や，叙述史料や会計記録中でのチェスセットへの言及をみる限り，少なくとも俗人支配者の間でこの遊戯がはばかられていたと考える証拠は乏しい．グリーンランド産のセイウチの牙を素材に北欧の工房でつくられ，現在大英博物館が所蔵する「ルイス島のチェス駒」の造形や文学作品の記述などで盤上の駒と試合の展開がしばしばそれが模す現実社会の縮図に擬えられていることからもその人気がうかがえる．中世半ばに西欧に姿を見せるチェスと鷹狩りは，西ユーラシア一円の有力者の間で宗教の壁を越え人気を博した．

✖民衆の遊び　当初はサイコロ遊び以外，体を動かすものが多かった．雪合戦やボウリングを含む球技は，民衆の間でも楽しまれることが多かったとされる．14 世紀以降，特に都市部ではテニスの原型にあたるスポーツも一部地域で広まったが，本格的に人気を博すのは中世末を待たねばならない．

✖中世末期―「書かれた」遊びへ　貴族の遊びから民衆主体の遊びへと中世末にその属性を大きく変えたのがトランプ（カード遊び）である．14 世紀後半に南ヨーロッパで条例や会計史料にまず姿を現すが，15 世紀に北方に伝播する過程で，木版および活版印刷術により安価に大量生産されるようになり，初期の印刷業者が立地した南ドイツ〜フランス〜低地地方が一大生産地となった．具体的なゲームとしては運試しや札集めなどから始まり，中世末にかけ徐々に複雑なルールのものが増えていったといわれている．また，ブリテン諸島と高地ドイツ語圏では釣りにとどまらず毛針（フライ）製作法のマニュアル本が書かれ，特に後者の地域では都市民や若者にまで遊戯者人口が広まりをみた．　　　　　　　　　［成川岳大］

クリスティーヌ・ド・ピザン

　クリスティーヌ・ド・ピザン（1364〜1430）はヴェネツィアに生まれた．父親は医学や占星術の学者であり，国王シャルル5世（在位1364〜80）による招聘を機に，幼い娘を連れてフランスに渡った．娘の聡明さに気付いた父は彼女に一流の教育を施している．彼女は15歳で結婚して三人の子を儲けるが，突如として不幸が襲う．愛する父と夫を相次いで亡くし，しかも金銭問題や訴訟に巻き込まれてしまったのだ．しかし彼女は再婚という通常の選択肢を選ばず，生計を立てるために職業作家になることを決意する．バラード「結婚はうるわしきも

図1　執筆するクリスティーヌ
[From the British Library collection, Harley 4431, f.4]

の」は自身の幸せな結婚を，「わたしはひとり」は夫に先立たれた孤独を歌い上げ，秀逸で技巧を凝らした抒情詩は評判になった．その後は，道徳論，政治論，軍事論など多岐に渡って執筆を続けた．単なる抒情詩人に留まらず，国王の年代記作者であり，王家の政治や軍事の助言者という高い地位にあったが，アルマニャック派の失墜に伴って晩年はポワシーの修道院で隠遁した．

　彼女の成功の背景には王侯たちとの巧みな交友関係があり，次々と注文や庇護を獲得していった．また自分自身の写本工房をもち，多数の細密画を含んだ豪華な本をその都度制作しては王侯に謹呈した．青いドレスを着てペンを取る知的な自画像から窺えるのは，彼女の巧みな自己プロデュースの能力だ．著書の多くは早くも15世紀に英訳が出版されており，国内外で名声を博した．

　最初の女性職業作家というだけでなく，最初のフェミニストと評されることもある．女性蔑視的な『薔薇物語』（13世紀）後半部分の是非を巡って，1400年頃にいわゆる『薔薇物語』論争が起きた．彼女は相互信頼に基づく誠実な男女関係を理想としていたが，この種の手引書は女性を徹底して矮小化し，性的攻略の対象と見なしたことから，その非道徳性を非難した．登場人物の台詞だから許されるという擁護側の主張に対して，文学はその効果や影響で判断されるべきだと返答しており，これが文学のあり方を問う初の文学論争でもあったことを示している．男性社会のただ中にいてその横暴や矛盾を熟知していたばかりでなく，『女の都』（1405）などの著作では〈理性〉などの寓意を用いて女性たちを勇気付けている．「女とは何なのでしょう．それは策を弄して騙し，捕えなければならない，あの蛇，狼，ライオン，竜，マムシ，獰猛な肉食獣あるいは人間の宿敵の類なのでしょうか」（ピエール・コル宛書簡．筆者訳）．　　　　　　　　［横山安由美］

11章　書物と文芸

第3章では発せられた言葉が文字化されていく過程が説明されたが，さらに本章ではこれらの文書がどのようなかたちで書物化され，どのような文芸ジャンルが形成されていったかを詳述する．中世の作者は独立した創造者ではなく，多分にパトロンに依存した匿名性の高い存在であり，今日のような著作権をもたない．したがって誰でも複製，翻訳，翻案が可能であったことから，時代を反映した特定のジャンルが流布することとなる．

ギリシア・ローマの古典の影響は大きく，基本的な文学形式や内容をここから受け継ぐとともに，キリスト教の発展に伴って聖人伝などのジャンルが盛んになる．アーサー王などの伝説的な人物を取り上げて宮廷社会の枠組みの中で描く騎士道物語群も隆盛を極めたほか，アレゴリーや枠物語といった独自の手法も模索された．これらの素材を各国，各言語が共有したという意味ではヨーロッパは共通の文化圏にあったと言い得るが，他方で地域ごとの独自性も看取される．

[松田隆美／小林宜子・横山安由美]

書物のかたち

　13世紀中葉，ボナヴェントゥラは著述に携わる者を四つの分類で説明したといわれる．それによると，他者の言葉に手を加えずに書き写す者は写字生と呼ばれる．また複数の他者の言葉を混ぜる者は編纂者である．一方で，他者の言葉を主としつつ，そこに自分の見解を添える者は註釈者である．そして，自分の見解を自分の言葉で書く者が作者と呼ばれた（☞「作者とパトロン」）．本項ではこの中世の作者についての概念を背景として，当時の書物生産を観察してみたい．具体的な事例として，コンピラティオ写本と初期刊本の合冊本を取り上げ，著述や編纂と書物の形態の関係に光を当てる．

✖コンピラティオ写本　中世後期になると書物生産は修道院の外にも広がり，大学街や都市でも写本制作が盛んに行われるようになったが，依然として書物は貴重なものであり続けた．修道院や大学の附属図書館は共同体構成員のみに開かれ，その蔵書にも限りがあるなか，執筆のために必要な原典をそろえることは容易ではなかった．そうした環境で著作家たちが活用したのが「コンピラティオ」と呼ばれる抜粋集である．コンピラティオとは元来，聖書や初期キリスト教教会の教父の著作といった権威あるテクストから，特定の主題の章句を抜粋してまとめたものの総称である．とりわけ第4ラテラノ公会議後に，説教の種本や聴罪の手引きとして編纂されたものが多くつくられ，説教の命題や教訓例話を提供するソースブックとしても機能した（松田，2010）．また権威ある原典から最良の一節である「精華」を選び出し集めたという意味で「詞華集」というものもある．聖書や教父たちから始まり，古典古代の作家に由来するもの，さらには同時代の著者からの抜粋も含まれるようになり，こうした抜粋集を通して，無名であった著者が広く知られる場合もあった．

　中世後期にはコンピラティオ的構造に応じるように，正確な引用と参照を可能にする工夫が書物に施され，書体や欄外見出しなどの視覚的効果や，アルファベット，主題順に並ぶ用語索引といった検索装置が付されるようになる．この背景には大学やスコラ学の発展もある．当初は「情報の過小負荷」を補うために生まれたコンピラティオであったが，13世紀に「情報管理ツール」とそれを体現した書物生産が爆発的に増加すると，今度は情報過多への方策として重宝された（Blair, 2010）．さらに各地で俗語文化が発展した14世紀前後には，母語で書く作品にコンピラティオ的構造を取り入れる作家も登場した．例えば14世紀イングランドではチョーサーの『カンタベリー物語』やジョン・ガワーの『恋する者の告解』などの文学作品が好例である．同様の特徴は，『良心の呵責』（14世紀）

や『金持ちと貧者』（15 世紀）といった中世後期によく読まれたキリスト教教化文学にも見出される．コンピラティオ的な構造をもつ作品は，主題ごとに読む箇所を選ぶ自由を読者に与えただけでなく，作品からの抜粋というかたちでの流通も許容した（松田，2010）．

　一方で，中世後期には，古典作家だけでなく同時代の著作家の「作者性」の萌芽がみられ，一人の作者の作品を単体で収める写本が増えた．例えば 14 世紀前半にはペトラルカ作品のみを収録した写本は約半数だったのに対し，15 世紀には 74% にも上った．同様の傾向はクリスティーヌ・ド・ピザンについても当てはまる（宮下，2002）．こうした傾向は，特定の作家や一つの主題を軸に作品を複数収録するアンソロジー写本の制作をうながし，例えば 15 世紀のイングランドではチョーサー作品のアンソロジー写本が多くつくられ，しばしば緩やかなコンピラティオ的特性を帯びている．

✖ブックレットと合冊本　手元にある材料から抜粋して編纂するという営みは，中世の著述家だけでなく写本の制作者たちにも観察される．書写材料が限られたなかで，写字生は入手できた作品を書写し，一つのテクストを収めた数葉の帖からなるブックレット（小冊子）をつくり，後でそうしたブックレットをいくつか集めて一つにまとめることがあった（Robinson, 1980）．ブックレットとは写本内の独立した最小構成単位で，複数の作品を収めた中世写本において，作品の区切れがブックレットと一致することも少なくない．中世写本の構造を検討するうえで，ブックレットは注目すべき重要なユニットなのである．

　このブックレットという書物のかたちが印刷文化にも引き継がれていくことは，例えばイングランドにおける印刷の始祖キャクストンの初期刊行物に観察される．大陸から帰国したキャクストンが最初に印刷したのは，チョーサーやリドゲイトなどの英詩小品で，いずれもページ数の少ない四つ折り判である．これらの作品を収録したアンソロジー写本のように，みずからの好みで選んだ印刷本を一緒に製本できるように同じ判型のサイズで刊行されている．このように顧客が購入した複数の刊本（時に写本も混ざる）を自分の好みで一緒に製本したものを「合冊本あるいは合綴本」と呼ぶ．印刷業者側もまた小冊子は合冊されることを想定して，戦略的に作品を選択して出版した．初期印刷業者は写本生産を参照しつつ，合冊を見据えた小冊子形式の出版を展開させたのである．合冊本は写本文化を背景とする初期印刷文化の産物といえるが，この出版形態は，次世代の印刷業者にも継承された．16 世紀初頭に四つ折り判で出版された実用書や宗教書，文学小品の現存本の中にも，当時同じジャンルの複数冊と一緒に綴じられ合冊本として受容された姿を今に伝えるものがある．　　　　　　　　　　　　［徳永聡子］

作者とパトロン

ロラン・バルトの「作者は死んだ」という言葉を「そこにあるのはテクストだけだ」という意味にとらえるならば中世ほど該当する時代はないだろう．単に作者の名前や属性が不詳のテクストが多いだけではない．美術作品と同様，文芸作品は題材と形式によって認知されるので基本的に作者名は不要である．今日では作者の人格に対して著作権が付与され，彼が排他的に複製権や翻訳権をもつのだが，中世では先行作品の語り直しが自由であり，それは文学の本質を「模倣（ミメーシス）」と見なしたアリストテレスの発想に近い．アーサー王物語などの有名作品はヨーロッパ各国の言語で広まったが，そこでは翻訳と翻案の区別が大変難しい．また続編を書く際に権威付けのために先行作品の作者名を借用する場合も少なくないので，作者名そのものが虚構である可能性もある．さらに宿場などで語り継がれたであろう『ロランの歌』のような口承的なジャンルでは，誰をもって作者とすればよいのだろうか．書き写すだけの写字生ですら，自分の方言や馴染の言葉遣いに置き換えたり，意図的あるいは不注意で改ざんすることがあるので，テクスト創造に一役買っているということができる．

⌘パトロンと持ちつ持たれつ　作者にとってパトロンの存在は不可欠であり，特定の領主や共同体に所属して定住する者と，放浪型の吟遊詩人とに分けられる．パトロンは作者を経済的に援助したり，作品公開の場を提供したりする．一方，作者は作品を捧げることで庇護者の趣味の良さや高邁（こうまい）な精神を保証し，ひいては権力や財産の正当化に寄与していく．作品の種類にもよるが，詩人が宮廷で自作を朗誦（ろうしょう）することもあれば，歌や踊りが専門のジョングルールが上演を担うこともあった．王妃アリエノール・ダキテーヌは多くの詩人を保護し，そこで多くの宮廷風騎士道物語（ロマン・クルトワ）が生まれていったのだが，このように宮廷は政治の場であるだけでなく文芸創造の場であり，詩人たちの交流の場でもあった．

王侯が作品を注文する際には具体的な題材や形式を指定する場合も多かった．12，13世紀の物語の序文にはしばしば王侯の誰々が「元本」をくれたという記載が見られるが，典拠の記載は必ずしも本の実在を意味するわけではなく，情報源を権威化しつつパトロンに謝意を示す「技」として機能した．冒頭や末尾にはしばしば超テクスト的な情報が埋め込まれているのだ．アーサー王物語の一部として発展した聖杯物語の中には「天使の声を聞いて書き記した」「夢でキリストが本をくれた」などといった典拠設定を行うものもあり，真偽は疑わしいにせよ，題材の性質に応じて世俗的あるいは宗教的な権威付けがなされていることがよくわかる．

写本の筆写は従来は修道院で行われていたが，1300年頃からは王侯も書物製作に携わってゆく．本の所有はステイタスであり，1,000冊以上の蔵書を擁した仏王シャルル5世（在位1364〜80）の例もある．もとより作者とパトロンの関係は戦略的であったが，物理的な本によってさらに緊密になっていく．15世紀のフランス宮廷で女性職業作家として活躍したクリスティーヌ・ド・ピザンは，執筆だけでなく本の製作そのものも自前の工房で行い，それを王侯に謹呈することで厚誼に与った（☞コラム「クリスティーヌ・ド・ピザン」）．統治論は王太子に，女性論は王妃にと，謹呈先を巧みに使い分けたり，時には一つの作品を5人の王侯に謹呈することもあり，そこには緻密な計算があったと考えられる．

　なおパトロンの気前の良さは作者にとっては死活問題であったため，13世紀のトルヴェール（吟遊詩人）のコラン・ミュゼは楽譜付きでこんな詩を残している．

　伯爵殿，お館で御前でヴィオルを弾きました．しかし何もいただけず，質草も返してくださらない．そりゃひどいですよ．マリア様にかけて，もうお仕えしません．私の財布はからっぽで，私の行李はすっからかん．（筆者訳）

✖剽窃は是か非か　「編纂者（compliator）」の語は，写本の紙葉を束ねる者という意味と，諸作品を混成させる者という意味をもつ．後者について考えてみよう．動詞 compilare が「盗む」を意味することからわかるように，キケロの時代では剽窃は泥棒に等しい行為で，批判の対象だった．7世紀のセビーリャのイシドルスは『語源』の中で「compilator は他人の言を自分の言に混ぜる者のことで，ちょうど染料商人がすり鉢で諸物を砕いて混ぜ合わせるようなものだ」と述べ，やや肯定的なとらえ方をしている．やがて都市文化が栄え，大学において効率的に神学や法学を学ぶ必要が生じてくると編纂への需要が高まる．B. グネによれば12世紀末〜13世紀にかけて歴史家たちはこぞってみずから編纂者たることを自覚し，無限にある情報を簡潔に一冊にまとめることの利点や，古い情報の再配置がつくり出す新たな価値の可能性などを具体的に主張し始めている（Guenée, 1985）．さらには聖書外典などの従来権威が乏しいとされてきた書物をも吟味したり再利用したりすることで，いわゆるテクスト・クリティックが成立してゆく．

　そもそも中世のテクストというのは，探究や実証のための論理的言語ではなく，権威や格言に依拠した判定の言語であった．「本」はとりわけ「聖書」を指し，「作者」の語はとりわけ古典古代の作家や教父などの権威を指す．こうした意識が文芸を支えており，聖俗の権威を肯定し，称揚することが目的であったから，作者自身による自己表現の側面は乏しい．作中の〈私〉は大抵の場合形式的な語り手であり，作者の人格とは切り離して読む必要がある．しかし中世後期になると，語り手〈私〉は少しずつ作者の輪郭に近付いていく．そして多情多恨の自我を自在に表現した泥棒詩人ヴィヨンのような才能が世に現れてくるのである．

[横山安由美]

古典古代の受容

古典古代というと，中世よりも前の別の時代という印象が強いかもしれない．しかし古代と中世とは断絶していたわけではなかった．E. ファラルが指摘していたように，むしろ中世の作者は，過去を規範とし，過去から着想を得ることで，新たな創作活動を行ってきた（Faral, 1924；1913）．本項では，古典古代が中世の文芸に与えた影響をみていきたい．

✖古典古代の伝統　スタティウスやボエティウス，ホメロスといった作者の作品は，聖職者のラテン語教育のための題材として用いられていた．識字教育を受けた物語作者の多くは，このような古典古代の作品に親しんでいたと考えられる．キケロの文章がラテン語散文の模範であったことからもわかる通り，古典古代の作品は，文体の規範として機能していた．そして，とりわけウェルギリウスとオウィディウスについては，そのラテン語作品に基づいた翻案が中世全期を通して書かれ続けた．12世紀中頃には，ウェルギリウスは魔術師であったという伝説がナポリを中心に流布していた．ダンテ『神曲』（1304〜21頃）でこのマントヴァの詩人は主人公の導き手として現れているように，古典古代の作者自身が重要な登場人物となることもあった．

12世紀初頭からは，ラテン語のテクストを当時の俗語であった各国語（中世のフランス語やイタリア語など）に書き換えた翻案作品が創作され始める．公用語および学術語としてのラテン語に対して現地語であるロマンス語で書かれたという意味で，このような作品は「ロマン」と呼ばれ，「物語」と訳される．最初期に書かれた「物語」は古典古代を扱ったものであり，「古代物語」と総称される．例をあげれば，フランス語で書かれた『テーベ物語』（1150頃）はスタティウスの作品に，『エネアス物語』（1155〜60）はウェルギリウス『アエネイス』に基づいている．すぐ後には，ハインリヒ・フォン・フェルデケが，ラテン語作品とこのフランス語の翻案に基づき，ドイツ語版の『エネアス』（1170〜85）を創作した．

また，12世紀半ば以降の物語の多くに見られる「宮廷風恋愛」の誕生には，『恋愛指南』（2頃）をはじめとする，オウィディウスの作品における恋愛の描写が大きな影響を与えた．さらに，アレクサンドロス大王に関わる伝説も，12世紀初頭からはラテン語から俗語に翻案され始め，スペイン語や英語，スウェーデン語やロシア語などあらゆる言語での作品が中世全期にわたって残されている．この時期の物語の多くは韻文であったが，13世紀以降は，散文物語が主流となっていく．

✖古代の「同時代化」　とはいえ，古典古代の影響が大きかったことは，過去への単なる回帰を意味するわけではない．中世は異教であるギリシア・ラテン文明の中で生まれた作品をそのまま模倣するのではなく，現代化したのである．前述した古代物語は，ラテン語原典の単なる翻訳ではなく，さまざまな変更点が見られる．例えば，アレクサンドロス大王は騎士として中世風の教育を受けており，『テーベ物語』に登場する半神半獣のスフィンクスはキリスト教化され，悪魔と呼ばれている．

キリスト教化の意図がはっきりと見られるのが，オウィディウス『変身物語』(8頃）の全巻をフランス語に翻案し大幅に加筆した『寓意オウィディウス』(1316～25頃）である．H. ド・リュバックが解説している通り，聖書解釈学では，聖書のテクストに四つの意味があると考える（de Lubac, 1959)．すなわち，字義通りの「歴史的意味」，道徳的規範を示す「比喩的意味」，教義を説く「予型論的意味」，そして終末を示す「天上的意味（上昇的意味)」である．『寓意オウィディウス』は，このような聖書解釈を『変身物語』のそれぞれのエピソードに当てはめることで，多神教であるローマの神話にキリスト教的釈義を見出そうとしているのである．

✖トロイの伝説とブリテン島　古典古代の題材は，政治的プロパガンダにも活用された．ジェフリー・オブ・モンマスがラテン語で著した『ブリタニア列王史』(1137頃）は，ブリテン島の祖先を古典古代に求めている．この著作では，アイネイアスがトロイを離れてラティウムに住み着き，その曽孫のブルトゥスがブリテン島へ向かい，その島の名前の由来となった，という系図が示される．12世紀半ばのブリテン島では，創始されたばかりのプランタジネット朝（1154～1399）が，大陸のカペー朝（987～1328）に対抗して自身の王朝を正当化する必要性があった．カール大帝との縁を強調していたカペー朝に対して，プランタジネット朝はこのようなアイネイアスとのつながりを利用し，喧伝したのである．

ブノワ・ド・サント=モールによる『トロワ物語』(1155～60頃）も，このような政治的状況下で創作された．この作品はドイツ語やイタリア語，スペイン語でも作品が書かれ，散文化され，改作され続けた．14世紀後半のアーサー王物語である『サー・ガウェインと緑の騎士』のように，古典古代を扱っていない作品でも，トロイ戦争への言及は当時の文芸作品の至るところで見られる．さらにイングランドでは15世紀に『トロイ物語集成』が英語で創作されている．トロイの題材はこのように，ヨーロッパ中で大変な人気を博した．

古典古代は，中世にとって規範であり，着想の源であり続けた．さらに中世の作者は古典古代文明の遺産を受け継ぎつつも，キリスト教化を行うなど，当世風にアレンジすることで，独自性を発揮していたのである．　［武藤奈月］

慰めと対話

　古代のギリシアとローマで苦しみを抱えた人々に慰めを供することに特化した文学が生まれ，これが中世全般およびルネサンス期にまで続く伝統の始まりとなった．このジャンルの作品は，一方では，親しい人を失って苦しんだり，病や追放といった状況にいたりする個々人に宛てられたもので，もう一方では，死や苦悩の性質をめぐる哲学的内容で一般的性質のものだった．

✖古典古代と初期キリスト教　個人宛か一般的性質かに関わらず，古代における慰めのジャンルは，倫理的観点からは苦しみを前にして取るべき態度を提案し，心理的観点からは緩和の言葉を供して，苦悩に対応するための一定の領域の論題と視点を展開した．慰めをめぐるこれらの論題（もしくはトピック）の中には，例えば，時がすべての苦悩を癒やすとか，すべての生者は死なねばならないとか，死はこの世のすべての悪からの解放であるといった考えが含まれていた．慰めがこのジャンルを定義付ける要素であり，書簡，論考，詩（基本的に追悼詩），対話という四つの形式を通じて古代から伝播した（Scourfield, 2013）．

　慰めというジャンルの形成に最も大きな影響を与えたギリシアの作家の一人は対話編『パイドン』（前 4 世紀）および『ソクラテスの弁明』（前 4 世紀）を著したプラトンである．最も重要な作者はクラントルだが，その作品『悲しみについて』（前 3 世紀）は現存しない．ローマの作家の最も重要な作品は，断片が残っているだけだがキケロの『慰め』（前 1 世紀）である．そしてセネカの書簡および慰めの対話がこのジャンルの最も重要な代表作である（Kassel, 1958）．古典的な慰めの伝統は，アンブロシウス，ヒエロニュムス，アウグスティヌスといったキリスト教作家たちによって継承され，彼らは，豊富な聖書の題材と，特に死後の幸福な生活という信条を異教的トピックに加えた．これによってキリスト教的慰めは異教的慰めにはなかった超越的性格を獲得した（Favez, 1937）．

✖中世・ルネサンス―ボエティウス　慰めのジャンルの名作であり中世・ルネサンス期の慰めの基本的型となったのは，古代末期のローマの哲学者ボエティウスの『哲学の慰め』（6 世紀）である．この作品はボエティウス自身である登場人物と擬人化された〈哲学〉の間の対話からなる．『哲学の慰め』が執筆されたのは牢獄の中で，ボエティウスが東ゴート王テオドリック（在位 471〜526）から下された不当な死刑判決の執行を待つ間だったと思われる．権力，財産，家族，名声，自由を失ったうえ，間もなく命も失うであろうボエティウスを，〈哲学〉は，慰めの文学のさまざまなトピックを駆使し，さらにストア派と新プラトン主義の論理も展開して慰める．つまり，運命の女神がもたらす幸福（名誉，栄光，富，

権力および喜び）の喪失は人間に苦しみを誘発するが，これらの幸福は偽りで，真の幸福は善の内にあり，善は神に発していて失われることはないと，〈哲学〉は説く．このように，ボエティウスの慰めでは永遠の真実がもつ価値が強調され，この真実は悲しみを誘発した個々の状況を超越する．ボエティウスはキリスト教徒ではあったが，『哲学の慰め』にはキリスト教への明白な言及がないため，この作品は厳密に哲学的な慰めである．

　しばしばいわれるように，『哲学の慰め』は約1000年にわたって西洋で聖書に次いで最もよく読まれた作品で，しばしば広範な註解を付されたラテン語テクストを通して，また9世紀以降のヨーロッパでつくられた数多くの俗語訳を通して，中世・ルネサンスの文学と思想に多大な影響を及ぼした．特に，中世における慰めにまつわる思想は『哲学の慰め』に結び付き，同作品は対話体の慰めのみならず，慰めを内容とする書簡，論考や詩にも大きな影響を及ぼした（von Moos, 1971～72）．ボエティウスに決定的影響を受けて慰めと対話が結合した中世盛期の著名な作品は，例えば，ラヴァルダンのヒルデベルトゥス『肉と霊の不平と葛藤について』（11世紀末），セッティメッロ『悲歌』（1193），リールのアラヌス『自然の嘆き』（12世紀末），ギヨーム・ド・ロリス『薔薇物語』（1230頃），ジャン・ド・マンによるその後篇（1270頃）である．

✖人文主義以降　対話形式の慰めは，特に14～15世紀にかけてイタリアの人文主義者たちによって深化された（McClure, 1991）．ボエティウスおよび特にアウグスティヌスに影響されたペトラルカの『わが秘密』（1342～43）は，ペトラルカ自身，聖アウグスティヌス，そして真実の擬人化である真理の女神が交わす，慰めにまつわる一連の対話である．その一方で，『順逆両境への対処法』（1360～33）として知られる対話集においてペトラルカは，人間の尊厳に基づいた生と死についてのストア派的展望を通して，苦しみと悲しみからの回復を示す．クアトロチェントの人文学者たちが著した慰めの対話で頻繁に取り上げられた主題の一つは，自分の子の死によってもたらされる苦しみである．この主題の著作のうち最も傑出した作品は，おそらくジャンノッツォ・マネッティの『慰めの対話』である．この作品は実際に息子アントニーノが死んだ後の1438年にラテン語で書かれた自分自身に対する慰めで，執筆の翌年にマネッティ自身によってイタリア語に訳された．

　対話形式の慰めというサブジャンルは中世が終わっても継承され，16～17世紀まで生き延びた．この時期の最も知られた作品はおそらく，1534年にトマス・モアによって書かれた『苦難に対する慰めの対話』である．ボエティウスと似た状況下，つまり勅命によってロンドン塔に幽閉されていたモアは，『哲学の慰め』に着想を得て，喜びの儚さ，地上の権力の虚しさ，そして神と同一視された真実の善をめぐる慰めの対話を執筆した．［アントニオ・ドニャス著／瀧本佳容子訳］

書簡文学

　西洋における書簡文学には，書簡形式の詩や小説，哲学，科学，文芸などについての思考を陳述する形式として選択された書簡，戯曲，歴史書，小説などに挿入された書簡など，さまざまな様態のものがある．また，本来は私信であったが鑑賞の対象となった書簡や，私信を装いつつ最初から公開を前提とした作品として書かれた書簡もあるが，実際に誰かに宛てて書き送られたのか，真正の手紙を装って書かれたフィクションなのか，厳密に区別できない場合もある．

✖古代〜初期キリスト教　古代ギリシアで最も多く書簡形式を用いたのはプラトンやアリストテレスなどの哲学者や思想家たちで，数学や天文学などの自然科学に関する書簡形式の論考もあった．ローマ時代のものでは，900通を超えるキケロの書簡，セネカや小プリニウスの書簡，オウィディウスやホラティウスの書簡詩などが後代に影響を与えた．

　キリスト教の書簡文学としては，まず新約聖書中の使徒たちの 21 書簡をはじめとする聖典に含まれた書簡があげられる．パウロに帰される 13 書簡は教義および新約聖書成立を解明するための重要な文書である．「公同書簡」と呼ばれる 7 書簡は特定の信者や教会ではなく信者一般に宛てられ，ペテロ，ヤコブ，ユダ，ヨハネの名が付されているが，使徒の名は権威付けのために使われたと思われる．また，初期教会の教父たちも多くの教説を書簡形式で述べた．

✖中世〜ルネサンスの書簡文学　中世に書かれた書簡のうち今日でもよく読まれているものの代表は，スコラ学者アベラールとその教え子エロイーズが書いたラテン語書簡であろう．第 1 書簡はアベラールがエロイーズとの恋愛も含め自分の生涯についてある友人に宛てて書いたもので，第 2 書簡以降で二人は心情や思想を伝え合う．今日に伝わる最古の写本が原本ではないため，書簡すべてが実際の私信なのか，写本は原本にどこまで忠実なのかなどが議論されている．しかし，真正性がどうであれ，二人の恋愛の劇的経過や心理を明晰かつ繊細に表現したこれらの書簡が優れた言語芸術であることは論をまたない．

　エロイーズへの影響も指摘されているオウィディウス『名婦の書簡』（前 1 世紀）の影響は広く行き渡り，書簡の模範の一つとされた．例えばフランスでは，アンジェの司教座聖堂付属学校で 11〜12 世紀にかけて，レンヌのマルボドゥス，ヒラリウス，ブルグイユのバルデリクスなどがラテン語の書簡詩を書き，12 世紀から 13 世紀にかけてはフランス語のロマン（物語）に書簡が挿入された．オウィディウスの影響は 12 世紀にはフランスからドイツに伝播した．イタリアではボッカッチョがオウィディウスの流れを汲む『フィロストラト』（1339）や散

文小説『フィアンメッタの哀歌』（1343〜44）を著し，前者はチョーサーの『ト
ロイルスとクリセイデ』（1385 頃），さらにシェイクスピアの『トロイラスとク
レシダ』（1602 頃）の誕生をうながした．

✄キケロの親近書簡集の発見　　古代に書かれた私信としての書簡で中世以降の文
芸に最も大きな影響を与えたのはキケロの書簡である．1345 年にペトラルカが
ヴェローナ司教座聖堂図書館で『アッティクス宛書簡集』をはじめとする書簡集
成三つを，14 世紀末にコルッチョ・サルターティがロルシュ修道院で『縁者・
友人宛書簡集』を発見，複写した．キケロの書簡は，自分の心情を綴った約 800
通の手紙に加え，ユリウス・カエサルやマルクス・アントニウスなどの著名な政
治家たち宛の手紙も含んだ重要な史料でもある．ペトラルカはキケロを模倣し，
『親近書簡集』をはじめとする，架空のものも含めた多くのラテン語書簡を書い
た．その後，親近書簡は書簡の一つの重要なタイプとして継承され，ルネサンス
期に各地で流行したフィクションの恋愛書簡などにつながった．

✄書簡作成術　　実用的書簡の書き方を説いた書簡作成術の普及も重要である．紀
元前後〜4 世紀頃にかけて修辞学に基づいた書簡に関する論考が現れ，手紙は普
段の会話と技巧的書き言葉の間にあり，複雑な構文や比喩などを避けて平明簡潔
であるべしとされた．11 世紀末〜13 世紀にかけてはラテン語の書簡作成マニュ
アルが盛んに作成され広く普及した．現存する最古のものは 1070 年代にモン
テ・カッシーノ修道院のアルベリクスが執筆した手引書である．『ヘレンニウス
修辞学』（前 1 世紀）やキケロの『発想論』（前 1 世紀）に基づいて 13 世紀まで
はラテン語で，その後は俗語でも執筆されて 15 世紀まで流布した．会話のよう
な柔軟性を求めた古代の書簡作成術とは異なって，公的か私的かは区別せず弁論
に近い文体を模範とするこの時期の書簡作成術は，詩作術，説教術と並ぶ修辞学
技法習得のための科目として，諸学校でも教えられた．この興隆をうながしたの
は，商業活動の拡大による都市の発展，文書や通信の量の増大，俗人の教養，学
歴の向上などの社会的変化であった．書簡術は一方において，説得を意図した雄
弁術である修辞学の実用目的の応用にすぎないが，他方では俗語話者のリテラ
シーを向上させ，書き言葉としての俗語の使用を拡大し，ひいては俗語文芸の展
開にも影響を与えた．

　以上のような書簡をめぐる中世の展開が相まって，ルネサンス期の書簡文学は
新たな展開を示した．例えばカスティーリャでは，15 世紀後半に架空の恋愛書
簡集が書かれた．印刷術が導入されると，親愛書簡タイプの私信を集めた書簡集
が印刷され好評を得て版を重ねた．また，書簡がきわめて重要な役割を果たす
ディエゴ・デ・サン・ペドロの恋愛小説『愛の牢獄』（1492）も人気を博して翻
訳もされた．16 世紀に入ると，書簡術が普及させた一人称体の語りを応用した
ピカレスク小説が生まれ，近代小説の源の一つとなった．　　　　［瀧本佳容子］

キリスト教教化文学

　私たち現代人は，読者を楽しませたり，人間の条件を深く鋭く抉り出したりする作品を「文学」作品であると考えるきらいがあるのではないだろうか．しかし中世ヨーロッパにおける「文学」つまり「書かれたもの」の目的は，徹頭徹尾「教える」ことであったと言っても過言ではない．このことは，特に中世初期から中期にかけては，「書かれたもの」を占有していたのはラテン語の読み書き能力がある聖職者階級であり，彼らはキリスト教の基本的教義や聖書の内容など，キリスト教徒が最低限知っているべきことを効果的に教え込むことに常に腐心していたことを考えればわかる．以下にみるように，中世の西洋キリスト教世界はさまざまな状況下でさまざまな手段を使いながら，文学作品を用いて一般信徒を「教化」しようとした．キリスト教教化文学はそれ故，キリスト教布教運動や教会改革運動などとも深く関わっているのである．

✖️「教える文学」成立の背景　「教える文学」は，キリスト教が中東から始まって4世紀にはローマ帝国の国教となるその黎明期からすでにキリスト教の内部に存在していた本質である．初期の教父たちは，非キリスト教徒たちや，ほかのキリスト教徒たちと議論を戦わせることで，長い時間をかけて「正統教義」に関する合意をつくり出し，この「正統教義」を広く一般信徒に教え広めることに重きを置いた．4世紀末～5世紀初めにかけて，自由意志と神の恩寵との相剋などのさまざまな神学的問題について，数多くの説教や論争を行ったヒッポのアウグスティヌスの例が顕著である．

　しかし，キリスト教世界が系統的かつ本格的に「教化文学」と呼べるジャンルを生み出し始めたのは，十字軍による聖地奪回の必要性や教会改革，そして異端排斥などについて話し合う目的で，1215年に教皇インノケンティウス3世が開催した第4ラテラノ公会議以降のことであるといってよい．当時においては教義を教える立場にあるはずの聖職者たちの教育レベルの低下が懸念されていた．このため，ラテラノ公会議の決定には，司教座聖堂学校を再建し，神学の講座を創設すべしとの法令が含まれていた．

　しかしもちろん，聖職者の教育レベルを向上させるだけでは十分ではない．一般信徒たちの聖書や基本教義の理解を深めるには，ヨーロッパ各地での司教座そして教区レベルでの地道な教育活動が必要である．例えば，このラテラノ公会議の決定の影響下でカンタベリー大司教ジョン・ペッカムが開催した会議においては，信仰告白，十戒，「主の祈り」，七つの大罪および美徳，そして秘跡などの，一人ひとりのキリスト教徒が知っておくべき最低限の知識内容が定められた．こ

のペッカムによる法令は，いわゆる「カテキズム（教理問答）」により基本的教義を教え込む作品や，キリストの受難などの内容を物語る散文韻文作品がイングランドで数多く生み出される原動力の一つとなった．

✖さまざまな「教える文学」 中世後期以降には引き続き多種多様な教化文学が書かれたが，これには以下のようなジャンルがあった（Newhauser, 2009）．まずは，キリスト教の教義や聖書の内容を教え込むことを目的とする作品群があげられる．これには前述の教理問答も含まれる．また，瞑想をするための指南書も人気であった．13世紀以降はヨーロッパ各地で托鉢(たくはつ)修道会が説教などの手段で一般信徒を教化することに貢献したが，フランシスコ会士ヨハネス・デ・カウリブスが14世紀中葉にラテン語で執筆したとされる『キリストの生涯についての黙想』は，ヨーロッパ各地の俗語に翻訳された．多くの一般信徒は，福音書に描かれているイエス・キリストの受難の様子について，どのように想像，瞑想して，どのように彼の生き方に倣(なら)うべきなのかについて，この作品を読むことで具体的に教わった．

続いて，聖人伝は，キリスト教信仰のために命を落としたり，奇跡を行ったりした聖人たちの伝記であり，その起源はローマ帝国時代に殉教した聖人たちの伝説にさかのぼる．特に13世紀半ばにヤコブス・デ・ウォラギネが執筆した『黄金伝説』は，中世キリスト教会において最も人気のある聖人たちの伝記を集めており，中世を通じてラテン語，俗語の両方で広く読まれた．

このほか，いわゆる神秘体験を語る文学ジャンルも広義の教化文学に含めてよいであろう．神との直接の邂逅の体験については，中世中期までは修道士や聖職者たちがもっぱらラテン語で報告していた．しかし，14世紀以降には，一般信徒の信仰実践への情熱の高まりや識字率の向上，そして俗語の文学の発展などとともに，ヨーロッパ各地の俗語で神秘体験を語る作品が出現するようになる．シエナのカタリナによる『対話』（1377〜78），スウェーデンのビルギッタによる『天上からの啓示の書』（1340年代），ノリッジのジュリアンの『神の愛の啓示の書』（1380〜90年代）などはその最たる例であろう．

✖「教える文学」の危機 以上のような教化文学は，15世紀以降も順調に発展し続けたわけではなかった．特にイングランドにおいては，神学者ジョン・ウィクリフの教会改革思想を支持するウィクリフ派（ロラード派とも）の活動が活発になるにつれ，教会当局は俗語で宗教的，神学的な内容について自由に表現活動をすることを禁じるようになった．この教会による検閲がどれほど効果的であったかについては，研究者によって議論が分かれるが，キリスト教徒として知るべき最低限のことを教えようとしてきた教会が，中世の末期にはこれ以上知ってはならない最大限の知識内容を定めようとし始めたことは注目に値する（Watson, 1995）．

［井口 篤］

聖人伝

　聖人伝は，礼拝などの儀式に使われる典礼のためのテクストであると同時に，中世文学における重要な文芸ジャンルの一つである．狭義では，聖人祝日に関するテクスト，すなわち聖人の生涯に関する物語を指すが，聖人伝または聖人伝集は聖人祝日と呼ばれる聖人の物語と，聖節と呼ばれる教会暦の時節やキリストの生涯に関するテクストから成り立っている．聖人伝で扱われる聖人は，新約聖書に登場する聖人のみならず，キリスト教迫害期に殉教した聖人や聖女，隠修士，司教，修道士，修道女など多岐にわたる．

　「聖人伝」を意味するラテン語の legendus は，もともと「読む（legere）」に由来しており，聖人伝は読み物との関係が深いジャンルである．中世を通して修道生活を送る男女に広く読まれた6世紀の『ベネディクト戒律』では，修道士や修道女が読む書物として，殉教者や証聖者の聖人伝を，聖書や手引書，そのほかの宗教作品とともにあげている．また一般信徒らも，聖人伝を含んだ書物を所有し，聖人祝日には聖人伝に関する説教を聞く機会があったと考えられ，聖俗問わず広く読まれた文芸ジャンルだったといえる．

✖『黄金伝説』とその翻訳　ヨーロッパ各国における聖人伝の流布について考えるとき，『黄金伝説』の存在は大きい．本作品は，13世紀のドミニコ会士，第8代ジェノヴァ大司教だったヤコブス・デ・ウォラギネがラテン語で著し，中世ヨーロッパで広く読まれた．またヨーロッパ各地の言語に翻訳，翻案され，大きな影響を与えた．

　イングランドを例にあげると，中世を通して韻文・散文の聖人伝は，ラテン語や古英語（7世紀頃から11世紀頃に使われた英語），中英語（11世紀後半頃から15世紀頃に使われた英語），アングロ・ノルマン語で書かれた．これらの聖人伝を収めた写本は，単独または数名の聖人伝を含んだ写本から，100以上の聖人伝テクストと聖節テクストを教会暦にしたがって並べた大きな聖人伝サイクルまで，数多く存在している．もちろん『黄金伝説』以前もイングランドでは，ラテン語や古英語による聖人伝集は作成されており，例えば，古英語では，自国イングランドとヨーロッパ大陸の聖人伝を収めた殉教者伝がある．ここでいう「殉教者」とは，信仰のために命を落とした聖人だけでなく，「殉教者（martyr）」の語源が「証人」であることが示すように，生涯にわたりキリストへの信仰をみずから証明した証聖者も含まれている．

　13世紀以降，中英語による聖人伝も多く書かれた．13世紀初頭に，女性の隠修士のために書かれたとされる「聖カタリナ伝」は，聖女マルガレタとユリアナと

ともに，複数の写本に現存している．「キャサリン・グループ聖人伝」と呼ばれる中英語によるこれらの比較的小さなコレクションの聖人伝集とは対照的に，13世紀末に著された『南部英語聖人伝』の最古の写本は，キリストの降誕から始まる教会暦に従って，聖人伝テクストと聖節テクストが 200 葉にわたって収められている．本作品は 15 世紀後半まで，収録される聖人の種類や数を変え，さまざまなコレクションが 60 以上の写本で流布した．14 世紀には，『北部英語説教集』やジョン・マークの『祝日説教集』など，説教を目的とした聖人伝集が書かれた．

　アングロ・ノルマン語と呼ばれるイングランドで使われていたフランス語では，サフォークのカンプシー・アシュ小修道院が所有していた聖人伝集がある．この写本には「この書物は，カンプシー小修道院で食事中に読まれるために作成された」という文言があり，修道女たちは，朗読担当者が読み上げる中英語聖人伝を聞きながら食事を取っていたと考えられる．15 世紀になると，ヤコブス・デ・ウォラギネの『黄金伝説』は英語でも読まれるようになった．『黄金の伝説』と呼ばれる聖人伝は，ヤコブス・デ・ウォラギネによるラテン語の『黄金伝説』を部分的に参照しつつも，大部分がジャン・ド・ヴィニによるフランス語版『黄金伝説』の英訳である．また，オズバーン・ボクナムやウィリアム・キャクストンによる『黄金伝説』の中英語訳も作成された．

✂自国の聖人伝集へ　『南部英語聖人伝』や『黄金の伝説』は，写本が流布されていく過程で，『黄金伝説』に含まれている古典末期のヨーロッパ大陸の聖人，聖女伝に加え，アングロ・サクソン期のイングランドを中心とするブリテン諸島の固有の聖人，聖女伝を含むようになったのが大きな特徴である．同様の傾向は，オズバーン・ボクナムの『黄金伝説』にも見られる．例えば，ボクナムは，聖ウルフスタン，ギルバート，デイヴィッド，ケッド，フェリクスら司教だった聖人や，エセルスリス，ウィニフレッドら修道女や女子修道院長だった聖女の聖人伝を中英語訳『黄金伝説』に追加している．

　こうした自国の聖人の追加や，自国の聖人伝が古典末期のヨーロッパ大陸の聖人伝と同じ文脈で，ラテン語ではなく英語で語られるということを，「イングランド」という国家意識やナショナルアイデンティティの形成と結び付ける研究者もいる．中世における聖人崇敬は，村や町といった小さな単位から，より大きな地域や国，キリスト教世界という単位に至るまで，さまざまな規模のコミュニティと密接に結び付いてきた．聖人は，祝祭日の礼拝や説教を通して，または，聖遺物や聖人が描かれた教会内外の図像を通して崇敬され，コミュニティ内での結束を強め，巡礼を通して異なるコミュニティ間での交流を促進し，各地で共同体を形成するのに中心的な役割を担っていた．聖人伝は，こうした聖人崇敬の一端を示しており，中世の人々が聖人や聖女を通してどのような地域社会を形成していたのかについて，現代の私たちに知らせる貴重な史料である．　　[菅野磨美]

聖史劇

　聖史劇の定義は研究者によって多少の差異があるが，本項では，欧州で 12〜16 世紀に旧新約聖書・新約外典・聖人伝などの記述を，儀礼用ではなく，演劇的表現用に脚色したものとする．

　12, 13 世紀には英雄武勲詩や宮廷・騎士道ロマンスなど，ヨーロッパ文学にとって画期的な作品が登場した．俗語での詩作と歌，語りを専門とする吟遊詩人が活躍し，彼らは語りに臨場感を出そうと，視覚に訴える動作を用いた．典礼もこの頃，ロマネスク様式の広いが閉ざされた空間を有する教会建築を得て，より演劇的な所作を取り入れたようだ．聖堂はまた，典礼の身振りや聖句までも巧みに真似るジョングルール／シュピールマンなどの大道芸師が得意の技を披露する場でもあった．教会は聖堂内で行う身振りの模倣（ミメーシス）を敵視したが，教皇インノケンティウス 3 世の断罪（1207）にもかかわらず，大道芸師の存在は教会の識者からも目的いかんで許容された（シュミット，1996）．

✖「復活」から「受難」へ　典礼の演劇化は 10 世紀の「復活」のトロープス（典礼文に付加された説明的歌詞）に始まったとされるが，感情移入しやすい「主の受難」と「聖母の悲嘆」の方がより演劇を必要とした．この二つのテーマは，俗語の聖歌や黙／瞑想用受難詩，あるいは遍歴説教師などの語りを通して広まり，人々のみずから物語を模倣し表現する意欲が高まった．

✖受難劇・聖体祭劇　断片写本の残る最古の受難劇はモンテ・カッシーノ受難劇（伊，12 世紀）だが，完全写本は歌謡集『カルミナ・ブラーナ』写本に含まれる，ドイツ語圏南ティロル（現イタリア）が起源のベネディクトボイエルン大小受難劇（ラテン語，13 世紀）が最も古い．このうち大受難劇には，マグダラのマリアが商人から紅を買い，若者を誘惑し，改悛の後イエスの足に香油を塗りながら救済を請う俗語のドラマがある．聖母マリアは，すでにモンテ・カッシーノ劇で「悲嘆」を俗語で吐露している．ドイツ語圏には 12 世紀に受難劇が，13 世紀には降誕，復活，反キリスト劇などが出現した．受難劇は 14 世紀に東部ドイツや北西ネーデルランドで上演記録があり，14, 15 世紀には西部ドイツのフランクフルトと周辺都市で台本の貸借による受難劇上演が広まった（Neumann, 1987）．

　北フランスやフランドル，イングランドでは，12 世紀からアングロ・ノルマン語劇〈アダム〉など，聖史が演劇化されたが，13 世紀以降，①繊維工業など産業の発達による都市の繁栄，②有名無名の劇作者の存在，③上演を担当する兄弟会やギルドの隆盛，という聖史劇発展への好条件がそろった．この地域に旧新約聖書の場面や関連のある物語をつなげて上演する，ゴシック大聖堂の威容に比

する大型聖史劇が15世紀に登場した．イングランドのヨークやコヴェントリーでは，聖体祭行列が聖体祭サイクル劇に変貌した．また，フランドルや南ネーデルランド（現ベルギー）では，聖体祭などの祝祭行列に救済史の場面が仮装，活人画，演劇で取り入れられ，受難劇さえ演じられた（青谷，2010）．

　イタリアでは，フィレンツェの教会で「受難」と「聖母」がテーマのラウダ（讃歌）が生まれ，12，13世紀にはほかの都市へ広まった．ラウダは後に鞭打ち修行者などと結び付き，教会の儀式から外の民衆活動へかたちを変える．劇化の中心都市フィレンツェでは，14世紀に始まったルネサンスの機運に乗り，15世紀後半には派手な演出や舞台装飾の聖史劇が人気を博した（Sticca，1991）．

✖聖史劇の内容と上演形態　内容は，①旧新約聖書の出来事を個々に劇化したものと，②複数の出来事を連続上演するか，または連続上演が想定される集合体にまとめられているものに大別される．①では旧新約の出来事や，聖母，聖人の逸話がそれぞれにちなんだ祝祭日に単独上演された．②には聖史劇の代表格であるパリ，アラス，ヴァランシエンヌ（すべて仏），モンス（ベルギー）などで数日間かけて上演された大受難ミステール，ヨークやチェスター（英）のミステリー・サイクル劇，そしてフランクフルトに代表される都市型受難劇とキュンツェルスアウ（独）ほかの聖体行列劇がある．これらの劇で旧約の出来事が上演，提示される場合は，新約の出来事の「予型」となるものが選ばれた（図1）．①，②とも上演にはプラットフォーム（固定舞台），パジェント（山車舞台），あるいはプラテア（教会内外か広場の平面）にロクス／マンションと呼ばれるエピソードと登場人物の固定場所を並列または円形に常設する同時（並列）舞台が使われた．

図1　『貧者の聖書』（15世紀）木版画より．中央に「キリストの復活」，両脇に旧約聖書の二つの予型．予型は大型聖史劇の旧約場面の選択に使われた［Henry，1987］

✖聖史劇の盛衰　都市での聖史劇上演は15世紀末〜16世紀初頭に百花繚乱となったが，宗教改革と公会議や条例による聖史劇規制・禁止令により16世紀中葉を境に激減する．しかし，聖史劇は消滅を免れ，例えば南ドイツ語圏のカトリック都市では，17世紀まで受難劇の上演記録がある．現代でも，例えばオーバーアマガウ受難劇（独）のように，大規模な聖史劇上演への熱意は衰えていない．

✖今後の研究　情報や劇そのものが言語の境界をも越えて伝播した可能性を探求するために，共通語としてのラテン語を軸にした多言語研究プロジェクトが必要になる．布教，外交，交易，吟遊，戦争などによる人々の足跡をたどれば，北はバルト海のハンザ都市とスカンディナヴィア諸国，南は地中海沿岸地域，東はロシア国境とビザンツ，西はアイルランドやスペイン，ポルトガルまで，未知の聖史劇とその情報を発見する機会は豊富にある．　　　　　　　　　　［土肥由美］

武勲詩

武勲詩とは狭義ではフランス語でシャンソン・ド・ジェスト（chanson de geste）という，11世紀後半〜14世紀のフランスでつくられた長編叙事詩のことである．他言語圏でこれに相当するのはカスティーリャのカンタール・デ・ヘスタ（cantar de gesta）である．武勲詩という語は使われないものの，他言語圏で早期に成立した英雄叙事詩も広義には武勲詩に類すると見なせるであろう．

✠フランスのシャンソン・ド・ジェスト　現存する作品は80余で多くは作者不詳である．吟遊詩人の伴奏付き朗唱を人々が鑑賞したと推測される．初期の最も重要な作品は『ロランの歌』（11世紀末），『ゴルモンとイザンバール』（1130頃），『ギヨームの歌』（12世紀前半）で，これらにおいてすでに「偉業」を意味するラテン語gestaに由来するchanson de gesteという名称が使われている．1行が10または12音綴からなり，半諧音や押韻によって統一された10〜20行のレースと呼ばれる詩節によって構成される．作品全体の長さはまちまちで，最短は約1,500行，最長のものは1万8,000行を超える．起源と伝播については，自然発生したものが変容しながら連綿と伝承されたとする説と個々の詩人がつくったとする説があるが，正確なところは不明である．現存する最古の写本は，シャルルマーニュの甥ロランを主人公とし778年のロンスヴォーの戦を語った『ロランの歌』（12世紀前半）のものだが，その成立前に長い口承の期間があったと推測される．デフォルメ，伝説の混入，決まり文句の繰り返し，聖職者の説教に由来すると思われる修辞など，口承文芸特有のさまざまな表現が取り込まれている．12世紀後半からロマン（物語）が流行すると，その影響を受けて初期の作品にあった勢いや緊張感は緩み始めた．14〜15世紀にかけては散文化され，揺籃期本として刊行されたものもある．

武勲詩の大部分の時代設定はカロリング朝（8〜10世紀）で，しばしば対イスラーム戦を舞台に実在したフランスの王侯貴族やその一族が立てた武勲を讃えている．史実を出発点としながらも虚構が多分に含まれ，中心となる人物たちの活躍を描いた作品にその一生を語ったものが加わり，さらに数世代に及ぶ一族が登場する作品もつくられた．武勲詩が出現したのはシャルルマーニュの帝国が分裂した後のカペー朝で，王権が弱体化し伯たちが群雄割拠するという不安定な状況から王権強化が図られ達成され始める時期である．封建制のもと王侯貴族が権力闘争を繰り広げる流動的社会で，イスラームという外的脅威の存在を背景に，当時の人々はカロリング朝期の騎士たちを理想化してその美徳を讃えることによって，みずからの政治的共同体の安定を希求したのであろう．武勲詩の多くは，

『ジラール・ド・ヴィエンヌ』（12 世紀末）の作者（推定）ベルトラン・ド・バール=シュル=オーブが示した区分に即して，次の 3 詩群に大別される．対イスラーム戦を背景に封建制下の臣従関係を理想化してフランスを讃える「シャルルマーニュ（または王の）詩群」，優柔不断な君主のもとで聖戦に臨む封建諸侯を描いた「ギヨーム・ドランジュ（またはガラン・ド・モングラーム）詩群」，君主に反抗する臣下たちの「ドーン・ド・マイヤンス（または反抗の）詩群」である．他方，今では 3 詩群とは異なる分類も示されている．

✖カスティーリャのカンタール・デ・ヘスタ　最高作『わがシードの歌』（12 世紀末〜13 世紀初頭）第 2 部末尾には「この歌（cantar）そろそろ終わりでございます」という自己言及がある．『わがシードの歌』のほかに現存する作品は，『ロンセスバリェス（仏：ロンスヴォー）の歌』（13 世紀末）と『若き日のロドリーゴ』（14 世紀後半）のみだが，同時代の年代記などの記述からほかに少なくとも 5 作品があったと推定される．『わがシードの歌』は，11 世紀に実在しカスティーリャ王アルフォンソ 6 世（在位 1072〜1109）に仕えたレコンキスタ（再征服活動）の英雄シード（本名ロドリーゴ・ディアス・デ・ビバール）の事績を賞賛したカスティーリャ語でつくられた現存する最古の文芸作品で，作者は同定されていない．現存する最古の写本は 14 世紀前半のもの（1207 年に成立した写本の転写）で，3,730 行の本文と 3 行の奥付からなる．韻律は規則性に乏しい．脚韻は踏まれているが，1 行の音節数および同じ脚韻からなる節の行数は不ぞろいである．口承文芸に特有の技法が多用されているが，法律用語などの高度な教育を受けた者でなければ知り得ない語彙や表現も使われており，これらは詩の形成過程のどこかで意図的に取り入れられたと推測される．

　現存する写本は陰謀がもとでアルフォンソ 6 世に追放されたシードが出立する場面で始まり，シードは各地を転戦しながらも主君への忠誠心を決して失わず，最終的には赦されて名誉を回復する．物語全体は大きく 3 部に分かれ，約半分は虚構である．イスラーム勢力に半ばが支配されたイベリアという流動的社会で流浪の身となり，放浪しつつ動乱期を生き抜いた英雄を讃えた，簡素な文体とリアリズムを特徴とする詩である．

✖他言語圏の英雄叙事詩ないしは武勲詩　古英語では北欧伝説をもとに理想的戦士像を描き出した『ベーオウルフ』（8 世紀）が，中高ドイツ語では北欧のジークフリート伝説とブルグント伝説に基づいた英雄叙事詩『ニーベルンゲンの歌』（12 世紀末〜13 世紀初頭）がつくられた．一方で，武勲詩が高地ドイツ語，イタリア語，オック語の地域にも広がったと見なす研究者もいる．イタリアには『ロランの歌』の影響が直接に及んで翻訳や翻案が盛んにつくられ，後に散文化して，ノヴェッラの発展やアリオストの『狂えるオルランド』（1516〜32）成立につながった．

　　　　　　　　　　　　　　　　　　　　　　　　　　　　　　　［瀧本佳容子］

抒情詩

　中世において，抒情詩とは何を指し，その起源はどう考えられてきたのだろうか．よく知られるように C. S. ルイスは『愛のアレゴリー』（1936）で，ロマン主義に至るまで継承される「宮廷風恋愛」の表象が，中世フランスのオック語によって11世紀末頃に出現し，その影響と伝統はルネサンス以上に圧倒的なものだと述べた．しかし，そのルイスや E. R. クルツィウスらの先行するロマンス文学研究者を批判的に引用しながら P. ドロンケが『中世ラテンとヨーロッパ恋愛抒情詩の起源』（1968）で述べたのは，中世恋愛抒情詩はそれ以前のさまざまな民衆的表現にも起源をみることができるということだった．放浪の吟遊詩人や音楽師から，学僧，托鉢修道会士などの宗教的な音楽や詩の伝統，中世ラテン語の学芸など，さまざまな中世文化の起源が考えられ，エジプト，イスラーム圏，異文化の翻訳融合がなされたイベリア半島，ギリシア，イタリアなどの南欧圏など，さまざまな場所の「恋愛詩」からの影響についても語られている．その上で，11世紀末の南仏の宮廷において，トルバドゥールと呼ばれる詩人たちによって歌われた「宮廷恋愛」を中心的テーマとする恋愛抒情詩が成立したと考えられるだろう．恋愛の情熱，苦悩，貴婦人と恋人たる騎士，騎士道精神，十字軍，謙譲，優雅さ，許されぬ恋，遠方の恋人への想いなど，特徴的テーマと修辞が洗練された技巧的な詩の世界が成立し，音楽とともに，フランス，カタルーニャ，スペイン，シチリア，ドイツなど，ヨーロッパ各地に吟遊詩人たちによって伝播されていった．

✖中世イタリアの恋愛抒情詩─宮廷恋愛から高貴なる魂へ　吟遊詩人が活躍した一つが，シチリア島の中心都市パレルモである．当時，地中海世界の政治的文化的な中心地の一つであり，建築，絵画，官僚機構など，イスラーム文化の影響も取り入れた宮廷文化が発展した．フェデリコ2世の廷臣でもあったピエル・デッラ・ヴィンニャを初めとする一群の宮廷詩人たちは「シチリア派」の名で知られるが，その一人，ジャコモ・ダ・レンテイーニによって「ソネット」の詩形が用いられる．もともと，南仏に「ソネ」と呼ばれていた短詩が存在したが，4行の「スタンツァ」を2回繰り返し3行のスタンツァが二つ連続して締めくくられる14行詩が「ソネット」として広く流布する事になる．シチリア派の詩は，ボローニャやフィレンツェを中心とする中部イタリアに伝えられる．

　中世イタリア語詩で洗練されてゆく詩型には，ほかにカンツォーネやバッラータ，マドリガーレなどがある．抒情詩が宮廷恋愛的テーマとともに継承されていくが，当時の中世末期のイタリア半島は，都市国家が抗争を繰り返しながら経済的に発展を遂げる，大きな社会変動の時代を迎えていた．新興市民，手工業者・

商人層による世俗的な新たな俗語による文化や托鉢修道会の宗教運動などが生まれ，新たな宗教性を表現する聖フランチェスコやヤコポーネ・ダ・トーディらの「讃歌（ラウダ）」を初めとする俗語宗教詩が知られる．その一方で，世俗的な抒情詩が，騎士道物語を初めとする叙事詩とともに，「宮廷」から「都市」の文脈に移され，市民層によって継承されていく．なかでもフィレンツェを中心とするトスカーナ地方では，「清新体派（ドルチェ・スティル・ノーヴォ）」と呼ばれる詩人たちが，カンツォーネ，バッラータ，ソネットなどの詩形を用いて，恋愛を主なテーマとした．ベアトリーチェへの愛を歌う『新生』（13 世紀末）を記した若きダンテやグイド・カヴァルカンティの作品が知られ，そこでは恋愛する「魂」こそが，宮廷的な身分とは異なる，「高貴」さを有する．ダンテはその後，11 音節からなる詩が 1 行ごとに韻律を踏む「3 行詩」といわれる詩型で，主人公の詩人「私」がベアトリーチェの導きで彼岸を旅するという壮大な長編詩『神曲』（14 世紀初頭）を完成する．

✖ペトラルカ『カンツォニエーレ』とペトラルカ風恋愛詩の影響　「清新体派」を継承し，ソネットの形式を完成し，西洋抒情詩の源流として恋愛イメージの形成に近代まで決定的な影響力をもったのがフランチェスコ・ペトラルカである．彼の『カンツォニエーレ（詩集）』（1374）は 366 篇の詩が集められ，詩人本人の手稿 2 篇が今に伝わる．「孤独に思いに耽りつつ／私はゆっくり荒野に歩を進める／眼差しをあたりに向けつつ／人の足跡の徴された場所を避けながら」（35 歌）のような，ラウラへの愛とそれ故の苦悩と孤独が一貫したテーマである．『新生』のベアトリーチェの場合と同様，詩篇の途中で恋人の死が示されるが，精神的な存在として愛の対象であり続ける．詩型としては，366 のうち 317 篇が 14 行の短詩ソネットで，それ以外にカンツォーネ，セスティーナ，バッラータ，マドリガーレが数篇ずつ収録されている．ペトラルカは，ラテン語の詩作や書簡などでルネサンスの古典研究に先鞭を付け，生前から桂冠詩人の称号とヨーロッパ的名声を得た人文主義の先駆者だったが，彼の名を不滅としたのは，イタリア語の『カンツォニエーレ』である．ヨーロッパ各地でペトラルカ風とされる詩が，それぞれの言語で脚韻や韻律にヴァリエーションが加えられつつ，14 行詩のソネットとしてつくられ続ける．その全ヨーロッパ的潮流は「ペトラルキズモ」と呼ばれ，ラウラ的な恋人像の類型や，恋愛の喜びと苦悩の心理が歌われ続け，ルネサンス期のイタリアから，スペイン，フランスのプレイヤード派，さらにエリザベス朝の英詩人たち，シェイクスピアまで，数世紀にわたり途絶えることがなかった．

　ラテン語による中世文化と並んで，各地域の言語で歌われ続けていく中世宮廷恋愛詩のモチーフとその詩型は，一方で各言語の新たな表現を広げつつ，もう一方で近代国民国家以前の汎ヨーロッパ的源流として文化史的意義をもつといえるだろう．

［村松真理子］

笑話と風刺

本項では，時代順に『狐物語』，ファブリオ（以上，フランス），ボッカッチョの『デカメロン』（イタリア），チョーサーの『カンタベリー物語』（イングランド）における笑いと風刺について，その概略を記す.

✖『狐物語』　『狐物語』は，イソップを起源とする寓話の伝統に属する.寓話の多くは動物の登場人物を通して人間社会を描く.そうする理由には，権力者など，名指して批判するのがはばかられる相手の身代わりに動物を立てたということがあっただろう.イソップ寓話は，ラテン語散文の集成『散文ロムルス』（5世紀頃）によって中世に伝わり，修道院での教育の材料に用いられた.このような伝統の中で12世紀の中頃のフランドル地方でラテン語作品の『イセングリムス』が書かれた.修道院に入会しようとした狼イセングリムスの愚行を通じて，愚か者は修道院での生活でその本質を変えないと訴える修道院批判の書である.

　1174年頃〜13世紀の中頃にかけて，フランス語で語られた『狐物語』は，『イセングリムス』をモデルにしながら，狐を主人公に仕立てた.狐ルナールと狼イザングランの紛争を中心に，ライオンのノーブル王の宮廷における動物の臣下たちの「人間模様」を描くさまざまなエピソード（「枝篇」と呼ばれる）が，複数の作者によって，8音節平韻の韻文で綴られた.寓話をもとにしたエピソードは，後期の枝篇にまで繰り返し表れる.また，いくつかの枝篇に見られる，ルナールが修道院に入るが，捕食者としての本性を表して追放されるというエピソードにも，『イセングリムス』の影響が見られる.一方，『狐物語』の最初の枝篇（第 II-Va 枝篇）で，イザングランの妻エルサンとルナールの姦通が描かれ，その裁判が未解決のままに取り残されたことは，物語に新しい活力を与えた.後に続く枝篇では，姦通が狐と狼の紛争の原因としてたびたび言及された.その際，薄情で淫乱な動物の恋人の結び付きを，当時流行していた騎士と奥方の恋愛を描く騎士道物語のせりふや描写によって語るというパロディーが行われた.

✖ファブリオと『デカメロン』　13〜14世紀のフランスでは，都市の勃興を背景として，町人の文学と呼ばれるファブリオが登場する.『狐物語』における動物の登場人物がすべて騎士と聖職者であるのに対して，ファブリオでは，農民や職人や商人，在俗聖職者に修道士，騎士階級といった当時のあらゆる身分の男女が登場する.彼らが，騙したり騙されたりという内容の，多くは8音節平韻で綴られた，100行程度から長くて3,000行の作品が150程度残されている.作者は多くの場合不明だが，なかには，ジャン・ボデルやリュトブフといった，ほかのジャンルの作品も残した作家による作品もある.多くの作品に，人間違いや聞き

間違いといった錯覚というような民話に見られるモチーフが見られる．けちで嫉妬深くて乱暴な男が，女房に浮気をされて怒るが，知恵に勝る女房の術作により丸め込まれるというのは，ファブリオの一つの定型になっている．

　イタリア中世における笑話としては，ボッカッチョの『デカメロン』（1351）があげられる．1348 年にペスト禍が猖獗をきわめるフィレンツェから，郊外の別荘に避難した若い女性 7 名と男性 3 名のグループが，10 日にわたって，当日の王または王女に選ばれた者によって，前日のうちに出されたテーマに沿って一人 1 話ずつ話をする，という枠物語である．悲劇や教訓話も語られるが，ファブリオと同様の笑話が多く含まれる．

　ファブリオにおいても，『デカメロン』においても，当時の世相を反映して，学僧と托鉢修道会士が大いに活躍した．特に後者は社会風刺の的ともなった．13世紀以降の都市には，修道会附属の学校や大学で学問を修めながら，聖職のポストにつけない学僧が多数いた．彼らの中には，後世の詩人ヴィヨンをめぐる伝説のように，居酒屋で博打に興じ，盗みに手を染める都市の不安分子も存在した．また，13 世紀になると，荘園領主化した従来の修道院に異議を唱えて，都市に修道院をもち，托鉢による清貧を理想にかかげる托鉢修道会が誕生した．托鉢修道会士たちは，都市民の司牧に努めたが，在俗教会の信者を横取りするかたちで信者の家に入り込む姿は，疑いや揶揄の対象になり得た．このため，学僧と托鉢修道会士は，これらの作品において，町人の女房の浮気相手の典型として登場する．悪事の因果応報が，彼らではなく，乱暴であるか愚鈍な夫に向かうのは，ファブリオのつくり手には学僧の経験者が含まれていたからだと考えられる．

✖『カンタベリー物語』　イングランドでは，イタリアでボッカッチョの作品に触れたチョーサーが，枠物語の形式を備えた『カンタベリー物語』（1387 頃〜1400）を著した．カンタベリー巡礼の集団の，社会のあらゆる階層の語り手が，それぞれの階層の特性をもって話をする．騎士道物語や聖人伝，説教文学と多岐にわたるジャンルの語りが展開されるが，粉屋や荘園管理人による笑話が置かれている．荘園管理人が語る，粉屋とその妻と娘，学僧との間で展開される寝床の「取り違え」の話は，ファブリオにも『デカメロン』にも類話がある．また，作品後半の女子修道院付司祭による鶏を襲う狐のエピソードは，『狐物語』の第 II–Va 枝篇によるものである．笑話には言語を超えた影響関係があったのである．

　ただし，特にボッカッチョが直接参照したか不明のファブリオと『デカメロン』に類話があることは，民話の伝承を通じた間接的な影響によると考えられている．かつて，ファブリオのインド説話起源説を否定した J. ベディエが指摘したように，笑話は風待ちの商人や船乗りの夜咄を通じて，言語の壁をたやすく超えて伝播するので，影響関係を論じる際には慎重な態度が要求される（松原, 1997）．

[高名康文]

アーサー王物語群

　アーサー王物語群は，ブリタニア（ブリテン島）の伝説の英雄アーサーの誕生から死までを描く一代記を経糸とし，ゴーヴァン（英：ガウェイン）やランスロ（英：ランスロット）などの円卓騎士団のメンバー，魔術師メルラン（英：マーリン），聖杯の探索，トリスタンとイズー（独：イゾルデ）の悲恋など，もともと別個に発生した多彩な物語を緯糸とする，長大な物語群である．

✖年代記から韻文物語群へ　アーサーは，5世紀後半〜6世紀初めに大陸からブリタニアに来寇したアングロ・サクソン人を撃退したブリトン軍の指揮官とされる．9世紀にネンニウスが編纂した『ブリトン人の歴史』によると，アーサーの輝かしい戦歴は，ベイドン山の戦いが山場となる12回の戦いと関連付けられている．「戦闘隊長」にすぎなかったアーサーを，ヨーロッパのほぼ全域を支配する英雄「王」へと変貌させたのが，ジェフリー・オブ・モンマスの『ブリタニア列王史』（1138頃）である．初めて網羅的に描かれたアーサー王の生涯を含むこのラテン語による年代記をヴァースが古フランス語で翻案し，『ブリュット物語』（1155）として発表したのは，この翻案を命じたヘンリー2世が王権の権威付けのためにアーサー王伝説を政治的に利用し，みずからをアーサー王の継承者として位置付けようとしたためである（青山，1985）．

　このようにイングランドのノルマン朝とプランタジネット朝の時代に，ジェフリーが「歴史化」し，ヴァースが「ロマンス化」したアーサー王伝説に揺るぎない名声を与えたのが，アーサー王物語群の実質的な創始者クレティアン・ド・トロワである．クレティアンが12世紀後半に円卓騎士団のメンバーを主人公にして古フランス語韻文で執筆した物語群のうち，5編が現存している（渡邉，2002）．『荷車の騎士』（1177〜81頃）は，シャンパーニュ伯夫人マリーの依頼に応じて著され，騎士ランスロと王妃グニエーヴル（英：グウィネヴィア）の姦通愛を描いている．フランドル伯フィリップ・ダルザスのために執筆された『グラアルの物語』（1181頃）には，少年ペルスヴァル（英：パーシヴァル）が目撃する「グラアル」という不可思議な物体が登場する．

✖散文物語群の成立　クレティアン自身が結末を書かなかった二つの韻文作品『荷車の騎士』と『グラアルの物語』を契機に，13世紀には『アリマタヤのヨセフ』『メルラン』とその『続編』『ランスロ本伝』『聖杯の探索』『アーサー王の死』という6作品からなる膨大な散文物語群が成立する．「流布本物語群（ウルガータ・サイクル）」や「ランスロ＝聖杯」という呼称で知られるこの物語群の成立過程では，聖杯とランスロが鍵となっている．

クレティアンは遺作『グラアルの物語』で，食事用の広口の器を指す普通名詞にすぎなかったグラアルに，ケルトの神話伝承に出てくる「豊穣の大釜」の驚異的なイメージと，キリスト教的な解釈を可能にする聖なるイメージをまとわせたが，その由来を謎のままに残した（Frappier, 1979）．この未完の物語には複数の続編が生まれたが，ロベール・ド・ボロン作『聖杯由来の物語』（1200頃）のグラアルは，十字架上のキリストの傷口から流れ出た聖血をアリマタヤのヨセフが受けた器として描かれている（横山，2002）．「聖杯」となったグラアルを円卓騎士団が探しに向かい，一連の試練を経る物語が『聖杯の探索』（1220～25頃）であり，シトー会の禁欲思想の影響をうかがわせる．

この散文物語群の中で最も早く成立したのが『ランスロ本伝』（1215～25頃）である．「湖の貴婦人」に育てられたランスロの生い立ちから，騎士としての活躍，王妃との姦通愛の始まりに続き，クレティアンが『荷車の騎士』で描いた誘拐された王妃の救出劇の後，漁夫王の娘との間に至純の騎士ガラアド（英：ガラハド）をもうけるという筋書きをたどる．ガラアドが「聖杯の探索」を完遂させて聖杯とともにこの世を去ると，北欧神話の「神々の黄昏」と同じようにアーサー王世界も崩壊する．『アーサー王の死』（1230～35頃）では，ランスロと王妃の不倫が再燃し，アーサー王の軍とランスロの眷属（けんぞく）が全面戦争に突入するなか，アーサー王が異父姉妹との近親相姦からもうけたモルドレ（英：モードレッド）が謀反を起こす．モルドレとの一騎討ちで致命傷を負ったアーサー王は，妖精モルガーヌ（英：モルガン）の乗る舟で運ばれた後，埋葬される．

最初期の伝承によると，アーサー王はアヴァロン島で怪我の回復を待ち，ブリタニアが危機に陥れば再臨するとされている．この伝承は，カール大帝やフリードリヒ1世（バルバロッサ）にも見られるような救世主信仰のみならず，季節の循環と切り離せない永劫回帰の神話ともつながりがある．アーサーの名はケルト諸語で「熊」を指す名と関連があるため，妖精モルガーヌが支配する異界での彼の逗留は，熊の冬眠を暗示しているのかもしれない（Walter, 2014）

✠アーサー王物語群の展開　フランス語圏で誕生したアーサー王物語群はヨーロッパ各地に伝わり，ラテン語，ドイツ語，古ノルド語，英語，オランダ語，カスティーリャ語，イタリア語といった複数の言語で書き継がれていった．例えば中世ドイツ語圏では，ハルトマン・フォン・アウエやヴォルフラム・フォン・エッシェンバッハらが，クレティアンの著した物語群を中高ドイツ語で翻案している．こうして名だたる文学ジャンルとして確立したアーサー王物語群は，トマス・マロリーが中英語で著した『アーサーの死』（1469～70）によって集大成される．ルネサンス期以降になると，アーサー王物語群の人気が衰えるが，ロマン主義の時代に再び脚光を浴びるようになり，現代でも小説，映画，ドラマ，絵画，テレビゲームなどさまざまなジャンルの着想源となっている．　［渡邉浩司］

トリスタン物語群

騎士トリスタンと美姫イゾルデ（イズー）との悲恋の物語は，アーサー王伝説，聖杯伝説と並ぶ中世の人気文芸作品であった．誤って飲んだ媚薬のおかげで宿命の恋に落ちた二人は，イゾルデの夫でありトリスタンの伯父である王の目を盗んで逢い引きを重ね，別れと再会を繰り返した後に非業の死を遂げる．物語はフランスで，障害があるが故に燃え上がる情熱的な「宮廷風恋愛」をテーマに据えた宮廷文学としての体裁を整えた後，ヨーロッパ各地へと伝播していった．

✖あらすじ　コーンウォール王マルケの甥であるトリスタンは，アイルランド王女イゾルデを伯父の妻とするべく求婚の旅に出る．竜退治の功績によりイゾルデを獲得するが，帰国の船上で二人は誤って媚薬を飲んでしまったため，許されぬ愛で強く結ばれてしまう．彼らは王を騙しながら逢瀬を重ね，時に宮廷から離れ「愛の洞窟」で理想の愛の生活を送るが，ついに床をともにしている場を王に目撃され，別れを余儀なくされる．コーンウォールを去ったトリスタンは恋人と同名の女性と結婚するが，なおもイゾルデを思い，秘かに逢い引きを続ける．その後トリスタンは戦いで受けた傷がもとで命を落とし，治療のために駆け付けたイゾルデも恋人の傍らで息を引き取る．

✖伝説の起源　トリスタン伝説は，アーサー王伝説と同じくケルト由来であると考えられている．アイルランドに伝わるフィン物語群の中の，フィン王の妻グラーニアとその若き恋人ディルムッドとの駆け落ちの物語は，トリスタン伝説に共通するモチーフ（森での生活，恋人たちの間に置かれる剣など）を伝えている．トリスタンを始めとする登場人物の名は実在した人物から取られており，その分布は物語の舞台であるアイルランド，ウェールズ，コーンウォール，ブルターニュに跨がっている．

✖俗人本系と騎士道本系―二つの系統　12世紀半ばにはコンセプトの異なる二つの系統のトリスタン物語が生まれていた．第一の系統は口承文芸であった頃の荒々しい感覚を残した非宮廷的要素を含む俗人本系で，代表的な作品はアイルハルト・フォン・オーベルク（独）とベルール（仏）によるものである．ベルールの作品は断片でしか残っていないが，アイルハルトの作品は中世の韻文トリスタン物語としては唯一，作品全体が残存している．この系統の特徴としては，恋人たちを宿命の恋に陥れる媚薬の効果に3年または4年の期限が付けられていることがあげられる．恋人たちは媚薬の効果が失われると自発的に別れるが，後に再び関係を結び逢瀬を続ける．トリスタンとイゾルデが，二人の関係に疑いを抱く王を騙し，自分たちを陥れようとする奸臣（かんしん）を出し抜くという喜劇的なエピソード

に主眼が置かれている向きがあり，宮廷文学というより笑話に近い作品となっている．

　これに対しトマ（仏）およびゴットフリート・フォン・シュトラースブルク（独）に代表される騎士道本系の物語では，媚薬に期限が付けられることはない．トリスタンとイゾルデは出会った時から，すでに好意を抱き合っているような語り口であり，媚薬はあたかも不倫の恋に踏み出す二人のためのアリバイであるかのように物語に組み入れられている．トマの作品はベルール同様断片であり，ゴットフリートの作品も未完に終わっているが，この系統の作品は，中世の宮廷文化において欠かすことが出来ないと考えられていた男女間の愛，その理想型である「真の愛」とは何かを，愛に殉じた主人公たちの行動や，それに対する詩人の評価を通じて追求する物語となっている．

　そのほかに派生的な作品として 2 編の『トリスタン佯狂』（12 世紀末），マリ・ド・フランスの『すいかずら』（12 世紀後半）などがある．

❌『散文トリスタン』　13 世紀には，前述の韻文物語から『散文トリスタン』（仏）が生まれて人気を博した．俗人本系においてすでに，トリスタンがアーサー王宮廷の騎士たちと親交を結ぶというかたちで，アーサー王伝説との結び付きが生まれていたが，『散文トリスタン』によってこの二つの伝説，さらには聖杯伝説までもが融合して，アーサー王を中心とする騎士道物語の全体像がまとめられた．この作品は後に『アーサー王の死』（1485）の作者トマス・マロリーに大きな影響を与え，トリスタンは円卓の騎士の一人として，宮廷第一の騎士ランスロットと並ぶ地位を得ることになる．この設定はヴィクトリア時代の詩人テニスンの『国王牧歌』（1856〜85）にも踏襲され，現代に至るトリスタン物語受容の基礎となっている．

❌美術における受容　トリスタン伝説は写本ミニアチュールや壁画，彫刻など，特に視覚芸術のテーマとして好んで取り上げられた．ゴットフリート作品のミュンヘン写本，アイルハルト作品のハイデルベルク写本には数多くの挿絵が収録されている．サン＝フロレ城（仏）やロンコロ城（伊）のフレスコ画（14〜15 世紀），ヴィーンハウゼン修道院（独）のタピスリー（14 世紀）などには物語が連作として描かれている．また逢い引きをする恋人たちを，樹上から王がのぞき見る「泉のほとりの密会」のシーンは，工芸品（象牙の小箱など）に繰り返し描かれた．

❌舞台芸術　ワーグナーはゴットフリートの作品を基に台本を書き，楽劇〈トリスタンとイゾルデ〉（1865）を制作，上演した．中世のトリスタン物語から宮廷騎士文化の要素を排除し，純粋に愛のみをテーマに取り上げて，音楽によってそれを形而上的な救済へと導くこの作品は，後の芸術家たちに圧倒的な影響を及ぼすこととなった．　　　　　　　　　　　　　　　　　　　　　　［一條麻美子］

愛と友情の表現

　愛や友情といった感情は，おそらく中世にあっても現代のそれと大きくは変わらないものであったろう．しかし，それをいかに表現するかには，時代による違いが現れてくる．

✖男女の愛情　人間の身体の中で感情を司るのは脳ではなく，心臓であると考えられていた．そのため心臓は愛情の源として，文芸テクストにもさまざまなかたちで登場する．「あなたは私の心臓の中／閉じ込められてしまったの／鍵はなくしてしまったの／だからずっとその中に」（ドイツの無名詩人）．このように鍵を掛けられた心臓のイメージはギヨーム・ド・ロリスによる『薔薇物語』の前篇で展開される宮廷風恋愛のアレゴリーの中心ともなっている．

　心臓の中にいる恋人というイメージは，恋愛抒情詩で繰り返し使われる．ドイツの抒情詩人ハインリヒ・フォン・モールンゲンは「わが心臓を二つに割れば／あの麗人の姿が見える／彼女は扉を開けることなく／私の目を通して入ってこられたのだ」と歌う．『薔薇物語』においても愛の神は主人公の目を通して愛の矢を心臓に送り込む．これらの表現は中世の恋愛において「見る」という行為がきわめて重要であったことを物語っている．

　愛のありかが心臓であり，その中に恋人が棲むとなれば，心臓という臓器は恋人同士の愛そのものであると考えられるようになる．それ故『心の臓の物語』（13世紀後半）のように恋人の心臓を食べるというエピソードが，究極の愛を表すモチーフとして物語化されるようになる．そこでは嫉妬に駆られた夫に騙されて恋人の心臓を食べてしまった貴婦人が，「このように尊いものを食した以上，これから先は何も口にすることは叶いませぬ」と食を絶ち，愛に殉じて死んでいく姿が描かれる．

✖心と身体の分離　十字軍の遠征は，恋人と物理的に引き離されるという新たな状況を恋愛詩にもたらした．神の騎士として聖地に赴くとしても，心は愛する婦人のもとにとどまってしまう．こうして身体と心臓の分離というモチーフが，愛の表現に加わることになる．「私は別れなどしない／この身体は聖地にあっても／心はあのお方のもとに」（コノン・ド・ベテュヌ）．古フランス語で心臓（cor）と身体（cors）は音が類似していることもあり，この対比は一種の音遊びでもあったが，そのような効果が期待できないドイツ語（心臓が herze，身体がlip）の抒情詩にもこのモチーフは波及した．「私の心と身体が／離れようとしている／身体は異教徒と戦おうというのに／心は唯ひとりの婦人を愛してやまない」（フリードリヒ・フォン・ハウゼン）．

　身体と心の分離というテーマの初出はフランスの処女殉教聖人である聖フォワの伝記『聖女フォワの歌』（11世紀半ば）で，聖女の信仰の篤さが「いまだ地上に生きているにもかかわらず，その心臓は神のもとにある」と綴られている．世俗の恋愛抒情詩はこの表現を逆転させ，身体を神のもと（聖地）へ送り，心臓を恋人のもとにとどめるというかたちで，男女間の愛の強さを表現したのである．

✖同性の友　男性同士の友情は主に戦闘場面で示される．中世に特有の友情表現としては「それとは知らずに友人同士が決闘をする」エピソードがあげられる．騎士は戦う前に名乗りを上げず，また兜で顔を覆うために，相手が誰かわからぬままに槍を交えるというシーンが物語にはよく登場する．友人同士の場合は大抵引き分けとなり，互いの武勇をたたえ合って，失礼ながらと名前を聞き，初めて互いを認識するという筋書きになる．アーサー王物語においては，友情を結ぶのはそれぞれの作品の主人公と，アーサー王宮廷第一の騎士ゴーヴァン（ガーヴェイン）であることが多い．『ロランの歌』（11世紀末）『ニーベルンゲンの歌』（13世紀初頭）などのように集団戦の場合は，危機に陥った友を救いに行く，友の死を嘆くなどといったシーンがあげられる．

　また中世ヨーロッパに広く流布していた『アミクスとアメリウス』（11世紀）の物語は，友の病を癒すためわが子を犠牲にしてその血を捧げることも厭わぬ，男性同士の強い結び付きを主題としている．

　一方，中世文学に女性同士の友情が描かれることはほぼない．『トリスタン』（13世紀初頭）におけるブランゲーネとイズルデ，『イーヴェイン』（12世紀末）におけるルーネテとラウディーネのように，有能な侍女が女主人のために尽力することはあっても，同等の身分の女性同士が友情で結ばれるというエピソードは見当たらない．逆に『ニーベルンゲンの歌』においては，二人の女王ブリュンヒルトとクリエムヒルトの席次争いが，その後の惨劇を引き起こすきっかけとなっている．

　理想の世界であるアーサー王宮廷においても，美しい貴婦人たちが宮廷を彩っているという記述はあるが，彼女たちの友好関係に言及されることはない．ここで興味深いエピソードとして，ウルリヒ・フォン・ツァツィクホーフェン『ランツェレト』（12世紀末）から，アーサー王宮廷の貴婦人が勢揃いする「マントの試し」をあげておこう．アーサー王宮廷にもたらされた魔法のマントをわが物にせんと貴婦人たちがこぞって試着するが，長かったり短かったりで誰の身にも合わず，そのたびごとに貴婦人の恋人に寄せる愛が本物でないことが指摘される．最後に真の愛を体現する主人公ランツェレトの恋人がこのマントを羽織ると，あつらえたかのようにぴったりと着こなすことが出来るというエピソードである．どうやら中世の文学世界では，女性は常にライバル心をもって相争うものであって，女性の間の友情や連帯は好まれなかったと考えられよう．　　　　［一條麻美子］

助言の文学

　古典作家ホラティウスが詩の理想について，愉しみと教訓性の双方をもつべしと論じたことに表れているように，古来，文学において教訓は普遍的要素ととらえられてきた．近代的な意味での，批評に値するテクストとしての「文学」の観念をもたず，あらゆるテクストが何らかの実用的機能をもつものととらえられていた中世においては，読者自身がテクストの機能を積極的に見出していた．故に，同じテクストが，ある読者からは主として楽しみのために，別の読者からは教訓を得るために読まれたといった現象が確認できる．その点で，中世のあらゆる種類のテクストが潜在的に助言の要素を有していたと言っても過言ではない．

　中世文学と「助言」との関係についての前述の理解を前提としつつも，本項は助言そのものを集めたテクストを含め，読者への助言の要素を明示的に有する文学ジャンルに対象を絞る．それでもなお種類は多岐にわたるため，ここでは西洋世界に広く確認でき，かつ中世を通した発展をみることができる「君主鑑」と，特に中世後期に特徴的にみられる「道徳指南書」について概観する．

✖君主鑑　世俗権力の目的と為政者が体現すべき美徳や行動指針について説いた「君主鑑」の名で知られる助言文学は，イスラーム世界，東方ビザンツ世界，西洋世界という三つの文化圏で，中世を通じて互いに影響を与えながらそれぞれ独自の発展を遂げた．西洋世界ではローマ帝国におけるキリスト教の受容（4世紀）以後，本格的な発展をみる．アウグスティヌス『神の都』第5巻（5世紀）は，秩序ある社会の維持を含めた為政者の責務を論じており，初期中世における「君主鑑」の代表作である．グレゴリウス1世『司牧規則書』（6世紀）は，司牧者の生活上の心得を説いたものだが，権力をもつ者にとっての謙遜の美徳の重要性や，道徳的模範を人々へ示す指導者の責務を扱っており，後の「君主鑑」の作者たちにとって重要な参考文献となった．さらに，セビーリャのイシドルス『物性論』（7世紀）は，「王（rex）」という語が「正しく行動すること」に由来するとしており，この語源解説的な語の定義が，正しさにこそ権力の正当性の根拠があるという，中世の統治論の根本にある考えを示している点で，特筆に値する．

　一般に学問と文芸の復興期と認識されている12〜13世紀にかけて，「君主鑑」も隆盛をみる．当代イングランドの堕落した政治状況を案じたソールズベリーのヨハネスは，著書『ポリクラティクス』（1159）で君主のあるべき姿を論じたが，本作品は古典ラテン文学の修練に裏付けられた「君主鑑」の白眉と位置付けられる．13世紀後半には，トマス・アクィナス『君主の統治について』（1265），そして「君主鑑」としては最も多く転写され，広い地域に流布したアエギディウス・

ロマヌス『君主の統治について』(1277〜79) をもって，「君主鑑」は頂点に達する．
　「君主鑑」の伝統は，中世後期の俗語による文学作品にも継承されていく．七
つの大罪を基本的な枠組みに据えた，全 8 巻からなるジョン・ガワーの英詩『恋
する男の告解』(1390) の第 7 巻は，全体にわたって君主の教育についての助言
を展開し，その議論のよりどころには，前述のアエギディウス『君主の統治につ
いて』を含む．かくして「君主鑑」の伝統は中世後期文学に受け継がれ，さらに
近代初期の政治理論の土台を形成した．

✖道徳指南書　13 世紀以降，父から息子へ，あるいは母から娘への，日常にお
ける振る舞い方から，キリスト教教化文学の伝統に基づく罪と美徳に至るまでの
さまざまな種類の教えを綴った作品が，ヨーロッパ各地の俗語文学で著されるよ
うになり，これらを「道徳指南書」と総称できる．例えば，今世紀初頭に公刊さ
れた道徳指南書の校訂版アンソロジーには，13〜15 世紀の間に書かれた，フラ
ンス語，オック語，ドイツ語，イタリア語，カスティーリャ語，英語の 6 種の俗
語による，それぞれ父から息子宛と母からの娘宛の両方の道徳指南書を収録して
いる (Johnston ed., 2009)．同性の親から子への教えというかたちを取り，想定
読者のジェンダーを定めているのが共通の特徴だが，格言を集めた詞華集に近い
ものから，教訓例話とその解説を含むものまで，作品の形式や長さは実にさまざ
まである（なお，父から娘へ，夫から妻への指南書なども存在することを注記し
ておく）．また，助言の文学に属する各ジャンルは全般的に，助言的要素をもつ
ほかの多種多様なジャンルへの依拠をその本質としているが，とりわけ道徳指南
書は，聖書の知恵文学，キリストの寓話，道徳に関する論説，一般信徒向けのキ
リスト教教化文学から，前述の君主鑑，騎士道指南書，礼節指南書，恋愛指南書
まで，あらゆる文学作品に取材した雑多な性質を有する．一例をあげるならば，
ピーター・イドリー『息子への教え』(1440〜55) は，ブレシアのアルベルター
ノによる美徳や道徳を論じた二篇の著述，ロバート・マニングによる教訓例話を
用いた一般信徒のための教理解説『罪を論ず』(1317)，ジョン・リドゲイト『君
主の凋落』(1438〜39) という複数の材源を活用したことが知られている．数多
くの道徳指南書で頻繁に典拠とされた作品として特筆すべきは，ラテン語文法の
学習のために広く流布した『カトーの二行連句』(3〜4 世紀) であり，「カトー
も述べている」は助言を権威付ける常套句となった．

　助言の内容や作品成立の状況，残存する刊本の証拠から想定読者層を推定でき
る場合もあり，大きな時代の流れとして，13 世紀当初の道徳指南書の想定読者
層は特権的な貴族階級に限られていたが，中世後期を通して読者が多様化し，都
市の商工業者を含む中流の社会階層にまで読まれるようになった．社会的地位の
維持や上昇といった読者の要請を反映しながら，道徳指南書は変遷を遂げていっ
たのである．　　　　　　　　　　　　　　　　　　　　　　　　　［工藤義信］

旅の文学

　中世における旅の文学は，旅人が書き残した旅行記や旅行案内書の類いだけに限られない．旅の記録が中核をなすことは間違いないが，物理的な旅と並んで重要なのが心の旅の文学である．極端な話，肉体の旅は代行巡礼制度を用いて他人に代わってもらうことも可能だが，精神の旅に代理はなく，旅は常に人生のメタファー（隠喩）である．その意味では，中世における究極の紀行文学は，シトー会士ギョーム・ド・ディギュルヴィルがフランス語で記した長編詩『人生の巡礼』（1330〜31）といえるだろう．人間の一生を寓意的な旅として語るこの作品では，主人公は夢の中で巡礼姿で旅をし，善悪さまざまな寓意擬人像からの助言と誘惑に遭遇し，救済への正しい道を選んで進む．『人生の巡礼』は初期近代まで複数の言語で広く読まれた．

　✘聖地巡礼　中世の聖地巡礼は近代以降の制度化された旅の原点とされる．5 世紀にエジプトや聖地を巡礼したエゲリアという修道女による巡礼記は最も初期の例といえる．また，中世の有名巡礼地を巡るためのガイドブック的な作品は，しばしば既存のガイドブックを無断で転用しつつ，11 世紀以降数多く書かれた．『ローマの都の驚異』（1143 頃）は，ローマの古代遺跡を中心に紹介したラテン語の案内書で，中世の終わりまで人気を博し続けた．サンティアゴ・デ・コンポステラについても 12 世紀半ばにフランス人聖職者が著した「サンティアゴ巡礼案内」が存在するが，実用ガイドというよりも聖ヤコブ崇敬の一環として編纂されたものである．中世の巡礼案内については，それが実用書なのか，それともガイドブックという枠組みを利用した，一つの制度化された旅のフィクションなのか，境界線は常に曖昧である．

　『マージェリー・ケンプの書』（1436 成立）は口述筆記により中英語で著された自伝的作品で，巡礼の記述を含む．マージェリー・ケンプはイースト・アングリアの既婚女性で，キリストの幻視を視るという神秘体験をし，1413〜17 年に中世の三大巡礼地（エルサレム，ローマ，サンティアゴ・デ・コンポステラ）を訪れた．マージェリーは巡礼団に加わって旅をしたが，キリストに共感して号泣して巡礼仲間から厄介者扱いされた様子や，一人旅の危険が記されている．

　十字軍への参戦が，巡礼と同様に贖宥が得られる償罪行為であることを考慮するならば，十字軍戦記も巡礼記同様に旅の文学である．1204 年のコンスタンティノープル攻防を扱うジョフロワ・ド・ヴィルアルドゥアン『コンスタンチノープル征服記』（1207 頃），第 7 回十字軍の記述を含むジャン・ド・ジョワンヴィル『聖王ルイ伝』（1309）は代表作で，フランス語で書かれている．

✖西方，東方旅行記　中世が思い描いた世界はアジア，ヨーロッパ，アフリカで構成され，その地理は，古くはセビーリャのイシドルスが著した百科事典的な『語源』(7世紀初頭)，より詳細にはベネディクト会士ラヌルフ・ヒグデンの『ポリクロニコン（万国史)』(14世紀半ば）に記されている．辺境地域の「文化人類学的」な記述もまた旅の文学である．西の辺境については，ギラルドゥス・カンブレンシスが『アイルランド地誌』(1188）や『ウェールズ紀行』(1191）で扱い，またブレーメンのアダムの『ハンブルクの司教たちの事跡』(1073〜76頃）は北欧のさらに向こうのヴィンランド（北米）に触れる．

13世紀には，モンゴル帝国の西征により関心が高まったオリエントへの旅行記が登場する．13世紀中期のカルピニ『モンガル人の歴史』，ルブルク『旅行記』などを嚆矢として，ポルデノーネのオドリコ『東方地誌』(1330頃）へと続くが，マルコ・ポーロの『世界の記述（東方見聞録)』(13世紀末）と並んで広く読まれたのが『ジョン・マンデヴィルの書』(1357頃）である．語り手のイングランド騎士ジョン・マンデヴィルは，エルサレムとその周辺の聖地を巡礼し，その後黒海を横断してアジアに入り，大ハーンの帝国を訪れ，その奥の皇帝プレスター・ジョンの国まで旅をする．既存の東方旅行記を種本として書かれ，マンデヴィルも偽名だが，中世において重視されるのは情報そのものの信憑性であり，みずから旅することが必ずしも旅行記の前提とはならない．

✖騎士のナラティヴ　中世の旅の文学では，フィクションとの境界線は常に曖昧である．冒険や驚異を求めて，あるいは約束や誓い故に旅に出る騎士は，例えば中英語の頭韻ロマンス『サー・ガウェインと緑の騎士』(14世紀後半）のように，アーサー王物語群をはじめとしてロマンスの基本構造である．12世紀のロマンス『フロワールとブランシュフロール』では，イスパニアの王子フロワールが幼なじみの恋人を奪還すべく，商人に変装してバビロニアへと旅をする．

驚異を求めて騎士は死後世界も旅をする．騎士道物語が台頭した同じ12世紀に盛期を迎える死後世界探訪譚では，しばしば騎士が主人公となって，煉獄，地獄，地上楽園といった死後世界を巡って無事に帰還する．『トゥヌクダルスの幻視』(1149）と『聖パトリキウスの煉獄譚』(1180〜84頃）はその代表作で，ラテン語原典から多くの現地語に訳されて中世末まで人気を博した．アイルランドに実在する「聖パトリキウスの煉獄」は人気の巡礼地となり，実在の騎士による訪問記も書かれた．そこでは，夢や仮想体験にすぎないという疑念を否定すべく，みずからの肉体をもって移動したことが強調されている．

中世の旅の文学は移動のナラティヴだが，その旅は，必ずしも語り手の実体験である必要はなく，人生や救済のメタファーでも，あるいは読書を通じて得られる仮想体験でも問題はない．西欧中世の旅の文学は，身体とともに精神の移動を扱うジャンルである．

［松田隆美］

枠物語

「枠物語」とは，一つの作品の中でいくつかの独立した物語が語られる場合，語られる状況と語り手について設定する外側の枠，フレームのことである．中世物語文学において，特に14世紀半ばボッカッチョによって書かれた『デカメロン』以降，近代に至るまで定型となったいわば入れ子の構造である．

ペルシアやインドの「枠物語」が，イベリア半島などでラテン語，ヘブライ語に翻訳され，さらに中世ヨーロッパの俗語による物語に影響を与えたといわれる．例えば，サーサーン朝ペルシアに起源をもち，9世紀には原型が成立していたとされる『千夜一夜物語（アラビアンナイト）』は，死を免れるために毎晩スルタンにシェーラザードが物語を巧みに語り続けるという設定で，アラジンの魔法のランプやアリババと40人の盗賊など，改変されながら今に伝わる数々の物語が集められている．インドに端を発し世界最古の物語集といわれる『パンチャ・タントラ』は，中世ヨーロッパでヘブライ語，ラテン語，中世西欧の各俗語に翻訳されたが，王子に教訓として語られたとされるサンスクリットで書かれた説話集である．中世イタリア語の写本が伝わる『七賢人の書』もインド起源で，ある王子の継母と賢人たちが，一方は王に王子を殺させようとし，もう一方は王子を守ろうとして，それぞれの立場からの物語を王に聞かせる．説話集では，教訓やモラルを伝え，個々の物語をまとめるのが「枠」の働きである．

✖『デカメロン』の枠物語　「枠物語」のモデルを完成し，各地の俗語で模倣され続けたのが14世紀半ばにボッカッチョがイタリア語で書いた散文物語集『デカメロン』である．作者が実際に経験した1348年のフィレンツェにおけるペストの流行という歴史的事実が詳細に描写され，作者は一人称で疫病流行の経緯，症状やそれへの社会的対応や人々の行動について語る．そして，そこに語り手としての10人の若者を登場させ，フィクションとしての「枠物語」が設定される．彼らはそれぞれ象徴的な名前を作家により与えられた7人の女性と3人の男性で，疫病が及ばない世界である田園のヴィラで10日間，ともに過ごす．毎日選出される当日の女王か王の決定で食事と娯楽が定められ，午後の楽しみに木陰で物語が語り合われる．第1日目と第9日目を例外に，「恋愛と性」「運命」「笑い」「語り，雄弁」「機知」をめぐる共通の題目が日々決められ，1日10話ずつが配され，合計で100話が語られる．その仕掛けで，若者たちの擬似宮廷のようなヴィラでの暮らしや，詩と音楽を楽しむ情景が枠組に挟み込まれるが，テクストの大半は100話の物語（「ノヴェッラ」）の中身に充てられる．モラルや教訓ではない，娯楽としての物語が，病と死から逃れようとする人々の中庸な楽しみとし

て，疫病の恐怖を描き出す「枠物語」によって正当化され，語り手たちの共同体がテクストの中に成立する（☞「笑話と風刺」）.

『デカメロン』以降　14世紀半ばにボッカッチョが洗練された形式として完成したこの「枠物語」は，その後の物語文学において用いるか用いないかの選択がまず前提となるほど，強い影響をもつことになった．入れ子の形式が物語の語られる「必然」や「設定」を提示し，「10（人）掛ける10（日）」で合計が「100話」となる『デカメロン』の構成に顕著なように，多くの作品において「枠」は数による構造でもあった．デカメロン以降，すべてが枠物語の形式を取ったわけではなく，数による枠組みだけが選ばれることもあった．14世紀後半フランコ・サケッティはフィレンツェを活写する『トレチェント・ノヴェッレ（300話物語）』を残したが，100と3を含む数で構成されているが物語の枠はない．ボッカッチョ以前の写本をもとに16世紀に編纂刊行された『ノヴェッリーノ』は著者の序言はあっても枠物語はもたない，100話の物語集である.

14世期のイタリアではほかにジョヴァンニ・フィオレンティーノの『ペコローネ』やジョヴァンニ・セルカンビの『ノヴェッレ』などの枠物語をもつ作品があり，17世紀に至ってもジャンバティスタ・バジーレがナポリ方言で『ロ・クント・デ・リ・クンティ（物語の中の物語）』を書く．これは，デカメロンに倣って『ペンタメローネ（5日物語）』と呼ばれるようになった．そこには「笑わない王女」と「眠り王子」が登場し，その二人の呪いと結婚をめぐって毎日10人の語り手が登場し，シンデレラや白雪姫として今日知られる物語初め50話のノヴェッラが語られる.

『デカメロン』はフランス語訳でも知られていたが，16世紀半ばには王妃マルグリット・ド・ナヴァルが『エプタメロン（7日物語）』を書いた．修道院に嵐で足止めされた人々が7日間にわたって物語を聞かせ合うという構成である.

『デカメロン』の影響とされる「枠物語」の中で最も広く知られるのは，ダンテ，ペトラルカ，ボッカッチョを含むイタリア語俗語文学に親しんでいたとされる14世紀半ばのロンドン生まれの詩人チョーサーの『カンタベリー物語』だろう．カンタベリー大聖堂に巡礼で向かう，騎士，学僧，修道女，粉屋から，チョーサーと宿の主人まで，身分や職業の違う29人の男女の登場人物たちが，同宿の旅籠の暖炉前に集まって楽しみのために物語を語り合うという構成で，韻文で綴られている．中には，『デカメロン』のグリセルダやダンテ『神曲』（14世紀初頭）のウゴリーノ伯の挿話を語り直した物語も含まれている.

枠物語の定式は，近代散文文学や小説においては徐々に重要性を失っていくといえるが，書き言葉による物語が，話し言葉によって文字の成立以前から伝えられてきた口承文化の記憶を，中世文学のテクストの中に「語り」として保存したものだったともいえるだろう.

［村松真理子］

アレゴリーの系譜と 『薔薇物語』

　日本語で寓意を意味するアレゴリーの語源は，ギリシア語で「別のこと」を「表明する」こと．元来，ヨーロッパ世界には，文字表現や事物について，表面に見えない「隠れた意味」を探る知的傾向が強かったが，その傾向はキリスト教時代に強まった．福音書におけるイエスのたとえ話は，教義を説くためのアレゴリーであり，また中世の神学は，旧約聖書に新約聖書の「予型」を読み解くことを任務とした．そして，ウェルギリウスやオウィディウスなどキリスト教以前の著作家による作品もまた，そこに神慮を読み取るべき対象とされたのである．

❈「擬人法」によるアレゴリー　以上が広義のアレゴリーであれば，抽象概念を擬人化して表現することは，狭義のアレゴリーである．古代ギリシアの思想，芸術は擬人法を重宝した．例えばアテナが〈戦い〉や〈知恵〉の女神であるように，ギリシアの神々はしばしば何らかの概念の擬人化である．また，帝政ローマの詩人たちが〈男らしさ〉や〈自然〉〈運命〉などを擬人化して歌ったのも，その伝統を踏襲したものである．

　4世紀後半には，スペインのプルデンティウスが『プシコマキア（魂の戦い）』において，善を代表する七つの概念と悪の七概念のそれぞれを擬人化した人物を対立して登場させ，〈純潔〉対〈色欲〉，〈忍耐〉対〈憤怒〉のように，人間の内面における感情の葛藤を一騎打ちのスタイルで語った（☞「寓意擬人像」）．

　中世において，擬人法としてのアレゴリーを浸透させるのに大きく貢献したのが，5世紀前半のローマで活動したマルティアヌス・カペッラの著した『フィロロギアとメルクリウスの結婚について』（5世紀後半）である．『自由七科について』の呼称もあり，教科書，百科全書として広く読まれたこの作品は，〈フィロロギア（学問）〉の結婚の物語と，侍女である〈文法〉〈修辞学〉〈弁証法〉たちの自己紹介を語っている．

　さらに，中世を通して聖書に次いで読まれたとされるボエティウスの『哲学の慰め』（6世紀前半）では，作者自身が〈哲学〉という女性と，運命や人間の本性など，後に『薔薇物語』（13世紀）で取り上げられる問題について議論している．

　そして，12世紀後半，諸学において多くの著作を残したリールのアラヌスは，『自然の嘆き』を書き，人間の悪徳，とりわけ男色を断罪した．この作品が『薔薇物語』に与えた影響は大きい．

❈『薔薇物語』における総合へ　「たとえ話」に隠された意味を読み解かせる手法と，概念を擬人化して物語に登場させる表現方法を組み合わせる傾向は，13

世紀に強まった.

　ラウール・ド・ウダンによる教化物語『地獄の夢』（13世紀初め）は，主人公が夢で体験した地獄行きを語る.「地獄の国」への巡礼は，〈貪欲〉や〈偽信心〉など，悪徳を象徴する7都市を巡る行程からなっており，各都市において擬人化された悪徳たちが登場する（〈貪欲〉の国では〈嫉妬〉〈いかさま〉〈強欲〉〈略奪〉）.

　また，英国の神学，自然科学に大きな影響を与えたオックスフォード大学総長ロバート・グロステストは，『愛の城』（14世紀初め）で神の4人娘〈真理〉〈正義〉〈慈悲〉〈平和〉を登場させ，原罪を負う人間の贖罪について論じさせた.

　なお，13世紀前半のルクリュ・ド・モリアンの『ミゼレーレ（痛悔）物語』には，殉教した乙女たちである薔薇と，擬人化された〈おそれ〉〈閑暇〉〈悪口〉が登場する.『薔薇物語』前篇への強い影響が指摘されるゆえんである.

✖ 『薔薇物語』とその影響　　アレゴリーの文学は，13世紀前半，ギヨーム・ド・ロリスによる『薔薇物語』前篇において，美しく開花した.

　夢の中で，主人公である青年は薔薇のつぼみにひとめぼれし，〈邪険〉〈理性〉〈嫉妬〉らの反対や妨害を受けながらも，〈歓待〉〈友人〉〈愛の神〉たちの励ましや助力を得て，つぼみを手に入れようとする.ここには，恋における内面の葛藤が，愛に味方する感情と愛を妨げる感情に分けられ，それぞれが擬人化されることにより，繊細かつ生き生きと提示されている.読み解くべきは，愛の発生の神秘と，愛の成就までの困難である.

　つぼみが〈嫉妬〉の城に幽閉され，主人公が悲嘆にくれる場面で前篇は終わる.こうして未完に終わった『薔薇物語』は，約40年後，ジャン・ド・マンによって完成された.後篇作者の関心はアレゴリーよりも百科全書的な知の展示にあった.〈愛の神〉の軍により〈嫉妬〉城が落ちるまでに，登場人物たちは愛・女性・運命・自然・宇宙について長広舌をふるう.しかしエピローグでは，巡礼杖と巡礼袋を携えた主人公が狭路を行き来しながらついにつぼみを開き，自分の種をこぼすという，前篇とは趣を異にするアレゴリーにより愛の成就の挿話が語られている.

　300余の写本が残る『薔薇物語』は中世のベストセラーであり，後続のアレゴリー文学で影響を受けていない作品はない.代表的なものとしては，14世紀前半のシトー会士ギヨーム・ド・ディギュルヴィルによる『人生の巡礼』『魂の巡礼』『キリストの巡礼』があげられる.『薔薇物語』に倣い，主人公が見た夢を語り，人生と死後の世界での「巡礼」において，〈若さ〉〈閑暇〉〈病〉〈老い〉〈恩寵〉〈自然〉などが登場する.とりわけ第1作と第2作の成功は大きく，ヨーロッパ各語に訳されたほか，ウィリアム・キャクストンの印刷本によりさらに広く普及した.

［小川直之］

夢幻詩

　夢幻詩は，中世盛期から後期にかけてヨーロッパで流行した詩のジャンルの一つであり，夢の描写を含むのみならず，額縁構造を有しているところに特色がある．典型的な夢幻詩においては，語り手が詩の冒頭で眠りに落ち，夢を見る．その夢の描写が額縁に囲まれた絵画のように後に続き，最後に語り手が夢から覚めて詩が終わる．語り手が詩の末尾で夢の内容を書きとどめようと，執筆を開始する例もあり，その場合は，詩中で語られる夢の物語と詩の創造の物語が同時に存在し，夢幻詩は一種のメタフィクションとしての性格を帯びる．

　夢幻詩の多くで，語り手は異界，もしくは異界を思わせるような非日常的な風景の中に足を踏み入れる．それは寓意に満ちた世界であり，語り手がそこで遭遇する人物もまた〈理性〉〈名声〉などの寓意擬人像である場合が多い．夢幻詩には，したがって『トゥヌクダルスの幻視』（12世紀中葉）などの死後世界探訪譚と重なる部分があり，また神秘家の幻視体験を記録した霊的著作との類似性も看過できない．だが，夢幻詩に共通する傾向の一つとして，みずからの虚構性や解釈の必要性に関して多分に意識的である点があげられる．それが，幻視文学のほかのジャンルから夢幻詩を区別する重要な特徴であるといえるかもしれない．ここでは，睡眠時，もしくは眠りと覚醒のあわいに出現する夢や夢想を描いた数多の詩の中から数篇を取り上げ，夢幻詩の多様な様相の一端を紹介したい．

✖恋愛を主題とした夢　中世の詩人たちに多大な影響を及ぼした古代世界の夢の記述の中に，「創世記」に描かれたヨセフやファラオの夢，「ダニエル書」に記されたネブカドネツァルの夢と並んで，キケロが自著『国家について』（紀元前51）の巻末に添えた「スキピオの夢」が含まれる．この夢を真正な前兆夢と見なし，古代ギリシア・ローマの夢理論を総括するかたちで夢の分類法を確立させたのが，4世紀末にマクロビウスによって書かれた『スキピオの夢註釈』である．恋愛を主題とした中世の夢幻詩の白眉ともいうべきギヨーム・ド・ロリスの『薔薇物語』（1230頃）は，詩の冒頭でそのマクロビウスを引用し，詩中に描かれた夢が前兆夢であると主張する．この一節は，古代ローマから続く夢解釈の伝統との連続性を示唆するものであるが，ジャン・ド・マンによる続編では，さらに〈理性〉や〈自然〉と語り手との間で交わされる対話を通して，リールのアラヌスが12世紀後半に著した韻文散文混交形式の『自然の嘆き』や，その模範となったボエティウスの『哲学の慰め』（6世紀前半）の影響が透けて見える．『自然の嘆き』が明確に夢物語として書かれているのに対し，ボエティウスの作品における〈哲学〉の顕現は夢中の出来事としては描かれていない．にもかかわら

ず，『哲学の慰め』は『薔薇物語』の典拠となることによって，夢幻詩の祖型として位置付けられることになる．

　14世紀のフランスでは，ギヨーム・ド・マショーやジャン・フロワサールなどが恋愛を主題とした宮廷風夢幻詩を多数創作し，その系譜が海を越えてチョーサーへと連なっていく．その過程で，夢幻詩にはさまざまな新しい要素が追加される．例えば，マショーの『愛の泉』（1360頃）には，ベリー公ジャンを模した若き貴公子が登場し，語り手と貴公子との文学的な交流に，マショーとベリー公との現実の関係が投影されている．貴公子は迫りくる恋人との別離を思って苦悩し，語り手は彼を慰める立場にある．その設定から想を得て書かれたチョーサーの『公爵夫人の書』（1370頃）には，妻と死別したばかりのランカスター公ジョン・オブ・ゴートが黒衣の騎士として登場する．チョーサーの詩の語り手は，『愛の泉』にも引用されているオウィディウスの変身譚を読みながら眠りに落ち，みずからが見た夢の信憑性を高めようと『スキピオの夢註釈』に言及する．夢はこうして古典の受容から詩作へと至る一連の営みの一部と化し，詩的創造という行為そのものの比喩となるのである．

✖宗教的・政治的寓意としての夢　ギヨーム・ド・ディギュルヴィルが14世紀半ばにフランス語で著した夢幻詩『人生の巡礼』には，著者自身による改訂を反映した第二のバージョンが存在するが，改変前の最初の版で，語り手は『薔薇物語』を熟読したことが夢を誘発したと語っている．その夢の内容は，人生の諸階梯を天上のエルサレムへと向かう旅の行程として描いたものであり，性愛の成就とともに結末を迎える『薔薇物語』の大胆な書き直しといってよい．ウィリアム・ラングランドの英詩『農夫ピアズの夢』（14世紀後半）にも巡礼のモチーフが使われており，夢が幾層にも重なった複雑な枠組の中で，魂の救済と社会の変革を願って「真理」の探求を続ける語り手の姿が描出される．ラングランドの詩と同様に頭韻を用いて書かれた作者不詳の英詩『真珠』（1390頃）の語り手は，死別した愛娘と夢で再会し，娘に導かれて天上のエルサレムを垣間見る．

　ラングランドの詩からは，現実社会に向けられた批判的な眼差しが感じられるが，より明確に政治的寓意として書かれた夢幻詩も数多く存在する．14世紀末にベネディクト会士オノレ・ボヴェが韻文と散文を交えてフランス語で執筆した『ジャン・ド・マンの幻』では，夢想に耽る語り手の眼前にジャン・ド・マンが数名の人物とともに出現し，分断を深めるヨーロッパ社会の現状をめぐって討論を開始する．ほぼ同時期に書かれたジョン・ガワーのラテン語詩『叫ぶ者の声』の第1巻には，一揆の発生によって混乱を極めたロンドンの光景が夢幻詩の様式を借りて描かれている．ガワーの詩は，語り手の主観を前景化している点で，複数の視点を交錯させたボヴェの作品とは対照的であるが，現実に対する強烈な危機意識を夢に仮託して表明している点で両者は共通している．　　　　［小林宜子］

中世ギリシア文学

　中世ギリシア文学とは換言すればビザンツ文学のことだが，前近代の文学史で
は，文学を基本的にフィクションに限定する近現代の文学史と異なり，文学＝書
かれたものすべてと解するのが通例である．さもなければ文学史は痩せ細って貧
相に見えてしまう，というのがそう解する理由なのだろうが，とはいえ現代人の
感覚をまったく無視するわけにもいくまい．そこで本項では以下三つのジャンル
を取り上げたい．すなわちまず神学文献，次に聖人伝，そして最後にそのほかの
文学である．

✕神学文献　神学文献は，ほかの時代なら思想史か哲学史といった文脈で扱われ
る文学ジャンルだが，キリスト教ローマ帝国たるビザンツ帝国では，キリスト教
神学はいわば帝国イデオロギーのど真ん中に位置するということができ，無視で
きないことは自明である．とはいえそのビザンツでは，キリスト教神学は知的に
高度の発展を遂げたとは必ずしもいえない．なぜなら，ローマ帝国の断絶なき継
続であるビザンツ帝国では，キリスト教が成立以降たどった史的経過（端的にい
えばいわゆる「キリスト教のギリシア化」，換言すれば学知化）の結果，教義が
きわめて硬直化し，そして固まった教義上の定式の文言を少しでも動かすことが，
極度に困難になってしまったからである．残るのは基本的に旧説の墨守のみで，
ほかにあり得たのは例えば，12 世紀前半の修道士ジガベノスの『教義的
武具一式』やニケタス・コニアテスの『正教の宝庫』といった，「邪説論駁」と
一括できる一群の著作である．ただ，ビザンツにはほかに神秘主義的潮流と称し
得る思潮（ロースキィ，1986）も「教義学のかたわら」（20 世紀ドイツ・ビザン
ツ学の泰斗ベックの言葉）に存在し，この思潮に属する著名な神学者としては，
ビザンツ末期の精神運動ヘシュカスムとの関連で例えばグレゴリオス・パラマス
があげられる．

✕聖人伝　聖人伝とは典型的には，実際に生きたある高徳な宗教者（キリスト教
世界での話なので，必然的にキリスト者ということになる）の生涯を描いた文学
作品だが，実際には，実在しない聖人の伝記も数多く書かれたということは，西
洋中世学の研究上のイロハに属する常識ではある．したがって聖人伝は，近代的
な意味での文学史からみて，いうなれば閾の上にある文学ジャンルといえるか
もしれない．ともあれそれは，小難しい教義学の傍らで，また途方もない神秘主
義的諸著作の傍らで，好んで人々に読まれたとみてよい（例えば修道院におい
て，修道者たちによって）．主人公となる聖人の生き方は無論さまざまであって，
旅する聖人（例えば聖オヌフリオス）もいれば，馬に乗る聖人（例えば騎乗の聖

人ゲオルギオス，図1）もおり，元盗賊の聖人（例え
ば『師父たちの金言』に登場する聖モウセス）もいれ
ば，それこそ人を喰った聖人（例えばいわゆる「キリ
ストのための愚か者（サロス）」だが，「人を喰った」
といっても人肉食の意味では無論ない）もいた．ある
言語で書かれた聖人伝がほかの言語に翻訳されること
も，特にいわゆる東方キリスト教圏では珍しくなく，
その代表例は，高貴な身分に生まれた主人公が生老病
死の現実を知って苦悩するという，仏伝に起源を有
して伝承の過程でキリスト教化したと考えられる『バ
ルラアムとヨアサフ』だろう．これが西欧世界におい

図1　竜を退治する騎乗の聖
人ゲオルギオス［トビリシ，
ジョージア国立博物館］

て『バルラームとヨサファト』として広く流布したこ
とはよく知られている．また例えば『エジプト人マカ
リオス伝』（マカリオスは4世紀のエジプトに生きた高名な修道士）は，西欧に
こそ伝わらなかったが，ギリシア語あるいはコプト語を著作原語としてエジプト
で書かれ，それを起点に古典シリア語やアラビア語に，さらにアラビア語経由で
古典エチオピア語に，それぞれ翻訳されており，また北ではさらに，たぶんギリ
シア語を媒介にして，ジョージア（グルジア）語や教会スラヴ語に翻訳された．
そのほか，砂漠の修道者たちの含蓄ある経験知の言葉を集めた『師父たちの金
言』の一部は，中央アジアの言語であるソグド語にまで訳された．

✖そのほかの文学　最後に取り上げるのは，ビザンツの「民衆文学」のなかで最
も有名な，著者不明の作品『ディゲネス・アクリテス』（12世紀頃？）である．
ディゲネス（訳すと「二重の生まれの者」）という人物は昔から民間伝承で知ら
れる英雄だが，彼を主人公（「ディゲニス・アクリタス」とも表記される）とす
る文学作品を含む写本が19世紀末〜20世紀初頭にいくつか発見され，学者の間
で話題となった．特に，代表的と目される2写本，すなわちイタリアのグロッタ
フェッラータ修道院に由来するG写本とスペインのエル・エスコリアル図書館
に所蔵されているE写本では，写本に含まれる当の作品自体の長さ，構成の点
や言語の点で違いが大きく，どちらが原典あるいは原型（アーキタイプ）に近い
かに関して，いまだ定説はない．韻文的な本文を有するG写本に基づいて内容
をみておくと，8歌あるうちの最初の3歌では，あるサラセン人の武将がビザン
ツの将軍の娘を誘拐するなどし，その両者，つまり民族の異なる父母から生まれ
たのがディゲネスである．剛力無双で無敵のディゲネスは，父と同様ある将軍の
娘を攫い（ただしディゲネスは，娘の心をとらえたうえで誘拐した），その後ロ
マニア，すなわちビザンツ，の辺境の守りに従事し，故に「アクリテス」すなわ
ち「辺境者」と称された．　　　　　　　　　　　　　　　　　　　　　［戸田　聡］

サガと北方文化圏

　サガ／サーガ（saga）という言葉はアイスランド語の動詞 segja「言う，語る」から派生し，「語られたこと」「物語」から「歴史」までを意味する．現代アイスランド語でも使われている普通名詞で，例えば推理小説は spennusaga（面白い，スリルを感じる物語の意）と呼ばれる．なかでも中世のサガといった場合には，主に 12〜14 世紀のアイスランドで執筆された大量の散文物語を指す．中世アイスランドで書かれた散文資料には聖人伝や文法書，法書，編年誌なども存在するが，サガは短編や断片も含めて 200 篇以上が現存し，質量ともに最大の，アイスランドを代表する中世文学として知られている．

✖ジャンル　アイスランドの歴史は 870〜930 年頃にかけて，ノルウェーやブリテン諸島からいわゆるヴァイキングが無人島に植民したことで始まる．その後 1000 年頃に全住民がキリスト教に改宗し，12 世紀前半にはラテン文字を使った書物の作成が始まった．そうして書き残されたサガの内容は多岐にわたるため，現在は内容によっていくつかのジャンルに分けるのが通例となっている．北欧の王侯の事績を語る「王のサガ」，キリスト教の司教の伝記的な「司教のサガ」，12〜13 世紀のアイスランド内乱時代，すなわちサガ執筆者にとっての同時代を題材とした「同時代サガ」，「古代のサガ」「騎士のサガ」（後述）などである．なかでも「アイスランド人のサガ」は 1000 年前後の初期アイスランド社会を舞台とし，近代以降，最も注目されてきた．

✖アイスランドらしさを求めて　19 世紀のヨーロッパ，特にドイツではアイスランドは何よりも古ゲルマンの精神を伝える島と受け止められた．ほかの中世ヨーロッパ文学と比較した場合，サガはラテン語ではなく俗語（古アイスランド語）で書かれ，散文であり，直接話法を多用した臨場感溢れる文体をもつ点などに特徴がある．国外の評価を受けてサガの価値を再認識した 19〜20 世紀前半のアイスランドでは，研究においても一般的にもサガの独自性を追求する傾向が強かった．デンマーク王の統治下で自立を模索するアイスランドにおいて，サガは北欧神話を伝える『エッダ』や法書『グラーガース』と並び，アイスランドが世界に誇る数少ない文化遺産だったからである．

✖中世の社会と心を探る　アイスランドが 1918 年に自治権を獲得し，1944 年にアイスランド共和国として完全独立を達成するとサガへの眼差しも変化する．アイスランドの文化遺産を越えて，サガを通してヴァイキング時代や中世の北方ヨーロッパ社会を理解しようとする歴史人類学の視点が導入された．例えば人気の高い長編『ニャールのサガ』は，11 世紀初頭のアイスランド南部を舞台に復

讐の連鎖が招く悲劇を語る．ある有力家系の娘ヒルディグンは夫ホスクルドが殺害された際，叔父のフロシに復讐を望む．ヒルディグンはまず言葉によって復讐の実行を訴えるが，殺害者であるニャール一家が強大なため，対立を避けたいフロシは動こうとしない．するとヒルディグンは殺された夫の血を包んだマントをフロシの上で広げ，血が彼に降り注いだ（図1）．動揺したフロシは「お前は鬼だ．われわれ一同にとって一番具合の悪いことをはじめるように望んでいる．女の知恵は冷たい」と言って復讐を決意する（谷

図 1 『ニャールのサガ』の挿絵［Halldór Laxness, 1945］

口訳，2024）．この一場面からでも血の復讐の論理や方法，女性の社会的立場（原則として自分で訴訟や戦いを指揮することはできないが，言葉や身振りで男性を動かす）が考察できる（Clover, 1986）．ただしサガは主に 1200 年以降に書かれ，現存する写本はさらに遅く中世後期以降のものしか残らないため，描写されている時代の現実をどの程度反映しているかという点には常に注意が必要である．それでも特に 1980 年代以降の社会史の進展や文化人類学的手法の普及によって，過去の社会の仕組みやそこに生きた人々の心を知るための史料としてサガは新たな価値を見出されるようになった．

✖ヨーロッパの一員として　さらに 2000 年代以降には，アイスランドとヨーロッパとの密接な関係を示す「古代のサガ」や「騎士のサガ」への関心が高まっている．「古代のサガ」とはアイスランド植民開始以前の北ヨーロッパを舞台とする英雄譚で，「騎士のサガ」は騎士道文学の翻訳，翻案にアイスランドで独自に書かれた騎士物語を加えたものである．これらは 12 世紀以降に南仏から北へ広がった騎士道文学の形式やモチーフを採り入れ，13 世紀後半から北欧で流行した新しい物語群であるため，アイスランド文学としての独自性は低いと考えられてきた．しかし近年は，中世後期にアイスランドがノルウェー王やデンマーク王の支配下に入ったことで大陸ヨーロッパとの接点が増えた歴史を反映する史料として注目され，表現の比較からアイスランドの特質を導き出すという手法も盛んである（林，2016）．同時に，写本研究の進展から，写本そのものの構成や流通をたどり編纂時期の世界認識を考察する試みも現れ，サガ研究の裾野はますます広がっている．本来「語られたこと」であるサガは，時代によって変化する聴衆／読者の関心を反映しながらかたちを変えてきた．現在の，そして未来の読者もそれぞれの時代の要請に従いこの中世アイスランドの遺産を引き継いでいくだろう（☞「西洋中世と日本のサブカルチャー」）．　　　　　　　　　［松本　涼］

東スラヴの言語文化

東スラヴという語は，キエフ・ルーシに居住していたスラヴ系言語を話す人々とその言語を指す．東スラヴは，988 年にコンスタンティノープルから東方キリスト教を受け容れ，ローマから西方キリスト教を受け容れたポーランド，チェコ，スロヴァキアなどの西スラヴ，クロアチア，スロヴェニアなどの一部の南スラヴとはまったく異なる文化圏を形成した．ブルガリア，セルビア，マケドニアなどの一部の南スラヴとともに東方正教文化圏の一部である東スラヴのキエフ・ルーシでは，ウラジーミルのキエフ大公即位（980）からその子ヤロスラフの死（1054）まで統一と繁栄の時代が続き，諸公国分裂の後，チンギス・カンの孫バトゥの軍勢の襲来で滅亡した（1238）．キエフ・ルーシは，14 世紀頃を境にロシア，ウクライナ，ベラルーシに分かれてゆく．

✖東西教会の違い　東方正教はどう西方キリスト教と異なるのか．宗教言語がヘブライ語，ギリシア語，ラテン語に限定された西方キリスト教とは異なり，東方では，スラヴ人の使徒キュリロス，メトディオス兄弟によって創出されたスラヴ文語に聖書が翻訳され，典礼もスラヴ語で行われた．西方キリスト教がキリスト生誕紀元を用いるのに対し，東方正教では「創世記」の神による天地創造を元年とする天地創造紀元が用いられた（キリスト生誕紀元に 5,508 を足すと天地創造紀元となる）．イエス・キリストを神であり人間であるととらえる点は東西教会共通であるが，イコノクラスムを経て人としてのキリストを積極的に絵に描いた東方正教では，キリストの人性が感覚的により強調された．神の代理人としての立場はローマ教皇が占め，政治と宗教の住み分けがなされた西方キリスト教に対し，東方正教世界では，同じ立場をローマ皇帝（ビザンツ皇帝）が占め，政教一致の政治体制が目指された．西方キリスト教世界では，13 世紀以降次々に創設された大学を中心に，ギリシア・ローマの文化遺産の積極的な受容がなされたのに対し，東方正教世界での学術の中心は修道院で，過去を遡及する際には，最初のキリスト教ローマ皇帝たるコンスタンティヌス大帝，黎明期キリスト教教父までしかさかのぼらなかった（三浦，2022）．

✖キエフ・ルーシにおける口承文芸と記述文学の接点　キリスト教受容以前にも，東スラヴ人が豊かな口承文芸をもっていたことは，『悪魔に乗って旅したノヴゴロド大主教イオアンの物語』（15 世紀前半）からうかがえる．イオアンは祈りの力で悪魔を調伏した後，悪魔の力でエルサレム巡礼を果たす．19 世紀の作家ゴーゴリはこの作品を取り入れ，『ディカーニカ近郷夜話』中の「降誕祭前夜」（1832）を書いた．が，口承文芸と記述文学の接点はわずかで，記述文学の大部

分は東方正教の世界観に基づくものであった．年代記と聖人伝と説教が主なジャンルである．

✖キリスト教的世界観のもとにあった年代記　中世ロシアで書かれた年代記は5,000をくだらないが，特筆すべきは最初の年代記『過ぎし年月の物語』（12世紀初頭）で，天地創造紀元に基づき，大洪水後のノアの子，セム，ハム，ヤペテによる世界の分割相続にさかのぼり，キエフ・ルーシの歴史を述べている（國本他訳，1987）．諸年代記に描かれた東スラヴ人の歴史は，天地創造から世界の終末（「ヨハネの黙示録」）に向かうキリスト教の時間の中に位置付けられた．

✖キエフ・ルーシの説教　説教で最も重要なのは，東方正教のキリスト教観を鮮やかに映すキエフ府主教イラリオンによる『律法と恩寵についての講話』（11世紀前半）である（三浦編訳，2022）．この作品の前半では，人間であり神であるキリストによって，ユダヤ教から生じたキリスト教が律法の呪縛を振り払ってすべての人類を救済したことが誇らしく宣言される．後半では，キリスト教をキエフ・ルーシに導入したキエフ大公ウラジーミルが，初代キリスト教ローマ皇帝コンスタンティヌスに準えられて讃えられる．イエス・キリストの真似びによる，地上の君主と天上のツァーリ，キリストとの近接化がこの作品の主題である．

✖キエフ・ルーシの聖人伝　キエフ大公位の跡目争いでみずからの異母兄（実は従兄）に殺され，ロシア正教最初の聖人となったウラジーミルの子ボリスとグレープの聖人伝は，彼らの無抵抗をキリストの真似びによる殉教ととらえた．食べない，眠らない，異性と交わらない修道士の禁欲は，キリストの真似び，血を流さない殉教と見なされた．『フェオドーシイ伝』（11世紀後半）はキリストの真似びを実践したキエフ洞窟修道院第2代修道院長フェオドーシイの聖者伝だが，この作品は，兄イジャスラフを追放してキエフ大公位に就いたイジャスラフを，フェオドーシイが生命の危険を顧みず諫めたことを伝えている．『フェオドーシイ伝』を含む『キエフ洞窟修道院聖者列伝』（13世紀前半）は，ウラジーミル・スーズダリ主教シモンと同修道院の一介の修道士ポリカルプの間で交わされた修道士たちについての物語が核となっているが，世の理不尽に対して神に抗議するポリカルプの物語は，「堕罪−絶望−見神−救済」を憧憬する，キエフ・ルーシ末期の混乱期の時代精神を反映する（三浦訳・解説，2021）．

✖『イーゴリ軍記』　同じ時代精神は『イーゴリ軍記』（12世紀末）にも認められる．中世ロシア文学の最高傑作で，ボロディンのオペラ『イーゴリ公』の原作である『イーゴリ軍記』も，近年の研究によって，神の警告を無視して無謀な遠征を企てたイーゴリ公が，捕囚という神の罰を受け，悔い改めの結果，逃亡に成功するという「堕罪−絶望−見神−救済」の筋立てをもっていることが明らかになっている（中村，1970）．　　　　　　　　　　　　　　　　　[三浦清美]

ダンテ

　ダンテ・アリギエーリの代表作『神曲』（1307〜
20）はキリスト教文学の最高峰として世界文学
史上に名高い．ここでは劇的に変わった近年の
ダンテ像を紹介したい．

　ダンテは 1265 年，フィレンツェ共和国の小
金融業者アリギエーリ家に生まれる（没落貴族
ではない）．1276 年以前に両親を亡くし，1277
年に名門ドナーティ家のジェンマと婚約した．
遺児たちの生活は，義父や祖父ドゥランテ（短
縮形がダンテ）・デッリ・アバーティが支えた．

図 1　ダンテの生家．手前が最
初に統領府があったカスター
ニャの塔［原，2021］

　1283 年頃に詩作を開始，最前衛の清新体派
の指導者グイド・カヴァルカンティに評価され
た．現実には面識さえなかったであろうベアトリーチェ・ポルティナーリが
1290 年に夭折すると，その兄の依頼で彼女への讃歌『新生』を 1293 年頃に完成
（作中では最愛の人と書いている），作中の「愛」の概念をめぐってカヴァルカン
ティと決裂した．

　政治家となって 1300 年に共和国統領となるも，教皇党貴族の白黒両派の対立
が激化し，ダンテらは両派の指導者を追放処分にするなどしたが，教皇ボニファ
ティウス 8 世の介入で黒派政府が成立，死罪を宣告され，亡命者となる．祖国復
帰の機会をうかがって諸都市や諸宮廷の食客をしつつ，神聖ローマ皇帝ハインリ
ヒ 7 世のイタリア親征に参加するも，皇帝病死（1313）により希望が断たれた．
その間に言語学的な『俗語論』（1304〜06）や哲学書『饗宴』（1304〜06）を書き
始めたが，すべて放棄して 1307 年に『神曲』執筆を開始した．晩年にはヴェ
ローナのスカーラ家，最後はラヴェンナのポレンタ家に滞在，皇帝権の正統性を
主張する『帝政論』（1318 頃？）などを著しながら『神曲』を完成させ（1320），
1321 年にヴェネツィアへの外交使節の帰りに呼吸器系の感染症で死去した．

　『神曲』は，主人公ダンテが，人生の半ばの 35 歳となる目前であった 1300 年
の復活祭の頃に，道を踏み外して暗い森の中にいることに気付くと，理性の象徴
ウェルギリウスの導きで地獄，煉獄を踏破し，地上楽園から神の恵みの象徴ベア
トリーチェの導きで宇宙を旅し，天上で見神に至るという叙事詩である．

　人間や事物の陰影に富んだリアリズムは，個々の存在中に神の愛を見出す世界
認識の方法であり，神の調和の表現となっている．ここから世界平和の思想も生
まれた．つまり『神曲』は，戦って奪う騎士の文化から，理性的対話による相互
理解という都市商人の文化への変化を表現している．　　　　　　　　［原　基晶］

12章　美術と表象

中世美術の最も本質的な特徴を一言で述べるなら，美術というものの範囲を明確に線引きすることが非常に難しいということだ．中世は近代とは異なり，限られた形式や美的価値を越えて，あらゆるモノが美術の対象になり得る時代であった．これは，美術がそれを囲む社会や文化を構成するさまざまな領域ときわめて密接な関係を結んでおり，限りなく多様な営みや実践において個別の役割を果たしていたからに他ならない．この点は，近代においては，美術にそれ自体としての自律性や純粋性が強く求められ，基本的には展覧会や美術館などで美的鑑賞行為の対象となってきた状況と対照をなす．それ故，中世文化の全体像に迫る本書全体の趣旨に沿いつつ中世美術に適切にアプローチするためには，当時の美術が社会や文化とどのように関係し，いかなる機能を担っていたのか，概括的イメージをつかむことから始めるのが望ましい．

本章では，このような意図に基づき重要なテーマを厳選するとともに，より大きな展望から出発して個別的な事項へと向かう流れをつくることとした．

［今井澄子／木俣元一］

ユーラシア的展望

　西洋中世において，広域に及ぶユーラシア的展望は厄介な問題をはらんでいる．なぜなら「中世」という概念が，そもそもイタリア・ルネサンスの人文主義者の価値観によって形成され，古代ギリシア・ローマの異教世界から，中世キリスト教世界への変容という，ヨーロッパ中心主義の視点で論じられてきたにもかかわらず，その文脈では語り得ない世界を対象とするからである．

　例えば，西洋中世美術では，主に11〜12世紀の作品に対して「ロマネスク」，12世紀前半〜15世紀末頃の作品に対して「ゴシック」という時代区分が一般的に普及しているが，近年のグローバル美術史の概説では，この様式概念に基づく分類が，当時のユーラシアという広域にわたる作品の特徴，様式の多様性，機能，技法などの理解に必ずしも適切ではないとして，あえて使用を控える場合もある（Caskey et al., 2022）．

❇︎もう一つの「中世」　ユーラシアで活躍したソグド人を例に取ると，彼らは紀元前アケメネス朝時代（前550〜前330）からヘレニズム時代（前336〜前30）には，現ウズベキスタンのサマルカンドを始めとする中央ユーラシアで東西交易を営み，紀元後もローマ帝国，ビザンティン帝国，イスラームやアジアの諸王朝と長い歴史に及ぶ交流をもち続け，その民族的特色が失われる12世紀頃まで，シルクロード沿いの諸都市を結んだ．宗教に関してはゾロアスター教信仰を中心に，2世紀以降は中国に仏教を伝え，6世紀までにはマニ教，キリスト教のネストリウス派（サマルカンドに総主教座），ユダヤ教も確認されている．

　彼らの芸術活動は，7世紀の王ワルフマン（在位658頃）時代に最盛期を迎えたといわれ，サマルカンド北郊のアフラシャブ宮殿遺跡から出土した当時の壁画には，ソグド宮廷人を始め，護衛を務める西突厥人，絹と蚕の繭を贈る唐からの使者，高句麗人，イラン系諸侯，チベット，ペルシア，一説にはビザンティン人まで，特徴的な装束を身にまとった各国の使節団が，貴重なラピスラズリの青色を背景に描かれている．この壁画が示す豊かな国際性を考えると，当時のヨーロッパは相対的に周縁的な存在であったことを認識せざるを得ないだろう．

　その一方で，ユーラシア大陸をまたいだ美術工芸品やそれを飾る図像表現，高価な素材や職人たちの移動に関する研究は，西洋中世美術史の中で長い伝統をもち，純粋なテクストに基づく歴史記述に代わって，他者を相互に結び付ける「中世世界」の概念の再構築に大きな役割を果たしてきた．こうした前提を踏まえたうえで，本項ではヨーロッパからの眼差しを中心に，ユーラシア的展望について解説する．

❀文化史的ルーツ　西洋美術がユーラシアに拡大した起源をたどると，前4世紀マケドニア王国のアレクサンドロス大王（在位前336〜前323）の東方遠征にさかのぼる．彼とその後継者たちによって，ギリシア美術とその様式，図像表現は，小アジアから，エジプト，西アジアのペルシア帝国，中央アジアのソグド人やスキタイ人，さらに南アジアのインド，極東にまで至り，各地の造形表現にさまざまなかたちで影響を与えた．

図1　アレクサンドロスの空中飛行（12世紀）［オートラント大聖堂，床モザイク］

　アレクサンドロスの死後，彼の偉業，特にペルシアやインド戦役における数々の冒険譚は伝説化され，中世においてギリシア語，ラテン語，シリア語，中世ペルシア語，アラビア語など各国語で語り継がれ，彼のイメージは伝播した（図1）．それは旧約聖書（1マカバイ1：1-8ほか）やクルアーン（18章「洞窟」82-97）に言及されることで，ユダヤ，キリスト教およびイスラーム伝承にも広く受け継がれた．

　中世においてアレクサンドロスは，西欧の諸王やビザンティン皇帝，イスラームの指導者によって神聖視され，君主の手本と見なされたり，あるいは否定的に「傲慢」や反キリストの先駆者と解釈されたりするようになった．彼の物語は中世ヨーロッパから中東で人気を博し，数々の文学，美術作品を生み出したことから，歴史と空想上の両面において，ユーラシア文化圏に果たした意義は大きい．

❀古代ローマの遺産　中世にまで影響を及ぼした，もう一つの重要な文化的基盤として，古代ローマ人の活動があげられる．ローマ人はギリシア文化とその造形表現から多くを学ぶとともに，1世紀前後になると帝国の発展に伴い，各地の豊かな文化交流をさらに地理的に拡大していった．彼らは，東方ユーラシアだけでなく北方のブリテン諸島を含むほかのヨーロッパ地域へも進出することで，先住のケルト人，ゲルマン人との関係も深めた．北方の彼らが有した独自の抽象的な造形感覚は，中世初期にキリスト教への改宗が進むにつれて，西欧美術にも多大な貢献を果たすことになる．

　ローマ人の活動は東西交易でも発揮され，要衝であったイランのパルティア（前247〜後224）やサーサーン朝（224〜651），さらに中央ユーラシア，ガンダーラ地方，中国の隋（581〜618），唐（618〜907）といった東方の大帝国にまで及び，476年の西ローマ帝国崩壊後も，そのネットワークは各地で受け継がれ，直接あるいは間接的に美術工芸品，職人たちの移動をうながした．ユーラシアに張り巡らされたネットワークの基盤を形成し，各地の伝統と外来文化との融合をうながした古代ローマの役割は，その後の中世にも大きな影響を及ぼしている．

✖ユダヤ人共同体　古代ローマ社会がユダヤ人共同体をその懐に内包した点も特筆に値する．エルサレムにあった彼らの神殿は70年にローマ軍により破壊されたが，彼らの共同体は当時から帝国の広範な地域に広がっていた．シリアのドゥラ・エウロポスのシナゴーグで発見された3世紀の壁画からは，ユダヤ教徒が偶像崇拝禁止の規定に反して，ヘレニズム文化の影響下で豊かな造形美術（旧約聖書の図像に加え異教表現の吸収，異化）を発展させていたことがわかる．彼らの美術は，同時代の異教，キリスト教美術と密接な関係を結んでいた．

中世においても，ユダヤ人商人の活躍はユーラシア規模に展開していくこととなる．特に，エジプトの町フスタート（現カイロ旧市街）のシナゴーグで発見された「ゲニザ」と呼ばれる膨大な文書記録は，10〜16世紀の約600年間，地中海からインド洋に及ぶ彼らの広範な活動に関する貴重な歴史的証言である．

中世ヨーロッパでは，彼らの共同体はスペインのイスラーム圏および南欧中心に定住したスファルディーム系と，ドイツ語圏，東欧を中心に広がるアシュケナズィーム系という二つの大きな文化圏を形成してゆくが，いずれにおいても写本挿絵，シナゴーグ装飾，祭礼道具の制作など芸術活動は続けられた．

✖イスラーム世界の発展　ユダヤ教，キリスト教と同じく一神教に属するイスラームは，7世紀にアラビア半島のアラブ人の間で勃興し，瞬く間にビザンティン世界や西欧世界へと侵攻し版図を拡大する．エジプト，シリア，北アフリカ，8世紀にはイベリア半島に達し，9世紀にはシチリア島も手中に収めた．

イスラーム美術は，偶像崇拝を徹底的に排除したといわれるが，初期には独自の宗教美術の伝統を有していなかったためか，身近にあった古代地中海文化を手本とした．例えば，ウマイヤ朝時代（661〜750）にエルサレムの神殿の丘の聖域に建てられた八角堂の「岩のドーム」は，シリア・パレスティナの古代末期建築，初期ビザンティン建築に造詣の深い建築家によると考えられている．

中世のイスラームとキリスト教世界は，軍事衝突，略奪だけではなく，フランク王国のカール大帝（在位768〜814）とアッバース朝最盛期のカリフ，ハールーン・アッラシード（在位763〜809）の間で結ばれた宮廷間の交流や，神聖ローマ皇帝フリードリヒ2世（在位1220〜50）のシチリア宮廷で実現された両文化の豊かな共存など，職人や学者の移動，交易による作品の交流も盛んに行われた．

9世紀以降イラン系，トルコ系，モンゴル系，インド系など多くの王朝が，イスラーム文化の担い手となった．彼らはイスラームの宗教，思想，慣習に基づいた文化や芸術を築き上げたが，一方でイスラーム改宗以前の民族的伝統も保持しており，それらが彼らの文化美術に反映されることになる．その結果，イスラーム諸王朝の美術には，イスラーム的な要素に各地の民族特有の多彩な芸術感覚が加えられている．

✖十字軍　11世紀末〜13世紀にかけて，イスラーム支配下にある聖地エルサレ

ムを奪還する目的で，西欧キリスト教世界が近東地域に向けて行った軍事遠征は，最終的に失敗に終わったものの，キプロス，ギリシアなどの東地中海沿岸地域に，カトリック西欧人の移住をうながし，数々の十字軍国家を建設させた．これらを拠点として，西欧出身の芸術家に活躍の舞台が与えられ，パレスティナに樹立されたエルサレム王国（1099〜1291）は聖地の聖墳墓教会の改修を行うなど，各地に西欧の建築美術様式が直接もたらされた．それらは，同時代フランスのブルゴーニュやプロヴァンス地方のロマネスク，イル=ド=フランスの初期ゴシック様式，南イタリアのプーリアの美術など，君主ゆかりの地域と結び付いている．

十字軍によりイスラーム圏での東方貿易が盛んになると，十字軍支援の見返りに利権を獲得したイタリアの都市国家ヴェネツィア，ジェノヴァ，ピサは植民地を築き，都市を繁栄させた．ヴェネツィアのサン・マルコ聖堂には，第4回十字軍にてコンスタンティノープルから運び込まれた戦利品（宝物，彫刻など）の数々が伝えられた．この経済的な富は，文化面でも中世ヨーロッパに大きな刺激となり，12世紀の発展，14世紀のルネサンスを生み出すきっかけとなった．

✕モンゴル帝国　その一方，東方では，13世紀にチンギス・カン（在位1206〜27）がモンゴル高原の遊牧民を統一し，帝国を建設した結果，ユーラシアに異国間交流と文化的革新がもたらされた．1260年に最初の首都が置かれた，イラン北西タブリーズの工房は，芸術拠点の一つとなり，その工房では，イラン，中国，チベットなどの伝統的要素を融合させた多彩な美術様式が発展した．その影響は，中国，中央アジア，イラン，ヨーロッパにまで及ぶとともに，帝国での宗教的寛容性は，仏教，キリスト教，イスラームの伝統を始め，実用的な学問，技術の東西交流を促進し，真の意味でのユーラシア文化交流を可能にした．この国で編纂された『集史』（1310〜11）第2巻「世界史」には，アダムとその子孫たち，古代ペルシアの支配者，預言者ムハンマドとカリフ，ユダヤ人，イランや小アジアの支配者，フランク人（西欧人），インド人，中国人に関する歴史が語られている（図2）．

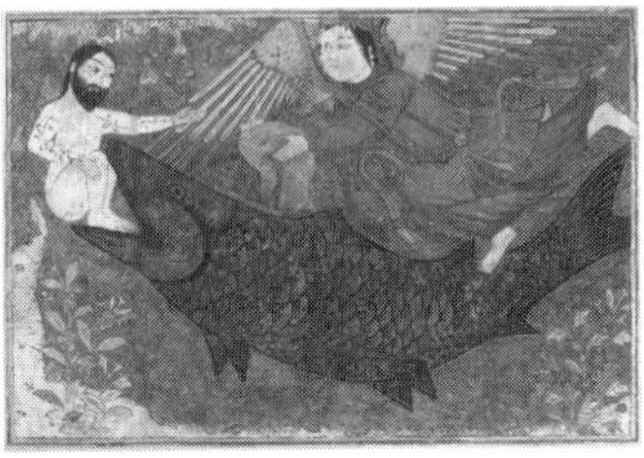

図2　大魚に呑み込まれるヨナ．『集史』の挿絵（1400頃），イラン［ニューヨーク，メトロポリタン美術館，作品番号33.113］

美術史の「グローバル」概念に関する議論の高まりと，21世紀以降に顕著となるユーラシアおよびアフリカの社会が織りなす複雑な異文化交流への関心は，従来の美術史観や諸領域に対する課題を浮き彫りにし，西洋中世，ビザンティン，イスラーム，東アジアの人文研究に影響を与えつつある．複数の文化圏に携わる研究者間の対話は，まだ始まったばかりである．　［加藤磨珠枝］

アーティストとパトロネージ

　光輝くステンドグラスとユーモラスな彫刻が共存する教会堂，見る者の感情を
えぐる悲痛なキリスト像，あるいは貴族の恋愛を軽やかに表わした写本挿絵など
など……．1000 年にもわたる中世の間に制作された美術品は実に多様であり，
現代を生きる私たちにも多くの驚きと楽しみをもたらしてくれる．これらの魅力
的な美術品を前にすると，中世にも，ピカソのような天才的なアーティストたち
が独創的な作品を生み出していたのだと思うかもしれない．

　だが，実際のところは，中世美術の制作状況は，近現代の「アーティスト」の
創造のあり方とは大きく異なっていた．最も大きな違いは，中世の美術制作者の
大半が自己表現の発露として自律的に作品を制作していたのではなく，注文者
（パトロン）や観賞者（受容者）の意向を踏まえて制作物を提供していたという
点であろう．そのため，中世の美術品は，美術館に展示するために制作されるよ
うな現代の作品とは異なり，当時の社会と密接に結び付き，それぞれが明確な役
割をもっていた．

　本項では，中世美術のあり方とその表象について，美術の制作者（アーティス
ト），および注文主（パトロン）と彼らによる制作への支援行為（パトロネージ）
という観点から照らしてみよう．

✖中世のアーティストの制作形態　中世の美術において大きな位置を占めたの
は，キリスト教に関わる制作物である．それらは教えを伝え，ミサなどの儀式を
適切に執り行うのを助けるという明確な目的をもっていた．教会堂には，建築，
絵画，彫刻，金銀細工，聖遺物容器，タピスリーなど，あらゆる種類の美術品が
集積されるようになる．

　これらの制作に携わったのは，まずは修道院の修道士たちである．彼らは写字
生として聖書や典礼書を筆写しつつ，絵師として彩色も行ったりした．修道士の
場合は美術制作が第一の職業というわけではなかったが，ロマネスク期になると
教会の建築，彫刻制作に専従する工人たちの工房が成立した．さらに，ゴシック
期には都市が発達する中で，金銀細工師や画家といった職人の工房や同職組合
（ギルド）も組織されていった．彼らは，古代の歴史などを題材とする世俗主題
の美術品制作にも携わった．イタリアのガッティ家やロレンツェッティ兄弟，あ
るいはフランスのランブール兄弟のように，一家や一族で同じ職業に就くことも
珍しくなかった．

　工房の構成員の中には，修業を終えると，独立して新しい工房を経営する者も
いた．また，生涯を通して一箇所の工房や都市にとどまるとも限らず，各地の工

房を渡り歩いたり，宮廷に雇われたりと活動の場を変えていく者もいた．十字軍を機に広がった聖地巡礼の旅によっても遍歴はうながされ，作者間のネットワークが広がったことであろう．こうした美術交流は，同一の様式が遍在した国際ゴシック期だけでなく，中世を通じて活発に行われていたと考えられる．

　近年は，女性の作者の担った役割にも注目されている．彼女たちはフレスコや大規模な彫刻こそ制作しなかったが，修道女あるいは俗人の仕事として制作に携わり，写本挿絵や，織物や刺繍，金属製品などをつくり出していた（Kessler, 1988. ☞「女性と美術」）．このように，中世のアーティストは多様な制作形態をとっていた．

✖職人と芸術家の狭間で　活発な制作活動が行われていた中世の美術界であるが，他方で，作者に関しては，「ルネサンスといえばレオナルド・ダ・ヴィンチ」といった代表的な名前を思い浮かべるのが難しいかもしれない．それは，中世の美術品の作者は，肉体労働に専従する「職人」に分類されており，文学や詩などの知的な「自由学芸」の創作を担う者と比べると，著しく社会的地位が低かったという事情が関わっている．場合によっては，画家のギルドを単独でつくることができず，医師や薬剤師などのギルドに寄生せざるを得なかったという厳しい状況も発生していた．それに対して，ルネサンス期の作者たちは，自身を賤しい「職人」ではなく，知性を発揮する「芸術家」であることを自覚し，美術品への署名や自画像，自刻像，あるいは旺盛な執筆活動によって自身の存在を積極的にアピールし，この職業の価値を擁護したのである．

　とはいえ，中世の作者たちが，常に匿名の「職人」として軽んじられてきたわけではない．そればかりか，13 世紀にフランスで制作された写本挿絵に描写されているように，中世には人間の制作と神の創造とが重ねられることもあった（図1）．この挿絵には，旧約聖書「創世記」第 1 章で語られる天地創造の場面が表わされているが，創造主としての神は，人間の建築家や画家のように手を用いて制作している．ここに反映されているのは，創造主と人間の活動の間に類似性（アナロジー）を見出す「制作者としての神」という概念である．この概念は，もともとは古代ギリシア哲学や聖書関連の文献に見出されるが，中世にも根強く残り続けた．そして，レオナルド・ダ・ヴィンチなどのルネサンスの制作者たちの自意識へとつながっていくのである（秋山，2000）．

図 1　《建築家としての神》．『道徳聖書』（1220〜30 頃）［ウィーン，オーストリア国立図書館］

✖自画像と自刻像　前述のような事情により，中世の作者の自己主張はルネサン

ス期よりも控え目であった．特に中世前期においては，制作物に署名がなされることはほとんどなく，作者を特定する史料も十分には残されていない．それでも，よく見ると，中世を生きた作者たちの痕跡を各種美術品に認めることができる．例えば，特定の個人を表わしているかどうかは必ずしも断定できないものの，挿絵家が写本を装飾する姿や彫刻家が石を刻む場面など，制作者自身を思わせる姿はしばしば描写された．ロヒール・ファン・デル・ウェイデンの《聖母子を描く聖ルカ》（1430 年代中頃，ボストン美術館ほか）のように，聖ルカが聖母を描く姿が，作者自身の自画像であると見なされる例もある．

　作者の姿が大きく明示された早期の例は，『カンタベリー詩編』（12 世紀）である．挿絵には，修道士エドウィンが作業する姿と，「汝，エドウィン，名声によりすでに不朽のものとなれる我が写字生としての姿が，ここに肖像として示されるものである」という言葉が記され，制作者としての矜持が誇示されている（図 2）．中世の作者がこれほど自己を称揚した例はまれであったが，その後も『英国史』（1250〜59，ロンドン，大英図書館）の制作に携わった挿絵家マシュー・パリスらが自画像を描いた．ロレンツォ・ギベルティのように，写本挿絵や絵画のみならず，彫刻に自身の姿を刻む者もいた（15 世紀前半，フィレンツェ，サン・ジョヴァンニ洗礼堂）．

図 2　《修道士エドゥイン》『カンタベリー詩編』（1155〜70 頃）［ケンブリッジ，トリニティ・カレッジ図書館］

　自画像，自刻像は時代が進むにつれ増加していった．そこには，前述したように，近世への移行期における自意識の変化を認めることができるが，併せて注文主や注文関係者の肖像も増えていくことにも注意しておきたい．以下では，美術品の注文主とその肖像描写に焦点を当てて検討してみよう．

❌**注文主の表象**　中世美術の依頼主となったのは，キリスト教界では，主に修道院や同心会などの組織や高位聖職者であった．代表的な人物には，パリのサン゠ドニ修道院長を務めたシュジェールがあげられる（☞コラム「シュジェール」）．世俗世界では，まずは王侯貴族，都市の公的機関などであり，時代が進むにつれ，職人組合，富裕な商人などの個人も重要な注文主となっていた．彼らは，発注し報酬を支払ったり，作者の活動を支援したりするばかりでなく，パトロンとしての自己の存在を美術品に示すことも望むようになっていく．

　まず，キリスト教美術において，注文主や注文関係者の姿は「寄進者像」として表わされた．イタリアの画家ジョットがパドヴァのスクロヴェーニ礼拝堂に描いた壁画には，「最後の審判」場面の下部に，この礼拝堂のミニチュア・モデル

を聖母に寄進するエンリコ・スクロヴェーニの姿が見られる（図3）．このように具体的な寄進物を描き込む例は多くはなく，通常は聖なる人物に跪き祈る信徒として表わされた．寄進者像は，ステンドグラス，祭壇画，祭壇彫刻，墓碑絵画，墓碑彫刻に表わされ，主に教会堂の内外に設置された．中世末期にかけては，個人の邸宅で私的に使用されたと見なされる例も増えていく．

　機能面においては，聖なる対象への信仰心を示すと同時に，寄進者自身の姿を記念し社会的地位を主張することもできたという点で，寄進者像は聖俗両方の意図を満たすものであったといえる．図像上は，中世初期は低い位置に小さく配置されるなどして聖なる人物との区別がはっきりと示されたが，時代が進むにつれ大きく表わされるようになっていった（今井，2015）．

図3　ジョット《最後の審判》部分（1304〜11頃）［パドヴァ，スクロヴェーニ礼拝堂］

　寄進者像と併せて，世俗の肖像画や肖像彫刻のあり方も変化していった．独立した肖像画については，1350年頃に制作されたフランス王ジャン2世の肖像（パリ，ルーヴル美術館）が最初期の作と見なされるが，彫刻においては，それ以前から墓碑に故人の姿が表わされていた．14世紀以降は，故人のデスマスクを蝋や漆喰で取るようにもなり，個々の容貌に即した肖像が制作されるようになった．

　最後に，注文主と作者の交流がうかがえる例として，第4代ブルゴーニュ公シャルル突進公が，写本作者の工房を訪問する様子を描いた挿絵をあげておきたい（図4）．ここには，写本の扉絵などに表わ

図4　ロワゼ・リーデ《工房を訪問するシャルル突進公》．『シャルル・マルテルの生涯』（1470年代）［ブリュッセル，王立図書館：木島，1995］

された献呈場面とともに，注文主の権威と，制作への関与をうかがうことができるであろう．

　どの時代においても，美術品の作者は所属する社会や時代と無縁ではいられないものだが，中世美術とその作者に関しては，関わる人々や社会の影響をより直接的に受けていた．とはいえ，中世の制作者が注文主に完全に支配され，画一的な表現を強いられていたわけでは決してない．むしろ，そこには制約の中から生まれた自由かつ豊かな表現を認めることができる．詳細については，ほかの項目に譲りたい．

　　　　　　　　　　　　　　　　　　　　　　　　　　　　　［今井澄子］

コレクション

中世におけるコレクションは，ほとんどの場合「宝物（ほうもつ）」を対象としていた．「宝物」は，宗教的なものと，世俗的なものに大別される．しかしその聖俗の境界線は厳密に固定されていたわけではなく，宗教的コレクション由来の事物が世俗的用途に供されることも珍しくなく，またその逆の現象もしばしばみられた．

✖コレクションとしての教会宝物　宗教的コレクションの代表的なものは教会宝物であり，これは，教会堂の聖性を保証する聖遺物／聖遺物容器，祭壇におけるミサで用いられる典礼用具や祭服／祭布などからなり，もっぱら宝物室や聖具室に保管された．こうした宝物にはさらに，信徒による奉納物や，イッカクの角，ダチョウの卵，鯨の骨など自然物も含まれ，13世紀，フランスはロデーズの司教は，藁の束や石ころ，布切れなどの意味不明な奉納物までもが，教会に保管されていることに怒りを禁じ得なかったという．しかし，こうした自然物は，C. バイナムが指摘するように，次第にキリスト教的文脈で解釈され，造物主の創造行為の多様さを証するものと見なされるとともに，信徒の好奇心を刺激し，教会へと足を運ばせる効果ももった（Bynum, 1997）．

教会宝物は，高位聖職者や裕福な信徒からの寄進により増大することもあれば，例えば教区民の困窮時などには，貴金属などが溶解されたり，売却されたりすることもあった．そのため可変的なコレクションといえ，いわば富の担保のための装置としても機能した．こうした可変性は，折々に新たな所蔵目録が作成される要因となり，それ故，今日各地の教会宝物の変遷を跡付けることができる．

寄進された宝物は，寄進者の信仰心の深さを世に知らしめ，富や権力を視覚的に誇示するとともに，当人の死後の救済を保証したうえ，その名声を後世まで持続させると信じられた．教会宝物コレクションへの寄進は，聖俗両面での一種の投資となり得たのである．

✖君主のコレクション　14世紀になると，フランスなどにおいて王侯貴族が芸術作品や自然物などを個人の関心や趣味に従って収集する事例が多く見られるようになる．その射程には，聖遺物などの宗教的なものに加えて，豪奢な食器や武具，写本や絵画，金細工作品，タピスリー，さらには犬や珍しい動物など，多岐にわたる世俗的なものが多く含まれるようになった．ヴァロワ朝仏王シャルル5世（在位1364～80）を含む四兄弟は，そろって傑出した芸術のパトロンであり，自身のコレクションの芸術的価値を重視した．ベリー公ジャン（在位1360～1416）は『いとも豪華なる時禱書』（シャンティイ，コンデ美術館）を筆頭とする豪華写本の収集で知られ，アンジュー公ルイ1世（在位1360～84）は，特に金

細工工芸を愛した．君主のコレクションは教会宝物よりも散逸してしまう場合が多く，ルイの収集物も軍資金捻出のためほとんどが溶解されてしまったが，詳細な記述のある目録が残されている．現在，フィレンツェ大聖堂博物館の《リブレット》（図 1）は，カペー朝仏王ルイ 9世（聖王：在位 1226〜1270）によってパリにもたらされ，宮廷礼拝堂サント・シャペルに安置されたフランス王家の権

図 1　《リブレット》（14 世紀後半），パリ，24.4 cm×14 cm，黄金製［フィレンツェ大聖堂博物館：Innocenti ed., 2007］

威を支えた一連のキリスト受難の聖遺物の欠片 19 点などを収める聖遺物容器である．本作は，兄王シャルル 5 世の注文により制作され弟ルイに贈られたもので，彼の個人的祈念のために用いられただけではなく，その顕示的消費や特権的地位を示すという世俗的な機能も保持していた．イタリア遠征中にルイが没した後，メディチ家のコレクションに加えられ，その没落後はフィレンツェのサン・ジョヴァンニ洗礼堂の宝物となった．その際《テンピエット》と呼ばれるさらなる聖遺物容器の中に収められ，今日に至っている．

　教会宝物と君主宝物は，聖俗という点でまったく異なるものと思われがちだが，聖遺物容器が君主の日常の用途に供されたり，宮廷の事物が教会に寄進され教会宝物に加えられることも珍しくはなかった．なかでも特に美的価値が高い，宮廷宝物が教会に寄進された典型的な一例が《黄金の小さな馬》と呼ばれる，非常に高度なエマイユ技術を用いた金細工による立体の作品である．仏王シャルル 6 世（在位 1380〜1422）への新年の贈り物として王妃イザボーにより注文されたが，借金の埋め合わせとして義兄に贈られた後，インゴルシュタットの教会に寄進され，聖遺物容器に改変された．今日ではアルトエッティンクの参事会教会に所蔵されている．

　中世のコレクションの特徴の一つは，聖俗を問わず，その構成が可変的であったことで，宝物はしばしばコレクション間を移動した．近代以降公的な博物館，美術館のコレクションが，文化財概念の発展と相まって，増大こそすれ，売却，交換などによって縮減することがあまりないのとは，大きく異なっていたのである．

✖コレクションの公開　教会宝物の中核である聖遺物にまみえ，贖宥を得るために，人々は長距離を厭わず巡礼を行なった．中世後期になると，各地の教会は聖遺物の公開行事を行い，巡礼者はそのよすがにバッジやお守りなどの巡礼記念品を購入して帰った．公開された聖遺物（容器）を図示したカタログも販売されたが，これら記念品や版画は今日の展覧会グッズや図録を先取りしているともいえる．

　　　　　　　　　　　　　　　　　　　　　　　　　　　［太田泉フロランス］

女性と美術

　中世の美術は宗教を指向した．表象される女性たちは宗教世界に属し，観る者を宗教的な生に導いた．範となるべき女性の筆頭は聖母マリアである．いかなる女性よりも徳が高く，汚れなき女性として，また優しく信仰に篤い母親として，聖母マリアは崇拝されるべき絶対的な理想像であった．次いで聖女たちが続く．かつて娼婦であったマグダラのマリア．キリストへの深い信仰によって悔悛し救われた女性である．次いで，信仰に身を捧げた女性聖人たち．大概の場合，若く美しく，毅然とした姿で，彼女たちを特定する事物を手にして表象される．時に衣をはぎ取られ，性的拷問を受ける殉教聖女たちの表象には，中世のキリスト教者の家父長的眼差しが垣間見られる．宗教世界に登場する女性たちは，良き女と悪しき女の両極に分けられる．悪しき女の筆頭はエヴァである．悪魔に誘惑され，神の命に背き禁断の木の実を食し，アダムとともに楽園から追放された．エヴァは人間の罪を象徴する．着衣姿の良き女たちとは対照的にエヴァは裸身が常である．次いで娼婦や快楽にふけるキリスト教的大罪を象徴する女たちが続く．

　現実の女性が登場するのは，13世紀に出現する平信徒のための時禱書（じとうしょ）の中である．所有者や注文主の多くは女性である．フランス国王シャルル4世（在位1322〜28）が妻ジャンヌ・デヴルーに贈った時禱書の頭文字Dの中に時禱書を読むジャンヌの姿がある．1477年制作のブルゴーニュ公国最後の君主マリー・ド・ブルゴーニュが所有する時禱書には，豪華な衣装をまとったマリーが時禱書を開き，背後に聖母子が出現する．聖母は彼女が瞑想し観想すべきイメージである．

　時禱書の冒頭の月暦に，月々の行事が描かれる．15世紀の『ベリー公のいとも豪華なる時禱書』に月々を象徴する貴族の遊びや農民の働く姿が全頁大で登場する．自然や現実への関心が芽生えた証しであり，新たな時代を予告している．

✖女子修道院におけるイメージの使用　多くの修道女が存在したにもかかわらず，女子修道生活の歴史はいまだ謎に包まれている．清貧，貞潔，従順を旨として，祈りと労働に勤しむ修道女たちの生活は多様で豊かなイメージに溢れていた．聖堂は彫刻，壁画，工芸品などで豪華に飾られた．13世紀に，教令によって修道女しか立ち入ることのできない「禁域」が設けられると，教会建築とその装飾のあり方に変化が生じた．「禁域」には修道女だけを観者に想定した，宗教心に強く訴えかける修道女のためのイメージが現出した．プライベートな黙想や祈祷にもイメージは力を発揮した．神の姿の傍らにみずからの姿を描いた素朴な祈念画は，日々対話し，祈りを捧げた修道女の毎日を彷彿とさせる．

　学びに勤しむ修道女の中には，神秘的な幻視体験をした者たちがいる．12世

紀に女子修道院長を務めたビンゲンのヒルデガルトは,『スキヴィアス（道を知れ)』を著し,独特な神と人間と世界の関係を伝統を逸脱した大胆なイメージに造形化した.一方,14世紀のスウェーデンの聖ビルギッタによる幻視体験は,修道院の狭い生活圏を超えて広く15世紀の絵画に決定的な影響を与えた.

修道女は刺繍や織物などの手工芸も嗜んだ.祭服や祭壇を飾る豪華な工芸品はもちろん,自作の工芸品を身近に置いて個人的な祈りのよりどころとした.まだ研究は始まったばかりだが修道女たちは美術と密接で豊饒な関係を結んでいた.

✖中世の女性アーティスト　装飾写本は中世の主要な芸術であった.大学が出現する以前,教会は学問の中心であり,本の収集も制作も行った.写本制作は修道士にとって神に仕える神聖な行為であった.修道女たちも参与した.中世の女性芸術家たちの多くの名が伝わるが,その多くは写本装飾を手掛けた修道女たちである.9世紀にシャルルマーニュの妹ギゼラが院長を務めた修道院では,9人の修道女の存在が判明している.975年のスペインで制作された『ジローナの黙示録』に修道女エンデが挿絵画家として加わった.12世紀のドイツの女子修道院で制作された『説教集』の頭文字Dの中に修道女グーダの像が描かれている.手にする巻物には署名とともに自身が文字も挿絵も手掛けたことが記されている.西洋で最初の女性アーティストの誇り高き肖像である（図1).その後も,多くの挿絵を描いた修道女の名が伝わる.彼女たちの活動は,壁画や彫刻,織物や刺繍などの手工芸にも及び,修道女は多彩な女性アーティストなのであった.

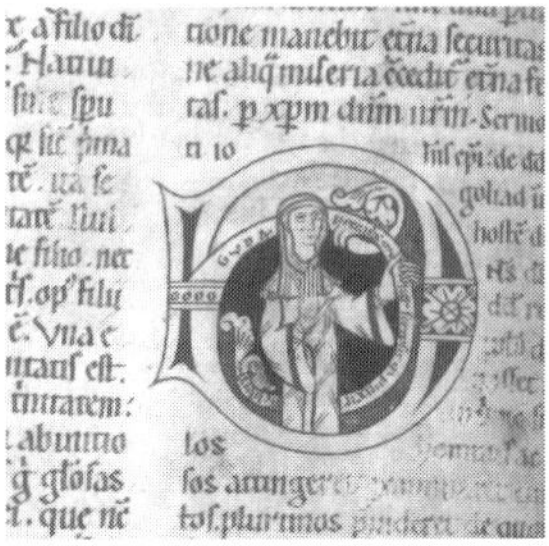

図1　修道女グーダの肖像『説教集』(1150頃）挿絵より.中部ライン地方［フランクフルト大学図書館,Ms. Barth42, fol. 110v.］

グーダが活躍した頃,南ドイツで制作された詩編集の中に,頭文字Qを両手で支える写本装飾を担当した女性の自画像が署名とともに描かれている.格好から修道女ではない.教育の場が大学に移り,本の受容層が変わると,写本制作は世俗社会へと道を譲る.ギルドに属し,税を支払う本づくりのプロフェッショナルが出現する.14世紀の写本制作の中心地パリの納税記録には8人の女性が名を連ねる.15世紀のブルッヘで,ギルドに登録された女性たちは1454年の12%から1480年には25%に上昇する.とはいえ,写本制作に勤しむ女性たちは夫婦で工房を営んでいたり,親方の死後娘が工房を受け継いだ例で,その活動は制限されていた.中世のベストセラー『薔薇物語』の14世紀の写本の周縁部に刻まれた写本を制作する慎ましい夫婦の姿から当時がしのばれる.

中世における美術と女性の関係は,変化する社会とともに姿を変えるのである.

［田中久美子］

オリジナルとコピー

芸術や文学のオリジナリティを保護する権利は著作権で，書物の著作権が成立したのは1667年のミルトン著『失楽園』だった．活版印刷術の発明後200年以上を経て，やっと著者という職業が生まれたのである．だとすると，美術分野で著作権はどのように登場し，発展したのだろうか．

✖絵画のコピーとレプリカ　活版印刷以前の書物は，手で筆写される手写本だった．ただし，中世末には多数の写字生を抱え，200部以上の写本を生産する大工房も成立していた．

中世末期の絵画工房でも，同図柄の絵を複数制作することがあった．例えば，15世紀前半フランドルの大画家ヤン・ファン・エイクでも，同一図柄の《聖フランチェスコの聖痕拝受》が2点現存する．この2点はヤン自身か，同工房による作とされ，このように同一工房で制作された同図柄作品をレプリカという．

ヤンより10歳ほど若かったフランドルの画家ロヒール・ファン・デル・ウェイデンにも，同図柄の作品が複数存する．例えば，そっくりな《聖母子を描く聖ルカ》がボストン，ブルッヘ，サンクト・ペテルブルク，ミュンヘンなどの美術館に所蔵されている．ボストン作品以外は，必ずしも同工房作ではない．つまり多くはレプリカではなく，コピーということになる．中世にはオリジナル，レプリカ，コピーの違いはあまり問題にならなかったのである．

✖版画の著作権裁判　15世紀半ばに銅版画が登場すると事情は一変する．版画では数百枚もの同図柄が生産され，コピーすら容易だったからである．それ故，版画には早期に作者記銘（モノグラム）が付された．図柄が同一でも記銘によって作者の違いが明記される……，はずだった．

しかしモノグラムを模倣する作家が現れた．油彩画などの場合は同図柄でも，質の相違で作者がかなり明らかになり，コピーにしても数点だった．だが，何百枚もの同図柄がつくられる版画の場合，問題は複雑である．原作者の作品販売は妨害される．それにいち早く気付いたのがアルブレヒト・デューラーだった．

デューラーは，彼の版画をモノグラム付きで模倣し，販売したイタリア人版画家マルカントニオ・ライモンディに対し，販売差し止めを求めてヴェネツィアの裁判所に訴えた．1512年にも故郷の都市ニュルンベルクで同じような訴訟を起こしている．市参事会記録が残っているので，その一部を引用しよう．

「外国人が市庁舎前で版画を売っていた．その版画にはアルブレヒト・デューラーのモノグラムが付いており，つまり偽って模倣していたのである．その外国人に，デューラーのモノグラムをすべて取り除かせ，ここでは一切販売を禁止す

べきである．または，それを拒否したらその版画を偽物として取り上げ，没収すべきである．」（Rupprich Hrsg, 1956）．

　この記録によれば，デューラーの偽モノグラム付きの版画は「偽物」なので，モノグラムを除外しないなら没収するというのである．実はヴェネツィア裁判所でも，モノグラムが問題になっていた．そこから考えると，当時の版画に関しては，画像自体を模倣するのは「偽物」とならないが，モノグラムの模倣は「偽物」と認定されるのである．モノグラムは商標扱いなのだ．

✖彫刻のオリジナリティ

中世のオリジナリティに関して興味深い事例が彫刻にも見られる．ドイツ中世末期の大彫刻家ティルマン・リーメンシュナイダーによる最初の無彩色木彫祭壇《ミュンナーシュタット祭壇》（図1）である．それ以前の木彫祭壇は多彩色されるのが普通だったが，この祭壇は 10 m を越す大規模な無彩色の木彫祭壇であり，まさしく独創的な造形だった．

図1　リーメンシュナイダー《ミュンナーシュタット祭壇》部分（1492）［ミュンヘン，バイエルン州立博物館；筆者撮影，2015 年］

　さらにいえば，この祭壇を自都市の教会に受け入れたミュンナーシュタット市民も独創的だったといえるだろう．ところが 1504 年同市民は木肌むき出しの美しい木彫を多彩色に塗り替えるよう，もう一人の大彫刻家ファイト・シュトースに依頼したのである．シュトースは請け負い，鮮やかに着色した．そのうえ，リーメンシュナイダーへの彫刻費が 145 ギルダーだったのに，シュトースへの彩色費は 220 ギルダーだった．彩色費が彫刻費よりもはるかに高価だったのである．シュトースは，この独創的な無彩色木彫祭壇を平凡な彩色祭壇に変えてしまったのだ．このシュトースの彩色行為も，同市民の彩色依頼も，現代の眼からすれば，リーメンシュナイダーのオリジナリティへの侮辱だった．

✖オリジナリティへの眼

しかしシュトースは，約 20 年後，ニュルンベルク，カルメル修道院の依頼で無彩色の木彫祭壇《バンベルク祭壇》（1523）を制作することになる．当時の修道院長はファイト・シュトースの息子アンドレアス・シュトースだった．祭壇完成後，そのアンドレアスは次のような祭壇取扱い注意書を残した．「軽はずみに彩色させてはいけない．その理由は，この分野の芸術に長じた親方なら誰でも言うことができよう」と．20 年を経て父と子はまったく異なった態度を取ったのだ．してみると芸術のオリジナリティへの眼が誕生したのは，まさしく 16 世紀初期だったといえよう．　　　　　　　　［元木幸一］

イコノクラスム

　イコノクラスムという用語は，イメージの破壊を意味する宗教改革期の造語であるラテン語の「イコノクラスムス」に由来する．「聖像破壊運動」などと訳されるが，美術を含む多様なイメージに対する懸念，抑圧，禁止など単に破壊行為に限られない各種の反応や実践を示すために幅広く用いられる場合もある．ある時代の美術をめぐる文化の特質を総体として理解するには，その創造，受容，継承などに関わる肯定的面だけに注目するのではなく，これらの否定的と見られがちな様相にも同時に光を当てることがより生産的といえよう．なぜなら，一般に美術においては，これら二つの面はいわば同じコインの両面として密接かつ複雑に関係し合うことで均衡を保っており，中世についても同様である．

✖中世美術における創造と破壊の両面性　中世の社会では一部の美術作品に多大な価値を付与し，貴重な収集物として長期間保存活用する一方で，大多数の作品は破壊や変形，あるいは資源の再利用の対象となった．例えば聖堂を増改築するために，以前の建築のみならずそこに設置されていた美術が全面的または部分的に破壊される事態が頻繁に起こった．このように，新たな創造行為がなされる前提として，大規模な破壊行為が不可欠となることがある．近代以降の社会を特徴付けるイデオロギーとは異なり，過去または同時代の美術を文化財や遺産として未来に継承すべきだとする，近代以降の社会を特徴付けるイデオロギーのような発想は，中世にはまだ存在していない．古代の異教世界に由来する美術作品や建築作品を加工または変形したり，その一部を切り取って再利用したりして，キリスト教的文脈に挿入し転用するプロセスにより，中世の作品として新たに生まれ変わらせる行為が広く実践された．こうした作品におけるオリジナリティや真正性のあり方について考えることは，近代以降に一般化した作者や作品の概念の問い直しにつながる．

　また中世においては，受容者による身体的接触を通じてその作品に期待された機能や効果が成り立つ事例が多い．そのため，例えば聖餐式で使用される典礼書の「キリストの磔刑」を主題とする挿絵に聖職者がキスを繰り返し行ったため，その一部が著しく損傷している事例などが見られる．このほか悪魔のように恐怖や禁忌の感覚を呼び起こす存在，許容範囲を超える性

図1　イコノクラスムの場面とキリストの磔刑．『クルドフ詩編』（9世紀中頃）写本挿絵［モスクワ，歴史博物館，Ms. D. 129, fol. 67r.］

的表現，あるいはキリスト教の教義が課す規範を逸脱するおそれのある図像形式がある種の「検閲」の対象となり，その受容者によって部分的に消去された事例も残る（図1）.

✖ビザンティンのイメージをめぐる闘争　旧約聖書を聖典とするユダヤ教，キリスト教，イスラームという一神教的な傾向を備えた各文化は，モーセの十戒に示されるように，人間や動物などを具象的に描写し礼拝する行為を禁じている．しかしこの禁止は，あらゆる具象的な表現を原理主義的に排除していたわけではなく，聖なる存在をかたどる宗教的イメージへの対応も含め，中世における美術のあり方の多様な変化を歴史的に跡付けるために有効な視点となり得る.

　その代表的事例が，8世紀前半〜9世紀中頃にかけてのビザンティン世界を席巻した，キリスト，聖母マリア，諸聖人をかたどる宗教的イメージ（イコン）の適正な使用に関わる論争である．この論争が「イコノクラスム」と呼称されるようになったのは実は20世紀半ばの現象で，当時は「エイコノマキア（イメージをめぐる闘争）」と呼ばれていた．その重要な背景の一つとなったのは，イコンの制作と崇敬が，聖遺物信仰と「アケイロポイエトス」と呼ばれる人間の手によってではなく奇跡的に成立したキリスト・イコンの伝説とが結び付き活発になった変化だ．つまり，美術が社会の中で発揮する力が急速に強まり，価値付けが高まった状況への一種の反動として，その統制が帝国を上げて急務となった.

　このような過程を経て，イメージの崇敬に関わる神学的理論が実践に後付されるかたちで整備されたため，結果的に理論と実践の二重構造が生じ，最終的にはイコンをビザンティン社会の中心に根付かせる結果になったのである．なお，当時新たな宗教的イメージの制作が禁止されたことは確かだが，その一方でどの程度既存の宗教美術が実際に破壊されたのかは，当時の資料が廃棄，改ざんされほとんど残らないため明らかではなく，かなり限定的だったとする見方もある.

✖イコノクラスムの図像表象　中世に限らず，美術作品を破壊する行為はしばしば図像表象のテーマとなってきた．例えばビザンティンでエイコノマキア終結後に制作された挿絵（図1）では，キリストをかたどる円形イコンを漆喰で塗り固めるイコノクラスト（聖像破壊論者）が，磔刑のキリストに海綿で酢を飲ませ苦しめる人物になぞらえられる．破壊者の顔の部分が挿絵の受容者により消去されている様子から，嫌悪を催す容貌が与えられていたと推定できる．また西ヨーロッパのゴシック聖堂のステンドグラスにおいては，ユダヤ教徒がキリスト教の聖人像に笞で懲罰を加える姿を描写する例がいくつか残る．こうした図像表象の多くはイコノクラスムに異議を唱える立場の人々により生み出されたものであり，彼らと対立する「他者」が美術を破壊したり傷つけたりしている特異性に着目するなら，単純な事実の反映というよりも，美術への対応だけでなく信仰のあり方に関するメッセージの共有が意図されていたと考えられる．　　　［木俣元一］

イメージ・像・身体

　「イメージ」の語源にあたるラテン語「イマーゴ（imago）」は，キリスト教神学の根幹をなす概念である．「創世記」（1章26節）を紐解くなら，神は「我々にかたどり，我々に似せて，人を造ろう」と語っている．イマーゴには「神の像」という含意があるのだ．堕罪により楽園を追放されて以後，人間は神の像，その類似性を喪失し，神の御顔を仰ぐ可能性も奪われた．その後，神は子なる神（ロゴス）を人間イエスとして受肉させ，この世に送られた．この恩寵の時代には地上でキリストを見ることが許されたが，昇天以後，その姿は再び失われた．人が再び神を見るのは，この世の終末にキリストが再臨する最後の審判において，死後の魂が救われる時を待たねばならない．現世は，この「至福直観」に至るまでの宙吊り状態，神から隔てられた「非類似の境地」と見なされた．

　❌**非類似の形象，あるいは可視性から不可視性へ**　「非類似の境地」とはそもそも古代ギリシアにさかのぼる概念で，プラトンによれば，おのおのがそれ自身であるところの実相（イデア）と似ていない状態を指す．この「非類似」の概念が，キリスト教においては「神に対する非類似」という含意へと転換される．

　聖アウグスティヌスは『告白』（397〜400頃，7巻10章・16章／13巻）において，神から隔てられた非類似の境地にみずからがいることを見出しているが，神の似姿は破砕されたとしても，その痕跡は人の内に不完全ながら残されており，神の像を目指して歩くことこそが救済の道だとしている．偽ディオニュシオス・ホ・アレオパギテースは，「非類似」の思想を体系化した『天上位階論』（5〜6世紀）において，人間が堕罪から神へと回帰し上昇するには「非類似の形象」が重要だと説いている．神はいかなる形象によっても表象不可能であり，何者も神に似ることはできない．それ故明示的に神だとわかる類似記号よりも，不条理で不適切な形象（不定形な火や風や雲，青銅，琥珀，多彩色の石，動物，虫など）で神を描く方が人間の知性を高めるという．神の顔を金箔やガラスで覆ったり，不定形な形象でかたどったり，植物，虫，鉱物，石に象徴させるなどの表現は，目に見えるものから目に見えないものへと魂の上昇をうながす否定神学的形象と考えられる．さらに，神の手になる被造世界はすべからく，神がそこにみずからを映し出す鏡と見なされるため，あらゆる被造物はその「非類似の形象」たり得る．したがって，中世の美術に見られる非写実的表現もまた，現世の模倣再現ではなく，人間の視覚の能力を超える不可視のものを，物質を通じて現前せしめる「しるし」として理解される．

　❌**イメージの身体化**　キリスト教においては，古代ギリシア・ローマで探究され

た丸彫彫刻は偶像崇拝を引き起こしかねないとして早々に姿を潜め，特にビザンティン帝国では禁忌の対象とされた．だが西方中世には，《ゲロの磔刑像》（図1）のような丸彫彫刻が登場し，従来の象徴的記号である十字架から磔刑像への転換が見られた．ロマネスク期になるとフランス南西部からスペイン北部を中心に，人像型聖遺物容器が胸像や全身像の丸彫形式で制作され始める．磔刑像に次いで，丸彫の聖母子の礼拝像も登場する．これらの出現の理由は，大グレゴリウスが図像に認めた「悔恨」を喚起する機能の影響，礼拝像の成立，聖遺物崇敬との関係など諸説あるが，十分に解明されてはいない．

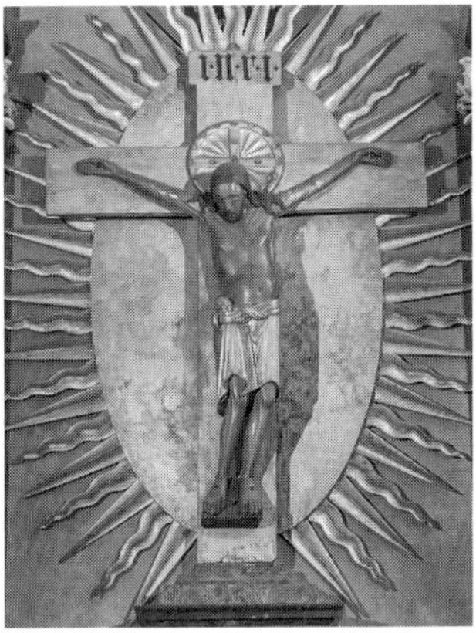

図1 《ゲロの磔刑像》（970頃）［ドイツ，ケルン大聖堂．写真提供：ユニフォトプレス］

絵画であれ丸彫彫刻であれ，中世の像には，人間の身体的視像には目にし得ない天上の超越的存在の「身体」を，現世の可視的物質を通じて知覚させる機能が求められた．聖アウグスティヌスが「『第三の天』と『楽園』について」（412以降）で論じ，中世に広く受け入れられた3種の視像に照らすなら，像は，低次の「身体的視像」から「霊的視像」へ，そして至福直観に近付く最も高次の「知性的視像」へと上昇するよううながすものであった．中世末に高まる神秘主義的潮流に至るまで，像はこうした精神的視覚に訴え，想像力や幻視のなかで生動化し，人々に語りかけ，涙や血を流し，奇跡を起こす生ける存在として息付くこととなる．

「痕跡」としての聖顔　失われた神の像へと近付くもう一つの重要な媒体に，聖顔布がある．東方正教会では「マンディリオン」，西方では「ヴェロニカ」と呼ばれる布が崇敬を集めた．いずれもキリストの顔から滴った水や血や汗などの痕跡から奇跡的に生成したという伝承をもつ「人の手によらない（アケイロポイエトス）」肖像である．キリストの痕跡は，子なる神が受肉し，この世に実在したことを保証するとともに，その顔に触れた布は接触型聖遺物と見なされた．こうした性格が，人が神を造形することをめぐるユダヤ教以来の禁忌に抗して，聖像を擁護する論拠を提供した．子なる神が「受肉」により可視化されたように，図像もまた不可視のものを物質的形象により知覚可能なものにすることが認められ，聖なるものとの接触は，その奇跡力を像に分有せしめるとされた．

マンディリオンはビザンティン帝国の守護的象徴となり，ヴェロニカは教皇を中心とする西方ラテン教会の普遍的象徴として崇敬された．ヴェロニカは贖宥（しょくゆう）を願う祈念像として特定の祈祷文を伴う複製が数多く生み出され，現世において至福直観を先取りするメディアとしても広く流布した．　［水野千依］

イメージと言葉

中世において，イメージと言葉の関係は，言葉の宗教であるキリスト教的文脈において主に語られてきた．代表的な言説としてしばしば引合いに出される教皇グレゴリウス1世の6世紀末の書簡は，絵画は文字を読めない人々が書物の内容を絵画を通して読めるようにすると述べ，イメージを非識字層のための書物と見なす見解の根拠とされてきた．

しかし文字を読む行為とイメージを見るあるいは読む行為は決して等価ではない．文字テクストの記述内容が絵画などのイメージにそのまま変換あるいは翻訳されるわけではなく，そこにはさまざまな取捨選択が介在する．イメージと同様，読む対象であると同時に見る対象でもある文字もまた，それが記される媒体上で隣接するほかの要素との間に多様な関係を取り結ぶ．

中世におけるイメージと言葉の関係を考えるとき，文字が音声を可視化し，音声を介してイメージの描写する虚構の世界と観者のいる現実空間をつなぐ働きも考慮すべきであろう．背景には，中世において，文字は音読されることを前提とし，声という実体を伴った言葉の表象であるとする考えがある．例えば，大天使ガブリエルがマリアに救い主の母となることを告げた出来事を描写する「受胎告知」には，両者の会話を空中に浮遊する文字や手にする巻紙に記した表現がしばしば見られる．観者は，登場人物の身振りとともに繰り出される会話を音声として発し聞くことを通じて，聖書の一場面をみずからの現実空間において体験するのである．

✖重なり合う言葉とイメージ　聖堂で執り行われる儀式は，イメージと言葉，すなわち見ることと読むことそして聞くことが交差する実践の場であった．フランス中西部のトゥールで9世紀中頃に制作された典礼書から，祭壇に捧げるパンとブドウ酒を聖別する祈りの前に唱えられるミサの叙唱を記したページを取り上げよう（図1）．ページの上半部には，丸みを帯びたVとDの装飾イニシアルを左右に並べ両者を横棒で連結したモノグラムが描かれる．連結記号は，叙唱冒頭の二つの言葉V（ere）D（ignum）（「真に相応しい」）をそれぞれの頭文字に縮約したことを示すと同時に，連結部に十字型の図形すなわち十字架を現出させる．金のアラベスク文様で装飾された十字架の真下には，現実の祭壇上の光景と呼応するように，聖杯と聖体皿が描かれる．モノグラムの下に金

図1　『マルムティエのサクラメンタリウム』よりミサの叙唱［オータン，市立図書館，ms. S 19, fol. 8v］

文字で記された叙唱の続きの言葉は聖杯へと収斂し，十字架と聖体皿の左右には聖体のパン（ホスチア）を暗示する金色のメダイヨンが左右対称に配される．こうして，祈りの言葉を二つの装飾イニシアルに凝縮したモノグラムは写本上に十字架のイメージをつくり出し，祭壇の前に立つ司式者の声と両腕を広げる所作は祈りの言葉と十字架のイメージを現実の空間に映し出す．

　12 世紀の神学者ヨハンネス・ベレトゥスは，ミサの叙唱に描かれた V＋D モノグラムについて，環状に閉じた D は初めも終わりもないキリストの神性を，上部が開いた V は聖母から生まれたキリストの人性を意味し，両者をつなぐ十字架は人類と神を結ぶ紐帯であると述べる．文字のもつアイコニックな喚起力を解き明かすこうした言説は，中世において，言葉を媒介する手段である文字がイメージとして機能し豊かな意味を産出していたことを物語る．

❉遂行する言葉とイメージ　中世におけるイメージと言葉の関係を探るもう一つの例として，行為遂行的な言表を可視化した証書を取り上げよう．発給者の指示命令を伝達し効力を附与する証書は，中世のさまざまな権力行使の場で用いられた．1372 年 1 月フランス王シャルル 5 世がパリの王室付属礼拝堂（サント＝シャペル）の擁するキリスト受難の聖遺物の一つである聖十字架の断片をみずからの手で切り取り弟ベリー公ジャンに分与することを宣する証書の冒頭には，巨大な冠を

図 2　『十字架の聖遺物の贈与証書』(部分)〔フランス国立中央文書館，ARCHIM, 3846, AE II 393〕

戴く王が右手に持つ十字架を跪くベリー公ジャンに授与する姿を象るイニシアル K（「Karolus Dei gratia Francorum rex：神の恩寵によりフランス王たるシャルル」の頭文字）が描かれている（図 2）．言葉と一体化した図像は，証人の前で行われる証書の言表と聖遺物を分与する行為とが等価であることを示すと同時に，柱のように屹立し弟を見下ろす王の姿が具現する王の力の源泉たる「神の恩寵」と，断片の分与が聖遺物の不可視の力の分与にほかならないことを可視化する．

❉イメージによる註釈と記憶　中世には，文章の理解を助けるため，本文の行間やページの余白にさまざまな註釈を書き込む習慣があった．これらの註釈には図形やイメージを援用したものがある．13 世紀後半に南ネーデルラントで制作された詩編集に由来する断片（慶應義塾大学図書館）は，「わたしの叫びに耳を傾けてください（中略）わたしの魂を枷から引き出してください」（詩 142：7-8）に対応して，石造の建物の中で合掌する囚われ人を本文の余白に描く．神に魂の救済を請う比喩的な言い回しを牢獄で祈る囚人として画像化したこの図像は，祈りの言葉の直観的な把握を助けると同時に，読者に問題の章句の参照をうながす記憶術的な役割も果たしたと考えられる．　　　　　　　　　　〔駒田亜紀子〕

可視性と不可視性

　可視性とは目に見えることを，不可視性とは目に見えないことを意味する．美術は視覚芸術である以上，私たちの目に見えない不可視のものも含めて可視化するものである．不可視のものといえば，例えば，天国，地獄，神，魂，夢や幻といったものがあげられる．中世美術において，これらはマンドルラ（光背）や雲，モノクロミーなど，特定の手掛かりを用いて表された．例えば，故人の魂が天に上げられる様子は，円形の枠の中に故人の上半身を示すことによって表現された．これは古代石棺に彫刻された魂の表し方に倣ったものである．こうした仕掛けによって，天に上げられているのは故人の体ではなく，その魂なのだと正しく理解できたのである．別の例として「神の右手」もあげておきたい．中世美術において神の姿はしばしば右手だけで示された．それは，実際に神の手が上空に忽然と現出したことを意味するのではなく，地上の出来事に対し神の意志が働いたことを示す記号的表現だった．

　不可視のものの可視化は中世美術における一つの大きなテーマだったが，「不可視の神を描く」ことは偶像崇拝の危険をはらむものだった．事実，偶像崇拝への危機感から，キリストをはじめとする聖なる存在を描いたイメージを疑問視・禁止する正教圏ではイコノクラスムが起こった（☞「イコノクラスム」）．ローマ教会は，信心を育むものとして聖なる存在を描くことを容認したが，聖像が奇跡を起こしたとする伝承は中世を通して枚挙にいとまがない．これは，人々がイメージとイメージの指す対象とをいかに混同しがちだったかを示す一例といえよう．

✖隠蔽と開示のレトリック　隠されて見えなかったものが顕(あらわ)になり，見えるようになるプロセス自体を美術で表現することは，特に中世に顕著な現象といえよう（木俣，2013）．不可視のものの可視化ということ自体，キリスト教救済史において重要な意味をもっているが，その最もわかりやすい例は，聖母がキリストを産んだことで，不可視の神が目に見える存在としてこの世に現れたことだろう．また，新約聖書によれば，神の姿は「今は，鏡におぼろに映ったもの」だが，終末の時には「顔と顔とを合わせて見る」（一コリ 13：12）と記されている．これも，隠されていたものが顕になった時，神の救いが完成することを意味する文言として解釈されてきた．

　このプロセスをなぞって，隠蔽と開示のレトリックは美術に用いられた．例えばドイツやフランスでは，腹部が開閉でき，胎内にキリスト磔刑像を収めた聖母像がつくられたが，これは聖母が不可視の神を受肉したこと，そして彼女の胎から生まれ，可視化されたキリストによって人類の罪が贖(あがな)われるプロセスを示し

ている．また，聖遺物の収納と開示もこのレトリックに含まれる．聖遺物とは聖人の亡骸や持ち物，あるいは殉教道具の一部で，奇跡を起こすとして崇敬を集めたものである．それは通常は特定の容器に収納され，定められた祝日にのみ，広く一般に公開された．例えば，ナポリには聖ジェンナーロの聖遺物として彼の凝固した血液が容器に収められているが，それは特定の祝日に液状化するとされ，その様子は今日でも人々に顕示され，奇跡を称える催しとして崇敬されている．

✖盲目性—シナゴーグ像を例に　それでは，私たちにとって見える，見えないではなく，描かれた対象が物を見ることができない（盲目である）場合は，どのような意味があるのだろうか．古代ギリシアでは運命を紡ぐ女神は盲目とされ，中世では運命の輪を回す女神は目隠しをした姿で表された．天秤を持つ正義の女神もしばしば目隠しをしている．これは，神々が自分の意志で人界の出来事に介入しないことを表すものであり，公平さを示す意味をもつ．しかし E. パノフスキーは，中世において「盲目であること」は否定的なもののみを意味し，一部の例外を除いて悪と結び付けられたと述べている（Panofsky, 1962）.

　シナゴーグ（ユダヤ教会）を表したものとして，サン＝ドニ修道院のステンドグラス（1145 頃）をみてみよう（図 1）．キリストが「エクレシア（キリスト教会）」と「シナゴーグ（ユダヤ教会）」の擬人像の間に立ち，前者に冠を授け，後者の顔からヴェールを取り去る様子が表されている．サン＝ドニ修道院長シュジェールは，堂内のステンドグラスに「モーセが覆ったものをキリストの教えは顕にする」という銘文があったと報告している．モーセが覆ったものとは旧約聖書を意味し，それを正典とするユダヤ教会を象徴している．キリストの教えは新約聖書を意味し，それを正典と

図 1　《キリスト，エクレシアとシナゴーグ》
（1145 頃）［パリ，サン＝ドニ修道院］

するキリスト教会を象徴している．シナゴーグの姿には，彼女がヴェールを取り去られることで視覚を回復し，キリストの教えによって真理に目を開くことができるという意味が込められているのである．

　13 世紀前半のストラスブールやバンベルク大聖堂のシナゴーグは，両目を目隠しで覆われ，モーセの十戒を示した石板と折れた槍を持っている．それは，目を開いて微笑む，王冠を被ったエクレシアの姿と対照的である．ここに，キリスト教を上位に，ユダヤ教を下位に位置付けるという，キリスト教美術における差別の構造を見て取ることも可能だろう．　　　　　　　　　　　　　　［桑原夏子］

ヴィジョン

ヴィジョンという語の基本的意味は，視覚，視像，見る能力などだが，五官の一つである目で見ることだけでなく，実際には存在しないものが存在するかのように見えること，またその見えたもの（幻像，幻視ほか）も意味する．聖書やキリスト教の伝統では，神の顕現や啓示，神による召命，預言，終末論的な苦難とその後の究極的な救済への期待の黙示的な表象といったヴィジョンがある．古来幻視や夢は，神霊や超自然的なものと人間との間のコミュニケーションとして機能し，また双方を媒介する．

✖️視覚の諸段階　中世におけるヴィジョン（視覚）の理解については，アウグスティヌスによる物体的（身体的）視覚，霊的視覚，知性的視覚という三つの段階がよく参照される．第一は，物体，身体を通して知覚され，身体的感覚に示されるもの，つまり身体の目で現前する物体を見て得られる視覚である．第二は霊によるもの，つまり現存していなくても霊に刻印されたり魂の内に見出される視覚，記憶や類似，文字から想像される視覚である．第三は知性によるもので，透明な真理や愛を覚知することである．下位の身体的視覚から霊的，知性的視覚へと上昇し，最終的には楽園，神の領域，言い表し得ぬものを見るという体験が，信仰形態の深化と比類される（片柳訳，1999）．12世紀のサン＝ヴィクトルのリカルドゥスは，これに基づきまた聖書解釈の四段階に対照させ，ヴィジョン（視覚）の様相を四段階に分類する（「ヨハネ黙示録註解」）．

✖️祈りとヴィジョン　図1には，ある女性の体験する3段階のヴィジョン，すなわち祭壇上の聖母戴冠像の前で跪拝するうちに次第に高位の視覚，幻視を得る過程が描かれている．現実の彫像の前で懺悔の祈りをしていると，上半身姿の受難のイエスが雲の中から現れるが，これが幻視であり，霊によって見えている．イエスの傷口から祭壇上の聖杯へ血が流れ落ち，瞑想する幻視者にはイエスの受難が時空を超えて体験される．さらに観想を深めてゆくと，三位一体の神秘を見る段階へ到達する．挿絵では銘文により天上の神と対話することも明示されている．

図1　よき魂の三つの段階（1290～1300頃），[From the British Library collection, Yates Thompson MS 11, fol. 29]

また教皇グレゴリウス1世が祭壇の前でミサを行い，祈りを捧げていると受難のイエスが顕現し

たという「聖グレゴリウスのミサ」の図像でも，現実の世界と幻視が交錯する．このような画像は祈りや儀礼，礼拝を通し，神とのコミュニケーションとしてもたらされるヴィジョンを示すが，その際の磔刑像や聖母子像などの「もの」の機能や意味，祈念像や媒介する事物の特質，物質性の意義についても活発に議論されている．ものが生きているように動き，話しかけるといった「ものの生動性」の背後にはヴィジョンや夢の経験があるといえよう．

✖美術作品における幻視／幻視者表現　預言書や「ヨハネ黙示録」をはじめさまざまな神秘体験や夢，奇跡譚に基づく描写では，人々がヴィジョン（幻視）を受け取る様子や幻視の内容が多様に描かれる．幻視の受け手は神や天使の声を通して幻視内容を見るように指示されたり，または幻視の目撃者として積極的な姿勢を取る．図2は幻視書『スキヴィアス』を著したビンゲンのヒルデガルトの図像である．ヒルデガルトの頭上へ「火のような光」が降り注ぎ霊感の激しさを示すが，彼女が見た幻視の内容の描写はない．蝋板と尖筆をもち，幻視の体験者かつ幻視書の著作者として描かれる．隣の部屋には執筆の助手で幻視の証人がいる．ヒルデガルトの描写は，聖霊に満たされ天使の言葉を受け取り執筆中の預言者や福音書記者，また聖霊のインスピレーションを受けた教皇グレゴリウス1世の口述や著述の場面など，著者像の画像と共通する．美術や文学など

図2　幻視者ヒルデガルト．『スキヴィアス』（12世紀後半成立のルペルツベルク写本〈元ヴィースバーデン，ヘッセン州立図書館，Hs. 1. fol. 1r.〉の手描き模写，1927〜33）［アイビンゲン，ザンクト・ヒルデガルト修道院］

で幻視者と神霊，現実と異界との関係が巧妙に描出されるが，超自然なものとの交流や奇蹟の事象，つまりヴィジョンの多元性と宗教との関連も意義深い．見ることだけでなく，聞く，触れる，嗅ぐ，味わうといった感覚や，イメージが信仰や知識，知恵につながることが読み取れる．

✖至福直観　神の顕現，神からの啓示や召命は予期せず起こり得る一方，天上の不可視なる神に相まみえたい（見神）という人々の希求，至福への志向がある．人はいかにして神を直接「顔と顔とを合わせて見る」（一コリ13：12）ことができるのか．人間を幸福にするこのヴィジョン，至福直観とは，霊魂の希望の最高の目的で，来世の永遠の命の本質であり，愛のあるところでの見神，神の享受という点も重要である．1336年に教皇ベネディクトゥス12世が，亡くなった信徒の霊魂は死後直ちに，あるいはもし必要なら浄化を受けた後，最後の審判の前にすぐに天国で至福直観を受けると表明した（デンツィンガー＆シェーンメッツァー編，1992）．

　　　　　　　　　　　　　　　　　　　　　　　　　　　　[細田あや子]

五感と環境

　中世のキリスト教美術あるいはその美術を内包する祈りの空間において，人間の五感はどのように働き，そして何をとらえていたのであろうか．ルネサンスを起点とする近代の芸術論においては，視覚こそが五感のうちで最も優れた感覚と考えられ，対して，嗅覚や味覚，そして触覚は下位に置かれたため，それらが芸術論の俎上に上ることはほとんどなかった．ところが，中世の教会堂における典礼や公的／個人的な祈祷の習慣に目を向けるならば，そこでは，五感の連動する宗教的体験が聖画像や聖人像を前に，あるいは聖遺物や典礼具を介して展開していたことがわかる．身体とその五感を介して聖性に触れることは，神の恩寵に与かることであった．本項では，主に聖画像受容の観点から，中世キリスト教社会における人々の五感ひいては身体について論じていきたい．

✖️イコンと視覚　キリストや聖母，聖人などを示すイコンは物体としての表象物ではなく，そこに示される聖なる存在自体が現前しているものと見なされてきた．このようなイコンと対峙するにあたって最重要となるのが視覚であることは間違いない．ギリシア教父ダマスカスのヨアンネスは，その著作『聖画像について』（7世紀後半〜8世紀前半）において，この種のイメージを自身の魂と身体をもって「見たい」と切望している（Louth trans., 2003）．聖なる存在を見ることは，魂の救済を得ることであった．しかしそのような機会は信者たちに対して常に開かれていたわけではない．とりわけ中世後期には，イコンや聖遺物のような聖なる存在は，普段は閉じられた収納装置を介して人目から遠ざけられ，祝祭や儀式，行列などの際に束の間，開かれた扉からその姿を顕すものであった．例えば，ローマのサンクタ・サンクトルム礼拝堂の救世主のイコン（5〜6世紀）や，

図1　聖母子のイコン「ローマ市民の救い」（5〜6世紀）［ローマ，サンタ・マリア・マッジョーレ聖堂パオリーナ礼拝堂；Belting, 1994］

同じくローマのサンタ・マリア・マッジョーレ聖堂の聖母子のイコン（図1）は，少なくとも13世紀以降，扉付きの収納装置に収められ，普段は目にすることができなかった．祝日などにおける束の間の邂逅とその前で捧げる祈りによって魂の救済を得ることができると信じていた信者たちは，これらの聖画像を自身

の眼で身体的かつ精神的にとらえようと熱狂したに違いない．

❌恩寵の受け手としての身体　前述のダマスカスのヨアンネスによれば，光や芳香，祈りを捧げる声などの人が身体でとらえるすべてのもの，また，神の神秘と見なされる祝福されたパンやワイン，聖油のような物体，さらには神の栄誉において使用される聖書や典礼具にも神の恩寵は宿っている．実際，宗教的儀式や祈りの空間で働く信者たちの感覚は視覚だけではなかった．教会堂で執り行われるミサに際しては聖歌が朗唱され，また聖画像にはラウダと呼ばれる讃歌が献呈された．聴覚もまた，祈りの空間と密接に結び付いていた．そして，聖餐式で口にする聖餅は，身体的かつ精神的に信者の味覚に働きかける神秘であったに違いない．とはいえこの文脈で最も注目されるのは，近代において五感のヒエラルキーの下位に置かれた嗅覚と触覚である．

❌聖性と嗅覚　ドイツの画家アルブレヒト・アルトドルファーの《聖母の誕生》（1520 頃）に描かれた教会堂の内部には，宙を舞いながら香炉を振って芳香を撒く天使の姿を見ることができる．また，中世後期の個人の祈祷用祭壇画には，匂い玉を入れたポマンダーを身に付けて祈る信者の姿が描かれていることもある．儀式や祈りの空間を満たす芳香は，空間に聖性を与え，またその聖性を維持するものと見なされていた．一方，香りは聖なる存在に捧げられるものであると同時に聖なる存在のしるしでもあった．芳香を放つ聖遺物の存在を伝える記述の中でも，例えばノラの司教パウリヌスによれば，聖フェリクスの墓を訪れた信者たちは，聖人の骨を納める聖遺物箱の上部の穴に良い香りの軟膏を挿入し，同じ箱の下部の穴からもれ出る芳香を嗅ぐことによって聖人による癒しの恵みに与かることができた（Harvey, 2006）．聖遺物と一体をなす香りは聖人の存在そのものであり，人は嗅覚を介して，自身の領域と神の領域のあわいを行き来していたのである．

❌祈りと触覚　中世の人々にとって聖画像は触れる対象でもあった．14 世紀ドイツの修道女マルガレータ・エブナーに語りかけ，腕を伸ばしてきた幼子イエス像をめぐる神秘的体験の例が示すように，それらへの接触は聖人たちへの愛と尊敬の念を示すと同時に，そうした存在そのものを眼前に出現させる手段でもあった．さらには，偽ボナヴェントゥーラに帰される『キリストの生涯についての黙想』（13 世紀）が示唆するように，信者たちが祈祷のさなか磔刑像に触れることで，受難の痛みを追体験していたことも確認されている（Honée, 1994）．このような祈りの習慣は，長期にわたる接触によって身体の一部が著しくすり減った幼子イエス像などが今に伝えるところのものでもある．触覚とは聖なる存在に触れ，その痛みを身体的に受け止めることを可能とする感覚だったのである．

　中世キリスト教世界に生きた人々の身体とその感覚器官は，このように，聖性を具体的に受け止める器であり，そしてこの体験を精神的なものへと高める仲介者の役割を果たしていたといえるであろう．　　　　　　　　　　［出 佳奈子］

奉　納

　時代と地域を超えて，人々は自身の祈りを聖なる存在へと伝え続けてきた．寺社仏閣において，私たちは願いを託した絵馬や諸種の奉納品を捧げ，神仏とつながろうとする．この奉納行為の中核には，贈り物としての奉納物を捧げるという行為と祈願を通して，聖なる対象にみずからの願いを伝え反応を受けたいという人類の普遍的な意思が存在する．広義においては，物体としてのモノだけでなく，巡礼などの敬虔な行為も，聖なる対象に捧げられる贈り物に含まれる．そしてそれは，①誓い，約束，感謝と嘆願，②モノと行為に分類される贈り物，③聖なる存在から与えられる恩恵，以上の3項関係において，聖俗の間に双方向的な意思疎通を成立させるためのシステムととらえられる．

✖奉納とイメージ　西欧キリスト教圏においては，願いが視覚化されたイメージが捧げられる傾向が強く，特に中世から近世にかけては，板やキャンバスに描かれた奉納画や，自身の身体やその一部をかたどった奉納物が捧げられた．これらは，聖なる存在に対し，過去に授けられた何らかの恩恵や救済に対する感謝の意を示すため，あるいは未来において授かりたいと願っている恵みを祈願するために捧げられるイメージであり，「誓いより」を意味するエクス・ヴォートという語でも知られている．奉納物や奉納画の場合，感謝や嘆願の表象方法も多岐に及ぶ．例えば奉納画の場合，奉納者があずかった奇跡の場面や，聖なる対象の前に跪く奉納者の姿が描き出され，時に奉納のきっかけとなった出来事が銘文で記される．15，16世紀ネーデルラントを統治していた歴代ブルゴーニュ公たちも，数々の奉納物を各地の聖像に捧げた．例えば第3代ブルゴーニュ公フィリップ善良公は，ブリュッセル近郊のハレの聖母礼拝堂にあった奇跡を起こす聖母のイメージに対し，メッキされた聖母像や十二使徒，そして二天使の像や，跪拝する自身の像を含む数多くの作品を奉納した．ブルゴーニュ公らが捧げた奉納物のうち，リエージュの大聖堂に保管されている《第4代ブルゴーニュ公シャルル突進公の奉納肖像》（図1）は，現存する稀少な作例である．本像は，

図1　ジェラール・ロイエ《第4代シャルル突進公の奉納肖像》（1467〜71）リエージュ，サン=ポール大聖堂，金，銀，エナメル，53×17.5×32 cm ［CC-BY KIK-IRPA, Brussels, X149794］

1460 年代に公国と都市リエージュの間で勃発した抗争に勝利した感謝の表明として，1471 年にリエージュの守護聖人でもあった聖ランベールに捧げられた大聖堂に奉納され，おそらくは同聖人の像の前に設置されていた．しかし，同聖堂が失われた後，聖像と奉納像のつながりは断たれ，現在は同市の大聖堂の聖具室で静かな輝きを放っている．

✖聖俗のコミュニケーションツールとして　　時代を超えて受け継がれる奉納物は，過去・現在・未来において，イメージや行為を通して信者の強い願いを天へととりなし，また現世に属する者たちへとその願いを表明し続ける．天と地をつなぐツールは，元来は奉納物と，それが捧げられる聖遺物や聖像，特に奇跡を起こす聖母像によって構築される．聖母の身体は没した後に天にあげられ（聖母被昇天），地上に残された彼女の痕跡は髪や母乳など限定的である．そのため，聖母の聖遺物の代わりに奇跡を起こす聖母の彫刻や絵画が大きな崇敬を集めた．多くの場合こうした聖像を収めた聖所には，贖宥（しょくゆう）が司教らによって与えられた．免罪符としても知られる贖宥は，死後に煉獄で過ごす刑罰の時間を削減する効果をもつ．特に聖所の建設や改修を支援したり，奇跡像を伴う宗教行列に参加した者に，贖宥が与えられた．前述のハレの聖母像の場合もしかりである．そして贖宥を得るため多くの信者が聖所に詣で，さらなる奉納物が聖像に捧げられた．

奉納者が富裕層の場合，彼らは概して規模や媒体において豪奢な贈り物を聖像に捧げ，またそれらに隣接した設置場所を獲得することでほかとの差異化を図った．対して一般大衆は，安価で身近な蝋や銅などの媒体でかたどられた小型の奉納物に願いを込め，聖なる対象に捧げた．オランダのメールフェルトホーヴェンには，伝承によると 13 世紀に奇跡を起こして以来，現代に至るまで崇敬を集めてきた奇跡を起こす

図 2　メールフェルトホーヴェン「樫の木の聖母」礼拝堂［筆者撮影，2019 年］

「樫の木の聖母」像が現存する（図 2）．樫の木に突如として出現したという伝承を再現すべく，礼拝堂には樫の木が高くそびえ，聖像のコピーを（祝日には本物の聖母像を）納めた櫃（ひつ）が中央に据えられ，その枝には多くの小型の奉納物やロザリオが掛けられている．劇場のごとき礼拝空間を飾る現代の贈り物の背後には，おびただしいほどの失われてしまった過去の奉納物が存在する．さまざまな媒体と表象を帯びていたであろう，敬虔な贈り物の残響が私たちに伝えるのは，物質性を超えた作品の霊的価値であり，私たちと同じように強く祈り，救いを求めた古の人々の生そのものの記憶なのである．　　　　　　　　　　　［杉山美耶子］

装飾と文様

　装飾とは，それ自体としての自律性を欠く一方で，建築物，設備，家具，器具，工芸品，写本，テキスタイル，衣服，装身具などの人工物，さらには自然物や人体といった，美術作品に限らずありとあらゆる事物に適用される「飾り」を総称するきわめて漠然とした概念だ．それ故，中世文化において驚くほど大きな存在感を放つ装飾と文様の広大な世界に分け入るにあたり，イスラーム美術を専門とする考古学者，美術史家 O. グラバールによる概念規定を一つの指針として参照したい．グラバールは，地域や時代を越えて幅広く装飾を扱った著作で，英語で装飾に対応する「デコレーション」と「オーナメント」という二つの用語の違いに触れ，前者が建物に施されたモザイクや彫刻のようにある事物に付加された装飾全般を包括的に指すのに対し，後者は装飾においてそれが適用された事物を強めるという面を限定的に指すとする．以下，後者のような装飾の見方に導かれつつ，近代の装飾観を相対化する試みを通じて，主として文様を用いた装飾を取り上げながら，中世に遍在するといってよい装飾的なものの理解を深めていこう（☞「紋様」）．

❀装飾とイメージによる表象の相互浸透　一般に美術の歴史を記述する際，装飾とそれを構成する文様は，図像的主題を表す主要な部分を縁取ったり，空白となっている背地などを充填するために用いられる純粋に形式的要素として扱われる傾向が強い．その前提として，具象的，写実的描写を伴うイメージを中心や前景に位置付け，抽象度の高いモチーフからなる装飾を周縁化，背景化して，両者を明確に区別して対比的，階層的に評価する近代に発展した価値体系があり，多様な地域や時代に由来する美術のとらえ方もその影響を少なからず受けている．その結果，中世美術の考察においても，表象と装飾は異質な領域として互いに切り離され，文様による装飾はイメージに比してより原初的な位置付けを与えら

図1　「聖霊降臨」のキリスト．ヴェズレー，サント=マリー=マドレーヌ聖堂ナルテクスの浮彫の部分（1130頃）［写真提供：ユニフォトプレス］

れ，その象徴性が概括的に論じられることはあっても，基本的にその形式に基づき様式または起源や伝播に関する議論の素材に限定されてきた．しかし中世美術の本質に接近するには，こうした価値基準が大きな障害となる．むしろイメージと装飾の相互浸透に着目する発想が有益だろう．中世美術史家 J.=C. ボンヌが指

摘するように，具象的イメージを用いた表象の核心的部分で文様のモチーフと地続きの抽象的な形態が働きかけ，表象のあり方にその物質的実在の最深部から作用することで類いまれな効果を上げているのも事実である．一例としてヴェズレー，サント=マリー=マドレーヌ聖堂のナルテクス扉口における「聖霊降臨」の中心に位置するキリスト像（図1）では，その身体全体を包む衣の全面に展開する渦巻き状あるいは波打つような襞に加え，ジグザグに屈曲する四肢を統括するパターンを描く浮き彫りの鋭い起伏が，キリストに発し使徒，さらに世界全体を貫く超越的な力の激烈さを直観させずにはいない．

❈**装飾という「テクノロジー」**　装飾は，近代以降，モダニズムの合理主義，機能主義の文脈で建築家 A. ロースが 1908 年に発した言葉「装飾は犯罪である」が端的に示すように，装飾が施される事物や支持体に対して外的で表層的であるだけでなく，時に害悪を生みさえする不純物と見なされてきたところがある．これと対極にある考え方として，例えば英語で装飾を意味する「オーナメント」に対応するラテン語の「オルナメントゥム」が，帆船の帆や兵士の武装など，ある存在が本来の役割を発揮できるよう装備されていることという古代由来の意味を中世においても受け継いでいると考えられ，司式者にとっての典礼具や教会にとっての宝物などのように，何らかの事象や存在がしかるべく機能するために必要な十全性をもたらす必須の要素を指していた点を強調しておきたい．このような論理に沿った装飾概念の見直しを補助線として観察と思考を進めることで，中世文化における装飾的なものに対する私たちのとらえ方を大きく転換させる可能性が得られる．例えば『ケルズの書』（800 頃）の写本においてキリストのモノグラムである文字のみならず頁全体に展開する精緻きわまる文様による装飾は，美的価値の創出のため文字の判読性を犠牲にし，その本来的機能を阻害する不合理な付加物ではなく，逆に当該の写本においてこれらの文字とその支持体に求められていた機能を十全に発揮させようとする意図が形となった結果と見なすことができるだろう．つまり装飾的なものの本質は，それだけを切り取ってきてもとらえられず，装飾と本体との不可分な関係性において初めて見えてくるものであり，装飾と本体を分離しようとする近代的慣習を再検討するようにうながす．

　このように中世文化における装飾的なものに着目することにより，人類学者 A. ジェルが提案するような，美術作品をその形態的特質によって意味や美的価値を受容者に伝達する自律的存在としてではなく，人やさまざまなモノと同様に社会的関係のネットワークを媒介するエージェント（行為主体）としてとらえる視点の有効性が浮かび上がってくる．すなわち装飾文様は，その抽象性故にあらゆる対象と物質的に一体化可能であり，これらの対象が発現する社会的作用による関係性を活性化させるために開発，共有された，ある種の「知」を基盤とする「テクノロジー」として理解できるのではなかろうか．　　　　　　　　[木俣元一]

テキスタイル

　テキスタイル（英：textile）の語源は「織る」という意のラテン語 texere であり，今日では広く染織品を指す．糸を紡いで布を織り，装飾品や衣服として仕立てることは，人類が先史時代から行ってきた営みであり，各時代，地域で多様な展開を遂げてきた．ことに中世は，テキスタイル文化が開花した特筆すべき時代であり，それは人と物のダイナミックな移動と交流のなかで醸成された．その最たる例が絹織物産業の発展である．奢侈品の所有が富と権力を顕示するための手段とされることは中世においても変わらず，特に絹織物が珍重された．東ローマ帝国では初期の頃より絹織物産業の振興が図られたが，これを支えたのはアジア産の生糸であった．ヴェネツィアを中心とする北イタリアの商業都市が絹織物の産地となっていったのも，輸入生糸を安定的に確保できる環境にあったからこそである．また，11 世紀後半にノルマン人に征服されたシチリアの工房では，アラブ人やギリシア人の職工が共存し，文明の十字路の名にふさわしい国際色豊かな図柄が織り出された．

　中世の染織品が聖俗両世界で重宝されていたことは文字資料からも明らかである一方，実用性を備えた幅広い用途はおのずと損傷のリスクを高め，その多くが失われてしまった．こうした状況下で，高度な技法と造形的独創性を備えた作品が一定数現存するのが刺繍とタピスリーの領域である．

✖刺繍　中世の刺繍は何より教会の典礼具や祭服を装飾する手段として精緻をきわめていった．ロマネスクの大型刺繍作品として現存するのがジローナの《天地創造の刺繍布》（1100 頃）と《バイユーのタピスリー》（11 世紀後半）のみであるのに対し（金沢，2013），14 世紀以降になるとほぼ原型をとどめる作品も多くなり，なかでも質，量ともに傑出しているのがイギリスの教会刺繍である．中世最古の現存作例の一つがダラム大聖堂の 10 世紀の祭服の断片であることからも，この地に古くから刺繍の技が根付いていたことがうかがえるが，特に 13，14 世紀の作品では，《シオン・コープ》（図 1）に見られるように，キリスト教図像と装飾文様が緻密に表現されており，技術が頂点に達したことを物語っている．

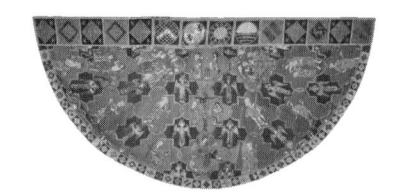

図1　《シオン・コープ》（1310〜20），イギリス，リネン・絹・金銀糸［ヴィクトリア＆アルバート博物館］

これらはオプス・アングリカヌム（イギリス製の意）と称され，教皇庁にも多く所蔵されていた．

✖**タピスリー**　中世の時代，アルプス以北の地域で独自の進化を遂げたのがタピスリーである．この用語は単に壁掛けを意味する場合もあるが，今日では麻や羊毛の経糸に，染色された羊毛や絹，時に金銀糸による緯糸を絡ませて図案を織る平織の織物を指すことが多い．中世最古の現存作例の一つは，11世紀初頭にケルンで織られたと推察される《聖ゲレオンの布》である．おそらく聖堂の内陣装飾として利用された本作は，グリフォンと牡牛の闘争図をもつ連珠文で構成されており，ビザンティンやシリアの絹織物の図案との類縁性が看取できる．タピスリーはまた優雅な宮廷社会を彩る立役者でもあった．特にこの芸術を愛した

図2　《貴婦人と一角獣》より「視覚」（1500頃）．パリ（下絵）・南ネーデルラント（製織），羊毛・絹［パリ，国立クリュニー中世美術館］

フランスのヴァロワ家の庇護のもと，王都パリは14世紀にタピスリー生産の隆盛期を迎えた．ただしこの頃の作品はほとんど伝わらず，《アンジェの黙示録》が当時の優れた製織技術と宮廷文化の成熟をしのばせるほぼ唯一の実例である．15世紀中葉以降はブルゴーニュ公の奨励を背景に，トゥルネーなどの南ネーデルラント諸都市が主要な産地となっていった．中世末期の代表作《貴婦人と一角獣》（図2）も，パリで描かれた下絵をもとに南ネーデルラントで織られたと推察されている．6帳1式からなる本作の一番の謎はその主題解釈であり，愛や自由意志のテーマを読み解く試みがなされてきた一方，新説がなお提唱され続けている．

✖**テキスタイル研究の可能性**　かつて美術史の分野では，工芸品や応用芸術に分類されるタピスリーが本格的な議論の俎上に載せられることは少なかった．これに対し，この媒体は図柄の複製が比較的容易で移動可能であったからこそ，イメージ伝達手段の発展史において印刷術の先祖であると看破したのがA.ヴァールブルクであった（Warburg, 1907）．この流れを汲むニューアートヒストリーの研究者が機能や政治的観点から注目し，研究の進展がみられたのは20世紀末のことであり，中世の作例に関してもいまだ検討の余地が多く残されている．このような状況の中で，近年，国内外の研究機関が精力的に進めているデジタルアーカイヴの公開は，制作経緯や作品受容の解明につながる史資料へのアクセスを容易にし，研究を推進する新たな力となっている．また，この芸術は，段階的な作業を要し，機能と役割もさまざまであったが故に，その歴史と実態を考察することは，おのずと当時の産業，技術，社会，風俗などをたどることにもなる．これはタピスリーに限らずテキスタイル研究一般に当てはまり，学際的な協力によってさらなる研究発展が期待できる領域といえよう．　　　　　　　　［髙木麻紀子］

キリストの表象

キリストの容貌について，福音書では何も言及されていない．初期キリスト教時代には，魚や羊，X（キー）とP（ロー）の組合せ文字などの象徴的表現や，「善き羊飼い」やギリシア神話の詩人オルフェウスなどの無髯の青年像に重ねる比喩的表象が採られた．その後，マンディリオンなど「人の手によってつくられたのではない（アケイロポイエトス）」図像がキリストの真の容貌を伝えるとされた．シナイ山のアギア・エカテリニ修道院に残るキリストのイコン（図1）は，原型となるイコンの複製であるが，そこに描かれた長髪有髯の壮年像のキリストは，後世の典型的な肖像となった．キリストの表象の背景には，神を描くことのおそれや神性と人性をめぐるキリスト論とが複雑に絡み合っている．

図1　キリストのイコン（6世紀頃）［シナイ山，アギア・エカテリニ修道院；高橋編，1997］

✖神性と人性　神性と人性をめぐる論争に対して，451年のカルケドン公会議で「キリストが両性をもった唯一の位格（ペルソナ），御父と同一実体の神，われわれと同一実体の人間であり，二つの本性において混合，変化，分割，分離されず結合している」と確認され，人間の姿形をしたキリストの表象が可能となった．

イエスが地上で初めて神性を顕現したのは「変容」（マタ17：1-9，マコ9：2-8，ルカ9：28-36）の瞬間である．アーモンド形の光背に囲まれて光り輝くイエスが，預言者モーセとエリアとともに山上に立ち，その下方におそれおののく3人の弟子たちがまばゆい光を遮りひれ伏す姿で一般的に表される．また，死んだイエスが復活し天に昇って行く「昇天」（ルカ24：50-53，使1：9-11）においても神性が顕示される．中世美術では，光背に包まれたり雲に乗ったりしたキリストが，使徒たちが見守るなか，神性を強調して自力で天に昇る姿で表される．他方，キリストの下半身や脚のみが雲間に見られる「昇天」図では，脚は最後に地上で見ることのできるキリストの人性を表すと解釈される．

✖三位一体　三位一体とは，「唯一の神が，父と子と聖霊という三つの位格（ペルソナ）をもつ一つの実体として存在する」というキリスト教の中心的教義であり，325年のニカイア公会議において正当化された．

初期には，三つの円や三角形などの幾何学的図形，あるいは旧約の族長アブラハムを訪問した3人の天使（創18：1-15）などによって「三位一体」が表象された．第一位格の不可視の神は，長らく「右手」などによって象徴的に示された

が，時代が下ると白髪白髯の老人の姿で描かれるようになる．第三位格の聖霊は，鳩の姿で表されることが多いが，時に人の姿をとる場合もある．12世紀後半に，父と子が並んで玉座に坐し，その間に聖霊の鳩を配する，「詩編」第110編に由来する「三位一体」図像が成立する．さらに，父なる神が磔のキリストを前方にかかげたり，死せるキリストを背後から抱えたりする「恩寵の座」形式の「三位一体」図も展開する．他方，神の御子であることが表明される「洗礼」（マタ3：13-17，マコ1：9-11，ルカ3：21-22）においても，垂直線上に神または神の手，鳩，イエスが位置し，「三位一体」を示す場合がある．

✠キリスト　「キリスト」は，本来「油を注がれた者」を意味するヘブライ語の「メシア」のギリシア語訳である．旧約聖書において，神から特別な権能と任務を授けられる際，油が注がれたのは王と祭司と預言者であったことから，イエス・キリストもこれら三つの権能を併せもつと伝統的に解釈されてきた．

なかでも，「罪の支配を打破し，神の支配を打ち立て統治する」権能である「王職」を示唆する図像が豊かな発展を見せる．初期には，皇帝像に由来する「演説」の身振りで右手をあげたり，玉座に座したり，王冠をかぶる姿で描かれた．また，「詩編」第91編13節を着想源とする，両足の下に獅子や大蛇を踏む死や悪に対する「勝利者キリスト」も登場する．その後，統治者としてのキリストの表象は，エゼキエル(エゼ1：4-28)やヨハネ(黙4：1-11)の幻視に基づき，神の栄光を表す「マイエスタス・ドミニ」が中心となる．四つの生き物をともなうアーモンド形の光背に囲まれたキリストは，右手をあげて祝福し，左手に聖書をもって玉座または天球の上に座す．さらに「マイエスタス・ドミニ」は，終末論的な「再臨」と関係付けられ，「最後の審判」の「審判者キリスト」へと展開する．

✠受肉　万物に先立って神とともに存在した，三位一体の第二位格であるロゴスが，聖母マリアから生まれて人間となることを「受肉」というが，イエス・キリストが真の神でありながら真の人間であると理解される．完全に罪の支配下にある人間は自己救済ができないため，神が人間となって地上に現れたことによって，人類を救済することが可能となるのである．

キリストが行った救済の業の中心は，十字架上での死による贖罪である．美術においても中軸をなす主題であるが，「受肉」の問題を含むため，十字架の交差部に子羊やキリストのメダイヨンを配する象徴的表現や，頭を上げて目を見開き死に打ち勝った「勝利のキリスト」の表現が取られてきた．11世紀以降，頭を垂れて目を閉じた「死せるキリスト」が定型化し，キリストの受難と死が強調されていく．さらに中世末期には，死せるキリストのイコンに基づく「イマーゴ・ピエターティス」などの図像が，個人的な祈りのために用いられる祈念像として広く普及した．クローズアップされた半身像のキリストは，受難の苦しみや傷を通じて人間としての身体性が強調される．　［須網美由紀］

怪物と異形

　中世における怪物や異形は，以下の3種に大別できるだろう．①人間の形をしているものの，身体の部位の欠損や付加，配置の転換があるもの（例えば人間の形を取るものの目が欠損し体は巨大な一つ目巨人キュクロプス，頭が胸部にあるブレミア），②半人半獣（下半身が魚の人魚や，下半身が馬のケンタウロス，狼男），③異なる種類の動物の身体部位が合体したハイブリッド（頭が鷲，体が獅子のグリフォン，ライオンの頭と山羊の体，蛇の尻尾をもつキメラ）．さらにその中でも，グリフォンやケンタウロスといった古代ギリシア・ローマ文化に由来するもの，ケルトやゲルマンの伝承によるもの，由来が不明のもの，神意の顕れとしての奇形がある．幻獣との区別は曖昧だが，不死鳥や一角獣のように，怪物的要素をもっていても，善きものは概して幻獣（動物）と見なされる．怪物を東洋由来とする説がオリエンタリズム流行の時代に唱えられた（Mâle, 1921）．

✖周縁における怪物　中世の聖堂装飾のなかでも，特に11〜13世紀に建てられたロマネスク様式の聖堂には，怪物がきわめて多い．聖堂扉口上のテュンパヌムにはキリストや聖母マリア，聖人像などを含む「最後の審判」や「神の子羊」など，キリスト教の教義の中心的主題が刻まれることが多いが，扉口のアーチ部分や柱頭，持送りなど，いわば中心と相対する周縁部に怪物は現れる．媒体は異なるが，写本挿絵においても主場面にキリスト伝や聖人伝が描かれていても，欄外装飾には怪物が闊歩する（Camille, 1992）．欄外の蔓草文様の中では，体中が毛むくじゃらの野人が遊び，ドラゴンが火を噴く．人魚やケンタウロス，ドラゴンなどは扉口周りにも，欄外装飾にも頻出する意匠である．

✖怪物の意味　では，それらはどのような意味をもつのか．怪物によって異なるのはもちろんのことだが，2世紀にアレクサンドリアで書かれた動物の生態をキリスト教的に解釈した『フィシオログス』によると，ほとんどの怪物には悪なる意味が付される．善なるものを怪物とは呼ばないといった方がよいのかもしれない．あくまでも他者なのである．とはいえ，両義的な意味をもつ場合もある．ドラゴンは悪なるものの象徴として聖人や大天使ミカエルに駆逐されると同時に，聖堂木製扉の鉄細工には，魔除けのようなドラゴンの意匠が多く見られる．ヴァイキング美術では明らかにドラゴンは護り手である．また，『オデュッセイア』（紀元前8世紀頃）に依拠する，美しい歌声で船乗りを誘い眠らせてから貪り食うセイレーンは「誘惑」を意味するとともに，櫛と鏡を手にして己の美を誇る「虚栄」を体現するが，聖堂の扉口周りや説教壇，身廊の柱頭や祭壇近くの床モザイクに表される場合も多く，「豊穣」を意味するという説もある．意味を正確

に把握するのは難しく，一つひとつの場面で意味が異なる可能性があるだろう．翼をもち力強いグリフォンも，天と地，両方を統べることからキリストに喩えられることもあるが，「傲慢」を意味する場合もある．その両義性は，クレルヴォーの聖ベルナルドゥスの言葉にも表れている．修道院聖堂装飾に刻まれた怪物たちの彫刻を批判したとされる書簡において，同時に「修道士は書物よりも大理石を読み解こうとし，神の掟を黙想するよりも，日がなこれら奇怪なものを一つひとつ愛でていたくなるだろう」とも書いており（杉崎訳，1997），それらの意味は中世の修道士にとっても明瞭ではなく，読み解きたくなるような対象だったといえるだろう．また16世紀のイタリアでは，怪物が描写された文書がさまざまな都市で流布し，大災禍の予兆と解された（水野，2011）．

✖地図上の怪物　怪物は地理的な場所と強く結び付いていた．ヴェズレーのサント=マリー=マドレーヌ修道院聖堂扉口の中央部にはキリストと使徒たちが刻まれているが，それを取り囲むアーチには，使徒たちが伝道に向かう場所の多様性を表すため，小人族のピグミーや犬頭人などが見られる．また《ヘレフォードの世界地図》においてはより具体的に，幻獣や怪物（そしてマンドラゴラのような植物）が地図上の地名と結び付けられて描き込まれている．例えば，ブレミアやアンティポデス（足を上にして歩く）はナイル以南の未踏の地の住人だった．セイレーンはエーゲ海に，二股の女怪スキュラはクレタ島に，渦潮の化身カリュブディスはシチリア島にいるのである．図とともに3世紀の著述家ソリヌスの文章が記されているものもあり，怪物に古代由来という権威を与えている．世界がオケアノスという川（海）に取り囲まれているという古代の世界観は，中世に引き継がれ，ツィリスのザンクト・マルティン聖堂（スイス，12世紀）の天井画のような聖堂装飾の中にも見られる．天井画の中央を大地と見立て，縁部には海の怪物が描かれている．こうした海の怪物たちは，海図にも海難の多い海域に描かれ，後には海図の値段をつり上げるために描かれることもあった（van Duzer, 2013）．

図1　聖堂装飾における怪物．スペイン北部ビラヌエバのサンタ・マリア聖堂身廊部柱頭（12世紀）［筆者撮影，2015年］

✖創造の産物としての怪物　ロマネスク様式の聖堂装飾には時折職人が勝手気ままに創造したとしか思えない不可思議な怪物も見られる．例えば，オトラント大聖堂の床モザイクにはキメラやグリフォンなど既知の怪物とともに，片足のみ靴を履いた首の長い人面駝鳥（だちょう）がいる．スペイン北部ビラヌエバ教区聖堂の柱頭には鳥の嘴（くちばし）と足をもつ人間型の奇妙な怪物（図1）が刻まれている．

［金沢百枝］

自然と世界認識

　中世を通じて，四囲世界の自然や世界に関する先進的な古代ギリシアの学問（科学）の成果は，まずはビザンティン帝国からイスラームに，次いで西ヨーロッパに伝播していった．だが，当然のことながら，このギリシア・ローマ文化の絶えざる西漸と，さまざまな地方に及ぶ異質文化の伝播や同化のプロセスは複雑をきわめたが，その幾重の変転はむしろ豊穣な織物となって中世美術に反映された．実際それは，ギリシア・ローマの異教的古代だけに限らず，旧約聖書，新約聖書のユダヤ的規範から，すでに流入していたグノーシスなどの種々の東方神秘宗教的特質などと，重層的な筋書をもつことになる．

✖初期中世キリスト教的自然と世界認識　古代ギリシアローマの自然と世界認識に関して，中世期最もよく知られた著作は，プラトン『ティマイオス』（紀元前4世紀）とアリストテレス『自然学』（前4世紀）であろう．初期中世の2〜8世紀頃までに，これら異教の学問の吸収が成されるとともに，キリスト教教義の確立に向けてさまざまな著作が現れることとなった．それらはまずは，ラテン世界においては百科全書的な伝統として変形され，セネカ，大プリニウス，セビリャのイシドルスなどを通してほそぼそと受け継がれた．だが，380年のローマ国教化の後は，自然現象の客観的で科学的な把握にではなく，むしろ普遍的な，教会の救済史的時間と目的を志向する記述が重要となると同時に，異教の学問とキリスト教信仰の間の矛盾の解決が急務の課題となっていった．

　ところで，キリスト教において自然学が最も関与し得たのは旧約聖書における創世記論であったが，聖書という書物には，旧約巻頭の「創世記」から新約巻末の「ヨハネの黙示録」に至るまで，時空間の認識はすでに示され尽くしていた．一方で「天地創造」の「創造の六日間（ヘクサエメロン）」から「最後の審判」までの時間軸に沿って，他方「天国」「煉獄」「地獄」という空間軸に沿って，その救済論的・伝導的時空が力強く語られたが，それらの精神的基盤となった重要な文書，偽ディオニュシオスの『天上位階論』（5〜6世紀）では，神へと至る救済の道筋が「上昇する聖なる秩序」＝「位階」に従って説かれ，これによって，「天界への上昇」を希求する人類救済へのキリスト教的段階的イメージ（世界像）が定着することとなる．

✖12世紀ルネサンス以後　通称「12世紀ルネサンス」と呼ばれるアラビア語またはギリシア語からの翻訳活動を通して，ギリシア自然学，とりわけアリストテレス『自然学』とイスラーム自然学書の直接の受容が始まると，神の摂理の対象としてみられた自然観に変化が生じる．13世紀のパリ大学でロジャー・ベイコ

ンは，「知恵の統合」に向けてアリストテレスの自然学諸著に加え，イスラーム自然学に啓発された光学，占星学，錬金学，農学（動植物学），医学などを包摂し，大学学芸部における講義の下地を形成した．これらの統合された学問体系，特に自然科学系テキストを含む諸写本は写本挿絵を介して急速に広まることになる．

✖さまざまな美術の実践　以上のような，外的世界についての学問上あるいは神学上の成果の一方，これらと浮彫，祭壇画，ステンドグラスなど，同時代の美術の実践形態とはさまざまな齟齬がみられたことは強調されねばならない．中世写本はこれら言説に最も近かった．重要なのは，学術書を含む広範な領域の書に挿絵（時には豪華挿絵）が入れられたということである．最も良く知られた作例（テーマ）を列挙すれば，「自然」に関して，まずは①「天地創造」における「創造の六日間（ヘクサエメロン）」，次いで②人体表現としての「占星術的人体」（宇宙〈マクロコスモス〉と人間〈ミクロコスモス〉の照応）などの図像が現れた．さらに，「世界認識」すなわち，種々の心象や世界観形成の基盤となったであろう，可視的世界や宇宙の形姿に関しては，第一に地図があった．最も早期の例では，いわゆるTO図を始めとする「マッパ・ムンディ（世界図）」があげられるが，次第に，古代天文学を受容した，「中世における天体図」に置き換わっていった．第二に，これらの物理的世界の認識は，より高次のキリスト教的霊的修道の過程と結び付き，先の偽ディオニュシオスの「天界への上昇」イメージを伴う，「ヤコブの梯子」や「創世記」冒頭「初めに（In Principio）」のIの文字を梯子に見立て救済への道のりとする「Iの創世記図像」など独創的な図像が多く創出された．当時の最も進んだ民衆的百科全書にして自然科学書といえるバルトロマエウス・アングリクスの豪華挿絵入り写本『事物の諸性質の書』（1372頃）には，アラビアのアルハーゼンによる『光学の書』（10〜11世紀）が引用された．だが，これら中世期の世界の表象には決まって，周辺部には異形の人類の姿が配置されたのであった．こうした中世美術実践の側面について，中世史家M. ブロックは，実は魔術や神話あるいは土着の信仰と一つに混じり合っていた中世人の「宗教的心性（マンタリテ）」と評した（ブロック，1995）．

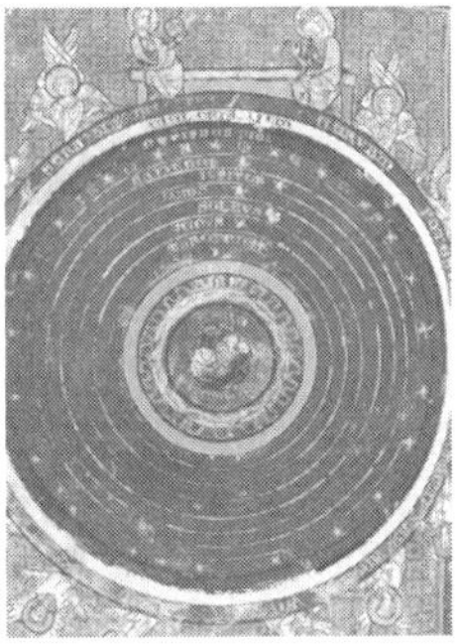

図1　中世における天体図．コンシュのギヨーム『宇宙の哲学』挿絵（1276〜77頃）［サント・ジュヌヴィエーヴ図書館，ms. 2200, fol. 115v］

やがて見聞に基づく旅行記や地図が現れると，ついには，例えば，「キリスト磔刑」場面の上空に，象徴的な太陽・月でなく，天文学的現象として描かれた初めての，復活祭直前の「下弦の月」が描かれるに至る（《ニューヨーク二連板》1425〜30頃．ニューヨーク，メトロポリタン美術館）．　［小林典子］

記　憶

　中世における記憶は人間の本質的な能力であった．記憶は単なる暗記ではなく，学習の根底をなす実践的な技術で，その理論と実践は社会や文化に重要な役割を果たした．記憶は知性と有徳の行動の宝庫であり，正しく判断して良い行動を取る賢慮の徳を養うものだと考えられた．中世社会において，記憶は人間の倫理形成を担う教育的役割を果たし，あらゆる文化現象に影響していた．

✘記憶術　古代ギリシアに由来する記憶術では，頭の中に仮想の建築を思い描き，そこに視覚化した情報を順序よく配置し，その空間を瞑想によって巡回して情報を取り出すという手順を経る．建築の秩序的空間連鎖と，イメージの情報圧縮力を掛け合わせ，記憶能力を人工的に強化する方法である．情報をイメージ化する際には，連想，比喩，寓意，語呂合わせなどが用いられ，驚異の念を掻き立てるものほど記憶によく残るとされた．古代の修辞学で弁論の暗唱のために必要とされた記憶術は，中世にはキリスト教的変貌を遂げ，説教を始めとする市民教育を目的とした術に生まれ変わった．最初は修道院で実践された記憶術は，口頭で発せられた説教や講義の内容をイメージにして記憶し，再び見ることができる状態にしておき，それを想起し，行動に移し，最終的に自分のものにすることを目的とした．言葉とイメージの相互変換を可能にする記憶術は，創造的思考を練るための重要な手段ともなった．修道士たちは良きキリスト教市民を育てるための新たな祈りや絵画，説教を創作するための能動的なスキルとして記憶術を方向付けた．記憶は良き魂と賢い判断を形成し，神へと至る道として，やがて広く一般信徒へと浸透していった．その目的は都市，建築，絵画，儀礼などにおいて具現化された．イメージと言葉は知を受け入れ伝達する方法として同等に扱われ，両者が混在するのも中世文化では一般的であった．

✘記憶の形成と保持　記憶は過去をさまざまなイメージから想起し，再構成し，思考して，意味を与える．中世の記憶文化では，近代の記録文化とは異なり，過去の出来事の真正性よりも，覚えておいて模倣する価値があるかどうかが重視された．過去の出来事から模範や普遍性を抽出するため，実際の内容は理想に置き換えられ，註釈が加えられた．理想に同時代的なコンテクストを与えるのは聴衆であり，説教を聴くことも，絵画を見ることも，書物を読むことも，記憶のプロセスであった．精神活動としての記憶は，イメージと言葉を駆使して意味を形成し，今を賢明に生き，未来を予測して行動することを可能にした．記憶は過去を教訓として共有し，時を超えて共同体をつくることを可能にするが，同じ言葉を聞き，同じ絵を見ただけでは一体感は生じない．その刺激を受けて，人々が行動

をともにし，意図を共有することが記憶の形成と保持につながった．例えば聖餐式を始めとする儀礼や，祝祭，行列などである．それに伴うテクストやイメージは，記憶の補助にすぎない．記憶には人の行動や意図が不可欠であった．

⌘記憶の更新　記憶を抹消する方法も理論化された．記憶の中のイメージを覆う，あるいは破壊する，吹き飛ばすなど，イコノクラスムに通じるかたちで消し去る方法も提示された（☞「イコノクラスム」）．しかし，記憶はそう簡単には消えない．記憶は複雑な精神活動であるため，消そうとするよりも，上書きしたり書き換えたりする方が効果的であった．つまり，別の意味を新たに結び付け，イメージに対する行動を変える必要があった．例えば，同じ素材を別の用途に転用したり（スポリア），行列のルートを変えたり，新たな儀礼を導入したりすることであった．イメージそのものを抹消するよりも，語られ方や，記憶する方法を変える方が効果的であった．

⌘都市のアイデンティティとしての記憶　記憶は本質的に場所と結び付いている．場所は記憶のヒントとなるが，それ自体は記憶ではない．例えば聖地巡礼は，聖書の内容を場所と結び付けて自分の身になじませるための記憶行為である．また，初期キリスト教時代から，信徒の共同体としての記憶は，都市に点在する聖堂から聖堂へ，市民が歩みをともにする行列の儀礼を通じてつくられてきた．聖堂は記憶形成のための共通の場所となり，行列が生み出すネットワークの結び目となった．儀礼を伴うイメージもまた，記憶の場所となった．場所はそこに集う人々の間に共通性をつくり，行動をうながし，共通の意図をもつ共同体を形成する．

中世の都市は，キリスト教的美徳を備えた市民の共同体であった．その共同体に属することを明らかにし，アイデンティティを形成するのは，記憶である．都市には聖堂や広場などの公共の空間があり，絵画や彫刻などが飾られた．人々はこれらの共通の場所において，行動をともにし，意図を共有した．市民の美徳の模範は，都市の守護聖人であった．例えばイタリアのシエナは「聖母の都市」として今日もよく知られる．年代記によると1260年に市民たちは大聖堂の主祭壇にて聖母に祈り，都市全体をささげた．その翌日，敵国フィレンツェに奇跡的に勝利した．それ以来，シエナでは毎年8月の聖母被昇天の祝日に合わせてパリオという伝統的な競馬の祝祭が行われている．今日でも大聖堂に納められる《誓約の聖母》のイメージの前で感謝を捧げる儀礼が繰り返され，「聖母の都市シエナ」というアイデンティティが綿々と受け継がれているのだ（図1）．

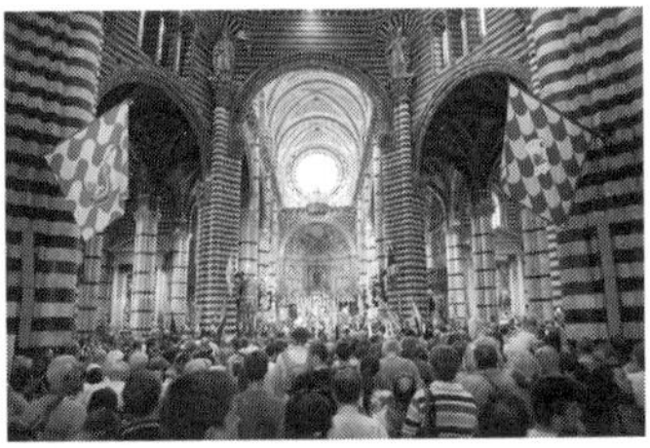

図1　シエナ大聖堂内でのパリオ前の歴史行列［写真提供：ユニフォトプレス］

［市川佳世子］

知の視覚化

　人類は，蓄積した知識や情報，データを，口承や書物という形で伝達してきた．その際，言語によってそれらを記述するのみならず，ダイアグラム，図形，表，グラフ，地図などの視覚的な手段も活用されてきた．そうした知の視覚化の試みの例は，中世の写本や美術の中にも，豊富に見出すことができる．音楽を書き記すために考え出された数々の記譜法や，地理的な概念や情報を時に想像を交えつつ視覚化した地図，海図は，なかでも重要であり，音楽史や歴史学，美術史，文化史などの分野で多くの研究が積み重ねられてきている．

✖樹形図の系譜　中世を通じて，最も多様な展開を見せたダイアグラムの一つが，樹木の形状を利用して，事象を分類したり発展段階を図示化したりした樹形図である．アリストテレスの『範疇論』（紀元前4世紀頃）に基づいて3世紀の哲学者ポルピュリオスが考案したとされる「ポルピュリオスの樹」は，ボエティウスやライムンドゥス・ルルス（ラモン・リュイ）らにより継承され，西洋における分類論，認識論の基盤の一つとなった．

　樹形図はまた，ダヴィデ王の父であるエッサイからイエス・キリストに至る「エッサイの樹」に代表されるように，系統を表すためにも用いられた．百科全書的な性格をもつセビーリャのイシドルスの『語源』（7世紀）では，家族や親類の数世代にわたる血縁関係を図示する「血縁樹」が挿入され，婚姻の有効性という法的議論に関わる内容であるところから，その後，多様な性格の写本に数世紀にわたって転写され続けた．定規で線が引かれただけの簡素な樹形図として写されることもあれば，三角形と縦長の長方形を組み合わせた形状に頭部や手足を付け加えることで「血縁樹」自体が一人の人間（時に王冠を被った王）として絵画化されることもあった．

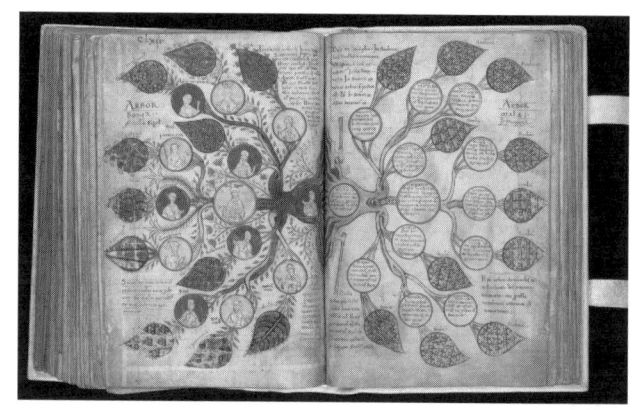

図1　サン゠トメールのランベール『リベル・フロリドゥス』（1121）より「美徳と悪徳の樹」[Ghent University Library, BHSL. HS. 0092, ff.231v–232r]

　ここで挿図としてあげたのは，同じく百科全書的な内容のサン=トメールのランベールによる『リベル・フロリドゥス』の挿絵の一つで，美徳と悪徳とが，見開きを活用して左右対称に樹形ダイアグラムとして分類されている（図1）.

　ユダヤ教のカバラーと密接に関わる「生命の樹」も，ヨーロッパの中世思想，特に神秘思想に欠かす事のできない重要な象徴表現である．イタリアの神秘家フィオーレのヨアキムの『形象の書』（13世紀）は，多種多様な樹形図に満ちている.

　樹形図モデルが多用された理由として，幹が成長して枝に分岐し，葉が茂って果実が実るという樹木の構造が，人間にとって，連鎖と階層からなる構造を直感的に理解できる身近なものであったこと，着彩や装飾次第で簡素にも豪華にも表現可能だったことなどがあげられよう.

✖目に見えないものを可視化する装置　このような知の視覚化が行われた中世のメディアのうち，最も重要なものは，間違いなく写本である．頭の中の思念は，手を動かすことによって可視化された．著者が，あるいは写字生や挿絵師が記したダイアグラムは，挿絵や装飾と同様，記憶の保存と検索を補助し，読者に情報を伝達し，あるいはまた瞑想をうながすために活用された．樹木のみならず，車輪により円環構造を，はしごや塔により高低や上下関係を，船や建築物により内外関係をといったように，さまざまな具象的なモチーフが抽象的な関係性と構造を示すために用いられた．ダイアグラムや図表には，膨大なデータを整理して示す機能に加えて，一見すると単純な形の中に，時間，空間，次元といった複雑な概念を落とし込めるという利点もあった．そのため，前述したフィオーレのヨアキムやビンゲンのヒルデガルトら神秘家の著作の挿絵で，とりわけ多用される傾向がある.

　ダイアグラムや図表の利用は，算術や幾何学，天文学のように，その知の伝達にそもそも不可欠な分野はもとより，旧約聖書と新約聖書の関係を示すタイポロジーのような神学思想やキリスト教の教義を広く伝えるためにも取り入れられた．タイポロジーは左右対称の構図と相性がよく，写本挿絵やステンドグラスの枠の形状に工夫が凝らされた．前述した「エッサイの樹」や王族の系統図が壁画やステンドグラスといった大画面の絵画に表された例は枚挙にいとまがない．建築におけるダイアグラム的表現としては，例えば，ゴシック大聖堂の身廊に床モザイクで表されたラビュリントス（迷路）をあげることができるだろう．ただし，この最後の例のように，その意図や機能が詳らかになっていない例も少なくない.

　このように，中世世界では，大建築物から，それを模した小さな聖遺物入れの工芸品に至るまで，また壁画から写本挿絵に至るまで，さまざまなメディアと方法により，知の視覚化や教義の可視化が試みられた．　　　　　　　　　［久米順子］

死と美術

　死とは何か，死後の世界はあるのだろうか．人類は，この普遍的な問いを神話宗教に託して具現化し，受容してきた．死後世界に関しては，古代エジプトで高度に発達し，古代ギリシアでは哲学的な省察がなされ，古代ローマでは死後世界を否定する立場や無神論など多様な宗教哲学思想が育まれた．一方，北欧の神話伝承も中世キリスト教における死生観と死のイメージ形成に大きく関与した．死者は，常に生者の想像界（イマジネール）という現実の中で生き続けている．

✖先祖崇拝と死者肖像─古代からキリスト教へ　キリスト教が公認，国教化した4世紀以降，死者と生者の関係は共同体へと変容した．埋葬場所を基本的には都市外に置いた古代と異なり，都市や村落内の聖堂やその周辺に死者を埋葬するようになる．とはいえ，先祖崇拝や葬送儀礼の慣習は残存する．

　古代ローマの著述家大プリニウス（23〜79）は『博物誌』（1世紀）の第35巻4〜12において，一族の胸像，デスマスクや肖像画を家屋内に安置する習慣があると伝える．円形盾にはめ込まれた肖像は「イマーゴ・クリペアータ（盾型肖像）」と呼ばれ，故人の顕彰と記念，不滅化の機能を果たした．故人を記憶するマスクは，帝政期エジプトにおいてミイラ肖像として活用され，キリスト教徒も制作したことがわかっている．392年，テオドシウス帝は古代神崇拝とミイラ肖像による祖先崇拝を禁止し，古代地中海世界の死者崇拝の伝統の断絶を試みた．しかし死者肖像は以降，中世の地下水脈を生き続けて墓碑肖像へと継承され，ルネサンス期に開花するのである．

✖死者記念と死後世界の形成　大プリニウスは死についても興味深い記述を残している．生命が死によって更新されるとは戯言であり，天上界での霊魂不滅や下界に幽霊がとどまるなどは，ばかげた空想であるという（『博物誌』第7巻55）．しかし墓碑文から霊魂不滅や幽霊を信じる者たちがいたと知られる．

　死者との共存によって成り立つキリスト教中世では，死者を生ける者としてとらえ，死者供養は入念に制度化されていく．注目すべきは死者の記念日の制定である．これは7世紀，ローマの万神殿パンテオンを寄進された教皇ボニファティウス4世による献堂式（610年5月13日）に始まる．教皇は同神殿を聖母と殉教聖人に捧げてサンタ・マリア・ロトンダ聖堂と命名し，証聖者や童貞聖女も含め一括して死者の記念日が定められた．その後，教皇グレゴリウス4世は，ローマに集う信者たちの食糧を満たすために収穫祭後の11月1日に変更，かつ聖人のみならず誰からも代願されなかった死者たちの魂に祈る日を翌日に制定した．

　この慣習の敷衍にはさらに数世紀を要するが，その過程で重要な契機となった

のは，クリュニー修道院長オディロによる諸聖人の祝日（11 月 1 日）と奉教諸死者の祝日（11 月 2 日）の制定（998）であった．これにはオディロにまつわる幻視が関与しており，煉獄の制定にも関わる逸話である．

　オディロの死後その生涯を綴ったある修道士は，アキテーヌの修道士がエルサレムからの帰途，地中海沖合の島の火炎立ち上る場所で罪人の魂が刑罰を受けているが祈祷すれば，彼ら受刑者の魂も解放されると隠者から聞かされる．12 世紀に成文化される「煉獄（浄罪界）」誕生の素地となった逸話である．この煉獄の入り口はシチリアのエトナ山のみならず，アイルランドのダーグ島にもあった．

　死後世界の形成にはまた，死後世界旅行記が関わっている．ここでは，死後世界旅行記とは黙示文学を基盤とし，奇跡譚や臨死体験的な逸話を包括した物語とする．9 世紀には 8 編，10〜11 世紀には 8 編，12 世紀には 13 編，13 世紀には 12 編ほど数え，ダンテ『神曲』（14 世紀初頭）において頂点をきわめる．現存文書の内，イングランド，アイルランド，スコットランドが 11 点を占め，最も影響力のあったのはアイルランドの『トゥヌグダルスの幻視』（12 世紀）と『聖パトリキウスの煉獄』（12 世紀）である．北方神話における死後世界と死者イメージは，地中海世界のそれと融合してキリスト教中世の死者世界をかたちづくったといえよう．

✖墓碑肖像と葬送儀礼　では，死者を形象化する墓碑肖像と死者への礼節である葬送儀礼はいかに形成されたのか．キリスト教では教義的な問題から三次元の彫像は疎んじられ，個人の墓碑の出現をも阻むこととなった．しかし 12 世紀以降，故人像が線刻や浮彫りされ（図 1），14〜16 世紀には死後の肉体の変化を表現したトランシが流布した．戦争と疫病に苛まれたこの時期，「三人の死者と三人の生者」「死の勝利」「死の舞踏」などのイメージが次々に生まれた背景には，古来の警句「メメント・モリ（死を記憶せよ）」をテーマとした説教文学などの影響があり，「ウァニタス」思想との関係も深まっていく．

図 1　ジャン・ド・フランス（1248 没）のジザン（横臥像）［サン=ドニ修道院聖堂，筆者撮影，1994 年］

　トランシ墓像の流行は長くはなく，特にイタリアでは記念碑的なルネサンス墓碑が造営され，死者を顕彰し記憶するための墓碑の伝統が確立する．一方，フランスおよびイングランド王家においても墓碑のみならず葬送儀礼の刷新が図られた．国王の神格化と顕彰化は，葬儀用演説や葬送行列において明文化され，死すべき肉体の一方で不滅の魂を有する人間の神格化が全面に押し出された．

　最後の審判（公審判）と個人の死際での私審判思想が転換期を迎えた近世以降，死者と生者の乖離は進んでいく．グローバル化とデジタル化の今日，想像界はかつてない広がりを有し，死生学は新たな局面を迎えている．　　　　［小池寿子］

シュジェール

フランス王国の首都パリの近郊にあったサン=ドニ修道院の院長（在位 1122〜51）であり，王国の摂政でもあったシュジェール（図1）の多方面にわたる精力的な活動の中でも，美術および建築の分野において果たした指導的な役割はとりわけ注目に値する.

図1 サン=ドニ修道院聖堂の内陣周歩廊のステンドグラスで聖母の足下にひれふすシュジェール［筆者撮影, 2024 年］

彼は 1122 年修道院長に選ばれると，修道院のさまざまな改革に着手し王国と自身の修道院の関係を緊密なものとするとともに，当時メロヴィング朝のフランク王ダゴベルト1世（在位 629〜639）の時代にさかのぼると見なされていた（実際にはカロリング朝期の建造物）由緒ある修道院聖堂の改築を実現に移す準備を進める. 自身による著作では，キリスト自身が献堂したという伝承のある聖堂の建物を部分的にではあれ破壊せざるを得ない事情に言及して改築を正当化したうえで，その経緯や過程を細かく書き残しており，そのテクストは当時の建築や美術についての理解を深める重要な歴史資料となっている. 新しく建造された内陣の献堂式が 1144 年 6 月 11 日に壮麗に執り行われ，ステンドグラスから注ぐ光で満たされた内陣空間の一体性が体現する様式感覚は，ロマネスクからゴシックへの時代の転換点を示すものとして高く評価されてきた.

シュジェールがイタリアルネサンスの人文主義者の先駆けであり，ゴシック様式の形成に大きく貢献した革新的パトロンとする見方が，特に 20 世紀の後半以降根強く定着した. こうした評価に寄与したのは，主に美術史家 E. パノフスキーの影響力だ. これに対して近年はパノフスキーの解釈を行き過ぎたものとして批判的に再検討し，現存する当時の建築や美術とシュジェール自身の言葉の精緻な分析を通じて，その実像に迫ろうとする動向が顕著となっている. 例えばパノフスキーはシュジェールの美意識について，偽ディオニュシオス・ホ・アレオパギテースの『天上位階論』（5〜6 世紀）に依拠した新プラトン主義的な光の形而上学がその基礎にあるとし，新たな芸術様式の源泉となったと示唆するが，このような見方には特に根拠がないことが明らかになっている. またシュジェールの言葉や彼が関わった作品からは，パトロンとなった建築や美術の形態的革新性にはほとんど関心がなく，むしろ過去の記憶との接続に配慮した伝統主義者としての姿が浮き彫りとなり，さらに現在はマイナーアートとされる，典礼で使用されるさまざまな道具立ての整備に最大限の注意を向けていたことが見えてくる.

［木俣元一］

13章　建築と場所

西洋中世における出来事の多くは，そこに生きた人々が人工的に構築し，あるいは改変させた環境で起こった．日常生活や交易，戦争，宗教活動などは，建築物や都市空間などの場所のあり方と深く結び付いている．人々の思考や行動によって建築や都市が生み出され，あるいは改変されただけでなく，逆に建築や都市空間のあり方がそこに暮らす人々の思考や行動に強い影響を与えた．ヨーロッパ各地に現存する中世の建築や都市は，当時の総合芸術作品としての価値をもち，魅力あふれる文化財であると同時に，歴史を物語る生きた証人なのである．

本章では，西洋中世建築をさまざまな視点から考察する．時期や地域による多様性，中世特有の性質，古代やルネサンスとの連続性と断絶，イスラーム建築との関係性，建築形式の伝達のあり方など，建築文化の全体像を述べるほか，新都市，広場，大聖堂，修道院，宮廷，城，塔など，西洋中世を象徴する建築タイプも取り上げる．さらに，西洋中世建築ならではの材料，構造，建築装飾，キリスト教的な物語性，典礼との関係，再利用材の使用についても論じる．

[今井澄子／伊藤喜彦]

古代の遺産

西洋中世建築は多かれ少なかれヘレニズム世界，そして古代ローマの建築の形態，技術，装飾を引き継いでいる．キリスト教に関係する建造物が中世建築を代表するが，4世紀以降の皇帝らによる大規模の建築事業が，その後の聖堂の形態の基本を導くこととなった．古代の形態を用いつつ，キリスト教的な象徴性による宗教的性格が付与されていく．

✖バシリカ式　バシリカは古代ローマにおける世俗用途の公共建築であり，屋根のある最も大きな建築構造として，集会場所をローマ市民に提供した．通常は柱廊を介して広場に面し，裁判，商取引，そのほかのさまざまな活動の場所であった．その内部構造は，列柱により区切られた大きな矩形のホールであり，特定の用途に限定されない多目的な用途に対応可能となっている．裁判官や都市の権力者が席を占めるポディウム（基壇）が設けられることも多いが，それも必ずなければならないわけではなく，その設置場所もさまざまである．こうした機能の多様性のために，この構造体は重要でありながら，その構造の定義は曖昧であるという特性をもっている．

4世紀，キリスト教徒たちが集まり儀式を執り行う場所として，この世俗建築の形態を採用した教会堂が建築されていった（図1）．ローマ皇帝らの財政援助により，ローマには二つの巨大なバシリカ式の教会堂が建てられる．ラテラノに建てられたローマの司教座聖堂（現在のサン・ジョヴァンニ・イン・ラテラノ聖堂）と，ヴァチカンのサン・ピエトロのバシリカである．ともに後代に大きく改装，建替えがされ，4世紀の状態はとどめていないが，列柱が身廊と左右各2側廊に分けた5廊式の聖堂であり，西側に半円形のアプシスをもつ．

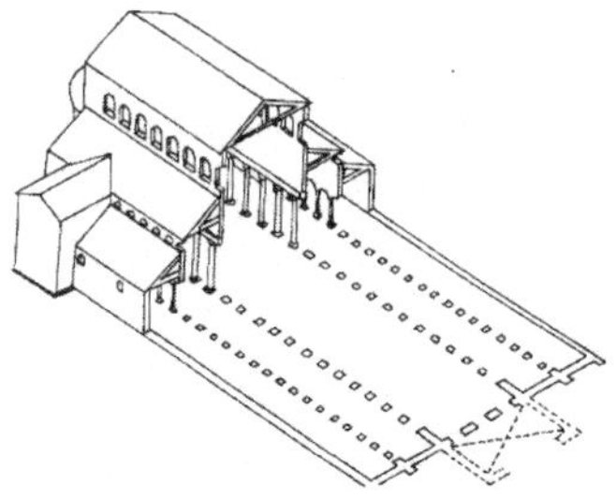

図1　ローマ，司教座聖堂復元図［Krautheimer, 1980］

こうしたバシリカ式教会堂は，世俗バシリカ建築と同様に，内包する空間の巨大さと使われる資材，装飾の豪華さにより空間の価値を顕示する．東西の軸線の重要さと，奥に行くほど場所の聖性が高まるという聖性の空間的ヒエラルキーは，キリスト教礼拝空間としての特性といえる．

✖集中式　円形（ロトンダ式），正方形，八角形などの平面プランをもつ集中式建築は，古代ギリシア後期の円形神殿（トロス），ヘレニズム・ローマ世界のマウソレウム（墓廟）などから引き継がれた．3世紀以降にはローマ帝政期の皇帝

たちの墓としてドームを頂いたロトンダ式の墓廟が成立し（図2），直接的にキリスト教時代に踏襲される．宗教性と葬礼との結び付き，さらには記念碑的性格をもつ建築形態として，マルティリウム（殉教者崇敬の建造物）や洗礼堂に用いられた．古代ローマにおいてもキリスト教世界においても，ドームは天空を象徴する．

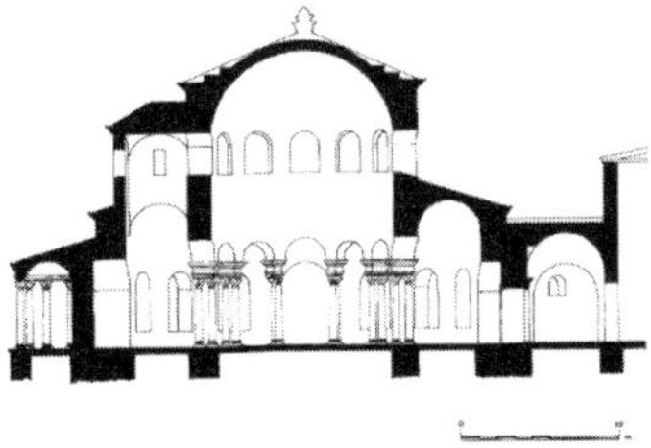

図2　ローマ，サンタ・コスタンツァ廟
［Rasch & Arbeiter, 2007］

エルサレムにコンスタンティヌス帝により建造された聖墳墓教会は，キリストの墓を囲む集中式の聖堂と聖餐式（エウカリスティア）の儀式のための5廊式のバシリカ聖堂の複合体であった．キリストの墓であるモノリスの小建造物を中心とした円形空間を，連なる柱を介して円環状の身廊が囲み，そこを巡礼者が回ることができた．身廊の上階に中央を望むことができるギャラリーがあり，全体はドームで覆われている．

✖古材の再利用（スポリア）と柱　異教の神々への礼拝の場であった神殿が，中世においてキリスト教の聖堂として使われることは大変まれであったが，アテナイのパルテノン，ローマのパンテオン，シラクーサのアテナ神殿など，いくつかの例は知られている．異教神殿は通常は放置され，石材を提供した．

古代モニュメントからの資材の再利用（スポリア）は，地中海交易が希薄となっていった西欧中世において，大理石など石材の不足を補填するために不可欠であり，古代の威光による建物の権威付けという役割も担っていた．特に円柱は，古代から富と権威の象徴であった．バシリカ式聖堂の列柱や集中式の洗礼堂の洗礼槽を囲む列柱などに，神殿や広場などの柱が転用された．1～2世紀が円柱の製造の量的かつ質的な最盛期といえるが，帝国内には標準寸法の単石円柱が量産されており，均質な礼拝空間をつくることができるような大規模な柱の再利用が可能であった（☞「スポリア」）．

聖書にあるように，教徒たちはイエス・キリストという土台の上に建てられた神の建物である（エフェ2：19-22）．そして円柱は，教会を支える十二使徒や福音伝道者たち，さらには聖人たち全体を具現化する存在として解釈された．古代末期から中世を通して，聖堂の身廊や側廊，アプシス周辺，洗礼堂やクリプタなどのさまざまな礼拝の空間が，立ち並ぶ円柱によって飾られた．時にその円柱は膨大な数を数え，そしてその数の多さが建物の権威ともなった．

古代ローマ建築におけるコリント式やコンポジット式の優位性は，中世においても変わらなかった．初期中世を通し柱頭彫刻の制作は続くが，特に地域工房において，古代の規範からの逸脱は不可欠であった．また，円柱の不均質な配置により，中世特有の混成的性格が強い礼拝空間がつくられていく．　［奈良澤由美］

中世建築のかたち

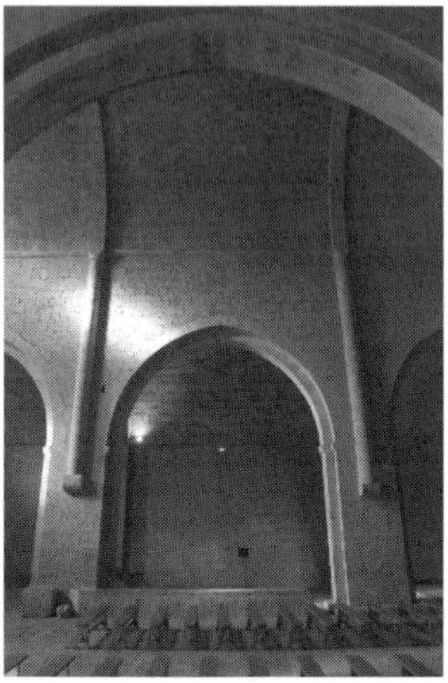

図1 ル・トロネ修道院聖堂内観［筆者撮影，2011年］

中世建築は多様である．例えば，黄金色のガラスモザイクで覆われた，きらびやかな内部空間を誇るモンレアーレ大聖堂（☞口絵）．シチリア・ノルマン王国の栄華を体現するこの建築が着工した1172年頃，パリでは初期ゴシック様式による巨大なノートルダム大聖堂（☞口絵）が建設の只中にあり，プロヴァンスの人里離れたル・トロネでは，無装飾の切石で全体が構築されたシトー会修道院の建設が始まろうとしていた（図1）．ほぼ同時期のキリスト教建築でありながら，三者の構造デザインや装飾プログラムは大きく異なる．一方で，こうした多様性を包含した中世建築には，古代建築や近世建築とは異なる共通の特性も備わっている．中世建築の概要を整理しながら，その多様性と特殊性について考えてみたい．

✖時代区分・地理的広がり・様式 建築は，仮設的なものを除くとほとんど移動せず，構造，材料，機能，風土といった諸条件の制約を大きく受ける．そのため，ある場所で本質的な変化が起こってもその広がりは限定的なものとなることが多く，広がっても広範囲に定着するまでのタイムラグが大きい．西洋中世建築にもこうした特徴が当てはまる．その萌芽はローマ帝国でキリスト教が公認された古代末期の4世紀初頭に見出せるが，古代末期建築から初期中世建築への転換点を明確に定めることは難しい．一方，中世建築の終焉については，イタリアにルネサンス建築が登場し，コンスタンティノープルが陥落する15世紀とされることが一般的だが，地域によっては中世建築的なるものが16世紀以降も残存した．西洋中世建築の地理的範囲としては，ヨーロッパだけでなく，エチオピアやコーカサスといった広域的なキリスト教文化圏内諸地域を含めることができるだろう．これらの建築は，時期や地域，王朝，装飾的特徴などを冠したさまざまな呼称によって分類されることが多い．しばしば○○様式，○○建築という接尾語とセットで用いられるこうしたレッテルが，いずれも便宜的なものであることには留意する必要があるが，大きな括りとして頻用されるのは以下の呼称である．

「初期キリスト教建築」は5～6世紀頃までの建築を指す用語である（☞「古代の遺産」）．6世紀中葉，とりわけユスティニアヌス帝以降の東ローマ帝国の建築は「ビザンティン建築」と呼称される．イコノクラスムと第4回十字軍によるコ

ンスタンティノープル陥落を境に初期（6〜8世紀），中期（9〜12世紀），後期
（13〜15世紀）に大別される．一方，西欧では10世紀末から12世紀まで「ロマ
ネスク建築」が主流となり，12世紀後半から14〜15世紀まで「ゴシック建築」
がこれに取って代わる．それぞれ初期，盛期，末期に分類されることが多いが，
地域差が大きく，移行期には複雑な混交も見られる．上記の大区分から漏れ落ち
てしまうロマネスク以前のおよそ6〜10世紀の西欧建築は，総体としては「プレ
ロマネスク」「初期中世建築」などの名で呼ばれるが，各領域の政治支配体制に
応じて「カロリング」「アングロ・サクソン」「アストゥリアス」など細分化され
た呼称をもつ．なお，中世建築の多くは，断続的に再建，改築されたもののう
ち，たまたま後世の増改築や破壊を免れたものだという点には注意が必要であ
る．新築かつ短期間で完成した建築で現存するものはむしろ例外なのである．

✄中世建築を建てた人々　中世建築を構想し実現に至らせた人々については不明
な点が多い．相対的に記録が多いのが王族，貴族，高位聖職者などの施主関連で，
過去の栄光（時に想像上の）を讃えること，あるいはそれを超えることが，優れ
た建築を建てる目的となっていた様子が史料からうかがえる．設計，施工を担っ
た棟梁や職人たちについてははるかに情報が少ない．ゴシック期になると少数な
がら図面が現存し，また建設現場を描いた絵画が写本などにみられるが，建築家
が芸術家，知識人としての職能を確立するルネサンス期以降と比べると，中世建
築を建築家個人の作品と見なすのは難しい（☞コラム「ペーター・パルラー」）．

✄中世建築の用途　用途からみると，現存する中世建築の大半は，キリスト教の
聖堂とその附属関連施設である．聖堂は教会組織内での位置付けによって種類が
分かれており，カトリック圏では，主要都市にあって周辺地域を管轄する本部の
役割を果たす大聖堂（カテドラル），大聖堂の管轄下に設置される教区聖堂，修
道院の聖堂，城や施療院などに附属する礼拝堂などがある．聖堂にはさまざまな
施設が付設されていた．代表的なものとしては洗礼堂，殉教者記念堂（マルティ
リウム），鐘塔，回廊などがある．キリスト教以外の宗教建築はほぼ現存しない
が，イベリア半島に残るモスクやシナゴーグの遺構など例外もある．宗教建築ほ
ど大切に保全されてはこなかったが，防衛機能を担った城砦や市壁も，ヨーロッ
パ各地にその痕跡を残す．防衛拠点以外の邸館や宮殿となると事例はより少な
く，大半は中世後期のものである．イタリア半島中北部や低地地方など，商業と
自治の発達が早かった都市には，市庁舎などの行政施設や商館が残り，その前面
の広場とともに中世市民生活の空間を今に残す．また，新都市も建設された（☞
「新都市建設」）．より小規模な都市住宅や農村部の民家は，雑木や日乾し煉瓦な
どの手近な材料で建てられており，耐久性やモニュメント性が要求されていな
かったので，中世にさかのぼれるものは少ないが，都市部では敷地割や街路の形
状などの都市組織，農村部では建築類型や土地利用に中世の痕跡をみとめること

ができる.

✖恒久性を求めて　雨風をしのぎ必要な機能を満たす以上の何かが求められた時, 宗教建築のような世代を超える建築は恒久的であることを目指すようになる. また, 中世においては戦乱や火災による物理的破壊は日常茶飯事であったから, 重要度の高い建築には頑強さや耐火性が求められた. 北欧や東欧には完全な木造聖堂もあるが, 現存する中世キリスト教建築の大多数では, 天井は木造でも壁や柱は石造や煉瓦造である. 近世民家に多く見られる木骨を組んだ壁や木の柱もほぼ見られない. 小規模なものであれば, 天井に石や煉瓦でヴォールトを架けた事例は初期中世から散見される. また, 中世を通じて建て替えや改修の際に木造天井がヴォールト化される事例が各地で見られる. このように, 中世において多くのモニュメントが石や煉瓦を主たる材料とした組積造で建設されたのは, それが建築の恒久性を担保する最も一般的な手法であったからであろう.

✖広さや高さの追求　一部の中世建築では, 大胆な空間が安定した構造に優先され, 必要十分な機能を超えた巨大なスケールが追求された. 竣工から約20年後に天井が一部崩落し補強工事を行った6世紀コンスタンティノープルのハギア・ソフィア大聖堂（図2）や, 崩落事故によって設計変更を迫られた13世紀のフランス北部ボーヴェー大聖堂などが有名だが, ほかにも野心的な設計がたたって工事中や竣工後に修理や補強を迫られたという記録は少なくない. こうした試行錯

図2　ハギア・ソフィア大聖堂内観（イスタンブル）［筆者撮影, 2023年］

誤の中から, 建築の広さや高さを実現するためのいくつかの重要な工法が発達し, ゴシック建築でその技術は一つの極点に達した. 半円形のアーチやヴォールトに比べて荷重を鉛直方向に伝えやすい尖頭アーチや尖頭交差ヴォールト, 高い壁を安定させるための控え壁（壁から直角方向に突き出た補助壁）や飛梁（ヴォールトの重みを外側の控え壁に「飛ばす」かのように伝えるアーチ状の部位）は, 13世紀前半の北フランスで競うように建てられた巨大なゴシック建築群を可能にした. またイタリア半島中北部やフランドルなど一部の地域では, 高い塔を建設することがステイタス・シンボルとなった. 聖堂に付設された鐘楼や採光塔, 城砦や市壁の各所に設けられた塔とともに, こうした塔群は中世都市に特徴的なスカイラインを形成した.

✖光の探究　広大な内部空間やそびえ立つ塔の建設は技術的には挑戦だが, それは中世建築にみられる一つの傾向にすぎない. 聖堂建築の場合, 外光をどう効果的に取り込み, 内観意匠を際立たせるかという点は, 巨大さよりも普遍的なゴールであったように思われる. 大きな窓でふんだんに採り入れた光をステンドグラ

スによって色彩の文様と絵物語の舞台にしたのがゴシック建築である．パリのサント・シャペルは内部空間を色彩と光で覆い尽くし（図 3），イギリスの装飾式ゴシックは，トレーサリー（装飾的な窓枠）とステンドグラスのコントラストを利用して複雑な明暗の万華鏡をつくり出した．ただ，中世建築が常により明るい堂内を目指していたとはいえない．石造天井を架け，分厚い壁に小さな窓を穿ったカタルーニャ地方の初期ロマネスク建築カルドーナのサン・ビセンス聖堂やル・トロネのシトー会修道院聖堂では，薄暗い堂内に差し込む光が強い印象を残す．闇があっての光なのである．

図 3　パリのサント・シャペル内観
[嶋﨑礼撮影，2017 年]

✶空間と表層の複雑化　中世建築はまた，性質の異なる複数の空間を融合し，時に彫刻，絵画，モザイク，スタッコなどによる装飾の助けを得て，より複雑な空間と表層をつくり出した．こうした複雑化がみられる部位やその手法は時代や地域によって異なるが，特に盛期ロマネスク以降の開口部の重層的デザイン，複数の小祭室を備えた後陣のヴォリューム，末期ゴシックの天井（図 4），塔頂部，階段には技巧的な事例が多くみられる．一方，とりわけ初期中世までの建築に散見されるスポリアの多用や（☞「スポリア」），一つひとつ異なったロマネスク建築の柱頭群も，賑やかで大らかな中世建築の魅力をつくり出しているといえよう．

図 4　ケンブリッジのキングス・カレッジ礼拝堂．天井見上げ [筆者撮影，2007 年]

✶無名性と個性　数としては大半を占める小さな町や村の聖堂，放棄された修道院，城跡などは，必要な機能を満たすために限られた予算で建設されたもので，簡素なものが多いが，辺鄙な丘上や山間の土地に今なお凜として建つ中期ビザンティ

図 5　コルシカ島シスコのサン・ミケーレ聖堂（写真中央）[河島思朗撮影，2017 年]

ンや初期ロマネスクの小聖堂には，華やかな都市の大聖堂とはまた異なった魅力がある（図 5）．逆に，前述のハギア・ソフィア大聖堂のほか，アーヘンの宮廷礼拝堂，イタリア半島南部のカステル・デル・モンテ城など，強い理念と嗜好をもった施主によって比較的短期間で建設され，後のルネサンス建築にも通じるような明快な構成をもつ事例も存在する．前者の無名性と後者の個性，そのいずれもが，中世建築の多面的な姿を示しているのである．　　　　　　[伊藤喜彦]

建築形式の伝達

　絵画や工芸作品とは異なり，西洋建築の多く
は移動(移築)が困難である．それ故建築形式の
伝達においては「人の移動」が重要となり，聖地
巡礼や十字軍遠征による異文化接触が大きな影
響を与えたといえる．ケンブリッジの聖墳墓記念
聖堂が好例であろう（図1）．集中式プランを採
用し，ドームを戴くケンブリッジの円形堂は，第1
回十字軍の後，キリストの墓を覆うエルサレムの
聖墳墓教会アナスタシス円形堂(以下，アナスタ
シス円形堂)を模して建設された(Krautheimer,
1942)．以下，中世における人の移動，主にローマ巡礼とサンティアゴ・デ・コン

図1　《ケンブリッジの聖墳墓記念聖堂
　　（円形教会）内観》(1805) の銅版画
　　［Krautheimer, 1969］

ポステラ（以下，サンティアゴ）巡礼，および武器を携えたエルサレム巡礼とし
ての十字軍に注目し，空間構成と構造技術，建築様式の伝播について概観する．
✖バシリカ式聖堂　初期中世，特にカロリング朝時代に手本とされたのは，初期
キリスト教時代に建設されたローマ，ヴァチカンのサン・ピエトロ旧聖堂（現存
しない）であった．313 年，ミラノ勅令によってキリスト教が公認された後，
ローマ帝国では主に二つのタイプの教会堂がつくられた．バシリカ式聖堂と集中
式聖堂である．それぞれ聖ペテロ，聖パウロの墓の上に建設されたヴァチカンの
サン・ピエトロ旧聖堂，サン・パオロ・フオーリ・レ・ムーラ聖堂では，入口か
ら祭壇に向かって水平方向に空間が広がり，身廊（中央空間）の側壁を巨大な円
柱列が支えるバシリカ式の空間構成が採用された．二つのバシリカ式建築に共通
しているのは，身廊と交差廊という二つの直方体空間を直交させ，T字型のプラ
ン（ローマ式平面型）を採用している点である．石造のドームやヴォールトでは
なく，軽量な木造天井が用いられた．身廊側壁の高い位置にある窓（クリアス
トーリー）から光が差し込み，旧約聖書と新約聖書，聖人伝などの連続する物語
場面を描いた内壁のモザイク画を明るく照らし出していた（☞「建築とナラティ
ヴ」）．初期中世においては，教義を伝える手段としてバシリカ式聖堂の壁画が積
極的に用いられたため，ローマ巡礼および教皇庁との外交関係によって，この空
間構成は主に西欧に伝播し，フランク王国および神聖ローマ帝国において多数の
複製建築がつくられた．ドイツのヘルスフェルト修道院聖堂（廃墟），カタルー
ニャのリポイ修道院聖堂などが現存する作例である（小倉，2004）．
✖集中式聖堂　4 世紀以降，東方（ビザンティン帝国の支配領域）では，主に集

中式の教会建築が発達した．エルサレムのアナスタシス円形堂がその起源である．円形プランを採用し，円の中心に位置するキリストの墓から天に向かう垂直の軸線，巨大なドームを戴く吹抜け空間が印象的な記念碑的建築である．コンスタンティヌス大帝が建設させた第1次聖墳墓記念聖堂は初期中世におけるエルサレム巡礼の最も重要な目的地であったが，11世紀初頭にファーティマ朝のカリフによって完全に破壊された．このことが十字軍遠征の動機の一つとなった．同時期に西欧全域でアナスタシス円形堂の複製建築が建設され，ドームと吹き抜け，円形または正多角形プランを特徴とする集中式聖堂の空間構成が伝播した．イングランドではケンブリッジ，ノーサンプトン，フランスではランレッフ，ヌーヴィ=サン=セピュルクル，ドイツではパーダーボルン，ヘルマルスハウゼンなどに複製建築がつくられた（小倉，2007，☞「エルサレム」）．こうした直接的な模倣作品以外の面でもロマネスク様式の建築は，エルサレム巡礼と十字軍による「人の移動」に大きな影響を受けている．ドーム，高窓列，環状の階上ギャラリー，周歩廊と円柱列という多層構成が教会建築の内部立面として多用されたのは，失われたエルサレムの聖墳墓記念聖堂へのオマージュであったと考えられる．11世紀以降，ビザンティン皇帝と十字軍士によって再建されてからも，聖墳墓記念聖堂の空間構成は西欧に大きな影響を与え続けた．ゴシック建築の内部立面における多層構成は，十字軍とエルサレム巡礼を時代背景としていたと考えるべきであろう．

⌘石造ヴォールト　12世紀はロマネスク様式が発展し，イル=ド=フランス地方ではゴシック様式が誕生した時代である．11世紀以来の農業革命と人口増加，都市と商業の発達，レコンキスタと十字軍による西欧世界の拡大などを時代背景として，建築も劇的な変化を遂げるに至った．木造天井から石造のヴォールトへと置き換えられたのである（☞「ヴォールトとドーム」）．初期中世のアストゥリアス建築やカタルーニャの初期ロマネスク建築において，すでに石造のトンネル・ヴォールトが用いられてはいたが，西欧のほかの地域では一般的ではなかった．石造天井の技術が広範な地域に伝達されるのは，聖地巡礼や商業の発達によって「人の移動」が活発化する11世紀後半以降である．建築技術の発達や伝播に寄与したのは，技術者が移動するための交通網の整備であった．巡礼路や商業路，とりわけサンティアゴ巡礼路が果たした役割は大きい．ロマネスク期のライン川流域やロンバルディア地方では交差ヴォールトが伝播したのに対し，ブルゴーニュではトンネル・ヴォールト，12世紀後半以降のイル=ド=フランスではリブ・ヴォールトが一般化した．ゴシック様式の多層構成の立面，尖頭アーチとリブ・ヴォールトの使用など，新たな技術と様式の急速な伝播は，大開墾時代と商業復活の時代に「道」が拓かれ，非戦闘員である建築工匠・職人が比較的安全に移動できるようになったことに起因していたのである．　［小倉康之］

イスラーム建築とキリスト教建築

　イスラーム建築とキリスト教建築は，それぞれの宗教が展開した土地の土着の伝統や素材を取り込みながら発展したが，古代ローマ建築の継承者という共通項を有する関係でもある．「イスラーム建築」「キリスト教建築」という言葉は，①モスクや教会堂といった宗教的用途をもつ建築，②注文主の宗教的属性，③建築家や工匠の宗教的属性，④技法や装飾体系の由来など，異なるレベルの事柄を指すものとして用いられる．本項ではすべてを含む広い意味でこれらの語を用いることとし，地中海圏の建築に焦点を絞って，両者の影響関係を概観する．

✖イベリア半島　同地では，8～15 世紀までイスラーム勢力が命脈を保った．11 世紀頃まではコルドバを首都とする後ウマイヤ朝が権勢を誇った．後ウマイヤ朝の歴代君主が順次拡張したコルドバの大モスク（メスキータ）では（☞口絵），ミフラーブ（メッカの方角を指し示す壁龕）の装飾のためにビザンティン帝国から職人が招来され，アラビア語銘文や植物文様というイスラーム建築に伝統的なモチーフを，正教徒の職人が，金地モザイクというビザンティン美術の技法で設えた．一方，イスラーム支配下のキリスト教徒は，教会堂の新築が禁じられ，改築にも許可が必要だった．

　11 世紀以降にキリスト教諸王国が優勢になると，今度はキリスト教徒の君主のためにムスリム（イスラーム教徒）の工匠が仕事をするケースが増大した．イスラーム趣味で知られたカスティーリャ王ペドロ 1 世が造営させたセビーリャのアルカサル（王城）は，同時代のイスラーム宮殿であるグラナダのアルハンブラと多くの共通点を有する．

　当該地域の支配者の変更に伴う，教会堂からモスクへ，モスクから教会堂へという転用例も数多い．図 1 は，古都トレドで 999 年に建造された私的な小モスク（図 1 右側）である．聖ヨハネ騎士修道会の所有となった 12 世紀に，レンガ造で半円形のアプシス（後陣）

図 1　クリスト・デ・ラ・ルス教会堂，トレド［筆者撮影，2012 年］

が東側に増築され（図 1 左側），内部にロマネスク様式のフレスコ画が描かれた．
✖イタリア　ラテン・カトリック文化，アラブ・イスラーム文化，ビザンティン文化が融合した例として名高いのが，ノルマン朝時代のシチリア島の建築である．パレルモの王宮付属礼拝堂では，ビザンティンの金地のモザイク壁画に，イ

スラーム建築の技法による精緻な木組天井，幾何学文様の色石による舗床モザイクが組み合わさり，絢爛豪華な空間が創出されている．市内のサン・カタルド，ラ・マルトラーナ，サン・ジョヴァンニ・デリ・エレミティの各聖堂やジーザ宮殿，近隣のモンレアーレ大聖堂など，パレルモ周辺にはアラブ・ノルマン様式の作例が多く現存する．これらはカトリックの君主がムスリムや正教徒らの職人に建てさせた例である．

　イタリア半島の方に目を向けると，例えば海洋公国として栄えたアマルフィの大聖堂に，ビザンティン建築やイスラーム建築の影響が顕著である．9世紀から長きにわたり増改築が重ねられた結果，様式的にさまざまな建築様式が混在している．十字軍後の東地中海に覇者として君臨したヴェネツィアにも，交易を通した異文化交渉の痕跡がうかがえる．

✖十字軍　11世紀末から約200年続いた十字軍によって，地中海東部に西欧の建築様式がもたらされた．1291年以降モスクに転用されたベイルートのウマリー・モスクの前身は，12世紀にロマネスク様式で建てられた聖ヨハネ教会堂である．20世紀後半のレバノン内戦による被害を受けて修復された．

　カイロのナースィル・ムハンマド学院には，十字軍時代のゴシック聖堂扉口がアッコから移築されている．これは十字軍後に，マムルーク朝軍が「敵」に対する勝利を記念して行ったスポリアの例といえよう（☞「スポリア」）．

　騎士，聖職者，商人，巡礼者ら，エルサレム巡礼を果たしたヨーロッパからの旅人は，聖地の記憶を建築の形でもとどめようとした．十字軍への参加経験を示すためにラクダなどヨーロッパに生息しない東方の動植物が装飾モチーフに選ばれたり，エルサレムの聖墳墓教会のロトンダを模した集中式教会がヨーロッパ各地に数多く建てられたりした．スペイン北部にあるトレス・デル・リオのサント・セプルクロ聖堂では，イスラーム建築に特徴的な架構方法であるアーチ・ネットで中央のドームが支えられている．

　イスラーム建築とキリスト教建築の相互影響は，一部の城砦建築に指摘される．イスラームの庭園，隊商宿，邸宅の構造を残す建築も南欧に残る．しかし建築に求められる宗教的機能や気候などの違いから，両者の影響関係は，概して技法や装飾の模倣，流用にとどまったといえるだろう．ヨーロッパ建築へは，ムスリム職人が得意としたレンガ造，漆喰装飾，幾何学文様や植物文様などが導入された．イスラーム建築のタイルを用いた壁面装飾はポルトガルのアズレージョへ，製陶技術はマニセス焼きやマヨリカ焼きへと展開した．また，木組天井は大西洋を越えて新大陸のバロック建築に引き継がれた．ただし，そうした技術や文様がどこまでイスラーム起源のものとしてキリスト教徒間で認識されていたかは単純化できず，個々の作例を丁寧に検証する必要がある．　　　　　　［久米順子］

中世建築からルネサンス建築へ

　西洋建築様式史の一般的な説明では，中世建築とルネサンス建築の間に一つの断絶をみる．さらに，中世あるいはそれをモデルとする中世主義（例えば，ゴシック・リヴァイヴァル）と，古典古代（ギリシア・ローマ）あるいはそれをモデルとする古典主義（ルネサンス，バロック）は異なる潮流として理解されている．それら二つの流れを規定するための物差しの一つが，「建築オーダー」という造形システムである．それは古典（主義）建築に特徴的な，柱や梁の寸法，装飾などの規則のことであり，それぞれにドーリス式やコリント式などと呼ばれる．

　したがって，中世建築とルネサンス建築との違いは，前者の古代建築との異質性，後者の親和性を強調することで示されてきた．確かにルネサンスの本質は，古代建築を規範とし，それを再生，復興しようとする運動ではあるが，時間軸で考えると中世からルネサンスは連続的な流れであり，当然ながら無関係ではない．とりわけ近年は，ルネサンス建築における中世的伝統の根強さが強調されることが多くなっており，われわれの歴史観は変化し続けている．それだけでなく，当時の人たちの歴史観もまたわれわれとは大きく異なる．例えばルネサンスの人たちにとっての「古代」は現在一般的に認識される古代とは一致しない．

　✖ルネサンスにおける歴史観　ルネサンスにおけるキリスト教建築の受容と評価は，その時代の建築家の過去や古代に対する理解を教えてくれる．とりわけ 15 世紀イタリアを彩る建築家は，古代ローマ建築の形式や装飾を受け継いだ教会堂建築の形式や形態を積極的に参照していた．例えば，ジュリアーノ・ダ・サンガッロが古代建築のスケッチとしてまとめた素描集には古代ローマの遺跡だけでなく，古代末期から初期キリスト教の建築，さらには中世の教会堂や礼拝堂，洗礼堂まで含まれる．研究者たちはさまざまな視点からその現象を説明してきた．ルネサンスにおいては，これらのキリスト教建築の宗教性が，政治的，社会的な「ふさわしさ」をもつため，建築家たちが意図的にそれらをモデルとしたという説もあれば，単にそれらを古代ローマ建築と誤解していたという説もある．

　いずれにせよ，彼らにとって建築創作のよりどころとするべきものが教会堂なのか，神殿なのか，真正な古代建築なのかはそれほど大事ではなかった．擬古的なものや「不純な古代」のものであっても，建築の形態や細部のレパートリーにできるかどうかでモデルを選んでいたと考えられる．16 世紀になると古典主義的傾向は強くなる．古代ローマの建築技師ウィトルウィウスが著し，古代ギリシア・ローマ建築の実態と造形原理が記されたルネサンス建築家必携の建築書『建築十書』（紀元前 20 頃完成）の翻訳，註解がなされ，古代遺跡や遺物の考古学的

図1　左　サン・ミニアート・アル・モンテ聖堂ファサード［筆者撮影，2015
年，フィレンツェ］
右　アルベルティによるサンタ・マリア・ノヴェッラ聖堂ファサード［筆者
撮影，2009年，フィレンツェ］

ともいえる検証が進むにつれて，何が古代ローマ建築なのか，何がモデルとされ
るべき建築なのかが限定的になったためである．例えば，美術史の父ヴァザーリ
がまとめたルネサンス期の芸術家の鮮やかな群像『芸術家列伝』（1550）は16世
紀の芸術を頂点ととらえる古典主義への賛美が見られる．そのためヴァザーリが
ゴシック建築を芸術的発展における未熟な段階と見なしていたのは確かである
が，その技術的な側面や革新性を評価する姿勢も見せていた．また，正統的な古
代建築の継承者として建築史に君臨するパッラーディオの建築書『建築四書』
（1570）は，古典主義建築の教科書的性格をもつ．しかしながら，そのパッラー
ディオでさえも，初期キリスト教時代の宗教建築を古代神殿と同列に扱ってお
り，ローマ絶頂期に建てられた皇帝のモニュメント群のみを古代建築と考えてい
たのではなかった．

✖ケーススタディとしてのアルベルティ　15世紀イタリアにおいて，並ぶもの
のない万能人として活躍したアルベルティは，文学から芸術論（絵画，彫刻，建
築）まで多彩な書物を著す一方で，時代を象徴するモニュメントをイタリア各地
で手掛けた．『建築十書』に倣ったアルベルティの『建築論』（1485）は，ルネサ
ンス建築における古典主義の船出を祝う記念的作品として知られる．しかしそこ
で展開されるのは，古代建築とウィトルウィウスへの賛美だけではなく，社会を
構成するすべての建築への批評と，創作と過去や伝統の継承の共存である．

　建築書を著した後に建築設計に手を染めたアルベルティは，古典古代からゴ
シックまでの建築のあらゆる伝統に豊かさを見出す建築家となった．彼の建築に
は，中世建築からの明らかな引用が見てとれる（図1）．そのほかの作品でも，
中世の教会堂の内部の空間構成，建築細部を創作の源泉とした．アルベルティに
とっては，古代礼賛と中世的伝統は相反するものではなく，その混交が新しい創
作の鍵でもあったと考えられる．　　　　　　　　　　　　　　　　［岡北一孝］

材 料

西洋建築の代名詞ともいえる材料が石であるが，中世世界における建設材料は多種にわたっており，その用いられ方も時代と地域によってさまざまである．

✖石，煉瓦，モルタル 中世における石造建築は基本的に湿式つまりモルタルを用いて石材を接着する方式で建てられる．建設に供される石材は，堆積岩では石灰岩や砂岩，火成岩では花崗岩や凝灰岩などが一般的であり，さらに同種の石でも産地や堆積層によって性質（硬度，肌理，含有物など）や外観を異にする．運搬費用の観点から地元産の石材が好まれる傾向にあったが，彫刻や特殊な形状の部材に適したものを取り寄せることも間々あり，優れた石材は川や海路で比較的遠方まで輸出されることもあった．

初期中世の多くの壁や安価な壁は比較的小さい不定形の割石や粗く成形された石材によって構成される．このような壁では補強のため，柱や控え壁，隅角部に切石が配されることが多い（図1）．フランスでは壁面全体が切石でつくられるようになるのはおよそ1020〜30年頃であるが（Vergnolle, 1996），それでも切石は壁の表面のみであり，両側に積んだ2枚の切石の外装の間に割石や石灰モルタルを混ぜ合わせた充填物を挟んで1枚の壁をつくり上げるのが一般的である．この構法

図1 サン=レミ修道院教会堂，ランス（1049年献堂，12世紀末改造）［筆者撮影，2013年］

は中世を通じて基本的に変わらない．サン=ブノワ=シュル=ロワール修道院教会堂の鐘楼玄関（1026〜50年頃）のような権威ある建物では切石の精度が高く，モルタル目地は薄い．

土を成形して焼くことでつくられる焼成煉瓦は壁に加え屋根瓦，床の敷石，管などにも使われ得るが，その使用規模は地域によって異なる．古代ローマでは煉瓦がしばしばコンクリートの永久型枠として大量に用いられていた．中世に入ると建設資材としての煉瓦の生産は縮小するものの，古代の遺構から煉瓦を再利用（スポリア）することは（☞「スポリア」），各地で行われた（例：セント・オールバンズ大聖堂〈1077年着工〉）．一方でトゥールーズのように11世紀頃から煉瓦を生産し，サン=セルナン聖堂（1096年献堂）のようなモニュメントを築いていた地域もある．12世紀以降はフランドルからバルト海沿岸にかけて煉瓦ゴシックと総称される様式が発展した．

　モルタルは泥，石灰（炭酸カルシウムを原料とする），石膏（硫酸カルシウム）などを主成分とし，水や砂を混合して得られる．石灰モルタルは泥や石膏を主成分とするモルタルよりも湿気に強く耐久性に優れることから，石材の接着のため多く用いられた．

✖金属，ガラス　石材同士を緊結する短い鎹や太柄としての鉄は，中世を待たず古代ギリシアでも使用されていた．長い棒状の部材としては，すでにアーヘンの宮廷付属礼拝堂（805 年献堂）の壁体内部の数箇所にわたって埋め込まれていたことが報告されているが（Sapin & Heber-Suffrin, 2021），その重要性が飛躍的に増すのは開口部が拡大し柱の断面積が減少するゴシック期であり，開口部の補強，壁体の強化，ヴォールト起点の間隔保持材などの役割を担った．ソワッソンのサン=ジェルヴェ=サン=プロテ大聖堂の南袖廊（1176 年頃着工）にはそのような鉄の棒材が現存する．12 世紀後半には水力ハンマー，中世末期には高炉が発明され，製鉄工程が効率化した．

　鉛は銀の精製過程で副産物として得られるが，融点も低く，柔らかいため加工が容易である．屋根葺材や雨樋，装飾，ステンドグラスの鉛線などとして重宝されたほか，鉄材を石材内部に埋め込む際の保護材や，モルタル接合部の代用としても用いられた．

　ガラスはガラスモザイクやステンドグラスとして使用されることで内部空間の印象を大きく左右する．窓ガラスは古代ローマ時代にはすでに存在したが，製造過程で金属の酸化物を加えることによって着色する技術は近東，シリア，ビザンティンに発祥し，イタリアやフランス，ブリテン諸島へと伝えられたとみられる．

✖木　ヨーロッパ西部ではナラやブナなどの広葉樹，北部ではトウヒやモミなどの針葉樹，中部，東部では両者が，主な建設用木材となった．中世には人口増加と農業技術の進展に伴い土地の開墾が進められ，森林面積は減少した．しかし良質の木材が豊富に産出した北欧やポーランド，中央ヨーロッパの山間部では木造の教会堂も多く現存し，なかでも北欧のスターヴ聖堂と呼ばれる教会堂の類型はよく知られている．

　石造の教会堂が一般的な地域でも，防御性を重視した城塞や富裕層の邸宅を除き，農村と都市の住宅の多くは木造であった．木骨によって軸組を構成し，隙間を煉瓦や土壁で充填する都市住宅の構造はハーフティンバー（英），パン・ド・ボワ（仏）などと呼ばれ，現在でもドイツやフランスの地方都市にその古い街並みが残されている．また，建物の主構造が石造であっても，屋根の小屋組や床，家具，調度品，建具には木材が多く使われたことや，建設現場における足場や梯子，クレーンなどの器械，桶，アーチの仮枠などがすべて木でできていたことを考えれば，中世の町において木材は非常に重要な位置を占めていたといえる．

[嶋﨑 礼]

スポリア

　古代末期のローマ帝国では，伝統的なオリュンポスの神々に対する信仰からキリスト教の信仰への，宗教的な大きな転換が起こった．そのことは建築の観点から見たとき，キリスト教の聖堂建築という新たな建築類型が登場したことに加えて，それまで重要な宗教施設だったギリシア・ローマの神々に捧げられた神殿が不要なもの，あってはならないものに転じたことを意味していた．

　無用の長物となり，法的にも不用意な出入りが禁じられた神殿建築は，解体されたり，改修されて別の用途へと転用されたりしていった．その際に重視されたのが，神殿を美しく装飾していた彫刻や大理石の円柱などの要素である．古代末期の人々は新たな建設工事に際して，使用停止となった神殿を始めとする建物や放棄された建設現場などから彫刻部材や大理石円柱を持ち去り，別の建築で再利用するということを頻繁に行ったのだった．

✖ 16 世紀に批判されたスポリア　ルネサンス期の芸術家，美術史家のジョルジョ・ヴァザーリは，古代末期のこうした部材再利用を略奪品を意味するスポリア（伊：spoglie）と呼んだ．ローマ帝国の衰退とともに優れた建築家や彫刻家がいなくなり，目の前にあった盛期古代の名建築から円柱の柱身や柱頭，そのほかの装飾を剥ぎ取ってきて転用したのだと，ヴァザーリは非難する．この言葉には，略奪（羅：spolia）行為によって盛期古代の名建築が台無しにされた（英：spoil）という批判の意図が込められていた．

　例えば彼は，帝都ローマのコンスタンティヌスの凱旋門は，トラヤヌスの神殿のために制作された大理石彫刻を始めとして，ローマ各地から寄せ集めた転用品によってつくられており，コンスタンティヌスの時代には，もはや彫刻術そのものの質が失われつつあったと確信せざるを得ない，とまで断言する．16 世紀のヴァザーリにとって，4 世紀のコンスタンティヌス帝の治世は，すでに衰退の中世の始まりという認識であった．当時建設されたサン・ピエトロ旧大聖堂を始め，その後，初期中世に建設されたサン・ロレンツォ・フオーリ・レ・ムーラ聖堂も，サンタニェーゼ・フオーリ・レ・ムーラ聖堂（図 1）も，ほとんどスポリアでできていたと，ヴァザーリは強い口調で批判したのだった（ヴァザーリ，2014）．

図 1　サンタニェーゼ・フオーリ・レ・ムーラ聖堂（ローマ）［筆者撮影，2018 年］

✖スポリアが生み出す多様性　実際，都市ローマでは，古代末期から初期中世にかけて，スポリアの円柱を用いたキリスト教バシリカが数多く建設されている．これらの建築は，ルネサンス以降の価値観の中では中世の衰退を示すものとされ，ほとんど無視されてきた．その背景には，ルネサンス期におけるオーダー概念の発明もあっただろう．ルネサンス人たちは，盛期古代の円柱をスポリアとして物質的に再利用するのではなく，秩序を意味する「オーダー」という概念で整理し，デザインとして再生産することで，ルネサンス建築を発展させたからである．

　オーダー理論に基づき，理想的な古代の円柱を再現するルネサンスの設計手法においては，完全に統一されたデザインの円柱を建築空間の中に並べていくことが可能であった．それに比べた時，使われなくなった建物から奪い取ってきた再利用円柱をパッチワーク的に用いるスポリアの手法では，円柱の石材の材質や色合い，その表面の仕上げはもちろん，ドリス式，イオニア式，コリント式などで知られる柱頭の彫刻様式までもが同じ建物の中で混在し，質感やデザインの多様化をもたらした．無論，建物を新たに建設するためにはスポリア材だけでは不可能で，新たに切り出してきた石材や煉瓦も用いられたから，異なる時間性を内包する建築が出来上がることになったわけである．オーダー理論に基づいて古代の建築デザインを再生し，統一感ある真新しい建築を生み出したルネサンス人から見たとき，素材も様式も時間性までもが混在するスポリアを用いた古代末期や中世の建築が，批判の対象となったことは想像に難くない．

✖スポリアの意義　だがルネサンスの色眼鏡を外してみれば，スポリアが生み出す多様性にこそ，中世建築の豊かな美学が色濃く表れている．そうしたスポリアの再評価が美術史や建築史の世界で始まったのは，ようやく20世紀末になった頃のことであった．近年の研究では主に，スポリアの二つの側面が評価されてきた．一つは，再利用の実用性である．目の前にある廃墟を自然地形や石切場のように見立て，便利だから利用するという即物的な側面は間違いなく存在した．その場合には大理石円柱のような美しい部材ばかりでなく，使える石材は何でも使ってしまうという事例が多く見られる．もう一つは，再利用される装飾の美しさ，素材の貴重さ，部材の来歴など，スポリアそのものに芸術的価値や歴史的価値を見出すような文化的な側面も重要であった．

　スポリアを，単なる部材の再利用のこととらえれば，そうしたやり方は歴史の中で多様な文化圏に見られる手法であった．だがその否定的な命名や，歴史的な評価を考えると，それはまさに西洋中世文化を象徴的に体現するものであったといえる．ルネサンス期に発明されたオーダー理論は，西洋建築史の根幹をなす考え方の一つとして絶対視されてきたが，中世のスポリアはオーダー理論とは対照的に，物質的に古代ローマを継承する手法だったのである．　　　　［加藤耕一］

ヴォールトとドーム

ロマネスクやゴシック，ビザンティンといった中世の建築文化を理解するためには，日本ではあまりなじみのない石や煉瓦を積み上げた組積造建築について知る必要があるだろう．ヴォールトやドームは，日本の伝統的な柱と梁による建築とは異なる組積造建築において空間を覆うために用いられた．

✖形態的・構造力学的特徴　上部荷重を圧縮力によって両端へ伝達する構造をアーチと呼ぶ．その下部に働く水平力（外側へ開く力）は，スパンに比例し下端部から頂部までのライズに反比例する（図1）．アーチに面的広がりをもたせるとヴォールトとなり，垂直軸で回転させればドームとなる．これらの下部にも水平力が働き，この水平力を上手く処理できないと変形して崩壊してしまう．図2はヴォールトとドームの中でも最も基本的なものである．このほか，もととなるアーチ形状や組み合わせるヴォールト形状などによって多くの派生形がある．

またドームは基部が円形となるため，矩形平面にそのまま架けようとすると四隅に空隙が生じる．そこで中世では，ドームと壁面の間を曲面三角形で埋めるペンデンティヴ（図2i），あるいはスクィンチやトロンプと呼ばれる入隅上部に架け渡された半円錐形ないし四半球形の架構要素（図2j）が用いられた．

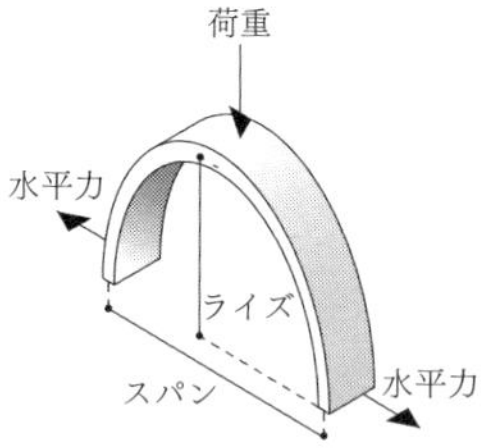

図1　アーチにかかる力［筆者作成］

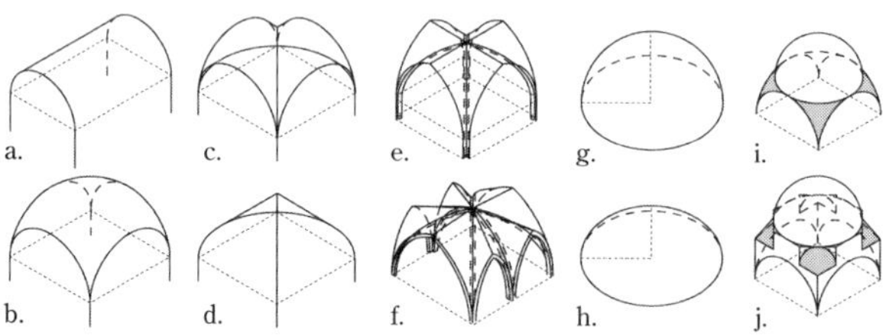

a. 円筒ヴォールト（トンネル・ヴォールト）
b. ドーム状ヴォールト
c. 交差ヴォールト
d. クロイスター・ヴォールト
e. 四分リブ・ヴォールト
f. 六分リブ・ヴォールト
g. 半円球ドーム
h. 皿状ドーム
i. ペンデンティヴ
j. スクィンチ

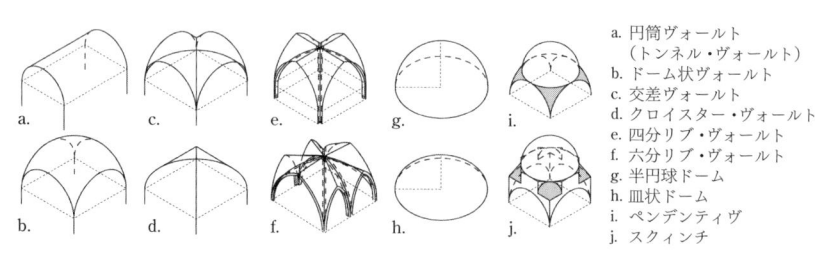

図2　中世の建築にみられるヴォールトおよびドームの例［筆者作成］

✖ビザンティン建築とドーム　耐火性能などの観点から，中世の天井架構は木造から徐々に組積造中心となる．1453年まで続いたビザンティン帝国ではヴォールトも使用されたが，多くがドーム中心の建築構成であり，ペンデンティヴが多用された．その最高傑作である537年に建立されたコンスタンティノープル（現イスタンブル）のハギア・ソフィア大聖堂では，高さ約41 mの位置に直径約31.2 mのドームが架けられた（図3）．これは中世を通じて，矩形空間に架けら

れた最大のドームだった．その大空間がもたらす印象について，当時の歴史家プロコピオスはまるでドームが天から吊されているようと形容している（Mango, 1986）．このハギア・ソフィア以降，ビザンティン建築は小型化し，内部空間はさまざまな種類のヴォールトやドームを組み合わせた複雑なものになっていく．

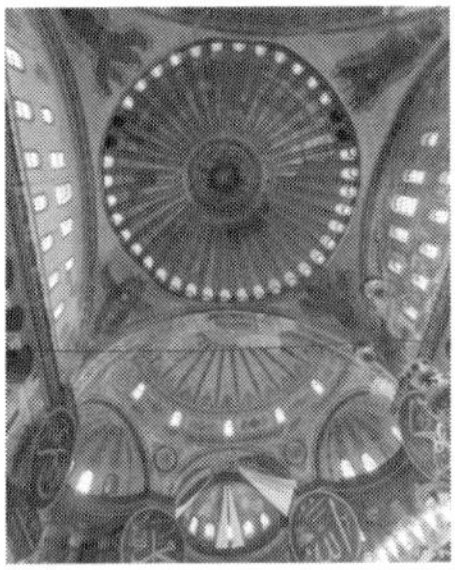

図3　ハギア・ソフィア大聖堂ドーム［筆者撮影，2023年，イスタンブル］

ロマネスク・ゴシック建築とヴォールト　円筒ヴォールトを好んだロマネスク建築に対し，ゴシック建築では交差ヴォールト，特に四分ないし六分リブ・ヴォールトをよく用いた．その一方でビザンティン建築ほどドームは使用されなかった．ヴォールト下端を壁でしっかりと支える必要がある円筒ヴォールトとは異なり，交差ヴォールトの水平力は柱に集中するため，この部分を強固にすれば全体の構造が成り立つ．そこでゴシック建築は，フライング・バットレス（飛梁）などでこの部分を重点的に強固にし，さらにライズが大きくなる尖頭形のリブ・ヴォールトによって水平力を小さくすることで，非常に天井の高い空間を次々と実現した（図4）．

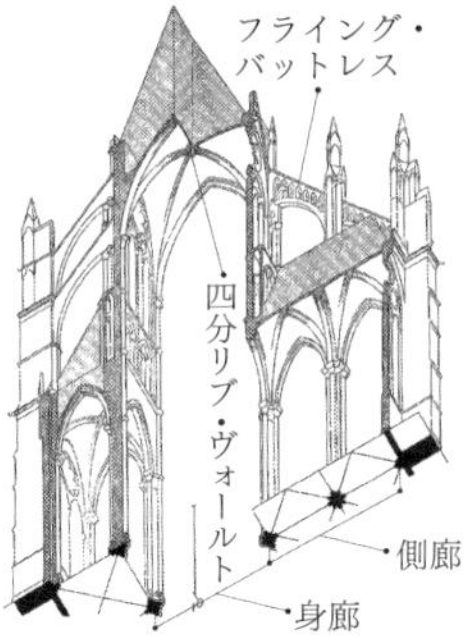

図4　アミアン司教座教会堂の架構［Choisy, 1899より作成］

工匠たちによる試行錯誤　当時の工匠たちは現場で経験的知見を蓄積し，水準器や下げ振り，縄などを巧みに操って建設活動を行った．ドームやヴォールト架構は彼らの腕の見せどころであり，技巧を凝らした複雑な形態のものも決して珍しくない．とはいえ，規模に比例して水平力の大きくなるドームやヴォールトは大規模なほど構造的に成り立たせるのが難しくなる．そのため，建設途中あるいは竣工後に崩壊した事例も多く知られている．例えば1272年に竣工したボーヴェのサン=ピエール大聖堂の内陣はロマネスク・ゴシック建築として最も背が高く，高さ46.75 mにも達している．しかし12年後の1284年にヴォールトは崩壊し，ヴォールトを支える柱を増やした六分リブ・ヴォールトで1322年に再建された．その後，翼廊や外陣なども建設されたが，当初の計画規模通りに完成することはなかった．前述のハギア・ソフィア大聖堂も地震に起因する3度のドーム崩壊が知られ，なかでも557年の地震はドームを全壊させた．563年にドームを再建した際には，より構造的に安定するようライズが7 mほど引き上げられている．中世におけるドームやヴォールトとは，現代的な機械や計算機のないなかで建設活動を行った工匠たちの試行錯誤の痕跡であり，彼らの知識体系をわれわれが知るための手掛かりなのである．

［樋口　諒］

塔

　塔とは高さを強調した建築物で，独立型と，市壁や聖堂など複雑な建築物の一部となっている付属型とがある．石造の塔はローマ帝国の軍事的な塔に工法的起源をもつとされるが，中世の塔の素材はさまざまで切石，煉瓦，スレートや雑石などがある．

✖聖と俗　中世の塔は原則，次の2種に大別される．聖堂の一部として，鐘の音を遠くまで響かせる機能をもつ塔と，城館や市壁，要塞などに付された塔である．しかし実際には二つを明確に区別するのは難しい．聖堂の塔であっても，鐘をもたない例もあるうえ，戦時には物見 櫓 として使われることもあり，聖堂付属だからといって宗教的機能に特化しているわけではないからである．また，中世後期には市庁舎にも塔や鐘が取り付けられた．戦で破壊されることが多く，現存例は少ないが，経済的な力を得たイタリアやフランドルの商都では貴族たちが権勢の証しとして館に塔を建てて高さを競い，町には塔が林立していたという．聖俗どちらにおいても，高い塔は権威や正義の象徴であった．

✖塔のかたちと機能　四角，円形，多角形の塔がある．これらのバリエーションは古代ローマ時代由来とされ，ギリシア，特にコンスタンティノープルでは多角形が，ガリアやアフリカでは丸塔が好まれたという（Gillerman, 1993）．独立した塔は橋や海峡，国境などの関所や，町と町の間の信号のやり取りのために建てられた．市民にとってより身近だったのは，二つの塔のある市門や要所に塔がある市壁だっただろう．例えば，ローマのアウレリアヌスの市壁では一定の間隔（100フィート毎）で塔がつくられたが，それらは概して高くはなく，壁を構造的に補強する意味合いの方が強かった．中世の城が石でつくられはじめた11世紀には，塔状の城郭や要塞が建てられた．聖堂が石造に変わった頃から，塔は聖堂建築に欠かせないものとなった．しかしながら，その用途は鐘楼に限られていなかったようだ．ディアハーストのセント・メアリ聖堂の西の角塔（3階までは8世紀末〜9世紀初め）は，アングロ・サクソン建築特有の三角窓から聖遺物をご開帳したという説もある．アイルランドのグレンダロッホの塔（11世紀）はほとんど窓がなく，内部から取り外し可能な木製の梯子があるため，敵の襲撃から一時的に避難するために使われたとされている．一方，フランスのフニウーの塔（12世紀）のように墓地に建ち，最上部のみに開口部がある「死者のランタン」と呼ばれる塔もフランス南西部とアイルランド，イングランドに残る．

✖最古の鐘楼はどこか　中世キリスト教世界における最古の塔は5〜6世紀のシリアの聖堂建築にあるとされる．シリア北部トゥルマニンやカルブロゼの5世紀

の聖堂（一部，廃墟）では，西扉口の両脇に二つの角塔が建っていたことがわかる．バルカン半島や小アジアでも同様に，後陣や，玄関廊，西扉口に塔をもつ例がある．しかし，この地域では祈りの時を鐘で知らせる慣習は5世紀にはまだ導入されていなかった．塔の上部には開口部があるため，セマンテリオムという朗唱を響かせて祈りの時を知らせていた可能性が示唆されている．少なくともこの時点では鐘楼ではなかったのである．一方，西ヨーロッパでは6世紀以降，トゥールのグレゴリウスの数々の著作から，祈りの時を告げるために鐘が使われ，交差部や後陣の上に鐘楼が建てられていたことがわかる．例えば，トゥールのグレゴリウス『聖マルティヌス奇蹟伝（1巻38章）』（573〜576）では，オーベルニュ地方ブリウドのサン＝ジュリアン聖堂において，火の玉が鐘楼の孔から聖堂に入り，アプスィスの窓から抜けていったという怪事件が語られている．高さについては明確ではないが，改築された聖堂の内部に取り込まれたかたちで，古い塔状の建築物が残っている場合がある（ミラノのサン・ロレンツォ・マッジョーレ聖堂の多角塔，ラヴェンナのサン・ヴィターレ聖堂の丸塔）．現役の鐘楼としては，ラヴェンナの9〜10世紀の4本の塔があげられるだろう．

✂聖堂建築における塔の地域性　現存最古の鐘楼の一つサンタポリナーレ・ヌオーヴォ聖堂のそれは独立型の丸塔で，塔の下部では窓を小さく少なくすることで構造上，堅牢にし，上階に行くほど窓は大きく数が増す．最上階に置かれた鐘の音を遠くまで響かせるとともに，空気抵抗が避けられる．こうした窓の配置や形はイタリア北部の鐘楼の定型となった（図1）．「ピサの斜塔」はトスカーナ風に大理石をふんだんに用いているが，基本的には，同種の独立型の丸塔である．現存最古の修道院設計図とされる「ザンクト・ガレン修道院の理想の平面図」（816〜836）にも同種の独立型丸塔が認められる．

図1　イタリア北部，ポンポーザ修道院聖堂の鐘楼（11世紀）．上にいくに従い窓の数が増える［筆者撮影，2010年］

　9世紀，カロリング期の聖堂建築において，ローマやエルサレムの市門をイメージして，西扉口を挟むように2本の塔を建てる「西構え」が生まれ，皇帝権力と密接に結び付いた．その影響力は大きく，11世紀半ば，ノルマンディ公が建てた数々の修道院でも西構えが採用され，それは後にゴシック大聖堂の西正面の定型となった．ほかにも，西側に1本の角塔をもつイングランド（イースト・アングリアのみ丸塔），交差部に塔があるドイツ，身廊に付属した塔をもつイタリア中部など，塔の配置や数は多様である．　　　　　　　　　　　　　　　　　　　　　［金沢百枝］

司教座都市と大聖堂

司教座（カテドラ／カテドル）は，ギリシア語の「椅子」が語源で，本来は司祭が座る椅子を意味する．やがて司教座のある教会堂もカテドラル（司教座聖堂）と称されるようになった．司教座聖堂は，大聖堂あるいは大寺院と訳されることが多いので，以下では大聖堂と呼ぶ．大聖堂は各司教区に一つ置かれ，その管轄下に小教区のネットワークが張り巡らされた．大聖堂を中心に発展した都市は，司教座都市と呼ばれる．

司教座都市に大聖堂が建てられたのは，主にゴシック期である．もちろんこれ以前にも以後にも，大聖堂は建設された．しかしゴシック期になると都市が発展し，増加した人口を収容できる大規模な，そして都市の繁栄を示す壮麗な大聖堂が必要になった．そのため多くの司教座都市では大聖堂がゴシック様式で建て替えられ，現在に至るのである．

✠都市の中のゴシック大聖堂　ゴシック大聖堂の特徴の一つは，尖頭アーチと交差リブ・ヴォールトなどの技術にある．こうした技術を活用しつくられた，かつてないほど広々とした空間のおかげで，増加した都市市民や，聖遺物を詣でるためにやってきた巡礼者を受け入れることができた．大きく開けられた高窓にはステンドグラスがはめ込まれ，そこから差し込む陽光が神秘的な効果をもたらす．この大聖堂の中で，日々ミサが執り行われ，人々の人生の節目に秘跡が授与された．

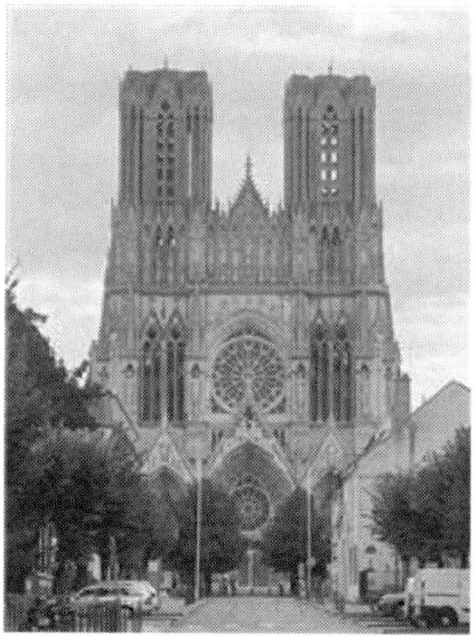

図1　ランス大聖堂，西正面［筆者撮影，2022年］

大聖堂の外に出てみよう．西正面の大きな扉口には，彫刻で聖書の諸場面が描写される．扉口の上には大きなバラ窓が開かれ，さらにその上では双塔が天へ向かって伸び上がる（図1）．なおドイツでは，個性的な単塔の西正面も多い．身廊外壁の軒先からは樋嘴（ひはし）（ガーゴイル）が突き出て，控え壁と飛梁が飛び出し，頂華で縁取られ，小尖塔が立ち並び，東側の内陣には放射状祭室が巡らされる．こうして都市には，複雑で華やかなスカイラインができあがった．

大聖堂がつくり出す景観は，都市の内と外で異なる．市壁で囲まれた都市の内部には家屋などが密集していたため，人々は建物の合間から大聖堂の塔の尖頂を見上げていた．一方，市壁の外から遠く離れて眺めたならば，飛び抜けて高くそびえ立つ大聖堂とその塔が，都市のシンボルとして際立つことになる．大聖堂

は，町の中心だけでなく，時に川沿いや丘の上に建てられ，都市はそれぞれ独特の景観をつくり出した（☞コラム「ペーター・パルラー」）．都市の誇りと威信を示す大聖堂の建設を，司教や国王そして市民は熱望し，より大きくより高い大聖堂が，各地で熱狂的なまでに建設されたのである．

✖司教の大聖堂　司教を中心に発展した司教座都市の例として，ケルンがある．古代末期までに司教座が置かれたケルンは，おそらくカール大帝の時代に大司教座へと昇格し，特に10世紀の大司教ブルノの下で力を付けた．概して司教は宗教のみならず世俗の行政も担い，強大な権力をもつこともあった．1074年にケルン市民が蜂起した事件は，ケルン大司教の圧政を物語る．その後も歴代の大司教は，皇帝と緊密な関係を築くなど，さまざまな手段でその権力を保持した．

　大聖堂建設は，大司教の権威を示す重要な手段の一つだった．ケルンではロマネスク期に建てられた大聖堂の火災後，1248年よりゴシック大聖堂の建設が始まった．それは，フランスのゴシック建築をフランスよりも純粋に模倣した壮大な建築だった．1288年，ヴォーリンゲンの戦いでケルン市民が勝利し，敗北した大司教の館が郊外へ移転された後も，大聖堂造営は続いた．新しい内陣が献堂されたのは，1322年のことである．商船が行き交い活気のみなぎるライン川沿いに，ゴシック大聖堂がそびえ立つ様相は，さぞかし印象的だったことだろう．

✖皇帝の大聖堂　世俗の王権にとっても，その宮廷都市に司教座を置くことは重要だった．ウィーンでは12世紀頃からバーベンベルク家が司教座の設置を目指したが，実現することなく，一族は断絶した．13世紀末，ハプスブルク家はオーストリアの支配を始めるとともに，ウィーンに司教座を

図2　ウィーンの都市景観．シェーデル『ニュルンベルク年代記』（1493）より ［バイエルン国立図書館］

置く野望を受け継ぎ，その実現に向けて，未来のウィーン大聖堂の造営を推し進めた．その南塔は，当時のヨーロッパで最も高い建造物となった．この塔を中心としたウィーンの都市景観は，シェーデルの『ニュルンベルク年代記』にも記録されている（図2）．

　ついに1469年，教皇パウルス2世により，ウィーンに司教座が設置された．バーベンベルク家の時代から数えて，実に3世紀の歳月を要したことになる．これほどまでに時間がかかった理由とは，元来ウィーンを管轄していたパッサウ司教が強く反対していたためだった．こうした障害を乗り越え，ウィーンが司教座都市となった後，ここを拠点とするハプスブルク家はさらなる躍進を始めるのである．　　　　　　　　　　　　　　　　　　　　　　　　　　　　　［岩谷秋美］

修道院

キリスト教の修道院は4世紀エジプトに起こった隠修士の独住修道生活に起源をもつ．4世紀に西欧に伝播し，6世紀半ばに『ベネディクト戒律』が成立すると共住型修道制が主流となる．西欧の修道院は，11，12世紀のロマネスクの時代には，芸術，文化の中心地であった．修道院建築は，祈り働く修道士の共同体が回廊や教会堂で祈りを実践する場であり，食堂や寝室などの共同生活の場，集会室などの会合の場，図書室などの知的な仕事の場，スクリプトリウム（写本室）や彫刻，絵画の製作のための手仕事の場，庭や散策道，巡礼者を迎え入れる施設も含む生活空間である．中庭を囲んで歩廊を巡らせて周囲に諸室を配する古代ローマ住宅のアトリウムやペリスタイルの形式を取り入れ，歩廊が囲む四角い中庭の一辺に接して教会堂を配置し，ほかの三辺を修道士の共同生活や会合，仕事のための諸室が取り囲む形式が一般的で，中庭を中心に置く回廊空間という建築主題が中世を通じて展開された．

✘カロリング朝　9世紀のカロリング朝のフランク王国ではカール大帝によって，帝国経営の拠点となる多くの修道院が設立された．地域開発拠点，行政機関，学校，大学，生産施設でもあった理想都市的性格をもつこの時代の修道院の理想の姿は，『ベネディクト戒律』の建築化であり，830年頃に描かれたザンクト・ガレン修道院に伝わる古図面がその様子を示す．

✘クリュニー会　修道院文化全盛期のロマネスクの修道院は，長堂式教会堂と，禁域となる回廊とで成立する形式を継承し，祈りの場＝教会堂＝回廊の北（南），研鑽の場＝書庫や集会室がある翼＝回廊の東，肉体的必要充足の場＝食堂のある翼＝回廊の南（北）としてかたちづくられる．装飾も回廊の機能の一部であり，聖書などに題材を得た人物像彫刻で回廊のアーケードが装飾され，修道院の霊性を表現する．

ロマネスクの時代に最も繁栄したのが，910年創設のクリュニー修道院を本山とするクリュニー会である．963〜981年に第Ⅱ教会堂を，11世紀末から12世紀半ばにかけて巨大な第Ⅲ教会堂を建設した本山ク

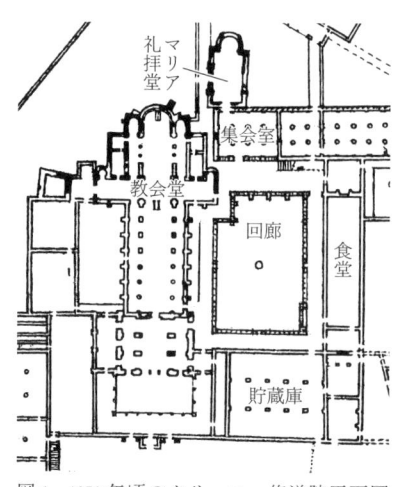

図1　1050年頃のクリュニー修道院平面図
（K. J. コナントによる復元）［Conant, 1968］

リュニー修道院も，中庭を取り囲む回廊が修道士の霊的生活の中心となる構成をもつ．クリュニー会は，カロリング時代には建築として未成立だった集会の場を，回廊東歩廊に開く集会室として重要な建築とし，マリア礼拝堂を接続して設ける．回廊周りの建物群——集会室や寝室がある二階建ての東翼，食堂・厨房・採暖室などのある南翼，貯蔵庫のある西翼——もそれぞれがモニュメンタルな建造物となった．

✘シトー会　クリュニー会の栄華は，簡素，服従，清貧という修道院の理想の放棄でもあった．これが 11 世紀末に，清貧を求める一連の貧者の修道会を生む．12 世紀中頃から広まったシトー会も清貧を求める原点回帰の修道会である．シトー会の修道院も『ベネディクト戒律』に従い，回廊空間を禁域とする構成を採る．人里離れた寂寥の地に営まれる中庸な規模の修道院を，無装飾で簡素，簡潔な構成，実用主義に徹した合理主義の建築で建てた．シトー会は，中庭を挟んで教会堂と対面する食堂を，教会堂の軸と直交する南北に長い建物として，交差リブ・ヴォールトを架けたモニュメンタルな建築とした．集会室も重要視され，交差リブ・ヴォールトを架けた建築となる．シトー会は，食堂に面する歩廊に，中庭に突き出た泉水堂を建てる．泉水堂は，回廊の霊的中心として，集中堂で建つ．洗濯，髭剃り，散髪，洗足の儀式などには，禁域内でただ一箇所水が出る場である泉水堂の水を用いた．シトー会修道院は給水技術に優れていた．

✘シャルトルー会　修道士の原点である独住の隠修生活と共住型修道制を一つに統合した新しい修道院の形が 12 世紀の初め，山上の寂寥地グランド＝シャルトルーズに出現した．この，本山グランド＝シャルトルーズを始めとするシャルトルー会（カルトゥジオ会）修道院の建築も，歩廊を巡らす中庭の周りを諸室が取り囲む形式を取り入れた．矩形の大回廊の三辺の周りに多数の修道士の個室を並べ，教会堂と共用の諸室は回廊の残りの一辺に集められた．シトー会と同じく機能的な合理主義建築だが，大きな回廊の周りに個室が連続する建築の姿は，シトー会やクリュニー会の修道院の姿とは大きく異なる．シャルトルー会は，シトー会のようには大きく発展せず，建てられた修道院の数も限られている．

✘托鉢修道会　11, 12 世紀の修道院刷新運動は，プレモントレ会などの律修参事会やテンプル騎士修道会などの騎士修道会に見る社会活動へと向かう修道会を経て，ゴシック時代の修道会である托鉢修道会を生む．13 世紀創設のフランシスコ会とドミニコ会で代表される托鉢修道会は，説教活動，弱者救済，学問探究，教育機関の設立などで活躍する修道士が営んだ都市の修道院を生む．清貧を旨とする托鉢修道会の建築は，シトー会の影響を受けた単純明快で簡素，厳格な建築である．回廊周囲に教会堂と諸室を配する伝統的構成を骨格とするが，街に出て活動した修道士は個室に起居したので，寝室を個室に分割したり，回廊周りに個室を並べたりして都市の中に修道院の場を建築していった．　　　　［西田雅嗣］

新都市建設

キリスト教のヨーロッパ各地への伝播は，その求心力（インムニテート権〈国王みずから教会所領に対する公的権力の介入を禁止する一方で教会が諸権限を行使することを認めた特権〉による庇護，巡礼，祭日など）によって各地に前都市的集落を形成した．教会は定住者にさまざまな法的便宜を与えたことから，聖堂や修道院を中心とした都市に成長することも少なくなかった（☞「司教座都市と大聖堂」）．

一方で，世俗領主も自身の支配地域の安定化を目的として，各地に都市を建設した．例えば，キウィタスやブルクスと呼ばれる既

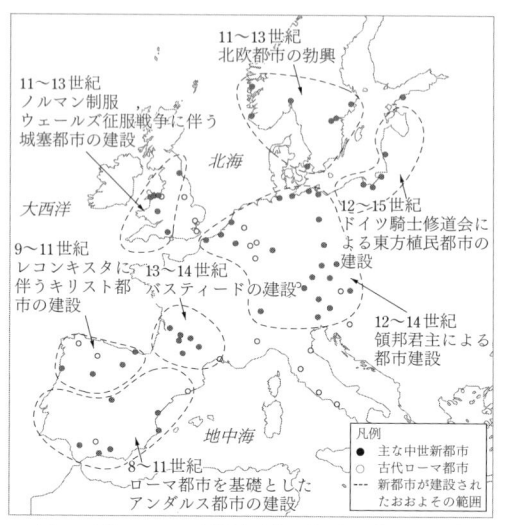

図1　中世における新都市建設の概略図［筆者作成］

存の前都市的集落に城砦や市場を設けて都市建設の契機とする場合や領邦君主の権力拡大に伴う政治的，軍事的要求による交通，経済の要衝を押さえることを目的とした都市建設である．

そうした建設機運を後押ししたのが，10世紀に発展した農耕技術とそれに伴う食料生産の増加である．食料の安定的供給は人口増加と社会の安定に寄与し，停滞していた遠隔地交易を活発化させた．都市は周辺の農村領域から余剰生産物を集積し，各地へ流通させるその市場機能から領主に莫大な利益をもたらした．それ故世俗領主や教会領主は遠隔地交易の拠点として都市建設を推進し，商人は資本を提供してその建設を支えた．11世紀以降の新都市建設の原動力は遠隔地交易への熱意と貨幣経済の普及によるところが大きい（図1）．

✖戦争と開墾，定住　イベリア半島における都市建設はイスラーム勢力の侵入に伴うレコンキスタと密接に関係する．マドリードはイスラーム教勢力であるトレド王国の前線基地として9世紀後半に建設された．一方でキリスト教勢力もイスラーム勢力の侵入経路にカストロヘリスを始めとする多くの城塞都市が築かれた．

イングランドにおいては11世紀にノルマン征服を契機に城塞都市としてダラムやソールズベリーといった都市が建設される．12〜13世紀にかけてはランカ

シャー，デヴォンやコーンウォールなどそれまで人口の少なかった地域にも封建領主の意図によるものを含め，多くの小都市が建設される（Ennen, 1987）．13 世紀後半にはウェールズ征服戦争に伴う 橋 頭保，あるいは植民を目的とした都市（カーナヴォン，フリントなど）がウェールズ各地に建設される．

　南仏には，13 世紀半ばから約 100 年の間にかけてバスティードと呼ばれる一群の都市が多数建設される（伊藤編，2009）．その主な特徴はモンフランカンなどのように，都市平面が井桁状のグリッドプランで区画されていること，中心には商業活動を想定した広場が設けられている点である．当初から交易拠点となることを目論んで建設されたバスティードがある一方，英仏の主導権争いや植民定住運動などによって建設されたバスティードも多数存在した．

✖領邦政策としての新都市建設　南ドイツやフランドル地方においても世俗領主による都市建設が盛んに行われた．その代表的なものとしてツェーリンガー大公コンラートによるフライブルク建設があげられる．大公はバーゼル司教らに対抗するため都市建設の必要に迫られ，1120 年に国王の特許状への言及なく建設文書を発布した（瀬原，1988）．またコンラートは商人を各地から呼び寄せるとともに都市を縦貫する街路型の市場広場を都市の中心軸に据え，入植を図った．またフランドル都市においては海岸平地の取り込みや農地造成を意図したものもあった．このように建設動機や創建領主，プロセスなどは一様ではないが，こうした都市の多くは市場機能が重要視されたため，大聖堂は必ずしも司教座都市のように都市の中心にはならず，代わって行政を司る市庁舎や代官の居城が広場に隣接して据えられた．領邦政策の一環として建設された都市の構造からは司教座都市とは異なる空間のヒエラルキーが読み取れる．

✖都市と交易ネットワークの拡大　12〜14 世紀はエルベ川以東のキリスト教化を目的としたドイツ騎士修道会による入植活動が行われた時期でもある（☞「東方植民」）．エルビンク，ケーニヒスベルクやメーメルといったバルト海沿岸の要地に新しく都市が多数誕生した．それらは格子状のグリッドプランで構成され，市場広場と大聖堂が都市核をなす計画都市であった．また，市場広場と港を結ぶ複数の道路は当初から交易に伴う荷捌きを考慮していた．これらの都市は軍事的な要衝のみならず，バルト海交易を目的とした商人が多数入植したこともあり，ハンザの主要な交易都市へと成長する．北方ではコペンハーゲンやオスロが 11 世紀初頭に，ストックホルムが 13 世紀中葉にその名が文書に現れる（都市史図集編集委員会，1999）．これらの都市は海上交易の拠点であるばかりでなく，後にそれぞれ首都となり，北欧における政治，経済で重要な地位を築いた．

　中世都市は人口 2,000 人以下の小都市が大半を占めたが，この時代の都市建設により流通，情報を介する都市間ネットワークが広く網羅されたことにより，ヨーロッパは次代の多様な文化や技術を育む土壌を整えたのである．［平澤宙之］

広　場

　広場とは，四方を建物で囲まれた平坦な公共の空地と定義することができるが，本質的には稠密（ちゅうみつ）な都市空間における「空き地」である．特に中世の広場は，単に建築的に建物が建っていないというだけではなく，都市形成の過程で取り残された残余地という意味でも「空き地」といえる．このことは，干潟を埋め立てて土地を拡張したヴェネツィアの小広場や丘上都市シエナの市庁舎前広場がイタリア語で「原っぱ」を意味するカンポ（campo）と呼ばれることからも理解することができる．これらの広場は，運河に沿って建物が建設されていく過程で，あるいは尾根に沿って市街地が広がっていく過程で取り残された未利用，未整備の「原っぱ」だったのである．これらの未利用地が広場へと変貌するためには，中世における都市共同体の成熟とそれに伴う公共空間の整備が必要であった．

　西洋の都市における広場の役割は，市民の集いの場であり，政治的，宗教的，そして商業的活動の中心でありと多様であった．しかし，政治的中心としての広場は，古代ローマ都市の中心広場であったフォルムも，ローマ帝国の支配が終わるとその機能を失っていった．一方で，商業活動の拠点である市場は，時代を超えて最も主要な広場の機能であり続けた．古代ローマの植民都市として建設されたフィレンツェのフォルム（今日のレプッブリカ広場）はメルカート（市場）へと変貌している．都市の政治的権能は宗教的権威でもあった司教に移行したが，中世初期の封建的枠組みにおける都市の重要性はいまだ低く，聖堂前広場が古代ローマ都市のフォルムのような政治的中心性を獲得するには至らなかった．真に政治的，精神的中心としての中世都市広場の誕生には，11世紀以降の経済の活発化とそれに伴う都市の発達，自治権の獲得を待たなくてはならなかった．

✖中世都市の形成と広場　中世初期におけるローマ都市の衰退は，広場の消滅をも意味した．かつての古代ローマ都市は市壁の範囲を大幅に縮小し，都市の中心広場であったフォルムを含む古代の広場は狭小な都市内に押し込められた住宅建築によって蚕食（さんしょく）されていった．中世に新しく建設された都市の多くは防御上有利な狭い丘の上に立地したため，市壁内に十分な広場を整備することができず，ささやかな経済活動としての定期市は市門近くの市壁の外側で開かれた．

　しかし，11世紀以降のいわゆる「商業の復活」を経て中世都市が拡張を始めると，周辺の居住域を包含するように新たな市壁が建設され，古い市門に隣接した市場も都市内に取り込まれていった．特に地中海交易によっていち早く経済的発展を遂げたイタリア都市は，周辺農地をも支配する都市国家を形成したため，地域経済および政治の中心としての広場を見るうえでは恰好の舞台といえる．

✖シエナのカンポ広場の整備　イタリア中部の
丘上都市シエナの都市核は，中世初期には大聖
堂が建つ丘の周囲に限定されており，今日のカ
ンポ広場（図1）はいまだ都市内に包含されてはい
なかった．しかし，12世紀には北と南の尾根に沿っ
たボルゴ（集落）がすでに発達しており，カンポ
広場はいわば市街地化を免れた窪地であった．
12世紀の半ばに建設された市壁によって都市
内に取り込まれるが，これはまさにシエナのコ

図1　シエナのカンポ広場［筆者撮影，2012年］

ムーネが成立した時期と一致する（☞「都市共同体」）．12世紀の終わりには税関の
建物が建設されていることから，この広場が市場として機能していたことがわかる.
　一方で，いまだ未舗装の「原っぱ」であった広場では，プーニャ（こぶし）と
呼ばれる軍事演習的な地区対抗の模擬戦が行われており，家畜の取引や「野蛮
な」祝祭行事が行われる卑俗な空間でもあった．今日，馬が広場を周回して競わ
れるパリオのお祭りは，都市の南端ローマ門から大聖堂までの尾根筋を通る目抜
き通りで行われていた．1309〜10年の都市条令にもこの広場は Campo del
mercato と記されており，市が立つ「原っぱ」であったことが推察される.
　しかし，13世紀の終わり頃から，それまで都市内の教会や有力家族のパラッ
ツォ（邸宅）に分散していた都市の行政機関を集約する市庁舎の建設が税関を拡
張するかたちで推し進められ，それに伴って広場も整備されていった．1297年
の都市条令では，広場に面した建物の窓を小円柱で装飾することを定め，テラス
などの付加構造物の撤去を求めている．1346年にはレンガ舗装が実現し，市庁
舎の建物へとすり鉢状に窪んでいく今日のカンポ広場が整備される.
✖広場の形態　都市の拡張の過程で自然発生的に形成された中世の広場は，地
形，既存市街地の形状に影響されて不整形なものが多い．イタリア中部サン・ジ
ミニャーノのチステルナ広場は，尾根筋のメインストリートからその名の通り井
戸を中心に緩やかな斜面に広がる三角形の広場である．シエナのカンポ広場のい
びつな扇型を聖母マリアのマントと見なす解釈もあるが，その証左となる史料は
なく，地形なりに建物が建った結果ととらえるのが自然だろう．しかし，広場へ
のアクセスにおける市庁舎の塔への視線の誘導や，扇型の輪郭を強調する建物の
形状には，ルネサンスの幾何学とは別のデザイン原理を認めざるを得ない.
　シエナに限らず中世都市は，その発展と成熟とともに，古代ローマ都市のフォ
ルムに代わる新たな中心としての広場を必要とし，都市国家のシンボルに相応し
い市庁舎前広場を整備していった．中世都市における広場は，空間的にも社会的
にも都市コムーネの形成とともに生まれ形づくられたものといえるだろう.

［片山伸也］

宮廷とホール

　宮廷と聞くと，豪華絢爛なヴェルサイユ宮殿のような建築を思い浮かべる人も多いかもしれないが，中世の宮廷はまだそれほど発展を遂げてはいなかった．しかし一方で，防備性を重視していた中世初期の城砦に比べ（☞「城砦建築」），政情が安定するにつれ，王の威光を示す豪華さや居住空間としての快適さを備えた城郭が建設されていく．軍事施設としての城砦と煌びやかな宮殿の間にあった，中世の宮廷建築，その空間の特徴や機能について見ていきたい．

✖宮廷と城郭　王だけでなく司教，王侯貴族など，中世の上流階級はそれぞれの宮廷をもっていた．彼らは統治のためにたえず移動しながら生活していたため，滞在先として各領地に城郭を所有していた（☞「宮廷（統治組織）」）．すなわち城郭は，居住のための私的空間であると同時に，権威を示す公的空間でもあったのだ．城郭内にはさまざまな部屋が設けられたが，なかでも重要なのは「ホール」「礼拝堂」「私室」の三つであった．これらはノリッジ城のような城砦から，中世後期のダラム城に至るまで，常に城郭の中心空間として機能していた．

　聖堂と同様，城郭も新たな部屋の必要性や技術の発展に伴って，増改築を繰り返すのが一般的であった．イスラーム教徒の要塞を利用したスペイン，マヨリカ島のラ・アルムダイナ宮殿など，過去の建築物を再利用して建設された事例も見られる．また，西欧の伝統と異文化が融合した城郭として，シチリア島のノルマン王宮があげられる（☞「イスラーム建築とキリスト教建築」）．特に王宮付属礼拝堂においてはラテン・ビザンティン・イスラームの美術が混在しており，身廊の木製天井にイスラームの建設技術であるムカルナスの影響が見て取れるほか，イスラーム風の幾何学モチーフがビザンツのモザイク装飾によって表現されている．

✖ホール　中世の城郭の中でも特に重要な空間が，ホールである．ピエールフォン城やヴィアンデン城など，西欧の多くの地域でホールが城郭内の一室として設けられていたのに対し，ウエストミンスター・ホールやフランスのカーン城といった，イングランドやイングランド王朝の影響下にあったフランスの一部地域では，独立した建物として建設された．

　権力を象徴する空間として，ホールにはさまざまな装飾が施された．例えば，シテ島のフィリップ4世による宮殿では，壁面の付け柱に歴代の王の彫像が飾られた．クーシー城でも同様に騎士の彫像が飾られ，中世特有の騎士道精神を想起させる．特に，王や身分の高い人々が着席する上座の空間を強調する装飾は多様で，イングランド王妃アリエノール・ダキテーヌによって建設されたポワトゥー伯アキテーヌ公宮殿に見られる，上座に設けられた台座と階段はこうした装飾の

代表例である．同種の台座は，ファウンテンズ修道院などの食堂の遺構や，修道院規則といった文献資料に，世俗の宮廷よりも早くから記録が見られ，修道院建築からの影響が指摘されている．また，ほかにも上座を演出する装飾として，天蓋を設えたり，タピスリーや絵画といった美術品が飾られたほか，ウィンチェスター城では「円卓の騎士」で知られるアーサー王伝説に基づいて，円卓の天板が壁にかかげられている．

✖ホールの多機能性　ホールはその広い空間を生かして，日々の食事や祝宴だけでなく，臣従礼や騎士叙任式といった儀礼行為，裁判などが行われ，就寝場所としても使用された．歴代のイングランド王はウエストミンスター・ホール（図1）で戴冠式を執り行っており，時代は下るがジェームズ2世の盛大な戴冠式の様子は画に残されている．特にホールにおける祝宴は，対外的に王の広量な人格を映したり，洗練された振る舞いを見せることで教養の高さを示

図1　ウエストミンスター・ホール．ウィリアム2世の時代に建設された．一際目を引く小屋組のハンマービーム架構は14世紀のもの［写真提供：ユニフォトプレス］

し，王に対する崇敬を高めると同時にその場に集った人々の結束を強化するものとして重要視されていた．1390年頃の文学作品『サー・ガウェインと緑の騎士』では，中世の華やかな祝宴の様子が生き生きと描かれており，豪華な食事に加え，奏楽隊による音楽や，歌唱，劇，曲芸師による余興が行われていたことがうかがえる（☞「宴会／料理人と料理書」）．当時の人々にとって偉大な王の象徴であったアーサー王の伝説を模倣することで，みずからへの崇敬を高めようとする演出なども見られた．また，祝宴における座席がその人の社会的地位を象徴すると考えられていたため大きな関心事であったことが記録に残されていたり，食べ方や祝宴中の振る舞いといったマナーについても次第に明文化されていく．こうした行動規範についても，修道院文化の影響を大きく受けているが，自制的な修道院の規律に対し，世俗の身振りはより大らかで，鷹揚さや，度量の大きさを示すことに重きが置かれていた．

✖衰退と現代へ　中世の人々にとって生活の中心であったホールだが，14世紀後半以降，上流階級は私室で食事を取るようになり，建築的にも私室に工夫が凝らされるなど，その重要性は次第に失われてしまう．しかし，その痕跡は現在も残されており，例えばイギリス，オックスフォードのクライスト・チャーチのダイニングホールは，窓と天井を除いて建設された16世紀前半当時のままである．また，ポワトゥー伯アキテーヌ公宮殿のホールは2019年まで裁判所として活用されており，その多機能性を今に伝えている．　　　　　　　　［秋岡安季］

城砦建築

　城砦は「築城」の一種である．築城とは，軍事用語としては「城を築く」というアクションを指すのではなく，「フォーティフィケーション（fortification）」という西洋軍事概念の翻訳語だ．その語源はラテン語の「強い（fortis）」と「つくる（facio）」であり，攻撃側の兵装，兵員に対して防衛対象を効果的に防御し，攻撃側の戦闘力を弱体化させつつ防御側の戦闘力を有効に発揮させるために建設される構築物全体を指す用語である．中世築城については，城砦だけでなく，都市を防御する，門棟，塔，幕壁からなる囲壁，その外側を囲む堀なども含む．

✕城砦の定義　本項で「城砦」と称しているものは，英語では castle，仏語では château といい，ラテン語の castrum や castellum（前者の縮小形）に由来する．一方，独語では Schloss という．中世の castle などの訳語としては「城塞」という訳もあるが，単に「城」といわれることが多いだろう．16 世紀以降，火器が本格的に攻囲戦に用いられるようになり，中世城砦は軍事的な意義を失い，諸侯の居館としての機能を高める例も多かった．その場合，「城砦」ではなく「城館」と訳されるべきだろう．

　では，城砦とはどのような築城を指すのだろうか．軍事用語を用いて一言で述べるなら「拠点」である．拠点とは，築城などで防御された「要点」のことだ．何らかの戦略上，重要な要点を「戦略要点」といい，そこが築城などで防御されると「戦略拠点」となる．

✕木造から石造へ　中世の築城の形式は古代のそれとそれほど変わりはなく，基本的に要点の周囲に堀や高い囲壁，塔などを巡らせる「鉛直防御」の考え方に基づく．前期中世には囲壁は石造ではなく，堀を掘削する時に出た土を用いた土造であり，土塁の上端部に柵が建てられていた．ノルマン征服（1066）後にノルマン人によってもたらされた「モット・アンド・ベイリー」形式においてもベイリー（郭）を囲む囲壁は土造であり，土を盛ったモットの頂上には木造のドンジョンが築かれた．ドンジョンとはノルマン人の言葉で，城砦の中における最後の砦となる塔のような建築物のことである．中世後期以降，キープと呼ばれるようになった．

　西ヨーロッパで石造城砦が最も早く登場したのは 10 世紀のフランス北部（アンジュー伯領，ノルマンディー公領など）だった．イングランドでも，ノルマン人の支配を確かなものとするため，木造城砦は石造城砦に更新されていき，非支配民に対する無言の圧力となった．ロンドン塔，ドーヴァー城砦などのドンジョンが当時の面影を伝えてくれる．

石造城砦が一般化しても木造の部分が消えたわけではない．囲壁の最上部には前方に張り出すように木造構築物が設けられることが多かった．床には開口部があり，そこから囲壁に取り付く攻囲軍を直接射撃したり石や熱した液体を投下したりすることができた（☞「城と城塞」）．木造だからといって必ずしも仮設だったわけではないようで，やがて同様の機能をもつ石造構築物が登場する．これをマシクーリという．百

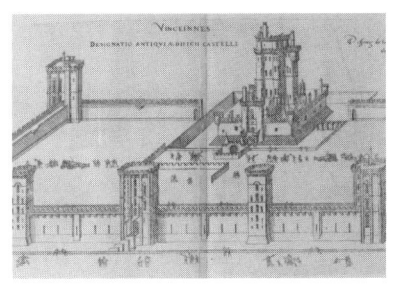

図1　ヴァンセンヌ城平行透視図［Androuet de Cerceau, 1576］

年戦争中，フランス王シャルル5世によって建築されたヴァンセンヌ城砦（図1）のドンジョンの囲壁に今も残るが，後世の改築により，現在は囲壁上の通路には木造の小屋組と屋根が架かる．

　12世紀以降の西ヨーロッパの城砦に施された新基軸は，十字軍とイスラーム勢力の戦いから得られた戦訓に基づくものが多いという．囲壁の下部をスカート状にして幅を広く取る手法もそうだといわれている．この部分をプリントスといい，傾斜しているので，フランス語ではタリュ，イタリア語ではスカルパともいう．

✖君主の統治の拠点としての城砦　シャルル5

世が最初に建築したヴァンセンヌ城砦は，ほぼ正方形平面のドンジョンとそれを囲う囲壁，および，門棟のみからなっていたが，やがて，ドンジョンを中心にしつつ，その東側の区域を広く囲う長方形平面をなす囲壁が建築された．囲壁には9本の塔が聳えていたが，ナポレオンの意向で北辺中央の「村の塔」以外の塔は幕壁の高さに揃えられ，現在に至っている．この区域にはサント＝シャペル礼拝堂のほか，王の政務に関わる建築物も建築され，シャルル5世の統治の拠点ともなり，「中世のヴェルサイユ」と

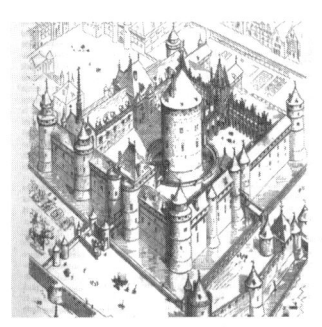

図2　シャルル5世治世期のルーヴル城砦外観図［Violet-le-Duc, 1859］

もいわれる．王は，セーヌ川右岸においてパリの囲壁が囲う範囲も拡張し，この事業によって囲壁の内側に位置するようになったルーヴル城砦も改築して，王の離宮のような機能をもたせるに至っている（図2）．

　このように，中世城砦は単なる軍事上の拠点であるのみならず，統治の拠点としての性格を帯びるものも登場し，規模も拡大されていった．代表例は，当時，ローマ教皇領だったものの，ローヌ川を挟んで対岸のフランス王国の影響の大きかったアヴィニョンの教皇宮殿である．　　　　　　　　　　［中島智章］

典礼と教会建築

ラテン語で教会を意味するエクレシアはまず信者の集合からなる精神的な共同体を示した．キリスト教公認以前に私宅などで執り行われていたであろう礼拝については，シリアのドゥーラ・エウロポス以外に考古学的な痕跡は残されていない．公認後，政治，社会的な変化が典礼と建築の関係に大きな変化をもたらし，皇帝や皇族たちの財政援助を得て大掛かりな教会堂建設が行われた．世俗の集会場の形式を採用したバシリカ式の聖堂空間での儀式に，皇帝儀礼が大きな影響を与えたのは確かであるが，典礼自体は3世紀からほとんど変化はなかったと推定される．

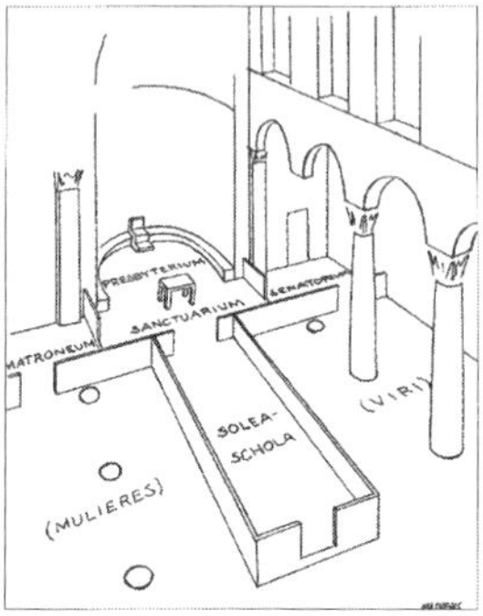

図1 T. F. マシューズによる初期中世ローマの典礼空間の復元案［Mathews, 1962］

初期には司祭による柔軟な対応が可能であった儀式のテクストとかたちは次第に固定化され，6世紀頃には文章により規定化された．規定は時代が下るにつれてさらに変化していく一方で，ルブリカ（朱書き）による執行規定は場の利用を決め，建築における設定を変化させる重要な理由となった．聖人崇敬の礼拝形態とその発展も，典礼空間について重要な要素となる．

典礼は単に地上での出来事ではなく，神の国を喚起することが求められる．「ヨハネの黙示録」で語られる天上の神の国のヴィジョンに代表されるような典礼空間におけるキリスト教的象徴性は，教会建築に顕著な関心事として中世を通して持続する．

典礼空間と設備 典礼空間の基本要素としては，聖体拝領の食卓であり祭儀の中心の場所になる祭壇，司祭たちの待機する座，み言葉を唱える台，聖歌隊の場，会衆との空間を区別する柵，さらには聖体の保存場所や司祭の準備室も求められる．古代の世俗建築であったバシリカ式は，アプシス以外に典礼の機能や象徴性と密な連関はなかった．つまり，その時々の要請の変化によって，石，金属，木，布などの柵，幕を用いて空間を制御することができる空間でもあった．

典礼は社会秩序に応じた空間配置を必要とする．初期の教会において空間を配慮すべき集団区分には，男女，平信徒と聖職者，さらには高位聖職者と低位聖職者，信者と洗礼志願者，共同体内部の信者と外部の信者（巡礼者）などをあげる事ができる．こうした配慮を目的として，一つの聖堂内の空間区分のみでなく，複数の建物からなる複合体としての教会建築の例も少なくない．

考古資料は，地域ごとに多様な典礼の空間配置の存在を示唆している．配置は基本的に静的な要素と動的な要素からなり，祭壇，聖職者の座，聖人の墓などといった礼拝拠点が静的要素であるとしたら，身廊から至聖所に伸びる通路は動的な要素である（図1）．西方教会でも東方教会でも，動的要素が次第に消失し，空間の機能は固定される方向に発展していく．

典礼の方向性には建物の軸，内装設備，司式の方向の三つの要素が関わる．一般的に東側に至聖所を置くが，初期中世の例をみると，東への方向性は決して厳格ではない．地形の制約や前存の建物の方向からの影響があり，ローマでは，少なからぬ聖堂においてアプシスは西を向いている．建物の軸が基本的に東西で，どちらが東か明確であることが重要な要素であったことは確かであろう．

✠中世の変容　カロリング朝の典礼改革では，ローマ典礼が導入され，聖職者に修道院的戒律が付与された．聖職者組織の発達に伴って，内陣の空間的拡大が進む．ローマに倣い聖堂の西側にもアプシスや内陣をもつ例が現れ，西部分が礼拝拠点として発展する．聖遺物を移動して聖堂内に再安置する行為は，カロリング朝以降特に顕著になり，聖人崇敬をめぐる礼拝空間の再構成が行われた．

中世を下るにつれて，礼拝拠点が顕著に多極化する．聖人崇敬の増大に伴い，副次的で個人的な礼拝の拠点が聖堂の中に多数存在するようになる．聖遺物を納める祭壇は聖人崇敬と結び付き，副次的祭壇を置く複数の副アプシスが後陣を構成する．典礼を行う内陣は，しばしば巡礼者のための周歩廊で囲まれる．

また，典礼の荘厳化と司祭の特権化が進む．例えば，初期中世に改築されたローマのサン・ピエトロ聖堂の祭壇域の典礼配置に多くの教会堂が倣ったが，そこでは床面下のクリプタ（地下聖堂）に聖人の墓や聖遺物が安置され，典礼の場は信徒から高く遠くなり，キボリウム（天蓋）などで壮麗に飾られた典礼の場の特別さと司式者たちの権威が強調される．

こうして，細分化され閉鎖的なものになった典礼の場から信者は締め出され，信者共同体全体が参加する典礼空間は消滅していった．中世後期になると，聖職者組織は肥大化し，司教座聖堂参事会員のための内陣は強固な高い柵（ジュベ）によって囲まれ，聖堂空間の中に備えられた小聖堂のようになった．身廊にいる信徒たちからは，主祭壇周囲で行われている典礼を何も見たり聞いたりできないような状態になる．

西方では信者の聖体拝領がまれになり，第4ラテラノ公会議（1215）頃までに，年1度の告解と復活祭の聖体拝領の二つが，カトリック教徒にとり最低限の典礼となった．ゴシック聖堂においては，平信徒のミサはジュベの身廊側の下に設置された祭壇において，あるいは側廊の礼拝堂で執り行われた．身廊こそが平信徒の信心行為の空間であり，「ラビリュントス（迷路）」を膝を付いて進み，多数の奉納画が掛けられた．

［奈良澤由美］

建築とナラティヴ

　西洋中世において，人々はさまざまな建築を絵画や彫刻で飾ってきた．なかでも，聖堂建築は共通する形式をもち，その向きや堂内のヒエラルキーに一定の法則があった．それらを踏まえたうえで，聖堂の内外にナラティヴ（物語）が表されてきたのである．

　聖者の単身像ではなく，彼らにまつわる物語を表すことにはどのような意味があったのだろうか．教皇グレゴリウス1世は，画像は読み書きのできない人たちに教えを広めるために有効だと述べたが，その発言を根拠に，聖堂を飾る物語は非識字層のための聖書だという考えが信じられてきた．しかし同教皇の主張は美術を通した布教の可能性を支持するものにすぎず，また聖堂を管理する聖職者たちは読み書きができたこと，物語装飾には小さすぎて細部の内容を視認できないものもあることなどの理由から，近年，この考えは見直しを迫られている．

　中世の聖堂装飾は，それぞれに意味をもったイメージが建築の形に沿って示され，それらが空間の中で組み合わされることで複雑な意味を織りなすものだった．つまり，同じ物語を示す二つの聖堂があったとしても，堂内のどの場所にどのように配置されるか，あるいはどの場面同士が組み合わされるかによってナラティヴのもつ意味は異なってくる．したがって聖堂におけるナラティヴは，非識字層に聖書の物語を示すためだけではなく，識字層を含むより広い観者に対し，重層的で豊かな含意を示すものとして機能していたと考えられよう．

✖聖堂内のヒエラルキー　中世の聖堂の多くは長方形平面のバシリカ式である．この形式は，西に入口を，東に半円形に突出したアプシス（後陣）を設け，そこに祭壇を置くのを基本とする．入口をくぐると玄関廊（ナルテクス）があり，堂内中央には縦長の身廊があり，左右に側廊が設けられることもある．アプシスの近くを左右に拡張し，翼廊が設けられることもあった．

　堂内では祭壇の置かれる東が最もヒエラルキーの高い場所とされ，アプシスには聖者の単身像や，栄光の場面がしばしば描かれた．陽の沈む方角である西には，ローマ教会圏では「最後の審判」が，正教圏では「聖母の眠り」が配置されることが多い．また身廊の左側（北壁）は福音書側，右側（南壁）は使徒書簡側と呼称されることもあり，物語の配置は方角によるヒエラルキーに従属していた．なお，堂内には聖職者のみが立ち入ることができる空間，一般信徒（男性）が立ち入ることができる空間，そして女性が立ち入ることができる空間とが分かれていた．誰が観者であるのかということは，ナラティヴのもつ意味にも影響した．

✖モザイクとフレスコ壁画によるナラティヴ　バシリカ式聖堂の壁に物語が描か

れる場合は，横に長い身廊部分が最適な場所だった．モザイク画は色彩が劣化しないことから永遠の世界を表すものとして好まれ，フレスコ画は安価で制作に時間がかからない利点があった．いずれの媒体が用いられた場合でも，物語は聖堂内部のヒエラルキーを意識して展開する．5 世紀には，ローマのサン・パオロ・フオーリ・レ・ムーラ聖堂の身廊の両壁に旧約と新約の物語が向かい合うように描かれた（現存せず）．この配置は旧約の世界から新約の世界に至る，神による人類の救済史を視覚化したものだった．この対比的な装飾プログラムは，旧サン・ピエトロ聖堂や，アッシジのサン・フランチェスコ聖堂上堂の身廊装飾にも共有された．これに対し，12 世紀のパレルモの王宮付属礼拝堂では，身廊両壁には旧約聖書の物語が，内陣周辺の空間には新約聖書の物語がモザイクで表された．

✖ステンドグラスとナラティヴ　12 世紀半ば以降，建築技術の進歩によって窓の面を広く取れるようになると，日照時間が少なく，堂内により多くの光を採り入れる必要のあった高緯度の地域を中心にステンドグラスが発達した．

　ステンドグラスは窓の形状に沿った縦長の画面を基本とする．巨大な 1 枚のガラスを窓にはめ込む技術はなく，鉛の縁によって画面を幾何学的に分割し，そこに小さな色ガラスを収める手法が取られたため，一つの窓のステンドグラスにはかなりの数の物語場面が表された．また単一の物語を表すだけではなく，サンス大聖堂やシャルトル大聖堂のステンドグラスのように，複数の物語が組み合わされることもあった．画面が細分化されるほど各場面の視認性は低くなるが，複数のエピソード同士の関連性を一覧できるのはステンドグラスの利点といえよう．

✖彫刻におけるナラティヴ　聖堂の扉口，扉，柱頭，内陣障壁など，彫刻におけるナラティヴは，壁や窓を飾るナラティヴよりも，建築の形に従属する傾向が強い（☞「建築と彫刻・モザイク」）．

　堂内や廻廊の柱の上に設けられる柱頭は，11 世紀初頭頃から植物や動物の文様で飾られるようになり，次第に柱頭の形の制約から離れてそこに物語が彫刻されるようになった．柱頭における物語表現は 12 世紀後半になると急速に減っていき，彫刻におけるナラティヴは主に扉口に表されることになる．

図1　テュンパヌム《聖母の栄光化とキリスト降誕伝》（1132 頃）［ラ・シャリテ・シュル・ロワール，ノートルダム聖堂］

　扉口上部の半円アーチで囲まれたテュンパヌム部分（図1）には，栄光の場面として「最後の審判」や「聖母戴冠」が，その下のリンテル（楣）には付随する物語が示された．それらは扉口を飾る人像円柱彫刻群などと有機的に結び付き，堂内に入る人々を迎えたのであった．　　　　　　　　　　　　［桑原夏子］

建築と彫刻・モザイク

　中世の聖堂装飾は建築と分かち難く結び付いている．キリスト教美術の黎明期には古代ローマ美術を転用しつつ，キリスト教美術が生まれた．彫刻（石彫，木彫，漆喰細工）で扉口周辺や柱頭，祭壇障壁，キボリウム（天蓋）などの要所を，モザイク画やフレスコ画で壁面を，モザイク装飾で床，壁，天井を飾った．

✂扉口周りの彫刻　313年のミラノ勅令後すぐに建てられた聖堂では，ロマネスクやゴシック様式の聖堂で目にするような人像彫刻は避けられた．開口部は幾何学的文様が施された大理石の脇柱と楣（まぐさ）で控えめに飾られ，木彫扉（例えばローマのサンタ・サビーナ聖堂やミラノのサンタンブロージョ聖堂）には聖書の場面の浮き彫りが施された．石彫が扉口周りに頻繁に現れるようになるのは11世紀以降のことである．正確な年代は不明だが，年代がわかる最古の作例がフランス南部サン゠ジェニ゠デ゠フォンテーヌ修道院の扉口（1020年制作）にある．楣には，アーモンド型の威光に包まれたキリストを左右で支える天使と使徒たちが浅い浮き彫りで刻まれている（祭壇に浅浮き彫りが残る例が多いことから，古い祭壇の再利用という説もある）．楣から始まった扉口装飾は，扉口上のアーチへ，あるいはアーチと楣の間に設けられた三角形の破風へ，そしてテュンパヌム（扉口上の半円形の部分）へと描写空間を拡大していった．半円アーチを形成する迫石のおのおのに人像彫刻を施して物語場面をつくり出す例や，迫石を複数用いて大型で立体に近い人像彫刻をかたどった例が南西フランスで発展した．フランスのオーベルニュ地方では楣上の破風に立体的な人像彫刻が施された．破風は次第に消え，より複雑な物語場面を壮大なスケールで描写するテュンパヌム彫刻へと発展した．コンクやオータンの壮麗な「最後の審判」場面が印象に残るが，こうした複雑な彫刻群はフランスやスペインの巡礼路沿いに限られ，ヨーロッパ全体を見渡すと「神の子羊」や「栄光のキリスト」「聖母子」や勧善懲悪の寓意である「ドラゴンを倒す大天使ミカエル」のようにわかりやすい，簡素な構図が多い．特に，古代ローマの影響が強いイタリア半島やアングロ・サクソンの伝統が残るブリテン島では簡素なタイプが大半を占める．しかし，フランス北部でゴシック様式が興ると，複雑なテュンパヌムが定型となり，その様式や意匠は周辺諸国に伝播した．

✂柱頭彫刻　古代遺跡という「採掘所」が近くにある場合には，中世盛期になっても，聖堂の身廊と側廊を隔てる列柱に古代の建築部材が再利用されることが多かった．古代建築の再利用は，異教の神殿を打ち倒した戦利品であるとともに，古代の栄光を体現するステイタス・シンボルだった．流通が滞り，古代の遺跡から遠い場所では，再利用ができず，古代を模した柱頭がつくられるようになっ

た．スペイン北部のサン・ミゲル・デ・エスカラーダ聖堂（10世紀）やディジョンのサン＝ベニーニュ聖堂地下（11世紀）などでも見られる通り，初期にはコリント式あるいはコンポジット式の柱頭を模した植物文様が主だった．しかし，11世紀初め頃から，人像を含む物語場面や動物や怪物が柱頭装飾に跋扈し始めた（フランス中西部フルリー修道院の西塔は11世紀初頭の作例）．古代建築の柱頭は5種ほどしかなく，描写空間として認識されていなかったが，ロマネスク期の石工は柱頭という限られた部材のなかに自由な意匠を刻み始めたのである．その自由な発想は，軒下を支える持送り彫刻にも達し，聖堂内よりもさらに世俗的な意匠（丸出しの尻や接吻する男女など）が刻まれた．ゴシック建築ではその流行は忌避され，定型的な植物文様が増加した．

✺モザイク装飾　モザイクとは大理石，石，ガラス，テラコッタなどの小断片を並べて画や模様をつくる細工で，古代に起源をもつ．硬い色大理石を丁寧に削り，きっちりと填め込んで幾何学紋様や形象を形づくるオプス・セクティーレと，不定形の断片（テッセラ）を組み合わせてつくるオプス・テッセラトゥムに大別される．オプス・セクティーレは12世紀のローマにおいて古代復興の機運が高まった折，コズマーティ一族によって多くつくられたためコズマーティ装飾と呼ばれることもある．イタリア半島では床ばかりでなく，柱や説教壇にも用いられた．オプス・テッセラトゥムは彩色した小石を用いたモザイク画に起源をもつが，紀元前3世紀，整形された方形のテッセラへ変わった．古代ローマ建築の床に多く使われていたため，中世でも地中海沿岸域の聖堂では床モザイク装飾がつくられ続けた（例：3世紀のア

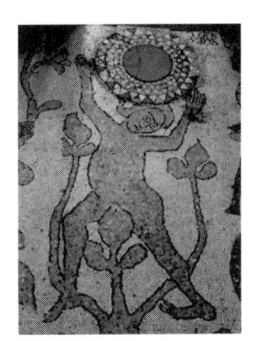

図1　オトラント大聖堂の床モザイク（12世紀）．オプス・セクティーレとテッセラトゥム2種のモザイク装飾を示す［筆者撮影，2012年］

クイレイア大聖堂，12世紀のオトラント大聖堂，図1）．近年，イタリアでは既存の聖堂の地下から続々と中世の床モザイクが発見されている．踏むという性質上，聖画像ではなく旧約聖書や宇宙図，ナイル川の情景のような世俗的な主題が選ばれた．衝撃に弱いガラスのテッセラ（ズマルト）は壁や天井に使われることが多い（床での部分的な使用もある）．色数が多く，褪色もなく，光輝くので，キリスト教公認後，聖堂美術に欠かせない装飾となった（4世紀，サンタ・コスタンツァ廟）．透明なガラスの間に金泊を挟んだ黄金モザイクは，1世紀のネロ帝の邸宅での使用が知られるが，より輝きが強い銀モザイクと混ぜて使うことによってさらなる輝きを放つ．聖像の背景に，光に満ちた神の世界の荘厳を表すために頻繁に使用されるようになった（サンタニェーゼ〈フオーリ・レ・ムーラ〉聖堂，7世紀）．　　　　　　　　　　　　　　　　［金沢百枝］

ペーター・パルラー

　ペーター・パルラー（1330／33〜99）
は，ドイツ・ゴシックを独創的に発展させ
た建築家である．ペーターの華麗で斬新な
スタイルは，皇帝カール4世の政治的目論
見と合致し，ペーターはその才能をプラハ
で開花させた．

図1　カレル橋とプラハ大聖堂［筆者
撮影，2018年］

　父ハインリヒは，ドイツ南西部で活躍す
る棟梁だった．ペーターは1330〜33年頃
に誕生し，若い頃は父のもとで修業を積ん
だに違いない．若干23歳で皇帝カール4世に見出されたのはおそらく，父ととも
に聖堂造営に従事していた帝国自由都市ニュルンベルクでのことだった．

　カール4世は，宮廷都市プラハの刷新に努めていた．そのなかでも注力したの
が，プラハ大聖堂の造営である．1344年にプラハが大司教区へと昇格したのを
機に，司教座聖堂が建て替えられることになったからである．当初はフランス風
のゴシック大聖堂が目指されていたようで，フランスからマチュー・ダラスが招
かれた．しかしマチューが1352年に没したため，新たな棟梁が必要になった．

　そこで棟梁に抜擢されたのが，ペーターである．内陣の一部ができあがった状
態でプラハ大聖堂の造営を引き継いだペーターは，これを，フランスとドイツの
ゴシックを融合させた独自のスタイルで完成させた．その特徴は，優雅で流れる
ようなネット・ヴォールトや，南塔の大胆かつ華やかなトレーサリー（模様格
子）装飾に表れている．内陣上方の独創的なトリフォリウム（装飾的なアーケー
ドの層）には，皇帝夫妻らの胸像とともに，棟梁の自刻像も並ぶ．

　カール4世は都市整備も推進し，中心部を流れるヴルタヴァ川に，新しい橋，
通称カレル橋を建設させた．ペーターは，この橋の造営にも総監督として携わっ
たはずである．橋のたもとに建設された塔には，プラハ大聖堂の南塔にも似た華
麗なトレーサリー装飾が施された．旧市街の川沿いからは，カレル橋と，対岸の
丘上に堂々と建つプラハ大聖堂を眺望できる（図1）．

　ペーターの息子ヴェンツェルとヨハンは父の跡を継ぎプラハ大聖堂の棟梁とな
り，さらにヴェンツェルはウィーンでも大聖堂の建設に従事し，ミラノからも依
頼を受けていたようだ．またペーターの兄弟ヨハンはフライブルクで，その息子
はストラスブールで活躍した．ほかにもケルンやアウクスブルク，ウルム，バー
ゼルなど，ドイツ主要都市の聖堂にはパルラー一族と思われる棟梁たちの名が残
されており，パルラーのスタイルがドイツ語圏で広まりゆく様子をうかがい知る
ことができる．

　　　　　　　　　　　　　　　　　　　　　　　　　　　　　　　［岩谷秋美］

14章　思想と科学

中世哲学はいつ始まり，いつ終わるのか．哲学と科学を自覚的に分離した近世哲学の祖デカルトが登場したのは，17世紀である．他方で，古代哲学の終焉は，一般に，プラトンが設立した学校アカデメイアの閉鎖（529年）に置かれる．そうすると，中世哲学は，6世紀半ばに始まり，17世紀に終わることになるのか．しかし，事はそれほど単純ではない．6世紀半ばの西欧世界は，すでに西ローマ帝国が崩壊し，思想的に目立った業績は看取されず，他方で，15世紀は，いわゆるイタリア・ルネサンスが起きた時代であり，初期近世ともいわれるからである．

しかし，古代哲学を人間の合理的探究として，近世哲学を哲学と科学の分離・独立として特徴付けるとき，見えてくる中世哲学の特徴がある．それは，古代ギリシア哲学とキリスト教思想との邂逅，そして，哲学の1分野としての科学的探究（アリストテレス自然学）である．

そこで，本章では「思想と科学」というテーマを設定し，古代から近世へと向かう中世思想の変遷を辿るための多くの素材を提供している．

[辻内宣博／藤崎 衛]

自由学芸／リベラル・アーツ

　古代末期以降，西欧で学ばれ続けてきた「教養の諸学科」をこのように呼ぶ．「自由学芸」の原語 artes liberales を英訳すれば liberal arts となる．言語に関わる三学（文法学，弁証学，修辞学）と数に関わる四科（算術，幾何学，天文学，音楽）より成り立つため「自由七科」と呼ばれることもある．

✖自由学芸の起源　古代ギリシアの市民は，自由人として，家族のみならず，家庭教師，料理人，庭師，馬丁などを擁する大所帯の「家」を統治するとともに，みずからが参与する市政において自分の意見を演説やスピーチなどのかたちで表明したり，裁判においてみずからの無実を論証したりする必要があり，これに必要な「総合判断の学」として，実学ではない幾何学，天文学，音楽や「説得の学」としての修辞学などを早くから学んでいた．いわゆるソフィストたちは，こうした「良き市民となるための学」を資産家の師弟たちに謝礼を取って教えた人々である．

　当初，いかなる学が教えられるかは多様であったが，ヘレニズム期になると前述の三学四科が「教養の環」の名称で次第に定着してゆくことになる．そしてこれらの学を最終的に確定し，中世の時代に決定的な影響を及ぼしたのが，北アフリカ，マダウラ出身の著作家マルティアヌス・カッペラ（365頃〜440頃）の『フィロロギアとメルクリウスの結婚について』であった．

✖文法学，弁証学，修辞学について　文法学は，多民族国家ローマの公用語たるラテン語を，その乱れから守ろうとの意図のもとに4世紀に成立した学科で，二つの部門より成り立っていた．第一の「読み書き」の部門では，文法学の基礎概念（声，音節，語，文），語形違反，文体論，韻律論などが教えられていた．また第二の「文学」の部門では，ウェルギリウスの古典などの「およそ文字で書かれたあらゆる文書」の文献学的講読や精緻な分析が行われていた．12世紀以降行われた「神の存在証明」の議論は，文法学において提示された言語の日常的使用法の実例を，その素材として用いている（☞「神の存在証明と現代論理学」）．

　弁証学は現代の形式論理学に相当する学科であり，命題の真偽や推論の妥当性の吟味がその主な内容であった．当時の論理学には，アリストテレスに由来する「述語論理学」とストア派に由来する「命題論理学」とがあったが，マルティアヌス・カッペラの著作では双方が取り入れられている．

　修辞学は，「人々を説得すること」を目的とした実践的学科で，その内容は極めて多岐にわたっていた．ここでは，①弁論家の仕事（語るべき内容をいかに発見し，秩序付け，言語のかたちにし，記憶にとどめ，人々の前で語るかという知的生産の技術），②弁論の形態（演説，法廷弁論など），③弁論の部分（導入，叙

述，列挙，論証，論駁，結論など），④弁論の質（言語のふさわしさ，明瞭さなど），⑤文体論などが詳細に体系付けられ，青年の人格教育は何よりもこの学科の習得に依拠するものと考えられていた．

✖算術，幾何学，天文学，音楽について　算術は，数の本性の理論的探究を行う学科であり，①1～10の思弁的考察（1＝万物の始原たるジュピター，5＝四元素＋エーテル＝宇宙そのもの，など），②偶数と奇数，③素数，④最大公約数と最小公倍数などがそこでは教えられていた．アラビア数字は10世紀頃までは西欧に知られていなかったので，いわゆる「計算」はここでは扱われていない．

幾何学は，①狭義の幾何学と②地理学とを扱う学科であるが，そのほとんどは地理学的記述に充てられていたようである．マルティアヌス・カッペラでは，幾何学の記述の5分の4が地理学（大地の形状，ヨーロッパ，アフリカ，アジアなどの大地の区分とその地理学的記述）に割かれ，狭義の幾何学についてはユークリッド『原論』（紀元前3世紀頃）のごく最初の部分が紹介されるにとどまっている．

天文学は天体の運行を数学的に扱う学科で，①天球上の軌道（天頂，天底，春分点，秋分点，黄道など），②恒星が形づくる星座，③惑星などが扱われていた．この学科は天体の運行をそれ自体として考察するものであったが，そこから人間の吉凶を導き出す占星術と密接な関係があった．

音楽は，旋律と和声とを支配する法則の理論認識を目指す学科で，ほぼ現代の楽理に相当する．楽器の演奏などはここでは扱われていなかった．中世の時代，音楽は，目に見えない神の永遠性を目に見える形で表現する「永遠と地上との架け橋」と考えられ，この考え方は教会音楽家 J. S. バッハの頃まで続いていく．

✖大学の成立と自由学芸　12世紀後半から13世紀にかけて「大学（universitas）」が「諸学校の教授と学生との組合（universitas）」として成立すると，そこには神学，法学，医学などの専門学部に並立するかたちで「学芸学部」が設けられた．いわゆる教養学部である．大学の学生は，まず学芸学部で自由学芸の諸学を学んだ後に専門学部に進むのが通例であったが，この学芸学部は，12世紀以降にアリストテレスの著作がアラビア経由で西欧に流入してくると，「旧来のキリスト教神学に対抗する先進的学問の牙城」としての役割を果たしたのみならず，近世以降の学問の発達にも大きな影響を与えた．例えば，聖職者コペルニクスが地動説を提唱した背後には，マルティアヌス・カッペラの「金星の衛星」についての記述があったとも指摘されている．またさらに後の時代に目を向ければ，リンカーンの有名な「人民の，人民による，人民のための政治」ということばや独裁者ヒットラーの演説の背後に修辞学の伝統があったことは否定できないであろう．

われわれは，ともすると目先の利益にとらわれて「すぐに役立たない学問」の存在を忘れがちであるが，西欧の人々の「知的底力」の根底には，このように長く深い「自由学芸の伝統」があったことを忘れてはならない．　　　　［水落健治］

大学での教育

　18歳人口急減の中で入学志願者を確保すべく，現代日本の大学は学部の種類をますます多彩化させ，オンラインも駆使して多様な授業・教育を展開するよう迫られている．対して，中世の大学では驚くほど同質性の高い教育方法．内容が長期間にわたり維持されていた．

✖学部編成　中世の大学は4種の学部しかもたなかった．神学部，医学部，法学部，学芸学部である．法学部にのみ，しばしば教会法と市民法（ローマ法）の2学科があった．自由学芸を扱う学芸学部は，神学・医学・法学という「上級」学部の準備課程と位置付けられ，上級学部の学位取得には事前に学芸の学位取得が必須であった．しかし，実際にはあらゆる大学が4学部すべてを有したわけではない．最も極端な例は神学部だ．14世紀半ばまでパリ，オックスフォード，ケンブリッジ，そして教皇庁学院のみが神学部のある大学だった．4学部体制が一般化するのはやっと14世紀後半以降である．全欧的名声を誇るパリ大学にならって4学部を完備すべき，という意識が，特にこの頃はじめて大学制度が広がったドイツ語圏で定着した．もっとも，当のパリ大学では市民法の教授を早くも1219年に教皇が禁止しており，その法学部は教会法だけを扱った．

✖教育の方法──講義と討論　学部を問わず，授業形態は事実上2種類しかなかった．講義（レクティオ）と討論（クアエスティオ，ディスプタティオ）である．講義は，外見上は現代のそれと大きく違わない．図1にあるように教師が講壇から講義し（ただし黒板はない），学生たちは聴いて，随時メモを取る．むしろ特徴的なのは，講義に用いられる教科書が，どの大学であれ学部ごとにほぼ完全に固定されていたことである．講義内容も，教科書を使って説明するというより，教科書自体の解説を目的とした．レクティオの原義が「読むこと」であるように，講義は権威あるテクスト，「権威（アウクトリタース）」を教師が文字通り「読み上げ」て，彼の読み方，解釈を伝授する「読み」の共有の場であった．

　具体的な「権威」として，学芸学部では12世紀ルネサンスの翻訳運動がもたらしたアリストテレス著作に重きが置かれた．『分析論前書』など論理学書は特に重視され，上級学部の学問にも不可欠の道具であった．『自然学』『天体論』など自然科学的作品も大いに学ばれた．神

図1　ボローニャ大学での講義風景（14世紀後半の写本挿絵より）．私語や居眠りも散見される［ベルリン国立美術館，Min. 1233］

学部では，もちろん旧約・新約聖書が教育の基盤としたものの，ペトルス・ロンバルドゥス『神学命題集』（1157 頃）はしばしば聖書以上にもてはやされた．これは神学上の基幹的論点の数々について，典拠となる聖書中の章句，教父や神学者たちの見解を列挙し，論点整理と解決方法を提示した便覧である．法学部では，市民法なら『市民法大全』（6 世紀），教会法であればグラティアヌス『教令集（矛盾教会法令調和集）』（1140 頃）などを，医学部ではヒポクラテスやガレノスら古代ギリシア・ローマの医学書や，それらを解説・発展させたイブン・シーナー『医学典範』（11 世紀）などアラビア語圏の医学者の著作を主に教えた．

　討論授業では，その学問分野に関わるさまざまな問題について，「権威」を論拠として引用しつつ学生たちが賛成，反対をたたかわせ，最後に教師が問題を解決して終わる．時折開催された「任意討論」は大学の学生以外にも開かれ，雑多な聴衆が投げかける日常的・時事的な話題に関する質問にも，教師が専門的見地から回答した．学位取得試験もペーパーテストや卒業論文ではなく，討論形式をとった．講義をこなし，討論を主宰できる能力こそ，大学教師の条件だったのだ．

✖本の学問　講義であれ討論であれ，中世の大学が行うのはあくまで「権威」を中心に展開する「本の学問」であった．医学部にさえ，実験・観察という近代科学の基本的手続きは不在であった．人体解剖も年 1 回行われればよい方で，医学部の教師ではなく外科医を兼ねる理髪師が執刀し，学生はそれを見物したに過ぎない．解剖から得た実際の観察結果と古典的医学文献の間の齟齬が注目されるのは，やっと 16 世紀半ばである．外科医学などの技術的知識，当時で言う「機械的」知識は，大学ではなく職人の領分だった．ゴシック式大聖堂を築き上げた中世の建築家や大工は高度な専門知識と技を誇っていたし，学芸学部は算術も幾何学も扱ったが，建築や工学が大学の学科となることはなかった．

　書物との向き合い方もまた，現在と大きく異なる．スコラ哲学の体現者である大学人は，「権威」の解説と註釈には熱心でも，「権威」自体を疑ったり，眼前にある写本が「権威」を正確に伝えているか，という疑問を呈することはまれだった．新約聖書のギリシア語原典を求める動きは，大学の外側で生じた．「権威」への無批判は，中世の大学人が抱いた自己認識の必然的な帰結かもしれない．近現代と違い，おそらく彼らは自分が「教育者」でこそあれ「研究者」だとは思わなかった．未知の事実．法則を発見し，人類が利用できる知識を増大．正確化させるという使命感とは，ほぼ無縁であった．なぜなら，これから発見されるべき知識など，本質的には存在し得ない．死すべき人間が知りうる，知るべき事柄はすべからく「権威」の中にすでにあり，付け加えの余地などない．大学教師の仕事は，もう知られている，知るべき「権威」を教え，整合的な説明を施すことだった．新たな知識の探求ではなく，時折難解でこそあれ，元来すべて明らかであるはずの真理の普及こそ，大学の役割と考えられていたのである．[梶原洋一]

聖　書

　聖書は，ユダヤ教およびキリスト教にとって最も重要な書物群である．ただし，範囲や各巻の順序などには大小多くの差異があることに注意を要する．

✖成立，翻訳，伝承　唯一の神に導かれた共同体と自任する「イスラエルの民」が，その神との交わりを，律法，預言，歴史書や詩歌そのほかのかたちで表現・記録してきた文書群がまず「聖書」と総称された（『ヘブライ語聖書』とも呼ばれる．ただし一部アラム語）．この「聖書」は，アレクサンドリアの離散ユダヤ人により紀元前3〜前1世紀にギリシア語訳された（『七十人訳聖書』）．パレスティナで活動したイエスやその弟子たちもこの書物群を指して「聖書」と呼んだと考えられるが，ローマ帝国内のキリスト教共同体が自己形成していく中で，『七十人訳聖書』を聖書とするのに加えて，四つの福音書およびパウロや使徒に帰される書簡をも新たに聖書と見なすようになった．彼らは「古い契約」「新たな契約」（二　コリ3：24）というパウロの言葉遣いをそれぞれの範疇に適用したため，両者は現在まで「旧約聖書」「新約聖書」と呼ばれている．このようなプロセスはいわゆる「異端」との対決を経て進行したが，現在に通じる輪郭が確定したのはようやく後4世紀後半になってのことであった．

　福音書を始めとしたキリスト教聖書は東方ではさまざまな言語に翻訳されたが，西方ではゴート語訳を除いてもっぱらラテン語に翻訳された．180年頃以降『七十人訳聖書』からの重訳と新約聖書の訳を合わせた「古ラテン語訳ウェトゥスラティーナ」が流通していた．4世紀末，かつてローマ司教のもとで聖書本文の改訂を進めたヒエロニュムスが，騒動により首都を追われベツレヘムに居を定めながら，旧約各巻をヘブライ語から直接翻訳し，序文を附して西方の庇護者に送付していった．これが『ウルガータ聖書』となった，と一般に説明されるが，西方で用いられ始めたのは6世紀以降のことで，アルクイヌスが聖書写本を制作するにあたり，ヒエロニュムス訳のほとんどを旧約本文として採用したのが画期となった．ただし「詩編」に限っては『七十人訳聖書』からの重訳改訂版「ガリア詩編」を採用した．この一式が13世紀以降広く普及した（後述）が，古ラテン語訳含めさまざまな版も併存していたのであって，排他的な「正典本文」は16世紀まで存在しなかった．

✖聖書解釈の諸相　キリスト教教会はみずからが「イスラエルの民」の歩みの延長線上にあり，かつそれを超克したものと自任するため，その教えは聖書解釈と密着している．旧約聖書中の記述をキリストやその行いの予型とする解釈がなされ，しばしば美術表現にも活用された．加えて古代末期には，アレクサンドリア

で語・表現がその形象とは別の対象を指示するとする解釈が，アンティオキアで通時的な出来事の連なりのうちに神の意志を見ようとする解釈が，主に実践された．これらは後に「寓意的解釈」「歴史的解釈」と呼ばれた．ラテン語圏の著作家，とりわけアウグスティヌスはみずからも釈義を実践しつつ，既存の解釈法を四つ（歴史的・原因論的・類比的・寓意的）に分類した．元来非体系的に実践されていたものを整理したという事情もあり，中世ラテン語圏ではさまざまな分け方が新たに考えられてさらなるスコラ的議論の対象とされ，また，法学的思考やアリストテレスの四原因論などによる聖書解釈も試みられた．この点，「正しい」方法で聖書を解釈した教父たちの著作をいかに伝承し実践に移すか，という点を問題としたビザンツ文化圏とは一線を画する．なお西方ではほそぼそとではあるがユダヤ教ラビとの議論，交流も見られ，14 世紀のリュラ（リール）のニコラウスによるヘブライ語の参照の試みは後世に影響を与えた．

✠モノとしてみた聖書　ユダヤ教が巻子本で聖書を伝承したのに対し，キリスト教徒は冊子本を活用した．古代末期にはおそらく皇帝の支援により旧新約全体を収めた「合冊本」がしばしば制作されたが，この形態はまれにしか受け継がれず，多くは詩編や福音書などの単位で綴じられ，装飾頭文字や挿絵で飾られた．ビザンツでのマケドニア朝文化復興期（9〜11 世紀頃）や西欧でのロマネスク期（1060〜1200 頃）には豪華な合冊本もまれながらつくられた．

重要な革新は 13 世紀前半にパリを中心として起こった．余白を広く取った合冊本が制作され始め，極薄羊皮紙を用いた携帯用聖書（縦が 200 mm より小さい冊子本）が誕生したのである．技術革新と，大学での教授活動で各箇所を自在に参照したいという動機が合致した結果であるが，托鉢修道会が実際に携帯して活用したことでさらなる普及をみた．これと並行して，欄外にもしばしば掲載された「標準的註解」（12 世紀前半）の普及にも後押しされて，アルクイヌスによる本文が各巻の順を変えつつ普及した．これが「パリ型本文」（「パリ聖書」とも呼ばれるがこれは誤解を招く名称）であり，各巻を数字により章分けすること，ヒエロニュムスそのほかによる序文を各巻の冒頭に付すこと，ヘブライ語単語の便覧を付すことなど共通の形式を伴って広まり，初期の印刷聖書の直接の祖先ともいうべき「普及版（ウルガータ）」となった．

美術表現は聖書解釈としての側面とモノとしての側面を併せもつ．聖書本文の差異が図柄に影響したり，挿絵を通して旧約の事績が同時代の出来事と結び付けられたりした．とりわけ特異な種類の写本として「ビブル・モラリゼ」がある．13〜14 世紀にフランス王や王族のため制作されたもので，予型とそれに対応する対型がそれぞれ円形の内に描かれ，それぞれに文字による解説が付き，それが四つ集まって 1 頁を形成する．装飾写本の伝統を継ぎつつ，予型–対応型の表現が大量の作例とともに見られ，興味深い．

［砂田恭佑］

修道院神学

　「修道院神学」という概念を提案したのは，修道院文化研究の泰斗でクレルヴォーのベルナルドゥス校訂テクスト全集を出版した 20 世紀のベネディクト会士ジャン・ルクレールである．彼は 11 世紀後半から都市の大聖堂付属学校と世俗の学校で次第に発展し，13 世紀に大学で最盛期を迎えるスコラ学に対し，修道院内の学校で営まれた神学の独自性に着目し，これを修道院神学と名付ける．そしてこの概念を普及させたのは，修道院文化に関する彼の主著『学問への愛と神への希求—中世の修道院著作家への入門』（1957）である．

✖修道院学校　529 年，ヌルシアのベネディクトゥスは，ローマとナポリの中間に位置するモンテカッシーノに「主への奉仕の学校」としての修道院を創設し，『戒律』を著す．「分別」において卓越したこの『戒律』に基づく共住修道生活は，9 世紀以降フランク王国を中心に普及し，10 世紀の混乱を経て，11〜12 世紀には文化の中心としても最盛期を迎える．

　ベネディクトゥスの『戒律』は，一日の生活に共同の祈祷である 8 回の聖務日課と個々人の読書，手仕事のための時間を適切に配分する．「霊的読書」と呼ばれる読書，瞑想においては，聖務日課で朗唱される「詩編」や朗読される聖書箇所の理解を深めるために伝統的な教父の著作が選ばれ，修道士たちによって書写され，図書室に所蔵された．そしてラテン語がロマンス諸語へと移行する中で（7〜10 世紀），聖務日課と読書に必要なラテン語文法，聖書と神学の知識を修道士に教育するのが修道院内の学校である．このためには聖書，アウグスティヌス，ヒエロニュムス，オリゲネスなどの教父の著作が用いられるが，文法の学習にはキケロ，セネカ，オウィディウスなどの古典作家も好まれ，人文主義的な色彩が添えられる（☞「中世のヒューマニズム」）．ただしボエティウス，アリストテレスなどの論理学的な著作は敬遠された．ここでの教育は聖務日課を中心とした修道生活の充実，修道士としての完徳を目的としていたのである．

　これに対して，例えば，11〜12 世紀初頭にランのアンセルムスなどが教鞭を執った大聖堂附属学校では，司祭志願者のために司牧に必要な実践的な倫理を中心とした教育が行なわれ，12 世紀にアベラルドゥスなどが活躍した都市の学校では，論理学を活用して抽象的，思弁的な問題が体系的に取り扱われ，講義とともに質疑応答，討論による教育がなされた．

✖修道院神学　スコラ学と修道院神学を対立という単純な図式でとらえることには慎重でなければならないが，上記のような環境および教育目的の相違は，修道院神学固有の性格，著作のジャンルそして文体を規定する．その思索は教父神学

の伝統を継承し，「創世記」に始まり「ヨハネの黙示録」で終わる聖書的な救済史，終末論の中で展開され，その中心であるイエス・キリストに倣う生活を通して，すべての始原，目的である神を希求する体験的，典礼的，観想的な性格を帯びる．こうして膨大な数の聖書註解，神学的論考，説教，祈り，瞑想集，道徳的，修徳的著作，歴史，伝記，書簡，詩が執筆され，取り扱われる主題も多岐にわたる．その文体は，スコラ学のように抽象的，論理的であるよりは，むしろ感情，情緒を表現する詩的，文学的な表現，象徴的な言語，何よりも聖書的な言語が用いられ，文法学および修辞学の知識が活用される．

✖修道院神学者たち　11世紀のカンタベリーのアンセルムスがル・ベック修道士として執筆を始め，晩年まで推敲した祈りと瞑想は，同時代のフェカン修道院長ヨハネスの著作とともに霊性史の画期となるが，「感情の歴史」という点でも注目されよう．また祈りと論証が織りなす彼の『プロスロギオン』における「神の存在証明」は，今日もなお哲学的課題として論じられる（☞「神の存在証明と現代論理学」）．さらにカンタベリー大司教時代には，中世神学史における独創的な贖罪としての救済論を，神学的主著『神はなぜ人間となったか』で展開する．アンセルムスは「スコラ学の父」といわれるが，彼が都市の学校で活動したことはなく，修道生活の中で，精密かつ大胆な論理による神学的思索と祈りと瞑想が醸成する修道院的霊性の稀有な総合を達成したのである．その影響は13世紀のスコラ学のみならずK. バルトなど20世紀の神学者たちにも及ぶ．

　11世紀末に創設されたシトー会は，12世紀になると著名な修道院神学者を輩出する．霊性の大家クレルヴォーのベルナルドゥスの神秘的体験，聖書解釈，神学的思索すべては，彼が豊かな修辞学的才能を発揮して修道士のために語った『雅歌説教』に凝縮される．彼はまた同時代の教会，政治，十字軍による軍事的な遠征にも決して無関心ではなかった．彼の友人サンティエリのギヨームは，神への愛を詳細に分析する霊的な諸著作を執筆する．リーヴォー修道院長アエルレドゥスの『霊的友愛論』には，現代のクィア神学も関心を向ける．

　12世紀のベネディクト会では，ベルナルドゥスの友人だったクリュニー修道院長ペトルス・ウェネラビリスがトレドでクルアーンとイスラームに関する諸文書のラテン語訳を完成させ，さらに『サラセン人の異端論駁』を執筆し，十字軍の時代にあって憎悪と武力によらず愛と言葉でイスラームに対するよう訴えた．ドイツのルペルトゥスは伝統と革新が対立する中で，救済史的，歴史神学的な三位一体に関する諸著作，『ヨハネ福音書講解』など，聖書を聖書自体で解釈する大部の聖書註解，マリア論的な雅歌註解を執筆する．そして女子修道院長ビンゲンのヒルデガルトが『スキヴィアス（道を知れ）』を始めとして，自身の独特な幻視体験を語る大部の諸著作は，写本の挿絵も含め女性神秘主義，中世芸術の研究に豊富な材料を提供し，フェミニスト神学からの研究もなされている．[矢内義顕]

12 世紀ルネサンスと翻訳

『12 世紀ルネサンス』とは，もともとはアメリカの中世史家 C. H. ハスキンズによる 1927 年刊行の書籍タイトルである．本項では，この書籍でも触れられている，12 世紀スペインのトレドで行われた，アラビア語からラテン語への翻訳活動について，その歴史的背景，代表的な翻訳家，後世への影響と合わせて述べる．というのも，古代ギリシアに端を発する哲学や科学は，ローマ帝国を通してイスラーム世界へと受け継がれ，それが主にトレドを通して西欧に導入され，その後の西欧の，特に大学における学問の重要な基礎となったからである．

✖歴史的背景 ローマ帝国において哲学や科学に関する基本文献の多くは古代ギリシア語で書かれていた．ローマ人たちの多くは古代ギリシア語を修得したので，それらの文献がラテン語に翻訳されることはあまりなかった．4 世紀末にローマ帝国が東西に分裂すると，東側では依然として古代ギリシア語が通用したが，ラテン語が支配的であった西側では古代ギリシア語の知識が急速に廃れた．7 世紀に興ったイスラーム世界では 9 世紀にバグダードで，哲学や科学に関する古代ギリシア語文献を，シリア語やアラビア語に翻訳する事業が国家規模で行われた．それとは対照的に，5 世紀に滅んだ西ローマ帝国の北側，後に西欧と呼ばれるようになる地域ではゲルマン民族の大移動が続き，旧都市部では聖職者を養成するためのラテン語教育が何とか続けられているというような状態であった．11 世紀頃ゲルマン民族の大移動が落ち着くと，農業が盛んになり，余剰食糧が生まれ，都市が再興し，都市にある司教座聖堂付属学校が知の中心となった．しかしそこでも哲学や科学に関する知識はまったくもって不足していた．

✖トレドでの翻訳 西欧人は 11 世紀末にスペインのトレド，イタリア南部のシチリアを陥落させ，ムスリム（イスラーム教徒）に代わって支配するようになった．トレドは当時文化の中心的都市であり，西欧中から教養ある聖職者など学者たちが集まった．住民の主な言語はアラビア語で，11 世紀頃にはすでに中東から，古代ギリシア語からアラビア語に翻訳された哲学や科学に関する諸文献が届いていた．またトレドには，イスラーム王朝であるムワッヒド朝から迫害されて逃げてきたユダヤ人がたくさんいた．西欧人は，たとえアラビア語があまりわからなくても，ユダヤ人などと協力して，アラビア語からスペイン語やヘブライ語を経由して，諸文献をラテン語に翻訳することがトレドなら可能だと考えたのだった．翻訳されたのは圧倒的に哲学や科学に関する文献で，歴史や文学などに関する文献はあまり翻訳されなかった．シチリアでは，アラビア語からの翻訳もなされたが，東ローマ帝国が近かったため，多くは古代ギリシア語から，時にさ

まざまな言語を通して翻訳がなされた.

　トレドを代表する翻訳家にはクレモナのゲラルドゥスとドミニクス・グンディサリヌスがいる. 彼らは別々に活動していたが, 双方ともチームを組み, ある程度組織的に翻訳していたようである. ゲラルドゥスは, アリストテレス哲学の中心である自然学的諸著作（『自然学』『天界について』『生成と消滅について』『気象論』の一部）, 学問論の基礎をなす『分析論後書』を翻訳した. また, 古代天文学の最高峰であるプトレマイオス『アルマゲスト』, 古代数学の最高峰であるエウクレイデス『原論』, アルキメデスの数学著作, 医学分野ではガレノスの医学著作や, 西欧の医学校・医学部の基本教科書となったアヴィケンナ（イブン・スィーナー）『医学典範』, 加えてゲラルドゥスに翻訳の指針を与えたファーラービー『諸学問の区分について』も翻訳した. 前述のほか『原因論』も翻訳した. 『原因論』は, 新プラトン主義者プロクロスの『神学綱要』（古代ギリシア語）をアラビア語に翻案された『純粋善について』（アリストテレス著作と誤伝）を翻訳したものだが, その後西欧で広く読まれ, 註解も書かれた. 一方ドミニクスは, イブン・ダウドやヨハネス・ヒスパヌスらのユダヤ人たちと協力しながら, 独特の新プラトン主義的立場からアリストテレス哲学について語ったアヴィケンナ『治癒の書』, アヴィケンナ哲学を簡潔にまとめたイスラーム神学者ガザーリー『哲学者の意図』, 西欧キリスト教神学に大きな影響を与えたユダヤ人哲学者アヴィケブロン（イブン・ガビロール）『生命の泉』, ゲラルドゥス同様ドミニクスにも翻訳の指針を与えた『諸学問の区分について』などを翻訳した.

✖後世への影響　西欧では12世紀に大学という西欧独特の教育機関が登場した（☞「大学での教育」）. 13世紀になると, 神学部, 法学部, 医学部といった上級学部に入る前にまず入る学芸学部において, アリストテレス著作を学ぶことがカリキュラムの中心となった. つまり, アリストテレス哲学が西欧知識人の知的共通基盤となったのである. この状態がその後数百年続くことになる. またトレドではミカエル・スコトゥスがアヴェロエス（イブン・ルシュド）によるアリストテレス註解を翻訳し, アヴィケンナ『治癒の書』とともに, アリストテレス哲学を学ぶ際のガイドとなるアリストテレス註解の権威となり, これらに倣って西欧人もアリストテレス註解を書いた. その後メルベケのギヨームがアリストテレス著作のほとんどを古代ギリシア語から直接逐語的にラテン語に翻訳し, さらに古代の諸註解も翻訳した. 人々はアリストテレス著作について, さまざまな言語を経た, しかも古代ギリシア語とは相当異なる言語であるアラビア語から翻訳したものよりも, 古代ギリシア語から直接逐語的に翻訳したものをできる限り参照するようになった. しかしそれでもアヴィケンナやアヴェロエスの著作は, アリストテレス註解としてその権威は認められ続け, 後世に強い影響を与え続けたのである.
〔小林　剛〕

1277 年の断罪

　1277 年 3 月 7 日にパリ司教エティエンヌ・タンピエは，書簡形式の序文と 219 の誤謬 ^{ごびゅう} とされる命題からなる断罪文書を発し，これらの誤謬を教授したり擁護したりする者を破門とし，聴講しながら届け出ない者にも罰が与えられることとした（八木・矢玉訳，1993）．序文からこの断罪の対象とされていたのがパリ大学学芸学部の教師であることは確かであるが，具体的な名はあげられていない．だが，ブラバンティアのシゲルスとダキアのボエティウスは含まれていると考えられている．この断罪は同年 1 月 18 日付の教皇ヨハネス 21 世のタンピエ宛の書簡への応答とも考えられるが，わずか 6 週間ほどで断罪が発出されたこと，また 1270 年にすでにタンピエは類似した内容を含む 13 箇条の誤謬を断罪していることから，断罪に至る正確な経緯は不明である．その規模と与えた影響から，この断罪はスコラ期における信仰と理性あるいは神学と哲学との関係を考えるうえで最も重要な断罪であると考えられている．

❈**アリストテレス哲学のキリスト教世界への流入**　西方キリスト教世界ではそれまでほとんど論理学者としてのみ知られていたアリストテレスのほぼすべての著作が 12 世紀半ばからラテン語に翻訳されたことによって，「哲学者」アリストテレスの全貌が明らかとなった（☞「12 世紀ルネサンスと翻訳」）．このことがそれまでのアウグスティヌスを中核とするキリスト教の思想的世界を一変させることになる．アリストテレスの「神」概念や神と自然的世界との関係についての立場は，キリスト教の教えとは相容れないものと考えられ，1210 年代にすでに教会はアリストテレスの『形而上学』を含む「自然学書」を私的にであってもパリで教えることを禁じている．

　ところが，1255 年にはパリ大学の下級学部である学芸学部の正式カリキュラムには当時読むことのできたアリストテレスの全著作が含まれることになり，実質的な「哲学部」となる．つまり，上級学部である神学部で学ぼうとする学生にとっても「哲学者」アリストテレスの知識は必須のものとなったのである．それと同時に思想的状況を複雑にしたのは，アリストテレス理解は本人の原著作だけではなく古代末期のギリシア語註解やイスラームのアラビア語による註解書のラテン語訳を通じてなされていたこと，さらに，いくつかの新プラトン主義的な著作が誤ってアリストテレスに帰されていたことである．タンピエが断罪序文で学芸学部の人々が明らかで恥ずべき「誤謬が異教徒たちの著作によって支持されていると考えている」と述べるのは以上のような事情による．

　以上のように，1277 年のタンピエの断罪はアリストテレス哲学（とそれに対

する註解書）が流入しその内実が十分に咀嚼されてきた時期に，キリスト教会がその基本的な教義に反する危険な要素をアリストテレスの哲学の中に明確に見出したために禁じようとしたものであるといえる.

✖何が断罪されているのか　　それでは具体的に断罪されたのはどのような主張であったのか. 断罪された 219 の命題はランダムに並べられ内的に分節化されたものではないが，いくつかの基本的で具体的な主張が誤謬とされていると整理することができる. 主なものを示せば，第一にはこの世界が始まりと終わりをもたないという意味での永遠性を有しているとする諸命題が見出される（☞「創造論と世界の永遠性」）. 第二には，神がこの世界のあらゆる事象の直接的な原因であることはできないとして，神の万能性や摂理を否定する諸命題である. これらが，神が世界を無から創造しその後も今に至るまで世界を統御しているとするキリスト教の基本的世界像に反することは明らかであった. 第三には，人間の本性である知性が個々人に所属するのではなく人類全体に一つの知性があるとする知性単一説につながる諸命題がある. これはこの世における行為の結果としての個々の人間が罪を犯し個々人がキリストによって救済されるというキリスト教の根本を否定することにつながる. またより直接的にキリスト教の三位一体論を否定する主張も見出され，これは序文でパリ大学学芸学部の教師たちの多くが「自分の専門を逸脱して」いると述べられていることの内実をよく示すものである.

✖二重真理と哲学の自律　　この断罪がよく知られ重要であるのは，「二重真理説」のためである.「あたかも対立する二つの真理があるとでも言うように」,「哲学上は真であるがカトリックの信仰に従って言えば真ではない」とする学芸学部の教師がいると序文は述べる. だが，実際にこうした主張をした者がいたことは今に伝わる文献からは確認されない，という点で多くの研究者は一致している.

　しかし，キリスト教の信仰内容が哲学的には擁護されないとか，この世の最高の知恵を与えるのは哲学であるとする命題がこの断罪においてかかげられている. 実際，現存するダキアのボエティウスの『最高善について』（1270 頃）では，真理の観想こそが人間の幸福であるというアリストテレスの立場を受け入れ，この世界の第一原因である神に関する真理を認識し愛しているのは哲学者であるという立場が示されている. キリスト教の信仰による救済をいわばカッコに入れて，自然理性による哲学だけによって人間は幸福になれると述べているとも読めるのである. これがタンピエの指摘するような意味での二重真理を認めるものではないとしても，理性のみによる哲学がキリスト教の信仰とそれに基づく神学から離れ自律しようとしていると見えたのである. 神学者の間でもこのような哲学の自律に対する立場は多様であったのだが，この断罪は保守的な立場に立ちながら，哲学の自律がキリスト教の根本を突き崩すものだとの危機感の表明だったのである.

[川添信介]

中世論理学のオリジナリティ

　論理学は，自由学芸と呼ばれる七科のうち（☞「自由学芸」），より基礎的な三学に含まれ，中世における知的活動の基礎をなす学芸である．この学芸の中世における受容と展開は，いずれも，古代ギリシアからの影響，特に，アリストテレス論理学の影響を受けたものであるが，そこに，ほかの哲学的諸学問や神学など，関連する異分野からの影響や，イスラーム圏から流入した新しい知見からの影響を受けたりすることで，独自の展開を見せている．

✖中世における論理学の重要性　論理学は，物事の真理を探究するために必要な学芸であり，また，あらゆる学芸が依拠する理性の働きを整え導くものであることから，かのトマス・アクィナスは論理学を「学芸の中の学芸」と称した．中世におけるもろもろの学問は，実験や観測による検証を重視する方法論を欠いており，またそうした検証を実現するための技術的な道具立て（実験器具や観測器具）にも乏しい状況にあった．そうした状況において，探求のための確実な方法は，論理的な方法以外にはなく，知的活動における論理学の重要度は，現代にも増して高いものだったと思われる．また，アリストテレスやそのほかの論理学的文献への翻訳や註解のほかに，論理学関連の著作が多数書かれ（写本として保存され，現在に至るまで出版されていない著作も多数ある），あらゆる大学の教養学部で論理学の教育が実施されていたことに鑑みると，中世においてどれだけ論理学が重視されていたかをうかがい知ることができる．

✖中世論理学のオリジナリティ　中世論理学は，古代の論理学的著作の翻訳と註解を通して，古代論理学の成果を受容し，さらに，およそ 10 世紀以降にイスラーム圏から流入した諸文献からの影響を受けて，多様な展開を見せている．特に，アリストテレスの「オルガノン」と呼ばれる諸著作における理論体系と，ストア派による命題論理的な枠組みをもった論理学の系譜とが主要な源泉であり，それらは中世論理学の理論的な基礎をなしている．そうした基礎のうえに発展した中世論理学には，いくつかの面で，ほかの時代にはみられない特徴が見出される．現代の論理学は，中世論理学の成果を十全に踏まえて構築されたものではないため，それらは相互に独立の理論体系であり，長短を明らかにすることは，今なお進行中の課題である．本項では，中世論理学の特徴のうち最も際立ったものとして，「存在の表現方法」「意味論的考察の豊かさ」および「ほかの諸分野との体系的連関」の三つに焦点を当てて中世論理学の独自性をみておきたい．

✖存在の表現　クワイン以降（20 世紀以降）の現代論理学において最も普及している考えによれば，論理的言語のなかで，言語外の存在に関与し，それを表現

する要素は量化子である．一方，中世論理学では，その論理的言語のなかで，存在を表現する要素は be 動詞である．またそこでは，存在を表す be 動詞をさらに別の要素に還元しようとする試みはみられない．つまり be 動詞は，中世論理学において存在を表現する原始記号として導入されている．ところで，中世論理学においてもある種の量化表現がないわけではない．しかしそれは，必ずしも存在を表現するものではない．例えば，「ペガサスは存在しない」と「あるものは存在しない」という二つの文において，後者は量化表現を含んでいるものの，存在に関与してはおらず，前者と後者は，量化表現の有無に関わらず，何ら存在を主張するものではない．すなわち，この例における量化表現は，存在を表現する役割をもたないと考えることができる．中世論理学は総じてこの見方に与するものであり，量化子が存在関与を担うとする現代論理学とは見方を異にする．

✘意味論的豊穣　中世論理学のもう一つの特徴として，名詞や形容詞などの項辞が何を意味し，いかにして指示対象に関わっているかについての考察が，非常に精緻になされているということがあげられる．このことは，アリストテレスの『ソフィスト的論駁について』（前 4 世紀頃）などからの影響を受けつつ，12 世紀の中頃から新たに創始された「代示（スポジチオ）の理論」において顕著である．代示とは，一度記号として確立された項辞を，関連する別の対象（同じ対象の場合もある）に対して代用的に用いることであり，理論としては，表示対象の分類や，表示の方法または様態の考察にまで及ぶものである．この理論は，12 世紀以降の多くの論理学書において，主に誤謬の分析に関連する章の中で展開されており，例えば，同じ名詞を多義的に用いることで生じる誤謬推論を分析したり，指示対象が存在しない名詞を含む言明を分析したりする際の手法として重用された．また，意味論における中世的な論題として，逆説的な言明に関する「不可解言明（インソルビリア）」と呼ばれる問題領域がある．これは 13 世紀初頭に本格的な議論が始まり，14 世紀以降の論理学では主要な論題となるものである．時を隔てた 20 世紀中葉，論理学史の盛んであったポーランドで教育を受けたタルスキによる現代論理学の意味論が，自己言及の逆説という「不可解言明」の有名な一例をモチーフとしているのは，偶然ではないだろう．

✘ほかの分野との体系的連関　前述した存在の論理的表現に関する考察および意味論における豊かな考察は，ほかの哲学的分野との体系的な連関という第三の独自性を論理学にもたらす．例えば，名詞や形容詞によって意味表示される本性や可知的形象に関する議論や類・種・種差による定義に関する議論は，形而上学（存在論）や認識論の根幹に関わるものであるし，存在を表現する be 動詞の不定法であるエッセ（英語では「to be」）は，形而上学や神学において不可欠の役割を担うものである．そのためそうした分野では，その主要部分においても論理学的な考察が援用され，論理学との密接な連関がみられるのである．［小山田圭一］

神の存在証明と現代論理学

　神の存在証明を現代の述語論理や様相論理の視点から分析することは，その証明の有効性を評価するのに役立つだけでなく，逆に現代論理学の課題を浮き彫りにするためにも有効である（☞「中世論理学のオリジナリティ」）．

✖トマス・アクィナスの証明　トマス・アクィナスは，主著『神学大全』（1265〜75 未完）で，神の存在を自然理性によって証明する五つの証明を示している．これらは，内容面から宇宙論的論証や目的論的論証と呼ばれることがあるが，形式的には，すべて一階述語論理の枠内に収まる．その図式は以下の通りである．

①　もし，P であるような a が存在しないならば，眼前の経験はあり得ない．
②　眼前の経験は事実である．
③　故に，P であるような a が存在する．
④　故に，P という集合は空でない（つまり P は存在する）．
⑤　P は神である．
⑥　故に神は存在する．

「眼前の経験」に相当するのは，運動変化，作出因の因果系列，偶然的な世界の存続，価値や賞賛の存在，生物界の秩序である．それぞれについての第一原因の必要性が，主として無限遡行の否定に基づいて主張される．このとき，そのような第一原因が具体的に何であるかを明確にする必要はない．なぜなら，この証明は，当の第一原因の集合が空でないことを示し，その集合を「神」と名付けることによって，「神は存在する」という存在量化文を証明することを意図しているからである．それ故，これら五つの証明は「すべての人はこれを神という」「私たちはこれを神という」などの命名で閉じられている．証明される命題は，$\exists x P(x)$ であり，各証明の最後の一文は，この $P(a)$ を「a は神である」という述語と見なしてよいという主張である．

✖アンセルムスの証明　カンタベリーのアンセルムスが『プロスロギオン』（1078）で示した神の存在証明は存在論的論証と呼ばれ，西洋哲学史に大きな影響を及ぼした．「存在とは何か」をめぐるデカルトとカントの対立を始めとして，近年では様相論理を用いた再構築の試みなどが行われてきた（Fitting, 2002）．この論証には簡易版と様相版の二つの解釈があり，哲学史的にみると以下の簡易版の方が流通している．

①　神とは「それ以上大きいものが考えられないもの」である．
②　「それ以上大きいものが考えられないもの」とは最高に完全なものである．
③　最高に完全なものである神は，すべての完全性をもつ．

④　存在は完全性の一種である.

⑤　故に神は存在する.

　このタイプの証明については, さまざまな批判が可能である. 例えば, ④の存在が完全性の一種であるという主張には, 有名なカントの批判があるし, 前に見た一階述語論理における存在理解との相性もよくない. トマス・アクィナスも, 神をそのように定義するのはいいとして, その定義に当てはまるものが存在することを証明する必要がある, という正当な批判を行っている.

　これに対して様相版は, 現代でいうところの可能世界を用いた論証である.

①　神とは「それ以上大きいものが考えられないもの」である（以下「　」の部分を G と略す）.

②　G は整合的な概念である.

③　故に, G が存在することは可能である.

④　G は必然的存在者という属性をもつ.

⑤　故に, G は現実世界にも存在する.

　様相論理では, 可能世界は最大無矛盾集合として構成されるので, 矛盾を含まない対象は, 少なくともどこかの可能世界に存在する. 必然的存在とは, あらゆる世界に存在するという属性なので, G がこの属性をもちかつ G が矛盾を含まないならば, G は現実にも存在することになる.

　歴史上のアンセルムス自身の論証を正確に読み取ることは困難だが, この様相版の「可能である」を「考えられる」という主観的な方向に弱めたものだと解釈できる. それに対してはガウニロの批判が有効であろう.

✖存在それ自体　トマス・アクィナスは先に見た五つの証明（「五つの道」として知られる）以外に, 独自の証明を行っている.

①　何かが自己原因（自分自身を存在させるもの）であることは矛盾である.

②　何かが存在している.

③　その何かは, 別の何かが原因となって存在している.

④　この系列は無限にさかのぼれないので, 存在の第一の原因が要請される.

⑤　存在の第一原因であっても, 自己原因は許されない.

⑥　故に, 存在の第一原因は, 存在それ自体である.

⑦　存在それ自体は存在する.

　近代哲学では⑤のステップで神を「自己原因」という特例とすることが多いが, トマスはあくまでも自己原因を矛盾として排除する. またこの「存在」は, 述語論理の存在量化で表現されるような集合の属性ではなく, 個物を構成する何らかの肯定的属性であるから, 標準的な述語論理や様相論理でモデル化することはできない. この点の理論的解明は, 今後の現代論理学に残された大きな課題である.　　　　　　　　　　　　　　　　　　　　　　　　　　　[上枝美典]

アナロギア

　アナロギアとは，「比例的に」という意味のギリシア語を，意味も音もそのままにラテン語に取り入れた用語である．異なる二つ以上の対象の間に何らかの仕方で「比」すなわち「関係性」が見出され，その関係性に即してそれらの対象に同一の概念ないし言葉が適合することを示す．日本語訳としては「類比」とされることが多い．13世紀の神学者トマス・アクィナスが，神について何らかの言葉を有意味な仕方で語る際の道具立てとして用いたことで有名であるが，もともとギリシア語由来の言葉であるように，用語としてはアリストテレスの用法に基づいている．アリストテレスによれば，一方の比が他方の比と何らかの仕方で合致するとき，それらはアナロギアによって一つだといえ，例えば，3：6＝4：8は「2倍」という概念によって一つだといえる．

✖アナロギアによって神を語る　われわれは神について，「神は善である」と語ることは可能である．他方で，ある人間について「あの人は善である」と語ることも可能である．ここで今，異なる二つの対象に「善」という言葉が用いられているが，その「善」はまったく同じ意味だろうか．この問いに対しトマスは，同じではないが，まったく異なるわけでもない，と解答する．まず，人間について語られた「善」は，人間としての完全性に基づいた被造物としての善性を表しているのに対し，神について語られた「善」は，創造主たる神の卓越した完全性に基づいた善性を表しているという点で，意味は同じではない．しかし，そもそも人間が善なる存在者として存在するのは，最高善である神がみずからの類似物として人間を創造したからである．それ故神と人間には，創造主と被造物という因果関係があり，何らかの仕方で類似しているということができる．そして実は，われわれが「神は善である」と語ることができるのは，「神は創造主としてわれわれより卓越しているが，われわれは被造物として不完全ながら善という点で神に類似している」と，因果関係に基づき認識するからである．したがって，神と人間には，関係性に即して「善」という言葉を用いているので，その意味はまったく異なるわけでもない．このように，ある同一の言葉を異なる二つ以上の対象に述語する際，「それぞれの意味は同じではないが，まったく異なるわけでもない」ような仕方で用いることが，アナロギアによって語るということである．

✖一義的と異義的と隠喩　前述のような「それぞれの意味は同じではないが，まったく異なるわけでもない」というアナロギアによる言葉の用いられ方を，トマスは一義的と異義的の中間と位置付けている．一義的とは，ソクラテスとプラトンに「人間」と語るような場合で，その際の「人間」はまったく同じ意味にな

る．他方で異義的とは，柴犬とおおいぬ座に「犬」と語るような場合で，その際の「犬」はまったく異なる意味になる（柴犬には動物としての犬という意味で，おおいぬ座にはある特定の位置を占める星座という意味で用いている）．その中間がアナロギアであり，ある同一の言葉が，より本質的な仕方で用いられる一つの対象がありつつ，その一つの対象への関係性に基づき，複数の対象にそれぞれ微妙に相違した意味で用いられる状況を指し示している．例えば「健康」という言葉は，動物には「健康の基礎となる」という本質的な仕方で，食事には「動物の健康の原因となる」という，動物への関係性に基づいた意味で用いられる．

　トマスは，アナロギアによる語り方によってのみ，神の本質を不完全ながらも有意味な仕方で語ることができるとしている．そうしたアナロギアによる語り方に似て非なるものとして，隠喩がある．隠喩は聖書にて多用されるが，例えば「神は獅子である」といった言明である．これは「神は善である」という言明とは異なり，「獅子」という言葉が神の本質を表現しているわけではない．あくまでそれは隠喩であり，神が獅子のように力強いことを表現するために，被造物である獅子を喩えとして用いているのみである．神において善性は見出され得るとしても，獅子性は見出されない．それ故「神は獅子である」という言明は神の本質を有意味な仕方で語っていることにはならず，むしろ神の本質が人間にとっては把握不可能であるが故に，喩えに頼らざるを得ない場合の表現である．それに対してアナロギアは，因果関係に基づき，人間よりも卓越しているという仕方で神の本質を認識し，その限りで人間に用いるのと同じ言葉を神にも用いている．このように，アナロギアは隠喩とも異なる言葉の用い方なのである．

✖歴史的文脈　前述の通り，アナロギアという用語自体はアリストテレスに由来する．神をいかにして語るのかという中世哲学における主要なトピックにおいてトマスがアナロギアを重用し，それにトマスの註釈家として著名なカエタヌスが着目したために，アナロギアといえばトマスと後世にも認識されることになった．ただし，神を語るという文脈でアナロギアを用いたのはトマスが初めてというわけではなく，むしろスコラ哲学での定式でもあった．しかし後のドゥンス・スコトゥスは「存在は一義的である」と述べるなど，トマスのアナロギアと好対照をなしている．

　アナロギアはアリストテレス由来といいながら，実際のところトマスの用法はアリストテレスの用法よりも広い範囲に及んでいる．トマスが用いるスコラ哲学的なアナロギアの成立背景には，新プラトン主義的な分有思想や，イブン・シーナー，イブン・ルシュドといったイスラーム哲学の思想家によってなされた解釈など，アリストテレス以外の要素も複合的に折り重なっている．そうした，中世哲学特有の思想的折衷の片鱗が見出せるという点でも，アナロギアは興味深い内容を含んでいる．　　　　　　　　　　　　　　　　　　　　　　［内山真莉子］

創造論と世界の永遠性

　かつて近代ドイツの哲学者カントは『純粋理性批判』（1781；1787）で，地球を含む宇宙全体としての世界に時間的な始まりがあるかどうかという問題について，人間が純粋に理性的な仕方で答えを出す可能性を否定した．実は中世の思想家トマス・アクィナスも，問題の立て方は少し異なるものの，世界に始まりがあったことを理性的に証明する可能性をやはり否定した．中世の場合，キリスト教の信仰として無からの創造による世界の始まりを認めることには基本的に反対がなかった．だが哲学的には必ずしもそうではなく，世界に始まりがあるか否かについては主要な立場が三つあった．それらの立場を，古代ギリシアの哲学者アリストテレスの思想をどれほど積極的に受容するかに応じて区別しよう．

✖急進的アリストテレス主義と世界の永遠性　パリ司教エティエンヌ・タンピエによる禁令では，世界には始まりがなく永遠の昔から存在してきたとする考えが非難されている（☞「1277 年の断罪」）．世界の永遠性を認める考えは，世界は無始無終だと考えたアリストテレスに淵源をもち，パリ大学学芸学部の教師の何人かがそれを擁護したとされる．急進的アリストテレス主義とも呼ばれるこの教師たちの中に，ブラバンティアのシゲルスとダキアのボエティウスがいる．

　シゲルスとボエティウスは，哲学の真理とカトリック信仰の真理という二つを同時に容認する二重真理説を唱えているとタンピエによって批判されたが，世界の永遠性については異なる議論を展開している．ダンテの『神曲』「天国篇」（1320 頃）にも登場するシゲルスは，人間という生物種の永遠性を根拠とした．アリストテレスの自然観によれば，個々の人間は生まれた後にやがて滅んでいくが，そうした連鎖によって人間という種そのものは永続する．種が永続するなら世界も永続するはずだというのがシゲルスの考えである（八木・矢玉訳，1993）．それに対してボエティウスは，実は結論としてはトマスと基本的に同じ内容を述べている．すなわちボエティウスは，世界の始まりについても世界の永遠性についても理性的な証明の不可能性を主張する．しかし彼は，哲学とカトリック信仰の調和を求める一方で，哲学固有の領域では世界の始まりが証明できないことを学問の独立性という観点から強調した．ここにはアリストテレス的な学問観がうかがえる（川添訳，2000）．このように両者の議論では，アリストテレス哲学の受容に関して積極的な側面が目立っている．

✖穏健なアリストテレス主義と不可知論　世界の始まりについて理性的には不可知論にとどまるトマス・アクィナスには，穏健なアリストテレス主義をみることができる．アリストテレスの諸著作に関する膨大な註解書を著してその哲学的思

想の受容には熱心でありながらも，アリストテレスに由来する世界の永遠性とい
う考えに対しては慎重な姿勢を保ったからである．世界の始まりに関する彼の不
可知論は，主著『神学大全』第1部（1265～68）第46問第2項で明確に述べら
れている．彼によれば，「世界が常に存在していたものならぬことは，ただ信仰
によって把持されるのみであり，論証的に証明されることのできない事がら」
（高田・日下訳，1973）である．世界の始まりはあくまで信仰箇条だとされる．

　ただし彼の議論には，世界の永遠性ということそのものについても少し積極的
な姿勢がみられる．『世界の永遠性について』（1271頃）という小著ではより顕
著なように，世界に始まりがあることと世界が常に存在していたことが論理的な
次元で両立する可能性があるかどうかを彼は検証しようとしている．それは小著
の冒頭を見るだけでもうかがえる．「カトリック信仰に従って，世界には持続の
始まりがあったのだと考えた場合，では常に存在したことも可能だったのか，と
いう疑問が生じる．この疑問に対する真の解答を明らかにするためには，まず，
反対の見解を述べる人々とわれわれとは，どの点で合致し，どの点で相違してい
るのかを区別しなくてはならない」（稲垣訳，1999）．論理的な可能性の検証とい
う点に彼の哲学的な精神がみられるだろう．

✖消極的アリストテレス主義と世界の始まり　世界の永遠性という主張を理性的
な観点からも全面的に否定する思想に与する人物には，ボナヴェントゥラやジョ
ン・ペッカムといったフランシスコ会士たちがいる．最終的にボナヴェントゥラ
は枢機卿になりペッカムはカンタベリー大司教になったことを踏まえるなら，彼
らの立場こそカトリックにとって最も親和的かもしれない．別の言い方をすれ
ば，彼らには消極的アリストテレス主義ともいうべき態度がみられる．

　重要なことに，トマス・アクィナスが『世界の永遠性について』を著すきっか
けを与えたのはペッカムである．ペッカムはみずからがパリ大学神学部に就任し
た際に行った演説で，トマスも出席しているなか，世界の永遠性に関するトマス
の主張を批判する内容を述べた．それを受けてトマスは，ペッカムによる演説の
翌日に行われた討論会で早速反論を行い，その内容を小著に結実させた．世界の
始まりをめぐる当時の論争が活発だったことをうかがわせる逸話である．

　ペッカムによれば，世界の時間的な始まりは単なる信仰箇条であるだけでなく
理性的にも論証可能である．ペッカムの多岐にわたる論拠の一つによれば，存在
という点で有限な被造物と無限な創造主である神は時間と永遠の区別に対応して
おり，永遠なる神によってつくられた世界は有限であるが故に時間的な始まりを
もつ．時間と永遠の厳密な区別に基づく彼の議論は，不徹底な場合もあるが，世
界の始まりをめぐる問いと時間とは何かという問いの連関を如実に示している．
世界の始まりや永遠性をめぐる問いは，カントの名前を出すまでもなく，空間や
時間に関する哲学的な考察を現代にももたらしてくれる．　　　　　［石田隆太］

自然法

自然法とは，時と場所を越えて，また人種や宗教に関わらず普遍的に妥当する法である．自然法，実定法，慣習法という区分でいえば，自然法は時代に応じて制定される実定法の根本にある法であり，実定法は改変や破棄が可能で，権力によって定立される．慣習法とは，人間によって——自然によってではなく——形成された慣習のうちで，法としての効力を有するものである．歴史を顧みると，自然法はほかにもさまざまな法に対して区別され，時として同一視されてきた．ローマ法では，万民法——あらゆる国民や民族に共通する法——や市民法に対して，中世の神学者たちでは，永遠法や神法や人定法に対して，自然法は区別された．

自然法的な考え方は，神の法として，あるいは神の法との関わりで提示されることもある．古いところではソフォクレスの悲劇『アンティゴネー』（前442頃）において，アンティゴネーが，王クレオンの命令に背いて兄ポリュネイケスを埋葬しようとした時に従った，文字に書かれていない掟がそうである．ここでは王の命令という人為的な法と神の掟が対比される．新約聖書（ロマ2：4-15）では，律法をもたない異邦人が神の法である律法の命じることを自然に行う場合，その異邦人の良心は自然の法に従っていると考えられ，この箇所は中世のキリスト教的な自然法思想において重要な典拠であった．

✖ストア派とローマ法　ストア派以前に，アリストテレスが自然法思想を展開していたのかどうかについては議論があるが，アリストテレスの倫理学や政治学はポリス（都市国家）を中心として展開されるのに対して，ストア派の思想は世界市民的なパースペクティブを有しており，自然法思想は後者により親近的である．ストア派によると，生の目的は「自然と調和して生きること」であり，そこでは徳に従って生きることが重視される．自然は人間を徳へと導くからである．人間の自然本性は万有の自然の部分であり，それぞれの人間は，自分自身の自然本性にも万有の自然にも従っており，さらに，すべてのものに遍（あまね）く行きわたっている正しい理（オルトス・ロゴス）である共通の法に，そして神であるゼウスにも従う．初期ストア派のゼノン（前4〜前3世紀）において自然法は賢者のみが従う法であったが，キケロ（前1世紀）ではあらゆる人間が従う法になる．

11世紀末にピサの図書館において『ローマ法大全（ユスティニアヌス法典）』が発見されたことで，ローマ法の研究が12世紀以降の大学において盛んになる．『ローマ法大全』にも自然法の記述が含まれており，すなわち，法学者ウルピアヌス（3世紀）は「自然法とは，自然があらゆる動物に教えたものである」と規定し，ガイウス（2世紀）は，自然法はあらゆる国民によって実践され，自然理

性によってすべての人間に命じられる法であるとし，またパウルス（3世紀）は，常に衡平で善である法を自然法とした．ウルピアヌスは自然法と万民法を区別しているが，ガイウスとパウルスはそれらを同一視しているようにも思われる．これらの法学者たちへのストア派の影響については見解が分かれる．

✳️トマス・アクィナス　13世紀のトマス・アクィナスは，永遠法，自然法，神法，人定法という分類を行う．世界は神的摂理としての永遠法によって統治されており，自然法とは「理性的被造物における永遠法の分有」である．『神学大全』においてトマスは，「善は為すべきで，追求すべきであり，悪は避けるべきである」という自然法の第一の規定に基づいて，自然法のほかの諸規定は成立するとし，それらの諸規定を自然本性的傾向性に基づいて三つに分類する．すなわち，第一に，食物の使用，生命の維持などの自己保存という傾向性，第二に，雄雌の性交，子どもの養育という点でほかの諸動物と共通する傾向性，そして第三に，神についての真理を認識すること，また社会において生活するという，人間に固有な傾向性である．自然法はこの三つのレベルで機能しており，もし人定法が自然法に矛盾しているなら，それは法ではなく「法の腐敗」である．

　神によって啓示され，聖書を通して伝えられる神法はトマスにとっては「実定的」なものであり，神法と自然法は矛盾することはない．自然法に基づく行為は，ストア派の場合と同様，徳の行為に関連していることから，トマスの自然法思想は徳論との関係でその体系全体のなかで考察する必要がある（☞「徳と倫理」）．

✳️14世紀から近代へ　14世紀のドゥンス・スコトゥスとウィリアム・オッカムはともにフランシスコ会に所属しており，彼らは主意主義的な倫理的立場を取って，神の意志の役割を強調する自然法解釈を展開した．16〜17世紀になると，サラマンカ学派の人々（フランシスコ・デ・ビトリア，フランシスコ・スアレスら）が，トマス的な自然法哲学を発展させる．自然法思想は徐々に世俗化の傾向を帯びるようになり，この世俗化の動きは，自然法は神が存在しないという不可能を仮定してもその妥当性を保つだろうと述べたフーゴー・グロティウス以前にも，例えばスアレスにおいて緩やかに進行していた．トマス・ホッブズやジョン・ロックの社会契約論では，自然法は自然状態や自然権とセットで語られ，そこでは「法（英：law／羅：lex）」と「権利（英：right／羅：ius）」がより明確に区別されるようになる．

　その後，自然法思想は，経験的事柄にすぎないことを永遠で普遍的な法と見なしているとか，自然に価値が内在すると考えるのは形而上学的であるとして批判されるようになる．現代の法理論の主流は法実証主義であり，そこでは不当な法も法であるとされ，その考え方は不当な法には欠陥があるとみる自然法思想とは見解を異にする．なお，自然世界を支配する「自然法則」は，歴史的には「自然法」と無関係だったとは言いきれないが，現代では区別される．自然法則を認めても自然法を否定する現代人は少なくないであろう．　　　　　　［藤本　温］

徳と倫理

　徳の考察と涵養を重んじる中世の倫理思想が縁遠く感じられるとしたら，その理由は二つあるだろう．第一に，徳に即した生き方と幸福を重ねる人生観に現代日本人はなじみが薄いからである．第二に，もろもろの徳はある特殊な時代と社会を反映したものにすぎないという見方に私たちは慣れているので，徳を善悪の確かな基準だと実感しにくい面がある．中世のキリスト教著作家たちは多様な徳（と対立するもろもろの悪徳）を探究したが，その内実を理解するためには，議論の背景をなす思想の枠組みを知ることが欠かせない．そこで，彼らの理論が依拠する「枢要徳」や「七つの罪源」の枠組みに注目して思想史の流れをたどり，中世における徳と倫理の特徴について素描することにしよう．

✖枢要徳の系譜　プラトンは国家と魂の構造上の類比という独特の視点から，魂の内に成り立つ主要な徳として「知恵，勇気，節制，正義」を論じた．この構想が後の時代の四つの枢要徳という定式の源になり，いくつかのルートで中世に継承されていく．新プラトン主義やストア派などの学統が四つの徳の枠組みを伝え，ギリシア文化の影響下で書かれた「知恵の書」にも「節制，思慮，正義，勇気」への言及がある．これがキリスト教著作家たちにとって注目すべき聖書の典拠になった．ギリシア哲学を熟知した教父たちによる聖書註解などを通じて枢要徳の思想が引き継がれる経路に加えて，ラテン語による伝達者としてはキケロが重要である．アンブロシウスやアウグスティヌスらは，徳の考察の蓄積をキケロの著作からも大いに学んだ．

　こうして，元来は異教の系譜に属する枢要徳という考え方が，12〜13世紀に体系化が進んだ中世の道徳理論においても不可欠な役割を果たすことになった．現代のカトリック神学者J. ピーパーは『四枢要徳について』（1964）において，キリスト教の哲学的人間論が古代以来の伝統を摂取しながら，そこに独自の強調点を加えて血肉化した様子を興味深く描き出している．

✖愛と謙遜　プラトン的な枠組みを特に大胆に変奏したのはアウグスティヌスである．神への愛を徳理論の中心に据え，愛が現われる諸相として枢要徳を位置付け直すとともに，真の徳の定義は「愛の秩序」だと述べて方向転換を図った．これを継承したスコラ学者たちも，愛は「諸徳の形相」であり「諸徳の母」であると表現している．そもそもキリスト教は，「コリントの信徒への手紙一」に記された「信仰，希望，愛」の三つ組を神との関係における対神徳として重視する．それらは善行を積み重ねることで身に付く通常の意味での徳とは異なり，特別な恩寵に似たかたちで神から人の心に注ぎ込まれる徳だと見なされた．

　古代のギリシア・ローマ文化は，英雄的な政治家や軍人を市民の理想像とし，その功績にふさわしい栄光と名誉を重んじた．名誉に関わる徳としてアリストテレスは「高邁」を取り上げ，高い理想をかかげて偉大な仕事を成し遂げる強靭さについて論じている．これに対して，教父思想と修道院神学は，自分の卑小さを自覚し身をかがめて小さき道を歩む生き方を発見して「謙遜」を強調する．

　中世のキリスト教著作家たちが尊重した愛，謙遜，柔和，忍耐，赦しなどの諸徳は，現代徳倫理学を先導してきた主要人物の一人であるA. マッキンタイアが提唱する「他者への依存を認め，それに感謝する徳」に通じる面がある．それらは自立した個人が競争と成功のために身に付ける強さではなく，自分の傷つきやすさと弱さを自覚するとともに，他者と支え合うネットワークを構築する協調的な徳である（MacIntyre, 1999）．

✖徳と悪徳の葛藤　中世の教会建築には悪徳を打ち負かす徳の擬人化像が用いられ，説教でもしばしば罪と悪徳が強調された．第4ラテラノ公会議（1215）で年に一度の罪の告解が信徒に義務付けられたことも背景にあり，聴罪司祭のための手引書が作成され，スコラ学者たちは徳と悪徳について理論的考察を積み重ねた．民衆の司牧のために信頼できる基盤が必要だったからである．

　罪や悪徳を論じる重要な枠組みの一つに「七つの罪源」があるが，この考え方も古い出自をもつ．エジプトの砂漠の隠修士たちを襲う八つの邪念を列挙したエヴァグリオス・ポンティコス（4世紀）の叙述が原型で，これを弟子のカッシアヌスが西方ラテン語文化圏に移入し，大グレゴリウス（6世紀）による七つの根源的悪徳についての議論が後世に大きな影響を与えた．すべての悪の根として「高慢」をとりわけ深刻な悪徳と位置付けたうえで，「虚栄，嫉妬，怒り，倦怠，強欲，貪食，色欲」の七つをあげるのが中世の典型的なリストである．このような一覧の役割は，罪の源になりがちな心の状態を列挙して吟味することにより，根源を断つ仕方で多くの罪悪の発生を予防することにあった．

　トマス・アクィナスの『神学大全』第2部の2（1271〜72）は対神徳と枢要徳を骨格に構成された徳の総覧である．七つの罪源の教えや聴罪手引書が悪徳の指摘と克服を主眼としたのに対して，トマス倫理思想はこの意図を取り入れつつも，理論と実践の双方で徳を前面に打ち出す「肯定的な生へのうながし」を特徴とする（山本, 2014）．20世紀後半から興隆した徳倫理学は，近現代の道徳哲学への批判的視点を共有し，アリストテレスの再評価を一つの拠点にして多面的に展開している（Russell ed., 2013）．中世スコラの倫理思想もまたアリストテレスの術語と理論を用いて聖書と教父の伝統を体系化するという難題に挑んだ成果であった．善悪の葛藤のなかで生きる人間の分析と，その葛藤を乗り越えて幸福を目指すための思索は，相対主義的な徳の見方に理論的反省をうながすと同時に，私たちの現実を考える豊かなヒントを与えてくれるはずである．　　　　[松根伸治]

形而上学という学問

　「形而上学（metaphysics）」という語は，アリストテレスによる前4世紀の『形而上学（*metaphysica*）』と呼ばれている著作（群）に由来する．この題名自体は，アリストテレスの死後に彼の著作を編纂した人物によって与えられたものである．この名称は「自然的諸学の後に（meta ta physica）」学ばれるべきであるという学習上の順序を意味すると解釈された．アリストテレスはこうした学を，物事の原因を探究するという点で「知恵」と呼び，最も根源的で一般的であるものを取り扱う点で「第一哲学」と呼び，永遠的であるもの，特に神的存在を対象とし，かつ神的存在が有するにふさわしい学であるという点から「神学」とも呼んだ．また，存在するものを，特定の領域に限定することなく，まさに存在するものである限りで一般的に取り扱う学であるという『形而上学』第4巻冒頭の記述は，中世から近世にかけて最も流通したであろう形而上学の規定である．

　アリストテレスの『形而上学』においては，事物の何であるかである「本質」やそれを示す「定義」，それ自身で存在する「実体」とそれに附随する「附帯性」，「質料」や「形相」などの実体を構成する原理，また質料，形相を含む「四原因」，さらに「現実態」と「可能態」などといった様相など，数多くの事柄が取り扱われる．このように多様な対象についての考察を包摂していたため，後の時代に，形而上学は統一的な学であるのか，また，前述の多様な事柄についての考察を統括する「主題」は何であるのか，というメタ形而上学的な論争が生じることとなった．このメタ形而上学的な探究は当初，主要にはアリストテレス註解という文脈の中で行われていたが，時代が近世へと下るにつれて次第にそうした文脈を離れ，それ自体で問われ始めることとなる．

✖形而上学と西洋中世　アリストテレスの『形而上学』は，アヴィケンナやアヴェロエスといったイスラーム世界の註釈を伴って，12世紀に西洋中世世界に流入した．その後，例えばドゥンス・スコトゥスが，論理学は知性によって形成された概念を取り扱う一方で，形而上学は実在的な対象を考察する学と特徴付けることもあったように，13世紀には，形而上学は実在の世界の構造を探究する自律的な学知（群）としてのステータスを獲得していたと考えられる．この時期には，形而上学者の考察に属することとして，個体を個体たらしめているものをめぐる個体化の原理や，多くのものについて述語される普遍的な概念と事物との関係などの事柄が明示的に問題化されたが，こうした問題は現代の形而上学においてもなお問われ続けている．

　中世期における形而上学の統一性や主題についてのメタ形而上学的な立場は大

きく二つの立場に分けられる．一方は，形而上学を，ただ一つの主題を有する統一的な学であると考える立場であり，「存在するものとしての存在するもの」を形而上学の主題と見なすアヴィケンナやトマス・アクィナス，「神」が主題であると考えるアヴェロエスなどがこの立場に属する．他方で，後期のスコトゥスやオッカムのウィリアムは，形而上学は多様なテーマ，問題，学説の集積にほかならず，端的に統一された学であるとは考えなかった．それに伴い，彼らは形而上学の主題は単一のものではなく，複数あり得るとした（Wood, 2010）．形而上学の主題についての議論に関しては，トマスの見解を土台としたフランシスコ・スアレスを通して，前者の立場が形を変えつつ近世へ向かう流れを形成していくことになる．

✖形而上学と神学 中世の形而上学が考察するさまざまな対象のうちでとりわけ重要であるのは神の問題である．中世では多くの場合，形而上学の範囲内にキリスト教的な神が措定された．トマスによれば，形而上学の考察の圏域には，原因や普遍的なものに加え，概念に即しても存在に即しても質料から分離されているものが含まれる．それは，一方ではトマスが形而上学の主題とする「存在するものであるかぎりでの存在するもの」であるが，もう一方では神や天使などの「分離実体」と呼ばれるものである．トマスは，キリスト教的な神を，それが「存在するものであるかぎりでの存在するもの」の普遍的で第一の原因である限りで形而上学のプロジェクトの内に組み込むことでアリストテレス的な形而上学を拡張したと評価される（Courtine, 1990）．

形而上学は，そのように探究の領域内に組み込まれた神についての認識を究極目的とする一種の「神学」であるとトマスは考えていた．つまり形而上学は自然的な事柄と理性とによって遂行される神学である「自然神学」としての側面も有していたのである．ただしそれは「哲学的神学」と名付けられており，聖書などに基づいて神的なものを主題として考察する「啓示神学」から区別されるものであることに注意しなければならない．

✖中世から近世へ 中世から近世，とりわけデカルトへと向かう時代の形而上学は「人間知性による知解」に重点を置くか否かで大きく二つに分岐する．その一方は，デュプレックスのように，形而上学の主題を実在に基礎を有して存在するものに限定したが，もう一方は，スアレスやエウスタキウスのように，人間知性によって考えられるが，実在に基礎を有するわけではない「概念上の存在」を形而上学の考察のうちに組み込んだ．知性において存在するものにも原因，理由が探究される可能性を拓いたこの後者の道は，「存在するものについて，その何であるかを問う」という中世スコラの形而上学を逆転し，「前もって何であるかが知解されることなしに存在するかということが問われてはならない」と主張したデカルトの革新的な形而上学を準備した（村上，2017）． ［本間裕之］

アリストテレス自然学と近代科学

　ニュートンの『自然哲学の数学的諸原理（プリンキピア）』が1687年に出版され，いわゆる「17世紀科学革命」が成立する以前，自然についての学問的探求に関して，ヨーロッパで最も広く読まれて影響力をもっていたのは，アリストテレスの『自然学』（前4世紀）であった．では，なぜ中世において，アリストテレスが重要な哲学的／学問的権威となったのか．それは，一言でいえば，中世の知的探求の中心的な場となった大学において，アリストテレス哲学がカリキュラム化されたからである（☞「大学での教育」）．そして，アリストテレス哲学は，大きく三つの分野，自然哲学・道徳哲学（倫理学）・第一哲学（形而上学）に分けて教授されていた．本項では，これらのうち，「自然哲学」に焦点を当てて紹介していく．

✖「17世紀科学革命」の前後　「科学革命」という概念は，20世紀の科学史家A. コイレに由来する．コイレの影響を受けたT. クーンは，科学の歴史が普遍的で絶対的な真理へと連続的に近付くという伝統的な科学史観（累積的進歩史観）に対して，パラダイム論という新たな科学史観を提示した．それは，目下の通常科学がもつ固有の世界観や探求主題，問題解決モデルなどの多くの要素から成立するパラダイムが，別のパラダイムへと転換されて断続をもたらし，その新パラダイムが次に新たな通常科学になるという仕方で，パラダイムが新旧交代する（革命）というものであった（クーン，1962）．ニュートン以降，19世紀の個別科学（物理学・化学・生物学など）への分化，20世紀の相対性理論や量子力学への転換は，小文字かつ複数形で表わされる「scientific revolutions」だが，「17世紀科学革命」は，大文字かつ定冠詞付で表わされる「the Scientific Revolution」であり，特別な意味をもつ革命である（野家，2008）．

　それでは，アリストテレス自然学と近代科学との間には，どれだけの違いがあるのか．転換点をざっとピックアップしてみただけでも，かなりの数にのぼる．①天動説→地動説．②有限の宇宙→無限の宇宙．③自然学と数学の学問的分離→数学的自然学．④天上界の完全で斉一的な円運動→楕円運動．⑤天上界と地上界の区別→両者の統一化・均一化．⑥性質変化・量的変化・場所的運動という三種類の運動変化→場所的運動への一義的還元．⑦数論と幾何学の区別→普遍数学（両者を統合する解析幾何学）．⑧それぞれの自然物に固有の自然本性に基づく原因の探求→自然法則に基づく原因の探求．⑨目的論→機械論．⑩推論による論証→実験による検証．⑪生物中心モデル（生物と無生物の境界線）→無機物（原子）中心モデル（心〈精神〉と物体〈生物＋無生物〉の境界線）．

　もちろんこれらの転換は，すべてが同時に行われたわけではなく，それぞれの論点が少しずつ複層的に絡み合う仕方で行われていった．したがって，「17 世紀科学革命」とは，個別の論点が重なり合って，最終的にアリストテレス的な自然探求全般を換骨奪胎した結果だといえるだろう．

✖アリストテレス自然学がもつ意義　それでは，この「17 世紀科学革命」と比べればいわば小革命に当たる近代科学的なパラダイム変遷の先に位置する現代のわれわれからすれば，近代科学的なパラダイムとの決定的な断絶がなされたアリストテレス自然学は，もはや無用の長物ということになるのだろうか．

　この問題は，「17 世紀科学革命」がどれだけ特別な革命だったのかという論点とも密接に関わる．そしてそれは，アリストテレス自然学に依拠する中世自然哲学と近代科学との「連続性問題」として議論されている．例えば，数学的自然学という近代科学の自然観に対して，アリストテレスは，確かに抽象的な数や図形を扱う「数学」と具体的な自然物の運動を扱う「自然学」とを自律的に異なるタイプの学問として区別するが，しかし他方で，両者を完全に無関係なものとして切り離すわけではなく，むしろ，自律的に異なった諸学問のネットワークも常に意識している．したがって，個別の論点や転換点をくまなく精査したうえで，近代科学とアリストテレス自然学とを区別する核心が何なのかを慎重に検討することによって，現在のわれわれがもつ「科学（サイエンス）」とは何かという問いのもつ意義が，逆照射されることもあるだろう．

　また，現在の自然科学は，出来事 A（原因）から出来事 B（結果）が生じることが，自然法則によって「理解できる」ことを示すにすぎない．だから，そもそも自然法則そのものが現実の自然的世界の中に実在するのか否かという論争を生み出すことになる．さらには，結局のところ，われわれがなぜ自然法則によって原因と結果の現実の出来事間の関係性を理解できてしまうのかについては，語ることができない．端的にいえば，「事実そうなっている」ことを自然科学は説明できても，「なぜそうなっているのか」については，究極的には説明できない．

　しかし，アリストテレスの自然学／哲学は，まさにその究極的な「なぜ」を解明しようとする知的な営みなのであって，だからこそ，四種類の原因（素材因，形相因，起動因，目的因）が問われることになる．つまり，近代科学からは評判の悪い「目的論」は，実のところ，自然的な運動変化を引き起こす原因が「本質的には何なのか」という問いを含み込み，自然的世界の諸事物がもつ自然本性の実在的で多元的なあり方の探求を目論むものなのである．だから，近代科学パラダイムに依拠した自然現象の機械的な仕組みが判明したとしても，それだけでは自然現象の本質的な理解にとって不十分な面があると考えるとき，アリストテレスの自然学パラダイムに基づくアプローチは，示唆に富む探求の視座を現在のわれわれに提供してくれると思われる．　　　　　　　　　　　　　[辻内宣博]

錬金術

錬金術とは，鉄や鉛といった卑金属を金や銀のような貴金属に「変成」させることを目的とした知識と技術の総体である．錬金術の伝統では，自然界の何らかの要因によって貴金属に「成長」できなかった卑金属は，病気を患っていると考えられた．それを治療できる変成剤「エリクシル」は，人間にも効果があるという解釈が広まり，医薬としての有効性や長命の探求も重要な目的として認識されるようになった．したがって，金属変成と医学への応用が，中世錬金術における主要なテーマとして特定できる．現代に流布している魔法に類する錬金術のイメージ，あるいは「神との合一」を目指す神秘主義的な傾向や「人間精神の完成」といった心理学的，疑似宗教的な読み込みは，19世紀後半のイギリスに端を発し，ヴィクトリア朝下の心霊主義のなかで大きく展開したものであり，近代以前の錬金術の歴史的な実像からは乖離している．中世錬金術を理解するためには，こうした後世に生まれた誤信から解放されなければならない．

✖誕生 錬金術は，紀元後3世紀頃のエジプトで誕生したと考えられている．当時のエジプトは，ローマ帝国の支配下にあり，ギリシア語文化圏に組み込まれていた．したがって，錬金術についての最初期のテクストの大多数がギリシア語で書かれている．ヘルメスなどの神話や伝説の人物と実在の人物が混同された場合を除き，歴史的な実在とその著作が確認できる最初期の人物が，偽デモクリトスや上部エジプトの都市パノポリスで活動したゾシモスである．後者の著作にみられる基本的な考えや作業，器具や装置の多くは，近代まで続く錬金術の伝統で継承されている．

✖イスラーム圏での成長 ギリシア語の科学書や医学書，占星術書とともにアラビア語への翻訳を通して，錬金術はイスラーム圏に伝搬した．9世紀後半に活躍した「純潔同胞団」による百科全書的な『書簡集』には，錬金術についての記述が散見される．さらに顕著な例として，伝説上の錬金術師ジャービルに帰される「ジャービル文書」が9世紀後半〜10世紀にかけて複数の著者によって執筆された．なかでも，その最初期に成立した『慈悲の書』をはじめとして，エリクシルの探究を軸に，動植物に由来する血液や毛髪，卵などを含む多様な事物をもとにした議論が展開されている．西洋中世への伝搬という観点からは，哲学者イブン・シーナーに帰される偽書『錬金術における霊魂について』が，イスラーム支配下のイベリア半島で執筆され，ラテン語訳されて大きな影響力をもった．

✖ヨーロッパへの伝搬と展開 蒸留術とともにイスラーム圏で成長した錬金術は，アラビア語で書かれた書物の翻訳運動を通して，ヨーロッパに導入された．

チェスターのロバートによって 1144 年にラテン語訳された王子ハーリドと錬金術師モリエヌスを登場人物とする対話篇『錬金術の構成について』が，その最初の事例だと考えられている．

翻訳運動を通して入手できる書物が増加するにつれて，ヨーロッパの知識人の間に錬金術についての知見が広まり，百科事典や処方集にも関連する記述を確認できるようになる．なかでもトマス・アクィナスの師，アルベルトゥス・マグヌスの著作群には，錬金術の理論や実践についての踏み込んだ議論を見出せる．そうした理由から，彼に帰される錬金術の偽書が後にいくつも書かれている．

やがてヨーロッパ人たちは，独自の錬金術書を執筆するようになるが，ジャービルの著作のラテン語訳を装った偽ゲベルによる『完成大全』は特筆に値する．現在の研究では，南イタリアの都市タラント出身のパオロが真の著者だと考えられている．『完成大全』は，スコラ学の影響を受けた論理的で明晰な思考で貫かれており，数世紀にわたり基本書と見なされた．動植物に由来する素材を排除し，金属変成に議論の焦点が合わされている点も，その特徴といえる．

その一方で，著名なスコラ学者のロジャー・ベイコンは，錬金術の医学的な次元に関心をもち，エリクシルの医療への応用である長命の探求に傾注した．彼は，ジャービル文書で顕著だった動植物に由来する素材を積極的に使用している．続いてルペシッサのヨハネスは，当時のヨーロッパで調製法が確立された高純度のアルコールである「燃える水」に注目し，生命の秘密を握るエリクシルと見なした．また彼は，エリクシルが天界に由来し，地上物の深奥に隠されている「第五精髄」だと信じた．この考えは大きな影響力をもち，神学者ライムンドゥス・ルルスに帰される錬金術の偽書群に受け継がれている．

こうした二大潮流（金属変成を重視するアルベルトゥスや偽ゲベル，医療への応用を重視するヨハネスや偽ルルス）と並んで，中世末期のヨーロッパにおける錬金術の特徴として，キリストの死や復活，三位一体，反キリストの到来といったキリスト教神学や聖書からの語句や概念を借用することがあげられる．錬金術の探究と実践には，多くの文献の収集や読解，素材の調達のために多大な費用と時間が必要であり，特に知識人である神学者や修道士の関与が大きかったことが理由としてあげられる．なかでも象徴的な寓意と彩りある図像に満ちた著者未詳の『立昇る曙』は，キリスト教神学の様相をまとった錬金術書の白眉だと考えられている．

ルネサンス期に医学の改革を提唱して，17 世紀まで波及する大きな運動を巻き起こしたパラケルススは，金属の変成そのものには大きな関心を示さなかったが，医療への応用を重視する中世末期の錬金術の伝統から用語や概念を数多く借用している．その追従者たちは，パラケルススの教えと伝統的な錬金術の融合を推し進めて，多くの偽書を生み出した．　　　　　　　　　　　　［ヒロ・ヒライ］

中世のコスモロジー

　本項では，西欧において学問が新たに隆盛し始める12世紀から，近代的な科学理論が登場し世界像が大きく変わる16世紀まで，その長い期間にわたって広く共有されていた中世の宇宙論を，特に古代以来の自然哲学の文脈に注目することで概観する.

✖天界と月下界　17世紀にその権威が失われるまで，宇宙内の事物の物理的な性質および運動の原理に関する一般的な理論を提供していたのは，ほかの誰でもなく古代ギリシアの哲学者アリストテレスであった. 彼が紀元前4世紀に著した『自然学』や『天界論』などの著作は，今であれば物理学，化学，生物学などに該当する幅広い分野の科学的思想を人々にもたらした. 確かに，天文学の分野では，プトレマイオスやその系譜につらなるアラビアの天文学者たちの書物も参照された. だが，その主な用途は，惑星の軌道に関する数理的な計算の場面に限られていた.

　アリストテレスと彼の理論の継承者たちは，宇宙全体を物体の運動および物質の点で異なる二つの領域へと分割した. 一つは私たちの身の回りの自然世界である. そこでは「火」「空気」「水」「土」という四元素が互いに混合することで，事物が生まれては朽ちていく. もう一つは不変的な第五の元素からなる天界である. その領域では，惑星と恒星を運ぶ諸天球が，宇宙の中心である地球を層状に取り囲んでいると想定された. 天球のうち最下位，すなわち地球に最も近く存在するのは月の天球であった. それ故，四元素から構成された自然世界は，月の天球の下の世界という意味で「月下界」とも呼ばれた.

✖天球の魂　「天動説」か「地動説」かといったコペルニクス以後に時代を揺るがした論点は，本項が対象とする時代には主なる争点ではなかった. 以下では，前述の宇宙の区分を前提としたうえで，中世の宇宙論における固有の主題，特に天球の魂という考えと，それと自然秩序の原理との関連について論じる.

　アリストテレスの時代から16世紀頃まで，天球は「魂」を有するある種の生命体だと信じられていた. この場合の「魂」（希：プシューケー／羅：アニマ）とは，端的には「生命」の源を意味している. すなわち，それが備わることで，ある生命体がまさに生きていると考えられる力のことだ. 天球は，地上の植物や動物と同じように，あるいはそれらよりも優れた魂を有することで生きていると考えられたのである. だが，この天球の魂という考えはアリストテレス自身によって明言されたわけではなかった. にもかかわらず，後世の代表的な彼の解釈者たち，特に西欧中世におけるアリストテレス解釈の方向性を決定した12世紀の哲学者アヴェロエス（イブン・ルシュド）は，この考えを自然哲学的な宇宙論

の鍵となる概念として繰り返し論じた．では，いったいなぜその教説は単なる古代の迷信として退けられるのではなく，宇宙論の骨子としての役割を果たすことになったのだろうか．

✖自然の秩序と神的摂理　天球の魂あるいは天球が生き物であるという一見奇妙な説の意義を理解するには，もう一つの論点である自然秩序の法則性を何が決定していると思われていたのかという問題を理解する必要がある．ユダヤ教，キリスト教，イスラーム教のいずれにおいても，自然世界の規則を定める第一の原因は唯一神へと帰せられていた．そのような神学内部において争点があるとすれば，その神が「どのように」世界に関与し，実際の宇宙の構造や現象の法則性を規定しているのかという点にあった．

だが，議論を西欧のキリスト教社会に限ったとしても，そのような神学とアリストテレス的な自然哲学とが接触したとき，以下で示すように，むしろ「何が」自然世界の法則性を規定するのかという争点が浮上した．実は，アリストテレスも「神論」を唱えていた．だが，彼が「不動の動者」と呼ぶ「神」は，宇宙の創造や人類の救済を行わない，言い換えれば，世界への配慮を一切行わない存在なのだ．神的なものが世界の現象をあらかじめ予期することを一般に「神的摂理」と呼ぶが，キリスト教の神学者たちは，アリストテレスの神論には月下界への摂理の教説が欠けていると非難し続けた．

世界に積極的な働きかけを行う啓典宗教の神か，それとも自己以外には無頓着な哲学者の神か．この二項対立をまず前提として押さえる必要がある．ただし，話はこれでは終わらない．というのも，前述したアヴェロエス，および彼の典拠となっていた古代末期のアリストテレス主義者アフロディシアスのアレクサンドロスは，月下界の現象が神的摂理のもとで展開されていると主張したからである．その際に，摂理の実際的な作用者と彼らが考えたのは，（自己以外を考慮しない「不動の動者」ではなく）天球，特にその魂であった．彼らは，より上位に超越的な神を想定するとしても，自然現象の法則性を実際に定めるのは叡智的な生命体である神的な天球だと論じたのである．

✖コスモロジーという知的戦場　天球の魂という考えが重要な意味をもったのは，生命体でなければ，天球が月下界の事象を知性的に把握できなくなってしまうからであった．そして，だからこそ，キリスト教神学者たちは哲学的なコスモロジー，特にその天球の本性と自然世界への関与に関する教説を批判した．自然の秩序が天球の配慮下で形成されるとすれば，唯一神が世界の第一の原因であるという信念の正統性も失われかねないからだ．宇宙論は，単に地球の位置や惑星の軌道を問うような思想であったのではない．世界の統治とその正統性に関わる「神学」と「哲学」の覇権的対立が，そこで前景化する知的な戦場でもあったのである．

　　　　　　　　　　　　　　　　　　　　　　　　　　　　　　　[アダム・タカハシ]

中世のヒューマニズム

西欧中世世界にみられるヒューマニズムは，人文主義，すなわち古代ギリシア・ローマの文献を研究したりその学問的知識を修得したりすることを通して，人間性を陶冶することを目指す立場である．同時にこの陶冶はキリスト教信仰にうながされていたり，その教えを理解するのに有益であったりすると見なす立場でもある．要するに西欧中世のヒューマニズムは，人間形成との関連において古代的要素をキリスト教と結び付けようとする，キリスト教的人文主義である．

❌通俗的ヒューマニズム　ヒューマニズムは今日広く世間に浸透している言葉である．大まかにいえば，物事の成り立ちを考えるうえで人間を尊重しようとする思想一般の特色を表現し，意味や形態は多様である．とはいえこの言葉のもとの意味にさかのぼるときに普通理解されるのは，ルネサンス・ヒューマニズムである．

ヒューマニズムは 19 世紀に普及し始めた造語であり，西欧世界のルネサンスという時代あるいは文化現象に特徴的な思潮を表すために使用されるようになった．通俗的に理解されるところでは，ルネサンス期のこの思潮は，中世のカトリック教会のようなキリスト教の権威に縛られずに，古代ギリシア・ローマの文献を研究することで教養を身に付け，人間性を高めようとした．

その後 19 世紀末までには，ルネサンス期に先立つ中世にも，ヒューマニズムという言葉が適用され得る思潮が見出されるようになった．20 世紀には，この思潮を含む中世のルネサンス的な多様な文化現象を，カロリング・ルネサンスや 12 世紀ルネサンスという用語で包括的にとらえることが定着した．

❌西欧中世のヒューマニズム　古代文献に対する学問的関心や学びの姿勢，さらに研究に使用された文献に関して，通俗的な意味でのルネサンス期のヒューマニズムと類似する思潮が中世に見出される．人間性の涵養を目的にその手掛かりを得ようと古代文献に注目し，その的確な理解に努める動きは中世にもあった．

しかし相違も認められる．第一に，研究対象となった文献に相違がある．中世でもルネサンス期でも，古代ギリシア語文献が研究されるにはラテン語に翻訳されることが重要だった．だがルネサンス期に比べ中世では利用可能なラテン語訳に制約があった．例えばアリストテレス著作集のラテン語訳は，12 世紀半ばまでその論理学的著作群の一部に限られていた．13 世紀にその著作集のほぼ全体のラテン語訳が現れたにしても，そこにはルネサンス期に修正される余地があった．加えて翻訳が不要な古典ラテン語文献であっても，例えばキケロの著作群のなかには，中世では知られずルネサンス期になって発見されたものもあった．

第二に，修得すべきとされた科目に相違がある．中世では古代以来の自由学芸

という学問群が重視された（☞「自由学芸／リベラル・アーツ」）．この学問群は言語に関わる三科（弁証〈論理〉学ほか）と数や比に関わる四科（算術，音楽，幾何学，天文学）からなっていた．他方ルネサンス期では人文学研究という学問群が重んじられた．この学問群は，三科に含まれていた文法学と修辞学，それに新たにこの二科目と並ぶ価値を認められるようになった詩学と道徳哲学と歴史学からなっていた．

第三に，解決に努められた問題状況に相違がある．中世の例えばカロリング朝期では，神に従って善く生きられるかどうかにまで影響し得るにもかかわらず，正しく読み書きや話しができずにいたり，正しい知識をもてずにいたりする人々がいる状況が問題視された．聖書が誤って書き写されたり読まれたりすれば，その理解にも誤りが生じることになると考えられた．他方ルネサンス期ではカトリック教会と聖職者が，信徒の倫理形成に資するような本務をまっとうせず，かえって退廃している状況が厳しく批判された．教会は信徒から財を収奪し，聖職者はそこに寄生しながら欲にまみれた生活をしていると見なされた．

✖二つの画期　西欧中世のヒューマニズムには二つの画期があった．第一の画期はカロリング朝期にあった．カール大帝はキリスト教を軸に王国を確立することを目的に，賢者を欧州各地からみずからの宮廷に招き，そこを中心に学問研究や教育が推進されるように図った．この文教政策の流れの中でアルクイヌスは，自由学芸の段階的修得に始まり最終的には神学の研究に至る教育の仕組みを整えた．加えて彼自身も人間性を向上させるその教授活動を行った．カール大帝以後の諸王の治世でもこの仕組みは教育の基本となった．そのなかでフェリエールのルプスは，古代文献の写本を収集しその校訂をするという文献学的仕事もした．またエリウゲナは，新プラトン主義的な古代哲学にも通じていた教父と呼ばれる神学者のギリシア語文献をラテン語に翻訳した．加えて彼はその文献研究やアリストテレス論理学を活用して，人間が神において完成される様を描き出した．

第二の画期は12世紀にあった．イスラーム世界に接していたイタリアやスペインでは，この世界で研究されていた古代ギリシア語やアラビア語の文献を消化，吸収するために，ラテン語に翻訳する作業が進められた（☞「12世紀ルネサンスと翻訳」）．西欧世界ではキリスト教信仰を背景に，人間性を開発するべく自由学芸を学ぶ知的伝統が継承されていた．とはいえこの種の新文献が導入されたことで，その内容は増大，変化した．事実シャルトルのティエリは，幾何学や天文学に関するユークリッドやプトレマイオスの新文献を手元に置き，知見をより豊かにしながら自由学芸を教授できた．またコンシュのギヨームは，プラトンやキケロの著作から得られた知識に新たな知見を結び付けて世界のありようを探究した．この探究は，世界の創造主である神を認識するところにまで人間を導くとギヨームは考えた．

［山口雅広］

東方神学とラテン世界

　古代キリスト教会は，みずからのアイデンティティを確立するために，ユダヤ教徒に対しては父なる神と異なる神の子イエス・キリストの実在性を擁護し，他方でギリシア人やエジプト人などの多神教異教徒に対しては「一なる神」を弁証する必要があった．そうした活動を担ったのが，キリスト教成立以降，正統教義確立に至るまで古代教会の指導者であった教父たちである．とりわけ2〜4世紀における教父たちの主要な活動地域は，コンスタンティノープル，アレクサンドリア，アンティオキアなどの総主教座を擁するローマ帝国の東方属州すなわちアドリア海東岸のイリュリクムからエジプトまでのギリシア語圏東方キリスト教世界であった．その意味で，キリスト教の根本教義の形成期に主導的な役割を担ったのは確かに東方教会であった．

　しかし，5世紀後半以降，キリストの本性や聖霊の発出（いわゆるフィリオクエ論争）という神学上の問題，さらには教皇権や典礼上の諸問題をめぐって，ローマを中心とする西方（ラテン）教会との間には徐々に亀裂が生じ始め，ついに1054年に東西の教会分裂（シスマ）は決定的となった．そうした教会分裂の影響は，その後，ビザンティン世界の東方神学とラテン世界のスコラ主義的神学の関係にも及ぶことになる．

✖ラテン世界における東方神学の受容　もともと東方神学は，そのごく初期にストア派や（アリストテレス哲学を継承した）ペリパトス派の考えを折衷的に受容したアカデメイア派による中期プラトン主義の影響を色濃く受けていたが，さらにプロティノスから6世紀の偽ディオニュシオスに至る新プラトン主義の否定神学的で神秘主義的な系譜にも多くを負っていた．その後，偽ディオニュシオス文書は9世紀にサン゠ドニ大修道院長ヒルドゥイヌスやヨハネス・エリウゲナ，さらにはその改訂版が12世紀にヨハネス・サラケヌスによってラテン語訳され，13世紀にはアルベルトゥス・マグヌスやトマス・アクィナスにとってまさに「東方からの光」となった．また12世紀ルネサンスの担い手の一人ピサのブルグンディオは，東方教会最大の説教家ヨアンネス・クリュソストモスによる4〜5世紀の説教集やエメサのネメシオスの『人間の本性について』（4世紀），ダマスカスのヨアンネスの『知識の泉』（8世紀）など東方の主要著作を次々とラテン語訳していった．

　こうした東方教父文書の再生に大きく寄与したのがトマス・アクィナスである．従来はもっぱら新プラトン主義者ポルフュリオスの『エイサゴーゲー』（3世紀）を介してラテン世界に知られていたにすぎないアリストテレスの論証学的

構想を，当時すでに利用可能であったそのラテン語訳を用いてスコラ主義的な神学へと展開したトマスは，その一方で，東方教父文献にも深く傾倒していた．とりわけその傾向は1260年代以降顕著となり，22人のラテン教父に対して57人もの東方教父の引用を収めた膨大な四福音書註解である『カテナ・アウレア』（1263〜68）の執筆や，歴代の公会議記録文書の広範な利用をもたらした．こうした東方教父文書との関わりによって東方神学の正統性を深く確信したトマスにとって，理性は常に聖書と教会博士に次ぐ第三の権威にすぎなかった．

✠東方神学における修道的霊性とスコラ主義　トマスによる東方神学の受容と同様に，東方神学によるスコラ主義の受容は比較的近年の研究によって注目されるようになった．実際，否定神学的で神秘主義的な東方神学と合理的でスコラ主義的なラテン神学という従来の固定化した二分法は必ずしも適切ではない．例えば，カルケドン公会議以降の東方神学は，キリスト論をめぐる熾烈な論争を経験することによって，哲学的な基礎付けとしてアリストテレスの論証方式を広範囲に取り入れていくようになったが，その結果，新プラトン主義化されたアリストテレスがプラトンに取って代わり，東方神学における第一の哲学的源泉となっていった．とりわけダマスカスのヨアンネスの『知識の泉』第3部はキリスト教信仰の最初の体系的著述であり，中世スコラ主義神学の先駆とも見なし得るものである．ただし，こうした東方神学におけるスコラ主義化は，理性の使用が東方固有の典礼的，神秘主義的，修道的，救済論的な文脈と調和する限りで許容された，あくまでも実践的要因に基づくものであった．

その後，十字軍による首都陥落やオスマン朝による侵略によって衰退の一途をたどるビザンティン帝国では，ローマとの教会合同をめぐる内紛と連動するかたちで，14世紀には南イタリア出身のバルラアムとグレゴリオス・パラマスの間でヘシュカスモス論争が勃発した．「神を見る」ことができると主張する聖アトス山の修道士たちを合理的な不可知論の立場から批判したバルラアムに対して，パラマスは，祈りへの潜心による心の「静粛（ヘーシュキア）」が神の顕現，さらには人間の「神化（テオーシス）」をもたらすというヘシュカスモスの考えを，神の本質（ウーシアー）と働き（エネルゲイア）を区別することによって擁護した．神の超越的本質は人間にとって不可識だが，その働きの臨在によって神は人間に顕現し得るという彼の教説は，一見すると神秘体験に根差した不合理なものに見えるが，諄々（じゅんじゅん）と説かれるその弁証自体はむしろ合理的である．こうしたスコラ学的な合理的思考と東方伝来の修道的霊性の強調とが矛盾なく共存するパラマスの東西融合的な姿勢は，東西教会のさまざまな対立にもかかわらず，東方神学の伝統に深く精通したトマスの姿勢と相通じるものがあるだろう．実際，東西教会の対立が真に激化するのは，唯名論や近代世俗主義などのその後の西方の展開とパラマス主義者との間においてであった．　［土橋茂樹］

トマス・アクィナス

トマス・アクィナス（1224/25〜1274）は，アウグスティヌスとともに，中世の思想家の中ではわが国で最もよく知られ研究されてきた人物であり，主著『神学大全』（1265〜73）を始めとして，多くの著作を日本語で読むことができる．まず神学者であったトマスはキリスト教信仰の理解を求める人々にとってだけではなく，信仰を同じくしない現代の研究者たちにも，批判する陣営にとってであっても，第一級の哲学者の一人として遇されているといってよい．

図1　15世紀オランダのヘントのユストゥス（ヨース・ファン・ワッセンホフ）による聖トマス・アクィナスの肖像画［ルーヴル美術館］

しかし，トマスにはカトリック教会の「権威筋」とのイメージがあることも確かで，それだけで敬遠する人も多いかもしれない．1323年に聖人とされ，対抗宗教改革の方向を定めたトリエント公会議でもトマスの立場は重視されたとされる．教皇レオ13世が回勅「エテルニ・パトリス」（1879）において，この「天使的博士」「共通博士」と尊称されてきたトマスの哲学，神学がカトリックの教義理解にとって決定的な重要性をもつとあらためて確認されたことは，「権威筋」とのイメージを強めているに違いない．

しかし，トマスを彼が生きた当時の思想状況の中においてみるならば，違った姿を現す．12世紀末から新たに導入されキリスト教の教えとは相容れない側面をもっているとも思われるアリストテレス(的)哲学を，トマスは真正面から受け止めた．神学部の教授としては義務ではないアリストテレスの主要著作のほぼすべてに詳細な註解を残していること，『神学大全』もアリストテレスの引用で満ちていることはその証である．このようなトマスの姿勢は当時の一部の神学者からの批判を招いていたし，パリ司教タンピエは1277年3月7日のパリ大学学芸学部教師に向けられた断罪に続いて（☞「1277年の断罪」），トマスの新奇とされた神学上の主張に向けられた断罪も予定していたほどであった．これは現実に行われなかったが，オックスフォードではトマスの神学に対する断罪は実施されたのである．

よく考えてみると，トマスが若い時に創立ほどない時期のドミニコ会に家族の反対を押し切って入会したこと自体が，彼の進取の気性，そして教会改革への熱い想いの証左であったはずである．トマスが現代においてある種の「権威筋」であるとしても，トマス自身が権威主義的なメンタリティの持ち主ではなかったことは確かであろう．そして，そのことが現在でもトマスが第一級の哲学者と見なされる思想の力をもっていることの理由の一端であると思われる．　［川添信介］

15章　音楽と儀礼

中世を生きる聖俗の力ある者たちがその権威を広く知らしめる場として，儀礼は大きな役割を担っていた．修道院や教会，王侯貴族の宮廷といった閉じた空間だけではなく，都市の広場や街路，時には水上で展開する壮麗な式典は，権力者らの有する力を目に見える形で示し，参加者相互の力関係を露わにしつつ，時代を超えて継承されていくなかで重みを加えていった．儀礼においては，祭具や武具の他，指輪等がものの形をとって威信や力を象徴し，さらに音楽が華やかに彩りを添える．

音楽は儀礼の場に欠かせないが，それ以外のさまざまな人々の営みに寄り添うものでもあった．ただし，録音された音楽が巷にあふれる現代とは異なり，聖歌隊の歌声も楽人らの奏でる楽の音もその場で消えてしまう．それを何とか留めるための楽譜が登場するのも中世のことである．今の音楽とは些か異なる響きやレパートリー，それを支える仕組みやさまざまな立場にある音楽の担い手も含め，本章で見ていこう．　　　　　　　　　　　　　　　［辻内宣博／池上俊一・吉川　文］

教皇儀礼

　　教皇はカトリック教会における最高の地位を占めたが，特に 11 世紀半ば以降の教会改革を経て，西欧の宗教世界における普遍的権威を確立した．教皇の権威の上昇は儀礼や象徴物にも反映し，古代ローマ皇帝を模倣することもあった．これは中世において見られた「帝国の模倣」の一例といえ，12 世紀の教皇伝で描き出される教皇のローマ入市式にも当てはまる（☞「入市式」）．

✠即位儀礼　12 世紀末のローマ教会の典礼書によれば，教皇が選出されると大助祭または筆頭の助祭は教皇の頭上に赤い被り物を載せた．これは教皇に威厳を付与するものであり，偽文書である「コンスタンティヌスの定め」から着想を得たものだと考えられる．この 8 世紀頃の偽文書ではコンスタンティヌス 1 世が教皇に皇帝の衣装である緋色のマント与えたとされるが，実際に 1073 年のグレゴリウス 7 世の選出時にこの衣装の使用が史料上確認される．

　　教皇選出から 1 週間以上をかけて，就任のための儀礼が続いた．主な舞台はローマ南東のラテラノと北西のヴァチカンであり，また両者を結んでローマを横断するルートは市民が儀礼に参加する場となった．赤いマントを羽織った教皇は，ラテラノ大聖堂正面のポルティコ（柱列を伴うポーチ）で石造の座席に着いた．この座席は「汚物の椅子」と呼ばれ，高位の者も本来卑しい存在であるということを想起させるものである．その後，教皇は聖堂から宮殿へ移動し，ラテラノ大聖堂と宮殿の鍵と杖を受け取ることで教皇職に由来するすべての特権と財産を掌握したことを示したが，これを「ラテラノの所有」という．

　　その後，教皇はラテラノからヴァチカンのサン・ピエトロ大聖堂へと移動し，戴冠式が行われた．教皇はサン・ピエトロでミサを挙行して大聖堂前の階段席に進み，大助祭から差し出された教皇冠を被る．この冠はティアラと呼ばれ，先の尖った，あるいは丸みを帯びた被り物で，ビザンツ帝国に倣ったものと考えられる．類似のものは「コンスタンティヌスの定め」にも登場する．戴冠を終えた教皇は歓声を上げる民衆に囲まれつつラテラノに戻る．この騎行は，教皇が白馬に跨ったのみならず，教皇も随行する枢機卿や高位聖職者も白い装束を身にまとったため「白い騎行」と呼ばれた．白もまた皇帝の象徴であり，教皇が皇帝を意識していることが明白である．ラテラノに戻った教皇は，高位聖職者や世俗の貴人と食事を行い，一連の儀礼を締め括った．

✠帝国の模倣　即位儀礼に見られる「帝国の模倣」は，教皇が神聖ローマ皇帝と肩を並べようとする過程でさまざまな儀礼や象徴の道具を揃えようとした結果である．グレゴリウス 7 世とハインリヒ 4 世，アレクサンデル 3 世とフリードリヒ

1世，インノケンティウス4世やグレゴリウス9世とフリードリヒ2世の間で対立は苛烈をきわめ，教皇は皇帝に対する優越を可視化しようと試みたのである．

また，ローマ市内を横切る行列の行進は，教皇とローマ市民の関係においても重要な意味をもった．なぜなら，騎行する教皇に民衆が臣従の誓いをすることで，教皇が都市ローマの支配者であることが可視化されたからである．

前述の即位儀礼は12世紀の典礼書から見えてくるものであり，「ラテラノの所有」はヴァチカンでの戴冠式に先立つという点で重要性を帯びていたが，13世紀後半になると，グレゴリウス10世のもとでラテラノとヴァチカンでの儀礼の順序が逆転するという大きな転換が生じた．ヴァチカンのサン・ピエトロ大聖堂での戴冠式が重要になったことの背景には，教皇のローマでの戴冠がおよそ半世紀ぶりであったことが関係していると考えられる．13世紀の教皇はローマを頻繁に不在にしており，このことが「ラテラノの所有」の意義を低減させたと推測される．この傾向は，教皇庁のアヴィニョン移転（1309〜77）と教会大分裂（1378〜1417）の後，ヴァチカンが教皇の公式の拠点となったことによって強まった．

ヴァチカンでの戴冠に際しては，麻くずを燃やす儀式が行われた．火を灯された麻くずがたちまち消えることで，教皇が地上で体現する栄光がいかに儚いものであるかが可視化されたのである．サン・ピエトロ大聖堂での戴冠式におけるこの儀式が史料上明確になるのは，1404年のインノケンティウス7世の戴冠式が最初である．もっとも，ヴァチカンに限定しなければ，この儀式はすでに13世紀後半には行われていた．麻くずを燃やす際，教皇は次のように告げられ，教皇の地位の高さと一人の人間としての卑しさを想起させられた．「このようにこの世の栄光は過ぎゆく．汝は灰であり，死すべきことを思い起こすべし」．

✖教皇の死　教皇が亡くなると，教皇勅書のための印章は誤用を防ぐための処置が取られた．遅くとも中世後期には，教皇官房長官（カメラリウス）を含めた枢機卿たちや顕職たちの立会いのもと文書局副長官の命に従って勅書作成官により，教皇の名が記された印章の片面は潰されなければならなかった．もう片面には二人の使徒，聖ペテロと聖パウロの名と顔がかたどられていたが，こちらの面はそのまま亜麻布で包まれ，紐で縛られて文書局副長官により封印され，新しい教皇が選ばれるまでの間，官房長官に委ねられた（あるいは3人の枢機卿により封印されて文書局副長官自身が保管した）．機密性の高い書簡または荘厳な文書で蜜蠟に押されたのは，教皇が指にはめていた「漁師の指輪」であった．教皇の死に際してはこの指輪も砕かれなければならなかったが，これは現在でも同じである．グレゴリウス10世が教皇選出の規定を改めた際（1274），枢機卿たちが新教皇選出の手続きに入るのは9日間の葬儀を経てからであるとされた．葬儀後の埋葬や墓石，墓碑を手配したのは通常，教皇の親族であった．　［藤崎 衛］

成聖式／戴冠式

　中世の君主の即位儀礼は，大抵の場合，成聖式と戴冠式からなる．戴冠式は文字通り王冠を頭に戴くなど，王標を身に帯びる儀式であるが，成聖式は高位聖職者によって聖油を体に塗られるという形式を採る一種の聖別式であり，これにより君主に特別な聖性が付与された．しかし，この二つの儀式はいつも1度に行われた，あるいは両方とも必ず行われたというわけではなかった．例えば751年，メロヴィング朝のキルデリク3世からフランク王位を奪うかたちでなされたピピン3世（小ピピン）の即位は，教皇特使からの塗油の儀式（すなわち成聖式）のみで，戴冠式を含まなかった．塗油式は古代イスラエルのダヴィデのそれに倣ったもので，メロヴィング王の血統に伝達されるとされた霊威（カリスマ）に取って代えるためのものだった．一方，後述するように，フランク王国に戴冠式が導入されたのはカール大帝の頃である．両儀式はその後，ヨーロッパ諸王国の即位儀礼に欠かすことのできない中核要素になっていく．一例として，13世紀半ば，すなわち聖王ルイ9世時代のフランス王国の即位式を，J. ル・ゴフの整理に従ってみておこう（Le Goff, 1990）．

❌聖王ルイ9世時代の即位式　フランス国王の即位式は王国北東部に位置するランスの大司教座聖堂で挙行されるのが慣例だった．まず新国王は二人の司教に付き添われて入場し，儀式の執行役を務めるそれぞれ6人の高位聖職者と同輩諸侯が控える祭壇スペースまでやってくる．次に，5世紀末，ランス司教聖レミギウスがフランク王クローヴィスに洗礼，聖別を施したときに天から遣わされたとされる聖油が恭しく運ばれてくる．この後，国王による「平和，正義，慈悲」の誓約や民衆による即位承認の歓呼が続き，さらに騎士叙任式を間に挟んで，いよいよ成聖式に移る．成聖式では司式者たるランス大司教が，上半身をはだけて跪いた国王の頭，両肩の間，両肩，両肘，そして両手に先の聖油を塗っていく．

　次が戴冠式であり，さまざまな王権のシンボルが国王に授けられる．これらシンボルはすでにその保管者であるサン＝ドニ修道院の院長によって祭壇に置かれている．すみれ色のチュニックに身を包んだ国王の指に，まずランス大司教が国王リング（指輪）をはめる．次いで国王は左手に王笏を，そして右手に「正義の手」と呼ばれる王杖を受け取る．そして，世俗の同輩諸侯らの手で王冠が王の頭に載せられる．最後は荘厳ミサと聖体拝領で締めくくられる．国王はこの時から，聖職者と同様にパンと葡萄酒の両聖体を受け取る．塗油式は聖職の叙階と共通する儀式であり，ある意味国王を祭司化する働きをもったからである．その後，国王は先の儀典用の王冠をより軽い別の王冠に取り換えてから，騎士叙任式

の際に抜刀された剣に先立たれて退場する．

　以上の式次第には，もちろん特殊フランス的な要素がいくつか含まれている．特にクローヴィスの聖油は，その由来からしてフランス王の地位が神与のものであることを強調する根拠となり，さらに瘰癧（るいれき）という皮膚病を治癒させるフランス国王の奇跡力もこの聖油の霊力に負うところが大きかった（☞「指輪」）．騎士叙任式の際の履物に施された白ユリの紋や王標の一つ「正義の手」もフランス王位独自の形象であった．とはいえ，大枠で見れば，以上のような聖俗のシンボルを多数取り混ぜた式次第は，多くの王国に共通するものだったといえるであろう．

✖皇帝戴冠式　最後に独自の意味をもつ皇帝戴冠について触れておかなければならない．先に触れたピピン3世の息子のカールが，800年のクリスマスにローマにおいて教皇レオ3世から「ローマ皇帝」として戴冠された事実はあまりにも有名である．カールはすでに754年，父王ピピン3世の2度目の塗油式の折に，自身も共同統治王として教皇から塗油の聖別を受けていた．800年の皇帝戴冠は，同時代の教皇側の史料によれば，サン・ピエトロ大聖堂でクリスマスのミサが執り行われる中，祈りを終えて立ち上がったカールの頭に教皇レオ3世が不意に黄金の冠を載せるようにして行われたという．ローマの会衆はその場面に接して，「神により冠を授けられし至尊なるカール，偉大かつ平安なる皇帝に万歳，そして勝利を」と唱和の声を上げたという．しかし，大帝の伝記作者によれば，カールは教皇の計画を知っていれば自分は大聖堂には行かなかったろうと述べたとされる．この発言は，教皇が主導権を握った式の運びへの批判と考えられる．カールは教皇の霊的権能に頼らずとも皇帝として戴冠することが可能だと考えていたらしい．事実，彼は息子のルイ1世（敬虔帝）については，813年に「神の代理人」としてのみずからの権威だけに基づいて皇帝として戴冠させたのである．

　しかし，ローマ教皇は皇帝戴冠に対してみずからの関与が不可欠であるという姿勢を取り続けた．962年のオットー1世の皇帝戴冠はローマでヨハネス12世の手によって行われた．この時期以降，ドイツ国王にとってローマの帝冠は，イタリア支配という政治綱領とセットで考えられるようになっていく．国内選挙を経てアーヘンで戴冠された国王たちは，次にローマを目指した．しかし，ドイツ国王を取り巻く政治状況が変わり，また選挙侯の権限が確立される中世末期になると，教皇による戴冠式はその意義を失っていった．ドイツ国王に選出された者は帝冠を受けずとも皇帝と見なされるようになるのである．

　中世の成聖式，戴冠式は儀礼としてみれば，さまざまなシンボルの働きを読み取ることのできる表象研究の対象となろう．しかし，両儀式は権威を創出するというだけでなく，その権威そのものが広く聖俗の権力問題の争点でもあった．誰が皇帝をつくり出すのか，国王の霊威はどこに由来するのか．君主の聖性をめぐる政治学も興味深い中世研究のテーマとなるであろう．　　　　［轟木広太郎］

入市式

　入市式は，中世において司教，教皇，国王，皇帝，諸侯など聖俗の権力者がその支配する都市へ厳かに入場する儀礼であり，イエス・キリストによるエルサレム入城の逸話（マタ 21：1-11）を原型として，中世から近世にかけて行われた．イタリア都市国家を別として，中世のヨーロッパでは，一般に国王や大司教，諸侯といった聖俗の領域君主からの都市の完全な独立はあり得なかった．とりわけ，イングランドやフランスのように王権が集権的政策を推し進めた地域では，都市と支配君主としての王権の関係は，特権の享受と保証をめぐってさまざまな紛争や交渉をもたらすことになった．中世都市が外部の支配権力との相互関係を構築するうえで重要な政治的コミュニケーションをなしたのが，権力者としての君主による都市への「入場」という儀礼である．入市式は，都市と君主との間のあるべき秩序についての合意ないし協調を可視的に表現するものであった．入市式は，また戦勝記念や，君主が他国から結婚相手や外国の賓客を迎える際にも祝祭として催され，君主を称揚するメッセージを表現する社会儀礼として，中世から近世にかけて重要な役割を果たした．

✖国王入市式　フランスを例に取ると，入市式は，新たに即位した国王が戴冠式の後，王国内の主要な都市に最初に入場する儀礼であった．フランスでは，入市式は，戴冠式や葬送儀礼などとともに国王儀礼の一つとして 14 世紀のヴァロワ朝（1328〜1589）から行われ始め，15 世紀半ばのルイ 11 世から 16 世紀のフランソワ 1 世，アンリ 2 世の時代にその頂点に達し，17 世紀まで行われた．それは，王権による中央集権政策の進展による「良き都市（ボンヌ・ヴィル）」の王国への政治的統合化のプロセスを反映するとともに，都市側からは，王権との儀礼的対話を通じて，都市の伝統的特権の保持や入市式を演出し得る都市の力を可視的に誇示するというプロパガンダも意図されていた．

✖パリ入市式　新たに即位したフランス王は，パリの北にある大司教座都市ランスにおいて戴冠式を行った後，歴代の王の墓所であるサン゠ドニ修道院を経て，パリの北門（サン゠ドニ門）から市内へと騎馬で入城した．王は，サン゠ドニ門の内外において，パリ代官（プレヴォ）を筆頭とする国王役人，貴族，市民の代表者たちの出迎えを受け，宣誓を取り交わし，パリ市の鍵を受け取る儀礼を行った．続いて，パリ市内を南に向けてサン゠ドニ大通りを取巻きとともに進み，シャトレ裁判所を経て，パリの中心であるシテ島のノートルダム大聖堂へ向かい，教会内での儀式を終えた後，王宮へと到着した．市内の王の行列ルート上では，パリ市と市民たちにより沿道の建物の装飾がなされ，ギルド（メティエ）や

兄弟会（コンフレリー）による宗教劇の舞台が設定されて「活人画（タブロー・ヴィヴァン）」が演じられた．そこではダヴィデ王やイエス・キリストによるエルサレム入場（アドヴェントゥス）になぞらえて，王（君主）と臣民（パリ市民）の間の関係が象徴的に示され，君主と臣民たる都市の「良き関係」が確認されたのである．

✠ブルゴーニュ公の入市式　こうした入市式は，中世後期になるとフランス王のように聖性を有する君主のみならず，有力な地域の諸侯によっても行われた．その最もよく知られた事例が，ブルゴーニュ公による都市入市式である．ヴァロワ王家出自の歴代ブルゴーニュ公は，ネーデルラントを支配する中で，200回以上にわたりネーデルラント各地の都市への入市式を行った．特にフランドル都市がブルゴーニュ公フィリップ善良公と対峙して軍事的敗北を被った後に挙行されたブルッヘ入市式（1440）や，ヘント入市式（1458）では，君主と都市の政治的和解が目指された．当該の入市式においてブルゴーニュ公は，メシア（救世主）になぞらえられ，都市側により準備された聖書に由来するさまざまな活人画の舞台を鑑賞しつつ都市に入場するという演劇的なパフォーマンスが演じられた．このように，君主と都市の間の政治的紛争を和解と協調の関係に転化する儀礼として，また君主の統治の正当性と権威，都市側の政治的，経済的力量の誇示という双方向の政治的メッセージの象徴的交換（シンボリック・コミュニケーション）の場として，入市式は，中世後期の都市における政治文化を彩った．

✠近世の入市式　ルネサンス期に入ると，君主の入市式は，古代ローマの凱旋式の復活を背景にその性格を変えていった．古代ローマにおいて戦勝記念の凱旋式のために建造された凱旋門やオベリスク（記念碑）などの仮設建造物が復活し，古代ローマ風の入市式が行われるようになる．凱旋門を伴った君主の入市式は，アラゴン家のアルフォンソ1世によるナポリ入市式（1443）に始まる．アルプス以北でも，神聖ローマ皇帝カール5世のブルッヘ入市式（1515），フランス王アンリ2世とアンリ4世のリヨン入市式（1548，1595），スペイン王フェリペ2世のヘントおよびアントウェルペンへの入市式（1549）などがその代表的事例である．凱旋門を中心的舞台とする入市式は，古代の復興というルネサンスの思想を背景に，凱旋門を飾る装飾と寓意の複雑さにより人文主義者のような知的エリートのみが理解し得る儀礼へと変容していった．

入市式は，守護聖人の祝祭のように毎年定期的に行われる儀礼ではなかったが，その都度君主と都市との象徴的な関係が提示され，再確認されることで，都市と君主をめぐる支配と服従の政治的力関係を可視化し，政治的現実を示す聖なる都市の儀礼として中世において注目すべき機能を果たしたのである．

［河原 温］

騎士叙任式と臣従礼

　国王や諸侯など有力な領主のもと騎兵として戦う騎士の身分は，カロリング期から 10，11 世紀にかけて形成され，中世盛期以降には騎士道と呼ばれる固有の行動規範を備えた集団となる．騎士は主君に助言と奉仕を行い，主君から知行（封）を与えられた家臣でもあったが，騎士になるための儀礼と家臣になるためのそれは別であり，それぞれ独自の意味をもっていた．

✖騎士叙任式　若者を騎士として認めるとともに成人にする騎士叙任式は，加入儀礼であると同時に通過儀礼である．その形態は多様であり，かつて文学史家の L. ゴーティエは「軍事式」「キリスト教式」「典礼式」として三つの形態を区別して活写した（Gautier, 1884）．当初は武器の授与のみであり，11 世紀以降キリスト教的性格を強くするとともに次第に荘厳な儀礼となり，貴族の特権意識と結び付いていった．武器の授与はゲルマン人の慣習に由来すると考えられるが，さまざまの武器のなかでとりわけ剣はキリスト教的イデオロギーと結び付けて解釈されるようになる．剣の祝別の際の祈祷は，騎士に教会，寡婦や孤児，異教徒と戦う者の保護者としての使命を喚起する．騎士叙任式は 13 世紀以降広く教会で行われるようになり，騎士となる者は沐浴をし，儀式の前夜に武器を前に徹夜で祈祷を行う．当日ミサがあげられた後，腰に剣を佩かせられ，足に金の拍車が取り付けられ，「肩打ち儀礼」が行われた．肩打ち儀礼はもともと手の平による一撃であったが，同じく教会の影響を受けて 14，15 世紀には剣の平たい部分を用いて行われるようになる．それは返してはならない一撃であり，騎士となる若者が暴力に応じないよう自制心をもつことが重視されたのであった．

　騎士叙任式には復活祭やペンテコステなどキリスト教の祝祭日が好まれたが，戦場で簡潔なやり方で，あるいは領主の城で行われることもあった．また教会で行われるようになり聖職者の役割が増していくものの，騎士を叙任するのは基本的に騎士，すなわち父や親族の男性や領主であり，誰が叙任するかについて特定の規則は存在していなかった．これは双務的な契約である封建主従関係を締結する際の儀式と大きく異なる点である．

✖臣従礼　M. ブロック，F. L. ガンスホーフ，G. フルカンによる封建制の教科書において，封建主従関係の儀礼を構成する諸要素に当てられた訳語は一定していない（Bloch, 1939-40；Ganshof, 1957；Fourquin, 1977）．「臣従礼（オマージュ）」は最初に行われる儀礼を指す用語として用いられているが，ここでは第 2 段階の誠実（忠誠）と第 3 段階の知行の授与を含めて紹介する．儀礼が行われるのは大抵主君の館の大広間であったと想定されている．最初に家臣は，主君に対して家

臣になる意思を表明した後，両手を差し出し，その両手を主君が包み込む．これが臣従礼である．続いて両者は接吻を交わし，家臣は大抵聖書や聖遺物にかけて主君に対する誠実を誓う．最後に主君が家臣に対して，棒や土塊などを用いて象徴的に知行を授与した．この一連の儀礼を，J. ル・ゴフは人類学の成果を手掛かりに次のように解釈する．臣従礼は主君と家臣との間に不平等な関係を創出し，家臣が主君より下位にあることを示すのに対して，第2段階の接吻は両者を同等の存在にする．最後は主君から家臣への「反対贈与」であり，これら諸段階を経て，家臣は主君に劣る地位にとどまりながら，「相互的な契約の効果によって，この契約の外側にいるすべての者との関連において」主君と同等の者になる（Le Goff, 1977）．

　ル・ゴフはこの儀礼から中世ヨーロッパ社会の特徴そのものを引き出そうと試みている．知行の授与で頻繁に用いられたフェストゥーカと呼ばれる棒や枝に着目し，その使用がフランク時代に家族以外の誰かに財産を継承させる手続きで決定的な役割を果たしたことから，家臣制の儀礼の象徴世界が家族関係のそれを参照枠としていたと想定し，この推測をアフリカ社会との比較によって補強する．さらに，主従関係の締結において文書が重要な役割を果たしていない点からも，中世ヨーロッパとアフリカ社会との共通性を見出している．もちろんル・ゴフの解釈に対しては批判もある．また，この儀礼も地域的に多様であった．南フランスでは臣従礼は不可欠ではなく，第2段階において接吻が行われない一方で，誠実誓約は文書化され，知行授与の文書も作成された．3段階の儀礼がどれほど中世ヨーロッパの封建制を代表していたかについては議論の余地がある．それでもル・ゴフの研究は，人類学の知見と比較史の手法を用いて，儀礼から中世世界の特質を抉り出そうとした画期的な研究としてその意義を失っていない．

✖共通性と相違　二つの儀礼には共通点よりも多くの相違が見られ，それは教会の介入の面で顕著である．典礼や叙事詩，教訓的書物など騎士叙任式に関わる主要な史料は，キリスト教がこの儀礼をそのイデオロギーの中に取り込もうと努めたことを示しているが，他方でまたそこには世俗的性質が深く染み込んでいたことも教えてくれる．この面で家臣制の儀礼と重なる部分をもつことを忘れてはならない．また，ともに象徴的な含意に溢れた儀礼であり，儀式を構成する諸要素だけでなく，その前後に行われる行為，そして時折証明される騎士身分の剥奪や主従関係の放棄の手続きを含めて，総合的な分析が施される必要がある．家臣制の儀礼については年代記や事績録などの叙述史料が中心となるが，南フランスからは証書史料が豊富に伝わっている．いずれの儀礼についても，地域的な相違や時期的な変遷を視野に収めつつ，史料の性格に留意した検討が望まれる．

［加納　修］

外交儀礼

　人類学者 C. ギアツが提起した「劇場国家論」には政治学や歴史学から多くの批判が出されたが，国民の統合を図るうえで儀礼が大きな役割を果たしたことは確かである．儀礼は国内だけではなく，対外関係においても重要であり，中世世界においても外交交渉の場でさまざまな儀礼が行なわれた．

　多くの国家，君主のなかでも，とりわけ外交儀礼に力を入れていたのは，普遍的な権威を主張するローマ教皇や神聖ローマ皇帝であった．やはり「ローマ帝国」と称していたビザンツ帝国も，劇場国家と呼べるほど儀礼を重視していた．

✕「ヴェネツィアの和」―教皇と皇帝　外交儀礼の例として，1177 年の夏に神聖ローマ皇帝フリードリヒ 1 世（在位 1152〜90）とローマ教皇アレクサンデル 3 世が会見し，長らく続いた皇帝と教皇の対立，教会分裂に終止符を打った「ヴェネツィアの和」を見てみよう．教皇と皇帝の和解の場には，関係各国，諸勢力の使節も多数出席しており，「ヴェネツィアの和」はヨーロッパにおける最初の国際講和といわれることもある．

　1176 年 5 月にロンバルディア同盟軍に敗れたフリードリヒ 1 世は，イタリア支配の回復には，同盟の支持者であった教皇アレクサンデル 3 世との和解が不可欠と考え，教皇庁との交渉に入った．教皇，皇帝間での使節の交換に加えて，仲介者も通じて行なわれた 1 年に及ぶ交渉によって合意が成立し，両者はヴェネツィアで会見することとなった．交渉に関する記録はほとんど残っていないが，ヴェネツィアでの会見については多くの記録がある．外交儀礼が，当事者による合意事項の再確認だけではなく，広く関係者に周知する手段だったからである．

✕振る舞いと言葉―儀礼の意味　1177 年 7 月 24 日，ヴェネツィアの元首，アクイレイア総主教を伴ってやってきたフリードリヒ 1 世を，教皇はサン・マルコ聖堂の入口に設けられた舞台で大司教，枢機卿とともに迎えた．教皇の前に出た皇帝は，平伏して教皇の足，膝に接吻した．教皇は皇帝に「平和の接吻」をして祝福し，「教会の息子」と呼びかけて自分の右側に座らせた．この後場所を変えて両者の会見，儀礼が繰り返されたが，「ヴェネツィアの和」のクライマックスは，多くの者が見守るサン・マルコ聖堂前での和解の儀礼であった．この儀礼の意味するところについてはさまざまの解釈がなされている．

　皇帝の平伏，教皇の足への接吻に注目するなら，「ヴェネツィアの和」はちょうど 100 年前の「カノッサの屈辱」と同じく，皇帝が教皇に屈服したものと理解される．確かに 16 世紀の木版画には，フリードリヒ 1 世の首を踏みつけるアレクサンデル 3 世を描いたものもある．しかし，教皇は足元にひれ伏す皇帝を抱き

起こし，平和の接吻をして「教会の息子」と呼びかけており，相互に相手の存在を承認し，協調を表明する儀礼だったと理解することもできる．

　「ヴェネツィアの和」の場合のように，合意に至る経過，和解の内実は不明のことが多い．中世の国際関係を解明するためには，最終的な確認である外交儀礼の意味するところを，当事者それぞれの振る舞いや言葉の分析を通じて明らかにすることがきわめて重要となる．

✖宮中晩餐会の席次，書簡の宛名　ビザンツ帝国の洗練された外交儀礼を，神聖ローマ皇帝オットー1世（在位936〜973）との交渉を例に取って見ておこう．961年にイタリアへ遠征したオットーは，翌年ローマ教皇ヨハネ12世から帝冠を受けた．その結果，「ローマ皇帝」の称号をめぐってビザンツ帝国との対立が生じた．オットー1世はみずからの皇帝称号を認めさせるべく，クレモナ司教リウトプランドを使節としてコンスタンティノープルに派遣した．

　こちらが真の「ローマ皇帝」であると主張するビザンツとの交渉は難航した．皇帝主催の晩餐会に招待されたリウトプランドは，ブルガリア王の使節より下座に置かれて，「ローマ皇帝」オットーへの侮辱だと，席を蹴って退出しようとした．皇帝役人は，リウトプランドが爵位を有していないからだと説明して指定の席に着かせ，特別料理を出して納得させた．

　リウトプランドの交渉を支援すべく，ローマ教皇がビザンツ皇帝に書簡を送ったが，「ギリシア人の皇帝」と呼びかけていたため逆効果となった．ビザンツ側は激怒し，交渉は決裂した．合意を確認する外交儀礼に至ることなく，リウトプランドは帰国の途に就いた．

✖ビザンツ皇帝の「兄弟」「息子」　リウトプランドが来る直前に，ビザンツ帝国では，宮廷儀式の式次第をまとめた『儀式の書』（10世紀半ば頃）が編纂された．そこには少数ではあるが外交儀礼に関する項目も含まれている．同書2巻15章は，外国使節を招いた宮中晩餐会について述べており，キエフ・ルーシの皇太后を迎えて行なわれた一連の晩餐会の様子も記されている．

　2巻47章は外国使節がビザンツ皇帝にどのように呼びかけるか，皇帝の役人が使節にどのように問いかけるかを記している．続く48章は，ローマ教皇，カリフ以下，各国の君主，支配者宛の書簡において，ビザンツ皇帝がどう名乗り，相手をどう呼ぶかが記されており，ドイツ王は「霊的兄弟」と呼ばれている．

　47章によれば，ブルガリア王はかつて皇帝の「孫」であったが，改宗後「息子」となったといい，48章は，昇格後のブルガリア王への呼びかけを記している．これをみると，ドイツ王＝神聖ローマ皇帝の使節が，ブルガリア使節の下座に置かれたのは儀礼の規定に反しているようだが，皇帝を名乗ったドイツ王への反発が，リウトプランドの席次に反映したのであろう．外交儀礼は固定的なものではなく，その時々の国際関係によって組み替えられるのである．　　　[井上浩一]

指　輪

　古代から中世にかけて，指輪は装身具だけでなく王侯の政治的権威，民間の習俗，キリスト教の宗教的なシンボルなど，多様な目的に用いられてきた．ヨーロッパでも指輪の文化は連綿と継承され，小さな指輪という「ミクロコスモス」からでも，ヨーロッパの権威の誇示，習俗の変遷，時代風潮などを読み取ることができる．ここでは具体的には印章指輪，婚約，結婚指輪，ヴェネツィアの元首の海との結婚儀礼，キリスト教と司教指輪，瘰癧（るいれき）指輪などのキーワードを取り上げよう．

✖印章指輪　指輪の文化史では最も古いのは印章指輪である．今から5000年前には，メソポタミアのシュメール人が印章を使用していたとされる．これには円筒印章と押印型印章があり，前者は印章を粘土板に押して文様を付け，契約，封印，記録文書などの目的に用いた．後者は通常の用法であるが，古代ギリシアへ伝わり，古代ローマを経て王侯の権威のシンボルとして，中世においても押印型印章指輪が用いられた．もう一つの中世の特徴は，台頭してきた商人が商取引の際に，彼らのみずからの屋号を制定し，それを指輪のベゼル（台座枠）の部分に組み込み，サイン替わりに押印したことである．

✖婚約・結婚指輪　古代ギリシアでは，心臓から左手薬指に「導管」（血管）が通っており，それは愛の「導管」と考えられていた．俗説では結婚の際に，その左手薬指に指輪を嵌め，愛のシンボルにしたといわれている．指輪の習俗は古代ギリシアから地中海を経てエトルリア，それから古代ローマへ伝播した．婚約，結婚指輪に限定すれば，契約との概念が結び付いた婚約指輪が重視され，それは古代ローマ時代をルーツとする説が有力である．ここでは紀元前3世紀頃から婚約時に指輪が用いられている．

　さらに中世の12世紀頃から，キリスト教が結婚の「秘跡」に深く関わってくる．結婚は親同士が決めたが，通常，男性側から未来の花嫁の父親に婚資を贈り，花嫁の「売買の契約」を結ぶ．指輪はその証拠のしるしであった．婚約式にはそれぞれの両親，親族が集まったが，中世のキリスト教全盛時代においては，聖職者が結婚の「秘跡」を確認する役割を果たした．

　中世では騎士の結婚は騎士道精神にのっとり，特に女性を尊重するかたちで行われ，求婚の際にやはり指輪が重要視された．図1は騎士が誇張した宝石付きの結婚指輪を女性に渡して

図1　騎士による指輪の贈与（1310～25頃）[The Bodleian Libraries, University of Oxford, Ms. Douce 366, fol. 131r.]

いる場面である.

✖ヴェネツアの海との結婚儀礼　　ヴェネツィアの商人たちは，海上安全を祈願して「海との結婚儀礼」を行った．これは中世の997年に始まったが，指輪を海中へ投げ入れるというかたちになったのは，1177年になってからである．この発端は，フリードリヒ1世が北イタリア進出を画策した際，ロンバルディア同盟が1167年にこれを撃破したことにちなむ．その勝利を記念して翌年に，「海に指輪を投げる」儀礼が追加されたという．18世紀初期の記録では，これは次の手順で行われた.

①正装したドージェ（元首）が，ブチントーロ（お召し舟）で近隣のリド島の沖へ向かい，ゴンドラの集団がそれに伴走する．②ヴェネツィア総大司教も同行し，儀礼の前に教会の合唱団がマドリガーレ（イタリア歌曲）を歌い，海上で金の指輪をドージェに渡す．③ドージェは恭しく指輪を取り上げ，「海よ，我は汝と結婚せり．永遠に汝が我がものであるように」と宣言し，指輪を海中へ投げる.

「海との結婚儀礼」は，自然の猛威に対し，ドージェが海と一体化してこれを制御しようとする，アニミズムとキリスト教との合体した習俗である.

✖キリスト教と司教指輪　　指輪はキリスト教においても権威のシンボルであった．そのなかでも漁夫をシンボル化した教皇指輪が有名である．これは初代ローマ教父（教皇）であった聖ペテロがかつて漁夫であったことにちなみ，それをデザイン化したものである．シンボル化された網はキリスト教信者を獲得する意味に解釈されている.

その後，枢機卿の指輪も生み出されていった．教皇だけでなく司教，枢機卿も出身家系の紋章をもっており，その紋章と合わせた宗教指輪をつくった．司教指輪は教会の権威を示すために豪華であったが，嵌める指は中世では，人差し指が聖者を象徴していたため，この指に装着した図が多い．しかしほかの指の場合もあり，ルネサンス時代では世俗の人々が自由に指輪を装着していたから，宗教指輪もその時代風潮を反映している.

✖瘰癧指輪　　神や王が病気治癒力をもっているという信仰は，J. フレイザーの『金枝篇』（1890〜1936）にもあるように，古くから信じられてきた．その延長線上に，ロイヤル・タッチという王の呪力信仰が生み出されてきた．ローマ・カトリックは聖別された王にこの力があることを容認し，さらに瘰癧指輪にもお墨付きを与えた．これは「結核性頸部リンパ節炎」という病気を治す指輪のことをいう．すなわち瘰癧指輪は，キリスト教の権威を背景にした，王の呪力と指輪の霊力が結び付いた儀礼である．これは M. ブロックの『王の奇跡』（1924）に詳しい.

ロイヤル・タッチは，特にイギリス，フランス王室で，王の権威を見せつけるために行われた．ただしこれらは両刃の剣であって，瘰癧指輪の効果がないとわかれば，王の権威は失墜する危険性をはらんでいた．　　　　　　　　　［浜本隆志］

定式書

秩序は力による強制によってだけでなく，中国春秋時代の会盟にみるように，儀礼を通じて形成強化される．その際に重要なのは「正しい」一定の形式にのっとっていることである．本項が扱う「定式書」とは，西洋中世の基礎をなすキリスト教のさまざまな儀礼の司式方法の手順を定める規定書などを指す．

✖形成　キリスト教がユダヤ世界を越えて広がるにつれ，各地に多様な伝統と信仰内容を有する共同体が形成された．信仰内容に差異と逸脱が生じたため洗礼の際に「信仰告白」が求められるようになり，帝国内で基準となる「ニカイア信条」などの教義の枠組みが定められた．「ことば」の宗教であるキリスト教において，信徒たちは定時に教会堂に集まり司教や司祭を囲んで「詩編」を唱和する礼拝（聖務日課）を行うようになり，大祭日の前には徹夜の祈りをする慣習も広まった．これは同じ場において聖句を唱え応答し合うことによって共同体の絆を強めると同時に，何よりもキリストとその弟子たちの生を再体験することでもあった．典礼は教会生活の中核なのである．だが，その規定にはなお多様性が許されていたという．現在も東方教会に多くの地方的伝統による典礼が残り，ラテン教会においてもイベリア半島のモサラベ典礼や北イタリアのアンブロシウス典礼があるようにである．

一方で，儀礼を間違えず「正しく」行うために祈りなどの式文の集成がつくられた．まずミサにおける規範的な祈りが「小定式集」として整理され，教会の典礼暦に従って順序よくまとめられ，秘跡執行の際の司式者の式文を集めた「秘跡書」がつくられた．さらに司式の仕方に関する「指示書」，特に教皇や司教の司式する典礼に関する「司教典礼書」や「司教儀典書」なども生まれた．また司教座や修道院などにおける聖務日課などのために「朗読聖書集」「交唱集」「昇階唱集」などの「聖歌集」，「教父説教集」「殉教録」などのジャンルごとの集成も増えていった．

✖権力との関係　西方において流れが変わったのはキリスト教が支配的となり典礼の統一が権威を高める手段と見なされるようになってからである．8世紀にフランク王国が多様な民を征服して版図を拡大するにつれて，強い統合の絆が必要になった．ピピン3世（在位751～768）は王権簒奪にローマ教会の権威を利用したが，カール大帝（在位768～814）もよく知られた巡察使制度などだけでなく，キリスト教を支配の要石として用いた．彼は教皇ハドリアヌス1世（在位772～795）から『ベネディクト戒律』の原本の写しや「ディオニシウス・ハドリアヌス教会法典」を得て，臣民を同一の基準でキリスト教的に支配することを企て

た．カール大帝はさらに「グレゴリウス秘跡書」を得て，これにガリアの伝統的な典礼の要素を加えさせて『ハドリアヌス秘跡書』と呼ばれる定式書を生み出させた．これは地域の慣習に適合するだけでなく，君主を神の代理人として称え，典礼の中心に据えたのである．この動きはオットー朝で強化され，「帝国教会政策」を採る皇帝ハインリヒ 2 世（在位 1002〜24）以降，独自の『ローマ・ゲルマン司教典礼書』が編纂された．当時の秘跡書の挿絵はキリストではなく皇帝を中心に据え，彼が執る聖なる槍と剣には天使でさえも素手では触れられないと描いている（図 1）．

図 1　『ハインリヒ 2 世の秘跡書』［ミュンヘン，バイエルン州立図書館，BSB Clm 4456］

　13 世紀にローマ教会の権威が高まると，教皇庁は先行する定式書を上書し統合するかたちで「ミサ典礼書」を編纂した．また参加する人数が限られる小教区や宣教で用いるために，必要な式文や手順をひとまとめにして聖務日課全体を簡便に示す「教皇庁聖務日課書」が生まれた．ミサ，洗礼，叙階などさまざまに及ぶ「ローマ定式書」が整えられて，教皇庁が典礼の内容と手順全体を定め，日々と人生のリズムを支配するようになったのである．

　宗教改革後，1526 年にルターが新たにドイツ語による『ドイツ・ミサと礼拝の順序』を執筆し，聖公会は 1549 年英語による『一般祈祷書』を編纂した．これに対してローマ教会は 1568 年『ローマ聖務日課書』，1570 年『ローマ・ミサ典礼書』，1596 年『ローマ司教典礼書』，1614 年『ローマ儀式書』などを公布してカトリック教会全体に義務付けた．それぞれの教会がみずからの礼拝論に従って独自の定式書を定め，教会生活を秩序付けようとしたのである．

✗社会への影響　このように定式書が繰り返し編纂，改定されたのは，その規定力が狭義での教会内にとどまらず，社会全体に及んでいるからである．特にフランシスコ会などの托鉢修道会が一般信徒への司牧活動を積極的に推進するにつれて，重要性は高まった．司祭が会衆なしに「個人ミサ」を行うだけでなく，信徒の生活は典礼暦によって刻まれ，敬虔な信徒が聖母マリアや聖人への崇敬，死者の記念などのために「信心ミサ」を捧げてもらうことも増えた．また定式書は時代精神と連動し，それは数多くの建築・美術や音楽にも表れている．言葉においてだけでなく，視覚聴覚などの五感すべてにおいて神の賛美が追求された．日本ではなじみがなく研究が進んでいない分野だが，慣習や思想だけでなく生活にも関わるきわめて重要なテーマである．　　　　　　　　　　　　　　［神崎忠昭］

ダンス

ダンスは一般に舞踏，舞踊，踊りなどと訳される身体表現．古代から庶民や上流階級の間で楽しまれたり，儀式の一環として用いられたりした．古代ギリシアでは，ダンスは個人の生活の場や宗教儀式の場で重要な役割を果たしたが，同性の踊り手による集団での舞踏が主流を占めていた．特に舞台芸術においてその役割は大きかった．主要な踊りには，荘重なエンメレイア，陽気なコルダクス，荘重さと陽気さが入り混じったシキンニスの3種類があり，戦いの踊りであるピュリケーもしばしば踊られた．

✖中世のダンスの実態　中世になると，ヨーロッパに広まっていったキリスト教の影響が顕著にみられるようになった．初期のキリスト教会では，初めダンスを宗教儀式に採用していたが，次第にそれは弾圧され，排除されていった．特に教会内での輪舞はまず排斥されるようになった．一方，世俗の場では盛んにダンスが行われた．まず農民の間で踊られ，やがて職人や商人階級に広まっていったが，それらは基本的に村の広場などの屋外で踊られた．そのため粗野でテンポの速い踊りであった．そうした庶民の踊りを，やがて貴族階級も取り入れたが，宮廷内で行われるそれらは，比較的緩やかなテンポによる，優美で洗練された動きで踊られるようになっていった．

✖ダンスの種類　中世のダンスに関する文献資料は，それほど多くは残されていない．そのなかで重要なものの一つに1300年頃，あるいはその前後にフランスで書かれたヨハンネス・デ・グロケイオの著作『音楽論』がある．そこではスタンティペスとドゥクツィアという踊りについて言及されている．ラテン語によるこの二つの踊りのうち，スタンティペスはフランス語でエスタンピーと呼ばれるが，13世紀末にまとめられたとされるフランスの資料の中に「王の写本」として知られるものがあり，その中に〈王のエスタンピー〉という名の楽曲が8曲含まれている．これらの曲は，14世紀の初めに後代の筆で書き込まれたものだが，いずれにしろ1300年前後にエスタンピーという名の舞曲が演奏されていたことがわかる．

グロケイオはまたドゥクツィアについて，若い男女の輪舞で歌われる歌としているが，輪舞にコレアの語を用いている．コレアはフランス語のカロルに相当するが，カロルは宮廷や民衆の祝祭あるいは娯楽に欠かせないもので，行列をつくったり輪になって踊ったりした．13世紀後半から15世紀にかけてフランスで盛んにつくられた，詩と音楽を決まったかたちに整えて書かれた歌曲定型による多声歌曲であるバラード，ロンドー，ヴィルレーは，歌って踊る舞踏歌の性格を

もっている．14 世紀にイタリアで書かれた多声歌曲にマドリガーレやバッラータがあるが，バッラータはフランスのヴィルレーと同じかたちをもつ定型歌曲であり，ヴィルレーの影響を受けて書かれた可能性がある．14 世紀のイタリアの作家ボッカッチョの作品に『デカメロン』（1348〜53）があるが，そこでは，ペストが流行していたフィレンツェでサンタ・マリア・ノヴェッラ教会に集まった 7 人の貴婦人と 3 人の貴公子がペストを避けて郊外の別荘に移り，そこで 1 日 1 人ずつ話をする，という構成になっており，1 日目の話が終わった時に，貴婦人の 1 人がバッラータを歌い，その歌に合わせて別の貴婦人が踊りを踊り，それを 1 日ごとに繰り返してゆく．つまりバッラータは舞踏歌なのである．当時の舞曲の楽譜はあまり多く伝わっていないが，14 世紀のイタリアで踊られていた舞踏の音楽は，サルタレッロやロッタなどいくつかの作品が残されている．

✄踊り方についての文献　中世のダンスが具体的にどのように踊られたかについて書かれた文献が，15 世紀中頃になって初めて現れる．それは，15 世紀のイタリアで舞踏教師として活躍したドメニコ・ダ・ピアチェンツァが著した『踊りの技法と振付法』（15 世紀中葉）で，その中には 18 曲のバッロと 5 曲のバッサダンツァが収められている．バッロは，バッサダンツァ，クッデルナリア，サルタレッロ，ピーヴァという 4 種類のミズーラ（踊りや音楽の拍子や速度を表す尺）を自由に組み合わせて構成された踊りのことである．また，ドメニコ・ダ・ピアチェンツァの弟子アントニオ・コルナツァーノも 1455 年に『踊りの技法の書』を，さらにもう一人の弟子グリエルモ・エブレオ・ダ・ペーザロも 1463 年に『舞踏の実践あるいは技法について』を著している．

　一方，15 世紀末のフランスでは，イタリアのバッサダンツァにあたるバスダンスの踊り方について記した，ミシェル・ド・トゥールーズ作の『上手に踊るための技法と教則』が 1488〜96 の間に印刷されている．さらにネーデルランド総督マルグリット・ドトリッシュのために，バスダンスを集めた豪華な装丁の舞踏曲集が同じ頃に作成されている．

✄死の舞踏と舞踏狂　中世の間に流行した社会現象の一つに死の舞踏がある．これは，ペストなどの疫病の流行や作物の不作による飢餓あるいは社会不安や現世に対する絶望感などにより病魔や死神から逃れようとして踊られるもので，死を舞踏の姿でとらえ，踊れば死神に取りつかれないという迷信によるものだが，主に祈祷行為として行われたり，死を風刺する社交舞踏として流行した．また，死の舞踏と同様に，社会情勢の混乱による不安から逃れようとして踊り狂う舞踏狂と呼ばれるものも，11 世紀と 13 世紀，さらに 14 世紀の後半から 15 世紀にかけて，ドイツを中心に流行した．人々は踊り叫びながら村から村へ，教会から教会へと移動した．それは下層階級の民衆から始まったばかりでなく，上流貴族階級でも踊り始められたとされる．　　　　　　　　　　　　　　　　　［今谷和徳］

聖 歌

聖歌とは，キリスト教の典礼で使用される声楽曲の総称である（讃美歌・讃歌ともいう）．それは聖書などの朗唱との関連で発展したものと考えられており，特に旧約聖書の「詩編」は重要なテクストであった．本項ではミサを中心とした典礼で詩編がいかに歌われ，またどのようにして教会制度のなかに組み込まれたのかを述べる．

✖詩編唱とは 「詩編（プサルムス）」に基づく歌詞をもつ聖歌は，詩編唱と呼ばれる．旧約聖書に収められ，その多くはダヴィデ王の作として伝承されたこれら150 編の詩は，神の讃美を主な主題としつつも多様な題材が含まれており，「聖書のすべてが入っている」ものと理解された．よって中世キリスト教会のミサでは，詩編唱が効果的に使用されていた．ここでは昇階唱（グラドゥアーレ）とアレルヤ唱を取り上げよう．

この二つの聖歌は，今日では「言葉の典礼」と呼ばれるミサの前半部分において，使徒書簡と福音書の朗読の間に歌われた．福音書の文言にはキリストが現存すると考えられていたため，これらの聖歌は「キリストを喜び迎える」という意味があった．それと同時に，福音書は助祭（司祭）が行列を伴って朗読台にもって行くため，その伴奏またはBGM としての役割も果たしていた．歌詞については，ある詩編のすべての聖句ではなく，そのうちの数行のみが歌われた．また，詩編は典礼暦の祝日にふさわしいものが選ばれた．こうした聖歌は「固有式文」といい，キリエなど年間を通して歌詞が変わらない聖歌（通常式文）と区別された．

例として，待降節の第一主日のミサにおける昇階唱とアレルヤ唱を見てみよう．まず昇階唱では「あなたを待ち望む人が皆，恥を受けることがないように」（詩 25：3）と「主よ，私にあなたの道を知らせ，行く道を教えてください」（詩 25：4）という詩句が歌われる．それに続くアレルヤ唱では，「アレルヤ」（「ヤハウェを讃美せよ」の意味）がメリスマ豊かに歌われ，次に「主よ，慈しみを私たちに示し，救いを与えてください」（詩 85：8）が唱えられる．ここでは，救世主（メシア）の到来を待つキリスト教徒の願望や信徒の一体感が，音楽を通じて効果的に表現されているのである．

✖詩編唱革命 初期キリスト教に関しては，楽譜はおろかミサの典礼書や式次第書のような直接的な記録はほとんど現存しておらず，詩編唱がいつどのように始まったのかは不明である．したがって，典礼学者や音楽史家たちは，聖書の聖典，外典や教父著作などにおける間接的な言及やユダヤ，古代ローマの音楽文化

の状況，あるいは発掘や建築史的知見により再構成される典礼空間などを踏まえつつ，次のような見通しを立てている．

　聖餐式（エウカリスティア）に関する言及は 2 世紀初頭には現れるが，そこには詩編唱に関する証言は皆無であり，初期キリスト教の公的な典礼において，詩編の歌唱（または朗唱）はなかったとされる．しかし，それはキリスト教徒により詩編が唱えられていなかったことを意味するものではない．むしろ彼らは，ユダヤ教徒から詩編への愛着を受け継ぎ，朝晩の個人的な祈りや愛餐（アガペー．信徒が催した儀礼的な会食）の場では，詩編を頻繁に唱えていたという．ただし，それはあくまで非正規的で，かつ不定期なものにすぎなかった．

　詩編唱がミサのなかで確固たる地位を占めるようになるのは，キリスト教がローマ帝国において公認され，信者数が増加し，国策として教義や教会制度が整えられた 4 世紀においてである．研究者はこれを詩編唱革命と呼び，その内実がどのようなものであったのかを議論している．例えば同じ時期の修道院では，聖務日課として 1 週間ですべての詩編が朗唱されていた．その作法は厳格に定められており，詩編唱革命に何らかの影響を与えたと考えられている．

✖聖歌の制度化　4 世紀に詩編唱がミサに組み込まれたとしても，前述のような昇階唱やアレルヤ唱が直ちに確立されたわけではない．おそらく，ローマ教皇庁を中心とした制度化の試みが，数世紀にわたり行われていたと考えられている．とはいえ，5 世紀後半〜7 世紀半ばにかけては西ローマ帝国の滅亡やゲルマン諸国家の盛衰などの政情不安から史料が乏しく，不明な点が多い．

　教会制度において聖歌を持続的なものとするためには，典礼において音楽が演奏される適切な場を確保することがまず必要となる．これは，待降節に始まり復活祭を頂点とする典礼暦の整備と並行してなされたと考えられている．また，祝日により異なる聖歌を正しく記憶・演奏するためには，専門的な音楽家の存在が不可欠である．当初は，先唱者（カントル）や読師（レクトル）と呼ばれる役職者が独唱したり，ほかの聖職者や会衆の合唱隊をリードしていた．少なくとも 7 世紀後半にはローマ教皇庁にスコラ・カントールムが設置され，演奏や歌手の育成がなされるようになった．

　だが，聖歌の決定的な制度化はローマではなく，フランク王国において生じた．8 世紀半ば以降，カロリング朝フランク王国とローマ教皇庁が政治的に接近する過程で，音楽家同士の交流（角逐も含まれる）がなされ，その結果として現在，われわれが参照することのできるネウマ（中世の音符）を用いた楽譜や音楽理論書が，フランク王国の諸教会や修道院でつくられたのである．これらの聖歌は，当時からグレゴリウス 1 世（在位 590〜604）が作曲，編纂したものであると信じられており，「グレゴリオ聖歌」と呼ばれていた．これは歴史的事実というよりも，聖歌の制度化のための何らかの方便であったとみられている．　　　[山本成生]

教会とオルガン

　紀元前4世紀のアリストクセノスや前2世紀のプトレマイオスの記述では「オルガノン」は「装置，楽器一般」を意味した（山本訳，2008）．これが，鍵盤付きのパイプから発音する「オルガン」の呼称となったのは中世末期のことである．

❌ヒュドラウロス　古代ローマの気鳴鍵盤楽器は「ヒュドラウロス」（水のアウロス〈笛〉）と呼ばれていた．プリニウスは『博物誌』（77）で，「ヒュドラウロス」の発明者をクテシビオスとしており，その後これがパイプ・オルガンの祖型であるとされてきた．しかし，『建築論』（前32〜前30）を著したウィトルウィウスは，クテシビオスは水圧による空気圧縮水揚げ器械を発明したとしており，楽器のパイプ・オルガンの発明者かは定かではない．しかし，ウィトルウィウスはヒュドラウロスについて，「水がたたえられた箱の内部には気圧調整室があり，そこから空気が送り込まれる．スライダー（鍵板）をピストン内で前後に動かすことでパイプに空気を送る孔の開閉をする機構をもつ」と述べている．ヒュドラウロスはキー（鍵盤）による音階の演奏ではなく，それぞれのパイプの単管あるいは複数管に空気を送り，音を出す構造であり，その開閉はスライダーが担っている．単音のみならず複数の音を鳴らすことで和音を奏することができ，大音量が見込まれることから儀礼や演劇などで使用されたと推測されている．

❌教会のオルガン　セビーリャのイシドルスは『語源』（625頃）で「オルガヌム（オルガン）は音楽を演奏する器具全般を指す．鞴（ふいご）が用いられると，ギリシアではほかの名前ウドラウロスで呼ばれた．オルガヌムの代わりにこのギリシア名が広まった」と記しているが，757年カロリング朝のピピン3世にビザンティンより送られた楽器，またシャルルマーニュの812年の所有記録，ルイ1世（敬虔王）の826年の記録に見られる「オルガヌム」がヒュドラウロスであったかは定かではない（上尾，2018）．一方，9世紀以降いくつかの「詩編」写本の挿図に描かれたオルガンはヒュドラウロスの形状をもち，細部や演奏の描写から写本成立時には実在する楽器であったかと推測できる（図1）．

図1　「詩編」150に描かれたヒュドラウロス［ユトレヒト大学図書館］

　11世紀になると，単旋律聖歌に装飾的なメリスマを付け，定旋律（テノール声部）をもつ多声のポリフォニー（多旋律）様式が現れた．なかでもパリのノートルダム大聖堂ではレオニヌスやペロティヌスが作曲したポリフォニー音楽は『オルガヌム大全』（13

世紀）としてまとめられた．このような多旋律の実践のためには，テノール声部の持続音や複数の音を同時に出せるヒュドラウロスのような楽器が必要とされた．しかし，スライダー式の鍵板では装飾的上声部の早いパッセージには追い付かず，それを可能にする鍵盤アクションの必要性が生じてきた．

✠パイプ・オルガンへのレノヴァティオ（刷新）　12世紀初頭のテオフィルス『さまざまの技能について』などによりヒュドラウロスの技工が継承され，13世紀にはすでに鍵盤アクションの原型であるL字型の鍵板が創案された．木工や金属加工技術の発達は，針金，バネ，連結技術，各種弁と鞴の改良を導き，直結結合方式の打鍵構造から，複数の連結を経る鍵盤アクションを生み出す．最古とされるスウェーデンのノーランダ教会付属オルガンが1400年までにつくられ，フィレンツェのサンタ・マリア・デル・フィオーレ大聖堂に時計製作者でもあったマッテオ・ダ・プラート作のオルガンが1453年に設置された．1400年前後の『ロバートブリッジ写本』『レイナ写本』『サンタジュスティーナ写本』『ファエンツァ写本』などの速いパッセージをもつ楽曲はオルガンの鍵盤構造の発達の証であろう．

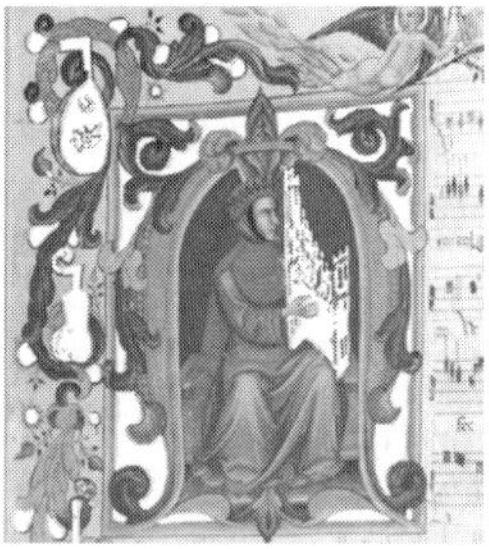

図2　オルガン奏者フランチェスコ・ランディーニと小型のポルタティーフ．『スクアルチャルーピ写本』より［Med Pal. 87, fol. 121v.］

この時期までに，鞴からの風圧で複数のパイプを鳴らす鍵盤付きパイプ・オルガンは，教会聖堂や修道院に導入され，音楽教育や儀礼での伴奏や独奏に用いられ，15世紀のより複雑化し装飾化するポリフォニー声楽曲やカペッラ（礼拝堂聖歌隊）の拡張を支えていった．この時期のパイプ・オルガンを示すポルタティーフ（持ち運び，図2）やポジティーフ（据え置き）といった名称も，オルガンの設置を物語る．

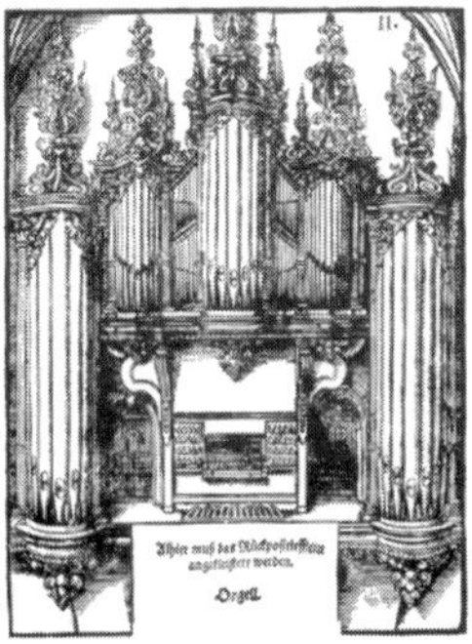

図3　オルガンのリュック・ポジティーフ．プレトリウス『シンタグマ・ムジクム』より［郡司訳，2000］

宗教改革時代には，パイプ・オルガンは教会堂と一体化し建設されるようになる．17世紀初頭のミヒャエル・プレトリウスの『シンタグマ・ムジクム』（1618）には豊富な図像で，過去と当時のオルガンの比較とドイツの23都市のオルガンのディスポジション（パイプの種類）が描かれている（図3）．ルター派やカルヴァン派ではオルガンは会衆の歌うコラール（会衆歌）や詩編歌の伴奏に用いられ，教会音楽を民衆に広めていった．楽器としてだけではなく，技術の伝承と改良の結晶した装置として，パイプオルガンはその威容を教会に置くのである．

［上尾信也］

典礼劇

　典礼劇とはカトリック教会の典礼の中で，具体的な内容を強調するために劇的表現を試みたことから発展し，最終的に演劇のかたちを取るようになった作品のことである．

　中世の典礼においては，既存の聖歌などをそのまま歌うだけではなく，言葉なり旋律なり何か新しい要素を付け加えることが重要だと考える傾向があった．そしてそのように言葉なり旋律なりを付け加えることをトロープスと呼ぶようになった．そのようなトロープスの中には劇的要素を含むものもあり，その内容を歌うばかりではなく，劇的に表現しようとする試みがなされた結果，典礼劇への道が開けた．

✖劇的トロープスと典礼劇　実は劇的トロープスがどの段階で典礼劇になったかの問題は必ずしも明らかではない．また「典礼劇」という用語自体も歴史的に確立していたわけでもない．そこで今日における「典礼劇」の定義，ないしは特徴をまとめてみると，主に次のようなことがあげられる．

　①ラテン語を用いていること．②何らかのかたちで典礼（ミサまたは聖務日課）と関係をもつこと．③主題は聖書に基づくか，キリスト教にとって重要な主題であること．④聖歌隊，またはそれに相当するような団体によって歌い，演じられること．⑤演奏の場所が教会，またはそれに準じる建物であること．

　典礼劇への出発点となった劇的トロープスは9〜10世紀にかけて，ヨーロッパのいくつかの地方で歌われるようになった．なかでも重要なのはかつてリモージュのサン=マルシャル修道院に保管されていた複数のトロープス集（現在はパリのフランス国立図書館蔵）であるが，同様の歌集は南イングランドのウィンチェスターや，スイスのザンクト・ガレンなどの修道院からも見つかっている．これらの資料に入っている劇的トロープスのうち，特に重要なのが復活祭のミサの冒頭で歌われる，〈クェム・クェリトゥス（誰を探すのか）〉トロープスである．

✖復活祭の典礼劇　復活祭の冒頭で歌われる入祭唱は「私はよみがえった」というキリストの宣言で始まる．〈クェム・クェリトゥス〉トロープスはそれを説明するかたちで，日曜の朝キリストの墓を訪ねる3人の女性と墓の中にいた天使との間の会話として歌われる．

　天使「墓の中に誰を探すのか？」

　3人の女性「十字架に架けられたナザレのイエスを探しています．」

　天使「その方はもうここにはおられない．予言通りよみがえられたのだ．よみがえられたことを，行って皆に知らせなさい．」

聖歌隊「私はよみがえった．……（以下，入祭唱を歌う）」

このようなやり取りは，おそらく最初は聖歌隊員の中から天使や女性たちの役を務める者を選んで歌わせたが，程なくそれぞれの役にふさわしい衣装を着けて歌うようになったことは容易に推察される．さらに祭壇の近くにキリストの墓を想定し，天使が最初からそこに座り，3 人の女性がそこへ向かって歩いて行ったうえで前述のような会話をするとなると，それはきわめて短いながらも「劇」と呼んでもいい演出となる．さらにこの劇的トロープスには次第に長いバージョンが現れるようになる．例えば天使が去った後で，聖歌隊の中から一人が立ち上がり，3 人の女性に向かって何を見たのかを尋ね，女性たちがそれに応えるということもしたし，女性たちが墓に到達する前の部分を拡大した例もある．

✖典礼劇中の行列　復活祭の作品に次いで多いのはクリスマスの劇的トロープス，ないしは典礼劇で，そのほとんどは羊飼いたちの前に天使が現れ，天使の言葉に従って羊飼いたちがベツレヘムへ向かうというものであるが，その際羊飼いたちのベツレヘムへの旅が行列によって演じられた可能性が多かったことが特に注目される．事実 11 世紀以後になると，典礼劇における行列の重要性が次第に増していったことが資料からも明らかとなる．そしてその場合，行列歌を歌いながら行進する場合，エスタンピーという器楽曲に合わせて行進した場合などが考えられる．

✖ダニエル劇　典礼劇の最も発達した例として知られるのが 13 世紀初頭起源の〈ダニエル劇〉である．これは作品の冒頭で歌われるように，北フランスのボーヴェーの若者たち（おそらくは大聖堂所属の神学生たち）によって，クリスマスを祝って演じられたものである．劇は旧約聖書「ダニエル書」からの二つのエピソードに基づくもので，前半はダニエルが謎の文字を解き明かした通り，ベルシャザール王が没落するという物語，後半はダリウス王の時代になり，讒言でライオンの檻に入れられたダニエルが無事生き延びるという物語からなる．そして最後に天使が現れ，救世主の誕生を告げ，全員で感謝を込めて聖歌〈テ・デウム〉を歌う，という構成である．この作品においても特に前半，行列歌を歌いながらの行進が何度か行われる．ちなみに〈テ・デウム〉はクリスマスの朝課の終わりに歌われることが多い．

この作品はアメリカの音楽学者 N. グリンバーグによって編集され，1958 年 1 月にニューヨーク・プロ・ムジカによって復活上演された．復活上演を可能にするために，グリンバーグはかなり自由に原典にはない要素を加えたりしたが，最終的な成功によって，今日ではそれが「典礼劇」の典型であるように一般には受け止められている．グリンバーグはさらに，ヘロデ王が幼児殺害を命じた主題による〈ヘロデ王物語〉を 1963 年に発表している．　　　　　　　　　　［金澤正剛］

オルガヌム

　西洋音楽の歴史はポリフォニー（多声音楽）の発展とともにあるといってもよい．ポリフォニーとは二つ以上の異なる旋律が同時に進行する音楽のことで，対義語としては単一の旋律からなるモノフォニーがあげられる．世界の伝統音楽の多くがモノフォニーであるのに対し，ポリフォニーを伝統文化としてもつ地域は中央アフリカ（ピグミー族）などを除けば，ヨーロッパとその周辺に集中しており，故にポリフォニーはヨーロッパの音楽文化を特徴付ける重要な音楽である．

　そして，現存資料で確認できる中で最も古いポリフォニー音楽のレパートリーがオルガヌムである．オルガヌムとは，グレゴリオ聖歌の旋律に対して新たな旋律を重ねた典礼音楽で，特にこの新たに加えられた声部をオルガヌム声部という．オルガヌムがいつ誕生したのかについては諸説あるが，おそらくグレゴリオ聖歌の成立時期と重なり，9〜10世紀頃と考えられる．オルガヌム自体は13世紀後半以降廃れてしまうが，オルガヌムを通して発展したポリフォニーの作曲技法（例えば，声部間の音程関係やリズムに関する規則）は以降の時代も伝承，展開され，今日の西洋音楽の基礎をかたちづくった．

✖初期のオルガヌム　オルガヌムに言及した現存最古の音楽理論書，『ムジカ・エンキリアディス』（9世紀頃）および，『スコリカ・エンキリアディス』（9世紀頃）では，グレゴリオ聖歌の5度下か4度下（もしくはオクターヴ下）に1音対1音で新たに旋律を加えた「並行オルガヌム」の書法が説明されている．また，12世紀頃に書かれた『オルガヌムの作法について』では，声部同士の関係において高低が入れ替わったり，一方が同音を保ち他方が動くことで音程関係が変化する2声のオルガヌムについて言及しており，これは「自由オルガヌム」と呼ばれる（グラウト＆パリスカ，1998）．

　初期の2声オルガヌムは楽譜写本の中にも残っている．例えば，10世紀頃にザンクト・ガレン修道院で筆写された諸写本や，1050年頃にウィンチェスターで編纂された『ウィンチェスター・トロープス集』などの楽譜資料では，2声のオルガヌムが見られる．ただし，これらの楽譜写本は相対的な音の高低を曲線や点線で表した「抑揚ネウマ」と呼ばれる記譜法で書かれているため，ここからオルガヌムの具体的な音高や声部ごとの音程関係を知ることは難しい．

✖華麗オルガヌムの登場　1100年頃になると，アキテーヌ地方を中心により複雑な構造のオルガヌムが演奏されるようになる．アキテーヌ公領リモージュのサン＝マルシャル修道院で11世紀末〜13世紀頃に実践された楽曲を収めたサン＝マルシャル写本群や，12世紀にサンティアゴ・デ・コンポステラで編纂された

『カリクストゥス写本』では2声のオルガヌムが散見されるが，これらの楽譜写本では譜線が用いられているため，オルガヌムの旋律の具体的な音高を知ることが可能である．ここで見られるオルガヌムの特徴として，グレゴリオ聖歌の旋律は下声部に，そしてオルガヌム声部は上声部に置かれている．そして上声部には下声部の1音に対し複数の音を当てる「メリスマ」の技法が用いられ，このようなオルガヌムは「華麗オルガヌム」と呼ばれる．

✠ノートルダム楽派　12世紀後半になると，さらに複雑な技法による華麗オルガヌムがパリを中心にヨーロッパの各地で演奏されるようになる．第4無名者著の無題の音楽理論書（1280頃）によると，12世紀後半にパリのノートルダム大聖堂で活躍したレオニヌス（レオナン）はオルガヌムの作曲に優れており，『オルガヌム大全』を編纂した．また第4無名者は，同大聖堂で12世紀末〜13世紀初頭に活躍したペロティヌス（ペロタン）は，オルガヌムのディスカントゥス声部（最下声部のグレゴリオ聖歌の旋律に対する諸上声部）を作曲するのに長けていたとも述べている（Reckow, 1967）．この二人のオルガヌムはいくつかの楽譜写本に残っており，レオニヌスのオルガヌムが2声であるのに対し，ペロティヌスのオルガヌムは基本的に3〜4声からなる（図1）．

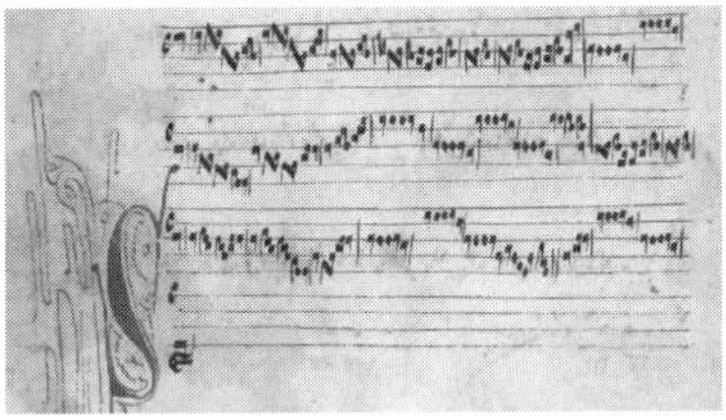

図1　ペロティヌス作曲4声オルガヌム〈かしらたちは座して〉冒頭［アウグスト公図書館，Wolfenbüttel, Herzog August Bibliothek, Cod. Guelf. 628 Helmst, f. 1v］

レオニヌスとペロティヌスに代表されるノートルダム楽派のオルガヌムの特徴としては，サン=マルシャル写本群や『カリクストゥス写本』のオルガヌムと同様に，下声部にグレゴリオ聖歌の旋律が置かれ，上声部はメリスマで進行するが，ノートルダム楽派のオルガヌムの方がメリスマ部分が長く，楽曲の規模が大きい傾向にある．また，ヨハネス・デ・ガルランディア『計量音楽論』（1270頃）などによれば，オルガヌムのディスカントゥス声部にはリズム・モードと呼ばれるリズム・パターンが用いられ，主に①長短，②短長，③長短短，④短短長，⑤長長，⑥短短短の6種類のパターンがあった．しかし，リズム・モードに言及した現存の音楽理論書はいずれも13世紀後半以降に書かれたもので，故に果たしてこれらのリズム・パターンがレオニヌスなど初期のノートルダム楽派のオルガヌムで適用されていたのかは定かでない．

オルガヌムは13世紀後半より徐々に衰退し，14世紀後半以降の楽譜資料，音楽理論書ではほとんど見られなくなる（Everist, 2011）．一方で，13世紀後半にはオルガヌムより派生したモテットが隆盛を迎え，こちらは14世紀以降も演奏，作曲された（☞「モテット」）．

［井上果歩］

モテット

　　モテットは 12 世紀頃に誕生した多声楽曲の一形式である．西洋音楽において
は複数の旋律を組み合わせるポリフォニー（多声音楽）が 11 世紀以降大きく発
展し，さまざまな楽曲が登場する．単旋律の聖歌を多声化したオルガヌムの中の
クラウスラと呼ばれる華やかな部分に，詞を付けるかたちで始まったとされるモ
テットは，特に注目すべきジャンルである．同時期に登場する楽曲形式が次第に
姿を消す中で，モテットは中世からルネサンス，バロック期に至るまで数多くの
音楽家が手掛ける重要な声楽曲であり続け，近現代に至っても宗教的な合唱曲の
レパートリーの一角を占めている．

✘ モテットの特徴　長い歴史の過程でモテットはさまざまに変化し，地域差も大
きいため，その特徴を端的に言い表すのは難しい．フランスを中心に華々しい展
開をみせた 13, 14 世紀に限ってもモテットの形態は多様だが，既存の旋律を楽曲
の土台としてテノール声部に据え，その旋律句にリズム型を巧みに組み合わせな
がら繰り返す一方，上声部では複数の声部が同時に異なる歌詞を歌うものが多い．

　　モテットは聖歌をテノール声部に置いたオルガヌムに由来するとみられること
から，テノール声部に聖歌の旋律断片を用いた例が多い．しかし，世俗的な歌曲
の旋律を利用したり，上声部同様に新たにつくられた旋律をテノール声部とする
こともある．多くの場合テノール声部はゆったりとしたリズムで上声部を支え，
その歌詞は実際には歌われず，楽器で奏されることも多かったと考えられる．テ
ノール声部の旋律句やリズムの反復はアイソリズムとも呼ばれ，旋律句の長さと
繰り返されるリズム型の長さは必ずしも一致せず，両者の反復時のずれが上声部
のリズムとも結び付きながら複雑に絡まり合い，印象的な響きを生み出した．繊
細なリズムを楽譜に書き表すため，モテットはこの時期の記譜法の発展にも影響
を与えた．また，同時に別々の詞を歌うという多歌詞性は，中世のモテットのみ
にみられる顕著な特徴である．上声部の詞はそれぞれ巧みに織りなされる旋律に
彩られ，テノール声部の詞とも関わりながら，複雑な関係性を形成する．本項で
は，この多歌詞性に注目してみよう．

✘ モテットの多歌詞性　モテットの語源となったのはフランス語の「言葉
（mot）」であり，聖歌の歌詞を引き延ばし母音唱法で歌う装飾豊かなクラウスラ
に詞を当てはめた声部が，ラテン語で「モテトゥス」と称されるようになったと
ころからきた名称である．単旋律の聖歌でも，母音を引き延ばして歌う部分に新
たな歌詞を当てはめるトロープスと呼ばれる手法が 9 世紀半ばに現れ，本来の詞
を註釈するような内容が歌われたが，モテットはこれを多声で行ったものといえ

よう．トロープスのように聖歌の内容と関連したラテン語の詞をもつモテットが一つの出発点となり，テノール声部の上で複数の声部がそれぞれ別の歌詞を歌い，幾重にも註釈を重ねたものが数多く登場した．歌詞の内容は宗教的なものとは限らず，雅な愛の歌，あるいは社会風刺，祝典のための詞など多岐にわたり，フランス語など俗語によるモテットも多い．また，旋律は同じでも史料によって異なる詞が付されたモテットもみられる．聖母マリアを讃え，神の子へのとりなしを祈願する二つのラテン語詞をもつモテットが，別史料では旋律はそのままに一方の詞が置き換わり，マリオンへの切ない想いを歌うフランス語の恋愛歌とラテン語の宗教的歌詞の組合せとなることもある．詞の重層的な関係性やその変化を通じ，モテットの意味も万華鏡のように移り変わる．

✠『フォヴェル物語』のモテット　『フォヴェル物語』は14世紀初頭に書かれたフランス語の長編物語詩で，悪徳と虚偽の化身のようなフォヴェル（褐色の馬）が運命の女神の気まぐれな寵愛により栄華をきわめ，聖職者も王侯貴族も彼に媚びへつらう様子が風刺的に描かれる．フランス国立図書館蔵の写本に残る『フォヴェル物語』には物語詩を註釈するような数多くの楽曲が挿入される（図1）．この中には簡素な単旋律の調べもあるが，非常に手の込んだモテットも含まれ，そのうち数曲は14世紀初期の詩人，音楽理論家として知られた知識人フィリップ・ド・ヴィトリの作と目される．〈怯まぬ者どもを／略奪者の一団が／我らはその報いを受け〉もその一つで，身の程を知らぬ者はやがて滅びると歌うラテン語のモテットである．詞の中の「盲目のライオン」は端麗王フィリップ4世を，「鶏を囓る狐」はフィリップ4世のもとで権勢を振るい，王の死後処刑されたアンゲラン・ド・マリニーを揶揄するものとみられ，最後にローマの詩人オウィディウスの詩集『黒海からの書間』（13〜16）の運命の女神に言及する手紙の中から，人のはかなさを嘆く一節を引用する．テノール声部の「われらはその報いを受け」は聖歌の断片で，詞は旧約聖書「創世記」のヨセフとその兄たちとのやりとりに関わる部分から採られている．兄たちに陥れられたヨセフの物語に透けて見える「偽証」のモチーフは，配流の地からの書簡に込められたオウィディウスの嘆きと呼応する．この時期の音楽について論じたパリ大学のヨハンネス・デ・グロケイオは，モテットとはその繊細さを味わえる教養ある人々のためのものであると断じている．流麗なリズムに乗せて歌われるヴィトリのモテットには，まさにこうした奥深い繊細さが読み取れるだろう．　［吉川 文］

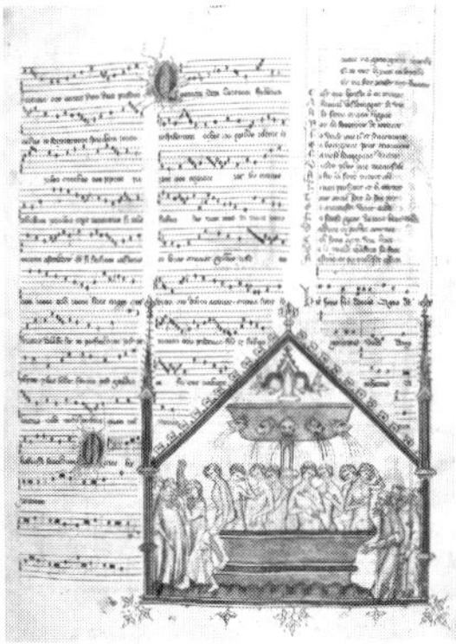
図1『フォヴェル物語』に挿入されたヴィトリのモテット［フランス国立図書館(BnF), fr.146, fol. 42r］

アルス・ノヴァからルネサンス音楽へ

中世後期になると，西ヨーロッパの諸都市，宮廷で音楽文化における重要な革新が起こる．多声音楽（ポリフォニー）は3声，4声とより複雑になり，それとの関連で音価（楽音の相対的な長さ）を明記した記譜法，すなわち「ムシカ・メンスラビリス（計量音楽）」が考案された．14世紀の多声音楽は，同時代の音楽理論書にちなみ「アルス・ノヴァ（新しい技法）」と呼ばれる．

✖ 14世紀の革新　ヨハンネス・デ・ムリスやフィリップ・ド・ヴィトリら音楽理論家たちは，先達の音楽を「アルス・アンティクア（古い技法）」と呼んだ．それが指し示す内容は必ずしも明確ではない．作曲技法や記譜法など技術的な側面もあれば，音楽様式や美学の観点，はては個々の音楽家との個人的な関係も念頭にあったようである．時代的には，13世紀半ばから1320年代までの音楽を指すものと考えられている．アルス・アンティクアの記譜法において，音価は2倍ロンガ，ロンガ，ブレヴィス，セミブレヴィスの4種類しかなく，使用できる音価の幅が狭かった．また，ロンガとブレヴィスの分割は，現在の五線記譜法で標準とされる二等分割（不完全分割）ではなく，三等分割（完全分割）が基本であった．

自分たちの時代の音楽を「アルス・ノヴァ（新しい技法）」と称していた彼らにとって，こうした制約をもつ音楽は単調に聞こえたのであろう．一方で，ジャック・ド・リエージュのように，アルス・アンティクアの音楽の「慎み」を評価し，新しい音楽を否定的にとらえる音楽理論家もいた．

それではアルス・ノヴァの核となる理論は何か．これはフィリップ・ド・ヴィトリと彼の弟子らによって著された音楽理論書『アルス・ノヴァ』（1322〜23）で整理と理論化がなされている．そこでは2倍ロンガはマクシマに改名され，セミブレヴィスの下位にミニマ，セミミニマというさらに短い音価が置かれた．これらの音価は最下位のセミミニマ（分割不能），ミニマ（二等分割のみ可）を除き，完全分割も不完全分

音価の種類

マクシマ　ロンガ　ブレヴィス　セミ　ミニマ　セミミニマ
（2倍ロンガ）　　　　　　　　ブレヴィス

メンスーラ（拍子）

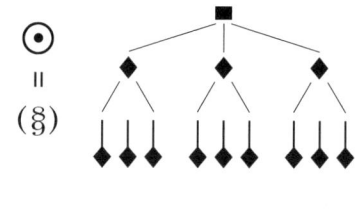

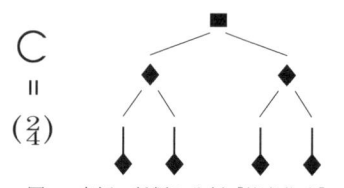

図1　音価の種類と分割［筆者作成］

割も等しく可能であると明記されたのである．楽譜上の音符をどちらの方式で分
割するかは，現在の拍子記号のもととなったメンスーラ記号や朱書きでなされた
ネウマなどによって指示された（図1，☞「記譜法」）．

❌「音楽のための音楽」の登場　こうして複雑でかつ明確なリズム感をもつ楽曲
がつくられるようになった．ヴィトリやギヨーム・ド・マショー，ギヨーム・
デュファイらが，モテットでよく用いた作曲技法を，アイソリズム（イソリズ
ム）と呼ぶ．これは音価（タレア）と音高（コロル）のそれぞれのパターンの反
復により，楽曲を数学的に統制するものである．それは「音楽で時間を支配す
る」ことを意味した．

　14世紀後半のいわゆるアルス・スブティリオールの音楽には，こうした探究の
極地ともいえるものがある．ヨハンネス・オリヴィエのバラード〈例えれば，わ
が心は痛ましい殉教者として，ここに眠る〉では，拍子が目まぐるしく変わるだ
けでなく，声部によって3拍子系と4拍子系が同時に歌われる．つまり，今日で
いうところのポリリズム（複合拍子）が用いられている．しかも，拍子の切り替
えは「完全拍子の等分割は捨てよ，と君に忠告する」といったように，謎めいた
歌詞で指示されているのである．ある音楽学者はこの楽曲をもって「楽譜は『音
楽の下僕』としてのそれまでの制限を超えて，むしろ『音楽の主人』となった．楽
譜は自己目的化し，知的欺瞞を弄すための舞台になったのである」と述べている．

❌音楽における「ルネサンス」　自分たちが「新しい音楽」の時代に生きている
という意識は，15世紀にも存在した．詩人のマルタン・ル・フランは，ブル
ゴーニュ公に献呈した『貴婦人たちの擁護者』（1440？）において，ジョン・ダン
スタブルやデュファイによる「新しい手法」を称賛した．また最古の音楽辞典を
著したヨハンネス・ティンクトーリスに至っては，1477年頃に「ここ40年以前
の音楽に，演奏に値するものはない」とまで言い切っている．

　彼らは自分たちの時代の音楽のどういった点を誇っていたのか．これも複雑で
あるが，一つのポイントは「長3度」（ド—ミなどの明るい響きをもつ音程）を
多用するイングランド音楽（特にダンスタブル）の影響であり，またそれを継
承，発展させたデュファイら北フランス，フランドルの音楽家たちの功績であ
る．音楽史家は，これ以外にも音楽様式，美学，社会的背景を総合的に考慮し
て，「音楽史におけるルネサンス」とは何であったのかを探究している．

❌エリート文化と民衆文化の交錯　以上のような高度で複雑な音楽は，当時の知
的エリートにより生み出され，そして受容されたものであった．ヴィトリらは大
学で教育を受け，世俗諸侯の宮廷や司教座聖堂で地位を得ていたエリートであっ
た．他方で，イタリアのラウダ・スピリトゥアーレやイングランドのキャロルの
ような宗教的な主題を扱う世俗楽曲は，当時の民衆文化における音楽の位置付け
を垣間見せてくれる．　　　　　　　　　　　　　　　　　　　　　　［山本成生］

記譜法

　音楽は目で見たり手で触れたりすることのできない，聴覚のみで認識する文化である．しかし人々は古代からこの時間芸術である音楽を，二次元上に書きとどめようと試行錯誤を繰り返してきた．楽譜はその結果として生まれてきた記録媒体であり，その楽譜に音楽を書きとどめるための規則が記譜法である．それぞれの時代の音楽は，その時代の記譜法の特徴と密接に結び付いていると同時に，また記譜法そのものの制約をも受けている一方で，音楽的な要求によって新しい記譜法が生み出されるという，相互に強い関係をもって展開されている．本項では，中世から 17 世紀前半辺りまでの記譜法を扱う．

✖ネウマ記譜法　「ネウマ」とは，ギリシア語の「気息（プネウマ）」を表わす語に由来し，音楽においてはグレゴリオ聖歌や中世の単旋律音楽の旋律の動きを視覚的に表示する記号を指す．その記号では，1 音から数音の動きが点や線で示されており，この記号の起源として，音の動きを手で示すキロノミーの図形化，あるいは韻律法によるアクセント理論など諸説がある（Hiley, 1993）．最古のネ

図 1　ザンクト・ガレン式ネウマ．復活祭のミサのグラドゥアーレ，冒頭部分［ザンクト・ガレン修道院図書館, Cod. Sang. 359, p. 107］

ウマ譜は 9 世紀頃といわれるが，ネウマの種類は地域ごとに異なっており，特にザンクト・ガレン系のネウマには，音の動きだけではなく歌唱法もネウマに示されている点が重要である（図 1）．その後，譜線が引かれるようになると，線の音高を示すアルファベットが左端に付され，現在の音部記号のもとになった．

✖リズム・モード記譜法　ネウマ記譜法では表記不可能だったのがリズム表記である．特に複数の声部を同時に歌う多声音楽（オルガヌム）では，歌い手全員が同じ拍感を共有する必要があり，その要求のもとに生まれたのがオルガヌムの記譜に用いられたリズム・モード記譜法である．これは複数の音符を連結させたリガトゥラ（連結符）の並び方によって 6 種類のリズム・パターンを示す方法で，11 世紀末頃からパリのノートルダム大聖堂を中心とするノートルダム楽派たちによって使用された（☞「オルガヌム」）．しかし，リガトゥラは一つのシラブルで歌う場合にしか使用できない．そのため，複数の声部に歌詞を付けて歌うモテットが誕生すると，音符はバラバラになり，再びリズム表記が困難になった．これが次の新しい記譜法を生み出す要因となる．

✖黒符計量記譜法　13 世紀のアルス・アンティクアから 14 世紀のアルス・ノ

ヴァの時代になると，音符の形状ごとに固有の音価を示す計量記譜法が登場してくる（☞「アルス・ノヴァからルネサンス音楽へ」）。個々の音符や休符には，それぞれ固有の名称と音価が与えられ，さらに上位音価は下位音価へ1対3または1対2の割合で明確に分割される．この分割の組合せはメンスーラ記号と呼ばれる記号で表示され，その一部は現代の拍子記号のもとになっている．楽譜のレイアウトは，見開き2ページに各声部をまとめ

図2 ギヨーム・ド・マショー〈ノートルダム・ミサ〉のキリエ，最上声部の冒頭．声部ごとに分けて書かれている［フランス国立図書館（BnF），fonds francais 1584, fol. 438v］

て書く「クワイヤーブック」のかたちになった．さらに細かな音価の表記が可能になった結果，アイソリズムやホケトゥスといったリズムに特徴のある作曲技法が誕生し，アルス・ノヴァの音楽の重要な特徴となっている（図2）。

14世紀末頃になると，アヴィニョンや北イタリアを中心として，より複雑な音価表記が追及され，アルス・スブティリオールと呼ばれる難解な記譜法も現れた．

✖白符計量記譜法 1400年前後に，楽譜を書き記す素材が羊皮紙から紙に変わっていった．紙の場合，従来の黒符ではインクによって穴が開いてしまうため，音符を黒く塗りつぶさない「白符」が用いられるようになった（アーペル，1998）。これを白符計量記譜法と呼ぶが，基本的な使用音符の形状や名称，音価同士の分割法は黒符計量記譜法のそれが継承される一方で，14世紀末の極端に複雑な記譜法は消えていった．その代わりに登場したのが，プロポルツィオの技法という音価の比率をさらに細かく変化させる技法である．これらは速度の変化をも意味し，17世紀の前半まで使用され続けた（Paulsmeier, 2017）。また，謎掛けのような文言を楽譜に書くことで，楽譜をその文言の指示に従って読み直して歌う「カノン」もこの時代に特有の技法である．

16世紀初頭にヴェネツィアで楽譜印刷が始まり，次いでパリ，アントウェルペン，ニュルンベルクなどで楽譜印刷が広まっていく．この楽譜印刷技術の発展に伴い，楽譜の形状は従来のクワイヤーブックから声部ごとに独立して印刷するパートブックへと変化する．また一度に同じ形で製造できる印刷楽譜の登場は，音楽の広範囲にわたる流布もうながし，音楽様式の伝搬にも影響を与える一方で，記譜法の簡略化と合理化が進んでいく．

✖楽器のためのタブラチュア ルネサンス後半になると，楽器も積極的に使用されるようになり，それと同時に楽器固有の楽譜，タブラチュア（奏法譜）も登場する．特に弦楽器のためのタブラチュアは，文字通り指が押さえるべきフレットをアルファベットや数字で示す記譜法であり，現代のギターなどの楽譜にも用いられている． ［宮崎晴代］

中世歌人

11 世紀末〜15 世紀前半にかけて活躍した中世歌人で，時代や地域，用いた言語によって三つのグループがある．すなわち 11 世紀末〜13 世紀中頃まで南フランスを中心に活躍し，オック語（オキシタン語）を用いたトルバドゥール，12 世紀〜14 世紀初頭にかけて北フランスを中心に活躍し，オイル語を用いたトルヴェール，そして 12 世紀中頃〜15 世紀前半にかけて現在のオーストリアから南ドイツにかけて活躍し，中世ドイツ語を用いたミンネゼンガーである．

中世の歌曲は主に大道芸人であるジョングルールや，彼らのうちでパトロンに召し抱えられるようになったメネストリエたちによって伝えられてきたが，芸人である彼らの目的がその場で芸を披露するだけのことにあったため，歌曲は後世には伝えられなかった．ところが彼らよりも社会地位の高い領主や騎士たちが歌曲をつくるようになったとなると，話は違ってくる．領主や騎士たちの作品は書き残され，「シャンソニエ」の名で知られる歌曲集にまとめられるようになった．

✖**トルバドゥール**　教皇ウルバヌス 2 世の呼び掛けに応えて十字軍の活動が始まったのは 1096 年のことであるが，それとほぼ同じ頃からトルバドゥールの活動も始まった．彼らのうちには領主や騎士階級の者も多く，十字軍を通じて彼らの交流が盛んとなった可能性は容易に理解できる．史上最初のトルバドゥールとも称される第 7 代ポワティエ伯ギヨーム 9 世も十字軍に参加しているし，ほかにもブラーユの領主ジョフレ・リュデルや，騎士のベルナルト・デ・ヴェンタドルンやギラウト・デ・ボルネイユらが優れた歌曲を残している．しかしなかには平民の出で，後にトゥールーズの司教となったフォルケト・デ・マルセーヤや，ベアトリス・デ・ディアのような女流歌人もいた．トルバドゥールの主題としては主なる神を賛美するもの，騎士道に関するものなどさまざまであるが，彼らが慕う貴婦人を讃える「宮廷風恋愛」を主題としたものが多いのも注目される．彼らの歌曲が他人によって披露される場合には，前口上として作者の経歴（ヴィダス）や，作品がつくられた背景（ラツォス）を語るという風習もみられるようになるが，その内容は劇的に誇張されていて，信用に値しないものが多い．ラインバウト・デ・ヴァケイラスがモンフェラート侯の宮廷で披露した〈5 月の 1 日〉は，2 人のジョングルールが演奏していた旋律に歌詞を付けたものであるということで，ジョングルールの音楽が後世に残されたきわめて珍しい例として貴重である．トルバドゥールを代表する歌人として知られるベルナルト・デ・ヴェンタドルンはポワティエのギヨーム 9 世の孫に当たるアリエノール・ダキテーヌに仕え，彼女がフランスのルイ 7 世に嫁いだ時に彼女に同行してパリへと移った．彼

の影響がトルヴェールへ伝えられた可能性はきわめて大きい．アリエノールはさらにルイ 7 世との結婚を無効とされた結果，イングランドの皇太子ヘンリー 2 世と結婚し，後のリチャード 1 世（獅子心王）を生んだ．

❊トルヴェール　代表的なトルヴェールの中にはリチャード 1 世，ナバル王ティボー 4 世ら王侯貴族，ギオ・ド・プロヴァン，シャトラン・ド・クーシ，コノン・ド・ベテュヌら十字軍の騎士，ブロンデル・ド・ネル，クレティアン・ド・トロワ，ガス・ブリュレら宮廷人などが含まれるが，13 世紀も進むにつれて裕福な商人や一般市民，聖職者などの歌人が多くなり，特にアラスを中心としてモニオ・ダラス，ギヨーム・リ・ヴィニエ，ジャン・エラール，アダン・ド・ラ・アルらの活躍が目立つようになった．トルヴェールの歌曲は形式が整っていることが特徴で，バラード（aab），レー（aabb, aabbcc など），ヴィルレー（AbbaA），ロンドー（ABaAabAB，小文字は旋律の反復を，大文字は言葉と旋律の反復を示す）などの形式は，トルヴェールの時代以後も，14 世紀のアルス・ノヴァや 15 世紀のルネサンス初期にまで伝わり，長らくフランス歌曲の形式として用いられた．

❊ミンネゼンガー　ミンネゼンガーの作品はミンネザンク，またはミンネリートとして知られるが，その意味は「愛の歌」にほかならない．つまり彼らの歌曲の主な主題の一つが高貴な貴婦人を讃える「宮廷風恋愛」であったという事である．その一方，代表的な歌人であるヴァルター・フォン・デア・フォーゲルヴァイデやナイトハルト・フォン・ロイエンタールは十字軍の騎士としても知られ，前者は無事聖地に着いた時の感激を歌曲に残している．騎士たちの間の交流も盛んであったようで，互いに作品を贈り合ったり，歌合戦のような行事を行ったりもした．ミンネゼンガーの歌曲は器楽を伴ったことも多かったらしく，「フラウエンロープ」の名で知られるハインリヒ・フォン・マイセンのミニアチュア画が「マネッセ写本」の名で知られる歌集に描かれているが，そこにはそれぞれ異なる楽器を手にした 9 人の楽師たちが彼のもとに描かれている．歌曲の形式としては，最初の頃はライヒ形式（aabb, aabbcc など）が目立ったが，やがてバール形式（aab）が取って代わって代表的な形式となった．

　ミンネゼンガーの最盛期は，ヴァルター・フォン・デア・フォーゲルヴァイデが活躍した 12 世紀末〜13 世紀前半と考えられ，代表的な歌人にはラインマル・フォン・ハーゲナウ，ヴォルフラム・フォン・エッシェンバッハ，タンホイザーらがいた．それ以後は騎士道の衰退に伴ってミンネゼンガーの活動も下火となり，1445 年に「最後の宮廷歌人」ともいわれたオスヴァルド・フォン・ヴォルケンシュタインの死をもって最後の幕を閉じることとなる．その伝統は 14 世紀以後，商人の親方たち（マイスター）によって受け継がれ，16 世紀にはマイスタージンガーの黄金期を迎えることとなる．　　　　　　　　　　　［金澤正剛］

ジョングルール／ミンストレル

　ジョングルールとは「余人を楽しませる職種の人々」（Faral, 1987），あるいは「公衆の面前で（見世物などを）演じて生計を立てていた人々」（Menéndez Pidal, 1924），日本語の「芸人」に近い存在と定義されてきた．娯楽，闘技・遊技，遊び・劇といった広範囲な意味をもつラテン語「ルードゥス」の破格「ヨクス」の名詞形「ヨクラートル（悪ふざけをする人，からかうのが好きな人）」や5世紀初頭の「ヨクラートーレース・スカエニキー（舞台芸人）」などの用例からその芸態が推測できる．

図1　1100年前後の『ベアトゥス写本』には踊りながらの弓奏5弦のフィドル型竪琴を弾くジョングルールの姿が描かれている［From the British Library collection, Add. ms. 11695, f.86］

✖古代から中世へ　7世紀以降「ヨクラートル」から古フランス語の「ジョグルール／ジョグラール」が生じた．トルバドゥールの「伝記（ヴィダス）」では，宮廷歌人トルバドゥールの詩歌の演者として，またみずからも詩歌の創作者として宮廷や都市の芸能に参加するジョグラールの姿が描かれる．「そこでかの君はジョグラールのように振る舞う，ジョグラールが聞き手を魅了するまで歌うように」「エリア・ド・バージョール殿は，当時のいかなる者よりも歌に秀でていた．そしてジョグラールとなり，オリヴィエという名のジョグラールとともに長い間諸国の宮廷を遍歴した」「ギヨーム・マグレはウィーン出のジョグラールにして，賭事師，旅篭の亭主でもあった」「ペルディゴンはジョグラールにしていかに巧みにフィドルを弾き創作するかに精通していた」などとあり（Boutière & Schutz ed., 1964），歌い，演奏し，旅し，遊芸にも通じた多様な姿が語られている．ダンテは『神曲』（1307〜20頃）にトルバドゥールを詩作の師として登場させた．世代を超えて南フランスからイタリアへ赴いたジョングルールがダンテにトルバドゥールの詩歌と伝記を伝えたのかもしれない．

✖中世から近代へ　一方，キリスト教会からは古代ローマのインファミア（名誉喪失者）を受け継ぎ，排除される存在であった．12世紀のソールズベリーのヨハネスは「ミームス（役者），踊りとび跳ねる者，道化師，おどけ者，物真似師，剣闘士（短剣使い），格闘士，弦楽器弾き，手品師，詐欺師」を一括りに断罪している（Ziolkowski, 2018）．13世紀スペインの『聖母マリアのカンティガ集』以降，盗人として糾弾された．13世紀後半にはジョングルールが聖母に救済され

るといった逸話は広く流布していった．16世紀の『放浪者の書』では「貧者，不具者，盲人，びっこ，奇形，足萎え（膝が内側に曲がった人），あるいはそのほかの体の不具者，呼ばわり人，芸人ジョングルール，踊り手，弦楽器弾き，笛吹き，竪琴弾き，ラッパ吹き，角笛吹き，役者（語りべ），物真似師，無能者，厄介者，たいこ持ち（食客），隠者，詐欺師，道化師，放蕩者，ブフォン（道化），おべっか使い，囚人，裏切り者，伝令，軽視者，蔑視者，中傷者，悪口屋，堕落した背教者の子（私生児），洗濯女，淫売に近い女」の中に分類している（Boehncke & Johannsmeier, 1987）．かつてのジョングルールも，放浪の芸人と誤解され，犯罪者，名誉喪失者，異端者といった社会秩序の埒外者と見なすことが16世紀には定着する．

✖ミンストレル　一方，「ヨクス」に由来する遊芸人（ジョングルール）に類する用語は，ゲルマン語圏では用いられなかった．ドイツ語ではラテン語の意訳「シュピールマン」を当てている．英語ではほかのロマンス語系の語「メネストレーロ」（「ミニステリウム」〈奉仕者〉に由来）を当て，これが近代英語の「ミンストレル」となった．ミンストレルは13世紀末以降宮廷に仕えた楽器奏者などの従僕の意味をもち，13〜17世紀にかけて一般に音楽の技芸をもつ楽師を意味するようになった．宮廷仕えのほか，都市では同職組合や学校を設立した．16世紀には定住の楽器奏者と非定住の芸能者といった社会的分化が著しくなった．近代になると見世物を提供する芸人，なかでも楽器演奏をする芸能者の呼称となる．アメリカで黒塗りの芸人ショーがミンストレルショーと呼ばれる．

✖近代　アッシジの聖フランチェスコは「神の道化師」と呼ばれ，近代の中世観を芸能者の存在を通じて総括したJ. M. ジョルコフスキの著作タイトルにもあるように（Ziolkowski, 2018），のノートルダムの「癩男」もまた「ジョングルール」の意味である．19世紀末には，多彩な技芸と職能の雑多な低い地位の集団として定義され「メネストレル，トルヴェール，物語り師，口上師，歌い手」や「楽器弾き，ハープ弾き，ヴィエール弾き，ジーグ弾き，笛吹き，リュート弾き，小型ヴァイオリン弾き，ラッパ吹き，角笛吹き」といった音楽系と，それ以外の男女の踊り手，曲芸師，手品師などの二つの階層に分けられたが（Meyer, 1892），いずれにしても宮廷から路上までどこにでも現れ，詐欺，賭博といった悪事も働くアウトサイダーと見なされた．ジョングルールの多面的な姿は，近代がみた中世の写し鏡であり，近代の芸術観の反映でもある．16世紀に歌や楽器の演奏者は宮廷の音楽家として延臣化し，音楽のみならず演劇の社会階層分化が顕著になる．近代になると神格化された芸術家を頂点とするヒエラルキーが，下層を広げることによってますます高みを目指すかのように，ジョングルールは中世の「芸人」として，「クラシック音楽」といった近代のエリート文化にとっての対比的な職業観が当てはめられていく．　　　　　　　　　　　［上尾信也］

巡礼と音楽

　十二使徒の聖ヤコブとされる遺骸が9世紀に発見され，それを祀る礼拝堂がサンティアゴ・デ・コンポステラで建立され，サンティアゴ巡礼が始まった．

✖聖ヤコブ大聖堂—栄光の門　この巡礼に拍車を掛けたのは，1183〜1211年の建築家マテオによる聖堂への修復であった．エルサレムの門を模す正門「栄光の門」のテュンパヌムには「ヨハネの黙示録」の24人の長老が弦楽器（キタラ）を携えレリーフに刻まれた．古代より地中海世界に伝えられた竪琴（ハープ）や，ヴァイオリンの源流であり中東の民俗音楽に残る弓奏擦弦楽器レベックやフィドル，中東ではカーヌーンとなった打弦楽器のソータリー（プサルテリウム），琵琶やウードと同源のリュート，鍵盤と手回しハンドルをもつ擦弦楽器ハーディ・ガーディ（オルガニストルム）などがほぼ原寸大で精緻に彫られている．巡礼路にあたるアストゥリアス地方の『ベアトゥス黙示録註解』の写本群（8世紀末以降）にも楽器奏者や芸人（ジョングルール）が描かれ，イスラーム世界との接点でもあった巡礼路の音楽の風景を垣間見せている．

✖カリクストゥス写本　栄光の門と同時期の1170年代までに成立した『カリクストゥス写本』はその名を所収されている教皇カリクストゥス2世（在位1119〜24）の書簡に由来し，聖句，説教集，ミサ・聖務日課の音楽と多声部楽譜，聖ヤコブの奇跡譚，シャルルマーニュの伝説，サンティアゴ巡礼のガイドなどからなる．所収の単旋律と多声部の記譜法は北および中部フランス由来であり，楽譜が持ち込まれた可能性がある．パリで始まった新しいポリフォニー様式が巡礼路によって伝わったことを示唆してくれる．アキテーヌで始まりパリのノートルダム大聖堂でポリフォニー（多旋律）音楽に発展する「コンドゥクトゥス」は宗教儀礼の行列を導く際の単旋律のラテン語歌であった．コンドゥクトゥスの旋律は俗謡に転用され，時には教会への皮肉を込めた歌詞で歌われていた．巡礼路沿いの各地教会のミサに与る巡礼者が耳にし，歌い継いだかもしれない．巡礼路のブルゴスにあるシトー会サンタ・マリア・デ・ラス・ウエルガス王立女子修道院所蔵の『ラス・ウエルガス写本』（1300頃）にはコンドゥクトゥスを含む単旋律と多声部の186の聖歌が所収されている．パリのノートルダム大聖堂のポリフォニーが多く収録され，同院回廊のゴシック建築と同じく，音楽様式の伝播の証左となっている．同院では中世にはまれな女声の多声部合唱が歌われていた．

✖モンセラットの朱い本　バルセロナ近郊の鋸状（セラット）の山で880年に羊飼いによって黒い聖母子像が発見された．その地にサンタ・マリア・モンセラット修道院付属聖堂が建立され巡礼地となった．『モンセラットの朱い本』（1399

制作）には，カッチャといったカノン形式の舞踏などでも用いられる歌謡も含まれ，昼間に路上で歌い踊りたい巡礼者たちへ誠実かつ敬虔に歌うべきとする聖母マリアを讃える10曲のラテン語歌謡が所収されている．

✖聖母マリアのカンティガ集　13世紀中頃に成立した『聖母マリアのカンティガ集』は，レオン・カスティーリャ王アルフォンソ10世（在位1221～84）の命により1250～80年にかけて蒐集，編纂，制作された．王は幅広く学問の援護者として，またイスラームやユダヤ教徒を登用するなど，賢王と呼ばれ，数多くの古典や技術科学書のアラビア語からの翻訳事業の要であった．カンティガ集にはガリシア語の歌が単旋律歌曲として400以上も集録され，10曲ごとに楽器奏者の挿図付きの聖母への頌歌（全40曲）が挿入されている．「語り」に続いて，貧者，弱者，異教徒そして楽器奏者を憐れむ聖母の奇跡譚が10篇ずつ朗誦され，楽器伴奏の頌歌が続いて歌われたかのような構成をもつ．写本に描かれた楽器は，「栄光の門」の楽器と同様に写実的である．巡礼者はこのような音楽を見聞きしたかもしれない．聖母信仰とともに，世俗の歌は流布していった．

✖トルバドゥール写本群，マネッセ写本　14世紀前半までに成立のオック語歌謡集『トルバドゥール写本』群には十字軍と聖地巡礼を讃える歌謡のいくつかが，トルバドゥールと呼ばれた歌人の「伝記（ヴィダス）」と「解題（ラツォス）」や旋律付きで残されている．十字軍の帰国中囚われの身となった歌も残るリチャード1世（獅子心王）の母アリエノール・ダキテーヌに仕えたマルカブリュは卑賤な出自ながら，ラテン語聖句とオック語による〈神ノ御名ニオイテ平安ヲ〉でスペインでの神の聖戦への参戦を喧伝している．

『マネッセ写本』(1300頃）などで伝わる中世ドイツ語の歌人ミンネゼンガーにも聖地巡礼と十字軍に関わる歌謡も残されている．代表的歌人ヴァルター・フォン・デア・フォーゲルヴァイデ（1170頃～1230頃）作として伝わる聖地に立った感動を歌った〈パレスティナの歌〉などがある．これらの歌謡を実際に巡礼者たちが歌ったか定かではないが，十字軍や聖地巡礼を伝えるものとして後世歌われていたが故に，書き残された可能性が高い．

✖巡礼が伝える音楽　1589年のトスカーナ大公フェルディナンド・デ・メディチとクリスティーナ・ド・ロレーヌの婚礼祝宴で上演された六つのインテルメッツォ（幕間劇）をもつ音楽劇『巡礼女』は，天体，ミューズ，アポロン，地獄，トリトンといった神話世界を巡る旅で花嫁を巡礼に準えた．19世紀の音楽家フランツ・リストは青年期から晩年までスイスやイタリアを巡った旅をピアノ曲集『巡礼の年』(全4集）に書きとめた．自己の変容，観想，邂逅を求め，文物知見を交換し伝えるという巡礼は，異なる世界の新しい音楽を知り伝えるものであった．そして何より音楽は巡礼と異世界を記憶付けるものであった．　［上尾信也］

ギョーム・ド・マショー

　ギョーム・ド・マショー（1300頃〜77）は14世紀フランス音楽を語るうえで欠かせない人物である．この時期，記譜法上の新たな工夫を生かし，複数の旋律を巧みに紡ぎ合わせるアルス・ノヴァ（新技法）の多声の音楽が隆盛した．マショーの作品は，質量ともにこれを総括するものと位置付けられる．

図1　〈自然〉が〈理知〉〈修辞〉〈音楽〉をマショー（右端）に引き合わせる．マショー自作品集写本の冒頭部分の彩飾画より［フランス国立図書館（BnF），fr.1584, fol. Er］

　彼はボヘミア王ジャン・ド・リュクサンブールの秘書官を務め，戦いに明け暮れた主君に付き従い各地を巡った．クレシーの戦いでジャンが戦死した後は，その娘でフランス王ジャン2世に嫁いだボンヌをはじめ，多くの貴人をパトロンとし，後半生はランス大聖堂の参事会員の禄を得てこの地で過ごした．マショーの生涯をたどるうえで，自身が監修に携わった大部の個人作品集は重要な存在である．物語詩やバラード，ロンドー，ヴィルレーといった定型詩などをまとめた写本が複数現存し，パトロンへの献呈用であったのか，美しい彩飾が施されている．長編の物語詩には当時のマショー自身の動向を知る手掛かりが含まれるが，なかでも注目されるのが『真実の物語詩』（1363〜65）である．これは老境にある詩人ギョームと高名な詩人を慕う少女の恋物語であり，長編の韻文詩の合間に二人の間で交わされた書簡と旋律付きの詩歌が挿入されるもので，マショー自身と10代の令嬢ペロンヌ・ダルマンティエールとのやり取りを描いた半自伝的作品と位置付けられる．J. ホイジンガは『中世の秋』（1919）において，詩人の「老いらくの恋」の様子を紹介しつつ，それが非常に様式化された中世の恋愛の描写であることにも言及している．

　マショーはランス大聖堂の聖職者の地位にあったが，教会音楽はほとんど残していない．数少ない宗教曲である〈ノートルダム・ミサ曲〉（1360〜65）は，ミサの中で常に同じ詞を歌う通常文聖歌のみを多声化してまとめた最初期の作品として重要である．ルネサンス期の最重要ジャンルであり，その後現在に至るまで続く「ミサ曲」という形態の先駆けとなるこの曲では，四つの声部が重なり合うなかで耳慣れた3度のハーモニーが前面に出てくることはまだ少なく，独特の魅力を湛えた中世の響きを醸し出す．一方で，彼の作品の中心を占めるのはフランス語詩であり，旋律を伴う音楽作品にも雅やかな愛を歌うフランス語の定型詩が多い．みずから書いた詩に音楽を付けるそのあり方から，マショーはまさに遅れてきた「最後のトルヴェール」と呼ばれて然るべき存在でもあり，中世最後の時期の音楽を豊かに彩っている．

［吉川　文］

16章　中世受容と中世研究

「西洋中世」は，ヨーロッパという地域の古代と近世・近代に挟まれた限られた約1000年間を指す．しかし，その文化的影響力は，西洋中世本来の空間的・時間的枠組みを容易に乗り越える力を有していた．このことを言い表す概念として多くの分野で注目を集めているのが「中世主義（medievalism）」である．悪しき中世イメージを喧伝することも，中世の文化遺産を再評価することも，日本で中世イメージをサブカルチャーに取り込むことも，この「中世主義」という考え方に行きつく．そうした営為の背景には，多くの研究者らが継続的に行ってきた歴史的事実の再検討とそのイメージの刷新がある．とりわけ20世紀半ばにアナール学派が開拓した領野は広大だ．さらに近年では，世界中で西洋中世学が確立し，イスラーム学やユダヤ学，考古学や政治学など隣接分野と結び付くことで，さまざまな学問分野の開拓や発展に寄与している．こうした融通無碍な「西洋中世」の文化的・学術的性格を総括して，本事典は締めくくられる．

[小澤 実／大貫俊夫・草生久嗣・図師宣忠]

中世暗黒説の諸相

　中世暗黒説とは，中世を野蛮で無政府状態（アナーキー），経済が停滞し，キリスト教により科学が抑圧されて迷信が広まり，不潔で疫病が蔓延し，芸術が退行していた時代だとする時代認識のことである．剣と魔法とドラゴンに代表される中世ファンタジーもその系譜に位置付けることができる．近代になって進展した中世学研究によりほぼ払拭されたにもかかわらず，今日までなおも社会的な影響力を保持している．本項では，この中世暗黒説がどのような過程で成立し，その後どのように 21 世紀まで継承されてきたのかについて，素描を試みる．

✖中世暗黒説の成立と継承　最初に中世を「暗黒」と規定して歴史に位置付けたのが 14 世紀の詩人ペトラルカ（図 1）である．彼は古典古代を賛美するために，ローマ帝国がキリスト教を受容してから自身の時代まで「暗闇」に覆われていたと考えた．そして，その「暗闇が消え去れば，われわれの子孫は再びかつての純粋な輝きに至ることとなろう」とし，かつての栄光が復活することを熱望した．ここに「光」と「闇」の対比とそれに基づく時代区分が生まれ，イタリアルネサンスの担い手によって引き継がれた．この「闇」の隠喩を使って「暗黒時代」の語を創出したのが 16 世紀の枢機卿カエサル・バロニウスである．彼は教皇権が危機に陥っていた 900〜1046 年について，「荒々しさと善良さの不毛故に鉄の時代，溢れんばかりの邪悪さの奇形故に鉛の時代，そして文書の欠如故に暗黒の時代」と記した．

図 1　アンドレア・デル・カスターニョによるペトラルカのフレスコ画（1450 頃）［フィレンツェ，ウフィツィ美術館］

　そしてこのような暗黒史観の原型が成立するのと歩調を合わせて「中間の時代」，すなわち「中世」という表現が誕生したのである．したがって，当初の中世暗黒説は，人文主義者による古代賛美の副産物だったり，残存する文字史料がひときわ少ない初期中世だけに適用されたりと，決して中世を全面的にこき下ろすものではなかった．しかし，時代が下るにつれて次第に中世全体を指す決まり文句（クリシェ），中世を不当に貶めるスローガンとなる．これを突き詰めたのが 18 世紀の啓蒙思想であり，ヴォルテールはスコラ哲学や十字軍などを憎悪し，

中世を「信仰の時代」として大いに批判した.

このような思想的主張のうえに立って，同時代の歴史家も中世暗黒説の確立，普及に貢献した．エドワード・ギボンは『ローマ帝国衰亡史』(1776〜88) を著して中世の起点を「野蛮と宗教の勝利」と規定し，ヤーコプ・ブルクハルトは『イタリア・ルネサンスの文化』(1860) を著して中世の終点に現れた近代性，個人主義などのルネサンス観を称賛した．実際，彼らにはそこまで中世を貶める意図はなかったようだが，彼らの著作の影響力は絶大であった.

✠ステレオタイプとしての中世暗黒説　19世紀以降，ステレオタイプとしての中世暗黒説は歴史教養書の中で展開され，普及してゆくことになる．例えばアンドリュー・ディクソン・ホワイトは「キリスト教の確立により神学は新たな展開を始め，1500年以上にわたり自然科学の正常な発展を阻んだ」と記し，チャールズ・シェパードはミシュレの「千年ものあいだ，入浴という習慣がまったくなかった」という言葉を引いて中世の不潔さを印象付けた (ブラック，2021)．それぞれ力点の置き方は異なるものの，そこで展開される中世暗黒説の根底には，キリスト教が科学の発展を抑圧したはずだという堅固な認識枠組み，そしてプロテスタントによるカトリック批判という宗派対立が存在する．以上の中世暗黒説の系譜を受けて，『アメリカ百科事典』(1883) は見出し語として「暗黒時代」を採用し，「蛮族の覇権が確立した5世紀から学問が再生した15世紀初頭までの，ヨーロッパ史において知的に低迷したあの時代」と規定して中世全体を指す概念とした.

✠中世学研究による克服と現代の政治・文化　中世学研究の飛躍的進展により，20世紀になるとそうした中世観は完全に克服されたと考えてよい．ところが，中世暗黒説はメディアや一般通念において今日に至ってもなお根強い．現代の低迷する経済や人権問題を「中世のような」と評する新聞記事は後を絶たず，また極右勢力はしばしば中世ノスタルジーとともに，暴力的な中世を想起させる意匠をまとう．テレビの歴史教養番組や，『薔薇の名前』(1980)，〈ゲーム・オブ・スローンズ〉(2011〜2019) といった小説，映像作品，〈ダンジョンズ&ドラゴンズ〉(1974)，〈ドラゴンクエスト〉(1986) といったゲーム作品など，中世暗黒説の系譜を引き継いだ中世イメージは巷に溢れている (☞「ゲームの中の中世」「西洋中世と日本のサブカルチャー」)．こうした動向へのカウンターとして中世をあえて「明るい」時代とする学術書も見られるが，これは皮肉にも暗黒説の根強さを証明してしまっている.

中世暗黒説は，中世を現在から切り離された「他者」と見なし，これをみずからの価値基準に照らして貶めようとする態度によって継承されてきた．つまりこれは，遠い過去である中世がアクチュアルな問題と結び付けられることで生成され，その都度変容してきた不定形の表象なのである．

［大貫俊夫］

中世主義

中世主義は「中世以降に中世を再構築しようとする継続的な過程」（Utz, 2010）と定義される．英語の medievalism は，1853 年にジョン・ラスキンが建築様式に用いた表現で，ギリシア・ローマ時代の「古典主義」と近代における「近代主義（モダニズム）」に対して，中世の様式を中世主義と呼び，この表現が一般化する（初出は 1844 年）．

✖中世の起源と中世主義の定義　14 世紀イタリアの詩人ペトラルカは古代ローマ帝国の遺跡を目にして，古典世界とみずからの時代との隔絶を意識したという．燦然（さんぜん）と輝く「古代文明」と，「現在」との「中間」に横たわる意識化された過去が「暗黒の中世」である．超越すべき時代と見なされ「無知」や「迷信」といった否定的連想を伴う時代区分となった（☞「中世暗黒説の諸相」）．そもそもルネサンスという語は 19 世紀の「発明」であり，進歩や発達といった直線的時間概念を前提とする歴史観は，昨今グローバルヒストリーの観点から見直されつつある．それに伴い固定化された中世観への再検討が進む中，中世主義の定義も変容している．

中世主義は 1970 年代に L. ワークマンが英語圏のみの文化事象として唱道，1987 年に，①中世の研究，②中世を範として現代に適用すること，③中世から着想を得た芸術，思想に見られる表象と定義した（Utz & Shippey, 1998）．その後 N. F. キャンターの『中世の発見』（1991）の主張を受け，中世主義とは中世をつくる過程であり，中世という過去を再考し書き改めようとする，過去から未来に至るまでのあらゆる試みの総称へと変化する．

フランス，イタリア，ドイツ語圏では，現在とは異なる未来を構築するために参照すべきモデルととらえ，イギリスとアメリカでは歴史の連続性の根源は中世にあるとの思考が強いとされている（Emery & Utz, 2014）．中世主義には中世研究，中世主義研究，中世趣味と訳出される語義が含まれる．

✖中世への訣別と中世研究の始まり　ウンベルト・エコは「中世が終焉を告げたルネサンス期に早々と中世への郷愁（ノスタルジア）が吹き荒れた」と語った．イギリスではヘンリー 8 世の離婚騒動に端を発するローマ・カトリック教会からの訣別が，中世への再評価という一見矛盾する心性を生んだ．修道院の解体は蔵書の破壊と散逸を招き，宗教改革を擁護したベイルでさえ「蔵書が靴磨きや包装に使われ，外国に流出」と嘆いた．過去を記録し保存することへの関心が高まり，リーランドやカムデンなどの好古家が奮闘，救済された文献と書誌の記録は中世研究への礎となった．

エリザベス 1 世時の初代カンタベリー大司教パーカーはプロテスタント教義と

組織の確立のために，アングロ・サクソン時代に範を求めた．ノルマンによる征服（1066）以前こそが「純粋な」キリスト教と主張し，パーカーは法典や福音書を刊行したのみならず，古英語（OE：Old English）の重要性を認識し，史料や辞書の編纂刊行，写本の保存を進めた．「中世」は政治や宗教に利用されただけではなく，学問研究の対象として認知され，17 世紀にはオックスフォード，ケンブリッジ両大学でアングロ・サクソン語研究が進み，後者には講座が誕生した．

✴中世研究から中世の創造へ　イギリスでは 1760 年代に中世観の変化がみられ，否定すべき中世から想像力の源泉へと転換する．マクファーソンはゲールの英雄オシアンの「訳詩」（実際はほぼ自作，1760〜63）や口承伝承を，パーシーは口承伝承に「過去の断片」を採取し「英語の進歩」を辿った『古英詩拾遺集』（自作の詩を追加，1765）を発表し，いずれも人気を博した．シェイクスピアやスペンサーの『妖精女王』（1590）は中世への関心の入口となった．『妖精女王』は中世アーサー王ロマンスを下敷きに当代の寓意を描いた点で，中世主義的な最初期の作品といえる．中世ではない作品から「中世」を眺める，ここに中世主義の原点がある．ウォルポールの『オトラント城』（1764）が刊行され，後続のゴシック小説は恐怖に満ちた，想像上の新たな「中世像」をつくり上げた．古典主義の均整美に対して，奔放な想像力の解放はロマン派の台頭，19 世紀の中世復興へと続くのである．古典主義が消滅したわけではないが，イギリスでは産業革命への反動として中世観は反転，ゴシックは道徳性の表象と見なされ，19 世紀にはゴシック様式が新改築の建造物の 7 割を占めたという．

ウォルター・スコットは中世主義の体現者である．好古家，中世研究者として，スコットランドの古謡集や『トリストレム卿』（1804）の校訂本を出版し中世研究へ貢献，『最後の吟遊詩人の歌』（1805）によって創作と研究を融合させた．歴史小説は多言語に訳され中世復興への精神的土壌を形成した．トマス・マロリーの『アーサー王の死』（1485）の復刊テクストはアーサー王復興の起爆剤となる．マロリーの愛読者でラファエル前派の D. G. ロセッティ，バーン・ジョーンズ，モリスらは芸術刷新の規範をルネサンス以前に求めた．中世を題材としたテニスンの『詩集』（1842）やアーサー王物語詩『国王牧歌』（1859〜85）の影響は国内外に及び，新たな中世主義的作品の起点となった．

中世主義は個人の歴史認識に関わる．テニスンはアーサー王伝説に仮託して大英帝国という「現在」をテーマにした．これは「現在」の価値観，願望や不安に照らして過去を表象，解釈，評価する「現在主義（presentism）」と呼ばれる中世主義の中核の考え方で，現代のポップカルチャーの創作に引き継がれている．また中世の理想化は「優れた過去をもつ自国の優越性」につながり，政治的に利用される危険性をはらむ点は指摘しておきたい．近年，研究書や手引書，専門誌の刊行が相次ぎ，中世主義は研究分野として確立したといえよう．　　　［不破有理］

文学の中の中世

中世文学の歴史的受容と展開は「中世主義」と呼ばれる研究領域で議論され多くの成果を生んでいる．中世主義の豊かな水脈は特にファンタジーの領域に流れ込み多様に享受されている．未来を志向するサイエンス・フィクション（SF）に比べ，ファンタジーは過去へさかのぼり，科学技術が発達する以前の前近代に材源を求める傾向にある．ファンタジーは単なる空想ではない．驚異や魔法世界の背後には中世より伝わる民族の神話や伝説，文学伝統が横たわっている．映画やゲームでしばしば題材となる北欧神話やアーサー王伝説のように，中世の物語はファンタジーを中心とする人気創作へと姿形を変え，時空を超えて脈々と受け継がれているのである．

✖中世研究者 J. R. R. トールキンと C. S. ルイス　中世と現代のファンタジーが深く結び付く理由の一つに，モダン・ファンタジーの開祖ともいわれる J. R. R. トールキンや C. S. ルイスの貢献があげられる．ファンタジー作家としてのイメージが強いが，彼らの本業は中世イギリスや北欧の言語，文学を専門とする学者だった．オックスフォード大学で一時期同僚でもあった二人は多くの重要な研究を残し，一方で『ホビットの冒険』（1937）や『指輪物語』（1954〜55），『ナルニア国物語』（1950〜56）といった名立たる物語を書き上げた．ホビット族のフロド・バギンズが駆け抜ける「中つ国」，ペベンシー家の四兄妹が体験する衣装ダンスの先に広がる「ナルニア国」など，トールキンとルイスの作品には中世の歴史文化の息吹が感じられる．その壮大な物語世界の創造は中世の言語や文学に関する学問的知見を抜きにはあり得ない．現に，エルフやドワーフ，トロルといった馴染み深いファンタジーの住人は中世の物語や文献に息づいていたリアルな存在であり，民族文化の遺産なのである．

✖『ハリー・ポッター』と中世　トールキンやルイスの文学的継承の一例として，J. K. ローリングの『ハリー・ポッター』シリーズ（1997〜2007）があげられる．ハリー・ポッターとヴォルデモート卿との戦いをめぐる本作は，ファンタジー・シリーズ史上最大の売り上げを記録した．絶大な人気と魅力は中世の文学的素材やモチーフ，そしてどこか郷愁を誘う雰囲気に支えられている．現実のイギリス社会にパラレルに存在する魔法界では機械やテクノロジーではなく，羊皮紙に羽ペン，ふくろう便といった前時代的な道具や風習に依存している．孤児ハリーの心のホームとなるホグワーツ魔法魔術学校も 10 世紀に創設され，中世の城やゴシック様式に基づく大聖堂の趣をもつ．

予言，秘密の通路，ダンジョン，動き出す肖像画などはゴシック小説の定番で

ある．また，校長であるアルバス・ダンブルドアらがもつマーリン勲章，エクス
カリバーを髣髴とするグリフィンドールの剣，またその寮が重んじる騎士道精
神，聖杯探求に似た分霊箱の探求など，中世アーサー王物語へのオマージュが随
所にちりばめられている．

シリーズ最終巻『ハリー・ポッターと死の秘宝』（2007）では，ヴォルデモー
ト打倒に向け分霊箱を探す傍ら，ハリーとロンとハーマイオニーは魔法界のおと
ぎ話（三人兄弟の物語）の中で語られる「死の秘宝」の存在に行き着く．三つの
秘宝（ニワトコの杖，蘇りの石，透明マント）を手にした者は「死を制する者」
となるといわれ，秘宝をめぐる三人の兄弟の振る舞いは物語終盤，ハリーの死に
対する姿勢に示唆を与えていく．この「三人兄弟の物語」の種本は英詩の父
チョーサーの著した『カンタベリー物語』（14 世紀末）の中の「免罪符売りの
話」である．作者ローリングは中世原典の伝える教訓「諸悪の根源は金銭欲であ
る」に独自のアレンジを加え，ハリーの自己犠牲の主題を浮かび上がらせてい
る．総じて，『ハリー・ポッター』シリーズは中世文学の素材を存分に取り入れ
再構築したファンタジー世界といえよう．

❖カズオ・イシグロ『忘れられた巨人』に描かれる中世　ノーベル文学賞作家カ
ズオ・イシグロの『忘れられた巨人』（2015）は中世ブリテン島を舞台とする
ファンタジー色の強い物語である．主人公はブリトン人老夫婦のアクセルとベア
トリスで，二人は息子との再会を求め旅に出る．ブリトン人とサクソン人が共
存・共生する大地には鬼や妖精も頻繁に出現し，廃墟や修道院，ダンジョンなど
RPG さながらの冒険風景が続く．ただ二人は物理的な困難よりも，大事な思い
出を共有できないもどかしさに苛まれる．これは大地に立ち込める霧と関係が
あり，この「忘却の霧」が人々の記憶をかき消していることが次第に明らかとな
る．霧の正体は雌竜の吐く息で，今は亡きアーサー王がマーリンの大魔法に乗せ
てつくり出したもの，そこには血塗られた歴史の闇が潜んでいた．この雌竜の退
治をめぐって，ブリトン人老騎士ガウェインとサクソン人戦士ウィスタンが対決
することとなる．

通常，竜退治（「ラスボス」退治）は一国に安寧をもたらす．しかし本作では
むしろ憎しみの蔓延する乱世の到来を示唆する．「忘れられた／埋められた」一
国の黒歴史（巨人）は民族間だけでなく，一夫婦間の関係にも暗い影を落とすこ
とに．共同体の歴史と個人の物語が鮮やかにかつ残酷に重なり合い，記憶の忘却
の適否が問われる．竜息に覆われた大地は現代人が中世に対して抱くイメージを
表したものかもしれない．暗黒でもなければ空想でもない．イシグロは史実とも
虚構とも分類できない歴史の空白期に大いなる創造的価値を見出し，時代や地域
性に限定されないファンタジー文学へと昇華させたのである．　　　　［岡本広毅］

西洋中世と日本のサブカルチャー

　日本に西洋中世の文化が流入したのは，明治時代であった．しかし史学的に忠実な中世というより，当時ヨーロッパで流行していた「中世主義」の影響が大きかった．それが 100 年余りの時を経て，ゲームやマンガの領域で独自の発展を遂げることになる．この項目では，北欧とアーサー王伝説を軸に概観したい．

✖明治・大正期　明治，大正期には留学を通じて中世に触れる者が多かった．その代表が夏目漱石である．1905 年発表の『幻影の盾』では盾が「ワルハラ（ヴァルハラ）の国オジン（オージン）」に由来すると語られる．なお，漱石は同年の『薤露行（かいろこう）』でもアーサー王伝説を題材にしている．

　北欧中世文化の最初期の紹介としては 1878 年の薗鑑訳『北欧鬼神誌（そのかん）』がある．本書は北欧神話の基礎文献である『エッダ』の概要だが，文部省による百科全書翻訳の一環であり一般には普及しなかった．アーサー王伝説についても，当時は中世の文献を読める者も少なかったのであろう，19 世紀の翻案ものを経由して受容されることになった．

✖ 1950 年代にかけて　昭和に入ると，一般向けの書籍の出版が進む．比較神話学者の松村武雄は『欧洲の伝説』（1914）や『北欧神話と伝説』（1935）を通じ，アーサー王伝説や北欧神話を紹介した．小笠原稔訳の『ワーグナー全集』（1940〜41）にも，トリスタンの悲恋やニーベルングの指環に関する歌劇が収録されている．

　アメリカの作家トマス・ブルフィンチの『伝説の時代』（1855）は北欧神話も含むが，1913 年に野上彌生子（のがみやえこ）によって翻訳された後，1953 年に岩波文庫の改訳版『ギリシア・ローマ神話　付　印度北欧神話』に収められた．彼のアーサー王ものに関する著作は 1942 年に『中世騎士物語』という題名で完訳され，中世のマロリーの書物に代わって日本のアーサー王受容に貢献することになる．

　もう一つ，重要なのは映画である．1951 年に『夢の宮廷』が日本でも公開されたが，これはマーク・トウェインの小説『アーサー王宮廷のコネチカット・ヤンキー』（1889．以下，『ヤンキー』）がベースとなっている．「未来からアーサー王宮廷へやってきた人物が，知識を駆使して活躍する」というトウェインものは，後に日本のライトノベルに大きな影響を与えることとなった．

✖ 1960〜70 年代—資料の本格化とサブカルチャーでの利用　1960〜70 年代に入ると概説だけでなく，中世を知るうえで欠かせない史資料の翻訳や紹介も進む．1963 年には山室静『アイスランド　歴史と文学』が出版され，谷口幸男訳『エッダ　古代北欧歌謡集』（1974）や『アイスランド　サガ』（1979）が続く．ま

たトールキン『ホビットの冒険』(1937) や『指輪物語』(1954〜55) の翻訳により トールキンを経由して北欧中世の世界観に触れる機会も増え，同時期に日本での舞台上演も開始されたワーグナーの楽劇とともにイメージの源泉となっていく．このような情報の増加を背景に，マンガでも北欧中世の利用が増加する．初期の作品として水野英子『星のたてごと』(1960〜62) があるが，このマンガはワーグナー〈ニーベルングの指環〉を彷彿とさせる人間と神々の世界をまたぐ男女の恋愛を軸とし，北欧神話やギリシア神話の要素も反映している．1970 年代にはアニメーション作品〈小さなバイキングビッケ〉(1974〜75) もヴァイキング像形成に大きな影響を与え，尾田栄一郎による『ONE PIECE』(1997〜) や幸村誠による『ヴィンランド・サガ』(2005〜) といった人気マンガの作者が本作からの影響について言及している．

　アーサー王伝説もまた，1966 年にトマス・マロリーの『アーサー王の死』が初めて中英語から日本語に翻訳された．その数年前，1964 年にはディズニーの映画『王さまの剣』が，そして 1967 年にはミュージカル映画〈キャメロット〉が公開され，石に刺さった剣や騎士ランスロットと王妃の禁断の恋といった逸話を広めた．テレビアニメ〈ヤッターマン〉の第 99 話「アーサー王の剣だコロン」(1978) や，「アーサー」「ギネヴィア」「トリスタン」が登場する名香智子のマンガ『ふんわり狩人』(1979〜80) は，当時のアーサー王伝説への関心の高まりを示しているのかもしれない．しかし 1979 年より放映されたアニメ〈円卓の騎士物語　燃えろアーサー〉は，残念ながら低視聴率に終わった．

❌ 1980〜90 年代―マンガ，ゲームとライトノベルへの拡散　1980 年代に大ヒットした作品に，北欧神話とアーサー王のモチーフが用いられたことは特筆に値する．テレビゲーム〈ファイナルファンタジー〉シリーズ (1987〜，図 1) では名剣「エクスカリバー」が登場し，同シリーズのⅢ (1990) からは「ラグナロク」や「召喚獣オーディン」の要素も追加された．車田正美のマンガ『聖闘士星矢』(1985〜90) にもエクスカリバーという技があるうえ，劇場版，TV アニメオリジナルストーリーが「アスガルド編」(1988) である．現代

図1　ファミコンゲームソフト〈ファイナルファンタジー〉(スクウェア〈現スクウェア・エニックス〉, 1987)［筆者撮影］

に至るまで，ポップカルチャー作品に北欧神話とアーサー王伝説が根付く土台が築かれた時期だったのである．

　ほかに北欧から影響を受けた作品として，石ノ森章太郎『サイボーグ 009：エッダ (北欧神話) 編』(1976) やあしべゆうほ『クリスタル☆ドラゴン』

（1981〜），あずみ椋による一連の作品（『戦士の宴─ミッドガルド・サーガ』〈1983〉，『緋色い剣』〈1986〜93〉など）が現れた．この時期の一つの特徴は急成長する少女マンガ界で北欧イメージ利用が広がったことである．例えば中山星花『妖精国（アルフヘイム）の騎士』（1986〜2006）は『エッダ』に登場する妖精の国「アールヴヘイムル」を利用している．また，アニメ化もされた人気作，藤島康介『ああっ女神さまっ』（1988〜2014）のように現代日本に北欧の神々がやってくるという舞台設定もこの時期に登場し，関連作品の幅が広がった．

同時期，日本におけるアーサー王ものは「タイムスリップ」が鍵となった．海外アニメ《戦え！超ロボット生命体トランスフォーマー》における，『ヤンキー』に依拠するエピソード「タイムトラベラー」（原題 "A Decepticon Raider in King Arthur's Court"）は日本でも 1986 年に放送されたが，時空を越えてアーサー王宮廷を訪れる設定は藤本ひとみ原作の劇場版アニメ〈愛と剣のキャメロット〉（1990）でも採用されている．小説シリーズを映画化した〈愛と剣のキャメロット〉はノベライズも発売されたが，ほぼ同時期に戦国武将が中世イングランドにタイムスリップする『虚空の剣』（1989）や，高校生が過去に飛ばされる『聖剣エクスカリバー』シリーズ（1994〜97）も出版されていることから，トウェインの設定が娯楽作品に定着しつつあったと思われる．

なお，マロリーの『アーサー王の死』は 1995 年に初めて完訳されたが，入手困難となり日本ではあまり読まれていない．代わりに，ブルフィンチとトウェインという，19 世紀アメリカの書物を通じてアーサー王伝説が浸透した．

✖ 21 世紀の傾向　2004 年に発売された PC ゲーム〈Fate/stay night〉は，過去の英雄たちが現代日本に集い，聖杯をめぐって争う物語である．この作品はアーサー王が男装の麗人だったという斬新な解釈を施しているが，多くのファンを獲得した．その後も〈Fate〉シリーズはさまざまな作品を発表しているが，世界中の神話や伝説がモチーフとなっており，例えばスマートフォンゲーム〈Fate/Grand Order〉の第 2 部第 2 章「無間氷焔世紀ゲッテルデメルング」は北欧神話のラグナロクが題材である．

2000 年代以降もマーベル映画〈マイティ・ソー〉（2011）の世界的人気もあり，北欧神話の神々や用語の知名度は高まっていく．多くの作品が実際の歴史から離れた文脈でモチーフを利用するなかで，幸村誠『ヴィンランド・サガ』（2005〜）は 11 世紀初頭の北ヨーロッパを舞台とし，歴史的背景を物語に織り込んでいる点で特異である．この作品は国内外を問わず注目を集め，中世資料の利用の仕方だけでなく，マンガが過去の見方を深化させる可能性についても議論されている．『ヴィンランド・サガ』やカナダ制作の TV シリーズ〈ヴァイキング〉（2013〜20），それらの影響を受けたゲーム作品〈アサシン クリード ヴァルハラ〉（2020）など研究の進展を反映したリアルな中世北欧社会がサブカルチャー

におけるモチーフの一つとして定着しつつあるのは間違いなく，研究者との協働も進んでいる．一方，インターネットや翻訳を通じて情報が得やすくなった現在，西洋中世に限らず過去の文脈から切り離して個々のモチーフや単語を使用する例は増え続けている．とはいえ，高橋慶太郎『ヨルムンガンド』（2006〜12）や諫山創『進撃の巨人』（2009〜22）など，一見中世や北欧とは関係のないストーリーや舞台設定であっても北欧神話やヴァイキング時代／中世の社会が喚起するイメージを巧みに利用している例も多い．このような作品を通して西洋中世の理解がより深まる可能性も期待できるだろう．

　現在，アーサー王伝説は「なろう系」ファンタジーを通じて日本のサブカルチャーに大きな影響を与えている．「なろう系」とはウェブサイト「小説家になろう」にちなむ呼び名で，このサイトに投稿される作品に頻出の傾向を指す．例えば 2013 年から「小説家になろう」に投稿され，書籍化，マンガ化，アニメ化もされた『デスマーチからはじまる異世界狂想曲』では，プログラマーとして働いていた主人公がゲームの世界へ転移し，「サトゥー・ペンドラゴン」として活躍する．トウェインの『ヤンキー』と同様，急に異世界で暮らすことになった主人公が，現代人としての知識を駆使して成功するわけであるが，同様の設定が多くの作品で用いられている．

　ライトノベルの多くは中世文学よりゲームと関連深いが，それはマンガも同じである．大久保篤の『ソウルイーター』（2004〜13）には「エクスカリバー」が登場するが，「ラグナロク」を武器の名前としている点から〈ファイナルファンタジー〉から影響を受けたと思われる．大久保は次作『炎炎ノ消防隊』（2015〜22）でもエクスカリバーを操る「騎士王」アーサーを登場させた．

　同じ雑誌『マガジン』には，鈴木央が円卓の騎士たちの親世代を描く『七つの大罪』（2012〜20）や，パーシバルを主人公とする続編『黙示録の四騎士』（2021〜）を発表している．鈴木は 1998〜2002 年，天真爛漫な少年ガウェインのゴルフでの活躍を描く『ライジングインパクト』も連載していた．

　伝説を受け継いでいるのは，少年漫画だけではない．少女漫画家，山田南平の『金色のマビノギオン』（2017〜）は複数のアーサー王文学を咀嚼したうえ，一つの物語に織り上げている．現代日本の高校生が過去のブリテン島に転移するトウェイン式枠組みを使いつつ，過去の作品から逸話を組み合わせる手法は中世のマロリーと同じである．

✖**最後に**　日本において，研究者が認識する西洋中世と，娯楽作品が表現する西洋中世の違いは大きい．しかし，両者がともに重要な屋台骨となっていることを忘れてはいけない．今後，それを擦り合わせることで，より熟成した作品が生まれることだろう．
　　　　　　　　　　　　　　　　　　　　　　　　　　　[松本　涼・小宮真樹子]

ゲームの中の中世

　本項における「ゲーム」は，俗にいうところの「コンピュータ（ビデオ）ゲーム」に加え，その黎明期の 1970 年代にシステム構築の母体となったいくつかの種別の非電源ゲームの双方を含むものとする．現代のゲームにおける中世描写の研究は，海外では特に 21 世紀の過去 15 年ほどで大きな進展をみた（Kline ed., 2014）．当初はゲーム内描写の考証上の不備を学術上の知見に基づき指摘する伝統的なアプローチが多くを占めていたが，現在ではジャンルの制約は前提として受け入れたうえで，どのようなかたちで（相対的に）正確な考証ベースに世界を構築し，それをプレイヤーに感じさせるか，あるいはステレオタイプ的中世理解を伝播する危険および脱構築するメディアとしてや教育現場での応用可能性をどう評価するかに注目が移りつつあるようである．

✖〈ダンジョンズ＆ドラゴンズ（D&D）〉　ゲイリー・ガイギャックスとデイヴ（デイヴィッド）・アーネソンの二人が開発し，1974 年に発売された同非電源ゲームが，現代ゲームで中世もしくはそれを下敷きとしたファンタジー世界が用いられる記念碑的作品として古典的に評価されている．この「ロールプレイングゲーム（RPG）」は，1960 年代以降アメリカにおいて青年白人男性というかたちで相当程度プレイヤー層が重なるコアな愛好家が存在したミニチュアを用いたウォーゲームと，SF 小説のサブジャンルとしての「剣と魔法」小説ファン層の双方への訴求を念頭に開発された．トールキン『指輪物語』（1954）の直接的な影響が明白にみられる一方，それと同時期以前から発表がされてきた超古代地球を舞台とするハワード「コナン」（1932〜）やライバーの「ファファードとグレイマウザー」（1939〜88）シリーズなどアメリカ人作家の筆になる「剣と魔法」小説が，SF とファンタジーを架橋した．一対一の対戦に代わる複数人プレイとプレイヤーの行動の裁定者（DM／GM）を導入し，プレイヤーが操作する駒に個人名前や数値を与える，というウォーゲームの新動向を取り入れたシステム面を主としてガイギャックスがつくり上げた一方，ミネソタ大学歴史学部の学生だったアーネソンが冒険の舞台としての中世ヨーロッパがベースの世界，そして冒険の基本形としての地下迷宮（ダンジョン）を自身が先行して開発を開始していたウォーゲームから持ち込んだ．その後版を重ねてルールが拡充され，〈アドバンスト・ダンジョンズ＆ドラゴンズ（AD & D）〉（1977〜79）として整理された頃，ビデオゲームが勃興を迎えることとなる．なお，〈D & D〉はその後も版を重ね，ルールと世界観双方を引き継いだ作品（〈バルダーズ・ゲート〉シリーズなど）が現在も複数メディアで展開され，根強い人気を誇っている．

❈ビデオゲームへ翻案される中世　〈D & D〉などの TRPG（テーブルトークあるいはテーブルトップ RPG）では，プレイヤーが申告する行動のゲーム内世界や物語への影響を裁定するのに加え，ゲームの舞台や物語を準備したり，その中でのプレイヤー以外の登場人物（敵含む）の役割を担当したりする一般プレイヤーと異なった参加者が存在した．DM，もしくは GM と呼ばれるこの種の参加者の機能を当時一般に普及しつつあったコンピュータに担当させたものが現在 RPG と一般に呼ばれるゲームの出発点である．

　1981 年に第 1 作が発売された〈ウィザードリィ〉シリーズは，1977 年にパソコンブームの火付け役となった APPLEII 上で〈D & D〉をモデルとして地下迷宮を探索するゲームの成功を収めた先駆者的存在である．後には日本語版も移植発売され，RPG というジャンルそのものの日本における受容にも大きな役割を果たした．線画で描かれた地下迷宮には，〈D & D〉や各種神話，「モンティ・パイソン」シリーズといった創作作品に着想を得た敵や罠が潜み，プレイヤーは作成したキャラクターの剣や魔法を通じてそれらの障害に立ち向かった．

　21 世紀になってからは，十字軍時代の暗殺教団をモチーフに中世の枠を飛び出しさまざまな地域，時代に展開を続ける〈アサシン クリード〉シリーズ（2007〜），チェコのゲーム会社が開発した 15 世紀初頭の同国の動乱を架空の一人物を主人公に追体験する〈キングダム・カム・デリバランス〉（2018）などより現実世界のヨーロッパ中世（寄り）の作品も人気となっている．

❈シミュレーションされる中世　ウォーゲームの（T)RPG 以外の経路でのビデオゲームへの受容の一形態として，軍事行動や領国の経営の再現を行うシミュレーションゲーム（海外ではストラテジーゲームの呼称も一般的）があげられる．このジャンルは，ゲーム内に登場するさまざまな時代，地域の一つとして「中世」が用意されているものと，中世，もしくはそれに相当する紀元 1000 年のような歴史上のある時点でのユーラシア大陸の諸勢力の一つとしてプレイするものの二つに大別される．

　後者の例として，〈クルセイダー・キングズ〉シリーズをあげておこう．このゲームでプレイヤーが操作するのは各支配者家門の歴代当主に相当する存在であり，代替わりさせながら相続慣行を改革し，15 世紀の中世末まで家を存続させることが目的となる．「箱庭（サンドボックス）」と称されることがあるこの種の海外ゲームでは，個別歴史事件の再現には概してあまり重きが置かれない．

❈「追体験型」中世主義　これら諸ゲームは，現代とは異なる中世という時代に多くの人々がより身近に感じられるかたちでのアプローチを可能にした．中世人の扮装で参加し，歴史の一場面を再現するヒストリカル・リエナクトメントの人気の高まりにも一役買っていると指摘される．反面，ステレオタイプを広める一助ともなりかねない影響力の高さにも留意すべきであろう．　　　　　　［成川岳大］

政治思想と中世

歴史記述は同時代の政治動向の影響と切り離すことはできない．とりわけ，中世という時代は，近代国家の起源とされたり暗黒時代とされることもあり，時代や書き手の政治的立場の影響を色濃く受けてきた．初期近代から近代にかけてのその状況は W. ブラック『中世ヨーロッパ—ファクトとフィクション』(2019) において見事に後付けられている．本項では 20 世紀から今世紀にかけての状況を紹介したい．

✖ナチズムと中世　20 世紀において中世と政治思想との関係が表出した最も顕著な事例はナチズムとのそれである．というのも，第三帝国期のみならず，その成立に至るまでとその解体後も，中世との関係は維持され続けているからである．

ナチズム成立のイデオロギー的起源の一つとしてアーリア人という擬似人種の存在を関連付ける擬似学問はアリオゾフィーと呼ばれる．それは 19 世紀末ウィーンに淵源し，テンプル騎士団を模した宗教団体を打ち立てた元シトー会士ランツ・フォン・リーベンフェルスとオージン信仰を追求し，ルーン文字を民族主義的に解釈した文筆家グイド・リストらの著作に依拠した．

そしてそこから展開したゲルマン民族至上主義（アーリア人はその最も純化されたかたち）をかかげる「フェルキッシュ運動」が，20 世紀前半のドイツ語圏を席巻した．この運動は，とりわけ親衛隊隊長ハインリヒ・ヒムラーの心を掴んだ．彼はゲルマン民族の栄光時代である中世に関心をもち，親衛隊のシンボルマークをルーン文字でかたどり，神聖ローマ皇帝ハインリヒ 1 世の墓地に参詣し，ヴェーベルスベルクにある中世城を拠点とした．さらに彼は，1935 年，アーリア人の遺産を研究する組織アーネンエルベを創設するきっかけをつくった（カーター，2020）．1945 年まで続いたこの組織では，正規のアカデミア教育を受けずにアリオゾフィーを追求する「研究者」のみならず，著名な学者も関わっていた．ヴァイキングの都市ヘゼビュー（ハイタブ）の発掘を進めた H. ヤンクーン，ルーン学者 V. クラウゼ，中世君主のシンボル研究で大きな業績を上げた P. シュラムなど，当時ドイツ最高と考えられる知性も参加していた．他方でナチズムの台頭とともに，ユダヤ系への迫害を避けて，美術史家 E. ゴンブリッチ，思想史家 E. カントーロヴィチ，教会法学者 S. クットナー，中世史家 K. ライザーらが国外に難を逃れた．

✖戦後　第 2 次世界大戦の終結とともにナチズム体制は解体された．戦後ドイツの研究者の歩みはいくつかの方向に分かれた．アーネンエルベに関わった研究者は，公職追放される者もいたが，多くはそのまま研究者としての地位にとどまっ

た．英語圏に亡命した研究者はドイツの厳密な方法論をもち込むことで英米の中世研究を大きく進展させた．

　東西に分かれたドイツを含め，戦後における政治思想において最も大きな影響を与えたのはマルクス主義史学の拡大である．社会主義をかかげる東側諸国は言うまでもなく，西側諸国においても，例えばイギリスの『過去と現在』誌のように，左派的歴史観をかかげ論争的な中世研究を送り出す雑誌も現れた．マルクス主義史学は，封建制，階級闘争，領主支配などの特有の観点で比較史的観点をもつ研究を生み出した（西川，2022）．ソ連の政治状況に呼応する教条主義的な研究もある一方で，ソ連の A. グレーヴィチやポーランドの S. ゲレメクのように，マルクス主義史学の観点を受け継ぎつつも，西側でも社会史として受け入れられる研究も現れた．現在でも，Ch. ウィッカムのように，労働党を支持しつつ膨大な史料に基づき中世世界の構造やグローバルヒストリーの方法を議論する研究者もいる．

　1998 年にフランクフルトで開催されたドイツ歴史家大会では，ナチズムとの関係に沈黙していたアカデミアの状況に対する告発がなされた．中世研究と第三帝国の関係を論じる研究が次々に刊行された．戦後生まれの若手研究者らの著作は，とりわけ中世史という枠組みにおける第三帝国との関係と，その枠組みを強化し，制度的メリットを享受したベテラン研究者を指弾した．アカデミアとしての「禊」に手をつけるのにそれほどの時間がかかった．

✖ 21 世紀の状況　21 世紀に入り，広範囲にわたる影響をもっていたマルクス主義史学が退潮する一方，政治思想と中世との関係は，インターネットなどの新メディアの影響により急速な展開を見せている（Elliott, 2018）．ヨーロッパでは反移民の風潮の中，極右が各国で広がっており，十字軍を利用した反イスラーム思想やゲルマン性を強調するネオナチも増加している．アメリカでは白人至上主義をかかげて銃を乱射した殺人犯や国会議事堂に闖入したオルタナ右翼がヴァイキングをイメージさせる文言やイメージをネット上に拡散させた．ウクライナとロシアの間では，プーチンによる侵略を契機として，それぞれがロシア発祥の地でもあるキエフ国家を起点とする歴史叙述に大きな変化が見られるようになっている．

　グローバリゼーションが進展する中での DNA 研究やグローバルヒストリーの成果は，白人が居住するキリスト教世界という従来の素朴な西洋中世観を徐々に解体しつつある．西洋中世世界は，多様な人種が混交し共生や対立しながら常に移動する世界であり，キリスト教道徳をかかげながらも，多様なジェンダーのあり方が確認される世界とする研究が増加している．人種，格差，性差などを意識した研究の流れに対し「目覚めた（woke）」とのレッテルを貼り否定的な態度を取る向きもあるが，このような過剰な反応がなされること自体，中世研究が政治思想と即応していることの証左でもある．　　　　　　　　　　　　　　　[小澤　実]

文化遺産と中世

　過去の遺物を貴重な文化財として保護し，次の世代に継承するために保存すること，この文化遺産の意識が芽生えたのは，近代に入ってからである．16世紀以降，古代ローマの遺物には保存措置が取られたが，中世のものはそうではなかった．しかし，17世紀になると，人物や出来事の記憶を後世に思い起こさせるために制作された記念物（モニュマン）が，過去を知るための貴重な考古学的資料として扱われる兆しがみられる．そして19世紀に美術館や文化財保護の制度が誕生すると，中世の遺物は公的な保護，保存の対象となってゆく．本項ではフランスの事例を中心に，「文化遺産と中世」について述べる．

❉二つの概念　二つの概念は，文化遺産という新しい認識を近代社会に根付かせることになった．一つは従来の「記念物」に「歴史的」を組み合わせた「歴史的記念物」で，中世の記念物に歴史的価値を認めるという17世紀以降の学問的視座を表している．この言葉を革命期に一般にまで広めたのが考古学者オバン=ルイ・ミランであった．ミランは同時期にもう一つの新しい概念「国民的古物」を冠した書物を刊行している．「古物（アンティキテ）」は，遺跡発掘が始まる18世紀には古代ギリシア・ローマを指していたが，「国民的」が加わることによって国民固有の価値を認められた中世の古物を表すことになる．こうした関心のあり方を視覚化し，それまで見過ごされてきた中世の記念物を初めて展示したのが，「フランス記念物美術館」（1795年創設）である．国有化されたばかりの教会財産が旧修道院に集められ，王家の墓碑彫刻を中心とした記念物が世紀別に，各時代の様式で装飾された部屋に展示された．13世紀の展示室は，交差ヴォールトの構造をもつ天井に，尖頭アーチの扉口，開口部にはステンドグラスが嵌め込まれていた．そこはまさにフランスの歴史を物語る空間であった．こうしてナショナル・アイデンティティの起源と結び付いた中世という時代が立ち現れたのである．

❉修復の時代　フランスの文化財保護制度は，「歴史的記念物」の名称のもと，内務大臣であった歴史家フランソワ・ギゾーによる1830年の提言によって始まる．それまでの間に，歴史的な建造物の全国調査が実施され，ノルマンディのように学術組織が活発な地方では中世考古学の調査と研究が進んでいた．このような取組みが進む一方で，投機の一味（バンド・ノワール）による資材売却のための破壊行為が深刻化していた．そのことを問題視したユゴーは1825年に「建物には用途と美の二つがある．用途は所有者のものであるが，美は万人のものである．つまり建物の破壊は所有者の権利で認められた範囲を超える行為なのである」（Hugo, 1825）という考え方を示している．国内の歴史的記念物の現状を把

握し，必要な措置を検討する行政官を務め，精力的に視察旅行に出掛けたのが，作家のプロスペル・メリメである．メリメの時代に設置された歴史的記念物委員会が1840年に公表した指定リストは，国の保護対象となる歴史的建造物を初めてまとめたものであり，その大部分を占めたのは中世の宗教建築であった．

パリのノートルダム大聖堂の修復が1845年から開始されるが，この国家的事業は，その後の大規模な修復工事のモデルとなるべく先駆けて行われた．この機運を高めたのが，この大聖堂を主人公に中世後期のパリを描き出したユゴーの小説『ノートル=ダム・ド・パリ』(1831）である．ユゴーは国民建築の保護を世論に訴え，1832年に追加された章の中で，ゴシック大聖堂が民衆の手による，民主主義が表現された建築であると主張する．中世建築に「自由，民衆，人間性」を読み取ったユゴーの解釈は，この時期の自由主義の政治思想を映し出し，革命を支持した人々の共感を呼んだ．そして2019年の火災後に，ユゴーの小説があらゆるところで引用されたのであり，今日でも文化遺産をめぐる議論の原点となっている．

✖尖塔のある風景　この火災で焼失した木造尖塔は，19世紀の修復工事を担当した建築家ヴィオレ=ル=デュクによってデザインされた．当初の復元案よりも背が高く，16体の彫像が設置されることで，軽快さと装飾性が増した尖塔に対する当時の反応は，1860年の戯画化された肖像（図1）が伝えている．建築家は，針金のように華奢で，不釣り合いなほどに上へと引き伸ばされた尖塔をもつ大聖堂を象徴的な持ち物（アトリビュート）として手にしている．この誇張された尖塔は，後世において数々の批判を浴びてきたが，2020年に決定された修復案は，火災直前の外観に戻すこと，つまりヴィオレ=ル=デュクによる木造尖塔を復元することであった．

図1　ウジェーヌ・ジロー《ヴィオレ=ル=デュクの風刺画》(1860)，水彩［フランス国立図書館(BnF)］

19世紀には，さまざまな理由で失われた尖塔，鐘楼，ファサードの塔にどのように対処するべきかについてたびたび議論され，建築家の判断でその復元あるいは再建がなされた．尖塔のない聖堂は未完成の状態と見なされ，歴史的建造物の全体像を損なうと考えられたからである．今日の私たちにとって，空高く伸びる尖塔は大聖堂のシルエットの一部であるばかりでなく，歴史を重ねた都市の風景を特徴付けている．19世紀の木造尖塔を取り戻すことは，150年以上にわたって市民が守り続けてきた建築，そして見慣れた都市の風景を後世に継承するという現在の選択である．それは，ノートルダム大聖堂が中世の遺産だけでなく19世紀の遺産でもあるという今日の認識を示唆している．

［泉 美知子］

ツーリズムと中世

　ユネスコの世界遺産が如実に示すように，国や地域の歴史は観光資源でもある．とりわけ「中世」という時代は，ヨーロッパのいずれの地域や都市においても，中世起源の城砦，広場，教会，修道院，市庁舎などがあるため，積極的に利用されてきた（Frost & Frost, 2021）．例えばフランスのオルレアンで 4 月下旬〜5 月上旬に開催される「ジャンヌ・ダルク祭り」では，百年戦争において当地の救世主となったジャンヌ・ダルクを大々的に寿ぐ．都市や農村自体が中世以来の姿を伝えているイタリアでは，大小さまざまな中世祭りが天気の良い春から夏にかけてあちこちで開催される．毎年リーズで開催される国際中世学会も研究報告だけでなく中世風のダンスや騎馬槍試合（トーナメント）を提供する．ゆがんだかたちではあるがディズニーランドも「中世」イメージを利用したものともいえる．こうした中世を利用したイベントに関する研究はまだ途についたばかりである．

✖ヨーヴィック・ヴァイキング・センター　本項ではヴァイキングをテーマとした祭りに注目したい（Hannam, 2006）．シェトランド諸島のラーウィックでは毎年 1 月末に，巨大なヴァイキング船を燃やすことでクライマックスを迎えるアップ・ヘリ・アーと呼ばれる 150 年続く祭りが行われている．このようにつくられた伝統のようなものもあれば，ポーランドのヴォリンでは 8 月上旬に，ヴァイキングとスラヴ人との接触に焦点を当てた 3 日間にわたる祭りが開催されている．ヴァイキングが 1000 年前に到達したアメリカでも毎年あちこちで「ヴァイキング祭り」と称するイベントが開催されている．アメリカ大陸からカスピ海までグローバルに拡大定住したヴァイキングは，さまざまな国や地域でローカライズされた祝祭の対象となっている．

　多数あるヴァイキング祭りの中で最も大規模なものは，毎年 2 月第 2 週に英国北部ヨークで開催される「ヨーヴィック・ヴァイキング祭り」（☞口絵）である．ヨークの歴史を紐解けば，ヨークという都市名の語源は北欧起源のヨールヴィーク（Jórvík）であり，10 世紀にヴァイキングの王国が一時期存在していたという点で，ヴァイキングとは密接な関係を築いていた．しかしヨークという自治体がヴァイキングへの関心を高めたのは，ショッピングセンター開設のため 1950 年代におけるコッパーゲイト地区の発掘がきっかけである．この地区の発掘により，ここで 10 世紀のヴァイキングのマーケットが栄えていたことを証明する遺構と考古遺物が大量に発見された．

　ローマ皇帝コンスタンティヌスの出生地でもあるヨークは，中世の市壁，ヨー

ク大聖堂，中世の市場をそのまま残したシャンブルと呼ばれる地区を有していたため，古代と中世を観光資源としていた．しかしコッパーゲイトの発掘により，ヨークは，ヴァイキングを都市のアイデンティティとして観光の目玉とすることに決定した．ここで注目すべきは，1972 年に設立され，地域住民自身によって構成された，その歴史の発掘と宣伝を担うヨーク考古学協会の存在である．このように，行政のみならず住民も一丸となってヴァイキング都市としてのヨークを盛り上げる雰囲気の中，1984 年にヨーヴィック・ヴァイキング・センターが開館した．この博物館は，コッパーゲイトで発掘されたヴァイキング関連の遺物をただ博物館に陳列するのみならず，民間資本を入れた体験型博物館となった．この施設は，入場すると，最初に足下に発掘された状態のコッパーゲイトとその発掘の歴史を一望できる部屋を見学することになる．その後，メインのトロッコによる移動展示がある．この展示は，当時の服装をした電動人形や商店，鍛冶，トイレなどの都市景観を解説付きトロッコで進むことで，10 世紀のヴァイキング都市ヨークを体験できる．それに続く，発掘物の中の佳品（人糞もある）を集めた展示室でも，ヴァイキングの格好をした人物による貨幣の打刻などが実践されている．

　このセンターの開設に合わせてヨーヴィック・ヴァイキング祭りは始まった．この祭りでは，ヨーク中心部がヴァイキング時代を模したマーケットの様相を呈する．ヴァイキング関連商品の販売は言うまでもなく，力比べや子どもが参加できる戦闘ごっこなどの多様なアトラクションや，著名なヴァイキング研究者による公開シンポジウムも開催される．最大の見せ物は，世界各地から集まったヴァイキングの扮装をした老若男女が，一定の秩序に従って町中を練り歩く行進である．この 1 週間に世界各地から集まる参加者か観光客によってヨーク市にもたらされるインバウンドによる観光収入は相当なものとなる．

✖中世の再利用による効果　前述の検討を踏まえて，ツーリズムと中世との関係についてパブリックヒストリーの観点から 3 点指摘したい．第一に，地域住民の認識に変更を迫る点である．ツーリズムは，関係者全員に中世という時代を実感する契機を与え，教科書で学ぶ歴史を「わが歴史」として実感させる．第二に，地域に対して経済効果を波及させる点である．ヨークの事例を見てもわかるように，ツーリズムはハコモノを用意し，サービス業で雇用を生み，都市の魅力を外部に喧伝する観光客を呼び込む．第三に，研究の深化を生むという点である．ツーリズムの主体は行政や地域住民であるが，その地域の大学そのほかのアカデミアも関わることはしばしばある．イベントに助言を与えたり関連するシンポジウムを開催したりすることで，ツーリズムを深化させる契機ともなる．ツーリズムによる「中世」の消費は，特定の中世像を固定化するというマイナス面もあるが，中世に対する関心を住民や観光客の間で持続させる役割も担っているといえるだろう．

[小澤　実]

近代日本の西洋中世史研究

　歴史としての西洋中世への認識が，明治以降の日本にあっては，いささか立ち遅れたことは事実である．明治の啓蒙時代にあっては，それは紹介や翻訳の対象となりにくかった．やがて，19 世紀も末葉になって，学術上の課題を意識した歴史家が，欧米での留学を開始する．これとともに，当時の欧米学界から刺激を受けて，まずはヨーロッパ史全般への関心を示すようになる．その営みは，現在から見れば成熟の度合いは高くはないが，そこでの知的な苦闘の様相は，日本人の近代知性史として，きわめて興味深いものがある．この主題は，全体として今なお，探究の途上にあり，今後とも真剣に吟味する必要がある．このことを，特に銘記しておきたい．

✖中世史研究の初期　箕 作 元八は，明治年間に主に留学先のドイツにあって，近代歴史学の洗礼を受けたが，帰国後にはヨーロッパ史全般，ことにその近代史を著作の対象とした．その成果の一つとして公刊された『西洋史講話』（1910）は，日本初ともいえる整った西洋通史であるが，標準的なヨーロッパ史として愛読された．1300 ページにも及ぶ論述では，中世史部分も手厚く，当時の読者を十分に裨益したものと思われる．ここで論述される中世史は，「中古史」と表現されるが，これは「上古史」から「近古史」に至る過程の途上にあるのであって，その叙述のトーンは，決してその時代についての消極的な評価が優越しているわけではない．すなわち中世社会を，「蛮族」の侵入や抑圧的な社会制度の重圧として，暗黒の時代と見なす否定的表現をとらない．つまり一方に輝かしい遺産を創造した「古代」と，他方には進歩や発展に結び付く「最近史（近代史）」を据え，その両者の中間に埋没する対照的な「中古（中世）」を貶めるような論法．ここではそうした論調は穏当に避けられているのが，印象的である．

　この傾向は，箕作の後を受ける次世代の中世史概説にも引き継がれる．20 世紀になってドイツ留学を遂げる三浦新七による「東西文明史」講義（刊行は 1947 以降）や，イギリスなどで研鑽した原勝郎の『中世史概説・宗教改革史』（1931）などである．なかでも原勝郎は，ヨーロッパ中世史の展開ロジックを，日本におけるそれとの顕著な平行現象のもとに読み取り，日本史に「中世」の存在を見分けることになる．『日本中世史』（1906）にあっては，鎌倉・室町時代を初めて日本の「中世」と見なすという，独創的な見解に到達した．

　さて，日本人の歴史家が明治年間から 20 世紀にかけて，西欧の大学において講義を受け，それをもとにしてヨーロッパ中世を論述するにあたっては，当のヨーロッパ各国での新展開の洗礼を受けざるを得なかった．一方では，留学生に

向けて強い衝撃を与えたはずの国民国家確立の熱気が，同様の心理的圧力を抱懐する日本人学者に強いインパクトとなった．中世史家もそれに響和しつつ，ヨーロッパ史を語ったであろう．このことは，前述の著作に顕著な形で投影されている．中世史は，近代国民国家形成の重要な前史，もしくは胚胎期として観察される．

✖近代歴史学の体得へ　しかし，同時に次のことにも注意を向けておきたい．19世紀後半にヨーロッパで成熟しつつあった近代歴史学の方法上の整備が，目撃されたはずである．イギリス，ドイツ，フランスのいずれにあっても，19世紀中葉以降，国民国家の制度整備と並行するかのように，歴史の叙述と考察の手段として不可欠な史料の収集と検証，編集と刊行が急速に実現し始めた．史料検索，調査の学としての歴史学は，近代学問の明確な特徴であるが，残念ながら初期の留学生たちにとっては，この深奥にまで達する修学は保証されなかった．その限りでは，日本に将来されたヨーロッパ歴史学は，時代の最前線を眺望には入れていなかったのである．

この限界を覚知し，それを超えようとする営みは，中世史に限らず，あらゆる歴史学の分野にあっても困難であったが，ようやく大正期になって，その端緒がみられることになった．それは1920年代になって，ドイツ語世界と接触した上原専禄によって果たされる．1923年にウィーン大学へ留学した上原は，20世紀初頭における国民国家史学や，歴史史料依拠の近代歴史学の営みを目撃した．幸運にもウィーン大学にあって，強力な指導力を発揮する中世史学の泰斗A. ドプシュ教授の指導のもとで，上原は当代の最新の問題意識を体現する歴史学の潮流に竿差すことになる．1920年代〜30年代にかけて，ウィーンおよび日本にあって執筆されたドイツ中世史関連の論文は，いずれもドプシュ門下の近代歴史学の範型に基づき，多くの刊行中世史料に依拠して執筆された．

とりわけその斬新な特質を体現した論考として，上原の「クロスターノイブルグ修道院のグルントヘルシャフト」（1929〜30）をあげておきたい．ドプシュによって開拓されたドイツ中世関連の刊行史料をもとに，ウィーン近郊の修道院所領の法的，経済的状況を分析した論考であり，個別の論点について綿密な分析が試みられている．モノグラフとしての論点整理や推論は，明らかに近代学術の定式を踏んでいる．その論考は，従来の日本人歴史家とはまったく異なった説得力を発揮したと見なすべきであろう．ヨーロッパの当地における学術上の展開を背景としつつ執筆された論考は，近代の日本人が到達した最前線の歴史学と見なしておきたい．しかし残念なことに，わが国はその直後に第2次世界大戦に突入し，研究書の入手も当地への留学も門を閉ざされるようになる．再開は，はるか後の戦後を待つことになる．

［樺山紘一］

中世社会史研究の鉱脈

1975 年前後は，日本における西洋中世史研究にあって，大きな曲がり角であった．それの象徴的な一件は，阿部謹也の『ハーメルンの笛吹き男』(1974)の出現である．『ドイツ中世後期の世界』(1974)という重厚な著作と並んで世に出した阿部は，ここではグリム童話によって知られる中世社会の不可思議な事件を，民話の領域から歴史学のそれへと導き入れる独創的な視点を提供した．封建制や荘園制，あるいはギルド生産様式といった中世史上の主要な論点とは別に，都市社会の周縁に置かれた下層民の少年たちが，ネズミの大群のように誘拐されるという事件のメカニズムを解き明かそうとする．そこでは，民話のかたちを取った伝承の根底に潜む社会構造の一端が提示される．この著作は専門の中世史家はもとよりのこと，一般の読書人によっても幅広く受け入れられ，その分析手法のさらなる展開が期待された．果たせるかな，これを出発点として，阿部史学は豊かな成果を生み出した．中世社会史の斬新な視点として大きな注目を集める．『中世の窓から』(1981)，『中世の星の下で』(1983)などの相次ぐ論集である．

阿部の中世社会史にあって主要概念となるのは，例えば聖域（アジール）である．公権力を排除する特別な社会空間の存在が，中世の人間関係の複雑を表す．あるいは，刑吏のような特異な「賤民」が，都市社会の底辺に存在する．贈与や呪術など，公式の法的秩序から逸脱した社会・文化システムが見出される．これらの分析を通して，「人間と人間との関係のあり方の変化」を多様な角度から考察することに，阿部社会史学の骨頂が示された．それは三浦新七，上原専禄や増田四郎など東京商科大学（後の一橋大学）の正統を身に受けた中世史研究であることも忘れられない（☞「近代日本の西洋中世史研究」）．

✖アナール学派の衝撃　阿部社会史が注目を集めていた 1976 年秋，日本の中世史研究者に予想されぬ学術上のメッセージが届けられた．フランス人中世史家 J. ル・ゴフが来日し，記念講演が行われた．「歴史学と民族学の現在；歴史学はどこへいくか」と題され，後に二宮宏之による邦訳が公表された．それまでさして日本にあっては着目されなかったル・ゴフであるが，この講演ではフランスにおいて強大な影響力を行使する中世史学の新たな潮流について語った．氏はまさしくそれの中核的メンバーであったが，その講演にあってはフランスにおいて目覚ましい成果を収めつつある多様な論点を紹介した．それは中世世界における民衆の日常的文化活動の諸相，なかでも民俗的な展開というべき儀礼，表象，伝承の様態を歴史学の中心的な主題とするものである．かねてフランスの学界にあっては，民族学の創始から構造主義人類学に至る知見と資料の集積が厚く，これと歴

史学的分析との協調によって，従来とは異なった中世の社会，文化の写像が描か
れると，ル・ゴフは強調した．

　この講演は，当時のフランスにあっては既知の理論の紹介であったが，日本人
にとってはほぼまったくの新知見であり，この論考が関連の研究者に与えた衝撃
は，目覚ましいものがあった．第 2 次世界大戦以降，1950 年代からフランスと
近隣諸国ですでに刺激と波及が明白になっていた，いわゆる「アナール学派」が
初めて日本にあって肉声をもって提示された瞬間でもあった．20 世紀の学術史
のなかでも際立った光輝を放つアナール学派は，旧来の社会・人文科学に対して
根本的な見直しを求めてきた．人類学，民族学や精神分析学，あるいは社会学や
言語学などの隣接学問から斬新な発想を導入して，歴史学の刷新を主導してい
た．その始祖である M. ブロックや L. フェーヴルから数えて第 3 世代に当たる主
導者のル・ゴフであった．それだけに 1976 年に始まるアナール学派紹介は，そ
れに並行していた C. レヴィ＝ストロースらの構造主義人類学と手を携えて，日本
の歴史学全般で衝撃を与え続けた．中世社会史研究は，それの中核的役割を担う
ことになり，いわゆる「中世史ブーム」を演出するようになる．折から世評高い
阿部社会史学とも，多くの点で通絡するところもあり，中世史研究に，好適な刺
激を与えることになった．

✖網野中世史学からの示唆　さてその「中世史ブーム」が拡大するさなかの
1978 年，日本中世史学にあって網野善彦の『無縁・公界・楽』が刊行された．
これは狭義には日本中世，主に室町期の特異な社会慣習を分析したものである．
武家政権下における，公権力の介入を排除する特有の社会空間の存在を指摘した
論著は，網野理論の創始点となり，さらには貨幣経済と武力支配から離脱した特
有の「平和」領域，いわゆるアジール空間の存在にまで論じ及んだ．しかもま
た，職人や非農業民の社会的境位をはじめとして，固定的秩序空間から離脱した
広大な社会集団で構成される中世像を描き始めた．柳田民俗学や民俗芸能研究な
どとも連携を保ちつつ，網野史学は従来の中世史学に飽き足らなさを感知した歴
史家たちに力強い影響力を発揮する．その論脈は上にみた阿部史学やアナール学
派とも通底するところ多く，1970 年代以降の広大な歴史学人脈に訴えることに
なった．

　以上にあげた阿部社会史学，アナール学派歴史学，網野中世史学の三者は，相
互には学統上の関連はみられない．けれどもこれらは共通に，1975 年前後から
東西の中世史学に飽き足らぬ学界と読書界に，鮮烈なインパクトを提供していっ
た．それは日本にあって 20 世紀中葉以降の「戦後」の学問体系が揺らぎつつあ
ることの反映であるとともに，世紀末から 21 世紀に向けて，新たな学術パラダ
イムの創出を希求する知的潮流の一端でもあっただろう．半世紀前の学問的営為
ではあるが，今なお精彩を失ってはいないと思われる．　　　　　　［樺山紘一］

世界史教育と西洋中世

日本における世界史教育および西洋中世の取扱いは，明治5（1872）年の「学制」公布とともに始まる．学制下では上等小学校（現在の小学5年生〜中学2年生相当）の後半において「万国史」を学ぶかたちが取られていたが，明治12（1879）年の改正教育令以降，小学校における歴史教育は日本史のみに限定されることとなり，「万国史」（明治末に「西洋史」と「東洋史」に分かれる）は中等学校への進学者のみが学ぶ科目となった．戦後の6-3-3制確立後，世界史教育は中学校社会科の歴史的分野と高等学校の「世界史」が担うこととなったが，西洋中世の取扱いの大きさは，時代ごとに大きく変化し続けている．

✖中等教育における西洋中世教育の始まり　明治5年に文部省が初めて刊行した中学校教科書『史略3 西洋上』では，アッシリア史からローマ史までを扱う「上古歴史」に続いて，「中古以下各国歴史」として国ごとに中世〜現代までを扱う章を束ねるかたちの構成が取られている．西洋中世史のみを切り出して一つの章にまとめるという，現代一般的なスタイルが教科書において定着するのは，明治中期頃である．この時期には時代名称は「中世」に一本化されていたわけではなく「中世」「中代」「中古」といった名称が用いられた．「中世」以外の時代名称が用いられなくなるのは戦後になってからのことである．

昭和に入り，歴史科目全体に皇国史観の影響が強く反映されたことで，西洋中世史の扱いはやや減少するが，中学校において日本史，東洋史，西洋史の全時代を学ぶというカリキュラム自体は終戦まで残り続けた．また，中学校とともに中等学校として位置付けられていた高等女学校においても，時数は少ないながら全員が日本史，東洋史，西洋史を学ぶこととなっていた．ただし，この時代の中学校，高等女学校が義務教育に属していなかったこと，中等学校のなかでも実業学校においては歴史が必修科目ではなかったことには留意が必要である（有田，2002；岡崎，2016-20）．

✖西洋中世の扱いが最も大きな時代　昭和22（1947）年の「教育基本法」による6-3-3制の確立以降，旧制中学校で行われていた歴史教育は，基本的に新制高等学校に引き継がれ，新制中学校からは国史以外の外国史の扱いが消滅する．高校では，昭和24（1949）年から「世界史」が始まるが，当初は社会科の中の1選択科目という位置付けであった．こうした状況は，昭和30年代初頭の学習指導要領改訂で大きく変化する．中学校社会科の「歴史的分野」に西洋中世を含む世界史的内容が多数組み込まれるとともに，高校でも社会科の科目構成が変化するなかで，日本史，世界史，地理から2科目選択するかたちになったことで，「世界

史」が選択される余地が大いに高まった．この時期は，日本の学校教育において西洋中世に触れる機会が最も大きかった時代であると言っていい．こうしたカリキュラムは，細かな変更を経つつも，昭和 52（1977）年以降のいわゆるゆとり教育導入まで続いていく．

✖中学校と高等学校におけるすみ分けの時代　昭和 52（1977）年の指導要領改訂（昭和 56〈1981〉年度から施行）とともに，中学校の歴史的分野から，日本史と直接関わらない世界史的事項がすべて削除され，西洋中世に関する事項も指導要領から消滅した．こうした状況は基本的に現在まで続いている．ただし，検定教科書を見ると，平成 13（2001）年刊行の物までは，基本的にそれ以前の内容を踏襲しており，西洋中世を含む世界史的内容が維持されている．指導要領に従って，西洋中世を含む前近代の世界史的内容の大多数が教科書から完全に消えるのは平成 14（2002）年以降のことである．なお，平成 23（2011）年以降の中学校教科書では，多くの出版社が西洋中世の記述を復活させているが，その分量は 1～2 ページ程度にとどまっており，2001 年までの教科書とは比べものにならないほどに扱いが小さくなってしまっている．

　他方で，中学校における世界史的内容の大幅削減と並行して，高等学校において平成 6（1994）年度以降，世界史 A ないし B が必修科目とされたことは重要である．詳細に世界史全体を学ぶ世界史 B と異なり，世界史 A は単位数の関係で近現代史を中心とした構成となってはいるが，西洋中世をはじめとした前近代史が完全に無視されているわけではない．平成 6 年度以降のカリキュラムでは，中学校では日本史および日本史に直接関係する部分の世界史，高等学校では世界史全般を学ぶというかたちで，校種ごとのすみ分けがなされており，高等学校進学者は全員が西洋中世に触れることが可能となっていたのである．

✖西洋中世を学ぶ機会の激減　平成 30（2018）年の指導要領改訂により，令和 4（2023）年度以降，高等学校の必修科目が近現代史のみからなる「歴史総合」になり，高等学校で西洋中世史に触れるのは，「世界史探究」を選択する生徒のみとなった．これに先立つ中学校の指導要領改訂においても，西洋中世をはじめとした世界史的内容の拡充はほとんど行われておらず，平成 6（1994）年度以降の校種ごとのすみ分けも事実上消滅した．現在の学校教育における西洋中世の取扱いは，戦前，戦後のどの時期にも例のないほどに小さなものになっている．日本で学校教育を受けた人々の大多数が多かれ少なかれ西洋中世に触れられる時代が完全に過去のものとなったことで，高等教育機関や日本社会全体における西洋中世の存在感が大幅に低下していくことが予想される．こうした意味で，平成 30 年の指導要領改訂は，西洋中世にとって非常に大きな転換点と位置付けられる．

［津田拓郎］

図書館・文書館・博物館

　図書館，文書館，博物館は，人間の過去の営みを保存するインフラとして私たちの社会に根付いている．史料批判に基礎を置く近代歴史学の実践において，これらの機関（本項では便宜上「記憶機関」と総称する）は多種多様な史料の保存庫として，また研究上必要な刊行資料の収集・提供施設として不可欠の研究基盤となっており，中世研究ももちろん例外ではない．このような関係は，いつ，どのように成立したのだろうか．記憶機関と歴史学の関係の通時的な変化を俯瞰すると，おおよそ三つの主要な契機を指摘することができる．

❌知の公共化　1点目は，知の公共化である．中世において知の保存場所は主として修道院や教会の蔵書という閉じた世界に限られていたが，概ね13世紀以降，各地の大学に図書館が備えられ，またルネサンスの人文主義や，活版印刷の登場による刊本の爆発的増加は，封建諸侯・有力貴族の蔵書形成を後押しした．その後，市民階級の台頭という社会・経済的背景と，17世紀のライプニッツやノーデに代表される図書館理論や18世紀の啓蒙思想といった思想的背景とが結び付き，図書館は徐々に広く公開される存在になっていく．この動きは新大陸にも及び，近代公共図書館のモデルとされるフランクリンらによるフィラデルフィア図書館会社は1731年，ボストン公共図書館は1848年に設立されている．

　文書史料についていえば，フランス国立文書館の設置（1789）が，市民に開かれた近代的な文書館制度の嚆矢として特筆される．引き続いてオランダの国立公文書館（1802），イギリスの公記録館（1838）など，後述する国民国家の形成とともに，一元的に公文書や古文書を保存・提供する文書館制度の整備が各国で進んだ．1884年にはヴァチカン秘密文書館も一般公開されるに至っている．

　このように，近世以降19世紀にかけて，集積された記録や知へのアクセスが，一部の特権階級から市民へと徐々に開かれていく過程を認めることができる．研究者が文献資料や一次史料を効率的に利用できる環境が整えられていったのである．

❌国民国家の成立と中世の再評価　2点目は，18〜19世紀の国民国家の成立と，それに伴うナショナルアイデンティティ模索の動きである．ヨーロッパ各国において，国民の物語をかたちづくる古記録の体系的な収集・管理や歴史編纂・史料集刊行が志向され，その一環として，前述のような文書館制度の整備が進められるとともに，史料専門職の教育制度も確立していった．その典型的な例は，フランスにおける国立古文書学校の創設（1821）である．従来，中世の文書史料の解読や分析に関する技術はベネディクト会修道士などの限られた人々にのみ継承さ

れていたが，同校で文書形式学や古書体学などの歴史補助学を修めた卒業生の多くが，フランス各地の文書館・図書館（後には博物館も加わる）にアーキビストや司書として奉職することで，全国的に記憶機関のソフト面のインフラが整備され，また史料に関する専門知の世俗化が進んだ．類似の現象は 19 世紀の複数の国にみられ，ナポリ（1811），バイエルン（1821），トリノ（1826），ウィーン（1854），マドリード（1856），ローマ教皇庁（1884）などで，史料専門職の教育機関が設立されていった．

　また，国民国家成立の動きは，同時代に興ったゴシック趣味やロマン主義と結び付いて，中世への関心の増大および旧時代の遺物に対する保存意識の誕生をうながし，博物館，美術館の整備を後押しすることにもなった．例えばフランスにおいては，フランス革命時の文化破壊（ヴァンダリズム）に対する反動として文化財保護の機運が生じた．この動きはやがて，中世美術を専門とするクリュニー美術館の国有化・開館（1843）や，19 世紀を通じてのルーヴル美術館の中世コレクションの拡充をもたらし，さらにはパリ大学における中世美術史講座の設置（1906）にも結実していくことになる．

✖実証主義歴史学の成立　3 点目は，実証主義歴史学の成立である．対抗宗教改革の一環として史料そのものに依拠することで教会史の刷新を目指した，「ボランディスト」と呼ばれたイエズス会の一群の修道士たち，修道院文書の真贋判定の方法論検討を通じて文書形式学を大成したマビヨン，ローマ史研究に画期を記したニーブールといった先駆者を受けて，19 世紀にランケによって厳密な史料批判に基づく実証主義歴史学が打ち建てられる．これは，公刊された著作だけではなく一次史料たる文書へのアクセスが不可欠なアプローチであるが，前述のように近世以降 19 世紀にかけて徐々に記憶機関が整備・公開されていったという環境面の変化が可能にした方法論であるともいえる．17 世紀のマビヨンの時代においては，いまだ各地の修道院や個人蔵の古文書を個別に博捜する必要があったが，ランケは，大学図書館や各地の文書館をある程度まで利用することができたのである．

✖デジタル時代の歴史学　最後に今日の動向に触れて締め括りとしたい．近年，デジタル化の波が中世研究にも押し寄せており，多くの記憶機関が所蔵資料をデジタル化し，ウェブ上で公開を進めている．オンラインのデジタルデータを使った歴史研究がますます比重を増し，またデジタル人文学の方法論を応用した「デジタルヒストリー」という実践領域も市民権を得つつある．このように，記憶機関は現代の新しい情報環境に適応するかたちでサービスの変容を進めており，中世研究に果たす役割は変わらず大きい．　　　　　　　　　　　[大沼太兵衛]

展覧会とカタログの中の中世

　欧米の主要な博物館，図書館，文書館（MLA）では，西洋中世関連の現物や
レプリカが常設展示されている．ルーヴル美術館の『伝カール大帝像』，ダブリ
ン・トリニティ・カレッジ図書館の『ケルズの書』，レイキャヴィークのアウル
トニ・マグヌッソン研究所の『王室写本』などは，その代表的なものであろう．
中世の聖遺物展示や近世の『驚異の部屋』を経て成立したこれらの文化教育研究
施設では，常設展に加えて特別展も開催される．数年という単位で企画された展
覧会では，一定期間，特定のテーマにしたがって，各地の施設から貸与された多
様な作品が一覧できる．場合によっては，会期中に，何度も作品の入れ替えも行
われる．そうした展覧会においては，展覧会の企画意図や展示物の解説を収め
た，浩瀚なカタログも同時に刊行される．

✖ 1965 年のカール大帝展とその余波　西洋中世に関する展覧会とカタログの
関係をめぐって一つの転機となったのは，1965 年にアーヘンで開催された
「カール大帝展」である．建築史家 W. ブラウンフェルスが組織したこの展覧会
は，ヨーロッパの体現者としてのカール大帝の文化政策を総合的に検討するため
に，当時のドイツ語圏アカデミアの総力をあげて企画が進められた．戦後ヨー
ロッパの復興過程と重ねられており，ドイツやフランスという特定国家ではな
く，H. フォションと E. クルティウスというラテン中世世界全体を論じる研究者
を師と仰ぐブラウンフェルスのなせる技であった．

　この巨大展覧会を特徴付けたのは，会期後 5 巻本で刊行された研究論集であ
る．この論集は，展覧会それ自体のプランと密接に関連付けられ，歴史学，歴史
補助学，思想史学，美術史学，建築史学などの専門家が，当時の最新の知見を寄
稿した（Braunfels, 1965-68）．現在もなおカロリング朝研究にとって不可欠のこ
の論集は，その後のドイツにおける展覧会とカタログのあり方を規定した，とい
う意味でも意義深い．すなわち，博物館，アカデミア，行政が一体となり，莫大
な資金と時間を掛けて大型の展覧会を開催し，それに伴って従来の研究を総括し
今後の研究に指針を与える巨大なカタログ，研究集会，そして研究論集が刊行さ
れるというパターンである．『シュタウフェン家』（全 4 巻），『紀元千年のヨー
ロッパの中央』（全 3 巻）（Wieczorek & Hinz eds. 2000），『オットー大帝』（全 2
巻）などが代表的であろう．カール大帝の没後 1200 年の 2014 年には，1965 年展
を意識した複数の展覧会が開催された．

✖ヴァイキングをめぐる展示と現在　以上を踏まえたうえで，ヴァイキングに関
する展覧会とカタログの関係を考えてみよう．北欧諸国にとって歴史アイデン

ティティであるヴァイキングに関しては，いずれの博物館においても充実した常
設展示が確認できる．なかでも，コペンハーゲン国立博物館，オーフスのモース
ゴー先史博物館，スウェーデン歴史博物館，オスロ大学文化史博物館，アイスラ
ンド国立博物館は国宝級の遺物を展示する．ロスキレ，イェリング，ビルカ，ハ
イタブ，ヨークなど歴史的都市にはヴァイキングに特化した公設博物館もある．
これらでは地域の発掘成果に加えてその地域と関連させた特別展も開催される．

　海外における「ヴァイキング展」は，1894 年のシカゴ万博（コロンブスのア
メリカ「発見」400 年を記念した万博）における，ヴァイキング船のレプリカ展
示にまでさかのぼる．それ以降で特筆すべきは，1992 年と 2014 年にかけて開催
された二度の展覧会である．前者はコペンハーゲンを皮切りに，ベルリン，パ
リ，後者はコペンハーゲン，ロンドン，ベルリンで巡回展示された．各国の国宝
級の文化遺産を貸与したこれらの展覧会は，歴史を好むデンマーク女王（当時）
マルグレーテ 2 世の協力も得て大きな成功を収めた．いずれもヴァイキングは非
文明的な蛮族という旧説を克服する意図を持っていたが，前者の関心が異教から
キリスト教への移行であったのに対し（Roesdahl & Wilson eds., 1992），後者は戦
闘と交易の時代相を描くことに移行した（Williams et al., 2014）．

　もう一つ特筆すべき展覧会は，2022 年にオーフスで開催された「ルーシ展」
である．バルト海からビザンツ帝国に至るまで拡大した東方ヴァイキングに焦点
を当てたこの企画展では，もともとロシアのエルミタージュ美術館などからの作
品の展示を予定していた．しかしウクライナ危機の進行で困難となり，ウクライ
ナ国立博物館から多数の考古遺物を貸借することで実現した．これは両施設の研
究者の日頃からの研究交流が成功に導いたといえる．他方でこの展覧会では，旧
来はルーシとして一括されていたロシア平原に広がる北欧系集団の中で，キエフ・
ルーシを際立たせる展示内容と解説にもなっている（Asingh & Jensen ed., 2022）．

❈展覧会とカタログの政治学　展覧会とカタログはもはや不可分である．それ
は，世界各地にバラバラに収蔵された文化遺産を一堂に会して見ることで，特定
テーマの現状を実測させる．そのこと自体は，数多くの観客を引き寄せテーマに
関して一般の関心を高めるとともに，アカデミアによる集中的な研究とその分野
の進展を可能にさせる．アメリカの公共博物館や美術館では，カタログの無料ダ
ウンロードなども積極に行われている．その一方で，多額のリソースが不可欠と
なる展覧会は，その時々の政治状況を反映もする．1965 年と 2014 年の「カール
大帝展」は融和と統合への模索を進める戦後欧州の状況を反映しているし，北欧
文化の粋を集めた 1992 年と 2014 年の「ヴァイキング展」はその存在を等閑視さ
れがちな北欧のヨーロッパ共同体へのアピールでもある．戦時中のウクライナと
連携した「ルーシ展」については言うまでもないだろう．　　　　　[小澤　実]

亡命知識人

　亡命は，母国において個人がみずからの使命を喪失し，差別や政治，宗教信条に基づく迫害や弾圧を逃れて，異郷，異邦人に庇護を頼む事態を指す．集団による難民や強制移住者たちのそれとは異なり，もっぱら政治活動者や宗教者，知識人のあり方を指す．意に反した人の移動は当事者にとって過酷であり，地域，時代を問わずみられた数々の事例のほとんどが，彼らに非人道的な苦難を強いたと言ってよい．政治や宗教信条に関わる亡命であった場合は，亡命先でも身の安全が保障されないこともしばしばであった．

　知識人の亡命は，その強いられたマイノリティの立場と，言語の障壁もあり，移住先の知性や学界の動向を撹拌するまでには至らないことが多い．むしろ移住後の世代を経るごとに母国が培ったアイデンティティや知的資源を失わせ，自身とその家族たちに，母国のとも亡命先のとも異なるアイデンティティの再構築を強いる．しかし結果として才能ある個性が優れた受入環境に恵まれた場合，影響ある知的活動を活気付かせてきたのも事実である．西洋中世学は，ビザンツ，イスラーム圏，スラヴ世界からの亡命者を受け入れた西欧のルネサンス期諸国，20世紀にあってはアメリカ合衆国（以下，米国）にその例を見て取れる．

�֍ビザンツ帝国から西欧社会へ　西洋中世文化にとって看過できないのは，ビザンツ帝国のギリシア語話者たちの亡命であろう．オスマン朝の脅威にさらされていたコンスタンティノープルやテッサロニケの知識人たちは，15 世紀冒頭から西欧世界への事実上の「亡命」を試みている．イタリア都市国家および西欧の王権や教権の影響が及んだシチリアやクレタ島もまた亡命先となった．彼らは外交交渉に伴う随行員として訪れ，現地にとどまるか，個人的なつてをたどって西欧世界にとどまった．皇帝自身も亡命を望んだ気配もあったという（ハリス，2013）．1450 年代にすでにイングランドにもその活動が確認されている．1453 年のコンスタンティノープル陥落の後も，スルタンであったメフメト 2 世から自由身分を買い戻し，キリスト教圏への脱出を果たした者たちもいた．

　正教会圏のトレビゾンド出身ながら，最後は教皇庁枢機卿にまで上り詰めたベッサリオンや，ビザンツ社会思想家のゲミストス・プレトンに師事した人文学者マヌエル・クリュソロラスのようにルネサンス文人の教師として名をあげたような人物は，きわめて幸運な例外といえよう．当初，亡命ギリシア知識人の多くは不安定な地位のギリシア語教師にとどまった．ラテン語世界の文人たちは当時のビザンツ文化に関心があったわけではなく，古典古代を理解するための道具としてギリシア語を知りたかったからである．

✖ナチ・ドイツからの脱出　時代を下って，20世紀，中世学の亡命者を生み出したのは，ナチ政権下のドイツ，そしてロシア革命後と冷戦下のソヴィエト連邦共和国に代表される全体主義国家体制であった1930年代，特に1933年以降のナチによる政権が誕生してからは，差別，迫害が蔓延するドイツから研究者たちがそのユダヤ系の出自のため脱出を余儀なくされた．また，その母国にとどまって戦火や虐殺で生命を奪われるに至った知識人やその家族も少なくない．人文学者や歴史学者として米国に亡命した第1世代には，中世文献学のE. アウエルバッハ，中世政治神学のE. カントーロヴィチ，ルネサンス文化史のP. O. クリステラーや美術，建築史のR. クラウトハイマーがいる．彼らの米国大学機関への移籍は，米国やカナダにおける西洋中世学者たちにとって大きな刺激となった．またA. W. ダウムらによれば，第2世代で歴史研究者となった人々の問題意識は，文化越境者としての個性を伴っていた（Daum et al., 2016）.

✖ソヴィエト連邦からの脱出　オックスフォードの歴史学教授となるD. オボレンスキーは，1918年にペトログラード（現サンクト・ペテルブルク）で生まれ，ロシア革命が勃発，家族ともども軍船に乗って西方に逃れた亡命2世である．オボレンスキー家は，中世初期から続く名門で，親族も皇帝にも近い立場にあったが，亡命先でプリンスと称された父ディミトリー・アレクサンドロヴィチは，さまざまな仕事を求めて各地を渡り歩いたという．ディミトリーは，英仏での豊かな教育の機会を得つつ，ケンブリッジ大学でバルカン精神史の白眉であるボゴミール派研究で学位を得た．彼のビザンツ世界をコモンウェルスと見立てる学説は，ビザンツ世界について皇帝を盟主と見立てる諸連邦が構成する正教共同体とするもので，英連邦のコモンウェルスになぞらえたものである．

ソヴィエト時代のモスクワ大学で中世史を修めたA. P. カジュダンは，ユダヤ系の出自であることで冷遇され続けたが，数学者の息子デヴィッドがハーバード大学にポストを得たことから厳しい監視下に置かれ，国際学会での国外旅行も阻害されている．1978年に亡命を果たし，米国のビザンツ学拠点ダンバートン・オークス研究所（ここには，カントーロヴィチも在籍した）で研究活動を再開．古典古代史の延長としてのビザンツ学認識を改め，政治史，社会史，文化史ほか多岐にテーマの専門家を結び付けて，大戦後のビザンツ学の立役者となった．英語による発表活動をG. コンスタブルたちに助けられつつ，ビザンツ学に新たな指針を示した．若手世代に支えられながら刊行した『オックスフォード・ビザンティウム事典』（1991）は，欧州に先駆けてカジュダンがとりまとめた金字塔である．

［草生久嗣］

ビザンツ学

　日本語圏における本格的なビザンツ史研究の第 1 世代に属する渡辺金一（1924〜2011）は，「ビザンツ学」を「政治的にローマの理念と制度を承け継ぎ，宗教的にキリスト教を国教とし，文化的にヘレニズムを基調とする中世のローマ帝国（中略）とその精神的，物質的文化に関係する一切の歴史現象を対象とする学問」と表現している（渡辺，1968）．この定義は，今日でもおおよそ受け入れられるものといってよいだろう．

　ビザンツ帝国の存在は，明治以来の中等・高等教育における世界史（万国史）や西洋史教育を通じて知られていたが，独立したトピックとして扱われることはなく，古代ローマ帝国の末尾を飾るか，中世西ヨーロッパ史の一部に組み込まれるのがほとんどだった．近代日本の歴史学においては，ギリシア・ローマの古代から中世西ヨーロッパへという，地理的に歪な展開を受け入れて西洋史としたために，ビザンツのような明確な始まりをもたず，また地理的にもヨーロッパとアジア（時期によってはアフリカも）にまたがる存在に居場所はなかった．そもそも日本が範とした西ヨーロッパの歴史学においても，ビザンツ学は 19 世紀末になってようやく独立した学問分野として認知され始めたところであった．

✖ビザンツ研究の始まり　近代日本において最初に正面からビザンツに取り組んだのは，ビザンツ帝国期におけるローマ法の分野であったように思われる．栗生武夫（1890〜1942）が述べているように，「ビザンチンを無視してロォマ法の分布史を説いては，片手落ち」との認識が早くから生まれていたのである（栗生，1928）．歴史学の分野でビザンツ研究の重要性を真面目に説いたのは，東京商科大学（現一橋大学）の増田四郎（1908〜97）であった．彼は 1942 年にビザンツの時代区分に関する研究動向を紹介したのに続き，『西洋中世世界の成立』（1950）において一章を割いてビザンツ帝国の成立と特徴について論じている（第 10 章「東ローマ帝國のビザンツ化」）．そこではヨーロッパないし西洋の理解にとって，西欧だけでなく東欧を含めることの重要性が強調された．こうした関心の高まりを受けて，1940 年代にはいくつかの概説書や研究入門的な論考が現れた（井上，1944；亀井，1948）．そして 1950 年代に入ると，一橋大学の渡辺金一や東海大学の尚樹啓太郎（1927〜2010），大阪市立大学の原勲（1904〜81）といった，ビザンツ史を専門とする歴史家が現れ，各大学における研究環境の整備も始まるようになる．

　歴史学者が一般にドイツ語風の「ビザンツ」という言葉を用いる一方で，美術・建築の分野では，日本における第 1 世代の研究者である辻佐保子（1930〜

2011）や辻成史（1933〜）らがそれぞれフランスとアメリカで学位を取得したこともあって，英語・フランス語風の「ビザンティン」美術，建築という言い方がなされることが多い．コンスタンティノープル（現イスタンブル）のハギア・ソフィア大聖堂に代表されるように，ビザンティン美術・建築自体はすでに大戦以前から一般向け書物で何度か紹介されたほか，戦後多くの美術・建築叢書の一部として人口に膾炙したようである．

❌**研究の展開**　第2次世界大戦後の日本ビザンツ史研究の一大テーマは，帝国における封建制の有無や形態といった問題と，他地域との比較であった．発展段階論を背景とした旧ソ連の学者たちがこぞって取り上げていたビザンツ封建制の問題は，ビザンツ史の重要性を日本で認知させるために，ある意味で格好の材料であったように思われる．事実，早い世代のビザンツ史家らはしばしば，ビザンツが歴史上に占めた独自の意義というよりは，特に西ヨーロッパとの比較史や，ヨーロッパ全体を理解するための要素という観点からその研究の必要性を論じていた．そのため研究の方向性や枠組みも，必然的に社会経済史を中心とする同時代の西欧中世研究の動向に縛られがちとなり，教育の面でも主として西洋中世史の講座がビザンツ史家の養成を担う傾向が生まれた．日本のビザンツ学研究が多様化し始めるのは，封建制論争が一段落する 1980 年代以降のことである．

　美術，建築分野での注目すべき活動としては，長期間にわたる海外調査があげられるだろう．1966〜70 年にかけては東京芸術大学の柳宗玄（1917〜2019）が率いる中世オリエント遺跡学術調査団がトルコ，カッパドキアのキリスト教聖堂壁画調査を行ったほか，1975〜86 年にかけては東海大学の尚樹啓太郎や長塚安司（1936〜2013）らがギリシア，ラコニア地方の聖堂調査を実施し，現地調査によるオリジナルな研究成果をあげた．1990 年代〜2000 年代初頭には，辻成史らがトルコ，ゲミレル島の発掘調査を行った．

　1980 年代からは研究者の増加に呼応して「関西ビザンツ史研究会」や東西「ビザンツ研究者のつどい」といった研究会が開催されるようになるなど，大学の外でビザンツ学に特化した組織が形成され始める．2003 年には「つどい」を発展解消する形で日本ビザンツ学会が創設された．これらの活動においては，比較的早期から歴史学や美術史，建築史学など個別分野をまたいだ交流がなされていたことが特徴的である．また本項では触れることができなかった教会史や文化史の分野でも，研究の蓄積が盛んになされてきている．

　前近代世界において近年盛んに論じられるようになったグローバルヒストリーにおいては，ヨーロッパという枠を離れてビザンツが占めた独自性，そしてアフロ・ユーラシア規模での他者との相互作用がますます認識されつつある．西洋中世研究にとっても，ビザンツ学はその「西洋」「中世」という二重の枠組みを問い直す学問として，新たな立ち位置を占めつつある．　　　　　　　［村田光司］

イスラーム学

　日本語において「イスラーム学」という語は，2 通りの意味で使用される．一つ目は，イスラーム教徒（ムスリム）が自分たちの宗教を理解し実践するために 1000 年以上にわたり築き上げてきた宗教的諸学問である．二つ目は，主に近代西欧においてヨーロッパ人がイスラーム教とその思想文化を理解することを目的として構築したイスラーム研究である．前者がイスラーム教の真理性を前提にした教学であるのに対し，後者はそのような真理性を共有せず客観性を標榜するため，両者は鋭く対立することもあった．本項では相互に影響し合ってきた二つのイスラーム学を概括し，近代西欧起源のイスラーム研究の変遷をたどる．

✖イスラーム教徒による宗教諸学としてのイスラーム学　632 年に預言者ムハンマドが没し，彼が受容したとされる神の啓示がクルアーンとして編纂された後，クルアーン解釈学など，啓示を理解するための専門的な学問分野が徐々に形成された．最初に整備された宗教的学問は，クルアーンの言語を正しく理解するための学問，アラビア語文法学であり，9 世紀には伝承評価の方法論を伴うハディース（預言者伝承）学が成立した．その後，クルアーンとハディースを典拠とする法学と神学においても正統的な学派が形成され，11 世紀頃までには古典的な宗教諸学が出そろう．

　イスラーム圏には，古代ギリシアを主要な起源とし啓示の理解を目的としない，天文学，医学，哲学といった外来の学問も存在した．14 世紀の歴史家イブン・ハルドゥーンは外来の学問を人間が本来もつ思考力に基づく「哲学的叡智の学問」とする一方で，固有の学問とも呼ばれる宗教諸学を，理性が補助的にしか使われない「伝統的因襲的な学問」と評価している（森本訳，2001-02）．ただし，理性が補助的にしか使われないといっても，ハディース学にみられるように一定の客観性をもつ資料批判が行われ，法学や神学では聖なるテクストに関する思弁的分析が数多重ねられてきた．また，哲学，数学といった外来の学問はイスラーム圏で発展したものであったとしても，宗教諸学には含まれない．11 世紀以降整えられたマドラサ（学院）制度を通じて宗教諸学は，時代に応じた変化をみせながらも，古典期の枠組みを保ちつつ現代に至るまでイスラーム圏で継承されてきた．

✖異教徒によるイスラーム研究としてのイスラーム学　西欧におけるイスラーム研究については，12 世紀にクリュニー修道院の主導で行われたクルアーンのラテン語訳にまでさかのぼることができるが，その目的はイスラーム教を異端として論駁することと布教であった．その後各地の大学にアラビア語の講座が設置さ

れたりはしたが，中世ヨーロッパにおいてアクセスできるアラビア語原典は限られ，十字軍の失敗やオスマン帝国の拡大もありイスラーム教が強い影響をもつ地域で布教活動が奏功することはなかった．

　事態が大きく変わるのは近代になってからである．この頃からイスラーム教とその思想文化を学ぼうとする動機に，植民地支配の対象となる現地社会を理解したいという欲求が加わり，オリエントを研究対象とし，現代のイスラーム研究の直接的な起源となる東洋学（オリエンタリズム）が成立することになった．オリエントという語は当初中東イスラーム圏を含意していたが，帝国主義的拡大に合わせインドや中国が含まれるようになる．大英図書館などが所蔵するアラビア語写本は 19 世紀になってから急増し，各地の大学にアラビア語などオリエントの諸言語の教授ポストが設定されたほか，1795 年にパリに創設された東洋語学校を皮切りに東洋学に特化した研究機関も設立されるようになった．東洋学では言語学を基礎としながら宗教や歴史が文献学的に研究され，『クルアーンの歴史』（1860）を執筆した T. ネルデケのようにセム語学，聖書学に通じた研究者がイスラーム研究に携わった．イスラーム教がセム的一神教という枠組みから研究されクルアーン内のユダヤ教，キリスト教に由来する要素が重要な研究対象となったことや，『マホメット教研究』（1889～90）の執筆者 I. ゴルトツィーハーらがハディース学において真正と見なされたハディースが後世の偽作と指摘したことは異教徒によるイスラーム研究の可能性を示したが，同時にイスラーム教徒側からの反発も招いた．

✖第 2 次世界大戦後の状況　第 2 次世界大戦後のアメリカで政策科学としての地域研究が興隆すると，その枠組みの中でイスラーム研究が行われることが増えた．古典語を基礎とし古典的文献の文献学的研究が重視された東洋学とは違い，地域言語を基礎として人類学，政治学などの学問領域と協働しながら研究が進められると，現代的，地域的なイスラーム思想への関心が高まった．また，1978 年に E. W. サイードが西洋による東洋（オリエント）に対する思考と支配の様式，すなわちオリエンタリズムに関して問題提起を行い，植民地主義に貢献した東洋学だけでなく地域研究まで批判すると，イスラーム研究においてもみずからの視座や研究に伴う権力構造を意識せざるを得なくなった（サイード，1993）．オリエンタリズムへの反省に加え，イスラーム圏に出自をもつ者がかつて東洋学の拠点であった欧米の研究機関や地域研究の拠点でポストを得るようになったこともあり，非イスラーム圏でのイスラーム研究が信徒側からの反感を招くことは減少したが，P. クローネと M. クックの共著『ハガリズム』（1977）のようにイスラーム共同体内部での伝承に基づく資料を極力用いず外部資料を重視した結果，伝統的な宗教諸学から乖離した結論を導く研究がなくなったわけではなく，初期イスラーム思想史は争点であり続けている．　　　　　　　　　　　[菊地達也]

ユダヤ学

西洋におけるユダヤ教文化への知的関心の歴史は長い．4世紀にはヒエロニュムスが旧約聖書のラテン語翻訳のために，ヘブライ語原典の正確な理解を求めてユダヤ人の教師から学んだ．中世においても，カトリックの聖書註釈者による「ヘブライ的真理」の探究はしばしばみられ，12世紀にはサン・ヴィクトール学派がユダヤ人註釈家ラシの学派と交流した．また，中世後期に最も読まれた聖書註解を著したリュラ（リール）のニコラウスも，ラシの字義的解釈やユダヤ人によるキリスト教論駁（ろんばく）書で展開される聖書解釈を参照した．13世紀になると聖書以後のユダヤ教文学への関心も高まり，托鉢（たくはつ）修道会がタルムード（ラビ・ユダヤ教の教典）やユダヤ人の民間伝承についての批判的学習を進めた．その目的は，これらの文学においてユダヤ人たちがイエスやキリスト教を侮蔑的に描いてきたことを明らかにすることであり，修道会による非難はタルムードの焚書や反ユダヤ主義的偏見の拡大へとつながった．思想分野では，12世紀以降にイブン・ガビロールやマイモニデスらの哲学的著作がラテン語訳されたほか，ルネサンス時代にはカバラー（ユダヤ教神秘主義）が古代の神学的伝統として関心を集めた．

こうした状況は，19世紀ドイツの「ユダヤ教科学」の成立によって大きく変わった．この新しい研究の担い手となったのは西洋のユダヤ知識人たちであり，ヘーゲルやコントの方法を導入したユダヤ教の歴史研究が進められた．その目的は啓蒙主義と世俗化の時代において，ユダヤ教が伝統的に構築してきた倫理を世界に示すことであった．そこには，市民社会の個人としてユダヤ民族を解放するという西洋近代の理念を受け入れ，ユダヤ教を改革していこうとするユダヤ啓蒙主義者たち（マスキリーム）の意志があった．この「ユダヤ教科学」の最大の功績の一つが，西洋中世の膨大なユダヤ文献の収集と体系化であり，現代ではイスラエルやヨーロッパの学術組織による文献のデジタル化が進んでいる．

⌘中世への視座 H. グレーツやS. W. バロン，H. H. ベンサソンら，ユダヤ史の碩学たちが長大な展望のもとで古代から現代までの歴史を描いてきた一方で，20世紀半ばまで，中世ユダヤ史の専門的な研究は意外なほどに少なかった．また，70年のローマ軍によるエルサレム神殿崩壊から1948年のイスラエル建国までのユダヤ民族の移住と分布の過程を「追放」の時代として画定し，離散した民族の帰還を歴史的にとらえようとするシオニズム的視座が中世に向けられるとき，二つの問題が浮き彫りとなった．一つは，初期キリスト教のユダヤ人観にその起源をもつ「神罰としてのユダヤ人追放」という神話的なイメージや，安住の地を失ったユダヤ民族が苦しみ続けるという迫害史観のもとで，中世の歴史的事実や

文献が解釈されてきたことである．もう一つは，ユダヤ史という大きな物語の中で古代，中世，現代が直線的に結び付けられるが故に，中世のユダヤ人たちが生活していた社会の全体，とりわけ周辺のキリスト教文化への着眼が少なかったことである．

　その反省を踏まえて，研究が大きく進展し始めたのは 1970 年代である．アシュケナズ（ドイツ・ライン地方）やスファラド（イベリア半島）のユダヤ史を専門的に扱う学術誌が相次いで創刊され，地域や文化圏ごとの詳細な研究が進展するなかで，多くの先入観が覆されてきた．例えば，12 世紀にユダヤ人の金貸し業が拡大したのは彼らの貿易が禁止されたからであるという通説が批判され，西洋社会全体の経済状況の変化によるものであるという指摘がなされている．また，1096 年にドイツ諸都市で起きたユダヤ人虐殺は，ユダヤ人の社会的地位を決定的に低下させたという説が広く受け入れられてきたが，現代ではそれに対する批判的再検討がなされている．12 世紀以降，西洋社会におけるユダヤ人の立場が悪化していったことは確かだが，ユダヤ人とキリスト教徒，さらにはスペインではキリスト教への改宗者（コンベルソ）を含めた影響関係や生活レベルでの交流をつぶさに検討することが求められる．西洋各地の社会や文化が多様であるならば，そこに生きていたユダヤ人たちの宗教文化も多様である．各地においてユダヤ人はキリスト教徒やそのほかの人々とともに社会を形成し，価値観や宗教観を共有しつつ生活した人間たちであったという認識をもつことが重要である．

※開かれた研究へ向けて　「ユダヤ学」は固有の方法論やディシプリンをもたない．むしろ，歴史学や思想研究，宗教史や文学，言語学などの分野に目を向けて，研究者自身が視座と方法を構築する必要がある．同様に，研究テーマとしての「ユダヤ」という対象にも明確な定義はない．G. ショーレムによるカバラー研究や，S. クラウスによるユダヤ民間伝承研究は，19 世紀のユダヤ教科学では正当に評価されなかった分野を切り開くものであった．また，近年の中世ユダヤ史ではジェンダー学の視点が積極的に取り入れられ，男性中心的なユダヤ人社会の構造を多元的にとらえ返す研究が顕著である．周囲のキリスト教文化との関係が個々のユダヤ人にとって多様なものであったという視座のもとで，中世のユダヤ人たちの生活がより細やかに描き出されることが期待される．その意味で，ユダヤ研究は各研究者自身の研究を通じて，そのあり方が常に問い直され，練り上げられていくものであるといえる．

　また，中世のユダヤ人同様，ユダヤ研究者も（日本も含む）多くの地域でマイノリティである．それ故，専門的な関心を共有する研究者との交流だけでなく，他分野の研究者との横断的研究や議論，社会の対話的な場での発信や提題もいっそう重要になってくる．開かれた研究であるために，ユダヤ研究者には研究の専門性と一般性の双方を磨いていくことが求められる．　　　　　　　　［志田雅宏］

比較史

　比較史とは，二つ以上の国，地域を取り上げ，一見すると似たように見える歴史事象を比較し，それぞれの類似と相違を明らかにする研究方法である．比較という視点はヘロドトスをはじめとして前近代の歴史書にも広く見られるが，近代歴史学の方法論として体系化した M. ブロック『比較史の方法』(1928) によれば比較史には，①相互の影響関係や共通の起源を想定できる国，地域同士の比較（例えば英仏の比較など），②影響関係や共通の起源を想定できない時間的，空間的にかけ離れた社会で確認される類似現象の比較，という 2 類型があり，①がより学問的に生産的であるとする．しかし，ブロックは『封建社会』(1939〜40) では，②である日欧封建制比較を用いて，西欧封建制を世界史の中で巨視的に論じることに成功している．比較の単位と対象は，歴史家の関心に応じて可変的で多様であるが，以下，日欧比較を中心に見ていくことにしたい．

✖「反省」から生まれた比較史　偏狭なナショナリズムが第 1 次世界大戦の災禍を招いたという「反省」から第 1 次世界大戦後，愛国主義と結び付いた一国史を相対化するために比較史の重要性が H. ピレンヌやブロックによって提唱されたが，言語的な制約もあって西欧内での比較が主流だった．ブロックは日欧比較に際して，1929 年にアメリカにおいて英文で発表された朝河貫一の日本封建制研究『入来文書』などを参照した．19 世紀末にドイツ流の近代歴史学を導入した日本の歴史学では，伝統的に比較史的関心が強かった．西洋学問に基づいて再構築された日本史は，一国史であっても（ほとんどの日本史家にとって無意識のうちに）比較史的な視線が組み込まれており，さらに非西洋世界における「似たもの」として西洋側に再発見されるという「合わせ鏡」の関係にあった．また，朝河の留学先であるアメリカの歴史学にとって，日本，西欧の歴史は「外国史」であり，日欧の愛国主義的傾向からは相対的に自由だった．これら日米独自の史学史を背景にした朝河の比較封建制論は，未完に終わったが，日欧比較の有効性を国際的に認知させただけではなく，具体的な地域の事象から帰納的に論じがちだった西欧の歴史家とは異なり，抽象度の高い厳密な定義に基づき，世界各地の歴史的社会を分析することを目指すなど，20 世紀における比較史の新たな方向性を示していた．第 2 次世界大戦後のアメリカでは，R. クールボーンによる比較封建制の共同研究（『歴史における封建制』〈1956〉）や E. ライシャワーの近代化論など，社会科学的手法に基づく比較史が構想された．

　戦後日本では大塚久雄の「比較経済史学」に代表されるように，敗戦への「反省」から日本の近代化の不十分さの原因を日欧の「差異」を見出す傾向があっ

た．こうした議論の前提には，世界各国の歴史が段階的に同じ歩みをもつという発展段階論的な歴史像があったが，ともに冷戦終結前後には影響力を失った．しかし，比較史の試みは放棄されたわけではなく，むしろ「大きな物語」を失って細分化の進んだ研究状況への「反省」から新たな比較史が模索されている．

✖「中位」レベルでの比較　　前述の状況に対して，森本芳樹『比較史の道』（2004）は個別史料から出発した具体的な比較から出発し，封建制とか近代化のような抽象的な概念ではなく「中位」のテーマを議論することを主張し，積極的に「似たもの探し」をしていくことを提唱する．

21 世紀に入ってからの日欧比較は，森本の提唱したように，「個別事象の描写に近い水準」で比較が始められている．競争的研究資金の比重の高まりや研究の細分化を背景にして，大人数，多国間での共同研究が比較史研究の主流になる中で，個別事象や史料を見るときに術語の訳語レベルで不一致が生じることが課題として再認識されるようになった（かつては朝河のような比較史家が個人で悩むだけだったが）．例えば，日欧比較史料論の成果である河内洋輔らによる『儀礼・象徴・意思決定』（2020）では，法的効力をもつ文書を意味するドイツ語「Urkunde（ウアクンデ）」と日本語の術語としての「文書」とのズレが指摘されている．その背景には，日欧における「法」や古文書学史の相違という「中位」のテーマが存在する．かつてブロックが批判したような国民国家を単位とした言語別，自国中心的な研究伝統は現在もなお存在し，その枠組みの中で歴史学の教育，研究が行われている．異なる史学史やその研究伝統に依拠する歴史家同士が，具体的な史資料を前にして対話を重ねる中で，みずからにとって「当たり前」になっていた概念，言葉を疑うきっかけを得るのである．比較史という手法には近代国民国家を単位としがちだという批判があるが，国別に発展してきた近代歴史学そのものを問い直す可能性をももっているのである．

✖グローバルヒストリー　　国民国家の枠を超えて比較史の単位を設定することも可能である．朝河やブロックは，日本と西欧で封建制が発達した背景について，ユーラシア大陸東西における古代文明（ローマと唐帝国）を継承した辺境の社会システムとしてとらえようとした．そうしたグローバルな見取り図に触発されながら，日本における古代から中世への移行を中国隣接型から辺境型への移行としてとらえる新しい比較史論も生まれている（桜井，2008）．さらに，気候変動のような地球規模での現象に注目して，社会や政治権力の対応の違いを探る新たな比較史の試みも現れている．一方，日本の歴史学界では前近代における東シナ海で活動する人々に目を向けた「海域史」「海域アジア史」という枠組みが提唱されたが，1991 年に日本で邦訳が刊行されたアナール学派の F. ブローデル『地中海』の影響は無視できない．海域のような「地域」を単位とした比較史は，近代国民国家の枠が自明ではない中世史においてこそ重要になってくる．［佐藤雄基］

アナール学派と中世像の革新

　アナール学派とは，当時ストラスブール大学に赴任していた二人の俊英，L. フェーヴルと M. ブロックにより，1929 年，学際的で全体史をとらえることを目指して発刊した雑誌『アナール（年報）』に集った研究者たちを指し，さらには大戦後，社会科学高等研究院といったフランスの高等研究機関にポストを占め，領域横断的な研究を主導し，世界中の歴史学に新たな問題意識と方法論を提示し続けた歴史学者の緩やかなグループの呼称である.

　アナール学派は，当時歴史学の主流を占めていた事件史，一国政治史，制度史に対する批判として生まれ，歴史を全体史としてとらえることを目指した. そのために比較史，構造史，心性史，社会史，表象文化史など数々のアプローチを生み出していった.

　戦前までアナール学派は，フランス一国に限られた新しい歴史学の動きという程度のものであった. しかし戦後，第 2 世代の F. ブローデルの大著『地中海』（1949）が登場するや，瞬く間にアナールは世界中の歴史学を席巻することとなる. 人間ではなく大海を主役とし，そこでさまざまな地域，民族，集団，事件を，異なる時間のリズムで織りなす重層的構造の中で描いたこの研究は，その後の世界システム論，さらには現在のグローバルヒストリーに影響を与えた.

　続く第 3 世代の J. ル・ゴフ，E. ル・ロワ・ラデュリは人類学，民俗学的方法論を積極的に摂取し歴史人類学の領域を開拓し，さらに第 4 世代の R. シャルティエ，J=Cl. シュミットは，表象の歴史学，想像界の歴史学を切り開いていく.

　アナール学派が登場していなければ，中世史はどのような歩みをしていただろうか. 女性，子ども，若者，老人，結婚，死生観，自然環境，民衆，辺境，周縁人，貧民，想像界，時間，社会的結合（ソシアビリテ）など，今日歴史学で当たり前に受容される数多の問いやテーマはどのように表れ得ただろうか. アナール学派が存在しなくても，これらの問いがまったく生まれなかったとは言わないが，おそらく取り組みがもっと遅れたか，あるいは今と大きく異なる相貌の中世像となっていたかもしれない.

※アナール学派の史料革命と中世史研究　アナール学派の歴史学へのインパクトは，中世史のみに限定されるものではなく，古代から近現代まで，フランス一国のみならず，さまざまな時代，地域の歴史学に大きな影響を与えた. ただ，とりわけ中世史は，アナール学派の中心人物たちが活躍していたのも相まって，ほかの時代以上に影響は大きかったといえよう. では中世史におけるアナール学派の革新性とはいかなるものであったのか. アナール学派は，数々の新たな視点や手

法を編み出してきた．ここではそのうち中世史研究において特に注目すべきもののうち2点に絞る．第一が数量史・系の歴史学であり，第二は歴史人類学である．

第一の数量史・系（セリー）の歴史学とは，大量のかつ均質な史料を収集し，統計的手法を駆使して分析する手法である．もともとは経済分野の史料分析で用いられたものを，それ以外の史料群にも応用，拡大していった点に大きな意義がある．例えば土地台帳からライフサイクルを，膨大な遺言書から死生観を，あるいは托鉢修道会の各地の設立分布状況から中世における都市化の様態を明らかにした．こうした数量史・系の歴史学は，人々の心の感じ考え方のありように迫る心性史への道も切り開いた．

アプローチの第二が，ル・ゴフ，ル・ロワ・ラデュリといったアナール学派第3世代を中心とする歴史人類学である．ブロックがすでに『王の奇跡』（1924）で財政文書を駆使して治癒王としてのフランス王権の消長を描いていた．さらなる成果の代表例が，ル・ゴフ『煉獄の誕生』（1981）である．民俗語彙の収集さながら多様な史料群から渉猟，抽出し，それまでは「浄めの」という形容詞にすぎなかった言葉が，いつしか「浄罪の場」という名詞になっていく意義を中世社会のなかに位置付け，中世人の想像界に新たな場が生まれる様を明らかにした．またル・ロワ・ラデュリの『モンタイユー』（1975）は，異端審問史料から家族関係，暮らしぶりから各人の世界観に至るまで，一寒村の赤裸々な姿を描くことに成功した．人類学的手法によって想像界へ迫る道筋は，シュミットの『中世の身ぶり』（1990）や『中世の幽霊』（1994）などの成果へと結実していく．

またかつてアナールが批判していた事件史，伝記研究も復権する．G. デュビー『ブーヴィーヌの戦い』（1973），ル・ゴフ『聖王ルイ』（1996）のように，一つの事件，一人の人物に焦点を当て，記憶や受容，叙述スタイルなどの分析から，事象のより複層的変化の様を描く研究が登場した．

⁜今日の中世学とアナール学派　雑誌『アナール』は今も継続刊行している．だがそこには，もはや学派と呼べるほどの凝集力はない．今や，各人がそれぞれ問題意識を有しつつ，国境も言語も越えて，未踏のフィールドを世界中の各所で切り開いている．

当然だが，世界の中世学がすべて，アナール学派に追随していったわけではない．逆にその方法に異を唱え批判していくことで，より豊かな成果を生み出していくものもあったし，彼らの影響をあまり受けずに開拓されたテーマもあった．例えば，イタリアではC. ギンズブルクがミクロストリアを，ドイツではG. アルトホフを中心とした象徴儀礼研究，アメリカではB. ローゼンワインが感情史をと，ほかにもさまざまな国や専門分野で，アナール学派に対する意識の有無を問わず，より深化，発展したテーマを現在進行形で開拓している．　［室崎知也］

自然科学と中世考古学

　先史考古学において援用され始めた自然科学は，1980 年代には中世考古学にも取り入れられ始めた．放射性炭素による年代測定や地下遺構を検出する電磁気探査などは，現代の考古学者にとっては遺跡における基本的なアプローチの一つとして考えられるようになっている．多種多彩に拡大し続ける研究テーマは従来の考古学の研究方法だけでは到底カバーしきれなくなっており，さまざまな自然科学分野からのアプローチが必要となる．

✖物理的・科学的分析　考古学調査に導入された地球物理学的方法として，宇宙線を利用した遺構の検出，電気抵抗トモグラフィーによる地下層序の再構築などがある．発掘をせずに遺跡およびそのランドスケープ（景観）を研究することができるこれらの技術は，大規模発掘に伴う人員と費用を省けるのみならず，今や発掘とセットで考えられるようになりつつある発掘後の遺構，遺跡保存の問題をも回避できるため，近年の考古学研究において大いに利用されている．同じくコンピュータ処理による解析である X 線マイクロトモグラフィーは，遺物の内部構造を遺物本体にダメージを与えることなく可視化する技術である．

　古くから考古資料の材質分析に利用されている蛍光 X 線分析法では，資料の一部を粉砕してから研究所に備え付けの大型機器で行う旧来の分析方法に加えて，ハンディタイプの対象接触型分析器による非破壊分析が可能になったために，従来では不可能であった博物館の展示品などの資料の分析も可能となっている．現時点では，その対象とする遺物によっては旧来の分析方法を精度の面で下回るが，金属製品の分析においては遜色ない成果を上げている．

　遺存有機物や土器内壁の化学分析は，その化学組成から今では目に見ることのできない食料品，香料などを同定することができる．その重要性は増すばかりであるが，現状では費用が高額なうえに，分析のためのプロトコル（手順）が統一されておらず，同じ物を分析しても研究者が変われば結果が異なるという再現性のなさが問題となっている．

✖古環境学的アプローチ　人間活動による環境の変化を解読し，古環境の復元を目的とする科学的アプローチは，人間と環境の相互作用の状況を長期的な視点から明らかにすることにより，遺跡を環境の中で考察することを可能にする．特に，農村部における土地利用と農業の発展，居住形態の変化についての理解は，長く染み付いた中世の「暗黒時代」のイメージを払拭するに至った．

　古環境の復元にはさまざまなアプローチがあるが，花粉分析からは，地域的な植生の変化，人為的影響の有無などを推定できる．植物考古学は，台所や貯蔵施

設から出土する穀物，果物や野菜の種子や遺存体の分析により，当時の食生活や農業の実態を明らかにする．また，北部ヨーロッパのようにデータベースが完備している地域が多い場合，年輪年代学は遺構に使用されている木材の正確な年代解明に貢献するだけでなく，遺跡から出土する炭化材の分析に特化した植物考古学の1分野である炭化材学との組合せにより，どのような種類の木がどの季節にどのような技法で伐採されたかを時代ごとに明らかにすることで，当時の人々の森林資源の管理を理解することを可能にする．木々の生育状況の検討からは，気温や降雨量といった古環境の復元にも大きく貢献する．

欧州は日本と並んで中世の気候の温暖化が考古学的に記録されている地域である．堆積土層における古貝類学や降雨量増加指標の分析から，気候が環境に与えた影響をうかがい知ることができる．ボーリングコアサンプル内の花粉分析から判明する地中海性植生の北上，さらには温暖な地域を生息圏とする昆虫の北上なども，中世温暖化の証拠として提示され得る．

また，火山性堆積物を対象に行われたボーリングコアサンプルの分析は，中世の欧州において断続的に発生した記録的な厳冬のほとんどが，火山噴火の影響であることを示唆している．

✖動物考古学　動物考古学は発掘調査における必須の分野の一つとなっており，現在では地方ごとの畜産のあり方や，さらには特定の社会集団における食生活の違いも明らかになっている．例えば，中世の欧州では，野生鳥獣肉（ジビエ）を食するのは上流階級に特徴的なものであり，オーロックス，チョウザメ，孔雀などの希少動物は貴族の館からのみ出土する．あるいは教会関係者は野兎や鹿を好んで食していた．

以前は動物考古学者が魚骨も併せて研究するのが通常であったが，近年では遺跡から出土する魚骨研究は古魚類学としての独立した分野を形成しつつある．魚骨の同定により消費された魚種や当時の漁業のあり方を知るというのは従来のテーマであるが，水中考古学と協力することにより，海中に生簀（いけす）などを設置する海岸別荘や港の施設の研究から，当時の水産資源管理の側面も明らかにしつつある．

✖埋葬考古学がもたらすもの　湿気が多く酸性度が低い土壌につくられた墓地からは保存状態の良い人骨が見つかり，当時の平均寿命，生活様式，食習慣などが理解される．集団墓地における人骨のDNA鑑定によって，共同体の人種構成の復元も各地で行われている．さらに人骨の医学的な検証から，当時の人々の疾病，疾患も明らかになる．例えば，若い世代にもみられる脊髄の損傷は，常に重い物を運んでいたことが原因と推測される．関節リウマチの欧州における起源が初期中世までさかのぼること，あるいは現代の高齢者に頻発する骨粗鬆症による大腿骨頸部骨折が中世ではあまり見られないことなども判明している．

［向井朋生・奈良澤由美］

中世とグローバルヒストリー

　　一国単位や一民族単位ではなく，複数の地域や集団を視野に入れてグローバル
に歴史を記述しようとする試みをグローバルヒストリー（以下 GH）と呼ぶ．そ
の定義は論者によりまちまちであるが，おおよそ「接続」と「比較」に基づき歴
史を分析し叙述するという点では共通している．これは，国民国家成立過程を重
視し一国単位の歴史を描いてきた近代史の反省に基づく定義である．GH の入門
書である S. コンラートの著作『グローバル・ヒストリー』（2016）では，さらに，
歴史の書き手の意識や立場性の問題にまで踏み込み，記述の当事者性もまた，多
様な立場や関係性を含み得る GH においては重要であることを主張している．

　　しかし，世界を視野に，というのは歴史学のみの潮流ではない．自国や同一文
化圏のみに特権的な位置付けを与えるのではなく，関係性や比較を通じて世界全
体を記述しようとする「グローバルな転換」は，文学，思想，美術，音楽など人
文学のあらゆる分野において花開いている．これは現実世界において一方でグ
ローバリゼーションが，他方でローカリゼーションが進展し，世界のさまざまな
構造と価値観が変動しつつある 21 世紀に対する，学問それ自体の反応と考える
べきであろう．

✖中世グローバルヒストリー　　以上述べたように，GH の発端は近代史である．
しかし，前近代の GH に大きなインパクトを与えた研究として J. L. アブー=ルゴ
ド『ヨーロッパ覇権以前』（1989）と V. リーバーマン『奇妙な平行』（2003）を指
摘しておきたい．『ヨーロッパ覇権以前』は，13〜14 世紀のモンゴル帝国が，
ユーラシア各地で展開していた八つの交易圏を一つにまとめ，ユーラシアの一体
化を促進したとする議論である．他方で東南アジアを専門とするリーバーマン
は，ユーラシアのいくつかの国家で，直接的な連関がないにも関わらず類似した
展開が起こっていることを指摘した．彼はこれを「奇妙な平行」と呼び，ある特
定国家の特徴とされる現象は必ずしもそうではないこともあると，比較の重要性
を指摘した．

　　このような接続と比較をベースとして，とりわけ 21 世紀以降，各国でさまざ
まな中世 GH の試みが行われた．ここでは欧米の研究動向をのうち，いくつかを
指摘しておきたい．一つは，ドイツの M. ボルゴルテに代表される，中世キリス
ト教圏の特徴を他地域や他宗教との比較を通じて炙り出す研究である．キリスト
教それ自体を所与の前提とせず，イスラム教や仏教などとの比較によってキリス
ト教社会の特殊性を明らかにする，キリスト教それ自体も歴史的産物であり，
さまざまなキリスト教が時代や地域によって変化する複数のキリスト教を検討す

る，ほかの一神教やゲルマンやスラヴのような伝統宗教との融合を検討すると
いった試みが進められている．二つ目は，英米圏の中世 GH にしばしばみられ
る，同時代の他地域の「中世」と西洋中世を比較することで，「中世」という時
代の特徴を明らかにするという流れである．従来東洋学の対象であったアジア諸
地域だけでなく，文化人類学や考古学の対象であったアフリカ，アメリカ大陸，
太平洋などの「中世」も同時代現象として取り込むことで，世界史における「中
世」がどのような特徴をもつか，もしくはそもそも「中世」という区分に意味が
あるのかを問う．かつてアナール派や社会史が試みたように，文化人類学者 J. C.
スコットの『ゾミア』(2009) のような他地域他時代のアイディアを借用する動
きがいくつも起こっている．三つ目は，ハーバード大学，プリンストン大学，
ウィーン大学の研究者らが積極的に進める自然科学との連携である．中世考古
学，中世美術，写本研究のようにモノを扱う分野においてはかねてより年代決定
や産地を特定するための分析技術が導入されているが，近年の中世 GH 研究で目
立っているのは，遺骨などの DNA 解析に基づく民族集団の起源や移動の痕跡の
特定，プロキシデータに基づく気候変動の再現，病原体やウイルスの調査に基づ
く疫病の拡大や規模の分析などである．民族移動，気候変動，疫病という歴史現
象はいずれも国境を超えたグローバル現象であり，ヨーロッパ半島やユーラシア
を一体として論じる動きをそこに認めることができる．

✖世界史と GH への貢献　欧米圏とは別の文脈で，日本においても GH に相当す
る研究は蓄積されてきた．もともと日本では，明治以来，日本史，東洋史，西洋
史という分野それぞれが関連し合い，世界史記述を可能にしていた．とりわけ原
典主義に基づく高い水準での個別研究と総合を積み重ねてきた東洋学の東アジ
ア，西域研究，本田実信や杉山正明のモンゴル帝国史，島田 襄 平や佐藤次高ら
のイスラーム史に加え，インド洋，東南アジア，東アジアの海域に注目した家島
彦一や網野善彦らの海域史研究は，世界有数の成果を生み出してきた（家島,
2021）．これらは歴史学のみで達成された成果ではなく，多言語による原典研究
や世界の諸地域に関する美術，モノ研究の蓄積がベースになっていることは指摘
するまでもない．

　このような日本の研究蓄積は，現在の中世 GH に先んじて接続と比較というア
プローチで試行錯誤を繰り返し，そうした試みの重要性を指摘してきた．他方
で，日本語という言語障壁により，全体として，海外の研究蓄積のなかでは十分
な消化や評価を受けてきたわけではない．留学や学位取得，招聘事業や国際会
議，単著や論集の出版を通じて人的交流のグローバル化が盛んになりつつある
今，あらゆる時代・地域・ディシプリンに関して専門家が一通りそろう日本の中
世学者が，日本の蓄積と日本の立場性を踏まえつつ中世 GH の推進において果た
すべき役割は今後大きくなっていくだろう．　　　　　　　　　　　[小澤　実]

史料集成とデジタル・ヒューマニティーズ

　中世に由来する歴史史料を集め，読み，真贋を見極め，本来のテクストを復元し，人々が利用できるように編むという営みの歴史は，少なくともサンモール会の修道士らによって文書形式学が確立された 17 世紀までさかのぼることができる（☞「文書形式学」）．修道会単位で始められた史料集成は，18 世紀以降，徐々に制度化されていく学術団体や研究機関を担い手として，個々の地域，都市，教会，修道院あるいは個人を対象とするようになった．現在まで存続し，中世史料を利用しやすいかたちで世に送り出し続けている機関の代表が，ミュンヘンに拠点を置くモヌメンタ・ゲルマニアエ・ヒストリカ（Monumenta Germaniae Historica，以下 MGH）である．2019 年に設立 200 周年を迎えた MGH の史料刊行事業は，近年のデジタル化により大きく変貌している．

⚒ MGH の沿革　1819 年，プロイセンの元官僚で帝国男爵カール・フォム・シュタインを中心とする政治家たちによって，MGH の前身となる「古ドイツ歴史学協会」が発足した．1842 年には拠点をフランクフルトからベルリンへ移し，国からの財政的支援を受けて事業を安定させた．19 世紀末からは歴史学，歴史基礎学の大学教授によって中央理事会を構成し，史料刊行を進展させた．1949 年には拠点をミュンヘンに移し，1969 年以降バイエルン州立図書館内に本部を置いている．MGH の刊行事業は，西暦 500〜1500 年までをおおよその対象時代として，かつてのフランク諸王国および神聖ローマ帝国に帰属した地域に伝来する史料を，「歴史叙述（Scriptores）」「法（Leges）」「証書（Diplomata）」「書簡（Epistolae）」「古事（Antiquitates）」という五つの部門に分けて扱っている．2019 年までに刊行された史料集は，441 点に上る．

⚒ eMGH から dMGH へ　長らく刊本の発行をゴールとしてきた MGH は，20 世紀末から刊行史料を電子媒体でも提供してきた．その先駆けとなったのが eMGH プロジェクトであり，1996 年からベルギーの学術出版社ブレポルスを通じて既刊史料集のテキストデータを収録した CD-ROM を販売した．eMGH は，数百巻分のテキスト・データをパソコン 1 台の画面に出力し，すべての史料の文言を横断的に検索することを可能にした．開館時間に合わせて図書館へ赴き，本棚から 1 冊ずつ重い本を取り出してページをめくりながら目的の史料を探すという手間を掛けずに MGH の史料にアクセスできるようになったことは，大きな変化だった．ただし，eMGH には弱点もあった．CD-ROM に収録されたのは史料本文のデータのみで，刊本の序文，テクストの異同を示す注，索引，図版が省かれたため，編纂の過程を把握することができなかったのである．そのため eMGH は，

内容面では刊本の簡略版としての機能しかもち得ず，電子媒体で批判校訂版の読書体験を代替するには至らなかった．現在 eMGH は，ブレポルス社独自の商品として継続され，CD-ROM 版からオンラインデータバンクに形を変え，ライセンスを取得した利用者に提供されている．

　印刷版の物質性，視認性がテクストの適切な受容を促進するというテクスト理論の考え方に基づいて，MGH のデジタル化プロジェクトは，2004 年，既刊史料集の紙面を画面上に再現する dMGH を開始した．現在では刊本の出版から 2 年を経てデータバンクへ追加されることになっている．全文検索機能と任意のページの PDF ダウンロード機能という付加価値を付けたうえで，dMGH は画面上に仮想閲覧室を実現し，場所，時間，ライセンス料の制約を受けずに MGH の刊行史料へアクセスすることを可能にした．

✖デジタル・ヒューマニティーズとの融合—openMGH　dMGH までのデジタル化プロジェクトは，刊本を読むという体験をいかにしてデジタル媒体上で代替するかを模索してきた．しかし最近の 10 年で MGH は，デジタル・ヒューマニティーズ（以下 DH）の波に後押しされ，デジタル化を新たな領域へ進めている．DH とは，コンピュータ技術と人文学を組み合わせた研究を行う分野のことを指す．人文学諸分野から生まれた研究課題をデジタル技術を介して共有し，各分野の知見を採り入れながら解決していこうとするのが DH の基本的な考え方である．DH における中心的な取組みの一つに，人文学テクストをコンピュータが解釈できるように記述するための共通ルールの策定がある．電子テクストに意味を付与してデータ化することをマークアップ（符号化）といい，Text Encoding Initiative

```
<text>
  <body>
    <p><lb n="1"/><persName>
      <choice>
        <abbr>Ric</abbr>
        <expan>Richardus</expan>
      </choice></persName> di gra <roleName>Rex Angl</roleName>
      <roleName>Dux <placeName>Norm</placeName>
      <placeName>Aquit</placeName></roleName>
      <roleName>Com <placeName>And</placeName></roleName> Om
      <lb n="2"/>psentes pvenint salt in dno ; Novitis nos concessisse et
      <persName>Phil</persName>
      <lb n="3"/><roleName>Reg <placeName>Franc</placeName></rol
      <placeName>Rothom</placeName> vl ali fideiussor clicus vl laic
      <lb n="4"/> eram fideiussores eide <persName>Phil</persName>
      <roleName>Regi <placeName>Franc</placeName></roleName> p j
      fideiubere
```

図1　TEI マークアップの例．人名，地名，役職名などを示す語句が規程のタグで囲まれている［筆者作成］

（TEI）と呼ばれる国際的なマークアップのルールが定着している．2014 年に開始された MGH の新たなデジタル化プロジェクト openMGH では，OCR 処理によって得られた既刊史料のテキスト・データを TEI に準拠してマークアップし，刊本ごとのファイルをクリエイティブ・コモンズ・ライセンス（CC BY 4.0）のもとで公開している．これにより，MGH の校訂を経た史料が，国際的，学際的に利用できるテキスト・データとして入手可能となったのである．MGH は今後も印刷版での史料刊行を継続しつつ，dMGH と openMGH を発展させていく．「デジタル時代」においては史料基盤のあり方が急速に変化し，それとともに中世史料への研究アプローチが多様化していることに注目しておきたい．

［櫻田宗紀］

ジャック・ル・ゴフ

『中世の身体』『煉獄の誕生』『聖王ルイ』
『アッシジの聖フランチェスコ』……．ジャッ
ク・ル・ゴフ（1924〜2014）ほど，その著書が
日本語に訳された西洋中世史家はほかにいない．
単著に限っても，その数 17 点に及ぶ．ル・ゴフ
は実にさまざまな言語で，世界中で読まれてい
る．初期の作品ながら彼の中世観のエッセンス
が詰まった『中世西欧文明』（1964）は 10 カ国
語に翻訳されている．今日，地球上で最も名の
知られた歴史家の一人と言っても過言ではない．

図 1　ジャック・ル・ゴフ肖像
[写真提供：ユニフォトプレス]

　20 世紀の歴史学に新風を吹き込み続けた「アナール」学派は，1969 年にル・
ゴフらが指導的地位に就いたことで第 3 世代に移行した．政治史，事件史偏重を
排し社会史，文化史の地位確立に奮闘した創立者世代，統計的，数量的アプロー
チや経済史に重きを置く第 2 世代に続いて，彼らは人類学的視点を歴史研究に導
入し，人々の集合的な内面の世界，すなわち「心性（マンタリテ）」の歴史に
よって一世を風靡した．その「新しい歴史学」は日本にも巨大な影響をもたらし
た．1976 年のル・ゴフ来日講演は大きな反響を呼び，網野善彦や阿部謹也を中
心とする社会史ブームにさらなる拍車をかけることになった．

　最晩年までまったく衰えを知らなかったル・ゴフの貪欲な著述活動は，中世文
化のあらゆる側面に及んだ．想像界（イマジネール），驚異，時間，夢，民俗，
都市，知識人，金，身体，身振り……，古文書史料や年代記，法文書，中世の学
者の著述はもちろん，文学作品，エクセンプラ（教訓説話），図像など多種多彩
な史料の間を奇術師のように飛び回り，中世社会を一つの有機的全体として魅惑
的に描き出した．歴史研究の，そして人文学の細分化が嘆かれるなか，まさにア
ナール派誕生以来のモットーに忠実に中世の「全体史」を追求し続けたのである．

　ここから紡がれるル・ゴフの中世は，一般的に理解されるそれよりも「長い」．
15, 16 世紀の「ルネサンス」は中世の終わりではなく一部であり，経済，政治，
社会，文化を総合的にみれば，「長い中世」はフランス革命の手前まで続く．中
世は「暗黒」ではなく進歩に満ちあふれた一つの文明である．ヨーロッパは，ほ
かならぬ中世に生まれたのだ．第 2 次世界大戦とレジスタンスを目撃したル・ゴ
フにとって，ヨーロッパ統合は生涯揺らがぬ信念であり，ヨーロッパという枠組
みはその研究をも強烈に支配した．生前最後のインタビューを，彼は「ヨーロッ
パの進歩」への希望で締め括っている（ル・ゴフ＆ロマニョーリ，2014）．

[梶原洋一]

【付録】地図

図1　ユーラシア西部の地理〔Holms, C. et al.（2021）*Political Culture in the Latin West, Byzantium and the Islamic World, c.700-c.1500.* Cambridge University Press より作成〕

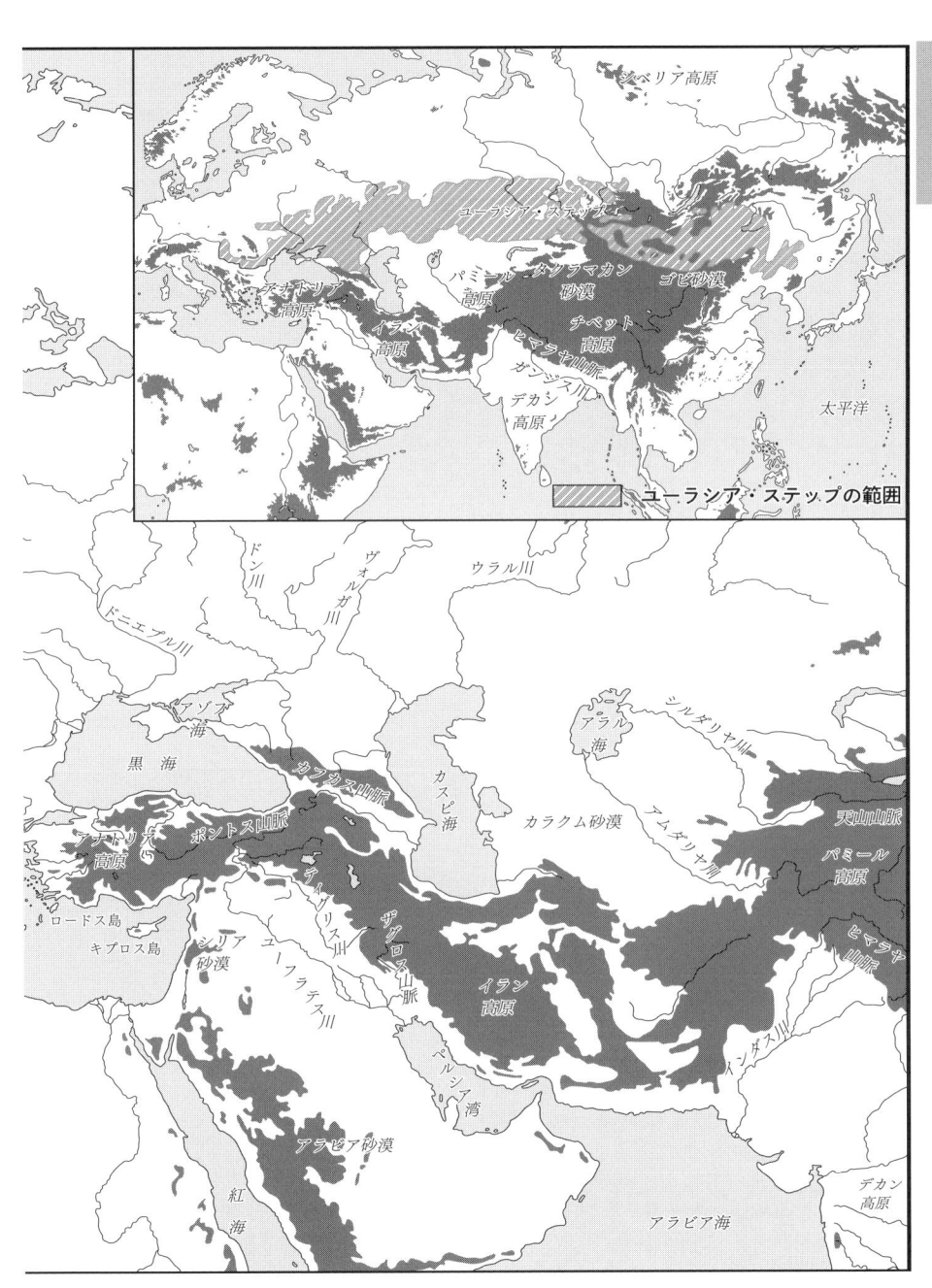

図 2　850 年のヨーロッパ西部［Wickham, C.(2016) *Medieval Europe*. Yale University Press より作成］

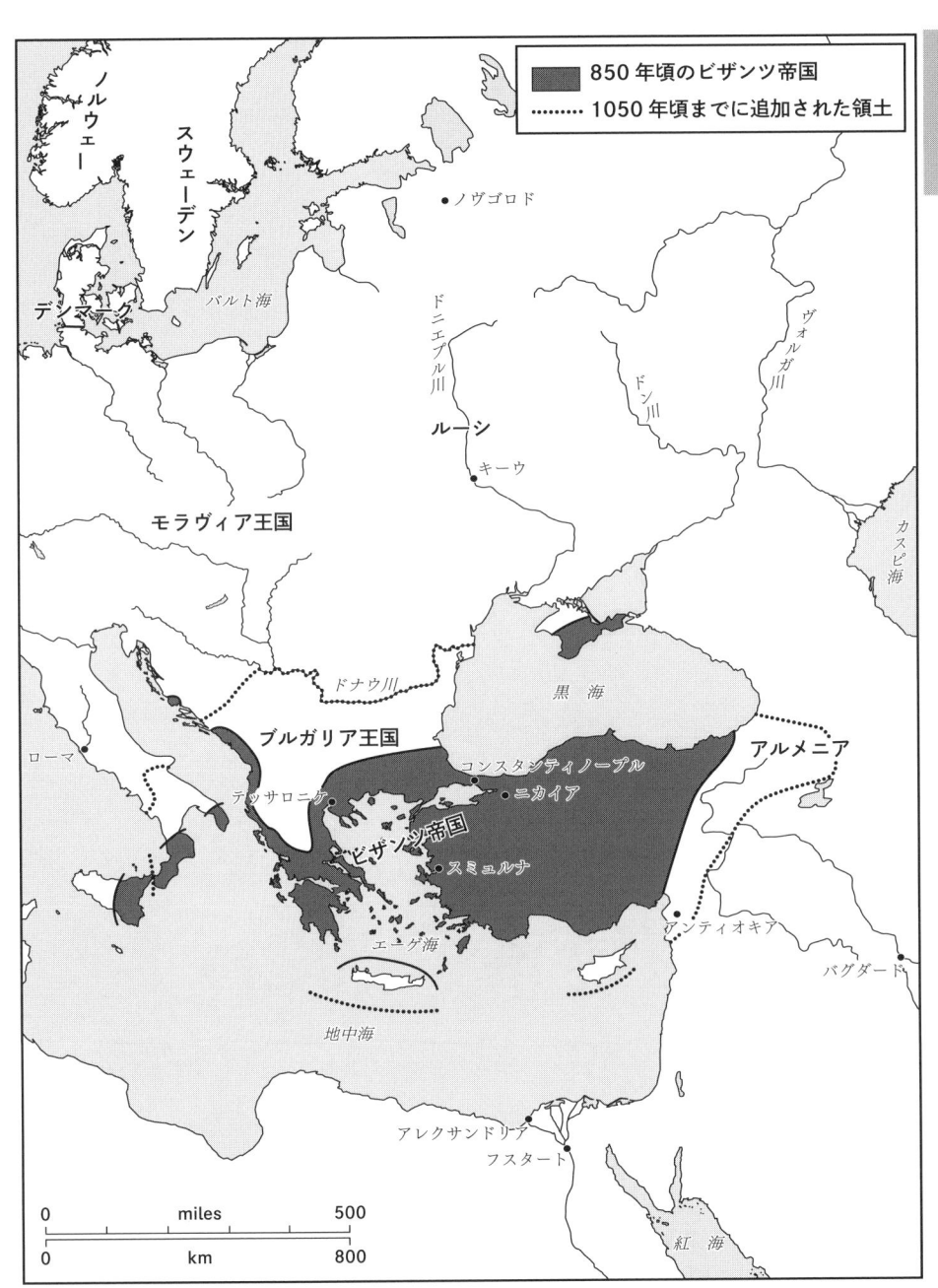

図3　850年のヨーロッパ東部［Wickham, C.（2016）*Medieval Europe*. Yale University Press より作成］

図4　1150年のヨーロッパ西部［Wickham, C.(2016) *Medieval Europe*. Yale University Press より作成］

付
録

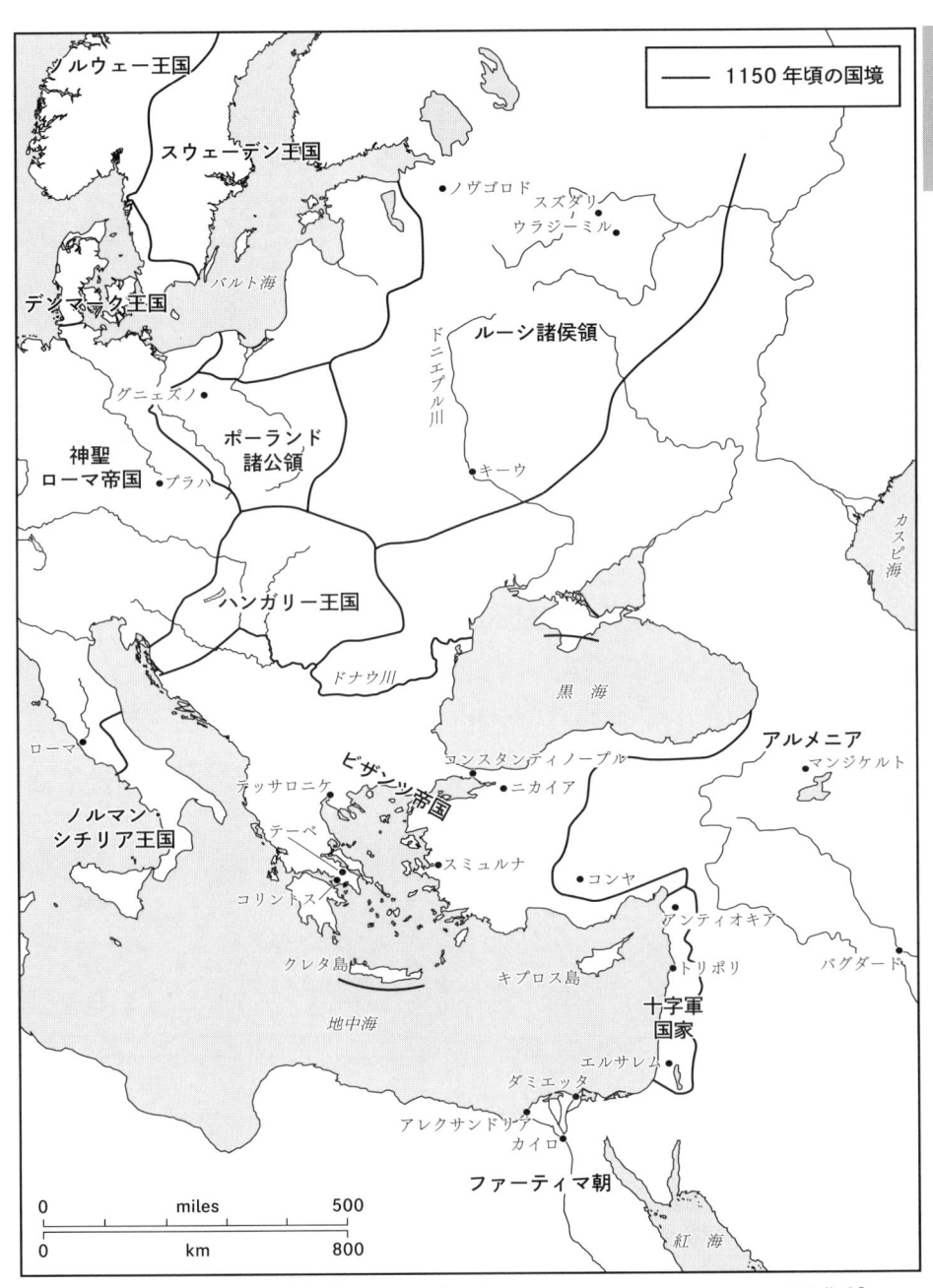

図5　1150年のヨーロッパ東部［Wickham, C. (2016) *Medieval Europe*. Yale University Press より作成］

図6　1500年のヨーロッパ西部［Wickham, C.(2016) *Medieval Europe*. Yale University Press より作成］

図7　1500年のヨーロッパ東部 ［Wickham, C. (2016) *Medieval Europe*. Yale University Press より作成］

引用・参照文献

＊章・項目ごとに，編著者名の五十音順ならびにアルファベット順に掲載した.
＊［引］と示したものは引用文献. それ以外は参照文献とした.
＊事典全体に関連する参照文献は冒頭に掲載した.

池上俊一・河原　温他（編著）（2008-2010）『ヨーロッパの中世』（全 8 巻），岩波書店
シュルツェ，H. K.（著），千葉徳夫他（訳）（1997-2013）『西欧中世史事典』（全 3 巻），Minerva 西洋史ライブラリー
ロイン，H. R.（編著），魚住昌良（監訳）（1999）『西洋中世史事典』東洋書林［Loyn, H. R.（ed.）（1989）*The Middle Ages : a concise encyclopaedia*. Thames & Hudson］
Beck, H. et al.（hrsg.）（1973-2008）*Reallexikon der Germanischen Altertumskunde*（*2 Aufl., 35 vols.*）. Walter de Gruyter
Besson, A. et al.（eds.）（2022）*Dictionnaire du Moyen Age imaginaire: Le médiévalisme, hier et aujourd'hui*. Vendémiaire
Castelnuovo, E. et al.（eds.）（2002-2004）*Arti e Storia nel Medioevo*,（*4 vols.*）. Einaudi
Daim F.（ed.）（2019）*History and Culture of Byzantium*. Brill
Fried, J. & Rader, O. B.（hrsg.）（2017）*Die Welt des Mittelalters: Erinnerungsorte eines Jahrtausends*. C. H. Beck
Heng, G.（2021）*The Global Middle Ages: An Introduction*. Cambridge University Press
Le Goff, J. & Schmitt, J. -C.（eds.）（1999）*Dictionnaire raisonné de l'Occident médiéval*. Fayard
Linehan, P. et al.（eds.）（2018）*The Medieval World*（*2nd edition*）. Routledge
Mackitterick, R. et al.（eds.）（1995-2005）*The New Cambridge Medieval History*（*7 vols.*）. Cambridge University Press
Mazel, F.（ed.）（2021）*Nouvelle Histoire du Moyen Âge*. Seuil

【口絵】
✖ユーラシアの中の西洋中世

アレクサンドロス大王のモザイク画. Wikipedia：Aleksandar Makedonski in Otranto cathedral［https://it.wikipedia.org/wiki/File:Aleksandar_Makedonski_in_Otranto_cathedral.jpg（2024 年 8 月 22 日閲覧）］
『コスモグラフィア』. Apianus, P. & Frisius, G.（1584）*Cosmographia, sive descriptio universi orbis*. Antverpiae : apud Joan. Bellerum, p. 6［https://anet.be/brocade/imageviewer/universalviewer/uv.html#?manifest=/iiif/cea2eeaa3a3ae1be1972255ce38261653043f438/manifest&config=/iiif/viewercfg.phtml%3Fcg=uauniversalviewer（2024 年 9 月 17 日閲覧）］

✖権力とその象徴

聖イシュトヴァーンの王冠. Wikipedia：The Holy Crown of Hungary［https://en.wikipedia.org/wiki/Holy_Crown_of_Hungary（2024 年 8 月 22 日閲覧）］
カール 4 世の印璽. Wachssiegelabgüsse im Archiv der Monumenta Germaniae Historica, Karl IV., Ks.［https://data.mgh.de/databases/seals/bin/seal_viewer.xql?id=080（2024 年 8 月 22 日閲覧）］
インノケンティウス 3 世の肖像. Wikipedia：Papst Innozenz III.（Fresko im Kloster San Benedetto in Subiaco, Latium, um 1219）［https://de.wikipedia.org/wiki/Innozenz_III.#/media/Datei:Pope_Innocent_III_(Monastery_of_Subiaco).jpg（2024 年 8 月 22 日閲覧）］
シャルル突進公が奉納した肖像. Belgian Art Links and Tools：Reliquaire de Charles le Téméraire, KIK-IRPA, Brussels［https://balat.kikirpa.be/photo.php?path=X149794&objnr=10071945&lang=en-GB&nr=3（2024 年 9 月 18 日閲覧）］

✖いくさと武器

ドラゴン大砲. Valturio, R.（1532）*De re militari*. Paris, p. 239［Internet Archive］［https://archive.org/details/chepfl-lipr-axc-36/page/239/mode/2up（2024 年 9 月 17 日閲覧）］
「ジャックリーの乱」. Wikipedia：Jacquerie meaux［https://commons.wikimedia.org/wiki/File:Jacquerie_meaux.jpg（2024 年 8 月 22 日閲覧）］
「シチリアの晩祷」. Wikipedia：Sicilian Vespers 1281 How and after what manner the island of Sicily rebelled against King Charles Nuova Cronica Giovanni Villani 14th century［https://commons.wikimedia.org/wiki/File:Sicilian_Vespers_1281_How_and_after_what_manner_the_island_of_Sicily_rebelled_against_King_Charles_Nuova_Cronica_Giovanni_Villani_14th_

century.png（2024 年 8 月 22 日閲覧）］

攻城兵器．Francesco di Giorgio Martini（1482）*Trattato di architettura civile e militare*.

✖貴族と宮廷

演奏する歌人．Wikimedia Commons：Codex Manesse Heinrich von Meißen（Frauenlob）［https://commons.wikimedia.org/wiki/File:Codex_Manesse_Heinrich_von_Mei%C3%9Fen_(Frauenlob).jpg（2024 年 8 月 22 日閲覧）］

《貴婦人と一角獣》．Wikimedia Commons：（Toulouse）Le Vue（La Dame à la licorne)- Musée de Cluny Paris［https://commons.wikimedia.org/wiki/-_Le_Vue_(La_Dame_%C3%A0_la_licorne)_-_Mus%C3%A9e_de_Cluny_Paris.jpg（2024 年 8 月 22 日閲覧）］

✖都市と農村

《都市の善政の効果》．Wikimedia Commons：Ambrogio Lorenzetti - Effects of Good Government in the city - Google Art Project［https://commons.wikimedia.org/wiki/File:Ambrogio_Lorenzetti_-_Effects_of_Good_Government_in_the_city_-_Google_Art_Project.jpg（2023 年 1 月 20 日閲覧）］

《田園の善政の効果》．Wikimedia Commons：Ambrogio lorenzetti, effetti del cattivo governo, siena, palazzo pubblico, 1337-1340［https://commons.wikimedia.org/wiki/File:Ambrogio_lorenzetti,_effetti_del_cattivo_governo,_siena,_palazzo_pubblico,_1337-1340.jpg（2023 年 1 月 20 日閲覧）］

『倫理学』挿絵．Vandewalle, A.（2002）*Les marchands de la Hanse et la banque des Médicis*. Stichting Kunstboek, p. 67

樹木の伐採と村の建設．Wikipedia：Heidelberger Sachsenspiegel 26v-Dorfgruendung［https://de.m.wikipedia.org/wiki/Datei:Heidelberger_Sachsenspiegel_26v_-_Dorfgruendung.jpg（2024 年 8 月 22 日閲覧）］

《両替商とその妻》．Vandewalle, A.（2002）*Les marchands de la Hanse et la banque des Médicis*. Stichting Kunstboek, p. 106

✖信仰の場

「聖顔」を見るために集う人々．（1499）*Mirabilia urbis Romae. Ita, carta d8v*（BEIC）Pietro : della Torre

巡礼先教会．Wikimedia Commons：Le sette chiese di Roma（Antoine Lafréry, 1575）［https://it.wikipedia.org/wiki/Giro_delle_Sette_Chiese#/media/File:Le_sette_chiese_di_Roma_(Antoine_Lafr%C3%A9ry,_1575).jpg（2024 年 8 月 22 日閲覧）］

✖聖書と聖なる人物

聖アンナ．Getty Museum Collection：Ms. 5（84.ML.723）, fol. 45v. Saint Anne Teaching the Virgin to Read about 1430-1440［https://www.getty.edu/art/collection/object/103S1H（2024 年 9 月 18 日閲覧）］

アダムとエヴァと女性の顔をした蛇．St John's College：MS K.26 f.4r.［https://www.joh.cam.ac.uk/library/special_collections/manuscripts/medieval_manuscripts/medman/A/K26/K26f4r.htm（2024 年 10 月 12 日閲覧）］

殉教聖女ルチア．Wikimedia Commons：Campo, chiesa di San Pietro in Vincoli - Affreschi santi 04［https://commons.wikimedia.org/wiki/File:Campo,_chiesa_di_San_Pietro_in_Vincoli_-_Affreschi_santi_04.jpg（2024 年 9 月 18 日閲覧）］

✖中世文化の受容

騎士とラミア．Wikimedia Commons：Redgirl and knight01［https://commons.m.wikimedia.org/wiki/File:Redgirl_and_knight01.jpg#mw-jump-to-license（2024 年 8 月 22 日閲覧）］

ノイシュヴァンシュタイン城．Wikimedia Commons：Neuschwanstein Castle Cropped frm PC［https://commons.m.wikimedia.org/wiki/File:Neuschwanstein_Castle_Cropped_frm_PC.jpg#mw-jump-to-license（2024 年 8 月 22 日閲覧）］

放牧地でのミサ．Archives départementales des Alpes-de-Haute-Provence：BEAUVEZER - La Messe des Bergers à Chalufy［https://www.archives04.fr/ark:/58484/s00555c85355db8b/5573df8b74643（2024 年 10 月 3 日閲覧）］

【1 章　環境と自然】
✖天体観測

［引］フォーク, S.（著），松浦俊輔（訳）（2023）『アストロラーベ―光り輝く中世科学の結実』柏書房［Falk, S.（2020）*The Light Ages: The surprising story of medieval science*. W. W. Norton］

［引］Bowen, A. C.（2012）*Simplicius on the planets and their motions: In defense of a heresy*. Brill

［引］Mimura, T.（2020）Ghulāms（Slave Boys）and scientific research in the Abbasid period: The example of the Amājūr family. *Historia Scientiarum. Second Series: International Journal of the History of Science Society of Japan*, 29, pp. 182-197

テスター，S. J.（著），山本啓二（訳）（1997）『西洋占星術の歴史』恒星社厚生閣［Tester, S. J.（1989）*A history of western astrology*. Ballantine Books］
三村太郎（2010）『天文学の誕生―イスラーム文化の役割』岩波科学ライブラリー

✖気候変動

［引］アブー=ルゴド，J. L.（著），佐藤次高他（訳）（2001）『ヨーロッパ覇権以前―もうひとつの世界システム』（上・下），岩波書店［Abu-Lughod, J. L.（1991）*Before European Hegemony: The World System A. D. 1250-1350*. Oxford University Press］
［引］Campbell, B. M. S.（2016）*The Great Transition: Climate, Disease and Society in the Late-Medieval World*. Cambridge University Press
［引］Le Roy Ladurie, E.（1983）*Histoire du climat depuis l'an mil*. Flammarion［ル=ロ ワ=ラ デュリ，E.（著），稲垣文雄（訳）（2000）『気候の歴史』藤原書房］
［引］Lieberman, V.（2009）*Strange Parallels: Southeast Asia in Global Context, c.800-1830*（*Volume 2. Mainland Mirrors: Europe, Japan, China, South Asia, and the Islands*）. Cambridge University Press
［引］Preiser-Kapeller, J.（2021）*Der Lange Sommer und die Kleine Eiszeit: Klima, Pandemien und der Wandel der Alten Welt von 500 bis 1500 n. Chr.* Mandelbaum
キャンベル，B. M. S.（著），東京都立大学西洋中近世史ゼミ（訳）（2021）「『大遷移―後期中世世界における気候・疫病・社会』より第1章」『人文学報（歴史学・考古学）』（49），pp. 29-66
Pfister, Ch. & Wanner, H.（2021）*Climate and Society in Europe: The Last Thousand Years*. Haupt Verlag
White, S. et al.（eds.）（2018）*The Palgrave Handbook of Climate History*. Palgrave Macmillan

✖自然災害

［引］甚野尚志（2004）「災害を前にした人間」甚野尚志・堀越宏一（編）『中世ヨーロッパを生きる』東京大学出版会，pp. 81-98
［引］フーケー，G. & ツァイリンガー，G.（著），小沼明生（訳）（2015）『災害と復興の中世史―ヨーロッパの人びとは惨禍をいかに生き延びたか』八坂書房［Fouquet, G. & Zeillinger, G.（2011）*Katastrophen im Spätmittelalter*. Philipp von Zabern］
［引］ボルスト，A.（1981）「1348 年 の 地 震」［Borst, A.（1981）Das Erdbeben von 1348. Ein historischer Beitrag zur Katastrophenforschung. *Historische Zeitschrift*, 233, pp. 529-569］
［引］Glaser, R.（2008）*Klimageschichte Mitteleuropas: 1200 Jahre Wetter, Klima, Katastrophen*（*2. Aufl*）. Prims
［引］Rohr, Ch.（2007）*Extreme Naturereignisse im Ostalpenraum. Naturerfahrung im Spätmittelalter und am Beginn der Neuzeit*. Böhlau
Gerrard, Ch. et al.（2021）*Waiting for the end of the world?: New perspectives on natural disasters in Medieval Europe*. Routledge
Schenk, G. J.（2014）Common grounds in early modern disaster experiences? Some remarks on new trends in historical disaster research as part of environmental history and climate history. In: Knoll, M. & Reith, R.（eds.）*An environmental history of the early modern period: Experiments and perspectives*. LIT Verlag, pp. 11-18
Schenk, G. J.（ed.）（2017）*Historical disaster experiences: Towards a comparative and transcultural history of disasters across Asia and Europe*. Springer

✖自然の驚異

［引］池上俊一（2020）『ヨーロッパ中世の想像界』名古屋大学出版会
［引］黒川正剛（2018）『魔女・怪物・天変地異―近代的精神はどこから生まれたか』筑摩書房
［引］ティベルリのゲルヴァシウス（著），池上俊一（訳）（2008）『西洋中世奇譚集成―皇帝の閑暇』講談社学術文庫
［引］ルゴフ，J.（著），池上俊一（訳）（1992）「中世の科学的驚異」『中世の夢』名古屋大学出版会，pp. 1-36
［引］Uchikawa, Y. et al.（2020）Provenance of the cross sign of 806 in the Anglo-Saxon Chronicle: A possible lunar halo over continental Europe? *History of Geo- and Space Sciences*, 11, pp. 81-92
田辺幹之助・佐藤直樹（編）（1995）『ゴータ市美術館所蔵作品による宗教改革時代のドイツ木版画』国立西洋美術館
Bauch, M.（2017）The day the Sun turned blue: A volcanic eruption in the early 1460s and its possible climatic impact: A natural disaster perceived globally in the late middle ages? In: Schenk G.（eds.）*Historical disaster experiences: Towards a comparative and transcultural history of disasters across Asia and Europe*. Springer, pp. 107-138
Berns, J. J.（2016）Wunderzeichen am Himmel und auf Erden. In: Jaumann, H. & Stiening, G.（eds.）*Neue Diskurse der Geleh-*

rtenkultur in der Frühen Neuzeit: Neue Diskurse der Gelehrtenkultur in der Frühen Neuzeit. De Gruyter, pp. 99-162

✖自然の利用と改変

［引］ 田口一夫（2002）『ニシンが築いた国オランダ―海の技術史を読む』成山堂書店

［引］ Mariano di Jacopo detto il Taccola（author）, Beck, J. H.（ed.）（1969）*Liber tertius de ingeneis ac edifitiis non usitatis.* Il Polifilo

［引］ Reynolds, T. S.（1983）*Stronger than a hundred men: A history of the vertical water wheel.* Johns Hopkins University Press ［レイノルズ, T. S.（著）, 末尾至行他（訳）（1989）『水車の歴史―西欧の工業化と水力利用』平凡社］

ギャンペル, J.（著）, 坂本賢三（訳）（2010）『中世の産業革命』岩波モダンクラシックス ［Gimpel, J.（1975）*La Révolution industrielle du Moyen âge.* Édition du Seuil］

酒井洲二（2006）『水車・風車・機関車―機械文明発生の歴史』法政大学出版局

堀越宏一（2009）『ものと技術の弁証法』（ヨーロッパの中世 5）, 岩波書店

✖動物相

［引］ 池上俊一（2020）『ヨーロッパ中世の想像界』名古屋大学出版会

［引］ ドロール, R.（著）, 桃木暁子（訳）（1998）『動物の歴史』みすず書房 ［Delort, R.（1984）*Les animaux ont une histoire.* Éditions du Seuil］

［引］ 三浦慎悟（2018）『動物と人間―関係史の生物学』東京大学出版会

［引］ Irving-Pease, E. K. et al.（2018）Rabbits and the specious origins of domestication. *Trends in Ecology & Evolution,* 33（3）, pp. 149-152

［引］ Taylor, A. L.（2018）Where are the wild things? Animals in western medieval European History. *History Compass,* 16（3）, pp. e12443. DOI: 10.1111/hic3.12443

池上俊一（1990）『動物裁判―西欧中世・正義のコスモス』講談社現代新書

パストゥロー, M.（著）, 平野隆文（訳）（2014）『熊の歴史―「百獣の王」にみる西洋精神史』筑摩書房 ［Pastoureau, M.（2007）*L'ours: Histoire d'un roi déchu.* Édition du Seuil］

Salisbury, J. E.（2022）*The Beast Within: Animals in the Middle Ages*（3rd ed.）. Routledge

✖植物相

吉野正敏・安田喜憲（編）（1995）『歴史と気候』（講座文明と環境 6）, 浅倉書店

ラートカウ, J.（著）, 山縣光晶（訳）（2013）『木材と文明』築地書館 ［Radkau, J.（2012）*Holz: Wie ein Naturstoff Geschichte schreibt.* Oekom］

ル＝ロワ=ラデュリ, E.（著）, 稲垣文雄（訳）（2009）『気候と人間の歴史・入門―中世から現代まで』藤原書店 ［Le Roy Ladurie, E.（2007）*Abrégé d'histoire du climat du Moyen Age à nos jours.* Fayard］

✖海

［引］ 鶴島博和（2022）「中世ブリテンにおける魚眼的グローバル・ヒストリー論」荒川正晴他（編）『ヨーロッパと西アジアの変容―11〜15世紀』（岩波講座世界歴史 9）, 岩波書店, pp. 87-112

［引］ Abulafia, D.（2011）*The great sea: A human history of the Mediterranean.* Oxford University Press ［アブラフィア, D.（著）, 髙山 博（監訳）, 佐藤 昇他（訳）（2021）『地中海と人間―原始・古代から現代まで』（全 2 分冊）, 藤原書店］

［引］ Braudel, F.（1949）*La Méditerranée et le monde méditerranéen à l'époque de Philippe II.* A. Colin ［ブローデル, F.（著）, 浜名優美（訳）（2004）『地中海（普及版）』（全 5 分冊）, 藤原書店］

［引］ Mollat du Jourdin, M.（1993）*L'Europe et la mer.* Seuil ［モラ・デュ・ジュルダン, M.（著）, 深沢克己（訳）（1996）『ヨーロッパと海』平凡社］

カービー, D. ＆ヒンカネン, M.-L.（著）, 玉木俊明他（訳）（2011）『ヨーロッパの北の海―北海・バルト海の歴史』刀水書房 ［Karby, D. & Hinkkanen, M.-L.（2000）*The Baltic and the north seas.* Routledge］

Abulafia, D.（2020）*The boundless sea: A human history of the oceans.* Penguin Books

Borgolte, M. & Jaspert, N.（2016）*Maritimes Mittelalter: Meere als Kommunikationsräume.* J. Thorbecke

✖地中海

［引］ Abulafia, D.（2011）*The Great Sea: A Human History of the Mediterranean.* Oxford University Press ［アブラフィア, D.,

（著），高山　博（監訳），佐藤　昇他（訳）（2021）『地中海と人間―原始・古代から現代まで』（全 2 分冊），藤原書店］

［引］Braudel, F.（1949）*La Méditerranée et le monde méditerranéen à l'époque de Philippe II*. A. Colin［ブローデル，F.（著），浜名優美（訳）（1991〜1995）『地中海』（全 5 分冊），藤原書店］

［引］ホーデン，P. & パーセル，N.（2000）『堕落させる海』［Horden, P. & Purcell, N.（2000）*The Corrupting Sea: A study of Mediterranean history*. Wiley］

［引］Pirenne, H.（1937）*Mahomet et Charlemagne*. Félix Alcan［ピレンヌ，H.（著），中村　宏・佐々木克己（訳）（1960）『ヨーロッパ世界の誕生―マホメットとシャルルマーニュ』創文社］

木村凌二・高山　博（2020）『衝突と共存の地中海世界―古代から近世まで』左右社

ハスキンズ，C. H.（著），野口洋二（訳）（1985）『十二世紀ルネサンス』創文社［Haskins, C. H.（1927）*The renaissance of the twelfth century*. Harvard University Press］

✖山と川

［引］池上俊一（2010）『森と川―歴史を潤す自然の恵み』（世界史の鏡），刀水書房

［引］千葉敏之（2017）「岩窟と大天使―ヨーロッパにおける大天使ミカエル崇敬の展開」高橋慎一朗・千葉敏之（編）『移動者の中世―史料の機能，日本とヨーロッパ』東京大学出版会，pp. 177-209

［引］若曽根健治（1980, 2012, 2013）「森林犯罪告発人制度管見―領邦国家と農村共同体（一）（二）（三・完）」『熊本法学』29，pp. 59-128／126，pp. 75-141／128，pp. 47-120

関根浩子（2017）『サクロ・モンテの起源―西欧におけるエルサレム模造の展開』勉誠出版

Nicolas, C. & Mouthon, F.（2010）*Paysans des Alpes: Les communautés montagnardes au Moyen Âge*. Presses Universitaires de Rennes

Vauchez, A.（ed.）（2007）*I santuari cristiani d'Italia: Bilancio del censimento e proposte interpretative*. École française de Rome

✖アルプス

［引］ブリックレ，P.（著），服部良久（訳）（1990）『ドイツの臣民―平民・共同体・国家 1300〜1800 年』ミネルヴァ書房［Blickle, P.（1981）*Deutsche Untertanen: ein Widerspruch*. Beck］

［引］Mathieu, J.（1998）*Geschichte der Alpen 1500-1900: Umwelt, Entwicklung, Gesellschaft*. Böhlau

踊　共二（編）（2015）『アルプス文化史―越境・交流・生成』昭和堂

服部良久（2009）『アルプスの農民紛争―中・近世の地域公共性と国家』京都大学学術出版会

✖森

［引］アベルス，J.（2012）『中世ヨーロッパの環境史』［Aberth, J.（2012）*An environmental history of the Middle Ages: the crucible of nature*. Routledge］

池上俊一（2010）『森と川―歴史を潤す自然の恵み』刀水書房

遠山茂樹（2022）『ロビン・フッドの森―中世イギリス森林史への誘い』刀水書房

堀越宏一（2009）『ものと技術の弁証法』岩波書店

✖湖・池・沼

池上俊一（1992）『狼男伝説』朝日選書

安田　淳（2016）「贅沢品としての淡水魚と養魚池をめぐって―The Canterbury Tales の例から」『創立五十周年記念論文集』流通経済大学，pp. 699-715

Abbé, J.-L.（2006）*À la conquête des étangs: L'aménagement de l'espace en Languedoc méditerranéen（XIIe-XVe siècle）*. Presses universitaires du Mirail

✖瘴　気

［引］池上俊一（監修）（2017）『原典ルネサンス自然学（上）』名古屋大学出版会

［引］石坂尚武（編訳）（2017）『イタリアの黒死病関係史料集』刀水書房

［引］Byrne, J. P.（2006）*Daily life during the Black Death*. Greenwood Press

［引］Horrox, R.（ed. & tr.）（1994）*The Black Death*. Manchester University Press

石坂尚武（2018）『苦難と心性―イタリア・ルネサンス期の黒死病』刀水書房

石坂尚武（2021）「西欧ペスト期における大気汚染説の受容と移動の問題―ペストの原因論をめぐって」『歴史学研究

会』（1010）, pp. 45-58

チポラ, C. M.（著）, 日野秀逸（1998）『ペストと都市国家―ルネサンスの公衆衛生と医師』平凡社［Cipolla, C. M. （1976）*Public health and the medical profession in the Renaissance.* Cambridge University Press］

✖鉱山と鉱物資源

シンガー, C. 他（編）, 平田　寛・八杉龍一（訳編）（1978）『増補 技術の歴史 3―地中海文明と中世（上）』筑摩書房［Singer, C. et al.（eds.）（1956）*A History of Technology vol. 2: The Mediterranean civilizations and the Middle Ages.* Oxford University Press］

堀越宏一（1991）「中世フランスにおける製鉄業の発展と鉱業特権の形成」『史学雑誌』100（2）, pp. 1-39, pp. 144-143

Blanchard, I.（2001-2005）*Mining, Metallurgy and Minting in the Middle Ages*（3 vols.）. F. Steiner

Nef, J. U.（1952, 1987）Mining and Metallurgy in Medieval Civilisation. In: Postan, M. et Miller, E.（eds.）*The Cambridge economic history of Europe*（vol. 2）, Cambridge University Press, pp. 691-761, 933-940

✖環境汚染

［引］Gargiolli, G.（ed.）（1995）*Trattato dell'arte della seta.* Giunti

德橋　曜（編著）（2004）『環境と景観の社会史』文化書房博文社

フランクラン, A.（著）, 高橋清徳（訳）（2007）『排出する都市パリ―泥・ごみ・汚臭と疫病の時代』悠書館［Franklin, A.（1890）*L'hygiène: État des rues-égouts-voiries-fosses d'aisances-épidémies-cimentières.* Plon］

Brimblecombe, P. & Makra, L.（2005）Selections from the history of environmental pollution, with special attention to air pollution. Part 2: From medieval times to the 19th century. *International Journal of Environment and Pollution,* 23（23）, pp. 351-367

✖【コラム】 ジャン・ド・ブリー

［引］Jehan de Brie（auteur）, Clévenot, M.（ed.）（1986）*Le bon berger: Le grand classique de la Bergerie*（XIVème siècle）. Presses du Village

［引］Bodleian Library MS. Douce 195, fol.144v［https://digital.bodleian.ox.ac.uk/objects/da582e4f-8ee0-4bbc-9315-895fd44430d2/surfaces/5c4fbc86-7eaa-449e-b949-e1bcae05730c/（2024 年 9 月 13 日閲覧）］

Gassies, G.（1909）Jehan de Brie et les bergers d'autrefois. *Brie et Gâtinais.* I -3, pp. 73-79, pp. 121-126, pp. 167-169

Lebert, F.（1934）La Ferme de Nolongues et le bon berger Jehan de Brie. *Bulletin de la société littéraire et historique de la Brie.* 13, pp. 133-138

【2 章　国家と支配】

✖国家と教会

佐藤伊久男（2012）『中世イングランドにおける諸社会の構造と展開』創文社

関口武彦（2013）『教皇改革の研究』南窓社

野口洋二（1978）『グレゴリウス改革の研究』創文社

✖宮廷（統治組織）

［引］Elias, N.（1969）*Die höfische Gesellschaft: Untersuchungen zur Soziologie des Königtums und der höfischen Aristokratie mit einer Einleitung: Soziologie und Geschichtswissenschaft.* Luchterhand［エリアス, N.（著）, 波田節夫他（訳）（1981）『宮廷社会』（叢書・ウニベルシタス）, 法政大学出版局］

［引］Huizinga, J.（1919）*Herfsttij der Middeleeuwen.* Tjeenk Willink［ホイジンガ, J.（著）, 堀越孝一（訳）（2001）『中世の秋（1・2）』中公クラシックス］

ダインダム, J.（著）, 大津留　厚他（訳）（2017）『ウィーンとヴェルサイユ―ヨーロッパにおけるライバル宮廷 1550～1780』（人間科学叢書）, 刀水書房［Duindam, J.（2003）*Vienna and Versailles: The courts of Europe's dynastic rivals, 1550-1780.* Cambridge University Press］

高山　博・池上俊一（編）（2002）『宮廷と広場』刀水書房

Vale, M.（2001）*The princely court: Medieval courts and culture in North-West Europe 1270-1380.* Oxford University Press

✖王　冠

［引］カントーロヴィチ, E. H.（著）, 小林　公（訳）（1992）『王の二つの身体―中世政治神学研究』平凡社［Kantorowicz, E. H.（1957）*The king's two bodies: A study in medieval political theology.* Princeton University Press］

［引］バートレット, R.（著）, 樺山紘一（監訳）（2008）『図解ヨーロッパ中世文化誌百科（上）』（世界史パノラマ・シリーズ）, 原書房, p. 137［Bartlett, R.（ed.）（2001）*Medieval panorama.* Thames & Hudson］

池上俊一（2008）『儀礼と象徴の中世』（ヨーロッパの中世 8）, 岩波書店

小倉欣一（編）（2004）『近世ヨーロッパの東と西―共和政の理念と現実』山川出版社

渡辺　鴻（2008）『図説神聖ローマ帝国の宝冠』八坂書房

✖王の印璽

［引］Dalas, M.（ed.）（1991）*Les sceaux des Rois et de régence.*（Tome II. Corpus des sceaux français du Moyen Age）, Archives nationales, p. 150（no. 70）, p. 158（no. 78）, p. 196（no. 113）, p. 199（no. 117）, p. 286（no. 205）

岡崎　敦（2005）「印章学・紋章学」高山　博・池上俊一（編）『西洋中世学入門』東京大学出版会, pp. 117-30

岡崎　敦（2006）「中世末期フランスにおける国家行政と王印璽」『西欧中・近世における国家の統治構造と機能（平成 15-17 年度科学研究補助金研究成果報告書）』pp. 22-30［https://catalog.lib.kyushu-u.ac.jp/opac_download_md/7165103/7165103.pdf（2024 年 9 月 10 日閲覧）］

✖王の二つの身体

［引］カントーロヴィチ, E. H.（著）, 小林　公（訳）（1992）『王の二つの身体―中世政治神学研究』平凡社［Kantorowicz, E. H.（1957）*The king's two bodies: A study in medieval political theology.* Princeton University Press］

［引］ダンテ・アリギエーリ（著）, 小林　公（訳）（2018）『帝政論』中公文庫

今村慎介（2004）『王権の修辞学―フランス王の演出装置を読む』講談社選書メチエ

Giesey, R. E.（1960）*The royal funeral ceremony in Renaissance France.* Droz

✖皇　帝

井上浩一（2008）『生き残った帝国ビザンティン』講談社学術文庫

シュルツェ, H. K.（著）, 五十嵐　修他（訳）（2005）『皇帝と帝国』Minerva 西洋史ライブラリー［Schulze, H. K.（1998）*Kaiser und Reich.* W. Kohlhammer］

✖教　皇

［引］Frenz, T.（2000）*Papsturkunden des Mittelalters und der Neuzeit.* F. Steiner

シンメルペニッヒ, B.（著）, 甚野尚志他（訳）（2017）『ローマ教皇庁の歴史―古代からルネサンスまで』（人間科学叢書）, 刀水書房［Schimmelpfennig, B.（2009）*Das Papsttum: Von der Antike bis zur Renaissance, 6th ed.* Primus in Herder］

Rennie, K. R.（2013）*The foundations of medieval papal legation.* Palgrave Macmillan

Whalen, B. E.（2014）*The medieval papacy.* Palgrave Macmillan

✖諸侯（大貴族）

［引］Lot, F.（1949）Dhondt（J.）. Études sur la naissance des principautés territoriales en France（IXe-Xe siècle）. *Revue belge de philologie et d'histoire*, 27（3-4）, pp. 836-843

上山益己（2021）『中世盛期北フランスの諸侯権力』大阪大学出版会

高山　博（1997）「フランス中世における地域と国家」辛島　昇・高山　博（編）『地域のイメージ』（地域の世界史 2）, 山川出版社, pp. 293-325

✖封建関係

［引］Spiess, K.-H.（1978）*Lehnsrecht, Lehnspolitik und Lehnsverwaltung der Pfalzgrafen bei Rhein im Spätmittelalter.* Franz Steiner

Ganshof, F. L.（著）, 森岡敬一郎（訳）（1968）『封建制度（改訂新版）』慶應通信［Ganshof, F. L.（1944）*Qu'est-ce que la féodalité?* Office de publicité］

Reynolds, S.（1994）*Fiefs and vassals: The medieval evidence reinterpreted.* Oxford University Press

✖法記録と立法

Cordes, A. et al.（eds.）（2004）*Handwörterbuch zur deutschen Rechtsgeschichte（HRG）. 2nd ed.* E. Schmidt

✖法律家

［引］Brundage, J. A.（2008）*The Medieval origins of the legal profession: Canonists, civilians, and courts.* Chicago University Press

ヴァン・カネヘム，R. C.（著），小山貞夫（訳）（1990）『裁判官・立法者・大学教授—比較西洋法制史論』ミネルヴァ書房［van Caenegem, R. C.（1987）*Judges, legislators and professors: Chapters in European legal history.* Cambridge University Press］

ヴィーアッカー，F.（著），鈴木禄弥（訳）（1961）『近世私法史—特にドイツにおける発展を顧慮して』創文社［Wieacker, F.（1952）*Privatrechtsgeschichte der Neuzeit: Unter besonderer Berücksichtigung der deutschen Entwicklung.* Vandenhoeck & Ruprecht］

✖紛争解決

［引］北野かほる（2006）「法廷にあらわれた仲裁—中世後期イングランド法システムにおける「裁判外」紛争解決」林　信夫・佐藤岩夫（編）『法の生成と民法の体系—無償行為論・法過程論・民法体系論（広中俊雄先生傘寿記念論集）』創文社，pp. 341-385

［引］服部良久（2020）『中世のコミュニケーションと秩序—紛争・平和・儀礼』京都大学学術出版会

［引］堀米庸三（1976）『ヨーロッパ中世世界の構造』岩波書店

［引］若曽根健治（2009）『ウァフェーデの研究—ドイツ刑事法史考』多賀出版

［引］Brunner, O.（1984）*Land und Herrschaft. Grundfragen der territorialen Verfassungsgeschichte Österreichs im Mittelalter（Unverämd. Reprograf. Nachdr. D. 5. Aufl, Wien, 1965）*. Wissenschaftiche Buchgesellschaft［Brunner, O.（author），Kaminsky, H. & van Horn Melton, J.（trans.）*Land and lordship: Structures of governance in medieval Austria.* University of Pennsylvania Press］

西川洋一（1981, 1982）「一二世紀ドイツ帝国国制に関する一試論（一）〜（四）—フリードリヒ一世・バルバロッサの政策を中心として」『国家学会雑誌』94（5/6），pp. 309-371／95（1/2），pp. 1-58／95（9/10），pp. 585-624／95（11/12），pp. 1-58

歴史学研究会（編）（2000）『紛争と訴訟の文化史』（シリーズ歴史学の現在），青木書店

渡辺節夫（編）（2011）『ヨーロッパ中世社会における統合と調整』創文社

✖領主と農民

森本芳樹（2005）『西欧中世形成期の農村と都市』岩波書店

Bourin, M. & Durand, R.（2000）*Vivre au village au Moyen Âge: Les solidarités paysannes du XIe au XIIIe siècle.* Presses Universitaires de Rennes

✖身分制議会

［引］朝治啓三（2003）『シモン・ド・モンフォールの乱』京都大学学術出版会

［引］君塚直隆（2015）『物語イギリスの歴史　上—古代ブリテン島からエリザベス1世まで』中公新書

［引］高橋清徳（2003）『国家と身分制議会—フランス国制史研究』東洋書林

［引］滝澤修身（2001）「中世カスティーリャ・レオン王国におけるコルテスの起源」『立命館史学』（22），pp. 76-103

［引］マイヤーズ，A. R.（著），宮島直機（訳）（1996）『中世ヨーロッパの身分制議会—新しいヨーロッパ像の試みII』刀水歴史全書［Myers, A. R.（1975）*Parliaments and estates in Europe to 1789.* Thames and Hudson］

ウィルスン，P. H.（著），山本文彦（訳）（2005）『神聖ローマ帝国 1495-1806』（ヨーロッパ史入門），岩波書店［Wilson, P. H.（1999）*The Holy Roman Empire, 1495-1806.* Macmillan Press, St. Martin's Press］

ヒンツェ，O.（著），成瀬　治（訳）（1975）『身分制議会の起源と発展』（歴史学叢書），創文社［Hintze, O.（1930）Typologie der Ständischen Verfassungen des Abendlandes. *Historische Zeitschrift*, 141（1），pp. 229-248］

メイトランド，F. W.（著），小山貞夫（訳）（1969）『イギリスの初期議会』（歴史学叢書），創文社［Maitland, F. W.（1893）*Records of the Parliament Holden at Westminster on the Twenty-Eighth Day of February, in the Thirty-Third Year of the Reign of King Edward the First（A. D. 1305）*. Eyre and Spottiswoode の序文の主要部分］

✖ビザンツ帝国

［引］小林　功（2020）『生まれくる文明と対峙すること—7世紀地中海世界の新たな歴史像』Minerva 西洋史ライブラ

リー
［引］田中　創（2020）『ローマ史再考―なぜ「首都」コンスタンティノープルが生まれたのか』NHK ブックス
井上浩一（2008）『生き残った帝国ビザンティン』講談社学術文庫
中谷功治（2020）『ビザンツ帝国―千年の興亡と皇帝たち』中公新書
根津由喜夫（2008）『ビザンツの国家と社会』（世界史リブレット），山川出版社

✖オスマン帝国
［引］新井政美（2021）『オスマン vs. ヨーロッパ―「トルコの脅威」とは何だったのか』講談社学術文庫
［引］小笠原弘幸（2017）「オスマン／トルコにおける「イスタンブル征服」の記憶―1453-2016 年」『歴史学研究』
　　　958，pp. 47-58
［引］小笠原弘幸（2018）『オスマン帝国―繁栄と衰亡の 600 年史』中公新書
［引］三沢伸生（2006）「「ティマール制」研究の展開」『西南アジア研究』64，pp. 78-93
［引］Wikimedia Commons：Gentile Bellini（1480）*The Sultan Mehmet II.*［https://commons.wikimedia.org/wiki/File:Gentile_
　　　Bellini_003.jpg（2024 年 9 月 19 日閲覧）］
大黒俊二・林　佳世子（編）（2022）『ヨーロッパと西アジアの変容―11〜15 世紀』（岩波講座世界歴史 9），岩波書店
小笠原弘幸（2020）『オスマン帝国英傑列伝―600 年の歴史を支えたスルタン，芸術家，そして女性たち』幻冬舎新書
林　佳世子（編）（2023）『西アジア・南アジアの帝国―16〜18 世紀』（岩波講座世界歴史 13），岩波書店

✖ロシア
［引］國本哲男他（訳）（1987）『ロシア原初年代記』名古屋大学出版会
［引］田中陽兒他（編）（1995）『ロシア史』（世界歴史大系），山川出版社，p.115
栗生沢猛夫（2007）『タタールのくびき―ロシア史におけるモンゴル支配の研究』東京大学出版会
ゴルスキー，A. A.（著），宮野　裕（訳）（2020）『中世ロシアの政治と心性』（人間科学叢書），刀水書房［Горский，
　　　A. A.（2001）*"Всего еси исполнена земля русская—": личности и ментальность русского средневековья: очерки.* Яз
　　　ыки славянской культуры］

✖【コラム】　フェデリコ 2 世
髙山　博（2015）「フレデリクス二世の十字軍―キリスト教徒とイスラム教徒の外交の一例」『中世シチリア王国の研
　　　究―異文化が交差する地中海世界』東京大学出版会，pp. 321-348
Abulafia, D.（1988）*Frederick II: A medieval emperor.* Allen Lane
van Cleve, T. C.（1972）*The Emperor Frederick II of Hohenstaufen, immutator mundi.* Clarendon Press

【3 章　ことばと文字】

✖声と叫び
［引］後藤里菜（2021）『〈叫び〉の中世―キリスト教世界における救い・罪・霊性』名古屋大学出版会
［引］トゥレイユ，V.（著），梶原洋一（訳）（2016）「恐怖の叫びと嫌悪の叫び：盗人に向けられる「アロ」中世末期
　　　フランスにおける叫びと犯罪」『思想』1111，pp. 27-41［Toureille, V.（2003）Cri de peur et cri de haine: haro sur le
　　　voleur. Cri et crime en France à la fin du Moyen Age. In: Lett, D. & Offenstadt, N.（eds.）*Haro ! Noël ! Oyé! Pratiques du cri
　　　au Moyen Age.* Publications de la Sorbonne, pp. 169-178 にトゥレイユが加筆したものを梶原が和訳］
［引］Lucken, C.（2003）Eclats de la voix, langage des affects et séductions du chant. Cri et interjections à travers la philosophie,
　　　la grammaire et la littérature médiévales. In: D. Lett, D. & Offenstadt, N.（eds.）*Haro! Noël! Oyé!: Pratiques du cri au Moyen
　　　Âge*（*Série Histoire ancienne et médiévale, 75*）. Publications de la Sorbonne, pp. 179-201
［引］Nagy, P.（2000）*Le don des larmes au Moyen Age: un instrument spirituel en quête d'institution*（*Ve-XIIIe siècle*）. Albin
　　　Michel
［引］Newman, B.（1998）Possessed by the spirit: Devout women, demoniacs, and the apostolic life in the thirteenth century.
　　　Speculum, 73（3），pp. 733-770
池上俊一（2008）『儀礼と象徴の中世』（ヨーロッパの中世 8），岩波書店
大黒俊二（2010）『声と文字』（ヨーロッパの中世 6），岩波書店
Lett, D. & Offenstadt, N.（eds.）（2003）*Haro! Noël! Oyé! Pratiques du cri au Moyen Âge*（*Série Histoire ancienne et médiévale,
　　　75*）. Publiations de la Sorbonne

✖誓　約

［引］Wikimedia Commons：聖遺物にかけた誓約（ザクセンシュピーゲル，ヴォルフェンビュッテル絵解き写本より）
　　　〔https://commons.wikimedia.org/wiki/File:Eid_auf_die_Reliquien.jpg#/media/File:Eid_auf_die_Reliquien.jpg（2023 年 1 月
　　　12 日閲覧）〕
岩波敦子（2007）『誓いの精神史―中世ヨーロッパの〈ことば〉と〈こころ〉』講談社選書メチエ，p. 76
山内　進（2024）『増補 決闘裁判―ヨーロッパ法精神の原風景』ちくま学芸文庫

✖文　字

田中美輝夫（1970）『英語アルファベット発達史―文字と音価』開文社出版
Daniels P. T. & Bright, W.（eds.）（1996）*The world's writing systems.* Oxford University Press
Healey, J. F.（1990）*The early alphabet（Reading the past, v. 9）.* University of California Press, British Museum Press

✖リテラシー

［引］Grundmann, H.（1958）Litteratus-Illiteratus. Der Wandel einer Bildungsnorm vom Altertum zum Mittelalter. *Archiv für Kul-
　　　turgeschichte*, vol. 40, pp. 1-65〔reprint, id.（1978）, *Ausgewählte Aufsätze, vol. 3,* Anton Hiersemann, pp. 1-66〕
大黒俊二（2010）『声と文字』（ヨーロッパの中世 6），岩波書店
Black, R.（2007）*Education and Society in Florentine Tuscany.* Brill

✖書板・書蝋板と読み書き教本

Grendler, P. F.（1989）*Schooling in Renaissance Italy: Literacy and learning, 1300-1600.* Johns Hopkins University Press
Lalou, É.（éd.）（1992）*Les Tablettes à écrire de l'Antiquité à l'époque moderne.* Brepols
Orme, N.（2006）*Medieval schools: From Roman Britain to Renaissance England.* Yale University Press

✖ラテン語と俗語

［引］ダンテ（著），岩倉具忠（訳註）（1984）『ダンテ俗語詩論』東海大学古典叢書
［引］ネブリハ，A, E. D.（著），中岡省治（訳）（1996）『カスティリャ語文法』（大阪外国語大学学術研究双書 14），大
　　　阪外国語大学学術出版委員会
大黒俊二（2010）『声と文字』（ヨーロッパの中世 6），岩波書店
佐藤彰一（1995）「識字文化・言語・コミュニケーション」佐藤彰一・早川良弥（編著）『継承と創造』（Minerva 西洋
　　　史ライブラリー 10，西欧中世史　上），ミネルヴァ書房，pp. 215-237
Banniard, M.（author）, Thomasset, C.（ed.）（1997）*Du latin aux langues romanes.* Nathan

✖黙読と分かち書き

［引］サンガー，P.（著），横山安由美（訳）（2000）「中世後期の読書」シャルティエ，R. & カヴァッロ，G.（編），田
　　　村　毅他（訳）『読むことの歴史―ヨーロッパ読書史』大修館書店，pp. 157-188〔Saenger, P.（1997）Lire aux der-
　　　niers siècles du Moyen Âge. In: Cavallo, G. & Chartier, R.（eds.）*Histoire de la lecture dans le monde occidental,* Seuil, pp.
　　　147-174〕
［引］パークス，M.（著），月村辰雄（訳）（2000）「テキストの読解，筆者，解釈」シャルティエ，R. & カヴァッロ，
　　　G.（編），田村　毅他（訳）（2000）『読むことの歴史―ヨーロッパ読書史』大修館書店，pp. 115-133〔Parkes,
　　　M.（1997）Lire, écrire, interepréter le texte. In: Cavallo, G. & Chartier, R.（eds.）*Histoire de la lecture dans le monde occi-
　　　dental,* Seuil, pp. 109-123〕
［引］Parkes, M. B.（1993）*Pause and effect. An introduction to the history of punctuation in the West.* University of California
　　　Press, p. 180
大黒俊二（2010）『声と文字』（ヨーロッパの中世 6），岩波書店
Saenger, P.（1997）*Space between words: The origins of silent reading.* Stanford University Press

✖古書体学

［引］Knight, S.（1998）*Histrical scripts: From classical times to the renaissance.* Oak Knoll Press〔ナイト，S.（著），高宮利行
　　　（訳）（2001）『西洋書体の歴史―古典時代からルネサンスへ』慶應義塾大学出版会〕
［引］Bischoff, B.（2009）*Paläographie des römischen Altertums und des abendländischen Mittelalters（Grundlagen der Germanistik,*

24)（*ESV basics*）. Erich Schmidt［ビショッフ，B.（著），佐藤彰一・瀬戸直彦（訳）（2015）『西洋写本学』岩波書店］

ラヴェット，P.（著），安形麻理（訳）（2022）『カリグラフィーのすべて―西洋装飾写本の伝統と美』グラフィック社［Lovett, P.（2017）*The Art and History of Calligraphy*. British Library］

Stiennon, J.（1999）*Paléographie du Moyen Âge*. Armand Colin

✖文書形式学

［引］Cárcel Ortí, M. M.（ed.）（1997）*Vocabulaire international de la diplomatique*.（*2 ed.*）（*corr.*）Universitat de València

［引］Archives Nationales, K 27b, no 27（AE, II, no 205）, ARCHIM, no 3777［http://www2.culture.gouv.fr/public/mistral/caran_fr?ACTION=CHERCHER&FIELD_1=Cote&VALUE_1=AE%2FII%2F205（2024 年 9 月 12 日閲覧）］

岡崎　敦（2005）「文書形式学」高山　博・池上俊一（編）『西洋中世学入門』東京大学出版会，pp. 59-72

岡崎　敦（2020）「古代・中世文書資料の日欧比較」河内祥輔他（編）『儀礼・象徴・意思決定―日欧の古代・中世書字文化』思文閣出版，pp. 181-207

岡崎　敦（2020）「デジタル時代のアーカイブズ学と文書学」『クリオ』34，pp. 119-125

✖偽書／偽文書

（2020）「特集　偽書の世界―ディオニュシオス文書，ヴォイニッチ写本から神代文字，椿井文書まで」『ユリイカ』（12），pp. 35-365

岡崎　敦（2021）「西洋中世において『愛の書簡集』は何であったか」春田直紀他（編）『歴史的世界へのアプローチ』刀水書房，pp. 351-370

Monumenta Germaniae Historica（ed.）（1988-1990）*Fälschungen im Mittelalter. Internationaler Kongreß der Monumenta Germaniae Historica, München, 16.-19. September 1986*. Hahnsche Buchhandlung

✖写本制作

デ・ハメル，Ch.（著），立石光子（訳）（2021）『中世の写本ができるまで』白水社［de Hamel, Ch.（2018）*Making medieval manuscripts*. Bodleian Library］

八木健治（2021）『羊皮紙のすべて』青土社

✖写字生

ブリンカー・フォン・デア・ハイデ，C.（著），一條麻美子（訳）（2017）『写本の文化誌―ヨーロッパ中世の文学とメディア』白水社［Brinker-von der Heyde, C.（2007）*Die literarische Welt des Mittelalters*. WBG, Wissenschaftliche Buchgesellschaft］

ラヴェット，P.（著），安形麻理（訳）（2022）『カリグラフィーのすべて―西洋装飾写本の伝統と美』グラフィック社［Lovett, P.（2017）*The Art and History of Calligraphy*. British Library］

Glénisson, J.（ed.）（2002）*Le livre au moyen âge*. CNRS Éditions

✖活版印刷と木版本

［引］佐川美智子他（編）（1996）『書物の森へ―西洋の初期印刷本と版画』町田市立国際版画美術館，p. 51

［引］Agüera y Arcas, B.（2003）Temporary matrices and elemental punches in Gutenberg's DK type. In: Jensen, K.（ed.）*Incunabula and their readers: Printing, selling and using books in the fifteenth century*, British Library, pp. 1-12

［引］From Jikji to Gutenberg［https://jikji.utah.edu/about/（2023 年 7 月 20 日閲覧）］

ペティグリー，A.（著），桑木野幸司（訳）（2015）『印刷という革命―ルネサンスの本と日常生活』白水社［Pettegree, A.（2011）*The book in the Renaissance*. Yale University Press］

Parshall, P. & Schoch, R.（eds.）（2005）*Origins of European printmaking: Fifteenth-century woodcuts and their public*. Yale University Press

✖韻文と散文

Dronke, P.（1994）*Verse with prose from Petronius to Dante: The art and scope of the mixed form*. Harvard University Press

Edwards, A. S. G.（ed.）（2004）*A companion to Middle English prose*. D. S. Brewer

Galderisi, C.（2006）Vers et prose au Moyen Âge. In: Lestringant, F. & Zink M.（eds.）*Naissances, renaissances: Moyen Âge-XVIe siècle*, Quadrige/Presses Universitaires de France, pp. 745-66.

❈修辞学

Jeffreys, E. (ed.) (2003) *Rhetoric in Byzantium: Papers from the thirty-fifth Spring Symposium of Byzantine Studies, Exeter College, University of Oxford, March 2001.* Ashgate/Variorum

Kennedy, G. A. (1980) *Classical rhetoric and its Christian and secular tradition from ancient to modern times.* Croom Helm

Murphy, J. J. (1974) *Rhetoric in the Middle Ages: A history of rhetorical theory from Saint Augustine to the Renaissance.* University of California Press

❈寓意擬人像

［引］アブ・インスリス，A.（リールのアラヌス）（著），秋山　学・大谷啓二（訳）（2002）「アンティクラウディアヌス」上智大学中世思想研究所（編訳・監修）『シャルトル学派』（中世思想原典集成 8），平凡社

［引］ギョーム・ド・ロリス＆ジャン・ド・マン（著），篠田勝英（訳）（2007）『薔薇物語』（上・下），ちくま文庫

［引］プルデンティウス（著），家入敏光訳（訳）（1967）『日々の讃歌―霊魂をめぐる戦い』（キリスト教古典叢書 7），創文社

［引］ボエティウス（著），渡辺義雄（訳）（1966）「哲学の慰め」『アウグスティヌス／ボエティウス』（世界古典文学全集 26），筑摩書房

［引］マール，E.（著），田中仁彦他（訳）（1996）『ロマネスクの図像学』（上），国書刊行会，p. 46

［引］リーパ，C.（著），伊藤博明（訳）（2017）『イコノロジーア』ありな書房，p. 29 図 2

伊藤博明（2017）『ヨーロッパ美術における寓意と表象―チェーザレ・リーパ『イコノロジーア』研究』ありな書房

クルツィウス，E. R.（著），南大路振一他（訳）（2022）『ヨーロッパ文学とラテン中世』みすず書房［Curtius, E. R. (1954) *Europäische Literatur und lateinisches Mittelalter.* Francke］

セズネック，J.（著），高田　勇（訳）（1977）『神々は死なず―ルネサンス芸術における異教神』美術出版社［Seznec, J. (1940) *La Survivance des dieux antique. Essai sur le role de la tradition mythologique dans l'humanisme et dans l'art de la Renaissnce.* The Warburg Institute］

❈【コラム】ネブリハ

［引］Ateneo de Córdoba *Elio Antonio de Nebrija.* ［http://m.ateneodecordoba.com/index.php/Elio_Antonio_de_Nebrija（2024 年 9 月 27 日閲覧）］

岡本信照（2011）『「俗語」から「国家語」へ―スペイン黄金世紀の言語思想史』春風社

岡本信照（2012）「ネブリハの『カスティーリャ語文法』（1492）をいかに評価すべきか？」加藤隆浩（編）『ことばと国家のインターフェイス』（南山大学地域研究センター共同研究シリーズ 6），行路社，pp. 301-319

清水憲男（1987）「ネブリハ論序説―スペイン・ルネサンスへの視座」『思想』762，pp. 68-91

【4 章　戦争と騒擾】
❈フェーデ（私戦）

［引］ブルンナー，O.（1939）『ラントとヘルシャフト』［Brunner, O. (1965) *Land und Herrschaft. Grundfragen der territorialen Verfassungsgeschichte Österreichs, 5.Auflage.* Böhlau］

［引］Algazi, G. (1996) *Herrengewalt und Gewalt der Herren im späten Mittelalter: Herrschaft, Gegenseitigkeit und Sprachgebrauch.* Campus Verlag

［引］Zmora, H. (1997) *State and Nobility in Early Modern Germany: The Knightly Feud in Franconia, 1440-1567.* Cambridge University Press

服部良久（編訳）（2006）『紛争のなかのヨーロッパ中世』京都大学学術出版会

❈城と城塞

［引］黒田泰介（1996）「再利用された古代ローマ円形闘技場遺構の機能による分類とその要塞化について―イタリア都市における古代ローマ円形闘技場遺構の再利用の様態に関する研究 その 1」『日本建築学会計画系論文集』61（481），pp. 195-203

［引］堀越宏一（2009）『ものと技術の弁証法』（ヨーロッパの中世 5），岩波書店

カウフマン，J. E. ＆カウフマン，H. W.（著），ジャーガ，R. M.（作図），中島智章（訳）（2012）『中世ヨーロッパの城塞―攻防戦の舞台となった中世の城塞，要塞，および城壁都市』マール社［Kaufmann, J. E. & Kaufmann, H. W., illustrated by Jurga, R. M (2004) *The Medieval fortress: Castles, forts and walled cities of the Middle Ages.* Da Capo Press］

セッティア，A. A.（著），白幡俊輔（訳）（2019）『戦場の中世史―中世ヨーロッパの戦争観』八坂書房［Settia, A. A.

（2002）*Rapine, assedi, battaglie: La guerra nel Medioevo.* Laterza］

✘都市の防衛と包囲戦

セッティア，A. A.（著），白幡俊輔（訳）（2019）『戦場の中世史—中世ヨーロッパの戦争観』八坂書房［Settia, A. A.
　　（2002）*Rapine, assedi, battaglie: La guerra nel Medioevo.* Laterza］
Raynaud, Ch.（ed.）（2008）*Villes en guerre: XIVe-XVe siècles.* Presses universitaires de Provence

✘都市における騒擾と暴動

［引］小倉欣一・大澤武男（1994）『都市フランクフルトの歴史—カール大帝から 1200 年』中公新書，p. 107
［引］Militzer, K.（1996）*Stadtrat, Stadtrecht, Bürgerfreiheit. Ausstellung aus Anlaß des 600. Jahrestages des Verbundbriefes vom 14. September 1396.* Historisches Archv der Stadt Köln
小倉欣一（2007）『ドイツ中世都市の自由と平和—フランクフルトの歴史から』勁草書房
ブリックレ，P.（著），服部良久（訳）（1990）『ドイツの臣民—平民・共同体・国家 1300〜1800 年—ひとつの異議申し
　　立て』ミネルヴァ書房［Blickle, P.（1981）*Deutsche Untertanen: Ein Widerspruch.* Beck］
モラ，M. & ヴォルフ，P.（著），瀬原義生（訳）（1996）『ヨーロッパ中世末期の民衆運動—青い爪，ジャック，そし
　　てチオンピ』（Minerva 西洋史ライブラリー 16），ミネルヴァ書房［Mollat, M. & Wolff, P.（1970）*Ongles bleus,
　　Jacques et Ciompi: Les révolutions populaires en Europe aux XIVe et XVe siècles.* Calmann-Lévy］

✘戦争と財政

堀越宏一（2002）「14 世紀フランスにおける会計院と国王財政」高山　博・池上俊一（編）『宮廷と広場』刀水書房，
　　pp. 67-88
de Toureille, V.（dir.）（2013）*Guerre et société 1270-1480.* Atlande
Hélary, X.（2012）*L'armée du roi de France: La guerre de Saint Louis à Philippe le Bel.* Perrin

✘軍事技術書

［引］太田敬子（2009）『ジハードの町タルスース—イスラーム世界とキリスト教世界の狭間』刀水書房
［引］堀越宏一（2013）「戦争の技術と社会」堀越宏一・甚野尚志（編）『15 のテーマで学ぶ中世ヨーロッパ史』ミネ
　　ルヴァ書房，pp. 83-104
［引］Dagron, G. & Mihăescu, H.（1986）*Le traité sur la guérilla（De velitatione）de l'empereur Nicéphore Phocas（963-969）.*
　　Édition du Centre national de la recherche scientifique
［引］McGeer, E.（2008）Military texts. In: Jeffreys, E., et al.（eds.）*The Oxford handbook of Byzantine studies,* Oxford University
　　Press, pp. 905-914
［引］Riedel, M. L. D.（2018）*Leo VI and the transformation of Byzantine Christian identity: Writings of an unexpected emperor.*
　　Cambridge University Press
井上浩一（2011）「ビザンツ帝国の戦争—戦術書と捕虜交換」『関学西洋史論集』（34），pp. 23-37
仲田公輔（2013）「軍事書『タクティカ』とレオン 6 世期のビザンツ帝国東方辺境」『地中海学研究』（36），pp. 3-24
Sullivan, D. F.（2010）Byzantine military manuals: Prescriptions, practice and pedagogy. In: Stephenson, P.（ed.）*The Byzantine
　　world,* Routledge, pp. 149-161

✘捕虜と身代金

井上浩一（2009）『ビザンツ文明の継承と変容』（学術選書 043，諸文明の起源 8），京都大学学術出版会
太田敬子（2006）「他者の表象としての『ローマ帝国』—ルーム遠征とイスラーム国家」歴史学研究会（編）『幻影の
　　ローマ—「伝統」の継承とイメージの変容』（シリーズ歴史学の現在 11），青木書店，pp. 143-180

✘和平・条約・同盟

［引］Wikimedia Commons：John Duncan-014［https://commons.wikimedia.org/wiki/File:John_Duncan_-_014.jpg（2023 年 2 月
　　21 日閲覧）］
朝治啓三他（編著）（2012）『中世英仏関係史 1066-1500—ノルマン征服から百年戦争終結まで』創元社
城戸　毅（2010）『百年戦争—中世末期の英仏関係』（刀水歴史全書 80），刀水書房
油井大三郎他（著），樺山紘一他（編）（1997）『戦争と平和—未来へのメッセージ』（岩波講座世界歴史 25），岩波書
　　店

✖遠征と略奪

黒田祐我（2016）『レコンキスタの実像—中世後期カスティーリャ・グラナダ間における戦争と平和』刀水書房
黒田祐我（2021）「中世スペインの辺境都市—暴力と共生とがせめぎあう場」佐藤育子他（著），神崎忠昭・長谷部史彦（編著）『地中海圏都市の活力と変貌』慶應義塾大学文学部，慶應義塾大学出版会，pp. 263–277
セッティア，A. A.（著），白幡俊輔（訳）（2019）『戦場の中世史—中世ヨーロッパの戦争観』八坂書房［Settia, A. A.（2002）*Rapine, assedi, battaglie: La guerra nel Medioevo.* Laterza］

✖ニカの乱

［引］井上浩一（2009）『ビザンツ皇妃列伝—憧れの都に咲いた花』白水Uブックス
［引］ヘリン，J.（著），足立広明他（訳）（2010）『ビザンツ—驚くべき中世帝国』白水社［Herrin, J.（2008）*Byzantium: The surprising life of a medieval empire.* Princeton University Press］
浅野和生（2003）『イスタンブールの大聖堂—モザイク画が語るビザンティン帝国』中公新書
井上浩一（2009）『ビザンツ—文明の継承と変容』（学術選書 043，諸文明の起源 8），京都大学学術出版会
田中　創（2020）『ローマ史再考—なぜ「首都」コンスタンティノープルが生まれたのか』NHK ブックス

✖ノルマン征服

［引］Bates, D.（2022）Epilogue: The Legacy of William the Conqueror and His Age Today. In: Pohl, B.（ed.）*The Cambridge Companion to the Age of William the Conqueror.* Cambridge University Press, pp. 310–320
［引］Chibnall, M.（1999）*The debate on the Norman Conquest.* Mancheaster University Press
［引］Southern, R. W.（1966）England's First Entry into Europe. In: Southern, R. W. *Medieval Humanism and Other Studies,* Basil Blackwell, pp. 135–157
［引］Wikimedia Commons：Bayeux Tapestry Scene54［https://commons.wikimedia.org/wiki/File:BayeuxTapestryScene54.jpg（2024 年 4 月 22 日閲覧）］
朝治啓三他（編著）『中世英仏関係史 1066–1500—ノルマン征服から百年戦争終結まで』創元社
鶴島博和（2015）『バイユーの綴織（タペストリ）を読む—中世のイングランドと環海峡世界』山川出版社，pp. 172–173
バイユー・タピスリー美術館［https://www.bayeuxmuseum.com/la-tapisserie-de-bayeux/decouvrir-la-tapisserie-de-bayeux/explorer-la-tapisserie-de-bayeux-en-ligne/（2024 年 4 月 22 日閲覧）］

✖十字軍

櫻井康人（2019）『図説十字軍』（ふくろうの本），河出書房新社
Housley, N.（1992）*The later crusades, 1274–1580: From Lyons to Alcazar.* Oxford University Press
Riley-Smith, J.（2009）*What were the crusades? 4th ed.* Palgrave Macmillan

✖騎士道と武具

［引］BIBLIOTHECA AUGUSTANA: Tapetum Bagianum,ca. 1080［http://www.hs-augsburg.de/~harsch/Chronologia/Lspost11/Bayeux/bay_tama.html（2024 年 4 月 30 日閲覧）］
［引］ホール，B. S.（著），市場泰男（訳）（1999）『火器の誕生とヨーロッパの戦争』平凡社［Hall, B. S.（1997）*Weapons and warfare in Renaissance Europe: Gunpowder, technology, and tactics.* Johns Hopkins University Press］
［引］山内　進（1997）『北の十字軍—「ヨーロッパ」の北方拡大』講談社選書メチエ
池上俊一（2012）『図説騎士の世界』（ふくろうの本），河出書房新社
セッティア，A. A.（著），白幡俊輔（訳）（2019）『戦場の中世史—中世ヨーロッパの戦争観』八坂書房［Settia, A. A.（2002）*Rapine, assedi, battaglie: La guerra nel Medioevo.* Laterza］
デュ・ピュイ・ド・クランシャン，P.（著），川村克己・新倉俊一（訳）（1963）『騎士道』（文庫クセジュ 353），白水社［du Puy de Clinchamp, P.（1961）*La chevalerie.* Presses universitaires de France］

✖シチリアの晩禱

［引］Wikimedia Commons：Francesco Hayez - The Sicilian Vespers - c 1846 - National Gallery of Modern and Contemporary Art Rome［https://commons.wikimedia.org/wiki/Category:I_vespri_siciliani_by_Francesco_Hayez_(1846)?uselang=ja（2024 年 9 月 19 日閲覧）］
［引］ピスピサ，E.（1980）『シチリアの晩禱における問題』［Pispisa, E.（1980）Il problema storico del Vespro. *Archivio*

Storico Messinese, 31, pp. 57-82〕

［引］ランシマン, S.（著）, 榊原　勝・藤澤房俊（訳）（2002）『シチリアの晩禱─13世紀後半の地中海世界の歴史』太陽出版〔Runciman, S.（1958）*The Sicilian Vespers: A history of the mediterranean world in the later thirteenth century.* Cambridge University Press〕

［引］Croce, B.（1965）*Storia del regno di Napoli.* Laterza

小林　功・馬場多聞（編著）（2021）『地中海世界の中世史』ミネルヴァ書房

Borhgese, G. L.（2008）*Carlo I d'Angiò e il Mediterraneo: Politica, diplomazia e commercio internazionale prima dei vespri.* École française de Rome

Clifford, B. R.（1995）*The decline and fall of medieval Sicily: Politics, religion, and economy in the reign of Frederick III, 1296-1337.* Cambridge University Press

✖百年戦争

［引］城戸　毅（2010）『百年戦争─中世末期の英仏関係』（刀水歴史全書80），刀水書房

［引］グネ, B.（著）, 佐藤彰一・畑奈保美（訳）（2010）『オルレアン大公暗殺─中世フランスの政治文化』岩波書店〔Guenée, B.（1992）*Un meurtre, une société: l'assassinat du duc d'Orléans 23 novembre 1407.* Gallimard〕

［引］佐藤　猛（2020）『百年戦争─中世ヨーロッパ最後の戦い』中公新書

［引］Bove, B.（2009）*Le temps de la guerre de cent ans: 1328-1453.* Belin, p. 84

コンタミーヌ, P.（著）, 坂巻昭二（訳）（2003）『百年戦争』（文庫クセジュ864），白水社〔Contamine, P.（1968）*La guerre de Cent ans.* Presses universitaires de France〕

佐藤　猛（2012）『百年戦争期フランス国制史研究─王権・諸侯国・高等法院』北海道大学出版会

佐藤　猛（2022）「百年戦争下のパリと死に至る病」佐藤　猛・佐々木千佳（編）『ペストの古今東西─感染の恐怖，終息への祈り』秋田文化出版, pp. 15-46

✖農民反乱

モラ, M. & ヴォルフ, P.（著）, 瀬原義生（訳）（1996）『ヨーロッパ中世末期の民衆運動─青い爪，ジャック，そしてチオンピ』Minerva西洋史ライブラリー16〔Mollat, M. & Wolff, P.（1970）*Ongles bleus, Jacques et Ciompi: Les révolutions populaires en Europe aux XIVe et XVe siècles.* Calmann-Lévy〕

レーゼナー, W.（著）, 藤田幸一郎（訳）（1995）『農民のヨーロッパ』（叢書ヨーロッパ），平凡社〔Rösener, W.（1993）*Die Bauern in der europäischen Geschichte.* C. H. Beck〕

✖コンスタンティノープル陥落

ハリス, J.（著）, 井上浩一（訳）（2013）『ビザンツ帝国の最期』白水社〔Harris, J.（2010）*The end of Byzantium.* Yale University Press〕

ヘリン, J.（著）, 井上浩一（監訳）（2021）『ビザンツ─驚くべき中世帝国（新装版）』白水社〔Herrin, J.（2008）*Byzantium: The surprising life of a medieval empire.* Princeton University Press〕

ランシマン, S.（著）, 護　雅夫（訳）（1998）『コンスタンティノープル陥落す（新装版）』みすず書房〔Runciman, S.（1965）*The fall of Constantinople, 1453.* Cambridge University Press〕

✖フス派戦争

薩摩秀登（1998）『プラハの異端者たち─中世チェコのフス派にみる宗教改革』（叢書歴史学への招待），現代書館

山中謙二（1974）『フシーテン運動の研究─宗教改革前史の考察（改訂第2版）』聖文舎

✖傭兵制度

菊池良生（2002）『傭兵の二千年史』講談社現代新書

京都大学文学部西洋史研究室（編）（1955）『傭兵制度の歴史的研究』比叡書房

鈴木直志（2003）『ヨーロッパの傭兵』（世界史リブレット），山川出版

✖【コラム】ジャンヌ・ダルク

［引］Wikimedia Commons：Scherrer jeanne enters orlean〔https://fr.wikipedia.org/wiki/Jeanne_d%27Arc#/media/Fichier:Scherrer_jeanne_enters_orlean.jpg（2014年9月19日閲覧）〕

上田耕造（2016）『図説ジャンヌ・ダルク─フランスに生涯をささげた少女』（ふくろうの本），河出書房新社

加藤　玄（2022）『ジャンヌ・ダルクと百年戦争—時空をこえて語り継がれる乙女』（世界史リブレット人 32），山川出版社

クルマイヒ, G.（著），加藤　玄・空　由佳子（訳）（2017）「ジャンヌ・ダルクとドイツにおける研究」『日仏歴史学会会報』32，pp. 35-45

ペルヌー, R.（著），塚本哲也（監修）（2002）『奇跡の少女ジャンヌ・ダルク』創元社［Pernoud, R.（1994）*J'ai nom Jeanne la Pucelle*. Gallimard］

ボーヌ, C.（著），阿河雄二郎他（訳）（2014）『幻想のジャンヌ・ダルク—中世の想像力と社会』昭和堂［Beaune, C.（2004）*Jeanne d'Arc*. Perrin］

【5章　都市と産業】
✖都市イメージ

［引］河原　温（2009）『都市の創造力』岩波書店，p. 54

河原　温・堀越宏一（2015）『図説中世ヨーロッパの暮らし』（ふくろうの本），河出書房新社

Furgoni, C.（1991）*A Distant city: Images of urban experience in the medieval world*. Princeton University Press

Oldfield, P.（2019）*Urban panegyric and the transformation of the medieval city, 1100-1300*（Oxford Studies in Medieval European History）. Oxford University Press

✖都市共同体

［引］河原　温（2009）『都市の創造力』岩波書店

［引］ヨーロッパ中世史研究会（編）（2000）『西洋中世史料集』東京大学出版会

エネン, E.（著），佐々木克己（訳）（1987）『ヨーロッパの中世都市』岩波書店［Ennen, E.（1979）*Die europäische Stadt des Mittelalters*. Vandenhoeck und Ruprecht］

プティ゠デュタイイ, Ch.（著），高橋清徳（訳・解説）（1998）『西洋中世のコミューン』東洋書林［Petit-Dutaillis, Ch.（1946）*Les communes françaises au XII [e] siècle: Chartes de commune et chartes de franchises*. Sirey］

プラーニッツ, H.（著），鯖田豊之（訳）（1995）『中世都市成立論—商人ギルドと都市宣誓共同体』（改訳版）未来社［Planitz, H.（1940）*Kaufmannsgilde und städtische Eidgenossenschaft in niederfränkischen Städten im 11. und 12. Jahrhundert*. Böhlau］

✖都市制度

池上俊一（2014 年）『公共善の彼方に—後期中世シエナの社会』名古屋大学出版会

Rivaud, D.（2012）*Les villes au Moyen Âge dans l'espace français XIIe-milieu XVIe siècle: Institutions et gouvernements urbains*. Ellipses

✖市　民

シュルツェ, H. K.（著），千葉徳夫他（訳）（1997）『国制と社会組織』Minerva 西洋史ライブラリー［Schulze, H. K.（1990, 1992）*Familie, Sippe und Geschlecht, Haus und Hof, Dorf und Mark, Burg, Pfalz und Königshof, Stadt*（Grundstrukturen der Verfassung im Mittelalter）.（2.verbessere Auflage）（2 Bönde）, Verlag W. Kohlhammer］

中野　忠（2020）「ヨーロッパ中・近世都市の市民と市民権—二つの近database から—」『比較都市史研究』39，pp. 34-43

Boucheron, P. & Menjot, D.（2011）*La ville médiévale*. Points

✖都市空間（市壁と広場）

［引］Leiverkus, Y.（2005）*Köln: Bilder einer spätmittelalterlichen. Stadt* Böhlau, Abb. 30

池上俊一（2002）「中世都市と広場—シエナのカンポ広場を中心に」高山　博・池上俊一（編）『宮廷と広場』刀水書房，pp. 231-251

グルーバー, K.（著），宮本正行（訳）（1999）『図説ドイツの都市造形史』西村書店［Gruber, K.（1977）*Die Gestalt der deutschen Stadt: Ihr Wandel aus der geistigen Ordnung der Zeiten*.（3 Aufl.）. Callwey］

原田晶子（2018）「西洋中世都市の市壁と都市のアイデンティティ」『歴史学研究』972，pp. 26-36

ブラウンフェルス, W.（著），日高健一郎（訳）（1986）『西洋の都市—その歴史と類型』丸善［Braunfels, W.（1976）*Abendländische Stadtbaukunst: Herrschaftsform und Baugestalt*. DuMont］

✖都市と周辺農村世界

［引］Irsigler, F.（1979）*Die wirtschaftliche Stellung der Stadt Köln im 14. und 15. Jahrhundert: Strukturanalyse einer spätmittelalterlichen Exportgewerbe- und Fernhandelsstadt.* Franz Steiner Verlag

［引］Le Goff, J.（1979）*La ville medievale.* In: G. Duby, G.（ed.）*Villes du Midi au Moyen âge: Histoire de la France urbaine, tome 2,* Seuil

佐藤公美（2012）『中世イタリアの地域と国家─紛争と平和の政治社会史』（プリミエ・コレクション 20），京都大学学術出版会

田北廣道（1997）『中世後期ライン地方のツンフト「地域類型」の可能性─経済システム・社会集団・制度』九州大学出版会

山田雅彦（2003）「中世北フランスにおける都市付属領域の形成─アラスの事例を中心に」『文学部論叢』78（3），pp. 11-42

✖公証・司法・文書管理

中谷 惣（2016）『訴える人びと─イタリア中世都市の司法と政治』名古屋大学出版会

山田雅彦（2011）「中世後期アミアンにおける契約登記簿の誕生─都市自治体による非訟裁治権〈juridiction gracieuse〉の行使を軸として」『史窓』68（2）pp. 27-50

✖触れ役と伝令

（2006）Le héraut, figure européenne（XIVe-XVIe siècle）: Actes du Colloque tenu au musée des Beaux-Arts de Lille, les 15, 16 et 17 septembre 2005. *Revue du Nord,* 88（366-367）

Offenstadt, N.（2004）Les crieurs publics à la fin du Moyen Âge: Enjeux d'une recherche. In: Boudreau, C., et al.（eds.）*Information et société en Occident à la fin du Moyen Âge: Actes du colloque international tenu à l'Université du Québec à Montréal et à l'Université d'Ottawa（9-11 mai 2002）,* Publications de la Sorbonne, pp. 203-217

Stevenson, K.（ed.）（2009）*The herald in late medieval Europe.* Boydell Press

✖時と祝祭

河原 温（1999）「中世ヨーロッパの「とき」・暦・祝祭」佐藤次高・福井憲彦（編）『ときの地域史』（地域の世界史 6），山川出版社，pp. 132-165

ド・ブルゴワン，J.（著），池上俊一（監修），南條郁子（訳）（2001）『暦の歴史』（「知の再発見」双書 96），創元社［de Bourgoing, J.（2000）*Le calendrier: Maître du temps?* Gallimard］

ドールン-ファン・ロッスム，ゲルハルト（著），藤田幸一郎他（訳）（1999）『時間の歴史─近代の時間秩序の誕生』大月書店，p. 141 図 37

ボルスト，A.（著），津山拓也（訳）（2010）『中世の時と暦─ヨーロッパ史のなかの時間と数』八坂書房［Borst, A.（1990）*Computus: Zeit und Zahl in der Geschichte Europas.* K. Wagenbach］

✖学 校

［引］Wikimedia Commons：Lorenzetti, A.（1338-1339）*Effects of Good Government in the city.*［https://commons.wikimedia.org/wiki/File:Ambrogio_Lorenzetti_-_Effects_of_Good_Government_in_the_city_-_Google_Art_Project.jpg（2023 年 1 月 20 日閲覧）］

ヴェルジェ，J.（著），野口洋二（訳）（2004）『ヨーロッパ中世末期の学識者』創文社［Verger, J.（1998）*Les gens de savoir dans l'Europe de la fin du Moyen Age.* Presses universitaires de France］

児玉善仁（1993）『ヴェネツィアの放浪教師─中世都市と学校の誕生』平凡社

リシェ，P.（著），岩村清太（訳）（1988）『中世における教育・文化』東洋館出版社［Riché, P.（1962）*Éducation et culture dans l'Occident barbare, VIe-VIIIe siècles.* Seuil］

✖施療院／病院

河原 温（2004）「老いと病を生きる」甚野尚志・堀越宏一（編）『中世ヨーロッパを生きる』東京大学出版会，pp. 173-191

Brasher, S. M.（2017）*Hospitals and charity: Religious culture and civic life in medieval northern Italy.* Manchester University Press

Brodman, J. W.（2009）*Charity and religion in medieval Europe.* Catholic University of America Press

✖宿屋と居酒屋

［引］オーラー，N.（著），藤代幸一（訳）（1989）『中世の旅』（叢書・ウニベルシタス 274），法政大学出版局［Ohler, N.（1986）*Reisen im Mittelalter.* Artemis Verlag］

関 哲行（2009）『旅する人びと』（ヨーロッパの中世 4），岩波書店

✖同職組合（ギルド）

坂巻 清（1987）『イギリス・ギルド崩壊史の研究―都市史の底流』有斐閣

佐久間弘展（2007）『若者職人の社会と文化―14-17 世紀ドイツ』青木書店

高橋清徳（1987）「中世パリにおける同業組合の制度的構造（〈特集〉都市共同体とギルド）」『社会経済史学』53（3），pp. 307-344，p. 446

✖食品・飲料生産業

［引］河原 温・堀越宏一（2015）『図説中世ヨーロッパの暮らし』（ふくろうの本），河出書房新社，p. 86

フサ，V.（編著），藤井真生（訳）（2017）『中世仕事図絵―ヨーロッパ，「働く人びと」の原風景』八坂書房［Husa, V.（1967）*Homo faber: pracovní motivy ve starých vyobrazeních.* Academia］

ロリウ，B.（著），吉田春美（訳）（2003）『中世ヨーロッパ食の生活史』原書房［Laurioux, B.（2002）*Manger au Moyen âge: Pratiques et discours alimentaires en Europe aux XIVe et XVe siècles.* Hachette littératures］

✖鍛冶屋（金属加工業）

［引］エリアーデ，M（著），大室幹雄（訳）（1981）『鍛冶師と錬金術師』（エリアーデ著作集 5），せりか書房［Eliade, M.（1956）*Forgerons et alchimistes.* Flammarion］

［引］テオフィルス（著），森 洋（訳編）（1996）『さまざまの技能について』中央公論美術出版［Theophilus（author）, C. R. Dodwell（ed. & trans.）（1986）*The various arts = De diversis artibus.* Oxford University Press］

伊藤 栄（1968）『西洋中世都市とギルドの研究』弘文堂書房

佐久間弘展（1999）『ドイツ手工業・同職組合の研究―14〜17 世紀ニュルンベルクを中心に』創文社

高村象平（1980）『回想のリューベック―経済史随筆』筑摩書房

✖農事論

［引］Wikimedia Commons：Crescenzi calendar［https://commons.wikimedia.org/wiki/File:Crescenzi_calendar.jpg?uselang=ja#Licenza（2024 年 7 月 3 日閲覧）］

上村幸弘（2019）「シェイクスピアと農業（2）―エリザベス朝「農書」の系譜」『梅花女子大学文化表現学部紀要』15，pp. 1-18

Ambrosoli, M.（author）, McCann Salvatorelli, M.（trans.）（1997）*The wild and the sown: Botany and agricultrue in Western Europe, 1350-1850.* Cambridge University Press

Toubert, P.（1984）*Crescenzi, Pietro de'*（*Dizionario Biografico degli Italiani, Volume 30*）［http://www.treccani.it/enciclopedia/pietro-de-crescenzi_(Dizionario-Biografico)/（2024 年 06 月 28 日閲覧）］

✖【コラム】アンブロージョ・ロレンツェッティ

［引］池上俊一（2014）『公共善の彼方に』名古屋大学出版会

石鍋真澄（1988）『聖母の都市シエナ―中世イタリアの都市国家と美術』吉川弘文館

フルゴーニ，C.（著），谷古宇尚（訳）（1994）『ロレンツェッティ兄弟―シエナを飾る画家』（イタリア・ルネサンスの巨匠たち 6），東京書籍［Frugoni, C.（1988）*Pietro e Ambrogio Lorenzetti.* Scala］

【6 章　交易ともの】
✖市

奥西孝至（2013）『中世末期西ヨーロッパの市場と規制―15 世紀フランデレンの穀物流通』勁草書房

丹下 栄（2002）『中世初期の所領経済と市場』創文社

山田雅彦（編）（2010）『伝統ヨーロッパとその周辺の市場の歴史』（市場と流通の社会史 1），清文堂出版

✖通商路

関　哲行（2009）『旅する人びと』岩波書店

ルゲ，ジャン・P.（著），井上泰男（訳）（1991）『中世の道』白水社［Leguay, J. P.（1984）*La rue au Moyen Age.* Ouest France］

✖海と川の交易

カービー，D. & ヒンカネン，M-L.（著），玉木俊明他（訳）（2011）『ヨーロッパの北の海—北海・バルト海の歴史』刀水書房［Kirby, D. & Hinkkanen, M.-L.（2000）*The Baltic and the North seas.* Routledge］

モラ・デュ・ジュルダン，M.（著），深沢克己（訳）（1996）『ヨーロッパと海』（叢書ヨーロッパ），平凡社［Mollat du Jourdin, M.（1993）*L'Europe et la mer.* Seuil］

✖商業の組織

ドランジェ，P.（著），奥村優子（訳）（2016）『ハンザ—12-17世紀』みすず書房［Dollinger, P.（1988）*La Hanse（XIIe-XVIIe siècles）.* Aubier］

ファヴィエ，J.（著），内田日出海（訳）（2014）『金と香辛料—中世における実業家の誕生』（新装版），春秋社［Favier, J.（1987）*De l'or et des épices: Naissance de l'homme d'affaires au Moyen Âge.* Fayard］

✖貨　幣

［引］Money Museum. *Coining technology: Part 2, Middle Ages: From barbaric imitations to a penny.*［http://muzeydeneg.ru/eng/?p=693（2023年5月20日閲覧）］

内川勇太他（2018）「前近代西ユーラシア貨幣史研究会第1回シンポジウム：中世貨幣の世界—銭貨，銭貨製造地，銭貨製造人（国際シンポジウム）」『立教経濟學研究』71（4），pp. 143-191

Day, Jr., W. R. et al.（1986-）Italy（I）. In: Grierson P. & Blackburn M. *Medieval European coinage: with a catalogue of the coins in the Fitzwilliam Museum, Cambridge, 12, Italy（I）,* Cambridge University Press

Spufford, P.（1988）*Money and its use in medieval Europe.* Cambridge University Press

✖流通税

［引］Pfeiffer, F.（1997）*Rheinische Transitzölle im Mittelalter.* Akademie Verlag

山田雅彦（1996）「13世紀バポームの通過税—制度変容の社会史のための一試論」『西洋史学論集』34，pp. 28-50

山田雅彦（2001）『中世フランドル都市の生成—在地社会と商品流通』（Minerva西洋史ライブラリー48），ミネルヴァ書房

Pfeiffer, F.（2002）Politique et pratique douanières sur le Rhin aux XIVe et XVe siècles, entre intérêts fiscaux et régulation du commerce. In: Contamine, Ph. et al.（ed.）*L'impôt au Moyen Âge: l'impôt public et le prélèvement seigneurial, fin XIIe-début XVIe siècle; colloque tenu à Bercy les 14, 15 et 16 juin 2000, vol. 3,* Comité pour l'histoire économique et financière de la France, pp. 741-762

✖金貸し

大黒俊二（2006）『嘘と貪欲—西欧中世の商業・商人観』名古屋大学出版会

ル・ゴッフ，J.（著），渡辺香根夫（訳）（1989）『中世の高利貸—金も命も』（叢書・ウニベルシタス），法政大学出版局［Le Goff, J.（1986）*La Bourse et la vie: Économie et religion au Moyen Âge.* Hachette］

✖商人のモラル

［引］Chiffoleau, J.（1980）*La comptabilité de l'au-delà: les hommes, la mort et la religion dans la région d'Avignon à la fin du Moyen Âge, vers 1320-vers 1480.* Albin Michel

イルジグラー，F.（著），瀬原義生（監訳）（1995）「中世における商人の心性」メクゼーパー，C. & シュラウト，E.（編），赤阪俊一・佐藤専次（訳）『ドイツ中世の日常生活—騎士・農民・都市民』（刀水歴史全書35），刀水書房，pp. 67-94［Irsigler, F.（1985）Kaufmannsmentalität im Mittelalter. In: Meckseper, C. & Schraut, E. *Mentalität und Alltag im Spätmittelalter.* Vandenhoeck & Ruprecht, pp. 59-78］

大黒俊二（著）（2006）『嘘と貪欲—西欧中世の商業・商人観』名古屋大学出版会

ル・ゴッフ，J.（著），渡辺香根夫（訳）（1989）『中世の高利貸—金も命も』（叢書・ウニベルシタス），法政大学出版

局［Le Goff, J.（1986）*La bourse et la vie: Économie et religion au Moyen Âge.* Hachette］

✖ 数とそろばん

［引］泉谷勝美（1997）『スンマへの径』（大阪経済大学研究叢書 31），森山書店

［引］内山　昭（1983）『計算機歴史物語』岩波新書

［引］ローマの溝そろばんのレプリカ［https://www.rs.kagu.tus.ac.jp/inforserv/museum/si/soroban.html（2024 年 5 月 22 日閲覧）］

［引］林　隆夫（2020）『インドの数学―ゼロの発明』ちくま学芸文庫

［引］吉田洋一（1979）『零の発見―数学の生い立ち』岩波新書

［引］Sigler, L. E.（2002）*Fibonacci's Liber abaci: A translation into modern English of Leonardo Pisano's book of calculation.* Springer

小島男佐夫（1987）『会計史入門』森山書店

Pullan, J. M.（1968）*The history of the abacus.* Hutchinson［プッラン, J. M.（著），塩浦政男（訳）（1974）『ソロバンの歴史―計算法の変遷』（みすず科学ライブラリー 46），みすず書房］

✖ 商業実務

齊藤寛海（2002）『中世後期イタリアの商業と都市』知泉書館

Pegolotti, F. B.（author），Evans, A.（ed.）（1970）*La Pratica della mercatura.* Kraus Reprint

✖ 時　計

［引］ドールン-ファン・ロッスム，G.（著）藤田幸一郎他（訳）（1999）『時間の歴史―近代の時間秩序の誕生』大月書店［Dohrn-van Rossum, G.（1995）*Die Geschichte der Stunde: Uhren und moderne Zeitordnungen.* Deutscher Taschenbuch］

［引］Wikimedia Commons：Instruments horaires XVe［https://commons.wikimedia.org/wiki/File:Instruments_horaires_XVe.jpg#/media/File:Instruments_horaires_XVe.jpg（2023 年 1 月 12 日閲覧）］

アタリ，J.（著），蔵持不三也（訳）（2022）『時間の歴史』ちくま学芸文庫［Attali, J.（1982）*Histoires du temps.* Fayard］

クロスビー，A. W.（著），小沢千重子（訳）（2003）『数量化革命―ヨーロッパ覇権をもたらした世界観の誕生』紀伊國屋書店［Crosby, A. W.（1997）*The measure of reality: Quantification and Western society, 1250–1600.* Cambridge University Press］

ドールン-ファン・ロッスム，ゲルハルト（著），藤田幸一郎他共訳（1999）『時間の歴史―近代の時間秩序の誕生』大月書店，表紙・p. 98 図 24

✖ 奴　隷

阿部俊大（2020）「中世イベリア半島におけるイスラーム教徒・異教徒の奴隷」『歴史評論』（846），pp. 15-26

斎藤寛海（1975）「中世後期のターナにおける奴隷売買の実態」『信州大学教育学部紀要』（33），pp. 65-79

濱野敦史（2020）「中世末期イタリア都市の奴隷」『歴史評論』（846），pp. 27-37

✖ 馬と牛

［引］谷口幸男（2017）『エッダとサガ―北欧古典への案内』新潮選書

［引］フサ，V.（編著），藤井真生（訳）（2017）『中世仕事図絵―ヨーロッパ，「働く人びと」の原風景』八坂書房［Husa, V.（1967）*Homo faber: Pracovní motivy ve starých vyobrazeních.*］

［引］ブラック，W. E.（著），大貫俊夫（監訳）（2021）『中世ヨーロッパ―ファクトとフィクション』平凡社［Black, W. E.（2019）*The middle ages: Facts and fictions.* ABC-CLIO, LLC］

［引］Wagner, E. et al.（2000）*Medieval Costume, Armour and Weapons, 1350–1450.* DOVER PUBLICATIONS, PART X, PLATE11

本村凌二（2013）『馬の世界史』中央文庫

Anti, E.（1998）*Santi e animali nell'Italia Padana: Secoli IV-XII.* Cooperativa Libreria Universitaria Editrice Bologna

Lorans, É.（ed.）（2017）*Le cheval au Moyen Âge.* Press Univrsitaire François-Rabelais de Tours

✖ 毛織物

［引］パウア，E. E.（著），山村延昭（訳）（1966）『イギリス中世史における羊毛貿易』（社会科学ゼミナール 35），未来社［Power, E.（1941）*The wool trade in English medieval history being the Ford lectures.* Oxford University Press］

［引］ピレンヌ，H.（著），大塚久雄・中木康夫（訳）（1955）「16 世紀の産業危機—フランデルンにおける都市毛織物工業と「新興毛織物工業」」『資本主義發達の諸段階』（社会科学ゼミナール 1），未来社，pp. 59-110［Pirenne, H.（1905）Une crise industrielle au XVIe siècle: La draperie urbaine et la "nouvelle draperie" en Flandre. *Bulletin de l'Académie royale de Belgique* 5, pp. 489-521］

［引］藤井美男（1998）『中世後期南ネーデルラント毛織物工業史の研究—工業構造の転換をめぐる理論と実証』九州大学出版会

［引］星野秀利（著），斉藤寛海（訳）（1995）『中世後期フィレンツェ毛織物工業史』名古屋大学出版会［Hoshino, H.（1980）*L'arte della lana in Firenze nel basso Medioevo: Il commercio della lana e il mercato dei panni fiorentini nei secoli XIII-XV.* L. S. Olschki］

アールツ，E.（著），藤井美男（監訳）（2005）『中世末南ネーデルラント経済の軌跡—ワイン・ビールの歴史からアントウェルペン国際市場へ』（アールツ教授講演会録），九州大学出版会

佐藤弘幸（2007）『西欧低地諸邦毛織物工業史—技術革新と品質管理の経済史』日本経済評論社

❌ワインとビール

［引］エグバート，V. W.（著），藤川 徹（編訳）（1995）『中世パリの橋のうえで—14 世紀初期の市民生活の記録』啓文社，p. 55［Egbert, V. W.（1974）*On the bridges of mediaeval Paris: A record of early fourteenth-century life.* Princeton University Press］

大原志麻（2022）「中世カスティーリャにおける「ビール」の驚くべき不在—セプルベダのフエロを中心に」『寧楽史苑』（67），pp. 51-66

ディオン，R.（著），福田育弘他（訳）（2001）『フランスワイン文化史全書—ぶどう畑とワインの歴史』国書刊行会［Dion, R.（1959）*Histoire de la vigne et du vin en France des origines au XIXe siècle.* Flammarion］

藤井真生（2011）「中世チェコにおけるアルコール飲料」白幡洋三郎他（編著）『都市歴史博覧—都市文化のなりたち・しくみ・たのしみ』笠間書院

❌中世ものづくし

山辺規子（2005）「『健康全書 Tacuinum Sanitatis』研究序論」『奈良女子大学文学部研究教育年報』（1），pp. 101-111

Arano, L. C.（author），Ratti O. & Westbrook A.（trans.）（1976）*The medieval health handbook: Tacuinum sanitatis.* Braziller

Moleiro, M.（1999）Commentary. In: De Mayor, A. B.（trans.）*Theatrum sanitatis: Biblioteca casanatense.* obra completa

❌【コラム】フランチェスコ・ダティーニ

［引］Wikimedia Commons：Filippo lippi, madonna del ceppo, 1453-52, da pal. datini, 04 francesco datini［https://commons.wikimedia.org/wiki/File:Filippo_lippi,_madonna_del_ceppo,_1453-52,_da_pal._datini,_04_francesco_datini.jpg（2023 年 5 月 31 日閲覧）］

オリーゴ，I.（著），篠田綾子（訳）（2008）『プラートの商人—中世イタリアの日常生活』白水社［Origo, I.（1957）*The merchant of Prato: Francesco di Marco Datini.* Penguin in association with Jonathan Cape］

【7 章　移動と交流】
❌説　教

木村容子（2007）「15 世紀イタリアの遍歴説教—都市による説教依頼・交渉・融通」『イタリア学会誌』57（0），pp. 239-264

Kienzle, B. M.（2000）*The sermon.* Brepols

Martin, H.（1988）*Le métier de prédicateur: en France septentrionale à la fin du Moyen Age（1350-1520）.* Édition du Cerf

❌東方植民運動

［引］阿部謹也（1974）『ドイツ中世後期の世界—ドイツ騎士修道会史の研究』未來社

［引］千葉敏之（2003）「閉じられた辺境—中世東方植民史研究の歴史と現在」『現代史研究』49（0），pp. 1-23

［引］Bartlett, R（1993）*The Making of Europe: Conquest, Colonization, and Cultural Change, 950-1350.* Princeton University Press［バートレット，R.（著），伊藤 誓・磯山甚一（訳）（2003）『ヨーロッパの形成—950 年-1350 年における征服，植民，文化変容』（叢書・ウニベルシタス），法政大学出版局］

［引］Erlen, P.（1992）*Europäischer Landesausbau und mittelalterliche deutsche Ostsiedlung: Ein struktureller Vergleich zwischen Südwestfrankreich, den Niederlanden und dem Ordensland Preussen.* J.G. Herder-Institut

［引］Higounet, Ch.（1986）*Die deutsche Ostsiedlung im Mittelalter.* Siedler［イグネ，Ch.（著），宮島直機（訳）（1997）『ドイツ植民と東欧世界の形成』彩流社］

Bartlett, R. & MacKay, A.（eds.）（1989）*Medieval frontier societies.* Clarendon Press , Oxford University Press

Fritze, W. H.（1980-1981）*Germania Slavica.* Duncker & Humblot

✖居留地

ドランジェ，P.（著）・奥村優子他（訳）（2016）『ハンザ──12-17 世紀』みすず書房［Dollinger, P.（1988）*La Hanse（XIIe-XVIIe siècles）.* Aubier］

マクニール，W.（著），清水廣一郎（訳）（1979）『ヴェネツィア──東西ヨーロッパのかなめ 1081-1797』岩波書店現代選書［McNeill, W. H.（1974）*Venice: The hinge of Europe, 1081-1797.* University of Chicago Press］

Origone, S.（2018）Colonies and colonization. In: Beneš, C.（ed.）*A companion to medieval Genoa,* Brill, pp. 496-520

✖移　牧

［引］稲益祐太（2022）『南イタリア都市の空間史──プーリア州のテリトーリオ』法政大学出版局

［引］Garnier, E.（2004）*Terre de conquête: La forêt vosgienne sous l'ancien régime；préface de Jean-Marc Moriceau.* Fayard

［引］Moriceau, J.-M.（1999）*L'Elevage sous l'ancien régime: les fondements agraires de la France moderne, XVIe-XVIIIe siècles.* Sedes

山瀬善一（1968）『南フランスの中世社会・経済史研究』（神戸経済学双書6），神戸大学研究双書刊行会，有斐閣

Bloch, M.（1931）*Les caractères originaux de l'histoire rurale française.* A. Colin［ブロック，M.（著），河野健二・飯沼二郎（訳）（1959）『フランス農村史の基本性格』創文社］

Laffont, P.-Y.（ed.）（2006）*Transhumance et estivage en Occident: des origines aux enjeux actuels: actes des XXVIes journées internationales d'histoire de l'abbaye de Flaran, 9, 10, 11 septembre 2004.* Presses universitaires du Mirail

✖結婚（輿入れ）

大谷伴子（2014）『マーガレット・オブ・ヨークの「世紀の結婚」──英国史劇とブルゴーニュ公国』春風社

デュビー，G.（著），篠田勝英（訳）（1984）『中世の結婚──騎士・女性・司祭』新評論［Duby, G.（1981）*Le chevalier, la femme et le prêtre: Le mariage dans la France féodale.* Hachette littérature générale］

Haag, S. et al.（eds.）（2018）*Women. The art of power. Three women from the House of Habsburg.* Kunsthistorisches Museum

✖通信／書簡・郵便制度

ベーリンガー，W.（著），高木葉子（訳）（2014）『トゥルン・ウント・タクシス──その郵便と企業の歴史』三元社［Behringer, W.（1990）*Thurn und Taxis: Die Geschichte ihrer Post und ihrer Unternehmen.* Piper］

星名定雄（2006）『情報と通信の文化史』法政大学出版局

✖先住民としてのケルト

デイヴィス，J.（著），小池剛史（訳）（2018）『ウェールズ語の歴史』春風社［Davies, J.（2014）*The Welsh language: A history.* University of Wales Press］

原　聖（2007）『ケルトの水脈』（興亡の世界史 07）講談社

Glyn, J. D.（1988）Literary Welsh. In: Martin, J. B.（ed.）*The use of Welsh: a contribution to sociolinguistics,* Multilingual Matters, pp. 125-171

✖ヴァイキング

［引］小澤　実（2020）「ヴァイキングが切り開いた北極圏交易──セイウチの牙をめぐるグローバルな経済構造」秋道智彌・角南　篤（編）『海とヒトの関係学③ 海はだれのものか』西日本出版社，pp. 96-111

［引］ハンセン，V.（著），赤根洋子（訳）（2021）『西暦一〇〇〇年グローバリゼーションの誕生』文藝春秋［Hansen, V.（2020）*The year 1000: When explorers connected the world, and globalization began.* Scribner］

［引］ヤンコヴィアク，M.（著），小澤　実（訳）（2020）「奴隷のためのディルハム──九・一〇世紀のイスラーム世界と北ヨーロッパ間の奴隷交易（〈特集〉グローバルヒストリーと中世ヨーロッパ（1）イギリスの視点）」『史苑』80（1），pp. 36-65

秋道智彌・角南　篤（2020）『海とヒトの関係学③ 海はだれのものか』西日本出版社

熊野　聰（2017）『ヴァイキングの歴史──実力と友情の社会』創元世界史ライブラリー

プリングル，H.（2017）「バイキング―大海の覇者の素顔」『ナショナルジオグラフィック日本語版』23（3）pp. 38-59［Pringle, H.（2017）What you don't know about the vikings. *National Geographic world*（1）］

✖ユダヤ人

ベンサソン，H. H.（編），石田友雄（日本語版総編集）（1976-1978）『ユダヤ民族史』（3巻・4巻：中世篇I・II），六興出版［Ben-Sasson, H. H.（ed.）（1976）*A History of the Jewish people.* Harvard University Press］

Abulafia, A. S.（2011）*Christian-Jewish relations 1000–1300: Jews in the service of medieval Christendom.* Routledge

Chazan, R.（ed.）（2018）The Middle ages: The christian world. In: Ackerman-Lieberman, P. I. *The Cambridge history of Judaism, vol.* 5, Cambridge University Press

✖ロ　マ

［引］Wikimedia Commons：Hans Burgkmair the Elder（c.1510）Gypsies in the Market［https://commons.wikimedia.org/wiki/File:Hans_Burgkmair_d._%C5%BD._-_Gypsies_in_the_Market_-_WGA03696.jpg（2023年9月5日閲覧）］

金子マーティン（2021）『ロマ民族の起源と言語―インド起源否定論批判』解放出版社

フレーザー，A.（著）水谷　驍（訳）（2002）『ジプシー――民族の歴史と文化』平凡社［Fraser, A.（1995）*The Gypsies*（*2nd ed.*）. Blackwell］

水谷　驍（2006）『ジプシー――歴史・社会・文化』平凡社

✖ユーラシアの草原地帯から

［引］草生久嗣（2016）「ロシア―ビザンツ緩衝地帯の蛮族観について：一二世紀ビザンツ史書におけるペチェネーグを題材に」小澤　実・長縄宣博（編著）『北西ユーラシアの歴史空間―前近代ロシアと周辺世界』北海道大学出版会，pp. 105-131

［引］薩摩秀登（1999）「ドナウ・ヨーロッパの形成」南塚信吾（編）『ドナウ・ヨーロッパ史』（世界各国史 19），山川出版社，pp. 14-56

［引］雪嶋宏一（2008）『スキタイ―騎馬遊牧国家の歴史と考古』雄山閣

［引］Crampton, R. J.（1997）*A concise history of Bulgaria.* Cambridge University Press［クランプトン，R. J.（著），高田有現・久原寛子（訳）（2004）『ブルガリアの歴史』（ケンブリッジ版世界各国史），創土社］

伊東一郎（編）（2023）『スラヴ民族の歴史』山川出版社

小松久男（編）（2000）『中央ユーラシア史』（新版世界各国史 4），山川出版社

✖旅行ガイド

［引］Nolli, Giovanni Battista & Piranesi, Giovanni Battista（1748）*La Topografia di Roma di Gio Batta Nolli dalla maggiore in questa minor tavola dal medesimo ridotta.* Giovanni Battista Nolli

［引］Peutinger, Konrad（author）, Miller, Konrad（ed.）（1888）*Die Weltkarte des Castorius gennant die Peutinger'sche Tafel in den farben des originals herausgegeben und eingeleitet von Dr Konrad Miller.* Otto Maier

オーラー，N.（著），藤代幸一（訳）（1989）『中世の旅』（叢書・ウニベルシタス），法政大学出版局［Ohler, N.（1986）*Reisen im Mittelalter.* Artemis］

河原　温（1999）「中世ローマ巡礼」歴史学研究会（編）『巡礼と民衆信仰』（地中海世界史 4），青木書店，pp. 94-125

関　哲行（2019）『前近代スペインのサンティアゴ巡礼―比較巡礼史序説』（流通経済大学社会学部創設 30 周年叢書），流通経済大学出版会

✖ヨーロッパのイスラーム

［引］Haskins, Ch. H.（1927）*The Renaissance of the twelfth century.* Harvard University Press［ハスキンズ，Ch. H（著），別宮貞徳・朝倉文市（訳）（2017）『十二世紀のルネサンス―ヨーロッパの目覚め』講談社学術文庫］

［引］Pirenne, H.（1937）*Mahomet et Charlemagne.* Alcan［ピレンヌ，H.（著），中村　宏・佐々木克己（訳）（2020）『ヨーロッパ世界の誕生―マホメットとシャルルマーニュ』講談社学術文庫］

［引］Tolan, J. V.（2002）*Saracens: Islam in the medieval European imagination.* Columbia University Press

サザン，R. W.（著），鈴木利章（訳）（2020）『ヨーロッパとイスラーム世界』ちくま学芸文庫［Southern, R.W.（1962）*Western views of Islam in the Middle Ages.* Harvard University Press］

高山　博（2007）『ヨーロッパとイスラーム世界』（世界史リブレット 58），山川出版社

メノカル，M. R.（著），足立　孝（訳）（2005）『寛容の文化―ムスリム，ユダヤ人，キリスト教徒の中世スペイン』

名古屋大学出版会［Menocal, M. R.（2002）*The ornament of the world: How Muslims, Jews, and Christians created a culture of tolerance in medieval Spain.* Little, Brown］

✖東地中海世界の人の移動

［引］Abulafia, D.（2011）*The great sea: A Human history of the mediterranean.* Oxford University Press［アブラフィア，D.（著），高山　博他（訳）（2021）『地中海と人間―原始・古代から現代まで』藤原書店］

［引］Bandy, A. C.（ed.）（1983）*On powers, or, The magistracies of the Roman state.* American Philosophical Society

［引］Haldon, J. F.（2005）*The Palgrave atlas of Byzantine history.* Palgrave Macmillan

小林　功・馬場多聞（編著）（2021）『地中海世界の中世史』ミネルヴァ書房

Preiser-Kapeller, J. et al.（eds.）（2020）*Migration histories of the medieval Afroeurasian transition zone: Aspects of mobility between Africa, Asia and Europe, 300-1500 C.E.* Brill

Rapp, C. et al.（eds.）（2023）*Mobility and migration in Byzantium: A sourcebook.* V&R unipress, Vienna University Press

✖【コラム】マルコ・ポーロ

愛宕松男（1970〜71）『東方見聞録』（全 2 巻），平凡社

マルコ・ポーロ＆ルスティケッロ・ダ・ピーサ（著），高田英樹（訳）（2013）『世界の記―「東方見聞録」対校訳』名古屋大学出版会

四日市康博（2014）「マルコ＝ポーロの書『世界の記述』の虚構と物語性―物語作家ルスティケッロ＝ダ ピーサはその共著者か？」『横浜ユーラシア文化館紀要』（2），pp. 19-44

【8 章　身体と衣食住】

✖身体と水

［引］Martin, A.（1906）*Deutsches Badewesen in vergangenen Tagen: Nebst einem Beitrage zur Geschichte der deutschen Wasserheilkunde.* Eugen Diederichs, S.266

阿部謹也（2008）『中世を旅する人びと―ヨーロッパ庶民生活点描』ちくま学芸文庫

ブラック，W. E.（著），大貫俊夫（監訳）（2021）『中世ヨーロッパ―ファクトとフィクション』平凡社（とくに第 3 章）［Black, W.（2019）*The Middle Ages: Facts and fictions.* ABC-CLIO］

✖健康の追求

［引］山辺規子（2013）「融合する食文化」『15 のテーマで学ぶ中世ヨーロッパ史』ミネルヴァ書房，p. 247

久木田直江（2022）「女性の医学―西洋中世の身体とジェンダーを読み解く」大黒俊二・林　佳世子（責任編集）『ヨーロッパと西アジアの変容―11〜15 世紀』（岩波講座世界歴史 9），岩波書店，pp. 223-241

シッパゲース，H.（著），大橋博司他（訳）（1988）『中世の医学―治療と養生の文化史』人文書院［Schipperges, H.（1985）*Der Garten der Gesundheit: Medizin im Mittelalter.* Artemis］

山辺規子（2014）「中世ヨーロッパの健康書『タクイヌム・サニターティス』の項目の比較」『奈良女子大学文学部研究教育年報』11，pp. 145-156

✖髪

池上俊一（2001）『身体の中世』ちくま学芸文庫

Cooper, W.（1971）*Hair: Sex, Society, Symbolism.* Aldus

Hoyoux, J.（1948）Reges crinite: Chevelures, tonsures et scalps chez les Mérovingiens. *Revue Belge de Philologie et d'Histoire,* 26（3），pp. 479-508

✖身体の知

［引］小池寿子（1995）「獣帯人間―占星学的人体―大宇宙と小宇宙の調和」『is』ポーラ文化研究所，68，pp. 22-26

［引］パケ，D.（著），木村恵一（訳）（1999）『美女の歴史―美容術と化粧術の 5000 年史』（「知の再発見」双書 82），創元社［Paquet, D.（1997）*Une histoire de la beauté: miroir, mon beau miroir.* Gallimard］

［引］藤田尚男（1989）『人体解剖のルネサンス』平凡社

［引］ル゠ゴフ，J.（著），池田健二・菅沼　潤（訳）（2006）『中世の身体』藤原書店［Le Goff, J. & Truong, N.（2003）*Une histoire du corps au Moyen Âge.* Liana Levi］

［引］Clark, Ch.（1982）The zodiac man in medieval medical astrology. *Quidditas*, 3（3）, pp. 13-38［https://scholarsarchive.byu. edu/rmmra/vol3/iss1/3/（2023 年 1 月 31 日閲覧）］

［引］Demaitre, L.（2011）Skin and the City: Cosmetic Medicine as an Urban Concern. In: Florence Glaze, E. & Nance, B. K.（eds.）*Between text and patient: The medical enterprise in medieval & early modern Europe*（*Micrologus' library 39*）, SISMEL, Edizioni del Galluzzo, pp. 97-120

［引］Wikimedia Commons：Anatomical Man［https://commons.wikimedia.org/wiki/File:Anatomical_Man.jpg?uselang=ja（2023 年 1 月 31 日閲覧）］

第一アートセンター（編）(1996)『初期ルネサンスの魅力―祈りと愛と美への陶酔』同朋社出版, p. 96

Harris-Stoerz, F.（2014）Midwives in the Middle Ages? Birth Attendants, 600-1300. In: Turner, W. J. & Butler, S. M.（eds.）*Medicine and the law in the Middle Ages,* Brill, pp. 58-87

Vincent-Cassy, M.（2002）Corps. In: Gaudard, C. et al.（ed.）*Dictionnaire du Moyen Âge,* Quadrige: PUF, pp. 347-348

✖衣服の変遷

［引］ブローデル, F.（著）, 村上光彦（訳）(1985)『日常性の構造』（第 1 巻）（物質文明・経済・資本主義 15-18 世紀 全 2 巻）, みすず書房［Braudel, F.（1979）*Les structures du quotidien: le possible et l'impossible*. A. Colin］

［引］Bruna, D.（ed.）(2013) *La mécanique des dessous: Une histoire indiscrète de la silhouette.* Arts Décoratifs, p. 46

［引］Cifani, A.（ed.）(2014) *La Cappella di Santa Maria di Missione di Villafranca Piemonte: Un capolavoro del gotico internazionale italiano.* Umberto Allemandi & C.

［引］Frugoni, C.（2001）*Medioevo sul naso: Occhiali, bottoni e altre invenzioni medievali.* Laterza［フルゴーニ, C.（著）, 高橋友子（訳）(2010)『ヨーロッパ中世ものづくし―メガネから羅針盤まで：カラー版』岩波書店］

Muzzarelli, M. G.（2020）*Le regole del lusso. Apparenza e vita quotidiana dal Medioevo all'età moderna.* Il Mulino

Piponnier, F. & Mane, P.（1997）*Dress in the Middle Ages.* Yale University Press

✖色　彩

［引］カルドン, D.（著）, 佐々木紀子（訳）(2001)「地中海の高貴な天然染料（1）貝紫・ケルメス・ウォード」『染織 α』(238), pp. 18-22

［引］シシル（著）, 伊藤亜紀・徳井淑子（訳・解説）(2009)『色彩の紋章』悠書館

［引］Pastoureau, M.（2000）*Bleu: Histoire d'une couleur.* Seuil［パストゥロー, M.（著）, 松村恵理・松村　剛（訳）(2005)『青の歴史』筑摩書房］

伊藤亜紀（2002）『色彩の回廊―ルネサンス文芸における服飾表象について』ありな書房

徳井淑子（2023）『中世ヨーロッパの色彩世界』講談社学術文庫

パストゥロー, M.（著）, 蔵持不三也・城谷民世（訳）(2018)『赤の歴史文化図鑑』原書房［Pastoureau, M.（2016）*Rouge: Histoire d'une couleur.* Seuil］

✖衣服の素材

［引］ダンテ・アリギエリ（著）, 原　基晶（訳）(2014)『神曲』（全 3 巻）, 講談社学術文庫

［引］徳井淑子（1995）『服飾の中世』勁草書房

［引］ル・ゴフ, J.（著）, 桐村泰次（訳）(2007)『中世西欧文明』論創社［Le Goff, J.（1964）*La civilisation de l'Occident médiéval.* Arthaud］

［引］Hollberg, C.（2017）*Tessuto e ricchezza a Firenze nel Trecento. Lana, seta, pittura.* Giunti Editore, p. 182

［引］Levi Pisetzky, R.（1978）*Il costume e la moda nella società italiana.* Einaudi［レーヴィ・ピセツキー, R.（著）, 森田義之他（訳）(1987)『モードのイタリア史―流行・社会・文化』平凡社］

［引］Pastoureau, M.（1991）*L'étoffe du diable: Une histoire des rayures et des tissus rayés.* Editions du Seuil［パストゥロー, M.（著）, 松村　剛・松村恵理（訳）(2004)『縞模様の歴史―悪魔の布』白水 U ブックス］

藤井美男（1998）『中世後期南ネーデルラント毛織物工業史の研究：工業構造の転換をめぐる理論と実証』九州大学出版会

星野秀利（著）, 斉藤寛海（訳）(1995)『中世後期フィレンツェ毛織物工業史』名古屋大学出版会

✖紋　様

［引］「王と道化の語らい」《詩編集》1450 年頃, トリヴルツィアーナ図書館. ms.448, 76r, Various French religious manuscripts（1451-1500）*WEB GALLERY OF ART*［https://www.wga.hu/frames-e.html?/html/zgothic/miniatur/1451-

500/1french3/（2024 年 6 月 23 日閲覧）］

［引］徳井淑子（2012）『涙と眼の文化史―中世ヨーロッパの標章と恋愛思想』東信堂

［引］Benazzi, G.& Mancini, F. F.（a cura di）（2001）*Il Palazzo Trinci di Foligno*. Quattroemme, p. 365

［引］Pastoureau, M.（1991）*L'étoffe du diable: Une histoire des rayures et des tissus rayés*. Editions du Seuil ［パストゥロー，M.（著），松村　剛・松村恵理（訳）（2004）『縞模様の歴史―悪魔の布』白水 U ブックス］

パストゥロー，M.（著），松村　剛（監），松村恵理（訳）（1997）『紋章の歴史―ヨーロッパの色とかたち』（「知の再発見」双書 69），創元社 ［Pastoureau, M.（1996）*Figures de l'héraldique*. Gallimard］

✂子ども服

［引］アリエス，Ph.（著），杉山光信・杉山恵美子（訳）（1980）『〈子供〉の誕生―アンシァン・レジーム期の子供と家族生活』みすず書房 ［Ariès, Ph.（1960）*L'enfant et la vie familiale sous l'ancien régime*. Plon］

［引］アレクサンドル=ビドン，D.（著），徳井淑子（訳）（2000）「子ども―巻き紐から衣服へ―中世の子ども服（13-15 世紀）」徳井淑子（編訳）『中世衣生活誌―日常風景から想像世界まで』勁草書房

［引］シシル（著），伊藤亜紀・徳井淑子（訳・解説）（2009）『色彩の紋章』悠書館

［引］Wikipedia：Giotto di Bondone - No. 17 Scenes from the Life of Christ - 1. Nativity - Birth of Jesus - WGA09193 ［https://it.wikipedia.org/wiki/Natività_di_Gesù_(Giotto)#/media/File:Giotto_di_Bondone_-_No._17_Scenes_from_the_Life_of_Christ_-_1._Nativity_-_Birth_of_Jesus_-_WGA09193.jpg（2024 年 10 月 3 日閲覧）］

［引］Wikipedia：Simone Martini 072 ［https://it.wikipedia.org/wiki/Simone_Martini#/media/File:Simone_Martini_072.jpg（2024 年 10 月 3 日閲覧）］

ムッツァレッリ，M. G.（著），伊藤亜紀他（訳）（2014）『イタリア・モード小史』知泉書館 ［Muzzarelli, M. G.（2011）*Breve storia della moda in Italia*. Il Mulino］

ヤンネッラ，C.（著），石原　宏（訳）（1994）『シモーネ・マルティーニ―シエナを飾る画家』（イタリア・ルネサンスの巨匠たち 5），東京書籍

✂食のリズム

［引］佐藤彰一（2016）『贖罪のヨーロッパ―中世修道院の祈りと書物』中公新書，p. 31 表 2（モンテカシーノ修道院の修行時間割）

［引］Wikimedia Commons：Pieter Bruegel d. Ä. 066 ［https://ja.wikipedia.org/wiki/%E8%AC%9D%E8%82%89%E7%A5%AD%E3%81%A8%E5%9B%9B%E6%97%AC%E7%AF%80%E3%81%AE%E5%96%A7%E5%98%A9#/media/%E3%83%95%E3%82%A1%E3%82%A4%E3%83%AB:Pieter_Bruegel_d._%C3%84._066.jpg（2024 年 7 月 8 日閲覧）］

ヘニッシュ，B. A.（著），藤原保明（訳）（1992）『中世の食生活―断食と宴』（叢書・ウニベルシタス），法政大学出版局 ［Henisch, B. A.（1976）*Fast and feast: Food in medieval society*. Pennsylvania State University Press］

モンタナーリ，M.（著），山辺規子・城戸照子（訳）（1999）『ヨーロッパの食文化』（叢書ヨーロッパ），平凡社 ［Montanari, M.（1993）*La Fame e l'abbondanza: Storia dell'alimentazione in Europa*. Laterza］

ロリウー，B.（著），吉田春美（訳）（2003）『中世ヨーロッパ食の生活史』原書房 ［Laurioux, B.（2002）*Manger au Moyen âge: Pratiques et discours alimentaires en Europe aux XIVe et XVe siècles*. Hachette littératures］

✂宴会／料理人と料理書

フランドラン，J.-L. ＆モンタナーリ，M.（編），菊地祥子他（訳）（2006）『食の歴史』（全 3 巻），藤原書店 ［Flandrin, J.-L. & Montanari, M.（1996）*Histoire de l'alimentation*. Fayard］

モンタナーリ，M.（著），山辺規子・城戸照子（訳）（1999）『ヨーロッパの食文化』平凡社 ［Montanari, M.（1993）*La Fame e l'abbondanza: Storia dell'alimentazione in Europa*. Laterza］

ロリウー，B.（著），吉田春美（訳）（2003）『中世ヨーロッパ食の生活史』原書房 ［Laurioux, B.（2002）*Manger au Moyen âge: Pratiques et discours alimentaires en Europe aux XIVe et XVe siècles*. Hachette littératures］

✂食器と台所

ブムケ，J.（著），平尾浩三他（訳）（1995）『中世の騎士文化』白水社 ［Bumke, J.（1986）*Höfische Kultur: Literatur und Gesellschaft im hohen Mittelalter*. Deutscher Taschenbuch Verlag］

ヘニッシュ，B. A.（著），藤原保明（訳）（1992）『中世の食生活―断食と宴』（叢書・ウニベルシタス 378），法政大学出版局 ［Henisch, B. A.（1976）*Fast and feast: Food in medieval society*. Pennsylvania State University Press］

ロリウー，B.（著），吉田春美（訳）（2003）『中世ヨーロッパ食の生活史』原書房 ［Laurioux, B.（2002）*Manger au*

Moyen âge: Pratiques et discours alimentaires en Europe aux XIVe et XVe siècles. Hachette littératures］

✖食と身分

ヘニッシュ，B. A.（著），藤原保明（訳）（1992）『中世の食生活―断食と宴』（叢書・ウニベルシタス），法政大学出版局［Henisch, B. A.（1976）*Fast and feast: Food in medieval society.* Pennsylvania State University Press］

ロリウー，B.（著），吉田春美（訳）（2003）『中世ヨーロッパ食の生活史』原書房［Laurioux, B.（2002）*Manger au Moyen âge: Pratiques et discours alimentaires en Europe aux XIVe et XVe siècles.* Hachette littératures］

Schubert, E.（2006）*Essen und Trinken im Mittelalter.* Wissenschaftliche Buchgesellschaft Darmstadt

✖食　材

［引］フランドラン，J.-L. ＆モンタナーリ，M.（編），菊地祥子他（訳）（2006）『食の歴史』（第 1 巻・第 2 巻），藤原書店［Flandrin, J.-L. & Montanari, M.（1996）*Histoire de l'alimentation.* Fayard］

Laurioux, B.（2002）*Manger au Moyen âge: Pratiques et discours alimentaires en Europe aux XIVe et XVe siècles.* Hachette littératures［ロリウー，B.（著），吉田春美（訳）（2003）『中世ヨーロッパ食の生活史』原書房］

✖町家と農家

［引］大橋竜太（2005）『イングランド住宅史―伝統の形成とその背景』中央公論美術出版

［引］Grohmann, A.（2003）*La città medievale.* Laterza

河原　温・堀越宏一（2015）『図説中世ヨーロッパの暮らし』（ふくろうの本），河出書房新社

後藤　久（2005）『西洋住居史―石の文化と木の文化』彰国社

堀越宏一・甚野尚志（編著）（2013）『15 のテーマで学ぶ中世ヨーロッパ史』ミネルヴァ書房

✖庭園と菜園

Harvey, J.（1981）*Medieval gardens.* B.T. Batsford

Leslie, M.（ed.）（2013）*A cultural history of gardens in the Medieval Age.* Bloomsbury

MacDougall, E. B.（ed.）（1986）*Medieval Gardens.* Dumbarton Oaks Research Liberary and Collection

✖火と陽

［引］Vincent, C.（2004）*Fiat lux: Lumière et luminaires dans la vie religieuse en Occident du XIIIe siècle au début du XVIe siècle.* Cerf

Leguay, J.-P.（2008）*Le feu au Moyen Âge.* Presses Universitaires de Rennes

Pesez, J.-M.（1998）*Archéologie du village et de la maison rurale au Moyen Âge.* Presses Universitaires de Lyon

Travaux du groupe de recherches "Lectures médiévales" Université de Toulouse II（2000）*Feu et lumière au Moyen Âge. 2 vols.* Éditions Universitaires du Sud

✖ 【コラム】フィリップ善良公

［引］ホイジンガ，J.（著），堀越孝一（訳）（2018）『中世の秋』（上・下，改版），中公文庫［Huizinga, J.（1919）*Herfsttij der Middeleeuwen: Studie over levens- en gedachtenvormen der veertiende en vijftiende eeuw in Frankrijk en de Nederlanden.* Tjeenk Willink］

［引］Wikimedia Commons：Philip the good［https://commons.wikimedia.org/wiki/File:Philip_the_good.jpg（2023 年 2 月 21 日閲覧）］

カルメット，J.（著），田辺　保（訳）（2000）『ブルゴーニュ公国の大公たち』国書刊行会［Calmette, J.（1949）*Les grands ducs de Bourgogne.* Albin Michel］

徳井淑子（2006）『色で読む中世ヨーロッパ』講談社選書メチエ

堀越孝一（1996）『ブルゴーニュ家―中世の秋の歴史』講談社現代新書

Bonenfant, P. et al.（1996）*Philippe le Bon: Sa politique, son action.* De Boeck, p.V

Vaughan, R.（2002）*Philip the Bold. The Formation of the Burgundian State, new ed.* Boydell Press, 表紙・タイトル頁の前

【9章　信仰と想像】
✖聖人崇敬
秋山　聰（2009）『聖遺物崇敬の心性史─西洋中世の聖性と造形』講談社新書メチエ

中谷功治（2022）「聖像（イコン）と正教世界の形成」大黒俊二・林　佳世子（責任編集）『西アジアとヨーロッパの形成─8〜10世紀』（岩波講座世界歴史 8），岩波書店

渡邊昌美（1989）『中世の奇蹟と幻想』岩波新書

✖托鉢修道会
［引］Morris, C.（1989）*The Papal Monarchy: The Western Church from 1050 to 1250.* Oxford/New York, Clarendon press

［引］Wikipedia：Giotto - Legend of St Francis - -07- - Confirmation of the Rule ［https://it.wikipedia.org/wiki/Innocenzo_III_conferma_la_Regola_francescana#/media/File:Giotto_-_Legend_of_St_Francis_-_-07-_-_Confirmation_of_the_Rule.jpg（2024年 5 月 20 日閲覧）］

川下　勝（2004）『アッシジのフランチェスコ』（人と思想 184），清水書院，p. 101

佐藤彰一（2017）『剣と清貧のヨーロッパ─中世の騎士修道会と托鉢修道会』中公新書

杉崎泰一郎（2015）『修道院の歴史─聖アントニオスからイエズス会まで』創元社

ルゴフ, J.（著），池上俊一・梶原洋一（訳）（2010）『アッシジの聖フランチェスコ』岩波書店

✖異　　端
小田内　隆（2010）『異端者たちの中世ヨーロッパ』（NHK ブックス 1165），日本放送出版協会

コルバン, A.（編），藤本拓也・渡辺　優（訳）（2010）『キリスト教の歴史─現代をよりよく理解するために』藤原書店 ［Corbin, A.（ed.）（2007）*Histoire du christianisme: Pour mieux comprendre notre temps.* Éditions du Seuil］

✖千年王国説
コーン, N.（著），江河　徹（訳）（1978）『千年王国の追求』紀伊国屋書店 ［Cohn, N.（1970）*The pursuit of the millennium: Revolutionary millenarians and mystical anarchists of the middle ages.* Paladin］

リーヴス, M.（著），大橋喜之（訳）（2006）『中世の預言とその影響─ヨアキム主義の研究』八坂書房 ［Reeves, M.（1969）*The influence of prophecy in the later Middle Ages: A study in Joachimism.* Clarendon Press / Reeves, M.（1993）*The influence of prophecy in the later Middle Ages: A study in Joachimism.* University of Notre Dame Press］

Troncarelli, F.（2003）*La citta degli angeli. Profezia e speranza del futuro tra Medioevo e Rinascimento.* Ermes

✖神秘主義
［引］鶴岡賀雄（2017）「「神秘主義」概念の歴史と現状」『東京大学宗教学年報』34，pp. 1-24

田島照久・阿部善彦（編）（2018）『テオーシス─東方・西方教会における人間神化思想の伝統』教友社

McGinn, B.（1991-）*The presence of God: A history of Western Christian mysticism. 7 vols.* Crossroad

✖シスマ （教会分裂）
シンメルペニッヒ, B.（著），甚野尚志他（訳）（2017）『ローマ教皇庁の歴史─古代からルネサンスまで』（人間科学叢書），刀水書房 ［Schimmelpfennig, B.（2009）*Das Papsttum: Von der Antike bis zur Renaissance.* Wissenschaftliche Buchgesellschaft］

バラクロウ, G.（著），藤崎　衛（訳）（2021）『中世教皇史（改訂増補版）』八坂書房 ［Barraclough, G.（1968）*The medieval papacy.* Thames and Hudson］

✖公会議
イェディン, H.（著），梅津尚志・出崎澄男（訳）（1986）『公会議史─ニカイアから第二ヴァティカンまで』南窓社 ［Jedin, H.（1961）*Kleine Konziliengeschichte: die zwanzig ökumenischen Konzilien im Rahmen der Kirchengeschichte.* Herder］

タナー, N. P.（著），野谷啓二（訳）（2003）『教会会議の歴史─ニカイア会議から第 2 バチカン公会議まで』教文館 ［Tanner, N. P.（1999）*I Concili Della Chiesa.* Jaca Book］

✖巡　礼
オーラー, N.（著），井本晌二・藤代幸一（訳）（2004）『巡礼の文化史』（叢書・ウニベルシタス 797），法政大学出版

局［Ohler, N.（2000）*Pilgerstab und Jakobsmuschel: Wallfahren in Mittelalter und Neuzeit.* Artemis & Winkler］

関　哲行（2019）『前近代スペインのサンティアゴ巡礼—比較巡礼史序説』（流通経済大学社会学部創設30周年叢書），流通経済大学出版会

✖プロセッション（宗教行列）

ハーパー，J.（著），佐々木　勉・那須輝彦（訳）（2000）『中世キリスト教の典礼と音楽』教文館［Harper, J.（1991）*The forms and orders of Western liturgy from the tenth to the eighteenth century : a historical introduction and guide for students and musicians.* Clarendon Press, Oxford University Press］

河原　温（2009）『都市の創造力』（ヨーロッパの中世 2），岩波書店

三佐川亮宏（2013）『ドイツ史の始まり—中世ローマ帝国とドイツ人のエトノス生成』創文社

✖兄弟会

江川　温（1983）「中世末期のコンフレリーと都市民」中村賢二郎（編）『都市の社会史』ミネルヴァ書房

河原　温（1998）「フラテルニタス論」『ヨーロッパの成長—11〜15世紀』（岩波講座世界歴史 8），岩波書店，pp. 175-200

河原　温・池上俊一（編）（2014）『ヨーロッパ中近世の兄弟会』東京大学出版会

✖天使と悪魔

［引］アンセルムス（著），矢内義顕（訳）（2022）「悪魔の堕落について」上智大学中世思想研究所（編訳・監修）『アンセルムス著作集・書簡集』（中世思想原典集成 2-3），平凡社，pp. 115-186

［引］ディオニュシオス・アレオパギテス（著），今　義博（訳）（1994）「天上位階論」上智大学中世思想研究所（編訳・監修）『後期ギリシア教父・ビザンティン思想』（中世思想原典集成 3），平凡社，pp. 339-437

［引］トマス・アクィナス（著），高田三郎他（訳）（1973）『神学大全』（第 4 冊），創文社

［引］ラッセル，J. B.（著），野村美紀子（訳）（1989）『ルシファー—中世の悪魔』教文館［Russell, J. B.（1984）*Lucifer: The Devil in the Middle Ages.* Cornell University Press］

［引］リンク，L.（著），高山　宏（訳）（1995）『悪魔』（Kenkyusha-reaktion books）研究社［Link, L.（1995）*The Devil: A Mask without a Face.* Reaktion Books］

アドラー，M. J.（著），稲垣良典（訳）（1997）『天使とわれら』講談社学術文庫［Adler, M. J.（1982）*The Angels and us.* Collier Books］

岡田温司（2016）『天使とは何か—キューピッド，キリスト，悪魔』中公新書

ミノワ，G.（著），平野隆文（訳）（2004）『悪魔の文化史』（文庫クセジュ），白水社［Minois, G.（1998）*Le diable.* Presses Universitaires de France］

✖煉獄

［引］ル・ゴッフ，J.（著），渡辺香根夫・内田　洋（訳）（1988）『煉獄の誕生』（叢書・ウニベルシタス），法政大学出版局［Le Goff, J.（1981）*La naissance du purgatoire.* Gallimard］

［引］Walters Art Museum. *W. 168, fol. 167r. © 2011 Walters Art Museum, used under a Creative Commons Attribution-ShareAlike 3.0 license*［https://www.thedigitalwalters.org/Data/WaltersManuscripts/W168/data/W.168/sap/W168_000335_sap.jpg（2024年 6 月 19 日閲覧）］

松田隆美（2017）『煉獄と地獄—ヨーロッパ中世文学と一般信徒の死生観』ぷねうま舎

✖エルサレム

［引］千葉敏之（2009）「都市を見立てる—擬聖墳墓にみるヨーロッパの都市観」高橋慎一朗・千葉敏之（編）『中世の都市—史料の魅力，日本とヨーロッパ』東京大学出版会，pp. 123-152

［引］千葉敏之（編）（2019）「巨大信仰圏の交点としての十字軍」『1187 年—巨大信仰圏の出現』（歴史の転換期 4），山川出版社，pp. 188-255

［引］Cappelletti, L.（2002）*Gli affreschi della cripta anagnina: Iconologia.* Pontificio Istituto Biblico

浅野和生（2023）『エルサレムの歴史と文化—3 つの宗教の聖地をめぐる』中公新書

櫻井康人（2020）『十字軍国家の研究—エルサレム王国の構造』名古屋大学出版会

Morris, C.（2007）*The sepulchre of Christ and the medieval West: From the beginning to 1600.* Oxford University Press

✖インド／オリエント

［引］University of Oxford, Bodleian Libraries *MS. Douce 391*［https://digital.bodleian.ox.ac.uk/objects/84d15601-fe05-469f-8a57-ade3304a1fb5/（2023 年 1 月 23 日閲覧）］

逸名作家（著），池上俊一（訳）（2009）『東方の驚異』（西洋中世奇譚集成 2），講談社学術文庫

O'Doherty, M.（2013）*The Indies and the medieval West: Thought, report, imagination.* Brepols

✖シャルルマーニュ伝説

小川直之（2020）「武勲詩におけるカール大帝の光明面（ライトサイド）と暗黒面（ダークサイド）」『西洋中世研究』（12），pp. 64-78

鷲田哲夫（1990）『ローランの歌―フランスのシャルルマーニュ大帝物語』（世界の英雄伝説 5），筑摩書房

✖出自神話

江川　温（1995）「民族意識の発展」朝治啓三他（編）『西欧中世史（下）―危機と再編』ミネルヴァ書房，pp. 105-129

三佐川亮宏（2022）「ヨーロッパにおける帝国観念と民族意識―中世ドイツ人のアイデンティティ問題」『西アジアとヨーロッパの形成―8〜10 世紀』（岩波講座世界歴史 8），岩波書店，pp. 181-200

加納　修他（2022）「［翻訳］ヨルダネス『ゲティカ』翻訳（1）」『東方キリスト教世界研究』6，pp. 3-57

✖国家有機体説

［引］将基面貴巳（2013）『ヨーロッパ政治思想の誕生』名古屋大学出版会

［引］甚野尚志（1992）『隠喩のなかの中世』弘文堂

［引］Kantorowicz, E. H.（1957）*The king's two bodies: A study in medieval political theology.* Princeton University Press［カントーロヴィチ（著），小林　公（訳）（2003）『王の二つの身体』ちくま学芸文庫］

［引］Kaye, J.（2014）*A history of balance 1250-1375: The emergence of a new model of equilibrium and its impact on medieval thought.* Cambridge University Press

Shogimen, T.（2007）'Head or heart?' revisited: Physiology and political thought in the thirteenth and fourteenth centuries. *History of Political Thought,* 28（2），pp. 208-229

Shogimen, T.（2012）Medicine and the body politic in Marsilius of Padua's defensor pacis. In: Moreno-Riaño, G. & Nederman, C. J.（eds.）*A companion to Marsilius of Padua.* Brill, pp. 71-115

Siraisi, N. G.（1981）*Taddeo Alderotti and his pupils: Two generations of Italian medical learning.* Princeton University Press

✖【コラム】ビンゲンのヒルデガルト

鈴木桂子（2022）『ヒルデガルト・フォン・ビンゲン―幻視の世界，写本の挿絵』中央公論美術出版

ペルヌー，R.（著），門脇輝夫（訳）（2012）『ビンゲンのヒルデガルト―現代に響く声―12 世紀の預言者修道女』（聖母文庫），聖母の騎士社［Pernoud, R.（1996）*Hildegarde de Bingen: Conscience inspirée du XXe Siècle.* Editions du Rocher］

【10 章　ジェンダーと人生サイクル】
✖一神教（アブラハム宗教）と暦

［引］アブラフィア，A. S.（著），小澤　実（訳）（2017）「争われる種／起源としてのアブラハム」『西洋中世研究』（9），pp. 132-148

［引］シュミット，J.-C.（著），松村　剛（訳）（1998）『中世の迷信』みすず書房

［引］ボルゴルテ，M.（2020）「ヨーロッパの一神教と中世における文化の一体性の問題」『史苑』80（2），pp. 49-89

［引］Cohen, C. L.（2019）*The Abrahamic Religions: A Very Short Introduction.* Oxford University Press

［引］Silverstein, A. J. et al.（eds.）（2015）*The Oxford Handbook of the Abrahamic Religions.* Oxford University Press

河原　温（1999）「中世ヨーロッパの「とき」・暦・祝祭」佐藤次高・福井憲彦（編）『ときの地域史』（地域の世界史 6），山川出版社，pp. 134-165

櫻井康人（2021）「「ベザント」考」『フェネストラ―京大西洋史学報』京都大学大学院文学研究科西洋史研究室，5，pp. 1-12

ビーリッツ，K.-H.（著），松山與志雄（訳）（2003）『教会暦―祝祭日の歴史と現在』教文館［Bieritz, K.-H.（1986）*Das Kirchenjahr: Feste, Gedenk- und Feiertage in Geschichte und GegenWart.*（2 Aufl.）. Beck］

✖ギリシア・ローマ・ビザンツのジェンダー観

［引］Bachofen, J. J.（1861）*Das Mutterrecht: eine Untersuchung über die Gynaikokratie der alten Welt nach ihrer religiösen und rechtlichen Natur.* Krais & Hoffmann［バハオーフェン, J.J.（著），吉原達也他（訳）（1992-1993）『母権制—古代世界の女性支配—その宗教と法に関する研究』（上下巻），白水社］

［引］Brown, P. L.（1988）*The Body and Society: Men, Women, and Sexual Renunciation in Early Christianity.* Columbia University Press［ブラウン, P. L.（1988）『身体と社会』］

［引］Foucault, M.（1976-1984）*Histoire de la sexualité*（*vol. 1: La volonté de savoir, vol. 2: L'usage des plaisirs, vol. 3: Le souci de soi*）. Gallimard［フーコー, M.（著）『性の歴史』（第1巻：渡辺守章（訳）（1986）『知への意志』，第2巻：田村　俶（訳）（1986）『快楽の活用』，第3巻：田村　俶（訳）（1987）『自己への配慮』）新潮社］

［引］van Bremen, R.（1996）*The limits of participation: Women and civic life in the Greek East in the Hellenistic and Roman periods.* J.C. Gieben［ブレーメン, R. V.（1996）『参加の限界』］

井上浩一『ビザンツ皇妃列伝—憧れの都に咲いた花』白水Uブックス

桜井万里子（1992）『古代ギリシアの女たち—アテナイの現実と夢』中公新書

本村凌二（1999）『ローマ人の愛と性』講談社現代新書

✖宦官文化

［引］井上浩一（2009）『ビザンツ文明の継承と変容』（学術選書043, 諸文明の起源8），京都大学学術出版会

［引］Wikimedia Commons：Theodora mosaik ravenna［https://commons.wikimedia.org/w/index.php?curid=387803（2022年12月1日閲覧）］

紺谷由紀（2016）「ローマ法における去勢—ユスティニアヌス一世の法典編纂事業をめぐって」『史学雑誌』125（6），pp. 1-36

ヘリン, J.（著），井上浩一（監訳），足立広明他（訳）（2010）『ビザンツ—驚くべき中世帝国』白水社［Herrin, J.（2008）*Byzantium: The surprising life of a medieval empire.* Penguin Books］

✖聖書とジェンダー観

［引］McNamer, S.（2010）*Affective meditation and the invention of medieval compassion.* University of Pennsylvania Press

久木田直江（2003）『マージェリー・ケンプ—黙想の旅』慶應義塾大学出版会

ニコラス・ラヴ（著），田口まゆみ（訳）（2022）『黙想の鏡に映すイエス・キリストの祝福の生涯』春風社

ヤコブス・デ・ウォラギネ（著），前田敬作・山口　裕（訳）（2006）『黄金伝説（第2巻）』平凡社ライブラリー

✖女性蔑視と女性崇拝

久木田直江（2022）「女性の医学—西洋中世の身体とジェンダーを読み解く」大黒俊二・林　佳世子（責任編集）『ヨーロッパと西アジアの変容—11〜15世紀』（岩波講座世界歴史9），岩波書店

ウォルター・マップ他（著），瀬谷幸男（訳）（2006）『ジャンキンの悪妻の書—中世のアンチフェミニズム文学伝統』南雲堂フェニックス［Hanna, R. III & Lawler, T.（eds.）（1997-）*Jankyn's book of wikked wyves.* University of Georgia Press］

Dinshaw, C. & Wallace, D.（eds.）（2003）*The Cambridge companion to medieval women's writing.* Cambridge University Press

✖聖女と魔女

池上俊一（1992）『魔女と聖女—ヨーロッパ中・近世の女たち』講談社現代新書

ベーリンガー, W.（著），長谷川直子（訳）（2014）『魔女と魔女狩り』（刀水歴史全書87），刀水書房［Behringer, W.（2004）*Witches and witch-hunts: A global history.* Polity Press］

Mackay, Ch. S.（2009）*The hammer of witches: A complete translation of the Malleus maleficarum.* Cambridge University Press

Vauchez, A.（author）, Birrell, J.（trans.）（1997）*Sainthood in the later Middle Ages.* Cambridge University Press

✖皇女・王妃・王女

［引］Bartlett, R.（2020）*Blood royal: Dynastic politics in medieval Europe.* Cambridge University Press

井上浩一（2020）『歴史学の慰め—アンナ・コムネナの生涯と作品』白水社

コルベ, P.（著），堀越宏一（編）（2021）『中世ヨーロッパの妃たち』（Yamakawa lectures10），山川出版社

✖修道女・隠修女・ベギン

［引］上條敏子（2001）『ベギン運動の展開とベギンホフの形成―単身女性の西欧中世』刀水書房

［引］グルントマン，H.（1935）『中世の宗教運動』［Grundmann, H.（1935）*Religiöse Bewegungen im Mittelalter: Untersuchung über die geistlichen Zusammenhänge zwischen der Ketzrei, den Bettelorden und der religiösen Frauenbewegung im 12. und 13. Jahrhundert und über die geschichtlichen Grundlagen der deutschen Mystik.* Emil Ebering］

［引］McAvoy, L. H.（ed.）（2010）Anchoritic traditions of medieval Europe. Boydell Press［マカヴォイ，L. H.（2010）『中世ヨーロッパにおける影修の伝統』］

［引］Minnis, A. J. & Voaden, R.（eds.）（2010）*Medieval holy women in the christian tradition, c.1100–c.1500.* Brepols［ミニス，A. J. & ヴォーデン，R.（編）（2010）『聖なる中世の女性たち』］

フェルテン，F.（著），甚野尚志（編）（2010）『中世ヨーロッパの教会と俗世』（Yamakawa lectures 6），山川出版社

Bennett, J. M. & Karras, R. M.（eds.）（2013）*The Oxford Handbook of Women and Gender in Medieval Europe.* Oxford University Press

Melville, G. & Müller, A.（eds.）（2011）*Female vita religiosa between Late Antiquity and the High Middle Ages: Structures, Development and spatial Contexts.*（Vita Regularis, Abhandlungen 47），LIT

✖医学とジェンダー

久木田直江（2014）『医療と身体の図像学―宗教とジェンダーで読み解く西洋中世医学の文化史』（静岡大学人文社会科学部叢書44），知泉書館

Green, M. H.（ed. & trans.）（2002）*The Trotula: An English translation of the medieval compendium of women's medicine.* University of Pennsylvania Press

Green, M. H.（2008）*Making women's medicine masculine: The rise of male authority in pre-modern gynaecology.* Oxford University Press

✖教会と秘跡

ウィリモン，W.（著），越川弘英（訳）（1999）『言葉と水とワインとパン―キリスト教礼拝史入門』新教出版社［Willimon, W. H.（1980）*Word, water, wine and bread: how worship has changed over the years.* Judson Press］

Orme, N.（2021）*Going to Church in Medieval England.* Yale University Press

Reynolds, P. L.（2019）*How Marriage Became One of the Sacraments: The Sacramental Theology of Marriage from its Medieval Origins to the Council of Trent.* Cambridge University Press

✖愛と結婚

［引］アベラール，P. & エロイーズ（著），沓掛良彦・横山安由美（訳）（2009）『愛の往復書簡―アベラールとエロイーズ』岩波文庫［Hicks, É. & Moreau, T.（eds.）（2007）*Lettres d'Abélard et Héloïse.* Livre de Poche］

［引］ボズウェル，J.（著），大越愛子・下田立行（訳）（1990）『キリスト教と同性愛―1〜14世紀西欧のゲイ・ピープル』国文社［Boswell, J.（1980）*Christianity, social tolerance, and homosexuality: Gay people in Western Europe from the beginning of the Christian era to the fourteenth century.* University of Chicago Press］

阿部謹也（1991）『西洋中世の男と女―聖性の呪縛の下で』筑摩書房

ギース，J. & ギース，F.（著），栗原泉（訳）（2019）『中世ヨーロッパの結婚と家族』講談社学術文庫［Gies, F. & Gies, J.（1987）*Marriage and the family in the Middle Ages.* Harper & Row］

✖出産と死

［引］Alexandre-Bidon, D.（1998）*La mort au Moyen âge: XIIIe-XVIe siècle.* Hachette littératures

ドークール，G.（著），大嶋誠（訳）（1975）『中世ヨーロッパの生活』（文庫クセジュ），白水社［D'Haucourt, G.（1968）*La vie au moyen age.* Presses universitaires de France］

ドロール，R.（著），桐村泰次（訳）（2014）『中世ヨーロッパ生活誌』論創社［Delord, R.（1972）*LE MOYEN AGE: Histoire illustrée de la vie quotidienne.* Seuil］

Gauvard, C. et al.（eds.）（2002）*Dictionnaire du Moyen Age.* PUF, pp. 945–947

✖女性と子どもの教育

Bell, D. N.（1995）*What nuns read : Books and libraries in Medieval English nunneries.* Cistercian Publications

Clanchy, M. T.（2018）*Looking back from the invention of printing: Mothers and the teaching of reading in the middle ages.* Brepols

Orme, N.（2001）*Medieval children.* Yale University Press

✖遊 び
［引］池上俊一（2003）『遊びの中世史』ちくま学芸文庫
［引］カイヨワ，R.（著），多田道太郎・塚崎幹夫（訳）（1990）『遊びと人間』講談社学術文庫［Caillois R.（1967）*Les jeux et les hommes: Le masque et le vertige.* Gallimard］
［引］ホイジンガ，J.（著），里見元一郎（訳）（2018）『ホモ・ルーデンス―文化のもつ遊びの要素についてのある定義づけの試み』講談社学術文庫［Huizinga, J.（1938）*Homo ludens.* H. D. Tjeenk Willink & Zoon］
［引］ル・ゴフ，J.（著），加納 修（訳）（2006）『もうひとつの中世のために―西洋における時間，労働，そして文化』白水社［Le Goff, J.（*1977*）*Pour un autre Moyen Age: Temps, travail et culture en Occident: 18 essais.* Gallimard］
Rosemary, H. & Ormrod, W. M.（ed.）（2006）*A social history of England 1200-1500.* Cambridge University Press
Serina, P.（ed.）（2015）*Games and gaming in medieval literature.* Palgrave Macmillan

✖【コラム】クリスティーヌ・ド・ピザン
ド・ピザン，Ch.（著），沓掛良彦・横山安由美（編訳）（2018）『詩人クリスティーヌ・ド・ピザン』思潮社［de Pisan, Ch.（1886-1896）*Œuvres poétiques de Christine de Pisan.* publiées par Maurice Roy, Firmin Didot］
ムッツァレッリ，M. G.（著），伊藤亜紀（訳）（2010）『フランス宮廷のイタリア女性―「文化人」クリスティーヌ・ド・ピザン』知泉書館［Muzzarelli, M. G.（2007）*Un'italiana alla corte di Francia: Christine de Pizan, intellettuale e donna.* Mulino］

【11章 書物と文芸】
✖書物のかたち
［引］松田隆美（2010）『ヴィジュアル・リーディング―西洋中世におけるテクストとパラテクスト』ありな書房
［引］宮下志朗（2002）『書物史のために』晶文社
［引］Blair, A. M.（2010）*Too much to know: Managing scholarly information before the modern age.* Yale University Press［ブレア，M.（著），住本規子他（訳）（2018）『情報爆発―初期近代ヨーロッパの情報管理術』中央公論新社］
［引］Robinson, P. R.（1980）The "Booklet": A self-contained unit in composite manuscripts. *Codicologica,* 3, pp. 46-6
Gillespie, A.（2006）*Print culture and the medieval author: Chaucer, Lydgate and their books, 1473-1557.* Oxford University Press
Parkes, M. B.（1976）The influence of the concepts of ordinatio and compilatio on the development of the book. In: Alexander, J. J. G. & Gibson, M. T.（eds.）*Medieval learning and literature: Essays presented to Richard William Hunt,* Clarendon Press, pp. 115-41

✖作者とパトロン
［引］Guenée, B.（1985）L'historien et la compilation au XIIIe siècle. *Journal des savants,* pp. 119-135
シャルティエ，R. & カヴァッロ，G.（編），田村 毅他（訳）（2000）『読むことの歴史―ヨーロッパ読書史』大修館書店［Cavallo, G. & Chartier, R.（eds.）（1997）*Histoire de la lecture dans le monde occidental.* Seuil］

✖古典古代の受容
［引］de Lubac, H.（1959）*Exegèse médiévale: Les quatre sens de l'Écriture. Première Partie. 2 vol.* Aubier
［引］Faral, E.（1913）*Recherches sur les sources latines des contes et des romans courtois du moyen âge.* Honoré Champion
［引］Faral, E.（1924）*Les arts poétiques du XIIe et du XIIIe siècle: Recherches et documents sur la technique littéraire du Moyen Âge.* Champion
大高順雄「遠くて近い古代」原野 昇（編）（2007）『フランス中世文学を学ぶ人のために』世界思想社，pp. 44-52
Clark, J. G. et al.（eds.）（2011）*Ovid in the Middle Ages.* Cambridge University Press
Mora-Lebrun, F.（2008）*Metre en romanz: Les romans d'antiquité du XIIe siècle et leur postérité（XIIe-XIVe siècle）.* Honoré Champion

✖慰めと対話
［引］Favez, Ch.（1937）*La Consolation latine chrétienne.* Vrin
［引］Kassel, R.（1958）*Untersuchungen zur griechischen und römischen Konsolationsliteratur.* C. H. Beck

［引］McClure, G. W.（1991）*Sorrow and Consolation in Italian Humanism*. Princeton University Press

［引］Scourfield, J. H. D.（2013）Towards a genre of consolation. In: Baltussen, H.（ed.）*Greek and Roman consolations: Eight studies of a tradition and its afterlife*, Classical Press of Wales, pp. 1-36

［引］von Moos, P.（1971-1972）*Consolatio: Studien zur mittelalterlichen Trostliteratur über den Tod und zum Problem der christlichen Trauer*. Wilhelm Fink

セネカ（著），土屋睦廣他（訳）（2005-2006）『セネカ哲学全集』岩波書店

ペトラルカ，F.（著），近藤恒一（訳）（1996）『わが秘密』岩波文庫

ボエティウス（著），松崎一平（訳）（2023）『哲学のなぐさめ』（西洋古典叢書），京都大学学術出版会

✖書簡文学

Marineo, L. & Jiménez Calvente, T.（eds.）（2001）*Un siciliano en la España de los Reyes Católicos: Los Epistolarum familiarum libri XVII de Lucio Marineo Sículo*. Universidad de Alcalá

Poster, C. & Mitchell, L. C.（eds.）（2007）*Letter-writing manuals and instruction from antiquity to the present: Historical and bibliographic studies*. University of South Carolina Press

Witt, R. G.（2005）The arts of letter-writing. In: Minnis, A.& Johnson, I.（eds.）*The Middle Ages*（*Cambridge history of literary criticism, 2*），Cambridge University Press, pp. 68-83

✖キリスト教教化文学

［引］Newhauser, R.（2009）Religious writing: Hagiography, pastoralia, devotional and contemplative works. In: Scanlon, L.（ed.）*The Cambridge companion to medieval English literature 1100-1500*, Cambridge University Press, pp. 37-55

［引］Watson, N.（1995）Censorship and cultural change in late-medieval England: Vernacular theology, the Oxford translation debate, and Arundel's constitutions of 1409. *Speculum*, 70, pp. 822-864

Brown, A.（2003）*Church and society in England, 1000-1500*. Palgrave Macmillan

Swanson, R. N.（1995）*Religion and devotion in Europe, c.1215-c.1515*. Cambridge University Press

✖聖人伝

ヤコブス・デ・ウォラギネ（著），前田敬作・今村　孝（訳）（2006）『黄金伝説』（全4巻），平凡社ライブラリー

✖聖史劇

［引］青谷秀紀（2010）「プロセッションと市民的信仰の世界─南ネーデルラントを中心に」『西洋中世研究』(2)，pp. 36-49

［引］シュミット，J.-C.（著），松村　剛（訳）（1996）『中世の身ぶり』みすず書房［Schmitt, J.-C.（1990）*La raison des gestes dans l'Occident medieval*. Gallimard］

［引］Henry, A.（1987）*Biblia pauperum: A facsimile and edition*. Scolar Press, pp. 104, i

［引］Neumann, B.（1987）*Geistliches Schauspiel im Zeugnis der Zeit: Zur Aufführung mittelalterlicher religiöser Dramen im deutschen Sprachgebiet. Münchner Texte und Untersuchungen zur deutschen Literatur des Mittelalters 84, 85. 2 Bde. Bd. 1*. Artemis

［引］Sticca, S.（1991）Italy: liturgy and Christocentric spirituality. In: Simon, E.（ed.）*The theatre of medieval Europe: New research in early drama*. Cambridge University Press, pp. 169-88

（2008）「劇／Drama・Play・Theatre」高宮利行・松田隆美（編）『中世イギリス文学入門─研究と文献案内』雄松堂出版，pp. 193-214

永野藤夫（訳）（1990）『カルミナ・ブラーナ─ベネディクトボイエルン歌集─全訳』筑摩書房

Bevington, D.（ed.）（1975／2012）*Medieval drama*. Houghton Mifflin／Hackett

Simon, E.（ed.）*The theatre of medieval Europe: New research in early drama*. Cambridge University Press

✖武勲詩

新倉俊一他（訳）（1990）『信仰と愛と』（フランス中世文学集1），白水社

Brun, L. et al. "*Chanson de geste*", en *ARLIMA*（*Archives de littérature du Moyen Âge*）［https://www.arlima.net/ad/chanson_de_geste.html（2024年7月8日閲覧）］

France, P.（ed.）（1995）*The new Oxford companion to literature in French*. Clarendon Press, Oxford University Press

✖笑話と風刺

［引］松原秀一（1997）『西洋の落語―ファブリオーの世界』中公文庫

狩野晃一（編）（2022）『チョーサー巡礼―古典の遺産と中世の新しい息吹きに導かれて』悠書館

原野　昇他（1988）『狐物語の世界』（東書選書 111），東京書籍

宮下志朗（2011）『神をも騙す―中世・ルネサンスの笑いと嘲笑文学』岩波書店

✖アーサー王物語群

［引］青山吉信（1985）『アーサー伝説―歴史とロマンスの交錯』岩波書店

［引］横山安由美（2002）『中世アーサー王物語群におけるアリマタヤのヨセフ像の形成―フランスの聖杯物語』渓水社

［引］渡邉浩司（2002）『クレチアン・ド・トロワ研究序説―修辞学的研究から神話学的研究へ』（中央大学学術図書 54），中央大学出版部

［引］Frappier, J.（1979）*Chrétien de Troyes et le Mythe du Graal: étude sur "Perceval ou le Conte du Graal"*. Société d'édition d'enseignement supérieur［フラピエ，J.（著），天沢退二郎（訳）（1990）『聖杯の神話』筑摩書房］

［引］Walter, P.（2014）*Dictionnaire de mythologie arthurienne*. Imago［ヴァルテール，P.（著），渡邉浩司・渡邉裕美子（訳）（2018）『アーサー王神話大事典』原書房］

天沢退二郎（訳）（1996）「アーサー王の死」新倉俊一他（訳）（奇蹟と愛と』（フランス中世文学集 4），白水社

クレチアン・ド・トロワ（著），天沢退二郎（訳）（1991）「ペルスヴァルまたは聖杯の物語」新倉俊一（訳）（1991）『愛と剣と』（フランス中世文学集 2），白水社

ジェフリー・オヴ・モンマス（著），瀬谷幸男（訳）（2007）『ブリタニア列王史―アーサー王ロマンス原拠の書』南雲堂フェニックス

✖トリスタン物語群

ゴットフリート・フォン・シュトラースブルク（著），石川敬三（訳）（1976）『トリスタンとイゾルデ』郁文堂

新倉俊一他（訳）（1990）『信仰と愛と』（フランス中世文学集 1），白水社

ベディエ，J.（著），佐藤輝夫（訳）（1985）『トリスタン・イズー物語』岩波文庫［Bédier, J.（1900）*Le roman de Tristan et Iseut*. H. Piazza］

✖愛と友情の表現

ギョーム・ド・ロリス＆ジャン・ド・マン（著），篠田勝英（訳）（2007）『薔薇物語』（上・下），ちくま文庫

高津春久（編訳）（1978）『ミンネザング―ドイツ中世抒情詩集』郁文堂

ブムケ，J.（著），平尾浩三他（訳）（1995）『中世の騎士文化』白水社［Bumke, J.（1986）*Höfische Kultur: Literatur und Gesellschaft im hohen Mittelalter*. Deutscher Taschenbuch Verlag］

✖助言の文学

［引］Johnston, M. D.（ed.）（2009）*Medieval conduct literature: An anthology of vernacular guides to behaviour for youths, with English translations*. University of Toronto Press

柴田平三郎（2002）『中世の春―ソールズベリのジョンの思想世界』慶應義塾大学出版会

Britannica *mirror for princes*.［https://www.britannica.com/art/mirror-for-princes（2024 年 7 月 2 日閲覧）］

Johnston, M. D.（ed.）（2009）*Medieval conduct literature: An anthology of vernacular guides to behaviour for youths, with English translations*. University of Toronto Press

✖旅の文学

高田英樹（編訳）（2019）『原典中世ヨーロッパ東方記』名古屋大学出版会

Das, N. & Youngs, T.（eds.）（2019）*The Cambridge history of travel writing*. Cambridge University Press

✖枠物語

チョーサー，ジョフリー（著），池上忠弘（監訳）（2021）『カンタベリ物語（共同新訳版）』悠書館

ボッカッチョ，ジョヴァンニ（著），平川祐弘（訳）（2017）『デカメロン』河出文庫

前嶋信次・池田　修（訳）（1966-1992）『アラビアン・ナイト』（全 18 巻・別巻 1，東洋文庫），平凡社

Curtius, E. R.（1948）*Europäische Literatur und lateinisches Mittelalter*. Francke［クルツィウス，E. R.（著），南大路振一他（訳）（1971）『ヨーロッパ文学とラテン中世』みすず書房］

✖アレゴリーの系譜と『薔薇物語』

ギョーム・ド・ロリス＆ジャンド・ド・マン（著），篠田勝英（訳）（2007）『薔薇物語』（上・下），ちくま文庫
バデル，P.-Y.（著），原野　昇（訳）（1993）『フランス中世の文学生活』白水社［Badel, P.-Y.（1969）*Introduction à la vie littéraire du moyen age*. Bordas］

✖夢幻詩

ルゴフ，J.（著），池上俊一（訳）（1992）『中世の夢』名古屋大学出版会
Kruger, S. F.（1992）*Dreaming in the Middle Ages*. Cambridge University Press
Spearing, A. C.（1976）*Medieval dream-poetry*. Cambridge University Press

✖中世ギリシア文学

［引］谷　隆一郎・岩倉さやか（訳）（2004）『砂漠の師父の言葉—ミーニュ・ギリシア教父全集より』知泉書館
［引］ベック，H.-G.（著），戸田　聡（訳）（2014）『ビザンツ世界論—ビザンツの千年』知泉書館［Beck, H.-G.（1994）*Das byzantinische Jahrtausend*. C.H. Beck, 1994］
［引］ロースキィ，V.（著），宮本久雄（訳）（1986）『キリスト教東方の神秘思想』勁草書房［Lossky, V.（1944）*Théologie mystique de l'Église d'Orient*. Aubier Montaigne］
［引］Wikimedia Commons：St George enamel icon（Georgia）［https://commo Icon of St. George slaying the Dragon, cloisonné enamel on gold（14.5x12 cm），Art Museum of Georgia, Tblisi.ns.wikimedia.org/wiki/File:St_George_enamel_icon_(Georgia).jpg（2024 年 7 月 11 日閲覧）］
ベック，H.-G.（著），渡辺金一（編訳）（1978）『ビザンツ世界の思考構造—文学創造の根底にあるもの』岩波書店
ベック，H.-G.（著），戸田　聡（訳）（2014）『ビザンツ世界論—ビザンツの千年』知泉書館［Beck, H.-G.（1994）*Das byzantinische Jahrtausend*. C.H. Beck, 1994］
Jouanno, C.（trans.）（1998）*Digénis Akritas, le héros des frontières. Une épopée byzantine*（*Témoins de Notre Histoire, vol. 7*）. Brepols

✖サガと北方文化圏

［引］谷口幸男（訳）（2024）『【新版】アイスランド サガ』新潮社
［引］林　邦彦（2016）「Saga af Tristram ok Ísodd における女性達」『人文研紀要』（84），pp. 85-111
［引］Clover, C. J.（1986）Hildigunnr's Lament. In: Lindow, J. et al.（eds.）*Structure and meaning in old Norse literature: New approaches to textual analysis and literary criticism*, Odense University Press, pp. 141-183
［引］Laxness, H. K.（ed.）（1945）*Brennunjáls saga*. Helgafell, p. 263
熊野　聰（1994）『サガから歴史へ—社会形成とその物語』東海大学出版会
日本アイスランド学会（編訳）（1991）『サガ選集』東海大学出版会
Jakobsson, Á. & Jakobsson, S.（eds.）（2017）*The Routledge research companion to the medieval Icelandic sagas*. Routledge

✖東スラヴの言語文化

［引］國本哲男他（訳）（1987）『ロシア原初年代記』名古屋大学出版会
［引］中村喜和（編訳）（1970）『ロシア中世物語集』筑摩叢書
［引］三浦清美（訳・解説）（2021）『キエフ洞窟修道院聖者列伝』松籟社
［引］三浦清美（2022）『ロシアの思考回路—その精神史から見つめたウクライナ侵攻の深層』扶桑社新書
［引］三浦清美（訳・解説）（2022）『中世ロシアのキリスト教雄弁文学（説教と書簡）』松籟社
伊東孝之他（編）（1998）『ポーランド・ウクライナ・バルト史』（世界各国史 20），山川出版社
松木栄三（2002）『ロシア中世都市の政治世界—都市国家ノヴゴロドの群像』彩流社
三浦清美（訳・解説）（2023）『モスクワ勃興期編』（中世ロシアの聖者伝 1），松籟社

✖【コラム】ダンテ

［引］原　基晶（2021）『ダンテ論—『神曲』と「個人」の出現』青土社
ダンテ・アリギエーリ（著）小林　公（訳）（2018）『帝政論』中公文庫

ダンテ・アリギエリ（著），原　基晶（訳）（2014）『神曲』（全3巻），講談社学術文庫
原　基晶（著）（2021）『ダンテ論―『神曲』と「個人」の出現』青土社

【12章　美術と表象】
✖ユーラシア的展望
［引］ジョナと鯨「ジャミ・アル=タワリック」からのフォリオ［https://www.metmuseum.org/ja/art/collection/search/453683（2023年5月1日閲覧）］
［引］Caskey, J. et al.（eds.）（2022）*Art and architecture of the Middle Ages: Exploring a connected world.* Cornell University Press
［引］Wikipedia：Aleksandar Makedonski in Otranto cathedral［https://it.wikipedia.org/wiki/File:Aleksandar_Makedonski_in_Otranto_cathedral.jpg（2023年5月1日閲覧）］
フォルツ, R. C.（著），常塚　聰（訳）（2003）『シルクロードの宗教―古代から15世紀までの通商と文化交流』教文館［Foltz, R. C.（1999）*Religions of the Silk Road: Overland trade and cultural exchange from antiquity to the fifteenth century.* St. Martin's Press］
Caskey, J. et al.（eds.）（2022）*Art and architecture of the Middle Ages: Exploring a connected world.* Cornell University Press

✖アーティストとパトロネージ
［引］秋山　聰（2000）「「芸術家としての神」から「神としての芸術家」へ―芸術家による自己イメージの形成をめぐって」『西洋美術研究』（3），pp. 75-92
［引］今井澄子（2015）『聖母子への祈り―初期フランドル絵画の祈禱者像』国書刊行会
［引］木島俊介（1995）『美しき時禱書の世界―ヨーロッパ中世の四季』中央公論社
［引］Kessler, H. L.（1988）On the state of medieval art history. *Art Bulletin,* 70（2），pp. 166-187
［引］Wikimedia Commons：《建築家としての神》『道徳聖書』1220～30年頃，ウィーン，オーストリア国立図書館蔵［https://commons.wikimedia.org/wiki/File:God_the_Geometer.jpg#/media/File:God_the_Geometer.jpg（2024年7月1日閲覧）］
［引］Wikimedia Commons：Cappella Scrovegni enrico［https://commons.wikimedia.org/wiki/File:Cappella_Scrovegni_enrico.jpg#/media/ファイル:Cappella_Scrovegni_enrico.jpg（2-24年7月1日閲覧）］
［引］Wikimedia Commons：Unknown-artist-eadwine-the-scribe-at-work-eadwine-psalter-christ-church-canterbury-england-uk-circa-1160-70［https://commons.wikimedia.org/wiki/File:Unknown-artist-eadwine-the-scribe-at-work-eadwine-psalter-christ-church-canterbury-england-uk-circa-1160-70.jpg#/media/File:Unknown-artist-eadwine-the-scribe-at-work-eadwine-psalter-christ-church-canterbury-england-uk-circa-1160-70.jpg（2024年7月1日閲覧）］
井上　靖・生田　圓（1985）『カンヴァス世界の大画家1　ジョット』中央公論社
木俣元一・小池寿子（2017）『ロマネスクとゴシックの宇宙』（西洋美術の歴史3　中世II），中央公論新社
パノフスキー, E.（著），若桑みどり他（訳）（1996）『墓の彫刻―死にたち向かった精神の様態』哲学書房［Panofsky, E.（author）Janson, H.W.（ed.）（1964）*Tomb sculpture: Four lectures on its changing aspects from ancient Egypt to Bernini.* Abrams］
マーティンデイル, A.（著），中森義宗・安部素子（訳）（1979）『中世の芸術家たち』思索社［Martindale, A.（1972）*The rise of the artist in the Middle Ages and early Renaissance.* McGraw-Hill］
三浦　篤（編）（2003）『自画像の美術史』東京大学出版会

✖コレクション
［引］Bynum, C. W.（1997）Wonder. *American Historical Review,* 102（2），pp. 1-26
［引］Innocenti, C.（ed.）（2007）*Ori, argenti, gemme. Restauri dell'opificio delle pietre dure.* Mandoragola
ポミアン, K.（著），吉田　城・吉田典子（訳）（1992）『コレクション―趣味と好奇心の歴史人類学』平凡社［Pomian, K.（1987）*Collectionneurs, amateurs et curieux: Paris, Venise, XVIe-XVIIIe siècle.* Gallimard］
Mariaux, P. A.（2006）Collecting（and display）. In: Rudolph, C.（ed.）*A companion to Medieval Art: Romanesque and Gothic in Northern Europe,* Blackwell, pp. 213-232

✖女性と美術
［引］Mittelalterliche Handschriften［https://sammlungen.ub.uni-frankfurt.de/msma/content/pageview/3644769（2023年1月30日閲覧）］
キャヴィネス, M. H.（著），田中久美子（訳）（2008）『中世における女性の視覚化―視ること，スペクタクル，そし

て視覚の構造』ありな書房［Caviness, M. H.（2001）*Visualizing women in the Middle Ages: Sight, spectacle, and scopic economy.* University of Pennsylvania Press］

グレシンジャー, Ch.（著）, 元木幸一・青野純子（訳）（2004）『女を描く―ヨーロッパ中世末期からルネサンスの美術に見る女のイメージ』三元社［Grössinger, Ch.（1997）*Picturing women in late medieval and Renaissance art.* Manchester University Press］

パーカー, R.＆ポロック, G.（著）, 萩原弘子（訳）（1998）『女・アート・イデオロギー―フェミニストが読みなおす芸術表現の歴史』（ウイメンズ・ブックス 11）, 新水社［Parker, R. & Pollock, G.（1981）*Old mistresses: Women, art, and ideology.* Pantheon Books］

✖オリジナルとコピー

［引］Dürer（author）, Rupprich, H.（ed.）（1956）Dürer. In: *Schriftlicher Nachlass, Bd. 1,* Deutscher Verein für Kunstwissenschaft

『西洋美術研究』編集委員会（編）（2004）『オリジナリティと複製―特集』（西洋美術研究 11）, 三元社

フェーヴル, L. P. V.＆マルタン, H.-J.（著）, 関根素子（訳）（1985）『書物の出現』（上・下）, 筑摩書房［Febvre, L. & Martin, H.-J.（1958）*L'apparition du livre.* Albin Michel］

元木幸一（1994）「ある芸術作品の運命―ファイト・シュトース『バンベルク祭壇』後日譚 1523 年から 1543 年まで」『山形大学紀要. 人文科学』13（1）, pp. 1-28

✖イコノクラスム

［引］Wikimedia Commons：Clasm Chludov［https://commons.wikimedia.org/wiki/File:Clasm_Chludov.jpg（2023 年 8 月 26 日閲覧）］

Belting, H.（author）, Jephcott, E.（trans.）（1994）*Likeness and presence: A history of the image before the era of art.* University of Chicago Press

Brubaker, L.（2012）*Inventing Byzantine iconoclasm.* Bristol Classical Press

Camille, M.（1989）*The Gothic idol: Ideology and image-making in medieval art.* Cambridge University Press

✖イメージ・像・身体

［引］上智大学中世思想研究所（編訳・監修）（1994）『後期ギリシア教父・ビザンティン思想』（中世思想原典集成 3）, 平凡社

［引］聖アウグスティヌス（著）, 服部英次郎（訳）（1976）『告白』（上・下）, 岩波文庫

木俣元一・小池寿子（2017）『ロマネスクとゴシックの宇宙』（西洋美術の歴史 3, 中世 2）, 中央公論新社

シュミット, J.-C.（著）, 小池寿子（訳）（2015）『中世の聖なるイメージと身体―キリスト教における信仰と実践』（刀水歴史全書 88）, 刀水書房［Schmitt, J.-C.（2002）*Le corps des images: Essais sur la culture visuelle au Moyen Âge.* Gallimard］

水野千依（2014）『キリストの顔―イメージ人類学序説』筑摩選書

Kaspersen, Søren & Thunø, Erik（eds.）（2006）*Decorating the Lord's Table: On the Dynamics Between Image and Altar in the Middle Ages.* Museum Tusculanum Press

✖イメージと言葉

［引］『十字架の聖遺物の贈与証書』（部分）, パリ, 国立文書館蔵, Ministère de la Culture, Archives Nationales, *ARCHIM*［http://www2.culture.gouv.fr/public/mistral/caran_fr?ACTION=CHERCHER&FIELD_1=Cote&VALUE_1=AE%2FII%2F393（2024 年 7 月 15 日閲覧）］

［引］『マルムティエのサクラメンタリウム』よりミサの叙唱, オータン, 市立図書館蔵, Bibliothèque numérique de l'IRHT, *ARCA*［https://arca.irht.cnrs.fr/ark:/63955/md999593v26z（2024 年 7 月 15 日閲覧）］

原野　昇・木俣元一（2009）『芸術のトポス』（ヨーロッパの中世 7）, 岩波書店

✖可視性と不可視性

［引］木俣元一（2013）『ゴシックの視覚宇宙』名古屋大学出版会

［引］Panofsky, E.（1962）*Studies in Iconology: Humanistic Themes in the Art of the Renaissance.* Harper & Row New York

［引］Wikimedia Commons：Vitraux Saint-Denis 190110 05［https://commons.wikimedia.org/wiki/File:Vitraux_Saint-Denis_190110_05.jpg（2023 年 1 月 27 日閲覧）］

木俣元一（2013）『ゴシックの視覚宇宙』名古屋大学出版会
木俣元一・小池寿子（2017）『ロマネスクとゴシックの宇宙』（西洋美術の歴史 3，中世 2），中央公論新社
『ゴシックの視覚宇宙』（木俣元一，名古屋大学出版会，2013 年）口絵 5 左
Wagner, Eduard et al.（authors）, Layton, Jean（trans.）（2000）*Medieval Costume, Armour and Weapons, 1350-1450.* Dover Publications（first published in 1956 as Kroje, zbroj a zbrane doby predhusitské a husitské; first published in English in 1958 by Andrew Dakers）

✖ヴィジョン

［引］アウグスティヌス（著），片柳栄一（訳）（1994-1999）『創世記注解』（アウグスティヌス著作集 16-17），教文館［Augustin（author）, Agaësse, P. & Solignac, A.（eds.）（1972）*Oeuvres de saint Augustin/49, La Genèse au sens littéral＝De Genesi ad litteram libri duodecim.* Desclée De Brouwer］
［引］デンツィンガー，H（編），シェーンメッツァー，A.（増補改訂），浜　寛五郎（訳）（1992）『カトリック教会文書資料集―信経および信仰と道徳に関する定義集（改訂版）』エンデルレ書店［Denzinger, H. & Bannwart, C.（1922）*Enchiridion symbolorum: Definitionum et declarationum de rebus fidei et morum.* Herder］
［引］Hahn, C.（2019）Vision. In: Rudolph, C.（ed.）*A companion to Medieval art: Romanesque and Gothic in Northern Europe. 2nd ed,* Wiley-Blackwell, pp. 71-93
［引］Wikimedia Commons：Hildegard von Bingen［https://commons.wikimedia.org/wiki/File:Hildegard_von_Bingen.jpg#/media/ファイル:Hildegard_von_Bingen.jpg（2024 年 8 月 20 日閲覧）］
ストイキツァ，V. I.（著），松井美智子（訳）（2009）『幻視絵画の詩学―スペイン黄金時代の絵画表象と幻視体験』三元社［Stoichita, V. I.（1995）*Visionary experience in the golden age of Spanish art.* Reaktion Books］
細田あや子（2011）「光り輝く者との交感―ヒルデガルト・フォン・ビンゲンのヴィジョン」栗原　隆（編）『共感と感応―人間学の新たな地平』東北大学出版会，pp. 257-288
細田あや子（2012）「中世における幻視と夢」竹下政季・山内志朗（編）『神秘哲学』（イスラーム哲学とキリスト教中世 3），岩波書店，pp. 211-244

✖五感と環境

［引］Belting, H.（1994）*Likeness and presence: a history of the image before the era of art.* University of Chicago Press, p. 70, plate. 21
［引］Harvey, S. A.（2006）*Scenting salvation: Ancient Christianity and the olfactory imagination.* University of California Press
［引］Honée, E.（1994）Image and imagination in the medieval culture of prayer: A historical perspective. In: Os, H. van, et al.（authors）, Hoyle, M.（trans.）*The art of devotion in the late Middle Ages in Europe, 1300-1500,* Merrell Holberton, pp. 157-174
［引］St. John of Damascus（author）, Louth, A.（trans.）（2003）*Three treatises on the divine images.* St Vladimir's Seminary Press
水野千依（2014）『キリストの顔―イメージ人類学序説』筑摩選書

✖奉　納

［引］ジェラール・ロイエ《シャルル突進公の奉納肖像》，リエージュ，サン＝ポール大聖堂，BALaT, *Reliquaire de Charles le Téméraire*［https://balat.kikirpa.be/photo.php?path=X149794&objnr=10071945&lang=en-GB&nr=3（2024 年 7 月 12 日閲覧）］
水野千依（2011）『イメージの地層―ルネサンスの図像文化における奇跡・分身・予言』名古屋大学出版会
宮下規久朗（2018）『聖と俗―分断と架橋の美術史』岩波書店
Velden, H. van der（author）, Jackson, B.（trans.）（2000）*The donor's image: Gerard Loyet and the votive portraits of Charles the Bold.* Brepols

✖装飾と文様

木俣元一他（編）（2022）『聖性の物質性―人類学と美術史の交わるところ』三元社
Grabar, Oleg（1992）*The mediation of ornament.* Princeton University Press

✖テキスタイル

［引］金沢百枝（著）（2013）「「見る書物」としての《バイユーのタピスリー》―その解釈の変遷」松田隆美（編）『書

物の来歴，読者の役割』慶應義塾大学出版会，pp. 3-45

［引］《シオン・コープ》，イギリス，ヴィクトリア＆アルバート博物館蔵，Victoria and Albert Museum, London. *The Syon Cope.*［https://collections.vam.ac.uk/item/O93171/the-syon-cope-cope-unknown/（2022 年 12 月 30 日閲覧）］

［引］Warburg, A.（1906）Arbeitende Bauern auf burgundischen Teppichen. *Z. bild. Kunst,* 18, pp. 41-47［ヴァールブルク，A.（著），伊藤博明他（訳）（2005）「ブルゴーニュのタピスリーに見られる働く農民」『フィレンツェ文化とフランドル文化の交流』（ヴァールブルク著作集 3），ありな書房，pp. 109-112］

［引］Wikimedia Commons：《貴婦人と一角獣》より「視覚」，パリ，国立クリュニー中世美術館蔵 *Sight, from the La Dame à la licorne tapestry set, c. 1500. Musée de Cluny, Paris.*［https://commons.wikimedia.org/wiki/File:(Toulouse)_Le_Vue_(La_Dame_%C3%A0_la_licorne)_-_Mus%C3%A9e_de_Cluny_Paris.jpg（2022 年 12 月 30 日閲覧）］

国立新美術館他（編），泉美知子他（訳）（2013）『貴婦人と一角獣展―フランス国立クリュニー美術館所蔵』NHK・NHK プロモーション

佐々木英也・冨永良子（責任編集）（1994）『ゴシック 2』（世界美術大全集　西洋編 10），小学館

ジャリ，M.（著），阿河雄二郎他（訳）（2009）『タピスリーの歴史―起源から現代まで』龍村美術織物［Jarry, M.（1968）*La tapisserie, des origines à nos jours.* Hachette］

Harris, J.（ed.）（1993）*5000 years of textiles.* British Museum Press in association with the Whitworth Art Gallery and the Victoria and Albert Museum

✖キリストの表象

［引］高橋榮一（編）（1997）『ビザンティン美術』（世界美術大全集　西洋編 6），小学館

Skubiszewski, P.（1991-）Cristo. In: Romanini, A. M.（supervisor）, Tosti-Croce, M. R.（ed.）*Enciclopedia dell'arte medieval.* Istituto della Enciclopedia italiana, pp. 493-521

✖怪物と異形

［引］クレルヴォーのベルナルドゥス（著），杉崎泰一郎（訳）（1997）「ギヨーム修道院長への弁明」上智大学中世思想研究所（編訳・監修）『修道院神学』（中世思想原典集成 10），平凡社

［引］水野千依（2011）『イメージの地層―ルネサンスの図像文化における奇跡・分身・予言』名古屋大学出版会

［引］Camille, M.（1992）*Image on the edge: The margins of Medieval art.* Reaktion［カミール，M.（著），永澤　峻・田中久美子（訳）（1999）『周縁のイメージ―中世美術の境界領域』ありな書房］

［引］Mâle, E.（1922）*L'art religieux du XIIe siècle en France: étude sur les origines de l'iconographie du moyen âge.* Librairie A. Colin［マール，E.（著），田中仁彦他（訳）（1996）『ロマネスクの図像学』（上・下，中世の図像体系 1-2），国書刊行会］

［引］van Duzer, C. A.（2013）*Sea monsters on medieval and renaissance maps.* British Library

尾形希和子（2013）『教会の怪物たち―ロマネスクの図像学』講談社選書メチエ

Dale, T. E.（2006）The monstrous. In: Rudolph, C.（ed.）*A companion to medieval art: Romanesque and Gothic in Northern Europe.* Blackwell, pp. 253-273

van Duzer, C. A.（2013）*Sea monsters on medieval and renaissance maps.* British Library

✖自然と世界認識

［引］木俣元一・小池寿子（2017）『ロマネスクとゴシックの宇宙』（西洋美術の歴史 3，中世 2），中央公論新社

［引］偽ディオニュシオス・アレオパギデス（著），今　義博（訳）（1994）「天上位階論」上智大学中世思想研究所／大森正樹（編訳・監修）『後期ギリシア教父・ビザンティン思想』（中世思想原典集成 3），平凡社

［引］小林典子（1996）「世界図と風景―ヤン・ファン・エイクの「世界の表象をめぐるエクフラシス」若山映子・圀府寺司（編）『美術史のスペクトルム―作品 言語 制度』光琳社出版

［引］小林典子（2017）「パリの写本工房」秋山　聰他『北方の覚醒，自意識と自然表現』（西洋美術の歴史 5，ルネサンス 2），中央公論新社

［引］ブロック，M.（著），堀米庸三（監訳），石川　武他（訳）（1995）『封建社会』岩波書店［Bloch, M.（1939）*La société féodale.* Albin Michel］

木俣元一・小池寿子（2017）『ロマネスクとゴシックの宇宙』（西洋美術の歴史 3，中世 2），中央公論新社

グラント，E.（著），横山雅彦（訳）（1982）『中世の自然学』みすず書房［Grant, E.（1971）*Physical Science in the Middle Ages.* Wiley］

ハスキンズ，Ch. H.（著），別宮貞徳・朝倉文市（訳）（2017）『十二世紀のルネサンス―ヨーロッパの目覚め』講談社

学術文庫［Haskins, Ch. H.（1927）*The Renaissance of the Twelfth Century.* Harvard University Press］

✖記　憶
イエイツ，F. A.（著），青木信義他（訳）（1993）『記憶術』水声社［Yates, F. A.（1966）*The art of memory.* University of Chicago Press］

石鍋真澄（1988）『聖母の都市シエナ―中世イタリアの都市国家と美術』吉川弘文館

カラザース，M.（著），柴田裕之他（訳）（1997）『記憶術と書物―中世ヨーロッパの情報文化』工作舎［Carruthers, M. J.（1990）*The book of memory: A study of memory in medieval culture.* Cambridge University Press］

桑木野幸司（2018）『記憶術全史―ムネモシュネの饗宴』講談社メチエ

ボルツォーニ，L.（著），石井　朗他（訳）（2010）『イメージの網―起源からシエナの聖ベルナルディーノまでの俗語による説教』ありな書房［Bolzoni, L.（2002）*La rete delle immagini: Predicazione in volgare dalle origini a Bernardino da Siena.* Einaudi］

ロッシ，P.（著），清瀬　卓（訳）（1990）『普遍の鍵』（世界幻想文学大系 45），国書刊行会［Rossi, P.（1960）*Clavis universalis: Arti mnemoniche e logica combinatoria da Lullo a Leibniz.* R. Ricciardi editore］

Coleman, J.（1992）*Ancient and medieval memories: Studies in the reconstruction of the past.* Cambridge University Press

✖知の視覚化
［引］サン゠トメールのランベール『リベル・フロリドゥス』より「美徳と悪徳の樹」1121 年，Lambertus a S. Audomaro（1121）*Liber Floridus* ff.231-232 ［https://lib.ugent.be/catalog/rug01:000763774/items/900000106992（2024 年 7 月 9 日閲覧）］

リマ，M.（著），三中信宏（訳）（2015）『系統樹大全―知の世界を可視化するインフォグラフィックス』ビー・エヌ・エヌ新社［Lima, M.（2014）*The book of trees: Visualizing branches of knowledge.* Princeton Architectural Press］

リマ，M.（著），手嶋由美子（訳）（2018）『The book of circles―円環大全―知の輪郭を体系化するインフォグラフィックス』ビー・エヌ・エヌ新社［Lima, M.（2017）*The book of circles: Visualizing spheres of knowledge.* Princeton Architectural Press］

Kupfer, M. A. et al.（2020）*The visualization of knowledge in medieval and early modern Europe.* Brepols

✖死と美術
木俣元一・小池寿子（2017）『ロマネスクとゴシックの宇宙』（西洋美術の歴史 3，中世 2），中央公論新社

✖【コラム】シュジェール
木俣元一（2022）『ゴシック新論―排除されたものの考古学』名古屋大学出版会

シュジェール（著），森　洋（訳編）（2002）『サン・ドニ修道院長シュジェール―ルイ六世伝，ルイ七世伝，定め書，献堂記，統治記』中央公論美術出版

【13 章　建築と場所】
✖古代の遺産
［引］Krautheimer, R.（1980）*Rome, profile of a city 312-1308.* Princeton University Press

［引］Rasch, J. J. & Arbeiter, A.（2007）*Das Mausoleum der Constantina in Rom.* Philipp von Zabern

奈良澤由美（2021）「初期中世美術における『古代』，『古典』，『擬古』―ガリアの柱頭を中心とする事例からの考察」『古典主義再考Ⅰ―西洋美術史における「古典」の創出』中央公論美術出版，1，pp. 77-104

奈良澤由美（2022）「キリスト教礼拝空間における典礼設備の物質性と象徴性」木俣元一他（編）『聖性の物質性―人類学と美術史の交わるところ』三元社，1，pp. 457-484

✖中世建築のかたち
伊藤喜彦他（2020）『リノベーションからみる西洋建築史―歴史の継承と創造性』彰国社

木俣元一・松井裕美（編）（2021）『西洋美術史における「古典」の創出』（古典主義再考 1），中央公論美術出版

ル゠ゴフ，J.（著），菅沼　潤（訳）（2016）『時代区分は本当に必要か？―連続性と不連続性を再考する』藤原書店［Le Goff, J.（2014）*Faut-il vraiment découper l'histoire en tranches?* Seuil］

✖建築形式の伝達

［引］小倉康之（2004）「リポイ，サンタ・マリア修道院聖堂のトランセプト―平面型におけるサン・ピエトロ旧聖堂の影響と空間表象について」『鹿島美術財団年報』別冊（21），pp. 282-291

［引］小倉康之（2007）「教会教義と建築プラン」稲本万里子・池上英洋（編著）『イメージとテキスト―美術史を学ぶための13章』ブリュッケ，星雲社，pp. 177-195

［引］Krautheimer, R.（1942）Introduction to an "Iconography of Medieval Architecture". *Journal of the Warburg and Courtauld Institues*, 5, pp. 1-38

［引］Krautheimer, R.（1969）*Studies in early Christian, Medieval, and Renaissance art*. New York University Press, University of London Press

クーバッハ，H. E.（著），飯田喜四郎（訳）（1996）『ロマネスク建築』（図説世界建築史7），本の友社［Kubach, H. E.（1972）*Romanesque architecture*. Electa Editrice］

グロデッキ，L. 他（著），吉川逸治・柳　宗玄（訳）（1976）『紀元千年のヨーロッパ』（人類の美術15），新潮社［Grodecki, L. et al.（1973）*Le Siècle de l'an mil*. Gallimard］

ホッパー，V. F.（著），大木　富（訳）（2015）『中世における数のシンボリズム―古代バビロニアからダンテの『神曲』まで』彩流社［Hopper, V. F.（1938）*Medieval number symbolism: Its sources, meaning, and influence on thought and expression*. Columbia University Press］

✖イスラーム建築とキリスト教建築

Bacile, R. M. & McNeill, J.（eds.）（2015）*Romanesque and the Mediterranean: Points of contact across the Latin, Greek and Islamic worlds, c.1000 to c.1250*. British Archaeological Association

Grossman, H. E. & Walker, A.（eds.）（2013）*Mechanisms of exchange: Transmission in medieval art and architecture of the Mediterranean, ca.1000-1500*. Brill

✖中世建築からルネサンス建築へ

伊藤喜彦他（2020）『リノベーションからみる西洋建築史―歴史の継承と創造性』彰国社

木俣元一・松井裕美（編）（2021）『西洋美術史における「古典」の創出』（古典主義再考1），中央公論美術出版

ル=ゴフ，J.（著），菅沼　潤（訳）（2016）『時代区分は本当に必要か？―連続性と不連続性を再考する』藤原書店［Le Goff, J.（2014）*Faut-il vraiment découper l'histoire en tranches?* Seuil］

✖材　料

［引］Sapin, Ch. & Heber-Suffrin, F.（2021）*L'architecture carolingienne en France et en Europe*. Picard

［引］Vergnolle, É.（1996）La pierre de taille dans l'architecture religieuse de la première moitié du XIe siècle. *Bulletin Monumental*, 154（3），pp. 229-234

太田邦夫（2015）『木のヨーロッパ―建築とまち歩きの事典』彰国社

後藤　久（2005）『西洋住居史―石の文化と木の文化』彰国社

デヴィー，N.（著），山田幸一（訳）（1969）『建築材料の歴史』工業調査会［Davy, N.（1961）*A History of Building Materials*. Phoenix House］

✖スポリア

［引］ヴァザーリ，G.（著），森田義之他（監修），森田義之他（訳）（2014）『美術家列伝　第1巻』中央公論美術出版

加藤耕一（2017）『時がつくる建築―リノベーションの西洋建築史』東京大学出版会

✖ヴォールトとドーム

［引］Choisy, A.（1899）*Histoire de l'architecture, vol. 2*. Gauthier-Villars

［引］Mango, C.（1986）*The art of the Byzantine empire 312-1453: Sources and documents*. University of Toronto Press in association with the Medieval Academy of America

佐々木英也・冨永良子（責任編集）（1995）『ゴシック』（世界美術大全集　西洋編9），小学館

槇谷榮次（2007）『ドームの不思議』（コンクリート造・組積造編），鹿島出版会

Etlin, R. A. et al.（eds.）（2023）*The Cambridge guide to the architecture of Christianity*. Cambridge University Press

✖塔

[引] Gillerman, D.（1993）Campanile. In: Romanini, A. M.（supervision）, Tosti-Croce, M. R.（ed.）*Enciclopedia dell'arte medievale, vol. 4*. Istituto della Enciclopedia italiana

Conant, K. J.（1978）*Carolingian and Romanesque architecture, 800 to 1200*. Yale University Press

Fernie, E.（2014）*Romanesque architecture: The first style of the European age*. Yale University Press

Gillerman, D.（1993）Campanile. In: Romanini, A. M.（supervision）, Tosti-Croce, M. R.（ed.）*Enciclopedia dell'arte medievale, vol. 4*. Istituto della Enciclopedia italiana

✖司教座都市と大聖堂

[引] Schedel, H.（author）, Wolgemut, M. & Pleydenwurff, W.（illustration）（1493）*Registrum huius operis libri cronicarum cu figuris et ymagibus ab inicio mudi*. Bayerische Staatsbibliothek, pp. 98-99.［https://daten.digitale-sammlungen.de/0003/bsb00034024/images/index.html?id=00034024&groesser=&fip=193.174.98.30&no=&seite=270（2022年12月18日閲覧）］

岩谷秋美（2017）『ウィーンのシュテファン大聖堂―ゴシック期におけるハプスブルク家の造営理念』中央公論美術出版

グルーバー，K.（著）, 宮本正行（訳）（1999）『図説ドイツの都市造形史』西村書店［Gruber, K.（1977）*Die Gestalt der deutschen Stadt: Ihr Wandel aus der geistigen Ordnung der Zeiten*. Callwey］

ブラウンフェルス，W.（著）, 日高健一郎（訳）（1986）『西洋の都市―その歴史と類型』丸善［Braunfels, W.（1977）*Abendländische Stadtbaukunst: Herrschaftsform und Baugestalt*. DuMont Buchverlag］

✖修道院

[引] Conant, K. J.（1968）*Cluny, Les églises et la maison du chef d'ordre*. The Mediaeval Academy of America, fig. 4

朝倉文市（1996）『修道院にみるヨーロッパの心』（世界史リブレット 21）, 山川出版社

ディンツェルバッハー，P. & ホッグ，J. L.（編）, 石山穂澄他（訳）（2014）『修道院文化史事典』八坂書房［Dinzelbacher, P. & Hogg, J. L.（1997）*Kulturgeschichte der christlichen Orden in Einzeldarstellungen*. A. Kröner］

ブラウンフェルス，W.（著）, 渡辺　鴻（訳）（2009）『「図説」西欧の修道院建築』八坂書房［Braunfels, W.（1969）*Abendländische Klosterbaukunst*. DuMont］

✖新都市建設

[引] 伊藤　毅（編）（2009）『バスティード―フランス中世新都市と建築』中央公論美術出版

[引] 瀬原義生（1988）「南ドイツにおける中世都市の建設過程について（上）」『立命館文學』（509）, pp. 1507-1533

[引] 都市史図集編集委員会（編）（1999）『都市史図集』彰国社

[引] Ennen, E.（1987）*Die europäische Stadt des Mittelalters*. Vandenhoeck & Ruprecht

堀越宏一・甚野尚志（編著）（2013）『15のテーマで学ぶ中世ヨーロッパ史』

Isenmann, E.（2012）*Die deutsche Stadt im Mittelalter 1150-1550: Stadtgestalt, Recht, Verfassung, Stadtregiment, Kirche, Gesellschaft, Wirtschaft*. Bählau

✖広　場

[引] 片山伸也（2013）『中世後期シエナにおける都市美の表象』中央公論美術出版

[引] Bortolotti, L.（1987）*Siena: Le città nella storia d'Italia*（2 ed.）. Laterza

[引] Fanelli, G. & Trivisonno, F.（1990）*Toscana: La Cultura Della Città*. Cantini

[引] ズッカー，P.（著）, 加藤晃規・三浦金作（訳）（1975）『都市と広場―アゴラからヴィレッジ・グリーンまで』鹿島出版会

[引] 高山　博・池上俊一（編）（2002）『宮廷と広場』刀水書房

✖宮廷とホール

フィリップス，Ch.（著）, 井上廣美（訳）（2022）『中世ヨーロッパ城郭・築城歴史百科―ヴィジュアル版』原書房［Phillips, Ch.（2008）*The illustrated history of knights & the golden age of chivalry: The history, myth and romance of the medieval knight and the chivalric code explored, with over 450 stunning images of castles, quests, battles, tournaments, courts, honours and triumphs*. Lorenz Books］

メスキ，J.（著）, 遠藤ゆかり（訳）（2007）『ヨーロッパ古城物語』（「知の再発見」双書 135）, 創元社［Mesqui, J.（1995）*Les châteaux forts de la guerre à la paix*. Gallimard］

Thompson, M. W.（1995）*The medieval hall: The basis of secular domestic life, 600-1600 AD.* Scholar Press, Ashgate

✖城砦建築

［引］Androuet Du Cerceau, Jacques（1576）*Les plus excellents bastiments de France, le premier volume.*

［引］Viollet-le-Duc, E.-E.（1859）*Dictionnaire raisonné de l'architecture française du XIe au XVIe siècle, Tome III.* Bance, p. 137

カウフマン，J. E. & カウフマン，H. W.（著），ジャーガ，R. M.（作図），中島智章（訳）（2012）『中世ヨーロッパの城塞—攻防戦の舞台となった中世の城塞，要塞，および城壁都市』マール社［Kaufmann, J.E. & Kaufmann, H. W.（eds.), Jurga, R. M.（illust.）(2001）*The medieval fortress: Castles, forts and walled cities of the Middle Ages.* Greenhill Books］

スティーヴンソン，Ch.（著），村田綾子（訳）（2012）『世界の城の歴史文化図鑑—ビジュアル版』柊風舎［Stephenson, Ch.（ed.）(2012）*Castles: A history of fortified structures: Ancient, medieval & modern.* Ivy Press］

✖典礼と教会建築

［引］Mathews, T. F.（1962）An Early Roman chancel arrangement and its liturgical functions. *Rivista di Archeologia Cristiana,*（38），p. 94，fig.1

Krautheimer, R.（1980）*Rome, profile of a city 312-1308.* Princeton University Press

Rasch, J. J. & Arbeiter, A.（2007）*Das Mausoleum der Constantina in Rom.* Philipp von Zabern

✖建築とナラティヴ

［引］Wikimedia Commons：La Charité-sur-Loire - Église Notre-Dame -441［https://commons.wikimedia.org/wiki/File:La_Charit%C3%A9-sur-Loire_-_%C3%89glise_Notre-Dame_-441.jpg（2023 年 1 月 27 日閲覧）］

青柳正規他（1999）『西洋美術館』小学館

木俣元一（2003）『シャルトル大聖堂のステンドグラス』中央公論美術出版

木俣元一（2022）『ゴシック新論—排除されたものの考古学』名古屋大学出版会

Thérel, M.-L.（1984）*Le triomphe de la Vierge-Église: a l'origine du décor du portail occidental de Notre-Dame de Senlis: sources historiques, littéraires et iconographiques.* Editions du Centre national de la recherche scientifique, Fig. 5

✖建築と彫刻・モザイク

金沢百枝（2015）『ロマネスク美術革命』新潮選書

Andaloro, M. & D'Angelo, C.（eds.）(2018）*Mosaici medievali a Roma attraverso il restauro dell'ICR 1991-2004.* Gangemi Editore

Borsook, E. et al（eds.）(2000）*Medieval mosaics: Light, color, materials.* Silvana Editoriale

✖【コラム】ペーター・パルラー

Rüffer, J.（2021）Peter Parler Baumeister und Bildhauer? In: Fajt, J. & Hörsch, M. et al.（eds.）*Meister Ludwig-Peter Parler-Anton Pilgram: Architekt und Bildhauer? Zu einem Grundproblem der Mediävistik.* Jan Thorbecke, S.105-210

Schurr, M. C.（2003）*Die Baukunst Peter Parlers: Der Prager Veitsdom, das Heiligkreuzmünster in Schwäbisch Gmünd und die Bartholomäuskirche in Kolin im Spannungsfeld von Kunst und Geschichte.* Jan Thorbecke

【14 章　思想と科学】

✖自由学芸／リベラル・アーツ

上智大学中世思想研究所（編）（1995）『中世の学問観』（上智大学中世思想研究所紀要中世研究 9），創文社

水落健治（2008）「自由学芸の伝統」中川純男（責任編集）『神との対話』（哲学の歴史 3，中世），中央公論新社，pp. 76-80

Capella, M.（author), Stahl, W. H. et al.（trans.）(1977）Martianus capella and the seven liberal arts. In: *The marriage of Philology and Mercury, vol. 2,* Columbia University Press

✖大学での教育

［引］Wikimedia Commons：Laurentius de Voltolina 001［https://upload.wikimedia.org/wikipedia/commons/f/fc/Laurentius_de_Voltolina_001.jpg（2023 年 1 月 20 日閲覧）］

ヴェルジェ，J.（著），大高順雄（訳）（1979）『中世の大学』みすず書房［Verger, J.（1973）*Les universités au moyen âge.* Presses universitaires de France］

ハスキンズ，C. H.（著），青木靖三・三浦常司（訳）（2009）『大学の起源』八坂書房，p. 87

ラシュドール，H.（著），横尾壮英（訳）（1966-1968）『大学の起源―ヨーロッパ中世大学史』（上・中・下），東洋館出版社［Rashdall, H.（1895）*The universities of Europe in the Middle Ages.* Clarendon Press］

ルゴフ，J.（著），柏木英彦，三上朝造（訳）（1977）『中世の知識人―アベラールからエラスムスへ』岩波新書［Le Goff, J.（1957）*Les intellectuels au Moyen Age.* Seuil］

✖聖　書

加藤哲平（2018）『ヒエロニュムスの聖書翻訳』教文館

木俣元一・小池寿子（2017）『ロマネスクとゴシックの宇宙』（西洋美術の歴史 3，中世 2），中央公論新社

Marsden, R. & Matter, E. A.（eds.）（2012）*From 600 to 1450*（*The New Cambridge history of the Bible, v.2*）. Cambridge University Press, pp. 600-1450

✖修道院神学

上智大学中世思想研究所・矢内義顕（編訳・監修）（1997）『修道院神学』（中世思想原典集成 10），平凡社

ルクレール，J.（著），神崎忠明・矢内義顕（訳）（2004）「中世の修道院著作家への入門」『修道院文化入門―学問への愛と神への希求』知泉書館，［Leclercq, J.（1957）*L'amour des lettres et le désir de Dieu : initiation aux auteurs monastiques du Moyen Âge.* Cerf］

✖12世紀ルネサンスと翻訳

グラント，E.（著），小林　剛（訳）（2007）『中世における科学の基礎づけ―その宗教的，制度的，知的背景』知泉書館［Grant, E.（1996）*The foundations of modern science in the Middle Ages: Their religious, institutional, and intellectual contexts.* Cambridge University Press］

Adamson, P. S. & Taylor, R. C.（eds.）（2005）*The Cambridge companion to Arabic philosophy.* Cambridge University Press

✖1277年の断罪

［引］エティエンヌ・タンピエ（著），八木雄二・矢玉俊彦（訳）（1993）「パリ司教エティエンヌ・タンピエ『一二七七年の禁令』」上智大学中世思想研究所（編訳・監修）『盛期スコラ学』（中世思想原典集成 13），平凡社

［引］ダキアのボエティウス（著），大野晃徳・八木雄二（訳）（1994）「最高善について」上智大学中世思想研究所（編訳・監修）『中世末期の言語・自然哲学』（中世思想原典集成 19），平凡社

川添信介（2005）『水とワイン―西欧 13 世紀における哲学の諸概念』京都大学学術出版会

ルーベンスタイン，R. E.（著），小沢千重子（訳）（2018）『中世の覚醒―アリストテレス再発見から知の革命へ』ちくま学芸文庫［Rubenstein, R. E.（2003）*Aristotle's children: How Christians, Muslims, and Jews rediscovered ancient wisdom and illuminated the Middle Ages.* Harcourt］

✖中世論理学のオリジナリティ

薗谷敏晴（1989）「Ens ut Comparatio―述定の附帯性と純存在論的繋辞」『季刊哲学』7，pp. 106-123

Henry, D. P.（1972）*Medieval logic and metaphysics.* Hutchinson

Novaes, C. D. & Read, S.（eds.）（2016）*The Cambridge companion to medieval logic.* Cambridge University Press

✖神の存在証明と現代論理学

［引］Fitting, M.（2002）*Types, tableaus, and Gödel's god.* Kluwer Academic

上枝美典（2007）『「神」という謎―宗教哲学入門』（Sekaishiso seminar），世界思想社

✖アナロギア

稲垣良典（2013）『トマス・アクィナス「存在（エッセ）」の形而上学』春秋社

山田　晶他（1989）『アナロギアと神―トマス・アクィナス，今日の』（哲学 vol.III-2），哲学書房

Amerini, F. & Galluzzo, G.（eds.）（2014）*A companion to the Latin medieval commentaries on Aristotle's Metaphysics.* Brill

✖創造論と世界の永遠性

[引] ダキアのボエティウス（著），川添信介（訳）(2000)「世界の永遠性について」川添信介（研究代表）『1277年パリの禁令の与えた哲学観に対する影響についての研究』平成10年度-平成11年度科学研究費補助金研究成果報告書，pp. 10-43
[引] トマス・アクィナス（著），高田三郎・日下昭夫（訳）(1973)『神学大全』(第4冊)，創文社
[引] トマス・アクィナス（著），稲垣良典（1999)「世界の永遠性について」『トマス・アクィナス』講談社学術文庫，pp. 345-352
[引] ブラバンのシゲルス（著），八木雄二・矢玉俊彦（訳）(1993)「世界の永遠性について」上智大学中世思想研究所（編訳・監修）『盛期スコラ学』(中世思想原典集成13)，平凡社，pp. 613-641
川添信介（2005)『水とワイン―西欧13世紀における哲学の諸概念』京都大学学術出版会
辻内宣博（2020)「神学 vs. 哲学―世界の永遠性をめぐる13世紀パリ大学での論争」中野隆生・加藤　玄（編著）『フランスの歴史を知るための50章』(エリア・スタディーズ179，ヒストリー)，明石書店，pp. 90-95

✖自然法

教皇庁国際神学委員会（著），岩本潤一（訳）(2012)『普遍的倫理の探求―自然法の新たな展望』カトリック中央協議会［International Theological Commission (2009) *Alla ricerca di un'etica universale: Nuovo sguardo sulla legge naturale.*］
クリュシッポス（著），中川純男・山口義久（訳）(2005)『初期ストア派断片集4』(西洋古典叢書)，京都大学学術出版会
トマス・アクィナス（著），稲垣良典（訳）(1977)『神学大全13』創文社

✖徳と倫理

[引] 山本芳久（2014)『トマス・アクィナス肯定の哲学』慶應義塾大学出版会
[引] MacIntyre, A. (1999) *Dependent rational animals: Why human beings need the virtues.* Open Court［マッキンタイア，A.（著），高島和哉（訳）(2018)『依存的な理性的動物―ヒトにはなぜ徳が必要か』(叢書・ウニベルシタス)，法政大学出版局］
[引] Pieper, J. (1964) *Das Viergespann: Klugheit, Gerechtigkeit, Tapferkeit, Mass.* Kösel［ピーパー，J.（著），松尾雄二（訳）(2007)『四枢要徳について―西洋の伝統に学ぶ』知泉書館］
[引] Russell, D. C. (ed.) (2013) *The Cambridge Companion to Virtue Ethics.* Cambridge University Press［ラッセル，D. C.（編），相澤康隆他（訳）(2015)『徳倫理学―ケンブリッジ・コンパニオン』春秋社］
Bejczy, I. P. (2011) *The cardinal virtues in the Middle Ages: A study in moral thought from the fourth to the fourteenth century.* Brill
Newhauser, R. (ed.) (2005) *In the garden of evil: The vices and culture in the Middle Ages.* Pontifical Institute of Mediaeval Studies
Wenzel, S. (1968) The seven deadly sins: Some problems of research. *Speculum,* 43 (1), pp. 1-22

✖形而上学という学問

[引] 村上勝三（2017)『知と存在の新体系』知泉書館
[引] Courtine, J.-F. (1990) *Suarez et le système de la métaphysique.* Presses universitaires de France
[引] Wood, R. (2010) The subject of the aristotelian science of metaphysics. In: Pasnau, R. (ed.) *The Cambridge history of medieval philosophy.* Cambridge University Press, pp. 609-621
トマス・アクィナス（著），山田　晶（訳）(2014)『神学大全』(全2巻)，中公クラシックス
Arlig, A. W. (2020) Metaphysics. In: Lagerlund, H. (ed.) *Encyclopedia of medieval philosophy: Philosophy between 500 and 1500.* Springer, pp. 771-780
Cohen, S. M. & Reeve, C. D. C. (2020) *Aristotle's Metaphysics, Stanford Encyclopedia of Philosophy.*［https://plato.stanford.edu/entries/aristotle-metaphysics/(2023年1月10日閲覧)］

✖アリストテレス自然学と近代科学

[引] クーン，T.（著），中山　茂（訳）(1971)『科学革命の構造』みすず書房［Kuhn, T. S. (1962) *The structure of scientific revolutions.* University of Chicago Press］
[引] 野家啓一（2008)『パラダイムとは何か―クーンの科学史革命』講談社学術文庫
小林道夫（2009)『科学の世界と心の哲学―心は科学で解明できるか』中公新書
中畑正志（2023)『アリストテレスの哲学』岩波新書
リンドバーグ，D. C.（著），高橋憲一（訳）(2011)『近代科学の源をたどる―先史時代から中世まで』(科学史ライブ

ラリー），朝倉書店［Lindberg, D. C.（2007）*The beginnings of western science: The European scientific tradition in philosophical, religious, and institutional context, prehistory to A.D. 1450.* University of Chicago Press］

✖錬金術

大橋喜之（訳）（2020）『立昇る曙—アウロラ・コンスルジェンス—中世寓意錬金術絵詞』八坂書房

プリンチーペ，L. M.（著），ヒライ，H.（訳）（2018）『錬金術の秘密—再現実験と歴史学から解きあかされる「高貴なる技」』（Bibliotheca hermetica 叢書），勁草書房［Principe, L. M.（2013）*The secrets of alchemy.* University of Chicago Press］

ホームヤード，E. J.（著），大沼正則（訳）（1996）『錬金術の歴史—近代化学の起源』（科学史ライブラリー），朝倉書店［Holmyard, E. J.（1957）*Alchemy.* Penguin］

✖中世のコスモロジー

グラント，E.（著），小林　剛（訳）（2007）『中世における科学の基礎づけ—その宗教的，制度的，知的背景』知泉書館［Grant, E.（1996）*The foundations of modern science in the Middle Ages: Their religious, institutional, and intellectual contexts.* Cambridge University Press］

タカハシ，アダム（2022）『哲学者たちの天球—スコラ自然哲学の形成と展開』名古屋大学出版会

✖中世のヒューマニズム

佐藤彰一（2016）『贖罪のヨーロッパ—中世修道院の祈りと書物』中公新書

マレンボン，J.（著），周藤多紀（訳）（2023）『中世哲学』（哲学がわかる），岩波書店［Marenbon, J.（2016）*Medieval philosophy: A very short introduction.* Oxford University Press］

ルゴフ，J.（著），柏木英彦・三上朝造（訳）（1977）『中世の知識人』岩波新書［Le Goff, J.（1957）*Les intellectuels au Moyen Age.* Seuil］

✖東方神学とラテン世界

土橋茂樹（編著）（2016）『善美なる神への愛の諸相—『フィロカリア』論考集』教友社

メイエンドルフ，J.（著），鈴木　浩（訳）（2009）『ビザンティン神学—歴史的傾向と教理的主題』新教出版社［Meyendorff, J.（1983）*Byzantine theology: Historical trends and doctrinal themes.* Fordham University Press］

Plested, M.（2012）*Orthodox readings of Aquinas.* Oxford University Press

✖【コラム】トマス・アクィナス

［引］Wikimedia Commons：Saint Thomas Aquinas［https://commons.wikimedia.org/wiki/File:Giusto_di_gand_e_pedro_berruguete,_uomini_illustri_dallo_studiolo_di_federico_da_montefeltro_a_urbino,_1473-76_ca.,_14_s._tommaso_d%27aquino.JPG（2024 年 9 月 24 日閲覧）］

上智大学中世思想研究所（編訳・監修）（1993）『トマス・アクィナス』（中世思想原典集成 14），平凡社

トマス・アクィナス（著），山田　晶（訳）（2014）『神学大全』（1・2 巻），中公クラシックス

【15 章　音楽と儀礼】

✖教皇儀礼

大塚将太郎（2022）「一四世紀前半における教皇葬儀の式次第の発展—教皇クレメンス五世の葬儀の日程と教皇葬儀へのノヴェナの導入」『史観』187，pp. 21-40

甚野尚志（2003）「この世のあるべき秩序」堀越孝一（編）『新書ヨーロッパ史』（中世篇），講談社現代新書，pp. 181-212

Paravicini Bagliani, A.（1994）*Il corpo del papa.* G. Einaudi［Paravicini Bagliani, A.（author），Peterson, D. S.（trans.）（2000）*The Pope's body.* University of Chicago Press］

✖成聖式／戴冠式

［引］Le Goff, J.（1990）A coronation program for the age of Saint Louis: The Ordo of 1250. In: Bak, J. M.（ed.）*Coronations: Medieval and early modern monarchic ritual.* University of California Press

佐藤彰一（2013）『カール大帝—ヨーロッパの父』（世界史リブレット人 29），山川出版社

シュルツェ，H. K.（著），五十嵐修他（訳）（2005）『皇帝と帝国』（Minerva 西洋史ライブラリー 69，西欧中世史事典 2），ミネルヴァ書房［Schulze, H. K.（1998）*Kaiser und Reich*. W. Kohlhammer］

シュルツェ，H. K.（著），小倉欣一・河野 淳（訳）（2013）『王権とその支配』（Minerva 西洋史ライブラリー 96，西欧中世史事典 3），ミネルヴァ書房［Schulze, H. K.（2011）*Das Königtum*. W. Kohlhammer］

✖入市式

池上俊一（2008）『儀礼と象徴の中世』（ヨーロッパの中世 8），岩波書店

京谷啓徳（2017）『凱旋門と活人画の風俗史─儚きスペクタクルの力』講談社選書メチエ

ストロング，R.（著），星 和彦（訳）（1987）『ルネサンスの祝祭─王権と芸術』（上・下），平凡社［Strong, R.（1984）*Art and power: Renaissance festivals, 1450–1650*. Boydell Press］

✖騎士叙任式と臣従礼

［引］Bloch, M.（1939–40）*La société féodale*（2 vols.）. Albin Michel［ブロック，M.（著），堀米庸三（監訳）（1995）『封建社会』岩波書店］

［引］Fourquin, G.（1977）*Seigneurie et féodalité au moyen âge*（2 ed.）. Presses universitaires de France［フルカン，G.（著），神戸大学西洋経済史研究室（訳）（1982）『封建制・領主制とは何か』晃洋書房］

［引］Ganshof, F. L.（1957）*Qu'est-ce que la féodalité?*（3e éd.）. Office de Publicité［Ganshof, F. L.（著），森岡敬一郎（訳）（1968）『封建制度』慶應通信］

［引］Gautier, L.（1884）*La Chevalerie*. Victor Palmé［Gautier, L.（author）, Frith, H.（trans.）（1891）*Chivalry* George Routledge and sons／ゴーティエ，L.（著），武田秀太郎（訳）（2020）『騎士道』中央公論新社］

［引］Le Goff, J.（1977）*Pour un autre Moyen Age: temps, travail et culture en Occident: 18 essais*. Gallimard［ル・ゴフ，J.（著），加納 修（訳）（2006）『もうひとつの中世のために─西洋における時間，労働，そして文化』白水社］

フロリ，J.（著），新倉俊一（訳）（1998）『中世フランスの騎士』（文庫クセジュ），白水社［Flori, J.（1995）*La chevalerie en France au Moyen Age*. Presses Universitaires de France］

ホプキンズ，A.（著），松田 英他（訳）『図説 西洋騎士道大全』東洋書林［Hopkins, A.（1990）*Knights*. Quarto Publishing plc］

Barthélemy, D.（1992）Note sur l'adoubement dans la France des XIe et XIIe siècles. In: Dubois, H. & Zink, M.（eds.）*Les Âges de la vie au Moyen Âge : actes du colloque du Département d'études médiévales de l'Université de Paris-Sorbonne et de l'Université Friedrich-Wilhelm de Bonn, Provins, 16–17 mars 1990*, Presses de l'Université de Paris-Sorbonne, pp. 107–117

✖外交儀礼

服部良久（2020）『中世のコミュニケーションと秩序─紛争・平和・儀礼』京都大学学術出版会

リウトプランド（著），大月康弘（訳）（2019）『コンスタンティノープル使節記』（知泉学術叢書 10），知泉書館［Chiesa, P.（ed.）（1998）*Liudprandi Cremonensis Antapodosis; Homelia paschalis; Historia Ottonis; Relatio de Legatione Constantinopolitana*. Brepols］

渡辺金一（1980）『中世ローマ帝国─世界史を見直す』岩波新書

✖指 輪

Mühl, M.（1961）*Der Ursprung des römischen Verlobungringen und dessen symbolische Bedeutung im Eheschliessung und Verlöbnisrecht*. Würzburg

Scarisbrick, D.（author）, Toyama, T（photo）（2004）*Historic rings*（橋本指輪コレクション）*: Four thousand years of craftsmanship*. Kodansha International

Ward, A. et al.（1987）*Der Ring im Wandel der Zeit*. Karl Müller

✖定式書

［引］Wikimedia Commons：Kronung Heinrich II［https://commons.wikimedia.org/wiki/File:Kronung_Heinrich_II.jpg（2024 年 7 月 12 日閲覧）］

池上俊一（2008）『儀礼と象徴の中世』（ヨーロッパの中世 8），岩波書店

ユングマン，J. A.（著），福地幹男（訳）（1992）『ミサ』オリエンス宗教研究所［Jungmann, J. A.（author）, Fernandes, J.（trans.）, Evans, M. E.（ed.）（1976）*The Mass: An historical, theological, and pastoral survey*. Liturgical Press］

Palazzo, E.（1993）*Le moyen âge: des origines au XIIIe siècle: histoire des livres liturgiques*. Beauchesne

✖ダンス

[引] ボッカッチョ，G.（著），河島英昭（訳）（1989）『デカメロン』（世界文学全集 4），講談社

[引] ヨハンネス・デ・グロケイオ（著），中世ルネサンス音楽史研究会（訳）（2001）『音楽論―全訳と手引き』春秋社

アルボー，T.（著），今谷和徳他（編著），古典舞踏研究会原著講読会（訳）（2020）『オルケゾグラフィ―全訳と理解のための手引き』道和書院

ザックス，C.（著），小倉重夫（訳）（1972）『世界舞踊史』音楽之友社［Sachs, C.（1933）*Eine weltgeschichte des tanzes: Mit zweiunddreissig tafeln*. D. Reimer/E. Vohsen］

マシャベ，A.（著），斎藤一郎・小林　緑（訳）（1969）『舞踊と音楽』（文庫クセジュ），白水社［Machabey, A.（1966）*La musique de danse*. Presses universitaires de France］

✖聖　歌

ド・ヴァロワ，J.（著），水嶋良雄（訳）（1999）『グレゴリオ聖歌』（文庫クセジュ），白水社［de Valois, J.（1963）*Chant grégorien*. Presses Universitaires de France］

山本成生（2015）「スコラ・カントールムの生成と伝播」『西洋中世研究』（7），pp. 56-72

ユングマン，J. A.（著），石井祥裕（訳）（1997）『古代キリスト教典礼史』平凡社［Jungmann, J. A.（1967）*Liturgie der christlichen Frühzeit: Bis auf Gregor den Grossen*. Universitätsverlag Freiburg Schweiz］

✖教会とオルガン

[引] 上尾信也（2018）「セビリアのイシドルスの楽器論―古代ローマから中世ヨーロッパへの分水嶺なのか？」『上野学園教育研究紀要』（2），pp. 14-23

[引] アリストクセノス＆プトレマイオス（著），山本建郎（訳）（2008）『古代音楽論集』（西洋古典叢書），京都大学学術出版会

[引] ウィトルーウィウス（著），森田慶一（訳註）（1979）『ウィトルーウィウス建築書』，東海大学出版会

[引] プリニウス（著），中野定雄他（訳）（2012）『プリニウスの博物誌，縮刷版』（第 7〜11 巻），雄山閣

[引] プレトリウス，M.（著），郡司すみ（訳）（2000）『楽器誌』（音楽大全 II），エイデル研究所プレトリウス『シンタグマ・ムジクム』Michael Praetorius（ca.1571-1621），第 2 図

[引] Utrecht, Universiteitsbibliotheek, MS Bibl. Rheno traiectinae I Nr 32: Psalm 150, f.83r, Universiteit Utrecht. *The annotated Utrecht Psalter*［https://psalter.library.uu.nl/page/173（2024 年 7 月 11 日閲覧）］

[引] Wikimedia Commons：Francesco Landini, Squarcialupi Codex, page 246［https://commons.wikimedia.org/wiki/File:Francesco_Landini,_Squarcialupi_Codex,_page_246.jpg#/media/File:Francesco_Landini,_Squarcialupi_Codex,_page_246.jpg］（2024 年 7 月 11 日閲覧）］

金澤正剛（2015）『中世音楽の精神史―グレゴリオ聖歌からルネサンス音楽へ』河出文庫

椎名雄一郎（2015）『パイプオルガン入門―見て聴いて触って楽しむガイド』春秋社

Williams, P.（1993）*The organ in western culture, 750-1250*（*Cambridge studies in medieval and Renaissance music*）. Cambridge University Press

✖典礼劇

Greenberg, N.（ed.）（1959）*The play of Daniel: A thirteenth-century musical drama*. Oxford University Press

Planchart, A. E.（2002）Trope（i）. In: Sadie, S.（ed.）*The New Grove dictionary of music and musicians*. vol. 25, Macmillan, Grove's Dictionaries, pp. 777-794

Stevens, J. & Rastall, R.（2002）Liturgical drama. In: Sadie, S.（ed.）*The New Grove dictionary of music and musicians*. vol. 16, Macmillan, pp. 229-224

✖オルガヌム

[引] グラウト，D. J. ＆パリスカ，C. V.（著），戸口幸策他（訳）（1998）『グラウト／パリスカ新西洋音楽史（上）』音楽之友社［Grout, D. J. & Palisca, C. V.（1996）*A history of western music*. W.W. Norton］

[引] Everist, M.（ed.）（2011）*The Cambridge companion to medieval music*. Cambridge University Press

[引] Herzog August Bibliothek. *Cod. Guelf. 628 Helmst.*［http://diglib.hab.de/mss/628-helmst/start.htm（2023 年 1 月 23 日閲覧）］

[引] Reckow, F.（1967）*Der Musiktraktat des Anonymus 4*. Steiner

今谷和徳（1983）『中世・ルネサンスの社会と音楽』音楽之友社
金澤正剛（1998）『中世音楽の精神史—グレゴリオ聖歌からルネサンス音楽へ』講談社選書メチエ
平井真希子（2011）「《オルガヌム大全》のリズム」『東京藝術大学音楽学部紀要』37, pp. 111-125

✖モテット
ヨハンネス・デ・グロケイオ（著），中世ルネサンス音楽史研究会（訳）（2001）『音楽論—全訳と手引き』春秋社
Bent, M. & Wathey, A.（eds.）（1998）*Fauvel studies: Allegory, chronicle, music and image in Paris, Bibliothèque nationale MS Français 146*. Clarendon Press
Hartt, J. C.（ed.）（2018）*A critical companion to medieval motets*. Boydell Press

✖アルス・ノヴァからルネサンス音楽へ
今谷和徳（2006）『中世・ルネサンスの社会と音楽』音楽之友社
中世ルネサンス音楽史研究会（1974）「フィリップ・ドゥ・ヴィトリ著「アルス・ノヴァ」全訳」『音楽学』（19）, pp. 39-54
モールバッハ, B.（著），井本晌二（訳）（2012）『中世の音楽世界—テキスト，音，図像による新たな体験』法政大学出版局〔Morbach, B.（2004）*Die Musikwelt des Mittelalters: Neu erlebt in Texten, Klängen und Bildern*. Bärenreiter〕

✖記譜法
〔引〕アーペル, W.（著），東川清一（訳）（1998）『ポリフォニー音楽の記譜法—1450〜1600 年』春秋社〔Apel, W.（1962）*Die Notation der polyphonen Musik, 900-1600*. Breitkopf & Härtel〕
〔引〕e-codices『ザンクト・ガレン式ネウマ（復活祭のミサのグラドゥアーレ，冒頭部分）St. Gallen, Stiftsbibliothek, Cod. Sang. 359, p. 107』〔https://www.e-codices.unifr.ch/en/csg/0359/107（2023 年 6 月 21 日閲覧）〕
Hiley, D.（1993）*Western plainchant: A handbook*. Clarendon Press, Oxford University Press
Apel, W.（1949）*The notation of polyphonic music 900-1600*. Mediaeval Academy of America
Paulsmeier, K.（2017）*Notationskunde 15. und 16. Jahrhundert*. Schwabe Basel

✖中世歌人
Kippenbergt, B.（2002）Minnesang. In: Sadie, S.（ed.）*The New Grove dictionary of music and musicians. vol. 16*, Macmillan, pp. 721-730
Stevens, J. & Karp, T.（2002）Troubadours, Trouveres. In: Sadie, S.（ed.）*The New Grove dictionary of music and musicians. vol. 25*, Macmillan, pp. 798-820

✖ジョングルール／ミンストレル
〔引〕Boehncke, Heiner, & Johannsmeier, Rolf,（1987）*Das Buch der Vaganten. Spieler, Huren, Leutbetrüger* Frankfurt a.M.: Prometh〔ベーンケ, H. & ヨハンスマイアー, R.（編），永野藤夫（訳）（1989）『放浪者の書—博打うち，娼婦，ペテン師』平凡社〕
〔引〕Boutière, J. & Schutz, A. H.（ed.）, Boutière, J.（trans.）（1964）*Biographies des troubadours: textes provençaux des XIIIe et XIVe siècles*. A.-G. Nizet
〔引〕Faral, E.（1987）*Les jongleurs en France au moyen âge*. Champion
〔引〕Menéndez Pidal, R.（1924）*Poesía juglaresca y juglares.: Aspectos de la historia literaria y cultural de España*. Centro de Estudios Historicos
〔引〕Meyer, F.（1892）Die Stände ihr Leben und Treiben. *Ausgaben und Abhandlungen aus dem Romanische Philology, Bd. LXXXIX*, N.G.Elwert'sche Verlagsbuchhandlung
〔引〕Ziolkowski, J. M.（2018）*The juggler of Notre Dame and the Medievalizing of modernity. vol. 1-6*. Open Book
上尾信也（2006）『吟遊詩人』（Truth in Fantasy72），新紀元社
バッハフィッシャー, M.（著）森 貴史他（訳）（2006）『中世ヨーロッパ放浪芸人の文化史—しいたげられし楽師たち』明石書店〔Bachfischer, M.（1998）*Musikanten, Gaukler und Vaganten. Spielmannskunst im Mittelalter*. Battenberg〕
ハルトゥング, W.（著），井本晌二・鈴木麻衣子（訳）（2006）『中世の旅芸人—奇術師・詩人・楽士』（叢書・ウニベルシタス 859），法政大学出版局〔Hartung, W.（2003）*Die Spielleute im Mittelalter : Gaukler, Dichter, Musikanten*. Artemis & Winkler〕

✖巡礼と音楽

[引] エチェガライ，J. G. 他（解説），大高保二郎・安發和彰（訳）（1998）『ベアトゥス黙示録註解―ファクンドゥス写本』岩波書店［Echegaray, J. G. et al.（1995）*Comentarios al Apocalipsis de Beato de Liébana.* Moleiro Editor］

上尾信也（2006）『吟遊詩人』（Truth in Fantasy72），新紀元社

浅香武和（編著），浅野ひとみ他（著）（2023）『カンティガス・デ・サンタ・マリアへの誘い―聖母マリア頌歌集』論創社

López-Calo, J.（1993）*Los Instrumentos del Pórtico de la Gloria: Su reconstrucción y la música de su tiempo. vol. 1, 2.* Fundación Pedro Barrié de la Maza, Conde de Fenosa

✖【コラム】ギヨーム・ド・マショー

[引] Huizinga, J.（1919）*Herfsttij der Middeleeuwen.* Tjeenk Willinck［ホイジンガ，J.（著），堀越孝一（訳）（1976）『中世の秋』（上・下），中公文庫］

辻部（藤川）亮子（2002）「Dire le Vrai―ギヨーム・ド・マショー『真実の物語詩』における語りの特性」『仏語仏文学研究』25，pp. 3-21

Leach, E. E.（2011）*Guillaume De Machaut: Secretary, poet, musician.* Cornell University Press

【16 章　中世受容と中世研究】

✖中世暗黒説の諸相

[引] ブラック，W.（著）（2021）『中世ヨーロッパ―ファクトとフィクション』平凡社［Black, W.（2019）*The Middle Ages: Facts and Fictions.* ABC-CLIO］

[引] Wikimedia Commons：Petrarch by Bargilla［https://commons.wikimedia.org/wiki/File:Petrarch_by_Bargilla.jpg#/media/ファイル:Petrarch_by_Bargilla.jpg（2024 年 7 月 9 日閲覧）］

アーノルド，J. H.（著），図師宣忠・赤江雄一（訳）（2022）『中世史とは何か』岩波書店［Arnold, J. H.（2021）*What is medieval history?* Polity］

✖中世主義

[引] キャンター，N. F.（著），朝倉文市他（訳）（2007）『中世の発見―偉大な歴史家たちの伝記』法政大学出版局［Cantor, N. F.（1992［c.1991］）*Inventing the Middle Ages: the lives, works and ideas of the great medievalists of the twentieth century.* Lutterworth］

[引] Emery, E. & Richard, U.（eds.）（2014）*Medievalism: Key Critical Terms.* D. S. Brewer, pp. 2-3

[引] Utz, R. & Shippey, T.（eds.）（1998）*Medievalism in the Modern World: Essays in Honour of Leslie J. Workman.* Brepols, p. 5

[引] Utz, R.（2010）medievalism, In: Bjork, R. E.（ed.）*The Oxford Dictionary of the Middle Ages. vol. 3.* Oxford University Press, pp. 1118-1119

アレクサンダー，M.（著），野谷啓二（訳）（2020）『イギリス近代の中世主義』白水社［Alexander, M.（2007）*Medievalism: The Middle Ages in modern England.* Yale University Press］

高橋　勇（著）（2008）「中世主義の系譜」髙宮利行・松田隆美（編）『中世イギリス文学入門―研究と文献案内』雄松堂，pp. 343-354

D'Arcens, L.（ed.）（2016）*The Cambridge companion to medievalism.* Cambridge University Press

✖文学の中の中世

[引] イシグロ，K.（著），土屋政雄（訳）（2017）『忘れられた巨人』ハヤカワ epi 文庫［Ishiguro, K.（2015）*The buried giant.* Faber & Faber］

[引] チョーサー，G.（著），池上忠弘（監訳）『カンタベリ物語―共同新訳版』悠書館［Chaucer, G.（author）, Coghill, N.（trans.）（2003）*The Canterbury tales.* Penguin Books］

[引] ローリング，J. K.（著），松岡佑子（訳）（2008）『吟遊詩人ビードルの物語』静山社［Rowling, J. K.（2008）*The tales of Beedle the Bard.* Children's High Level Group: Bloomsbury］

[引] ローリング，J. K.（著），松岡佑子（訳）（2015）『ハリーポッターと死の秘宝』静山社ペガサス文庫［Rowling, J. K.（2007）*Harry Potter and the deathly hallows.* Bloomsbury］

アレクサンダー，M.（著），野谷啓二（訳）（2020）『イギリス近代の中世主義』白水社［Alexander, M.（2017）*Medievalism: The Middle Ages in modern England.* Yale University Press］

バーチェフスキー，S. L.（著），野崎嘉信・山本　洋（訳）（2005）『大英帝国の伝説―アーサー王とロビン・フッド』

（叢書・ウニベルシタス 828），法政大学出版局［Barczewski, S. L.（2000）*Myth and national identity in nineteenth-century Britain: The legends of King Arthur and Robin Hood.* Oxford University Press］
Groves, B.（2017）*Literary allusion in Harry Potter.* Routledge

✖西洋中世と日本のサブカルチャー

（2007）「特集　北欧神話の世界」『ユリイカ』39（12），pp. 57-220
岡本広毅・小宮真樹子（編）（2019）『いかにしてアーサー王は日本で受容されサブカルチャー界に君臨したか―変容する中世騎士道物語』みずき書林

✖ゲームの中の中世

［引］Kline, D. T.（ed.）（2014）*Digital gaming re-imagines the Middle Ages.* Routledge
Houghton, R.（ed.）（2023）*Playing the Middle Ages: Pitfalls and potential in modern games.* Bloomsbury
Peterson, J.（ed.）（2022）*The elusive shift: How role-playing games forged their identity.* MIT Press
Young, H. & Finn, K. M.（ed.）（2022）*Global Medievalism: An introduction.* Cambridge University Press

✖政治思想と中世

［引］カーター，M. H.（著），森　貴史（監訳），北原博他（訳）（2020）『SS 先史遺産研究所アーネンエルベ―ナチスのアーリア帝国構想と狂気の学術』ヒカルランド［Kater, M. H.（2006）*Das "Ahnenerbe" : die Forschungs- und Lehrgemeinschaft in der SS: Organisationsgeschichte von 1935 bis 1945.* R. Oldenbourg］
［引］西川洋一（2022）「「唯物論的歴史主義」と中世国家史―ドイツ民主共和国の一歴史家による国民史の探求（1）（2）」『国家学会雑誌』135（1・2），pp. 1-77，135（3・4），pp. 185-261
［引］Elliott, A. B. R.（2018）Internet medievalism and the White Middle Ages. *Hist. Compass,* 16（3），e12441
［引］Frost, J. & Frost, W.（2021）*Medieval imaginaries in tourism, heritage and the media.* Routledge
Elliott, A. B. R.（2017）*Medievalism, Politics and Mass Media: Appropriating the Middle Ages in the Twenty-first Century.* D.S. Brewer
Schulze, W. & Oexle, O.-G.（eds.）（1999）*Deutsche Historiker im Nationalsozialismus.* Fischer Taschenbuch Verlag
Young, H.& Finn, K. M.（2022）*Global Medievalism: An Introduction.* Cambridge University Press

✖文化遺産と中世

［引］ユゴー，V.（著），辻　昶・松下和則（訳）（2016）『ノートル=ダム・ド・パリ』（上）岩波文庫［Hugo, V.-M.（1831）*Notre-Dame de Paris: 1482.* Gosselin］
［引］Hugo, V.（ibid.），Reynaud, J.-P.（2002）Guerre aux démolisseurs !（1825）. In: *Œuvres complètes: Victor Hugo: Critiques,* Robert Laffont, p. 179
坂野正則（編）（2021）『パリ・ノートル=ダム大聖堂の伝統と再生―歴史・信仰・空間から考える』勉誠出版
Bernard-Griffiths, S. et al.（eds.）（2006）*La fabrique du moyen âge au XIXe siècle: Représentations du moyen âge dans la culture et la littérature françaises du XIXe siècle.* Honoré Champion
Sire, M.-A.（1996）*La France du patrimoine: Les choix de la mémoire.* Gallimard

✖ツーリズムと中世

［引］Frost, J. & Frost, W.（2021）*Medieval imaginaries in tourism, heritage and the media.* Routledge
［引］Hannam, K. & Halewood, Ch（2006）European viking themed festivals: An expression of identity. *J. Herit. Tour.* 1:1, pp. 17-31
Hoffmann, E.（2005）*Mittelalterfeste in der Gegenwart: Die Vermarktung des Mittelalters im Spannungsfeld zwischen Authentizität und Inszenierung.* ibidem
Nilsson, S. E. & Nyzell, S.（eds.）（2024）*Viking Heritage and History in Europe: Practices and Re-creations.* Routledge
Pugh, T. & Aronstein, S.（eds.）（2012）*The Disney Middle Ages: A fairy-tale and fantasy past.* Palgrave Macmillan

✖中世社会史研究の鉱脈

阿部謹也（1974）『ハーメルンの笛吹き男―伝説とその世界』平凡社
網野善彦（1978）『無縁・公界・楽―日本中世の自由と平和』平凡社選書

✖世界史教育と西洋中世

［引］ 有田嘉伸（2002）「戦前における外国史教育の歴史（1）」『長崎大学教育学部紀要，教科教育学』38，pp. 29-43

［引］ 岡崎勝世（2016-2020）「日本における世界史教育の歴史（I-1〜3，II-1〜4）」『埼玉大学紀要，教養学部』51（2），pp. 1-64，52（1），pp. 1-52，52（2），pp. 33-89，53（2），pp. 31-72，54（2），pp. 1-15，55（1），pp. 33-49，55（2），pp. 1-17

［引］ 文部省（1872）『史略』［https://ndlsearch.ndl.go.jp/books/R100000002-I000000429403（2024 年 7 月 7 日）］

茨木智志（2019）「歴史的展開から見た日本の世界史教育の特徴」『歴史教育史研究』17，pp. 1-17

国立教育政策研究所．教育研究情報データベース「学習指導要領の一覧」［https://erid.nier.go.jp/guideline.html（2023 年 3 月 14 日閲覧）］

長谷川修一・小澤　実（編著）（2018）『歴史学者と読む高校世界史—教科書記述の舞台裏』勁草書房（特に第 2 章・第 9 章）

✖図書館・文書館・博物館

泉　美知子（2013）『文化遺産としての中世—近代フランスの知・制度・感性に見る過去の保存』三元社

ガラン，B.（著），大沼太兵衛（訳）（2021）『アーカイヴズ—記録の保存・管理の歴史と実践』（文庫クセジュ 1042），白水社［Galland, B.（2016）*Les archives.* Presses universitaires de France］

佐藤真一（2009）『ヨーロッパ史学史—探究の軌跡』知泉書館

✖展覧会とカタログの中の中世

［引］ Asingh, P. & Jensen, K.（ed.）（2022）Rus-Vikings in the East. Moesgaard Museum

［引］ Braunfels, W.（1965-68）*Karl der Grosse: Lebenswerk und Nachleben. 5 vols.* Registerband

［引］ Roesdahl, E. & Wilson, D. M.（eds.）（1992）*From Viking to crusader : the Scandinavians and Europe, 800-1200.* Rizzoli

［引］ Wieczorek, A. & Hinz, H.-M.（eds.）（2000）*Europas Mitte um 1000. 3 vols.* Theiss

［引］ Williams, G. et al.（eds.）（2014）*Vikings: life and legend.* British Museum press

鼓　みどり（2009）「21 世紀の西洋美術史研究」『西洋中世研究』1，pp. 64-74

Cordez, P.（2014）1965: Karl der Große in Aachen. Geschichten einer Ausstellung. In: Brink, P. van den & Ayooghi, S.（eds.）*Karl der Grosse, Charlemagne: Karls Kunst*, pp. 16-29

✖亡命知識人

［引］ ハリス，J.（著），井上浩一（訳）（2013）『ビザンツ帝国の最期』白水社［Harris, J.（2010）*The end of Byzantium.* Yale University Press］

［引］ Daum, A. W. et al.（eds.）（2016）*The second generation: Émigrés from Nazi Germany as historians with a biobibliographic guide.* Berghahn

Harris, J.（1995）*Greek emigres in the West 1400-1520.* Porphyrogenitus

Kazhdan, A. P. et al.（eds.）（1991）*The Oxford dictionary of Byzantium. vol. 1-3.* Oxford University Press

Obolensky, D.（author）, Willetts, H.（trans.）（1999）*Bread of exile: A Russian family.* Harvill Press

✖ビザンツ学

［引］ 井上智勇（1944）「ビザンツ帝国史」足利惇氏他（著）『西亞世界史』（世界史講座 5），弘文堂書房，pp. 33-72

［引］ 亀井高孝（1948）『東ローマ帝國史』生活社

［引］ 栗生武夫（1928）『ビザンチン期における親族法の発達』弘文堂書房

［引］ 増田四郎（1950）『西洋中世世界の成立』岩波全書

［引］ 渡辺金一（1968）『ビザンツ社会経済史研究』岩波書店

中谷功治（2001）「21 世紀を迎えた日本のビザンツ研究」『オリエント』44（2），pp. 163-177

渡邉金一（2002）「なぜまたビザンツなのか—ゲオルグ・オストロゴルスキー著，和田廣訳『ビザンツ帝国史』恒文社，二〇〇一，の刊行によせて」『一橋論叢』127（3），pp. 227-243

和田　廣（2003）「「日本ビザンツ学会」設立に寄せて」『オリエント』46（1），pp. 197-200

✖イスラーム学

［引］ イブン=ハルドゥーン（著），森本公誠（訳）（2001）『歴史序説』（全 4 巻），岩波文庫

［引］ サイード，E. W.（著），今沢紀子（訳）（1993）『オリエンタリズム』（上・下），（平凡社ライブラリー 11-12），

平凡社［Said, E. W.（1978）*Orientalism*. Georges Borchardt］

中田　考（2020）『イスラーム学』作品社

フュック, J.（著）, 井村行子（訳）（2002）『アラブ・イスラム研究誌――20世紀初頭までのヨーロッパにおける』法政大学出版局［Fück, J.（1955）*Die arabischen Studien in Europa: Bis in den Anfang des 20. Jahrhunderts*. O. Harrassowitz］

Bennett, C.（2010）*Studying Islam*. Continuum

✖ユダヤ学

手島勳矢（編著）（2002）『わかるユダヤ学』日本実業出版社

Goodman, M.（ed.）（2005）*The Oxford handbook of Jewish studies*. Oxford University Press

✖比較史

［引］河内祥輔他（編）（2020）『儀礼・象徴・意思決定―日欧の古代・中世書字文化』思文閣出版

［引］桜井英治（2008）「これからの中世史研究―比較史および経済史の視点から」『歴史科学』（194）, pp. 27-35

［引］森本芳樹（2004）『比較史の道―ヨーロッパ中世から広い世界へ』創文社

［引］Asakawa, K.（1929）*The documents of Iriki, illustrative of the development of the feudal institutions of Japan*. Yale University Press

［引］Bloch, M.（1928）*Pour une histoire comparée des sociétés européennes*. Renaissance du Livre［ブロック, M.（著）, 髙橋清徳（訳）（2017）『比較史の方法』講談社学術文庫］

阿部謹也他（1981）『中世の風景』（上・下）, 中公新書

コンラート, S.（著）, 小田原　琳（訳）（2021）『グローバル・ヒストリー――批判的歴史叙述のために』岩波書店［Conrad, S.（2016）*What is global history?* Princeton University Press］

✖アナール学派と中世像の革新

［引］Bloch, M.（1924）*Les rois thaumaturges: Étude sur le caractère surnaturel attribué à la puissance royale particulièrement en France et en Angleterre*. Istra［ブロック, M.（著）, 井上泰男・渡邊昌美（訳）（1998）『王の奇跡―王権の超自然的性格に関する研究, 特にフランスとイギリスの場合』刀水書房］

［引］Duby, G.（1973）*Le dimanche de Bouvines: 27 juillet 1214*. Gallimard［デュビー, G.（著）, 松村　剛（訳）（1992）『ブーヴィーヌの戦い―中世フランスの事件と伝説』平凡社］

［引］Le Goff, J.（1981）*La naissance du Purgatoire*. Gallimard［ル・ゴッフ, J.（著）, 渡辺香根夫・内田　洋（訳）（1988）『煉獄の誕生』（叢書・ウニベルシタス236）, 法政大学出版局］

［引］Le Goff, J.（1996）*Saint Louis*. Gallimard［ル・ゴフ, J.（著）, 岡崎　敦他（訳）（2001）『聖王ルイ』新評論］

［引］Le Roy Ladurie, E.（1975）*Montaillou, village occitan de 1294 à 1324*. Gallimard［ル=ロワ=ラデュリ, E.（著）, 井上幸治他（訳）（1990-1991）『モンタイユー―ピレネーの村1294〜1324』（刀水歴史全書26）, 刀水書房］

［引］Schmitt, J. C.（1990）*La raison des gestes dans l'Occident medieval*. Gallimard［シュミット, J. C.（著）, 松村　剛（訳）（1996）『中世の身ぶり』みすず書房］

［引］Schmitt, J.-C.（1994）*Les revenants: les vivants et les morts dans la société médiévale*. Gallimard［シュミット, J.-C.（著）, 小林宜子（訳）（2010）『中世の幽霊―西欧社会における生者と死者』みすず書房］

アーノルド, J. H.（著）, 図師宣忠・赤江雄一（訳）（2022）『中世史とは何か』岩波書店［Arnold, J. H.（2021）*What is medieval history?* Polity］

池上俊一（2022）『歴史学の作法』東京大学出版会

✖自然科学と中世考古学

Catteddu, I.（2009）*Archéologie médiévale en France: le premier moyen âge*（Ve-XIe siècle）. La Découverte

May, R. & Richardin, P.（eds.）（2021）*La datation, un défi pluridisciplinaire*. Techné 52, pp. 3-117

Newsom, L. A.（2022）*Wood in archaeology*. Cambridge University Press

✖中世とグローバルヒストリー

［引］家島彦一（2021）『インド洋海域世界の歴史―人の移動と交流のクロス・ロード』ちくま学芸文庫

［引］Abu-Lughod, J. L.（1991）*Before European hegemony: The world system A.D. 1250-1350*. Oxford University Press［アブー=ルゴド, J. L.（著）, 佐藤次高他（訳）（2022）『ヨーロッパ覇権以前―もうひとつの世界システム』（上・下）, 岩

波現代文庫］

［引］Conrad, S.（2016）*What is global history?* Princeton University Press［コンラート，S.（著），小田原　琳（訳）（2021）『グローバル・ヒストリー―批判的歴史叙述のために』岩波書店］

［引］Lieberman, V.（2003）*Strange Parallels: Southeast Asia in Global Context, c.800-1830.*（*Volume 1. Integration on the Mainland*）Cambridge University Press

［引］Scott, J. C.（2009）*The art of not being governed: An anarchist history of upland Southeast Asia.* Yale University Press［スコット，J. C.（著），池田一人他（訳）（2013）『ゾミア―脱国家の世界史』みすず書房］

小澤　実（2020）「中世グローバルヒストリーの潮流」『史苑』80（2），pp. 135-166

Holmes, C. & Standen, N.（eds.）（2018）*Global Middle Ages.* Oxford University Press

Preiser-Kapeller, J.（2021）*Der lange Sommer und die kleine Eiszeit: Klima, Pandemien und der Wandel der Alten Welt von 500 bis 1500 n. Chr.* Mandelbaum

✖ 史料集成とデジタル・ヒューマニティーズ

小風尚樹他（編）（2021）『欧米圏デジタル・ヒューマニティーズの基礎知識』文学通信

人文情報学研究所（監修）（2022）『人文学のためのテキストデータ構築入門―TEI ガイドラインに準拠した取り組みにむけて』文学通信

モーラフ，P.（2003）「ヨーロッパ中世史研究におけるモヌメンタ・ゲルマニアエ・ヒストリカの役割―過去と現在」『歴史学と史料研究』pp. 21-48

✖ 【コラム】ジャック・ル・ゴフ

［引］ルゴフ，J. & ロマニョーリ，D.（著），池上俊一（訳）「ジャック・ルゴフ―最後のインタビュー」『思想』（1087），pp. 136-150

ル・ゴフ，J.（著），鎌田博夫（訳）（2000）『ル・ゴフ自伝―歴史家の生活』（叢書・ウニベルシタス 665），法政大学出版局［Le Goff, J.（1996）*Une vie pour l'histoire: Entretiens avec Marc Heurgon.* La Découverte］

ル・ゴフ，J.（著），桐村泰次（訳）（2007）『中世西欧文明』論創社［Le Goff, J.（1964）*La civilisation de l'Occident medieval.* Arthaud］

ル・ゴフ，J.（著），池上俊一・梶原洋一（訳）（2010）『アッシジの聖フランチェスコ』岩波書店［Le Goff, J.（1998）*Saint François d'Assise.* Gallimard］

事項索引

事項索引

人名索引

*数字，英字，五十音順に掲載した.
*見出し語になっている語句のページ数は太字で表示した.
*伝説上の人物や創作上の人物も含んで掲載した.

■か行

■わ行

地名索引

* 五十音順に掲載した.
* 見出し語になっている語句のページ数は太字で表示した.
* 基本的に欧文表記は現地語表記としたが，複数の国や地域にまたがる場合などは英語表記とした.

地名索引

■ま行

■や，ら行

西洋中世文化事典

令和 6 年 11 月 30 日　発　行

編　者　　西 洋 中 世 学 会

発行者　　池　田　和　博

発行所　　丸善出版株式会社

〒101-0051　東京都千代田区神田神保町二丁目17番
編集：電話 (03) 3512-3267／FAX (03) 3512-3272
営業：電話 (03) 3512-3256／FAX (03) 3512-3270
https://www.maruzen-publishing.co.jp

組版印刷・三美印刷株式会社／製本・株式会社 松岳社

ISBN 978-4-621-31019-9 C 3522　　　　　Printed in Japan